NOMOSLEHRBUCH

Prof. Dr. Sabine Schlacke,
Westfälische Wilhelms-Universität Münster

Umweltrecht

7. Auflage

 Nomos

Die Deutsche Nationalbibliothek verzeichnet diese Publikation in der Deutschen Nationalbibliografie; detaillierte bibliografische Daten sind im Internet über http://dnb.d-nb.de abrufbar.

ISBN 978-3-8487-5289-8 (Print)
ISBN 978-3-8452-9475-9 (ePDF)

7. Auflage 2019

Vorwort

Erneute Entwicklungen im Umweltrecht und die weiterhin freundliche Aufnahme des Buchs in Ausbildung und Praxis haben seine 7. Neuauflage nach sich gezogen. Die Aktualisierung des Rechtsstoffes umfasst Novellierungen wichtiger Umweltgesetze wie das Umwelt-Rechtsbehelfsgesetz 2017, das Gesetz über die Umweltverträglichkeitsprüfung 2017 und das Verpackungsgesetz 2018. Zudem galt es, jüngste Rechtsprechung und Literatur etwa zum Umweltrechtsschutz, zum Artenschutzrecht und zum Verschlechterungsverbot im Gewässerschutzrecht einzuarbeiten. Die Neuauflage bleibt dem bisherigen Konzept treu und fokussiert weiterhin auf Anschaulichkeit und Verständlichkeit durch Grafiken und Fallbeispiele, in der Sache auf die Berücksichtigung der voranschreitenden Europäisierung des Umweltrechts.

Den wissenschaftlichen Mitarbeiterinnen und Mitarbeitern des Instituts für Umwelt- und Planungsrecht an der Westfälischen Wilhelms-Universität Münster Agata Bossy, Ursula Dahmen, Till Niklas Droste, Benedikt Huggins, Simon Lammers, Dominik Römling, Daniel Schnittker und Judith Zimmermann gebührt großer Dank für vielfältige Recherchen und Aktualisierungen. Ebenfalls ist den studentischen Hilfskräften Liam Maxim Ehm, Moritz Groeger, Tim Heidler, Thomas Lingemann, Lina Möller, Janna Ringena und Helen Wentzien sowie Christian Herrmann für Korrekturarbeiten zu danken.

Herrn Prof. Dr. Erbguth ist für seine Mitautorenschaft und die hervorragende Zusammenarbeit im Rahmen der ersten sechs Auflagen dieses Lehrbuchs herzlich zu danken. Kritik und Anregungen sind nunmehr ausschließlich zu richten an sabine.schlacke @uni-muenster.de.

Münster im Oktober 2018   Sabine Schlacke

Vorwort zur 1. Auflage

Vor gut zwanzig Jahren erschienen die ersten systematischen Untersuchungen des Umweltrechts, ohne dass dessen Entwicklung und Bedeutung für Rechtswissenschaft und Rechtsprechung im Einzelnen voraussehbar waren. Mittlerweile ist das Umweltrecht fester Bestandteil des juristischen Studiums und findet sich in Ausbildungsordnungen als universitäre Schwerpunktprüfung im Rahmen des Ersten Juristischen Examens wieder. Daneben hat es auf andere Teile der juristischen Ausbildung wesentlichen Einfluss: Die Fortentwicklung des Allgemeinen und Besonderen Verwaltungsrechts wurde in den letzten zwei Jahrzehnten maßgeblich durch Anstöße aus dem Umweltrecht geprägt.

Das vorliegende Lehrbuch richtet sich an Studierende der Rechtswissenschaft; das didaktische Konzept ermöglicht aber auch Studenten, die Jura als Nebenfach belegen, in übersichtlicher und systematischer Form einen Einstieg in das Allgemeine Umweltrecht und ausgewählte Bereiche des Besonderen Umweltrechts. Es deckt das Basiswissen für die Vorlesung Umweltrecht und die Schwerpunktbereichsprüfung ab. Hinweise in den Fußnoten auf ausführlichere Darstellungen des Umweltrechts, einschlägige Rechtsprechung und Literatur sollen eine eigenständige und zugleich vertiefende Beschäftigung mit den jeweils angesprochenen Fragestellungen ermöglichen. Jeder Teil des Lehrbuchs enthält ein spezifisches Fallbeispiel mit Lösungsskizze, um das Verständnis für praktische Probleme und die Rechtsanwendung zu schärfen.

Hinsichtlich der Auswahl der Rechtsmaterien des Besonderen Umweltrechts kam es uns darauf an, die grundlegenden ausbildungsrelevanten Sachbereiche (Immissionsschutzrecht, Naturschutz- und Landschaftsschutzrecht, Gewässerschutzrecht, Kreislaufwirtschafts- und Abfallrecht, Bodenschutz- und Altlastenrecht) zu behandeln. Ferner wird das Gentechnikrecht als ein innovativer, durch aktuelle Entwicklungen gekennzeichneter Querschnittsbereich zwischen Anlagenzulassungs- und Produktrecht vorgestellt. Die neuesten gemeinschaftsrechtlichen und nationalen Rechtsänderungen, insbesondere die unmittelbar bevorstehende Novellierung des Gentechnikgesetzes, sind berücksichtigt. Um das Fortentwicklungspotenzial sowie die komplexen Regelungsmechanismen und -ebenen im Umweltrecht zu verdeutlichen, wird abschließend das Meeresumweltrecht der Nord- und Ostsee dargestellt. Die Ausführungen verweisen u.a., auf die entsprechenden Regelungen im (Sachverständigen-)Entwurf eines Umweltgesetzbuchs, mit dem ein einheitliches umweltrechtliches Regelwerk formuliert worden ist.

Herzlich zu danken ist Frau Maxi Keller (wissenschaftliche Mitarbeiterin am Ostseeinstitut für See- und Umweltrecht) für ihre grundlegende Bearbeitung des Abschnitts „Meeresumweltrecht zum Schutz von Nord- und Ostsee" und Frau Kathrin Podehl für die formale Gestaltung des Lehrbuchs.

Rostock im Juni 2004   Wilfried Erbguth/Sabine Schlacke

Inhalt

Abkürzungsverzeichnis

a.A.	andere Ansicht
a.a.O.	am angegebenen Ort
AbfallR	Abfallrecht (Zeitschrift)
AbfBeauftrV	Abfallbeauftragtenverordnung
AbfVerbrG	Abfallverbringungsgesetz
AbfG	Abfallbeseitigungsgesetz/Abfallgesetz
AbfKlärV	Klärschlamm-Verordnung
AbfVerbrBußV	Abfallverbringungsbußgeldverordnung
ABlEG	Amtsblatt der Europäischen Gemeinschaft
ABlEU	Amtsblatt der Europäischen Union
Abs.	Absatz
Abschn.	Abschnitt
AbwAG	Gesetz über Abgaben für das Einleiten von Abwasser in Gewässer (Abwasserabgabengesetz)
a.E.	am Ende
AEG	Allgemeines Eisenbahngesetz
AEUV	Vertrag über die Arbeitsweise der Europäischen Union
AEWA	Agreement on the Conservation of African-Eurasian Migratory Waterbirds (Abkommen zur Erhaltung der afrikanisch-eurasischen wandernden Wasservögel)
a.F.	alte Fassung
AFS-Übereinkommen	Internationales Übereinkommen über die Kontrolle von schädlichen Anti-Fouling Systemen bei Schiffen
AgrarR	Agrarrecht (Zeitschrift)
Alt.	Alternative
AltölV	Altölverordnung
AltfahrzeugV	Altfahrzeug-Verordnung
AltholzV	Altholz-Verordnung
ÄndG	Änderungsgesetz
ÄndVO	Änderungsverordnung
Anm.	Anmerkung
AO	Abgabenordnung
AöR	Archiv des öffentlichen Rechts (Zeitschrift)
Art.	Artikel
AS RP-SL	Amtliche Sammlung von Entscheidungen der Oberverwaltungsgerichte Rheinland-Pfalz und Saarland
ASCOBANS	Agreement on the Conservation of Small Cetaceans of the Baltic, the North-East Atlantic, Irish and North Seas (Abkommen zur Erhaltung der Kleinwale in der Nord- und Ostsee)
AT	Allgemeiner Teil
AtG	Atomgesetz
AuR	Arbeit und Recht (Zeitschrift)
AVR	Archiv des Völkerrechts (Zeitschrift)
AVV	Abfallverzeichnisverordnung
AWZ	Ausschließliche Wirtschaftszone
Az.	Aktenzeichen

Bad.-Würt.	Baden-Württemberg, baden-württembergisch
BAnz.	Bundesanzeiger
BattG	Batteriegesetz
BauGB	Baugesetzbuch
BauNVO	Baunutzungsverordnung
BauR	Baurecht (Zeitschrift)
Bay	Bayern, bayerisch
BayVBl.	Bayerische Verwaltungsblätter (Zeitschrift)
BayVGH	Bayerischer Verwaltungsgerichtshof
BB	Der Betriebsberater (Zeitschrift)
Bbg	Brandenburg, brandenburgisch
BgbNatSchG	Brandenburgisches Naturschutzgesetz
BBergG	Bundesberggesetz
BBodSchG	Bundes-Bodenschutzgesetz
BBodSchV	Bundes-Bodenschutzverordnung
Bd.	Band/Bände
Berner-Übereinkommen	Übereinkommen über die Erhaltung der europäischen wildlebenden Pflanzen und Tiere und ihrer natürlichen Lebensräume
Bek.	Bekanntmachung
ber.	berichtigt
BerlStrG	Berliner Straßengesetz
Beschl.	Beschluss
BfN	Bundesamt für Naturschutz
BfR	Bundesinstitut für Risikobewertung
BGB	Bürgerliches Gesetzbuch
BGBl.	Bundesgesetzblatt
BGH	Bundesgerichtshof
BImSchG	Bundes-Immissionsschutzgesetz
BImSchV	Verordnung(en) zur Durchführung des Bundes-Immissionsschutzgesetzes
BioAbfV	Bioabfallverordnung
BioSt-NachV	Verordnung über Anforderungen an eine nachhaltige Herstellung von flüssiger Biomasse zur Stromerzeugung
BLMP	Bund-Länder-Messprogramm Nord- und Ostsee
Bln	Berlin, berlinisch
BMEL	Bundesministerium für Ernährung und Landwirtschaft
BMUB	Bundesministerium für Umwelt, Naturschutz, Bau und Reaktorsicherheit
BNatSchG	Bundesnaturschutzgesetz
BR-Drs.	Bundesratsdrucksache
Brem	Bremen, bremisch
BremNatSchG	Bremisches Naturschutzgesetz
BRRL	Bodenschutzrahmenrichtlinie
BSH	Bundesamt für Seeschifffahrt und Hydrographie
Bsp.	Beispiel/e
bspw.	beispielsweise
BT-Drs.	Bundestagsdrucksache

BVerfG	Bundesverfassungsgericht
BVerfGE	Amtliche Sammlung der Entscheidungen des Bundesverfassungsgerichts
BVerfGG	Bundesverfassungsgerichtsgesetz
BVerwG	Bundesverwaltungsgericht
BVerwGE	Amtliche Sammlung der Entscheidungen des Bundesverwaltungsgerichts
BVL	Bundesamt für Verbraucherschutz und Lebensmittelsicherheit
BVT	beste verfügbare Technik
BWaldG	Gesetz zur Erhaltung des Waldes und zur Förderung der Forstwirtschaft (Bundeswaldgesetz)
BW	Baden-Württemberg, baden-württembergisch
bzgl.	bezüglich
bzw.	beziehungsweise
CBD	Convention on Biological Diversity (Biodiversitätskonvention)
CCLR	Carbon and Climate Law Review (Zeitschrift)
CCS	Carbon Capture and Storage
CDM	Clean Development Mechanism
CER	Certified Emission Reduction Units
ChemG	Gesetz zum Schutz vor gefährlichen Stoffen (Chemikaliengesetz)
CITES	Convention on International Trade in Endangered Species of Wild Fauna and Flora
CITL	Community Independent Transaction Log (europäisches Zentralregister)
CMS	Convention on the Conservation of Migratory Species of Wild Animals (Übereinkommen zur Erhaltung der wandernden wildlebenden Tierarten)
CO	Kohlenstoffmonoxid
CO_2	Kohlenstoffdioxid
COP	Conference of the Parties
CSD	Commission on Sustainable Development
dass.	dasselbe
dB	Dezibel
DDR	Deutsche Demokratische Republik
DEHSt	Deutsche Emissionshandelsstelle
DepV	Deponieverordnung
ders.	derselbe
DEV	Datenerhebungsverordnung
d.h.	das heißt
dies.	dieselbe
DÖV	Die Öffentliche Verwaltung (Zeitschrift)
DRL	Dienstleistungsrichtlinie 2006/123/EG v. 12.12.2006 über Dienstleistungen im Binnenmarkt
DV	Die Verwaltung (Zeitschrift)
DVBl.	Deutsches Verwaltungsblatt (Zeitschrift)

EAG	Europarechtsanpassungsgesetz
EAG EE	Europarechtsanpassungsgesetz Erneuerbare Energien
EBA	Eisenbahnbundesamt
EBPG	Energiebetriebene-Produkte-Gesetz
ECE	Economic Commission for Europe
EDL-G	Gesetz über Energiedienstleistungen und andere Enegieeffizienzmaßnahmen
EEA	Einheitliche Europäische Akte
EEG	Erneuerbare-Energien-Gesetz
EE-RL	Erneuerbare-Energien-Richtlinie
EEWärmeG	Erneuerbare-Energien-Wärmegesetz
EG	Europäische Gemeinschaft/Vertrag zur Gründung der Europäischen Gemeinschaft
EGGenTDurchfG	Gesetz zur Durchführung von Verordnungen der Europäischen Gemeinschaft auf dem Gebiet der Gentechnik
EGKS	Europäische Gemeinschaft für Kohle und Stahl
EGMR	Europäischer Gerichtshof für Menschenrechte
EHEC	Enterohämorrhagische Escherichia coli (Darmbakterium)
EHVV	Emissionshandels-Versteigerungsverordnung
Einf.	Einführung
Einl.	Einleitung
ElektroG	Elektro- und Elektronikgerätegesetz
ElektroGKostV	Elektro- und Elektronikgerätegesetz-Kostenverordnung
EMAS	Eco-Management and Ordit Scheme
EMASPrivilegV	EMAS-Privilegierungsverordnung
EMRK	Konvention zum Schutze der Menschenrechte und Grundfreiheiten (Europäische Menschenrechtskonvention)
endg.	endgültig
EnEG	Energieeinsparungsgesetz
EnEV	Energieeinsparverordnung
engl.	englisch
EnStG	Energiesteuergesetz
EnVKG	Energieverbrauchskennzeichnungsgesetz
EnVKV	Energieverbrauchskennzeichnungsverordnung
ENVTL.L.	Environmental Law (Lewis & Clark Law School)
EnWG	Energiewirtschaftsgesetz
Erl.	Erläuterung(en)
ErsatzbaustoffV	Ersatzbaustoffverordnung
ERU	Emission Reduction Units (Emissionsreduktionseinheiten)
EStG	Einkommensteuergesetz
ET	Energiewirtschaftliche Tagesfragen (Zeitschrift)
etc.	et cetera
EU	Europäische Union
EuGH	Gerichtshof der Europäischen Gemeinschaft
EuGHE	Sammlung der Rechtsprechung des Gerichtshofs und des Gerichts Erster Instanz der Europäischen Gemeinschaft
EuGRZ	Europäische Grundrechte-Zeitschrift

EuR	Europarecht (Zeitschrift)
EurUP	Europäisches Umwelt- und Planungsrecht (Zeitschrift)
EUV	Vertrag über die Europäische Union
EuZW	Europäische Zeitschrift für Wirtschaftsrecht
e.V.	eingetragener Verein
EVPG	Energieverbrauchsrelevante-Produkte-Gesetz
Evtl.	eventuell
EWG	Europäische Wirtschaftsgemeinschaft
f., ff.	folgende(r/s), fortfolgende
FAO	Food and Agriculture Organization
FCKW	Fluorchlorkohlenwasserstoffe
FFH	Fauna-Flora-Habitat
FLI	Friedrich-Loeffler-Institut
FlsBergV	Festlandsockelbergverordnung
FlurbG	Flurbereinigungsgesetz
Fn.	Fußnote
FS	Festschrift
FStrG	Bundesfernstraßengesetz
g	Gramm
G	Gesetz
GATT	General Agreement on Tariffs and Trades
GATS	General Agreement on Trades in Services
GBl.	Gesetzblatt
gem.	Gemäß
GenTG	Gentechnikgesetz
GenTPflEV	Verordnung über die gute fachliche Praxis bei der Erzeugung gentechnisch veränderter Pflanzen
GenTSV	Gentechniksicherheitsverordnung
GewAbfV	Gewerbeabfallverordnung
GewArch	Gewerbearchiv (Zeitschrift)
GewinnungsAbfV	Gewinnungsabfall-Verordnung
GfU	Gesellschaft für Umweltrecht
GG	Grundgesetz für die Bundesrepublik Deutschland
GGBefG	Gefahrgutbeförderungsgesetz
GGVSee	Gefahrgutverordnung See
ggf.	gegebenenfalls
GK	Gemeinschafts-Kommentar
GIRL	Geruchsimmissions-Richtlinie
GMBl.	Gemeinsames Ministerialblatt
GPSG	Gesetz über technische Arbeitsmittel und Verbraucherprodukte (Geräte- und Produktsicherheitsgesetz)
GRCh	Charta der Grundrechte der Europäischen Union
GVBl.	Gesetz- und Verordnungsblatt
GVO	gentechnisch veränderte/r Organismen/us
H	Hessen, hessisch

Hamb	Hamburg, hamburgisch
HambNatSchG	Hamburgisches Naturschutzgesetz
HELCOM	Helsinki-Kommission des Helsinki-Übereinkommens
Helsinki-Übereinkommen	Übereinkommen über den Schutz der Meeresumwelt des Ostseegebietes
HessKV	Hessischer Kirchenvertrag
HKWAbfV	Verordnung über die Entsorgung gebrauchter halogenierter Lösemittel
h.M.	herrschende(r) Meinung
HmbGVBl	Hamburgisches Gesetz- und Verordnungsblatt
HNS-Protokoll	Protocol on Preparedness, Response and Co-operation to Pollution Incidents by Hazardous and Noxious Substances
Hrsg.	Herausgeber
Hs.	Halbsatz
HSEG	Hohe-See-Einbringungsgesetz
HSMPA	High Seas Marine Protected Areas
IAEA	International Atomic Energy Agency
IBSFC	International Baltic Sea Fishery Commission (Internationale Ostseefischereikommission)
ICCAT	Übereinkommen zur Erhaltung der Thunfischbestände im Atlantik
ICJ	International Court of Justice
i.d.F.	in der Fassung
i.d.R.	in der Regel
i.d.S.	in diesem Sinne
IEKK	Integriertes Energie- und Klimaschutzkonzept
IEKP	Integriertes Energie- und Klimaprogramm
i. E.	im Ergebnis
I+E	Zeitschrift für Immissionsschutzrecht und Emissionshandel
IE	Industrieemissionen
IE-RL	Industrieemissionen-Richtlinie
IGH	Internationaler Gerichtshof
i.H.v.	in Höhe von
IKSE	Internationale Kommission zum Schutz der Elbe
IKSR	Internationale Kommission zum Schutz des Rheins
IKZM	Integriertes Küstenzonenmanagement
ILA	International Law Association
ILC	International Law Commission
ILO	International Labour Organization
ILM	International Legal Materials
IMO	International Maritime Organization (Internationale Seeschifffahrtsorganisation)
INK	Internationale Nordseekonferenz
insb.	insbesondere
IPBG	Gesetz zur Beschleunigung von Planungsverfahren für Infrastrukturvorhaben (Infrastruktur-Planungsbeschleunigungsgesetz)

IPCC	Intergovernmental Panel on Climate Change
IR	InfrastrukturRecht (Zeitschrift)
i.S.d.	im Sinne der/s
i.S.e.	im Sinne einer/s
ISO	Internationale Organisation für Normung
i.S.v.	im Sinne von
ITL	International Transaction Log
ITLOS	International Tribunal for the Law of the Sea (Internationaler Seegerichtshof)
ITTA	International Tropical Timber Agreement
i.Ü.	im Übrigen
IUR	Informationsdienst Umweltrecht (Zeitschrift)
i.V.m.	in Verbindung mit
IVU	integrierte Vermeidung und Verminderung der Umweltverschmutzung
JA	Juristische Arbeitsblätter (Zeitschrift)
JEEPL	Journal for European Environmental & Planning Law
JI	Joint Implementation
JMM	Joint Ministerial Meeting of the HELSINKI and OSPAR Commissions
JURA	Juristische Ausbildung (Zeitschrift)
JuS	Juristische Schulung (Zeitschrift)
JustG NRW	Justizgesetz Nordrhein-Westfalen
JZ	Juristenzeitung
Kap.	Kapitel
KfZ	Kraftfahrzeug
KJ	Kritische Justiz (Zeitschrift)
km	Kilometer
KOM	Kommission
KommJur	Kommunaljurist (Zeitschrift)
KraftStG	Kraftfahrzeugsteuergesetz
KrW-/AbfG	Kreislaufwirtschafts- und Abfallgesetz
KrWG	Gesetz zur Förderung der Kreislaufwirtschaft und Sicherung der umweltverträglichen Bewirtschaftung von Abfällen (Kreislaufwirtschaftsgesetz)
KSpG	Kohlendioxid-Speicherungsgesetz
KStZ	Kommunale Steuer-Zeitschrift
KWK	Kraft-Wärme-Kopplung
KWKG	Kraft-Wärme-Kopplungsgesetz
LBauO	Landesbauordnung
LBodSchAG	Landes-Bodenschutz- und Altlastengesetz
LCKW	Leichtflüchtiger Chlor-Kohlenwasserstoff
LImSchG	Landes-Immissionsschutzgesetz
lit.	Buchstabe(n)
LKG	Landeskulturgesetz

LKV	Landes- und Kommunalverwaltung (Zeitschrift)
LKW	Lastkraftwagen
LNatG MV	Landesnaturschutzgesetz Mecklenburg-Vorpommern
LNatschG	Naturschutzgesetze der Länder
London-Protokoll	Protokoll zum Londoner-Übereinkommen
London-Übereinkommen	Übereinkommen über die Verhütung der Meeresverschmutzung durch das Einbringen von Abfällen und anderen Stoffen
LPflG RP	Landespflegegesetz Rheinland-Pfalz
LRE	Sammlung Lebensmittelrechtlicher Entscheidungen
LSA	Land Sachsen-Anhalt, sachsen-anhaltinisch
LuftVG	Luftverkehrsgesetz
LVerfG	Landesverfassungsgericht
LVwVfG	Landes-Verwaltungsverfahrensgesetz
LWaG/LWG	Landeswassergesetz/e
lx	Lux
m	Meter
m.	mit
MARPOL 73/78	Internationales Übereinkommen zur Verhütung der Meeresverschmutzung durch Schiffe
m.a.W.	mit anderen Worten
m. Anm. v	mit Anmerkung von
MDG	Millenium Development Goals
max.	maximal (e/er/es)
MDR	Monatsschrift für Deutsches Recht
MEPC	Marine Environment Protection Committee
min.	Minuten
Mio.	Millionen
Mrd.	Milliarden
MSRL	Meeresstrategie-Rahmenrichtlinie
MuA	Müll und Abfall (Zeitschrift)
M-V	Mecklenburg-Vorpommern, mecklenburg-vorpommerisch
m.w.N.	mit weiteren Nachweisen
NABEG	Netzausbaubeschleunigungsgesetz Übertragungsnetz
NachwV	Verordnung über Verwertungs- und Beseitigungsnachweise
NAP	Nationaler Allokationsplan
NAPG	Gesetz über den Nationalen Allokationsplan
NASCO	Übereinkommen zur Lachserhaltung im Nordatlantik
NatSchG Bln	Naturschutzgesetz Berlin
NatSchG LSA	Naturschutzgesetz Sachsen-Anhalt
NatSchG SH	Naturschutzgesetz Schleswig-Holstein
NEEAP	Nationaler Energieeffizienz-Aktionsplan
Nds	Niedersachsen, niedersächsisch
Nds. NatSchG	Niedersächsisches Naturschutzgesetz
NEAFC	The North East Atlantic Fisheries Commission (Fischereikommission für den Nordost-Atlantik)

n.F.	neue Fassung
NGO	Non Governmental Organization/s
NiSG	Gesetz zum Schutz vor nichtionisierender Strahlung bei der Anwendung am Menschen
NJG	Niedersächsisches Justizgesetz
NJW	Neue Juristische Wochenschrift (Zeitschrift)
NJ	Neue Justiz (Zeitschrift)
NordÖR	Zeitschrift für Öffentliches Recht in Norddeutschland
NOx	Stickoxide
Nr.	Nummer/n
NSC	North Sea Conference
NuL	Natur und Landschaft (Zeitschrift)
NuR	Natur und Recht (Zeitschrift)
NVwZ	Neue Zeitschrift für Verwaltungsrecht
NW/NRW	Nordrhein-Westfalen, nordrhein-westfälisch
NWVBl.	Nordrhein-Westfälische Verwaltungsblätter (Zeitschrift)
NZBau	Neue Zeitschrift für Baurecht und Vergaberecht
NZM	Zeitschrift für Miet- und Wohnungsrecht
o.ä.	oder ähnlich(e/em/er/es)
OBG	Ordnungsbehördengesetz
OECD	Organisation für wirtschaftliche Zusammenarbeit und Entwicklung
OLG	Oberlandesgericht
OPRC	International Convention on Oil Pollution Preparedness, Response and Co-operation
OSPAR	Übereinkommen zum Schutz der Meeresumwelt des Nordostatlantiks
OVG	Oberverwaltungsgericht
OWiG	Gesetz über Ordnungswidrigkeiten
PBefG	Personenbeförderungsgesetz
PCA	Permanent Court of Arbitration
PCB	Polychlorierte Biphenyle
PCT	Polychlorierte Terphenyle
PEI	Paul-Ehrlich-Institut
PFB	Planfeststellungsbeschluss
PflSchG	Gesetz zum Schutz der Kulturpflanzen (Pflanzenschutzgesetz)
PHi	Produkt- und Umwelthaftpflicht international (Zeitschrift)
PHöchstMengV	Verordnung über Höchstmengen für Phosphate in Wasch- und Reinigungsmitteln (Phosphathöchstmengenverordnung)
PKW	Personenkraftwagen
PlVereinfG	Gesetz zur Vereinfachung von Planungsverfahren für Verkehrswege (Planungsvereinfachungsgesetz)
PM	Particulate Matter
PRTR	Pollutant Release and Transfer Register
PS	Pferdestärke
PSSA	Particularly Sensitive Sea Areas

qm	Quadratmeter
RabelsZ	Rabels Zeitschrift für ausländisches und internationales Privatrecht
Ramsar-Übereinkommen	Übereinkommen über Feuchtgebiete, insbesondere als Lebensraum für Wasser- und Wattvögel, von internationaler Bedeutung
RdE	Recht der Energiewirtschaft (Zeitschrift)
RdL	Recht der Landwirtschaft (Zeitschrift)
REACH	Registration, Evaluation, Authorization and Restriction of Chemicals
resp.	respektive
RIAA	Reports of International Arbitral Awards
RIW	Recht der internationalen Wirtschaft (Zeitschrift)
RKI	Robert-Koch-Institut
RL	Richtlinie/n
RMBeschrG	Gesetz zur Beschränkung von Rechtsmitteln in der Verwaltungsgerichtsbarkeit (Rechtsmittelbeschränkungsgesetz)
Rn.	Randnummer(n)
RNotZ	Rheinische Notar-Zeitschrift
ROG	Raumordnungsgesetz (des Bundes)
RP	Rheinland-Pfalz, rheinland-pfälzisch
RR	Rechtsprechungs-Report (Zeitschrift)
Rs.	Rechtssache
Rz.	Randziffer
S.	Seite(n)/Satz (Sätze)
s.	siehe
Saarl	Saarland, saarländisch
SaarlNatSchG	Saarländisches Naturschutzgesetz
Sachs/sächs	Sachsen/sächsisch
SächsVBl.	Sächsische Verwaltungsblätter (Zeitschrift)
SächsABG	Sächsisches Abfallwirtschafts- und Bodenschutzgesetz
SchSG	Schiffssicherheitsgesetz
SDG	Sustainable Development Goal(s)
SEA-Protokoll	Protocol on Strategic Environmental Assessment
SECA	Schwefel-Emissions-Überwachungsgebiete nach Anlage VI des MARPOL-Übereinkommens
SeeAnlV	Verordnung über Anlagen seewärts der Begrenzung des deutschen Küstenmeeres (Seeanlagenverordnung)
SeeFischG	Seefischereigesetz
SeefiV	Seefischereiverordnung
SH	Schleswig-Holstein, schleswig-holsteinisch
sm	Seemeile/n
s.o.	siehe oben
SOG	Sicherheits- und Ordnungsgesetz
sog.	so genannte(r/s)

Sp.	Spalte
SPS-Übereinkommen	Agreement on the Application of Sanitary and Phytosanitary Measures
SRU	Rat von Sachverständigen für Umweltfragen
SRÜ	UN-Seerechtsübereinkommen
SSA	Straddling Stocks Agreement
StGB	Strafgesetzbuch
StoffR	Zeitschrift für Stoffrecht
StörfallVO	Störfall-Verordnung
str.	streitig/strittig
StrSchV	Verordnung über den Schutz vor Schäden durch ionisierende Strahlen (Strahlenschutzverordnung)
StVO	Straßenverkehrsordnung
StVZO	Straßenverkehrszulassungsverordnung
s.u.	siehe unten
SUP	Strategische Umweltprüfung
SUPG	Gesetz zur Einführung einer Strategischen Umweltprüfung und zur Umsetzung der Richtlinie 2001/42/EG
t	Tonne(n)
TA	Technische Anleitung
TBT	Tributylzinn
TEHG	Gesetz über den Handel mit Berechtigungen zur Emission von Treibhausgasen (Treibhausgas-Emissionshandelsgesetz)
TGC	Trilateral Governmental Conference
Thür	Thüringen, thüringisch
ThürNatG	Thüringer Naturschutzgesetz
TierSchG	Tierschutzgesetz
TKG	Telekommunikationsgesetz
TRIPS	Agreement on Trade-Related Aspects of Intelectual Property Rights
Tz.	Teilzahl/Teilziffer
u.a.	unter anderem/und andere(r/s)
u.ä.	und ähnlich(e/em/er/es)
UAG	Gesetz zur Ausführung der Verordnung (EG) Nr. 761/2001 des Europäischen Parlaments und des Rates vom 19. März 2001 über die freiwillige Beteiligung von Organisationen an einem Gemeinschaftssystem für das Umweltmanagement und die Umweltbetriebsprüfung (EMAS) (Umweltauditgesetz)
UAbs.	Unterabsatz
UAGBV	UAG-Beleihungsverordnung
u.a.m.	und andere/s mehr
UBA	Umweltbundesamt
UBAG	Gesetz über die Errichtung eines Umweltbundesamtes
UCLA	University of California, Los Angeles

UGBE I	Umweltgesetzbuch (UGB) Erstes Buch (I) – Allgemeine Vorschriften und vorhabenbezogenes Umweltrecht – (Entwurf v. 19.11.2007)
UGBE II	Umweltgesetzbuch (UGB) Zweites Buch (II) – Wasserwirtschaft – (Entwurf v. 19.11.2007)
UGBE III	Umweltgesetzbuch (UGB) Drittes Buch (III) – Naturschutz und Landschaftspflege – (Entwurf v. 19.11.2007)
UGBE IV	Umweltgesetzbuch (UGB) Viertes Buch (IV) – Nichtionisierernde Strahlung – (Entwurf v. 19.11.2007)
UGBE V	Umweltgesetzbuch (UGB) Fünftes Buch (V) – Handel mit Berechtigungen zur Emission von Treibhausgasen – Emissionshandel (Entwurf vom 19.11.2007)
UGB	Umweltgesetzbuch
UGB-KomE	Entwurf der Unabhängigen Sachverständigenkommission zum Umweltgesetzbuch
UIG	Umweltinformationsgesetz
UMPLIS	Informations- und Dokumentationssystem zur Umweltplanung
UmweltHG	Umwelthaftungsgesetz
UmwRG	Gesetz über ergänzende Vorschriften zu Rechtsbehelfen in Umweltangelegenheiten nach der EG-Richtlinie 2003/35/EG – Umwelt-Rechtsbehelfsgesetz
UN	United Nations
UNCCD	United Nations Convention to Combat Desertification
UNCED	United Nations Conference on Environment and Development (Konferenz der Vereinten Nationen über Umwelt und Entwicklung)
UNCLOS	United Nations Convention on the Law of the Sea
UNECE	United Nations Economic Commission for Europe
UNEP	United Nations Environment Programme
UNESCO	United Nations Scientific, Educational and Cultural Organization
UNFCCC	United Nations Framework Convention on Climate Change (Klimarahmenkonvention)
UNTS	United Nations Treaty Series
UPR	Umwelt- und Planungsrecht (Zeitschrift)
URG	Umweltrahmengesetz
Urt.	Urteil
US	United States (Vereinigte Staaten)
USA	United States of America (Vereinigte Staaten von Amerika)
USchadG	Umweltschadensgesetz
UStaG	Gesetz über Umweltstatistiken
UTR	Umwelt- und Technikrecht (jährliche Sammelbände) des Instituts für Umwelt- und Technikrecht der Universität Trier
u.U.	unter Umständen
UVP	Umweltverträglichkeitsprüfung
UVPG	Gesetz über die Umweltverträglichkeitsprüfung

v.	von/m
v.a.	vor allem
Var.	Variante
V/VO	Verordnung
VBlBW	Verwaltungsblätter Baden-Württemberg (Zeitschrift)
VDI	Verein Deutscher Ingenieure
VerfGH	Verfassungsgerichtshof
VerpackG	Verpackungsgesetz
VerpackV	Verpackungsverordnung
VerwArch	Verwaltungsarchiv (Zeitschrift)
VG	Verwaltungsgericht
VGH	Verwaltungsgerichtshof
vgl.	vergleiche
vol.	Volume
Vorb.	Vorbemerkung/en
VPlBeschlG	Verkehrsplanungsbeschleunigungsgesetz
VR	Verwaltungsrundschau (Zeitschrift)
VvB	Verfassung von Berlin
VVDStRL	Veröffentlichungen der Vereinigung der Deutschen Staatsrechtslehrer
VwGO	Verwaltungsgerichtsordnung
VwVfG	Verwaltungsverfahrensgesetz
WA	Washingtoner Artenschutzabkommen
WaStrG	Bundeswasserstraßengesetz
W+B	Wasser und Boden (Zeitschrift)
WBGU	Wissenschaftlicher Beirat der Bundesregierung Globale Umweltveränderungen
WHG	Wasserhaushaltsgesetz
WHO	World Health Organization
WiVerw	Wirtschaft und Verwaltung (Zeitschrift)
WRMG	Wasch- und Reinigungsmittelgesetz
WRRL	Wasserrahmenrichtlinie (EG)
WTO	World Trade Organisation (Welthandelsorganisation)
WuM	Wohnungswirtschaft und Mietrecht (Zeitschrift)
WWF	Worldwide Fund for Nature
ZaöRV	Zeitschrift für ausländisches öffentliches Recht und Völkerrecht
ZAU	Zeitschrift für angewandte Umweltforschung
z.B.	zum Beispiel
ZEV	Zeitschrift für Erbrecht und Vermögensnachfolge
ZfBR	Zeitschrift für deutsches und internationales Bau- und Vergaberecht
ZfIR	Zeitschrift für Immobilienrecht
ZfS	Zeitschrift für das juristische Studium
ZfU	Zeitschrift für Umweltpolitik & Umweltrecht
ZfW	Zeitschrift für Wasserrecht

Ziff.	Ziffer
zit.	zitiert
ZKBS	Zentrale Kommission für die Biologische Sicherheit
ZNER	Zeitschrift für Neues Energierecht
ZöR	Zeitschrift für öffentliches Recht
ZRP	Zeitschrift für Rechtspolitik
z.T.	zum Teil
ZuG	Zuteilungsgesetz
ZUR	Zeitschrift für Umweltrecht
ZuV	Zuteilungsverordnung

A. Allgemeines Umweltrecht

§ 1 Grundbegriffe

I. Umwelt

Umwelt im weiteren Sinne ist die Gesamtheit der äußeren Lebensbedingungen, die auf eine bestimmte Lebenseinheit (bspw. einen Menschen, ein Tier, eine Pflanze) einwirken. Danach gehört zur Umwelt unsere **gesamte** belebte und unbelebte **Umgebung** einschließlich der sozialen Umwelt, d.h. der zwischenmenschlichen Beziehungen, der gesellschaftlichen, kulturellen und wirtschaftlichen Einrichtungen und der staatlichen Institutionen.[1]

Für das Umweltrecht ist ein derart umfassender Umweltbegriff aufgrund seiner Uferlosigkeit **unpraktikabel**.[2] Da er alle äußeren Lebensbedingungen erfasst, wäre Umweltrecht gleichzusetzen mit der gesamten Rechtsordnung. Die spezifisch ökologische Ausrichtung als Recht der Umwelt ginge verloren. Daher wird im juristischen Sprachgebrauch ganz überwiegend ein restriktiver Umweltbegriff verwendet.[3]

Hierzu zählen als **natürliche Umwelt** nur die elementaren Lebensgrundlagen des Menschen, namentlich die Umweltmedien Boden, Luft, Wasser, zudem Pflanzen, Tiere und Mikroorganismen in ihren Lebensräumen, insbesondere alle natürlichen Lebensmittel, ferner Bodenschätze, klimatische Bedingungen oder die Ozonschicht und ihre Beziehungen untereinander sowie zum Menschen.[4]

Da eine vom Menschen gänzlich unberührte Natur kaum noch anzutreffen ist, versteht man unter natürlicher Umwelt nicht nur die urwüchsige, sondern auch die vom Menschen gestaltete und bebaute Umwelt (sog. modifizierter restriktiver Umweltbegriff), wie sie in Deutschland als über Jahrtausende gewachsene **Kulturlandschaft** vorfindlich ist.[5]

Der Begriff Umwelt wird in den umweltrechtlichen Fachgesetzen allerdings mit unterschiedlichen Inhalten verbunden, so dass eine rechtlich verbindliche Definition immer nur für das jeweilige Gesetz bestimmend ist.[6] Ein breit ansetzendes Verständnis verfolgt etwa im Anschluss an das Unionsrecht die Definition in § 2 Abs. 1 UVPG, die nicht nur ökologisch medienübergreifend ansetzt, sondern auch Kulturgüter und sonstige Sachgüter mit erfasst.[7]

1 *Hoppe/Beckmann/Kauch*, § 1 Rn. 2; dazu und zum Nachfolgenden auch *Eifert* in: Schoch, Besonderes Verwaltungsrecht, 5. Kap. Rn. 7 ff.
2 Auch *Kluth* in: ders./Smeddinck, § 1 Rn. 2.
3 *Kloepfer* in: Achterberg/Püttner/Würtenberger, § 6 Rn. 14; zum Rechtsbegriff Umwelt auch *Hoffmann*, NuR 2011, 389.
4 *Kluth*, in: ders./Smeddinck, § 1 Rn. 16.
5 *Hoppe/Beckmann/Kauch*, § 1 Rn. 3; das lässt sich vielfach auch den umweltrechtlichen Vorschriften selbst entnehmen, vgl. etwa § 1 S. 1 BNatSchG, § 1 BWaldG, §§ 1, 2 BBodSchG, § 1 Nr. 1 GenTG; *Ramsauer* in: Koch/Hofmann/Reese, § 3 Rn. 2f.
6 *Hoppe/Beckmann/Kauch*, § 1 Rn. 6; vgl. mit Beispielen *Kloepfer*, Umweltrecht, § 1 Rn. 55.
7 Vgl. auch den sehr weiten Begriff der Umweltinformationen § 2 Abs. 3 UIG; *Ramsauer* in: Koch/Hofmann/Reese, § 3 Rn. 2; zur UVP/SUP näher § 5 Rn. 61 ff.

II. Umweltschutz

1. Begriff

6   Umweltschutz umfasst alle Maßnahmen, die dazu dienen,

- bereits eingetretene Umweltschäden zu beseitigen (**reparativ-wiederherstellende Funktion**),
- gegenwärtige Umweltbelastungen zu begrenzen und zu vermindern (**repressiv-zurückdrängende Funktion**) und
- künftigen Umweltbelastungen vorzubeugen (**präventiv-vorsorgende Funktion**).

7   Umweltschutz stellt sich dergestalt als eine **problemorientierte Querschnittsaufgabe** dar, die nicht auf bestimmte Aufgaben- resp. Lebensbereiche beschränkt werden kann.[8]

2. Schutzzweck

8   Obgleich als dringende Aufgabe allgemein anerkannt, ist umstritten, welche ethischen Wertvorstellungen dem Umweltschutz zugrunde liegen – und damit, welchen Schutzzweck er verfolgt.[9]

9   Nach der Vorstellung vom **anthropozentrischen Umweltschutz** entspringt die Pflicht zur Erhaltung der natürlichen Lebensgrundlagen aus der Verantwortung für das Wohl der lebenden und zukünftigen Menschen.[10]

10   Verfechter des **ökozentrischen**[11] Umweltschutzes verstehen hingegen die Umwelt als einen Wert an sich, der um seiner selbst willen zu schützen ist.[12] Begründet findet sich dies mit der ethisch-sittlichen Verantwortung des Menschen gegenüber seiner Umwelt. Allerdings erweist sich das ökozentrische Verständnis als rechtlich problematisch, wenn daraus (Eigen-)Rechte der Natur (z.B. ein Klagerecht der Robben gegen die Genehmigung der Verklappung von Dünnsäure in der Nordsee) abgeleitet werden,[13] die ohnehin im (gerichtlichen) Prozess nur treuhänderisch durch natürliche oder juristische Personen wahrgenommen werden könnten. Ferner ist die Sicht nur schwer mit der am Menschen ausgerichteten Konzeption der Verfassung (Art. 1 Abs. 1 S. 1 GG) in Einklang zu bringen; das steht zugleich einfach-gesetzlichen Ansätzen dieser Art[14] entgegen.

11   Zu unterschiedlichen Ergebnissen kommen die Auffassungen lediglich dann, wenn eine Maßnahme allein der Umwelt, nicht aber (auch) dem Menschen nützt. Hier besteht eine ethische Pflicht zu einem solchen Handeln nur nach der ökozentrischen, nicht aber nach der anthropozentrischen Sichtweise. Ohnehin verringert sich aufgrund wachsender Erkenntnis von den Wirkungszusammenhängen des ökologischen Systems und der Bedeutung einer Wahrung des ökologischen Gleichgewichts für den Menschen selbst diese geringe praktische Relevanz des theoretischen Gegensatzes.[15] Bei einer weit

---

8   *Eifert* in: Schoch, Besonderes Verwaltungsrecht, 5. Kap. Rn. 7; *Hoppe/Beckmann/Kauch*, § 1 Rn. 58.
9   Dazu auch *Schmidt/Kahl/Gärditz*, § 4 Rn. 17 ff.; *Kloepfer*, Umweltrecht, § 1 Rn. 60 ff.
10   *Kimminich*, BayVBl. 1979, 523, 526 f.; *Storm*, Rn. 13 ff.
11   Bzw. physiozentrischen, vgl. näher *Ramsauer* in: Koch/Hofmann/Reese, § 3 Rn. 5.
12   Nachweise bei *Kloepfer*, Umweltrecht, § 1 Rn. 60.
13   *Bosselmann*, KJ 1986, 1 ff.; ablehnend VG Hamburg, NVwZ 1988, 1058; vgl. *Schröter/Bosselmann*, ZUR 2018, 195 ff.; *Fischer-Lescano*, ZUR 2018, 205 ff.
14   Etwa § 1 BNatSchG, § 1 TierSchG; *Ramsauer* in: Koch/Hofmann/Reese, § 3 Rn. 5.
15   Ebenso *Kloepfer*, Umweltrecht, § 1 Rn. 67.

gefassten anthropozentrischen Sicht sind kaum Maßnahmen denkbar, die tatsächlich allein der Umwelt und nicht auch – wenigstens mittel- und langfristig – dem Menschen dienen (bspw. Artenvielfalt als Genreserve/Erlebnis der unberührten Natur als menschliches Grundbedürfnis).[16] Entsprechendes wird aus dem Prinzip der nachhaltigen Entwicklung abgeleitet.[17]

Vergleichbares gilt mit Blick auf den teilweise **ressourcen-ökonomisch** verstandenen **Umweltschutz**.[18] Die Schonung der natürlichen, gerade der nicht erneuerbaren Rohstoffvorkommen ist ein (lebens)wichtiges Bedürfnis der heutigen und zukünftigen Menschengenerationen und damit zugleich ein Anliegen des anthropozentrisch orientierten Umweltschutzes.   12

Die Beantwortung der Frage nach dem jeweils relevanten Schutzzweck[19] wird dadurch erleichtert, dass in den Umweltgesetzen überwiegend der konkrete Gesetzeszweck ausdrücklich benannt ist, und zwar in den gesetzlichen Ziel- und Zweckbestimmungen, die den Einzelregelungen vorangestellt sind (vgl. § 1 BImSchG, § 1 AtG, § 1 BNatSchG, § 1 KrWG[20], § 1 ChemG, § 1 BBodSchG).   13

3. Handlungsebenen

Handlungsebenen des Umweltschutzes sind primär die Umweltpolitik, die Umweltökonomie und das Umweltrecht.   14

Umweltpolitik[21] wird im Umweltprogramm der Bundesregierung aus dem Jahre 1971[22] als die Gesamtheit aller Maßnahmen beschrieben, die notwendig sind,   15

- um dem Menschen eine Umwelt zu sichern, wie er sie für seine Gesundheit und für ein menschenwürdiges Dasein braucht,
- um Boden, Luft und Wasser, Pflanzen- und Tierwelt vor nachteiligen Wirkungen menschlicher Eingriffe zu schützen und
- um Schäden oder Nachteile aus menschlichen Eingriffen zu beseitigen.

Zu den **Instrumenten** der Umweltpolitik gehören regulative Instrumente (ordnungsrechtliche Gebote und Verbote), Planungsinstrumente, ökonomische bzw. wirtschaftslenkende Maßnahmen (etwa über den „Steuerhebel"), Beratung und Information, Umwelterziehung, Anreize der öffentlichen Hand und freiwillige Vereinbarungen.   16

Umweltökonomie[23] definiert das Umweltprogramm der Bundesregierung als „Wirtschaftswissenschaft, die in ihre Theorien, Analysen und Kostenrechnungen ökologische Parameter mit einbezieht".[24] Bspw. werden die Kosten der Umweltschäden in der Bundesrepublik auf etwa 100 Mrd. EUR pro Jahr geschätzt.[25]   17

---

16 Auch *Kloepfer*, Umweltschutzrecht, § 1 Rn. 30.
17 *Sparwasser/Engel/Voßkuhle*, § 2 Rn. 23; *Murswiek*, NVwZ 1996, 222, 224; *Ramsauer* in: Koch/Hofmann/ Reese, § 3 Rn. 6; zum Nachhaltigkeitsprinzip § 3 Rn. 2, § 8 Rn. 20; eingehend *Beaucamp*, Konzept der zukunftsfähigen Entwicklung.
18 *Rehbinder*, RabelsZ 40 (1976), 363, 365 ff.
19 Weiterführend *Summerer* in: Kimminich/v. Lersner/Storm, Bd. 2, Sp. 2143 ff.
20 Zur Rechtsentwicklung im Abfallrecht § 12 Rn. 7.
21 Näher *Hoppe/Beckmann/Kauch*, § 1 Rn. 59 ff.
22 BT-Drs. 6/2710, S. 6.
23 Vertiefend *Wicke* in: Kimminich/v. Lersner/Storm, Bd. 2, Sp. 2206 ff.
24 BT-Drs. 6/2710, S. 63.
25 *Wicke*, S. 112 f.

Aus Sicht der Umweltökonomie stellen sich die gegenwärtigen Umweltprobleme als ein Knappheitsproblem dar, als eine Überbeanspruchung von Ressourcen.[26] Hiernach versagen die Marktmechanismen im Bereich der natürlichen Ressourcen weitgehend, weil sie seit jeher meist kostenlos in Anspruch genommen werden. Das galt bislang insbesondere für das Umweltmedium Luft; inzwischen bahnt sich hier eine Kehrtwende an (Stichwort: Emissionshandel).[27]

18   **Betriebswirtschaftliche** Umweltökonomie betrifft die Beziehungen zwischen Betrieb und Umwelt, deren wirtschaftlichen Folgewirkungen und die Auswirkungen der staatlichen Umweltpolitik auf den Betrieb. Die **volkswirtschaftliche** Umweltökonomie entwickelt Maßnahmen zur Optimierung des gesellschaftlichen Gutes „Umweltqualität".[28]

19   Die dritte Handlungebene des Umweltschutzes bildet das **Umweltrecht**. Es ist gleichzeitig eines der wichtigsten Instrumente zur Durchsetzung der Umweltpolitik. Hierauf richtet sich die folgende Darstellung.

WIEDERHOLUNGS- UND VERSTÄNDNISFRAGEN

> Was versteht man unter Umwelt und Umweltschutz? (Rn. 1 ff.; Rn. 6 ff.)
> Worauf richtet sich der Zweck des Umweltschutzes? (Rn. 8 ff.)
> Was versteht man unter Handlungsebenen des Umweltschutzes? (Rn. 14 ff.)

---

26 *Hoppe/Beckmann/Kauch*, § 1 Rn. 97.
27 Dazu § 9 Rn. 12; näher § 16 Rn. 12 ff., 33 ff.
28 Näher *Kloepfer*, Umweltrecht, § 1 Rn. 24.

§ 2 Umweltrecht

I. Begriff

Zum Umweltrecht gehören sämtliche staatliche Normen, die dem Schutz der Umwelt dienen.[1] In erster Linie handelt es sich um Gesetze, die ausdrücklich auf eine spezifisch umweltschützende Aufgabe zugeschnitten sind. Sie bilden gleichsam den **Kernbereich** des Umweltrechts. Hierzu gehören insbesondere das Recht der staatlichen Umweltschutzaktivitäten, wie das Naturschutz- und Landschaftspflegerecht sowie das Bodenschutzrecht, ferner das Gewässerschutzrecht, das Kreislaufwirtschaftsrecht, das Immissionsschutz- und das Strahlenschutzrecht.[2]   1

Umweltrecht findet sich aber auch in zahlreichen nicht umwelt(schutz)spezifischen Gesetzen, sei es in ganzen Abschnitten (so im 29. Abschnitt StGB – Straftaten gegen die Umwelt) oder in Einzelnormen (etwa in § 906 BGB – Zuführung unwägbarer Stoffe).   2

Andere Normwerke verfolgen den Umweltschutz nur als eines von mehreren Zielen. Dazu gehören das Baugesetzbuch (vgl. insbesondere § 1 Abs. 5 S. 2 BauGB zur Funktion der Bauleitpläne: „Sie sollen dazu beitragen, eine menschenwürdige Umwelt zu sichern und die natürlichen Lebensgrundlagen zu schützen und zu entwickeln, ...“), das Raumordnungsgesetz (§ 1 Abs. 1, 2, § 2 Abs. 2 Nr. 6 ROG[3]), die Landesplanungsgesetze und, wenn auch eingeschränkt, bestimmte Fachplanungsgesetze (etwa Telekommunikationsgesetz, vgl. § 73 TKG, Teile des Energierechts, vgl. § 1 Abs. 1 EnWG). Wenngleich diese Gesetze nicht in ihrer Gesamtheit dem Umweltrecht zuzuordnen sind, gehören doch ihre umweltschutzorientierten Regelungen dem Umweltrecht an.   3

Umstritten ist, ob auch solche Normen zum Umweltrecht zählen, die zwar für den Umweltschutz von erheblicher Relevanz sind, aber nur beiläufig umweltschützenden Charakter haben, die also keine umweltschützende Zielsetzung mitverfolgen. Gemeint sind u.a. die Grundrechte (Art. 2 ff. GG), das Sozialstaatsprinzip (Art. 20 Abs. 1, 28 Abs. 1 S. 1 GG), die ordnungsrechtliche Generalklausel (etwa in Nordrhein-Westfalen § 14 OBG, in Mecklenburg-Vorpommern § 13 SOG), §§ 823, 1004 BGB,[4] aber auch das technische Arbeitsschutz-, Gesundheits- und Lebensmittelrecht.[5]   4

Teilweise wird nur dem umweltspezifischen Recht, dem Sonderrecht des Umweltschutzes, Rechtsgebietscharakter zuerkannt (sog. **Umweltrecht im engeren Sinne**).[6] Nicht zum Rechtsgebiet „Umweltrecht“ gehören nach dieser Ansicht alle übrigen Normen mit Relevanz für den Umweltschutz (sog. **Umweltrecht im weiteren Sinne**).

Da die vorgenannten Vorschriften jedoch große Bedeutung für den Umweltschutz besitzen und sich aufgrund ihrer Existenz eine parallele Normierung in spezifisch umweltschützenden Kodifikationen erübrigt, werden sie nach verbreiteter Ansicht ebenfalls dem Umweltrecht zugerechnet.[7] Letztlich ist der Streit eher **akademischer Natur**, weil besagte Relevanz allgemein anerkannt ist – unabhängig davon, ob die Bestimmungen dem Rechtsgebiet „Umweltrecht“ zugehören oder ob sie als „Umweltrecht im weiteren Sinne“ zu bezeichnen sind und keinen solchen Rechtsgebietscharakter aufweisen.

---

1 *Sanden*, § 1 Rn. 2.
2 Fallbezogen i.S.d. Examensvorbereitung zum Umweltrecht *Glaser/Klement*.
3 V. 22.12.2008, BGBl. I, S. 2986; zuletzt geändert durch Gesetz v. 23.5.2017, BGBl. I, S. 1245.
4 Auch *Sendler*, JuS 1983, 255, 255.
5 *Ramsauer* in: Koch/Hofmann/Reese, § 3 Rn. 9: Querschnittsfunktion des Umweltrechts.
6 Vgl. *Kloepfer*, Umweltrecht, § 1 Rn. 93.
7 *Kloepfer*, Umweltrecht, § 1 Rn. 94 ff.

Im Rahmen der weiteren Behandlung des **allgemeinen Umweltrechts**, bei dem es um Regelungs- und sonstige Grundstrukturen geht, die sich wegen ihrer durchgängigen oder doch weitreichenden Geltung für die speziell normierten Bereiche des Umweltrechts „vor die Klammer" ziehen lassen[8], findet das Umweltrecht „im weiteren Sinne" (Mit-)Berücksichtigung. Im Teil „**Besonderes Umweltrecht**" beschränkt sich die Darstellung aus Gründen der Übersichtlichkeit vornehmlich auf zentrale Materien des eigentlichen Umweltschutzrechts, also des Umweltrechts im engeren Sinne.

II. Entstehung des Umweltrechts

5   Schon im 19. Jahrhundert (vereinzelt auch vorher) gab es **punktuelle Regelungen** des Umweltschutzes, dies vor allem im Bereich des Naturschutzes sowie der Gewässer- und Luftreinhaltung – wenn auch noch nicht als „Umweltrecht".[9] Bspw. enthielt die Preußische Gewerbeordnung von 1845 eine frühe Immissionsschutzregelung; in England wurde 1847 ein Gesetz zur Bekämpfung der Rauchverschmutzung erlassen – und erste Unterschutzstellungen von Naturdenkmälern erfolgten bereits vor 1840.

6   Für die Zeit **nach 1945** sind in der Bundesrepublik Deutschland vor allem der Erlass des Gesetzes zur Ordnung des Wasserhaushalts – Wasserhaushaltsgesetz (WHG)[10] – (1957) und des Gesetzes über die friedliche Verwendung der Kernenergie und den Schutz gegen ihre Gefahren – Atomgesetz (AtG)[11] – aus dem Jahr 1959 sowie der Versuch einer Luftverbesserung durch großräumige Verteilung von Luftbelastungen zu erwähnen. Diese Maßnahmen bildeten zwar zunächst nur partielle Reaktionen auf sich ausbreitende Umweltgefahren; sie ließen gleichwohl allmählich ein Klima entstehen, in dem sich die allgemeine Einsicht in ökologische Probleme entfalten konnte. Dergestalt kann im Umweltbewusstsein der entscheidende Motor für das Entstehen von Umweltrecht gesehen werden.[12] Mit der weitgehenden Befriedigung materieller Ansprüche und einem wachsenden Bedürfnis nach „neuen" Werten waren nach 1969/1970 dann endgültig wichtige Voraussetzungen für die Entwicklung des Umweltrechts erfüllt.

7   Die geradezu rasante Entwicklung des Umweltrechts in den **siebziger Jahren** wird – zu Recht – ganz überwiegend auf das von der sozial-liberalen Koalition ausgearbeitete Sofortprogramm der Bundesregierung vom 25.9.1970 und vor allem auf das schon erwähnte Umweltprogramm der Bundesregierung vom 21.9.1971 zurückgeführt.[13] Entsprechend den politischen Vorgaben des Umweltprogramms erfolgten einerseits umfassende Neuregelungen durch das Abfallgesetz (AbfG)[14] aus dem Jahr 1972, das Bundes-Immissionsschutzgesetz (BImSchG, 1974),[15] das Bundeswaldgesetz (BWaldG, 1975)[16] und das Bundesnaturschutzgesetz (BNatSchG, 1976);[17] andererseits wurden 1976 das

---

8   *Ramsauer* in: Koch/Hofmann/Reese, § 3 Rn. 16.
9   Zum Umweltrecht in der vorindustriellen Periode sowie innerhalb der Industrialisierung *Kloepfer*, Umweltrecht, § 2 Rn. 9 ff.; vertiefend *ders.*, Zur Geschichte des deutschen Umweltrechts; auch *Storm*, Umweltrecht, Rn. 66 ff.
10   Zur ursprünglichen Fassung siehe: BGBl. I, 1957, S. 1110, zur aktuellen Fassung unten Rn. 24.
11   BGBl. I, S. 814.
12   Zur Entwicklung des Umweltrechts auch *Kluth* in: ders./Smeddinck, § 1 Rn. 21 ff.
13   *Kloepfer/Franzius*, UTR 1994, S. 179, 183: „wahrer legislativer Schub"; dazu und zum Nachfolgenden auch *Kloepfer*, Umweltschutzrecht, § 1 Rn. 5 ff.
14   BGBl. I, S. 873.
15   BGBl. I, S. 721.
16   BGBl. I, S. 1037.
17   BGBl. I, S. 3574.

WHG, ergänzt um das Abwasserabgabengesetz (AbwAG),[18] und das AtG neu gefasst. Abgeschlossen war der normative „Rohbau" des modernen, flächendeckenden Umweltrechts im Wesentlichen mit dem Erlass des Chemikaliengesetzes (ChemG)[19] im Jahre 1980, das sich von dem die Aufbauphase charakterisierenden medienbezogenen Ansatz löste und erstmals stoffbezogen einen „medienübergreifenden" Umweltschutz zu ermöglichen versuchte.

War der gesetzliche Nachholbedarf gegen Ende der siebziger Jahre des 19. Jahrhunderts auch befriedigt und ein im internationalen Vergleich beachtliches umweltrechtliches Normenwerk geschaffen, konnte dennoch von einer Entschärfung der Umweltkrise nicht die Rede sein. Die in den letzten Jahren der sozial-liberalen Koalition nachlassenden legislativen Aktivitäten im Umweltbereich beruhten zudem darauf, dass sich die Exekutive nunmehr der konkretisierenden Ausfüllung der gesetzlichen Vorgaben zuwendete. Augenfällig wurde diese Feinabstimmung legislativer Grobziele etwa in der Novellierung der Großfeuerungsanlagen-Verordnung[20] und der Technischen Anleitung (TA) Luft[21] (beides 1983).

Obwohl in den **achtziger Jahren** des vergangenen Jahrhunderts die Grenzen einer Bewältigung umweltspezifischer Problemlagen durch detaillierte Normierung erkannt wurden, und sich die umweltpolitische Diskussion stärker der Bedeutung von gesetzlich nur in Form unbestimmter Rechtsbegriffe beschriebenen Umweltstandards widmete (Stichwort: Grenzwertdiskussion), konnte der Gesetzgeber im Umweltrecht nicht auf eine partielle Nachbesserung und Modernisierung einzelner Normwerke verzichten. So wurden 1986 das BImSchG, das AbfG, das AbwAG, das BNatSchG, das Pflanzenschutzgesetz (PflSchG)[22] und das WHG novelliert. Auch das sich beständig ausweitende Umweltrecht der Europäischen Gemeinschaft (jetzt: Europäische Union) zog zunehmend Anpassungen der bundesdeutschen Gesetzeslage nach sich, etwa im Wege des Gesetzes über die Umweltverträglichkeitsprüfung (UVPG)[23] von 1990 zur Umsetzung der UVP-Richtlinie[24] aus dem Jahre 1985.

8

In der früheren **DDR** stellte der Erlass des Gesetzes über die planmäßige Gestaltung der sozialistischen Landeskultur in der Deutschen Demokratischen Republik – Landeskulturgesetz (LKG) – (1970)[25] eine Zäsur in der umweltpolitischen und umweltrechtlichen Entwicklung dar.[26] Das LKG fasste bis dahin in verschiedenen Gesetzen geregelte Materien zusammen und entwickelte sie weiter. Erstmals umfassender geregelt wurden insoweit der Immissionsschutz (Reinhaltung der Luft und Lärmschutz), die Abfallwirtschaft (Nutzbarmachung und schadlose Beseitigung der Abfallprodukte) sowie die Erschließung, Pflege und Entwicklung der Landschaft für die Erholung.

9

Aufgrund ihrer rechtlichen Ausgestaltung als Beitrittsfall (für die DDR) hat die deutsche Einheit das Umweltrecht der Bundesrepublik Deutschland nur geringfügig verän-

---

18 BGBl. I, S. 2721.
19 BGBl. I, S. 1718.
20 13. BImSchV, Art. 2 der Verordnung v. 2.5.2013, BGBl. I, S. 1021, 1023, 3754; zuletzt geändert durch Art. 1 der Verordnung v. 19.12.2017, BGBl. I, S. 4007.
21 TA Luft v. 23.2.1983, GMBl. S. 94, neu bekannt gemacht am 24.7.2002, GMBl. S. 511.
22 BGBl. I, S. 1505.
23 BGBl. I, S. 205.
24 ABlEG L 175/40 v. 5.7.1985; näher § 5 Rn. 63 m. Fn. 145.
25 Gesetz über die planmäßige Gestaltung der sozialistischen Landeskultur in der Deutschen Demokratischen Republik – Landeskulturgesetz – v. 14.5.1970, GBl. DDR I, S. 67.
26 *Kloepfer*, Umweltrecht, § 2 Rn. 106 ff.

dert. Im Wesentlichen ging es darum, das bestehende Umweltrecht der Bundesrepublik mit möglichst wenigen Modifikationen und kurzen Anpassungsfristen auf die neuen Länder zu übertragen.

10   Die Entwicklung des Umweltrechts **seit Anfang der neunziger Jahre** des 20. Jahrhunderts ist geprägt durch

- **Deregulierung** materieller Standards und Verschlankung des Verfahrensrechts,[27]
- einen Zuwachs neuartiger, insbesondere ökonomischer Instrumente (Ökosteuern,[28] Emissionshandel[29]),
- eine Verstärkung des integrativen Umweltschutzes (IVU-Richtlinie[30], Artikelgesetz[31]),
- eine stärkere Betonung der nachhaltigen Entwicklung,
- einen zunehmenden Einfluss gemeinschaftsrechtlicher und internationaler Vorgaben[32] sowie
- Bemühungen zur verstärkten Harmonisierung, Vereinheitlichung und Standardisierung.[33]

Der Erfolg von Umweltrecht lässt sich freilich nicht allein und schon gar nicht vorrangig an der Anzahl umweltschützender Normen messen. Entscheidend sind vielmehr die Inhalte und hier vor allem der schwierige Ausgleich zwischen Stabilität und Flexibilität, damit einerseits gesetzliche Umweltschutzmaßnahmen hinreichend langfristig und verlässlich wirken, andererseits aber auch neue ökologische Erkenntnisse und technische Möglichkeiten berücksichtigt werden können.[34] Ein erfolgreiches Umweltrecht ist zudem abhängig vom politischen und ökonomischen Umfeld; ohne dessen Berücksichtigung sind Entwicklungsschübe des (Umwelt-)Rechts, aber auch widerläufige Entwicklungen nicht erklärbar.[35]

III. Entwurf und Scheitern eines Umweltgesetzbuchs

11   Im Gefolge der Zersplitterung des Umweltrechts war seit längerem der Ruf nach Vereinheitlichung und Harmonisierung laut geworden. Insoweit hatte es zunächst wissenschaftliche Vorarbeiten zu der Frage gegeben, ob dem Umweltrecht Kodifikationsreife attestiert werden konnte.[36] Dabei ist „Kodifikation" als zusammenfassend-systematische Erfassung eines Normenbestandes i.S.e. abgrenzbaren Regelungsbereichs zu verstehen.[37]

12   Dergestalt hatte bereits der Professorenentwurf eines **Umweltgesetzbuch**s – Allgemeiner Teil (**UGB-AT**) aus dem Jahr 1990 Ziele, Prinzipien und Instrumente des Umwelt-

---

27   Vertiefend *Erbguth*, Zur Vereinbarkeit der jüngeren Deregulierungsgesetzgebung.

28   Vgl. *Jansen*, ZUR 2003, 257.

29   Vgl. § 9 Rn. 12; näher § 16 Rn. 33 ff.

30   RL 96/61/EG v. 24.9.1996 über die integrierte Vermeidung und Verminderung der Umweltverschmutzung, ABlEG L 257/26, ersetzt durch Industrieemissions-RL 2010/75/EU v. 24.11.2010, ABlEU L 334/17; § 9 Rn. 7 f.

31   Gesetz zur Umsetzung der UVP-Änderungsrichtlinie, der IVU-Richtlinie und weiterer EG-Richtlinien zum Umweltschutz v. 27.7.2001, BGBl. I, S. 1950; vgl. § 9 Rn. 8.

32   Vgl. die Beiträge in: *Erbguth*, Europäisierung des nationalen Umweltrechts.

33   *Kloepfer*, Umweltrecht, § 1 Rn. 152 ff.

34   Eingehend dazu aus der Perspektive von Zeitproblemen des Umweltrechts *Gärditz*, EurUP 2013, 2.

35   Weiterführend zur Umweltrechtsgeschichte *Ebel* in: Kimminich/v. Lersner/Storm, Bd. 2, Sp. 2364 ff.

36   Vertiefend *Kloepfer*, Systematisierung des Umweltrechts; *Kloepfer/Meßerschmidt*, Innere Harmonisierung des Umweltrechts.

37   Dazu und zum Nachfolgenden auch *Schmidt/Kahl/Gärditz*, § 4 Rn. 4 ff.

schutzes, Umweltrechte und Umweltpflichten, ein Modell der Umweltleitplanung, Umweltfolgenprüfung und Umwelthaftung sowie die Verbandsbeteiligung, die Öffentlichkeit von Verfahren und Regelsetzungen zum Inhalt. Der Professorenentwurf eines Umweltgesetzbuchs – Besonderer Teil (**UGB-BT**) von 1994 nahm sich der Sachbereiche Naturschutz und Landschaftspflege, Gewässerschutz und Wasserwirtschaft, Bodenschutz, Immissionsschutz, Kernenergie und Strahlenschutz, gefährliche Stoffe sowie Abfallwirtschaft und -entsorgung an, nicht hingegen des bedeutsamen Gentechnikrechts, eines übergreifenden Stoffrechts oder eines einheitlichen Rechts für alle Verkehrsanlagen. Vor diesem Hintergrund wurde im Juli 1997 der Entwurf einer Unabhängigen Sachverständigenkommission zum Umweltgesetzbuch unter dem Vorsitz des ehemaligen Präsidenten des Bundesverwaltungsgerichts *Sendler* vorgelegt: UGB-KomE.[38]

Die Professorenentwürfe und der Vorschlag der Sachverständigenkommission bildeten die beiden ersten Etappen auf dem Weg zum Umweltgesetzbuch. Zu einer dritten, ministeriellen Phase, in welcher auf der Grundlage des Vorschlags der Sachverständigenkommission ein Entwurf der Bundesregierung erarbeitet werden sollte, kam es zunächst nicht; die Gründe lagen im politischen Bereich, waren aber auch solche kompetenzrechtlicher Art, die vornehmlich das Wasserrecht und die insoweit bis Mitte 2006 begrenzte bloße Rahmenkompetenz des Bundes betrafen.[39] **13**

Die Zusammenführung der Umweltgesetze in einem Umweltgesetzbuch war allerdings in der Koalitionsvereinbarung für die 15. Legislaturperiode als Projekt genannt[40] und war es gleichermaßen in derjenigen der 16. Legislaturperiode, so dass das UGB keineswegs als endgültig gescheitert angesehen werden konnte. Vielmehr hatte gerade die Föderalismusreform des Jahres 2006[41] den Arbeiten an und zu einem **UGB** wieder Auftrieb gegeben und diese deutlich vorangebracht.[42] Denn im Wege jener Reform ist die auf Rahmensetzung beschränkte (Gesetzgebungs-)Kompetenz des bisherigen Art. 75 GG aufgehoben und dem Bund auf den Gebieten des Wasserrechts und des Naturschutzrechts nunmehr eine Vollkompetenz, nämlich eine **konkurrierende Gesetzgebungszuständigkeit** zugewiesen worden, die überdies Freistellung vom bundesweiten Regelungserfordernis des Art. 72 Abs. 2 GG erfahren hat.[43] Dabei stand das Vorhaben des Bundes freilich unter Zeitdruck, weil das den Ländern auf den fraglichen Gebieten durch Art. 72 Abs. 3 S. 1 Nr. 2, 5 GG eröffnete **Abweichungsrecht** nach Art. 125b Abs. 1 S. 3 GG nur bis Ende des Jahres 2009 zeitlich gehemmt war.[44] **14**

Inhaltlich sollte das UGB Folgendes erfassen: In einem Allgemeinen Teil, der zugleich das vorhabenbezogene Umweltrecht regelte (UGBE I),[45] ging es im 1. Kap. neben Zweck-, Grundsatz- und Begriffsbestimmungen (Abschn. 1) um die SUP[46] (Abschn. 2),

---

38 *Bundesministerium für Umwelt, Naturschutz und Reaktorsicherheit*, Umweltgesetzbuch (UGB-KomE).
39 Zur Kompetenzverteilung im Umweltrecht näher § 4 Rn. 43 ff.
40 *Kohls/Reese/Schütte*, ZUR 2003, 55.
41 Zum Umweltbereich (und zur Raumordnung) insoweit kritisch *Erbguth* in: Ipsen/Stüer, FS Rengeling, S. 35, 42 ff.
42 Vgl. dazu *Umweltbundesamt*, Umweltgesetzbuch; (rechts)grundsätzlich *Smeddinck*, EurUP 2007, 202; zu den damit zusammenhängenden Fragen die Beiträge in: *Kloepfer*, Das kommende Umweltgesetzbuch.
43 Zu den Kompetenzfragen im Umweltrecht näher § 4 Rn. 42 ff.
44 Zur vorstehend skizzierten Kompetenzlage näher etwa *Oeter* in: Starck, Föderalismusreform, Rn. 45 ff.; *Kyrill-Schwarz* in: Starck, Föderalismusreform, Rn. 131.
45 „Fachübergreifende Umweltmaterien", vgl. hierzu und zum Nachfolgenden http://www.umweltbundesam t.de/sites/default/files/medien/1/dokumente/ugb1_allgem_vorschriften.pdf (Stand: 20.08.2018).
46 Näher § 5 Rn. 73 ff.

den betrieblichen Umweltschutz (unter Einschluss von Regelungen über Erleichterungen für auditierte Unternehmensstandorte,[47] Abschn. 3), die Vermeidung und Sanierung von Umweltschäden (Abschn. 4), um Rechtsbehelfe in Umweltangelegenheiten (Abschn. 5) und die Recht- und Regelsetzung im Umweltbereich (Anhörung beteiligter Kreise, Verwaltungsvorschriften, Abschn. 6). Im Zentrum des UGBE I stand das vorhabenbezogene Umweltrecht in Fokussierung auf die **integrierte Vorhabengenehmigung** (Kap. 2), welche die bisherigen Einzelgenehmigungen bei umweltrelevanten Vorhaben bündeln sollte.[48] Unterschieden wurden insoweit das Instrument der Genehmigung als prinzipiell gebundene Entscheidung[49] (Abschn. 2) und die planerische Genehmigung mit Abwägungsspielräumen der Verwaltung[50] (Abschn. 3). In diesem Zusammenhang fand sich zugleich die insoweit als unselbstständiger Verfahrensbestandteil durchzuführende UVP[51] normiert (Abschn. 4, auch Abschn. 5). Flankierende, nämlich eingreifende Maßnahmen und solche der Überwachung waren Gegenstand von Abschn. 6 und 8; das Rechtsregime für bestehende Anlagen hielt Abschn. 8 vor.[52] UGBE II traf Sonderregelungen für die Wasserwirtschaft, UGBE III Entsprechendes für Naturschutz und Landschaftspflege; Gegenstand des UGBE IV waren spezielle Vorschriften mit Blick auf „nichtionisierende Strahlung" (etwa im Zusammenhang mit Funkanlagen, Freileitungen, Erdkabeln, Umspannanlagen u. Ä.) und UGBE V erfasste den Emissionshandel bezogen auf Treibhausgase.

Trotz erheblicher Zugeständnisse des federführenden Bundesumweltministeriums an die Ressorts und die Bundesländer im weiteren Verlauf der Gesetzgebung ist das Vorhaben eines UGB Anfang des Jahres 2009 erneut **gescheitert**, und zwar im Wesentlichen am Widerstand des Landes Bayern. Angesichts des zeitlichen Drucks infolge Art. 125b Abs. 1 S. 3 GG[53] sind immerhin das BNatSchG und das WHG novelliert worden.[54]

IV. Bereiche des Umweltrechts

15   Entsprechend den drei herkömmlichen Rechtsdisziplinen lässt sich das Umweltrecht unterteilen in

- ▪ Umweltstrafrecht,[55]
- ▪ Umweltprivatrecht und
- ▪ öffentliches Umweltrecht.

---

47   Zum Umwelt-Audit näher § 5 Rn. 120 ff.
48   Zu dieser Rechtsfigur eingehend *Welke*, Die integrierte Vorhabengenehmigung; anhand der Gesetzgebung *Sangenstedt*, ZUR 2007, 505; zur „integrierten Umweltbehörde" *Wirtz*, Industrieanlagen im Umweltgesetzbuch.
49   Zur gebundenen Entscheidung im Umweltrecht vgl. § 5 Rn. 32.
50   Zu Ausnahmebewilligungen insoweit § 5 Rn. 33; zur Abwägung in der Planfeststellung § 5 Rn. 45 f.
51   Zur UVP § 5 Rn. 62 ff.
52   Kap. 3 enthält die Schlussvorschriften des UGBE I.
53   Dazu vorstehend im Text.
54   Gesetz zur Neuregelung des Rechts des Naturschutzes und der Landschaftspflege v. 29.7.2009, BGBl. I, S. 2542; dazu *Gassner/Heugel*, Das neue Naturschutzrecht. Gesetz zur Neuregelung des Wasserrechts v. 31.7.2009, BGBl. I, S. 2585; *Knopp*, Das neue Wasserhaushaltsrecht; *Caßor-Pfeiffer*, ZfW 2010, 1; *Fassbender*, ZUR 2010, 181. Näher zum Scheitern des UGB *Erbguth/Schubert*, UTR 2010, S. 7.
55   Vgl. *Pfohl*, NuR 2012, 307.

1. Umweltstrafrecht[56]

Der 29. Abschn. im StGB betrifft Straftaten gegen die Umwelt: § 324 StGB, Gewässer- 16
verunreinigung; § 324a StGB, Bodenverunreinigung; § 325 StGB, Luftverunreinigung;
§ 325a StGB, Verursachen von Lärm, Erschütterungen und nichtionisierenden Strahlen; § 326 StGB, Unerlaubter Umgang mit Abfällen; § 327 StGB, Unerlaubtes Betreiben von Anlagen; § 328 StGB, Unerlaubter Umgang mit radioaktiven Stoffen und anderen gefährlichen Stoffen und Gütern; § 329 StGB, Gefährdung schutzbedürftiger Gebiete; § 330 StGB, Besonders schwerer Fall einer Umweltstraftat; § 330a StGB, Schwere Gefährdung durch Freisetzen von Giften.

Die Vorschriften der §§ 329-330 StGB haben durch das 45. Strafrechtsänderungsgesetz[57] in Umsetzung der EU-Richtlinie Umweltstrafrecht v. 6.12.2008[58] Verschärfungen bzw. straferweiternde
Ergänzungen erfahren.[59]

Außerhalb des 29. Abschn. gibt es folgende Vorschriften: § 309 StGB, Missbrauch ionisierender Strahlen; § 310 StGB, Vorbereitung eines Explosions- oder Strahlungsver-
brechens; § 311 StGB, Freisetzen ionisierender Strahlen; § 312 StGB, Fehlerhafte Herstellung einer kerntechnischen Anlage. Umweltstrafrecht findet sich aber auch im eigentlichen Umwelt(verwaltungs)recht[60], etwa in §§ 71, 71a BNatSchG.[61]

Ordnungswidrigkeitstatbestände, welche diese Regelungen für Taten minderer Bedeutung ergänzen, sind am Ende vieler Umweltschutzgesetze geregelt, vgl. § 62 BImSchG,
§ 69 BNatSchG, § 103 WHG, § 26 BBodSchG.

Charakteristisch für jene Sanktionsnormen ist ihre Abhängigkeit von der Missachtung
verwaltungsrechtlicher Normen des Umweltrechts, sog. **Verwaltungsakzessorietät des
Umweltstrafrechts**.[62] Die Vorschriften verlangen regelmäßig, dass der Täter „unter
Verletzung verwaltungsrechtlicher Pflichten", „ohne die erforderliche Genehmigung
oder entgegen einer vollziehbaren Anordnung" oder schlicht „unbefugt" gehandelt haben muss.[63]

Die verwaltungsrechtliche Anknüpfung erfasst im Gefolge des mit dem 45. Strafrechtsänderungsgesetz aufgenommenen § 330d Abs. 2 StGB auch Verstöße gegen das Umweltrecht anderer Mitgliedstaaten, sofern es auf einer Umsetzung europarechtlicher Vorgaben beruht[64] (Auslandsak-
zessorietät des deutschen Umweltstrafrechts)[65].[66] Bei § 330d Abs. 2 StGB handelt es sich um eine
gesetzliche Klarstellung der zwischenzeitlichen Entwicklung zu einer Unionsrechtsakzessorietät
des deutschen Umweltstrafrechts; ohnehin dürfte die im Gesetzgebungsverfahren insoweit geäußerte Kritik nicht tragfähig sein.[67]

---

56 Näher *Engelstätter* in: Koch/Hofmann/Reese, § 18.
57 45. Strafrechtsänderungsgesetz zur Umsetzung der Richtlinie des Europäischen Parlaments und des Rates
    über den strafrechtlichen Schutz der Umwelt v. 6.12.2011, BGBl. I, S. 2557.
58 ABlEU L 328/28.
59 Dazu eingehend *Kloepfer*, Das Umweltstrafrecht nach dem 45. Strafrechtsänderungsgesetz; *Weber* in: He-
    ger/Kelker/Schramm, FS Kühl, S. 747; *Szesny/Görtz*, ZUR 2012, 405.
60 Dazu nachfolgend § 10 Rn. 84 ff.
61 Letztere Vorschrift eingeführt durch das 45. Strafrechtsänderungsgesetz, zuletzt geändert durch Art. 7 des
    G v. 17.8.2017, BGBl. I, S. 3202; insgesamt dazu *Szesny/Görtz*, ZUR 2012, 405, 409 ff.
62 *Breuer*, DÖV 1987, 169, 179; *Kloepfer*, Umweltrecht, § 7 Rn. 20; *Mackenthum/Jaeschke*, ZUR 2003, 408.
63 Ausf. *Kloepfer*, Umweltrecht, § 7; mit Bezug auf das Wasserrecht *Schmidt/Kahl/Gärditz*, § 4 Rn. 138.
64 Zum Umwelteuroparecht vgl. § 7.
65 Dazu etwa *Hecker* in: Ruffert, FS Schröder, 2012, S. 531.
66 Etwa bei der Produktion deutscher Unternehmen in Mitgliedstaaten der EU.
67 Näher *Hecker* in: Ruffert, FS Schröder, 2012, S. 531, 542 ff.

Schattenseite dieser Abhängigkeit ist, dass sich gleichermaßen Defizite des Umweltverwaltungsrechts und seines Vollzugs, etwa Unklarheiten bei der Auslegung von Grenzwertbestimmungen, unklare und unbestimmte Bescheide, Duldungen rechtswidriger Zustände oder rechtswidrige Genehmigungen, dem Umweltstrafrecht mitteilen.

2. Umweltprivatrecht

17   Umweltprivatrecht ist die Summe aller privatrechtlichen Normen, denen in ihrer Ausrichtung auf die Gestaltung der Rechtsbeziehungen zwischen den Bürgern die Funktion zukommt, „zugleich" Auswirkungen auf die Umwelt zu erfassen.[68]

Hierzu zählen insbesondere das **nachbarbezogene Sachenrecht** (§§ 903 ff. BGB) und der durch § 1004 BGB in Form von Beseitigungs- und Unterlassungsansprüchen vermittelte **Störerschutz**. Dem Einzelnen eröffnet sich so die Möglichkeit, Rechtsfolgen an die Beeinträchtigung einer ihm bevorrechtigt zugewiesenen Umweltsphäre zu knüpfen. Hinzu tritt das für diese Aufgabe allerdings nur schlecht gerüstete allgemeine **Deliktsrecht** (§§ 823 ff. BGB). Dergestalt treten Möglichkeiten zivilrechtlicher Art neben diejenigen des öffentlichen Rechts; gerade im kleinräumigen Nachbarschaftsverhältnis eröffnet sich so effektiver und rascher Rechtsschutz. Allerdings greift das Privatrecht erst bei tatsächlichen Beeinträchtigungen, während öffentlich-rechtlich auch präventives Einschreiten, insbesondere zur Gefahrenabwehr, möglich ist. Zudem leidet das zivilrechtliche Vorgehen unter Einengungen durch öffentlich-rechtliche Überformungen, dies im Interesse von Vorhabenträgern bzw. Genehmigungsinhabern (etwa § 14 BImSchG, § 7 Abs. 6 AtG).[69]

18   Am 1.1.1991 ist das **Gesetz über die Umwelthaftung** (UmweltHG)[70] in Kraft getreten.[71] Das Gesetz führt eine verschuldensunabhängige Gefährdungshaftung und eine Haftung für den Normalbetrieb von Anlagen ein. Es sieht zudem Beweiserleichterungen durch Ursachenvermutungen und Auskunftsansprüche sowie bei bestimmten Anlagentypen eine Deckungsvorsorge vor. Das UmweltHG soll einerseits einen Beitrag zur Umweltvorsorge leisten und andererseits die Rechtsstellung der Geschädigten verbessern; insoweit wurde das zuvor geltende Recht als unzureichend empfunden. Das UmweltHG löst die bisherigen Anspruchsgrundlagen (z.B. § 89 WHG, §§ 906 Abs. 2 S. 2, 823 ff. BGB,[72] aus allgemeiner Gefährdungshaftung nach dem Produkthaftungsgesetz,[73] dem Haftpflichtgesetz,[74] §§ 7 ff. StVG, §§ 33 LuftVG) nicht ab, sondern steht den Geschädigten zusätzlich zur Verfügung. Kommt es durch Umwelteinwirkungen aus einer bestimmten Anlage (insbesondere der Wärmegewinnung, Abfallbeseitigung, Stahlerzeugung oder der chemischen Industrie) zu Körper- oder Sachschäden, ist der Inhaber der Anlage prinzipiell, d.h. i.S.e. (widerleglichen) Ursachenvermutung,[75] zum Schadensersatz verpflichtet (§ 1 UmweltHG); der Geschädigte muss lediglich darlegen können, dass die Anlage zur Verursachung des fraglichen Schadens geeignet war (§ 6

---

68 *Horn*, JZ 1994, 1097; *Otto*, JURA 1995, 134; *Hohloch* in: Kimminich/v. Lersner/Storm, Bd. 2, Sp. 2270 ff.

69 Zum Vorstehenden *Schmidt/Kahl/Gärditz*, § 4 Rn. 121 ff.- m.w.N.; s.a. *Kloepfer*, Umweltrecht, § 6 Rn. 17 ff.

70 V. 10.12.1990, BGBl. I, S. 2634, geändert durch G v. 23.11.2007, BGBl. I, S. 2631; dazu kritisch anhand der Deckungsvorsorgeregelungen *Peter*, LKV 2007, 493.

71 Zur Umwelthaftung näher *Peters/Hesselbarth/Peters*, Rn. 265 ff.

72 Letztere sind wichtig für Schmerzensgeldansprüche (§ 253 Abs. 2 BGB), die über das UmweltHG nicht eröffnet sind, *Kloepfer*, Umweltschutzrecht, § 4 Rn. 131.

73 V. 15.12.1989, BGBl. I, S. 2198, zuletzt geändert durch Art. 5 der Verordnung v. 17.7.2017, BGBl. I, S. 2422.

74 I.d.F. der Bek. v. 4.1.1978, BGBl. I, S. 145, zuletzt geändert durch Art. 9 des G v. 17.7.2017, BGBl. I, S. 2422.

75 Beweiserleichterungen gibt es freilich auch bei §§ 823 ff. BGB, vgl. BGHZ 92, 143, 147.

Abs. 1 UmweltHG). Die Beweisregel wird freilich entwertet, zum einen dadurch, dass eine derartige Eignung beim bestimmungsgemäßen Betrieb ausscheidet, zum anderen dann, wenn auch ein „anderer Umstand" als die Anlage verursachungsgeeignet war (§ 7 UmweltHG).[76] Nicht nur deshalb stellt das UmweltHG im Ergebnis allenfalls einen Grundstein für ein (noch zu schaffendes) modernes Umwelthaftungsrecht dar: Es gleicht allein solche Schäden aus, die einem bestimmten Schädiger zugerechnet werden können;[77] nicht erfasst werden Summations- und Distanzschäden.[78] Außerdem wurde für sog. ökologische Schäden, also Beeinträchtigungen von Natur oder Landschaft, die nicht zugleich eine Beeinträchtigung individueller Rechte darstellen, mit § 16 UmweltHG eine recht unvollkommene Regelung getroffen.[79] Schließlich kann dem Anspruch Mitverschulden entgegen gehalten werden (§ 11 UmweltHG) und es gelten Haftungshöchstgrenzen (§ 15 UmweltHG).

Weitergehendes hat das Unionsrecht nach sich gezogen: Die **Umwelthaftungsrichtlinie**[80] aus 2004 bedingte maßgebliche Änderungen des nationalen Umwelthaftungsrechts.[81] Das zur Umsetzung erlassene **Umweltschadensgesetz** (USchadG, mit zugehörigem Artikelgesetz)[82] führt im Gefolge des Unionsrechts eine allerdings **öffentlich-rechtliche Verantwortlichkeit** des (beruflich handelnden) Verursachers gegenüber den Behörden ein, und zwar für die Vermeidung und Sanierung von Schäden an Naturgütern.[83] Bestehende Zulassungen (Erlaubnisse, Genehmigungen usw.) sind nicht betroffen.[84] Auch werden Ansprüche Dritter nicht begründet, obwohl die Umwelthaftungsrichtlinie dies ermöglicht.[85] Das USchadG verfolgt selbst keinen umfassenden ökologischen Ansatz, sondern ist auf die Schutzgüter bestimmter Umweltgesetze[86] gerichtet. So liegt nach § 2 Nr. 1 USchadG ein Umweltschaden vor, wenn eine Schädigung von Arten und natürlichen Lebensräumen nach Maßgabe des § 19 BNatSchG, eine Schädigung von Gewässern i.S.d. § 90 WHG oder eine Schädigung des Bodens durch Beeinträchtigung seiner (Boden-)Funktionen nach § 2 Abs. 2 BBodSchG gegeben ist.[87]

---

76 Was der Anlagenbetreiber darzulegen und zu beweisen hat, dazu *Kloepfer*, Umweltschutzrecht, § 4 Rn. 134.
77 *Michalski*, JURA 1995, 617.
78 Zum Begriff *Kloepfer*, Umweltrecht, § 6 Rn. 140.
79 Nur, wenn die Sachbeschädigung zugleich eine solche von Natur und Landschaft darstellt, *Kloepfer*, Umweltrecht, § 6 Rn. 188; *Rehbinder* in: Hansmann/Sellner, I. 3. Rn. 324 ff.
80 RL 2004/35/EG v. 21.4.2004 über Umwelthaftung zur Vermeidung und Sanierung von Umweltschäden, ABlEG L 143/56 (zuletzt geändert durch RL 2013/30/EU v. 12.6.2013, ABlEU L 178/66); *Ludwig*, NuR 2007, 474; *Schmidt/Kahl/Gärditz*, § 4 Rn. 19.
81 *Falke*, ZUR 2004, 244; bereits zu den Vorschlägen *Leifer*, NuR 2003, 598; *Godt*, ZUR 2001, 188; näher *Hager*, NuR 2003, 581; zu den Erfahrungen mit der Umwelthaftungsrichtlinie in der mitgliedschaftlichen Praxis *Knopp/Piroch*, NuR 2013, 25.
82 Dazu *Becker*, NVwZ 2007, 1105; eingehend *ders.*, Umweltschadensgesetz; nach vier Jahren Erfahrung mit dem Gesetz *Brinktrine*, EurUP 2012, 2; ferner *Knopp*, UPR 2007, 414 ff.; auch *Ruffert*, NVwZ 2010, 1177: keine verfassungsrechtlich problematische Rechtsunsicherheit oder unüberschaubare Kostenrisiken, lediglich Feinabstimmung bei Einzelfragen klärungsbedürftig; zum Bodenschutz im Umweltschadensgesetz *Brinktrine*, ZUR 2007, 337; zur Rechtsprechungsentwicklung vgl. *Knopp/Lohmann/Schumacher*, NuR 2017, 741; zum Verschuldenserfordernis im USchadG *Saurer*, NuR 2017, 289; vgl. auch § 13 Rn. 4.
83 Vgl. § 2 USchadG; strukturell mit §§ 4, 11–16 BBodSchG vergleichbar; näher zu alldem *Rehbinder* in: Hansmann/Sellner, I. 3. Rn. 328 m.w.N.
84 Legalisierende Wirkung behördlicher Zulassungen, vgl. *Kloepfer*, Umweltschutzrecht, § 4 Rn. 146.
85 Vgl. Art. 12 Abs. 1 RL 2004/35/EG (Aufforderung zu behördlichem Einschreiten); ferner – prozessual – Art. 13 RL 2004/35/EG; zu Letzterem im Zusammenhang mit den Rechtsschutzfragen vgl. § 6 Rn. 15.
86 Im engeren Sinne, vgl. Rn. 4.
87 Näher zum Anwendungsbereich, Instrumentarium, zu Verfahren und Rechtsschutz *Kloepfer*, Umweltschutzrecht, § 4 Rn. 148 ff.

19   Daneben finden sich in öffentlich-rechtlichen Rechtsmaterien Normen, die eine privatrechtliche Haftung beinhalten. Das gilt bspw. für die Ausgleichspflicht nach § 14 S. 2 BImSchG, die Gefährdungshaftung nach § 89 WHG (s.o.) und die Haftungsvorschriften der §§ 25 ff. AtG bzw. der §§ 32 ff. GenTG.[88]

3. Öffentliches Umweltrecht

20   Das öffentliche Umweltrecht als Summe aller öffentlich-rechtlichen Normen, die dem Umweltschutz dienen, lässt sich wie folgt unterteilen: Umweltvölkerrecht,[89] Umwelteuroparecht,[90] Umweltverfassungsrecht[91] und Umweltverwaltungsrecht.[92]

21   Das kodifizierte Umweltverwaltungsrecht bildet ein Teilgebiet des besonderen Verwaltungsrechts[93]; es findet sich in einer nur noch schwer überschaubaren Vielzahl von Gesetzen, etwa Abfallverbringungsgesetz, Abwasserabgabengesetz, Arzneimittelgesetz, Atomgesetz, Benzinbleigesetz, Biozidgesetz,[94] Bundes-Immissionsschutzgesetz, Bundesnaturschutzgesetz, Bundeswaldgesetz, Chemikaliengesetz, Bundes-Bodenschutzgesetz, Erneuerbare-Energien-Gesetz, Fluglärmgesetz, Gentechnikgesetz, Infektionsschutzgesetz, Abfallrecht[95], Pflanzenschutzgesetz, Umweltinformationsgesetz, Gesetz über die Umweltverträglichkeitsprüfung, Wasch- und Reinigungsmittelgesetz, Wasserhaushaltsgesetz.[96]

Einer wirksameren gesetzlichen Erfassung bedarf weiterhin der Klimaschutz.[97] Ferner müssen die (bestehenden) Umweltgesetze im Gefolge des technischen Fortschritts regelmäßig nachgebessert und modernisiert werden. Vonnöten ist überdies eine stärkere Abstimmung der einzelnen Regelungsbereiche aufeinander.[98] Das betrifft vor allem die allgemeinen Normen der jeweiligen Umweltgesetze, die weitgehend parallel strukturiert sind. Durch Ausgliederung dieser (generellen) Vorschriften und Schaffung eines einheitlichen allgemeinen Teils des Umweltrechts wäre ein Großteil an Harmonisierung und Vereinfachung zu erreichen.[99] Hierauf richteten sich die (erfolglosen) Arbeiten an einem **UGB I**.[100] Auch die zunehmende Bedeutung des Rechts der **EU** zieht den Zwang zu einer diesbezüglichen Vereinheitlichung nach sich.

---

88 Weiterführend *Hohloch* in: Kimminich/v. Lersner/Storm, Bd. 2, Sp. 2270 ff.; *Medicus*, NuR 1990, 145.
89 Vgl. näher § 8.
90 Vgl. näher § 7.
91 Vgl. näher § 4.
92 Vgl. *Ramsauer* in: Koch/Hofmann/Reese, § 3 Rn. 10 ff.; insoweit zur neueren höchstrichterlichen Rechtsprechung *Kahl*, JZ 2016, 666 ff.; *ders.*, JZ 2016, 729 ff.
93 Zu Verständnis und Einordnung des allgemeinen Umweltrechts vgl. Rn. 4.
94 Hierzu *Kohls/Reese/Schütte*, ZUR 2002, 431, 432 f.
95 Zur Rechtsentwicklung im Abfallrecht, KrW-/AbfG – KrWG vgl. § 12 Rn. 7 ff., 12.
96 Nachfolgend werden überwiegend Kürzel zur Bezeichnung der Gesetze verwandt, vgl. zu diesen das Abkürzungsverzeichnis.
97 Vgl. § 16 sowie *Koch*, NVwZ 2011, 641.
98 Vgl. hierzu *Schweikl*, BB 1997, 2123; schon *Kloepfer*, Systematisierung des Umweltrechts, S. 70 ff.
99 Zur Kodifikation des Umweltrechts vgl. *Kloepfer*, Umweltrecht, § 1 Rn. 152 ff.
100 Dazu Rn. 14; *Bundesministerium für Umwelt, Naturschutz und Reaktorsicherheit*, Umweltgesetzbuch (UGB-KomE); vgl. auch *Heuser*, NuR 2008, 99 (Bericht).

V. Schutzgegenstände

Das Umweltverwaltungsrecht lässt sich strukturieren und einteilen in 22

- allgemeine Vorschriften (z.B. Zuständigkeits- und Verfahrensregelungen)[101] und
- besondere Regelungen zum Zwecke des medialen, kausalen, vitalen und integrierten Umweltschutzes.[102]

Allgemeine Regelungen betreffen administrative Grundregelungen und -strukturen[103], 23 bspw. die Organisation sowie die Statistik im Umweltbereich.[104] Zu Ersterem zählen die Gesetze zur Errichtung eines Umweltbundesamtes, eines Bundesamtes für Strahlenschutz, eines Bundesamtes für Naturschutz und einer Stiftung „Deutsche Bundesstiftung Umwelt" bzw. der Erlass über die Einrichtung eines Rates von Sachverständigen für Umweltfragen – und zu Letzterem das Umweltstatistikgesetz.

Medialer Umweltschutz dient dem Schutz der (Umwelt-)Medien Boden, Wasser und 24 Luft. Die wesentlichen Bestimmungen zum Schutz des Bodens finden sich in dem – als Leitgesetz ausgestalteten – BBodSchG.[105] Dem Gewässerschutz dienen vor allem das WHG (des Bundes),[106] die Landeswassergesetze sowie das Waschmittel- und Reinigungsmittelgesetz.[107] Der Schutz der Luft erfolgt primär durch das BImSchG; für ergänzendes Immissionsschutzrecht der Länder bleibt nur wenig Raum.[108] Spezialgesetze des Bundes sind insoweit das Fluglärmgesetz und das Benzinbleigesetz.

Kausaler Umweltschutz will eine effektive Minderung der Umweltgefährdung erreichen, indem er bei der Emission gefährlicher Stoffe – gleichsam „an der Quelle" – an- 25 setzt und den Umgang mit ihnen reglementiert. Gesetze des kausalen Umweltschutzes sind insbesondere das AbwAG, Arzneimittelgesetz, AtG, ChemG, Düngemittelgesetz, Lebensmittel-, Bedarfsgegenstände- und Futtermittelgesetzbuch, PflSchG, Wasch- und Reinigungsmittelgesetz und die Normierung des Abfallrechts.[109]

Das Verhältnis von Regelungen des medialen zu solchen des kausalen Umweltschutzes 26 ist nicht frei von Überschneidungen. Gleichwohl bleibt es beim unterschiedlichen Ansatz: Derjenige medialer Art schützt bestimmte Umweltgüter vor (nahezu) allen Gefahrenquellen (z.B. BImSchG, WHG), während der kausale Ansatz alle Umweltgüter gegenüber bestimmten Gefahrenquellen (etwa ChemG, AtG) bewahren will.[110]

---

101 Vgl. etwa das Umweltverwaltungsgesetz (UVwG) BW v. 25.11.2014, GBl. 2014, S. 592, zuletzt geändert durch Art. 2 der Verordnung v. 13.8.2015, GBl. 2015 S. 785, 793, das Regelungen zur Umweltverträglichkeitsprüfung, zur Strategischen Umweltprüfung, zum Umweltinformationsanspruch, zum Umweltschadensrecht und zur Anerkennung von Umweltvereinigungen bündelt.
102 Vgl. *Schmidt/Kahl/Gärditz*, § 4 Rn. 3; systematische Begründung bei *Breuer*, Der Staat 20 (1981), 393.
103 Zu Gegenstand und Funktion des "allgemeinen Umweltrechts" vgl. § 2 Rn. 4.
104 Weiteres Verständnis wohl bei *Ramsauer* in: Koch/Hofmann/Reese, § 3 Rn. 13.
105 BGBl. I 1998, S. 502, zuletzt geändert durch Art. 3 der Verordnung v. 27.9.2017, BGBl. I, S. 3465; näher vgl. § 13 Rn. 6 ff.
106 Ursprünglich erlassen aufgrund der früheren Rahmenkompetenz des Bundes zur Gesetzgebung auf dem Gebiet des Wasserhaushalts nach Art. 75 Abs. 1 Nr. 4 GG a.F., nunmehr (seit 2006) konkurrierende Gesetzgebungszuständigkeit des Bundes nach Art. 74 Abs. 1 Nr. 32 GG unter Abweichungsvorbehalt zugunsten der Länder gem. Art. 72 Abs. 3 S. 1 Nr. 5 GG (bei Wahrung eines abweichungsfesten Kerns: „stoff- oder anlagenbezogene Regelungen"); auf dieser Grundlage Neuregelung durch G v. 31.7.2009, BGBl. I, S. 2585, zuletzt geändert durch Art. 1 der Verordnung v. 18.7.2017, BGBl. I, S. 2771; bereits vorstehend Rn. 14; näher zur kompetenziellen Lage § 4 Rn. 41 ff.; vgl. ferner § 11 Rn. 11.
107 BGBl. I 2007, S. 600.
108 Näher § 9 Rn. 16.
109 Zur diesbezüglichen Rechtsentwicklung § 12 Rn. 7 ff., 12.
110 Wie vor.

27   **Vitaler Umweltschutz** dient dem unmittelbaren Schutz von Tieren und Pflanzen.[111] Es geht also in erster Linie um „nichtmenschliches" Leben. An Gesetzen richten sich hierauf das BNatSchG und die Landesnaturschutzgesetze, die Fischereigesetze der Länder, das Bundesjagdgesetz, das PflSchG und das Tierschutzgesetz.

Auf der Schnittstelle zwischen kausalem und vitalem Umweltschutz bewegt sich das Gentechnikrecht.[112]

28   **Integrierter Umweltschutz**[113] findet sich dort, wo entweder der Umweltschutz mit anderen (gegenläufigen) Aufgabenstellungen und Zielen konkurriert (etwa Raumordnungsrecht, Recht der Bauleitplanung: Umweltschutz als ein Planungsziel oder abwägungserheblicher Belang neben anderen Aufgaben) oder aber mit weiteren (gleichgerichteten) Zielen konvergiert (bspw. Recht der technischen Sicherheit, insbesondere IVU-Richtlinie (jetzt: IE-Richtlinie),[114] Arbeitsschutzrecht,[115] Gesundheitsrecht)[116] – hier ergänzen Umweltschutzaspekte die anderen Schutzziele Gesundheit, Arbeitssicherheit usw., sie konkurrieren nicht mit ihnen. Ein Beispiel für den integrativen Ansatz im Europäischen Umweltrecht bildet die Querschnittsklausel des Art. 11 AEUV;[117] hiernach müssen die Erfordernisse des Umweltschutzes bei den Unionspolitiken und -maßnahmen einbezogen werden (konkurrierend integrierter Umweltschutz).

WIEDERHOLUNGS- UND VERSTÄNDNISFRAGEN

> Wie steht es um die Inhalte und die Entwicklung eines Umweltgesetzbuchs? (Rn. 14)

> Welche Teildisziplinen des Umweltrechts gibt es und welche Bedeutung haben sie? (Rn. 15 ff.)

> Wonach kann man das Umweltverwaltungsrecht intern gliedern? (Rn. 22 ff.)

---

111   *Kloepfer*, Umweltrecht, § 1 Rn. 116.
112   Dazu § 14.
113   Vgl. *Schmidt/Kahl/Gärditz*, § 4 Rn. 42 ff.
114   Dazu und zum gerade nicht integrativen, sondern medienbezogenen (Umsetzungs-)Ansatz des nationalen Gesetzgebers *Kloepfer*, Umweltschutzrecht, § 1 Rn. 39; zur Ablösung der IVU-RL durch die IE-RL vgl. § 9 Rn. 8; ausf. *Wagner*, Das integrierte Konzept der IE-Richtlinie und seine Umsetzung im deutschen Recht.
115   Z.B. Gerätesicherheitsgesetz.
116   Etwa Bundesseuchengesetz.
117   Vgl. § 7 Rn. 9.

§ 3 Grundprinzipien des Umweltrechts

I. Überblick

Das Umweltrecht ist nach herkömmlicher Ansicht von drei Grundprinzipien geprägt: dem **Vorsorgeprinzip**, dem **Verursacherprinzip** und dem **Kooperationsprinzip**.[1] Als programmatische Leitsätze der Umweltpolitik finden sie sich z.T. bereits im Umweltprogramm der Bundesregierung aus dem Jahr 1971 und vor allem im Umweltbericht von 1976. Ihre besondere Rolle wurde überdies im Zusammenhang mit der Einheit Deutschlands verdeutlicht, nämlich durch Erwähnung in Art. 34 Abs. 1 Einigungsvertrag.

1

An zusätzlichen Prinzipien finden sich im Schrifttum:[2]

2

- **Verschlechterungsverbot** bzw. **Bestandsschutzprinzip:** etwa §§ 13 ff., 20 f. BNatSchG, §§ 6, 27 WHG (es soll eine weitere Zunahme der Umweltbelastungen verhindert und wenigstens das gegenwärtige Maß an Umweltqualität erhalten werden),

- **Vorsichtsprinzip:** eine potenziell umweltbelastende Maßnahme – z.B. eine Emission – muss schon dann untersagt werden, wenn es lediglich möglich erscheint, dass sie die Umwelt schädigt,

- **Gefahrenabwehr- bzw. Schutzprinzip:** Umweltgefahren müssen abgewehrt werden[3],

- **Grundsatz der Nachhaltigkeit**[4]:
  - eindimensional (ökologisch) als Ressourcen- und Zukunftsvorsorge, konkretisiert durch Bindung der Inanspruchnahme nachwachsender Umweltgüter (wie Pflanzen) an deren Regenerationsfähigkeit, bei nicht erneuerbaren Gütern (Bodenschätze) durch Kompensationspflichten;[5] die allgemeine Grundlage bildet Art. 20a GG;[6]
  - mehrdimensional durch gleichzeitige und gleichberechtigte (Mit-)Berücksichtigung ökologischer, ökonomischer und sozialer Belange bei staatlichen und gesellschaftlichen Entscheidungen (integrativer Ansatz), dies in Wahrung der Interessen künftiger Generationen – generationenübergreifender Ansatz (vgl. in räumlicher Hinsicht § 1 Abs. 2 ROG:[7] Die sozialen und wirtschaftlichen Ansprüche an den Raum sind mit seinen ökologischen Funktionen in Einklang zu bringen und zu einer dauerhaften, großräumig ausgewogenen Ordnung zu führen; ähnlich § 1 Abs. 5 S. 1 BauGB).[8]

---

1 *Kloepfer*, Umweltrecht, § 4 Rn. 1 ff.; *Ramsauer* in: Koch/Hofmann/Reese, § 3 Rn. 26; *Storm*, Rn. 30 f.; eingehend auch *Rehbinder* in: Hansmann/Sellner, Grundzüge, I. 3. Rn. 19 ff., 140 ff., 173 ff.; *Peters/Hesselbarth/Peters*, Rn. 14 ff.

2 Vgl. *Kloepfer/Meßerschmidt*, Innere Harmonisierung des Umweltrechts, S. 67; auch *Eifert* in: Schoch, Besonderes Verwaltungsrecht, 5. Kap. Rn. 36 ff.

3 Dazu allgemein *Ramsauer* in: Koch/Hofmann/Reese, § 3 Rn. 33 f.; hierauf wird näher im Zusammenhang mit dem Immissionsschutzrecht eingegangen, vgl. § 9 Rn. 47.

4 Eingehend dazu *Wieland*, ZUR 2016, 473; *Calliess* in: Ruffert, FS Schröder, 2012, S. 517; auch *Kluth* in: ders./Smeddinck, § 1 Rn. 12; *Eifert* in: Schoch, Besonderes Verwaltungsrecht, 5. Kap. Rn. 62 f.

5 Den Hintergrund bildet das Forstrecht, vgl. § 1 Nr. 1 BWaldG; zum ökologischen Bereich § 1 S. 1 BBodSchG, § 1 BNatSchG.

6 *Ramsauer* in: Koch/Hofmann/Reese, § 3 Rn. 47; dazu § 4 Rn. 4 ff.

7 Zum neu gefassten ROG bereits § 2 Rn. 3.

8 Eingehend *Beaucamp*, S. 15 ff.; *Ekardt*, Theorie der Nachhaltigkeit; *Schmidt/Kahl/Gärditz*, § 4 Rn. 36 f. weisen dem so verstandenen Nachhaltigkeitsgrundsatz die Stellung als Leitgrundsatz des modernen Umweltrechts zu.

– Im politisch-internationalen Raum findet sich die mehrdimensionale Verantwortung(swahrnehmung) im Zeichen der Nachhaltigkeit vornehmlich auf das Verhältnis zwischen Industrie- und Entwicklungsländern ausgerichtet; dergestalt soll der Ressourcenverbrauch der Industrieländer gesenkt und den Entwicklungsländern eine umweltschonende Wohlstandsentwicklung ermöglicht werden.[9]

■ **Prinzip der Produktverantwortung:** Aus dem Abfallrecht entwickelt und eng mit dem Nachhaltigkeitsprinzip verbunden, geht es um eine aus der Produktion von Gütern rührende ökologische Verantwortung während deren gesamter Lebenszeit.[10]

■ **Cradle-to-grave-Prinzip:** Kontrolle bestimmter Problemstoffe von ihrer Produktion bis zu ihrer Beseitigung („von der Wiege bis zur Bahre").

■ **Integrationsprinzip:**[11] bspw. § 2 Abs. 1 Nr. 5 UVPG,[12] IE-Richtlinie[13]; Abkehr vom sektoralen zum gesamtheitlichen, insbesondere die Wechselwirkungen zwischen den Umweltmedien erfassenden (Umwelt-)Schutz.[14]

Die so aufgefächerten Begrifflichkeiten werden allerdings keineswegs durchgängig verwendet; sachlich überschneiden sie sich vielfach, sind z.T. von den eingangs genannten fundamentalen Grundsätzen umfasst oder stellen Nachbarprinzipien,[15] Ausnahmen, aber auch Konkretisierungen zu diesen dar.[16] Da jene **drei Prinzipien** eindeutig im Vordergrund von Umweltpolitik und rechtswissenschaftlicher Diskussion stehen, sollen nur sie im Folgenden behandelt werden.

Bei dem nicht weniger bedeutsamen Nachhaltigkeitsprinzip (s.o.) geht es in seiner ökologischen Ausrichtung um eine konkretisierende Fortentwicklung des Vorsorgeprinzips.[17] In seiner mehrdimensionalen Variante handelt es sich bei der Nachhaltigkeit um einen sachgerechten Problemlö-

---

9 Dazu näher anhand des Klimaschutzes und unter Hinweis auf allgemein gefasste diesbezügliche Managementregeln, die immerhin verdeutlichen, dass Umweltschutzinteressen nur im Kontext mit wirtschaftlichen und sozialen Belangen gesehen werden können, *Ramsauer* in: Koch/Hofmann/Reese, § 3 Rn. 51; im Zusammenhang mit dem (Umwelt-)Völkerrecht vgl. näher § 8 Rn. 20.

10 Eingehend *Smeddinck*, NuR 2009, 304, unter besonderer Betonung von Governance-Implikationen und Schnittstellen zum Privatrecht, a.a.O., 309 ff. m.w.N.; zur nachhaltigen Produktnutzung auch *Schlacke/Tonner/Gawel*, JZ 2016, 1030.

11 Im Verhältnis zum „Prinzip medialer Spezialregelung" als Ausdruck medialen Umweltschutzes zur besseren Durchsetzung des Schutzprinzips, so *Ramsauer* in: Koch/Hofmann/Reese, § 3 Rn. 54 f.; zur Schutzpflicht im Immissionsschutz vgl. § 9 Rn. 47.

12 Vgl. § 5 Rn. 62, 70 f.

13 § 9 Rn. 8.

14 Über das Verhältnis der Umweltmedien zueinander (interne Integration) hinaus auch im Verhältnis zu nichtökologischen, insbesondere wirtschaftlichen Belangen (externe Integration), dabei vornehmlich materiell-rechtlich durch weit gefasste Abwägungen resp. Querschnittsklauseln (vgl. Art. 11 AEUV; dazu § 7 Rn. 9), *Ramsauer* in: Koch/Hofmann/Reese, § 3 Rn. 56 f.; wenn ferner eine externe Integration durch Verfahrensrecht betont und auf die UVP hingewiesen wird, so betrifft dies die materielle, nicht aber die verfahrensrechtliche Seite der UVP, weil ihr Verfahrensrecht den durchweg nicht integrativen fachlichen Verfahren „aufgesattelt" ist (vgl. § 5 Rn. 62, 66; § 4 UVPG); aber auch die (ökologieintern) integrative Bewertung wird durch die Bindung an die fachgesetzlichen Maßgaben in § 25 Abs. 1 S. 1 UVPG wieder relativiert, vgl. § 5 Rn. 66, 70 f.; zum Integrationsprinzip auch *Schmidt/Kahl/Gärditz*, § 4 Rn. 42 ff.; *Rehbinder* in: Hansmann/Sellner, I. 3. Rn. 116 ff.; *Kloepfer*, Umweltschutzrecht, § 3 Rn. 34 f.; es handelt sich indes – wie bei der Nachhaltigkeit – um eine Problemlösungsstrategie und weniger um ein Umweltprinzip (vgl. nachfolgend im Text); in der Sache sind allerdings die Anwürfe gegen den integrativen Ansatz (dazu *Schmidt/Kahl/Gärditz*, § 4 Rn. 48 m.w.N.) naturwissenschaftlich überholt und (europa)rechtlich nicht haltbar, vgl. etwa *Erbguth* in: Ipsen/Stüer, FS Rengeling, 2008, S. 35, 43.

15 Vgl. etwa *Kloepfer*, Umweltschutzrecht, § 3 Rn. 15 f.: Nachhaltigkeitsprinzip, Schutzprinzip, Cradle-to-Grave-Prinzip, Bestandsschutzprinzip als Nebenprinzipien zum Vorsorgeprinzip; zurückhaltender *Ramsauer* in: Koch/Hofmann/Reese, § 3 Rn. 26.

16 *Kloepfer*, Umweltschutzrecht, § 3 Rn. 1; ähnlich *Kluth* in: ders./Smeddinck, § 1 Rn. 125.

17 Vgl. Rn. 4, 6 f.

sungsmodus, der weit über das Umwelt- und Planungsrecht hinaus i.S.e. allgemeinen gesamthaften Abwägungsstrategie wirkt[18]; um ein spezifisches Prinzip des Umweltrechts, und sei es auch in dessen weitem Verständnis[19], handelt es sich daher nicht.[20]

Auch stellen das Vorsorge-, Verursacher- und Kooperationsprinzip nach zunehmend vertretener Auffassung mehr als bloße rechtspolitische Handlungsmaximen dar; sie haben sich vielmehr stärker als die übrigen Prinzipien zu Rechtsprinzipien fortentwickelt.[21] Rechtsverbindlichkeit kommt ihnen bei entsprechender gesetzlicher Fixierung zu (etwa § 5 Abs. 1 Nr. 2 BImSchG: Vorsorge).[22] Verbindliche Vorgaben ergeben sich ferner aus dem Europarecht, vgl. Art. 191 Abs. 2 AEUV; sie binden das nationale Recht vornehmlich über Richtlinien aufgrund der hiermit einhergehenden Umsetzungspflicht der Mitgliedstaaten.[23]

Systematisieren lassen sich die Hauptprinzipien danach, dass das Vorsorgeprinzip inhaltlichen Charakter trägt, während das Verursacherprinzip instrumentell ausgerichtet ist und das Kooperationsprinzip organisatorisch wirkt;[24] das gilt freilich nur dem Grundsätzlichen nach.[25]

II. Vorsorgeprinzip

Das Vorsorgeprinzip besagt, dass bereits die Entstehung von Umweltgefahren und Umweltschäden so weit wie möglich vermieden werden muss:[26] planender, präventiver Umweltschutz.[27] Einfachgesetzlich verankert ist es bspw. in §§ 1, 5 Abs. 1 Nr. 2 (s.o.), 50 BImSchG, §§ 6, 12 Abs. 1 WHG, § 7 Abs. 2 Nr. 3 AtG, § 1 S. 1 BBodSchG. Die Auslegung, wie weit das Vorsorgeprinzip im Einzelfall reicht, hängt vom Schutzzweck des jeweiligen Gesetzes ab.

3

Zur theoretischen Begründung des Vorsorgeprinzips lassen sich zwei unterschiedliche Ansätze heranziehen. Die „**Freiraumthese**"[28] will die Belastbarkeit der Natur nicht völlig ausschöpfen, um ein weiteres Wachstum der menschlichen Gesellschaft und Wirtschaft zu ermöglichen und um wenig belastete Freiräume zur Regeneration des Umweltsystems zu erhalten. Die sog. **Ignoranztheorie** geht demgegenüber davon aus, dass die langfristige Wirkung von umweltrelevanten Maßnahmen nie genau vorhergesagt werden kann, sondern Umweltbeeinträchtigungen in einem gewissen Maße immer auf-

4

---

18 Dazu unter Hinweis darauf, dass ein zu weitläufig-diffuses Verständnis vom Nachhaltigkeitsprinzip der Gefahr der „Wegwägung" in Abwägungsvorgängen unterliegt, *Schmidt/Kahl/Gärditz*, § 4 Rn. 36.

19 Dazu § 2 Rn. 4.

20 Vgl. oben Rn. 2 mit Fn. 4, auch Fn. 8; anders *Schmidt/Kahl/Gärditz*, § 4 Rn. 36; *Ramsauer* in: Koch/Hofmann/Reese, § 3 Rn. 48 ff.

21 Vgl. aber (etwa) zur Nachhaltigkeit vorstehend im Text; *Kloepfer*, Umweltrecht, § 4 Rn. 3 f.; auch BVerfG, NJW 1998, 2341.

22 Auch *Ramsauer* in: Koch/Hofmann/Reese, § 3 Rn. 36. Grundlegend zur Funktion normierter Prinzipien im Umweltrecht *Smeddinck*, NuR 2009, 304, anhand der Produktverantwortung nach dem UGBE 2007/2008.

23 Vgl. *Ramsauer* in: Koch/Hofmann/Reese, § 3 Rn. 32; zu Art. 191 AEUV vgl. § 7 Rn. 7 ff.; zur Umsetzung von Richtlinien vgl. § 7 Rn. 15.

24 Teilweise abweichend *Kloepfer*, Umweltschutzrecht, § 3 Rn. 3.

25 Zu den näheren Auffächerungen nachfolgend.

26 *Sanden*, § 4 Rn. 18.

27 Auch *Kluth* in: ders./Smeddinck, § 1 Rn. 131; ausf. auch *Arndt*, S. 13 ff.

28 Hierzu *Feldhaus*, DVBl. 1980, 133, 135; *Sellner*, NJW 1980, 1255, 1257.

treten. Angesichts dessen sei es sinnvoll und notwendig, Eingriffe in die Umwelt durchweg auf das technisch mögliche und zumutbare Maß zu reduzieren.[29]

5   Im Ziel, auch potenziellen Umweltbelastungen vorzubeugen, lag lange Zeit der wesentliche Unterschied des Umweltrechts zum allgemeinen Recht der Gefahrenabwehr.[30] In letzterem Rahmen war herkömmlicherweise eben nur Gefahrenabwehr möglich. Eine Gefahr im polizeirechtlichen Sinne liegt vor, wenn die erkennbare, objektive, nicht entfernte Möglichkeit des Eintritts eines Schadens, d.h. einer Rechtsverletzung bzw. einer Schädigung von Rechtsgütern, besteht (= Gefahrenschwelle).[31] Inzwischen findet freilich auch im Gefahrenabwehrrecht der Vorsorgegedanke Platz, dies nicht zuletzt im Zusammenhang mit der Terrorismusabwehr.[32]

Über eine solche Prägung verfügt das moderne Umweltrecht aufgrund des Vorsorgeprinzips hingegen seit Längerem.[33] Dabei ist die Risikovorsorge von der Ressourcenvorsorge abzugrenzen.[34]

6   Die **Risikovorsorge** betrifft bloße Schadensmöglichkeiten. Der Begriff des Risikos unterscheidet sich von dem der Gefahr dadurch, dass ein Risiko nicht erst bei hinreichender Wahrscheinlichkeit eines Schadenseintritts vorliegt, sondern schon bei ungewissen, noch nicht hinreichend erforschten Kausalzusammenhängen zwischen anthropogenem Verhalten und Schaden sowie bei dem Zusammenwirken von für sich allein unbedenklicher Umweltbeeinträchtigungen. Ein Risiko besteht nicht erst bei Überschreiten der Gefahrenschwelle[35], sondern bereits dann, wenn ein Schadenseintritt jedenfalls möglich erscheint, d.h. wenn er nicht praktisch ausgeschlossen ist.[36]

7   Im Gegensatz zur Gefahrenabwehr kann bei der Risikovorsorge nicht auf technisch-wissenschaftlich gesichertes Wissen zurückgegriffen werden; sie soll vielmehr eine Sicherheitsreserve zum Schutz der natürlichen Lebensgrundlagen eröffnen. Damit gehen einher:

- das Gebot der Ausschöpfung aller zugänglichen Erkenntnisquellen,
- die Pflicht zum Risikovergleich,
- das Gebot der Begründung von Risikoentscheidungen.

8   Die **Ressourcenvorsorge**[37] geht über den Bereich der Risikovorsorge hinaus und richtet sich auf ein Konzept für umweltverträgliches Wirtschaftswachstum. Sie ist Ausdruck des Leitbildes einer dauerhaft umweltgerechten Entwicklung für kommende Generationen, das auch in Art. 20a GG seinen Niederschlag gefunden hat. Insoweit bestehen Überschneidungen mit einigen Ausprägungen des Nachhaltigkeitsprinzips.[38]

---

29 *Schmidt/Kahl/Gärditz*, § 4 Rn. 22 ff.; bereits *Schmidt/Müller*, JuS 1985, 694, 696; OVG Lüneburg, GewArch 1980, 203, 204; OVG Berlin, DVBl. 1979, 159, 159.
30 *Kloepfer*, Umweltrecht, § 4 Rn. 33 ff.
31 *Knemeyer*, Polizei- und Ordnungsrecht, § 10 Rn. 87 ff.
32 Sog. Vorfeldmaßnahmen; dazu *Kral*, Die polizeilichen Vorfeldbefugnisse als Herausforderung für Dogmatik und Gesetzgebung des Polizeirechts. Begriff, Tatbestandsmerkmale, Rechtsfolgen; hierzu am Beispiel aktueller Entwicklungen im Recht der Hafensicherheit *Erbguth*, DVBl. 2007, 1202 m.w.N.
33 Vgl. *Breuer*, DVBl. 1978, 829, 836.
34 Zum Nachfolgenden näher *Kloepfer*, Umweltschutzrecht, § 3 Rn. 8 ff.
35 Vgl. soeben Rn. 5.
36 *Schmidt/Kahl/Gärditz*, § 3 Rn. 22; vgl. *Kloepfer*, Umweltrecht, § 4 Rn. 35.
37 Zur Ressourcenvorsorge insoweit *Kloepfer*, Umweltrecht, § 4 Rn. 54 ff.
38 Vgl. oben Rn. 2.

Primäres Ziel des Vorsorgeprinzips ist die Emissionsvermeidung.[39] Erst dann folgt die 9
Emissionsminderung an der Quelle. Lediglich letzte Mittel bilden Maßnahmen des
passiven Umweltschutzes, die bereits entstandene Umweltbeeinträchtigungen mindern
(etwa Einbau von Lärmschutzfenstern).

Typische Instrumente der Umweltvorsorge bilden Planungsmaßnahmen und beim pro- 10
duktbezogenen Umweltschutz dessen Vorverlagerung in die Konstruktionsphase (z.B.
§§ 32–35 BImSchG).[40]

III. Verursacherprinzip

Das **Verursacherprinzip** besagt, dass derjenige, dem Umweltbeeinträchtigungen zuzu- 11
rechnen sind, für ihre Beseitigung, Verminderung oder ihren Ausgleich herangezogen
werden soll.[41] Dem liegt der Gedanke zu Grunde, dass die Umwelt nicht länger als frei
verfügbares Gut behandelt[42] und sanktionslos geschädigt werden darf. Europarechtlich verankert ist dies in Art. 191 Abs. 2 S. 2 AEUV. Das Verursacherprinzip ist bspw.
tragender Grund der naturschutzrechtlichen Eingriffsregelung nach §§ 13, 14 ff.
BNatSchG.

Gerade Letztere[43] zeigt exemplarisch, dass es hierbei nicht allein um die Frage der **Kostenzurechnung** für Vermeidung, Beseitigung und Ausgleich von Umweltbelastungen
geht.[44] Dies ist lediglich beim hiermit verwandten Gruppenlastprinzip[45] der Fall, das
bei der Verantwortung bestimmter Schädiger- oder Umweltgefährdungsgruppen ansetzt und sie mit Sonderabgaben[46] als indirekte (finanzielle) Form der Verhaltenssteuerung belegt. Das Verursacherprinzip hingegen erfasst als ordnungsrechtliches Prinzip
nach weitgehend anerkannter Ansicht[47] auch die **materielle Verantwortlichkeit** für jene
Vermeidung, Verminderung und Beseitigung.[48] Das beruht auf Gründen der Effektivität, weil der Verursacher zugleich der zur Verhinderung oder Beseitigung Nächste ist,
und ist originärer als bei der Kostenzurechnung Ausdruck der rechtsstaatlichen Verteilungsgerechtigkeit.[49] In Anbetracht dessen können neben nachträglichen Kostenerstat-
tungspflichten und Abgaben auch andere, insbesondere präventiv wirkende Mittel eingesetzt werden, wie Verbote, Auflagen oder zivilrechtliche Unterlassungs- und Haf-
tungsansprüche.[50]

Vor diesem Hintergrund lassen sich verschiedene **Varianten** des Verursacherprinzips
unterscheiden. Die erste besagt, dass Umweltbelastungen primär vermieden oder vermindert, zumindest aber vom Verursacher beseitigt werden sollen. Wird das unterlassen, hat der Verursacher die von ihm dadurch ersparten Aufwendungen zu tragen.

---

39 Exemplarisch § 5 Abs. 1 Nr. 2 BImSchG.
40 Weiterführend *Di Fabio*, JuS 1996, 566.
41 Hierzu auch *Sanden*, § 4 Rn. 12.
42 Dazu *Schmidt/Kahl/Gärditz*, § 4 Rn. 28 ff.
43 Näher zur naturschutzrechtlichen Eingriffsregelung § 10 Rn. 31 ff.; eingehend *Berchter*, Die Eingriffsrege-
    lung.
44 Ebenso *Schmidt/Kahl/Gärditz*, § 4 Rn. 28.
45 Dazu *Kluth* in: ders./Smeddinck, § 1 Rn. 136; *Ramsauer* in: Koch/Hofmann/Reese, § 3 Rn. 17: kollektives Ver-
    ursacherprinzip.
46 Dazu § 5 Rn. 92.
47 Vgl. *Kloepfer*, Umweltrecht, § 4 Rn. 110.
48 Auch *Kloepfer*, Umweltschutzrecht, § 3 Rn. 19.
49 *Ramsauer* in: Koch/Hofmann/Reese, § 3 Rn. 3; der Effektivitätsgedanke trägt freilich nicht durchweg, bspw.
    nicht in (häufigen) Konstellationen der Multikausalität u.ä., wie vor, Rn. 39.
50 I.d.S. auch *Schmidt/Kahl/Gärditz*, § 4 Rn. 30.

Einer anderen Ausprägung zufolge soll der Verursacher auch die verbleibenden, von der Rechtsordnung hingenommenen Umweltbelastungen finanziell ausgleichen. Letztlich gilt es – so die dritte Ausprägung –, statt anhand ersparter Kosten oder entstandenen Schadens die Kostenbelastung nach einem politisch bestimmten Knappheitspreis für Umweltnutzungen festzusetzen. Welcher dieser Varianten der Gesetzgeber im Einzelnen folgt, liegt in seinem Ermessen und ist nach Umweltbereich und konkretem Fall unterschiedlich ausgefallen.

12   Das Verursacherprinzip erschöpft sich nach dem Vorstehenden nicht darin, einen Ausgleich für erlittene Umweltschäden zu statuieren. Vielmehr bedingt es inzwischen einen **Vorrang der Vermeidung von Umweltbelastungen**.[51] Das Verursacherprinzip regelt dabei nur, wen die Vermeidungs- bzw. die subsidiäre Beseitigungslast in tatsächlicher und/oder finanzieller Hinsicht trifft. Insoweit fallen Verursachereigenschaft und Vermeidungslast zusammen, während der Verursacher nicht zwingend auch der Beseitigungspflichtige sein muss.[52] Dies legt das Verursacherprinzip zwar nahe; aus Effektivitätsgründen wird hiervon aber in der Gesetzgebungspraxis gelegentlich abgewichen.

13   Auch der **Begriff des Verursachers** ist im Umweltrecht kein einheitlicher. In einem engen Sinne ist Verursacher nur der, in dessen Einflussbereich die Umweltbelastung auftritt.[53] Nach einem weiteren Verursacherbegriff können hingegen statt des unmittelbar kausalen Verwenders (Konsumenten) bereits der Hersteller und/oder alle ausführend Beteiligten als Verursacher angesehen werden. Ferner lässt sich als Verursacher derjenige begreifen, der die Umweltbelastung mit verursacht hat und wirtschaftlich und technisch am besten in der Lage ist, die Beeinträchtigung abzustellen.[54] Schließlich wird vornehmlich im Zusammenhang mit der Haftung für Altlasten auf den Inhaber der (Immobiliar-)Sache abgestellt („Inhaberprinzip").[55] Welcher Verursacherbegriff in welcher Materie des Umweltrechts der angemessene ist, entscheidet – wiederum – der Gesetzgeber nach seinem Ermessen.

14   Die Anwendung des Verursacherprinzips setzt mithin eine nähere gesetzgeberische Konkretisierung voraus. Deshalb hat sich ein sog. **instrumentalistisches Verständnis**[56] des Verursacherprinzips durchgesetzt: Die Zurechnung von Umweltbelastungen erfolgt (lediglich) in dem Umfang, in dem sie – als umweltpolitisch geboten – Festlegung durch den Gesetzgeber gefunden hat. So ist für eine Abwassereinleitung, die zu einer Gewässerverunreinigung führt, eine Abgabe nach dem Abwasserabgabengesetz zu zahlen, während der Verursacher von Luftbelastungen (bislang) keine derartige Abgabe leisten muss.[57]

15   Eine Begrenzung des Verursachergedankens stellt das **Gemeinlastprinzip** dar, wonach die Kosten zur Bereinigung oder Verminderung von Umweltschäden der Allgemeinheit, also dem Steuerzahler, auferlegt werden.[58] Seine Anwendung soll auf Ausnahmefälle beschränkt bleiben und setzt das Vorliegen von sachgerechten Gründen voraus. Dies können einerseits tatsächliche Gründe sein (etwa wenn der Verursacher nicht feststell-

---

51 Exemplarisch insoweit die naturschutzrechtliche Eingriffsregelung, §§ 13, 14 ff. BNatSchG; dazu § 10 Rn. 3 ff.; zu praxisbezogenen Fragen insoweit *Koch* in: Kerkmann, Naturschutzrecht, § 4.
52 *Sanden*, § 4 Rn. 14, *Kloepfer*, Umweltrecht, § 4 Rn. 98.
53 Vgl. *Kloepfer*, Umweltrecht, § 4 Rn. 92.
54 *Rehbinder*, S. 30 f.
55 Vgl. *Ramsauer* in: Koch/Hofmann/Reese, § 3 Rn. 37.
56 *Schmidt/Kahl/Gärditz*, § 4 Rn. 30.
57 Insoweit gibt es inzwischen andere Instrumente, vgl. dazu § 9 Rn. 12, § 16 Rn. 32 ff., 11 ff.
58 *Kloepfer*, Umweltrecht, § 4 Rn. 117 ff.; *Schmidt/Kahl/Gärditz*, § 4 Rn. 31.

bar ist, Zurechnungs- oder Quantifizierungsprobleme bestehen oder ein akuter Notstand anders nicht beseitigt werden kann)[59]; andererseits zählen hierzu auch sozial- und wirtschaftspolitische Belange (z.B. Sicherung von Arbeitsplätzen, Erhalt der Wettbewerbsfähigkeit eines Unternehmens).[60] Eigenständige Bedeutung kommt dem Gemeinlastprinzip dort zu, wo es um die Finanzierung von Gemeinschaftsanforderungen an die Umwelt geht[61] (etwa Erhöhung des Salzwassergehalts der Ostsee durch Verbreiterung/Vertiefung der Wasserzufuhr aus der Nordsee).[62]

Fallen das Verursacher-, aber auch das Gemeinlast- und das Gruppenlastprinzip aus, trägt der zufällig Geschädigte die Kosten und Folgen von Umweltbelastungen – was umweltpolitisch wenig erfreulich ist, aber für unvermeidbar gehalten wird (etwa Schäden an Hausfassade oder Autolack aufgrund von Luftverunreinigungen): **Geschädigtenprinzip**.[63]

16

IV. Kooperationsprinzip

Dem Kooperationsprinzip[64] zufolge bildet Umweltschutz die Aufgabe aller gesellschaftlichen Kräfte, nicht allein diejenige des Staates.[65] Damit steht das Prinzip latent in einem Spannungsverhältnis zum Direktionsprinzip, dessen Ausdruck staatlich-hoheitliche Maßnahmen zum Zweck des Umweltschutzes sind und das seinen verfassungsrechtlichen Hintergrund in Art. 20a GG findet. Es ist Sache des Staates, zwischen hoheitlichen und kooperativen Handlungsformen in Abwägung der jeweiligen Vor- und Nachteile zu entscheiden; Maßnahmen in Ausübung des Direktionsprinzips sind also gegenüber dem Kooperationsprinzip nicht subsidiär.[66]

17

Dem Kooperationsprinzip zufolge ist eine **Zusammenarbeit** der staatlichen und gesellschaftlichen Kräfte in umweltrelevanten Willensbildungs- und Entscheidungsprozessen vonnöten, wobei dem Staat wegen seiner Verpflichtung auf das Gemeinwohlinteresse und seiner Durchsetzungsinstrumente eine leitende, zumindest aber federführende Funktion zukommt. Durch eine solche „Ko-Operation" kann sich der Staat Sachverstand aus dem gesellschaftlich-privaten Bereich sichern[67] und überdies durch beständige Information der Beteiligten die Akzeptanz und damit die Wirksamkeit umweltpoliti-

---

59 Nach *Eifert* in: Schoch, Besonderes Verwaltungsrecht, 5. Kap. Rn. 44 kommt in diesen Fällen ungewisser Kausalität auch eine Inanspruchnahme aufgrund des Vorsorgeprinzips in Betracht.
60 *Ramsauer* in: Koch/Hofmann/Reese, § 3 Rn. 37; weiterführend *Ewringmann* in: Kimminich/v. Lersner/Storm, Bd. 1, Sp. 843 ff.
61 *Kloepfer*, Umweltschutzrecht, § 3 Rn. 22.
62 Näher zum Vorstehenden *Ramsauer* in: Koch/Hofmann/Reese, § 3 Rn. 40; dort auch, Rn. 41, zu neueren Sichtweisen der Umweltökonomie, die angesichts fehlender Marktfähigkeit von Umweltgütern u.a.m. allerdings nur bedingt tragfähig sind.
63 *Kloepfer*, Umweltschutzrecht, § 3 Rn. 25: ansonsten hohe (Transaktions-)Kosten, von denen zwar die Banken, kaum aber die Umwelt profitierte(n); ähnlich *Ramsauer* in: Koch/Hofmann/Reese, § 3 Rn. 37, der diese Konstellation als Unterfall des „Inhaberprinzips" begreift; zu Letzterem vorstehend Rn. 13.
64 Näher *Gusy*, ZUR 2001, 1; *Murswiek*, ZUR 2001, 7; *Reese*, ZUR 2001, 14; *Wieland*, ZUR 2001, 20; *Voßkuhle*, ZUR 2001, 23; *Koch*, NuR 2001, 541; *Rengeling*, Das Kooperationsprinzip im Umweltrecht.
65 *Eifert* in: Schoch, Besonderes Verwaltungsrecht, 5. Kap. Rn. 68-69; Kooperationsprinzip als zwar nicht umweltschutzspezifische, aber umweltschutztypische Erscheinung, *Kloepfer*, Umweltschutzrecht, § 3 Rn. 27 m.w.N.
66 Zum Vorstehenden näher *Ramsauer* in: Koch/Hofmann/Reese, § 3 Rn. 42 f.
67 *Kloepfer*, Umweltrecht, § 4 Rn. 137.

scher Entscheidungen verbessern.[68] Zugleich betont das Kooperationsprinzip die Inpflichtnahme auch Privater für den Umweltschutz.[69]

Das BVerfG hat in zwei abgabenrechtlichen Entscheidungen[70] das Kooperationsprinzip als im Immissionsschutzrecht und im Abfallrecht normiert und damit als Rechtsprinzip angesehen. Das ist freilich nicht ohne Kritik geblieben.[71]

Weitere Einsatzbereiche des Kooperationsprinzips sind das gemeinsame Wirken des
Staates mit Umweltorganisationen, Industrie, Handel, Landwirtschaft und Gewerbe,
die Förderung von Wissenschaft und Technik in Sachen des Umweltschutzes sowie
Formen der Zusammenarbeit zwischen Bund und Ländern, aber auch mit anderen
Staaten.

18 **Konkretisierungen** des Kooperationsprinzips finden sich in den Umweltgesetzen an
verschiedener Stelle; hierzu zählt die Einrichtung betrieblicher **Umweltschutzbeauftrag-
ter:**

- Gewässerschutzbeauftragter (§§ 64 ff. WHG),
- Immissionsschutzbeauftragter (§§ 53–58 BImSchG, 5. BImSchV),
- Störfallbeauftragter (§§ 58a–d BImSchG, 5. BImSchV),
- Betriebsbeauftragter für Abfall (§§ 59 f. KrWG[72]),
- Strahlenschutzbeauftragter (§§ 31–33 StrlSchV),
- Gefahrgutbeauftragter (§§ 3–9 GbV),
- Beauftragter für biologische Sicherheit (§§ 16–18 GenTSV).

Solchen, vom jeweiligen Unternehmen bestellten Umweltschutzbeauftragten obliegt die
betriebsinterne Selbstüberwachung.[73]

19 Weiter manifestiert sich das Kooperationsprinzip in den **Beteiligungsvorschriften** der
Umweltverwaltungsverfahren (vgl. z.B. § 10 Abs. 3–9 BImSchG, § 18 GenTG, allgemein § 73 VwVfG), beim Abschluss öffentlich-rechtlicher Verträge, bei den – teilweise
informellen – Umweltschutzabsprachen (z.B. Produktionsbeschränkungen für FCKW-
haltige Spraydosen), ferner durch Anhörungsverfahren im Rahmen der untergesetzlichen Normsetzung (z.B. § 51 BImSchG, § 17 ChemG, § 20 BBodSchG). Zusammenarbeit findet schließlich bei der Tätigkeit von Normgebungsausschüssen und Beratungsgremien statt (Deutsches Institut für Normung e.V. [DIN], Verein Deutscher Ingenieure
e.V. [VDI], Verband Deutscher Elektrotechniker e.V. [VDE], Abwassertechnische Vereinigung [ATV]).

20 Von besonderer Bedeutung ist die Einbringung des Sachverstands von Verbänden im
Umweltbereich. Das Bundesnaturschutzgesetz regelt ausdrücklich die staatliche Anerkennung von **Naturschutzvereinigungen** als Grundlage eines solchen Zusammenwirkens (§ 63 BNatSchG i.V.m. § 3 UmwRG). Ferner sind Beratungsgremien, wie die Re-
aktor-Sicherheitskommission[74] und die Strahlenschutzkommission[75], das nationale Be-

---

68 Vertiefend und allgemein zur Einbeziehung Privater in die öffentliche Aufgabenerledigung *Lämmerzahl*,
    Die Beteiligung Privater.
69 *Kloepfer*, Umweltrecht, § 4 Rn. 138.
70 BVerfGE 98, 83; 98, 106.
71 *Koch*, NuR 2001, 541, 545; auch § 5 Rn. 92 m.w.N.
72 Zur Rechtsentwicklung im Abfallrecht vgl. § 12 Rn. 7.
73 Näher § 5 Rn. 26.
74 Vgl. http://www.rskonline.de (Stand: 20.8.2018).
75 Vgl. http://www.ssk.de/DE/Home/home_node.html (Stand: 28.8.2018).

gleitgremium nach § 8 StandAG sowie interdisziplinär zusammengesetzte Beiräte zur Beratung der Bundesregierung[76] zu nennen.[77]

Angesichts des Vorstehenden folgt das Kooperationsprinzip angelsächsischen Traditionen, die auf Überzeugungskraft und ausgeprägte Beteiligungspositionen im Verfahren setzen, während das nationale Verwaltungsrecht und -handeln herkömmlich die einseitige staatliche Durchsetzung materieller Umweltvorgaben, wie immissionsschutzrechtlicher Grenzwerte, bevorzugte; Vollzugdefizite, finanzielle Engpässe, ferner die höhere Flexibilität kooperativen Handelns haben aber hierzulande zu einem Umdenken geführt.[78]   21

Gleichwohl dürfen bei allen Vorzügen des Kooperationsprinzips (Einbeziehung privaten Sachverstands, Erhöhung der Akzeptanz, Entlastung des Staates) die damit einhergehenden **Gefahren** nicht übersehen werden. Hierzu zählt neben einer potenziellen Marginalisierung des Umweltschutzes als „Verhandlungsmasse" bzw. durch (Minimal-)Kompromisse auf Kosten der Allgemeinheit,[79] dass in der Praxis die Kooperation nicht selten von Verhandlungspartnern aus wirtschaftlichen Gründen zur Verhinderung des Vollzugs genutzt wird.[80]

WIEDERHOLUNGS- UND VERSTÄNDNISFRAGEN

> Worauf richtet sich das Vorsorgeprinzip und welches sind seine Ansätze? (Rn. 3 ff.)
> Handelt es sich beim Verursacherprinzip um ein Kostenzurechnungsprinzip oder auch um ein solches der Verhaltensverantwortlichkeit? (Rn. 11)
> Welche Gefahren birgt das Kooperationsprinzip? (Rn. 21)

---

76 Z.B. Rat von Sachverständigen für Umweltfragen (SRU), nähere Informationen abrufbar unter: http://www. umweltrat.de/DE/SRU/sru_node.html (Stand: 20.8.2018); Wissenschaftlicher Beirat der Bundesregierung Globale Umweltveränderungen (WBGU), nähere Informationen abrufbar unter: http://www.wbgu.de/ueb er-uns/auftrag/ (Stand: 20.8.2018).
77 *Schmidt/Kahl/Gärditz*, § 4 Rn. 35.
78 Zum Vorstehenden *Ramsauer* in: Koch/Hofmann/Reese, § 3 Rn. 45.
79 Etwa *Bohne*, S. 49 ff.
80 *Lübbe-Wolff*, NuR 1989, 295; näher *Kloepfer*, Umweltschutzrecht, § 3 Rn. 29 f.

§ 4 Umweltverfassungsrecht

1   Hierzu gehören alle Bestimmungen der Verfassung, die dem Umweltschutz dienen.[1] Dabei ist es gleichgültig, ob die Normen ausdrücklich bzw. allein auf Umweltschutz ausgerichtet sind oder ob sie nur unter anderem umweltschützenden Charakter aufweisen.[2]

2   Als das Grundgesetz 1949 entstand, war Umweltschutz als eigenständiges Politikfeld unbekannt. Daher überrascht es nicht, dass sich keine unmittelbare Verpflichtung des Staates zum Umweltschutz im (damaligen) Verfassungstext fand. Erst relativ spät, nämlich mit der durch das Gesetz zur Änderung des Grundgesetzes vom 27.10.1994[3] eingefügten Staatszielbestimmung Umweltschutz (Art. 20a GG), ist erstmals eine ausdrückliche Verpflichtung des Staates zum Schutz der Umwelt normiert worden. Im Wege des 50. Änderungsgesetzes vom 26.7.2002[4] wurde zwischenzeitlich auch der Tierschutz in Art. 20a GG aufgenommen.[5]

In den **Verfassungen der Bundesländer** ist mittlerweile ebenfalls der Umweltschutz als Verfassungsziel – wenn auch mit unterschiedlichen Formulierungen – verankert: Baden-Württemberg (Art. 3a Abs. 1), Bayern (Art. 141), Berlin (Art. 31), Brandenburg (Art. 39 Abs. 1), Bremen (Art. 11a), Hamburg (Präambel), Hessen (Art. 26a), Mecklenburg-Vorpommern (Art. 12), Niedersachsen (Art. 1 Abs. 2), Nordrhein-Westfalen (Art. 29a Abs. 1), Rheinland-Pfalz (Art. 69), Saarland (Art. 59a), Sachsen (Art. 10), Sachsen-Anhalt (Art. 35), Schleswig-Holstein (Art. 11), Thüringen (Art. 31).[6]

3   Jenseits dieser ausdrücklichen (Staatsziel-)Bestimmungen waren und sind bestimmte Grundrechte, das Rechtsstaatsprinzip und das Sozialstaatsprinzip von Bedeutung für den Umweltschutz. Relevant ist des Weiteren die diesbezügliche Verteilung der Gesetzgebungs- und Verwaltungskompetenzen zwischen Bund und Ländern.

I. Die grundgesetzliche Staatszielbestimmung Umweltschutz (Art. 20a GG)

4   Gem. Art. 20a GG[7] schützt der Staat „auch in Verantwortung für die zukünftigen Generationen die natürlichen Lebensgrundlagen und die Tiere im Rahmen der verfassungsmäßigen Ordnung durch die Gesetzgebung und nach Maßgabe von Gesetz und Recht durch die vollziehende Gewalt und die Rechtsprechung".

5   **Staatszielbestimmungen** sind Verfassungsnormen, die den drei staatlichen Gewalten (Legislative [gesetzgebende Gewalt], Exekutive [ausführende Gewalt] und Judikative [rechtsprechende Gewalt]) die Erfüllung oder Beachtung bestimmter Aufgaben vorschreiben.[8] Sie stellen gleichsam ein verpflichtendes Programm staatlichen Handelns dar. Diese Bindungswirkung gilt freilich in aller Regel nur für die Zielvorgabe, nicht

---

1   Eingehend zum Nachfolgenden *Heselhaus* in: Hansmann/Sellner, I. 1.; *Storm*, Rn. 161 ff.
2   Zur dahinter stehenden allgemeinen Frage § 2 Rn. 2 f.; zum Nachfolgenden auch *Peters/Hesselbarth/Peters*, Rn. 76 ff.
3   BGBl. I, S. 3146.
4   BGBl. I, S. 2862.
5   *Caspar/Geissen*, NVwZ 2002, 913; *Faber*, UPR 2002, 278; *Rossi*, JA 2004, 500, 500.
6   Zur Entwicklung *Brönneke*, S. 37 ff.
7   Ausführliche Darstellungen bei *Bernsdorff*, NuR 1997, 328; *Henneke*, NuR 1995, 325; *Murswiek*, NVwZ 1996, 222; *Westphal*, JuS 2000, 339.
8   *Peters*, NVwZ 1995, 555, 556; *Murswiek*, NVwZ 1996, 222, 223.

aber für die Mittel und Wege zur Erreichung des Zieles und auch nicht für dessen Konkretisierung.[9]

Art. 20a GG ist i.d.S. an die staatliche Gewalt adressiert.[10] Zudem handelt es sich um mehr als einen bloßen Programmsatz. Es wird nicht nur eine unverbindliche Gestaltungsmöglichkeit resp. Zielperspektive eröffnet, sondern gegenüber der staatlichen Gewalt auf höchster nationaler (Regelungs-)Ebene die Verpflichtung ausgesprochen, das Handeln an besagten Vorgaben auszurichten. Art. 20a GG stellt dergestalt als Staatszielbestimmung keine grundrechtliche Verbürgung dar.[11] Die Vorschrift eröffnet folglich keine Rechtsschutzmöglichkeit, gegenüber dem Staat konkrete Umweltschutzentscheidungen einzuklagen, Umweltbelastungen abzuwehren oder gar bestimmte ökologische Leistungsansprüche gerichtlich durchzusetzen.[12]   6

Primärer Adressat des Art. 20a GG ist der **Gesetzgeber**. Ihn trifft die Pflicht, dem verfassungsrechtlichen Auftrag durch Schaffung und Verbesserung des umweltschützenden Normengefüges zu entsprechen.[13] Insoweit bildet die Staatszielbestimmung eine normative Richtlinie, wie dieser Auftrag auszuführen ist, ohne freilich konkrete Mittel bzw. Inhalte vorzugeben,[14] es bestehen mithin erhebliche Gestaltungsspielräume zugunsten des Gesetzgebers.[15] Schon deshalb kann ihr nicht ohne Weiteres ein „Verschlechterungsverbot" gegenüber der vorgefundenen Umweltsituation entnommen werden.[16] Überdies hat sich der Gesetzgeber nach dem Wortlaut des Art. 20a GG „im Rahmen der verfassungsmäßigen Ordnung" zu bewegen. Die Formulierung soll(te) einer Dominanz des Umweltschutzes gegenüber anderen Verfassungsgütern entgegenwirken. Da Art. 20 Abs. 3 GG aber ohnehin alle staatliche Gewalt an die verfassungsmäßige Ordnung bindet, war die Aufnahme dieser sog. Angstklausel überflüssig.   7

Die **vollziehende Gewalt** wird ausdrücklich angehalten, den Primat des Gesetzgebers zu respektieren. Sie hat das Umweltschutzgebot bei der Auslegung von Gesetzen, insbesondere von unbestimmten Rechtsbegriffen und bei Ermessens- wie Planungsentscheidungen zu berücksichtigen.[17] Der in der Maßgabe-Formel („nach Maßgabe von Gesetz und Recht") zum Ausdruck kommende grundgesetzliche Gesetzesvorrang stellt wiederum wegen Art. 20 Abs. 3 GG eine unnötige Verfassungsredundanz dar.

Der **Rechtsprechung** dient die Staatszielbestimmung als normative Vorgabe, als Richtschnur für die Norminterpretation und -konkretisierung. Ferner eröffnet sich bei der Ausfüllung von Gesetzeslücken ein unmittelbarer judikativer Rückgriff auf Art. 20a GG.[18]

---

9 *Maurer*, Staatsrecht I, § 6 Rn. 12.

10 Dazu und zum Nachfolgenden *Kotulla*, 1. Teil Rn. 47 f.

11 Hierzu näher *Gärditz* in: Landmann/Rohmer, Bd. 1, Art. 20a GG Rn. 4 ff.

12 Vgl. hierzu *Sanden*, § 2 Rn. 3; *Voßkuhle*, NVwZ 2013, 1, 5 ff.

13 *Kloepfer*, UPR 2012, 41; *Stein/Frank*, Staatsrecht, S. 178; zunehmend treten allerdings nicht unbedenkliche Formen „paktierter Gesetzgebung", also Vereinbarungen zwischen Exekutive und Privaten, hinzu – mit unklarer Rolle der Legislative, vgl. *Kloepfer*, ZG 2010, 346, anhand des Atomrechts.

14 Dazu BVerwG, NJW 2000, 1129; BVerwG, NVwZ 1998, 953; BVerwG, DVBl. 1995, 1008; bereits Rn. 5.

15 *Voßkuhle*, NVwZ 2013, 1, 4; für eine Einschränkung des Spielraums in Form einer Berücksichtigungspflicht *Groß*, ZUR 2009, 364, 367; zu einzelnen Instrumenten der Umsetzung von Art. 20a GG *Gassner*, DVBl. 2017, 942.

16 So aber *Murswiek* in: Sachs, GG, Art. 20a Rn. 44. Zum diesbezüglichen Streit etwa *Kluth* in: ders./Smeddinck, § 1 Rn. 65.

17 *Kloepfer*, Umweltrecht, § 3 Rn. 53; *Groß*, ZUR 2009, 364, 367.

18 BVerwG, NVwZ 1999, 953.

Die Vorschrift nimmt den Staat in die Pflicht, nicht aber verpflichtet (oder befugt) sie Dritte. Umweltschutz durch bzw. für Private wird allenfalls vermittelt: Der durch Art. 20a GG in erster Linie angesprochene Gesetzgeber kann bei der Ausgestaltung der rechtlichen Ordnung, gerade derjenigen des Umweltrechts, umweltschutzbezogene Rechte und – in der Praxis von größerer Bedeutung – (entsprechende) Pflichten von Privaten begründen. Zugunsten des Einzelnen kommt jedoch eine Aktivierung von Art. 20a GG als verfassungsimmanente Grundrechtsschranke in Betracht.[19]

8   Bei alldem bleibt beachtlich, dass die Verfassung keine einseitige Inpflichtnahme des Staates zugunsten des Umweltschutzes nach sich zieht. Art. 20a GG fügt sich ein in den grundgesetzlichen Kanon von Staatszielbestimmungen, wie diejenige der Rechtsstaatlichkeit und jene der Sozialstaatlichkeit, die andere, gerade auch abweichende oder gegenläufige Interessen schützen.

Damit steht die Annahme einer relativen Priorität des Umweltschutzes i.S.e. Optimierungsgebotes, das eine „möglichste" Verwirklichung ökologischer Belange im Verhältnis zu gegenläufigen Interessen nach sich zieht, nicht in Einklang; ohnehin dürfte die richterlich geformte Rechtsfigur des Optimierungsgebots kaum noch praktische Relevanz entfalten.[20]

Angesichts dessen bedingt staatliches Handeln im Konflikt der Staatszielbestimmungen eine Abwägung zwischen ihnen, die gerecht sein muss – aber zu partiellem, ggf. auch gänzlichem Zurückstellen bestimmter Belange, auch des Umweltschutzes, legitimiert, sofern dies durch einen Vergleich der Betroffenheit in concreto gerechtfertigt werden kann.[21]

II. Umweltgrundrecht?

9   Ein spezielles **Umweltgrundrecht** enthält das Grundgesetz nicht.[22] **Grundrechte** sind ganz überwiegend Freiheitsrechte und stellen damit verfassungsrechtlich garantierte (Abwehr-)Rechte dar, eben subjektiv-öffentliche Rechte des Einzelnen, die er auch gerichtlich gegenüber dem Staat durchsetzen kann (vgl. Art. 1 Abs. 3, 19 Abs. 4, 93 Abs. 1 Nr. 4a GG).[23] Sie bedeuten damit mehr als bloße Programmsätze, die unverbindlich sind und nur unerzwingbare Zielsetzungen für den Gesetzgeber beschreiben; Grundrechte gehen in ihrer Durchsetzbarkeit zugleich über Staatszielbestimmungen hinaus, die zwar in dem beschriebenen Umfang Verbindliches vorgeben, das aber subjektiv/individuell weder verfolgbar noch einklagbar ist.

Die Aufnahme eines derartigen Rechts zugunsten der Umwelt in das Grundgesetz ist zwar diskutiert, im Ergebnis indes abgelehnt worden. Fragwürdig erschien vor allem sein **praktischer** und damit auch individueller **Nutzen**.[24] Die anzustrebende Umweltqualität ist auf der Abstraktionshöhe des Verfassungsrechts nicht bestimmbar. Wie rein muss Luft sein bzw. wie sauber Wasser, damit das Umweltgrundrecht des Bürgers nicht verletzt ist? Welche Lärmbelastungen hat ein Bürger hinzunehmen, ab welcher Grenze ist sein Grundrecht auf Umweltschutz tangiert? Dies bedarf der Entscheidung auf einfachgesetzlicher Ebene, so dass trotz verfassungsrechtlicher Verankerung die entschei-

---

19   Dazu *Gärditz* in: Landmann/Rohmer, Bd. 1, Art. 20a GG Rn. 68 ff.
20   Dazu anhand der bauleitplanerischen Abwägung *Erbguth/Schubert*, Öffentliches Baurecht, § 5 Rn. 118.
21   Vgl. nur *Schmidt/Kahl/Gärditz*, § 3 Rn. 5; allgemein *Maurer*, Staatsrecht I, § 6 Rn. 12.
22   Ein solches Recht folgt auch nicht aus der EMRK, vgl. EGMR, NVwZ 2011, 93; JuS 2011, 767 (*Murswiek*).
23   Dazu *Jarass* in: Jarass/Pieroth, GG, Vor Art. 1 Rn. 3.
24   BVerfGE 54, 211, 219; *Soell*, NuR 1985, 205; *Murswiek*, ZRP 1988, 14.

dende Konkretisierung nicht hier, sondern außerhalb, genauer: unterhalb des Grundgesetzes erfolgen muss.

Überdies würde ein solches Umweltgrundrecht infolge wachsenden Umweltbewusstseins größere Hoffnungen und Erwartungen hinsichtlich seines Schutzumfangs wecken, als ihm in der Realität (gerade wegen der regelmäßigen Kollision mit anderen Grundrechten und Verfassungsgütern)[25] zukommen könnte; Enttäuschungen wären vorprogrammiert.

Schließlich lässt sich gegen ein Umweltgrundrecht anführen, dass sich Umweltschutz primär auf die Sorgewahrung gemeinschaftlicher Güter richtet; zumindest tritt die individuelle Freiheitssicherung nicht so deutlich hervor wie bei den herkömmlichen Abwehrrechten (etwa Leben und körperliche Unversehrtheit, Art. 2 Abs. 2 GG; Eigentum, Art. 14 Abs. 1 GG; Meinungsfreiheit, Art. 5 Abs. 1 S. 1 GG).

Das BVerwG hat i.Ü. einfallsreichen (rechtswissenschaftlichen) Bemühungen, aus dem Grundgesetz – ungeachtet seines diesbezüglichen Schweigens – im Wege einer Gesamtschau ein Grundrecht auf Umweltschutz abzuleiten, bereits im Jahre 1977 eine Absage erteilt.[26]

III. Grundrechtsschutz im Bereich des Umweltrechts

Damit kommt es freilich nicht zu einem gänzlichen Grundrechtsausfall im Umweltrecht; vielmehr spielen im Grundrechtskatalog der Verfassung niedergelegte Rechtspositionen eine wichtige Rolle für den staatlichen Umweltschutz.[27] Zwei Fragenkreise sind zu unterscheiden: 10

- Welche verfassungsrechtlichen Grenzen ziehen die Grundrechte staatlichen Maßnahmen, die auf Umweltschutz ausgerichtet sind (Schutz des Bürgers **vor** Umweltschutzmaßnahmen des Staates)?[28]
- Welche Schutz- und Abwehransprüche ergeben sich für den Bürger gegen Umweltbelastungen (Schutz des Bürgers **durch** Umweltschutzmaßnahmen des Staates)?

1. Grundrechtsschutz vor Umweltschutzmaßnahmen des Staates

Bei der Frage, inwieweit die Grundrechte staatlichen Umweltschutzaktivitäten Grenzen   11
ziehen, müssen wiederum private Umweltschützer und private Umweltbelaster getrennt betrachtet werden.

a) Grundrechtsschutz privater Umweltschützer

Es handelt sich insoweit um die (eher seltene) Konstellation, dass der Staat einer Privatperson eine bestimmte Umweltschutzaktivität verbieten will, um diese in Zukunft   12
selbst durchzuführen: **staatlicher statt privater Umweltschutz.**[29] Motiv ist die Sicherung einer ordnungsgemäßen Durchführung ökologisch besonders wichtiger Aufgaben (Beispiel: Übernahme der bisher von Privaten durchgeführten Abfallentsorgung durch

---

25 Oben Rn. 8.
26 BVerwGE 54, 211.
27 Auch *Kluth* in: ders./Smeddinck, § 1 Rn. 76 ff; *Kloepfer*, Umweltrecht, § 3 Rn. 63 ff.
28 Grundrechtsverpflichtet i.S.e. Grundrechtsbindung sind insoweit auch gemischtwirtschaftliche Unternehmen, also solche mit privaten und öffentlichen Anteilseignern, sofern sie von der öffentlichen Hand beherrscht werden, BVerfG, NJW 2011, 1201 – Fraport; auch JuS 2011, 557 (*Muckel*).
29 *Kloepfer*, Umweltrecht, § 3 Rn. 88 ff.

den Staat, um Missstände zu verhindern bzw. zu bereinigen). Für den Grundrechtsschutz ist dann (erneut) zu unterscheiden:

aa) Nichtgewerbliche Privatpersonen

13 Als verletztes Grundrecht kommt für **nichtgewerbliche Umweltschützer** nur Art. 2 Abs. 1 GG (allgemeine Handlungsfreiheit) und für **Umweltschutzvereinigungen** Art. 9 Abs. 1 GG (Vereinigungsfreiheit) in Betracht.[30] Art. 2 Abs. 1 GG enthält jedoch einen sehr weiten Gesetzesvorbehalt und die Vereinigungsfreiheit schließt keine (über die üblichen Grundrechte hinausgehende) Betätigungsgarantie ein. Deshalb werden jene Grundrechte einer (gesetzlichen) Übernahme von Umweltaufgaben nur bei Verletzung des Übermaßverbotes entgegenstehen, insbesondere wenn der Staat Umweltschutzmaßnahmen Privater unterbindet und in Eigenregie übernimmt, ohne dass dies erforderlich oder verhältnismäßig im engeren Sinn ist.[31]

bb) Gewerbliche Privatpersonen

14 Handelt es sich um gewerbliche Umweltschützer, kann solchen Maßnahmen des Staates die **Berufsfreiheit** gem. Art. 12 Abs. 1 GG entgegenstehen. Bei vielen umweltbezogenen Tätigkeiten wird es sich um bloße **Berufsausübungsregelungen** handeln, die sich nach der Rechtsprechung des BVerfG durch jede vernünftige Erwägung des Gemeinwohls (bei Verhältnismäßigkeit) legitimiert finden.[32] Werden weitergehende **subjektive Zulassungsregelungen** getroffen, sind diese nur zum Schutz wichtiger Gemeinschaftsgüter und unter Wahrung der Verhältnismäßigkeit zulässig.[33] Handelt es sich hingegen um **objektive Berufswahlregelungen**, wie im Falle umfassender oder teilweiser Monopolisierung, etwa im Wege eines Transfers der bislang privat bedienten Abfallentsorgung in staatliche Hand,[34] sind solche nur statthaft, sofern sie zum Schutz besonders wichtiger Gemeinschaftsgüter und unter strikter Beachtung des Grundsatzes der Verhältnismäßigkeit getroffen wurden.[35] Dabei ist auf den Einzelfall abzustellen; nicht jeder Umweltbelang stellt zwangsläufig ein derart hervorgehoben wichtiges Gemeinschaftsgut dar.

15 Der gewerbliche Umweltschützer kann in Fällen der Übernahme seiner Tätigkeit in den staatlichen Bereich zudem in der **Eigentumsgarantie** des Art. 14 Abs. 1 GG verletzt sein.[36] Exemplarisch lässt sich insoweit ebenfalls an die staatliche Monopolisierung der Abfallbeseitigung unter Verdrängung bisheriger privater Abfallentsorgungsunternehmen denken. Ist dergestalt der Bestand des Unternehmens ganz oder teilweise betroffen, kann zugunsten des Betriebs/Betreibers ein Entschädigungsanspruch wegen Enteignung nach Art. 14 Abs. 3 S. 2 GG erwachsen. Das scheitert zwar nicht an der neueren Rechtsprechung des BVerfG, derzufolge die Enteignung einen Güterbeschaffungsvorgang zwecks Erledigung öffentlicher Aufgaben voraussetzt;[37] denn so liegen die Dinge jedenfalls in dem angesprochenen Beispiel. Der Hoheitsakt hat aber nach

---

30 Ergänzend zu erwägen ist für umweltschutzbezogene Versammlungen Art. 8 GG.
31 Zum Grundsatz der Verhältnismäßigkeit unten Rn. 40.
32 BVerfGE 7, 377, 405 f.; 47, 109, 116; 65, 116, 125; 70, 1, 28.
33 BVerfGE 13, 97, 107; 69, 209, 218.
34 Vorstehend Rn. 12; dazu auch *Kloepfer*, Umweltrecht, § 3 Rn. 90.
35 BVerfGE 63, 266, 286.
36 Eingehend zu Art. 14 GG im Umweltrecht *Lege*, UTR 2005, S. 7.
37 BVerfGE 100, 226, 240; auch 104, 1, 9 f.; jüngst NVwZ-Beilage 2017, 9, 17 ff.; dazu etwa *Erbguth/Schubert* in: Erbguth/Mann/Schubert, Rn. 824 m.w.N.

Art. 14 Abs. 3 S. 1 GG dem Allgemeinwohl zu dienen und verhältnismäßig zu sein, damit die Bestandsgarantie des Eigentums in die (enteignungsspezifische) Wertgarantie umschlägt. Ansonsten muss der private gewerbliche Umweltschützer die staatliche Maßnahme vor dem Verwaltungsgericht angreifen.[38]

b) Grundrechtsschutz privater Umweltbelaster

Schreitet der Staat gegen private **Umweltbelaster** ein, sei es durch Maßnahmen der Gesetzgebung oder der Verwaltung (untersagender Verwaltungsakt, Auflagen usw.), kommen als tangierte Grundrechte der Adressaten vornehmlich Art. 14 Abs. 1 GG und Art. 12 Abs. 1 GG in Betracht.

16

aa) Art. 14 Abs. 1 GG

In seiner Nassauskiesungsentscheidung hat das **BVerfG**[39] dargelegt, zum Schutz von Umweltgütern (hier des Wassers) könnten bestimmte Nutzungen des Schutzobjekts von vornherein aus dem Eigentumsbegriff fallen und damit nicht dem Grundrechtsschutz des Art. 14 Abs. 1 GG zugänglich sein. Bei der Prüfung einer Verletzung des Art. 14 Abs. 1 GG muss daher zunächst untersucht werden, ob die belastende Maßnahme überhaupt den Grundrechtstatbestand des Art. 14 Abs. 1 GG, also seinen (Schutz-)Normbereich, erfasst.[40] Das ist a priori nicht der Fall, wenn es um kein **institutionell** geschütztes Eigentum i.S.d. Art. 14 Abs. 1 S. 1 GG, also nicht um die Privatnützigkeit oder Verfügungsfähigkeit an Vermögensgegenständen, geht. **Individuellen** Schutz genießt ferner nur bestandsgeschütztes Eigentum. Bestandsschutz i.d.S. setzt wiederum eine entsprechende Ausformung durch den Gesetzgeber nach Art. 14 Abs. 1 S. 2 GG voraus („Inhalt" des Eigentums). Hieran, d.h. am Vorliegen bestandsgeschützten Eigentums, entscheidet sich dann, ob die staatliche Maßnahme als Enteignung mit den Rechtsfolgen des Art. 14 Abs. 3 S. 2, 3 GG oder als bloße Inhalts- und Schrankenbestimmung gem. Art. 14 Abs. 1 S. 2 GG einzuordnen ist.[41] Eine **Enteignung** liegt nur bei finalem, also zielgerichtetem (staatlichem) Zugriff auf konkrete, eben bestandsgeschützte, d.h. nach Art. 14 Abs. 1 S. 2 GG zu Eigentum ausgeformte Rechtspositionen vor; es muss zudem ein Güterbeschaffungsvorgang zu öffentlichen Zwecken vorliegen.[42] Diese letzte Voraussetzung qualifiziert das BVerfG in jüngster Rechtsprechung als konstitutiv für das Vorliegen einer Enteignung[43], nicht zuletzt zum Zwecke der Abgrenzung zu Inhalts- und Schrankenbestimmungen nach Art. 14 Abs. 1 S. 2 GG. Sie sind abstrakt-generelle Regelungen, die bestandsgeschütztes Eigentum erst hervorbringen (können)[44] und damit der Enteignungsebene zugleich vorgelagert.

17

Regelmäßig stellen sich gesetzgeberische (Umweltschutz-)Maßnahmen gegen Umweltbelaster als derartige **Inhalts- und Schrankenbestimmungen** dar. Insofern wird auch

---

38 Vgl. bspw. *Erbguth/Guckelberger*, Allgemeines Verwaltungsrecht, § 39 Rn. 15.
39 BVerfGE 58, 300, 338 ff.
40 Diese Normgeprägtheit des Schutzbereichs von Art. 14 Abs. 1 GG unterscheidet das Grundrecht maßgeblich von den Freiheitsgrundrechten.
41 Zur Abgrenzung zwischen Inhaltsbestimmung und Enteignung *Jarass*, NJW 2000, 2841; *Bryde* in: v. Münch/Kunig, GG, Art. 14 Rn. 49 ff.; auch *Erbguth/Schubert* in: Erbguth/Mann/Schubert, Rn. 821 ff., ferner *Erbguth/Guckelberger*, Allgemeines Verwaltungsrecht, § 39 Rn. 6 f.
42 Vgl. oben Rn. 15.
43 Dies wurde in der verfassungsgerichtlichen Rechtsprechung nicht immer einheitlich beantwortet, in der Atomausstieg-Entscheidung aber eindeutig bejaht, BVerfG, NVwZ-Beilage 2017, 9, 17 ff.
44 BVerfGE 58, 300, 330 f.; 100, 226, 239 f.; *Erbguth/Schubert* in: Erbguth/Mann/Schubert, Rn. 821 ff.

von der Umweltpflichtigkeit des Eigentums gesprochen.[45] Solche Maßnahmen müssen
freilich rechtmäßig sein. Zu jenen Anforderungen[46] zählen neben der Pflicht, einen
ordnungsgemäßen Ausgleich zwischen der Institutsgarantie des Eigentums (Art. 14
Abs. 1 S. 1 GG) und seiner Sozialpflichtigkeit (Art. 14 Abs. 2 GG) herzustellen, die Bindung an das Gleichheitsgrundrecht (Art. 3 Abs. 1 GG) und (vor allem) der Verhältnismäßigkeitsgrundsatz. Belastet eine typisierende Inhaltsbestimmung i.S.d. Art. 14 Abs. 1
S. 2 GG bestimmte Eigentümer unzumutbar, führt dieser Verstoß gegen das Verhältnismäßigkeitsprinzip, ggf. auch gegen den Gleichheitssatz, zu ihrer Rechts- und zugleich
Verfassungswidrigkeit. Dem kann lediglich kompensatorisch entgangen werden, nämlich dadurch, dass im jeweiligen Gesetz Ausnahmetatbestände (sog. „Härteklauseln")
vorgesehen werden oder, dies freilich als Ultima Ratio, ein finanzieller Ausgleich gewährt wird („ausgleichspflichtige Inhalts- und Schrankenbestimmung").[47]

bb) Art. 12 Abs. 1 GG

18   Ein im Zusammenhang mit staatlichem Einschreiten gegen private Umweltbelastungen
häufig tangiertes Grundrecht stellt neben Art. 2 Abs. 1 GG (und ggf. Art. 9 Abs. 1
GG)[48] ferner die Berufsfreiheit, Art. 12 Abs. 1 GG, dar. An verfassungsrechtlichen
Maßgaben gilt das zum Schutz privater Umweltschützer Dargestellte[49] entsprechend.

2. Grundrechtsschutz vor Umweltbelastungen

19   ▶ **FALL 1:** A wohnt in einer bundesdeutschen Großstadt und leidet unter Allergien sowie
Asthma. Wenn im Sommer erhöhte Ozonwerte auftreten, die hauptsächlich vom Straßenverkehr hervorgerufen werden, muss A mit häufigeren asthmatischen Anfällen rechnen.
Sein Gesundheitszustand verschlechtert sich bereits bei Ozonkonzentrationen, die weit unter den Grenzwerten liegen, die nach dem bisherigen Immissionsschutzrecht Fahrverbote
auslösen. A möchte wissen, ob er mit einer Verfassungsbeschwerde erreichen kann, dass
sein Grundrecht auf Gesundheit besser geschützt wird. ◀

a) Grundrechte als Abwehrrechte

20   Grundrechte schützen den Bürger vor hoheitlichen **Eingriffen des Staates.**[50] Grundrechtliche Abwehransprüche richten sich demzufolge primär gegen die Umwelt belastende Aktivitäten, die der Staat selbst entfaltet. Dies können z.B. Maßnahmen der öffentlich-rechtlichen Verkehrsplanung sein (im Bereich von Straßenbauvorhaben usw.)
oder Emissionen öffentlicher Einrichtungen, welche die Umwelt belasten (z.B. bei
städtischen Müllverbrennungsanlagen, Kläranlagen, Truppenübungsplätzen oder Mili-
tärflugplätzen).[51]

---

45 *Hoppe/Beckmann/Kauch*, § 4 Rn. 56 ff.; allgemein und grundsätzlich *Bruch*, Umweltpflichtigkeit der grund-
    rechtlichen Schutzbereiche.
46 In formeller Hinsicht reicht untergesetzliches gesetzgeberisches Handeln (Satzung, Rechtsverordnung), vgl.
    nur *Erbguth/Schubert*, Öffentliches Baurecht, § 2 Rn. 51.
47 Vgl. dazu auch BVerfGE 58, 137, 145 ff.; *Schmidt/Kahl/Gärditz*, § 3 Rn. 51; *Erbguth/Guckelberger*, Allgemeines
    Verwaltungsrecht, § 39 Rn. 26 f. m.w.N.
48 Dazu oben Rn. 13.
49 Vgl. oben Rn. 14.
50 Allgemein zu den Funktionen der Grundrechte *Michael/Morlok*, Grundrechte, § 3.
51 *Schmidt/Kahl/Gärditz*, § 3 Rn. 16 ff.

Soweit Umweltbelastungen **durch Private** erfolgen, wirft die Herleitung von Grundrechtsschutz Probleme auf. Denn der Belastete kann sich gegenüber Privaten nicht auf seine Grundrechte berufen, weil Letzteren nach ganz überwiegender Auffassung eine direkte Wirkung im Privatrechtsverkehr fehlt (keine unmittelbare „Drittwirkung").[52] Allerdings bedürfen private Aktivitäten mit negativen Umwelteinwirkungen in aller Regel einer hoheitlichen Zulassung (Genehmigung, Erlaubnis oder Bewilligung, Planfeststellung); in einer solchen hoheitlichen Zulassung kann ein staatlicher Eingriff in Grundrechte gesehen werden, so dass sich deren unmittelbare Abwehrfunktion gegen den Staat eröffnet.[53] Das betrifft vornehmlich Art. 14 Abs. 1, Art. 2 Abs. 2 und Art. 2 Abs. 1 GG.[54]

aa) Art. 14 GG

Einwirkungen auf das Eigentum i.S.d. Art. 14 Abs. 1 GG können vor allem durch Lärm, Abgase, Gerüche, ebenso durch den Entzug von Sonne, Licht und Ausblick erfolgen. Ob bzw. unter welchen Voraussetzungen derartige Eingriffe auf das Eigentum hingenommen, abgewehrt oder entschädigt werden müssen, bestimmt sich nach der allgemeinen Verfasstheit des Grundrechts.[55]

Grundrechtsberechtigt können auch **Umweltschutzverbände** sein, freilich nicht schon aufgrund dieser Funktion, sondern wenn sie Grund und Boden zu Eigentum erworben haben. Das darf allerdings nicht allein zu dem Zweck erfolgt sein, gegen die staatlich zugelassene Anlage vorgehen zu können (sog. Sperrgrundstück); dann stellt sich die Berufung auf die Eigentümerstellung als **rechtsmissbräuchlich** dar.[56] Diese bundesverwaltungsgerichtliche Rechtsprechung ist im Lichte der Garzweiler-II-Entscheidung, in der das Bundesverfassungsgericht herausstellt, dass die Motive des Grunderwerbs für die Frage der Klageberechtigung grundsätzlich unerheblich sind, jedoch kaum mehr zu halten.[57]

bb) Art. 2 Abs. 2 GG

Art. 2 Abs. 2 GG gewährt dem Bürger ein subjektiv-öffentliches Recht auf Abwehr von Beeinträchtigungen seines Lebens und seiner körperlichen Unversehrtheit. Der Begriff

21

22

23

24

---

52 Vgl. nur *Jarass* in: Jarass/Pieroth, GG, Art. 1 Rn. 50; eingehend hierzu *v. Münch/Kunig* in: v. Münch/Kunig, GG, Vorb. Art. 1–19 Rn. 16 ff; ausf. mit Blick auf Umweltbelastungen *Gärditz* in: Landmann/Rohmer, Bd. 1, Art. 20a GG Rn. 73 ff.

53 Anders sieht es aus, wenn privates Handeln zulassungsfrei gestellt ist, wie dies zunehmend im Wege bau(ordnungs)rechtlicher Genehmigungsfreistellung erfolgt. Der damit zusammenhängende Ausfall an Grundrechtsschutz erscheint nur dann hinnehmbar, wenn lediglich kleinere Bauvorhaben im Geltungsbereich eines Bebauungsplans freigestellt sind. Denn von solchen Gebäuden werden kaum weitreichende Umweltbelastungen ausgehen; zudem waren ökologische Belange Gegenstand der bauleitplanerischen Abwägung (§ 1 Abs. 6, 7 BauGB). Eine nachträglicher Möglichkeiten nachträglicher Einschreitens und diesbezüglicher Anspruchspositionen des Einzelnen reicht demgegenüber allein nicht aus, schon deshalb nicht, weil jedenfalls die Rechtsprechung insoweit immer noch von einem bloßen Anspruch auf ermessensfehlerfreie Entscheidung über das Einschreiten ausgeht; vgl. zu alldem *Erbguth/Schubert* in: Erbguth/Mann/Schubert, Rn. 804, 1256 ff., 1312 m.w.N.

54 Die Menschenwürde, Art. 1 Abs. 1 GG, dürfte von vornherein ausscheiden, weil sie sich als verfassungsrechtliche Fundamentalnorm einer Lösung von Zielkonflikten entzieht, *Schmidt/Kahl/Gärditz*, § 3 Rn. 14 m.w.N.

55 Vgl. oben Rn. 17.

56 BVerwGE 112, 135, 137; BVerwG, BayVBl. 2013, 56. Früher war das Gericht großzügiger, vgl. BVerwGE 72, 15, 16; BVerwG, DVBl. 1987, 1278; BVerwG, NVwZ 2001, 427; zu alldem *Masing*, NVwZ 2002, 810; ferner § 10 Rn. 62 ff.

57 BVerfG, NVwZ 2014, 211, 213; dazu *Kment*, NVwZ 2014, 1566.

des **Lebens** i.S.d. Art. 2 Abs. 2 S. 1 GG wird nach h.M. naturwissenschaftlich-biologisch verstanden.[58] Geschützt ist also nur ein absolutes Mindestmaß an Lebensbedingungen materieller Art. Ein Anspruch auf eine bestimmte Lebensqualität ergibt sich aus dem Grundgesetz nicht. In Anbetracht dessen lässt sich eine Umweltbelastung nur dann über Art. 2 Abs. 2 S. 1 GG abwehren, wenn sie existenzielle Auswirkungen hat.

25   **Körperliche Unversehrtheit** gem. Art. 2 Abs. 2 S. 1 GG meint primär das **physische** Fehlen pathologischer Zustände: körperliche Unversehrtheit als Gesundheit im biologisch-physiologischen Sinne, als Freiheit von Schmerz und Gebrechen.[59] Das bleibt hinter dem Gesundheitsbegriff der Weltgesundheitsorganisation (WHO) zurück; dieser erfasst nicht nur körperliches, sondern auch vollständiges geistiges und soziales Wohlbefinden. Immerhin fallen nach Ansicht des BVerfG auch **psychische** Belastungen, die körperlichen Eingriffen gleichkommen, in den Schutzbereich des Art. 2 Abs. 2 S. 1 GG. Dabei handelt es sich um Einwirkungen, die das Befinden einer Person in einer Weise verändern, die der Zufügung von Schmerzen entspricht.[60] Das ist etwa der Fall bei Lärmeinwirkungen, die Gesundheitsschäden wie Schlafstörungen, Herzbeschwerden oder Erschöpfungszustände nach sich ziehen.

cc) Art. 2 Abs. 1 GG

26   Ein auf Art. 2 Abs. 1 GG gestütztes umfassendes Recht auf Freiheit von rechtswidrigen Nachteilen gibt es nach überwiegender Auffassung nicht.[61] Deshalb lässt sich hieraus kein Abwehrrecht gegen jedwede Umweltbelastung und ebenso wenig die Gewährleistung eines „ökologischen Existenzminimums"[62] herleiten.

b) Grundrechte als staatliche Schutzpflichten

27   Aus (bundes)verfassungsgerichtlicher Sicht stellen die Grundrechte nicht allein subjektive Abwehrrechte des Einzelnen gegen den Staat dar; es handelt sich zugleich um **objektiv-rechtliche Wertentscheidungen** auf Verfassungsebene;[63] hieraus erwächst staatlichen Organen die Pflicht, sich schützend und fördernd vor die benannten Rechtsgüter zu stellen, sie insbesondere vor rechtswidrigen Eingriffen durch Dritte zu bewahren.[64]

Solche grundrechtlichen **Schutzpflichten** sind vom BVerfG auch zum Schutz vor Umweltbeeinträchtigungen angenommen worden; sie zwingen in erster Linie den **Gesetzgeber** zum Erlass neuer (Schutz-)Gesetze bzw. zur Ergänzung bestehender Normen.[65]

---

58 BVerfGE 56, 54, 73 f.
59 *Murswiek/Rixen* in: Sachs, GG, Art. 2 Rn. 147 ff.; vgl. auch *Jarass* in: Jarass/Pieroth, GG, Art. 2 Rn. 83.
60 BVerfGE 56, 54, 75.
61 Entweder auf Grund weit zu verstehender Grundrechtsschranken, wenn man mit der herrschenden Auffassung den Schutzbereich i.S.e. umfassenden Handlungsfreiheit versteht, oder im Gefolge einer entsprechenden Einengung des Schutzbereichs, um einer „Banalisierung" des Grundrechts zu entgehen; vgl. dazu *Murswiek/Rixen* in: Sachs, GG, Art. 2 Rn. 43, 50 ff.
62 Auch nicht i.V.m. Art. 1 Abs. 1 GG, *Schmidt/Kahl/Gärditz*, § 3 Rn. 14.
63 Damit wird freilich die vom Grundgesetz verfolgte Unterscheidung zwischen subjektiven Positionen (Grundrechte) und objektiven Gehalten der Verfassung (insbesondere Art. 20 GG mit Konkretisierungen) vermischt, was schon rechtssystematisch nicht unbedenklich ist; insgesamt zur Kritik an derartigen Vorstellungen *Cremer*, S. 180 ff.
64 BVerfGE 39, 1, 42; 46, 160, 164 f.; 49, 89, 140 ff.; 53, 30, 57 ff.; 56, 54, 73 ff.; BVerfG, NVwZ 2010, 1038; BVerwG, DVBl. 2010, 1300; auch oben Rn. 21.
65 Näher *Schmidt/Kahl/Gärditz*, § 3 Rn. 18 ff.; zur Fortführung dieser Rechtsprechung durch BVerfG, NVwZ 2010, 702; vgl. *Murswiek*, JuS 2010, 1038.

Die Verpflichtung der **Verwaltung** zu Umweltschutz und Wahrung der grundrechtlichen Schutzgüter folgt schon aus den unterverfassungsrechtlichen Umweltschutzgesetzen (Gesetzesbindung der Verwaltung, Art. 20 Abs. 3 GG). Unmittelbare administrative Bedeutung haben grundrechtliche Schutzpflichten lediglich bei der Auslegung dieser Gesetze, im Rahmen der Ermessensausübung und bei der planerischen Abwägung.

Schutzpflichten, die sich zugunsten der Bürger aus den Wertentscheidungen der Grundrechte ergeben, haben zunächst nur den Charakter von **objektiv-rechtlichen Verpflichtungen** des Staates.[66] Unter zusätzlichen Voraussetzungen kann sich darüber hinaus ein einklagbares **subjektives Recht** des Bürgers auf Schutz gegenüber dem Staat, also ein entsprechender Anspruch ergeben.[67] Zwar treffen staatliche Organe die Entscheidung darüber, wie sie ihren (objektiven) Schutzpflichten nachkommen, in eigener Verantwortung. Indes reduziert sich ihr Entscheidungsspielraum nach gerichtlicher Sicht bei evidenter Verletzung der in den Grundrechten verkörperten Grundentscheidungen (**Untermaßverbot**).[68] Eine solche evidente Außerachtlassung staatlicher (Umwelt-)Schutzpflichten ist freilich bislang vor Gericht in keinem Fall festgestellt worden.[69] Das BVerfG hat im Ergebnis Ansprüche auf Tätigwerden des Gesetzgebers zum Schutz vor gesundheitsgefährdenden und eigentumsbeeinträchtigenden Luftverschmutzungen ebenso abgelehnt wie Ansprüche auf den Erlass von Gesetzen zur Bekämpfung des Fluglärms bzw. des Straßenverkehrslärms.[70] Gleiches gilt für Gesundheitsgefahren durch erhöhte Ozonkonzentrationen.[71] Schließlich hat der Verordnungsgeber seine aus Art. 2 Abs. 2 S. 1 GG resultierende Schutzpflicht, Gesundheitsgefahren elektromagnetischer Felder abzuwehren, durch den Erlass der 26. BImSchV nicht verletzt.[72]

In ihrem objektiven Gehalt können Schutzpflichten auf die Abwehr von Beeinträchtigungen der Grundrechte durch **Dritte** gerichtet sein[73], ferner auf Maßnahmen **vorsorgender** und planender Gestaltung, auf die Bereitstellung von **Finanzmitteln** sowie auf die Ermöglichung der **Teilhabe** an staatlichen Einrichtungen und Entscheidungsprozessen. Ihrem Gegenstand nach darf aber die(se) Objektivierung nicht über die subjektive Abwehrfunktion der Grundrechte als Freiheitsrechte hinausgehen.

Die staatliche Schutzpflicht hat zunächst zur Folge, dass der Staat strenge materiellrechtliche **Zulassungsvoraussetzungen** für umweltbelastende Vorhaben normieren

28

29

30

---

66 Weiterführend zu grundrechtlichen Schutzpflichten *Erichsen*, Jura 1997, 85; *Kloepfer*, DVBl. 1988, 305.
67 Vgl. ausführlich *Szczekalla*, 2002.
68 BVerfGE 88, 203, 354 f.
69 Zur jüngsten Rechtsprechung zu staatlichen Schutzpflichten mit Umweltbezug vgl. *Kahl*, JZ 2014, 722 ff.
70 BVerfG, NJW 1983, 2931; BVerfGE 56, 54, 73; vgl. ferner BVerfG, UPR 2000, 111; BVerfG, NJW 1998, 3264; BVerwG, NVwZ 1999, 1234.
71 BVerfG, NJW 1996, 651; anders der EuGH auf der Ebene untergesetzlichen Normerlasses (Aufstellung eines Aktionsplans) EuGH, NVwZ 2008, 984; auch (Kurzwiedergabe) JuS 2009, 198; zum subjektiv-öffentlichen Recht auf ordnungsgemäße Lufteinhalteplanung *Fonk*, NVwZ 2009, 69; § 6 Rn. 13; tendenziell anders, aber europarechtlich induziert EuGH, NVwZ 2008, 984; auch (Kurzwiedergabe) JuS 2009, 198; zum subjektiv-öffentlichen europarechtlich induziert BVerwG, NJW 2018, 2074 zur Zulässigkeit und Notwendigkeit von Dieselfahrverboten zur Einhaltung der Immissionsgrenzwerte; dazu § 10 Rn. 36.
72 BVerfG, JZ 1997, 897 m. Anm. *Kremser*; vgl. auch BVerfG, ZUR 2002, 347 m. Anm. *Köck*; bei Summationsschäden (etwa Waldsterben) fällt nach der Rechtsprechung auch der Sekundärrechtsschutz aus, also eine Haftung des Staates: § 14 S. 2 BImSchG bildet keine Grundlage für eine allgemeine staatliche Garantiehaftung; für Amtspflichtverletzung(en) nach § 839 BGB, Art. 34 GG fehlt es an den in Fällen staatlichen Unterlassens erforderlichen evidenten Verletzung einer Schutzpflicht. Ansprüche aus Aufopferungsgesichtspunkten scheitern am fehlenden unmittelbaren Eingriff, insbesondere soll der enteignende Eingriff nur einen Anspruch für besondere Ausnahmefälle hergeben, nicht aber für Massenphänomene (wie das Waldsterben), vgl. BGHZ 102, 350, 353, 364 f., 357; Summationsschäden erfasst auch das UmweltHG nicht, vgl. § 2 Rn. 18.
73 Hierzu auch *Kloepfer*, Umweltrecht, § 3 Rn. 68.

muss. Er hat freilich auch die notwendigen **verfahrensrechtlichen Sicherungen** zu schaffen:[74] Nach dem BVerfG gilt, „dass Grundrechtsschutz weitgehend auch durch die Gestaltung von Verfahren zu bewirken ist und dass die Grundrechte demgemäß nicht nur das gesamte materielle, sondern auch das Verfahrensrecht beeinflussen, soweit dieses für einen effektiven Grundrechtsgebrauch von Bedeutung ist"[75]. Das richtet sich neben der auch durch Verfahren zu gewährleistenden Prüfung der Genehmigungsvoraussetzungen auf eine frühzeitige und entscheidungsrelevante Beteiligung der im Auswirkungsbereich des Vorhabens ansässigen Bürger.[76] Allerdings bedeutet dies nach nationalem Rechtsverständnis nicht, dass sich der Einzelne vor Gericht allein auf einen solchen Verfahrensverstoß zu berufen braucht; vielmehr ist eine gleichzeitige Verletzung von materiellen Rechtspositionen erforderlich.[77] Ferner gilt die allgemeine Sanktionsfreistellung des § 46 VwVfG.

31   Der **Umfang** der jeweiligen Schutzpflichten bestimmt sich anhand von Intensität und Wahrscheinlichkeit der drohenden Grundrechtsbeeinträchtigung. Hinsichtlich der **Intensität** ist zu unterscheiden zwischen Schäden und bloßen Belästigungen. **Schäden** stellen nicht unerhebliche Beeinträchtigungen von Grundrechten dar. Solche Schäden müssen infolge der grundrechtlichen Schutzpflicht vermieden werden. **Belästigungen**[78] sind demgegenüber unerhebliche Beeinträchtigungen rechtlich geschützter Güter, hier der Grundrechte. Sie dürfen dem Einzelnen zugemutet werden, soweit sie sozial adäquat sind.[79]

Die **Abgrenzung** zwischen Schaden und Belästigung bereitet Schwierigkeiten. Dies liegt zunächst daran, dass die naturwissenschaftliche Beurteilung, ob eine Beeinträchtigung von Erheblichkeit ist, sich schon aufgrund der häufig ungeklärten Wirkungszusammenhänge als problematisch erweist. Solches gilt vor allem für den Bereich der Gesundheitsgefährdungen durch Umweltbelastungen. Zudem enthält die Entscheidung darüber, was dem Bürger zumutbar ist und daher eine unerhebliche Beeinträchtigung darstellt, zumindest auch politisch-volitive Elemente, die grenzziehend für die rechtliche Beurteilung wirken. Soweit (Umwelt-)Gesetze bereits vor erheblichen **Nachteilen** und **Belästigungen**, also nicht nur vor Schäden, schützen (z.B. § 5 Abs. 1 Nr. 1 BImSchG), erübrigt sich zwar besagte Abgrenzung; dafür muss nun zwischen erheblichen Nachteilen und erheblichen Belästigungen auf der einen Seite und unerheblichen, also zumutbaren Nachteilen und Belästigungen auf der anderen Seite entschieden werden.[80]

32   Zweiter Maßstab für den Umfang der Schutzpflicht ist die **Wahrscheinlichkeit der drohenden Beeinträchtigung.** Dazu hat das BVerfG betont, dass sich grundrechtliche Schutzpflichten nicht nur auf Grundrechtsverletzungen richten; vielmehr verpflichten sie den Gesetzgeber, durch seine Normgebung auch (und bereits) die bloße **Gefahr** bzw. das Risiko einer solchen Verletzung zu vermindern.[81]

---

74   BVerfGE 53, 30, 65 f.; 49, 220, 225; 51, 324, 346 ff.; 52, 214, 219.
75   BVerfGE 53, 30, 65.
76   BVerwGE 53, 30, 59.
77   Dazu m.w.N. *Erbguth/Guckelberger*, Allgemeines Verwaltungsrecht, § 20 Rn. 34, anhand der Anfechtungsklage; bei europa(rechts)bedingten Beteiligungs- und Verfahrensregelungen sieht das anders aus, vgl. *Erbguth*, VVDStRL 61 (2002), S. 221, 248 ff.; konkreter insoweit noch § 6 Rn. 13 (anhand der UVP) und Rn. 15 (anhand des UmwRG).
78   *Eifert* in: Schoch, Besonderes Verwaltungsrecht, 5. Kap. Rn. 256.
79   BVerwGE 54, 211, 223.
80   So schon die Gesetzesbegründung zum BImSchG, vgl. BT-Drs. 7/1513, S. 2; dazu § 9 Rn. 28 ff.
81   BVerfGE 49, 89, 142.

Wie erwähnt[82], entspricht der Gefahrenbegriff des Umweltrechts prinzipiell demjenigen des allgemeinen Polizei- und Ordnungsrechts. Danach besteht eine **Gefahr**, wenn ein Zustand oder ein Verhalten bei ungehindertem Geschehensablauf mit hinreichender Wahrscheinlichkeit in absehbarer Zeit zu einem Schaden an dem jeweiligen Rechtsgut führen würde.[83]

33

Wann dergestalt eine **hinreichende Wahrscheinlichkeit** besteht, beurteilt sich in Abhängigkeit von der Bedeutung des bedrohten Rechtsguts sowie der Nähe und dem Umfang des erwarteten Schadens: Je höherwertig das Rechtsgut ist und je größer der befürchtete Schaden, desto geringere Anforderungen sind an die Wahrscheinlichkeit des Schadenseintritts zu stellen („je-desto"-Formel).

Dies führt im Bereich des Umweltrechts dazu, dass infolge des teilweise erheblichen Schädigungspotentials (Beispiele: Unfall in einem Kernkraftwerk, Störfall in einer chemischen Fabrik) schon eine geringe Wahrscheinlichkeit ausreichen kann, um einen Gefahrentatbestand zu bejahen. So besteht aus höchstrichterlicher Sicht im **Atomrecht** eine Gefahr erst dann nicht mehr, wenn es nach dem Stand von Wissenschaft und Technik praktisch ausgeschlossen erscheint, dass Schadensereignisse eintreten werden;[84] das nähert sich dem Begriff des Risikos stark an. Gleichwohl werden die Anforderungen nicht überspannt. Es reicht nämlich eine Gefahrenvorsorge aus, die sicherstellt, dass der Eintritt eines Schadensereignisses aufgrund der getroffenen Vorsorgemaßnahmen und des Erkenntnisstandes der führenden Naturwissenschaftler und Techniker praktisch nicht vorstellbar ist.

In Fällen hochkomplexer Technik, wie sie die Nutzung der Kernenergie erfordert, können bei allem technischen Sachverstand gleichwohl nicht erkennbare Risiken verbleiben. Ein Ausschluss dieses **Restrisikos**, etwa durch Errichtungs- bzw. Betriebsverbote für Kernkraftwerke, ist verfassungsrechtlich indes nicht gefordert. Der Staat muss angesichts der Grenzen menschlichen Erkenntnisvermögens und des sich ständig überholenden augenblicklichen Erfahrungswissens keine Maßnahmen ergreifen, die mit absoluter Sicherheit letzte Risiken für Grundrechte als Folge der Zulassung technischer Anlagen und ihres Betriebs ausschließen. Ansonsten würde jede staatliche Zulassung der Nutzung neuer Techniken unmöglich werden. Die Ungewissheit jenseits der Schwelle praktischer Vernunft muss deshalb von den Bürgern als sozial adäquat getragen werden.[85]

34

▶ **ZU FALL 1:** Der Erfolg einer Verfassungsbeschwerde setzt neben speziellen Erfordernissen (Art. 93 Abs. 1 Nr. 4a GG i.V.m. §§ 90 ff. BVerfGG) voraus, dass der Beschwerdeführer sich auf eine Verletzung eigener Grundrechte, und zwar durch Maßnahmen des Staates, berufen kann. Das Grundrecht des A auf körperliche Unversehrtheit (Art. 2 Abs. 2 S. 1 GG) wird in der hier interessierenden Konstellation nicht durch staatliches Handeln betroffen, weil die gesundheitsbeeinträchtigende Ozonbildung in der Massierung privater Autofahrten mit entsprechenden Emissionen begründet liegt. Der Staat könnte aber gegen seine Pflicht verstoßen haben, Grundrechte des Einzelnen vor Eingriffen Dritter zu bewahren (staatliche Schutzpflicht). Die Gesundheitsbeeinträchtigungen des A sind jedenfalls nicht derart unbedeutend, dass sie als allgemeines Lebensrisiko hinzunehmen wären. Ist damit eine objektive

35

---

82 Vgl. § 3 Rn. 5.
83 Vgl. nur anhand des einschlägigen Sicherheits- und Ordnungsrechts *Mann* in: Erbguth/Mann/Schubert, Rn. 463; bereits § 3 Rn. 5.
84 BVerfGE 49, 89, 143, auch zum Nachfolgenden.
85 BVerfGE 49, 89, 142 f.

Schutzpflicht des Staates zu bejahen, kann man von einem hierauf gerichteten (grundrechtlichen) Anspruch, also einer subjektivierten Schutzpflicht, nach der verfassungsgerichtlichen Rechtsprechung nur sprechen, wenn die staatlichen Organe in Kenntnis der Gefahr gänzlich untätig geblieben oder die ergriffenen Maßnahmen evident unzureichend sind. Vorliegend hat der Staat bereits Maßnahmen bei erhöhten Ozonkonzentrationen vorgesehen, die nach dem BVerfG bislang ausreichend waren.[86] Ob diese Sicht allerdings im Kontext jüngerer Erkenntnisse, wie sie in gemeinschaftsrechtlichen Vorgaben für den mitgliedstaatlichen Immissionsschutz (Stichwort: Feinstaubproblematik)[87] Ausdruck gefunden haben, aufrechterhalten werden kann bzw. wird, erscheint fraglich. Im Weiteren darf zwar nicht übersehen bleiben, dass ein Fahrverbot bei niedrigeren Ozonwerten viele Autofahrer in ihrem Grundrecht auf freie Entfaltung der Persönlichkeit (Art. 2 Abs. 1 GG) treffen würde. Demgegenüber werden sich indes jedenfalls mehr als marginale Gesundheitsgefahren in der insoweit gebotenen Abwägung als eindeutig höherrangig durchsetzen. Insgesamt dürfte eine Verfassungsbeschwerde des A dem Grunde nach erheblich mehr Erfolgschancen haben, als dies früher der Fall war. ◀

IV. Bedeutung des Rechtsstaatsprinzips im Umweltrecht

1. Vorbehalt des Gesetzes

36   Der Vorbehalt des Gesetzes ist Ausdruck der Gesetzmäßigkeit des Verwaltungshandelns (Art. 20 Abs. 3 GG) und wird im Näheren aus dem Rechtsstaats- und dem Demokratieprinzip hergeleitet.[88] Er verlangt, dass Handlungen der Exekutive, die seinem Geltungsanspruch unterfallen, auf einer Ermächtigungsgrundlage in Form einer Rechtsnorm (formelles Gesetz, ggf. Verordnung, Satzung usw.) beruhen müssen.[89] Fehlt es daran, ist das Handeln der Verwaltung rechts- und zugleich verfassungswidrig.

37   Dem Gesetzesvorbehalt unterfällt nach ganz überwiegender Auffassung nicht jegliches Verwaltungshandeln. Er gilt als historisch begründet bei klassischen **Eingriffen** in Freiheit und Eigentum der Bürger, aber auch – nach der **Wesentlichkeitstheorie**[90] – bei allen (staatlichen) Maßnahmen, die für das Staatsganze, insbesondere für das Zusammenleben im Staat, von wesentlicher Bedeutung sind. Dazu gehören vor allem Entscheidungen der Verwaltung, die in Grundrechte zwar nicht eingreifen, diese aber (wesentlich) betreffen (grundrechtsrelevante Maßnahmen, etwa im Rahmen der Gentechnik oder des Klimaschutzes).[91] Des Weiteren kann sich die Wesentlichkeit aus Besonderheiten des jeweils betroffenen Sachgebiets ergeben.

Unterfällt eine Maßnahme dem Gesetzesvorbehalt, ist zu differenzieren: Handelt es sich um eine Entscheidung von gesteigert grundlegender Bedeutung, etwa im Fall weitreichender Grundrechtsrelevanz, muss sie der Gesetzgeber in vollem Umfang durch (formelles) Gesetz selbst treffen: **Parlamentsvorbehalt**.[92] In anderen Fällen der Wesentlichkeit reicht es, wenn der Gesetzgeber eine verfassungsgemäße Grundlage schafft

---

86   BVerfG, NJW 1996, 651.
87   Vgl. vorstehend Rn. 28 m.w.N. sowie (näher) § 9 Rn. 5, 35.
88   BVerfGE 33, 125; 34, 304; 40, 237, 248 ff.; 41, 251, 259 f.; 45, 400, 417 f.; 47, 46, 78 f.; 49, 89, 128 ff.; *Jarass* in: Jarass/Pieroth, GG, Art. 20 Rn. 69 ff.
89   Näher etwa *Erbguth/Guckelberger*, Allgemeines Verwaltungsrecht, § 8 Rn. 3 ff. m.w.N.
90   Des BVerfG, vgl. BVerfGE 33, 1; 58, 257, 278; 84, 212, 226 f.
91   BVerfGE 47, 46, 79; 57, 257, 268; BVerwGE 57, 130; bei grundrechtseingreifenden Maßnahmen gilt der Gesetzesvorbehalt ohnehin, vgl. vorstehend im Text.
92   BVerfGE 58, 257, 274 f. m.w.N.

(vgl. etwa Art. 80 GG) und die näheren Regelungen durch die Exekutive im Wege der Rechtsverordnung oder Satzung erfolgen.[93]

Für das **Atomrecht** hat das BVerfG entschieden, dass die „normative Grundentscheidung für oder gegen die rechtliche Zulässigkeit der friedlichen Nutzung der Kernenergie (…) wegen ihrer weitreichenden Auswirkungen auf die Bürger, insbesondere auf ihren Freiheits- und Gleichheitsbereich, auf die allgemeinen Lebensverhältnisse und wegen der notwendigerweise damit verbundenen Art und Intensität der Regelung eine grundlegende und wesentliche Entscheidung im Sinne des Vorbehaltes des Gesetzes" ist. Und: „Sie zu treffen ist allein der ‚parlamentarische' Gesetzgeber berufen."[94] Dies ist mit dem Atomgesetz geschehen.

2. Bestimmtheitsgrundsatz

Nach dem rechtsstaatlichen Bestimmtheitsgrundsatz müssen Normen so gefasst sein, dass ihr Regelungsgehalt klar erkennbar wird.[95] Die Anforderung darf allerdings nicht zu stringent und vor allem nicht schematisch verstanden werden.[96] Die Unterschiedlichkeit der Regelungsmaterien, die Vielgestaltigkeit der Lebenswirklichkeit und sich wandelnde Verhältnisse schließen es aus, von Gesetzes wegen durchgängig jeden denkbaren Einzelfall gleichsam kasuistisch zu erfassen. Daher versagt das Bestimmtheitsgebot nicht die Verwendung von Generalklauseln, unbestimmten Rechtsbegriffen und Ermessensvorschriften, solange sich Inhalt und Anwendungsbereich der Norm mithilfe juristischer Interpretation oder aufgrund gefestigter Rechtsprechung bestimmen lassen.[97] Die klassischen juristischen Auslegungsmethoden[98] richten sich bekanntlich auf

38

- die Ermittlung des Wortsinns einer Regelung (grammatikalische Auslegung),
- die Stellung der Regelung im Normengefüge (systematische Auslegung),
- Sinn und Zweck einer Regelung (teleologische Auslegung – wichtigste Interpretationsmethode),
- die Entstehung einer Rechtsnorm und ihre geschichtliche Entwicklung (historisch-genetische Auslegung).

Als hinreichend bestimmbar erweisen sich vor diesem Hintergrund bspw. Rechtsbegriffe wie

- „nicht nur geringfügig", § 6 Abs. 1 S. 1 Nr. 2 WHG,
- „erheblich", § 3 Abs. 1 BImSchG,
- „dem Stand der Technik entsprechende Maßnahmen", § 5 Abs. 1 Nr. 2 BImSchG,[99]
- „die nach dem Stand von Wissenschaft und Technik erforderliche Vorsorge", § 7 Abs. 2 Nr. 3 AtG.

---

93 BVerfGE 58, 257, 274 ff.; BVerwG, DÖV 1981, 679; auch *Erbguth/Guckelberger*, Allgemeines Verwaltungsrecht, § 8 Rn. 6.
94 BVerfGE 49, 89, 124 ff.; 53, 30, 56.
95 BVerfGE 8, 274, 311; 20, 257; 28, 66; 33, 358; 34, 52; 42, 191; 58, 283.
96 Allgemein dazu und zum Nachfolgenden *Erbguth/Guckelberger*, Allgemeines Verwaltungsrecht, § 14 Rn. 26 ff.
97 *Jarass* in: Jarass/Pieroth, GG, Art. 20 Rn. 82; BVerfGE 87, 234, 263 f.; 51, 1, 12; 21, 73, 78 ff.
98 Vgl. hierzu umfassend *Stein/Frank*, Staatsrecht, S. 35 ff.
99 Allgemein zur diesbezüglichen verfassungsrechtlichen Zulässigkeit *Seibel*, BauR 2004, 1718.

39   Insbesondere die Verwendung der letztgenannten **Technikklauseln** wird vom BVerfG aus den dargelegten praktischen Erwägungen, aber gerade auch zum Schutz des Einzelnen als unvermeidbar angesehen: „Eine gewisse Rechtsunsicherheit, die sich durch Rechtsverordnungen der Exekutive, durch die Verwaltungspraxis sowie durch die Rechtsprechung im Laufe der Zeit noch in bestimmtem Umfang verringert, muss jedenfalls dort in Kauf genommen werden, wo der Gesetzgeber ansonsten gezwungen wäre, entweder unpraktikable Regelungen zu treffen oder von einer Regelung gänzlich Abstand zu nehmen, was letztlich beides zulasten des Grundrechtsschutzes ginge."[100]

3. Verhältnismäßigkeitsgrundsatz[101]

40   Der sich aus dem Rechtsstaatsprinzip allgemein ergebende Grundsatz der Verhältnismäßigkeit[102] gilt für die gesamte Ordnung des öffentlichen Rechts und somit für die hier behandelten Zusammenhänge des Umweltrechts. Staatliche Maßnahmen müssen danach als Mittel zur Erreichung eines zulässigen Zweckes geeignet, erforderlich und angemessen sein:

- Die Maßnahme ist geeignet, wenn sie den erstrebten Erfolg überhaupt zu erreichen vermag; ein Beitrag zur Zielerreichung genügt (**Geeignetheit**).
- Eine geeignete Maßnahme ist erforderlich, wenn nicht andere (gleich) geeignete Mittel zur Verfügung stehen, die den bzw. die Betroffenen weniger beeinträchtigen (**Erforderlichkeit** bzw. Interventionsminimum).
- Eine erforderliche Maßnahme ist angemessen, wenn sie nicht außer Verhältnis zum erstrebten Erfolg steht (**Angemessenheit** bzw. Verhältnismäßigkeit im engeren Sinne).

Der Grundsatz der Verhältnismäßigkeit, und hier vornehmlich die Angemessenheit staatlichen Handelns, verlangt ferner, dass prinzipiell bei allen staatlichen Planungsmaßnahmen die Belange des Umweltschutzes zu berücksichtigen und mit gegenläufigen Interessen gerecht abzuwägen sind (planerisches **Abwägungsgebot**).[103]

V. Zuständigkeitsverteilung im Umweltschutz

41   Die Zuständigkeit für Maßnahmen der Gesetzgebung und Verwaltung steht nach der Kompetenzverteilung des Grundgesetzes teils dem Bund, teils den Ländern zu. Für die **Gesetzgebung** sind gem. Art. 70 Abs. 1 GG grundsätzlich die Länder zuständig, soweit nicht das Grundgesetz dem Bund ausdrücklich Gesetzgebungskompetenzen verleiht. Infolge zahlreicher derartiger Zuweisungen liegt (auch) im Bereich des Umweltschutzes das Schwergewicht der Gesetzgebung dann doch beim Bund.[104] Die **Verwaltungskom-**

---

100   BVerfGE 49, 89, 137; zur Verbindlichkeit von Umweltstandards näher *Himmelmann* in: Himmelmann/Tünnesen-Harmes, § 4.
101   Dazu eingehend *Kraft*, BayVBl. 2007, 577.
102   *Jarass* in: Jarass/Pieroth, GG, Art. 20 Rn. 112 ff.; *Ossenbühl*, JURA 1997, 617.
103   BVerwGE 64, 270, 272 f.; BVerwG, JZ 2007, 939 m. Anm. *Peine/Starke*; umfassend zum Abwägungsgebot *Hofmann*, Abwägung im Recht; zum Abwägungsgebot anhand des Städtebaurechts eingehend *Bönker* in: Hoppe/Bönker/Grotefels, Öffentliches Baurecht, § 5; *Erbguth/Schubert*, Öffentliches Baurecht, § 5 Rn. 114 ff. m.w.N.; anhand neuerer Entwicklungen *Erbguth*, JZ 2006, 484; *Erbguth*, UPR 2010, 281.
104   Zum Bereich Naturschutz und Landschaftspflege vor der Föderalismusreform 2006 *Koch/Mechel*, NuR 2004, 277.

petenz, also insbesondere die Befugnis zum Vollzug der Gesetze, steht dagegen nach der Grundregel des Art. 83 GG vorwiegend den Ländern zu.[105]

1. Gesetzgebungskompetenzen im Umweltschutz

▶ **FALL 2:** Die Bundesregierung legt einen Gesetzentwurf zur Reform des Naturschutz- 42
rechts vor, der u.a. die folgende Bestimmung über flächenhafte Naturschutzziele enthält: „Die Länder sollen mindestens 10 % der Landesfläche zur Schaffung, Erhaltung und Entwicklung von Biotopverbundsystemen als Vorrangflächen für den Naturschutz ausweisen. Ein Flächenausgleich, insbesondere der Länder Berlin, Bremen und Hamburg, mit angrenzenden Bundesländern ist zulässig." Die Bundesländer fühlen sich durch die vorgeschlagene Regelung stark in ihren Zuständigkeiten eingeschränkt. Der sächsische Ministerpräsident ist der Ansicht, dass der Erlass einer derartigen Vorschrift durch den Bund nicht kompetenzgerecht wäre. ◀

a) Zuständigkeiten des Bundes

Das Grundgesetz sieht vor, dass der Bund **ausschließlich** (selten) oder **konkurrierend** 43
für den Erlass von Umweltgesetzen zuständig ist. Darüber hinaus konnte er bis Mitte 2006 in bestimmten Bereichen **Rahmenregelungen** treffen (Art. 75 Abs. 1 GG a.F.).[106]

Die Befugnis kann sich **ausdrücklich** oder als **Annex** bzw. **kraft Sachzusammen-** 44
hangs[107] zur Regelung bestimmter Sachbereiche ergeben. So folgt aus der Gesetzgebungskompetenz für den Straßenverkehr (Art. 74 Abs. 1 Nr. 22 GG) oder den Bergbau (Art. 74 Abs. 1 Nr. 11 GG) auch die Zuständigkeit für Regelungen zum Schutz der Umwelt vor Beeinträchtigungen durch Straßenbau bzw. Bergbau.[108] Überdies kann sich aus dem Gesamtsinn der verfassungsrechtlichen Kompetenzordnung eine Zuständigkeit des Bundes „kraft Natur der Sache" ableiten.[109]

aa) Ausschließliche Gesetzgebungskompetenz

Ausdrückliche (Gesetzgebungs-)Zuständigkeiten (Art. 71, 73 GG) finden sich für den 45
Bund im Bereich des Umweltschutzes mit Ausnahme des Atomrechts (Art. 73 Abs. 1 Nr. 14 GG) nicht. Bedeutsame **Annexkompetenzen** ergeben sich aber aus:

- Art. 73 Abs. 1 Nr. 5 GG, Handelsverträge und Warenverkehr mit dem Ausland (z.B. Verbote zur Einfuhr von lebenden Tieren, Tierleichen, Tierteilen usw. im Rahmen internationaler Artenschutzabkommen),
- Art. 73 Abs. 1 Nr. 6 GG, Luftverkehr, Nr. 6a, Bundeseisenbahnen (Regelungen zur Vermeidung der negativen Auswirkungen der Verkehrsanlagen auf die Umwelt),
- Art. 73 Abs. 1 Nr. 11 GG, Statistik für Bundeszwecke (z.B. UStatG).

---

105 Eingehend zum Nachfolgenden vor dem Hintergrund der Föderalismusreform des Jahres 2006 *Gerstenberg*, Zu den Gesetzgebungs- und Verwaltungskompetenzen nach der Föderalismusreform.
106 *Kunig*, JURA 1996, 254.
107 Allgemein dazu und zu den (allerdings etwas gekünstelten) Unterschieden zwischen Annexkompetenz und Zuständigkeit kraft Sachzusammenhangs *Degenhart* in: Sachs, GG, Art. 70 Rn. 37 ff.
108 *Hoppe/Beckmann/Kauch*, § 4 Rn. 101 ff.
109 Näher *Degenhart* in: Sachs, GG, Art. 70 Rn. 31 ff.; vertieft zur Gesetzgebungskonkurrenz im Verhältnis Bund – Länder *Wagner*, Die Konkurrenzen der Gesetzgebungskompetenzen von Bund und Ländern; anhand der Lärmbekämpfung insoweit *Kiefer*, DÖV 2011, 515.

bb) Konkurrierende Gesetzgebungskompetenz

46   Auf Umweltschutz richten sich vor allem die nachfolgenden Sachmaterien der konkurrierenden Gesetzgebungszuständigkeit in Art. 74 Abs. 1 GG:

- Nr. 1: insbesondere zivilrechtliches Nachbarrecht und Umweltstrafrecht,
- Nr. 11: Wirtschaftskontrolle einschließlich des Energierechts,
- Nr. 12: Arbeitsschutz,
- Nr. 17: Ernährungssicherung, Hochsee- und Küstenfischerei, Küstenschutz,
- Nr. 18: Bodenrecht, vor allem das Städtebaurecht,
- Nr. 19: Gesundheitsrecht, Verkehr mit besonders gefährlichen Stoffen,
- Nr. 20: Lebensmittelrecht, Futtermittelrecht und Tierschutz,
- Nr. 21–23: Schiffs-, Straßen- und Schienenverkehr,
- Nr. 24: Abfallbeseitigung, Luftreinhaltung und Lärmbekämpfung (ohne Schutz vor verhaltensbezogenem Lärm),
- Nr. 26: Gentechnik

sowie seit der **Föderalismusreform 2006**

- Nr. 28: Jagdrecht,
- Nr. 29: Naturschutz und Landschaftspflege,
- Nr. 30: Bodenverteilung,
- Nr. 31: Raumordnung,
- Nr. 32: Wasserhaushalt.

Die Neufassung des **Art. 72 Abs. 2 GG** im Wege besagter Föderalismusreform unterwirft nur noch die dort enumerativ aufgezählten Gesetzgebungsmaterien des Art. 74 Abs. 1 GG einem zusätzlichen **bundeseinheitlichen Regelungserfordernis**. Von den vorstehenden umweltrelevanten Kompetenzgegenständen werden hiervon nicht die Kernbereiche des Umweltrechts (Umweltschutzrecht),[110] sondern nur einige, wenn auch praktisch wichtige Legislativfelder des umweltrelevanten Rechts[111] erfasst (Nr. 11, 22, 26).[112] Nach Art. 72 Abs. 2 GG muss die Herstellung gleichwertiger Lebensverhältnisse im Bundesgebiet oder die Wahrung der Rechts- und Wirtschaftseinheit im gesamtstaatlichen Interesse eine bundesgesetzliche Regelung erforderlich machen. Das BVerfG legt insoweit stringente Maßstäbe an, weil die Verfassungsreform aus dem Jahr 1994 die frühere Bedürfnisklausel der Vorschrift zu einem Erforderlichkeitsgebot verschärft hat.[113] Hiernach müssen die Divergenzen unterschiedlichen Landesrechts in den genannten Bereichen erheblich bzw. unzumutbar sein, um die Erforderlichkeit begründen zu können.[114] Insoweit steht dem Bund kein Ermessens- oder Beurteilungsspielraum (mehr)[115] zu, vielmehr wird die Einhaltung jener Maßgaben vom BVerfG vollinhaltlich nachgeprüft.[116] Angesichts der notwendigerweise zukunftsgerichteten Einschätzung anhand der Maßstäbe des Art. 72 Abs. 2 GG wird immerhin von einem Prognosespiel-

---

110   Vgl. § 2 Rn. 1.
111   Dazu § 2 Rn. 2 ff.
112   Vgl. auch § 2 Rn. 14.
113   Dazu *Pieroth* in: Jarass/Pieroth, GG, Art. 72 Rn. 17, 20 ff.
114   BVerfGE 106, 62, 135 f., 142.
115   Zur früheren Rechtslage insoweit *Degenhart* in: Sachs, GG, Art. 72 Rn. 2.
116   BVerfGE 106, 62, 135 ff., 148; 110, 141, 175.

raum des (Bundes-)Gesetzgebers auszugehen sein, der freilich dahingehend kontrollierbar bleibt, ob sorgfältig ermittelte Sachverhaltsangaben zu Grunde gelegt worden sind, die Prognosemethode angemessen war sowie konsequent verfolgt worden ist und bei alldem keine sachfremden Erwägungen eingeflossen sind.[117]

Erleichtert auch die (weitgehende) Freistellung umweltrechtlicher Regelungskompetenzen von dem bundeseinheitlichen[118] Regelungserfordernis des Art. 72 Abs. 2 GG die Bundesgesetzgebung (bis hin zu einem Umweltgesetzbuch)[119], kann es doch zu Durchbrechungen jener Bundeseinheitlichkeit im Gefolge der den Ländern nach **Art. 72 Abs. 3 GG** eröffneten **Abweichungskompetenz**[120] kommen. Das betrifft im umweltrelevanten Bereich das Jagdwesen (Art. 72 Abs. 3 S. 1 Nr. 1 GG) und die Raumordnung (Nr. 4 der Vorschrift), im Kernbereich des Umweltrechts das Recht des Naturschutzes und der Landschaftspflege (Art. 72 Abs. 3 S. 1 Nr. 2 GG)[121] und das Wasserrecht (Nr. 5 der Bestimmung). Diese Abweichungen sind dem Wortlaut der Vorschrift nach teils unbegrenzt eröffnet (wie bei der Raumordnung nach Art. 72 Abs. 3 S. 1 Nr. 4 GG),[122] überwiegend wird aber ein Grundbestand an Bundesrecht auf den fraglichen Gebieten durch sog. **abweichungsfeste Kerne** geschützt. Derartige Kerne bilden im Bereich Naturschutz und Landschaftspflege „die allgemeinen Grundsätze des Naturschutzes, das Recht des Artenschutzes oder des Meeresnaturschutzes" (Art. 72 Abs. 3 S. 1 Nr. 2 GG) und im Wasserhaushalt „stoff- oder anlagenbezogene Regelungen" (Art. 72 Abs. 3 S. 1 Nr. 5 GG). Die begriffliche Konturenunschärfe jener Reservate des Bundesrechts zieht Rechtsunsicherheit nach sich, zu deren Bereinigung es bundesverfassungsgerichtlicher Klarstellung bedürfen wird.

Hinzu kommt in zeitlicher Hinsicht, dass Bundesgesetze auf den genannten Gebieten – vorbehaltlich abweichender Regelungen unter Zustimmung des Bundesrates – frühestens sechs Monate nach ihrer Verkündung in Kraft treten, Art. 72 Abs. 3 S. 2 GG; damit soll den Ländern ein Zeitfenster für die Entscheidung über Abweichungen eröffnet werden.[123] Art. 72 Abs. 3 S. 3 GG schließlich enthält eine „lex posterior-Regel". Hiernach bleibt es im zeitlichen Nacheinander von Bundes- und Landesrecht auf den Gebieten nach S. 1 der Vorschrift nicht bei der allgemeinen Kollisionsbestimmung zugunsten Bundesrechts gem. Art. 31 GG. Vielmehr wird ein Anwendungsvorrang des jeweils späteren Bundes- oder Landesrechts postuliert. Ob sich hieraus ein rechtsstaatlich nicht unbedenkliches, weil prinzipiell unlimitiertes Ping-Pong-Spiel abwechselnder Bundes- und Landesgesetzgebung ergeben wird, findet unterschiedliche Beurteilung.[124] Europarechtliche

---

117 BVerfGE 106, 62, 152 f.
118 Demgegenüber für bundes„gesetzlich" *Pieroth* in: Jarass/Pieroth, GG, Art. 72 Rn. 19.
119 Dazu bereits § 2 Rn. 14; skeptisch zur kompetenziellen Grundlage für ein „wirkliches" UGB *Erbguth* in: Ipsen/Stüer, FS Rengeling, S. 35, 42 ff.
120 Dazu auch *Kluth* in: ders./Smeddinck, § 1 Rn. 88 ff. Insoweit zu verfassungsrechtlichen Grenzen gegenüber gleichheitsgefährdenden Abweichungsgesetzen aufgrund des Leitbilds der gleichwertigen Lebensverhältnisse und der Gewährpflicht des Bundes nach Art. 28 Abs. 3 GG *Selmer*, ZG 2009, 33.
121 Zur Kompetenzlage im Naturschutz nach der Föderalismusreform *Hendrischke*, NuR 2007, 454; *Werner*, NuR 2007, 459.
122 Gleichwohl herrscht Streit, ob sich nicht aus allgemeinen verfassungsrechtlichen, insbesondere kompetenzrechtlichen Gesichtspunkten, etwa aus der unter früherer Rechtslage vom BVerfG anerkannten Gesetzgebungsbefugnis des Bundes kraft Natur der Sache zur Regelung der Raumordnung im Gesamtstaat (BVerfGE 3, 407, 427 f.), gleichsam ein unbenannter abweichungsfester Kern auch hier konstruieren lässt, dazu näher (kritisch) *Erbguth* in: Ipsen/Stüer, FS Rengeling, S. 35, 46 ff. m.w.N.; eingehend auch *Runkel* in: Bielenberg/Runkel/Spannowsky, L vor §§ 1-29 ROG, Rn. 40 ff.
123 Abweichung auch schon vor Inkrafttreten der Bundesregelung, Begründung BT-Drs. 16/813, S. 11; *Ipsen*, NJW 2006, 2801, 2804; *Häde*, JZ 2006, 930, 932.
124 Für diese Gefahr etwa *Hoppe*, DVBl. 2007, 144, 149 ff.; anders *Oeter* in: Starck, Föderalismusreform, S. 18 f.; dazu auch *Erbguth* in: Ipsen/Stüer, FS Rengeling, S. 35, 53.

Vorgaben können jedenfalls nur im Rahmen ihrer Reichweite grenzziehend, d.h. vereinheitlichend bzw. disziplinierend, wirken; damit ist selbst das stark europäisierte Umweltrecht keineswegs gänzlich vor besagtem Hin und Her geschützt.[125]

cc) Abschaffung der Rahmengesetzgebungskompetenz

47   Die fünf in der vorstehenden Aufzählung zuletzt genannten Materien unterfielen früher der sog. Rahmenzuständigkeit des Bundes nach Art. 75 GG a.F., die als Kompetenzart durch besagte Föderalismusreform ersatzlose Aufhebung erfahren hat; die fraglichen Gesetzgebungsaufgaben sind, wie dargestellt, der konkurrierenden Gesetzgebungszuständigkeit des Bundes zugewiesen worden. Aufgrund der **Rahmengesetzgebungskompetenz** erlassene Gesetze galten freilich zunächst fort und damit auch in der für jene Kompetenzart typischen Ergänzung rahmensetzenden Bundesrechts durch ausfüllendes Landesrecht,[126] vgl. Art. 125b Abs. 1 S. 1, 2 GG. Abweichendes Landesrecht war grundsätzlich eröffnet, freilich hinsichtlich der Materien des Naturschutzes und der Landschaftspflege (Art. 72 Abs. 3 S. 1 Nr. 2 GG) und des Wasserhaushalts (Art. 72 Abs. 3 S. 1 Nr. 5 GG) erst dann, wenn der Bundesgesetzgeber von seinen insoweit neuen (konkurrierenden) Gesetzgebungsbefugnissen[127] Gebrauch gemacht hatte, dies spätestens ab dem 1.1.2010 (Art. 125b Abs. 1 S. 3 GG); damit sollte dem Bund nicht nur die Möglichkeit, sondern auch eine gewisse (Vorbereitungs-)Zeit für den Erlass eines Umweltgesetzbuchs eingeräumt werden.[128]

48   ▶ **ZU FALL 2:** Das Grundgesetz hält dem Bund keine umfassende Gesetzgebungskompetenz auf dem Gebiet des Umwelt(schutz)rechts vor. Deshalb müssen die Einzelermächtigungen der Art. 73 f. GG auf einen Kompetenztitel für die geplante Vorschrift durchgemustert werden. Einschlägig ist hier Art. 74 Abs. 1 Nr. 29 GG (Naturschutz und Landschaftspflege). Flächenhafte Naturschutzziele fallen grundsätzlich unter diese Regelungsmaterie. Da es sich nunmehr, d.h. nach der Föderalismusreform 2006, um eine konkurrierende Gesetzgebungskompetenz handelt, kann der Bund in das Einzelne gehende Regelungen treffen. Überdies betrifft der neu gefasste Art. 72 Abs. 2 GG nur noch die dort aufgeführten Kompetenztitel – zu denen jener des Art. 74 Abs. 1 Nr. 29 GG nicht zählt; deshalb kann das Gesetzesvorhaben auch nicht von vornherein am bundeseinheitlichen Regelungserfordernis i.S.d. Vorschrift scheitern. Der sächsische Ministerpräsident hat folglich Unrecht.[129] ◀

---

125 Vgl. *Erbguth* in: Ipsen/Stüer, FS Rengeling, S. 35, 45.
126 Dazu *Rozek* in: v. Mangoldt/Klein/Starck, GG, Erl. zu Art. 75 GG Rn. 4.
127 Zur „kleinen" Novelle des BNatSchG aus gemeinschaftsrechtlichen Gründen des Artenschutzes vgl. im Zusammenhang mit der Behandlung des Naturschutzrechts § 10 Rn. 5, 57.
128 *Kyrill-Schwarz* in: Starck, Föderalismusreform, S. 64 m.w.N.; zur Entwicklung und zum Scheitern des Umweltgesetzbuchs vgl. § 2 Rn. 12 ff. Zur Novellierung von BNatSchG und WHG in diesem Zusammenhang § 2 Rn. 14 a. E.
129 Die Sicht des Ministerpräsidenten ist offensichtlich noch der früheren Einordnung des Naturschutzes und der Landschaftspflege als Materie der Rahmenkompetenz nach Art. 75 GG a.F. verhaftet. Die geplante Vorschrift beinhaltet eine detaillierte, zahlenmäßig festgelegte Anweisung und geht damit über eine bloße Rahmenregelung hinaus. Dann blieb nach alter Kompetenzlage überprüfungsbedürftig, ob sie als Ausnahme gem. Art. 75 Abs. 2 GG a.F. verfassungsgemäß sein kann. Die sich dabei stellenden, nicht einfach zu beantwortenden Fragen (sehr stringent insoweit BVerfGE 111, 226) bedürfen angesichts der ersatzlosen Beseitigung der Rahmenkompetenz als Art der Gesetzgebungsbefugnis im Wege der Föderalismusreform 2006 (vorstehend Rn. 47) keiner weiteren Befassung.

b) Zuständigkeiten der Länder

aa) Ausschließliche Gesetzgebungskompetenz

Bedeutsam für die Belange des Umweltschutzes ist die Zuständigkeit der Länder für die Regelung ihrer Verwaltungsorganisation und für das Polizei- und Ordnungsrecht, das subsidiär anzuwenden ist, wenn spezielle umweltrechtliche Regelungen fehlen. Dies war z.B. bei den sog. Altlasten der Fall, die aktuelle Gefahren insbesondere für die Gewässer- und Bodenqualität bewirkten und zu einer Zeit begründet wurden, als die einschlägigen Fachgesetze noch nicht vorhanden waren. Mittlerweile haben viele Bundesländer Altlastenregelungen in ihre Abfall- oder Bodenschutzgesetze aufgenommen; das bereits erwähnte BBodSchG[130] hat insoweit ebenfalls eine „Hochzonung" zur Folge.[131]

49

bb) Konkurrierende Gesetzgebungskompetenz

Im Bereich der konkurrierenden Gesetzgebung sind die Länder immer dann regelungsbefugt, solange und soweit der Bund keine oder **keine abschließende Regelung** getroffen hat, Art. 72 Abs. 1 GG. Allgemein ist anerkannt, dass nicht nur eine inhaltliche Vollregelung der Gesetzesmaterie oder von (den strittigen) Teilen derselben die Länder legislatorisch ausschließt,[132] sondern Entsprechendes auch dann gilt, wenn einer lediglich partiellen Bundesregelung entnommen werden kann, dass es damit sein Bewenden haben soll.[133] Anzulegende Maßstäbe bilden bei fehlender gesetzlicher Klarstellung prinzipiell der Wortlaut, die systematische Stellung, die Entstehungsgeschichte und, wie bei jeglicher Auslegung, vornehmlich Sinn und Zweck der fraglichen Bundesvorschriften, also deren Regelungskonzeption[134] – natürlich vorbehaltlich konkreter Aussagekraft. Überdies stehen die(se) Interpretationskriterien nicht unverbunden nebeneinander; vielmehr sind sie in ihrer inhaltlichen Verflochtenheit heranzuziehen.

50

Die Konsequenz nicht abschließenden Gehalts von Bundesrecht stellen etwa die Landesabfallgesetze, die Landesimmissionsschutzgesetze und die Landesbodenschutzgesetze dar.

cc) Ausfüllende Gesetzgebungskompetenz

Im Bereich der (früheren) Rahmengesetzgebung waren die Länder zu eigenen ausfüllenden Regelungen berechtigt und verpflichtet (Art. 75 Abs. 3 GG a.F.). Von Bedeutung für den Umweltschutz erwiesen sich insbesondere die Landesnaturschutzgesetze, die Landesplanungsgesetze und die Landeswassergesetze. Inzwischen gibt es neues Bundesrecht auf den fraglichen Gebieten, das den Ländern lediglich lückenfüllende Rechtsetzungsmöglichkeiten belässt.[135]

51

---

130 Vgl. § 2 Rn. 24.
131 Zu den Regelungen des BBodSchG vgl. näher § 13 Rn. 6 ff.
132 Vgl. nur *Degenhart* in: Sachs, GG, Art. 72 Rn. 27 f. m.w.N.
133 Vgl. nur BVerfGE 2, 232, 236; 83, 363, 379; ferner 85, 226, 234.
134 Vgl. BVerfGE 109, 190, 230; allgemein zur Auslegungsmethodik oben Rn. 38.
135 Vgl. § 2 Rn. 14 a. E., vorstehend Rn. 50.

2. Verwaltungskompetenzen im Umweltschutz

a) Länderverwaltung

52   Neben den Landesumweltgesetzen führen die Länder aufgrund von Art. 83 GG auch das Bundesumweltrecht als **eigene Angelegenheit** aus, d.h. sie bestimmen die Organisation („Errichtung von Behörden") sowie das Verwaltungsverfahren. Sofern Bundesgesetze hinsichtlich Letzterem etwas anderes bestimmen, erwächst den Ländern ein (legislatives) **Abweichungsrecht**, Art. 84 Abs. 1 S. 2 GG.[136] Von besonderer Bedeutung für die gesetzliche Weiterentwicklung gerade im Umweltrecht ist Art. 84 Abs. 1 S. 5 GG. Danach kann der Bund das Verwaltungsverfahren ohne Abweichungsmöglichkeit für die Länder regeln, allerdings allein in Ausnahmefällen und nur wegen eines besonderen Bedürfnisses nach bundeseinheitlicher Regelung; hierauf soll(te) sich kompetenzrechtlich die **integrierte Vorhabengenehmigung** als Kernbestand eines Umweltgesetzbuchs gründen.[137] Beachtlich bleibt, dass derartige gesetzliche Regelungen der Zustimmung des Bundesrats bedürfen.

Beim Vollzug von Bundesgesetzen als eigene Angelegenheit unterliegen die Länder gem. Art. 84 Abs. 3 S. 1 GG nur der **Rechtsaufsicht** des Bundes, die sich auf die Gesetzmäßigkeit des Vollzugs beschränkt.

53   **Bundesauftragsverwaltung** durch die Länder – als Ausnahme von der Ausführung der Bundesgesetze im vorstehenden Sinne – ist im Grundgesetz bspw. eröffnet für den Bereich der Kernenergie (Art. 87c GG; umgesetzt durch § 24 AtG).

Bei der Bundesauftragsverwaltung unterfällt der Aufsicht des Bundes nach Art. 85 Abs. 4 S. 1 GG neben der Gesetzmäßigkeit die Zweckmäßigkeit der Gesetzesausführung durch die Länder (**Fachaufsicht**). Ferner bestehen insoweit umfassende Weisungsbefugnisse der obersten Bundesbehörden (näher Art. 85 Abs. 3 GG). Im Bereich des Atomrechts haben derartige Einzelweisungen zunehmende Bedeutung erlangt.[138]

54   Landesgesetze werden von den Ländern ohne Bundesaufsicht in **Eigenverwaltung** ausgeführt.

55   Gem. Art. 104a Abs. 1 GG tragen Bund und Länder jeweils die **Kosten**, die sich aus der Wahrnehmung ihrer Aufgaben ergeben. Im Vollzug eigener Umweltgesetze oder von solchen des Bundes nach Art. 83, 84 GG trifft daher die Länder die Finanzierungslast. Im Rahmen der Bundesauftragsverwaltung trägt der Bund die Ausgaben, Art. 104a Abs. 2 GG.

b) Bundesverwaltung

56   Dem Bund stehen allgemein nur wenige bundeseigene Durchführungszuständigkeiten i.S.d. Art. 86 ff. GG zu; das gilt gleichermaßen für die Umweltverwaltung (z.B. Verwaltung der Bundeswasserstraßen, Art. 87 Abs. 1, 89 Abs. 2 S. 1 GG). Nach Art. 87 Abs. 3 S. 1 GG kann der Bund aber im Bereich seiner Gesetzgebungszuständigkeiten (u.a.) selbstständige **Bundesoberbehörden** (ohne eigenen Verwaltungsunterbau) und neue

---

136 Vgl. ferner die dilatorische Entsprechung des Art. 84 Abs. 1 S. 3 zu Art. 72 Abs. 3 S. 2 GG; zu Letzterem oben Rn. 46; auch Art. 72 Abs. 3 S. 3 GG gilt entsprechend, Art. 84 Abs. 1 S. 4 GG.

137 Dazu § 2 Rn. 14 und – kritisch – *Erbguth* in: Ipsen/Stüer, FS Rengeling, S. 35, 44; zum UGBE I insoweit *Heuser*, NuR 2008, 99; näher § 5 Rn. 71.

138 Zu den Anforderungen im Einzelnen vgl. BVerfGE 81, 310, 334; 84, 25, 31; vgl. auch BVerfG, ZUR 2002, 280; *Hentschel/Hebeler*, ZUR 2003, 16.

bundesunmittelbare Körperschaften des öffentlichen Rechts – durch Gesetz – errichten. Für den Umweltschutz hat er hiervon durch Schaffung der Bundesoberbehörden

- Umweltbundesamt,
- Bundesamt für Strahlenschutz,
- Bundesamt für Naturschutz,
- Bundesinstitut für Infektionskrankheiten und nicht übertragbare Krankheiten („Robert-Koch-Institut")
- und Bundesamt für Verbraucherschutz und Lebensmittelsicherheit

Gebrauch gemacht.

c) Kommunalverwaltung

Im Rahmen ihrer kommunalen Selbstverwaltung (Art. 28 Abs. 2 GG) nehmen die Gemeinden (S. 1) und Kreise (S. 2) zahlreiche Aufgaben des Umweltschutzes wahr.[139]   57

Zu erwähnen ist die Berücksichtigung von Umweltschutzaspekten in Wahrnehmung der kommunalen Planungshoheit (Bauleitplanung, vgl. § 1 Abs. 6 Nr. 7, § 1a BauGB; ggf. Landschaftsplanung, Stadtentwicklungsplanung), bei kommunalen bzw. kreislichen Einrichtungen (Wasserversorgung, Abfallbeseitigung, Abwasserentsorgung) und im Zusammenhang mit gemeindlichen Dienstleistungen (umweltfreundlicher Winterdienst, Umweltberatung).

Darüber hinaus haben Kreise und kreisfreie Städte Aufgaben im Bereich der Bauaufsicht, der wasserbehördlichen sowie straßenbehördlichen Aufsicht und der Lebensmittelaufsicht. Ferner ist den Städten und Gemeinden die Abwehr von Umweltgefahren innerhalb ihrer allgemeinen Zuständigkeit als örtliche Ordnungsbehörden zugewiesen (vgl. bspw. §§ 3, 5 SOG M-V).

d) Mehrebenenverwaltung

Die vorstehende Mehrebigkeit des Verwaltungsvollzugs (nicht nur) im Umweltbereich   58
wird ergänzt durch die Umweltverwaltung auf europäischer Ebene, so dass die hieraus folgenden Koordinierungsprobleme durch variantenreiche Kooperationsformen bewältigt werden müssen: Mehrebenenverwaltung oder **Verwaltungsverbund**. Grundlegende Regelung findet dies meist im sekundären Unionsrecht und ausführenden nationalen Recht. Verwiesen sei insoweit auf das europäische Netz „Natura 2000"[140], die Bewirtschaftung der Flüsse nach der Wasserrahmenrichtlinie[141] und die Umsetzung der Emissionshandelsrichtlinie[142].[143] Um ein weiter gehendes, (verwaltungs)vereinfachendes und zugleich harmonisierendes Instrument im Mehrebenensystem handelt es sich, wenn Zulassungen u.ä. in einem Mitgliedstaat zugleich in den übrigen Mitgliedstaaten gelten bzw. zu beachten sind. Das ist etwa bei dem In-Verkehr-Bringen gentechnisch

---

139 Zur Abstufung des Selbstverwaltungsrechts im Verhältnis Gemeinden – Kreise *Erbguth*, LKV 2004, 1, 2; anders LVerfG M-V, DVBl. 2007, 1102, 1104.
140 Vgl. § 10 Rn. 4, 50 ff.
141 Dazu § 11 Rn. 7 ff.
142 Vgl. § 9 Rn. 12, § 16 Rn. 12 ff.
143 Dazu auch *Ramsauer* in: Koch/Hofmann/Reese, § 3 Rn. 155 ff.

veränderter Produkte in Umsetzung der Freisetzungsrichtlinie[144] oder bei der Anmeldung neuer Stoffe im Chemikalienrecht[145] der Fall.[146]

Wiederholungs- und Verständnisfragen

> Wie verhalten sich Staatszielbestimmungen und Grundrechte allgemein und im Umweltrecht zueinander? (Rn. 5 ff.)
> Welche Gründe sprechen gegen die Einführung eines Umweltgrundrechts? (Rn. 9)
> In welchen Fällen artikuliert sich Grundrechtsschutz im Umweltrecht? (Rn. 10; 11 ff.; 19 ff.)
> Welche Konsequenzen hat die Föderalismusreform des Jahres 2006 für die Zuständigkeitsverteilung zwischen Bund und Ländern im Umweltrecht gehabt? (Rn. 46 f.)
> Was versteht man unter Mehrebenenverwaltung bzw. Verwaltungsverbund? (Rn. 58)

---

144   Vgl. § 14 Rn. 12; § 14 GenTG, dazu § 14 Rn. 41 ff.
145   Vgl. §§ 4 ff., 12 ChemG; *Ramsauer* in: Koch/Hofmann/Reese, § 3 Rn. 160.
146   Allgemein *Erbguth/Guckelberger*, Allgemeines Verwaltungsrecht, § 12 Rn. 54 f., anhand des transnationalen Verwaltungsakts.

§ 5 Instrumente des Umweltrechts

Umweltrechtliche Instrumente entsprechen ihrer Art nach überwiegend den herkömmlich im Verwaltungsrecht vorzufindenden Handlungsformen.[1] Dies rührt aus der Genese des Umweltrechts, das sich primär aus dem Polizei- und Ordnungsrecht sowie dem Gewerberecht entwickelt und demzufolge dessen Instrumente übernommen hat.[2] Ferner hat das Umweltrecht aufgrund seines übergreifenden Charakters teilweise Regelungsgegenstände anderer verwaltungsrechtlicher Bereiche eingebunden und damit auch die dort vorhandenen Handlungsmittel integriert.[3]   1

Gleichwohl ist nicht zu verkennen, dass bestimmten Instrumenten im Umweltrecht ein anderes Gewicht als im übrigen Verwaltungsrecht zukommt. So finden verstärkt Mittel Einsatz, die vorrangig den Prinzipien des Umweltrechts[4] Rechnung tragen. Das bewirkt eine zunehmende Verlagerung von den auf **Gefahrenabwehr** gerichteten und nur punktuell wirkenden Instrumenten auf solche, die der **Planung,**[5] Kooperation und Verteilung dienen. Zudem ist wie im übrigen öffentlichen, insbesondere Wirtschaftsrecht eine instrumentelle Ausrichtung auf **influenzierende** Mittel, vornehmlich solche des Anreizes,[6] in Abkehr vom herkömmlichen Ordnungsrecht[7] zu konstatieren; sie sollen die Kosten der Vermeidung von Gefahren und Schäden für die Umwelt (Vermeidungskosten) gering halten, indem potenzielle Umweltschädiger veranlasst werden, solche Handlungen von sich aus zu unterlassen oder zu minimieren.

Die Instrumente des Umweltrechts unterscheiden sich in ihrer **Wirkungsweise gegenüber den Adressaten.** Hieraus lässt sich folgende Einteilung ableiten: 2

- Planungsinstrumente,
- Instrumente direkter Verhaltenssteuerung,
- Instrumente indirekter Verhaltenssteuerung,
- staatliche Eigenvornahme.

Daneben gibt es andere Ansätze zur Systematisierung umweltrechtlicher Handlungsformen.[8]

I. Umweltplanung

Umweltplanung meint die Bewältigung räumlicher Umweltprobleme mit den Mitteln planerischen Handelns.[9]   3

---

1   Eingehend zum (allgemeinen) Umweltverwaltungsrecht *Ramsauer* in: Koch/Hofmann/Reese, § 3; zu den Instrumenten des Umweltrechts näher *Rehbinder* in: Hansmann/Sellner, Grundzüge, I. 3. Rn. 248 ff.
2   Vgl. etwa *Schmidt/Kahl/Gärditz*, § 4 Rn. 65.
3   Etwa im Wege der Ökologisierung des Städtebaurechts das dort dominierende Instrument des Bebauungsplans, vgl. bspw. *Erbguth/Schubert*, Öffentliches Baurecht, § 3 Rn. 16 ff.
4   Dazu § 3.
5   Vgl. Rn. 3 ff.
6   Vgl. Rn. 81 ff.
7   Zur hiermit einhergehenden unzulänglichen Vollzugseignung jener Handlungsformen *Ramsauer* in: Koch/Hofmann/Reese, § 3 Rn. 59, unter zusätzlichem Hinweis auf Vollzugsdefizite infolge der aus politischen Gründen kompromisshaft und kompliziert abgefassten Rechtsgrundlagen des ordnungsrechtlichen Instrumentariums.
8   Auf die hier nur hingewiesen werden kann, vgl. *Hoppe/Beckmann/Kauch*, § 6 Rn. 3 ff.
9   Wie vor, § 7 Rn. 3 ff.

1. Planungsbegriff

4   Allgemein stellt Planung einen Modus der Aufgabenerledigung[10] dar, und zwar im Sinne vorausschauenden Setzens von Zielen und gedanklicher Vorwegnahme der zu ihrer Verwirklichung erforderlichen Verhaltensweisen.[11] **Hoheitliche** Planung, um die es nachfolgend vornehmlich geht, bedeutet die vom Einzelfall unabhängige, zukunftsgerichtet gestaltende Steuerung staatlicher Aufgabenbereiche.[12] Gegenüber dem allgemeinen Planungsbegriff gewinnt sie im Umweltrecht an Konturenschärfe[13] als wesentlicher instrumenteller Ausdruck des Vorsorgeprinzips, aufgrund dessen vorbeugendes Handeln den Eintritt von Schäden oder Gefährdungssituationen a priori verhindern soll.[14]

5   Prägendes Element jeder Planung ist der dem Planenden zur Verfügung stehende **planerische Gestaltungsspielraum**.[15] Dieser ist zwar gesetzlich nicht immer ausdrücklich geregelt. Er ergibt sich nach der Rechtsprechung jedoch unabhängig davon aus der Übertragung der Planungsaufgabe auf die Behörde; hiernach muss die Befugnis zur Planung einen Gestaltungsspielraum einschließen, weil Planung ohne Planungsfreiheit ein Widerspruch in sich wäre.[16] Es gelten die im Zusammenhang mit der Planfeststellung dargestellten Grundsätze.[17]

6   Ergebnis der Planung ist der **Plan**. Er beschreibt den gegenwärtigen (Ist-Zustand) sowie den angestrebten Zustand (Soll-Zustand) und legt die erforderlichen Maßnahmen zur Erreichung des Soll-Zustandes fest.[18] Der Plan stellt keine eigene rechtliche Handlungsform dar; er kann daher grundsätzlich in sämtlichen Rechtsformen des Verwaltungsrechts erlassen werden. So ergehen Pläne als

- (formelles) Gesetz,
- Rechtsverordnung,
- Satzung,
- Verwaltungsvorschrift oder
- Verwaltungsakt.

Die rechtliche Einordnung des Plans kann durch den Gesetzgeber erfolgen. Das geschieht zuweilen unter formellen Aspekten; bspw. werden Bebauungspläne „als" Satzung erlassen (§ 10 Abs. 1 BauGB). Fehlt eine gesetzliche Bestimmung der Rechtsnatur[19] und kommt es auch nicht zu einer Aufstellung im parlamentarischen Verfahren als (formelles) Gesetz, wird prüfungsrelevant, unter welche Handlungsform des Verwaltungsrechts der Plan subsumiert werden kann. Das beurteilt sich anhand der begrifflichen Vorgaben für den Verwaltungsakt nach § 35 VwVfG, weil sich hieraus zugleich die Abgrenzung resp. die Zuordnung zu den übrigen verwaltungsrechtlichen In-

---

10   Vgl. nur *Ehlers* in: Ehlers/Pünder, Allgemeines Verwaltungsrecht, § 1 Rn. 43, 77 ff.
11   *Wolff/Bachof/Stober/Kluth*, Verwaltungsrecht, § 56 Rn. 11.
12   Vgl. nur *Hoppe/Beckmann/Kauch*, § 6 Rn. 9, § 7 Rn. 3; *Erbguth*, Die Abfallwirtschaftsplanung, S. 15.
13   Dazu und zu Konkretisierungsversuchen *Erbguth*, Die Abfallwirtschaftsplanung, S. 16 ff. m.w.N.
14   Vgl. § 3 Rn. 3.
15   Vgl. BVerwGE 34, 301, 304; (nicht nur) zur Begrifflichkeit *Erbguth/Schubert*, Öffentliches Baurecht, § 5 Rn. 129.
16   BVerwGE 34, 301, 304, 307; eingehend zu alldem *Erbguth*, JZ 2006, 484; zur planerischen Abwägung als Ausdruck des Rechtsstaatsprinzips *ders.*, UPR 2010, 281.
17   Vgl. § 5 Rn 42 ff.
18   *Kloepfer*, Umweltrecht, § 5 Rn. 78.
19   Das ist nicht der Fall, wenn die diesbezüglichen Regelungen vom Bundesrecht der Ländergesetzgebung vorbehalten werden, vgl. etwa nach früherem Recht § 29 Abs. 9 KrW-/AbfG.

strumenten (Realakt, Verwaltungsvorschrift, Satzung/Rechtsverordnung) ableitet.[20] Anhaltspunkte bilden neben dem Plangeber insbesondere die Adressaten, ferner Inhalt sowie Sinn und Zweck des Planes. Bei schwierigen Zuordnungen kann die Eröffnung prozessualer Angreifbarkeit praktisch bedeutsam sein.[21]

Wie zuvor angeklungen, zieht die Rechtsnatur des Planes Auswirkungen auf Rechtsschutzmöglichkeiten des Einzelnen nach sich. Ferner ergibt sich aus der Rechtsform, für wen und in welchem Umfang der Plan verbindlich ist.

2. Grundlagen der Umweltplanung

Ausgangspunkt jeglicher Planung ist die bestehende Lage (Ist-Zustand). Eine Analyse der Situation und die darauf basierende **Prognose** der künftigen Entwicklung können nur einigermaßen gesichert erfolgen, wenn umweltrelevantes Datenmaterial in ausreichendem Umfang für den Abwägungs- und Entscheidungsprozess vorhanden ist. Voraussetzung effektiver und sinnvoller Umweltplanung ist daher, dass Informationen aus den insoweit aussagekräftigen Bereichen, insbesondere den Natur- und Sozialwissenschaften, zur Verfügung stehen.

7

Zu diesen Zwecken wurde 1971 der **Sachverständigenrat für Umweltfragen** (SRU) gegründet.[22] Neben ständiger wissenschaftlicher Beratung der Bundesregierung in Umweltfragen erstellt er in regelmäßigen Abständen Gutachten über die Umweltsituation in der Bundesrepublik. Außer allgemeinen Umweltgutachten (2016,[23] 2012,[24] 2008,[25] 2004,[26] davor 2002)[27] fertigt der Rat auch Sondergutachten an, die sich mit speziellen Problemen des Umweltschutzes befassen, etwa: „Auto und Umwelt", 1973, „Allgemeine ökologische Umweltbeobachtung", 1990,[28] „Klimaschutz durch Biomasse", 2007,[29] „Wege zur 100 % erneuerbaren Stromversorgung", 2011,[30] „Vorsorgestrategien für Nanomaterialien", 2011, „Den Strommarkt der Zukunft gestalten", 2013, „Fluglärm reduzieren: Reformbedarf bei der Planung von Flughäfen und Flugrouten", 2014, „Stickstoff: Lösungsstrategien für ein drängendes Umweltproblem", 2015, „Umsteuern erforderlich: Klimaschutz im Verkehrssektor", 2017.[31] Er gibt überdies

8

20 Dazu nur *Erbguth/Guckelberger*, Allgemeines Verwaltungsrecht, § 12 Rn. 3 ff.
21 Etwa des Normenkontrollverfahrens nach § 47 Abs. 1 Nr. 2 VwGO gegen Raumordnungsziele in Regionalplänen, auch wenn Letztere nicht förmlich als Rechtsverordnungen erlassen werden, BVerwGE 119, 217.
22 Erlass über die Errichtung eines Rates von Sachverständigen für Umweltfragen bei dem Bundesminister des Inneren v. 28.12.1971, GMBl. Nr. 3, S. 27.
23 *SRU*, Umweltgutachten 2016: Impulse für eine integrative Umweltpolitik.
24 *SRU*, Umweltgutachten 2012: Verantwortung in einer begrenzten Welt.
25 *SRU*, Umweltgutachten 2008 – Umweltschutz im Zeichen des Klimawandels.
26 *SRU*, Umweltgutachten 2004.
27 *SRU*, Umweltgutachten 2002.
28 *SRU*, Sondergutachten: Auto und Umwelt, 1973, SRU, Sondergutachten: Allgemeine ökologische Umweltbeobachtung, 1990.
29 *SRU*, Sondergutachten: Klimaschutz durch Biomasse, 2007, abrufbar unter: http://www.umweltrat.de/SharedDocs/Downloads/DE/02_Sondergutachten/2007_SG_Biomasse_Buch.pdf?__blob=publicationFile (Stand: 4.6.2018).
30 *SRU*, Sondergutachten: Wege zur 100% erneuerbaren Stromerzeugung, abrufbar unter: http://www.umweltrat.de/SharedDocs/Downloads/DE/02_Sondergutachten/2011_07_SG_Wege_zur_100_Prozent_erneuerbaren_Stromversorgung.pdf?__blob=publicationFile, (Stand: 4.6.2018).
31 Eine Übersicht aller Sondergutachten mit Angabe ihrer jeweiligen Fundorte ist abrufbar unter: http://www.umweltrat.de/SiteGlobals/Forms/Suche/DE/Publikationensuche/Publikationensuche_Formular.html;jsessionid=6FCB48F2E0398578D5DFF3B9E0126921.2_cid292?nn=9726460&cl2Categories_Format=sondergutachten (Stand: 4.6.2018).

Stellungnahmen und Kommentare zu Einzelfragen, wichtigen Gesetzes- und Verordnungsentwürfen oder zu umweltpolitischen Projekten ab.[32]

Der 1992 im Vorfeld der Konferenz der Vereinten Nationen über Umwelt und Entwicklung von der Bundesregierung als unabhängiges wissenschaftliches Beratergremium errichtete Wissenschaftliche Beirat der Bundesregierung Globale Umweltveränderungen (**WBGU**) analysiert – im Unterschied zum auf nationale und supranationale Themen fokussierte SRU – globale Umwelt- und Entwicklungsprobleme. Der WBGU beobachtet und bewertet nationale und internationale Politiken und Forschung auf dem Gebiet des Globalen Wandels und einer nachhaltigen Entwicklung, weist frühzeitig auf neue Problemfelder und Forschungsdefizite hin und gibt Empfehlungen für Politik und Wissenschaft. Neben der Erstellung sog. Hauptgutachten, wie etwa 2011: „Welt im Wandel – Gesellschaftsvertrag für eine Große Transformation"; 2013: „Welt im Wandel: Menschheitserbe Meer"; 2016: „Der Umzug der Menschheit: Die transformative Kraft der Städte",[33] erstellt er auch Sondergutachten,[34] Politikpapiere[35] und sehr kurze „factsheets".[36]

9   Des Weiteren hat der Bund durch das Gesetz über Umweltstatistiken (UStatG)[37] die Erstellung von **Umweltstatistiken** zur Sammlung umwelterheblicher Informationen eingeführt. Zwecks umfassender Ermittlung der Daten sind die mit dem entsprechenden Sachbereich befassten Dienststellen der öffentlichen Verwaltung, teilweise auch Inhaber und Leiter von Unternehmen bzw. deren Betreiber, einer Auskunftspflicht unterworfen. Die Statistiken werden je nach Sachgebiet im ein- bis vierjährigen Turnus erhoben.

10   Schließlich wird beim Umweltbundesamt[38] ein Informations- und Dokumentationssystem (**UMPLIS**) unterhalten, welches die Übersichtlichkeit der Datenflut und den schnellen Zugriff auf die benötigten Informationen gewährleisten soll.

3. Bedeutung der Umweltplanung

11   Das Instrument der Umweltplanung trägt in besonderem Maße dem **Vorsorgeprinzip** Rechnung.[39] Als mehrdimensionales Handlungsinstrument ermöglicht es die (Umwelt-)Planung, komplexe Ursachen- und Problemzusammenhänge vorausschauend zu erfassen und dergestalt Gefahren für die Umwelt frühzeitig zu erkennen. Hierauf gerichtete planerische Maßnahmen können dem Eintritt von Umweltbeeinträchtigungen vorbeugen, zumindest aber das Ausmaß von Umweltbelastungen eingrenzen.

12   Darüber hinaus trägt die Umweltplanung zur erhöhten **Effektivität** umweltschützenden Handelns bei, indem sie ein Instrument der Koordination bereitstellt. Ansonsten bezie-

---

32 Etwa: „Kohleausstieg jetzt einleiten", 2017; „Zur Neuauflage der deutschen Nachhaltigkeitsstrategie", 2016; „Nährstoffüberschüsse wirksam begrenzen", 2013; „Für einen wirksamen Meeresnaturschutz: Fischereimanagement in Natura 2000-Gebieten in der deutschen AWZ", 2012.
33 Abrufbar unter https://www.wbgu.de/sondergutachten/ (Stand: 8.9.2018).
34 Z.B. Klimaschutz als Weltbürgerbewegung, 2014; Entwicklung und Gerechtigkeit durch Transformation, 2016; Kassensturz für den Weltklimavertrag – Der Budgetansatz, 2009; abrufbar unter www.wbgu.de/hauptgutachten/ (Stand: 8.9.2018).
35 Jüngst: Zeit-gerechte Klimapolitik: Vier Initiativen für Fairness, 2018, abrufbar unter www.wbgu.de/politikpapiere/ (Stand: 8.9.2018).
36 Abrufbar unter www.wbgu.de/factsheets/ (Stand: 8.9.2018).
37 BGBl. I 1980, S. 2530, zuletzt geändert durch Art. 2 Abs. 5 des G v. 5.7.2017, BGBl. I, S. 2234.
38 Vgl. § 4 Rn. 56.
39 Vgl. vorstehend Rn. 4, § 3 Rn. 3.

hungslos nebeneinander stehende Maßnahmen oder Projekte können in ein Gesamt-konzept eingebettet und abgestimmt gesteuert werden. Umso mehr verhindert planeri-sche Koordination einen möglicherweise gegenläufigen Einsatz einzelner umweltrecht-licher Instrumente. Schließlich ermöglicht die frühzeitige Abstimmung im Rahmen der Planung eine Koordinierung über den ökologischen Bereich hinaus, also im Verhältnis von umweltschützenden Belangen und kollidierenden, etwa wirtschaftlichen Interes-sen.

Restriktionen ergeben sich für die Umweltplanung daraus, dass im Bereich des Um-   13
weltschutzes künftige Entwicklungen äußerst schwer vorauszusagen sind. Insbesondere bei Langzeitplanungen leiten sich hieraus Unsicherheiten und damit Schwierigkeiten bei der Formulierung eindeutiger Planaussagen ab. Überdies wird dem Belang Umwelt-schutz im planerischen Ausgleich mit gegenläufigen Interessen, gerade im Bereich nicht umweltspezifischer Fachplanungen, nicht immer die ihm zukommende Bedeutung bei-gemessen.[40] Das Unionsrecht versucht, dem zunehmend (u.a.) durch integrative (Um-weltschutz-)Prüfverfahren entgegen zu wirken (insbesondere UVP, SUP)[41].[42] Die Schwerfälligkeit von Planungsprozessen, die weniger auf dem einzuhaltenden Verfah-rensrecht und eher auf den vorstehend skizzierten planungsbedingten Unsicherheiten beruht, erschwert eine schnelle Reaktion auf neu einsetzende Entwicklungen, etwa bis-lang nicht bekannte Umweltbelastungen. Neben einer vielfach mangelnden Operatio-nalisierbarkeit der Planung ist schließlich die Gefahr nicht von der Hand zu weisen, dass der planende Staat (auch) im Umweltbereich private Initiative einengt bzw. lähmt.

4. Formen der Umweltplanung

Umweltplanung erfolgt vornehmlich in Form von   14

- Umweltprogrammen,
- umweltspezifischen Fachplanungen,
- umweltrelevanten Fachplanungen und
- raumbezogenen Gesamtplanungen.

Umweltprogramme[43] der Bundesregierung und einzelner Landesregierungen stellen die   15
allgemeinste Form der Umweltplanung dar. Regelmäßig dienen sie dazu, die künftige Umweltpolitik der jeweiligen Regierung medienübergreifend darzustellen. Ferner wer-den in Fachprogrammen Strategien für einen verbesserten Schutz bestimmter Umwelt-medien oder Konzepte für die Vermeidung und Verminderung spezieller Umweltbelas-tungen entworfen. Darüber hinaus finden sich Umweltprogramme als Diskussions-grundlage bei der Vorbereitung von Gesetzen.[44]

Rechtliche Verbindlichkeit besitzen sie nur für die das jeweilige Programm beschlie-ßenden Organe selbst. Als Prioritätensetzungen der Regierungsarbeit und aufgrund ihrer hohen Informationsdichte üben Umweltprogramme freilich nicht zu unterschät-zenden faktischen Einfluss auf das Verhalten nachgeordneter Behörden und von Ein-

---

40 Vgl. auch *Schmidt/Kahl/Gärditz*, § 4 Rn. 52.
41 Dazu § 5 Rn. 62 ff.
42 Anhand des Gesamtplanungsrechts (Bauleitplanung, Raumordnung) insgesamt näher *Erbguth*, NVwZ 2007, 985.
43 Z.B. auf Bundesebene: Aktionsprogramm „Rettet den Wald" 1983, fortgeschrieben 1984 und 1985, und das Bodenschutzprogramm, BT-Drs. 10/2977.
44 Etwa das Bodenschutzprogramm (s. Fn. 39) als Grundlage für die Entwicklung des BBodSchG; vgl. § 13 Rn. 6 ff.

zelpersonen aus; sie können so zu vermehrter Akzeptanz und damit zu erhöhter Durchsetzbarkeit von umweltschützenden Vorstellungen und Maßnahmen beitragen.

16   Den eigentlichen Kernbereich der Umweltplanung bilden die **umweltspezifischen Fachplanungen**.[45] Kennzeichnend für die Fachplanung ist, dass sie der Verwirklichung eines bestimmten (sektoralen) Ziels dient.[46] Umweltspezifische Fachplanung liegt dann vor, wenn der Umweltschutz vorrangiges Planungsziel ist. Andere Belange, etwa wirtschaftlicher Art, finden lediglich im Rahmen des planerischen Abwägungsprozesses Berücksichtigung.[47] Als umweltspezifisch einzustufen sind etwa:

- die Landschaftsplanung, §§ 8 ff. BNatSchG,[48]
- die wasserwirtschaftliche Planung, §§ 82 ff. WHG,[49]
- die Luftreinhalte- und Aktionsplanung, § 47 BImSchG,[50]
- die Lärmminderungsplanung, §§ 47a ff. BImSchG,[51]
- die Abfallwirtschaftsplanung, § 30 KrWG.[52]

17   Wegen ihrer Umweltrelevanz sind zur Umweltplanung im weiteren Sinne[53] auch solche Fachplanungen zu zählen, die zwar eher umweltbeeinträchtigende Ziele verfolgen, Belange des Umweltschutzes aber bei der Abwägung einzubeziehen haben (**umweltrelevante Fachplanungen**).[54] Zu nennen sind vor allem:

- die Straßenplanung, §§ 16 ff. FStrG,
- die Planung von Flughäfen, §§ 8 ff. LuftVG,
- die Wasserwegeplanung, §§ 13 ff. WaStrG,
- die Eisenbahnplanung, § 18 AEG,
- die Flurbereinigungsplanung, § 41 FlurbG.

18   Aufgrund der Raumbezogenheit vieler Umweltprobleme liegt ein nicht zu unterschätzender Schwerpunkt der Umweltplanung in der **räumlichen Gesamtplanung**. Als Querschnittsaufgabe ohne sektorale Ausrichtung wie die Fachplanungen obliegt es ihr, raumbedeutsame Belange und Raumnutzungsansprüche leitbildgerecht[55] zu koordinieren und zum Ausgleich zu bringen;[56] dazu zählen auch räumliche Umweltschutzinteressen.[57] Auf überörtlicher Ebene geschieht dies durch die Raumordnung, auf örtlicher durch die Bauleitplanung;[58] deren Leitbild richtet sich auf Nachhaltigkeit in räumli-

---

45 Vgl. *Schmidt/Kahl/Gärditz*, § 4 Rn. 51; *Erbguth/Schubert* in: Erbguth/Mann/Schubert, Rn. 837, 851 ff.; *Ramsauer* in: Koch/Hofmann/Reese, § 3 Rn. 73 ff.; anders zu Letzterem BVerwG, NVwZ 1988, 1020; anhand der SUP auch *Erbguth* in: Umweltbundesamt, S. 57.
46 *Erbguth/Schubert*, in: Erbguth/Mann/Schubert, Rn. 837.
47 *Kloepfer*, Umweltrecht, § 5 Rn. 104.
48 Hierzu näher § 10 Rn. 23 ff.
49 Hierzu näher § 11 Rn. 28 ff.
50 Hierzu näher § 9 Rn. 35 f.
51 Hierzu näher § 9 Rn. 37; im Immissionsschutzrecht treten aufgrund der Industrieemissionen-Richtlinie (vgl. § 9 Rn. 8) Umweltinspektionspläne zum Zwecke allgemeiner Überwachung hinzu, *Traulsen*, DÖV 2011, 769, 771.
52 Hierzu und zur Rechtsentwicklung im Abfallrecht näher § 12 Rn. 42 ff.
53 *Erbguth* in: Kimminich/v. Lersner/Storm, Handwörterbuch des Umweltrechts, Bd. 2, Sp. 2221 ff.
54 Etwa *Schmidt/Kahl/Gärditz*, § 4 Rn. 52; *Ramsauer* in: Koch/Hofmann/Reese, § 3 Rn. 73 f.
55 Vgl. § 1 Abs. 2 ROG; § 1 Abs. 5 S. 1 BauGB.
56 Vgl. § 1 Abs. 1 ROG.
57 Vgl. etwa § 2 Abs. 2 Nr. 6 ROG; §§ 1 Abs. 6 Nr. 7, 1a BauGB.
58 Allgemein *Erbguth/Schubert*, Öffentliches Baurecht, § 3 Rn. 2 ff.; *Ramsauer* in: Koch/Hofmann/Reese, § 3 Rn. 73 ff.

cher Hinsicht:[59] nachhaltige Raumentwicklung[60] und nachhaltige städtebauliche Entwicklung.[61]

Von Bedeutung ist die Raumordnung auch für die umweltspezifischen Fachplanungen. Im Wege der **Integration** ihrer raumbezogenen Aussagen in die Pläne der Raumordnung (§ 7 Abs. 4 ROG) können Darstellungen in Umweltschutzplänen, denen – wie regelmäßig – aus sich heraus keine außengerichtete Rechtsverbindlichkeit zukommt,[62] zu Zielen der Raumordnung[63] erstarken, die von anderen Behörden, auch in bestimmten Zulassungsverfahren für private Vorhaben,[64] strikt zu beachten sind.[65] Das alles setzt natürlich voraus, dass die umwelt(schutz)planerischen Ausweisungen den (ordnungsgemäßen) raumordnerischen Abwägungsprozess „überstanden" haben, also nicht gegenüber gewichtigeren konfligierenden Belangen zurückgestellt worden sind.[66]

19

II. Instrumente direkter Verhaltenssteuerung

Direkte Verhaltenssteuerung liegt vor, wenn eine Rechtsnorm oder eine administrative Maßnahme einzelnen Personen **zwingend** ein bestimmtes Handeln (oder Unterlassen) abverlangt.[67] Verhält sich der Adressat nicht in der geforderten Weise, handelt er rechtswidrig. Das von ihm geforderte Verhalten kann dann zwangsweise durchgesetzt werden. Darüber hinaus sind für den Fall der Nichtbefolgung ggf. Sanktionen vorgesehen. Zu den Mitteln direkter Verhaltenssteuerung zählen

20

- gesetzliche Gebote und Verbote,
- kontrollierende Instrumente der Verwaltung und
- repressive Instrumente der Verwaltung.

▶ **FALL 3:** M hatte vor geraumer Zeit südlich der Stadt R mit erheblichem finanziellen Aufwand ein Grundstück erworben, um dort ein großflächiges Einzelhandelszentrum zu errichten. Das bislang unbebaute Grundstück hat sich zwischenzeitlich im Verbund mit umliegenden Flächen zu einem ökologisch hochwertigen Refugium von Tier- und Pflanzenarten entwickelt. Überdies befindet sich auf dem Grundstück das einzige Vorkommen seltener, landschaftstypischer Orchideenarten in der Region. Aus diesem Grunde erließ der zuständige Landrat nach einem ordnungsgemäß durchgeführten Verfahren eine auch das Grundstück des M erfassende Landschaftsschutzgebietsverordnung „Moorwiesen", die der Erhaltung der Leistungsfähigkeit des Naturhaushaltes, insbesondere der Erhaltung der für norddeutsche Niedermoore typischen Tier- und Pflanzengesellschaften dient (§ 3 Verordnung) und gem. § 4 Verordnung die Errichtung baulicher Anlagen grundsätzlich untersagt. Nach § 5 Abs. 1 Verordnung bedürfen die unter § 4 Verordnung genannten Handlungen der schriftlichen Erlaubnis durch die untere Naturschutzbehörde. Die Erlaubnis ist zu erteilen, wenn die Handlungen im Einzelfall den Charakter des Gebietes nicht verändern und dem besonderen Schutzzweck nicht zuwiderlaufen (§ 5 Abs. 2 Verordnung). Darüber hinaus kann nach § 6 Verordnung von den Verboten der Verordnung eine Befreiung erteilt werden, so-

21

---

59 Dazu etwa *Erbguth/Schubert* in: Erbguth/Mann/Schubert, Rn. 835, 989, anhand der Bauleitplanung.
60 Definition in § 1 Abs. 2 ROG.
61 Definition in § 1 Abs. 5 S. 1 BauGB.
62 Vgl. dazu anhand von § 1 Abs. 6 Nr. 7 lit. g) BauGB *Erbguth/Schubert*, Öffentliches Baurecht, § 3 Rn. 45 ff.
63 Definition in § 3 Abs. 1 Nr. 2 ROG.
64 Vgl. § 4 Abs. 1 S. 1 Nr. 3 ROG.
65 Vgl. § 4 Abs. 1, 2 ROG.
66 Dazu etwa *Erbguth/Schubert*, Öffentliches Baurecht, § 5 Rn. 88.
67 *Kloepfer*, Umweltrecht, § 5 Rn. 166.

fern die Durchführung der Vorschriften im Einzelfall zu einer nicht beabsichtigten Härte führen würde und die Abweichung mit den Belangen des Naturschutzes und der Landschaftspflege vereinbar ist. Lässt sich das Vorhaben des M trotz der Schutzgebietsverordnung noch realisieren? ◄

1. Gesetzliche Gebote und Verbote

22 Eine Vielzahl umweltrechtlicher Regelungen enthält Gebote und Verbote, aus denen sich die Pflicht zu einem bestimmten Tun, Dulden oder Unterlassen ergibt. Dementsprechend kann unterschieden werden zwischen

- Leistungspflichten,
- Duldungspflichten und
- Unterlassungspflichten.

a) Leistungspflichten

23 Neben **Grundpflichten**, d.h. generellen Verpflichtungen zu umweltfreundlichem Verhalten, die typischerweise recht allgemein formuliert sind (z.B. § 5 WHG), enthalten die Umweltgesetze vielfach spezifische Leistungspflichten.[68] Hierzu gehören solche zur **Pflege, Erhaltung** und **Bewirtschaftung**, die sich aus Eigentum oder Besitz an Gewässern und Grundstücken ergeben (vgl. §§ 4, 6 WHG).[69]

24 Gefährliche Umweltnutzungen sind mit Pflichten zur **Vorsorge, Überwachung** und **Sicherung** verbunden, etwa gerichtet auf Kennzeichnung und Verpackung (§§ 13 f. ChemG bzw. § 20 PflSchG), Störfallvorsorge (§§ 3 ff. der 12. BImSchV) sowie auf finanzielle „Vorsorge" für den Schadensfall (z.B. §§ 13 ff. AtG).

25 Verursachern von Umweltbelastungen bzw. Nutzern bestimmter Umweltgüter können **Ausgleichspflichten** in Gestalt von Natural- oder Geldleistungspflichten auferlegt werden. **Naturalleistungspflichten** richten sich durchweg auf Wiederherstellung (etwa § 15 Abs. 2 S. 2 BNatSchG) oder Rekultivierung (bspw. § 11 Abs. 1 S. 2 BWaldG). **Geldleistungen** sind in der Regel zu erbringen, wenn der Verursacher auf Haftung in Anspruch genommen wird (§§ 25 ff. AtG).

26 Hervorzuheben ist ferner die gerade im Gewässerschutzrecht (§§ 64 ff. WHG), Immissionsschutzrecht (§§ 53 ff. BImSchG, 5. BImSchV), Abfallrecht (§ 59 KrWG), Strahlenschutzrecht (§§ 31 ff. StrlSchV) und Gentechnikrecht (§ 6 Abs. 4 GenTG) umweltbelastende Betriebe treffende Pflicht zur **Bestellung eines Betriebsbeauftragten** für den Umweltschutz. Die Institution des Umweltschutzbeauftragten ist sowohl Ausdruck des Vorsorge- als auch des Kooperationsprinzips.[70] Die gesetzliche Verpflichtung unterscheidet ihn vom fakultativen Umweltaudit; Letzteres richtet sich auf ein umfassendes Umweltmanagementsystem.[71]

Der **Leistungscharakter** dieser dem Betriebsinhaber obliegenden Pflicht ergibt sich zum einen aus der finanziellen Belastung, die mit der Anstellung eines Betriebsbeauftragten verbunden ist (**Finanzierungspflicht**). Zum anderen hat der Inhaber dem Beauftragten

---

68 Zu Systematisierungsversuchen *Kloepfer*, Umweltrecht, § 5 Rn. 427 ff.; ebenso *Hoppe/Beckmann/Kauch*, § 8 Rn. 11 ff.
69 Vgl. näher § 11 Rn. 19 ff.
70 Allgemein dazu § 3 Rn. 3 ff., 17 ff.
71 Dazu Rn. 120 ff.

die zur Erfüllung seiner gesetzlich festgelegten Aufgaben notwendigen sachlichen und persönlichen Mittel zur Verfügung zu stellen (**Unterstützungspflicht**). Ferner muss er ihn an umweltrelevanten Entscheidungen beteiligen (**Beteiligungspflicht**) und mit umweltrelevanten Vorschlägen und Bedenken anhören (**Anhörungspflicht**). Schließlich darf der Umweltschutzbeauftragte aufgrund seiner Funktion nicht als Betriebsmitglied benachteiligt werden (**Benachteiligungsverbot**).

Aufgabe des Beauftragten ist es, die Einhaltung umweltrechtlicher Vorschriften im Betrieb zu überwachen (**Kontrollfunktion**). Des Weiteren sind die Betriebsangehörigen über Umweltbelastungen und die Möglichkeiten ihrer Vermeidung aufzuklären (**Aufklärungsfunktion**). Darüber hinaus soll der Umweltschutzbeauftragte die Belange des Umweltschutzes bei unternehmerischen Entscheidungen einbringen und auf die Einführung umweltfreundlicher Verfahren und Produkte hinwirken (**Initiativfunktion**). Über seine Tätigkeit hat er dem Betriebsinhaber jährlich Bericht zu erstatten (**Berichtsfunktion**).

Der Betriebsbeauftragte ist kein Teil der staatlichen Verwaltung (kein „verlängerter Arm"), sondern ausschließlich Beauftragter des Betriebs. Ihm kommen somit **keine öffentlich-rechtlichen Befugnisse**[72] zu. Auch obliegen ihm grundsätzlich keine Auskunfts- und Berichtspflichten gegenüber der Behörde.

27

b) Duldungspflichten

Duldungspflichten sind Ausdruck der Notwendigkeit **staatlicher Überwachung** aus Gründen des Umweltschutzes.[73] Bspw. muss der Anlagenbetreiber das Betreten des Betriebsgrundstückes zur behördlichen Durchführung von entsprechenden Maßnahmen dulden (§ 19 Abs. 2 AtG, § 101 Abs. 1 S. 1 Nr. 4, 5 WHG). Des Weiteren können einzelne Personen zur Duldung eines umweltpflegerischen **Tuns durch andere** verpflichtet sein (z.B. § 65 Abs. 1 BNatSchG).

28

Außerdem bestehen **umweltbelastende Duldungspflichten**. So sind die sich aus einem Hoheitsakt ergebenden Umweltbelastungen hinzunehmen, wenn die Einlegung des gebotenen Rechtsbehelfs versäumt worden und der Hoheitsakt damit bestandskräftig geworden ist; Entsprechendes kann sich in Fällen der Präklusion ergeben.[74]

29

c) Unterlassungspflichten

Unterlassungspflichten verbieten oder beschränken ein bestimmtes umweltgefährdendes Handeln.[75] **Verbote** gelten zumeist nicht ausnahmslos; nach gesetzlicher Maßgabe können hiervon Ausnahmen und Befreiungen erteilt werden.[76] **Beschränkungen** umweltgefährdender Tätigkeiten folgen insbesondere aus Umweltstandards, wie sie in Bauart-, Betriebs-, Immissions-, Emissions- und Produktnormen enthalten sind.

30

---

72 Er ist kein Beliehener; dazu allgemein etwa *Erbguth/Guckelberger*, Allgemeines Verwaltungsrecht, § 6 Rn. 22 ff.
73 Zur Unterteilung in privat- und öffentlich-rechtliche Duldungspflichten *Hoppe/Beckmann/Kauch*, § 8 Rn. 15 ff.
74 Vgl. § 73 Abs. 4 S. 3 VwVfG; ferner § 6 Rn. 5, 17.
75 *Hoppe/Beckmann/Kauch*, § 8 Rn. 19 ff.
76 Rn. 32 ff.

Derartige Umweltstandards[77] setzen die unbestimmten Rechtsbegriffe des Umweltrechts in konkret definierte Größen um und beschreiben so detailliert die technischen Anforderungen an umweltrelevante Vorhaben. Ihnen kommt ein Doppelcharakter zu, weil sie neben sachverständigen Aussagen politische Wertungen enthalten.

Bauart- und Betriebsnormen stellen Anforderungen an die Errichtung, die Beschaffenheit und den Betrieb von Anlagen. **Immissionsnormen** bestimmen die Belastungswerte, welche in einem Umweltbereich nicht überschritten werden dürfen. **Emissionsnormen** legen Grenzwerte für die von einer Anlage ausgehenden Belastungen der Umwelt fest. **Produktnormen** beziehen sich auf bestimmte Stoffe oder Erzeugnisse. Sie bestimmen z.B. die Art und Weise der Verwendung, die Eigenschaften oder die inhaltliche Zusammensetzung eines Stoffes.

2. Kontrollinstrumente der Verwaltung

31   Um die Befolgung der umweltschützenden Ge- und Verbote zu gewährleisten, stehen der Verwaltung Kontrollmittel zur Verfügung; mit ihrer Hilfe wird die Vereinbarkeit umweltbelastender Tätigkeiten mit den gesetzlichen Vorgaben überwacht. Insoweit kann zwischen Instrumenten, die eine Eröffnungskontrolle, und solchen, die eine Befolgungskontrolle bewirken, unterschieden werden. Die **Eröffnungskontrollen** dienen der Überprüfung von Vorhaben auf etwaige Umweltbeeinträchtigungen, bevor es hierzu kommt.[78] Mittel der **Befolgungskontrolle** werden hingegen fortlaufend und das umweltbelastende Verhalten begleitend eingesetzt.[79]

a) Erlaubnisvorbehalte

32   Instrumente der Eröffnungskontrolle stellen gesetzliche Verbote dar, die unter einem Vorbehalt stehen. Zu unterscheiden ist zwischen präventiven Verboten mit Erlaubnisvorbehalt (**Kontrollerlaubnis**) und repressiven Verboten mit Befreiungsvorbehalt (**Ausnahmebewilligung**).[80]

Das **präventive Verbot** ermöglicht vor Aufnahme einer bestimmten, grundrechtlich geschützten Tätigkeit eine behördliche Überprüfung dahingehend, ob das Vorhaben im Einzelfall Rechtsgüter beeinträchtigt. Da die Kontrollerlaubnis nicht den Rechtskreis des Bürgers erweitert, sondern lediglich seine Rechte aus Art. 12 Abs. 1 und Art. 14 Abs. 1 GG (u.a.) konkretisiert, handelt es sich aus verfassungsrechtlichen Gründen grundsätzlich um eine **gebundene Entscheidung**.[81] Liegen die gesetzlichen Voraussetzungen für die Ausführung vor, besteht folglich ein Anspruch auf Erteilung der Erlaubnis. Bildhaft lässt sich eine Schranke vorstellen, die geöffnet wird, wenn die Kontrolle „vor der Schranke" zu keiner Beanstandung im obigen Sinne geführt hat. Umgekehrt muss die Zulassung verweigert werden.

---

77 *Steinberg*, DVBl. 1990, 1369; *Salzwedel*, NVwZ 1987, 276; *Roßnagel*, UPR 1986, 46; ebenso die Darstellung bei *Hoppe/Beckmann/Kauch*, § 5 Rn. 5 ff.

78 *Eifert* in: Schoch, Besonderes Verwaltungsrecht, 5. Kap. Rn. 79.

79 *Kloepfer*, Umweltrecht, § 5 Rn. 398.

80 *Maurer/Waldhoff*, Allgemeines Verwaltungsrecht, § 9 Rn. 52 ff.; *Ramsauer* in: Koch/Hofmann/Reese, § 3 Rn. 90.

81 *Maurer/Waldhoff*, Allgemeines Verwaltungsrecht, § 9 Rn. 53; BVerfGE 49, 89, 144 ff.

Um Kontrollerlaubnisse dieser Art handelt es sich bei

- der immissionsschutzrechtlichen Genehmigung (§§ 4, 6 BImSchG),
- der Baugenehmigung, etwa nach § 72 Abs. 1 LBauO MV, § 74 Abs. 1 BauO NRW,
- der gentechnischen Genehmigung für eine Freisetzung (§§ 14 Abs. 1 S. 1 Nr. 1, 16 Abs. 1 GenTG) oder ein Inverkehrbringen (§§ 14 Abs. 1 S. 1 Nr. 2-4, 16 Abs. 2 GenTG).

Demgegenüber bezieht sich das **repressive Verbot** auf potenziell umweltschädliche bzw. **33** sozial unerwünschte Verhaltensweisen. Um besonders gelagerten Fällen Rechnung tragen zu können oder nicht intendierte Härten zu vermeiden, ist jedoch die Erteilung einer Ausnahmebewilligung eröffnet. Eine solche Bewilligung erweitert den Rechtskreis des Bürgers, weil sie eine Betätigung, die an sich gesetzlich verwehrt ist, unter besonderen Voraussetzungen (doch) zulässig macht.[82] Ihre Erteilung liegt daher durchweg im pflichtgemäßen **Ermessen** der Behörde. Veranschaulichen lässt sich dies mit dem Bild der Mauer, die nur ausnahmsweise überwunden werden darf.

Beispiele bilden

- die wasserrechtliche Erlaubnis und Bewilligung (§§ 8 ff., 12 WHG),
- die Rodungs- und Umwandlungsgenehmigung (§ 9 BWaldG),
- die naturschutzrechtliche Befreiung (§ 67 BNatSchG).

Die der Einordnung als Kontrollerlaubnis einerseits und Ausnahmebewilligung ande- **34** rerseits zugrundeliegende Unterscheidung zwischen sozial erwünschten und sozial schädlichen Verhaltensweisen ist in ihrer Handhabung **nicht** durchweg **bedenkenfrei.** So bleibt unerfindlich, warum die Luftverschmutzung durch Industrieanlagen (BImSchG, s.o.) sozial erwünschter sein soll als die Belastung von Gewässern (WHG, s.o.). Die Differenzierung ist daher jedenfalls in ihrer auch gesetzgeberischen Handhabung hinterfragbar – selbst bei Berücksichtigung dessen, dass historische Gründe eine Rolle gespielt haben: Entwicklung aus dem Gewerberecht (Kontrollerlaubnis) einerseits – Entwicklung aus dem Recht der Gefahrenabwehr (Ausnahmebewilligung) andererseits.

▶ **ZU FALL 3:** Für das von M geplante Vorhaben besteht nach § 5 Abs. 1 i.V.m. § 4 Verord- **35** nung ein präventives Verbot mit Erlaubnisvorbehalt für die Errichtung solcher baulichen Anlagen, die im Einzelfall den Charakter des Gebietes nicht verändern und dem besonderen Schutzzweck nicht zuwiderlaufen. Möglich wäre eine Realisierung des Vorhabens danach, wenn die Voraussetzungen für eine Erlaubniserteilung gem. § 5 Abs. 2 Verordnung vorliegen. Da die Überbauung des Grundstücks zwangsläufig zu einer Zerstörung der dort vorhandenen Tier- und Pflanzengesellschaften führen würde, mithin dem besonderen Schutzzweck der Verordnung (vgl. § 3 Verordnung) zuwiderliefe, liegt der Tatbestand des § 5 Abs. 2 Verordnung nicht vor, so dass eine Erlaubniserteilung ausscheidet. Für die Errichtung baulicher Anlagen, die im Einzelfall zu einer Veränderung des Gebietscharakters führt oder dem besonderen Schutzzweck zuwiderläuft, besteht nach § 6 i.V.m. § 4 Verordnung ein repressives Verbot mit Befreiungsvorbehalt. Die Verwirklichung des von M geplanten Vorhabens ist demnach allenfalls im Wege einer Befreiung nach § 6 Verordnung möglich, was voraussetzt, dass die Einhaltung der Verordnung im Einzelfall zu einer nicht beabsichtigten Härte führen würde und die Abweichung mit den Belangen des Naturschutzes und der Landschaftspflege

---

82 *Hoppe/Beckmann/Kauch,* § 8 Rn. 41.

vereinbar ist. Eine nicht beabsichtigte Härte liegt vor, wenn der Normgeber den in Frage stehenden Sachverhalt in seinen Konsequenzen für den Betroffenen nicht erkannt hat oder nicht erkennen konnte und der Betroffene durch das den Sachverhalt betreffende naturschutzrechtliche Verbot unzumutbar benachteiligt würde. Es liegt nahe, dass die Behörde bei Erlass der Verordnung mit dem Bauverbot in § 4 Verordnung insbesondere umfangreichere Vorhaben verhindert wissen wollte. Damit schiede eine nicht beabsichtigte Härte aus, so dass eine Befreiung nach § 6 Verordnung schon an den Voraussetzungen der Vorschrift scheitert(e). Selbst wenn man angesichts der nunmehr nutzlos gewordenen Investitionen des M zu einem gegenteiligen Ergebnis gelangte, müsste eine Befreiung überdies mit den Belangen von Naturschutz und Landschaftspflege vereinbar sein. Bei der Beurteilung dieser Frage kommt es auf die Auswirkungen der Abweichung von dem fraglichen Verbot auf das Schutzobjekt, den Umfang des Schutzes und dessen Bedeutung für die Verwirklichung der Ziele des Naturschutzes und der Landschaftspflege an. Die(se) notwendig wertende Entscheidung muss angesichts der mit dem Vorhaben verbundenen Zerstörung des einzigartigen Orchideenvorkommens zugunsten des Naturschutzes ausfallen. Da schon die Voraussetzungen für die Erteilung einer Befreiung nicht vorliegen, bedarf es keines Eingehens mehr auf die Rechtsfolgenseite des § 6 Verordnung, nämlich die diesbezügliche Ermessenszuweisung. Eine Realisierung des Einzelhandelszentrums auf dem Grundstück des M ist rechtlich ausgeschlossen. ◀

b) Entscheidungsverfahren

36   Zulassungsentscheidungen jeglicher Art, mithin auch diejenigen umweltrechtlicher Eröffnungskontrollen, richten sich auf eine materielle Überprüfung. Diese bedingt indes schon aus Gründen hinreichender Information und damit möglichst vollständiger Entscheidungsunterlagen ein vorhergehendes Verwaltungsverfahren, und zwar im Wege des Durchlaufens von Verfahrensschritten, die gesetzlich unterschiedlich ausgeprägt sind.

37   ▶ **FALL 4:** Das zuständige Eisenbahnbundesamt (EBA) hat die Planung für ein Teilstück der Eisenbahnneubaustrecke X durch Planfeststellungsbeschluss abgeschlossen. A, über dessen Grundstück die Trasse verläuft, erhebt Klage gegen den Planfeststellungsbeschluss. Zur Begründung trägt er vor: Zum einen bestünden seiner Meinung nach gewisse Zweifel am Bedarf für die geplante Bahnstrecke; jedenfalls habe das EBA diesen nicht eigenständig geprüft. Zum anderen erfordere der geplante Streckenverlauf das Fällen zahlreicher Bäume auf seinem Grundstück, so dass aus Naturschutzgründen eine südlichere, im Planfeststellungsverfahren ebenfalls in Erwägung gezogene Trassenalternative hätte gewählt werden müssen. Das EBA hält dem entgegen, dass die Bedarfsprüfung für die Eisenbahnstrecke bereits durch den Bundestag erfolgt sei, der jene unter Nr. 12 als vordringlich in den Bedarfsplan aufgenommen habe. Daher dürfe diese Frage im Planfeststellungsverfahren nicht erneut aufgeworfen werden. Was die Trassenwahl anbelangt, habe das EBA der nördlichen Variante – trotz der Notwendigkeit von Rodungen – den Vorzug gegeben, weil die südliche Streckenführung etwa 9 km länger geworden wäre und damit einen höheren Landschaftsverbrauch zur Folge gehabt hätte. Ist die Klage des A begründet? ◀

aa) Einfaches Genehmigungsverfahren

Im Umweltrecht findet das einfache, nicht förmliche Verwaltungsverfahren (allgemein: § 10 S. 1 VwVfG) nur selten Anwendung.[83]   38

bb) Förmliches Genehmigungsverfahren

Meist regeln die Umweltgesetze ein **förmliches Genehmigungsverfahren** zur Entscheidungsfindung (vgl. § 10 BImSchG i.V.m. der 9. BImSchV). Hervorgehobenes Verfahrenselement stellt dabei die förmliche Beteiligung Dritter dar (etwa § 10 Abs. 3, 4, 6 BImSchG, insbesondere: Erörterungstermin). Je größer die Verfahrensförmlichkeit, desto gewichtiger sind regelmäßig das zu beurteilende Vorhaben und seine Auswirkungen auf die Umwelt.   39

Die im förmlichen Genehmigungsverfahren einzuhaltenden Verfahrensschritte richten sich in den meisten Fällen nach den Vorgaben der entsprechenden Fachgesetze. Die allgemeinen Bestimmungen der §§ 63 ff. VwVfG („Förmliches Verwaltungsverfahren") kommen nur zur Anwendung, soweit eine Rechtsvorschrift dies ausdrücklich vorsieht (§ 63 Abs. 1 VwVfG).[84]

Da die förmlichen Genehmigungsverfahren im Umweltrecht dem Verfahrensgang nach dem **Planfeststellungsverfahren** weitgehend gleichen, beschränkt sich die nachfolgende Darstellung auf das zuletzt genannte Verfahren. Im Unterschied zu den Genehmigungsverfahren geht es im Fall der Planfeststellung zwar traditionsgemäß[85] nicht um die Verwirklichung möglicherweise grundrechtlich geschützter Freiheiten, sondern durchweg um Realisierung öffentlicher Vorhaben durch einen Verwaltungsträger; die(se) Unterscheidung – privat/öffentlich verantwortetes Vorhaben – wird indes schon von Gesetzes wegen nicht mehr strikt durchgehalten, vgl. § 35 KrWG.[86]

cc) Planfeststellungsverfahren

Beim Planfeststellungsverfahren[87] handelt es sich um ein besonderes Verwaltungsverfahren, durch das die Zulässigkeit eines konkreten Vorhabens festgestellt wird und sämtliche öffentlich-rechtlichen Beziehungen zwischen dem Träger des Vorhabens und den durch den Plan Betroffenen rechtsgestaltend geregelt sowie die ansonsten erforderlichen behördlichen Entscheidungen ersetzt werden.[88] Den Abschluss des Verfahrens bildet der **Planfeststellungsbeschluss**.   40

Planfeststellungsbedürftige Vorhaben sind bspw.:

- die Zulassung von Abfalldeponien, § 35 Abs. 2 KrWG[89],
- die Errichtung und der Betrieb von Zwischenlagern radioaktiver Abfälle, §§ 9b, 9a Abs. 3 AtG,

---

83 Vgl. § 19 BImSchG: vereinfachtes Verfahren; hierzu § 9 Rn. 67 f.; allgemein etwa *Erbguth/Guckelberger*, Allgemeines Verwaltungsrecht, § 14 Rn. 17 ff.
84 Vgl. § 10 BImSchG i.V.m. 9. BImSchV; dazu § 9 Rn. 67 f.
85 Beispielgebend war die straßenrechtliche Planfeststellung, vgl. nur *Hoppe/Schlarmann/Buchner/Deutsch*, Rn. 15.
86 Allgemein zum Verhältnis der gemeinnützigen zur privatnützigen Planfeststellung *Hoppe/Schlarmann/Buchner/Deutsch*, Rn. 10 f.
87 Weiterführend *Jarass*, DVBl. 1997, 795; *Vallendar*, UPR 1996, 121.
88 Einführend zum Rechtsinstitut der Planfeststellung *Leist/Tams*, JuS 2007, 1093.
89 Zur Rechtsentwicklung im Abfallrecht vgl. § 12 Rn. 7.

- die Errichtung oder Änderung eines Flughafens oder eines Landeplatzes mit beschränktem Bauschutzbereich, § 8 LuftVG,

- der Bau oder die Änderung einer Bundesfernstraße (Bundesautobahn, Bundesstraße), § 17 FStrG,

- der Bau oder die Änderung einer Straßenbahn, auch einer U-Bahn, § 28 PBefG,

- der Gewässerausbau, § 68 Abs. 1 WHG,

- gemeinschaftliche und öffentliche Anlagen im Flurbereinigungsgebiet nebst den dazugehörenden landschaftspflegerischen Maßnahmen, § 41 Abs. 3 FlurbG.

Die für das Planfeststellungsverfahren einschlägigen allgemeinen Vorschriften finden sich in §§ 72–78 VwVfG. Diese gelten anders als §§ 63 ff. VwVfG nicht erst bei spezialgesetzlicher Anordnung, sondern immer dann, wenn ein Planfeststellungsverfahren durch Rechtsvorschrift vorgesehen ist (§ 72 Abs. 1 VwVfG). Allerdings können die jeweiligen Fach(planungs)gesetze besondere Bestimmungen enthalten, die dann Vorrang haben.

(1) Verfahrensablauf[90]

41

- Das Planfeststellungsverfahren wird durch den öffentlichen, ggf. auch privaten Träger des Vorhabens eingeleitet, der den von ihm erstellten **Plan** einreicht, und zwar bei der Anhörungsbehörde (§ 73 Abs. 1 S. 1 VwVfG). Diese wird durch Gesetz oder Rechtsverordnung bestimmt und ist in der Regel der Planfeststellungsbehörde nachgeordnet.

Der durch „Gesetz zur Verbesserung der Öffentlichkeitsbeteiligung und Vereinheitlichung von Planfeststellungsverfahren (PlVereinhG)"[91] eingefügte Abs. 3 des § 25 VwVfG sieht zusätzlich vor, die betroffene Öffentlichkeit[92] bei „Vorhaben, die nicht nur unwesentliche Auswirkungen auf die Belange einer größeren Zahl von Dritten haben können", also gerade solchen, die der Planfeststellung[93] unterfallen, („möglichst") bereits vor d(ies)em Eintritt in das Verfahren zu beteiligen, allerdings nicht zwingend: Die zuständige Behörde wird vielmehr lediglich verpflichtet, bei dem Vorhabenträger auf eine frühe Öffentlichkeitsbeteiligung hinzuwirken. Der Vorhabenträger muss dem also nicht folgen.[94] Mit Letzterem wird schon die Einheitlichkeit einer solchen vorgezogenen Einbeziehung der Bürger infrage gestellt. Angesichts der auch vor Verfahrenseintritt regelmäßig bereits verfestigten Entscheidungsbildung auf Behördenseite dürfte hiermit ohnehin die verfolgte Akzeptanzverbesserung nicht zu erreichen sein.[95]

- Die **Anhörungsbehörde** muss innerhalb eines Monats die von dem Plan in ihrem Zuständigkeitsbereich berührten **Behörden** zur **Stellungnahme** auffordern, § 73

---

90   Am Beispiel der straßenrechtlichen Planfeststellung bei *v. Danwitz* in: Schoch, Besonderes Verwaltungsrecht, 7. Kap. Rn. 27 ff.

91   V. 31.5. 2013, BGBl. I, S. 1388, zuletzt geändert durch Art. 1b des G v. 24.5.2014, BGBl. I S. 538; dazu *Stüer*, DVBl. 2013, 700; *Schmitz/Prell*, NVwZ 2013, 745; näher und positiv zur „frühen Öffentlichkeitsbeteiligung" *Ziekow*, NVwZ 2013, 754. Zum Gesetzentwurf *Krappel/v. Süßkind-Schwendi*, UPR 2012, 255; allg. zu neuen Formen der Bürgerbeteiligung *Dolde*, NVwZ 2013, 769.

92   Gemeint ist: Berührtsein in eigenen Belangen, vgl. Legaldefinition in § 2 Abs. 9 UVPG: Hierzu gehören auch Vereinigungen, deren satzungsmäßiger Aufgabenbereich berührt wird, darunter auch Vereinigungen zur Förderung des Umweltschutzes.

93   Aber etwa auch förmliche Verfahren nach §§ 63 ff. VwVfG, dazu allg. vorstehend im Text; ferner *Stüer*, DVBl. 2013, 700, 702: Baugenehmigungsverfahren, immissionsschutzrechtliches Genehmigungsverfahren.

94   Vgl. nur *Schönenbroicher*, VBlBW 2012, 445, 447.

95   *Erbguth*, DÖV 2012, 821, 824 mit Fn. 27; krit. auch *Schönenbroicher*, VBlBW 2012, 445, 447 ff.; positiv *Winter*, ZUR 2012, 329. Überdies dürfte die Praxistauglichkeit der Vorschrift unter der Verwendung äußerst unbestimmter Rechtsbegriffe, wie sie vorstehend hervorgehoben worden sind, leiden.

Abs. 2 Hs. 1 VwVfG. Die Behörden haben ihre Stellungnahmen gem. § 73 Abs. 3a S. 1 VwVfG innerhalb von maximal drei Monaten abzugeben. Danach eingehende Stellungnahmen werden grundsätzlich nicht mehr berücksichtigt, § 73 Abs. 3a S. 2 VwVfG.

▪ Außerdem veranlasst die Anhörungsbehörde ebenfalls innerhalb eines Monats die **öffentliche Auslegung** des Plans in den Gemeinden, in denen sich das Vorhaben voraussichtlich auswirken wird (§ 73 Abs. 2 Hs. 2 VwVfG). Die Gemeinden müssen den Plan innerhalb von drei Wochen nach Zugang für die Dauer eines Monats zur Einsicht auslegen, vgl. § 73 Abs. 3 S. 1 VwVfG. Die Auslegung ist vorher ortsüblich bekanntzumachen (§ 73 Abs. 5 VwVfG).

▪ Innerhalb der Einwendungsfrist nach § 73 Abs. 4 VwVfG (zwei Wochen nach Ablauf der Auslegungsfrist) kann derjenige, dessen Belange durch das Vorhaben berührt werden, **Einwendungen** gegen das Projekt erheben. Es ist also keine Rechtsbetroffenheit gefordert; vielmehr handelt es sich um eine Interessentenbeteiligung: Einwände können neben rechtlichen auch wirtschaftliche, soziale oder ideelle Belange zum Gegenstand haben. Allerdings müssen sie sachlich auf die Verhinderung oder Modifizierung des Vorhabens abzielen. Erhebt ein Betroffener seine Einwendungen nicht innerhalb der Frist, ist er gem. § 73 Abs. 4 S. 3 VwVfG mit seinen Einwendungen ausgeschlossen, sofern sie nicht auf besonderen privatrechtlichen Titeln (z.B. Verträgen, Dienstbarkeiten) beruhen. Dieser Ausschluss erfasst nicht nur das (weitere) Verwaltungsverfahren, sondern auch ein etwaiges verwaltungsgerichtliches Verfahren; es handelt sich um eine **materielle Präklusion**.[96] In Bezug auf unionsrechtlich bedingte Umweltverfahren (insbesondere UVP- und IE-Anlagen) hat der EuGH diese Präklusionsvorschrift für unionsrechtswidrig erklärt, da kein weiter Zugang der Öffentlichkeit zu gerichtlichen Überprüfungsverfahrens eröffnet und keine verfahrens- und materiell-rechtliche Kontrolle gewährt wird. Folglich kann das Unionsrecht nicht effektiv zur Wirksamkeit gebracht werden.[97] Aufgrund des hieraus resultierenden Anwendungsverbots für Präklusionsvorschriften für auf der Grundlage von UVP- oder IE-Richtlinie erlassenen Vorhabenzulassungen hat der Gesetzgeber 2017 reagiert und das UVPG entsprechend angepasst: §§ 1 Abs. 4 S. 1 i.V.m. 18 Abs. 1 S. 4 UVPG verweisen für das Anhörungsverfahren für UVP-pflichtige Vorhaben nicht mehr auf die materielle Präklusionsvorschrift des § 73 Abs. 4 S. 3 VwVfG; anerkannte Vereinigungen können nach vorstehenden Maßgaben Stellungnahmen zum Plan abgeben, §§ 18 Abs. 1 S. 4 UVPG i.V.m. 73 Abs. 4 S. 5, 6 VwVfG.[98]

▪ Nach Ablauf der Einwendungsfristen wird in einem **Erörterungstermin** das Vorhaben mit dem Projektträger, den beteiligten Behörden und den Personen, die Einwendungen erhoben haben, behandelt (§ 73 Abs. 6 S. 1 VwVfG).[99] Die Erörterung soll innerhalb von drei Monaten nach jenem Fristende abgeschlossen sein (§ 73 Abs. 6 S. 7 VwVfG). Ihr Ziel ist neben der Abklärung der entscheidungserheblichen Tatsachen die Herbeiführung eines Ausgleichs zwischen den unterschiedlichen Interes-

---

96 Eine materielle Präklusion zielt darauf ab, Einwendungen in gegenwärtigen und zukünftigen Verfahren, somit auch dem Klageverfahren auszuschließen. Vgl. § 6 Rn. 5.

97 EuGH, Rs. C-137/14, ZUR 2016, 34, 40 f. Rn. 75 ff. m. Anm. *Klinger*, ZUR 2016, 42 ff.; bereits zuvor *Schlacke*, ZUR 2013, 195, 202; ferner § 6 Rn. 5.

98 Gleichstellung der anerkannten Vereinigungen (Umweltschutzvereinigungen) mit Betroffenen, *Stüer*, DVBl. 2013, 700, 704 m.w.N.

99 Vgl. *Erbguth/Guckelberger*, Allgemeines Verwaltungsrecht, § 14 Rn. 16 nach Fn. 103.

sen.[100] Anhand der im Anhörungsverfahren gewonnenen Ergebnisse fertigt die Anhörungsbehörde eine Stellungnahme an und leitet diese einschließlich des Plans und der nicht erledigten Einwendungen an die **Planfeststellungsbehörde** weiter (§ 73 Abs. 9 VwVfG).

42 Die Planfeststellungsbehörde entscheidet über den Erlass des **Planfeststellungsbeschlusses**. Dabei ist der Behörde nach h.M. **planerischer Gestaltungsspielraum** eingeräumt.[101] Seine rechtlichen Grenzen findet er neben der Beachtung behördeninterner Bindungen in der Planrechtfertigung, der strikten Beachtung von Planungsleitsätzen und der Abwägungsfehlerlehre:[102]

43 ▪ Aufgrund ihrer weitreichenden Rechtswirkungen bedarf die Planfeststellung im Außenverhältnis zunächst der **Planrechtfertigung**.[103] Danach hat die Planfeststellung eine Verwirklichung der sich aus dem jeweiligen Fachgesetz ergebenden Ziele anzustreben; daran gemessen muss die Durchführung des konkreten Planungsvorhabens vernünftigerweise geboten sein.[104] „Unausweichlichkeit" des Vorhabens wird nicht verlangt.[105]

44 ▪ Weiterhin sind die gesetzlichen **Planungsleitsätze** von der Behörde einzuhalten. Darunter versteht das BVerwG diejenigen Vorschriften, die bei der öffentlichen Planung strikte Beachtung verlangen und deswegen nicht durch planerische Abwägung überwunden werden können.[106] Hierbei lässt sich zwischen Vorgaben aus dem jeweiligen Fachgesetz selbst (sog. interne Planungsleitsätze, z.B. § 1 Abs. 3 S. 1 FStrG) und solchen aus anderen Gesetzen (sog. externe Planungsleitsätze, etwa entgegenstehende Schutzgebietsausweisungen) unterscheiden. Abzugrenzen sind die Planungsleitsätze von gesetzgeberischen Vorgaben, wie bspw. § 50 S. 1 BImSchG oder §§ 1, 2 BNatSchG, die als sog. **Optimierungsgebote** bestimmten öffentlichen Belangen ein besonderes Gewicht („soweit wie möglich …", § 50 S. 1 BImSchG/„nicht mehr als…unvermeidbar…", § 2 Abs. 1 BNatSchG) verleihen, dem bei der Abwägung Rechnung zu tragen ist, die aber im Konfliktfall durchaus hinter anderen Belangen zurücktreten können.[107]

45 ▪ Schließlich sind die privaten und öffentlichen Belange gegeneinander und untereinander gerecht abzuwägen.[108] Das **Abwägungsgebot** und spiegelbildlich **die Abwägungsfehlerlehre**[109] fordern zunächst, dass eine Abwägung überhaupt stattfindet (ansonsten: **Abwägungsausfall**). Weiterhin müssen alle abwägungserheblichen Belange Berücksichtigung finden (anderenfalls: **Abwägungsdefizit**). Schließlich darf

---

100 *Allesch/Häußler* in: Obermayer, VwVfG, § 73 Rn. 119.
101 BVerwGE 48, 56, 59; 52, 237, 244; 55, 220, 225 ff.; 56, 110, 116; 59, 253, 256; kritisch dazu *Ule/Laubinger*, Verwaltungsverfahrensrecht, § 41 Rn. 11; *Erbguth*, DVBl. 1992, 398, 403.
102 Zur Rechtsnatur der Planfeststellungsentscheidung *v. Danwitz* in: Schoch, Besonderes Verwaltungsrecht, 7. Kap. Rn. 29; auch Bindung an behördenintern wirkende vorbereitende Planungsentscheidungen anderer Behörden, bspw. Linienbestimmung durch den Bundesminister für Verkehr nach § 16 Abs. 1 FStrG; dazu OVG Koblenz, NuR 1995, 413, 414; VGH Mannheim, VBlBW 1989, 61, 62 f. m. Anm. *Kuchler*; sogleich Rn. 47; eingehend *Wahl*, NVwZ 1990, 426, 435.
103 BVerwGE 55, 220, 227.
104 BVerwGE 71, 166, 168 f.; 72, 282, 284 ff.
105 BVerwGE 56, 110, 119.
106 BVerwGE 71, 163, 165.
107 BVerwGE 71, 163, 165; dazu *Hoppe*, DVBl. 1992, 853; kritisch *Bartlsperger*, DVBl. 1996, 1; *Erbguth/Schubert*, Öffentliches Baurecht, § 5 Rn. 118, anhand des Städtebaurechts.
108 Abweichendes soll für die bergrechtliche Planfeststellung gelten, vgl. BVerwG, DÖV 2007, 938, anhand der diesbezüglichen UVP.
109 Dazu BVerwG, JZ 2007, 939 m. Anm. *Peine/Starke*; *Erbguth*, JZ 2006, 484.

weder die Bedeutung der betroffenen Belange verkannt werden (sonst: **Abwägungs-fehleinschätzung bzw.** -gewichtung), noch darf der vorgenommene Ausgleich zwischen ihnen zu ihrer objektiven Gewichtigkeit außer Verhältnis stehen (anderenfalls: **Abwägungsdisproportionalität**).[110] Diese Anforderungen sollen grundsätzlich sowohl für den Abwägungsvorgang als auch für das Abwägungsergebnis gelten.[111] Gegenstand des Abwägungsvorgangs muss eine Einbeziehung etwaiger **Planungsalternativen** (z.B. Standortalternativen) sein, wenn sie sich nach Lage der Dinge anbieten oder aufdrängen.[112] Ansonsten kommt es zu einem Abwägungsdefizit.

Die rechtlichen **Folgen** von **Abwägungsmängeln** werden weitgehend in Anlehnung oder durch Verweisung auf die allgemeine Regelung in § 75 Abs. 1a VwVfG eingeschränkt. Sie sind nach Satz 1 der Vorschrift nur erheblich, wenn sie offensichtlich und auf das Abwägungsergebnis von Einfluss gewesen sind. Zudem führen nach Satz 2 der Bestimmung erhebliche Abwägungsmängel nur dann zur Aufhebung des Planfeststellungsbeschlusses, wenn sie nicht nachträglich durch Planergänzung oder ein ergänzendes Verfahren behoben werden können. Es gilt insoweit der Grundsatz: Nachbesserung vor Aufhebung. Als Planergänzung kommt vor allem die Erteilung von Schutzauflagen in Betracht (dazu sogleich). Das ergänzende Verfahren betrifft Verfahrens- oder Inhaltsmängel, die durch Nachbesserung des Verfahrens oder durch nachholende Abwägung geheilt werden können.[113] Damit werden auch die Einholung zusätzlicher Gutachten, weitere Ermittlungen des Sachverhalts und Bewertungen von Belangen ermöglicht.[114] **46**

Seiner Rechtsnatur nach stellt der Planfeststellungsbeschluss einen **Verwaltungsakt** i.S.v. § 35 S. 2 VwVfG dar. Er kann mit Nebenbestimmungen nach § 36 VwVfG versehen werden. Gem. § 74 Abs. 2 S. 2 VwVfG sind dem Vorhabenträger Vorkehrungen oder die Errichtung und Unterhaltung von Anlagen aufzugeben, die zum Wohl der Allgemeinheit und zur Vermeidung nachteiliger Wirkungen auf Rechte anderer erforderlich sind. Durch solche **Schutzauflagen**[115] (etwa Lärmschutzwälle) kann einerseits den Interessen der Betroffenen Rechnung getragen werden; andererseits ermöglichen sie dem Projektträger die Durchführung des Vorhabens. **47**

Der Planfeststellungsbeschluss kann mit der **Anfechtungsklage** (§ 42 Abs. 1 Alt. 1 VwGO) angegriffen werden. Eines vorgeschalteten Widerspruchsverfahrens bedarf es nicht (§ 68 Abs. 1 S. 2 Alt. 1 VwGO i.V.m. §§ 74 Abs. 1 S. 2, 70 VwVfG). Werden Schutzauflagen verlangt, ist die **Verpflichtungsklage** (§ 42 Abs. 1 Alt. 2 VwGO) die richtige Klageart.[116] **48**

---

110 Zu der hiermit zusammenhängenden Frage der Phasen im Rahmen der Abwägung *Erbguth*, JZ 2006, 484, 488 f.
111 Näher (und kritisch) *Erbguth/Schubert*, Öffentliches Baurecht, § 5 Rn. 138 ff., anhand des Städtebaurechts.
112 BVerwGE 71, 166, 171 f.; vertiefend *Schlarmann*, Die Alternativenprüfung im Planungsrecht.
113 Hierzu *Kopp/Ramsauer*, VwVfG, § 75 Rn. 34 ff.
114 Hierzu ausführlich *Seibert*, NVwZ 2018, 97, 98 ff.
115 Dazu *v. Danwitz* in: Schoch, Besonderes Verwaltungsrecht, 7. Kap. Rn. 32.
116 Vgl. insoweit auch § 6 Rn. 9.

(2) Rechtswirkungen des Planfeststellungsbeschlusses

49 Der Planfeststellungsbeschluss zeichnet sich durch besondere **Rechtswirkungen** aus (§ 75 VwVfG):

- Gestattungswirkung,
- Konzentrationswirkung,
- Gestaltungswirkung,
- Ausschlusswirkung,
- Enteignungsvorwirkung.

50 **Gestattungswirkung**[117] bedeutet, dass durch den Planfeststellungsbeschluss die Zulässigkeit des Vorhabens einschließlich der notwendigen Folgemaßnahmen an anderen Anlagen festgestellt wird, und zwar im Hinblick auf alle von ihm berührten öffentlichen Belange (§ 75 Abs. 1 S. 1 Hs. 1 VwVfG).

51 Neben dem Planfeststellungsbeschluss sind für das Vorhaben gem. § 75 Abs. 1 S. 1 Hs. 2 VwVfG andere behördliche Entscheidungen, insbesondere Genehmigungen, nicht mehr erforderlich (**Konzentrationswirkung**).[118] Die Verfahren werden durch die Planfeststellung verdrängt. Das Konzentrationsprinzip entbindet jedoch die Planfeststellungsbehörde nicht von den materiell-rechtlichen Vorschriften der Fachgesetze (z.B. des Baurechts), die von denjenigen Behörden anzuwenden wären, deren Entscheidungen der Planfeststellungsbeschluss ersetzt (lediglich **formelle** Konzentrationswirkung).[119] Die Normen sind je nach Geltungsanspruch verbindlich, also außerhalb der Abwägung zu beachten, oder lediglich zu berücksichtigen, mithin abwägungsrelevant (s.o.). Soweit jene Vorschriften eine Ausnahme, Befreiung oder Abweichung ermöglichen, kann die Planfeststellungsbehörde eine entsprechende Entscheidung treffen.[120]

52 Des Weiteren werden nach § 75 Abs. 1 S. 2 VwVfG alle öffentlich-rechtlichen Beziehungen zwischen dem Träger des Vorhabens und den Planbetroffenen rechtsgestaltend geregelt (**Gestaltungswirkung**).[121] Wird bspw. dem Vorhabenträger im Planfeststellungsbeschluss die Errichtung eines Lärmschutzwalls zugunsten des Nachbarn aufgegeben, so erhält dieser gegenüber dem Vorhabenträger einen entsprechenden öffentlich-rechtlichen Anspruch.

53 Überdies sind aufgrund von § 75 Abs. 2 S. 1 VwVfG mit Unanfechtbarkeit des Planfeststellungsbeschlusses alle privatrechtlichen oder öffentlich-rechtlichen Ansprüche auf Unterlassung, Beseitigung oder Änderung des Vorhabens ausgeschlossen (**Ausschlusswirkung**).[122] Die privatrechtsgestaltende Wirkung bezieht sich insbesondere auf die deliktischen und allgemeinen nachbarrechtlichen Ansprüche (vgl. §§ 823, 1004 BGB).

---

117 Auch als Zulassungs- oder Genehmigungswirkung bezeichnet, vgl. BVerwGE 58, 281, 284.
118 *V. Danwitz* in: Schoch, Besonderes Verwaltungsrecht, 7. Kap. Rn. 31; zum Problem der Kollision von Konzentrationsvorschriften *Wittreck*, VerwArch 100 (2009), 71; dazu und zu weiteren Fragen im Planfeststellungsrecht anhand der Erweiterung von Häfen *Erbguth/Schubert*, VerwArch 101 (2010), 437; *dies.*, DVBl. 2010, 1521.
119 Anhand der luftverkehrsrechtlichen Planfeststellung BVerwG, BauR 2007, 682, 683; allgemein zur Konzentrationswirkung im Umweltrecht *Ramsauer* in: Koch/Hofmann/Reese, § 3 Rn. 94 f.
120 BVerwGE 70, 242, 244; 71, 163, 164; OVG Münster, NWVBl. 2010, 282, 283; a.A. *Gaentzsch*, NJW 1986, 2787.
121 So *Dürr* in: Kodal, Straßenrecht, Kap. 36 Rn. 20.
122 Auch als Präklusionswirkung bezeichnet, vgl. *v. Danwitz*, UPR 1996, 323, 324 f. m.w.N.

Unbeschadet der Ausschlusswirkung sind oftmals fremde Rechte, vornehmlich von   54
Grundstückseigentümern, durch die Realisierung des Vorhabens betroffen. Die entsprechenden Festsetzungen im Planfeststellungsbeschluss berechtigen dann zur Enteignung nach Maßgabe der jeweils einschlägigen landesrechtlichen Enteignungsgesetze
(**Enteignungsvorwirkung**).

▶ **Zu Fall 4:** Nach § 113 Abs. 1 S. 1 VwGO ist die (Anfechtungs-)Klage begründet, soweit   55
der Verwaltungsakt rechtswidrig und der Kläger in seinen Rechten verletzt ist. A ist als Ent-
eignungs(vor)betroffener in seinem Grundrecht aus Art. 14 Abs. 1 GG verletzt, wenn der auf
§ 18 Abs. 1 AEG beruhende Planfeststellungsbeschluss mit dem Recht nicht in Einklang
steht. Da an der formellen Rechtmäßigkeit keine Bedenken bestehen, richtet sich die Überprüfung des Planfeststellungsbeschlusses materiell-rechtlich auf die Planrechtfertigung
und die Rechtmäßigkeit der Abwägung.

Die Anforderung der Planrechtfertigung verlangt, dass die Durchführung des konkreten
Planvorhabens gemessen an den jeweiligen fachgesetzlichen Zielen vernünftigerweise geboten erscheint. Das ergibt sich hier aus der Aufnahme in den Bedarfsplan. Eine solche gesetzgeberische Planrechtfertigung wird überwiegend für rechtmäßig erachtet. Da nach der
Rechtsprechung sogar die Übertragung von Planungsakten als solche von der Verwaltung
auf den Gesetzgeber grundsätzlich zulässig ist,[123] soll erst recht die Möglichkeit bestehen,
nur die Planrechtfertigung auf die Legislative zu verlagern. Hierin wird kein Verstoß gegen
die Gewaltenteilung (Art. 20 Abs. 2 S. 2 GG) gesehen – und auch keine unzumutbare Er-
schwerung des Rechtsschutzes. Das EBA brauchte folglich den Bedarf nicht erneut zu prüfen.[124] Die gerichtliche Kontrolle richtet sich daher auf die legislative (Bedarfs-)Entschei-
dung und folgt denselben Maßstäben wie die Überprüfung entsprechender administrativer
Festlegungen. Bei der vorliegenden Planrechtfertigung handelt es sich um eine verkehrspo-
litische Leitentscheidung auf einer das gesamte Schienennetz betreffenden Ebene; in Anbetracht dessen kann der Bedarfsfestlegung nach dem Sachverhalt verkehrstechnische Sinn-
haftigkeit nicht abgesprochen werden.

Zu prüfen bleibt, ob die vom EBA gewählte Streckenführung mit den Grundsätzen einer ordnungsgemäßen Abwägung vereinbar ist. Da mehrere sich anbietende Trassenalternativen
im Planfeststellungsverfahren untersucht wurden, besteht zumindest kein Abwägungsdefizit. In der Zurückstellung des Interesses an der Erhaltung des Baumbestandes auf dem
Grundstück des A ist überdies keine objektive Fehlgewichtung der berührten Belange zu sehen, weil die Vermeidung der vermehrten Freiflächeninanspruchnahme durch die Südvari-
ante nicht ersichtlich mindergewichtig ist. Daher bestehen auch hinsichtlich des Ausgleichs
der konfligierenden Belange keine Bedenken.

Da Rechtsmängel des Planfeststellungsbeschlusses nicht erkennbar sind, ist die Klage des A
unbegründet. ◀

dd) Verfahrensbeschleunigung

Zur „Verschlankung" der Genehmigungsverfahren, insbesondere in zeitlicher Hin-   56
sicht, hatte der Bundesgesetzgeber bereits durch das **Genehmigungsverfahrensbeschleu-
nigungsgesetz** vom 12.9.1996[125] die §§ 71a ff. in sein VwVfG aufgenommen. Die Vor-

---

123 BVerfGE 95, 1; vgl. noch Rn. 60.
124 Dazu und zum Vorstehenden *v. Danwitz* in: Schoch, Besonderes Verwaltungsrecht, 7. Kap. Rn. 29.
125 BGBl. I, S. 1354; dazu und zur diesbezüglichen Entwicklung insgesamt *Erbguth*, DÖV 2009, 921.

schriften kamen zur Anwendung bei Verfahren, die der Genehmigung von Vorhaben im Rahmen einer wirtschaftlichen Unternehmung des Antragstellers dienen.[126] Inzwischen sind an deren Stelle in Umsetzung der sog. **Dienstleistungsrichtlinie**[127] Bestimmungen zum „Verfahren über eine einheitliche Stelle" getreten; jener Stelle kommen hiernach verfahrensleitende und -beschleunigende Aufgaben zu (vgl. insbesondere § 71b VwVfG), ohne dass dadurch die (behördliche) Zuständigkeitsordnung geändert oder ein neuer Verfahrenstyp eingeführt worden wäre.[128] Ferner ist (nunmehr) durch § 42a VwVfG der Eintritt einer Genehmigungsfiktion nach (regelmäßig dreimonatigem) Fristablauf normiert.[129] Die Geltung beiderlei Vorschriften ist allerdings von einer sondergesetzlichen Anordnung abhängig, vgl. §§ 42a Abs. 1 S. 1, 71a Abs. 1 VwVfG. Die Bestimmungen gelten überdies nur, wenn das VwVfG des Bundes anzuwenden ist. Bei Verwaltungsverfahren, die nach dem jeweiligen LVwVfG durchgeführt werden, gilt Entsprechendes erst dann, wenn die Bundesländer diese Neuregelungen in ihre Gesetze übernommen haben.

57 Bereits vor der nachfolgend umrissenen Beschleunigungsgesetzgebung bestand nach einigen Fachgesetzen die Möglichkeit, für weniger bedeutsame Infrastrukturmaßnahmen statt eines Planfeststellungsverfahrens ein **Plangenehmigungsverfahren**[130] durchzuführen (etwa § 41 Abs. 4 S. 1 FlurbG). Dann kann auf eine Beteiligung der Öffentlichkeit und eine formalisierte UVP verzichtet werden. Voraussetzung für die Zulässigkeit eines Plangenehmigungsverfahrens sind Änderungen oder Erweiterungen von unwesentlicher Bedeutung, die keine Rechtsbeeinträchtigung Dritter bzw. keine erheblichen Auswirkungen auf die Umwelt mit sich bringen. Der Plangenehmigung kommt hiernach keine Konzentrationswirkung zu.

Für die Planung von Verkehrswegen ist im Wege des Verkehrswegeplanungsbeschleunigungsgesetzes (VPlBeschlG) v. 16.12.1991[131] (für die neuen Bundesländer) und des Planungsvereinfachungsgesetzes (PlVereinfG) v. 17.12.1993[132] (bundesweit) sodann die Möglichkeit der Ersetzung des Planfeststellungsverfahrens durch ein sog. **förmliches Plangenehmigungsverfahren** geschaffen worden.[133] Voraussetzungen sind regelmäßig, dass Rechte anderer nicht oder nicht wesentlich beeinträchtigt werden oder die Drittbetroffenen sich mit der Inanspruchnahme ihres Eigentums einverstanden erklären bzw. auf ihre privaten Rechte verzichten und mit den Trägern öffentlicher Belange das Benehmen hergestellt wurde.[134] Da in diesen Fällen die Vorschriften über das Planfeststellungsverfahren keine Anwendung finden, entfallen die Öffentlichkeitsbeteili-

---

126 § 71a VwVfG a.F.; für Verfahren, die lediglich die private Lebensführung betreffen, sollten indes nach wie vor die allgemeinen Regelungen des VwVfG ausreichend sein, so jedenfalls BT-Drs. 13/3995, S. 8; vgl. auch nachfolgend im Text.
127 RL 2006/123/EG v. 12.12.2006 über Dienstleistungen im Binnenmarkt, ABlEG L 376/36 (DRL); zu den allgemeinen verfahrensbezogenen Vorgaben: Informations- und Unterstützungsansprüche, einheitliche Ansprechpartner, fristgebundene Entscheidungen mit Genehmigungsfiktion, elektronischer Verfahrensablauf, grenzüberschreitende Amtshilfe (Art. 7, 6, 13 Abs. 3, 4, Art. 8, 28 ff. DRL), *Ziekow*, GewArch 2007, 179, 217; auch *Ramsauer*, NordÖR 2008, 417.
128 Die Umsetzung der DRL erforderte auch zahlreiche Änderungen umweltrechtlicher Gesetze, vgl. Gesetz zur Umsetzung der Dienstleistungsrichtlinie auf dem Gebiet des Umweltrechts sowie zur Änderung umweltrechtlicher Vorschriften v. 11.8.2010, BGBl. I S. 1163.
129 Vgl. Art. 1 Nr. 5 Viertes Gesetz zur Änderung verwaltungsverfahrensrechtlicher Vorschriften v. 11.12.2008, BGBl. I, S. 2418; dazu *Jäde*, UPR 2009, 169; *Schmitz/Prell*, NVwZ 2009, 1.
130 Vgl. hierzu auch *v. Danwitz* in: Schoch, Besonderes Verwaltungsrecht, 7. Kap. Rn. 34 ff.
131 BGBl. I, S. 2174, zuletzt geändert durch Art. 464 der VO v. 31.8.2015, BGBl. I, S. 1474.
132 BGBl. I, S. 2123.
133 Vertiefend *Bonk*, NVwZ 1997, 320; *Jäde*, UPR 1996, 361.
134 *V. Danwitz* in: Schoch, Besonderes Verwaltungsrecht, 7. Kap. Rn. 33.

gung und die Beteiligung der anerkannten Naturschutzvereinigungen. Gegenüber der bisherigen Plangenehmigung kommen derjenigen förmlicher Art Konzentrations- und auch Präklusionswirkung zu. Es finden sich aber Unterschiede im Vergleich der Bestimmungen. Anschließend hat der Bundesgesetzgeber die (ersatzweise) Plangenehmigung in das VwVfG (§ 74 Abs. 6) übernommen.

Eine vollständige Deregulierung durch **Verzicht** auf ein Planfeststellungs- oder Plangenehmigungsverfahren sieht das Fachplanungsrecht für Vorhaben von unwesentlicher Bedeutung vor, und zwar regelmäßig unter Verweis auf das Verwaltungsverfahrensgesetz (z.B. § 17 FStrG, § 14 Abs. 1 S. 4 WaStrG, jeweils i.V.m. § 74 Abs. 7 S. 1 und S. 2 VwVfG).

58

Die behandelten Beschleunigungsgesetze sind durch einheitliches Bundesrecht, nämlich durch das **Infrastruktur-Planungsbeschleunigungsgesetz** (IPBG) vom 9.12.2006,[135] abgelöst worden. Z.T. sind die fachrechtlichen Änderungen mittlerweile in das Verwaltungsverfahrensgesetz übernommen worden, wie etwa

59

- die rechtliche Gleichstellung der Anhörungsrechte von Naturschutzvereinigungen mit jenen Privater, § 73 Abs. 4 VwVfG,
- **Fristen** für das Erörterungsverfahren (§ 73 Abs. 6 VwVfG).

Durch das Infrastruktur-Planungsbeschleunigungsgesetz wird die **erstinstanzliche Zuständigkeit** des **BVerwG** für besonders gewichtige, im Anhang der Fachgesetze aufgeführte Vorhaben angeordnet, § 50 Abs. 1 Nr. 6 VwGO,[136] und in „spezialgesetzlicher Vereinheitlichung" die aufschiebende Wirkung von Anfechtungsklagen (vgl. § 80 Abs. 1 VwGO)[137] insoweit **ausgeschlossen**[138] sowie eine **Unbeachtlichkeitsregelung** bei bestimmten Abwägungsfehlern eingeführt (jetzt mit Verweis auf entsprechende Anwendung des § 75 Abs. 1a VwVfG).[139]

Zur Beschleunigung bestimmter überregionaler Verkehrsprojekte im Gefolge der deutschen Einheit war schließlich bereits zuvor die Planfeststellung konkreter Vorhaben durch formelles Gesetz vorgesehen worden (sog. **Investitionsmaßnahmegesetze**).[140] Den dagegen erhobenen verfassungsrechtlichen Einwänden[141] ist das BVerfG in seinem Beschluss vom 17.7.1996[142] bzgl. des Gesetzes über den Bau der Südumfahrung Stendal nicht gefolgt.

60

ee) Umweltverträglichkeitsprüfung und Strategische Umweltprüfung

▶ **FALL 5:** Unternehmer U plant, eine Anlage zur Herstellung von Zementklinkern mit einer Leistung von etwa 1200 Tonnen pro Tag zu errichten. Er geht davon aus, dass für das Vorhaben eine Genehmigung nach dem BImSchG benötigt wird. Unklar ist ihm jedoch, ob zudem

61

---

135 Gesetz zur Beschleunigung von Planungsverfahren für Infrastrukturvorhaben, BGBl. I, S. 2833, dazu *Schröder*, NuR 2007, 380, 380.
136 § 14e Abs. 1 WaStrG.
137 Zum diesbezüglichen einstweiligen Rechtsschutz etwa *Erbguth/Guckelberger*, Allgemeines Verwaltungsrecht, § 21.
138 § 14e Abs. 2 S. 1 WaStrG, § 17e Abs. 2 S. 1 FStrG, § 10 Abs. 4 S. 1 LuftVG.
139 S. etwa § 17c FStrG, § 6 Abs. 5 S. 1 LuftVG
140 Vgl. Gesetz über den Bau des Abschnitts Wismar West–Wismar Ost der Bundesautobahn A 20 Lübeck–Bundesgrenze [A 11] v. 2.3.1994, BGBl. I, S. 734, sowie Gesetz über den Bau der Südumfahrung Stendal der Eisenbahnstrecke Berlin-Oebisfelde v. 29.10.1993, BGBl. I, S. 1906.
141 Vgl. dazu *Blümel*, DVBl. 1997, 205.
142 BVerfGE 95, 1.

eine UVP erforderlich ist. U fragt weiter, wie im Fall einer UVP-Pflicht für die geplante Anlage das Verfahren ablaufen und was er ggf. dazu beitragen müsste. ◄

(1) Umweltverträglichkeitsprüfung

62   Bei der Umweltverträglichkeitsprüfung (UVP) handelt es sich um ein rechtlich geordnetes, mehrphasiges Verfahren zur frühzeitigen Ermittlung, Beschreibung und Bewertung aller unmittelbaren und mittelbaren Auswirkungen eines Projekts auf bestimmte Umweltfaktoren, und zwar einschließlich der ökologischen Wechselwirkungen.[143] In dieser Abkehr vom ein-medialen bzw. additiv-medialen Umweltschutz und der Hinwendung zum übermedialen – oder besser: **integrativen** – Schutz der Umweltfaktoren liegt der neuartige Ansatz der UVP. Solcherart dient die UVP der **Entscheidungsvorbereitung** unter Umweltgesichtspunkten.[144] Sie ist primär als Verfahren konzipiert, freilich **nicht** als **eigenständiges**. Vielmehr wird die UVP den für die Zulassung von Projekten vorgesehenen Entscheidungsverfahren „draufgesattelt"; ihren Anforderungen ist demzufolge im Ablauf jener Planfeststellungen, Genehmigungs- und Bewilligungsverfahren (mit) Rechnung zu tragen.

(a) Europarechtlicher Hintergrund

63   Die dem zugrunde liegende **EG-Richtlinie 85/337/EWG vom 27.6.1985**[145] bezweckte den Ausbau präventiven Umweltschutzes durch Einführung einer Prüfung der Umweltauswirkungen von **öffentlichen und privaten Vorhaben** vor deren Zulassung; dabei konnte sie an das amerikanische Vorbild des National Environmental Policy Act (NEPA) aus dem Jahre 1969 anknüpfen.[146] Das Gemeinschaftsrecht folgt einem Listenprinzip zur Bestimmung der UVP-Pflichtigkeit: Die im Anhang I der Richtlinie aufgeführten Vorhaben sind immer einer UVP (**obligatorische UVP**) zu unterziehen, die in Anhang II genannten nur nach einer Vorprüfung durch die Mitgliedstaaten (fakultative UVP). Die Richtlinie sollte zum 2.7.1988 in nationales Recht umgesetzt sein. Deutlich verspätet ist dies in der Bundesrepublik Deutschland mit dem **Gesetz über die Umweltverträglichkeitsprüfung** bei bestimmten öffentlichen und privaten Projekten vom 12.2.1990[147] geschehen. Entsprechendes gilt für die Umsetzung der **UVP-Änderungsrichtlinie 97/11/EG,**[148] die eine erhebliche Ausweitung der UVP-pflichtigen Vorhaben vorsieht und bestimmte Modelle für die genannte Vorprüfung festlegt (Einzelfallprüfung/Schwellenwerte resp. Kriterien/Kombination beider Möglichkeiten).[149] Die zweite Änderung der UVP-Richtlinie durch die **Richtlinie 2003/35/EG vom 26.5.2003** über

---

143 Näher *Kment* in: Hoppe/Beckmann, UVPG, Einleitung Rn. 5; *Erbguth*, NuR 1997, 261; zur Entwicklung der UVP *Schink*, NuR 2018, 21 ff.

144 Allerdings auch „Kulturgüter und sonstige Sachgüter", § 2 Abs. 1 Nr. 4 UVPG; insoweit zum Denkmalschutz und zum kulturellen Erbe in der UVP *Hönes*, BayVBl. 2009, 741.

145 ABlEG L 175/40, geändert durch RL 97/11/EG v. 3.3.1997, ABlEG L 73/5; RL 2003/35/EG v. 26.5.2003, ABlEG L 156/1717, aufgehoben und ersetzt durch RL 2011/92/EU v. 13.12.2011, ABlEU L 26 v. 28.1.2012, S. 1, zuletzt geändert durch RL 2014/52/EU v. 16.4.2014, ABlEU L 124/1.

146 Dazu *Erbguth/Schink*, UVPG, Einl. Rn. 25 ff.

147 BGBl. I, S. 205; novelliert durch Gesetz zur Modernisierung des Rechts der Umweltverträglichkeitsprüfung v. 20.7.2017, BGBl. I, S. 2808, zuletzt geändert durch Art. 2 des Gesetzes zur Durchführung der VO (EU) Nr. 1143/2014 über invasive gebietsfremde Arten v. 8.9.2017, BGBl. I, S. 3370.

148 RL 97/11/EGv. 3.3.1997, ABlEG L 73/5, aufgehoben durch RL 2011/92/EU v. 13.12.2011, ABlEU L 26 v. 28.1.2012, S. 1.

149 Umgesetzt durch Art. 1 des Gesetzes v. 27.7.2001, BGBl. I, S. 1950 (sog. Artikelgesetz); eingehend und nicht unkritisch gegenüber der zunehmend eingesetzten Rechtsfigur des Artikelgesetzes *Lachner*, Das Artikelgesetz.

die Beteiligung der Öffentlichkeit bei der Ausarbeitung bestimmter umweltbezogener Pläne und Programme und zur Änderung der IVU- und UVP-Richtlinien[150] war bis zum 25.6.2005 in nationales Recht umzusetzen. Veranlasst durch die sog. Aarhus-Konvention[151] enthält sie Fortschreibungen zur Öffentlichkeitsbeteiligung und Klage-regelungen, welche die Mitgliedstaaten u.a. zur Einführung von Verbandsklagerechten gegen der UVP-Richtlinie unterfallende Industrieanlagen und Infrastrukturprojekte verpflichtet.[152] Was besagte Beteiligungsvorgaben anbelangt, so ist durch das **Öffentlichkeitsbeteiligungsgesetz** vom 9.12.2006,[153] das diese Maßgaben der Richtlinie umsetzt, vor allem die Verfahrensvorschrift des § 9 UVPG a.F. (jetzt: § 18 UVPG) erheblich modifiziert und präzisiert worden.[154] Die Umsetzung der prozessualen Vorgaben durch das **Umwelt-Rechtsbehelfsgesetz** v. 7.12.2006[155] ist wegen der Rückbindung des Verbandsklagerechts an subjektive Individual(rechts)positionen nicht richtlinienkonform erfolgt.[156] Die letzte Änderung der ursprünglichen UVP-Richtlinie aus dem Jahr 2009[157] betraf ihre Anhänge I und II. Schließlich ist sie im Wege der Kodifikation durch die „neue" UVP-Richtlinie 2011/92/EU vom 13.12.2011 (kodifizierte Fassung)[158] abgelöst worden.[159] Eine maßgebliche Änderung erfuhr die Richtlinie erneut 2014:[160] Sie betrifft Inhalt und Reichweite der UVP, eine Effektivierung des Screening-Verfahrens, eine Erhöhung der qualitativen und Transparenzanforderungen an den UVP-Bericht, Transparenzanforderungen an die Begründung für die Zulassungsentscheidung und beinhaltet neue Vorgaben für die Projektträger zur Vermeidung, Vorbeugung und Verringerung von Umweltauswirkungen sowie diesbezügliche Monitoringpflichten.[161] Die Änderungs-Richtlinie 2014[162] ist in Deutschland mit der Novellierung des UVPG am 29.7.2017 umgesetzt worden.[163]

(b) Ziel und Anwendungsbereich

Das UVPG zielt im Gefolge des dahinter stehenden Unionsrechts auf die Verwirklichung **vorsorgenden Umweltschutzes**.[164] Mithilfe der UVP sollen die Umweltauswirkungen bestimmter Vorhaben **frühzeitig** und **umfassend** ermittelt, beschrieben und be-   64

---

150 RL 2003/35/EG v. 26.5.2003, ABlEG L 156/17, zuletzt geändert durch RL 2016/2284/EU v. 14.12.2016, AB-lEU L 344/1.
151 Vgl. näher § 8 Rn. 21.
152 Zu weitreichenden Konsequenzen für das deutsche Prozessrecht *Bunge*, ZUR 2004, 141; *Schink*, EurUP 2003, 27, 31; zurückhaltender v. *Danwitz*, NVwZ 2004, 27; vgl. noch § 6 Rn. 15.
153 Gesetz über die Öffentlichkeitsbeteiligung in Umweltangelegenheiten nach der EG-Richtlinie 2003/35/EG, BGBl. I, S. 2819.
154 Dazu *Wagner* in: Hoppe/Beckmann, UVPG, § 9 Rn. 11 ff.
155 Gesetz über ergänzende Vorschriften zu Rechtsbehelfen in Umweltangelegenheiten nach der EG-Richtlinie 2003/35/EG, BGBl. I, S. 2816, zuletzt geändert durch G v. 8.4.2013, BGBl. I, S. 753, neugefasst durch Umwelt-Rechtsbehelfsgesetz in der Fassung der Bekanntmachung v. 23.8.2017, BGBl. I S. 3290.
156 Dazu im Zusammenhang mit den Rechtsschutzfragen § 6 Rn 15; instruktiv *Dippel/Niggemeyer*, EurUP 2009, 199.
157 RL 2009/31/EG v. 23.4.2009, ABlEG L 140/114.
158 ABlEU L 26 v. 28.1.2012, S. 1.
159 Zur Straffung der Vorschriften vgl. *EU-Kommission*, Pressemitteilung, EuZW 2012, 886; BR-Drs. 655/12.
160 Durch RL 2014/52/EU v. 16.4.2014, ABlEU L 124/1.
161 Vgl. *EU-Kommission*, Pressemitteilung v. 15.5.2014, EuZW 2014, 444. Grundsätzlich vgl. *Erbguth*, ZUR 2014, 515 ff.; ausführlich zur Änderungs-RL 2014/52/EU vgl. *Sangenstedt*, ZUR 2014, 526 ff.; *Bunge*, NVwZ 2014, 1257 ff; *Wagner*, EurUP 2014, 122 ff.
162 Vgl. hierzu *Balla*, NuR 2015, 297 ff.
163 Art. 1 des Gesetzes zur Modernisierung des Rechts der Umweltverträglichkeitsprüfung v. 20.7.2017, BGBl. I, S. 2808; vgl. zur Novelle *Schenk*, EurUP 2018, 174 ff.
164 *Kment* in: Hoppe/Beckmann, UVPG, Einleitung Rn. 2 m.w.N.

wertet werden.[165] Die gewonnenen Ergebnisse gilt es (ebenfalls) so früh wie möglich bei allen behördlichen Entscheidungen über die Zulässigkeit des jeweiligen Vorhabens zu berücksichtigen.

65   Der **Anwendungsbereich** des UVPG betraf ursprünglich die Zulassungsebene, nicht aber, jedenfalls nicht direkt, die im vertikalen Entscheidungsablauf vorangehende Stufe der Planung. Die Prüfung richtet sich insoweit grundsätzlich nur auf Vorhaben, deren Zulassung durch eine Genehmigung (u.ä.) oder Planfeststellung erfolgt (sog. **vorhabenbezogene Umweltverträglichkeitsprüfung**).[166] Welche Vorhaben dem im Einzelnen zuzuführen sind, ergibt sich aus §§ 1 Abs. 1 Nr. 1, 2 Abs. 4, 4 ff. UVPG i.V.m. dem enumerativen Katalog an Vorhaben in Anlage 1 des UVPG. Hiernach existieren vier Kategorien UVP-pflichtiger Vorhabentypen:

- Vorhaben, bei denen **obligatorisch** eine UVP durchzuführen ist,[167]
- Vorhaben, für die eine **allgemeine Vorprüfung** durchzuführen ist, weil sie in einem mittleren Größen- oder Leistungsbereich anzusiedeln sind,[168]
- Vorhaben, die einer **standortbezogenen Vorprüfung** bedürfen, weil sie nicht den Umfang von Vorhaben der Kategorie 2 haben, bei denen aber der Standort von besonderer ökologischer Sensibilität ist,[169] und
- nach **Landesrecht** UVP-pflichtige Vorhaben.[170]

Vorhaben, die für sich allein nicht UVP-pflichtig oder vorprüfungspflichtig sind, zusammen aber die maßgeblichen Größen- oder Leistungswerte nach § 6 UVPG überschreiten, sind UVP-pflichtig gem. § 10 UVPG (sog. **kumulierende Vorhaben**).[171] Gem. § 10 Abs. 4 S. 1 UVPG liegen kumulierende Vorhaben vor, wenn mehrere Vorhaben derselben Art von einem oder mehreren Vorhabenträgern durchgeführt werden und in einem engen Zusammenhang stehen. Ein solcher Zusammenhang besteht nach § 10 Abs. 4 S. 2 UVPG, wenn sich der Einwirkungsbereich der Vorhaben überschneidet und die Vorhaben funktional und wirtschaftlich aufeinander bezogen sind.[172]

Bei Änderungsvorhaben besteht eine UVP-Pflicht, wenn ein Vorhaben geändert wird, für das eine UVP durchgeführt worden ist, wenn allein die Änderung die Größen- oder Leistungswerte gem. § 6 UVPG für eine unbedingte UVP-Pflicht überschreitet, § 9 Abs. 1 S. 1 Nr. 1 UVPG. Wurde für das geänderte Vorhaben keine UVP durchgeführt, so ist die Änderung gem. § 9 Abs. 2 S. 1 UVP-pflichtig, wenn das Vorhaben nun erstmals die Größen- oder Leistungswerte überschreitet.[173] Mit der Novelle 2017 ist in Bezug auf Änderungsvorhaben demnach nicht maßgeblich, ob das Vorhaben ursprünglich UVP-pflichtig war, sondern, ob eine UVP durchgeführt wurde; nach dem Willen des Gesetzgebers sollen so „komplizierte retrospektive Prüfungen" vermieden werden.[174]

---

165   Zum umweltpolitischen Stellenwert der UVP vgl. *SRU*, Umweltgutachten 1987, BT-Drs. 11/1568, Tz. 121 ff.
166   Womit die UVP zu spät kommt, *Appold* in: Hoppe/Beckmann, UVPG, § 1 Rn. 17.
167   In der Anlage 1 mit einem X gekennzeichnet.
168   In der Anlage 1 mit einem A gekennzeichnet.
169   In der Anlage 1 mit einem S gekennzeichnet.
170   Vgl. z.B. Nr. 13.2.1.1, 13.17, Nr. 18.9 der Anlage 1 zum UVPG.
171   Zur vor dem UVPG 2017 verfolgten Lösung einer analogen Anwendung d. § 3b Abs. 2, 3 UVPG BVerwG, NVwZ 2015, 1458 ff. m. Anm. *Schlacke*, NVwZ 2015, 1461 ff.
172   Die Neuregelung greift hier die Rechtsprechung des BVerwG, NVwZ 2016, 701, Rn. 16 ff., auf.
173   Näher *Schenk*, EurUP 2018, 174, 176 f.
174   BT-Drs. 18/11499, S. 80.

Pläne bzw. Programme unterfallen jedenfalls nach Erlass und Umsetzung der Richtlinie 2001/42/EG über die Prüfung der Umweltauswirkungen bestimmter Pläne und Programme[175] nach näherer Maßgabe von §§ 2 Abs. 7, 33 ff. UVPG der SUP.[176] Auch soweit Bebauungspläne für UVP-pflichtig erklärt werden, wenn und weil durch sie die Zulässigkeit von bestimmten Vorhaben nach Anlage 1 zum UVPG[177] begründet werden soll (§ 2 Abs. 6 Nr. 3 UVPG), wird die vordem erforderliche UVP in eine SUP überführt (vgl. § 50 UVPG);[178] das gilt auch für vorhabenbezogene Bebauungspläne (§ 12 BauGB) und für solche mit planfeststellungsersetzender Wirkung (§ 2 Abs. 6 Nr. 3 letzter Hs. UVPG, z.B. § 17b Abs. 2 S. 1 FStrG).[179]

Der UVP unterliegen hingegen bestimmte, der Zulassung unmittelbar **vorgelagerte Entscheidungen** (Linienbestimmungsverfahren nach [Bundes-]Straßenrecht, § 16 Abs. 1 FStrG, § 13 Abs. 1 WaStrG, Genehmigungen von Flugplätzen, § 6 Abs. 1 LuftVG, vgl. § 47 Abs. 1 UVPG) sowie Formen **vertikaler Entscheidungsfindung** (Vorbescheide, Teilgenehmigungen, § 29 UVPG, etwa §§ 8, 9 BImSchG). Nach nationalem Recht unterliegen Flugrouten indes nicht der UVP-Pflicht, was dem Unionsrecht widersprechen dürfte.[180]

§ 1 Abs. 4 S. 1 UVPG normiert die Subsidiarität des UVPG im Verhältnis zu UVP-Regelungen in anderen Rechtsvorschriften von Bund und Ländern, die den „wesentlichen" Anforderungen des Stammgesetzes entsprechen. Während der ursprüngliche Entwurf den bisherigen § 4 a.F. UVPG wortwörtlich übernahm,[181] wurden während des Gesetzgebungsprozesses die Anforderungen auf „wesentliche" begrenzt.[182] Der Wortlaut deutet an, dass bundes- oder landesrechtliche Abweichungen von unwesentlichen Anforderungen des UVPG zulässig sind. Im Zweifel dürfte i.S.d. Unionsrechtskonformität von einem weiten Begriff der wesentlichen Anforderungen auszugehen sein, so dass die Einschränkung wohl kaum einen nennenswerten Anwendungsbereich erfassen dürfte.

(c) Verfahren

Die UVP bildet, wie Art. 2 Abs. 1 UVP-Richtlinie dies eröffnet, einen **unselbstständigen** **Bestandteil** der verwaltungsbehördlichen Zulassungsverfahren.[183] Als Verfahrenselement ist sie ihrerseits in spezifische Verfahrensschritte untergliedert:

66

- Handelt es sich um ein Vorhaben, dessen UVP-Pflichtigkeit erst nach einer allgemeinen oder standortbezogenen Einzelfallprüfung[184] festgestellt wird (§ 7 UVPG), so ist ein sog. **Screening** durchzuführen.[185]

---

175 RL 2001/42/EG v. 27.6.2001, ABlEG L 197/30; zur Entstehungsgeschichte und ihren Inhalten ausführlich *Näckel*, Umweltprüfung für Pläne und Programme; zum Begriff der Pläne und Programme und zum Geltungsbereich der RL 2001/42/EG vgl. *Hendler*, DVBl. 2001, 227; *ders.*, NuR 2003, 2.
176 S. Rn. 73 ff.
177 Vgl. Rn. 63, eingangs.
178 *Wagner/Paßlick* in: Hoppe/Beckmann, UVPG, § 17 Rn. 5 f.
179 *Wagner/Paßlick* in: Hoppe/Beckmann, UVPG, § 17 Rn. 28 ff.
180 Ablehnend BVerwG, NVwZ 2015, 596; a.A. *Schlacke*, NVwZ 2015, 563 ff.
181 BR-Drs. 164/17, S. 83; vgl. die Begründung in BT-Drs. 11/3919 S. 22 f.
182 BT-Drs. 18/12994, S. 2.
183 Vgl. Rn. 62.
184 Vgl. Rn. 65.
185 Vgl. zum rechtlichen Maßstab für die Beurteilung, ob Vorhaben oder Änderungen erhebliche nachteilige Umweltauswirkungen auslösen, die eine Vorprüfung gem. § 7 (§ 3c a.F.) UVPG bedingen, BVerwG, NVwZ 2015, 85, 87 Rn. 21 ff.; näher zum Maßstab des Screening *Schink*, NuR 2018, 21, 25.

- Sofern der Träger des Vorhabens die zuständige Behörde **vor** Beginn des (förmlichen) Zulassungsverfahrens darum ersucht oder die Behörde es **nach** Verfahrensbeginn für erforderlich hält, unterrichtet sie den Träger über die voraussichtlich beizubringenden Unterlagen betreffend die Umweltauswirkungen des Vorhabens, also über den **Untersuchungsrahmen** der UVP (§ 15 UVPG, sog. **Scoping**).[186] Insoweit soll die Behörde mit dem Projektträger Gegenstand, Umfang und Methoden der UVP erörtern, ferner ihn über Art und Umfang der wahrscheinlich im weiteren Verfahren beizubringenden Unterlagen in Kenntnis setzen (§ 15 Abs. 1 S. 1, Abs. 3 UVPG).
- Der Projektträger hat die **entscheidungserheblichen Unterlagen** vorzulegen (§ 15 Abs. 2 UVPG). Diese Informationspflicht bereitet den UVP-Bericht gem. § 16 UVPG vor; welche Mindestangaben er enthalten muss, ergibt sich aus § 16 Abs. 1 UVPG, der von § 16 Abs. 3 i.V.m. der neu eingeführten Anlage 4 zum UVPG flankiert wird.[187]
- Die vom Vorhaben in ihrem Aufgabenbereich berührten nationalen **Behörden** – und bei erheblichen grenzüberschreitenden Auswirkungen des Vorhabens oder im Falle eines entsprechenden staatlichen Ersuchens auch die Behörden des betroffenen (Nachbar-)Staates – sind am Verfahren zu beteiligen (§§ 17, 55 UVPG).
- Die **Öffentlichkeit** ist mit Blick auf die Umweltauswirkungen des Vorhabens zu beteiligen, § 18 Abs. 1 UVPG, d.h., sie wird durch ortsübliche Bekanntmachung sowie Auslegung der Planunterlagen zur Einsichtnahme für jedermann unterrichtet.[188] Als Öffentlichkeit definiert § 2 Abs. 8 UVPG „einzelne oder mehrere natürliche oder juristische Personen sowie deren Vereinigungen". Gelegenheit zur Äußerung, d.h. zur Abgabe einer Stellungnahme, wird im Beteiligungsverfahren nur der „**betroffenen Öffentlichkeit**" gewährt, § 18 Abs. 1 S. 2 UVPG. Erfasst ist damit jede Person, die sich in ihren Belangen durch die UVP-pflichtige Entscheidung berührt findet;[189] hierzu gehören auch Vereinigungen, deren satzungsmäßiger Aufgabenbereich durch eine solche Entscheidung „berührt wird, darunter auch Vereinigungen zur Förderung des Umweltschutzes", § 2 Abs. 9 2. Hs. UVPG. **Umweltverbände** (u.a.) werden beteiligungsrechtlich folglich wie betroffene Private behandelt; an die Stelle des Berührtseins in eigenen Belangen tritt (naturgemäß) dasjenige im „satzungsmäßigen Aufgabenbereich". I.Ü. muss das Beteiligungsverfahren den Vorschriften des § 73 Abs. 3 S. 1 Abs. 5–7 VwVfG[190] entsprechen (§ 18 Abs. 4 S. 4 UVPG). Für die Öffentlichkeitsbeteiligung im vorgelagerten Verfahren sieht § 18 Abs. 2 UVPG erleichterte Anforderungen vor. Im Fall erheblicher Umweltauswirkungen eines Vorhabens in einem anderen Staat bedarf es einer Beteiligung der dortigen Öffentlichkeit, § 56 UVPG.[191]
- Anhand der Unterlagen des Projektträgers, der behördlichen Stellungnahmen, der Äußerungen der betroffenen Öffentlichkeit sowie eigener Ermittlungen erarbeitet

---

186   Zum Scoping-Verfahren *Nisipeanu*, NVwZ 1993, 319.
187   Näher *Schenk*, EurUP 2018, 174, 180.
188   Vgl. BVerwG, NVwZ 1996, 381, 387.
189   Zur (gerade noch) Gemeinschaftsrechtskonformität *Erbguth/Schubert*, ZUR 2005, 524, 529, anhand § 6 Abs. 4 SUP-RL.
190   Der Verweis auf die (materielle) Präklusion des § 73 Abs. 4 S. 3 ist mit der Novelle des UVPG 2017 entfallen. Vgl. Rn. 41.
191   Zur Öffentlichkeitsbeteiligung (und derjenigen von Behörden) im umgekehrten Fall (grenzüberschreitende innerstaatliche Umweltauswirkungen von in einem anderen Staat geplanten Vorhaben) vgl. 58 UVPG; zur Vorgängervorschrift d. § 9b UVPG *Kment*, NuR 2012, 321.

die zuständige Behörde sodann eine **zusammenfassende Darstellung** der Umweltwirkungen des Vorhabens sowie der Vermeidungs-, Verminderungs- oder Ausgleichsmaßnahmen – bis hin zu Ersatzmaßnahmen bei nicht ausgleichbaren, aber vorrangigen Eingriffen in Natur und Landschaft (§ 24 S. 1, 2 UVPG).

▪ Anschließend hat sie die Umweltauswirkungen des Vorhabens zu **bewerten**, und zwar auf der Grundlage der zusammenfassenden Darstellung, § 25 Abs. 1 UVPG.[192] Dieser Bezugsrahmen zeigt, dass die Bewertung **rein ökologisch** ausgerichtet ist. Eine Abwägung mit umweltschutzfremden Belangen erfolgt (erst) im Rahmen der sich anschließenden Berücksichtigung i.S.v. Abs. 2 des § 25 UVPG (vgl. sogleich).[193]

▪ Die Bewertung ist alsdann von der Behörde bei der Entscheidung über die Zulässigkeit des Vorhabens zu **berücksichtigen** (§ 25 Abs. 2 UVPG). Damit tritt das Ergebnis der UVP, die Bewertung, in den „normalen" Entscheidungsvorgang des Trägerverfahrens ein. Maßstäblich hat die Berücksichtigung „im Hinblick auf eine wirksame Umweltvorsorge im Sinne des § 3 UVPG nach Maßgabe der geltenden Gesetze" zu erfolgen. Das zieht rechtliche Unsicherheiten nach sich, weil hiermit der integrative Ansatz des § 3 S. 1 UVPG[194] dem Nadelöhr der nicht zwingend integrativ ausgerichteten Fachgesetze ausgeliefert wird.[195] Immerhin zeigt sich darin, dass die UVP nicht als reines Verfahrensinstrument begriffen werden kann, sondern auch materiellen Gehalt hat.[196] In diese Richtung weisen auch der Wortlaut des 2014 ergänzten Art. 8 („beim Genehmigungsverfahren gebührend zu berücksichtigen") und der neu eingefügte Art. 8a Richtlinie 2014/52/EU.[197]

▪ Im Fall der positiven wie der negativen Entscheidung über das Vorhaben ist diese entsprechend § 74 Abs. 5 S. 2 VwVfG **öffentlich bekannt** zu machen und der Bescheid samt Begründung und Rechtsbehelfsbelehrung analog § 74 Abs. 4 S. 2 VwVfG zur Einsicht auszulegen, § 27 UVPG. In **vorgelagerten Verfahren** sind die Beteiligungsmodi reduziert: Insbesondere reicht eine Unterrichtung der Öffentlichkeit, wenn der Inhalt der Entscheidung usw. zugänglich gemacht wird (§ 18 Abs. 2 S. 2); der betroffenen Öffentlichkeit muss freilich Gelegenheit zur Äußerung gegeben werden (§ 18 Abs. 2 S. 1 UVPG i.V.m. § 73 Abs. 4 VwVfG).

▪ Darüber hinaus gelten bei bestimmten Verfahren **Sonderregelungen** für die Durchführung der UVP. Hierzu gehören gestufte Zulassungsverfahren (Vorbescheid und Teilgenehmigung), § 29 UVPG, die vorgelagerten Verfahren (§ 47 UVPG) und das Raumordnungsverfahren (§ 49 Abs. 1 UVPG: abhängig vom Recht der Länder). 67

---

192 Zu einzelnen Bewertungsmaßstäben *Beckmann*, DVBl. 1993, 1335; *Erbguth/Schink*, § 12 UVPG Rn. 2.
193 Vgl. aber noch Rn. 70.
194 Vgl. Rn. 62.
195 Dazu anhand der Bewertung Rn. 70.
196 Anders noch BVerwGE 100, 238; 100, 370; kritisch demgegenüber *Erbguth*, ZUR 2014, 515, 518 ff.; *ders.*, NuR 1997, 261; die Kehrtwende dürfte aber eingeleitet sein, vgl. § 6 Rn. 13, 15, 17 m.w.N.; EuGH, Rs. C-115/09, 2011 I-3673 – Trianel; EuGH, Rs. C-72/12, ZUR 2014, 36 ff. – Altrip; EuGH, Rs. C-137/14, ZUR 2016, 34 ff. – Kommission/Deutschland. Ferner nunmehr deutlich in dem hier vertretenen Sinn EuGH, NVwZ 2011, 929 m. Anm. *Erbguth*, NVwZ 2011, 935; *Kahl*, JZ 2012, 667, 671; vgl. auch § 9 Rn. 68.
197 Kritisch dazu *Kenyeressy*, UPR 2013, 139, 143 f.

(d) Rechtsfragen

68 Mit Blick auf das UVPG und das dahinter stehende Unionsrecht ergeben sich neben dem bereits angesprochenen rein verfahrensrechtlichen oder auch materiell-rechtlichen Gehalt der UVP[198] u.a. folgende Rechtsfragen:

- Auch nach der Neufassung des § 18 UVPG durch die Novelle 2017 verweist die Vorschrift für das Beteiligungsverfahren auf eine entsprechende Geltung wesentlicher Vorschriften des (allgemeinen) Planfeststellungsverfahrens, nämlich § 73 Abs. 3 S. 1, Abs. 5-7 VwVfG, vgl. § 18 Abs. 1 S. 4 UVPG. Es erscheint nicht unzweifelhaft, ob diese Heranziehung der Funktion des Konsultationsverfahrens nach der UVP-Richtlinie entspricht.[199] Dem **Konsultationsverfahren** liegt ein trichterförmiges Modell der Information und nachfolgenden Konsultation zugrunde; es richtet sich auf eine verbesserte Informationslage der entscheidenden Stellen, auf größere Transparenz des Entscheidungsverfahrens und auf eine Erhöhung der Akzeptanz behördlicher Entscheidungen. Demgegenüber tritt das Anliegen eines in das Verwaltungsverfahren vorverlagerten Rechtsschutzes deutlich zurück. § 73 VwVfG ist hingegen nach vorherrschender Auffassung funktional weitgehend rechtsschützend und kaum mehr informationsbezogen ausgerichtet.[200]

69 - Für die in § 24 UVPG festgeschriebene zusammenfassende Darstellung der Auswirkungen des Projekts auf die Umweltgüter einschließlich der Wechselwirkungen ist kein eigenständiges UVP-Dokument vorgesehen. Sie kann in die **Begründung** der Zulassungsentscheidung einfließen (§ 25 Abs. 1, 2 UVPG), was die Transparenz der UVP in ihrer entscheidenden Phase deutlich schmälert.[201]

70 - Die nach § 25 UVPG verlangte **Bewertung** dient der Entscheidungsvorbereitung und bildet zugleich den Abschluss der rein ökologisch ausgerichteten UVP.[202] Indem der nicht eindeutige Wortlaut des § 25 UVPG so verstanden werden kann, dass Kriterien der Bewertung u.a. die jeweils einschlägigen gesetzlichen und untergesetzlichen Zulässigkeitsvoraussetzungen sind („nach Maßgabe der geltenden Gesetze"[203]),[204] findet sich der – maßgebliche – umweltinterne Bereich verlassen, weil Generalklauseln der hier fraglichen Art Umweltbelange teilweise nur miterfassen (etwa im Rahmen der Entscheidung über die Bauerlaubnis) und insbesondere Ermessensbetätigungen grundsätzlich eine Berücksichtigung außer-umweltrechtlicher Gesichtspunkte immanent ist. Das entspricht nicht den Vorgaben der UVP-Richtlinie, weil diese keine (materiellen) Vorschriften über eine Abwägung von Umweltauswirkungen mit anderen Belangen enthält.[205] Überdies erscheint mehr als fraglich, ob die fachgesetzlichen Vorgaben als Bewertungskriterien geeignet sind, die gebotene (ökologisch-)integrative Bewertung[206] sicherzustellen.[207]

---

198 Vgl. Rn. 66.
199 Hierzu *Erbguth/Schink*, § 9 UVPG Rn. 3 f.
200 Vgl. etwa BVerwGE 75, 226; *Kopp/Ramsauer*, VwVfG, § 73 Rn 6.
201 Weniger kritisch *Beckmann* in: Hoppe/Beckmann, UVPG, § 11 Rn. 29 f.
202 Vgl. Rn. 62, 64.
203 Die Klausel beschränkt sich nicht zwingend auf die ebenfalls in 25 UVPG geregelte Berücksichtigung des UVP-Ergebnisses.
204 Vgl. zum Streit nur *Beckmann* in: Hoppe/Beckmann, UVPG, § 12 Rn. 21 ff. m.w.N.
205 EuGH, NVwZ 2013, 565, 567, Rn. 46.
206 Vgl. Rn. 62.
207 Dazu *Beckmann*, DVBl. 1993, 1335; *Erbguth/Schink*, § 12 UVPG Rn. 6 ff.; soweit darauf verwiesen wird, die Fachgesetze des Umweltrechts seien ihrerseits integrativ erweitert worden (etwa der immissionsschutzrechtliche Genehmigungstatbestand, *Kloepfer*, Umweltschutzrecht, § 5 Rn. 642), bleibt an Fragen, ob dies

■ Während das Planfeststellungsverfahren für das **Berücksichtigungsgebot** nach § 25   71
Abs. 2 UVPG wegen des planerischen Gestaltungsspielraums im Rahmen der Abwägung[208] eine besondere Eignung aufweist, bereiten gebundene Kontrollerlaubnisse
rechtsdogmatisch insoweit Schwierigkeiten, nämlich wegen ihrer Entscheidungsbin-
dung (enumerative Voraussetzungen/Genehmigungsanspruch)[209].[210] In diesen Fällen
ist eine Berücksichtigung allenfalls erreichbar, wenn der jeweilige Zulassungstatbe-
stand unbestimmte Rechtsbegriffe aufweist (z.B. öffentliche Belange, Wohl der Allgemeinheit), so dass sich darüber eine Berücksichtigung der Bewertung eröffnet.[211]
Im UGBE I[212] führt(e) Kap. 2 (§§ 47 ff.) die **integrierte Vorhabengenehmigung**[213]
ein. Diese dient ausweislich der Zweckbestimmung in § 47 UGBE I der einheitli-
chen und umfassenden Entscheidung über die Zulassung eines Vorhabens.[214]
Grundpflichten der genehmigungsbedürftigen Vorhaben richten sich zwecks Ge-
währleistung eines hohen Schutzniveaus für Mensch und die Umwelt insgesamt u.a.
auf die Vermeidung schädlicher Umweltveränderungen und sonstiger Gefahren, er-
heblicher Nachteile und erheblicher Beeinträchtigungen für die Allgemeinheit wie
für die Nachbarschaft, auf Vorsorge gegen jene Belastungen, auf die Vermeidung,
(wenn unzulässig, technisch nicht möglich oder nicht zumutbar:) Verwertung und
(wenn nicht möglich:) Beseitigung von Abfällen, auf eine sparsame Verwendung
von Wasser sowie eine entsprechende und zugleich effiziente Verwendung von Ener-
gie, insbesondere durch Abwärmenutzung, § 52 Abs. 1 Nr. 15 UGBE I.[215] Die inte-
grierte Vorhabengenehmigung wird entweder als Genehmigung oder als planerische
Genehmigung erteilt, § 50 Abs. 1 UGBE I. Einer „bloßen" Genehmigung unterfal-
len die Errichtung und der Betrieb von Anlagen (Betriebsstätten und sonstige orts-
feste Einrichtungen,[216] Maschinen, Geräte und sonstige ortsveränderliche techni-
sche Einrichtungen sowie Fahrzeuge[217] und Grundstücke, auf denen Stoffe gelagert
oder abgelagert oder Arbeiten durchgeführt werden, die Freisetzungen verursachen
können)[218] sowie hiervon nicht erfasste Gewässerbenutzungen, § 50 Abs. 2 Nr. 1, 2
UGBE I. Vorhaben, die nach weiterer Maßgabe des § 49 UGBE I und ergänzender
Rechtsverordnung des Bundes einer planerischen Genehmigung bedürfen, sind die
Errichtung und der Betrieb von Deponien, von Rohrleitungsanlagen und künstli-
chen Wasserspeichern, ferner Gewässerausbauten sowie Deich- und Dammbauten,
§ 50 Abs. 3 Nr. 1–3 UGBE I. Die näheren Bestimmungen zur „einfachen" **Geneh-**
migung *(§§ 54 ff. UGBE I) folgen weitgehend dem Regelungsmodell der §§ 4 ff.*

---

dem Anforderungsprofil des UVPG insoweit genügt (zur sog. Integrationsklausel im Immissionsschutzrecht § 9 Rn. 46) und, ob jene Erweiterung auf eine hinlängliche Kompetenzgrundlage verweisen kann;
näher zu Letzterem im Zusammenhang mit der Föderalismusreform 2006 *Erbguth* in: Ipsen/Stüer, FS Rengeling, S. 35, 42 ff.

208 Dazu Rn. 45.
209 Dazu Rn. 32.
210 Auch *Schmidt/Kahl/Gärditz*, § 4 Rn. 76 ff.
211 So etwa *Sparwasser/Engel/Voßkuhle*, § 4 Rn. 29.
212 Zum gescheiterten Vorhaben eines UGB vgl. § 2 Rn. 12 ff.
213 Dazu aus der Perspektive integrierten Umweltschutzes *Martini*, VerwArch 100 (2009), 40.
214 Zum Vorhabenbegriff i.S.d. Kap. 2 und zu demjenigen der Anlage vgl. § 48 UGBE I; zum diesbezüglichen
     Anwendungsbereich § 49 UGBE I; (Tagungs-)Bericht zur integrierten Vorhabengenehmigung im UGBE I
     bei *Heuser*, NuR 2008, 99.
215 Zu Pflichten mit Blick auf Betriebsstilllegungen vgl. § 52 Abs. 2 UGBE I; zur abschließenden und damit ver-
     drängenden Regelung der Pflicht zur Vorsorge (§ 52 Abs. 1 Nr. 2 UGBE I, s.o.) und zur effektiven Verwen-
     dung von Energie (§ 52 Abs. 1 Nr. 4 UGBE I, s.o.) durch das TEHG vgl. § 52 Abs. 3 UGBE I.
216 § 48 Nr. 2a UGBE I.
217 Soweit sie nicht § 38 BImSchG unterliegen, § 48 Nr. 2 lit. b) UGBE I.
218 Mit Ausnahme öffentlicher Verkehrswege, § 48 Nr. 2 lit. c) UGBE I.

*BImSchG.[219] Es handelt sich (mit Ausnahme von Gewässernutzungen u.ä.)[220] dann auch um eine gebundene Entscheidung, in allgemeinen rechtlichen Kategorien also um eine Kontrollerlaubnis.[221] Sie muss erteilt werden, wenn die Grundpflichten (s.o. mit ergänzendem Verordnungserlass)[222] erfüllt werden und die Anforderungen des UGBE I, sonstiger umweltrechtlicher[223] und anderer öffentlich-rechtlicher Vorschriften sowie Belange des Arbeitsschutzes nicht entgegenstehen, § 54 Abs. 1 Nr. 1–3 UGBE I. Es finden sich flankierende Vorschriften über den Erlass von Vorbescheiden und Teilgenehmigungen (§ 55 UGBE I), den vorzeitigen Beginn (§ 56 UGBE I) und über Nebenbestimmungen zur Genehmigung (§ 57 UGBE I), ferner solche zum Erlöschen der Genehmigung (§ 59 UGBE I) und zur Änderung von Vorhaben, §§ 60 f. UGBE I. Der Entscheidung kommt Konzentrationswirkung[224] zu; hiervon ausgenommen sind freilich Planfeststellungen, planerische Genehmigungen, Zulassungen bergrechtlicher Betriebspläne und behördliche Entscheidungen aufgrund atomrechtlicher Vorschriften, § 58 Abs. 1 UGBE I.[225] Hinsichtlich privatrechtlicher Ansprüche regelt § 58 Abs. 3 UGBE I weitgehend Vergleichbares wie § 14 BImSchG.[226] Für planerische Genehmigungen, die eines Verfahrens unter Beteiligung der Öffentlichkeit bedürfen,[227] gelten die vorstehend umrissenen Vorschriften zur Genehmigung vorbehaltlich der Sonderregelungen in §§ 63 ff., 62 UGBE I. Dies zieht u.a. nach sich, dass über die Zulassungsvoraussetzungen des § 54 UGBE I hinaus eine Abwägung privater und öffentlicher Belange stattzufinden hat, wobei die Ergebnisse einer durchgeführten UVP „im Hinblick auf eine wirksame Umweltvorsorge"[228] zu berücksichtigen sind, § 63 UGBE I. Die Konzentrationswirkung der planerischen Genehmigung ist umfassend, § 66 Abs. 2 UGBE I; Entsprechendes gilt mit Blick auf ihre privatrechtsgestaltende Wirkung, § 66 Abs. 3 UGBE I. Die Entscheidung hat enteignungsrechtliche Vorwirkung,[229] § 66 Abs. 4 UGBE I. Schließlich finden sich Sondervorschriften für die planerische Genehmigung bei Deponien, §§ 71 ff. UGBE I, Gewässerausbauten, Deich- und Dammbauten, § 75 UGBE I, und Rohrleitungsanlagen, §§ 76 f. UGBE I. Die nach §§ 78 ff. UGBE I als unselbstständiger Bestandteil integrierter Vorhabengenehmigungen ggf. durchzuführende **UVP** ist in ähnlicher Weise wie nach dem UVPG verfasst.[230]*

72   ▶ **ZU FALL 5:** Gem. § 1 Abs. 1 S. 1 UVPG ist eine UVP für solche Vorhaben erforderlich, die in Anlage 1 des Gesetzes aufgeführt sind. Nach Nr. 2.2.1, Sp. 1 der Anlage sind die Errichtung und der Betrieb einer Anlage zur Herstellung von Zementklinkern mit einer Produktionskapazität von 1000 Tonnen oder mehr pro Tag obligatorisch einer UVP zu unterziehen.

Aufgrund § 4 UVPG wird die UVP nicht in einem eigenständigen Verfahren durchgeführt; vielmehr ist sie unselbstständiger Teil des verwaltungsbehördlichen Verfahrens, in dem

---

219 Vgl. § 9 Rn. 44 ff.
220 Bewirtschaftungsermessen, vgl. § 54 Abs. 2 UGBE I; insofern also keine Änderung, vgl. § 11 Rn. 44.
221 Vgl. § 5 Rn. 32.
222 Vgl. § 53 UGBE I.
223 Insbesondere der naturschutzrechtlichen Eingriffsregelung nach Maßgabe des UGBE III, § 54 Abs. 1 Nr. 2 UGBE I.
224 Dazu anhand des Planfeststellungsrechts Rn. 51.
225 Also nicht: wasserrechtliche Erlaubnisse und Bewilligungen, wie nach § 13 BImSchG; vgl. § 9 Rn. 77.
226 Vgl. § 9 Rn. 78.
227 Vgl. § 49 Abs. 2 UGBE I.
228 Zur Anforderung an die Berücksichtigung der UVP nach dem UVPG vgl. Rn. 71.
229 Dazu anhand des Planfeststellungsrechts Rn. 54.
230 Vgl. Begründung zum Referentenentwurf eines UGBE I v. 19.11.2007, maschinenschriftlich, S. 137.

über die Zulässigkeit des fraglichen Vorhabens entschieden wird. In Anbetracht dessen erfolgt im vorliegenden Fall die UVP des von U verfolgten Vorhabens im immissionsschutzrechtlichen Genehmigungsverfahren (vgl. § 1 Abs. 2 S. 1 der 9. BImSchV). Ferner ist § 1 Abs. 4
UVPG zu entnehmen, dass jenes Gesetz keine Anwendung findet, soweit Rechtsvorschriften
des Bundes oder der Länder die Prüfung der Umweltverträglichkeit näher und in einer den
wesentlichen Anforderungen des UVPG entsprechenden Weise bestimmen. Mit Blick auf
das immissionsschutzrechtliche Genehmigungsverfahren enthält die 9. BImSchV i.d.S. die
maßgeblichen Vorgaben für die UVP, vgl. § 1 Abs. 2 S. 3 i.V.m. § 1a ff. der 9. BImSchV. Für das
Vorhaben des U muss demnach ein Genehmigungsverfahren nach dem Bundes-Immissionsschutzgesetz durchgeführt werden, in welchem nach Maßgabe der Sondervorschriften
(etwa §§ 2a, 4e, 11a, 20 Abs. 3, 22 Abs. 3 der 9. BImSchV) zugleich die UVP durchlaufen wird.
Welchen Beitrag U im Rahmen der Umweltverträglichkeitsprüfung zu leisten hat, beurteilt
sich anhand §§ 4e und 2a der 9. BImSchV. Das Genehmigungsverfahren wird hiernach durch
einen schriftlichen Antrag des U eingeleitet, dem die prüfungsfähigen Antragsunterlagen
beizufügen sind, vgl. § 10 Abs. 1 BImSchG. Neben den nach §§ 4–4d der 9. BImSchV erforderlichen Angaben sind bei UVP-pflichtigen Anlagen darüber hinaus zusätzliche Unterlagen
einzureichen, insbesondere eine Beschreibung der Umwelt und ihrer Bestandteile sowie der
zu erwartenden Auswirkungen auf die in § 1a der 9. BImSchV genannten Schutzgüter, § 4e
Abs. 1 der 9. BImSchV. Die Angaben müssen ferner eine Übersicht über die wichtigsten vom
Vorhabenträger geprüften Alternativen zum Schutz vor schädlichen Umwelteinwirkungen
und zur Vorsorge gegen schädliche Umwelteinwirkungen sowie zum Schutz der Allgemeinheit und der Nachbarschaft vor sonstigen Gefahren, erheblichen Nachteilen und erheblichen Belästigungen enthalten, § 4e Abs. 3 S. 1 der 9. BImSchV. Dem förmlichen Genehmigungsverfahren soll zudem gem. § 2 Abs. 2 der 9. BImSchV eine Antragsberatung vorange-
hen; diese ist nach § 2a der 9. BImSchV bei UVP-pflichtigen Vorhaben (wie hier) zu einem
Scoping erweitert, das auf Ersuchen des Vorhabenträgers vor Beginn des Genehmigungsverfahrens oder dann durchzuführen ist, wenn die (Genehmigungs-)Behörde es nach Verfahrensbeginn für erforderlich hält. Im Scoping erörtert die Behörde mit dem Träger des
Vorhabens Gegenstand, Umfang und Methoden der UVP und unterrichtet ihn über den voraussichtlichen Untersuchungsrahmen sowie über Art und Umfang der nach §§ 3–4e der 9.
BImSchV voraussichtlich beizubringenden Unterlagen. ◀

(2) Strategische Umweltprüfung[231]

Die bei Erlass der UVP-Richtlinie noch aus Gründen politischer Durchsetzbarkeit zu-   73
rückgestellte Umweltprüfung für Programme und Pläne wurde 2001 als europarechtliche Vorgabe erlassen und in der Bundesrepublik Deutschland auch umgesetzt. Nach
der sog. SUP-Richtlinie[232] sind zur Sicherung eines hohen Umweltschutzniveaus bestimmte **Programme** und **Pläne**, bei denen von erheblichen Umweltauswirkungen auszugehen ist, einer Umweltprüfung (SUP)[233] zu unterziehen. Dabei gilt es, die voraussichtlichen erheblichen Umweltauswirkungen[234] sowie vernünftige Alternativen zu ermitteln und in einem Umweltbericht zu beschreiben, zu bewerten und zu dokumentie-

---

231 Eingehend dazu die Beiträge in: *Erbguth*, Strategische Umweltprüfung; Überblick bei *Kluth* in: ders./
    Smeddinck, § 1 Rn. 157 ff.
232 RL 2001/42/EG über die Prüfung der Umweltauswirkungen bestimmter Pläne und Programme, ABlEG L
    197/30; zu ihrer mühevollen Genese vgl. *Kment* in: Hoppe/Beckmann, UVPG, Einleitung Rn. 18; zum
    Nachfolgenden *Erbguth/Schubert*, ZUR 2005, 524.
233 Zur ursprünglichen begrifflichen Kontroverse *Kment*, in: Hoppe/Beckmann, UVPG, Einleitung Rn. 19.
234 Zum Artenschutz in der Umweltprüfung *Sobotta*, NuR 2013, 229.

ren. Dieser ist Gegenstand einer weitreichenden Öffentlichkeits- und Behördenbeteiligung. Umweltbericht und Konsultationen führen zu einer zusammenfassenden Bewertung, die in die Entscheidung über die Annahme oder Ablehnung des Plans bzw. Programms einfließen soll. Zudem ist eine Überwachung (Monitoring) vorgesehen.

Die SUP-Richtlinie war bis zum 21.7.2004 umzusetzen. Deutschland ist dieser Verpflichtung fristgerecht nur zum Teil nachgekommen, nämlich durch Einführung der SUP in die Bauleit- und die Raumordnungsplanung durch Änderung von BauGB und ROG[235] im Wege des EAG Bau 2004.[236] Aufgrund dessen findet (etwa) für Bauleitpläne, welche die Zulässigkeit von Vorhaben nach Anlage 1 zum UVPG begründen sollen, anstelle einer UVP eine SUP nach den Vorschriften des BauGB statt (§§ 2 Abs. 4, 2a Nr. 2 BauGB, Anhang BauGB, § 50 Abs. 2 UVPG). Eine allgemeine, das übrige Planungsrecht erfassende Umsetzung ist erst zum 29.6.2005 mit dem „Gesetz zur Einführung einer Strategischen Umweltprüfung und zur Umsetzung der Richtlinie 2001/42/EG (SUPG)"[237] erfolgt, und zwar durch Aufnahme von Teil 3 („Strategische Umweltprüfung (SUP)") und weiterer Vorschriften in das UVPG.[238]

Nach § 33 UVPG stellt die SUP in Anlehnung an die Richtlinie einen **unselbstständigen Teil** behördlicher Verfahren zur Aufstellung oder Änderung von Plänen und Programmen dar, die von einer Behörde, einer Regierung oder im Wege eines Gesetzgebungsverfahrens angenommen werden. Sie folgt damit ebenso wie die UVP einem **integrativen Ansatz**. Vorausgesetzt ist bei alldem grundsätzlich eine rechtsnormative, also durch Rechts- oder Verwaltungsvorschriften vorgesehene (behördliche) **Pflicht** zur Plan- bzw. Programmaufstellung, § 2 Abs. 7 S. 1 UVPG.[239] I.Ü. wird zwischen einer **obligatorisch** durchzuführenden SUP (§§ 35 Abs. 1, 36 UVPG) und einer solchen unterschieden, deren Durchführung von einer Vorprüfung des Einzelfalls abhängt (§§ 35 Abs. 2, 37 UVPG: **konditionale** SUP).

74   Der **obligatorischen** SUP unterfallen die in Anlage 5 Nr. 1 zum UVPG aufgeführten Pläne und Programme; es handelt sich u.a. um Verkehrswegeplanungen des Bundes, einschließlich Bedarfspläne, Risikomanagementpläne nach § 75 WHG, Raumordnungspläne und Bauleitpläne. Weiter sind solche Pläne und Programme zwingend einer SUP zu unterziehen, die in Anlage 5 Nr. 2 zum UVPG aufgeführt sind (etwa: Lärmaktionspläne gem. § 47d BImSchG, Luftreinhaltepläne nach § 47 Abs. 1 BImSchG) und die für Entscheidungen über die Zulässigkeit von UVP- oder vorprüfungspflichtigen[240] Vorhaben einen Rahmen setzen. Die Definition der **Rahmensetzung** in § 35 Abs. 3 UVPG, demzufolge Festlegungen der Programme/Pläne von „Bedeutung" für besagte Zulassungsentscheidungen sein müssen, ist unionsrechtskonform dahin zu verstehen, dass insoweit keine strikte rechtliche Verbindlichkeit erforderlich ist, sondern eine Berücksichtigungspflicht ausreicht.[241]

---

235 Vgl. § 7 Abs. 5–10 ROG 2004.
236 Gesetz zur Anpassung des Baugesetzbuchs an EU-Richtlinien v. 24.6.2004 (Europarechtsanpassungsgesetz Bau – EAG Bau), BGBl. I, S. 1359.
237 BGBl. I, S. 1746; dazu *Sangenstedt* in: Erbguth, Strategische Umweltprüfung, S. 77.
238 Weitere Neuregelungen beruhen u.a. auf der RL 2003/42/EG; dazu vorstehend; näher *Kment* in: Hoppe/Beckmann, UVPG, Einleitung Rn. 36.
239 Dazu und zur zurückhaltenderen Interpretation des zugrunde liegenden Art. 2 lit. a) Spiegelstrich 2 SUP-RL *Erbguth/Schubert*, ZUR 2005, 524, 526.
240 Die Rahmensetzung führt daher unmittelbar zur SUP-Pflicht, unabhängig davon, ob die Vorprüfung eine UVP-Pflicht nach sich zieht, vgl. *Schink*, NVwZ 2005, 615, 618 f.
241 *Erbguth/Schubert*, ZUR 2005, 524, 526.

Die **konditionale**, also von einer Vorprüfung im Einzelfall (Screening) abhängige SUP erfasst alle nicht in Anlage 5 zum UVPG aufgeführten Pläne und Programme, die gleichwohl besagte rahmensetzende Wirkung haben, und zwar wiederum auf UVP- oder vorprüfungspflichtige Vorhaben. Führt die überschlägige Prüfung zum Ergebnis, dass der Plan bzw. das Programm voraussichtlich erhebliche Umweltauswirkungen hat, die im weiteren Aufstellungsverfahren nach § 43 Abs. 2 UVPG zu berücksichtigen wären, ist er bzw. es einer SUP zu unterziehen (dazu § 35 Abs. 4 UVPG). Bei nur **geringfügigen** Änderungen obligatorisch SUP-pflichtiger Pläne resp. Programme oder wenn diese lediglich die Nutzung kleiner Gebiete auf lokaler Ebene festlegen, kommt es ebenfalls zu einer SUP-Pflicht vorbehaltlich einer Einzelfallprüfung, § 37 S. 1 UVPG; für die nach der zweiten Variante in Betracht zu ziehenden Bauleitpläne gelten allerdings die spezielleren bereichsspezifischen Ausnahmen, vgl. § 37 S. 2 UVPG i.V.m. §§ 13, 13a BauGB.[242]

Das Verfahren der SUP gliedert sich in folgende Schritte:

- Festlegung des **Untersuchungsrahmens**, § 39 UVPG,
- Erstellung des **Umweltberichts** (auch mit Blick auf Alternativenprüfung), § 40 UVPG,
- Beteiligung anderer **Behörden**, § 41 UVPG,[243]
- Beteiligung der **Öffentlichkeit**,[244] § 42 UVPG,[245]
- **grenzüberschreitende** Öffentlichkeits- und Behördenbeteiligung bei inländischen Plänen und Programmen, § 61 f. UVPG

sowie

nach der (materiellen) Bewertung und Berücksichtigung[246] des Umweltberichts und der sonst gewonnenen Daten, § 43 UVPG:

- **Bekanntgabe** der Entscheidung über die Annahme oder Ablehnung des Plans oder Programms, § 44 UVPG,[247]
- nachträgliche **Überwachung** (Monitoring), § 45 UVPG.[248]

Die Abschichtungsregelung in § 39 Abs. 3 UVPG dient der Vermeidung von Doppelprüfungen,[249] diejenige des § 46 UVPG der Zusammenführung von SUP und anderen umweltbezogenen Prüfverfahren.

---

242 Insoweit durfte allerdings die Unbeachtlichkeitsvorschrift des § 214 Abs. 2a Nr. 1 a.F. BauGB die Nichteinhaltung der Maßgaben des § 13a Abs. 1 S. 1 BauGB nicht für die Wirksamkeit des Plans als unbeachtlich erklären, weil damit ein SUP-pflichtiger Bebauungsplan jener Prüfung entzogen wird (Effektivitätsprinzip, vgl. § 7 Rn. 22), EuGH, NVwZ-RR 2013, 503, 504 f.
243 Schon die Möglichkeit des Berührtseins der Behörde in ihrem umweltbezogenen Aufgabenbereich reicht wegen der SUP-RL aus; auch bedurfte es nicht der gesonderten Hervorhebung des gesundheitsbezogenen Aufgabenbereichs; zu alldem *Erbguth/Schubert*, ZUR 2005, 524, 528.
244 Definition der Öffentlichkeit in § 2 Abs. 8 UVPG, vgl. Rn. 66.
245 Erfasst wird die Verbandsbeteiligung wie bei der UVP, vgl. § 42 Abs. 1 i.V.m. §§ 18 Abs. 1, 19, 22 UVPG; Rn. 66.
246 Es gilt Entsprechendes wie bei der UVP, Rn. 66, 70 f.
247 Zum Vorstehenden *Erbguth/Schubert*, ZUR 2005, 524, 527 ff.
248 Regelmäßig durch die für die SUP zuständige Behörde, § 45 Abs. 2 UVPG; mit Bekanntmachungspflicht hinsichtlich der Überwachungsergebnisse gegenüber der Öffentlichkeit nach Maßgabe der Bundes- oder Ländervorschriften über den Zugang zu Umweltinformationen, § 45 Abs. 4 UVPG; zum Umweltinformationsanspruch Rn. 128 ff.
249 Zum verbleibenden Umsetzungsbedarf im Recht der Länder *Erbguth/Schubert*, ZUR 2005, 524, 530.

c) Auskunftspflichten

75   Auskunftspflichten stellen das mildeste Mittel bei der Überwachung umweltrelevanter Tätigkeiten dar.[250] Im Umweltrecht dienen sie der Eröffnungs- wie auch der Befolgungskontrolle.

Als Instrument der **Eröffnungskontrolle** richten sich Anzeige- bzw. Anmeldepflichten (z.B. die Anzeigepflicht nach § 17 Abs. 1 Nr. 2a ChemG bzw. die Anmeldepflichten nach §§ 4 ff. ChemG, § 12 GenTG) auf die Funktion von Genehmigungsverfahren. Durch die Anzeige erhält die Verwaltung umweltrelevante Informationen über das Vorhaben und kann überprüfen, ob ein Einschreiten erforderlich ist. Die von jener Pflicht erfassten Angaben und Unterlagen sind in den Gesetzen des besonderen Umweltrechts unterschiedlich geregelt.[251]

76   Die zwecks **Befolgungskontrolle** eingesetzten Auskunftspflichten haben variantenreiche Ausgestaltung erfahren. Dem Verpflichteten werden teilweise die Dokumentation bestimmter Vorgänge (so das Aufbewahren von Messaufzeichnungen nach § 31 BImSchG[252]) und später deren Vorlage bei der Behörde auferlegt. Vorgesehen ist ferner eine in regelmäßigen Zeitabständen erfolgende Berichterstattung (bspw. jährliche Emissionserklärung nach § 27 BImSchG). Weiterhin kann der Eintritt eines Ereignisses, z.B. eines Unfalls, oder das Abweichen vom Inhalt der Genehmigung eine sofortige Mitteilungspflicht auslösen (vgl. auch § 13 der 12. BImSchV).

Eine Verletzung derartiger Auskunftspflichten wird überwiegend als **Ordnungswidrigkeit** geahndet.

3. Repressive Instrumente der Verwaltung

77   Repressive Instrumente der Verwaltung sind Maßnahmen, mittels derer ein umweltrelevantes Verhalten oder Vorhaben nachträglich ganz oder teilweise unterbunden wird.[253] Je nach Inhalt werden sie als Untersagungs-, Stilllegungs- und Beseitigungsverfügungen bezeichnet. Zu unterscheiden ist zwischen der Untersagung erlaubnisfreier und erlaubnispflichtiger Tätigkeiten bzw. Vorhaben.

78   Die Voraussetzungen für die Untersagung einer **erlaubnispflichtigen Betätigung** richten sich danach, ob die jeweilige Erlaubnis erteilt worden ist oder nicht. Liegt **keine Erlaubnis** vor, ist umstritten, ob eine Untersagung der Tätigkeit ausschließlich auf die(se) formelle Illegalität gestützt werden kann. Anders als im Baurecht, wo eine Beseitigungsverfügung nicht allein aufgrund formeller Unzulässigkeit der baulichen Anlage erlassen werden kann,[254] geht die h.M. im Umweltrecht von einer Untersagungsmöglichkeit aus,[255] und zwar wegen der Gefahr irreversibler Umweltschäden und zur Wahrung des Instrumentariums der Eröffnungskontrolle. Der Erlass einer Untersagungsverfügung steht jedoch im Ermessen der Behörde und muss sich am Verhältnismäßigkeitsgrundsatz messen lassen; so stellt sich eine Untersagungsverfügung als unangemessen dar, wenn die Erteilung der Genehmigung unmittelbar bevorsteht.

---

250   Derartige Pflichten werden auch als Offenbarungs-, Mitteilungs-, Melde-, Kennzeichnungs-, Informations-, Anzeige- oder Nachweispflichten bezeichnet; hiermit ist jedoch kein materiell unterschiedlicher Regelungsinhalt verbunden.
251   Dazu etwa §§ 15, 27 BImSchG.
252   Zu den diesbezüglichen Auskunftspflichten von Anlagenbetreibern *Scheidler*, NuR 2013, 242.
253   *Hoppe/Beckmann/Kauch*, § 8 Rn. 116.
254   Vgl. nur *Erbguth/Schubert*, Öffentliches Baurecht, § 13 Rn. 52 ff.
255   BVerwGE 84, 220, 233; *Hoppe/Beckmann/Kauch*, § 8 Rn. 29 ff.

Wurde eine **Erlaubnis** erteilt, muss die daraus folgende Berechtigung zunächst durch Rücknahme oder Widerruf beseitigt werden. Im Fall der Rücknahme, also bei nachträglicher Aufhebung einer rechtswidrigen Erlaubnis, ist mangels spezieller umweltrechtlicher Bestimmungen durchweg auf die allgemeine Regelung des § 48 VwVfG[256] zurückzugreifen, während sich für den Widerruf, gerichtet auf die Beseitigung einer rechtmäßigen Zulassung,[257] regelmäßig besondere Vorschriften im Umweltrecht finden (z.B. § 21 BImSchG). Sodann kann – auf eine entsprechende umweltgesetzliche Ermächtigung gestützt (etwa § 20 Abs. 2 BImSchG) – eine repressive Verfügung der Verwaltung ergehen. Anderenfalls, d.h. in Ermangelung einer solchen speziellen Rechtsgrundlage, kommt als Ermächtigung die allgemeine ordnungsrechtliche Generalklausel[258] in Betracht.[259]

79

Für **erlaubnisfreie Betätigungen** bestehen sondergesetzliche Untersagungsermächtigungen nur selten (bspw. § 25 BImSchG). Deshalb ist für repressives Einschreiten gegen erlaubnisfreie Tätigkeiten meist der Rückgriff auf das (allgemeine) Polizei- und Ordnungsrecht[260] eröffnet.

80

III. Instrumente indirekter Verhaltenssteuerung

Die direkt wirkenden Umweltschutzinstrumente werden durch Mittel der indirekten Verhaltenssteuerung ergänzt. Anders als die Ge- und Verbote der direkten Verhaltenssteuerung belassen indirekte Steuerungsmittel dem Betroffenen die **Freiheit**, sich zwischen verschiedenen, mehr oder weniger die Umwelt beeinträchtigenden Verhaltensweisen zu entscheiden.[261] Im Wege ökonomischer Anreize oder durch Informationen wird versucht, auf die Motivation der Akteure dergestalt Einfluss zu nehmen, dass sie umweltschonenderen Varianten ihres Handelns den Vorzug geben. Gelingt dies nicht, kann das erwünschte umweltfreundliche(re) Verhalten allerdings nicht mit Mitteln des Verwaltungszwangs[262] durchgesetzt werden.

81

Allgemein zielt indirekte Verhaltenssteuerung mithin darauf, dass die Normadressaten umweltpolitisch erwünschtes Verhalten als **Eigeninteresse** erfahren. Dies stärkt ihre Bereitschaft zur Befolgung der Norm. Zugleich lässt sich ein darüber hinausgehendes, generelles Umweltbewusstsein fördern.[263]

82

Zu den Mitteln indirekter Verhaltenssteuerung gehören vor allem

- finanzielle Anreize,
- Gewährung von Benutzungsvorteilen,
- Umweltzertifikate und Kompensationsmodelle,
- behördliche Warnungen und Empfehlungen,
- Umweltabsprachen,[264]
- Zielvereinbarungen,

---

256 Dazu etwa *Erbguth/Guckelberger*, Allgemeines Verwaltungsrecht, § 16 Rn. 9 ff.
257 Allgemein *Erbguth/Guckelberger*, Allgemeines Verwaltungsrecht, § 16 Rn. 24 ff.
258 Z.B. § 13 SOG MV, § 14 OBG NRW.
259 Vgl. aber auch BVerwGE 55, 118, 121.
260 Vgl. BVerwGE 55, 118, 121.
261 *Kloepfer*, Umweltrecht, § 5 Rn. 759.
262 Zur Verwaltungsvollstreckung etwa *Erbguth/Guckelberger*, Allgemeines Verwaltungsrecht, § 19.
263 Weiterführend *Kloepfer*, ZAU 1996, 56, 200.
264 Hierzu *Falke*, ZUR 2002, 429.

- fakultative Kontrollen: Umweltauditsystem und
- (in einem vermittelten Sinn:) Informationspflichten nach dem Umweltinformationsgesetz.

83 ▶ **Fall 6:** Im Bundesland B wird wie in den meisten Ländern neben dem Zutagefördern und Ableiten das Entnehmen von Grundwasser, sofern es genehmigungspflichtig ist und eine Genehmigung vorliegt, nach Maßgabe des Landeswassergesetzes mit einer Abgabe belastet. Die Höhe des Entgelts richtet sich nach Menge und Verwendungszweck; sie soll auf einen „sparsamen und rationellen" Umgang mit Wasser hinwirken. Das Gesetz weist näher definierte Befreiungstatbestände auf. Um welchen Abgabentyp handelt es sich?[265] ◀

1. Finanzielle Anreize

84 Im Zusammenhang mit finanziellen Anreizen sind Subventionen für umweltfreundliches Verhalten einerseits und Abgaben für Umweltbeeinträchtigungen andererseits zu unterscheiden.

a) Subventionen

85 Subventionen stellen vermögenswerte Leistungen des Staates an Private dar, die zum Erreichen eines bestimmten öffentlichen Zwecks (hier: Umweltschutz) gewährt werden.[266] Sie gehören zu den vom **Gemeinlastprinzip**[267] geprägten Instrumenten des Umweltrechts. Mit Subventionen lässt sich sowohl der Verzicht auf Umweltbeeinträchtigungen belohnen als auch die Vornahme umweltpolitisch erwünschter Maßnahmen, etwa die Investition in umweltfreundliche Technologien, fördern.

86 Die Förderung kann in direkter oder indirekter Form erfolgen. **Indirekte Subventionen** liegen vor, wenn der Staat durch Gewährung steuerlicher Vergünstigungen auf öffentlich-rechtliche Geldforderungen verzichtet. Wohl bekanntestes Beispiel ist insoweit die Steuerbefreiung für besonders schadstoffreduzierte Personenkraftwagen und Elektrofahrzeuge (§§ 3b und 3d KraftStG) bzw. die Steuerstaffelung je nach Schadstoffausstoß (§ 9 Abs. 1 Nr. 2 KraftStG). Darüber hinaus ist § 7d EStG von Bedeutung, der eine erhöhte steuerliche Absetzbarkeit mit Blick auf dem Umweltschutz dienende Wirtschaftsgüter vorsieht. Um **direkte Subventionen** handelt es sich hingegen, wenn der Staat – hauptsächlich im Wege von Zuschüssen, Zuwendungen und zinsgünstigen Darlehen – finanzielle Leistungen an Private erbringt.[268] Da die Gewährung direkter Finanzhilfe mit einzelfallbezogenen Auflagen[269] verknüpft werden kann (z.B. Anpassung von Altanlagen), erzielt sie gegenüber der indirekten Subvention eine erhöhte Lenkungsintensität.

87 Der **Nachteil** von Finanzierungshilfen liegt darin, dass der Subventionsempfänger kein über die Erfüllung des Subventionstatbestandes hinausgehendes Interesse an umweltschützenden Maßnahmen hat.[270] Hinzu kommt die hohe finanzielle Belastung des

---

265 Nach BVerfGE 93, 319.
266 Zum Streit um allgemeine Rechtmäßigkeitsanforderungen bei Subventionen etwa *Erbguth/Guckelberger*, Allgemeines Verwaltungsrecht, § 8 Rn. 9 f. Zu aktuellen Rechtsfragen des Subventionsrechts *Ehlers*, DVBl. 2014, 1.
267 Vgl. § 3 Rn. 15.
268 *Kloepfer*, Umweltrecht, § 5 Rn. 866 ff.
269 Zu Auflagen allgemein etwa *Erbguth/Guckelberger*, Allgemeines Verwaltungsrecht, § 18 Rn. 6, 9 ff.
270 So etwa *Kloepfer*, Umweltrecht, § 5 Rn. 860; aber auch *Hoppe/Beckmann/Kauch*, § 9 Rn. 7.

Staates im Gefolge der Subventionierung bestimmter Maßnahmen. Darüber hinaus besteht die Gefahr von Wettbewerbsverzerrungen. Deshalb ist die Gewährung von Subventionen aus europarechtlicher Sicht, insbesondere mit Blick auf das Beihilferecht der Art. 107 f. AEUV[271] nicht unproblematisch;[272] das gilt auch gegenüber dem Verzicht auf deren Rückforderung wegen Vertrauensschutzes nach nationalem Recht (§ 48 Abs. 2 VwVfG).[273]

b) Abgaben

Umweltabgaben dienen umweltspezifischen Zwecken[274] und sind überwiegend Ausdruck des Verursacherprinzips.[275] Indem sie sich an Umweltbeeinträchtigungen orientieren, teilt sich ihnen die Problematik der Quantifizierbarkeit von Umweltschäden und multikausaler Umweltbelastungen mit.[276]   88

Abgabeformen dieser Art sind

- Steuern,
- Gebühren,
- Beiträge,
- Sonderabgaben.[277]

Bei **Steuern** handelt es sich um hoheitlich auferlegte Geldleistungen, die keine Gegenleistung für eine konkrete Leistung der Verwaltung darstellen, sondern der allgemeinen Finanzierung des Bedarfs von Verwaltungsträgern dienen (§ 3 Abs. 1 AO).[278] Daneben können auch andere Zwecke verfolgt werden, etwa Vermeidungseffekte (Tabaksteuer).[279]   89

BEISPIELE: Kfz-Steuer, sog. Ökosteuer auf Mineralöl.[280]

Steuern sind Gegenstand der Finanzverfassung in Art. 104a ff. GG; hiermit geht eine Begrenzungs- und Schutzfunktion zugunsten der Steuerzahler einher. Deshalb bedürfen die nachfolgend behandelten nicht-steuerlichen Abgaben einer besonderen sachlichen Rechtfertigung und müssen sich ihrer Art nach deutlich von Steuern unterscheiden;

---

271   Dazu (kurz gefasst) anhand der Rücknahme *Erbguth/Guckelberger*, Allgemeines Verwaltungsrecht, § 16 Rn. 34.
272   Hierzu *Seidel*, NVwZ 1993, 105, 110 ff.
273   Vgl. *Maurer/Waldhoff*, Allgemeines Verwaltungsrecht, § 11 Rn. 32; *Erbguth/Guckelberger*, Allgemeines Verwaltungsrecht, § 16 Rn. 35.
274   Vgl. *Sparwasser/Engel/Voßkuhle*, § 2 Rn. 134 ff.; eingehend zu Umweltabgaben *S. Janssen*, Die Regelungen der Umweltabgaben; zur Umweltrelevanz des allgemeinen Steuer- und Abgabenrechts *Kloepfer*, Umweltrecht, § 4 Rn. 92 ff., § 5 Rn. 948 ff.
275   Vgl. *Kloepfer*, Umweltrecht, § 5 Rn. 954, auch zum Nachfolgenden; allgemein zum Verursacherprinzip § 4 Rn. 92 ff.
276   Ferner, weil daneben ordnungsrechtliche Instrumente unentbehrlich bleiben, auch die Gefahr einer kumulativen (staatlichen) Inanspruchnahme des Bürgers, *Kloepfer*, Umweltrecht, § 5 Rn. 983.
277   Zu alldem *Schmidt/Kahl/Gärditz*, § 4 Rn. 109 ff., weitere Differenzierung: Lenkungssonderabgaben/Finanzierungs- und sonstige Sonderabgaben; *Ramsauer* in: Koch/Hofmann/Reese, § 3 Rn. 126 ff.; ferner ausführlich zur Typologie und Legitimation nichtsteuerlicher Abgaben *Droege*, DV 46 (2013), 313 ff.
278   *Jobs*, DÖV 1998, 1039.
279   Oder Ausgleichseffekte, vgl. *Ramsauer* in: Koch/Hofmann/Reese, § 3 Rn. 129 m.w.N.
280   Das BVerfG (E 110, 274) hat die sog. Ökosteuer (Strom- und Mineralölsteuer) als Verbrauchsteuer nach Art. 106 Abs. 1 Nr. 2 GG eingeordnet und ihre verfassungsrechtliche Vereinbarkeit, insbesondere mit Art. 3 Abs. 1 GG, bejaht; näher *Drozda/Storm*, NJW 1999, 1333.

auch sind die Belastungsgleichheit der Abgabenpflichtigen und der Grundsatz der Vollständigkeit des Haushalts zu wahren.[281]

90   **Gebühren** stellen hoheitlich auferlegte Geldleistungen für Verwaltungsleistung(en) dar, die der Schuldner tatsächlich in Anspruch genommen hat.[282] Sie haben sowohl dem Kostendeckungs- als auch dem Äquivalenzprinzip zu entsprechen, d.h. sie müssen in Höhe des gesamten Gebührenaufkommens wie bei der Berechnung im Einzelfall die Relation zum Verwaltungsaufwand wahren.

BEISPIELE: Gebühren für die Müllabfuhr, Gebühren für die Abwasserbeseitigung.

91   **Beiträge** sind hoheitlich auferlegte Geldleistungen zur Deckung von Verwaltungskosten (insbesondere Investitionen, etwa für Erschließungsmaßnahmen in Baugebieten), die dem Einzelnen wirtschaftliche Vorteile gewähren. Sie werden ohne Rücksicht darauf erhoben, ob der Pflichtige den gewährten Vorteil tatsächlich in Anspruch nimmt;[283] ein „potenzieller" Vorteil reicht also aus. Beiträgen kommt im Umweltrecht nur geringe Bedeutung zu.

BEISPIELE: Beiträge für gemeindliche Kläranlagen, Erschließungsbeiträge.

92   **Sonderabgaben** sind finanzverfassungsrechtlich[284] besonders problematisch.[285] Ihre Zulässigkeit wird gleichwohl vom BVerfG anerkannt,[286] freilich unter folgenden – kumulativen – Voraussetzungen:[287]

- Es darf nur eine gesellschaftliche Gruppe belastet werden, die im Gefolge einer verbindend vorgegebenen Interessenlage oder aufgrund besonderer gemeinsamer Gegebenheiten abgrenzbar ist (**Gruppenhomogenität**).
- Die belastete Gruppe steht dem mit der Abgabenerhebung verfolgten Zweck evident näher als jede andere Gruppe oder die Gesamtheit der Steuerzahler (**Sachnähe**).
- Die zu finanzierende Aufgabe muss wegen dieser Sachnähe ganz überwiegend in die Sachverantwortung der belasteten Gruppe fallen (**Gruppenverantwortung**).
- Das Abgabeaufkommen findet im Interesse der Gruppe der Abgabepflichtigen Verwendung (**Gruppennützigkeit**); der Gruppenverantwortung und der Sachnähe kommt dafür Indizwirkung zu.[288]
  Inzwischen lässt es das BVerfG genügen, dass die Gruppe der Abgabenpflichtigen von einer bestehenden Finanzierungsverantwortung entlastet wird.[289]

---

281 Etwa BVerfGE 113, 128.
282 Zu Umweltgebühren *SRU*, Umweltgutachten 1994, Tz. 806 ff.; zur Möglichkeit der Erhöhung des Anteils der Gebühren an der Staatsfinanzierung *Hendler*, DÖV 1999, 749.
283 *Hoppe/Beckmann/Kauch*, § 9 Rn. 24.
284 Vgl. Rn. 89.
285 Vgl. *Schoch*, Jura 2010, 197; *Kloepfer*, Umweltrecht, § 5 Rn. 1079; zu Entwicklungen in der Rechtsprechung des BVerfG *Germelmann*, GewArch 2009, 476.
286 BVerfGE 55, 274; 57, 139; 67, 256.
287 Etwa BVerfGE 108, 186, 217 f.
288 *Kloepfer*, ZUR 2005, 479, 481; nach der jüngeren Rechtsprechung des BVerfG ergibt sich weiter gehend die Gruppennützigkeit bereits aus der zweckentsprechenden Verwendung des Abgabenaufkommens, vgl. BVerfGE 113, 128, 151; bei Sonderabgaben mit Finanzierungszweck (etwa Wirtschaftsförderung) muss der Gruppennutzen allerdings evident sein, BVerfG, JZ 2009, 685: erhöhte Anforderungen; mit (positiver) Anm. von *Rodi*, JZ 2009, 689.
289 Etwa BVerfGE 113, 128, 150 f.; 123, 132, 142 ff., wodurch das Gruppennützigkeitserfordernis als selbstständige Maßgabe entfallen sein soll; dazu und zum diesbezüglichen Meinungsstand *Thiemann*, AöR 138 (2013), 60, 63 ff.

■ Die(se) Erhebungsgründe bestehen fort (**periodische Legitimation** der Abgabenerhebung).

BEISPIELE: Abwasserabgabe nach dem AbwAG 2005;[290] „Entschädigungsfonds Klärschlamm";[291] unzulässig als Sonderabgabe indes die Einrichtung eines „Entschädigungsfonds Abfallrückführung", und zwar wegen fehlender Finanzierungsverantwortung der herangezogenen Gruppe.[292] Eindeutig im Widerspruch zu den Zulässigkeitsanforderungen von Sonderabgaben stand nach dem BVerfG auch die Erhebung des „Kohlepfennigs".[293] Dieser stellte eine Ausgleichsabgabe zur Stützung des deutschen Steinkohlebergbaus dar, die von Elektrizitätsversorgungsunternehmen gezahlt werden sollte; dabei war die Weiterleitung der Abgabenbelastung eine rechtlich vorbereitete und vorgesehene Regelfolge des Gesetzes, aus der sich materiell ein Preisaufschlag auf die Strompreise ergab, den die Stromverbraucher zu entrichten hatten. Bereits das Merkmal der Gruppenhomogenität fand sich durch das BVerfG verneint. Belastet wurde keine abgrenzbare Gruppe, sondern die Allgemeinheit der Stromverbraucher. Eine besondere Finanzierungsverantwortlichkeit für Steinkohlebergbau konnte nicht festgestellt werden. Der Stromverbrauch als begrenzendes Merkmal wurde als zu konturenlos erachtet. Damit lagen auch die weiteren Merkmale der Sonderabgabe nicht vor, weil sie eine homogene Gruppe voraussetzen. Auf Länderebene wurden Abgabeformen der Naturschutzausgleichsabgaben, der Walderhaltungsabgaben und des sog. Wasserpfennigs u.ä.[294] nicht als Sonderabgaben, sondern als Art Ressourcennutzungsgebühren resp. Verleihungsabgaben eingeordnet und für verfassungsgemäß erklärt.[295] Abfallabgaben der Länder (auf bestimmte Sonderabfälle) und der Kommunen (Verpackungssteuern auf Einwegverpackungen) sind vor Gericht bereits an einer fehlenden Gesetzgebungskompetenz der Länder (im KrWG/BImSchG zum Ausdruck kommendes Kooperationsprinzip von Staat und Wirtschaft) und am Rechtsstaatsprinzip („Widerspruchsfreiheit der Rechtsordnung") gescheitert.[296]

Anknüpfungspunkt für die Erhebung einer Umweltabgabe ist in der Regel eine **Umweltnutzung bzw. Umweltbelastung**. Anhand des Ausmaßes der Umweltbeeinträchtigung ist die Abgabenhöhe gestaffelt. Der Betroffene kann daher eine Verringerung seiner finanziellen Belastung bewirken, indem er die von ihm ausgehende Inanspruchnahme der Umweltgüter reduziert.   93

Als problematisch kann sich die (nähere) Bestimmung der **Höhe** von Umweltabgaben erweisen. Wird sie zu niedrig festgesetzt, verfehlt sie ihre Wirkung, weil die Vermeidung der Umweltbelastung für den Betroffenen kostenaufwändiger ist als die Zahlung der Umweltabgabe. Zu hohe Abgaben hingegen können die Wettbewerbsfähigkeit pflichtiger Unternehmen beeinträchtigen.   94

Es lassen sich bei Umweltabgaben vier **Zweckrichtungen** unterscheiden, wenn auch Einzelheiten umstritten sind: 95

■ Umweltfinanzierungsabgaben,

■ Umweltnutzungs- und Entsorgungsabgaben,

---

290 *Kloepfer*, Umweltrecht, § 14 Rn. 421 ff.
291 BVerfGE 110, 370; zweifelnd insoweit an der Finanzierungsverantwortlichkeit *Kloepfer*, Umweltschutzrecht, § 4 Rn. 91.
292 BVerfGE 113, 128, 150 ff.
293 BVerfGE 91, 186.
294 Der Wasserpfennig oder ähnliche Wassernutzungsentgelte werden in einigen Bundesländern für die erlaubnispflichtige Entnahme von Grundwasser und z.T. Oberflächenwasser durch gewerblich-industrielle Eigenförderer erhoben; dazu Rn. 96 und Fall 6.
295 Vgl. BVerfGE 93, 319; Einzelheiten bei *Kloepfer*, Umweltrecht, § 5 Rn. 993, § 12 Rn. 245.
296 BVerfGE 98, 83; 98, 106; zu Recht kritisch *Sendler*, NJW 1998, 2875; *Kloepfer*, Umweltrecht, § 5 Rn. 1095.

- Umweltlenkungsabgaben,
- Umweltausgleichsabgaben.

96   **Umweltfinanzierungsabgaben** dienen vorrangig der Finanzierung von Umweltaufgaben.[297] Das erzielte Abgabenaufkommen wird zweckgebunden für umweltspezifische Maßnahmen verwendet. Beispiel hierfür ist der baden-württembergische Wasserpfennig, der für die Benutzung von Gewässern erhoben und wiederum für deren Schutz eingesetzt wird.[298]

97   **Umweltnutzungs- und Entsorgungsabgaben** werden in Form von Gebühren für eine bestimmte umweltrelevante Leistung der Verwaltung erhoben. Hierzu zählen bspw. Abfall- und Entwässerungsgebühren.

98   Daneben besteht die Möglichkeit, mittels einer **Umweltlenkungsabgabe** primär auf die Verminderung von Umweltbelastungen und die Entwicklung umweltverträglicher Verhaltensformen hinzuwirken. Hierbei steht die Lenkungsfunktion im Vordergrund. Die Erzielung eines Abgabeaufkommens wird nicht angestrebt, sondern stellt lediglich eine hingenommene Nebenfolge dar. Beispiele bilden die durch das AbwAG eingeführte Abwasserabgabe und Wasserentnahmeentgelte nach Landesrecht[299].[300]

99   **Umweltausgleichsabgaben** sollen Umweltbeeinträchtigungen kompensieren, die dadurch entstehen, dass Nutzer Umweltgüter zur eigenen Zweckverfolgung in Anspruch nehmen. Das ist etwa bei den durch § 15 Abs. 6 BNatSchG eröffneten naturschutzrechtlichen Ersatzzahlungen der Fall.[301]

100   Nicht unbedenkliche Folgen kann die durch (Sonder-)Abgaben erschwerte Entsorgung von solchen Abfallstoffen nach sich ziehen, die nur bedingt vermeidbar sind (Altöl, Autowracks). Hier besteht die Gefahr von „wilden" Müllablagerungen als Ausweichverhalten.

101   ▶ **ZU FALL 6:** Es könnte sich entweder um eine Gebühr oder um eine Steuer handeln. Da für den Steuerbegriff die fehlende Abhängigkeit von einer öffentlichen Gegenleistung konstitutiv ist, gilt es zu klären, ob der Abgabe eine solche (Gegen-)Leistung immanent ist. Knappe natürliche Ressourcen, wie das Wasser, bilden Güter der Allgemeinheit. Ist Einzelnen die Nutzung einer dergestalt der öffentlichen Bewirtschaftung unterliegenden Ressource eröffnet, bedeutet das einen (Sonder-)Vorteil gegenüber all denjenigen, die das betreffende Gut nicht oder nicht in gleichem Umfang nutzen dürfen. Dann ist es sachlich gerechtfertigt, jenen Vorteil ganz oder teilweise abzuschöpfen. Dieser Ausgleichsgedanke liegt auch den Wasserentnahmeentgelten zugrunde; sie werden für eine individuell zurechenbare öffentliche Leistung, die Eröffnung der Möglichkeit zur Wasserentnahme, erhoben. Abgeschöpft wird der in der Nutzungsmöglichkeit liegende Vorteil nicht seinem rechtlichen, sondern seinem tatsächlichen Umfang nach. Dieser Gegenleistungsbezug der Wasserentnahmeentgelte ergibt sich eindeutig aus dem Abgabetatbestand. Die Abgaben auf die Entnahme von Wasser sind demnach gegenleistungsabhängig und stellen somit keine Steuern dar.

---

297   Zur Zulässigkeit derartiger Abgaben *Weyreuther*, UPR 1988, 161, 167 ff.
298   Dazu BVerfGE 93, 319: zulässige Ressourcennutzungsgebühr; auch *Schmidt/Kahl/Gärditz*, § 4 Rn. 108; vgl. Fall 6, Rn. 83, 101.
299   Dazu anhand des Wasserentnahmeentgeltgesetzes NRW rechtsgrundsätzlich *Gawel*, NWVBl. 2012, 90.
300   Auch *Schmidt/Kahl/Gärditz*, § 4 Rn. 109; § 5 Rn. 92: keine rein ökonomische Lösung, weil der Verschmutzer über eine Einleitungserlaubnis verfügen muss.
301   Dazu BVerwGE 74, 308; 81, 220.

Die in Abgrenzung zur Steuer und für eine Einordnung als Gebühr unerlässliche Abhängigkeit der Wasserentnahmeentgelte von einer Gegenleistung bleibt allerdings nur erhalten, wenn deren Höhe den Wert der öffentlichen Leistung nicht übersteigt. Andernfalls würde die Abgabe nicht nur zur Abschöpfung eines dem Abgabeschuldner zugewandten Vorteils erhoben, sondern griffe zugleich auf seine allgemeine Leistungsfähigkeit zwecks Finanzierung von Gemeinlasten zu. Ein solches Heranziehen des Einzelnen ist allein im Wege der Steuererhebung eröffnet.

102

Die Höhe des Wasserentnahmeentgelts richtet sich hier nach Verbrauch und Verwendungszweck; der Wert der öffentlichen Leistung wird also nicht überschritten. Mithin handelt es sich beim Wasserentnahmeentgelt um eine Gebühr und nicht um eine Steuer.[302] ◀

2. Anreize durch Gewährung von Benutzungsvorteilen

Ferner können Anreize zu umweltfreundlichem Verhalten durch Einräumung besonderer Nutzungsrechte gegeben werden. Ein Beispiel bilden luftverkehrsrechtliche Bestimmungen zur erleichterten Erteilung von Landerechten für lärmarme Flugzeuge.

103

3. Umweltzertifikate und Kompensationsmodelle

a) Umweltzertifikate

Das in den USA entwickelte **Zertifikatsmodell** will die marktwirtschaftlichen Regelungsmechanismen für den Umweltschutz nutzbar machen.[303] Danach werden für einen bestimmten Raum Höchstgrenzen der Gesamtemissionen eines Stoffes oder mehrerer Stoffe festgelegt. Es werden sodann Emissionsanteile gebildet, die in Zertifikaten verbürgt und an emittierende Betriebe vergeben werden. Anders als Genehmigungen sind die Zertifikate übertragbar. Sie sollen an einer Börse frei gehandelt werden, so dass sich ihr Preis aus Angebot und Nachfrage ergibt. Will ein Anlagenbetreiber seine Emissionen erhöhen, muss er ein entsprechendes Zertifikat erwerben. Dabei wird er zwischen den Kosten für den Erwerb und den Kosten für die Emissionsvermeidung abwägen und ggf. die Emission unterlassen. Besitzer von Zertifikaten dürften ihre Emissionen senken, wenn der bei einem Verkauf des Zertifikats zu erzielende Preis höher ist als die Emissionsvermeidungskosten.[304]

104

Von einem solchen Modell können ökologische Risiken ausgehen. So bereitet die Festsetzung einer Gesamtemission für einen Raum angesichts gebietsüberschreitender Umweltbelastungen Schwierigkeiten. Ggf. werden zu viele oder zu niedrigpreisige Zertifikate ausgegeben; dann funktioniert das Modell nicht, weil sich Emissionseinsparungen wirtschaftlich nicht rechnen. Weiterhin kann der Handel mit Zertifikaten zu einer Konzentration stark emittierender Betriebe in einem bestimmten Teilgebiet führen, was eine erhebliche Überbelastung der betreffenden Region nach sich zieht (sog. hot spots).[305] Trotz dieser Bedenken hat die EG (jetzt: EU) und mit ihr die Bundesrepublik Deutschland ein gemeinschaftsweites System für einen Emissionshandel errichtet, um

105

---

302 Zur Frage der Sonderabgabe Rn. 92.
303 Vgl. dazu *SRU*, Umweltgutachten 1987, Tz. 161; zu bereits eingeführten Umweltzertifikaten in der Schweiz und den USA *Staehelin-Witt/Spillmann*, ZfU 1994, 204; *Hansjürgens/Fromm*, ZfU 1994, 473.
304 In den USA wurden durch den Clean Air Act von 1991 die Voraussetzungen für ein CO_2-bezogenes Umweltzertifikatssystem geschaffen.
305 Zur Kritik insgesamt *SRU*, Umweltgutachten 1987, Tz. 161 ff; *Kloepfer*, Umweltrecht, § 5 Rn. 1164 m.w.N.

Treibhausgasemissionen dort zu vermindern, wo dies am kostengünstigsten ist[306] – was inzwischen im Immissionsschutzrecht Umsetzung gefunden hat.[307]

b) Kompensationsmodelle

106   Eine Abwandlung des Zertifikatsmodells stellt die **Kompensationslösung** dar.[308] Dabei handelt es sich um die Zuweisung von austauschbaren Emissionskontingenten.

Hiernach können mehrere Unternehmen in einem begrenzten Gebiet zu einem Betriebsverbund zusammengefasst werden. Innerhalb des Verbundes dürfen einzelne Betriebe über ihre Befugnis hinausgehend emittieren, wenn dafür andere Unternehmen ihre in der Wirkung gleichen Schadstoffemissionen entsprechend einschränken und so die erhöhte Emission kompensieren. Eine Neuansiedlung emittierender Anlagen ist in diesem System ebenfalls nur unter Rückführung der von bestehenden Einrichtungen ausgehenden Emissionen möglich.

107   Einfachgesetzliche Anhaltspunkte für Kompensationslösungen finden sich in §§ 7 Abs. 3, 17 Abs. 3a, 67a Abs. 2 BImSchG.

4. Behördliche Warnungen und Empfehlungen

108   Formen der behördlichen Steuerung im Umweltbereich durch Einsatz von **Informationen** sind vielfältig und von zunehmender Bedeutung.[309] Sie stellen regelmäßig schlicht-hoheitliches Handeln, also Realakte, dar.[310] Von besonderer Bedeutung sind:

Behördliche Warnungen[311] – bspw. vor dem Verzehr bestimmter Lebensmittel – gab es im Zusammenhang mit dem Reaktor-Unfall von Tschernobyl, dem sog. Flüssigei-Skandal,[312] ferner im Zusammenhang mit dem EHEC-Erreger. Abratende Hinweise veröffentlichte das (damalige) Bundesgesundheitsamt bzw. das Umweltbundesamt hinsichtlich der Verwendung von gewässerbelastenden Toilettensteinen, Waschverstärkertüchern und WC-Reinigern.

109   Deutlicher als bei behördlichen Warnungen tritt die stimulierende Anreizwirkung staatlicher Informationstätigkeit bei behördlichen **Empfehlungen** zu Tage. So wird unter Mitwirkung des Umweltbundesamtes ein Umweltzeichen, der sog. „Blaue Umweltengel", für Produkte vergeben, um sie als umweltfreundlich zu kennzeichnen und auf diese Weise die Kaufentscheidung der Konsumenten zu beeinflussen.

Bei den an den Konsumenten gerichteten Warnungen und Empfehlungen stellt sich die Frage nach der Erforderlichkeit einer **gesetzlichen Grundlage** (Vorbehalt des Gesetzes); denn die Empfehlung (insbesondere: Warnung) kann sich in ihrer faktisch-intendierten Wirkung als Eingriff in Grundrechte von Produzenten darstellen. Nach der Rechtsprechung des BVerfG, das damit der Linie des BVerwG[313] folgt, sind solche Maßnahmen

---

306 Vgl. etwa *Weidemann*, DVBl. 2004, 727; *Kobes*, NVwZ 2004, 513, 514 ff.
307 Dazu ansatzweise § 9 Rn. 12, näher § 16 Rn. 33 ff.; eingehend *Rehbinder* in: Hansmann/Sellner, I. 3. Rn. 297 ff.; dazu aus verfassungsrechtlicher Sicht anhand von Entscheidungen des BVerfG *Frenz*, UPR 2008, 8.
308 *Gawel/van Mark*, ZAU 1991, 52; *Rehbinder* in: Hansmann/Sellner, Grundzüge, I. 3. Rn. 313 ff.
309 Dazu näher *Martini/Kühl*, JA 2014, 1221 ff.; *Ramsauer* in: Koch/Hofmann/Reese, § 3 Rn. 109 ff.
310 *Ramsauer* in: Koch/Hofmann/Reese, § 3 Rn. 106; allgemein zu Realakten *Erbguth/Guckelberger*, Allgemeines Verwaltungsrecht, § 23.
311 Differenzierende Darstellung bei *Kloepfer*, Umweltrecht, § 5 Rn. 1306 ff.
312 Vgl. BVerwGE 72, 348; OLG Stuttgart, NJW 1990, 2690.
313 BVerwGE 50, 282, 287; 71, 183; 82, 76; 87, 37; BVerwG, NJW 1985, 1481; BVerwG, NJW 1987, 2885.

durch den staatsleitenden Auftrag der Regierung (Art. 65 GG) gerechtfertigt und bedürfen grundsätzlich keiner rechtsförmlichen Grundlage.[314]

Rechtsgrundlagen sind für aufklärende Maßnahmen im Umweltrecht vielfach vorhanden[315]; ob sie allerdings auch Warnungen der vorstehenden Art rechtfertigen, erscheint nicht unzweifelhaft. Das wird eher aus Ermächtigungen zur Gefahrenabwehr ableitbar sein.[316]

Jenseits dessen muss jegliche Informationstätigkeit dem Aufgabebereich der Behörde unterfallen, sachlich zutreffend und zurückhaltend formuliert sein sowie den Anforderungen der Verhältnismäßigkeit genügen.[317]

5. Umweltabsprachen

Als Umweltabsprachen werden dem Umweltschutz dienliche Vereinbarungen zwischen Staat und Privaten bezeichnet, die auf einem in Verhandlungen gewonnenen Konsens der Beteiligten beruhen.[318] Kennzeichnend ist dabei der Verzicht des Staates auf die Anwendung einseitigen Zwangs. Die Umweltabsprache ist Ausdruck einer weitestgehenden Verwirklichung des Kooperationsprinzips.[319]   110

Eine gesetzliche Regelung für das Instrument der Umweltabsprache besteht bislang nicht. Es kann sich daher um rechtsgeschäftliche oder informelle Absprachen handeln. Erstere setzen einen Rechtsbindungswillen voraus.[320]   111

Rechtsgeschäftliche Absprachen können in Form eines öffentlich-rechtlichen, genauer: Verwaltungsvertrags,[321] oder eines privatrechtlichen Vertrags erfolgen. Insoweit gelangen die für die jeweilige Vertragsart geltenden Rechtsnormen zur Anwendung. Für Verwaltungsverträge gelten §§ 54 ff. VwVfG,[322] soweit sie nicht durch spezielle Bestimmungen verdrängt werden (vgl. etwa §§ 11, 146 Abs. 3 BauGB).[323]   112

Von besonderer Bedeutung sind **informelle Absprachen**,[324] die vorrangig zwischen der öffentlichen Verwaltung und Wirtschaftsunternehmen getroffen werden. Ihr Zustandekommen ist weder an bestimmte rechtliche Voraussetzungen gebunden, noch gehen von ihnen unmittelbare Rechtswirkungen aus. Die Beteiligten trifft lediglich eine moralische oder politische Verpflichtung. Die auf Freiwilligkeit beruhende Einhaltung der Absprachen kann nicht mit staatlichen Mitteln durchgesetzt werden.   113

Häufiger Gegenstand informeller Absprachen sind Selbstbeschränkungen der Wirtschaftsunternehmen oder -verbände, durch die der Erlass von Gesetzen oder Rechts-   114

---

314 BVerfG, NJW 2002, 2621 (Glykol); BVerfG, NJW 2002, 2626 (Osho); positiv dazu *Ramsauer* in: Koch/Hofmann/Reese, § 3 Rn. 108; fallbezogen *Erbguth/Guckelberger*, Allgemeines Verwaltungsrecht, § 23 nach Rn. 17.
315 Etwa § 10 UIG, § 10 GPSG, § 2 Abs. 1 S. 2 UBAG; vgl. *Ramsauer* in: Koch/Hofmann/Reese, § 3 Rn. 107.
316 *Ramsauer*, wie vor, unter weiterem Hinweis auf EGMR, NVwZ 1999, 57: behördliche Informationspflicht bei Unfällen in einer chemischen Fabrik aufgrund von § 8 EMRK.
317 Vgl. *Ramsauer* in: Koch/Hofmann/Reese, § 3 Rn. 108 m.w.N.
318 Auch *Grewlich*, DÖV 1998, 54.
319 So z.B. *Kloepfer*, Umweltrecht, § 5 Rn. 1566; hierzu näher § 3 Rn. 17 ff.
320 Vgl. allgemein *Erbguth/Guckelberger*, Allgemeines Verwaltungsrecht, § 24 Rn. 4, § 23 Rn. 7.
321 Zur Abgrenzung *Erbguth/Guckelberger*, Allgemeines Verwaltungsrecht, § 24 Rn. 6.
322 Dazu *Erbguth/Guckelberger*, Allgemeines Verwaltungsrecht, § 24.
323 Primär anhand § 11 BauGB *Erbguth/Schubert* in: Erbguth/Mann/Schubert, Rn. 1032 ff.
324 Zur rechtlichen Stellung und Funktion *Kloepfer*, Umweltrecht, § 5 Rn. 1563 ff.; allgemeine Einordnung bei *Erbguth/Guckelberger*, Allgemeines Verwaltungsrecht, § 23 Rn. 7; zum Nachfolgenden auch *Schmidt/Kahl/Gärditz*, § 4 Rn. 116 ff.; *Ramsauer* in: Koch/Hofmann/Reese, § 3 Rn. 139 ff.; *Kluth* in: ders./Smeddinck, § 1 Rn. 178 ff.

verordnungen schärferen Inhalts abgewendet werden soll, sog. **normersetzende Absprachen**.[325] Vorteil dieser Absprachen ist die sofortige Wirksamkeit der umweltschützenden Inhalte, die nicht erst ein oft langwieriges Gesetzgebungsverfahren durchlaufen müssen. Selbstverpflichtungsabkommen bzw. -zusagen bestehen bspw. für die Verringerung des Einsatzes von

- Asbest im Hochbau,
- PCB (Polychlorierte Biphenyle),
- bestimmten Waschmittelinhaltsstoffen,
- Lösungsmitteln in Lacken,
- FCKW,
- quecksilberhaltigen Batterien

sowie in jüngerer Zeit

- zur Kennzeichnung von Waschmitteln,
- zum Gewässerschutz (Fotobranche bzw. Textilindustrie),
- zur umweltgerechten Verwertung von Bauabfällen,
- zur Altautoentsorgung,
- zur Verbesserung des Innenraumschutzes und zum verantwortungsvollen Umgang mit Holzschutzmitteln.[326]

115   Fehlschläge waren bei Absprachen mit der Verpackungs- und Getränkeindustrie sowie dem Getränkehandel zu verzeichnen, deren hauptsächliche Zielsetzung – die Stabilisierung des Marktanteils von Mehrwegverpackungen – nicht erreicht werden konnte.

116   Unter verfassungsrechtlichen Gesichtspunkten können mit Selbstbeschränkungsabkommen **Grundrechtseingriffe** verbunden sein, zumal hinter der „freiwilligen" Selbstverpflichtung nicht selten eine massive staatliche Regelungsandrohung steht.[327] Ferner ist die Dokumentation der getroffenen Absprachen im Kontext des „Informalen" nicht immer ausreichend – was wiederum eine eingeschränkte Überprüfbarkeit für betroffene Dritte und fehlende Transparenz für die interessierte Öffentlichkeit zur Folge haben kann.

117   Daneben werden informelle Absprachen bei der **Genehmigung von Einzelvorhaben** eingesetzt.[328] Sie sind in der Regel dem eigentlichen Genehmigungsverfahren vorgelagert. Solche mit dem betreffenden Wirtschaftsunternehmen resp. „Investor" geführten Vorverhandlungen können zu sachgerechten Ergebnissen beitragen. Sie bewirken einen verbesserten Informationsfluss und verschaffen der Behörde ansonsten nicht zugängliche Einblicke in die inneren Zusammenhänge des Unternehmens. Bei komplizierten Sachverhalten kommt der Behörde außerdem die durchweg größere Sachkompetenz des Unternehmens zugute. Indem einvernehmliche Lösungen erarbeitet werden, können zudem spätere Rechtsstreitigkeiten vermieden werden.

118   Allerdings ziehen vorherige Absprachen die Gefahr nach sich, dass dem späteren Genehmigungsverfahren nur noch der Charakter einer Formalie zukommt bzw. dass ge-

---

325   *Rengeling*, Das Kooperationsprinzip, S. 58 ff.; *Helberg*, Normabwendende Selbstverpflichtungen als Instrumente des Umweltrechts.
326   Vgl. zum Vorstehenden insgesamt *Rehbinder* in: Hansmann/Sellner, I. 3. Rn. 339 ff.
327   Zu den Nachteilen derartiger Selbstverpflichtungen *Kloepfer*, Umweltrecht, § 5 Rn. 1659 ff.
328   Vgl. etwa *Schmidt/Kahl/Gärditz*, § 4 Rn. 117.

setzliche Vorgaben unterlaufen werden. So wird die Öffentlichkeitsbeteiligung ihrem Sinn nach in Frage gestellt, wenn die Behörde die Interessen Dritter nicht mehr hinreichend in ihre Überlegungen einbezieht, weil sie sich an die Vorverhandlungen faktisch gebunden sieht.[329] Auch insoweit wird daher die Frage nach der verfassungsrechtlichen Zulässigkeit solchen informalen Handelns bzw. dahin gestellt, ob und inwieweit derartigen Verfahren ein gesetzlicher Rahmen gegeben werden kann, der Transparenz und Egalität wahrt.[330]

6. Zielfestsetzungen

Die Möglichkeiten von Zielfestsetzungen hat der Gesetzgeber in § 25 Abs. 1 KrWG vorgesehen. Demzufolge legt die Bundesregierung nach Anhörung der beteiligten Kreise Maßgaben für die Rücknahme von Abfällen und die Einrichtung von Rücknahmesystemen fest. Hierin kann ein Einstieg in einen transparent(er)en Umgang mit Selbstverpflichtungen der Wirtschaft gesehen werden.

119

7. Fakultative Kontrollen: Umweltauditsystem

Beim Umweltauditsystem handelt es sich um ein freiwilliges, öffentlich kontrolliertes System zur kontinuierlichen Verbesserung des betrieblichen Umweltschutzes.[331] Es geht zurück auf die EG-Verordnung Nr. 1836/93 über ein Umweltmanagement- und Betriebsprüfungssystem für Industriebetriebe (**EG-UA-Verordnung**)[332] vom 29.6.1993. Die EG-UA-Verordnung ist durch die **EMAS-Verordnung (EMAS-II)**[333] 2001 und diese wiederum durch die Verordnung (EG) Nr. 1221/2009 (EMAS-III)[334] abgelöst worden.[335] Letztere ergänzt national u.a. § 52a Abs. 2 Nr. 3 BImSchG .[336] Wie die Vorgängerregelungen verfährt EMAS III zum Zweck des Umweltaudits nicht materiell-rechtlich, etwa durch Vorgabe von Grenzwerten oder Standards, sondern prozedural.[337]

120

Durch EMAS werden die einzelstaatlichen Zulassungssysteme und Zuständigkeiten nicht berührt. Inhaltliche Änderungen richteten sich aber darauf, dass

- sich nicht nur Unternehmen, sondern auch Organisationen beteiligen können,
- die Einhaltung der EMAS-Anforderungen vermutet wird, wenn ein Standort nach einem anerkannten europäischen oder internationalen Umweltmanagementsystem (ISO 14000 ff.) zertifiziert ist,[338]

---

329 Näher *Schmidt/Kahl/Gärditz*, § 4 Rn. 116.
330 Allgemein dazu *Erbguth/Guckelberger*, Allgemeines Verwaltungsrecht, § 23 Rn. 7, a.E.
331 Näher zum Nachfolgenden *Schmidt/Kahl/Gärditz*, § 4 Rn. 161 ff.; auch *Kluth* in: ders./Smeddinck, § 1 Rn. 182 ff.
332 Verordnung (EWG) Nr. 1836/93 v. 29.6.1993, ABIEG L 168/1, aufgehoben durch Verordnung (EG) Nr. 761/2001 v. 19.3.2001, ABIEG L 114/1.
333 Verordnung (EG) Nr. 761/2001 v. 19.3.2001 über die freiwillige Beteiligung von Organisationen an einem Gemeinschaftssystem für das Umweltmanagement und die Umweltbetriebsprüfung (EMAS), ABIEG L 114/1.
334 Verordnung (EG) Nr. 1221/2009 v. 25.11.2009, ABIEG L 342/1, zuletzt geändert durch Verordnung (EU) Nr. 2017/1505 v. 28.8.2017, ABIEU L 222/1; zur Änderung 2009 vgl. *Schmidt-Räntsch*, EurUP 2010, 123 ff.
335 Zu den Änderungen *Schmidt-Räntsch*, NuR 2002, 197.
336 *Schmidt/Kahl/Gärditz*, § 4 Rn. 162.
337 *Schmidt/Kahl/Gärditz*, § 4 Rn. 163.
338 ISO 14001 ist durch Änderung von EMAS II (VO (EG) Nr. 196/2006 v. 3.2.2006, ABIEG L 32/4) integriert worden (als Anhang I-A EMAS II), zuletzt geändert durch VO (EU) Nr. 1505/2017 v. 28.8.2017, ABIEU L 222/1.

■ klargestellt ist, in welchem Umfang die Einhaltung der maßgeblichen Umweltvorschriften zu überprüfen ist und inwieweit Umweltmanagementsysteme zu Privilegie-
rungen der Unternehmen im Rahmen der Überwachung führen können.[339]

Die Verordnung (EG) 1221/2009 wird durch das deutsche **UAG**[340] und die Verordnung über immissionsschutz- und abfallrechtliche Überwachungserleichterungen für
nach der Verordnung (EG) Nr. 761/2001 registrierte Standorte und Organisationen
(EMAS-Privilegierungsverordnung – **EMASPrivilegV**)[341] flankiert. Letztere soll eine
Teilnahme von Organisationen an EMAS fördern sowie Doppelaufwand bei der Prüfung der EMAS-Voraussetzungen und nationaler umweltrechtlicher Standards vermeiden helfen.

121   Dergestalt ist das Umweltauditsystem[342] wie folgt aufgebaut:

■ Zunächst muss das Unternehmen seine **Umweltpolitik** festlegen. Sie besteht aus
einer Selbstverpflichtung, alle einschlägigen Rechtsvorschriften einzuhalten (compliance) und darüber hinaus kontinuierlich Verbesserungen des betrieblichen Umweltschutzes vorzunehmen, soweit sich diese mit einer wirtschaftlich vertretbaren Anwendung der besten verfügbaren Technik erreichen lassen.[343] Die Umweltpolitik ist
organisationsbezogen und unabhängig von einem bestimmten Standort.

■ Daraufhin wird eine betriebliche **Umweltprüfung**[344] (Ist-Zustand) mit Blick auf den
Umweltstatus (bspw. hinsichtlich des Energieeinsatzes, des Rohstoffverbrauchs, des
Abfallaufkommens, der Lärmemissionen) und den Umweltrechtsstatus (Zusammenstellung der für den jeweiligen Standort maßgebenden Rechts- und Verwaltungsvorschriften) vorgenommen.

■ In einem **Umweltprogramm** muss der Betrieb auf der Grundlage der beiden vorangegangenen Schritte konkrete Ziele und Tätigkeiten zur Verbesserung der betrieblichen Umweltsituation aufstellen.[345] Das Umweltprogramm betrifft im Unterschied
zur Umweltpolitik immer nur einen bestimmten Standort.

■ Ferner ist ein **Umweltmanagementsystem** für alle Tätigkeiten am Standort aufzu-
bauen. Dazu gehören Organisationsstruktur, Zuständigkeiten, Verfahren, Abläufe
und Mittel zur Umsetzung der betrieblichen Umweltpolitik und des Umweltprogramms.[346]

122   ■ Kernstück des Umweltauditsystems ist die – in der Regel spätestens alle drei Jahre[347] zu wiederholende – **Umweltbetriebsprüfung** durch interne Betriebsprüfer oder
externe Personen bzw. Organisationen. Diese hat eine systematische, objektive und
dokumentierte Analyse dahin gehend zu enthalten, ob Organisation, Management
und Betriebsabläufe mit der Umweltpolitik und dem Umweltprogramm überein-
stimmen.[348]

---

339 Beispielhaft sei § 58e BImSchG genannt; vgl. ferner *Falke*, ZUR 2001, 256, 257; *Knopp*, NVwZ 2001, 1098,
1100.
340 BGBl. I 1995, S. 1591, zuletzt geändert durch G v. 27.6.2017, BGBl. I, S. 1966.
341 V. 24.6.2002, BGBl. I, S. 2247, zuletzt geändert durch Art. 5 der VO v. 2.12.2016, BGBl. I, S. 2770.
342 Überblick über das Verfahren bei *Kloepfer*, Umweltrecht, § 5 Rn. 1519 ff.; *Schmidt / Kahl / Gärditz*, § 4
Rn. 164 ff.
343 Vgl. Art. 2 Nr. 1 EMAS-III VO.
344 Vgl. Art. 2 Nr. 9 EMAS-III VO; *Kloepfer*, Umweltrecht, § 5 Rn. 1523.
345 Vgl. Art. 2 Nr. 10 EMAS-III VO.
346 Vgl. Art. 2 Nr. 13 EMAS-III VO.
347 Bei kleinen und mittleren Unternehmen: alle vier Jahre.
348 Vgl. Art. 2 Nr. 16 EMAS-III VO.

- Des Weiteren müssen für jeden Standort **periodische Umwelterklärungen** an die Öffentlichkeit herausgegeben werden, welche die Erfüllung der Teilnahmevoraussetzungen belegen.[349]   123

- Wenn all das vom Unternehmen geleistet und von einem zugelassenen **unabhängigen Umweltgutachter**[350] bestätigt worden ist,[351] kommt es schließlich zur **Standortregistrierung** aufgrund der für gültig erklärten Umwelterklärung; das Unternehmen ist berechtigt, ein EMAS-Zeichen (Logo) zu verwenden.[352] Dieses darf nur beschränkt in der Produktwerbung eingesetzt, auf keinen Fall aber auf den Erzeugnissen selbst oder auf ihrer Verpackung angegeben werden; denn die Umweltprüfung bezieht sich auf Produktionsweise und -standort.   124

Der Bürger hat gegenüber dem Unternehmen einen Anspruch auf Zusendung der Umwelterklärung; insoweit wird sein Informationsanspruch gegenüber Behörden aus der (EG-)Umweltinformations-Richtlinie bzw. dem Umweltinformationsgesetz ergänzt.[353]   125

Die unionsrechtlich nicht normierte Zulassung der unabhängigen Umweltgutachter und die Aufsicht über ihre Tätigkeit ist in § 28 UAG geregelt. Mit der Aufgabe der (hoheitlichen) Zulassung von Umweltgutachtern wurde die Deutsche Akkreditierungs- und Zulassungsgesellschaft für Umweltgutachter mit beschränkter Haftung (DAU) als Beliehene[354] betraut (§ 1 UAG-Beleihungsverordnung – UAGBV).[355] Das Standortregister wird bei den Industrie- und Handelskammern sowie den Handwerkskammern geführt (§ 32 UAG).   126

Am 1.9.2018 waren in Deutschland etwa 1213 Organisationen an insg. 2211 Standorten in Deutschland,[356] im Vergleich zum Jahr 2000 (2544 Unternehmen)[357] eine deutlich rückläufige Tendenz. Es bleibt abzuwarten, wie sich die Änderungen bei EMAS, insbesondere ihr erweiterter Anwendungsbereich, und die Erleichterungen für auditierte Betriebe in bestimmten Bereichen (§ 58e BImSchG)[358] auf die Zertifizierungsfreudigkeit der Unternehmen und Organisationen auswirken werden.   127

8. Informationspflichten nach dem Umweltinformationsgesetz

Das auf die Richtlinie 90/313/EWG (Umweltinformationsrichtlinie)[359] zurückgehende (Bundes-)**UIG** vom 8.7.1994[360] richtet(e) sich auf eine neuartige Transparenz der öf-   128

---

349 Vgl. Art. 2 Nr. 18 EMAS-III VO; *Langerfeldt*, UPR 2001, 426, 427 ff.
350 Zur Tätigkeit des Umweltgutachters *Sellner/Schnutenhaus*, NVwZ 1993, 928, 930.
351 Vgl. Art. 2 Nr. 20 EMAS-III VO; dieser übt keine hoheitlichen Tätigkeiten aus, auch nicht als Beliehener, sondern wird auf Grund eines zivilrechtlichen Vertrags mit dem Unternehmen tätig, *Schmidt/Kahl/Gärditz*, § 4 Rn. 166.
352 Vgl. dazu und zum Nachfolgenden *Schmidt/Kahl/Gärditz*, § 4 Rn. 166.
353 Siehe Rn. 128 ff.; zur Folgephase, in der es im Dreijahres- oder Jahresrhythmus um die Erhaltung bzw. Bestätigung der Registrierung geht, *Schmidt/Kahl/Gärditz*, § 4 Rn. 167.
354 Allgemein zum Status des Beliehenen *Erbguth/Guckelberger*, Allgemeines Verwaltungsrecht, § 6 Rn. 22 f.
355 Sie untersteht der Rechtsaufsicht des BMUB, *Schmidt/Kahl/Gärditz*, § 4 Rn. 166.
356 Vgl. http://www.emas.de/teilnahme/wer-hat-schon-emas/ (Stand: 10.9.2018).
357 *Bundesministerium für Umwelt, Naturschutz und Reaktorsicherheit*, Förderung von Umweltmanagementsystemen in Deutschland, S. 5.
358 § 51 Abs. 2 KrWG.
359 RL 90/313/EWG v. 7.6.1990, ABlEG L 158/56, aufgehoben durch RL 2003/4/EG v. 28.1.2003, ABlEG L 41/26.
360 Neugefasst durch Bek. v. 27.10.2014, BGBl. I, S. 1643, zuletzt geändert durch Art. 2 Abs. 17 des G v. 20.7.2017, BGBl. I, S. 2808.

fentlichen Verwaltung,[361] brach es doch im Umweltbereich mit der deutschen Tradition des Amtsgeheimnisses.[362] Die **EG-Richtlinie 2003/4/EG** vom 28.1.2003[363] novellierte sodann jenes Gemeinschaftsrecht umfassend. Der Anlass war völkerrechtlicher Art, nämlich die Verpflichtung der EU als Unterzeichnerin der sog. Aarhus-Konvention[364] zu deren Ratifizierung. Die Richtlinie 2003/4/EG erweitert das Recht auf Zugang zu behördlichen Umweltinformationen und verpflichtet die Behörden zu aktiver Informationsverbreitung insbesondere mittels Internet.[365] Der Bund ist seiner Umsetzungsverpflichtung[366] durch Novellierung des **UIG** nachgekommen (in Kraft seit dem 14.2.2005).[367] Da zu jenem Zeitpunkt die Verschärfung der Voraussetzungen für die konkurrierende (und die Rahmengesetzgebungskompetenz) aufgrund der Verfassungsreform des Jahres 1994 galt,[368] hielt sich der Bund nur noch für Regelungen betreffend Informationsansprüche gegenüber Bundesbehörden für zuständig.[369] Der Anwendungsbereich des neuen UIG beschränkt sich demzufolge auf solche Ansprüche gegenüber Stellen des Bundes und bundesunmittelbaren juristischen Personen des öffentlichen Rechts (§ 1 Abs. 2 UIG). Die Bundesländer sind ihrer die Landesumweltbehörden betreffenden Verpflichtung zum Erlass eigener Umweltinformationsgesetze nicht fristgerecht nachgekommen.[370] Die in einzelnen Ländern vorfindlichen **Informationsfreiheitsgesetze**[371] decken den vorhandenen Umsetzungsbedarf nicht hinreichend ab.[372] In Anbetracht dessen ist stets eine unions- und völkerrechtskonforme Auslegung des UIG erforderlich;[373] auch der Richtlinie 2003/4/EG wegen ihres bestimmten und unbedingten Gehalts kommt zumindest lückenfüllend eine unmittelbare Wirkung[374] zu (etwa

---

361 An allgemeiner Rechtsposition gibt es lediglich § 29 VwVfG, wonach der Anspruch auf Akteneinsicht verfahrensabhängig ist und ein berechtigtes Interesse voraussetzt, vgl. etwa *Ramsauer* in: Koch/Hofmann/ Reese, § 3 Rn. 110; spezielle Regelungen finden sich außerhalb des UIG etwa in § 88 WHG sowie im Atom(verfahrens)recht, näher *Kluth* in: ders./Smeddinck, § 1 Rn. 172. Zum Nachfolgenden auch *Peters/ Hesselbarth/Peters*, Rn. 91 ff.; allgemein zum Informationsrecht im grenzüberschreitenden und europäischen Kontext *Schoch*, EuZW 2011, 388.

362 *Schrader*, ZUR 2004, 130; näher zum Nachfolgenden aus anwaltlicher Sicht *Tünnesen-Harmes* in: Himmelmann/Tünnesen-Harmes, § 3.

363 ABlEG L 41/26.

364 Convention on Access to Information, Public Participation in Decision-Making and Access to Justice in Environmental Matters v. 26.6.1998, ILM 38 (1999), 517; dazu *Schmidt/Kahl/Gärditz*, § 4 Rn. 148.

365 Ausführlich zu den Anforderungen der RL 2003/4/EG an die nationale Umsetzung *Schrader*, ZUR 2004, 130.

366 Art. 10 RL 2003/4/EG.

367 Art. 1 Gesetz zur Neugestaltung des Umweltinformationsgesetzes und zur Änderung der Rechtsgrundlagen zum Emissionshandel v. 22.12.2004, BGBl. I, S. 3704; Kommentierung jener Neufassung von *Reidt/ Schiller*, Umweltinformationsgesetz, in: Landmann/Rohmer III.

368 Dazu aus Sicht der Föderalismusreform 2006 *Erbguth* in: Ipsen/Stüer, FS Rengeling, S. 35, 36, 37 ff.

369 Vgl. BVerfG, NJW 2003, 41 ff.; dazu *Calliess*, EuGRZ 2003, 181.

370 Hierzu auch *Guckelberger*, NuR 2018, 378, 379 m.w.N.

371 Zu den Informationsfreiheitsgesetzen in Berlin, Brandenburg, Sachsen, Sachsen-Anhalt und Thüringen vgl. *Husein*, LKV 2010, 337; zur Entwicklung vor dem Hintergrund des Informationsfreiheitsgesetzes des Bundes *Schoch*, NVwZ 2013, 1033. Allgemein für ein Umdenken des Staates hinsichtlich der Zugänglichkeit von Informationen *Rossi*, NVwZ 2013, 1263. Zur behördlichen Verbraucherinformation aus europäischem Blickwinkel *Gurlit*, NVwZ 2013, 1267.

372 Zum Informationsfreiheitsgesetz des Bundes, das aber kein spezifisches Instrument des Umweltschutzes darstellt, *Schmidt/Kahl/Gärditz*, § 4 Rn. 147; dieses erfasst auch die Regierungstätigkeit, BVerwG, DVBl. 2012, 176; dazu *Roth*, DÖV 2012, 717. Zu den Umweltinformationsgesetzen der Länder im Vergleich *Schomerus/Tolkmitt*, NVwZ 2007, 1119; vgl. auch *dies.*, DÖV 2007, 985, zur Zugangsvielfalt; Einzelheiten auch bei *Guckelberger*, NuR 2018, 378, 379; zu den Informationsfreiheitsgesetzen des Bundes und der Länder auch *Ramsauer* in: Koch/Hofmann/Reese, § 3 Rn. 112, dort, Rn. 113, zum Verbraucherinformationsgesetz, das ebenfalls nicht dem Umweltrecht zugehört.

373 *Guckelberger*, NuR 2018, 378, 380.

374 Zur unmittelbaren Wirkung von Richtlinien vgl. § 7 Rn. 15.

bei Informationsansprüchen gegenüber Privaten, wenn sie öffentliche Aufgaben wahrnehmen – wie privatisierte Unternehmen in öffentlicher Hand, die Aufgaben der Daseinsvorsorge erledigen).[375] Bemerkenswert ist schließlich, dass der Regelungsansatz
der RL 2003/4/EG Vorbildfunktion für weitere, nicht notwendig umweltspezifische Informationsansprüche entfaltete.[376]

Das Gesetz gewährt nach näherer Maßgabe von §§ 3 ff. UIG jeder Person einen Anspruch auf **freien Zugang** zu **Informationen über die Umwelt**, die bei Stellen öffentlicher Verwaltung vorhanden sind, ohne ein rechtliches Interesse darlegen zu müssen
(sog. **Jedermannrecht der Öffentlichkeit**)[377].[378]

129

▪ **Antragsteller** und damit **anspruchsberechtigt** ist jede Person, d.h. jede natürliche
und juristische Person, unabhängig vom Wohnort und der Staatsangehörigkeit. Dazu zählen in weiter Auslegung neben rein gewerblich orientierten Unternehmen
(„Konkurrenzunternehmen") auch nichtrechtsfähige Personenvereinigungen, sofern
sie organisatorisch hinreichend verfestigt sind,[379] wie Ortsverbände von politischen
Parteien[380] oder Bürgerinitiativen[381] – ferner juristische Personen des öffentlichen
Rechts, wenn sie ein dem Gesetzeszweck entsprechendes Interesse, nämlich die Verbesserung der Transparenz des Verwaltungsverfahrens, und andere Interessen als
die informationspflichtige Stelle verfolgen,[382] ihre Interessenlage also der eines „Jedermann" entspricht.[383]

▪ Gegenstand und Reichweite des Anspruchs bestimmt der Begriff der **Umweltinformationen** (§ 2 Abs. 3 UIG): Er ist weit zu verstehen.[384] Voraussetzung ist zunächst
nur, dass die Informationen bereits bestehen; der Anspruch richtet sich nicht auf Beschaffung und Herstellung von Informationen.[385] Ausreichend ist ein gewisser Umweltbezug der Angaben;[386] damit werden neben unmittelbaren auch mittelbare
Auswirkungen einer Maßnahme erfasst.[387] So unterfallen dem Anspruch Informationen über umweltbezogene Subventionen,[388] Informationen zu Schadstoffrück-
ständen im Verfahren über die Zulassung von Pflanzenschutzmitteln,[389] Angaben
über die wirtschaftliche Realisierbarkeit einer umweltrelevanten Maßnahme,[390] Da-
teien in einer Artenschutzdatenbank für Farn- und Blütenpflanzen,[391] einem Nut-

---

375 So auch *Schrader*, ZUR 2004, 130, 135; *Durner*, ZUR 2005, 285, 285. Insgesamt zu den deutschen Umwelt-
     informationsgesetzen *Louis*, NuR 2013, 77.
376 Dazu *Wegener*, NVwZ 2015, 609 ff.; vgl. *Gurlit*, DV 44 (2011), 75, 77 ff.
377 *Guckelberger*, VerwArch 105 (2014), 411, 423; *Gurlit*, DV 44 (2011), 75, 83; § 2 Abs. 1 Nr. 1 UIG.
378 Näher zu den Zentralbegriffen des Umweltinformationsrechts anhand der Rechtsprechung und damit
     zum Nachfolgenden *Rudisile*, VBlBW 2013, 46; anschaulich insoweit auch *Götze*, LKV 2013, 241.
379 BVerwGE 130, 223.
380 BVerwGE 130, 223, 233 ff.
381 Vgl. hierzu BVerwG, NVwZ 2006, 343.
382 *Guckelberger*, VerwArch 105 (2014), 411, 424.
383 BVerwG, NVwZ 2017, 1775, 1777 f.; nicht anspruchsberechtigt dürften damit juristische Personen des öf-
     fentlichen Rechts sein, die in die allgemeine öffentliche Verwaltung eingegliedert sind und denen kein
     teilautonomer Status zusteht, *Schrader*, in: Schlacke/Schrader/Bunge, Aarhus-Handbuch, § 1 Rn. 100.
384 Hierzu auch *Schrader*, in: Schlacke/Schrader/Bunge, Aarhus-Handbuch, § 1 Rn. 85.
385 BVerfG, NVwZ 2016, 50, 51.
386 EuGH, EuZW 2011, 146; *Fehling*, DVBl. 2017, 79, 82 f.
387 Näher *Murswiek/Ketterer/Sauer/Wöckel*, DV 44 (2011), 235, 262.
388 BVerwGE 108, 369.
389 EuGH, NVwZ 2011, 156.
390 BVerwGE 130, 223: mittelbarer Umweltbezug reicht aus.
391 VGH Mannheim, NuR 2008, 650.

zungsvertrag über eine Windenergieanlage[392] oder Bescheide über die Zuteilung von Emissionsberechtigungen nach dem Treibhausgas-Emissionshandelsgesetz[393].[394]

■ Der Anspruch wird gem. § 4 Abs. 1 UIG durch **Antrag** geltend gemacht. Dieser muss nach § 4 Abs. 2 UIG inhaltlich hinreichend bestimmt sein und insbesondere erkennen lassen, auf welche Umweltinformationen er gerichtet ist. Ein besonderes Interesse setzt der Anspruch nicht voraus.

■ „**Informationspflichtige Stellen**"[395] als Adressaten des Anspruchs sind nicht nur hoheitlich, sondern auch fiskalisch oder (verwaltungs)privatrechtlich handelnde Einrichtungen des Staates.[396] Sie müssen zudem keine spezifischen Umweltzuständigkeiten wahrnehmen; ausreichend ist, dass sie über Umweltinformationen verfügen.[397] Auch natürliche und juristische Personen des Privatrechts können gem. § 2 Abs. 1 Nr. 2 UIG informationspflichtig sein, soweit sie öffentliche Aufgaben wahrnehmen oder öffentliche Dienstleistungen erbringen, die im Zusammenhang mit der Umwelt stehen.[398]

Ausgeschlossen ist der Anspruch allerdings bei gesetzgeberischer Tätigkeit (§ 2 Abs. 1 Nr. 1a) UIG),[399] wobei inzwischen durch den EuGH geklärt ist, dass hiermit nicht nur die Gesetzgebung durch die eigentlichen Gesetzgebungsorgane (Bundestag, Bundesrat) gemeint ist, sondern auch – wiederum unter Zugrundelegung eines funktionalen Verständnisses[400]– die gesetzesvorbereitende Regierungstätigkeit (Ministerien)[401].[402] Das gilt freilich nur für (parlamentarische) Gesetzgebungsverfahren im engeren Sinn, nicht für die Ausarbeitung untergesetzlicher Regelwerke durch Ministerien.[403] Auch Gerichte des Bundes sind, wenn sie Rechtsprechungsaufgaben wahrnehmen, nicht informationspflichtig.[404]

■ Die informationspflichtige Stelle muss bei Bestehen des Anspruchs grundsätzlich innerhalb von **einem Monat**, bei umfangreichen und komplexen Anspruchsbegehren mit Ablauf von zwei Monaten ab Eingang des Antrags die Information bereitstellen (§ 3 Abs. 3 UIG), ansonsten innerhalb dieser Fristen einen Ablehnungsbescheid erteilen (§ 5 Abs. 1 UIG). Sie kann Akteneinsicht geben, Auskünfte erteilen oder sonstige Informationsträger zur Verfügung stellen (§ 3 Abs. 2 S. 1 UIG). Die Art des In-

---

392 OVG Koblenz, NVwZ 2017, 644, 645.
393 BVerwGE 135, 34, 39 f.
394 Ferner EuGH, EuZW 2011, 146; BVerwGE 130, 223: auch vorbereitende wirtschaftliche Analysen und Angaben zur Finanzkraft des Vorhabenträgers; dazu *Kahl*, JZ 2010, 668, 671 f.; ferner: Daten über Vorgänge im Zusammenhang mit einer umweltrelevanten Maßnahme, auch vor dem hierauf gerichteten Planfeststellungsverfahren und ohne Eingang in den Planfeststellungsbeschluss, OVG Berlin-Brandenburg, NVwZ 2012, 80.
395 Legaldefiniert in § 2 Abs. 1 UIG.
396 Vgl. § 2 Abs. 1 UIG; zum umfassenden Verständnis vgl. BVerwG, NVwZ 2012, 251; auch der EuGH, ZUR 2014, 230, 234 betont eine funktionale Begriffsauslegung.
397 Dazu *Guckelberger*, VerwArch 105 (2014), 411, 427 f.
398 Näher *Schrader*, in: Schlacke/Schrader/Bunge, Aarhus-Handbuch, § 1 Rn. 107 ff.
399 Etwa gesetzesvorbereitende Tätigkeit eines Bundesministeriums, BVerwG, ZUR 2012, 675 ff.
400 *Guckelberger*, NuR 2018, 378, 384.
401 Solange das betreffende Gesetzgebungsverfahren noch nicht abgeschlossen ist, EuGH, NVwZ 2012, 491 (auf Vorlagebeschluss BVerwG, NuR 2009, 481); BVerwG, NuR 2012, 849; *Hellriegel*, EuZW 2012, 456.
402 Zur Frage, inwieweit parlamentarische Untersuchungsausschüsse informationspflichtige Stellen sind, vgl. ausführlich *Gärditz*, NVwZ 2015, 1161 ff.; zur Informationspflicht von Rechnungshöfen *Guckelberger*, NuR 2018, 378, 384.
403 EuGH, NVwZ 2013, 1069, 1070: Weil bei untergesetzlichen Normierungen keine Information der Öffentlichkeit wie im „eigentlichen" Gesetzgebungsverfahren stattfindet; vgl. dazu *Guckelberger*, VerwArch 105 (2014), 411, 431; mit rechtsdogmatischer Kritik *Ekardt*, NVwZ 2013, 1591, 1592 f.
404 § 2 Abs. 1 Nr. 1b UIG.

formationszugangs vermag in erster Linie der Antragsteller zu bestimmen (§ 3 Abs. 2 S. 2 UIG).

Beschränkungen zum Schutz öffentlicher Belange enthält § 8 UIG, während § 9 UIG   130
den Schutz sonstiger Belange, auch personenbezogener Daten gewährleistet.[405] Es handelt sich um Tatbestandsvoraussetzungen der Entscheidung über den (Informations-)Antrag; bei Vorliegen eines Ausnahmegrundes muss das Begehren mithin abgelehnt werden.[406] Die Ablehnungsgründe sind eng auszulegen.[407] Die Darlegungspflicht liegt bei der informationspflichtigen Stelle.[408] Stets ist bei der Auslegung der Ablehnungsgründe im Einzelfall das öffentliche Interesse an der Bekanntgabe mit dem an der Ablehnung des Antrags abzuwägen.[409]

Ein Zugangsanspruch besteht gem. § 8 Abs. 1 S. 1 Nr. 1 UIG nicht, wenn die Bekanntgabe nachteilige Auswirkungen auf die internationalen Beziehungen, die Verteidigung oder bedeutsame Schutzgüter der öffentlichen Sicherheit der Bundesrepublik Deutschland hat. So kann unter Berufung auf diesen Ausschlussgrund die Herausgabe von Mahnschreiben der Kommission gegenüber Deutschland in einem Vertragsverletzungsverfahren verweigert werden.[410] Der Begriff der öffentlichen Sicherheit ist unter dem Eindruck der Rechtsprechung des EuGH restriktiver auszulegen als im allgemeinen, nationalen Gefahrenabwehrrecht.[411] Gem. § 8 Abs. 1 S. 1 Nr. 2 UIG besteht ferner ein Ausschlussgrund, wenn der Schutz der Vertraulichkeit der behördlichen Beratungen gefährdet ist, also ernsthafte, konkrete Gefährdungen der geschützten Belange drohen. Erfasst ist damit nicht das gesamte Verwaltungsverfahren[412], sondern der behördeninterne Verwaltungsvorgang als solcher.[413] Der Ausschlussgrund ist deshalb regelmäßig nicht einschlägig, wenn ein Verwaltungsverfahren abgeschlossen ist. So konnte sich das Bundeskanzleramt auf diesen Ausschlussgrund nicht gegenüber einem Kernkraftwerksbetreiber berufen, dessen Zugangsanspruch darauf gerichtet war, haftungsrechtlich relevante Informationen über den Ausstieg aus der Atomenergie zu erhalten.[414] Nach § 8 Abs. 1 S. 1 Nr. 3 UIG besteht der Anspruch ferner nicht, wenn die Preisgabe der Informationen nachteilige Auswirkungen auf die Durchführung eines laufenden Gerichtsverfahrens, den Anspruch einer Person auf ein faires Verfahren oder die Durchführung strafrechtlicher, ordnungswidrigkeitsrechtlicher oder disziplinarrechtlicher Ermittlungen hätte, soweit das öffentliche Interesse an der Bekanntgabe nicht überwiegt (§ 8 Abs. 1 S. 1 UIG).[415] Wird durch das Bekanntwerden der Informationen möglicherweise der Prozesserfolg eines gerichtlichen oder außergerichtlichen

---

405   Dazu näher *Guckelberger*, NuR 2018, 436; *Rudisile*, VBlBW 2013, 46, 48 ff.; zur staatshaftungsrechtlichen Seite insoweit *Kümper*, ZUR 2012, 395.
406   Vgl. nur *Schmidt/Kahl/Gärditz*, § 4 Rn. 156.
407   OVG Schleswig, NVwZ 1999, 670; OVG Münster, NVwZ 2011, 375; BVerwG, NVwZ 2013, 431, 433; *Guckelberger*, VerwArch 105 (2014), 411, 434 ff.
408   BVerwG, NVwZ 2013, 431, 433.
409   *Schrader*, in: Schlacke/Schrader/Bunge, Aarhus-Handbuch, § 1 Rn. 119.
410   OVG Berlin-Brandenburg, ZUR 2016, 173 ff.; bestätigend BVerwG, ZUR 2017, 32; zu Recht ablehnend *Wegener*, ZUR 2016, 153, 155 f.
411   *Guckelberger*, NuR 2018, 436, 437 m.w.N.
412   EuGH, NuR 2017, 547, 552.
413   BVerwG, NuR 2012, 849, 851, dort auch zu weiteren Präzisierungen des Umfangs des Ausschlussgrundes.
414   Es handelte sich hierbei auch nicht um eine offensichtlich missbräuchliche Antragstellung i.S.v. § 8 Abs. 2 Nr. 1 UIG, nur weil der Antragsteller die Informationen für spätere Gerichtsverfahren zu nutzen beabsichtigte, vgl. OVG Berlin-Brandenburg, ZUR 2016, 170 ff., vgl. dazu *Wegener*, ZUR 2016, 153 ff.
415   Zur insoweit den Informationsanspruch tendenziell weiter einengenden Rechtsprechung *Schmidt/Wörn*, NuR 2008, 770; zur Rückbindung dieses Ausschlussgrundes an das Recht auf ein faires Verfahren aus Art. 47 Abs. 2 GRCh EuGH, NVwZ 2014, 865, 866.

(Schieds-)Verfahrens gefährdet, so greift der Ausschlussgrund nicht.[416] Schließlich kann der Antrag gem. § 8 Abs. 1 S. 1 Nr. 4 UIG auch dann abzulehnen sein, wenn die Bekanntgabe nachteilige Auswirkungen auf den Zustand der Umwelt und ihre Bestandteile hätte.[417]

§ 8 Abs. 2 UIG betrifft Ablehnungsgründe, die nicht an den Inhalt der Information, sondern den Antrag selbst anknüpfen; die Missbrauchsklausel, § 8 Abs. 2 Nr. 1 UIG, erfordert dabei nach der Rechtsprechung des EuGH neben objektiven Umständen ein subjektives Element.[418]

Grundrechtlich geschützte Interessen der durch das Informationszugangsrecht betroffenen Dritten, etwa von Unternehmen, berücksichtigt § 9 Abs. 1 S. 1 Nr. 1-3 UIG[419]: Werden durch das Bekanntgeben der Informationen personenbezogene Daten offenbart und wird dadurch das Interesse der Betroffenen erheblich beeinträchtigt, ist der Informationsanspruch ausgeschlossen. Diese beiden Voraussetzungen müssen kumulativ vorliegen.[420] Dasselbe gilt, wenn der Schutz des geistigen Eigentums und hier insbesondere Urheberrechte entgegenstehen.[421] Ebenso wenig dürfen Betriebsgeheimnisse[422] und Geschäftsgeheimnisse[423] oder Informationen, die dem Steuergeheimnis oder dem Statistikgeheimnis unterliegen, zugänglich gemacht werden.[424] Etwas anderes gilt nur, wenn die Betroffenen einer Bekanntgabe zugestimmt haben oder das öffentliche Interesse an der Bekanntgabe überwiegt. Ein Zugangsbegehren gerichtet auf Informationen über Emissionen kann nicht aus Gründen des § 9 Abs. 1 S. 1 Nr. 1–3 UIG abgelehnt werden (§ 9 Abs. 1 S. 2 UIG).[425]

Für die tatsächliche Übermittlung von Informationen erwächst grundsätzlich eine Kostenpflichtigkeit (§ 12 Abs. 1 S. 1 UIG). Auf Gebühren und Auslagen ist aber zu verzichten, wenn es sich u.a. um die Erteilung mündlicher und einfacher schriftlicher Auskünfte handelt oder um die Einsichtnahme in Umweltinformationen vor Ort (§ 12 Abs. 1 S. 2 UIG).

IV. Staatliche Eigenvornahme

131 Die Steuerung des Handelns Privater reicht in bestimmten Bereichen allein nicht aus, um den Belangen des Umweltschutzes ausreichend Rechnung zu tragen. Hinzutreten müssen staatliche Aktivitäten. Dazu gehört, dass bei **Gefahr im Verzug** durch staatliche Eigenvornahme der Eintritt erheblicher Umweltschäden abgewendet wird.[426]

- Einen Kernbereich staatlicher Eigenvornahme bildete lange Zeit die Sicherung der **Entsorgung**. Zwischenzeitlich ist der Staat hier jedoch auf dem Rückzug, weil sich

---

416 OVG Berlin-Brandenburg, ZUR 2016, 170, 171 f.
417 Beispiele hierzu bei *Schrader*, in: Schlacke/Schrader/Bunge, Aarhus-Handbuch, § 1 Rn. 148.
418 EuGH, EuZW 2016, 699, 700; dies gilt z.B. auch für § 5 UmwRG, dazu § 6 Rn. 5.
419 *Schmidt/Kahl/Gärditz*, § 4 Rn. 158: „verfassungsrechtliche Wertentscheidungen".
420 *Guckelberger*, NuR 2018, 508, dort auch ausf. zum Folgenden.
421 Die Prüfpflicht liegt insoweit bei der informationspflichtigen Stelle, *Guckelberger*, NuR 2018, 508, 509.
422 Technisches Wissen, OVG Koblenz, ZUR 2013, 104, 105.
423 Kaufmännisches Wissen, OVG Koblenz, wie vor; bereits dann, wenn die Information Rückschlüsse auf Geschäftsgeheimnisse zulässt (gilt entsprechend bei Betriebsgeheimnissen), BVerwGE 135, 34.
424 Dies bildet in der Praxis den wichtigsten Ausschlussgrund, dazu *Guckelberger*, NuR 2018, 508, 510 mit Beispielen aus der Rspr.; näher *Schrader*, in: Schlacke/Schrader/Bunge, Aarhus-Handbuch, § 1 Rn. 182 ff.
425 Zum Nebeneinander von Umweltinformationsanspruch und allgemeinem Akteneinsichtsrecht (§ 29 VwVfG) und Beteiligungsrechten im Planfeststellungsverfahren *Murswiek/Ketterer/Sauer/Wöckel*, DV 44 (2011), 235, 268 ff.
426 Hierzu *Kloepfer*, Umweltrecht, § 5 Rn. 1693.

gezeigt hat, dass die Eigenvornahme durch die öffentliche Hand nicht notwendig die umweltverträglichste und kostengünstigste Lösung darstellt. Die Verwertung und (ggf.) Beseitigung von Abfällen ist nach dem Abfallrecht den Erzeugern und Besitzern von Abfällen überantwortet. Überdies sind weitgehende Möglichkeiten der Beauftragung von Privaten, Verbänden und öffentlich-rechtlichen Kammern sowie zur Übertragung der Entsorgung auf diese geschaffen worden. Die Entsorgungsverantwortung für Haushaltsabfälle obliegt freilich den Trägern der öffentlichen Abfallentsorgung, weil diesen die Abfälle grundsätzlich überlassen werden müssen.[427] Die nukleare Entsorgung stellt ebenfalls eine Aufgabe der öffentlichen Verwaltung dar (§ 9a Abs. 3 S. 1 AtG). Nicht ausgeschlossen ist allerdings, dass sich die verantwortlichen Körperschaften zur Erfüllung dieser Pflichten Dritter bedienen. Ihre Verantwortlichkeit bleibt dabei in Form von Aufsichtspflichten bestehen. Auch die Abwasserbeseitigungspflicht liegt gem. § 56 WHG nur im Grundsatz bei den öffentlich-rechtlichen Stellen;[428] die meisten Landeswassergesetze ermöglichen es den Gemeinden, gefährliches gewerbliches Abwasser von der Beseitigungspflicht auszuschließen. Ohnehin können sich die zur Abwasserbeseitigung Verpflichteten schon nach Bundesrecht zur Erfüllung ihrer Pflichten Dritter bedienen, § 56 S. 3 WHG.

▪ Des Weiteren erbringt die Verwaltung eine Vielzahl an **Dienstleistungen,** wie etwa das Aufstellen öffentlicher Abfallbehälter.

▪ Letztendlich fördert der Staat variantenreich die **Weiterentwicklung** des Umweltschutzes. Öffentliche Einrichtungen führen Forschungsprojekte durch, sammeln umwelterhebliche Daten und werten diese aus. Behörden informieren die Öffentlichkeit über die Entstehung, Vermeidung oder Beseitigung von Umweltbelastungen.

WIEDERHOLUNGS- UND VERSTÄNDNISFRAGEN

> Worin unterscheiden sich planerische Instrumente von solchen der direkten und indirekten Verhaltenssteuerung? (Rn. 2; 3 ff.; 20; 81)

> Worin liegt die Bedeutung der Umweltplanung? (Rn. 11 ff.)

> Warum und in welcher Hinsicht sind präventive und repressive Verbote zu unterscheiden? (Rn. 32 ff.)

> Welche Arten von Zulassungsverfahren gibt es und worin liegen ihre Unterschiede? (Rn. 36 ff.)

> Welche besonderen Rechtswirkungen kommen dem Planfeststellungsverfahren zu? (Rn. 49 ff.)

> Was sind die Besonderheiten von UVP und SUP? (Rn. 62 ff.; 73 ff.)

> Welches sind die Instrumente indirekter Verhaltenssteuerung und worin liegen ihre Vor- und Nachteile? (Rn. 81 ff.)

---

427 Näher zu alldem § 12 Rn. 75 ff.
428 Zur Abwasserbeseitigung in privater Hand *Nickel/Kopf,* ZUR 2003, 401.

§ 6 Rechtsschutz im Umweltrecht

1 Das Umweltrecht ist durch **Interessengegensätze** geprägt. Ob ein Landkreis eine neue Deponie errichtet oder ein Privater eine Autolackiererei eröffnet: In beiden Fällen werden Andere – die Nachbarn – hierdurch betroffen, freilich qualitativ und quantitativ sehr unterschiedlich. Betroffen ist auch derjenige, dem die Verwirklichung eines umweltrelevanten Vorhabens durch die Verwaltung versagt wird. Die Notwendigkeit der Lösung der aus diesen Konstellationen entstehenden Konflikte und (Gerichts-)Streitigkeiten erhellt die Bedeutung des **Rechtsschutzes im Umweltbereich**.[1] Hinzu tritt die gewichtige Rolle, die **Umweltverbände** für die gerichtliche Durchsetzung des Umweltrechts spielen.

Es wäre zu kurz gegriffen, den Begriff des Rechtsschutzes nur auf den gerichtlichen Bereich zu beziehen. Gerade im Umweltrecht findet Rechtsschutz im weiteren Sinne vielmehr schon im Zuge des **Verwaltungsverfahrens** statt (sog. vorverlagerter Rechtsschutz; besser: Rechtswahrung[2]).[3] Bereits hier hat der Bürger im Rahmen seiner **Mitwirkungsrechte** die Möglichkeit, Einwendungen vorzubringen. Versäumt er dies, kann er damit präkludiert sein.[4]

I. Rechtsschutz im Verwaltungsverfahren

2 Zahlreiche Umweltgesetze sehen eine Beteiligung Dritter im Rahmen des Verwaltungsverfahrens vor. Die Anhörung Drittbetroffener soll der Behörde zunächst Informationen vermitteln, die zu einer umfassenden Ermittlung der meist komplexen Sachverhalte beitragen. Vor allem aber ist es **Sinn** der Mitwirkung, eine frühzeitige und angemessene Berücksichtigung von Rechtspositionen und Interessen Dritter bei der Entscheidungsfindung zu ermöglichen.[5]

3 ▶ **FALL 7:** Die anerkannte Naturschutzvereinigung N ist in einem 2010 durchgeführten Planfeststellungsverfahren für die Änderung der Trasse eines Autobahnteilstücks, das auf Grundlage eines Planfeststellungsbeschlusses (PFB) aus 1995 gebaut wurde, ordnungsgemäß beteiligt worden. Nach Erlass des Planfeststellungsbeschlusses kommen der Planfeststellungsbehörde Zweifel, ob die vorangegangenen Untersuchungen die Abwägungsentscheidung zugunsten der neuen, gewählten Trassenvariante tragen. Aus diesem Grund führt die Behörde ein weiteres Planfeststellungsverfahren für das betreffende Autobahnteilstück zu dem Zweck durch, etwaige Abwägungsfehler des PFB von 1995 zu beheben. Im neuen Planfeststellungsverfahren werden u.a. umfangreiche, auch Naturschutzfragen betreffende Untersuchungen zu einer bisher nicht einbezogenen Streckenvariante vorgenommen. Im Ergebnis finden sich die letztgenannte wie die bereits im früheren Verfahren untersuchten Alternativen verworfen und es wird an der Trasse des PFB von 1995 festgehalten.

---

1 Dazu *Eifert* in: Schoch, Besonderes Verwaltungsrecht, 5. Kap., Rn. 171 ff. Zu aktuellen Entwicklungen *Schlacke*, NVwZ 2017, 905 ff.; *Guckelberger*, Funktionswandel der Verwaltungsgerichtsbarkeit unter dem Einfluss des Unionsrechts – Umfang des Verwaltungsrechtsschutzes auf dem Prüfstand; *Franzius*, DVBl. 2018, 410 ff.
2 Dazu *Erbguth*, VVDStRL 61 (2002), S. 221, 246, 251; eine kompensatorische Funktion für das Gerichtsverfahren lässt sich dann daraus nicht ableiten, anders BVerwG, NVwZ 2012, 176, 177: Einwendungsbefugnis kommt vorgezogenem Rechtsschutz gleich, der den gerichtlichen Rechtsschutz ergänzt.
3 Auch BVerfG, NVwZ 1988, 427, 428.
4 Vgl. Rn. 5, insbesondere zu unionsrechtlichen Vorgaben in Bezug auf Präklusionsvorschriften.
5 Vgl. *Seibert-Fohr*, VerwArch 104 (2013), 311 ff.; für einen eigenständigen demokratischen Gehalt in Planfeststellungsverfahren plädiert *Groß*, DÖV 2011, 510, 511; ebenso für das Planungsrecht *Haug/Schadtle*, NVwZ 2014, 271 ff.; *Erbguth*, UPR 2018, 121 ff.

Die Planfeststellungsbehörde ist der Ansicht, dass beide Verfahren eine Einheit bildeten. Letztlich knüpfe das neue Planfeststellungsverfahren an das alte an, und zwar in einem Stadium, das bereits nach der förmlichen Beteiligung liege. Daher sei N nicht erneut beteiligt worden. Ist die Rechtsauffassung der Planfeststellungsbehörde zutreffend?[6] ◄

1. Beteiligungsrechte

Beteiligungsrechte haben in den Umweltgesetzen unterschiedliche Ausgestaltung gefunden. Die fachgesetzlich vorgesehene Beteiligung kann dabei auf Betroffene beschränkt sein, etwa im Falle des § 18 Abs. 1 S. 2 UVPG, demgemäß die „betroffene Öffentlichkeit" im Rahmen der Beteiligung Gelegenheit zur Äußerung erhält. Denkbar ist aber auch, dass jedermann zur Erhebung von Einwendungen berechtigt ist. Dies gilt etwa bei der Genehmigung von Großanlagen. So setzt § 10 Abs. 3 S. 4 BImSchG keine (potenzielle) Betroffenheit voraus; „die Öffentlichkeit", also jedermann, kann Einwendungen erheben. Eröffnet ist damit eine Popularbeteiligung.[7]

4

Die Möglichkeit der Erhebung von Einwendungen ist in aller Regel an Fristen gebunden. So sieht z.B. § 10 Abs. 3 S. 4 BImSchG eine Einwendungsfrist von bis zu 2 Wochen nach der einmonatigen Auslegungsfrist vor, für Anlagen nach der IE-Richtlinie sogar bis zu einem Monat; nach ihrem Ablauf ist die Berücksichtigung von Einwendungen im Genehmigungsverfahren ausgeschlossen (§ 10 Abs. 3 S. 5 BImSchG). Dieser Ausschluss, die sog. **Präklusion**, zeigt sich hier als formelle Präklusion, beschränkt auf das Genehmigungsverfahren. Sie kann auch in materieller Form zusätzlich den Verwaltungsprozess erfassen (§ 73 Abs. 4 S. 3 VwVfG). Letztere ist im Umweltrecht unionsrechtlich bedingt mittlerweile die Ausnahme.[8] **Formelle** (verfahrensrechtliche) **Präklusion** liegt vor, wenn die gesetzliche Regelung festlegt, dass die Versäumung zum Ausschluss von Einwendungen im Zulassungsverfahren führt; das beinhaltet auch einen Ausschluss des Anspruchs auf Erörterung der Einwendungen im Rahmen des Verwaltungsverfahrens.[9] Die Behörde ist überdies rechtlich nicht gehindert, auch die verspätet erhobenen Einwendungen im Erörterungstermin zu behandeln.[10] Verspätet oder gar nicht erhobene Einwendungen können jedenfalls im Widerspruchsverfahren und im Verwaltungsprozess noch geltend gemacht werden, sofern die sonstigen Voraussetzungen (etwa die Klagebefugnis, § 42 Abs. 2 Hs. 2 VwGO oder § 2 Abs. 1 UmwRG) gegeben sind. Da der Zugang zu den Gerichten in vollem Umfang erhalten bleibt, ist die grundgesetzliche Rechtsschutzgarantie (Art. 19 Abs. 4 GG) nicht berührt.

5

Demgegenüber tritt **materielle Präklusion** oder Verwirkungspräklusion ein, wenn das Gesetz zusätzlich die Rechtsfolge der Fristversäumnis – Einwendungsausschluss in Bezug auf das gerichtliche Verfahren – normiert (vgl. § 73 Abs. 4 S. 3 VwVfG).[11] Da der Bürger in diesen Fällen daran gehindert wird, im Klageverfahren Einwendungen zu erheben, deren Geltendmachung er im Verwaltungsverfahren versäumt hat, stößt die materielle Präklusion unter dem Gesichtspunkt der Rechtsschutzgarantie des Art. 19

---

6 Nach BVerwG, DVBl. 1997, 714.
7 Vgl. nur *Jarass*, BImSchG, § 10 Rn. 84 m.w.N.; zum Planfeststellungsverfahren § 5 Rn. 41; zu den Besonderheiten der Öffentlichkeitsbeteiligung in der Raumordnung *Schlacke*, NWVBl. 2007, 420 ff.
8 Siehe unten, ferner *Schlacke*, DV 51 (2018, i.E.).
9 *Hoppe/Beckmann/Kauch*, § 11 Rn. 19.
10 BVerwGE 26, 302, 303.
11 Vgl. zur Unterscheidung zwischen formeller und materieller Präklusion etwa *Jarass*, BImSchG, § 10 Rn. 92 ff.; *Siegel*, NVwZ 2016, 337 ff.; vgl. ferner § 9 Rn. 67.

Abs. 4 GG auf Bedenken.[12] Das gilt umso mehr, wenn strenge Anforderungen an die Dezidiertheit der Einwendungen (Substantiierungspflicht) bei gleichzeitig knapp bemessenen Auslegungs- und Einwendungsfristen[13] gestellt werden.[14] Die herrschende Meinung hält sie gleichwohl für verfassungsgemäß.[15]

Im Hinblick auf das – unionsrechtlich begründete – Umweltrecht gelten für materielle Präklusionsvorschriften indes andere Maßstäbe als im allgemeinen Verwaltungsverfahrensrecht. Unionsrechtlicher Ausgangspunkt sind Art. 11 UVP-Richtlinie sowie Art. 25 IE-Richtlinie[16], die die gerichtliche Überprüfungsfähigkeit von Verwaltungsentscheidungen, die im Anwendungsbereich der Richtlinien ergehen, anordnen.[17] Der EuGH liest diese Anordnung als einen Grundsatz effektiver Rechtsschutzgewährung im europäischen Umweltrecht: Er stellt heraus, dass die unionsrechtlichen Vorschriften nicht zulassen, dass die Gründe, auf die ein Rechtsbehelf gestützt wird, beschränkt werden.[18] Materielle Präklusionsvorschriften stellen aber besondere Bedingungen auf – nämlich die Erhebung von Einwendungen innerhalb der Frist – und schränken die gerichtliche Kontrolle damit in einer dem Unionsrecht zuwiderlaufenden Weise ein.[19] Auch können nach Auffassung des Gerichtshofs weder der Grundsatz der Rechtssicherheit noch die Effizienz des Verwaltungsverfahrens derartige Präklusionsvorschriften rechtfertigen.[20] Denn das Ziel der UVP- und IE-Richtlinien, rechtssuchenden Bürgern einen möglichst weiten Zugang zu gerichtlicher Überprüfung zu geben und eine umfassende materiell- und verfahrensrechtliche Kontrolle der Rechtmäßigkeit der angefochtenen Entscheidung zu ermöglichen, ist mit Vorschriften, die eine Verwirkung von Verfahrensrechten vorsehen (= Präklusion), nicht erreichbar.

Für das nationale Umweltrecht haben diese unionsrechtlichen Vorgaben zur Konsequenz, dass kaum mehr materielle Präklusionsvorschriften bestehen.[21] Zur Anpassung an das Unionsrecht wurden materielle Präklusionsanordnungen für Bebauungspläne (vgl. § 3 Abs. 2 S. 2 BauGB a.F.) oder im Immissionsschutzrecht (vgl. § 10 Abs. 3 S. 5 BImSchG a.F.) gestrichen[22]; im Baurecht verbleibt es gem. § 3 Abs. 3 BauGB bei einer materiellen Präklusion zulasten von Umweltvereinigungen in Bezug auf Flächennutzungspläne. Im Gegenzug hat der Gesetzgeber vermehrt von der unionsrechtlich unbedenklichen Einführung formeller Präklusionsvorschriften Gebrauch gemacht, z.B. in § 3 Abs. 2 S. 2 BauGB.

Geht es um die Geltendmachung von Verfahrensverletzungen i.S.d. § 4 Abs. 3 S. 1 i.V.m. § 4 Abs. 1 bis 2 UmwRG, bleibt für eine materielle Präklusion infolge der

---

12 Etwa *Solveen*, DVBl. 1997, 803 ff.

13 Vgl. § 10 Abs. 3 S. 2, 4 BImSchG: ein Monat Auslegungs-, zwei Wochen Einwendungsfrist.

14 So BVerwG, NVwZ 2012, 176, 178, zulasten von Umweltverbänden; kritisch *Seibert*, DVBl. 2013, 605, 606.

15 BVerfGE 61, 82, 91; *Siegel*, NVwZ 2016, 337, 338; vgl. § 9 Rn. 67; für die wasserrechtliche Planfeststellung VGH München, BayVBl. 2012, 569.

16 Zu diesen Richtlinien § 7 Rn. 26.

17 Bzgl. der UVP-RL umfasst der Anwendungsbereich Vorhaben, die einer Umweltverträglichkeitsprüfung unterliegen, bzgl. der IE-RL geht es im Kern um industrieanlagenbezogene Genehmigungen; ausf. zur IE-RL *Wagner*, Das integrierte Konzept der IE-Richtlinie und seine Umsetzung im deutschen Recht.

18 EuGH, NVwZ 2011, 801, 802 Rn. 37 m. Anm. *Schlacke*, NVwZ 2011, 804 f.; EuGH, ZUR 2016, 33, 39 Rn. 76 f.; erläuternd *Ruffert*, JuS 2015, 1138 ff.

19 EuGH, ZUR 2016, 33, 39 f. Rn. 75 ff.

20 EuGH, ZUR 2016, 33, 39 f. Rn. 79 f.

21 Ausf. zu einzelnen, noch bestehenden Präklusionsregelungen *Schlacke* in: Gärditz, VwGO, § 2 UmwRG Rn. 4 ff.

22 Mit Bedeutung nicht nur für das Umwelt-, sondern für das allgemeine Verwaltungsprozessrecht wurde überdies die Präklusionsanordnung im Normenkontrollverfahren, § 47 Abs. 2a VwGO a.F., aufgehoben.

Rechtsprechung des EuGH lediglich noch Raum in den Bahnen des § 5 UmwRG. Danach bleiben Einwendungen, die erstmals im gerichtlichen Verfahren erhoben werden, unberücksichtigt, wenn die erstmalige Geltendmachung im Rechtsbehelfsverfahren missbräuchlich oder unredlich ist.[23] Diese **Missbrauchsklausel** wird in der Praxis jedoch restriktiv auszulegen sein[24], insbesondere ist ein subjektives Element zu fordern.[25] Rechtsmissbräuchliches Verhalten dürfte deshalb bei arglistigem Verschweigen von Einwendungen im Verwaltungsverfahren zu bejahen sein, wenn der Kläger sich Vorteile im Klageverfahren zu verschaffen sucht. Allein der Umstand, dass ein späterer Kläger Einwendungen zunächst nicht erhebt, aber im Laufe des Verwaltungsverfahrens erfahrener wird, gewissermaßen also „dazulernt", und sein Verhalten hieran anpasst, reicht für die Begründung eines Rechtsmissbrauchs nicht aus.[26] Diese Eröffnung einer Beschränkung des nationalen Gerichtszugangs dürfte somit auf krasse Ausnahmefälle begrenzt sein.[27]

2. Beteiligung von Vereinigungen

Die nach den Vorgaben des § 3 UmwRG durch den Bund oder ein Bundesland anerkannten **Umweltschutzvereinigungen** verfügen über Beteiligungsrechte im Verwaltungsverfahren, soweit dies gesetzlich zugelassen ist. Eine derartige Verbandsbeteiligung sieht § 63 BNatSchG vor.[28] Die dort vorgesehene Mitwirkung von Naturschutzvereinigungen bezieht sich u.a. auf die Vorbereitung untergesetzlicher naturschutzrechtlicher Vorschriften, auf naturschutzrechtliche Planungen und Einzelakte sowie auf Planfeststellungsverfahren für Vorhaben, die mit Eingriffen in Natur und Landschaft verbunden sind. Die **Mitwirkungsposition** der Vereinigungen richtet sich auf ein Recht zur **Stellungnahme** und ein Recht auf **Einsicht** in die einschlägigen Sachverständigengutachten. Sie erschöpft sich indes nicht in diesen Rechten: Vereinigungen sind nach dem Verständnis des BVerwG vielmehr zugleich Verwaltungshelfer, die ihren naturschutzfachlichen Sachverstand in die Vorbereitung behördlicher Entscheidungen einbringen.[29] Dies ist nunmehr auch im positiven Recht anerkannt: So sieht etwa § 10 Abs. 3a BImSchG vor, dass anerkannte Umweltvereinigungen die Behörden in einer dem Umweltschutz dienenden Weise unterstützen sollen. Eine Mitwirkungspflicht, die im Falle der Nichtbeachtung rechtlich sanktioniert werden kann, etwa im Wege der Präklusion, stellt diese Unterstützungsaufforderung jedoch nicht dar.[30]

6

Inzwischen hat das Unionsrecht eine Verbandsbeteiligung auch bei **UVP-** und **SUP-pflichtigen** Vorhaben nach sich gezogen (§§ 18 Abs. 1, 42 Abs. 1 UVPG).[31] Überdies gehen die Umweltverbände in der Praxis häufig dazu über, einwendungsbefugte Personen inhaltlich und finanziell zu unterstützen.[32] Ein weiteres Mittel der Einflussnahme ist der Erwerb eines Grundstücks in der Nähe einer zu genehmigenden Großanlage mit der Folge, dass der Verband dann als Eigentümer der Liegenschaft einwendungs- und

---

23 Die Möglichkeit einer solchen Missbrauchsklausel hatte der EuGH in seinem die deutschen Präklusionsregelungen verwerfenden Urteil ausdrücklich eingeräumt, s. EuGH, ZUR 2016, 33, 40 Rn. 81.
24 *Berkemann*, DVBl. 2016, 205, 213; *Heß/Brigola*, NuR 2017, 729, 732.
25 *Schlacke*, DV 51 (2018, i.E.).
26 VG Osnabrück, ZUR 2016, 238, 241.
27 *Klinger*, ZUR 2016, 42, 43; weiterführend zur Präklusion *Durner*, UTR 133 (2017), S. 125 ff.
28 Vgl. § 10 Rn. 63 f.
29 BVerwG, NVwZ 2015, 1532, 1534 Rn. 25.
30 *Jarass*, BImSchG, § 10 Rn. 91.
31 Dazu bereits § 5 Rn. 66, 73.
32 Hierzu § 4 Rn. 23.

ggf. auch klage- bzw. antragsbefugt (§ 47 VwGO) ist; Letzteres scheidet nach der Rechtsprechung des BVerwG aus, wenn der Eigentumserwerb erkennbar allein dem Führen des Rechtsstreits diente, also das Eigentum nur zum Schein übertragen wurde (sog. Sperrgrundstücksklagen).[33] In seiner „Garzweiler II"-Entscheidung verdeutlicht das BVerfG indes zu Recht, dass es unerheblich ist, aus welchen Gründen ein Grundstück erworben wird. Allein im Ausnahmefall des Art. 18 GG kann der Grundstückseigentümer sein Eigentumsrecht verwirken.[34]

Darüber hinaus steht den Verbänden immer dann ein Recht auf Beteiligung zu, wenn die Umweltgesetze eine Öffentlichkeitsbeteiligung eröffnen.[35]

▶ **ZU FALL 7:** Zutreffend ist die Auffassung der Planfeststellungsbehörde, dass es sich bei dem zweiten, der Änderung dienenden Verfahren um einen unselbstständigen Abschnitt des einheitlichen Gesamtverfahrens handelt. Allerdings erscheint die Sichtweise, allein aus dem Umstand, dass N bereits in einem früheren Verfahrensstadium beteiligt worden ist, folge die Entbehrlichkeit einer erneuten Einbeziehung, zu formal. Anerkannte Naturschutzvereinigungen[36] sollen mit ihrem Sachverstand flankierend zu den Naturschutzbehörden die Belange des Naturschutzes und der Landschaftspflege in das Verfahren einbringen.[37] Dies setzt voraus, dass ihnen auf der Grundlage sämtlicher für die naturschutzrechtliche Beurteilung wesentlichen Unterlagen Gelegenheit zur Äußerung gegeben wird. Das Erfordernis einer erneuten Beteiligung von Naturschutzvereinigungen in einem weiteren Verfahrensabschnitt hängt daher davon ab, ob sich hier zusätzliche naturschutzrechtliche Fragen stellen, zu deren Behandlung sachverständige Stellungnahmen der Naturschutzverbände geboten erscheinen. Das ist gerade der Fall, wenn die Planfeststellungsbehörde es für notwendig erachtet, neue, den Naturschutz betreffende Untersuchungen anzustellen, deren Ergebnisse in das Verfahren einzuführen und die Planungsentscheidung darauf zu stützen. Infolgedessen war N erneut zu beteiligen. ◀

II. Rechtsschutz durch die Verwaltungsgerichte

1. Allgemeines

7   Nachfolgend geht es um den verwaltungsgerichtlichen Rechtsschutz im nationalen Recht[38];[39] zivilrechtliche und -gerichtliche Aspekte bleiben außer Betracht, weil das öffentliche Recht meist unmittelbaren Einfluss auf die privatrechtlichen Rechtsbeziehungen hat. So schließt eine unanfechtbar gewordene immissionsschutzrechtliche Genehmigung gem. § 14 BImSchG privatrechtliche Ansprüche grundsätzlich aus (**privatrechtliche Präklusion**), soweit diese nicht auf besonderen Titeln beruhen (z.B. Grunddienstbarkeiten, §§ 1018 ff. BGB). Die Genehmigung hat damit privatrechtsgestaltende Wirkung. Ähnliche Regelungen enthalten § 7 Abs. 6 AtG i.V.m. § 14 BImSchG, § 16 WHG

---

33 BVerwG, NVwZ 2012, 567, 568; BVerwGE 112, 135; vgl. auch *Erbguth/Schubert*, Öffentliches Baurecht, § 15 Rn. 24, 62; oben § 4 Rn. 23.
34 BVerfG, NVwZ 2014, 211, 212 f. Rn. 155 ff. mit einer Anm. von *Kment*, NVwZ 2014, 1566 ff., der eine Rechtsprechungsänderung des BVerwG fordert.
35 Vgl. oben Rn. 4.
36 Zu den Voraussetzungen für eine Verbandsanerkennung s. § 3 UmwRG, auf den § 63 Abs. 1 BNatSchG verweist.
37 Vgl. zur Funktion der Naturschutzverbände als Anwälte der Natur BVerwGE 87, 62 ff.
38 Zum Rechtsschutz in der EU, insb. durch den EuGH vgl. *Streinz*, Europarecht, § 8 Rn. 631 ff.
39 Zum Nachfolgenden eingehend *Nolte* in: Kluth/Smeddinck, § 7 Rn. 4 ff; *Kloepfer*, Umweltschutzrecht, § 5 Rn. 8 ff.; *Schmidt/Kahl/Gärditz*, § 5.

oder § 23 GenTG. Fehlt eine solche Normierung, findet bei Planfeststellungen § 75 Abs. 2 S. 1 VwVfG Anwendung.

Verbleibende zivilrechtliche Ansprüche werden insofern vom öffentlichen Recht beeinflusst, als es die Interpretation privatrechtlicher Begriffe bestimmt. Ob etwa eine Immission ortsüblich oder wesentlich i.S.v. § 906 BGB ist, beurteilt sich regelmäßig nach öffentlich-rechtlichen Normen.[40] Immerhin bleibt dem Zivilgericht die Möglichkeit, den besonderen Umständen des Einzelfalls Rechnung zu tragen (sog. Regelfallharmonisierung öffentlich- und privatrechtlichen Immissionsschutzes).[41]

2. Zulässigkeitsvoraussetzungen allgemein

▓ Nach der Generalklausel des § 40 Abs. 1 S. 1 VwGO ist der **Rechtsweg zu den Verwaltungsgerichten** in allen öffentlich-rechtlichen Streitigkeiten nichtverfassungsrechtlicher Art eröffnet, soweit die Streitigkeit nicht durch Bundesgesetz einem anderen Gericht ausdrücklich zugewiesen sind.[42][43] Als einfachgesetzliche Ausformung der verfassungsrechtlichen Rechtsschutzgarantie aus Art. 19 Abs. 4 S. 1 GG richtet sich die Vorschrift einerseits darauf, den Zugang zu einem staatlichen Gericht zu eröffnen; zum anderen wird eine Zuweisung der Streitigkeit an eine Fachgerichtsbarkeit, nämlich die Verwaltungsgerichte, vorgenommen. **Öffentlich-rechtlich** ist eine Streitigkeit, wenn sie sich anhand öffentlich-rechtlicher Normen entscheidet.[44] Einer Norm kommt wiederum öffentlich-rechtlicher Charakter zu, wenn sie allein den Staat oder einen sonstigen Träger hoheitlicher Gewalt in seiner Eigenschaft als Hoheitsträger berechtigt oder verpflichtet (sog. modifizierte Subjektstheorie).[45] Die Mehrzahl der umweltbezogenen Normen ist i.d.S. öffentlich-rechtlicher Natur, so dass der Verwaltungsrechtsweg bei umweltrelevanten Streitigkeiten regelmäßig gegeben ist. 8

▓ Zwar ist die Eröffnung des Rechtswegs zu den Verwaltungsgerichten nicht vom Rechtscharakter des hoheitlichen Handelns abhängig. Wohl aber richtet sich hiernach die **statthafte Rechtsschutzform**, also die Bestimmung der „richtigen" Klageart, und zwar anhand des (wohl verstandenen) Begehrens des Klägers (§ 88 VwGO). Wendet er sich mit seiner Klage gegen einen Verwaltungsakt (bspw. Betriebsuntersagung nach § 20 Abs. 1 BImSchG) oder auf Erlass eines solchen (etwa Erteilung einer wasserrechtlichen Erlaubnis), ist **Anfechtungsklage** oder **Verpflichtungsklage** (§ 42 Abs. 1 VwGO)[46] zu erheben; letztere Klage ist auch statthaft, wenn es um die Herausgabe von Informationen nach dem Umweltinformationsgesetz geht.[47] Das bei beiden Klagearten vorausgesetzte Vorliegen eines **Verwaltungsakts** beurteilt sich anhand § 35 VwVfG. Danach muss es sich um eine hoheitliche Maßnahme einer Behörde auf dem Gebiet des öffentlichen Rechts zur Regelung ei- 9

---

40 Vgl. BGHZ 111, 63; BVerwGE 79, 254; s. auch § 2 Rn. 17.

41 Vgl. hierzu *Viehweg/Röthel*, DVBl. 1996, 1177.

42 Einige Umweltgesetze enthalten aufdrängende Sonderzuweisungen zur Verwaltungsgerichtsbarkeit, so § 6 Abs. 1 UIG.

43 Öffentlich-rechtliche Streitigkeiten auf dem Gebiet des Landesrechts können einem anderen Gericht auch durch Landesgesetz zugewiesen werden, § 40 Abs. 1 S. 2 VwGO.

44 *Kopp/Schenke*, VwGO, § 40 Rn. 6 ff.

45 Dazu und zu weiteren Theorien *Maurer/Waldhoff*, Allgemeines Verwaltungsrecht, § 3 Rn. 7 ff.; *Peine*, Allgemeines Verwaltungsrecht, Rn. 116 ff.; *Erbguth/Guckelberger*, Allgemeines Verwaltungsrecht, § 5 Rn. 7 ff.

46 Ausf. zu diesen Klagearten *Erbguth/Guckelberger*, Allgemeines Verwaltungsrecht, § 20.

47 Vgl. § 6 Abs. 2 UIG. Auch der Informationsanspruch aus dem IFG kann gem. § 9 Abs. 4 S. 1 IFG mittels Verpflichtungsklage gerichtlich durchgesetzt werden.

nes Einzelfalls mit Außenwirkung handeln, § 35 S. 1 VwVfG; Allgemeinverfügungen, bei denen der Einzelfallbezug gelockert ist, stellen ebenfalls Verwaltungsakte dar, § 35 S. 2 VwVfG.[48] Daneben kennt die VwGO die **Feststellungsklage** (auf Bestehen/Nichtbestehen eines Rechtsverhältnisses oder Nichtigkeit eines Verwaltungsakts, § 43 VwGO),[49] die **allgemeine Leistungsklage** (nicht ausdrücklich geregelt, aber vorausgesetzt, vgl. §§ 43 Abs. 2, 111 VwGO),[50] die **Fortsetzungsfeststellungsklage** (im Falle der Erledigung von Verwaltungsakten, § 113 Abs. 1 S. 4 VwGO)[51] und das **Normenkontrollverfahren** (gegen Satzungen nach dem BauGB und, bei landesgesetzlicher Zulassung, gegen andere untergesetzliche Normen des Landesrechts, § 47 Abs. 1 VwGO[52]).[53]

10 ■ Eine weitere wichtige Zulässigkeitsvoraussetzung enthält § 68 VwGO. Danach ist vor Erhebung der Anfechtungsklage (Abs. 1) und der Verpflichtungsklage (Abs. 2) grundsätzlich ein behördliches **Vorverfahren** (Widerspruchsverfahren) durchzuführen. Es dient der Selbstkontrolle der Verwaltung einerseits und der Entlastung der Gerichte andererseits.[54] Zweck- und Rechtmäßigkeit des Verwaltungsakts sollen von der Exekutive selbst noch einmal überprüft werden, § 68 Abs. 1 S. 1 VwGO.[55] Eines Vorverfahrens bedarf es u.a. gem. § 68 Abs. 1 S. 2 Hs. 1 VwGO nicht, wenn ein Entfallen gesetzlich angeordnet ist. Das ist durch § 74 Abs. 1 S. 2 i.V.m. § 70 VwVfG für den Planfeststellungsbeschluss und durch § 74 Abs. 6 S. 3 VwVfG für die Plangenehmigung geschehen. Ferner machen die Länder zunehmend von der Möglichkeit des § 68 Abs. 1 S. 2 Hs. 1 VwGO zu Zwecken der Verfahrensbeschleunigung Gebrauch.[56]

11 ■ Nach § 42 Abs. 2 Hs. 2 VwGO ist bei Anfechtungs- und Verpflichtungsklage das Vorliegen der **Klagebefugnis** Voraussetzung für die Zulässigkeit der Klage; die Vorschrift wird entsprechend auf die allgemeine Leistungsklage und nach überwiegender Auffassung auch auf die Feststellungsklage angewandt.[57] Das Erfordernis will Popularklagen ohne individuelle (Rechts-)Betroffenheit ausschließen und verlangt, dass der Kläger geltend machen kann, in seinen Rechten verletzt zu sein.[58] Nach seinem Vortrag muss es **möglich** erscheinen, dass er in einem subjektiven Recht verletzt ist. Das kann ohne Weiteres bejaht werden, wenn die klagende Partei eine an sie adressierte, belastende Maßnahme der Verwaltung angreift; dann kommt jedenfalls eine Verletzung des Art. 2 Abs. 1 GG in Betracht (sog. Adressatentheorie).[59] Entsprechendes gilt in der Verpflichtungssituation, wenn der Kläger gegenüber der

---

48 Näher zum Vorstehenden etwa *Erbguth/Guckelberger*, Allgemeines Verwaltungsrecht, § 12 Rn. 3 ff.
49 *Erbguth/Guckelberger*, Allgemeines Verwaltungsrecht, § 10 Rn. 9 ff.
50 Hierzu *Erbguth/Guckelberger*, Allgemeines Verwaltungsrecht, § 23 Rn. 8 ff.
51 Näher *Erbguth/Guckelberger*, Allgemeines Verwaltungsrecht § 20 Rn. 39 ff.
52 Dazu etwa *Ramsauer* in: Koch/Hofmann/Reese, § 3 Rn. 181 ff.
53 Näher *Erbguth/Guckelberger*, Allgemeines Verwaltungsrecht, § 28.
54 BVerwGE 26, 161, 166; 40, 25, 28; 51, 310, 314.
55 Näher *Erbguth/Guckelberger*, Allgemeines Verwaltungsrecht, § 20 Rn. 2 ff.
56 Vgl. z.B. § 110 JustG NRW oder § 80 Abs. 1 NJG für weitgehende Ausschlüsse des Vorverfahrens; in Bayern z.B. ist gem. § 15a BayAGVwGO ein Widerspruchsverfahren fakultativ zulässig.
57 Dazu *Erbguth/Guckelberger*, Allgemeines Verwaltungsrecht, § 9 Rn. 9 f., § 10 Rn. 14.
58 Bei (vertikal) gestufter Entscheidungsfindung (etwa in der Planung von Verkehrswegen: Bedarfsplanung – Linienbestimmung – Planfeststellung) soll dies erst gegen die letzte Entscheidung möglich sein: „konzentrierter Rechtsschutz"; dazu kritisch und für phasenspezifischen Rechtsschutz *Erbguth*, NVwZ 2005, 241 ff.; die neueste Fassung des StandAG sieht indes – insoweit vom Prinzip konzentrierten Rechtsschutzes abweichend – Rechtsschutz infolge jeweils einzelner Phasen bzw. Verfahrensabschnitte vor, dazu *Schlacke*, ZUR 2017, 456 ff.
59 Etwa *Erbguth/Guckelberger*, Allgemeines Verwaltungsrecht, § 9 Rn. 11.

Verwaltung einen Anspruch auf Erlass eines (begünstigenden, aber abgelehnten) Verwaltungsakts geltend macht, dessen Bestehen nicht von vornherein als ausgeschlossen erscheint.[60] Schwieriger wird es, wenn der Kläger gegen Auswirkungen eines auf dem Nachbargrundstück bzw. in der Nachbarschaft genehmigten Betriebs vorgeht (sog. Nachbarklage; dazu sogleich).[61]

3. Besonderheiten des Rechtsschutzes im Umweltrecht

a) Klagebefugnis im mehrpoligen Verwaltungsverhältnis

Die Suche nach subjektiv-öffentlichen Rechten wird vielfach durch die das Umweltrecht prägenden **mehrpoligen Rechtsverhältnisse** bestimmt – und erschwert.[62] Sie resultieren aus dem Dreiecksverhältnis zwischen dem Vorhabenträger, der kontrollierenden Verwaltung und dem oder den Nachbarn. Der gegen die Verwaltung angestrengte Prozess des Nachbarn zielt (vorrangig) auf das kollidierende Privatinteresse des Vorhabenträgers an der den Nachbarn belastenden umweltrelevanten Maßnahme. Der Verwaltung fällt die Beklagtenrolle zu, weil sie aufgrund normativer Vorgaben gehandelt hat (bspw. Erteilung einer Genehmigung) oder ggf. hätte handeln müssen (etwa Betriebsuntersagung).[63] Das Rechtsschutzbegehren des Nachbarn ist nach § 42 Abs. 2 Hs. 2 VwGO nur zulässig, wenn die Verwaltung bei ihrer Entscheidung subjektiv-öffentliche Rechte des Nachbarn (**dritt- bzw. nachbarschützende Normen**) hätte einbeziehen müssen und ein Verstoß gegen diese **möglich** erscheint. Zur Klärung der Frage ist zunächst die nach dem Klagevorbringen als verletzt gerügte Norm zu bestimmen. Diese hat, wie jegliche Vorschrift des öffentlichen Rechts, erst einmal objektiv-rechtlichen Charakter. Sie kann jedoch eine Klagebefugnis begründen, wenn die Vorschrift – zumindest auch – individuelle Interessen des Klägers schützen will.[64] Das beurteilt sich nach der ganz überwiegend vertretenen **Schutznormtheorie**[65] anhand einer Auslegung[66] der Bestimmung:

- Hinweise auf den drittschützenden Charakter einer Norm können sich bereits aus deren **Wortlaut** ergeben, vgl. etwa § 5 Abs. 1 Nr. 1 BImSchG. Ansonsten ist die etwaige subjektiv-öffentliche Ausrichtung im Wege der **systematischen, historischen** und vornehmlich der an **Sinn und Zweck** der Norm orientierten Interpretation zu ermitteln und nach h.M. zu bejahen, wenn das geschützte Privatinteresse, die Art der Verletzung und der geschützte Personenkreis ausreichend deutlich werden (qualifiziertes Betroffensein).[67] In einem zweiten Schritt ist dann zu prüfen, ob der Kläger zu dem solcherart geschützten Personenkreis zählt.[68]

- Im Umweltrecht ist zunächst anerkannt, dass es bei Abwägungsvorgängen, wie sie dem planerischen Instrumentarium und der Planfeststellung eigen sind[69], ein subjektiv-öffentliches Recht auf gerechte **Abwägung der eigenen Belange** mit anderen, insb. gegenläufigen Interessen gibt. Besagte Individualbelange müssen also selbst

12

13

---

60 *Hufen*, Verwaltungsprozessrecht, § 15 Rn. 16 ff.
61 Näher auch *Erbguth/Guckelberger*, Allgemeines Verwaltungsrecht, § 9 Rn. 11.
62 Ausführlich *Kloepfer*, Umweltrecht, § 8 Rn. 48 ff.
63 Zur verfassungsrechtlichen Seite § 4 Rn. 21.
64 Zur Subjektivierung von Rechtsvorschriften *Schenke*, Verwaltungsprozessrecht, Rn. 498 ff.
65 Dazu etwa *Nolte* in: Kluth/Smeddinck, § 7 Rn. 20.
66 Vgl. bereits § 4 Rn. 38.
67 Vgl. etwa *Nolte* in: Kluth/Smeddinck, § 7 Rn. 20, 34.
68 Zum Vorstehenden anhand des Städtebaurechts *Erbguth/Schubert*, Öffentliches Baurecht, § 15 Rn. 37, 41.
69 Vgl. § 5 Rn. 4 ff., 40 ff.

nicht die Qualität einer solchen Rechtsposition aufweisen; das Gebot ordnungsgemäßer Abwägung[70] „erhöht" sie gleichsam zu einem subjektiv-öffentlichen Recht.[71] Eine darüber hinausgehende subjektive Position verleiht das „subjektive Abwägungsgebot" allerdings nicht. Es besteht also kein Recht auf ordnungsgemäße Abwägung von anderen privaten und öffentlichen Belangen.[72]

■ I.Ü. wird grundsätzlich zwischen Drittschutz vermittelnden **Normen der Gefahrenabwehr** und nicht drittschützenden, ausschließlich im Interesse des Gemeinwohls geschaffenen **Vorsorgenormen** (z.B. § 5 Abs. 1 Nr. 2 BImSchG) unterschieden.[73] Angesichts dessen weist die (nationale) Rechtsprechung Drittklagen, mit denen gerügt wird, dass immissionsschutzrechtlich genehmigungsbedürftige Anlagen Vorsorgegrenzwerte überschreiten, als unzulässig ab.[74] Diese Unterscheidung zwischen Drittschutz im Bereich der Gefahrenabwehr und Ausschluss desselben in demjenigen der Vorsorge kennt das Unionsrecht nicht; deshalb muss die mitgliedstaatliche Umsetzung von Richtlinien der Union gewährleisten, dass dem Einzelnen ein gerichtlich durchsetzbarer Anspruch auf Einhaltung von in Richtlinien festgeschriebenen Grenzwerten zukommt,[75] auch wenn deren Schutzzweck bspw. nur die Volksgesundheit ist.[76]

So hat das BVerwG den Feinstaubgrenzwerten der 22. BImSchV (jetzt 39. BImSchV) eine Schutzwirkung zugunsten aller Personen zuerkannt, die sich über einen längeren Zeitraum in dem betroffenen Raum aufhalten.[77] Auch ansonsten finden sich Durchbrechungen in der Rechtsprechung.[78]

Insoweit zeigt sich exemplarisch, dass die national-rechtlichen Anforderungen an die Klagebefugnis in Fällen **unionsrechtlicher Normen** bzw. solcher des hierauf gerichteten nationalen Umsetzungsrechts im Einklang mit den unionsrechtlichen Vorgaben auszulegen sind[79], was regelmäßig eine großzügigere Gewährung subjektiver Rechte zur Konsequenz hat, als es nach rein nationalem Verständnis der Fall wäre.[80] Als Kriterien dienen insoweit das Schutzziel der Norm, die Berührung wirtschaftlicher Interessenssphären und die Betroffenheit des Bürgers.[81] Eine Individualberechtigung ergibt sich,

---

70 Dazu näher *Erbguth*, UPR 2010, 281 ff.
71 Dazu aus prozessualer Sicht *Berkemann*, ZUR 2016, 323, 329 f.
72 BVerwG, NuR 2013, 653 – Leitsatz 1. Zum Vorstehenden *Nolte* in: Kluth/Smeddinck, § 7 Rn. 30.
73 *Erbguth/Guckelberger*, Allgemeines Verwaltungsrecht, § 9 Rn. 3 ff.
74 BVerwG, NVwZ 2004, 610, 611.
75 Zum Einfluss des europäischen Rechts auf die Schutznormlehre *Kahl/Ohlendorf*, JA 2011, 40 ff.
76 EuGH, NVwZ 1991, 866; eingehend zu alldem *Nettesheim*, AöR 132 (2007), 333 ff.; zur Kritik auch § 9 Rn. 49; allgemein *Erbguth/Guckelberger*, Allgemeines Verwaltungsrecht, § 9 Rn. 7, 12.
77 Die Luftqualitätswerte sind zudem grundstücksbezogen einzuhalten, nicht nur durchschnittlich im Gesamtraum, BVerwG, NVwZ 2004, 1237. Allerdings hat das Gericht die Rechtsschutzfunktion wieder dadurch entwertet, dass den Immissionsgrenzwerten keine unmittelbare Bedeutung für die Planfeststellung, etwa einer Fernstraße, beigemessen wird, da Feinsteuerungsmöglichkeiten durch Luftreinhalteplanung verbleiben.
78 Etwa im Atomrecht: Gebot der Gefahrenvorsorge (§ 4 Abs. 2 Nr. 3 und § 7 Abs. 2 Nr. 3 AtG, vgl. BVerwG, ZUR 2013, 610 ff. m. Anm. *Schlacke*, ZUR 2013, 614) und Strahlenminimierungsgebot (§ 6 StrSchV) drittschützend, dazu m.w.N. *Nolte* in: Kluth/Smeddinck, § 7 Rn. 22.
79 *Dörr* in: Sodan/Ziekow, VwGO, Europäischer Verwaltungsrechtsschutz, Rn. 233 ff.
80 *Guckelberger*, Deutsches Verwaltungsprozessrecht unter unionsrechtlichem Anpassungsdruck, S. 47 f.; weiterführend und vertiefend *Schwerdtfeger*, Der deutsche Verwaltungsrechtsschutz unter dem Einfluss der Aarhus-Konvention, S. 111 ff.; *Schlacke*, NVwZ 2014, 11 ff.
81 EuGHE 1991, 2567 Rn. 16; 1991, 4983 Rn. 14; 1991, 825 Rn. 6 f.; 1991, 3757 Rn. 22 f.; 1995, I-2302; *Siegel*, DÖV 2012, 709 f., 716: unionsrechtliche Aufladung der Schutznormlehre, die vom EuGH (ZUR 2011, 317) weiter vorangetrieben wird; *Berkemann*, DVBl. 2011, 1253, 1257 f.; allgemein dazu *Erbguth/Guckelberger*, Allgemeines Verwaltungsrecht, § 9 Rn. 7, 12.

wenn die unionsrechtliche Norm wenigstens auch Interessen Einzelner dienen soll.[82] Unproblematisch gilt dies für die EU-Grundfreiheiten (Art. 34 ff., 45 ff., 49 ff., 63 ff. AEUV) sowie für die zu ihrer Durchführung ergangenen Sekundärrechtsnormen.[83]

Auch die Grundrechte der Grundrechte-Charta vermitteln subjektive Rechte, soweit von nationaler Seite EU-Recht durchgeführt wird, Art. 51 Abs. 1 GRC.[84] Dabei meint „Durchführung" vor dem Hintergrund der durch den EuGH vorgenommen weiten Auslegung des Begriffs[85] sowohl gesetzgeberisches Handeln (etwa bei der Umsetzung von Richtlinien) als auch administrativen Vollzug (bspw. nach Art. 291 Abs. 1 AEUV[86]).[87] Nach umstrittener, aus Gründen der Verantwortungsteilung zwischen EU und Mitgliedstaaten sowie des Wortlauts des Art. 51 Abs. 1 S. 1 GRCh, der ein Modell des geteilten Grundrechtsschutzes zwischen Union und Mitgliedstaaten zugrunde legt[88], aber überzeugender Auffassung endet die Bindung an die EU-Grundrechte freilich dort, wo die Mitgliedstaaten über Spielräume gegenüber den unionsrechtlichen Vorgaben verfügen; dann gelten die nationalen Grundrechte.[89]

Hinsichtlich sonstiger sekundärer Rechte aus EU-Verordnungen oder Richtlinien bejaht der EuGH (i.S.d. Effektivitätsgebots[90]) eine derartige Subjektivität dann, wenn die betreffende Regelung auf personenbezogene Rechtsgüter Bezug nimmt und der Einzelne diesbezüglich betroffen ist.[91] So war umstritten, ob aus dem Gemeinschaftsrecht ein Anspruch einzelner Bürger auf Aufstellung eines Aktionsplans zur Reduzierung von Schadstoffemissionen in Städten (Stichwort: Feinstaub) abgeleitet werden kann.[92] Nachdem das BVerwG die Frage in Auslegung der deutschen Vorschrift (§ 47 Abs. 2 S. 1 BImSchG) zunächst verneint hatte,[93] ist unmittelbar Betroffenen vom EuGH ein Anspruch auf Erstellung eines Aktionsplans gegenüber den zuständigen nationalen Behörden zuerkannt worden, wenn die Gefahr einer Überschreitung der Grenzwerte oder Alarmschwellen besteht.[94] Diesen gemeinschafts- bzw. unionsrechtlich bedingten Weiterungen der Klagebefugnis ist durch unionsrechtskonforme Auslegung[95] des § 42 Abs. 2 Hs. 2 VwGO Rechnung zu tragen.[96]

---

82 Ein sich von der Allgemeinheit unterscheidender Personenkreis als Gegenstand der individuellen Schutzrichtung wird, anders als nach überwiegendem innerstaatlichem Verständnis (vgl. eingangs dieser Rn.), nicht gefordert, *Nolte* in: Kluth/Smeddinck, § 7 Rn 36.
83 *Huber*, BayVBl. 2001, 577 ff.
84 Vgl. § 7 Rn. 5; allg. zum Grundrechtsschutz im europäischen Rechtsraum *Ludwigs/Sikora*, JuS 2017, 385 ff.
85 EuGH, NVwZ 2013, 561 ff.; dazu statt aller *Kingreen*, JZ 2013, 801 ff.
86 Dazu § 7 Rn. 16, a.E.
87 *Kingreen* in: Calliess/Ruffert, EUV/AEUV, Art. 51 GRCh Rn. 8.
88 *Britz*, EuGRZ 2015, 275, 276.
89 *Kingreen* in: Calliess/Ruffert, EUV/AEUV, Art. 51 GRCh Rn. 12; anders etwa *Ehlers* in: ders., Europäische Grundrechte und Grundfreiheiten, § 14 Rn. 50, 74.
90 Es besagt, dass nationale Verfahrensbestimmungen die gerichtliche Verfolgung gemeinschaftsrechtlicher Vorgaben nicht übermäßig erschweren oder praktisch unmöglich machen dürfen, vgl. § 7 Rn. 22.
91 EuGHE 1996, I-4845 Rn. 43; exemplarisch auch Art. 12 Abs. 1, 13 Umwelthaftungsrichtlinie; allgemein dazu § 2 Rn. 18.
92 Vgl. *Winkler*, ZUR 2007, 364 ff. m.w.N.; zum Streitstand *Schlacke*, JA 2007, 362 ff.
93 BVerwGE 128, 278, 281.
94 EuGH, NVwZ 2008, 984; dazu Besprechung von *Murswiek*, JuS 2009, 74 ff; noch § 9 Rn. 36; vertiefend *Fonk*, NVwZ 2009, 69; fallbezogen *Schlacke*, JA 2007, 362 ff. Nach nationaler Rechtsprechung besteht ein Anspruch auf behördliches Einschreiten auch planunabhängig, wenn die Immissionsgrenzwerte für Feinstaub in der Wohnung des Betroffenen überschritten werden; die Maßnahmen dürfen allerdings nicht an anderer Stelle zur Überschreitung der Grenzwerte führen – was im Einzelfall jegliche verkehrsbeschränkenden Maßnahmen ausschließen kann, OVG Münster, UPR 2013, 349; dazu *Seibert*, DVBl. 2013, 605, 612.
95 Dazu am Bsp. der richtlinienkonformen Auslegung § 7 Rn. 15.
96 Näher *Berkemann*, DVBl. 2013, 1137, 1147 f., anhand EuGH, ZUR 2011, 317; allgemein *Erbguth/Guckelberger*, Allgemeines Verwaltungsrecht, § 9 Rn. 12.

■ Ob **Verfahrensvorschriften** eine drittschützende Wirkung zukommt, ist nicht abschließend geklärt. Die Problematik ergibt sich daraus, dass Verfahrensvorschriften, analysiert man sie unter Anwendung der vorstehend beschriebenen Maßstäbe der Schutznormlehre, nur in wenigen Ausnahmefällen subjektiv-öffentliche Rechte vermitteln (s.u.): Ihre Einhaltung ist regelmäßig kein Selbstzweck, sondern dient der besseren Durchsetzung von materiellen Rechten und Belangen (sog. dienende Funktion des Verfahrens).[97] Diese sog. **relativen** Verfahrensrechte ziehen lediglich dann die Klagebefugnis nach sich, wenn es zugleich zu einem Verstoß gegen eine materiell-rechtliche Position gekommen sein kann; eine Individualklage, die sich ausschließlich auf die Verletzung relativer Verfahrensvorschriften stützt, ist aufgrund fehlender Klagebefugnis unzulässig.[98] Dies bedeutet zugleich, dass eine Verletzung von relativen Verfahrensrechten keinen subjektiven Aufhebungsanspruch nach § 113 Abs. 1 S. 1 VwGO begründet.[99] Anderes gilt indes bei sog. **absoluten** Verfahrenspositionen. Sie vermitteln dem Betroffenen eigene, selbständig durchsetzbare Rechtspositionen, die es ihm ermöglicht, die Aufhebung einer Entscheidung allein aufgrund des Verfahrensfehlers zu erreichen.[100] Voraussetzung für das Bestehen eines absoluten Verfahrensrechts ist, dass der in Rede stehenden Bestimmung zu entnehmen ist, dass schon der Verfahrensverstoß die Aufhebung der Entscheidung nach sich ziehen soll. Anerkannt ist dies mit Blick auf die in § 36 BauGB vorgeschriebene qualifizierte Mitwirkung der Gemeinde bei (Bau-)Genehmigungen, da diese erhebliche Berührungen mit der kommunalen Planungshoheit aufweisen, und für das Mitwirkungsrecht von anerkannten Naturschutzverbänden,[101] strittig war es hingegen bei § 4 Abs. 1, 3 UmwRG.[102]

Umstritten ist ferner die Möglichkeit der Geltendmachung von Verstößen gegen die **Umweltverträglichkeitsprüfung**.[103] Teile der Rechtsprechung lehnen eine drittschützende Wirkung der UVP-Vorschriften ab, nämlich unter Hinweis auf deren bloßen und zudem unselbstständigen[104] Verfahrenscharakter.[105] Die Sicht ist jedenfalls vor dem Unionsrecht (hier: UVP-Richtlinie[106]) nicht mehr haltbar[107].[108] Nachdem der EuGH in der sog. Wells-Entscheidung[109] einen Anspruch auf Durchführung einer Umweltverträglichkeitsprüfung bejaht hat, gehen deutsche Gerichte zu Recht von

---

97 *Erbguth/Guckelberger*, Allgemeines Verwaltungsrecht, § 9 Rn. 5; zur dienenden Funktion *Fehling*, VVDStRL 70 (2011), S. 278, 286; kritisch zu diesem Verfahrensverständnis statt aller *Schmidt/Kahl/Gärditz*, § 5 Rn. 24.

98 *Held*, DVBl. 2016, 12, 14.

99 *Schmidt/Kahl/Gärditz*, § 5 Rn. 23.

100 BVerwGE 117, 93, 115 f.

101 Vgl. BVerwGE 87, 62, 68 f.

102 Dazu *Schlacke* in: Gärditz, VwGO, § 4 UmwRG Rn. 16; vgl. zur Auflösung der Streitfrage nachfolgend im Text; ausführlich zum UmwRG insgesamt u. Rn. 15.

103 Dazu § 5 Rn. 66.

104 Dazu § 5 Rn. 66.

105 OVG Koblenz, NuR 2004, 817; OVG Lüneburg, NuR 2004, 403; VGH Mannheim, ZUR 2014, 496; dazu § 5 Rn. 66 m.w.N. Zur rechtsnormativen Verstärkung der Öffentlichkeitsbeteiligung *Schink*, DVBl. 2013, 1347 ff.

106 Vgl. § 5 Rn. 63.

107 Vgl. vorstehend im Text und *Erbguth/Guckelberger*, Allgemeines Verwaltungsrecht, § 9 Rn. 5.

108 Vgl. *Schmidt/Kahl/Gärditz*, § 5 Rn. 24; *Kahl*, JZ 2012, 729, 731, gegen OVG Lüneburg, DVBl. 2010, 1039, und m.w.N. Grundlegend zum Eigenwert des Verfahrens im Verwaltungsrecht die Berichte von *Gurlit* und *Fehling*, VVDStRL 70 (2011), S. 227 f.; eingehend *Murswiek/Ketterer/Sauer/Wöckel*, DV 44 (2011), 235, 250 ff. Zur vermittelnden Kategorie der Verfahrensrechte mit „limitierter Akzessorietät", also einer Bindung an das materielle Recht, nicht aber an subjektive Rechtspositionen, *Siegel*, DÖV 2012, 709, 711 f.

109 EuGH, NuR 2004, 517.

einem drittschützenden Charakter der UVP-Verfahrensvorschriften – allerdings nur in Zusammenhang mit der Verletzung einer sonstigen (regelmäßig materiell) dritt- schützenden Vorschrift – aus.[110] Letztere Einschränkung widerstreitet dem aus Art. 4 Abs. 3 EUV folgenden effet utile[111], demzufolge den Anforderungen der UVP zu bestmöglicher Wirkung zu verhelfen ist.[112] Sie ist ferner mit § 4 Abs. 3 i.V.m. Abs. 1 UmwRG nicht zu vereinbaren, der (zugleich) dem Einzelnen die Aufhebung der Entscheidung über ein Vorhaben eröffnet, wenn eine erforderliche UVP (oder Vorprüfung des Einzelfalls nach § 3c UVPG) unterblieben ist.[113] Diese Auffassung wird nunmehr auch von Teilen der Rechtsprechung bestätigt[114].[115] Die kontrovers diskutierte Frage, ob auch die Missachtung einzelner Verfahrensbestimmungen der UVP bzw. der diesbezüglichen Vorprüfung die Klagebefugnis eröffnet,[116] ist mithin aus unionsrechtlichen Gründen zu bejahen.[117] Dass dies für Verstöße gegen **wesent- liches** Verfahrensrecht anzunehmen ist, und die alte Fassung des § 4 Abs. 1 UmwRG[118] insoweit unionsrechtswidrig war, hat der EuGH in seiner Altrip-Ent- scheidung klargestellt. Im Gefolge dessen sind nach § 4 Abs. 1 Nr. 2 und 3 UmwRG auch andere Verfahrensfehler, die nach Art und Schwere dem Unterlassen einer rechtlich gebotenen UVP vergleichbar sind, isoliert einklagbar.[119]

Maßgeblich für die Einordnung eines Verfahrensfehlers als „wesentlich" und damit als absolut bzw. als „unwesentlich", m.a.W. relativ, ist im Umweltprozessrecht § 4 UmwRG, der die Altrip-Entscheidung des EuGH umsetzt. Diese Vorschrift beinhal- tet ein eigenständiges Verfahrensfehlerfolgenregime für Zulassungsentscheidungen nach § 1 Abs. 1 S. 1 Nr. 1 und Nr. 2 UmwRG, das, soweit dieser Anwendungsbe- reich eröffnet ist, die allgemeine Fehlerfolgenregelung des § 46 VwVfG modifiziert. § 4 Abs. 1 und 1a UmwRG gelten nicht nur für UVP-pflichtige Anlagen, sondern auch für Rechtsbehelfe gegen Entscheidungen über die Zulassung von Industriean- lagen nach der IE-RL, nachträgliche Änderungen nach § 17 BImSchG und Planfest- stellungsbeschlüsse für Deponien (KrWG). § 4 UmwRG unterscheidet in den Abs. 1 und 1a zwischen schweren und weniger schweren Verfahrensfehlern:

Folgen schwerer Verfahrensfehler regelt § 4 Abs. 1 UmwRG. Danach zählen zu schweren UVP-Mängeln das Unterlassen einer erforderlichen UVP oder UVP-Vor- prüfung (Nr. 1) i.S.d. bisherigen Rechtslage. Ferner sind auch das Unterlassen und

---

110 OVG Magdeburg, ZUR 2009, 36; OVG Koblenz, NuR 2005, 474; offen gelassen durch BVerwG, ZUR 2009, 32; dazu *Schlacke* in: Gärditz, VwGO, § 4 UmwRG Rn. 59.
111 Vgl. § 7 Rn. 15, 22.
112 Auch *Schmidt/Kahl/Gärditz*, § 5 Rn. 24; eingehend zum Problemkreis *Kleesiek*, Zur Problematik der unter- lassenen Umweltverträglichkeitsprüfung – Zugleich eine Untersuchung der Vereinbarkeit des § 46 VwVfG mit dem europäischen Gemeinschaftsrecht, 2010.
113 Zum Meinungsstand *Appel*, NVwZ 2010, 477. Eingehend insoweit zu Verfahrensfehlern anhand des UmwRG vor dem Hintergrund der Trianel-Entscheidung des EuGH (Rn. 15) *Greim*, Rechtsschutz bei Ver- fahrensfehlern im Umweltrecht, 2013.
114 Vgl. OVG NRW, ZUR 2015, 492 ff.; OVG NRW, BeckRS 2015, 48404, Rn. 4 f.
115 Zur damit verbundenen Einfügung des § 4 Abs. 1 S. 2 UmwRG betreffend eine nicht dem Maßstab des § 3a S. 4 UVPG entsprechende (UVP-)Vorprüfung nachfolgend bei Rn. 17.
116 Dazu und zum hierauf bezogenen Streit *Wienhues*, NordÖR 2013, 185, 190 m.w.N. auf den Meinungs- stand in Fn. 54.
117 EuGH, ZUR 2016, 33, 38 Rn. 55.
118 Gesetz zur Änderung des Umwelt-Rechtsbehelfsgesetzes und anderer umweltrechtlicher Vorschriften v. 21.1.2013, BGBl. I, S. 95; geänd. durch G v. 8.4.2013, BGBl. I, S. 734, im Zuge der Umsetzung der IE-RL (vgl. § 9 Rn. 8); Bek. der Neufassung: BGBl. I, S. 753.
119 EuGH, ZUR 2014, 36, 38 ff. m. Anm. *Meitz*, ZUR 2014, 40 ff.; *Schlacke*, NVwZ 2014, 11, 14 ff.; bestätigt durch EuGH, ZUR 2016, 33, 38 Rn. 55: „...grundsätzlich jeden Verfahrensfehler geltend machen." zur Kodifizie- rung dieser Rspr. in § 4 UmwRG *Schlacke* in: Gärditz, VwGO, § 4 UmwRG Rn. 33 ff.

die Nichtnachholung einer Öffentlichkeitsbeteiligung, die nach dem UVPG oder dem BImSchG vorgeschrieben war, schwere Verfahrensfehler (Nr. 2). § 4 Abs. 1 Nr. 3 UmwRG kommt eine Auffangfunktion zu: Nach Art und Schwere mit den Nrn. 1 und 2 vergleichbare Verfahrensfehler führen, soweit keine Heilung eingetreten ist und die Öffentlichkeit nicht beteiligt wurde, zur Aufhebbarkeit einer Zulassungsentscheidung. Nach der Gesetzesbegründung fallen hierunter Fehler, die „der betroffenen Öffentlichkeit eine der Garantien genommen [...] [haben], die ihr im Einklang mit den Zielen der UVP-Richtlinie Zugang zu Informationen und die Beteiligung am Entscheidungsprozess ermöglichen sollen."[120] Leichtere Fehler, die nicht die erforderliche Schwere i.S.v. § 4 Abs. 1 Nr. 3 UmwRG erreichen, können gleichwohl nach den Maßgaben des § 4 Abs. 1a UmwRG als relative Verfahrensfehler gerügt werden. Dies betrifft z.B. fehlende Unterlagen i.R.d. Öffentlichkeitsbeteiligung[121] oder Einzelheiten der Bekanntmachung gem. § 10 Abs. 4 Nr. 2 BImSchG.[122] Indem auch solche Mängel rügefähig sind trägt der deutsche Gesetzgeber der EuGH-Rechtsprechung Rechnung, nach der die Geltendmachung aller verfahrensrechtlichen Mängel im Gerichtsverfahren möglich sein muss.[123]

Die Differenzierung zwischen schweren und weniger schweren Verfahrensfehlern hat Konsequenzen für deren Beachtlichkeit: Handelt es sich um einen Verfahrensfehler nach § 4 Abs. 1 – also um einen schweren Verfahrensfehler –, so ist er stets beachtlich und begründet einen absoluten Aufhebungsanspruch.[124] Liegt folglich ein schwerer Fehler vor, der nicht geheilt werden konnte, so ist die Zulassungs- bzw. Vorhabenentscheidung aufzuheben. § 46 VwVfG und die hierzu ergangene Kausalitätsrechtsprechung des BVerwG[125] finden keine Anwendung.

Bei **leichteren Verfahrensfehlern** i.S.v. § 4 Abs. 1a S. 1 UmwRG ist § 46 VwVfG anwendbar. Die Aufhebung eines Verwaltungsakts kann demzufolge nicht beansprucht werden, wenn offensichtlich ist, dass die Verletzung der Verfahrensvorschrift die Entscheidung in der Sache nicht beeinflusst hat. Gelingt dem Gericht eine Aufklärung nicht, so wird gem. § 4 Abs. 1a S. 2 UmwRG die Kausalität des Verfahrensfehlers für die Sachscheidung vermutet, mithin zugunsten des Klägers eine Modifikation von § 46 VwVfG vorgenommen. Dem Gesetz ist eindeutig zu entnehmen, dass selbst bei leichteren Verfahrensmängeln nicht dem Kläger die Substantiierungs- bzw. Beweislast für die Kausalität der Auswirkungen des Verfahrensfehlers auf die Sachscheidung obliegt. Stattdessen hat das Gericht kraft Amtsermittlungsgrundsatzes den Einfluss des Fehlers auf die Sachscheidung aufzuklären.[126] Mit dieser klaren Beweislastverteilung und Vermutungsregelung zugunsten des Klägers reagiert der Gesetzgeber ebenfalls auf die EuGH-Entscheidungen.[127]

Indem § 4 Abs. 3 UmwRG die absoluten Verfahrensfehler aus § 4 Abs. 1 UmwRG auch für durch Individualkläger einklagbar erklärt, ergeben sich aus diesen Verfahrensfehlern absolute Verfahrensrechte. Die umstrittene Frage, ob Verfahrensfehler

---

120   BR-Drs. 361/15, S. 7; zu einzelnen Fallgruppen, die von vergleichbarer Art und Schwere sind, *Schlacke* in: Gärditz, VwGO, § 4 UmwRG Rn. 33 ff.
121   OVG Lüneburg, BeckRS 2017, 124611 Rn. 97 ff.
122   OVG Koblenz, NuR 2018, 45, 46.
123   EuGH, ZUR 2014, 36.
124   Hierzu auch *Schmidt/Kahl/Gärditz*, § 5 Rn. 35 f.
125   Vgl. nur BVerwGE 98, 339, 361; E 100, 238, 246 f.
126   Vgl. auch BR-Drs. 361/15, S. 8.
127   EuGH, ZUR 2014, 36 ff. Rn. 47 – Altrip; EuGH, ZUR 2016, 33 ff. Rn. 55 ff. – Kommission/Deutschland; dazu *Ruffert*, JuS 2015, 1138 ff.

in Bezug auf die UVP nur dann einen Aufhebungsanspruch für Einzelkläger begründen, wenn auch die Verletzung drittschützender Rechte gerügt werden,[128] ist damit beantwortet: Der Gesetzesbegründung ist zu entnehmen, dass § 4 Abs. 1 UmwRG den Fall des absoluten Verfahrensfehlers erfasst, während § 4 Abs. 1a UmwRG relative Verfahrensfehler adressiert.[129] Nach der oben dargelegten Rechtsprechung begründen absolute Verfahrensfehler einen unmittelbaren Aufhebungsanspruch, d.h. eine – weitere – Verletzung in drittschützenden Rechten ist nicht erforderlich. Die in § 4 Abs. 1 UmwRG genannten Verfahrensfehler können folglich geltend gemacht werden, ohne dass eine Verletzung in subjektiven Rechten vorliegen muss.[130] Absolute Verfahrensrechte setzen mithin den Rechtswidrigkeitszusammenhang i.S.v. § 113 Abs. 1 S. 1 VwGO außer Kraft. Relative, nicht geheilte Verfahrensfehler führen zwar zur formellen Rechtswidrigkeit der Sachentscheidung, indes nur dann zu ihrer Aufhebung, wenn der Kläger dadurch auch in eigenen Rechten verletzt ist.

Zu beachten sind überdies die Heilungsmöglichkeiten (ergänzendes Verfahren, Entscheidungsergänzung) für formelle bzw. materielle Rechtsverletzungen, die § 4 Abs. 1b UmwRG bzw. § 7 Abs. 5 UmwRG in Anlehnung an die allgemeine Heilungsvorschrift des § 75 Abs. 1a VwVfG vorsehen. Sie erschweren die tatsächliche Aufhebbarkeit einer Maßnahme im Anwendungsbereich des UmwRG erheblich.[131]

Die Differenzierung von absoluten und relativen Verfahrensfehlern findet allerdings nur auf Klagen Einzelner, nicht jedoch auf Verbandsklagen Anwendung, die ohnehin nicht dem von § 113 Abs. 1 S. 1 VwGO geforderten Rechtswidrigkeitszusammenhang unterliegen, da sie auch keine Geltendmachung der Verletzung eigener Rechte erfordern.[132]

■ Bei **materiell-rechtlich** wirkenden Vorschriften handelt es sich regelmäßig um Verbürgungen des einfachen (Umwelt-)Rechts. Grundrechtspositionen treten hinter diese zurück, sofern sie durch die einfachrechtliche Regelung ausgestaltet werden.[133] Unter dem Aspekt der Klagebefugnis muss der Kläger dann zum Kreis der durch die Norm begünstigten Personen gehören (s.o.), also **Nachbar** sein.[134] Das beschränkt den Drittschutz freilich wegen der vielfach weiträumigen Emissionen umweltbelastender Anlagen nicht auf die unmittelbare Grenznachbarschaft. Vielmehr bestimmt sich der Kreis klagebefugter Nachbarn anhand der jeweiligen Intensität und Reichweite der Auswirkungen.[135] Das BVerwG spricht insoweit von einer engen räumlichen und zeitlichen Beziehung zum Genehmigungstatbestand.[136] Eine solche **räumliche Beziehung** liegt innerhalb des Einwirkungsbereichs der jeweiligen Anlage vor. Zum Einwirkungsbereich gehört das Gebiet, in das von der Anlage emittierte Stoffe

---

128 Zum Streitstand vgl. *Bunge*, ZUR 2015, 531, 536; *Schlacke* in: Gärditz, VwGO, § 4 UmwRG Rn. 59 Auch das BVerwG geht davon aus, dass klagebefugt nur derjenige gem. § 4 Abs. 3 UmwRG ist, der zumindest möglicherweise in einem subjektiven Recht verletzt ist: Die Klage ist indes begründet, wenn der Verfahrensfehler i.S.v. § 4 Abs. 1 UmwRG besteht; § 113 Abs. 1 VwGO findet insoweit keine Anwendung; Vgl. BVerwGE 148, 535 Rn. 41; E 151, 138 Rn. 34; BVerwG, ZUR 2016, 33 Rn. 22 f. Dazu auch *Seibert*, NVwZ 2013, 1040, 1045.
129 BR-Drs. 361/15, S. 7.
130 Zu dieser Subjektivierung der Verfahrensfehler aus § 4 Abs. 1 UmwRG *Franzius*, DVBl. 2018, 410, 411 f.
131 Ausführlich dazu *Seibert*, NVwZ 2018, 97 ff.
132 Dazu ausführlich unten Rn. 15.
133 Anwendungsvorrang, vgl. etwa *Erbguth/Guckelberger*, Allgemeines Verwaltungsrecht, § 7 Rn. 17, § 9 Rn. 6.
134 Zum Folgenden auch *Kloepfer*, Umweltrecht, § 8 Rn. 70 ff.
135 Vgl. BVerwG, NJW 1981, 1973, zum Baunachbarrecht.
136 BVerwG, UPR 1983, 69, 70, für das Immissionsschutzrecht.

in einer Menge und Konzentration gelangen, die schädliche Wirkungen erzeugen.[137] Dies kann gerade bei Luftverunreinigungen zu einem weit gefassten Nachbarbegriff führen. Das Merkmal der engen **zeitlichen Beziehung** ist erfüllt, wenn der Kläger den Auswirkungen der Anlage für eine gewisse Dauer ausgesetzt ist, er also ein über das allgemeine Lebensrisiko hinausgehendes Opfer zu erbringen hat. Das gilt für Grundstückseigentümer, Mieter, Pächter, Arbeitnehmer und alle Personen, die sich ständig oder doch längerfristig im Einwirkungsbereich der Anlage aufhalten und sich deshalb deren Auswirkungen nicht ohne Weiteres entziehen können.[138]

14 ■ Die Klagebefugnis von benachbarten **Gemeinden** ist auf die Geltendmachung von Selbstverwaltungsrechten (Art. 28 Abs. 2 S. 1 GG) begrenzt.[139] Demzufolge können etwa Verletzungen der Planungshoheit, sofern diese bereits durch Einleitung des Planaufstellungsverfahrens (§§ 2 ff. BauGB) oder gar durch dessen Abschluss konkretisiert und verfestigt worden ist, geltend gemacht werden. Entsprechendes wird angenommen, wenn das angegriffene Vorhaben infolge seines großräumigen Zuschnitts wesentliche Teile des Gemeindegebiets einer kommunalen Beplanung entzieht oder wenn hierdurch gemeindliche Einrichtungen erheblich beeinträchtigt werden.[140] Die Beeinträchtigung von Aufgaben zur Wahrnehmung als Pflichtaufgaben[141] begründet die Klagebefugnis hingegen nicht, weil es sich um von Art. 28 Abs. 2 GG nicht erfasste staatliche Aufträge handelt. Ebenso wenig kann die Gemeinde als (öffentliche) Sachwalterin die Beeinträchtigung von Gesundheit und Eigentum ihrer Bürger rügen.[142] Ob sich eine Klagebefugnis der Gemeinde aus einer möglichen Beeinträchtigung gemeindlichen Eigentums ergibt, ist umstritten.[143] Nach der Rechtsprechung des BVerfG scheidet eine Berufung der Gemeinde auf Art. 14 GG aus, weil sie als Hoheitsträger nicht grundrechtsberechtigt ist.[144] Allerdings kann das Eigentum unterhalb der Verfassungsebene, also in **einfachgesetzlichen** Zusammenhängen, rechtlichen Schutz genießen. Ferner vermag sich die Gemeinde auf das „subjektive Abwägungsgebot"[145] zu berufen; dem kommt vornehmlich dann Bedeutung zu, wenn ihre eigene Planung zwar schon konkretisiert, aber noch nicht verfestigt ist.[146] Durch das UmwRG erhalten Gemeinden als juristische Personen des öffentlichen Rechts – neben Verbänden und natürlichen Personen – gem. § 4 Abs. 3 S. 1 Nr. 1 UmwRG die Möglichkeit, Verletzungen von UVP-Recht i.S.v. § 4 Abs. 1 UmwRG gerichtlich geltend zu machen.[147]

15 ■ **Klagemöglichkeiten von Vereinigungen** (bzw. Verbänden) kommt im Umweltrecht deshalb besondere Bedeutung zu, weil nach dem Vorstehenden der Drittschutz in

---

137 OVG Lüneburg, GewArch 1980, 203.
138 BVerwG, NJW 1983, 1507, 1508; auch *Nolte* in: Kluth/Smeddinck, § 7 Rn. 34; der EuGH spricht insoweit davon, dass Personen unmittelbar von der Gefahr einer Überschreitung von Grenzwerten durch Emissionen betroffen sein müssen, EuGH, NVwZ 2008, 984, 985 Rn. 39.
139 BVerfGE 61, 82, 103; vgl. aber § 2 Abs. 2 S. 2 BauGB; dazu *Erbguth/Schubert* in: Erbguth/Mann/Schubert, Rn. 34 ff.
140 Vgl. *Nolte* in: Kluth/Smeddinck, § 7 Rn. 32, unter Hinweis auf BVerwGE 81, 95, 106; 90, 96, 100.
141 Vgl. etwa *Erbguth/Guckelberger*, Allgemeines Verwaltungsrecht, § 6 Rn. 18.
142 BVerfGE 61, 82, 103; BVerwG NVwZ 1997, 904; *Dietz/Meyer*, AöR 140 (2015), 198, 214.
143 Dafür *Kloepfer*, Umweltrecht, § 8 Rn. 81; a.A. *Jarass*, NJW 1983, 2844, 2849; *Dietz/Meyer*, AöR 140 (2015), 198, 216.
144 BVerfGE 61, 88, 104 f.
145 *Ogorek*, NVwZ 2010, 401; vgl. auch Rn. 13.
146 *Nolte* in: Kluth/Smeddinck, § 7 Rn. 32; zur Verfestigung vorstehend im Text.
147 Dazu oben Rn. 13; vgl. auch *Dietz/Meyer*, AöR 140 (2015), 198, 219 f.; eher restriktiv OVG Münster, ZUR 2018, 165.

der Rechtsprechung immer noch restriktiv behandelt wird[148], der überwiegenden Zahl umweltrechtlicher Vorschriften (jedenfalls des nationalen Rechts) kein subjektiv-öffentlicher (Schutz-)Charakter zuerkannt wird und bei Anfechtungs- und Verpflichtungsklagen, aber auch bei (planerischen) Abwägungsentscheidungen (etwa Planfeststellungsbeschlüsse) die Rechtswidrigkeit der Maßnahme nur mit Blick auf das subjektive Recht des Klägers gerichtlicherseits geprüft wird[149].[150] Insbesondere im Umweltrecht bestehende Vollzugsdefizite[151] können in Teilen kompensiert werden durch sog. **Verbandsklagebefugnisse.** In systematischer Hinsicht sind sie in § 42 Abs. 2 Hs. 1 VwGO zu verorten: Es handelt sich um „andere gesetzliche Bestimmungen" i.S.d. Vorschrift, sodass eine Klage unabhängig von der Geltendmachung einer Verletzung in eigenen Rechten, § 42 Abs. 2 Hs. 2 VwGO, zulässig ist. Umweltrechtliche Verbandsklagerechte ergeben sich zuvorderst aus dem Umwelt-Rechtsbehelfsgesetz; daneben ist eine Verbandsklagebefugnis im Naturschutzrecht – auf Bundes-[152] und Landesebene[153] – verankert.[154] Hiernach können (anerkannte) Naturschutzvereinigungen in gesetzlich näher festgelegten Fällen (gegen Befreiungen in Naturschutzgebieten u.ä.; Planfeststellungsbeschlüsse mit naturschutzbezogener Eingriffswirkung, diese ersetzende Plangenehmigungen mit Öffentlichkeitsbeteiligung) unabhängig von der Verletzung eigener Rechte gegen Beeinträchtigungen von Natur und Landschaft gerichtlich vorgehen.[155]

Veranlasst durch die Aarhus-Konvention[156] und in Umsetzung der Öffentlichkeitsbeteiligungsrichtlinie 2003/35/EG[157] sieht das **Umwelt-Rechtsbehelfsgesetz (UmwRG)**[158] seit 2006 eine weitere, in der Praxis aufgrund des Vorranges zum naturschutzrechtlichen Rechtsbehelfs (§ 1 Abs. 3 UmwRG) deutlich relevantere Umweltverbandsklage (§ 2 Abs. 1 UmwRG) vor.[159] Als Folge von Verurteilungen Deutschlands durch den

---

148 Eine behutsame Ausweitung des Rechtsschutzes sieht *Ramsauer* in: Koch/Hofmann/Reese, § 3 Rn. 190.

149 Anders nur in Fällen der enteignungsrechtlichen Vorwirkung, also wenn das „Ob" der Enteignung aufgrund des Planfeststellungsbeschlusses nicht mehr in Frage steht, und bei der Überprüfung von Plänen im Normenkontrollverfahren; zu Ersterem *Ramsauer* in: Koch/Hofmann/Reese, § 3 Rn. 191, zu Letzterem *Erbguth/Guckelberger*, Allgemeines Verwaltungsrecht, § 28 Rn. 16, dort allerdings auch zur Besonderheit nach § 2 Abs. 5 bzw. 1 UmwRG; dazu noch nachfolgend im Text.

150 Näher zur Klagebefugnis der Verbände *Bunge*, ZUR 2014, 3. Insgesamt zur „Krankengeschichte" der nationalen Umweltverbandsklage und zur sachgerechten Integration der europäischen Vorgaben in das deutsche Recht *Kment*, UPR 2013, 41. Eingehend zum Nachfolgenden *Nolte* in: Kluth/Smeddinck, § 7 Rn. 93 ff. Zu aktuellen Entwicklungen aus unterschiedlichen Standpunkten *Gärditz*, Funktionswandel der Verwaltungsgerichtsbarkeit unter dem Einfluss des Unionsrechts – Gutachten D zum 71. Deutschen Juristentag, und *Wegener*, JZ 2016, 829 ff.

151 Dazu statt aller *Siegel*, ZUR 2017, 451, 453 f.

152 Vgl. § 64 BNatSchG; dazu § 10 Rn. 66 ff.

153 § 50 NatSchG BaWü; § 46 NatSchG Bln; § 37 BbgNatSchG; § 30 Abs. 5 LNatG M-V; § 31 LPflG RP; § 34 SächsNatSchG; § 46 ThürNatG; die landesgesetzlichen Verfahren erweitern die bundesgesetzlichen Klagemöglichkeiten der Naturschutzvereinigungen, *Ramsauer* in: Koch/Hofmann/Reese, § 3 Rn. 204.

154 Hierzu eingehend *Schlacke*, Überindividueller Rechtsschutz, S. 161 ff.; aus der Sicht des europäischen Naturschutzrechts *Vallendar*, UPR 2008, 1 ff.

155 Vgl. § 10 Rn. 65 ff.

156 Siehe bereits § 5 Rn. 128, § 8 Rn. 21; siehe ferner *Schlacke*, NuR 2004, 629 ff.; *dies.*, NuR 2007, 8 ff.; *Vallendar*, UPR 2008, 1 ff.

157 Vgl. § 5 Rn. 63.

158 Gesetz über ergänzende Vorschriften zu Rechtsbehelfen in Umweltangelegenheiten v. 7.12.2006, BGBl. I, S. 2816, zuletzt geändert durch Art. 3 des G v. 20.7.2017, BGBl. I, S. 2808; vgl. oben Rn. 13, 15; ausführlich hierzu *Schlacke*, NuR 2007, 8.

159 Einen umfassenden Überblick zur diesbezüglichen Rechtsentwicklung gibt *Bunge*, ZUR 2015, 531 ff.; ausführlich zu den Voraussetzungen der Zulässigkeit und Begründetheit einer Klage nach dem UmwRG *Schlacke/Römling* in: Schlacke/Schrader/Bunge, Aarhus-Handbuch, § 3 Rn. 82 ff.

EuGH[160] wegen unzureichender Umsetzung sekundärrechtlicher Vorgaben wurde das UmwRG im Jahr 2013[161], 2015[162] und 2017[163] weitreichend novelliert.[164] Es eröffnet den nach § 3 UmwRG anerkannten Vereinigungen – neben § 64 Abs. 1 BNatSchG[165] und z.T. ausschließlich[166] – den Zugang zu den Verwaltungsgerichten, um die in § 1 Abs. 1 S. 1 UmwRG normierten Entscheidungen – insbesondere UVP-pflichtige Vorhabenzulassungen und immissionsschutzrechtliche Genehmigungen sowie UVP-pflichtige Bebauungspläne – überprüfen zu lassen. Im Unterschied zu § 64 BNatSchG wird damit anerkannten Verbänden eine Klagebefugnis auch gegenüber Genehmigungen für Industrieanlagen gewährt.[167] Die Entwicklung des UmwRG lässt sich anschaulich anhand der Rechtsprechung des EuGH nachvollziehen. So entschied er 2011, dass die ursprüngliche Beschränkung der Rügebefugnis in § 2 Abs. 1 Nr. 1 UmwRG a.F. auf Verletzungen von drittschützenden Umweltvorschriften, also eine schutznormakzessorische Verbandsklage, unionsrechtswidrig ist.[168] Begründet findet sich dies zum einen mit dem in Art. 11 Abs. 3 der UVP-Richtlinie 2011/92/EU betonten Ziel, der Öffentlichkeit „einen weiten Zugang zu den Gerichten" zu gewähren[169] und im Näheren mit einem Verstoß gegen den europarechtlichen Effektivitätsgrundsatz[170]; denn infolge der deutschen Regelung wäre es den Umweltverbänden weitgehend verwehrt, aus dem Unionsrecht hervorgegangene nationale (Umwelt-)Rechtsvorschriften auf ihre Einhaltung gerichtlich überprüfen zu lassen, weil sie meist auf das Allgemeininteresse und nicht auf den Schutz Einzelner gerichtet sind.[171] In Umsetzung des EuGH-Urteils aus 2011 wurde das UmwRG 2013 dahingehend novelliert, dass gem. § 2 Abs. 1 Nr. 1 nunmehr sämtliche umweltbezogene Vorschriften rüge- und kontrollfähig sind. So können nicht nur Verstöße gegen unionsrechtliche oder hierauf gerichtete nationale Umsetzungsvorschriften gerügt werden, sondern auch solche gegen Vorschriften rein nationaler Herkunft.[172] 2013 erklärte der EuGH die Begrenzung rügefähiger Verfah-

160 EuGH, 2011 I-3673; EuGH, ZUR 2014, 36 ff.; EuGH, ZUR 2016, 33 ff.
161 Art. 1 des Gesetzes v. 21.1.2013, BGBl. I, S. 95; vgl. hierzu ausführlich *Schlacke*, ZUR 2013, 195.
162 Art. 1 des Gesetzes v. 20.11.2015, BGBl. I 2015, S. 2069.
163 Gesetz zur Anpassung des Umwelt-Rechtsbehelfsgesetzes und anderer Vorschriften an europa- und völkerrechtliche Vorgaben v. 29.5.2017, BGBl. I, S. 1298; dazu *Schlacke*, NVwZ 2017, 905 ff.
164 Zur Entwicklung des UmwRG vgl. *Schlacke* in: Gärditz, VwGO, Vorb. §§ 1-8 UmwRG Rn. 50 ff.
165 Gem. der Kollisionsregel in § 1 Abs. 3 UmwRG findet der naturschutzrechtliche Rechtsbehelf nach § 64 Abs. 1 BNatSchG keine Anwendung, wenn es sich um eine UVP-pflichtige Planfeststellung handelt, vgl. hierzu *Schlacke*, ZUR 2013, 195, 197.
166 Vgl. § 1 Abs. 3 UmwRG sowie § 10 Rn. 69.
167 Näher zu Überschneidungen und Divergenzen der Anwendungsbereiche von BNatSchG- und UmwRG-Rechtsbehelf *Schlacke* in: Gärditz, VwGO, § 1 UmwRG Rn. 79 ff.
168 EuGH, 2011 I-3673 m. Anm. *Schlacke*, NVwZ 2011, 804; *Appel*, NuR 2011, 414; *Wegener*, ZUR 2011, 363; *Fellenberg/Schiller*, UPR 2011, 321; *Schwerdtfeger*, EuR 2012, 80.
169 Für Umweltverbände hebt Art. 11 Abs. 3 S. 2, 3 der RL 2011/92/EU zudem hervor, dass für Rechtsbehelfe von Umweltverbänden davon auszugehen ist, dass die Verbände über ein ausreichendes Interesse verfügen oder Rechte haben, die verletzt sein können; zu letzteren Begriffen (Interesse/Recht) vgl. Art. 11 Abs. 1 RL 2011/92/EU; dazu auch EuGH, Slg. 2011, I-3673 Rn. 38, 40.
170 Dazu oben Rn. 13, § 7 Rn. 22.
171 EuGH, Slg. 2011, I-3673, Rn. 38, 40, 46; zur entsprechenden richtlinienkonformen Auslegung des deutschen Rechts, a.a.O., Rn. 51 ff., 59 = NVwZ 2011, 801, m. zustimmender Anm. *Schlacke*, NVwZ 2011, 804 m.w.N.; zur Entscheidung und ihren Konsequenzen *Berkemann*, DVBl. 2011, 1253 ff.; *Wegener*, ZUR 2011, 363 ff.
172 Vgl. bei Rn. 13; auch mit Blick auf die Begründetheit der Klage(n), näher *Schlacke*, ZUR 2013, 195, 198; ferner *Seibert*, DVBl. 2013, 605, 605 f., unter Hinweis auf OVG Münster, ZUR 2012, 678 ff.: Galt schon vorher wegen unmittelbarer Anwendbarkeit des Art. 9 Abs. 2 Aarhus-Konvention bzw. des Vorrangs des nationalen Zustimmungsgesetzes (als gegenüber dem Umwelt-Rechtsbehelfsgesetz späteres Recht); gegenteilig zur diesbezüglichen unmittelbaren Wirkung im innerstaatlichen Recht vgl. OVG Koblenz, NuR 2013, 282. Zur Neufassung des Umwelt-Rechtsbehelfsgesetzes 2013 auch *Wienhues*, NordÖR 2013, 185.

rensfehler[173] auf das rechtswidrige Unterlassen einer UVP oder UVP-Vorprüfung, die § 4 UmwRG a.F. vorsah, für unvereinbar mit dem effet utile-Grundsatz und dem Ziel des Art. 11 UVP-Richtlinie, einen weiten Zugang zu Gerichten zu gewährleisten.[174] Gleiches gilt für die Überantwortung der Beweislast für die Kausalität zwischen Verfahrensfehler und Ergebnis i.S.v. § 46 VwVfG.[175] In Reaktion hierauf wurde das Fehlerfolgenregime des § 4 UmwRG grundlegend verändert, indem die Kategorie der absoluten Verfahrensfehler eingeführt sowie die Beweislast im Sinne einer Kausalitätsvermutung zugunsten des Klägers, § 4 Abs. 1a UmwRG, erleichtert wurde.[176] 2015 erging schließlich die vorläufig letzte Verurteilung Deutschlands aufgrund nicht hinreichender Umsetzung der unionsrechtlichen Rechtsschutzanforderungen: Die Anordnung einer materiellen Präklusion wurde für mit dem unionsrechtlichen Gebot umfassender Überprüfung unvereinbar erklärt,[177] was eine erneute Novellierung des UmwRG notwendig machte. Das nunmehr geltende UmwRG weist insbesondere einen erheblich erweiterten Anwendungsbereich auf (s. § 1 UmwRG)[178]; dennoch könnte, gestützt auf den unionsrechtlichen Effektivitätsgrundsatz, eine europagerichtliche Ausweitung der Umwelt-Rechtsbehelfsbefugnis über die in § 1 UmwRG aufgelisteten Entscheidungen und Vorhaben hinaus erforderlich sein.[179] Eine solche Entwicklung ließ sich etwa in Bezug auf Luftreinhaltepläne beobachten: Zunächst hat das BVerwG vor dem Hintergrund der Aarhus-Konvention[180] die Klage von Umweltvereinigungen gegen Luftreinhaltepläne nach § 47 BImSchG[181] auf der Grundlage von § 42 Abs. 2 Hs. 2 VwGO i.V.m. § 3 UmwRG zugelassen und damit das deutsche Verwaltungsrechtsschutzsystem in Richtung einer Interessentenklage erweitert.[182] Mittlerweile sind gem. § 1 Abs. 1 S. 1 Nr. 4 UmwRG SUP-pflichtige[183] Luftreinhaltepläne ausdrücklich als überprüfungsfähig qualifiziert. Insgesamt wirkt die Aarhus-Konvention[184] zunehmend als Antrieb nationaler Rechtsentwicklungen, indem das sog. Compliance Committee[185] und der EuGH[186] na-

---

173 Dazu oben Rn. 13.
174 EuGH, ZUR 2014, 36, 38 Rn. 36 ff.
175 EuGH, ZUR 2014, 36, 40 Rn. 53.
176 Dazu näher oben Rn. 13.
177 EuGH, ZUR 2016, 39 f., Rn. 75 ff.; dazu bereits oben Rn. 5; Besprechungen des Urteils bei *Fellenberg*, NVwZ 2015, 1721 ff.; *Schüren/Kramer*, ZUR 2016, 400 ff.
178 Ausf. zum UmwRG 2017 *Schlacke*, NVwZ 2017, 905 ff.; zu Einzelfragen *Brigola/Heß*, NuR 2017, 729 ff.
179 Im Vergleich zur auf die generalklauselartigen Formulierung des Art. 9 Abs. 3 Aarhus-Konvention und vor dem Hintergrund des durch den EuGH geforderten weiten Zugangs zu Gericht, EuGH, ZUR 2011, 317, 320, erscheint der enumerativ-abschließende Katalog der angreifbaren Entscheidungen in § 1 UmwRG als völkerrechtlich fragwürdig. Dies gilt insbesondere, wenn umweltbezogene Entscheidungen (z.B. Kfz-Zulassungen) aufgrund der Begrenzung des Anwendungsbereichs des UmwRG auf „Vorhaben" nicht rügefähig sind, VG Schleswig, ZUR 2018, 239; zu dieser Frage *Schlacke*, EurUP 2018, 127, 139 f.; *Heß/Brigola*, NuR 2017, 729, 730 f.
180 Vgl. § 8 Rn. 6.
181 Dazu § 9 Rn. 36.
182 BVerwGE 147, 312 ff.; dazu *Bunge*, ZUR 2015, 531 ff.; *Schlacke*, DVBl. 2015, 929 ff., dies., NVwZ 2014, 11 ff.; *Guckelberger*, JA 2014, 647, 652 ff.; auf drittschützende Rechte einschränkend BVerwG, NVwZ 2015, 596 m. Anm. *Schlacke*, NVwZ 2015, 563 ff. Weitgehend bestätigt durch BVerwGE 149, 31 Rn. 11.
183 Dazu § 5 Rn. 73 ff.
184 Vgl. § 8 Rn. 7.
185 Das Compliance Committee ist ein konventionsinternes Überprüfungsorgan, das die Konventionskonformität mitgliedstaatlicher Maßnahmen beurteilt und (unverbindliche) Empfehlungen für die Vertragsstaatenkonferenz ausspricht; vgl. Beurteilungen der deutschen Umsetzungen durch das Committee: ACCC/C/2008/31; ACCC/MP.PP/2017/40; ausf. zu Funktion und Spruchpraxis des Committee *Bunge*, NuR 2014, 605 ff.; vgl. a. *Schlacke/Römling*, in: Schlacke/Schrader/Bunge, Aarhus-Handbuch, § 3 Rn. 42 m.w.N.
186 EuGH, ZUR 2011, 317; EuGH, NVwZ 2018, 225.

tionale Vorschriften am Maßstab der Konvention messen und ihr so zu effektiver Wirkung im innerstaatlichen Recht verhelfen.[187]

16   Davon zu unterscheiden ist die früher in der Rechtsprechung anerkannte Klagebefugnis von Naturschutzverbänden wegen Verstoßes gegen ihr Beteiligungsrecht (sog. **verfahrensrechtliche Verbandsklage**).[188] Rechtsfolge einer unterlassenen oder mangelhaften Verbandsmitwirkung war die Aufhebung der formell rechtswidrigen Sachentscheidung – selbst bei deren materieller Rechtmäßigkeit.[189] Nach Einführung der Verbandsklage dürfte hierfür grundsätzlich kein Raum mehr sein.[190] Gegenteiliges wird man unter Geltung des Umwelt-Rechtsbehelfsgesetzes aus Rechtsschutzgesichtspunkten allenfalls im Fall einer Umgehung der Beteiligung, nämlich bei fälschlicher Durchführung eines Verwaltungsverfahrens ohne Öffentlichkeitsbeteiligung annehmen müssen.[191] Entsprechendes gilt für Rechtsbehelfe von Naturschutzvereinigungen nach § 64 Abs. 1 Nr. 3 BNatSchG.

b) Kontrolldichte im Umweltrecht

17   Die Beschränkung Drittbetroffener auf die Geltendmachung der Verletzung **drittschützender Normen** bezieht sich nicht nur auf die Zulässigkeit der Klage. Sie ist auch im Rahmen der Begründetheit zu beachten. Eine mit Blick auf bestimmte Normen zulässige Drittklage führt also nicht zu einer umfassenden Prüfung der Rechtmäßigkeit.[192] Prüfungsmaßstab sind die drittschützenden Normen. Anderes gilt nur, wenn Art. 14 GG betroffen ist[193], oder im Rahmen des Normenkontrollverfahrens nach § 47 VwGO (objektives Rechtsbeanstandungsverfahren).[194]

Das Gericht ist gegenüber dem Verwaltungshandeln auf eine Rechtmäßigkeitskontrolle beschränkt (etwa § 113 Abs. 1 S. 1 VwGO). Zweckmäßigkeitsgesichtspunkte bleiben mangels rechtlicher Kontrollmaßstäbe außer Betracht. Zu unterscheiden als Gegenstand der gerichtlichen Überprüfung sind auch hier[195] Verfahrensvorschriften einerseits und materiell-rechtliche Regelungen andererseits.

- ▪ Bei einem Verstoß gegen **verfahrensrechtliche** Bestimmungen und solche der Form kann neben einer Heilung nach § 45 VwVfG, die den Fehler ex tunc behebt[196], § 46

---

187   Zu den hieraus folgenden Konsequenzen für das deutsche Recht *Wegener*, ZUR 2018, 217 ff.; *Franzius*, NVwZ 2018, 219 ff.; *Schlacke*, EurUP 2018, 127 ff.

188   Auch Partizipationserzwingungsklage genannt, dazu BVerwGE 87, 62, 68 ff.; s.a. *Kloepfer*, Umweltrecht, § 8 Rn. 91 ff.

189   Absolutes Verfahrensrecht, BVerwGE 87, 62, 70; *Siegel*, DÖV 2012, 709, 711; kritisch *Dolde*, NVwZ 1991, 960. Ableitung eines absoluten Verfahrensrechts aus der Öffentlichkeitsbeteiligung im Rahmen der Lärmminderungsplanung, § 47d Abs. 3 BImSchG bei *Cancik*, WiVerw 2012, 210, 212 f.

190   BVerwG, NVwZ 2002, 1103, 1105; *Siegel*, DÖV 2012, 709, 711; zurückhaltender *Wysk* in: ders., VwGO, § 42 Rn. 185.

191   *Siegel*, DÖV 2012, 709, 711 m.w.N.; anders OVG Lüneburg, ZUR 2013, 683, 686 f.: § 42 Abs. 1 Hs. 1 VwGO i.V.m. § 2 Abs. 1 UmwRG.

192   Allgemein liegt dies in der Rückbezüglichkeit auf die subjektive Rechtsverletzung in § 113 Abs. 1 S. 1 VwGO begründet (Rechtswidrigkeitszusammenhang); vgl. *Schmidt-Aßmann*, Ordnungsidee, 4. Kap., Rn. 60; bereits Rn. 13.

193   Aus Gründen der „enteignungsrechtlichen" Vorwirkung des Planfeststellungsbeschlusses, vgl. etwa *Hoppe/Schlarmann/Buchner/Deutsch*, Rechtsschutz bei der Planung von Verkehrsanlagen und anderen Infrastrukturvorhaben, Rn. 27; bereits Rn. 15 m.w.N. Allerdings sind solche Rechtsverstöße nicht Gegenstand der Überprüfung, die sich auf die Eigentumsbetroffenheit nicht ausgewirkt haben, insb. nicht kausal waren, vgl. dazu *Nolte* in: Kluth/Smeddinck, § 7 Rn. 46 f.

194   Vgl. etwa *Erbguth/Guckelberger*, Allgemeines Verwaltungsrecht, § 28 Rn. 2, 14 ff.

195   Vgl. bereits im Rahmen der Zulässigkeit von Klagen/Klagebefugnis vorstehend Rn. 13 ff.

196   Allgemein dazu *Erbguth/Guckelberger*, Allgemeines Verwaltungsrecht, § 15 Rn. 15.

VwVfG den Aufhebungsanspruch ausschließen, sofern er nicht durch spezielles Recht verdrängt wird. Allerdings spricht viel für eine den Anwendungsbereich der Norm einengende Interpretation. Danach liegt eine offensichtliche Nicht-Kausalität des Verfahrensfehlers für die Entscheidung und damit dessen Unbeachtlichkeit nur vor, wenn die fehlende Beeinflussung des Entscheidungsgehalts unschwer und unzweifelhaft feststellbar ist.[197] Ausgeschlossen wird eine Geltung von § 46 VwVfG bei Verstößen gegen UVP-(Verfahrens-)Vorschriften. In der Literatur findet sich dies auf den umfassenden unionsrechtlichen Rechtsschutzanspruch, Art. 11 UVP-RL, gestützt.[198] Das BVerwG sieht in § 4 Abs. 1 S. 1 UmwRG eine Sonderregelung gegenüber § 46 VwVfG, die eine Ausnahme vom Kausalitätserfordernis bei nicht durchgeführter UVP festschreibt.[199] Bestätigt wird dies nunmehr durch § 4 Abs. 1a S. 1 UmwRG, der die Nichtanwendung von § 46 VwVfG auf Fälle des § 4 Abs. 1 UmwRG anordnet. Auch eine Geltung des § 45 VwVfG, also die Eröffnung von Heilungsmöglichkeiten hinsichtlich des UVP-Verfahrens, dürfte mit dem effet utile aus Art. 4 Abs. 3 EUV[200], genauer dem europarechtlichen Effektivitätsprinzip[201], nicht ohne Weiteres in Einklang zu bringen sein.[202] Das gilt zugleich gegenüber § 4 Abs. 1b S. 1 UmwRG, der es bei dem zulässigen Zeitraum der Heilung nach § 45 Abs. 2 VwVfG (bis zum Abschluss der letzten gerichtlichen Tatsacheninstanz) sowie der Planergänzung und -erhaltung gem. § 75 Abs. 1a VwVfG belässt, wenn ein Verfahrensfehler i.S.v. § 4 Abs. 1 UmwRG vorliegt.[203]

Das dürfte allerdings nicht S. 2 des § 4 Abs. 1 UmwRG erfassen, wonach im Fall der Vorprüfung auch ein Verstoß gegen § 3a S. 4 UVPG gerügt werden kann. Denn bei der damit in Bezug genommenen Verkennung erheblicher Umweltauswirkungen des Vorhabens und fehlenden Nachvollziehbarkeit des Prüfungsergebnisses handelt es sich um materielle, nicht aber formelle Fehler, auf die § 45 VwVfG allein anwendbar ist.[204]

▪ Die kontrovers diskutierte Frage, ob § 4 Abs. 1 S. 1 UmwRG nur eine gänzlich unterlassene UVP bzw. Vorprüfung die Entscheidung rechtswidrig macht oder ob dies auch der Fall ist, wenn lediglich gegen Einzelanforderungen des (UVP-)Verfahrens verstoßen worden ist,[205] ist durch das Urteil des **EuGH** in der Rechtssache **Altrip** geklärt, der auch Fehler einer durchgeführten Umweltverträglichkeitsprüfung als

---

197 *Kahl*, VerwArch 95 (2004), 1, 24.
198 *Schmidt/Kahl/Gärditz*, § 5 Rn. 35.
199 BVerwG, DVBl. 2012, 501; bereits bei Rn. 13.
200 Auch § 7 Rn. 15.
201 Vgl. oben Rn. 13, 15, § 7 Rn. 22.
202 Anders und angesichts des europarechtlichen Effektivitätsgrundsatzes wenig überzeugend die Rechtsprechung, BVerwG, ZUR 2012, 303, 307 f., anhand der sondergesetzlichen Fehlerfolgenregelung des § 17e Abs. 6 S. 2 FStrG für straßenrechtliche Planfeststellungsbeschlüsse: geht allgemeiner Regelung in § 113 Abs. 1 S. 1 VwGO i.V.m. § 4 Abs. 1 S. 1 UmwRG (Aufhebung der Entscheidung) vor, was den einengenden Maßgaben des EuGH (etwa EuGH, Slg. 2008, I-4911, Rn. 49, NuR 2012, 42, Rn. 83, 93: Heilung muss Ausnahme bleiben) genügen soll, weil gerichtlicherseits in der Entscheidung zwar nicht die Aufhebung, wohl aber die Rechtswidrigkeit und Nichtvollziehbarkeit des Planfeststellungsbeschlusses festgestellt und die nachgeholte UVP im Rahmen einer erneuten „ergebnisoffenen" Zulassungsentscheidung „gewürdigt" werde; auch OVG Münster, DVBl. 2010, 719.
203 Zur diesbezüglichen Rüge bereits Rn. 15; insgesamt für über § 4 UmwRG hinausgehende Folgewirkungen der Aarhus-Konvention und des Unionsrechts *Schlecht*, Die Unbeachtlichkeit von Verfahrensfehlern im deutschen Umweltrecht.
204 Vgl. nur *Erbguth/Guckelberger*, Allgemeines Verwaltungsrecht, § 15 Rn. 15 f.
205 Bereits bei Rn. 13; zusammenfassend *Kment*, NVwZ 2012, 481 ff.; vertiefend *Kleesiek*, Zur Problematik der unterlassenen Umweltverträglichkeitsprüfung – Zugleich eine Untersuchung der Vereinbarkeit des § 46 VwVfG mit dem europäischen Gemeinschaftsrecht.

rügefähig ansieht und dem nationalen Recht aus Kausalitätsgründen hiervon nur dann Ausnahmen gestattet, sofern im Wege gerichtlicher Aufklärung eine fehlende Auswirkung des Verfahrensfehlers auf die Entscheidung belegt werden kann.[206] Der deutsche Gesetzgeber hat diese erneute Unionsrechtswidrigkeit durch Änderung des UmwRG Ende 2015[207] beseitigt. Neben der Rüge einer rechtswidrig unterlassenen UVP oder UVP-Vorprüfung des Einzelfalls zur Feststellung der UVP-Pflichtigkeit kann auch das Fehlen einer erforderlichen Öffentlichkeitsbeteiligung oder ein anderer Verfahrensfehler, der nicht geheilt worden ist, nach seiner Art und Schwere mit soeben genannten Fällen vergleichbar ist und der betroffenen Öffentlichkeit die Möglichkeit der gesetzlich vorgesehenen Beteiligung am Entscheidungsprozess genommen hat, geltend gemacht werden und zur Aufhebung der Entscheidung führen (§ 4 Abs. 1 S. 1 UmwRG).[208] Auch hier kommt § 46 VwVfG deshalb keine Bedeutung zu.

■ Mit Blick auf **materielles** Recht findet eine deckungsgleiche, nachvollziehende Kontrolle der Verwaltungsentscheidung durch das Verwaltungsgericht statt, soweit die jeweilige Vorschrift eine **vollständige** (strikte) **Bindung** der Verwaltung ausspricht. Eröffnet das Gesetz der Verwaltung einen **Ermessens-** oder **Abwägungsspielraum**, reduziert sich die Kontrolle auf Ermessens- bzw. Abwägungsfehler;[209] die legislative Zuweisung impliziert einen der gerichtlichen Überprüfung nicht zugänglichen Entscheidungsfreiraum der Verwaltung.

18   ■ Eine weitere Relativierung der verwaltungsgerichtlichen Kontrolldichte lässt sich für den Bereich **unbestimmter Rechtsbegriffe** konstatieren. Hierauf bezogen findet zwar grundsätzlich eine vollständige Überprüfung statt.[210] Anders sieht es etwa bei den im Umweltrecht häufig anzutreffenden (planerisch-)prognostischen Entscheidungen aus.[211] Diese können gerichtlich nur dahingehend überprüft werden, ob

- ihnen ein zutreffender Sachverhalt zugrunde gelegt worden ist,
- allgemeine Verfahrensregeln und Bewertungsgrundsätze eingehalten worden sind,
- die einschlägigen Vorschriften beachtet worden sind und
- willkürfrei gehandelt worden ist.

Entsprechendes gilt im Ausgangspunkt, wenn die Exekutive sich zur Ausfüllung unbestimmter Rechtsbegriffe des Instruments der **Verwaltungsvorschrift**[212] bedient (Standardisierung). Mit ihrer Hilfe werden für den verwaltungsinternen Bereich Umweltstandards festgelegt (z.B. TA Luft, TA Lärm).[213] Als nur an die Verwaltung gerichtetes (Innen-)Recht entfalten sie nach allgemeinen Grundsätzen keine Rechtswirkungen für die gerichtliche Kontrolle. Dies erscheint jedenfalls dann unbefriedigend, wenn die Verwaltungsvorschrift in einem aufwändigen Verfahren unter Beteiligung von Sachverständigen und Betroffenen erstellt worden ist.[214] Insbesondere kann der Verwaltung

---

206   EuGH, ZUR 2014, 36, 38 Rn. 36 ff.; bestätigt durch EuGH, ZUR 2016, 33, 38 Rn. 60 ff.
207   Vgl. oben Rn. 15.
208   Vgl. ausführlich oben Rn. 13.
209   BVerwGE 11, 95, 97; 19, 149, 153; zur Abwägungsfehlerlehre *Erbguth*, JZ 2006, 484 ff.; § 5 Rn. 45 ff.
210   Vgl. nur *Erbguth/Guckelberger*, Allgemeines Verwaltungsrecht, § 14 Rn. 26.
211   *Nolte* in: Kluth/Smeddinck, § 7 Rn. 57; näher *Kloepfer*, Umweltrecht, § 8 Rn. 155.
212   Allg. hierzu *Maurer/Waldhoff*, Allgemeines Verwaltungsrecht, § 24 Rn. 6 ff.; vgl. auch *Kloepfer/Rehbinder/Schmidt-Aßmann*, Umweltgesetzbuch AT, S. 98, 478 ff.
213   *Breuer*, NVwZ 1988, 104; *SRU*, Umweltgutachten 1987, Tz. 91 ff.
214   Etwa §§ 48, 51 BImSchG.

ein eigenständiger Standardisierungsauftrag vom Gesetzgeber zugestanden sein, um das Gesetz hinsichtlich der technischen Spezifika gleichsam „zu Ende zu schreiben", weil sie hierfür besser (als die Legislative) ausgestattet und damit geeigneter ist;[215] das entspricht dem neueren Verständnis von einer funktionalen Gewaltenteilung, demzufolge es bei der Wahrnehmung staatlicher Aufgaben zumindest in Grenzbereichen auf die Befähigung der jeweiligen Institution ankommt.[216] Vor diesem Hintergrund hat sich die vom BVerwG in seiner Wyhl-Entscheidung[217] entwickelte Unterscheidung zwischen normkonkretisierenden und **norminterpretierenden** Umweltstandards durchgesetzt: **Normkonkretisierende** Verwaltungsvorschriften[218] sind dadurch gekennzeichnet, dass sie unmittelbar vollziehbar sind und keiner weiteren Auslegung bedürfen. Sie binden die Gerichte, sofern sie ordnungsgemäß zustande gekommen, aktuell und hinreichend bekannt gegeben worden sind.[219] Zu rechtfertigen ist diese Bindung durch die gesetzlichen Ermächtigungen für den Erlass der Verwaltungsvorschriften.[220] Dagegen geben norminterpretierende Verwaltungsvorschriften nur Auslegungshilfen für gesetzliche Tatbestandsmerkmale, sind im Einzelfall aber ihrerseits weiter interpretationsbedürftig.[221] Sie haben für die gerichtliche Kontrolle allenfalls indizielle Bedeutung, hingegen keine Bindungswirkung. Beispiele für normkonkretisierende Verwaltungsvorschriften sind die vorgenannten TA Luft und TA Lärm auf der Grundlage des § 48 BImSchG und die „Allgemeine Berechnungsgrundlage für Strahlenexposition bei radioaktiven Ableitungen mit der Abluft oder im Oberflächengewässer", welche die Voraussetzungen des § 7 Abs. 2 Nr. 3 AtG präzisiert. Als Umsetzungsinstrument für EU-Richtlinien taugen Verwaltungsvorschriften indes nicht, auch nicht in ihrer normkonkretisierenden Erscheinungsform.[222]

c) Maßgeblicher Zeitpunkt für die Beurteilung

Gerade im Umweltrecht treffen lange Verfahrensdauer und ständige Veränderungen der Rechtslage und des Standes der Wissenschaft zusammen. Das zieht die Frage nach sich, ob der gerichtlichen Entscheidung die Sach- und Rechtslage zum Zeitpunkt der **letzten Verwaltungsentscheidung** oder der **letzten mündlichen Verhandlung** zugrunde zu legen ist.[223] Insoweit gilt es, nach den Gegebenheiten der jeweiligen (Rechts-)Änderungen zu differenzieren:

Unproblematisch sind Rechtsänderungen, die ausdrücklich mit Rückwirkung versehen sind, wie nach § 67 Abs. 5 BImSchG. Auch neue Erkenntnisse über die Schädlichkeit von Immissionen sind zu berücksichtigen. Ansonsten ist bei der Anfechtungsklage prinzipiell auf den Zeitpunkt der **letzten behördlichen Entscheidung**, d.h. auf den Zeitpunkt des Widerspruchsbescheides abzustellen. Etwas anderes ergibt sich aus Gründen der Prozessökonomie bei Verbesserungen der Sach- und Rechtslage **zugunsten des Antragstellers**. So wäre die Aufhebung einer Genehmigung, die aufgrund der aktuellen Lage rechtmäßig geworden ist, nicht sinnvoll, weil sie sofort wieder erteilt werden

19

---

215 Normative Ermächtigungslehre, *Nolte* in: Kluth/Smeddinck, § 7 Rn. 55 m.w.N.
216 Vgl. dazu *Jarass*, JuS 1999, 105, 107; auch *Hoppe/Beckmann/Kauch*, § 5 Rn. 18 ff.; *Erbguth*, DVBl. 1989, 473 ff.; zu alldem *Nolte* in: Kluth/Smeddinck, § 7 Rn. 55 ff.
217 BVerwGE 72, 300; dazu ausf. *Kloepfer*, Umweltrecht, § 8 Rn. 145 ff.
218 Dazu auch *Eifert* in: Schoch, Besonderes Verwaltungsrecht, 5. Kap., Rn. 191.
219 Etwa *Erbguth/Guckelberger*, Allgemeines Verwaltungsrecht, § 27 Rn. 6 ff.
220 *Schmidt/Kahl/Gärditz*, § 5 Rn. 38.
221 BVerwGE 72, 300, 320.
222 EuGH, Slg. 1991, I-2567; auch § 7 Rn. 15.
223 So insbesondere *Kleinlein*, VerwArch 81 (1990), 149 ff.

müsste. Relevanter Zeitpunkt ist insoweit die letzte mündliche Verhandlung. Entsprechendes gilt bei einer Änderung **zulasten des Antragstellers/Genehmigungsinhabers:** Soweit ein Anspruch Dritter auf Aufhebung der Genehmigung besteht, ist ebenfalls auf die letzte mündliche Verhandlung abzustellen.[224] Eine Verweisung des Dritten auf eine Verpflichtungsklage wäre hier unzumutbar.[225]

Bei der Verpflichtungsklage sowie anderen Leistungsklagen ist grundsätzlich die letzte mündliche Verhandlung der für die Beurteilung der Sach- und Rechtslage maßgebliche Zeitpunkt.[226]

d) Vorläufiger Rechtsschutz

20   Der vorläufige Rechtsschutz spielt wegen der Verfahrensdauer im Umweltrecht eine besondere Rolle. Kaum ein Hauptsacheverfahren wird ohne ein vorgeschaltetes bzw. parallel betriebenes Eilverfahren durchgeführt. Verfahren dieser Art sind die einstweilige Anordnung nach § 123 VwGO und die Anordnung oder Wiederherstellung der aufschiebenden Wirkung gem. § 80 Abs. 5 VwGO.[227]

■ Die **einstweilige Anordnung** kommt bspw. bei Nichterteilung einer Genehmigung oder eines Planfeststellungsbeschlusses in Betracht, ferner im Falle des Nichteingreifens der Verwaltung auf Antrag des Nachbarn – also insbesondere dann, wenn im Hauptsacheverfahren eine Verpflichtungsklage zu erheben ist.[228] Sie zielt auf eine vorläufige (eben: einstweilige) Regelung durch das Gericht, mit der ein endgültiger Rechtsverlust unterbunden werden soll.[229]

■ Die Einlegung eines Rechtsmittels (Widerspruch/Anfechtungsklage) gegen eine Genehmigung, einen Planfeststellungsbeschluss oder ein Verbot führt gem. § 80 Abs. 1 VwGO zwar grundsätzlich zur **aufschiebenden Wirkung** der Maßnahme (sog. Suspensiveffekt). Der Verwaltungsakt darf in diesem Falle erst dann vollzogen werden, wenn die Klagefrist abgelaufen oder eine endgültige gerichtliche Entscheidung ergangen ist. Zahlreiche Ausnahmen vom Suspensiveffekt ergeben sich aber spezialgesetzlich oder aus § 80 Abs. 2 VwGO; insbesondere kann die Behörde die sofortige Vollziehung anordnen, wenn die Voraussetzungen des § 80 Abs. 2 S. 1 Nr. 4 VwGO vorliegen. Möglichkeiten des Vorgehens gegen den Entfall der aufschiebenden Wirkung sind in § 80 Abs. 5 VwGO normiert.[230]

21   Nach § 80 Abs. 1 S. 2 VwGO tritt der Suspensiveffekt auch bei **Maßnahmen mit Doppelwirkung** ein. Hat der Dritte einen (zulässigen) Rechtsbehelf erhoben, darf der Adressat von dem ihn begünstigenden Verwaltungsakt zunächst keinen Gebrauch machen. Für das Umweltrecht relevant ist indes § 80 Abs. 2 S. 1 Nr. 3 VwGO: Danach entfällt die aufschiebende Wirkung in anderen durch Bundesgesetz

---

224   A.A. VGH Mannheim, NVwZ-RR 2015, 18, 19, der für immissionsschutzrechtliche Drittanfechtungsklagen auf die letzte Verwaltungsentscheidung abstellt.

225   Zum Vorstehenden differenzierend und zur im Ansatz gegenteiligen Auffassung, die auf den Zeitpunkt der letzten mündlichen Verhandlung abstellt, dies aber unter den Vorbehalt des materiellen Rechts stellt, *Erbguth/Schubert* in: Erbguth/Mann/Schubert, Rn. 1297, anhand des öffentlichen Baurechts.

226   *Hufen*, Verwaltungsprozessrecht, § 24 Rn. 14; zu Anwendungsfällen verschiedener Klagearten im Umweltprozessrecht *Schlacke*, EurUP 2018, 127, 133.

227   Zum Nachfolgenden auch *Nolte* in: Kluth/Smeddinck, § 7 Rn. 149 ff. Zum insoweit weniger relevanten Verfahren nach § 47 Abs. 6 VwGO *Erbguth/Guckelberger*, Allgemeines Verwaltungsrecht, § 28 Rn. 18 ff.

228   *Hoppe/Beckmann/Kauch*, § 11 Rn. 172.

229   Näher etwa *Erbguth/Guckelberger*, Allgemeines Verwaltungsrecht, § 21 Rn. 30 f., § 23 Rn. 24 ff.

230   Näher zu alldem *Erbguth/Guckelberger*, Allgemeines Verwaltungsrecht, § 21 Rn. 2 ff; beispielhaft zum einstweiligen Rechtsschutz eines Naturschutzverbandes vgl. OVG Lüneburg, NuR 2011, 431.

oder für Landesrecht durch Landesgesetz vorgeschriebenen Fällen, insbesondere für Widersprüche und Klagen Dritter gegen Verwaltungsakte, die Investitionen oder die Schaffung von Arbeitsplätzen betreffen (z.B. bei Baugenehmigungen, § 212a BauGB). Der (weitere) Interessenausgleich zwischen den Beteiligten erfolgt über das Verfahren nach § 80a VwGO.[231]

Bei der Entscheidung über die Anordnung oder Wiederherstellung der aufschiebenden Wirkung (§ 80 Abs. 5 VwGO) kommt der Abwägung zwischen dem **Vollzugsinteresse** auf Seiten der Behörde resp. des Genehmigungsinhabers einerseits und dem **Suspensivinteresse** des Antragstellers bzw. Drittbetroffenen andererseits besondere Bedeutung zu. Das Problem der Irreversibilität kann insoweit gerade in Fällen, in denen Großprojekte im Streit stehen, leicht zu einer Pattsituation der konfligierenden Interessen führen: Irreversibilität „vollzogener" Genehmigungen contra irreversible Investitionen in das Vorhaben.[232] Angesichts dieser Schwierigkeit greift die Rechtsprechung primär auf den Maßstab der (voraussichtlichen) Erfolgsaussichten im Hauptsacheverfahren zurück.[233] Der Weg birgt indes die Gefahr einer weitgehend vollständigen Rechtskontrolle bereits im Rahmen des vorläufigen Rechtsschutzes, was mit dessen eigentlicher Funktion als Eilverfahren kaum in Einklang steht.[234]

Die in § 4a Abs. 3 a.F. UmwRG enthaltene, die gerichtliche Abwägung im Eilverfahren zulasten des Klägers modifizierende Sonderregelung für Umwelt-Rechtsbehelfe[235] wurde mit der Novellierung des UmwRG 2017 aufgehoben. Im Gegenzug wurden die Vorschriften über die Klagebegründungsfristen verschärft, s. § 6 UmwRG.[236]

22

e) Massenverfahren

Kennzeichnend für (verwaltungs)prozessuale Auseinandersetzungen – gerade – im Bereich umweltrelevanter Großvorhaben sind sog. **Massenverfahren**,[237] d.h. Verfahren, an denen mehr als (zwanzig bzw.) fünfzig Personen beteiligt sind: Sie werden durchweg über mehrere Instanzen geführt; an ihnen ist nicht selten eine Vielzahl von Klägern und Sachverständigen beteiligt. Inhaltlich geht es in der Regel um komplexe technisch-naturwissenschaftliche Sachverhalte, was erheblichen Verfahrensaufwand nach sich zieht. Die Verwaltungsgerichtsordnung erleichtert die **Abwicklung** solcher Massenverfahren. Das gilt für Regelungen über die öffentliche Bekanntgabe gerichtlicher Anordnungen und Entscheidungen (§ 56a VwGO), die Vereinfachung der notwendigen Beiladung (§ 65 Abs. 3 VwGO), die Bestellung eines gemeinsamen Vertreters (§ 67a VwGO) und die Durchführung von Musterverfahren (§ 93a VwGO).

23

---

231 Einzelheiten bei *Erbguth/Guckelberger*, Allgemeines Verwaltungsrecht, § 21 Rn. 8 ff., 18 ff.
232 Näher *Kloepfer*, Umweltrecht, § 8 Rn. 172 ff.
233 Dazu *Erbguth/Guckelberger*, Allgemeines Verwaltungsrecht § 21 Rn. 14; *Nolte* in: Kluth/Smeddinck, § 7 Rn. 160.
234 Vertiefend *Burghardt*, DVBl. 2018, 417 ff.
235 Demnach war im Anwendungsbereich des UmwRG § 80 Abs. 5 S. 1 VwGO mit der Maßgabe anzuwenden, dass das Gericht der Hauptsache die aufschiebende Wirkung ganz oder teilweise anordnen oder wiederherstellen kann, wenn „im Rahmen einer Gesamtabwägung ernstliche Zweifel an der Rechtmäßigkeit des Verwaltungsakts bestehen".
236 Näher *Schlacke*, NVwZ 2017, 905, 911.
237 Vgl. zu Massenverfahren *Maurer/Waldhoff*, Allgemeines Verwaltungsrecht, § 19 Rn. 9; *Stelkens*, NVwZ 1991, 209, 213.

f) Beschränkung der Rechtsschutzmöglichkeiten

24   Der starken Inanspruchnahme vorhandener Rechtsschutzmöglichkeiten steht die Forderung aus Kreisen der Politik wie Wirtschaft nach deren Beschränkung gegenüber, und zwar vornehmlich zu Zwecken der **beschleunigten Realisierung** von (Vorhaben-)Genehmigungen. Dem hat der Gesetzgeber zunächst im besonderen Umweltrecht, insbesondere im Planfeststellungsrecht Rechnung getragen.[238] Die Entwicklung erfasste dann aber auch das allgemeine Verwaltungsrecht und das Verwaltungsprozessrecht. Exemplarisch sei auf das Nachfolgende hingewiesen.[239]

In den neuen Bundesländern zählte hierzu das Gesetz zur Beschränkung von Rechtsmitteln in der Verwaltungsgerichtsbarkeit (RMBeschrG) vom 22.4.1993.[240] Danach kam es u.a. zu einem Wegfall der aufschiebenden Wirkung von Widerspruch und Anfechtungsklage eines Dritten gegen Zulassungen für zahlreiche (auch) umweltrelevante Vorhaben. Die im Wege dieses Gesetzes des Weiteren eingeführten Restriktionen für Rechtsmittel gegen Urteile der Verwaltungsgerichte sind durch das 6. VwGO-Änderungsgesetz vom 1.11.1996[241] auch auf die alten Bundesländer ausgedehnt worden, so dass auf die diesbezügliche Sonderregelung für die neuen Länder verzichtet werden konnte.[242]

25   Ein weiteres Beschleunigungspotenzial wird vor allem in der Möglichkeit der **Heilung von Verfahrensfehlern** (noch) bis zum Abschluss des verwaltungsgerichtlichen Verfahrens gesehen (§ 45 Abs. 2 VwVfG); vor der 6. Novelle der Verwaltungsgerichtsordnung war eine solche heilende Wirkung nur bis zum Abschluss des Widerspruchsverfahrens zulässig (§ 45 Abs. 2 VwVfG a.F.). Die Kritik, die gegenüber diesem „Legalisierungsauftrag" der Verwaltungsgerichtsbarkeit geäußert wird,[243] verweist auf den Distanzverlust zwischen Gericht und Verwaltung, weil sich dem Rechtsschutzsuchenden der Eindruck aufdrängen muss, das Gericht unterstütze einseitig die Behörde und den durch ihr Handeln Begünstigten.

26   Ferner ist die Möglichkeit des **Nachschiebens von Gründen** im Verwaltungsprozess ausgedehnt worden. Gem. § 114 S. 2 VwGO kann die Verwaltungsbehörde ihre Ermessenserwägungen zum Verwaltungsakt noch im verwaltungsgerichtlichen Verfahren ergänzen; das erstmalige Vornehmen von Ermessenserwägungen erst im gerichtlichen Verfahren ist hingegen nicht zulässig.

27   Ein weiterer Beschleunigungseffekt soll davon ausgehen, dass die **Erheblichkeit von Verfahrensfehlern** verringert wird. Jenseits der Möglichkeit einer Heilung von Verfahrens- und Formfehlern nach § 45 VwVfG sieht § 46 VwVfG vor, dass ein Anspruch auf Aufhebung der Entscheidung dann nicht begründet ist, wenn offensichtlich ist, dass die Verletzung die Entscheidung in der Sache nicht beeinflusst hat. § 46 VwVfG soll auf rechtlich gebundene Verwaltungsakte ebenso Anwendung finden wie auf solche, bei denen der Verwaltung ein Ermessens- oder Beurteilungsspielraum eingeräumt ist.[244]

---

238 Dazu m.w.N. etwa *Erbguth*, Zur Vereinbarkeit der jüngeren Deregulierungsgesetzgebung im Umweltrecht mit dem Verfassungs- und Europarecht.

239 Auch *Kloepfer*, Umweltschutzrecht, § 5 Rn. 3 ff.; näher *Erbguth*, DÖV 2009, 921; zur diesbezüglichen Europarechtswidrigkeit eingehend *Ekardt*, EurUP 2012, 64 ff., 128 ff.

240 BGBl. I, S. 466; zuletzt geändert durch G v. 20.12.2001, BGBl. I 2001, S. 3987.

241 BGBl. I, S. 1626.

242 Es wurde zum 1.1.2002 aufgehoben, vgl. Art. 3 Gesetz zur Bereinigung des Rechtsmittelrechts im Verwaltungsprozess v. 20.12.2001, BGBl. I, S. 3987.

243 Dazu *Kopp/Ramsauer*, VwVfG, § 45 Rn. 5; Reformvorschläge bei *Burgi*, DVBl. 2011, 1317 ff.

244 *Kopp/Ramsauer*, VwVfG, § 46 Rn. 2 f.

Gleichwohl werden davon Entscheidungen, hinsichtlich derer zwar keine Ermessensreduzierung auf Null vorliegt, bei denen die Behörde aber unter Vermeidung des Verfahrens- bzw. Formfehlers dieselbe materiell-rechtliche Entscheidung getroffen hätte, nur in seltenen Fällen erfasst sein.[245] In Umweltangelegenheiten (UVP- und IE-Richtlinie) gelten die oben dargelegten Besonderheiten, insbesondere vor dem Hintergrund des § 4 UmwRG.[246]

Weitere Gesetzesnovellierungen zur Vereinfachung des verwaltungsgerichtlichen Verfahrens richteten sich auf: 28

- die zeitliche Befristung der aufschiebenden Wirkung, § 80b VwGO,
- die Einschränkung des Vorverfahrens, § 68 Abs. 1 S. 2 Hs. 1, Abs. 1 S. 2 Nr. 2 VwGO,[247]
- die Anpassung der Antragsbefugnis im Normenkontrollverfahren (§ 47 Abs. 2 S. 1 Hs. 1 VwGO) an die Klagebefugnis (§ 42 Abs. 2 VwGO) – was indes jedenfalls bei (Bebauungs-)Plänen wegen eines Anspruchs auf ordnungsgemäße Abwägung der Belange des Antragstellers nicht gelungen ist,[248]
- die Streichung der Präklusionsvorschriften im Normenkontrollverfahren, § 47 Abs. 2a VwGO,
- die Erweiterung der Zuständigkeit des Oberverwaltungsgerichts, § 48 VwGO,
- die Förderung des elektronischen Rechtsverkehrs nach §§ 55a ff., 70 Abs. 1 S. 1, 100 VwGO,
- die Ermöglichung der Verhandlung im Wege der Bild- und Tonübertragung nach § 102a VwGO,
- Massenverfahren (§ 67a VwGO), und Musterverfahren (§ 93a VwGO).[249]

WIEDERHOLUNGS- UND VERSTÄNDNISFRAGEN

> Gibt es Rechtsschutz im Verwaltungsverfahren? (Rn. 2 ff.) 29
> Wie sind die Begriffe der formellen und materiellen Präklusion zu definieren? (Rn. 5)
> Worin liegen die Besonderheiten und die spezifischen Probleme des gerichtlichen Rechtsschutzes im Umweltrecht? (Rn. 12 ff.)
> Welche umweltrechtlichen Normen vermitteln eine Verbandsklagebefugnis und wie ist diese in die Systematik der VwGO einzuordnen? (Rn. 15)
> Wodurch ist es im Wesentlichen zu Einschränkungen des Rechtsschutzes im Umweltrecht gekommen? (Rn. 24 ff.)

---

245 Regelmäßig nur bei tatsächlicher Einflusslosigkeit, dazu *Erbguth/Guckelberger*, Allgemeines Verwaltungsrecht, § 15 Rn. 20; auch Rn. 17; zur Regelung ferner *Schäfer* in: Obermayer/Funke-Kaiser, VwVfG, § 46 Rn. 28 ff.
246 Oben Rn. 17.
247 *Erbguth/Guckelberger*, Allgemeines Verwaltungsrecht, § 20 Rn. 7.
248 Vgl. BVerwG, DVBl. 1999, 101.
249 Bereits oben Rn. 23.

§ 7 Umwelteuroparecht

1 ▶ **FALL 8:** Bundesland B erlässt aufgrund einschlägiger gesetzlicher Ermächtigung eine Sonderabfallverordnung für gefährliche Abfälle. Diese bestimmt die zentralen Einrichtungen, denen der Besitzer die Abfälle anzudienen hat, sowie ihre Rechtsstellung. Für Abfälle, die einer besonderen chemischen, biologischen oder physikalischen Vorbehandlung bedürfen, unterhält das Land keine eigene Anlage. Sie werden entsprechend einer länderübergreifenden Absprache zur Entsorgung und Verbrennung durch die Verordnung einer Einrichtung in Hamburg zugewiesen. K betreibt umfangreiche Industrieanlagen im Land B. Durch die Verbringung von Sonderabfällen nach Hamburg entstehen jährliche Mehraufwendungen i.H.v. 1,1 Mio. Euro im Vergleich zu einer Entsorgung im benachbarten Frankreich. K sieht in der durch die Verordnung begründeten Verpflichtung, die Anlage in Hamburg in Anspruch zu nehmen, einen unzulässigen Eingriff in die Grundfreiheit des Art. 35 AEUV. Ist die Auffassung zutreffend? ◀

2 Bei Abschluss der zur Entstehung der Europäischen Gemeinschaft führenden Verträge (Vertrag über die Gründung der **Europäischen Gemeinschaft für Kohle und Stahl** vom 18.4.1952 [EGKS],[1] Vertrag über die Gründung der **Europäischen Atomgemeinschaft** vom 25.3.1957 [EAG][2] und Vertrag über die Gründung der **Europäischen Wirtschaftsgemeinschaft** vom 25.3.1957 [EWG])[3] kam dem Umweltschutz kaum politische Bedeutung zu. Dementsprechend wurde zum damaligen Zeitpunkt eine gemeinsame Umweltpolitik nicht ausdrücklich in den Gründungsverträgen als ein von den Gemeinschaften anzustrebendes Ziel verankert. Angesichts dessen wirkten sich die Aktivitäten der EG zunächst allenfalls reflexhaft zugunsten des Umweltschutzes aus. Erst im Anschluss an die Stockholmer UN-Umweltschutzkonferenz fand im Oktober 1972 in Paris ein Gipfeltreffen der Staats- und Regierungschefs der Europäischen Gemeinschaften statt, auf dem der Umweltschutz als Ziel deklariert und die Ausarbeitung eines umweltpolitischen Aktionsprogramms beschlossen wurde. Damit konnte sich auf europäischer Ebene ein Umweltrecht entwickeln, inzwischen in beträchtlichem Umfang.[4]

3 Zu unterscheiden sind umweltrelevante Normen des primären und des sekundären Unionsrechts. Unter **primärem Unionsrecht** sind die von den Mitgliedstaaten in den Gründungsverträgen und ihren Änderungen niedergelegten Rechtsnormen zu verstehen. Als **sekundäres Unionsrecht** wird das von den Organen der Union kraft ihrer in den Verträgen zugewiesenen Kompetenz gesetzte Recht (Richtlinien, Verordnungen u.a.m.) bezeichnet.[5]

I. Umweltrelevante Normen des primären Unionsrechts

4 Allein dem Umweltschutz dienende Regelungen des primären Unionsrechts wurden erst durch die am 1.7.1987 in Kraft getretene **Einheitliche Europäische Akte (EEA)**[6] in den EWG-Vertrag eingefügt. Daneben sind im Bereich des Umweltschutzes – ebenso wie in allen anderen der Union zugewiesenen Regelungsbereichen – diejenigen Normen

---

1 BGBl. II, S. 445; der Vertrag ist am 23.7.2002 ausgelaufen; zum Nachfolgenden auch *Kluth* in: ders./Smeddinck, § 1 Rn. 100 f.
2 BGBl. II, S. 753.
3 BGBl. II, S. 766.
4 Weiterführend zum Nachfolgenden *Calliess* in: Hansmann/Sellner, Kap. 2; *Appel* in: Koch/Hofmann/Reese, § 2 Rn. 1 ff.; zur jüngeren europäischen Umweltrechtsprechung insoweit *Epiney*, EurUP 2018, 204 ff.
5 Näher nachfolgend Rn. 13 ff.; etwa *Erbguth/Guckelberger*, Allgemeines Verwaltungsrecht, § 3 Rn. 1.
6 BGBl. II 1986, S. 1102.

des Unionsrechts bedeutsam, die den institutionellen Aufbau der Union (z.B. die Rechtsetzung oder die Rechtsprechung) regeln. Diese Vorschriften wurden durch den **Vertrag über die Europäische Union (EU)**,[7] der am 1.1.1993 in Kraft getreten ist (der EWG-Vertrag [EWGV] hieß ab dann EG-Vertrag [EG]), in Richtung einer europäischen Umweltunion aufgewertet. Umweltpolitik war seitdem ausdrücklich als Aufgabe (ex-Art. 3 Abs. 1 EG), ein hohes Maß an Umweltschutz und Verbesserung der Umweltqualität als Ziel der Union (ex-Art. 2 EG) anerkannt. Mit dem **Vertrag von Amsterdam** vom 2.10.1997,[8] in Kraft getreten am 1.5.1999, wurde zudem der Grundsatz der nachhaltigen Entwicklung mangels Umweltschutzspezifik zwar nicht in ex-Art. 174 EG (Art. 191 AEUV), wohl aber (wegen seiner Umweltrelevanz) in ex-Art. 2 und ex-Art. 6 EG (Art. 11 AEUV: Integrationsprinzip) ausdrücklich aufgenommen.

Weiterhin fand der Umweltschutz als Gestaltungsauftrag der Union Eingang in die anlässlich des EU-Gipfels von Nizza im Dezember 2000 durch die Staats- und Regierungschefs der Mitgliedstaaten proklamierte **EU-Charta der Grundrechte**.[9] Wortgleich wurde dies in den Entwurf für einen „**Vertrag** über eine **Verfassung** für Europa" aufgenommen; über den Vertrag beschloss der Europäische Konvent am 13.6. und 10.7.2003 im Konsensverfahren. Der Verfassungsvertrag konnte allerdings mangels Annahme in einigen Mitgliedstaaten nicht wirksam werden. An seine Stelle trat der am 13.12.2007 unterzeichnete Vertrag von **Lissabon** (sog. Reformvertrag), der in einer Volksabstimmung von der irischen Bevölkerung am 12.6.2008 zwar ebenfalls abgelehnt wurde, nach einigen Modifizierungen am 2.10.2009 indes mehrheitlich angenommen worden ist. 5

Mit der Realisierung dieses „Vertrags über die Europäische Union" (**EUV**)[10] hat auch die bislang unverbindliche **Grundrechte-Charta**, die Ende 2007 in der an die reformierten Verträge angepassten Fassung von Kommission, Rat und EU-Parlament proklamiert worden war, aufgrund Verweises in Art. 6 I EUV Rechtsqualität erlangt;[11] unter dem Titel IV „Solidarität" findet sich in **Art. 37 GRC** (Umweltschutz): „Ein hohes Umweltschutzniveau und die Verbesserung der Umweltqualität müssen in die Politik der Union einbezogen und nach dem Grundsatz der nachhaltigen Entwicklung sichergestellt werden." Wie die übrigen Grundrechte (und Grundsätze)[12] der Grundrechte-Charta auch, bindet Art. 37 GRC neben den Organen der EU die Mitgliedstaaten bei der Durchführung von EU-Recht, Art. 51 Abs. 1 GRC.[13]

Darunter fallen nicht nur Rechtsakte zur Umsetzung von EU-Recht oder deren Anwendung. Vielmehr gehört hierzu auch der Einsatz rein nationaler Vorschriften, mit dem der Mitgliedstaat ihm europarechtlich aufgegebenen Verpflichtungen zum Schutz oder Gewährleistung von Unionsrecht nachkommt.[14]

---

7 BGBl. II 1992, S. 1251.
8 BGBl. II 1998, S. 386.
9 Dazu näher *Kingreen* in: Calliess/Ruffert, EUV/AEUV, Art. 6 EUV Rn. 8 ff.
10 Näher *Geiger* in: ders./Khan/Kotzur, EUV/AEUV, Präambel EUV Rn. 15.
11 *Geiger* in: ders./Khan/Kotzur, EUV/AEUV, Art. 6 EUV Rn. 6; *Kloepfer*, Umweltschutzrecht, § 7 Rn. 13.
12 Vgl. Art. 6 Abs. 1 EUV.
13 *Jarass*, ZUR 2011, 563; zum Begriff der Durchführung vgl. § 6 Rn. 13.
14 EuGH, NVwZ 2013, 561, 562, Rn. 28 (Ahndung von Verstößen gegen EU-Richtlinien) mit Anm. *Gooren*, NVwZ 2013, 564; näher § 6 Rn. 13.

Der EG-Vertrag[15] wurde mit Änderungen und Ergänzungen in „Vertrag über die Arbeitsweise der Europäischen Union" (**AEUV**) umbenannt; dort haben Vorschriften zum Umweltschutz in Titel XX „Umwelt" Aufnahme gefunden.[16]

1. Ziele und Grundsätze der Umweltpolitik der Europäischen Union[17]

6   Art. 191 Abs. 1 AEUV nennt vier **umweltpolitische Ziele** der Union:

- Erhaltung und Schutz der Umwelt sowie Verbesserung ihrer Qualität,
- Schutz der menschlichen Gesundheit,
- umsichtige und rationelle Verwendung der natürlichen Ressourcen,
- Förderung von Maßnahmen auf internationaler Ebene zur Bewältigung regionaler oder globaler Umweltprobleme und insbesondere zur Bekämpfung des Klimawandels.

Diese nicht sehr bestimmten, rechtlich jedoch verbindlichen Ziele sind im Einzelfall durch Auslegung zu konkretisieren.

7   Rechtlich binden auch die **Grundsätze** für die Gestaltung der Umweltpolitik der Union:[18]

- Schutzniveauklausel,
- Prinzip der regionalen Differenzierung,
- Vorsorge- und Vorbeugeprinzip,
- Ursprungsprinzip,
- Verursacherprinzip,
- Querschnittsklausel,
- Subsidiaritätsklausel.[19]

8   Nach der **Schutzniveauklausel** (Art. 191 Abs. 2 S. 1 AEUV) zielt die Umweltpolitik der Union auf ein hohes Schutzniveau unter Berücksichtigung der unterschiedlichen Gegebenheiten in ihren einzelnen Regionen ab (vgl. auch Art. 114 Abs. 3 S. 1 AEUV). Daneben wird ein **regional differenziertes Schutzniveau** eingefordert.[20] Überwiegend wird der Klausel eine Qualität als (echtes) Rechtsprinzip beigemessen;[21] jedoch fehlt der Klausel ohne sekundärrechtliche Konkretisierung die Operationalität.[22]

9   Das **Vorbeugeprinzip** (Art. 191 Abs. 2 S. 2 Alt. 2 AEUV) ist darauf gerichtet, dem Entstehen von Umweltbeeinträchtigungen entgegenzuwirken, um nicht nachträglich deren Auswirkungen bekämpfen zu müssen. Während beim Vorbeugeprinzip stets eine gewisse Wahrscheinlichkeit für die umweltschädigende Wirkung eines Verhaltens nach-

---

15   Vgl. § 7 Rn. 4.
16   Zu Art. 192 AEUV, der unter Verfahrensaspekten die Umweltschutzkompetenz der EU bestimmt, *Eifert* in: Schoch, Besonderes Verwaltungsrecht, 5. Kap. Rn. 27.
17   Grundlegend *Meßerschmidt*, Europäisches Umweltrecht, § 3; *Jans/v. d. Heide*, Europäisches Umweltrecht, S. 3 ff.
18   Auch *Kluth* in: ders./Smeddinck, § 1 Rn. 107 ff.
19   Zu den umweltrechtlichen Prinzipien des Gemeinschaftsrechts *Winter*, ZUR 2003, 137.
20   Näher *Calliess* in: ders./Ruffert, EUV/AEUV, Art. 191 AEUV Rn. 22 ff.
21   Dafür *Schmidt/Kahl/Gärditz*, § 2 Rn. 11 und *Appel* in: Koch/Hofmann/Reese, § 2 Rn. 27 f., die eine „Rechtspflicht" bejahen.
22   *Kloepfer*, Umweltschutzrecht, § 7 Rn. 15.

gewiesen werden muss, genügen nach dem **Vorsorgeprinzip** bereits Vermutungen für die Kausalität (Art. 191 Abs. 2 S. 2 Alt. 1 AEUV).[23]

Das **Ursprungsprinzip** legt fest, dass Umweltbeeinträchtigungen so früh wie möglich, also dort bekämpft werden sollen, wo sie entstehen (Art. 191 Abs. 2 S. 2 Alt. 3 AEUV).

Das **Verursacherprinzip** schreibt vor, dass die für die Umweltverschmutzung verantwortlichen natürlichen oder juristischen Personen die Kosten der Maßnahmen zu tragen haben, die notwendig sind, um die Umweltbelastung zu vermeiden oder zu verringern (Art. 191 Abs. 2 S. 2 Alt. 4 AEUV). Im Unterschied zum deutschen Recht[24] wird eine über die Kostentragung hinausgehende sachliche Verantwortung nicht begründet.[25]

Die **Querschnittsklausel** (Art. 11 AEUV) bestimmt, dass die Erfordernisse des Umweltschutzes bei der Festlegung und Durchführung der im AEUV genannten Unionspolitiken und -maßnahmen mit zu bedenken sind. Diese Einbeziehung soll insbesondere der Förderung einer nachhaltigen Entwicklung dienen.[26]

Nach dem in Art. 5 EUV enthaltenen allgemeinen **Subsidiaritätsprinzip** wird die Union in Bereichen, die nicht ihrer ausschließlichen Zuständigkeit unterliegen (z.B. Handelspolitik, Fischereipolitik), nur tätig, „sofern und soweit die Ziele der in Betracht gezogenen Maßnahmen von den Mitgliedstaaten weder auf zentraler noch auf regionaler oder lokaler Ebene ausreichend verwirklicht werden können, sondern vielmehr wegen ihres Umfangs oder ihrer Wirkungen auf Unionsebene besser zu verwirklichen sind". Die allgemeine Subsidiaritätsregel dürfte im Bereich Umweltpolitik als Restriktion für ein Tätigwerden der Union auch nach ihrer Neufassung nur wenig bewirken. Es fehlt an näheren Kriterien, die den weiten Beurteilungsspielraum des Rates insoweit und damit auch im Bereich der umweltbezogenen Rechtsetzung strukturieren oder gar einengen könnten.[27]

2. Berücksichtigungsgebote

Art. 191 Abs. 3 AEUV führt rechtlich verbindliche Vorgaben auf, welche die Union bei ihrer Umweltpolitik zu berücksichtigen hat (**Abwägungsgebot**). Die Vorschrift enthält Leitlinien, wie Konflikte zwischen der Zielsetzung Umweltschutz und den Anforderungen anderer Politikbereiche zu lösen sind. Berücksichtigt werden müssen: **10**

- die verfügbaren wissenschaftlichen und technischen Daten,
- die Umweltbedingungen in den einzelnen Regionen der Union,
- die Vorteile und die Belastungen aufgrund des Tätigwerdens bzw. eines Nichttätigwerdens,
- die wirtschaftliche und soziale Entwicklung der Union insgesamt sowie die ausgewogene Entwicklung ihrer Regionen.

---

23 Ohne weitgehende Differenzierung zwischen Vorbeuge- und Vorsorgeprinzip *Epiney*, Umweltrecht der Europäischen Union, S. 145 f.; Der EuGH prüft das Vorsorgeprinzip rechtssystematisch als Teil des Verhältnismäßigkeitsgrundsatzes, insbesondere der Angemessenheit, vgl. *Kahl*, JZ 2012, 667, 668 m.w.N.
24 Vgl. § 3 Rn. 11.
25 Auch *Kloepfer*, Umweltschutzrecht, § 7 Rn. 15.
26 *Calliess* in: ders./Ruffert, EUV/AEUV, Art. 11 AEUV Rn. 12.
27 Positiver *Kloepfer*, Umweltschutzrecht, § 7 Rn. 17: inhaltlich stärker konturiert.

3. Schutz- und Schutzverstärkerklauseln

11   Art. 191 Abs. 2 S. 3 AEUV sieht für die betroffenen Politikbereiche die Möglichkeit der sekundärrechtlichen Schaffung von Schutzklauseln vor, und zwar für vorläufig abweichende Maßnahmen der Mitgliedstaaten unter Kontrolle der Union.

Art. 193 AEUV gestattet den Mitgliedstaaten, bei auf Art. 192 AEUV gestützten Rechtsakten „verstärkte Schutzmaßnahmen beizubehalten oder zu ergreifen" (sog. **nationale Alleingänge**). Die Maßnahmen müssen ein höheres Schutzniveau anstreben und können auch neu erlassen werden. Sie dürfen nur dem Umweltschutz dienen und weder unverhältnismäßig noch diskriminierend sein; auch müssen sie der Kommission gegenüber notifiziert werden. Diese Schutzverstärkerklauseln unterscheiden sich von den Schutzklauseln zum einen durch den Standort (hier primäres, dort sekundäres Unionsrecht) und zum anderen aufgrund ihrer Dauer (hier unbefristet, dort nur vorläufig).[28]

4. Rechtsetzungskompetenzen und -handlungsformen

a) Kompetenzen zur Rechtsetzung

12   Kompetenzgrundlage für Unionsmaßnahmen im Umweltbereich ohne hauptsächlichen Bezug zum Binnenmarkt ist **Art. 192 AEUV**, nicht Art. 191 AEUV.[29] Stützt die Union eine Maßnahme auf Art. 192 AEUV, so ist nach der Amsterdamer Vertragsänderung[30] das Europäische Parlament im Verfahren der Mitentscheidung nach Art. 294 AEUV zu beteiligen.

Ebenfalls im Verfahren des Art. 294 AEUV sind nach **Art. 114 AEUV** Harmonisierungsmaßnahmen zu erlassen, welche das Errichten und Funktionieren des Binnenmarktes zum Gegenstand haben. Für den Umweltbereich richtet sich dies vornehmlich auf die Angleichung produktbezogener Umweltvorschriften[31] (sog. unselbstständige Umweltpolitik). Bei der Abgrenzung gegenüber Art. 191 ff. AEUV ist auf den Hauptzweck der Maßnahme abzustellen.[32]

Zusätzliche Abgrenzungsprobleme ergeben sich mit Blick auf den in Art. 194 AEUV verankerten Kompetenztitel der „Energiepolitik".[33] Art. 194 AEUV wurde durch den Vertrag von Lissabon eingefügt und ergänzt die primärrechtlichen Grundlagen der Europäischen Union um eine spezifisch energiepolitische Gesetzgebungsbefugnis. Konkret wirft Art. 194 AEUV die Frage auf, ob energiebezogene Umwelt- und Klimaschutzmaßnahmen, die bislang auf die Umweltkompetenz aus Art. 191, 192 AEUV gestützt wurden, künftig ausschließlich oder vorwiegend der energiepolitischen Rechtsetzungsbefugnis unterfallen. Diese Abgrenzungsproblematik resultiert aus erheblichen Zielüberschneidungen von Art. 191 Abs. 1 AEUV und Art. 194 Abs. 1 AEUV: Umwelt-, Klima- und Ressourcenschutz korrespondieren mit Zielen der Energieeffizienz, der Energieeinsparungen und der Förderung erneuerbarer Energien. Zugleich weisen

---

28   Ferner unterliegen Schutzverstärkerklauseln auf der Grundlage des Art. 114 Abs. 5 AEUV deutlich schärferen (europa)rechtlichen Anforderungen als solche nach Art. 193 AEUV, dazu *Kloepfer*, Umweltschutzrecht, § 7 Rn. 20.
29   *Breier* in: Lenz/Borchardt, Art. 192 AEUV Rn. 1.
30   Vgl. § 7 Rn. 4.
31   *Kloepfer*, Umweltschutzrecht, § 7 Rn. 19; EuGHE 1991, I-2867.
32   EuGH, EuZW 1993, 290, 292; zu den Unterschieden der Entscheidungsverfahren *Kloepfer*, Umweltschutzrecht, § 7 Rn. 19.
33   Grundlegend zur Abgrenzungsproblematik der Umweltkompetenzen zu Art. 194 AEUV vgl. *Schlacke* in: Müller/Kahl, Energiewende und Föderalismus, S. 99 ff.

die Leitprinzipien Überschneidungsbereiche auf: Auch die Energiepolitik ist dem Umwelt- und Klimaschutz verpflichtet, nicht zuletzt aufgrund der Querschnittsklausel des Art. 11 AEUV. Besonders deutlich zeigen sich die Zielüberschneidungen am Beispiel des Art. 194 Abs. 1 lit. c AEUV, der auf die Förderung der Energieeffizienz und Energieeinsparungen sowie die Entwicklung neuer und erneuerbarer Energiequellen gerichtet ist.

Wie auch bei der Abgrenzung der Art. 191 ff. AEUV zu Art. 114 AEUV ist bei der Abgrenzung zu Art. 194 AEUV nach der regelmäßigen Rechtsprechung des EuGH auf Sinn und Gegenstand der Maßnahme abzustellen (gemischt subjektiv-objektive Methode)[34]. Liegen diese im Schwerpunkt auf der Bekämpfung des Klimawandels, so kommt die Umweltkompetenz in Betracht, ist der Schwerpunkt im Bereich der Energieversorgungssicherheit und der Gewährleistung des Energiebinnenmarktes zu sehen, ließe sich Art. 194 Abs. 1 AEUV anführen. Sollte ein Schwerpunkt nicht erkennbar sein, ist eine Doppelabstützung naheliegend. Für eine solche lassen sich die Argumente der Rechtssicherheit und des *effet utile* ins Feld führen, da auf diese Weise auch die Prinzipien des Art. 191 AEUV und die Schutzverstärkung des Art. 193 AEUV für den gesamten Rechtsakt Berücksichtigung fänden. Letztlich sorgt Art. 194 AEUV daher für rein energiepolitische Maßnahmen für Rechtsklarheit und -sicherheit, eröffnet aber Abgrenzungsprobleme für umweltenergierechtliche Maßnahmen. Hier wird es Aufgabe des EuGH sein, das Verhältnis der Kompetenztitel im Rahmen einer einzelfallbezogenen Untersuchung zu konturieren.

b) Formen und Wirkungsweise der Rechtsetzung

Die zulässigen Handlungsformen,[35] die der Union zur Wahrnehmung ihrer Kompetenzen zur Verfügung stehen, sind in Art. 288 AEUV geregelt. Es handelt sich um: 13

- Verordnungen (Abs. 2),
- Richtlinien (Abs. 3),
- Beschlüsse (Abs. 4),
- Empfehlungen und Stellungnahmen (Abs. 5).

Verordnungen enthalten abstrakte und generelle Regelungen. Sie sind in allen ihren Teilen verbindlich. Dergestalt verpflichten und berechtigen sie nicht nur die Mitgliedstaaten, sondern jeden einzelnen (Unions-)Bürger unmittelbar.   14

Im innerstaatlichen Recht nehmen die Verordnungen zumindest den Rang eines Gesetzes ein.

Richtlinien gelten grundsätzlich nur gegenüber den Mitgliedstaaten unmittelbar. Für den Einzelnen erlangen sie regelmäßig erst dann Rechtsverbindlichkeit, wenn sie in innerstaatliches Recht umgesetzt sind.[36] Hierzu sind die Mitgliedstaaten innerhalb einer in der Richtlinie vorgesehenen Frist verpflichtet. Anders als Verordnungen binden Richtlinien die Mitgliedstaaten nicht in allen ihren Teilen, sondern nur hinsichtlich der in ihnen enthaltenen Ziele; die Wahl der Form und der Mittel zu deren Erreichen bleibt den Mitgliedstaaten überlassen, Art. 288 Abs. 3 AEUV. Die Mitgliedstaaten können also bestimmen, auf welchem Weg, mit welchen Rechtsakten und Rechtstechniken sie   15

---

34 *Kahl*, NVwZ 2009, 265, 266.
35 Überblick bei *Streinz*, Europarecht, Rn. 466 ff.
36 So auch *Streinz*, Europarecht, Rn. 490.

den Richtlinieninhalt umsetzen. Nicht ausreichend für eine ordnungsgemäße Umsetzung ist es aber, wenn der Mitgliedstaat nur auf eine bestehende Verwaltungspraxis verweist oder lediglich ein Rundschreiben erlässt.[37] Ebenso wenig hat dem EuGH eine Verwaltungsvorschrift – in Gestalt etwa der TA Luft – genügt, weil ihr zwingender Charakter nicht in der Weise anerkannt sei, dass der Einzelne Gewissheit über den Umfang seiner Rechte haben könne.[38]

Wenn ein Mitgliedstaat der Verpflichtung zur ordnungsgemäßen Umsetzung in nationales Recht nicht fristgerecht oder unzureichend nachkommt, kann sich nach ständiger Rechtsprechung des EuGH[39] der **Einzelne** dann, wenn die Richtlinie ihn betrifft, sie ferner inhaltlich unbedingt und hinreichend bestimmt formuliert ist, hierauf **berufen**. Das dient der praktischen Wirksamkeit (dem „effet utile", vgl. Art. 4 Abs. 3 EUV[40]) von Richtlinien. Denn anderenfalls hätte es jeder Mitgliedstaat in der Hand, den Eintritt der mit einer Richtlinie verfolgten Rechtswirkungen hinauszuzögern oder gar zu vereiteln, indem er mit der Umsetzung der Richtlinie in nationales Recht wartet bzw. das Unionsrecht gar nicht oder fehlerhaft in nationales Recht transferiert. Es soll also verhindert werden, dass ein Staat aus der Nichtbeachtung von Unionsrecht Nutzen ziehen kann.[41]

Daneben hat der EuGH klargestellt, dass – unabhängig von einer individuell begünstigenden Wirkung – Richtlinien unmittelbar gelten können, die (nationale) Verwaltung mithin daran gebunden ist (**unmittelbare Wirkung**). Voraussetzung für eine dergestalt unmittelbare Verpflichtung der Behörden ist, dass der Gehalt der Richtlinie hinreichend klar und bestimmt ist, sich also aus ihr unmissverständlich konkrete Pflichten ableiten lassen.[42] Zu bedenken bleibt, dass Richtlinien gem. Art. 288 Abs. 3 AEUV staatsgerichtet sind; das steht einer Indiepflichtnahme von Bürgern aufgrund der unmittelbaren Wirkung nicht (hinreichend) umgesetzter Richtlinien entgegen. Bejaht man eine unmittelbare Wirkung gegenüber der Behörde unabhängig von einer individualbegünstigenden Wirkung der Richtlinie(n), können sich aus der Behördentätigkeit dann allerdings doch Pflichten für den Bürger ergeben; diese sind aber, weil durch das Handeln von Behörden bedingt, staatsvermittelt. Im Ergebnis hat somit bei Umsetzungsdefiziten nur eine unmittelbar belastende Wirkung der Richtlinien im Verhältnis der Bürger untereinander und damit ohne Vermittlung staatlicher Stellen auszuscheiden.[43]

Schließlich ist vom EuGH jenseits von Möglichkeiten der **richtlinienkonformen Auslegung** des nationalen Rechts[44] ein Instrument entwickelt worden, das zum einen den Richtlinien und damit dem Unionsrecht Wirkung verleiht, zum anderen den durch die Richtlinien begünstigten Bürgern zu ihrem Recht verhilft: die **Haftung der Mitgliedstaaten** bei nicht fristgerechter oder unzureichender Umsetzung von Richtlinien.[45] Dieser Staatshaftungsanspruch setzt einerseits voraus, dass die unionsrechtliche Vorschrift, gegen die verstoßen wurde, die Verleihung von Rechten an den Geschädigten be-

---

37 EuGHE 1986, 2945.
38 EuGHE 1991, I-2567, 2607 – Schwefeldioxid und Schwefelstaub; bereits § 6 Rn. 18, vgl. auch § 9 Rn. 9.
39 EuGHE 1974, 1337, 1348 f.
40 Unter prozessualen Gesichtspunkten bereits § 6 Rn. 13.
41 Vgl. *Winter*, ZUR 2002, 313.
42 EuGHE 1995, I-2189, 2224 – Großkrotzenburg.
43 Eingehend zur Rechtsprechung des EuGH betreffend die unmittelbare Anwendung von Richtlinien zwischen Privaten *Mörsdorf*, EuR 2009, 219 m.w.N.
44 Dazu und zu den Grenzen der „richtlinienkonformen Rechtsfortbildung" *Michael/Payandeh*, NJW 2015, 2392; *Tonikidis*, JA 2013, 598; auch *Pötters/Christensen*, JZ 2011, 387.
45 Dazu EuGHE 1991, I-5357 – Francovich; EuGH, EuZW 1996, 144 – Brasserie du Pêcheur und Factortame.

zweckt. Zum anderen muss der Verstoß hinreichend qualifiziert („offenkundig") sein und ein unmittelbarer Kausalzusammenhang zwischen dem Verstoß gegen die dem Staat auferlegte Verpflichtung und dem entstandenen Schaden bestehen.[46]

Mit **Beschlüssen**[47] werden konkrete und individuelle Regelungen für den Einzelfall getroffen. Sie sind in allen ihren Teilen für den jeweiligen Adressaten verbindlich. Dies können sowohl bestimmte Bürger als auch Mitgliedstaaten sein. 16

BEISPIEL: Die Liste der Gebiete von gemeinschaftlicher Bedeutung (FFH-Schutzgebiete) erlässt die Kommission in Form eines Beschlusses i.S.v. Art. 288 Abs. 4 AEUV.[48]

Darüber hinaus gilt für alle (verbindlichen) Rechtsakte der Union die Pflicht der Mitgliedstaaten nach Art. 291 Abs. 1 AEUV, die zu deren „Durchführung" erforderlichen Maßnahmen nach innerstaatlichem Recht zu treffen.[49] Nur im Falle insoweit notwendig einheitlicher Bedingungen verlagert sich dies nach näherer Maßgabe des Art. 291 Abs. 2, 3 AEUV auf Organe der EU. Durchführungsakte können legislativer wie administrativer Art sein. Sie kommen etwa für organisatorische Vorkehrungen in Betracht, ohne die Verordnungen nicht angewandt werden könnten. Bei Richtlinien ist Art. 288 Abs. 3 AEUV vorrangig;[50] Art. 291 AEUV dürfte daher lediglich die Grundlage für die eigentliche Umsetzung ergänzende (etwa verwaltungsbezogene) Maßnahmen sein.[51]

Bei **Empfehlungen** und **Stellungnahmen**, die sich an Mitgliedstaaten oder Bürger wenden können, handelt es sich nicht um verbindliche Regelungen, vgl. Art. 288 Abs. 5 AEUV.[52] Als Ausdruck des politischen Willens kommt ihnen jedoch – nicht zuletzt im Gefolge der allgemeinen mitgliedstaatlichen Pflicht zur Vertragserfüllung – bona fide eine vermittelt rechtliche Wirkung zu. 17

▶ **ZU FALL 8:** Die Anwendbarkeit des Art. 35 AEUV scheitert nicht daran, dass es vorliegend um Abfälle zur Beseitigung geht. Denn auch diese fallen unter den Begriff der Ware, der den Anwendungsbereich der Art. 34 ff. AEUV eröffnet. Damit enthält die Sonderabfallverordnung mit ihrem indirekten Ausfuhrverbot einen tatbestandlichen Eingriff i.S.v. Art. 35 AEUV. Eine ausnahmsweise Zulässigkeit dieses Eingriffs lässt sich zwar aus Art. 36 AEUV nicht ableiten; sie ergibt sich aber aus zwingenden Erfordernissen des Umweltschutzes als ungeschriebenem Rechtfertigungsgrund. Europarechtlicher Anknüpfungspunkt ist hierfür Art. 191 Abs. 2 S. 2 AEUV, wonach die Umweltpolitik der Union auch auf dem Grundsatz beruht, dass Umweltbeeinträchtigungen mit Vorrang an ihrem Ursprung zu bekämpfen sind. Dies bedeutet, dass es Aufgabe jeder Region, Gemeinde oder Gebietskörperschaft ist, geeignete Maßnahmen zu treffen, um die Aufnahme, Behandlung und Beseitigung ihrer eigenen Abfälle sicherzustellen. Abfälle gilt es daher möglichst nahe am Ort ihrer Erzeugung zu beseitigen; zugleich ist ihre Verbringung soweit wie möglich einzuschränken. Die Sonderab- 18

46 EuGH, NJW 1996, 3141, 3142 – MP-Travel; zu alldem *Erbguth/Guckelberger*, Allgemeines Verwaltungsrecht, § 38 Rn. 13 ff.; dort auch zur mitgliedstaatlichen Haftung für judikatives Unrecht, wie vor, § 38 Rn. 16.
47 *Oppermann/Classen/Nettesheim*, Europarecht, § 9 Rn. 113 ff.
48 Vgl. hierzu § 10 Rn. 51.
49 Die Vorschrift ist Ausdruck des Subsidiaritätsprinzips und zugleich Spezialvorschrift zu Art. 4 Abs. 3 EUV, *Ruffert* in: Calliess/Ruffert, EUV/AEUV, Art. 291 AEUV Rn. 2 f. Zur Unterscheidung delegierter Rechtsakte (Art. 290 AEUV) zu Durchführungsrechtsakten (Art. 291 AEUV) vgl. *Schlacke* in: Häberle, Jahrbuch des Öffentlichen Rechts der Gegenwart, 2013, S. 293 ff.
50 *Ruffert* in: Calliess/Ruffert, EUV/AEUV, Art. 291 AEUV Rn. 3.
51 So sollen die durch die Industrieemissions-RL (vgl. § 9 Rn. 8) eingeführten BVT („beste verfügbare Technik")-Schlussfolgerungen Durchführungsbeschlüsse nach Art. 291 AEUV sein, *Diehl*, ZUR 2011, 59, 60 f.; auch § 9 Rn. 31.
52 Weiterführend *Streinz*, Europarecht, Rn. 521 f.

fallverordnung bezweckt die Beseitigung von Abfällen an ihrem Ursprungsort und wahrt die Prinzipien der Entsorgungsautarkie und der Entsorgungsnähe. Dies gilt ungeachtet der Entfernung zwischen dem Ort des Anfalls der Abfälle und der Anlage in Hamburg, weil in B eine solche Anlage nicht existiert. Damit begrenzen zwingende Gründe des Umweltschutzes als ungeschriebene Rechtfertigung die Grundfreiheit des Art. 35 AEUV. ◀

5. Auswärtige Kompetenzen

19   Der Union steht nach Art. 3 Abs. 2 AEUV im Rahmen ihrer Zuständigkeiten zum Umweltschutz (Art. 191 ff. AEUV), ferner bei legislativer europarechtlicher Zuweisung, aber auch schon dann die ausschließliche Zuständigkeit zum Abschluss internationaler Übereinkünfte zu „soweit er gemeinsame Regeln beeinträchtigen oder deren Tragweite verändern könnte".[53] Da letztere Wirkungen infolge der Ausdifferenzierung des europäischen Umweltrechts bei internationalen umweltschutzbezogenen Abkommen regelmäßig nicht auszuschließen sind, wird hieraus zu Recht eine dominierende **Außenvertretungskompetenz** der Union[54] und damit ein Rückgang sog. gemischter Übereinkünfte[55] in der internationalen Umweltpolitik abgeleitet.[56] Dergestalt reduzieren sich die eigenen Verhandlungs- und Abschlusszuständigkeiten der Mitgliedstaaten nach Art. 191 Abs. 4 UAbs. 2 AEUV.

6. Finanzierung und Durchführung

20   Finanzierung und Durchführung von der Union beschlossener umweltschützender Maßnahmen obliegen gem. Art. 192 Abs. 4 AEUV den Mitgliedstaaten. Damit werden sie indirekt auf die Ziele und Grundsätze des Art. 191 Abs. 1 und 2 AEUV verpflichtet, indem sie eine aktive Umweltpolitik betreiben müssen.

Eine abweichende Zusatzregelung ist in Art. 192 Abs. 5 AEUV aufgenommen worden. Hiernach besteht die Möglichkeit von Ausnahmeregelungen und/oder Unterstützungszahlungen, wenn eine Maßnahme nach Abs. 1 mit unverhältnismäßig hohen Kosten verbunden ist. Außerdem kann eine finanzielle Unterstützung durch den aufgrund Art. 177 Abs. 2 AEUV errichteten Kohäsionsfonds geleistet werden.

21   Die mitgliedstaatliche Durchführung entspricht dem Regelfall der Vollziehung von Unionsrecht (mittelbarer oder indirekter Vollzug).[57] Verwaltungsverfahren und Verwaltungshandeln richten sich dann nach nationalem Recht.

7. Kollision zwischen nationalem Recht und Unionsrecht

22   Grundsätzlich besteht bei einer Kollision zwischen nationalem Recht und Unionsrecht ein Vorrang des europäischen Rechts.[58] Vorrang bedeutet nicht, dass dem Unionsrecht zuwiderlaufendes nationales Recht nichtig ist. Der EuGH geht vielmehr von einem **An-**

---

53   Vgl. auch Art. 216 ff. AEUV.
54   Auch i.S.e. Sperrwirkung gegenüber der Wahrnehmung unionsrechtlicher Belange durch Ratspräsidentschaft und Mitgliedstaaten, sofern sich der Rat gegen ein Einbringen der Union in einen internationalen Verhandlungsprozess entschieden hat, *Buck/Verheyen* in: Koch/Hofmann/Reese, § 1 Rn. 20: Bruch mit der bisherigen Praxis unter dem Vertrag von Nizza.
55   Dazu *Steyrer*, ZUR 2005, 343.
56   *Buck/Verheyen* in: Koch/Hofmann/Reese, § 1 Rn. 18 f.
57   Zur zunehmenden Bedeutung des kooperativen Vollzugs durch mitgliedstaatliche und gemeinschaftseigene Einrichtungen *Erbguth/Guckelberger*, Allgemeines Verwaltungsrecht, § 3 Rn. 8.
58   Ständige Rechtsprechung des EuGH; grundlegend EuGHE 1964, 1251, 1269 – Costa.

wendungsvorrang des Europarechts vor nationalem Recht (einschließlich des Verfassungsrechts) aus. Mitgliedstaaten dürfen daher Normen des innerstaatlichen Rechts nicht (mehr) anwenden, wenn sie einen mit Unionsrecht nicht zu vereinbarenden Regelungsgehalt aufweisen. Aufgrund des „effet utile"[59] tritt dies auch gegenüber solchen Normen des nationalen Rechts ein, welche die Verwirklichung des Unionsrechts unmöglich machen bzw. wesentlich erschweren (**Effektivitätsprinzip** resp. -gebot) oder es in seiner Anwendung gegenüber innerstaatlichem Recht schlechter stellen (**Diskriminierungsverbot**, auch **Äquivalenzgebot** genannt).[60] In derartigen Konstellationen gilt allein das europäische Recht; der Vorrang soll seine einheitliche und gleichmäßige Geltung in sämtlichen Mitgliedstaaten sicherstellen.

Nach anfänglichen Zweifeln ist das BVerfG dem gefolgt; es geht freilich von einer Ausnahme für den Wesenskern bzw. die prägenden Strukturmerkmale des Grundgesetzes aus, wie es Art. 23 Abs. 1 und Art. 79 Abs. 3 GG festlegen.[61]

II. Umweltrelevante Normen des sekundären Unionsrechts

Die Organe der Union haben aufgrund ihrer sich aus dem primären Europarecht ergebenden Kompetenzen allgemeine **Grundsätze und Leitlinien** des Umweltrechts festgelegt[62], aber auch durch Erlass von Richtlinien und Verordnungen **verbindliches Umweltrecht** in großem Umfang geschaffen.[63] Darüber hinaus ist die Union an zahlreichen **Aktivitäten auf internationaler Ebene** beteiligt. 23

1. Aktionsprogramme

Die von Parlament und Rat beschlossenen Aktionsprogramme zum Umweltschutz sind Teil des sekundären Unionsrechts. Nach Art. 192 Abs. 3 AEUV ergehen sie als förmliche Rechtsakte und entfalten insoweit Rechtswirkung. Da sie aber lediglich die großen Linien, die Konzeption und Prioritäten der europarechtlichen Umweltpolitik festschreiben, ist ihre Bedeutung auf eine verbindliche Wegweisung und Rahmensetzung für spätere Rechtsakte beschränkt.[64] Sie bilden mithin Maßstäbe, an denen sich die Umweltpolitik der Union und ihrer Mitgliedstaaten in der Öffentlichkeit messen lassen muss, und erzeugen von daher einen nicht unerheblichen politischen Druck. 24

Nach dem Ersten Aktionsprogramm vom 22.11.1973[65] gilt mittlerweile das Siebte Aktionsprogramm vom 20.11.2013[66] (Geltungsdauer bis 2020)[67].[68] Es trägt den Titel „Gut leben innerhalb der Belastbarkeitsgrenzen unseres Planeten" und formuliert damit bereits den programmatischen Anspruch: Das legitime Streben nach gesellschaftli-

---

59 Vorstehend Rn. 15.
60 Ständige Rechtsprechung, vgl. EuGHE 2000, I-3201 Rn. 31; 2001, I-1727 Rn. 85; *Ehlers*, DV 37 (2004), 255, 258; auch *Erbguth/Guckelberger*, Allgemeines Verwaltungsrecht, § 3 Rn. 2.
61 BVerfG 89, 155; zur Gültigkeit dieser Aussage auch nach Verabschiedung des Vertrages von Lissabon vgl. BVerfGE 123, 267, 400.
62 Zum „Soft Law" im Recht der EU vgl. *Schwarze*, EuR 2011, 3.
63 Dazu auch *Kotulla*, 2. Teil Rn. 32 ff.
64 *Calliess* in: ders./Ruffert, EUV/AEUV, Art. 192 AEUV Rn. 34.
65 ABlEG C 112/1.
66 Beschluss Nr. 1386/2013/EU v. 20.11.2013 über ein allgemeines Umweltaktionsprogramm der Union für die Zeit bis 2020 „Gut leben innerhalb der Belastbarkeitsgrenzen unseres Planeten", ABlEU L 354/171.
67 *Hoffmann*, NVwZ 2013, 534; vgl. auch Übersicht zu den Umweltaktionsprogrammen https://www.bmu.de /themen/nachhaltigkeit-internationales/europa-und-umwelt/umweltaktionsprogramme/ (Stand: 27.8.2018).
68 Dazu *Wimmers*, UPR 2013, 286.

chem Wohlstand muss sich in den planetarischen Grenzen des Erdsystems[69] bewegen. Zu diesem Zweck enthält das Programm als thematische Prioritäten u.a. den Schutz, die Erhaltung und Verbesserung des Naturkapitals der Union, den Übergang zu einer ressourceneffizienten, umweltschonenden und wettbewerbsfähigen CO_2-armen Wirtschaftsweise sowie den Schutz der Unionsbürger vor umweltbedingten Belastungen, Gesundheitsrisiken und Risiken für die Lebensqualität.[70]

2. Rechtsakte[71]

25 An jüngeren umweltrechtlichen **Verordnungen** der Union seien genannt:

- Verordnung (EG) Nr. 258/97 v. 27.1.1997 über neuartige Lebensmittel und neuartige Lebensmittelzutaten,[72]
- Verordnung (EG) Nr. 338/97 v. 9.12.1996 über den Schutz von Exemplaren wildlebender Tier- und Pflanzenarten durch Überwachung des Handels (sog. Artenschutzverordnung),[73]
- Verordnung (EG) Nr. 1005/2009 v. 16.9.2009 über Stoffe, die zum Abbau der Ozonschicht führen,[74]
- Verordnung (EG) Nr. 1107/2009 vom 21.10.2009 über das Inverkehrbringen von Pflanzenschutzmitteln,[75]
- Verordnung (EG) Nr. 1221/2009 v. 25.11.2009 über die freiwillige Teilnahme von Organisationen an einem Gemeinschaftssystem für Umweltmanagement und Umweltbetriebsprüfung (EG-Umweltauditverordnung, „**EMAS-III**"),[76]
- Verordnung (EG) Nr. 1013/2006 v. 14.6.2006 über die Verbringung von Abfällen,[77]
- Verordnung (EG) Nr. 1367/2006 v. 6.9.2006 über die Anwendung der Bestimmungen des Übereinkommens von Aarhus über den Zugang zu Informationen, die Öffentlichkeitsbeteiligung an Entscheidungsverfahren und den Zugang zu Gerichten in Umweltangelegenheiten auf Organe und Einrichtungen der Gemeinschaft,[78]
- Verordnung (EG) Nr. 1907/2006 v. 18.12.2006 zur Registrierung, Bewertung, Zulassung und Beschränkung chemischer Stoffe (**REACH**), zur Schaffung einer Europäischen Agentur für chemische Stoffe, zur Änderung der Richtlinie 1999/45/EG und zur Aufhebung der Verordnung (EWG) Nr. 793/93, der Verord-

---

69 Zu Handlungsempfehlungen für eine Transformation zu einer klimaverträglichen Gesellschaft vgl. WBGU, Gesellschaftsvertrag für eine Große Transformation.
70 Art. 2 Abs. 1 Beschluss Nr. 1386/2013/EU, vgl. vorstehend in Fn. 66.
71 Ausführlich zu den durch Sekundärrecht geregelten Umweltbereichen *Dietrich/Au/Dreher*, Umweltrecht der Europäischen Gemeinschaften, S. 75 ff.; *Jahns/v.d. Heide*, Europäisches Umweltrecht, S. 367 ff.
72 ABlEG L 43/1, weitgehend aufgehoben mit Wirkung vom 1.1.2018 (vgl. Art. 36) durch VO (EU) 2015/2283 v. 25.11.2015, ABlEU L 327/1; zur Freisetzungs-RL und Novel Food-VO *Rehbinder*, ZUR 1999, 6; ferner § 14 Rn. 5 ff.
73 ABlEG L 61/1, zuletzt geändert durch VO (EU) 2017/160 v. 20.1.2017, ABlEU L 271.
74 ABlEG L 286/1 (als Neufassung der VO (EG) Nr. 2037/2009, ABlEG L 286/1), zuletzt geändert durch VO (EU) 2017/605 v. 29.3.2017, ABlEU L 84/3.
75 ABlEU L 309/1, zuletzt geändert durch Art. 1 ÄndVO (EU) 2018/605 v. 19.4.2018, ABl. L 101/33.
76 ABlEG L 342/1, zuletzt geändert durch VO (EU) 2017/1505 v. 28.8.2017, ABlEU L 222/1; bereits § 5 Rn. 120 ff.
77 ABlEG L 190 v. 12.7.2006, S. 1, zuletzt geändert durch VO (EU) 2015/2002 v. 10.11.2015, ABlEU L 294/1.
78 ABlEG L 264/13; zur Umsetzung der Aarhus-Konvention auf Gemeinschaftsebene *Guckelberger*, NuR 2008, 78.

nung (EG) Nr. 1488/94, der Richtlinie 75/769/EWG sowie der Richtlinien 91/155/EWG, 93/105/EG und 2000/21/EG,[79]

- Verordnung (EU) Nr. 1143/2014 v. 22.10.2014 über die Prävention und das Management der Einbringung und Ausbreitung invasiver gebietsfremder Arten[80],
- Verordnung (EU) Nr. 2017/852 v. 17.5.2017 über Quecksilber[81].

Besonders bedeutsame **Richtlinien** für den hier fraglichen Bereich sind: 26

- Richtlinie 2009/147/EG v. 30.11.2009 (sog. Vogelschutzrichtlinie), [82]
- Richtlinie 2011/92/EU v. 13.12.2011 über die Umweltverträglichkeitsprüfung bei bestimmten öffentlichen und privaten Projekten (sog. UVP-RL),[83]
- Richtlinie 91/271/EWG v. 21.5.1991 zur Behandlung von kommunalem Abwasser,[84]
- Richtlinie 2008/98/EG v. 19.11.2008 über Abfälle und zur Aufhebung bestimmter Richtlinien,[85]
- Richtlinie 92/43/EWG v. 21.5.1992 über den Schutz der natürlichen und naturnahen Lebensräume sowie der wildlebenden Tier- und Pflanzenarten, sog. Fauna-Flora-Habitat-Richtlinie (**FFH-RL**),[86]
- Richtlinie 2010/75/EU des Europäischen Parlaments und des Rates vom 24. November 2010 über Industrieemissionen (integrierte Vermeidung und Verminderung der Umweltverschmutzung) (sog. Industrieemissions- (IE)-RL),[87]
- Richtlinie 1999/31/EG v. 26.4.1999 über Abfalldeponien,[88]
- Richtlinie 2000/14/EG v. 8.5.2000 zur Angleichung der Rechtsvorschriften der Mitgliedstaaten über umweltbelastende Geräuschemissionen von zur Verwendung im Freien vorgesehenen Geräten und Maschinen,[89]
- Richtlinie 2000/53/EG v. 18.9.2000 über Altfahrzeuge,[90]

---

79 ABlEG L 396/1, zuletzt geändert durch VO (EU) 2018/675 v. 2.5.2018, ABlEU L 114/4; *Au/Rühl*, REACH-Verordnung, S. 31 ff.
80 ABlEU L 31735, zuletzt geändert durch VO (EU) 2016/2031 v. 26.10.2016, ABlEU L 317/4; grundlegend dazu *Köck*, NuR 2015, 73 ff.
81 ABlEU L 173 v. 24.5.2017, S. 1.
82 ABlEG L 20/7, zuletzt geändert durch RL 2013/17/EU v. 13.5.2013, ABlEU L 158/193. Zu Auslegung und Rechtsprechung dieser RL vgl. *Möckel*, NuR 2014, 381.
83 ABlEG L 26/1, zuletzt geändert durch RL 2014/52/EU v. 16.4.2014, ABlEU L 124/1; grundlegend zu Ziel, Konzeption und Entwicklungslinien der RL *Erbguth*, ZUR 2014, 515; zur Umsetzung der novellierten UVP-RL vgl. *Balla/Peters*, NuR 2015, 297 m.w.N.; zur Geltendmachung von Mängeln bei der UVP vgl. EuGH, ZUR 2014, 36 – Altrip; näher § 5 Rn. 63.
84 ABlEG L 135/40, zuletzt geändert durch RL 2013/64/EU v. 17.12.2013, ABlEU L 353/8; *Schulte*, EG-Richtlinie Kommunales Abwasser.
85 ABlEG L 312/3, zuletzt geändert durch VO (EU) 2017/997 v. 8.6.2017, ABlEU L 150/1.
86 ABlEG L 206/7, zuletzt geändert durch RL 2013/17/EU v. 13.5.2013, ABlEU L 158/193; *Erbguth*, DVBl. 1999, 588; *Gellermann*, ZUR 2005, 581; *Thum/Engelmann*, UPR 2015, 170; zur Neufestlegung des Status eines Schutzgebietes bei Umweltverschmutzungen vgl. EuGH, ZUR 2014, 414 – Cascina Tre Pini; ferner § 10 Rn. 4 ff.
87 ABlEU L 334/17; § 9 Rn. 8.
88 ABlEG L 182/1, zuletzt geändert durch RL 2011/97/EU v. 5.12.2011, ABlEU L 328/49.
89 ABlEG L 162/ 1, ber. ABlEG L 311/50, zuletzt geändert durch VO (EG) Nr. 219/2009 v. 11.3.2009, ABlEG L 87/109.
90 ABlEG L 269/34, zuletzt geändert durch RL (EU) 2017/2096 v. 15.11.2017, ABlEU L 299/24.

- Richtlinie 2000/60/EG v. 23.10.2000 zur Schaffung eines Ordnungsrahmens für Maßnahmen der Gemeinschaft im Bereich der Wasserpolitik (sog. **Wasserrahmenrichtlinie**),[91]

- Richtlinie 2001/18/EG v. 12.3.2001 über die absichtliche Freisetzung genetisch veränderter Organismen in die Umwelt und zur Aufhebung der Richtlinie 90/220/EWG,[92]

- Richtlinie 2001/42/EG v. 27.6.2001 über die Prüfung der Umweltauswirkungen bestimmter Pläne und Programme (sog. **SUP-RL**),[93]

- Richtlinie 2001/80/EG v. 23.10.2001 zur Begrenzung von Schadstoffemissionen von Großfeuerungsanlagen in die Luft,[94]

- Richtlinie 2008/50/EG v. 21.5.2008 über Luftqualität und saubere Luft für Europa,[95]

- Richtlinie 2002/49/EG v. 25.6.2002 über die Bewertung und Bekämpfung von Umgebungslärm,[96]

- Richtlinie 2003/4/EG v. 28.1.2003 über den Zugang der Öffentlichkeit zu **Umweltinformationen**,[97]

- Richtlinie 2003/35/EG v. 26.5.2003 über die **Öffentlichkeitsbeteiligung** bei der Ausarbeitung bestimmter umweltbezogener Pläne und Programme des Europäischen Parlaments und des Rates,[98]

- Richtlinie 2003/87/EG v. 13.10.2003 über ein System für den Handel mit Treibhausgasemissionszertifikaten in der Gemeinschaft,[99]

- Richtlinie 2004/35/EG v. 21.4.2004 über Umwelthaftung zur Vermeidung und Sanierung von Umweltschäden (sog. **Umwelthaftungsrichtlinie**),[100]

---

91 ABlEG L 327/1, zuletzt geändert durch RL 2014/101/EU v. 30.10.2014, ABlEU L 311/32; näher zur RL *Köck*, ZUR 2009, 227; zur Auslegung des Begriffs „Wasserdienstleistungen" i.S.d. RL vgl. EuGH, ZUR 2014, 608 – Weservertiefung; zum Verschlechterungsverbot nach dem EuGH-Urteil vom 1.7.2015 vgl. *Laskowski*, ZUR 2015, 545; *Henning*, NordÖR 2017, 73; zur aktuellen Entwicklung der Umsetzung *Tänzer*, DÖV 2017, 867; ferner § 11 Rn. 8.

92 ABlEG L 106/1, zuletzt geändert durch RL (EU) 2018/350 v. 8.3.2018, ABlEU L 67/30.

93 ABlEG L 197/30; zur RL und deren Umsetzung *Erbguth/Schubert*, ZUR 2005, 524; zum Anwendungsbereich der SUP *Kümper*, ZUR 2014, 74; *Faßbender*, ZUR 2018, 323; bereits § 5 Rn. 73 ff.

94 ABlEG L 309/1, aufgehoben mit Wirkung vom 1.1.2016 durch RL 2010/75/EU v. 24.11.2010, ABlEU L 334/17.

95 ABlEG L 152/1, zuletzt geändert durch RL (EU) 2015/1480 v. 28.8.2015, ABlEU L 226/4; zur Einhaltung der Luftgrenzwerte EuGH, ZUR 2015, 33 m. Anm. *Klinger* – ClientEarth.

96 ABlEG L 189/12, zuletzt geändert durch RL (EU) 2015/996 v. 19.5.2015, ABlEU L 168/1; näher *Schneider*, UPR 2005, 247; *Feldmann*, ZUR 2005, 352.

97 ABlEG L 41/26; hierdurch wurde die RL 90/313/EWG über den freien Zugang zu Informationen über die Umwelt v. 7.6.1990 aufgehoben; bereits § 5 Rn. 128 ff.

98 Unter Änderung der RL 85/337/EWG (ABlEG L 175/40) und 96/91/EG (ABlEG L 257/26) in Bezug auf die Öffentlichkeitsbeteiligung und den Zugang zu Gerichten, ABlEG L 156/17, zuletzt geändert durch RL (EU) 2016/2284 v. 14.12.2016, ABlEU L 344/1; zur Auslegung des Begriffs der Umweltinformation über Emissionen vgl. EuG, ZUR 2014, 45; bereits § 5 Rn. 63.

99 Und zur Änderung der IVU-RL, ABlEG L 275/32, zuletzt geändert durch RL (EU) 2018/410 v. 14.3.2018, ABlEU L 76/3; zur RL und ihrer Umsetzung *Becker*, EuR 2004, 857; zur Entwicklung des Emissionshandels in der EU *Epiney*, ZUR 2010, 236; zum Emissionshandel in Deutschland *Marr*, EuR 2004, 10; zu Klimaschutz durch Emissionshandel *Kreuter-Kirchhof*, EuZW 2017, 412.

100 ABlEG L 143/56, zuletzt geändert durch RL 2013/30/EU v. 12.6.2013, ABlEU L 178/66; dazu *Becker*, NVwZ 2005, 371; zu den Auswirkungen auf das deutsche Umweltrecht *Schink*, EurUP 2005, 67; zur Umsetzung in den Mitgliedstaaten *Knopp/Pieroch*, NuR 2013, 25; bereits § 2 Rn. 18.

- Richtlinie 2008/56/EG v. 17.6.2008 zur Schaffung eines Ordnungsrahmens für Maßnahmen der Gemeinschaft im Bereich der Meeresumwelt (**Meeresstrategie-Rahmenrichtlinie**),[101]

- Richtlinie 2008/98/EG v. 19.11.2008 über Abfälle und zur Aufhebung bestimmter Richtlinien (**Abfallrahmenrichtlinie**),[102]

- Richtlinie 2009/28/EG v. 23.4.2009 zur Förderung der Nutzung von Energie aus erneuerbaren Quellen und zur Änderung und anschließenden Aufhebung der Richtlinien 2001/77/EG und 2003/30/EG (**Erneuerbare-Energien-Richtlinie**),[103]

- Richtlinie 2013/51/Euratom v. 22.10.2013 zur Festlegung von Anforderungen an den Schutz der Gesundheit der Bevölkerung hinsichtlich **radioaktiver Stoffe in Wasser** für den menschlichen Gebrauch,[104]

- Richtlinie 2013/59/Euratom v. 5.12.2013 zur Festlegung grundlegender Sicherheitsnormen für den Schutz vor den Gefahren einer Exposition gegenüber **ionisierender Strahlung**,[105]

- Richtlinie 2014/89/EU v. 23.7.2014 zur Schaffung eines Rahmens für die **maritime Raumplanung**,[106]

- Richtlinie 2014/94/EU v. 22.10.2014 über den Aufbau der **Infrastruktur für alternative Kraftstoffe**,[107]

- Richtlinie (EU) 2015/720 v. 29.4.2015 zur Änderung der Richtlinie 94/62/EG betreffend die Verringerung des Verbrauchs von leichten **Kunststofftragetaschen**[108].

3. Internationale Aktivitäten

Die Union ist zudem Vertragsstaat bei einer Vielzahl **völkerrechtlicher Vereinbarungen**, deren Inhalte (Umwelt-)Bezug zum europäischen Raum aufweisen. Beispielhaft erwähnt sei die Helsinki-Konvention zum Schutz der Ostsee aus dem Jahre 1992.[109] Soweit die EU bei internationalen Verträgen für die Mitgliedstaaten auftritt[110], erreicht die Mitgliedstaaten das völkerrechtlich Vereinbarte vielfach über Richtlinien[111]; Beispiele bilden die Aarhus-Konvention[112] und das Kyoto-Protokoll[113].[114] Daneben arbeitet die Union mit für den Umweltschutz bedeutenden **internationalen Organisationen**   27

---

101 ABlEG L 164/19, geändert durch RL (EU) 2017/845 v. 17.5.2017, ABlEU L 125/27; dazu anhand der maritimen Raumordnung *Erbguth*, DÖV 2011, 373, 376; zur RL als Anpassungsstrategie an den Klimawandel *Kment*, JZ 2010, 62, 67; ferner § 11 Rn. 8.
102 ABlEU L 312 v. 22.11.2008, S. 3, zuletzt geändert durch VO (EU) 2017/997 v. 8.7.2017, ABlEU L 150/1.
103 ABlEU L 140 v. 5.6.2009, 16: vgl. zum künftigen Ausbau der erneuerbaren Energien in der EU *Kreuter-Kirchhof*, EuZW 2017, 829.
104 ABlEU L 296/12.
105 Und zur Aufhebung der Richtlinien 89/618/Euratom, 90/641/Euratom, 96/29/Euratom, 97/43/Euratom und 2003/122/Euratom, ABlEU L 13/1.
106 ABlEU L 257/135; grundlegend zum Inhalt der RL *Falke*, ZUR 2014, 635, 638 f.
107 ABlEU L 307/1, geändert durch VO (EU) 2018/674 v. 17.11.2017 mit Wirkung vom 24.5.2020, ABlEU L 114/1.
108 ABlEU L 115/11.
109 Vgl. nachfolgend § 8 Rn. 7 unter Gewässerschutz sowie § 15 Rn. 44.
110 Vgl. vorstehend Rn. 19.
111 Zu den (EU-)RL vorstehend Rn. 15.
112 Dazu § 8 Rn. 7.
113 Dazu § 8 Rn. 20.
114 Vgl. *Kluth* in: ders./Smeddinck, § 1 Rn. 42.

zusammen. Sie unterhält bspw. ständige Beziehungen zum Umweltprogramm der Vereinten Nationen (UNEP)[115].

WIEDERHOLUNGS- UND VERSTÄNDNISFRAGEN

Am Beispiel des Umweltrechts:

- Wie unterscheiden sich primäres und sekundäres Europarecht? Welche Erscheinungsformen des sekundären Europarechts gibt es? (Rn. 3, 13 ff.)
- Wie ist es um das rechtliche Verhältnis von Europarecht zum nationalen Recht bestellt? (Rn. 22)
- Wann gelten Richtlinien der Europäischen Union unmittelbar? (Rn. 15)
- Welche Umweltprinzipien kennt das Unionsrecht? (Rn. 9)

---

115   Zum UNEP vgl. § 8 Rn. 18.

§ 8 Umweltvölkerrecht

▶ **Fall 9:** Die staatlichen Elektrizitätswerke der Republik A betreiben in Grenznähe zu   1
Staat B ein leistungsstarkes, aber technisch veraltetes Heizkraftwerk, welches vorwiegend
mit einheimischer, stark schwefelhaltiger Braunkohle befeuert wird. Auf der anderen Seite
der Grenze unterhält B ausgedehnte Staatsforste, die auch zur Holzgewinnung genutzt
werden. Alarmiert durch ständig zunehmende Waldschäden im Staatsforst, lässt B wissenschaftliche Untersuchungen durchführen, die Folgendes ergeben: Die vorherrschende
Windrichtung treibt die Abgase des Heizkraftwerks über die Staatsforste von B. Die Versauerung der dortigen Waldböden ist zur Hälfte auf Emissionen aus der Republik A zurückzuführen, was den Holzertrag der betroffenen Staatswälder um 20 % sinken lässt. Staat B,
der keine vertraglichen Beziehungen zur Republik A unterhält, möchte erreichen, dass das
Heizkraftwerk stillgelegt wird. Hat das Anliegen Aussicht auf Erfolg? ◀

Das Umweltvölkerrecht[1] bildet einen Teilbereich des besonderen Völkerrechts. Es um-   2
fasst alle völkerrechtlichen Regelungen, die unmittelbar oder mittelbar[2] dem Schutz
der Umwelt gewidmet sind.[3] Das Völkerrecht regelt die Beziehungen der Staaten untereinander, zu den internationalen Organisationen sowie zwischen diesen. Partiell werden auch Einzelpersonen, Nichtregierungsorganisationen und international tätige Unternehmen bei der Entwicklung internationalen Umweltrechts einbezogen.[4]

I. Problemlage

Zu den großen globalen Umweltschutzherausforderungen des 21. Jahrhunderts zählen   3
u.a. der Klimawandel, das Artensterben sowie der Verlust von Biodiversität.[5] Eine
nicht zu unterschätzende, hiermit verknüpfte Herausforderung ist zudem eine nachhaltige Bodennutzung.[6] Völkerrechtliche Regelungen im Bereich des Umweltschutzes sind
notwendig zur

- Erhaltung einer funktionsfähigen Umwelt als Lebensgrundlage der Menschen,
- Abwehr grenzüberschreitender Umweltbeeinträchtigungen, insbesondere mit Blick
  auf die Umweltmedien Luft und Wasser,[7] und
- Verhinderung von Wettbewerbsverzerrungen im internationalen Handel.

Eine Vielzahl von Verhaltensweisen hat umweltbelastende Folgen, die sich nicht auf
das Gebiet des Verursacherstaates beschränken lassen. So bewirkt der Betrieb schad-
stoffemittierender Anlagen oder die Einleitung von Abwasser in grenzüberschreitende
Flüsse, dass über die Umweltmedien Luft und Wasser Schadstoffe auf fremdes Staatsgebiet gelangen.[8] Die Abwehr solcher **grenzüberschreitenden Umweltbelastungen** ist

---

1 Näher *Beyerlin/Marauhn*, International Environmental Law; *Buck/Verheyen* in: Koch/Hofmann/Reese, § 1; *Bu-rhenne/Sand* in: Hansmann/Sellner, IV. 15.; ferner *Epiney*, JuS 2003, 1066; grundlegend *Birnie/Boyle/Redgwell*, International Law and the Environment; *Epiney/Scheyli*, Strukturprinzipien des Umweltvölkerrechts.
2 Im Schnittfeld etwa zum internationalen Wirtschaftsrecht oder zu den Menschenrechten, vgl. *Buck/Verheyen* in: Koch/Hofmann/Reese, § 1 Rn. 1.
3 Zum Nachfolgenden kurz gefasst *Eifert* in: Schoch, Besonderes Verwaltungsrecht, 5. Kap. Rn. 13 ff.
4 *Kluth* in: ders./Smeddinck, § 1 Rn. 36 m.w.N. Zur Rechtsstellung des Einzelnen bei grenzüberschreitenden Umweltbelastungen *Kloepfer*, Umweltrecht, § 6 Rn. 141 ff.
5 *Hunter/Salzmann/Zaelke*, International Environmental Law and Policy, S. 1; *WBGU*, Zivilisatorischer Fort-schritt innerhalb planetarischer Leitplanken, S. 10 f.
6 *Linz/Alva*, ZUR 2015, 195 ff. sowie *Dooley/Roberts/Wunder*, ZUR 2015, 209 ff.
7 *Kloepfer*, Umweltschutzrecht, § 6 Rn. 1.
8 Zur Sandoz-Katastrophe insoweit *Durner*, UTR 2007, S. 7; vgl. auch *Koch/Mielke*, ZUR 2009, 403.

für den beeinträchtigten Staat wegen seiner auf das Staatsgebiet beschränkten Hoheitsgewalt mit den Mitteln des innerstaatlichen Rechts nicht möglich.

Umweltbelastende Aktivitäten führen jedoch nicht nur zu Konflikten zwischen Staaten, sondern bedrohen darüber hinaus weltweit die **Umwelt als Lebensgrundlage des Menschen.**[9] Daher besteht ein internationaler Regelungsbedarf auch bei Maßnahmen, die sich zwar nicht unmittelbar auf das Hoheitsgebiet eines anderen Staates auswirken, deren Folgewirkungen aber mittelbar die Umwelt insgesamt zerstören können.[10] Beispiele bilden der Zugriff auf global bedeutsame Umweltgüter, wie das zu weltweiten Klimaveränderungen führende Abholzen der tropischen Regenwälder,[11] und die Verschmutzung hoheitsfreier Räume (z.B. durch Tankerunfälle oder Verklappung von Abfällen auf Hoher See).[12]

Schließlich führen die **Kosten des Umweltschutzes** dazu, dass isolierte Umweltschutzmaßnahmen durch nationales Recht wirtschaftliche Benachteiligungen im internationalen Handel nach sich ziehen würden.[13] Zur Verminderung solcher **Wettbewerbsverzerrungen** ist deshalb eine Harmonisierung der national unterschiedlichen Umweltschutzstandards durch staatenübergreifende Kooperation erforderlich – aber auch die stärkere Integration von Umweltschutzbelangen in die internationale Wirtschafts- und Finanzordnung[14].[15] Das ist etwa mit Blick auf das Allgemeine Zoll- und Handelsabkommen (GATT[16]) vorangeschritten, indem etwa Umweltbelange Einfuhrbeschränkungen rechtfertigen können.[17]

II. Rechtsquellen

1. Überblick

4   Die Quellen des Völkerrechts werden in Art. 38 Abs. 1 lit. a)-c) Statut des Internationalen Gerichtshofs (IGH-Statut)[18] abschließend aufgeführt. Völkerrechtsquellen sind danach:[19]

- ▨ völkerrechtliche Verträge,
- ▨ Völkergewohnheitsrecht und
- ▨ anerkannte allgemeine Rechtsgrundsätze.

---

9 *WBGU*, Zivilisatorischer Fortschritt innerhalb planetarischer Leitplanken, S. 11; am Bsp. der CO_2-Emissionen des Schiffsverkehrs *König/Morgenstern*, NordÖR 2009, 181.
10 Zum Umweltschutz durch internationale Organisationen *Kloepfer*, Umweltrecht, § 9 Rn. 15 ff.; *Feist*, JuS 1997, 490.
11 *Buck/Verheyen* in: Koch/Hofmann/Reese, § 1 Rn. 3.
12 Für eine Ausweitung der Globalisierung des Umweltrechts *Koch/Mielke*, ZUR 2009, 403.
13 Eindrücklich anhand der wirtschaftlichen Globalisierung *Buck/Verheyen* in: Koch/Hofmann/Reese, § 1 Rn. 2: nationale Umweltschutzregelungen als „grüne Handelsbarrieren" des internationalen Wettbewerbs, auch zur Internationalisierung des Umweltschutzes infolge des Einflusses internationaler Finanzinstitutionen, wie Weltbank und Internationaler Währungsfonds.
14 *Buck/Verheyen* in: Koch/Hofmann/Reese, § 1 Rn. 3.
15 Insgesamt zu den mit Vorstehendem zusammenhängenden (grundsätzlichen) Fragen *Czarnecki*, Verteilungsgerechtigkeit im Umweltvölkerrecht.
16 Handlungsbereich der Welthandelsorganisation (WTO).
17 Vgl. Art. XX GATT 1994 und nachfolgend Rn. 7, a.E. *Kluth* in: ders./Smeddinck, § 1 Rn. 39.
18 BGBl. II 1973, S. 505, in Kraft getreten am 24.10.1945. Der IGH hat seinen Sitz in Den Haag.
19 Auch *Kloepfer*, Umweltschutzrecht, § 6 Rn. 4 (im Überblick), 6 ff. (im Näheren).

Völkerrechtliche Verträge[20] stellen Vereinbarungen dar, die zwischen Staaten oder sonstigen Völkerrechtssubjekten getroffen werden und dem Völkerrecht unterliegen.

Völkergewohnheitsrecht[21] entsteht durch allgemeine Übung (Staatenpraxis: consuetudo), getragen von der Überzeugung, dass es sich bei der Übung um eine Rechtspflicht handelt (opinio iuris).

Unter anerkannten **allgemeinen Rechtsgrundsätzen** werden solche Grundsätze verstanden, die in den innerstaatlichen Rechtsordnungen fast aller Nationen verankert, mithin universell gelten, aber ausnahmefähig sind. Hiervon lassen sich völkerrechtliche Prinzipien, etwa dasjenige der nachhaltigen Entwicklung,[22] durch ihre Abwägungsoffenheit allenfalls rechtsdogmatisch, kaum aber in der Rechtswirklichkeit unterscheiden.[23] Deshalb und weil die (weiteren)[24] völkerrechtlichen Prinzipien nicht nur umstritten, sondern auch vielfach als dem Völkergewohnheitsrecht zugehörig angesehen werden,[25] sollen sie und die allgemeinen Rechtsgrundsätze hier nicht weiter verfolgt werden.

Zur Feststellung und Konkretisierung völkerrechtlicher Normen dienen **richterliche Entscheidungen** und die **Lehrmeinung der fähigsten Völkerrechtler** aus den verschiedenen Nationen als Hilfsmittel (Art. 38 Abs. 1 lit. d) IGH-Statut).

Die **innerstaatliche Geltung** des Völkerrechts richtet sich nach Art. 25 und 59 Abs. 2 GG.[26]   5

Keine Rechtsquelle des Völkerrechts stellt das sog. „soft law" dar.[27] Darunter fallen   6 vor allem Empfehlungen, Beschlüsse, Resolutionen und Deklarationen von internationalen Organisationen. Ihnen kommt lediglich eine politisch-moralische und damit faktische Bindungswirkung zu. Indem es sich gerade nicht um Rechtsnormen handelt, ist der Begriff „soft law" zumindest missverständlich; er hat sich jedoch eingebürgert. In vielen Fällen bildet „soft law" freilich die Vorhut für künftiges „hard law"[28] oder spielt eine wichtige Rolle bei der Ergänzung desselben[29].

2. Völkerrechtliche Verträge

Bedeutsamste Rechtsquelle des Umweltvölkerrechts sind völkerrechtliche Verträge.[30]   7 Bereits um 1900 war der Schutz der Umwelt Gegenstand internationaler Übereinkünfte. So entstanden Abkommen über den Artenschutz sowie den Schutz der Binnenge-

---

20 Z.B. Washingtoner Artenschutzübereinkommen v. 3.3.1973 (BGBl. II 1975, S. 773), in Kraft getreten am 1.7.1975, oder das Montrealer Protokoll v. 16.9.1987 über Stoffe, die zu einem Abbau der Ozonschicht führen (BGBl. II 1988, S. 1014), in Kraft getreten am 1.1.1989; vgl. ferner § 10 Rn. 3.

21 Hierzu *Beyerlin/Marauhn*, International Environmental Law, S. 281 ff.: ein Beispiel für Umweltvölkergewohnheitsrecht ist die Verpflichtung zur Vermeidung grenzüberschreitender Umweltschäden, s. hierzu auch nachfolgend Rn. 10 ff.

22 Näher nachfolgend Rn. 20 und oben § 2 Rn. 10.

23 Vgl. *Kloepfer*, Umweltschutzrecht, § 6 Rn. 15.

24 Vorsorge-, Verursacherprinzip, Konzept des Gemeinsamen Erbes der Menschheit, Verbot erheblicher grenzüberschreitender Schädigung, angemessene Nutzung von Ressourcen, *Kloepfer*, Umweltschutzrecht, § 6 Rn. 18 ff.

25 Etwa das Nachhaltigkeitsprinzip von *Epiney*, JuS 2003, 1066, 1067.

26 Vgl. nachfolgend Rn. 8, 9; die Geltung gegenüber der EU folgt jedenfalls partiell aus Art. 216 AEUV, vgl. *Buck/Verheyen* in: Koch/Hofmann, § 1 Rn. 11.

27 *Verdross/Simma*, Universelles Völkerecht, §§ 654 ff. m.w.N.; zu vergleichbaren Fragen im Recht der EU vgl. *Schwarze*, EuR 2011, 3.

28 So z.B. die vorerst rein politischen Verpflichtungen der Erklärungen von Rio 1992; dazu nachfolgend Rn. 20.

29 *French/Rajamani*, Journal of Environmental Law 2013, 437, 443 ff.

30 *Beyerlin/Marauhn*, International Environmental Law, S. 265; *Buck/Verheyen* in: Koch/Hofmann/Reese, § 1 Rn. 22 ff.; eine detaillierte Übersicht zu den wichtigsten umweltvölkerrechtlichen Verträgen findet sich bei

wässer. Zumeist stellte der Umweltschutz in der völkervertraglichen Praxis allerdings einen untergeordneten Nebenaspekt dar, der lediglich als Annex mitgeregelt wurde. Erst die 1972 von den Vereinten Nationen einberufene **Stockholmer Konferenz über die Umwelt des Menschen** bewirkte, dass sich Umweltschutz als eigenständiger Regelungsgegenstand des Völkerrechts eingestuft fand. Die Konferenz war impulsgebend für das Entstehen eines umfangreichen Völkervertragsrechts zum Umweltschutz.

Wichtige bilaterale (zweiseitige) bzw. multilaterale (mehrseitige) Verträge sind:[31]

- Übereinkommen über die Umweltverträglichkeitsprüfung im grenzüberschreitenden Rahmen v. 25.2.1991 (sog. **Espoo-Konvention**)[32] mit dem Protokoll v. 21.5.2003 über die strategische Umweltprüfung (sog. **SEA-Protokoll**),[33]
- Übereinkommen über den Zugang zu Informationen, die Öffentlichkeitsbeteiligung an Entscheidungsverfahren und den Zugang zu Gerichten in Umweltangelegenheiten v. 25.6.1998 (sog. **Aarhus-Konvention**)[34] mit dem Protokoll über Schadstofffreisetzungs- und -verbringungsregister v. 21.5.2003,[35]

für den Bereich **Naturschutz:**[36]

- Übereinkommen über Feuchtgebiete, insbesondere als Lebensraum für Wasser- und Watvögel von internationaler Bedeutung v. 2.2.1971 („Ramsar-Konvention"),[37]
- Übereinkommen über den internationalen Handel mit gefährdeten Arten freilebender Tiere und Pflanzen v. 3.3.1973 („Washingtoner Artenschutzübereinkommen" – WA, engl. Abk.: CITES),[38]
- Übereinkommen zur Erhaltung der wandernden wildlebenden Tierarten v. 23.6.1979 („Bonner Konvention"),[39]
- Übereinkommen über die Erhaltung der europäischen wildlebenden Pflanzen und Tiere und ihrer natürlichen Lebensräume v. 19.9.1979 („Berner Konvention"),[40]
- Übereinkommen über die Erhaltung der lebenden Meeresschätze der Antarktis v. 7.4.1982 (CCAMLR),[41]
- Übereinkommen über die biologische Vielfalt v. 5.6.1992 („Biodiversitäts-Konvention", engl. Abk.: CBD),[42]

Dupuy/Viñuales, International Environmental Law, S. 91 ff.; vgl. zur Wirksamkeit völkerrechtlicher Klimaschutzvereinbarungen *Markus,* ZaöRV 2016, 715.

31 Weitere Hinweise bei *Kloepfer,* Umweltschutzrecht, § 6 Rn. 29 ff.
32 BGBl. II 2002, S. 1407, in Kraft getreten am 18.6.2002; s. hierzu ausführlich *Rietzler,* NVwZ 2015, 483 ff.
33 BGBl. II 2006, S. 498, in Kraft getreten am 11.7.2010.
34 BGBl. II 2006, S. 1252, in Kraft getreten am 30.10.2001; näher nachfolgend Rn. 21; zur Umsetzung vgl. *Lutz/ Sauer,* EurUP 2018, 118; *Klinger,* ZUR 2017, 577; *Sommermann,* ZaöRV 2017, 321; vgl. bereits § 5 Rn. 128.
35 BGBl. II 2007, S. 547, in Kraft getreten am 8.10.2009.
36 Überblick über die völkerrechtlichen Grundlagen des deutschen Naturschutzrechts *Wolf,* ZUR 2017, 3; *Durner,* AVR 2016, 355 ff.
37 BGBl. II 1976, S. 1266, in Kraft getreten am 21.10.1975; vgl. *Gärditz,* AVR 2016, 561 ff.
38 S. bereits oben Fn. 20.
39 BGBl. II 1984, S. 571, in Kraft getreten am 1.11.1983.
40 BGBl. II 1984, S. 620, in Kraft getreten am 1.6.1982.
41 BGBl. II 1982, S. 420; zur Errichtung des weltweit größten Meeresschutzgebiets vgl. *Markus,* ZUR 2017, 129.
42 BGBl. II 1993, S. 1742, in Kraft getreten am 29.12.1993; vgl. *FIELD,* Handbook on the Convention on Biological Diversity; vgl. *Schlacke,* AVR 2016, 524 ff.; *Jaeckel,* Die Diversität der Biodiversität.

■ Internationales Tropenholz-Übereinkommen v. 27.1.2006 (engl. Abk.: ITTA),[43]

für den Bereich **Gewässerschutz:**[44]

■ **Seerechtsübereinkommen** der Vereinten Nationen v. 10.12.1982 (SRÜ, engl. Abk.: UNCLOS),[45]

■ Übereinkommen zum Schutz der Meeresumwelt des Ostseegebietes v. 9.4.1992 („Helsinki-Konvention"),[46]

■ Übereinkommen zum Schutz der Meeresumwelt des Nordostatlantiks v. 22.9.1992 („OSPAR-Übereinkommen"),[47]

■ Übereinkommen über das Recht der nichtschifffahrtlichen Nutzung internationaler Wasserläufe v. 21.5.1997 („UN-Gewässer-Konvention"),[48]

für den Bereich **Immissionsschutz:**[49]

■ Übereinkommen über weiträumige grenzüberschreitende Luftverunreinigungen v. 13.11.1979,[50]

■ Wiener Übereinkommen zum Schutz der Ozonschicht v. 22.3.1985[51] sowie das dazugehörige Montreal-Protokoll v. 16.9.1987[52]

■ Rahmenvereinbarung der Vereinten Nationen über Klimaänderungen v. 9.5.1992 („Klimarahmenkonvention" – KRK, engl. Abk.: UNFCCC),[53]

für die Bereiche **Abfallbeseitigung** und **Bodenschutz:**[54]

■ Basler Übereinkommen über die Kontrolle der grenzüberschreitenden Verbringung gefährlicher Abfälle und ihrer Entsorgung v. 22.3.1989,[55]

■ Übereinkommen über das Verbot der Einfuhr gefährlicher Abfälle nach Afrika und über die Kontrolle der grenzüberschreitenden Verbringung innerhalb Afrikas v. 30.1.1991 („Bamako-Konvention"),[56]

■ Übereinkommen der Vereinten Nationen zur Bekämpfung der Wüstenbildung in den von Dürre und/oder Wüstenbildung schwer betroffenen Ländern, insbesondere Afrika, v. 14.10.1994 (engl. Abk.: UNCCD),[57]

■ Quecksilber-Übereinkommen der Vereinten Nationen v. 10.10.2013 („Minamata-Konvention").[58]

---

43 BGBl. II 2009, S. 232, in Kraft getreten am 12.12.2011.
44 S. auch §§ 11, 15; *Markus/Ginzky*, ZUR 2017, 321.
45 BGBl. II 1994, S. 1798; in Kraft getreten am 16.11.1994; dazu näher § 15 Rn. 12 ff.
46 BGBl. II 1994, S. 1397, in Kraft getreten am 17.1.2000; vgl. § 15 Rn. 47.
47 BGBl. II 1994, S. 1355, in Kraft getreten am 25.3.1998; vgl. § 15 Rn. 42.
48 BGBl. II 2006, S. 743, in Kraft getreten am 17.8.2014.
49 S. auch § 9.
50 BGBl. II 1982, S. 374, in Kraft getreten am 16.3.1983.
51 BGBl. II 1988, S. 902, in Kraft getreten am 22.9.1988.
52 S. oben Fn. 20.
53 BGBl. II 1993, S. 1784, in Kraft getreten am 21.3.1994.
54 S. auch §§ 12, 13.
55 BGBl. II 1994, S. 2704, in Kraft getreten am 5.5. 1992; geändert durch VO v. 28.5.2005, BGBl. II 2005, S. 1122.
56 2101 UNTS, S. 177, in Kraft getreten am 22.4.1998.
57 BGBl. II 1997, S. 1471, in Kraft getreten am 26.12.1996.
58 BGBl. II 2017, S. 610, in Kraft getreten am 16.8.2017.

für den Bereich **Welthandel:**

- ▪ Allgemeines Zoll- und Handelsabkommen (engl. Abk.: GATT)[59] als eine der drei Säulen der WTO:[60] Nach Maßgabe von Art. XX GATT 1994 können mengenmäßigen Einfuhrbeschränkungen bei Gütern und Maßnahmen gleicher Wirkung aus Gründen des Umweltschutzes nach nationalem Recht gerechtfertigt sein. Derartige Beschränkungen müssen freilich stets erforderlich sein und zugleich auf den inländischen Markt wirken.[61]

8   Der Umfang des Völkervertragsrechts im Bereich des Umweltschutzes ist zwar bestechend, die **Effektivität** dieser Regelungen jedoch vergleichsweise gering. Das hat mehrere Ursachen. Aufgrund wirtschaftlicher Überlegungen und des Festhaltens am Souveränitätsprinzip konnte häufig kein Konsens der Staaten für eine Vereinbarung der nach wissenschaftlichen Erkenntnissen notwendigen Maßnahmen zur Erhaltung der Umwelt erzielt werden. Mangels Festlegung eindeutiger Pflichten haben deshalb viele Verträge lediglich den Charakter politischer Absichtserklärungen. Soweit Verpflichtungen bestehen, sind diese regelmäßig nicht weitreichend genug.[62]

Da völkerrechtliche Vereinbarungen nur für diejenigen Staaten rechtliche Verbindlichkeit entfalten, die auch Vertragsparteien sind, beschränkt sich zudem der Geltungsbereich zahlreicher Abkommen auf bestimmte Regionen.

Ferner hängt die Wirkung internationaler Vereinbarungen von der jeweiligen Umsetzung in innerstaatliches Recht ab. Zwar sind die Staaten zur Herstellung eines national völkerrechtsgemäßen Zustandes verpflichtet.[63] Die Art und Weise bleibt ihnen jedoch überlassen. Die Wirksamkeit der Völkerrechtsverträge ist daher weitgehend von der Anpassung des umweltrechtlichen Instrumentariums im jeweiligen Vertragsstaat abhängig.[64] In der Bundesrepublik bedarf Völkervertragsrecht der **Umsetzung durch nationale Gesetze,** vgl. **Art. 59 Abs. 2 GG.** Es hat dann den Rang eines innerstaatlichen (einfachen) Gesetzes.[65]

Zudem beruht die Befolgung der völkerrechtlichen Verpflichtungen letztendlich auf der Erwartung von Gegenseitigkeit. Sie basiert auf dem langfristigen Interesse der Staaten an internationaler Kooperation, die auf die wechselseitige Einhaltung völkerrechtlicher Verträge und Verhaltensregeln angewiesen ist. Agiert ein Staat jedoch nicht völkerrechtskonform, besteht kein Instrument bzw. keine Institution zur zwangsweisen Durchsetzung der verletzten völkerrechtlichen Norm.[66]

---

59   General Agreement on Tariffs and Trade; weitere materiell-rechtliche Säulen der WTO: General Agreement on Trade in Services (GATS) und Agreement on Trade-Related Aspects of Intellectual Property Rights (TRIPS).
60   Vgl. *Kloepfer,* Umweltschutzrecht, § 6 Rn. 40.
61   Einzelheiten zum Verhältnis Umweltschutz und Welthandel bei *Kloepfer,* Umweltrecht, § 10 Rn. 126 ff.; *Herdegen,* Internationales Wirtschaftsrecht, § 10 Rn. 64.
62   Vgl. zur Frage, welche Leitplanken zum Schutz von Mensch und Umwelt einzuhalten wären und deren lediglich partielle Umsetzung in völkerrechtliche Verpflichtungen *WBGU,* Zivilisatorischer Fortschritt innerhalb planetarischer Leitplanken, 21 ff.
63   *Herdegen,* Völkerrecht, § 15 Rn. 16.
64   Zur neueren Entwicklung der Staatenverantwortlichkeit *Kloepfer,* Umweltrecht, § 10 Rn. 108 ff.
65   Vgl. nur *Buck/Verheyen* in: Koch/Hofmann/Reese, § 1 Rn. 13; allgemein vgl. oben § 8 Rn. 5.
66   *V. Arnauld,* Völkerrecht, § 6 Rn. 437.

3. Völkergewohnheitsrecht

Neben den völkerrechtlichen Verträgen bildet das Völkergewohnheitsrecht eine wesentliche Rechtsquelle des internationalen Umweltschutzes.[67] Es gehört zu den „allgemeinen Regeln des Völkerrechts" i.S.d. **Art. 25 GG** und hat damit Vorrang gegenüber dem innerstaatlichen Recht mit Ausnahme des Verfassungsrechts[68], ohne dass es – anders als das Völkervertragsrecht[69] – einer Umsetzung bedarf.

Innerhalb des Völkergewohnheitsrechts sind materielle Normen von Verfahrenspflichten zu unterscheiden.

a) Materielle Normen

Dem (materiellen) Völkergewohnheitsrecht gehören insbesondere folgende Grundsätze an:

- Verbot erheblicher grenzüberschreitender Umweltbelastungen,
- Gebot der fairen und gerechten Aufteilung gemeinsamer natürlicher Ressourcen.

aa) Verbot erheblicher grenzüberschreitender Umweltbelastungen

Das Verbot erheblicher grenzüberschreitender Umweltbelastungen[70] bildete sich schon in der Anfangsphase des Umweltvölkerrechts heraus. Denn die aus grenzüberschreitenden Umweltbelastungen erwachsenden zwischenstaatlichen Probleme waren mit dem bislang die staatlichen Beziehungen beherrschenden Grundsatz der absoluten Souveränität nicht zu lösen.

Nach dem **Grundsatz der absoluten Souveränität** kann jeder Staat einerseits sein Territorium beliebig ohne Rücksicht auf eine mögliche Schädigung anderer Staatsgebiete nutzen (= absolute territoriale Souveränität nach der Harmon-Doktrin der USA aus dem Jahre 1885). Andererseits folgt aus dem Grundsatz absoluter Souveränität das **Prinzip der absoluten territorialen Integrität**. Danach kann jeder Staat alle Einwirkungen auf sein Territorium durch andere Staaten als unzulässig abwehren.[71]

Die wirtschaftliche Nutzung eines Gebietes führt jedoch meist zu Emissionen schädlicher Stoffe in Luft und Wasser. Grenzüberschreitende Beeinträchtigungen lassen sich dabei in der Regel nicht unterbinden. Allerdings ist es unmöglich, alle Nutzungen mit Auswirkungen auf fremdes Staatsgebiet zu untersagen. Zur Lösung dieses Konflikts werden deshalb **wechselseitige Beschränkungen** sowohl der territorialen Souveränität als auch der territorialen Integrität in der Staatengemeinschaft anerkannt. Beeinträchtigungen, die einen gewissen Rahmen nicht übersteigen, sind nach dem Prinzip der beschränkten territorialen Integrität hinzunehmen – während das Prinzip der beschränkten territorialen Souveränität dazu führt, dass bestimmte Nutzungen unzulässig sind.

Der insoweit grundlegende **Trail-Smelter-Schiedsspruch** von 1941[72] beruht auf der Anwendung des sich aus diesen Prinzipien ableitenden **Verbots erheblicher grenzüber-**

---

67 Auf Grund der Entwicklung des Völkervertragsrechts hat das umweltschutzrelevante Völkergewohnheitsrecht an Bedeutung verloren, *Buck/Verheyen* in: Koch/Hofmann/Reese, § 1 Rn. 29.
68 BVerfGE 6, 309, 363.
69 Vgl. bereits zuvor Rn. 8.
70 *Gründling*, UPR 1985, 403, 404; *Kimminich* in: ders./v. Lersner/Storm, Bd. 2, Sp. 2510, 2515 f.; engl.: „no-harm-rule".
71 Vgl. zum Ganzen *Oppermann* in: Kimminich/v. Lersner/Storm, Bd. 1, Sp. 683 ff.
72 Abgedruckt in: RIAA, vol. III, 1905 ff.

schreitender Schädigung. In dem von einem kanadisch-amerikanischen Schiedsgericht entschiedenen Fall schädigten die Abgase einer im kanadischen Ort Trail betriebenen Zink- und Bleischmelze die Land- und Forstwirtschaft im US-Staat Washington erheblich. Kanada wurde durch den Schiedsspruch zur Einstellung der schädigenden Emissionen und zum Ersatz des entstandenen Schadens verurteilt, weil nach Ansicht des Gerichts die Voraussetzung einer „erheblichen Schädigung klar und eindeutig nachgewiesen" worden war. Weitere Gerichtsentscheidungen (z.B. Lac Lanoux-Schiedsspruch vom 16.11.1957)[73] bestätigten die völkergewohnheitsrechtliche Geltung des Verbots. Es entspricht i.Ü. Grundsatz 21 der Stockholmer Deklaration sowie dem sog. Rio-Prinzip.[74] Im Hinblick auf den Umgang mit Auswirkungen des Klimawandels auf die Umwelt erlebt das Verbot erheblicher grenzüberschreitender Schädigung eine Renaissance und ist Gegenstand rechtswissenschaftlicher Diskussion.[75]

Der völkergewohnheitsrechtliche Grundsatz verbietet es, das eigene Hoheitsgebiet derart zu nutzen oder nutzen zu lassen, dass der Umwelt anderer Staaten erhebliche Schäden zugefügt werden. Ein Staat muss also die schädigende Nutzung einstellen sowie Schadenersatz zahlen, wenn folgende Voraussetzungen vorliegen:[76]

- grenzüberschreitender Schadenseintritt durch menschliche Handlung,
- Erheblichkeit des Schadens und
- Kausalität der vorsätzlichen Handlung oder Sorgfaltspflichtverletzung für den Schaden sowie Zurechenbarkeit.

Lehnt man das Erfordernis der Erheblichkeit nicht gänzlich ab[77], so verursacht angesichts der Palette möglicher Bewertungskriterien und einer fehlenden allgemeinverbindlichen Konkretisierung die Bestimmung der **Erheblichkeit des Schadens**[78] Probleme. Diesbezügliche Maßstäbe können sich insbesondere durch fortschreitende wissenschaftliche Erkenntnisse schnell verändern. Letztendlich muss die Entscheidung über die Erheblichkeit daher immer einzelfallorientiert ausfallen. Hierbei sind unter anderem Kriterien wie zeitliche Dauer und räumlicher Umfang des Schadens, Art der Schädigung, Höhe der Beseitigungskosten zu berücksichtigen.

Ungewissheiten wirft ferner die Feststellung von Kausalität und Zurechenbarkeit auf.[79] Teilweise fehlt es an hinreichend gesicherten naturwissenschaftlichen Erkenntnissen, um einen Kausalzusammenhang zuverlässig nachweisen zu können. Vielfach bewirkt zudem erst die Summierung unterschiedlicher Belastungen die Schädigung der Umwelt.

---

73 RIAA, vol. XII, 281 ff.
74 Auch *Kloepfer*, Umweltschutzrecht, § 6 Rn. 12; zur Rio-Deklaration § 8 Rn. 20.
75 Vgl. beispielsweise *Frank/Schwarte*, ZUR 2014, 643 zu den ILA (International Law Association) Legal Principles Relating to Climate Change; *Frank*, NVwZ-Extra 2014, 1; *WBGU*, Klimaschutz als Weltbürgerbewegung, 56 f.; sowie Vorbereitungen einer Anfrage des Inselstaats Palau zu einer Advisory Opinion des IGH über die völkerrechtlichen Verpflichtungen bezüglich des Klimawandels: *Beck/Burleson*, Transnational Environmental Law 2014, 17 und laufende Arbeiten der ILC (International Law Commission) zum Schutz der Atmosphäre unter http://legal.un.org/ilc/guide/8_8.shtml (Stand: 22.8.2018); *Schmidt/Kahl/Gärditz*, § 1 Rn. 17 ff.
76 Str., vgl. *Buck/Verheyen* in: Koch/Hofmann/Reese, § 1 Rn. 34 m.w.N.
77 *Buck/Verheyen* in: Koch/Hofmann/Reese, § 1 Rn. 34 m.w.N.
78 *Erichsen*, Der ökologische Schaden im internationalen Umwelthaftungsrecht; s. auch ILC, Transboundary Harm, Commentary Art. 2, § 4: „'significant' is something more than 'detectable' but need not be at the level of 'serious' or 'substantial'".
79 Vgl. zu den Konkretisierungsproblemen auch *Kloepfer*, Umweltrecht, § 10 Rn. 70.

In diesen Fällen ist es beispielsweise schwierig, die Schädigung einem einzelnen Staat zuzurechnen.[80]

Es handelt sich nach h.M. bei der Haftung für grenzüberschreitende Umweltbeeinträchtigungen um eine Verschuldenshaftung und nicht um eine verschuldensunabhängige Erfolgshaftung.[81] Knüpfte man lediglich an die dem Schaden vorausgegangene Handlung an, so entstünde gar eine Gefährdungshaftung.[82] Eine solche wird allerdings abgelehnt.[83] Eine Erfolgs- oder Gefährdungshaftung wird hingegen zum Teil bei solchen Aktivitäten, welche die (konkrete) Gefahr schwerwiegender Umweltbeeinträchtigungen im Nachbarstaat begründen, sog. **ultra-hazardous activities**,[84] angenommen.[85] Welcher der beiden Maßstäbe für diese besonders gefährlichen Aktivitäten gelten soll, ist aber ebenso umstritten wie die Frage, ob es sich hierbei um Völkergewohnheitsrecht oder einen allgemeinen Rechtsgrundsatz handelt.[86]

Mittlerweile wird als Teil des Verbots grenzüberschreitender Umweltbeeinträchtigungen zudem eine völkergewohnheitsrechtliche Verpflichtung der Staaten abgeleitet, präventiv einem Schadenseintritt entgegenzuwirken.[87]

Rechtsfolgen eines Verstoßes gegen das Verbot erheblicher grenzüberschreitender Umweltbeeinträchtigungen sind:

- Einstellung der schädigenden Nutzung und
- Schadensersatzpflicht nach den Grundsätzen der völkerrechtlichen Verantwortlichkeit.

bb) Gebot der fairen und gerechten Aufteilung gemeinsamer natürlicher Ressourcen

Das Gebot der fairen und gerechten Aufteilung gemeinsamer natürlicher Ressourcen ("**equitable-utilization-principle**") hat sich im Rahmen der Nutzung internationaler Binnengewässer entwickelt. Danach obliegt den Anliegern eines solchen Gewässers die Pflicht zur vernünftigen und gleichen Teilung der Wassernutzung, die keinen Anliegerstaat unangemessen benachteiligt. Bspw. darf ein Anliegerstaat nur so viel Schadstoffe in ein Gewässer einleiten, dass die anderen (staatlichen) Anlieger das Gewässer auch weiterhin unbeeinträchtigt zur Fischerei nutzen können. In jüngerer Zeit besteht die Tendenz, diesen Grundsatz als „Prinzip der optimalen, nachhaltigen Nutzung" zu for-

13

---

80 A.A. in Bezug auf Entschädigungsansprüche im Falle von Klimawandelfolgen: *Frank*, NVwZ 2014, 695 und *Frank*, NVwZ-Extra 2014, 1 ff.
81 *Schmidt/Kahl/Gärditz*, § 1 Rn. 19 m.w.N.
82 *Buck/Verheyen*, in Koch/Hofmann/Reese, § 1 Rn. 35.
83 *Schmidt/Kahl/Gärditz*, § 1 Rn. 19.
84 *Jenks*, Liability for Ultra-Hazardous Activities in International Law, Recueil des Cours de l'Académie Internationale de la Haye 1966 I, 99 ff.; *ILC*, Transboundary Harm, Commentary Art. 1: 'An ultrahazardous activity is perceived to be an activity with a danger that is rarely expected to materialize but might assume, on that rare occasion, grave (more than significant, serious or substantial) proportions.'.
85 So nimmt beispielsweise *Hummer*, ZöR 2008, 501, 509, eine Erfolgshaftung an; hierzu sowie zur Bewertung von Atomkraftwerken aus umweltvölkerrechtlicher Sicht s. auch *Faßbender*, ZUR 2012, 267 ff.
86 Zu den Ansichten: *Barboza*, The Environment, Risk and Liability in International Law, S. 65 ff.
87 Wohl h. M. nach *Schmidt/Kahl/Gärditz*, § 1 Rn. 23, unter Berufung auf die Rechtsprechung des Internationalen Gerichtshofs (IGH), Urt. v. 20.4.2010, Pulp Mills on the River Uruguay, ICJ Reports 2010, 1, § 101, sowie den Schiedsspruch des Permanent Court of Arbitration (PCA), Entsch. v. 24.5.2005, Award in the Arbitration regarding Iron Rhine ("Ijzeren Rijn") Railway, Reports of International Arbitral Awards, Vol. XXVII, 35, 59, s. auch *v. Arnauld*, Völkerrecht, § 11 Rn. 888; *Faßbender*, ZUR 2012, 267, 272; *Winter*, ZUR 2011, 458, 463.

mulieren. Insoweit wird das Optimum nicht nur nach ökonomischen, sondern auch nach umweltschützenden (und sozialen) Maßstäben bestimmt.[88]

b) Verfahrenspflichten

14 Daneben bestehen gewohnheitsrechtlich gesicherte Verfahrenspflichten im Umweltvölkerrecht. So ist ein potenziell betroffener Nachbarstaat über umweltgefährdende oder umweltbelastende Vorhaben zu **informieren** und in Notstandsfällen auch zu **warnen**.[89] Dies entspricht dem Rio-Prinzip 18.[90] Gleichsam werden völkergewohnheitsrechtliche **Konsultationspflichten** – überwiegend seit der UN-Umweltschutzkonferenz von Rio de Janeiro – angenommen (vgl. Rio-Prinzip 19)[91], künftig möglicherweise bis hin zu Pflichten wechselseitiger Hilfeleistung.[92] Nicht anerkannt ist dagegen ein **Vetorecht** oder gar ein Recht zur **ökologischen Intervention**.

Bei Projekten, die grenzüberschreitende Umweltauswirkungen erwarten lassen, wird ferner eine gewohnheitsrechtliche Pflicht zur Durchführung einer **UVP** bejaht.[93]

c) Defizite

15 Gewohnheitsrecht als Rechtsquelle des Umweltvölkerrechts weist Defizite auf. Zwar haben die Grundsätze des Völkergewohnheitsrechts gegenüber völkerrechtlichen Verträgen den Vorzug universeller Geltung und der Verbindlichkeit für die gesamte Staatengemeinschaft. Jedoch werden die sehr allgemeinen Regeln der erheblichen **Komplexität** der betroffenen Sachverhalte oft nicht gerecht. Des Weiteren entsteht Gewohnheitsrecht nur dort, wo **konkrete Staateninteressen** berührt werden. Es ist somit nicht geeignet, Regelungen bereitzustellen, die allgemein den Schutz der Umwelt als Lebensgrundlage des Menschen zum Ziel haben, wie etwa die Erhaltung der Ozonschicht. Außerdem bedarf es zur Entstehung völkergewohnheitsrechtlicher Normen aufgrund der vorausgesetzten Staatenpraxis regelmäßig einer längeren Zeitspanne – was der Bewältigung drängender Umweltprobleme zuwiderläuft.

16 ▶ ZU FALL 9: Da zwischen beiden Ländern keine völkervertragsrechtlichen Beziehungen bestehen, kommt nur Völkergewohnheitsrecht als Anspruchsgrundlage für die Forderung von B in Betracht. Einschlägig könnte hier das völkergewohnheitsrechtliche Verbot erheblicher grenzüberschreitender Umweltschädigung sein. Es besagt, dass kein Staat auf seinem Gebiet Aktivitäten vornehmen, dulden oder fördern darf, die auf dem Gebiet eines Nachbarstaates derartige Schäden verursachen. Der erforderliche Schaden ist in der Bodenversauerung im Staat B und den daraus resultierenden Verlusten beim Holzertrag der Staatsforste zu sehen. Der Schaden müsste auch erheblich sein. Das Erfordernis der Erheblichkeit impliziert, dass ein gewisses Maß an grenzüberschreitender Umweltbeeinträchtigung hinzunehmen ist. Da das Heizkraftwerk groß ist und der Wind seine Emissionen weiter über die

88 *Epiney*, JuS 2003, 1066, 1069 f.; danach zählen ferner das Prinzip der nachhaltigen Entwicklung, das Vorsorgeprinzip, der Grundsatz der gemeinsamen, aber unterschiedlichen Verantwortung und das Konzept des Gemeinsamen Erbes der Menschheit zum umweltbezogenen Völkergewohnheitsrecht.
89 S. hierzu *Beyerlin/Marauhn*, International Environmental Law, S. 44 f.
90 Näher *Hobe*, JA 1997, 160, 164; zur Rio-Deklaration nachfolgend Rn. 20.
91 Dazu *Hobe*, JA 1997, 160, 164; vgl. zur Rio-Deklaration Rn. 20.
92 *Beyerlin/Marauhn*, International Environmental Law, 44 f.; *Kloepfer*, Umweltschutzrecht, § 6 Rn. 23.
93 Obiter dictum des IGH, Urt. v. 20.4.2010, Pulp Mills on the River Uruguay, ICJ Reports 2010, 1, § 204; so schon bereits *Epiney*, JuS 2003, 1066, 1070; andere Auslegung des obiter dictums in Richtung eines allgemeinen Rechtsgrundsatzes durch *Schmidt/Kahl/Gärditz*, § 1 Rn. 26; kritische Auseinandersetzung mit den internationalen Anforderungen an die UVP bei *Langshaw*, Nordic Journal of International Law 2012, 21.

Staatsforste von B treiben wird, muss von einer dauerhaften Schädigung seiner Wälder ausgegangen werden. Das zu tolerierende Maß an Umweltbeeinträchtigung ist folglich überschritten. Die wissenschaftlichen Erhebungen haben zudem keinen Zweifel an der Kausalität des Schadens gelassen, so dass der Anspruch von B dem Grund nach besteht. Eine Stilllegung des Heizkraftwerks wird der Staat B dennoch nur dann erreichen können, wenn mildere Mittel, wie eine Rauchgasentschwefelung, künftige Schäden nicht abzuwenden vermögen. ◀

III. Internationale Organisationen

Internationale Organisationen haben auf bedeutende Weise zum gegenwärtigen Stand des Umweltvölkerrechts beigetragen und sind auch in Zukunft für seine Weiterentwicklung unverzichtbar. Sie stellen ein Forum zur Verfügung, das die – zunächst unverbindliche – internationale **Diskussion** von Umweltproblemen ermöglicht, und schaffen so eine breite Öffentlichkeit.[94] Nicht zu unterschätzen ist daneben die Bereitstellung von Arbeitsgrundlagen in Form von Daten, der ständige Austausch von Informationen sowie die Initiierung themenbezogener Kooperation der Staaten in Form von Konferenzen.

Von besonderer Bedeutung ist insoweit das nicht mit Völkerrechtssubjektivität ausgestattete United Nations Environmental Programme (**UNEP**) mit Sitz in Nairobi.[95] In einem weiteren Sinn zählen hierzu die International Law Commission (ILC), die Economic Commission for Europe (ECE), die Internationale Arbeitsorganisation (ILO), die Food and Agriculture Organization (FAO), die Weltgesundheitsorganisation (WHO) und die Internationale Atomenergie-Agentur (IAEA). Außerhalb der UNO nehmen andere Organisationsformen nicht unerheblichen Einfluss auf den Umweltschutz.[96] Im gesellschaftlichen Zusammenhang, d.h. bei den NGO,[97] ist Letzteres durchweg alleiniges Ziel.

Nicht zu unterschätzende Anstoßfunktionen kommen Entschließungen, Deklarationen, Empfehlungen bzw. Beschlüssen der internationalen Organisationen aus dem staatlichen Bereich zu („**soft law**").[98] Indem sie das Entstehen eines entsprechenden Rechtsbewusstseins fördern, können sie den Abschluss völkerrechtlicher Verträge vorbereiten und forcieren. Bei Hinzutreten von Staatenpraxis ist darüber hinaus eine völkergewohnheitsrechtliche Verfestigung möglich. Zudem werden Entschließungen oft schon im Vorfeld der Rechtsverbindlichkeit als Maßstab für das Verhalten der Staaten herangezogen.

Zu nennen sind in diesem Zusammenhang:

■ die Abschlussdeklaration der 1. Stockholmer UN-Umweltschutzkonferenz von 1972 mit 26 Prinzipien zum völkerrechtlichen Umweltschutz,

■ die Empfehlung des OECD-Rates vom 14.11.1974 über Grundsätze für die grenzüberschreitende Umweltbelastung,

17

18

19

---

94 Zum Umweltschutz durch internationale Organisationen *Kloepfer*, Umweltrecht, § 10 Rn. 26.
95 Unterorganisation der Vereinten Nationen mit Sitz in Nairobi (Kenia). Der Anstoß zu ihrer Errichtung kam von der Stockholmer Konferenz 1972 (dazu Rn. 19), *Buck/Verheyen* in: Koch/Hofmann/Reese, § 1 Rn. 5.
96 WTO, OECD, Europarat, *Kloepfer*, Umweltschutzrecht, § 6 Rn. 48.
97 Etwa: Greenpeace, Worldwide Fund for Nature (WWF).
98 *V. Arnauld*, Völkerrecht, § 11 Rn. 874; dazu § 8 Rn. 6.

- die „guidelines" des UNEP, vor allem die Erklärung zu „Shared Ressources" (1978), das Umweltrechtsprogramm von Montevideo (1982) und die Weltcharta für die Natur (1982),
- die Deklaration der UN-Umweltschutzkonferenz von Rio (1992) mit 27 Prinzipien, die Agenda 21 als umweltpolitisches Aktionsprogramm zur Umsetzung der Rio-Deklaration sowie die Erklärung über Waldgrundsätze.[99]

IV. UN-Umweltschutzkonferenzen

20   An der „United Nations Conference on Environment and Development" (UNCED), die Anfang Juni 1992 in **Rio de Janeiro** (Brasilien)[100] stattfand, nahmen hochrangige Regierungsdelegationen aus 178 Staaten sowie Umweltverbände und in der Entwicklungspolitik tätige Verbände (NGO) teil. Ausgangspunkt war der Bericht der sog. Brundlandt-Kommission aus dem Jahr 1987, der das Leitbild der „nachhaltigen Entwicklung" erstmalig geprägt hat.[101]

Auf der Konferenz wurden mit der **Klimarahmenkonvention** und der **Biodiversitätskonvention**[102] u.a. zwei wichtige völkerrechtliche Konventionen gezeichnet.[103]

Daneben wurden mit der Erklärung von Rio zu Umwelt und Entwicklung (**Rio-Deklaration**), der **Agenda 21** („Handlungsanleitungen für das 21. Jahrhundert") und Grundsatzerklärung zur Bewirtschaftung, Erhaltung und bestandsfähigen Entwicklung aller Arten von Wäldern (**Wald-Deklaration**) drei Erklärungen verabschiedet, die die Regierungen zu politischem Handeln verpflichten, aber völkerrechtlich nicht verbindlich sind.

Schlüsselbegriff sowohl der Rio-Deklaration als auch der Agenda 21 ist der Begriff des „**sustainable development**" („nachhaltige Entwicklung"). Völkerrechtlich besteht weitgehend Konsens darüber, dass der Zweck nachhaltiger Entwicklung darin besteht, zu einem angemessenen Ausgleich der divergierenden Zielsetzungen wirtschaftlicher Entwicklung, sozialer Entwicklung und Umweltschutz zu gelangen (sog. „Drei-Säulen-Modell").[104] Im Rahmen der Bemühungen um eine (juristische) Konkretisierung dieses Begriffes haben sich zwei wesentliche Aspekte in den Vordergrund geschoben:

---

99 Nachfolgend § 8 Rn. 20.
100 Zur Konferenz von Rio vgl. BT-Drs. 12/3380; *Hohmann*, NVwZ 1993, 311; *Ruffert*, ZUR 1993, 208; ferner *SRU*, Umweltgutachten 1998, BT-Drs. 13/10195, Tz. 63.
101 *World Commission on Environment and Development*, Our Common Future.
102 Die Biodiversitätskonvention verlangt u.a. eine ausgewogene und gerechte Teilung der Vorteile aus der kommerziellen und sonstigen Nutzung genetischer Ressourcen mit der Partei, die diese Ressourcen zur Verfügung gestellt hat. Durch die auf der sechsten Vertragsstaatenkonferenz im April 2002 in Bonn verabschiedeten „Bonn-Richtlinien" wurden inhaltliche Vorgaben für – lediglich – nationale Regelungen über den Zugang zu genetischen Ressourcen und den gerechten Vorteilsausgleich geschaffen; *Friedland/Prall*, ZUR 2004, 193; *Godt*, ZUR 2004, 202.
103 Zur UNFCCC und CBD s. bereits oben Rn. 7. Als weitere Vereinbarungen sind die UNCCD (s. Rn. 7) sowie das Übereinkommen über die Erhaltung und Bewirtschaftung von gebietsübergreifenden Fischbeständen und weit wandernden Fischbeständen (1995), abgedruckt in: ABlEG L 189 v. 3.7.1998, S. 17, zu nennen.
104 *Schröder*, VerwArch 87 (1996), 251, 257 f.; *Bückmann/Lee/Simonis*, UPR 2002, 168 ff.; *Ketteler*, NuR 2002, 513 ff.; *Rehbinder*, NVwZ 2002, 657 ff.; *Schlacke*, ZUR 2002, 377 ff.; *SRU*, Umweltgutachten 2002, BT-Drs. 14/8792, S. 67 f.; eingehend zu alldem *Beaucamp*, Konzept der zukunftsfähigen Entwicklung; *Ekardt*, Theorie der Nachhaltigkeit.

- Umwelt- und Entwicklungspolitik müssen stärker miteinander in Einklang gebracht werden,
- die Verantwortung gegenüber den Ansprüchen künftiger Generationen auf Befriedigung ihrer sozialen, ökonomischen, ökologischen, kulturellen und geistigen Bedürfnisse.[105]

Die weitere internationale Verfolgung von Themenbereichen der Rio-Konferenz soll durch die Commission on Sustainable Development (CSD) überwacht werden. Diese tagt mindestens einmal pro Jahr und berichtet der UN-Vollversammlung.

Der Weltgipfel für nachhaltige Entwicklung von **Johannesburg** (2002) sollte zehn Jahre nach der Rio-Konferenz dem Nachhaltigkeitsgedanken neue Impulse geben. Geplant war, das lediglich als Handlungsempfehlung in Rio verabschiedete politische Programm der Agenda 21 in konkrete Maßnahmen mit Ziel- und Fristvorgaben umzusetzen.[106] Im Ergebnis wurden auf dem Johannesburger Gipfel zwei offizielle, allerdings nur politisch verbindliche Dokumente verabschiedet: eine Erklärung über nachhaltige Entwicklung und ein Durchführungsplan, der die Verhandlungsergebnisse hinsichtlich einzelner Politikfelder festhält und insoweit den künftigen Handlungsrahmen für die Umsetzung konkreter Schritte i.S.d. nachhaltigen Entwicklung bildet.[107] Die Erklärungen bleiben in ihrer Bedeutung weit hinter denjenigen der Rio-Konferenz zurück; sie erreichen nicht die normative Bedeutung, die bspw. dem Leitbild der Nachhaltigkeit in der Rio-Deklaration beigemessen wird.[108] Im Abschlussdokument des Erdgipfels **2012** (Rio+20) in **Rio de Janeiro** wurde das Ziel der „Green Economy" anerkannt, die darauf gerichtet ist, Wirtschaftswachstum und Produktion von einer zunehmenden Inanspruchnahme der natürlichen Ressourcen abzukoppeln.[109] Zudem wurde der Beschluss gefasst, „Sustainable Development Goals" (SDGs, Ziele nachhaltiger Entwicklung) bis zum Jahr 2015 zu entwickeln, die die im Jahr 2000 verabschiedeten „Millenium Development Goals" (MDGs) ablösen und um die umfassende Nachhaltigkeitsperspektive erweitern sollten.[110] Die Generalversammlung der UNO verabschiedete am 25.9.2015[111] 17 SDGs, die mittels 169 Unterzielen („targets") konkretisiert werden, und damit die globale, nachhaltige Entwicklungsagenda bis zum Jahr 2030 bestimmen sollen.

Eines der wesentlichen Ergebnisse der Rio-Konferenz war die Unterzeichnung der schon zuvor von der UN-Generalversammlung beschlossenen Klimarahmenkonvention 1993[112] durch damals bereits 154 Staaten.

Konkrete Verpflichtungen der Vertragsstaaten zur Reduzierung der Emissionen von Treibhausgasen enthält das **Protokoll von Kyoto**[113] vom 11.12.1997.[114] Die nähere

---

105 Auch *Buck/Verheyen* in: Koch/Hofmann/Reese, § 1 Rn. 6, 8.
106 *Wolf*, NuR 2003, 137; zu den (Hinter-)Gründen, die auch auf teilweise schlechter Regierungsführung und der die Entwicklungsländer tendenziell benachteiligenden fortschreitenden Globalisierung beruhen, näher *Buck/Verheyen* in: Koch/Hofmann/Reese, § 1 Rn. 10.
107 Vgl. *Proelß* in: Graf Vitzthum/Proelß, 5. Abschn. Rn. 103.
108 Ausführlich *Wolf*, NuR 2003, 137, 138; *Epiney*, JuS 2003, 1066, 1067 f.
109 Dazu etwa *Lima*, EurUP 2012, 187; *Kloepfer*, Umweltrecht, § 10 Rn. 49 ff.
110 S. hierzu ausführlich *WBGU*, Zivilisatorischer Fortschritt innerhalb planetarischer Leitplanken; *Huck/Kurkin*, ZaöRV 2018, 375.
111 „Transforming our world: the 2030 Agenda for Sustainable Development", GA/A/RES/70/1; s. hierzu auch: https://sustainabledevelopment.un.org/post2015/transformingourworld (Stand: 22.8.2018).
112 Dazu *Kment*, JZ 2010, 62, 64; bereits Rn. 7; die EG hat das Klimaprotokoll am 31.5.2002 ratifiziert; mittlerweile hat die UNFCCC 196 Vertragsparteien (Stand: 22.8.2018).
113 BGBl. II 2002, S. 967, in Kraft getreten am 16.2.2005.
114 *Kment*, JZ 2010, 62, 64 f.; *Sach/Reese*, ZUR 2002, 65; *Marr/Oberthür*, NuR 2002, 573; *Verheyen*, NuR 2002, 445; auch § 9 Rn. 4. Die EG hat das Kyoto-Protokoll mit der Entscheidung 2002/358/EG v. 25.4.2002 (ABlEG L 130/1) anerkannt.

Ausgestaltung des hierdurch ebenfalls ermöglichten Handels mit Emissionszertifikaten[115] (zur Erreichung der Reduktionsziele) gelang 2001 auf den Vertragsstaatenkonferenzen (Conference of the Parties, COP) in Bonn und Marrakesch.[116]

Im Jahr nach Inkrafttreten des Kyoto-Protokolls aufgrund der Ratifizierung durch Russland[117] wurde 2005 in Montreal entsprechend dem Protokoll mit den Verhandlungen für eine auf den ersten Reduktionszeitraum folgende zweite Verpflichtungsperiode begonnen.[118] Anlässlich der im Jahr 2007 auf **Bali** durchgeführten COP konnte das Verhandlungsmandat für ein neues globales Klimaabkommen vereinbart werden. Das Abkommen sollte dann das Kyoto-Protokoll nach dessen Auslaufen im Jahr 2012 ablösen und auf der Klimakonferenz in **Kopenhagen** im Jahr 2009 abgeschlossen werden. Dem Klimagipfel in Kopenhagen gingen große Hoffnungen voraus, denn die USA, Japan und Russland wollten sich – anders als beim Kyoto-Protokoll – beteiligen. Zustande kam lediglich ein Minimalkonsens in Form des „Copenhagen Accord". Dieser ist völkerrechtlich nicht bindend und wurde von den Vertragsstaaten lediglich „zur Kenntnis" genommen, nicht aber formell angenommen. Dort wird das Ziel erwähnt, die Erderwärmung auf weniger als 2 °C im Vergleich zum vorindustriellen Niveau zu begrenzen.[119] Erst nach den Konferenzen im mexikanischen **Cancún** (2010) und im südafrikanischen **Durban** (2010), wurde 2012 in **Doha** (Katar) das Kyoto-Protokoll mit einer zweiten Verpflichtungsperiode bis 2020 verlängert[120] und ein Fahrplan für ein international verbindliches Klimaschutzabkommen ab 2020 verabschiedet, welches bis 2015 ausgehandelt werden sollte.[121] Auch in Anbetracht dessen stellten die COPs in **Warschau** (2013) und **Lima** (2014) Zwischenstationen dar.

Am 12. Dezember 2015 haben sich in Paris bei der 21. Weltklimakonferenz 195 Staaten und die Europäische Union auf ein 29 Artikel umfassendes Klimaabkommen[122] geeinigt.[123] In diesem verpflichten sie sich, den Anstieg der globalen Mitteltemperatur „well below", also deutlich unter 2° Celsius im Vergleich zum vorindustriellen Niveau, zu halten und Anstrengungen zu verfolgen, den Temperaturanstieg sogar unterhalb von 1,5° Celsius zu stabilisieren. Die Ausgestaltung des Abkommens als völkerrechtlicher Vertrag ist für sich genommen als Erfolg zu werten und übertrifft viele im Vorfeld geäußerte Vermutungen, dass lediglich eine soft-law Vereinbarung getroffen wird, die keine Vertragspartei bindet.[124] Dem Mandat der Vertragsstaatenkonferenz in Durban 2011, ein rechtsverbindliches Instrument („...protocol, another legal instrument or an agreed outcome with legal force under the Convention applicable to all Parties"), nach

---

115 Dazu § 16 Rn. 7.
116 *Kloepfer*, Umweltrecht, § 17 Rn. 107; zum ernüchternden Bericht der UN-Sondergeneralversammlung über den Zustand der Umwelt vom selben Jahr *Kloepfer*, Umweltschutzrecht, § 6 Rn. 43; zu den klimaschutzbezogenen Inhalten dieser und der nachfolgenden Verhandlungen näher § 16 Rn. 7 f.
117 Bei Ausscheiden der USA aus dem Ratifizierungsprozess, *Kloepfer*, Umweltschutzrecht, § 6 Rn. 44.
118 *Kloepfer*, Umweltschutzrecht, § 6 Rn. 44, § 10 Rn. 17.
119 S. hierzu UNFCCC, Report of the Conference of the Parties on its fifteenth session, held in Copenhagen from 7 to 19 December 2009, Addendum, Decision 2/CP.15, FCCC/CP/2009/11/Add.1, 4 ff.; alle Dokumente zur UNFCCC sind abrufbar unter http://unfccc.int (Stand: 22.8.2018).
120 Dieser im „Doha Amendment" enthaltenen Verlängerung stimmten allerdings nur wenige Vertragsparteien zu, u.a. die EU. Einige der großen Emittenten wie Russland, Kanada, Japan und Neuseeland sind an der zweiten Verpflichtungsperiode nicht mehr beteiligt; einsehbar unter: http://unfccc.int/kyoto_protoco l/doha_amendment/items/7362.php (Stand: 22.8.2018).
121 Vgl. auch *Schlacke*, ZUR 2012, 69.
122 Abrufbar unter: https://unfccc.int/resource/docs/2015/cop21/eng/l09r01.pdf (Stand: 22.8.2018).
123 *Schlacke*, ZUR 2016, 65 f.; *Morgenstern/Dehnen*, ZUR 2016, 131 ff.; *Franzius*, ZUR 2017, 515; zum Zusammenspiel von Klimavertrag und Völkerumweltrecht *Frank*, ZUR 2016, 352; *Böhringer*, ZaöRV 2016, 753.
124 Zum Prozess und den Vorschlägen vgl. *WBGU*, Klimaschutz als Weltbürgerbewegung; *Morgenstern/ Dehnen*, ZUR 2016, 131 ff.; *Nückel*, ZUR 2017, 525.

Auslaufen des Kyoto-Protokolls zu verabschieden, wird insoweit Rechnung getragen. Wieviel rechtliche Wirkung und Pflicht das Pariser Abkommen erzeugt und enthält, ist freilich von dem weiteren Ratifikationsprozess abhängig. Das Pariser Abkommen tritt in Kraft, wenn 55 Mitglieder der Klimarahmenkonvention, die für 55 % der gesamten globalen Treibhausgasemissionen verantwortlich sind, es akzeptiert haben. Diese Schwellenwerte wurden am 5.10.2016 überschritten, in dem die Europäische Union, Kanada und Nepal den Vertrag ratifizierten.[125] Geltung würde das Pariser Abkommen allerdings erst ab 2020 entfalten.[126]

V. Entwicklung und Entwicklungspotenzial des Umweltvölkerrechts

Das Umweltvölkerrecht ist ein sich stetig an neue Umstände anpassendes und damit in der Entwicklung befindliches Rechtsgebiet.[127] Die letzten Jahrzehnte brachten eine Vielzahl neuer Konventionen ebenso wie einen Anstieg der Fälle mit Umweltbezug, die vor internationalen Gerichten verhandelt wurden.[128] Gewisse Umweltkonventionen, wie beispielsweise die Aarhus-Konvention, können als innovativ, andere, wie beispielsweise das Montreal-Protokoll, gar als erfolgreich bezeichnet werden.[129] Dennoch wird vielfach eine **Fragmentierung** des Umweltvölkerrechts befürchtet.[130] 21

Die Einbeziehung der Zivilgesellschaft in Umweltangelegenheiten und die Stärkung ihrer Verantwortung für den Umweltschutz ist das Ziel des am 25.6.1998 in Aarhus (Dänemark) verabschiedeten Übereinkommens über den Zugang zu Informationen, die Öffentlichkeitsbeteiligung an Entscheidungsverfahren und den Zugang zu Gerichten in Umweltangelegenheiten (sog. **Aarhus-Konvention**).[131] Die Konvention stellt eine neue Etappe in der Entwicklung des Umweltvölkerrechts dar. Die sich hieraus ergebenden Anforderungen können in drei Säulen unterteilt werden: den Zugang zu Umweltinformationen für Jedermann, die Beteiligung der Öffentlichkeit und den Zugang zu Gerichten oder sonstiger Überprüfung in Umweltangelegenheiten.[132] Mit dem Inkrafttreten der Konvention im Oktober 2001 wurde sie für die unterzeichnenden Parteien, zu denen die Bundesrepublik Deutschland und die EG zählen, verbindlich. Die notwendige Umsetzung in nationales Recht bewirkt nicht nur in den Ratifikationsstaaten Mittel- und Osteuropas einen grundlegenden Entwicklungsschub für das Umweltrecht, sondern veranlasst auch die EG (ebenso wie die EU als Rechtsnachfolgerin) und die Bundesrepublik zu über das Umweltrecht hinauswirkenden Rechtsetzungsaktivitäten.[133] Mit dem Ziel, den Zugang zu Umweltinformationen darüber hinaus zu verbessern, wurde zudem das Protokoll zur Aarhus-Konvention über Schadstofffreiset-

---

125 Bisher haben 179 Vertragsstaaten den Vertrag ratifiziert; vgl. https://unfccc.int/process/the-paris-agreement/status-of-ratification (Stand: 22.8.2018); zum Austritt der USA aus dem Pariser Übereinkommen *Stäsche*, EnWZ 2017, 308, 310 f.
126 Vgl. ferner § 16 Rn. 8.
127 Zur wachsenden Regelungsdichte im Umweltvölkerrecht: *Buck/Verheyen*, in: Koch/Hofmann/Reese, § 1 Rn. 98.
128 Zur Vielzahl der Regelungen und Überlegungen zur Verzahnung bestimmter Konventionen: *Velázquez Gomar*, International Environmental Agreements 2014; zur Rechtsprechung internationaler Gerichte in Umweltfragen: *Harrison*, Journal of Environmental Law 2013, 501 ff.
129 *DeSombre*, UCLA Journal of Environmental Law 2000–2001, 49; *Green*, Journal of Environmental Law 2009, 253.
130 So z.B. *Kim/Bosselmann*, Transnational Environmental Law 2013, 285, 286.
131 Vgl. bereits Rn. 7; zur Aarhus-Konvention *Falke* in: ders./Schlacke, S. 99; *Epiney/Scheyli*, Die Aarhus-Konvention; *Schlacke/Schrader/Bunge*, Informationsrechte, Öffentlichkeitsbeteiligung und Rechtsschutz im Umweltrecht – Aarhus-Handbuch; Gesetz zum Aarhus-Änderungs-Übereinkommen v. 17.7.2009, BGBl. II 2009, S. 794.
132 *Epiney* in: Falke/Schlacke, S. 99; *Schlacke*, ZUR 2003, 176 ff.
133 Überblick bei *Falke* in: ders./Schlacke, S. 99, 101; *Buck/Verheyen* in: Koch/Hofmann/Reese, § 1 Rn. 78 unter Verweis auf die Richtlinie 2011/92/EU v. 13.12.2011 über die Umweltverträglichkeitsprüfung bei be-

zungs- und -verbringungsregister (Protocol on Pollutant Release and Transfer Registers, PRTR) vom 21.5.2003 geschaffen.[134]

Zudem besteht eine durch Wechselwirkungen geprägte Beziehung zum allgemeinen Völkerrecht. Naturgemäß tauchen Fragen, die sich im allgemeinen Völkerrecht stellen, auch im Umweltvölkerrecht auf und umgekehrt, z.b. die Frage, ob nicht auch andere Akteure als Staaten völkerrechtlichen Verpflichtungen unterliegen sollten. Andersherum sieht sich das Umweltvölkerrecht mit ähnlichen Restriktionen und Problemen wie das allgemeine Völkerrecht konfrontiert.

So zeigt beispielsweise der Umgang mit Klimawandel(-folgen), dass sich zwar Verpflichtungen der Staaten zur Reduktion von Treibhausgasemissionen aus der UNFCCC oder dem Völkergewohnheitsrecht möglicherweise jetzt schon begründen lassen[135], eine **Durchsetzung** dieser Verpflichtungen lässt jedoch nach wie vor auf sich warten.

(Fort-)Entwicklungsnotwendigkeiten in Bezug auf das Umweltvölkerrecht beruhen in einem sehr grundsätzlichen Sinn auf den ökonomisch, ökologisch, aber auch sozial divergierenden Ausgangspositionen von Industriestaaten einerseits und Entwicklungsländern andererseits.[136] So müsste in diesem Zusammenhang über Angleichungsmaßnahmen nachgedacht werden, wie beispielsweise einem unter ökonomischen Aspekten sinnvollen Schuldenerlass zugunsten wirtschaftlich schwächerer Staaten – freilich kompensiert durch von den begünstigten Ländern zu ergreifenden Umweltschutzmaßnahmen.[137] Zur Sicherstellung der **Umsetzung** des Umweltvölkerrechts bieten sich insoweit weniger konfrontative Erfüllungsvorgaben an, sondern solche der kooperativen Erfüllungsunterstützung bei unbeabsichtigter Schlecht- oder Nichterfüllung durch in diesem Bereich weniger leistungsfähige Staaten.[138] Zu Letzteren zählen Formen der Erfüllungskontrolle und der Erfüllungshilfe. Bei der Erfüllungskontrolle können für den Fall der Feststellung bzw. Evaluierung einer Vertragsverfehlung (regelmäßig durch ein kollektives Vertragsorgan) Hilfsmaßnahmen beschlossen werden.[139] Die Erfüllungshilfe setzt nicht erst bei einer (festgestellten) Nichteinhaltung von vertraglichen Vorgaben ein, sondern präventiv; sie richtet sich dergestalt auf den einvernehmlichen Transfer von Technologie- und Finanzleistungen.[140]

Scheitern die Bemühungen um den gemeinschaftlichen Umgang mit globalen Umweltproblemen, wie beispielsweise dem Klimawandel, so wird sich die internationale Gemeinschaft mit **Folgeproblemen** konfrontiert sehen, denn Schätzungen zufolge werden beispielsweise bis zum Jahr 2050 bis zu 250 Millionen Menschen durch umweltbe-

---

stimmten öffentlichen und privaten Projekten, ABlEU 2012 L 26/1; zur europarechtlichen Umsetzung s. § 7 Rn. 26; § 9 Rn. 7 und zur nationalen Umsetzung s. § 9 Rn. 7.

134 S. hierzu bereits oben Rn. 7 sowie *Röckinghausen*, ZUR 2009, 19 ff.
135 S. z.B. *Frank*, NVwZ-Extra 2014, 1; etwas weniger zuversichtlich allerdings *Voigt*, Nordic Journal of International Law 2008, 1, 20.
136 *Kloepfer*, Umweltschutzrecht, § 6 Rn. 51, auch zum Nachfolgenden.
137 „Dept for natural swaps", etwa *Ebenroth/Bühler*, NuR 1990, 260.
138 Eingehend zu alldem *Kreuter-Kirchhof*, Neue Kooperationsformen; international-prozessuale Forderung bei *Albus*, Zur Notwendigkeit eines internationalen Umweltgerichtshofes.
139 Vgl. *Kloepfer*, Umweltrecht, § 10 Rn. 116, am Bsp. des Montrealer Protokolls zum Wiener Ozonschutzabkommen.
140 Dazu etwa *Buck/Verheyen* in: Koch/Hofmann/Reese, § 1 Rn. 83 ff.

dingte Ursachen ihre Heimat verlieren.[141] Auch in diesem Bereich wird die Möglichkeit einer Regelung mittels eines völkerrechtlichen Vertrages diskutiert.[142]

Das Umweltvölkerrecht bedarf, wie das Völkerrecht allgemein, der inneren Harmonisierung, primär gerichtet auf seine Institute, Institutionen und sonstigen Regelungsmechanismen, aber auch der Angleichung und Abstimmung nach außen, also mit anderen völkerrechtlichen Rechtskreisen.[143]

WIEDERHOLUNGS- UND VERSTÄNDNISFRAGEN

> Worin liegt die Aufgabe des internationalen Umwelt(schutz)rechts? (Rn. 3)
> Was versteht man unter völkerrechtlichen Verträgen und welche Vor- und Nachteile weisen sie unter Umweltschutzgesichtspunkten auf? (Rn. 4, 7 f.)
> Was versteht man unter Völkergewohnheitsrecht und welche Vor- und Nachteile weist es unter Umweltschutzgesichtspunkten auf? (Rn. 4, 9 ff.)
> Welches sind die anerkannten materiellen und verfahrensbezogenen Pflichten des Völkergewohnheitsrechts im Umweltschutzbereich? (Rn. 10 ff., 13, 14)
> Welche Ergebnisse haben internationale Umweltschutzkonferenzen bislang erbracht? (Rn. 20 f.)

---

141 *Supramanian/Urpelainen*, International Environmental Agreements 2014, S. 25, 26.
142 *Supramanian/Urpelainen*, International Environmental Agreements 2014, S. 25, 27 ff.
143 *Kloepfer*, Umweltrecht, § 10 Rn. 150 ff.; vgl. die Überlegungen zu planetaren Leitplanken als einer „Grundnorm" zur Harmonisierung des Umweltvölkerrechts bei *Kim/Bosselmann*, Transnational Environmental Law 2013, 285 ff.

B. Besonderes Umweltrecht

§ 9 Immissionsschutzrecht

1   Primäre Aufgaben des Immissionsschutzrechts sind die Luftreinhaltung und der Lärmschutz.[1]

Die **Luftreinhaltung** ist angesichts vielfältiger Belastungswege und der kaum überschaubaren Menge an schädlichen Stoffen eine der zentralen Herausforderungen des Umweltschutzes. Zu den bekannten Schadstoffen gehören Stickstoffoxide, Kohlenmonoxid, Schwefeldioxid, Fluorchlorkohlenwasserstoffe (FCKW) und Schwermetalle. Des Weiteren existiert eine große Anzahl potenziell gefährlicher Stoffe, deren Auswirkungen auf Mensch und Umwelt noch nicht erforscht sind.[2] Wiewohl bei den klassischen Luftschadstoffen und auch bei den Feinstäuben deutliche Rückgänge an Emissionen aus den Quellen Kraftwerke, Industrie und Hausbrand zu verzeichnen sind, gilt dies nicht für die Partikelkonzentration im Straßenverkehr.[3]

Luftverschmutzung führt nicht nur zu „dicker Luft", sondern hat zugleich **medienübergreifende Auswirkungen**: Die zunächst in der Luft befindlichen Schadstoffe lagern sich auf Boden, Pflanzen und Gebäuden ab und gelangen mit dem Niederschlag in die Gewässer. Die sich hieraus ergebenden Folgen der Luftverunreinigung[4] für Mensch und Umwelt sind leicht vorstellbar.

Die Verschmutzung der Luft beeinflusst in zunehmendem Maße auch das **globale Klima**. So verhindert die wachsende Konzentration des Kohlendioxids eine ausreichende Wärmeabstrahlung der Erde mit der wahrscheinlichen Folge einer Erhöhung der mittleren Temperatur der Erdoberfläche (Treibhauseffekt). Die dadurch bedingten nachteiligen Klimaveränderungen ziehen u.a. eine weltweite Zunahme der Trockengebiete, eine Verringerung der Niederschläge, Artenveränderungen und eine Verschlechterung der Ernährungssituation nach sich.[5] Der Klimaschutz hat sich mittlerweile zu einem bedeutenden Teil der Luftreinhaltungspolitik entwickelt.[6]

2   Der **Lärmschutz** ist der zweite wesentliche Bereich des Immissionsschutzrechts. Unter Lärm sind die vom Menschen aufgrund ihrer Dauer, Intensität usw. als störend empfundenen Geräusche zu verstehen.[7] Lärmquellen sind z.B. der Straßen-,[8] Schienen-[9] und Luftverkehr,[10] Baustellen[11] sowie Sport- und Spielplätze.[12] Trotz erheblicher Fortschritte vor allem beim verkehrsbezogenen Lärmschutz hat die weitere Steigerung des

---

1   Auch *Beaucamp* in: Kluth/Smeddinck, § 2 Rn. 14.
2   Zur Belastungssituation in Deutschland *UBA*, Luftqualität 2017, 2018. Abrufbar unter www.umweltbundes amt.de/publikationen/luftqualitaet-2017 (Stand: 16.9.2018); *SRU*, Umweltgutachten 2008, Rn. 242 ff.
3   Dazu mit Zahlenangaben *Schmidt/Kahl/Gärditz*, § 7 Rn. 1 f.; auch *Beaucamp* in: Kluth/Smeddinck, § 2 Rn. 2.
4   Näher dazu *SRU*, Umweltgutachten 2008, Rn. 249 ff.
5   *Sparwasser/Engel/Voßkuhle*, § 10 Rn. 17 ff.
6   Vgl. näher § 16.
7   Zur Erfassung und Bewertung von Lärm vgl. *Ortscheid/Wende*, ZUR 2002, 185.
8   BVerwG, ZUR 2007, 205.
9   VGH München, ZUR 2007, 540.
10 Vgl. BVerwG, NVwZ 2009, 109.
11 *Dietrich*, NVwZ 2009, 144.
12 Dazu BVerwG, ZUR 2003, 367; *Ketteler*, DVBl. 2008, 220. Als Reaktion auf die Rechtsprechung des BVerwG hat der Gesetzgeber Kinderlärm 2011 privilegiert (siehe § 22 Abs. 1a BImSchG).

Verkehrsaufkommens die Lärmbelastung eher noch zunehmen lassen. Auch wächst die Einsicht in die Notwendigkeit, die Lärmquellen nicht isoliert, sondern kumulativ zu betrachten, um den wirklichen Stressgehalt der Emission erfassen zu können.[13]

Die **gesundheitlichen Folgen** treten beim Lärm besonders zu Tage. Dieser kann beim Betroffenen psychische und physische Reaktionen (z.B. Gereiztheit, Herzklopfen) auslösen, die sich zu Krankheiten wie etwa Schwerhörigkeit ausbilden können.[14] Allgemein wird eine Erhöhung des Herzinfarktrisikos und eine Minderung der Lebenserwartung konstatiert.[15] Einwirkungen auf die Luftqualität führen etwa bei Feinstäuben zu Atemwegs- und Herzkreislauferkrankungen.

I. Rechtsgrundlagen

Die wichtigsten Rechtsgrundlagen finden sich im **Bundesrecht** und im **sekundären Recht der Europäischen Union.** Aufgrund des grenzüberschreitenden Charakters von Luftverunreinigungen sind diese darüber hinaus in zunehmendem Maße Gegenstand **internationaler Vereinbarungen** geworden.

3

1. Internationales Recht

Anders als der Schutz des Umweltmediums Wasser ist die Reinhaltung der Luft von der Staatengemeinschaft vergleichsweise spät als international regelungsbedürftig erkannt worden. Zuvor beriefen sich die Staaten bei weiträumigen grenzüberschreitenden Luftverunreinigungen (insbesondere „saurem Regen" und Kernwaffenversuchen in der Atmosphäre) auf Völkergewohnheitsrecht, nämlich das Verbot der erheblichen Schädigung des Nachbarstaates und die Pflicht zur Information und Konsultation.[16]

4

Erst am 13.11.1979 wurde mit dem **Genfer (UNECE-)Übereinkommen über weiträumige grenzüberschreitende Luftverunreinigung** (Genfer Luftreinhalteabkommen)[17] ein erster völkerrechtlicher Vertrag über die Luftreinhaltung geschlossen. Die sich aus der Konvention ergebenden Pflichten der Vertragsstaaten beschränken sich allerdings auf den Informationsaustausch, gegenseitige Konsultationen und die Zusammenarbeit in der Forschung. Zudem wurde ein Exekutivorgan zur Weiterentwicklung der Konvention errichtet, das einmal jährlich tagt. Dieses Exekutivorgan nahm am 8.7.1985 das **Helsinki-Zusatzprotokoll**[18] zur Reduzierung der Schwefelemissionen oder ihrer grenzüberschreitenden Ströme an. Danach waren die Vertragsstaaten verpflichtet, bis 1993 ihre Schwefelemissionen um 30 % gegenüber dem Niveau von 1980 zu vermindern. Eine vergleichbare Vereinbarung sieht das **Sofia-Protokoll**[19] aus dem Jahre 1988 für die Begrenzung von Stickstoffoxidemissionen vor. In ihm verpflichten sich 25 Mitgliedstaaten des Genfer Übereinkommens, ihren Stickstoffoxid-Ausstoß auf dem Stand von 1987 einzufrieren. Die Bundesrepublik Deutschland und elf weitere Staaten erklärten sich ferner bereit, ihre jährlichen nationalen Stickstoffoxidemissionen bis spätestens 1998 um 30 % zu reduzieren.

---

13 *Schmidt/Kahl/Gärditz*, § 7 Rn. 4.
14 Vgl. dazu *SRU*, Umweltgutachten 2008, S. 389 ff.; *Sparwasser/Engel/Voßkuhle*, § 10 Rn. 32 ff.
15 *SRU*, Umweltgutachten 2008, Tz. 806.
16 Vgl. § 8 Rn. 10 ff., 14.
17 ABlEG L 171/13; BGBl. II 1982, S. 373; dazu *Beyerlin/Marauhn*, International Environmental Law, S. 145 f.
18 BGBl. II 1986, S. 1116.
19 BGBl. II 1990, S. 1279.

Weiterhin zu erwähnen sind das am 11.11.1985 entstandene **Wiener Übereinkommen zum Schutz der Ozonschicht,**[20] das der Verhinderung des Abbaus der stratosphärischen Ozonschicht durch schädliche anthropogene Gase dient, und dessen Konkretisierung durch das **Montrealer Protokoll**[21] aus dem Jahr 1987.[22]

Um dem drohenden Treibhauseffekt entgegenzuwirken, wurde 1992 auf der UN-Umweltkonferenz in Rio de Janeiro der Versuch unternommen, eine weltweite Klima-Konvention zur Begrenzung der Kohlendioxidemissionen zu vereinbaren.[23] Die zahlreichen Unterzeichner der sog. **Klimarahmenkonvention** – u.a. die Bundesrepublik Deutschland – konnten sich jedoch nicht auf konkrete Zielsetzungen und Zeiträume einigen, innerhalb derer die Beschlüsse umzusetzen sind.

Erst auf der dritten Klimaschutzkonferenz konnten im **Kyoto-Protokoll**[24] konkrete Verpflichtungen der Vertragsstaaten, die festgelegten sechs Treibhausgase[25] im Zeitraum 2008–2012 um mindestens 5 % unter das Niveau von 1990 zu reduzieren, und flexible Mechanismen, durch welche die Vertragsstaaten ihre Emissionsreduzierung z. T. auch im Ausland erbringen können, verankert werden. Im Dezember 2015 fand die UN-Klimakonferenz in Paris (COP 21) statt, welche in der Unterzeichnung des Pariser Übereinkommens als Nachfolgevereinbarung zum Kyoto-Protokoll mündete.[26]

2. EU-Recht

5   Systematisch lassen sich im unionsrechtlichen Luftreinhaltungsrecht **quellenbezogene** Regelungen für Kraftfahrzeuge und Industrieanlagen von **quellenunabhängigen** Regelungen unterscheiden:[27]

Die **Luftqualitätsrahmenrichtlinie** 2008/50/EG v. 21.5.2008 über die Luftqualität und saubere Luft für Europa[28] richtet sich auf die Luftqualität durch Festlegung von Grenz- und Leitwerten und die zu ergreifenden Maßnahmen. Sie ist demnach **quellenunabhängig.** Die Richtlinie fasst die bisherige Luftqualitätsrahmenrichtlinie und die hierzu erlassenen Tochterrichtlinien zusammen.[29] Sie enthält erstmalig Obergrenzen für die Konzentration der gefährlichen Feinstaubpartikel $PM_{2,5}$[30] und eröffnet den Mitgliedstaaten die Möglichkeit, eine Fristverlängerung hinsichtlich der Einhaltung des Grenzwertes für Feinstaub der Kategorie PM_{10}[31] in Gebieten mit besonders schwierigen Bedingungen zu beantragen. Voraussetzung für die Fristverlängerung ist der Nachweis darüber, dass alle geeigneten Maßnahmen getroffen wurden, um die Fristen einzuhalten.[32]

---

20 BGBl. II 1988, S. 901.
21 BGBl. II 1988, S. 1014.
22 Dazu § 16 Rn. 5.
23 Zur Bedeutung eines global koordinierten Systems *Pierce*, ENVTL.L. 2007, 595; vgl. § 16 Rn. 6 ff.
24 BGBl. II 1998, S. 130; dazu *Müller-Kraenner*, ZUR 1998, 113; vgl. § 8 Rn. 20.
25 Kohlendioxid, Methan, Distickstoffoxid, Schwefelhexaflourid, perflourierte Kohlenwasserstoffe und teilhalogenierte Fluorkohlenwasserstoffe.
26 Ausführlich unter § 8 Rn. 20.
27 Im Überblick bereits § 7 Rn. 25 f.; ausführlich zur Systematisierung des EG-Luftreinhaltungsrechts *Mayer*, EurUP 2008, 227, 231; *Kloepfer*, Umweltrecht, § 15 Rn. 38 f., 62, 74.
28 ABlEG L 152/1, zuletzt geändert durch RL (EU) 2015/1480 v. 28.8.2015, ABlEU L 226/4.
29 Vgl. Art. 31 RL 2008/50/EG.
30 Also Staubpartikel, die im Median eine Größe von lediglich 2,5 Mikrometern und weniger aufweisen.
31 Staubpartikel, die im Median eine Größe von lediglich 10 Mikrometern und weniger aufweisen.
32 EuGH, ZUR 2015, 33.

Als quellenunabhängiges Regelwerk ist ferner zu nennen:

■ die Verordnung (EG) Nr. 1005/2009 über Stoffe, die zum Abbau der Ozonschicht führen, v. 16.9.2009.[33]

Die weitaus überwiegende Zahl von immissionsschutzrelevanten Regelungen zur Vermeidung und Verminderung von Luftverschmutzung und Lärm ist **quellenabhängig:** 6

■ Regelungen für ortsfeste Anlagen, etwa:

– Richtlinie 2010/75/EU über Industrieemissionen (integrierte Vermeidung und Verminderung der Umweltverschmutzung) v. 24.11.2010,[34]

– Richtlinie 2012/18/EU zur Beherrschung der Gefahren schwerer Unfälle mit gefährlichen Stoffen (Seveso III-Richtlinie),[35]

■ Regelungen für bewegliche Anlagen, z.B.:

– Richtlinie 2000/14/EG über umweltbelastende Geräuschemissionen von zur Verwendung im Freien vorgesehenen Geräten und Maschinen v. 8.5.2000,[36]

■ stoffbezogene Regelungen, bspw.:

– Verordnung (EG) Nr. 1907/2006 zur Registrierung, Bewertung, Zulassung und Beschränkung chemischer Stoffe (REACH) v. 18.12.2006,[37]

■ Verminderung von Schadstoff- und Lärmemissionen durch Fahrzeuge, z.B.:

– Richtlinie 98/70/EG über die Qualität von Otto- und Dieselkraftstoffen v. 13.10.1998,[38]

– Verordnung (EU) Nr. 540/2014 über den Geräuschpegel von Kraftfahrzeugen und von Austauschschalldämpferanlagen v. 16.4.2014,[39]

– Richtlinie 2002/49/EG über die Bewertung und Bekämpfung von Umgebungslärm v. 25.6.2002,[40]

– Verordnung (EG) Nr. 715/2007 über die Typgenehmigung von Kraftfahrzeugen hinsichtlich der Emissionen von leichten Personenkraftwagen und Nutzfahrzeugen (Euro 5 und Euro 6) und über den Zugang zu Reparatur- und Wartungsinformationen für Fahrzeuge v. 20.6.2007,[41]

– Verordnung (EG) Nr. 443/2009 zur Festsetzung von Emissionsnormen für neue Personenkraftwagen im Rahmen des Gesamtkonzepts der Gemeinschaft zur Verringerung der CO_2-Emissionen von Personenkraftwagen und leichten Nutzfahrzeugen v. 23.4.2009,[42]

– Verordnung (EG) Nr. 595/2009 über die Typgenehmigung von Kraftfahrzeugen und Motoren hinsichtlich der Emissionen von schweren Nutzfahrzeugen (Eu-

---

33 ABlEG L 286/1, zuletzt geändert durch VO (EU) Nr. 2017/605 der Kommission v. 29.3.2017, ABlEU L 84/3.
34 ABlEU L 334/17.
35 ABlEU L 197/1.
36 ABlEG L 162/1, zuletzt geändert durch VO (EG) Nr. 219/2009 v. 11.3.2009, ABlEG L 87/109.
37 ABlEG L 396/1, zuletzt geändert durch VO (EU) Nr. 2018/589 v. 18.4.2018, ABlEU L 99/7.
38 ABlEG L 350/58, zuletzt geändert durch RL (EU) Nr. 2015/1513 v. 9.9.2015, ABlEU L/1.
39 ABlEU L 158/131, zuletzt geändert durch VO (EU) Nr. 2017/1576 v. 26.6.2017, ABlEU L 239/3.
40 ABlEG L 189/12, zuletzt geändert durch RL (EU) Nr. 2015/996 v. 19.5.2015, ABlEU L 168/1.
41 ABlEG L 171/1; zuletzt geändert durch VO (EU) Nr. 459/2012 v. 29.5.2012, ABlEU L 142/16. Insgesamt zur bislang unbefriedigenden Rechtsetzung der EU im Bereich der Verkehrsemissionen *Köck/Lehmann*, ZUR 2013, 67, 72 f.
42 ABlEU L 140/1, zuletzt geändert durch VO (EU) Nr. 2017/1502 der Kommission v. 2.6.2017, ABlEU L 221/4.

ro 6) und über den Zugang zu Fahrzeugreparatur- und -wartungsinformationen v. 18.6.2009.[43]

7   Zu den quellenbezogenen Regelungen zählte gleichermaßen die seit Oktober 1996 geltende Richtlinie über die integrierte Vermeidung und Verminderung der Umweltverschmutzung (IVU-RL).[44] Sie ist indes in die am 6.1.2011 in Kraft getretene Richtlinie 2010/75/EU über Industrieemissionen (IE-RL) neu gefasst worden.[45] Sie verfolgt einen integrativen Ansatz, indem Emissionen umfassend mit Blick auf alle Umweltmedien so weit wie möglich vermieden oder vermindert werden sollen.[46] Sie stellt das zentrale europäische Regelwerk für die Zulassung von Industrieanlagen dar und wurde in Deutschland 2013 umgesetzt.[47] Allgemeine Grundprinzipien der IVU-Richtlinie wurden dabei übernommen.[48]

8   Für Industrieanlagen bzw. Tätigkeiten, die in Anhang I der IE-RL abschließend aufgeführt sind, gelten folgende Vorgaben:

- Vorgegeben werden **materielle Grundpflichten** für den Betrieb (nicht für die Errichtung) bestehender und neuer Industrieanlagen.[49] Anknüpfungspunkt ist somit die Industrieanlage als Verschmutzungsquelle. Die materiellen Grundpflichten richten sich u.a. auf Vorsorgemaßnahmen, die Anwendung der besten verfügbaren Technik (BVT) und auf die Verhinderung erheblicher Umweltverschmutzungen.[50]

- Darüber hinaus gelten **verfahrensrechtliche Anforderungen**: Neuanlagen bedürfen einer Genehmigung[51] in einem Verfahren mit Öffentlichkeitsbeteiligung[52]. Die Richtlinie enthält Bestimmungen über den Inhalt der Antragsunterlagen und den Inhalt der Genehmigung. Änderungen des Betriebs müssen angezeigt werden; auch bei wesentlichen Änderungen der Genehmigung bedarf es einer Öffentlichkeitsbeteiligung[53].

- Ferner enthält Art. 23 IE-RL Vorgaben zur **Anlagenüberwachung**. Die Mitgliedstaaten müssen ein System von Umweltinspektionen etablieren und hierzu Umweltüberwachungspläne und -programme aufstellen, um alle Auswirkungen von Anlagen auf die Umwelt zu erfassen. Diese Pläne bilden die Grundlage für behördliche Programme, in denen u.a. routinemäßige Umwelt-

---

43   ABlEU L 188/1; zuletzt geändert durch VO (EU) Nr. 133/2014 v. 31.1.2014, ABlEU L 47/1.
44   RL 96/61/EG v. 24.9.1996, ABlEG L 257/26; geändert und umbenannt in Richtlinie 2008/1/EG v. 15.1.2008, ABlEG L 24/8; die IVU-Richtlinie erläuternd *Becker*, DVBl. 1997, 588 sowie *Kloepfer*, Umweltrecht, § 15 Rn. 40 ff.
45   S. oben Fn. 35; dazu *Falke*, ZUR 2018, 120; *Braunewell*, UPR 2011, 250; *Traulsen*, DÖV 2011, 769; *Ziehm* in: Faßbender/Köck, Aktuelle Entwicklungen im Immissionsschutzrecht, 2013, S. 115; zu Vollzugsproblemen *Smeddinck* in: Faßbender/Köck, ebenda, S. 99; *Halmschlag*, I+E 2014, 48; hinsichtlich des (Landes-)Vollzugs auch *Wasielewski*, UPR 2012, 424; eingehend *Pfaff/Knopp/Peine*, Revision des Immissionsschutzrechts durch die Industrieemissionsrichtlinie; zur Rückwirkung bzgl. immissionsschutzrechtlicher Genehmigungen *Peine*, UPR 2012, 8.
46   *Kloepfer*, Umweltrecht, § 15 Rn. 42 f.; vgl. Art. 1 S. 1 und 2 IE-RL: „[Die IE-RL] sieht auch Vorschriften zur Vermeidung und, sofern dies nicht möglich ist, zur Verminderung von Emissionen in Luft, Wasser und Boden und zur Abfallvermeidung vor."
47   Gesetz zur Umsetzung der Richtlinie über Industrieemissionen v. 8.4.2013, BGBl. I S. 734; Umsetzung erläuternd *Betensted/Grandjot/Waskow*, ZUR 2013, 395; kritisch zur Umsetzung *Wagner*, S. 116 ff., 256 ff.
48   Dies betrifft die Kapitel I, II der IE-RL; *Kloepfer*, Umweltrecht, § 15 Rn. 41.
49   Art. 11 IE-RL: „Allgemeine Prinzipien der Grundpflichten der Betreiber".
50   Art. 11 lit. a), b), c) IE-RL; zur „besten verfügbaren Technik" unten Rn. 31.
51   Art. 4 ff. IE-RL.
52   Art. 24 Abs. 1 S. 1 lit. a), S. 2 i.V.m. Anhang IV IE-RL; siehe dazu auch unter Rn. 67.
53   Art. 24 Abs. 1 S. 1 lit. b), S. 2 i.V.m. Anhang IV IE-RL.

inspektionen festgelegt werden.[54] Umgesetzt wurden diese Vorgaben in den §§ 52 Abs. 1a, 52a BImSchG.[55]

Für die nationale **Umsetzung** von Richtlinien reicht die Umsetzung durch **Verwaltungsvorschriften** nicht aus.[56] So hat der EuGH die Umsetzung der Schwefeldioxidrichtlinie und der Bleirichtlinie im Wege der TA Luft für unionsrechtswidrig erklärt, weil die Außenwirkung und die Einklagbarkeit solcher Verwaltungsvorschriften nicht hinreichend gesichert seien.[57] Mittlerweile sind deswegen unionsrechtlich festgelegte Grenzwerte für Luftschadstoffe durch die 39. BImSchV, eine Rechtsverordnung auf Grundlage des § 48a BImSchG, ins deutsche Recht umgesetzt worden.[58]

3. Bundesrecht

Die bedeutendste Rechtsgrundlage stellt das **Bundes-Immissionsschutzgesetz** (Gesetz zum Schutz vor schädlichen Umwelteinwirkungen durch Luftverunreinigungen, Geräusche, Erschütterungen und ähnliche Vorgänge)[59] dar. Es wird ergänzt durch Rechtsverordnungen und Verwaltungsvorschriften.

Die **Rechtsverordnungen**[60] (BImSchV) beruhen auf den im Bundes-Immissionsschutzgesetz enthaltenen Ermächtigungsgrundlagen. Auf dieser Grundlage hat der Bund eine Vielzahl von Verordnungen erlassen, zuletzt die Verordnung über Verdunstungskühlanlagen, Kühltürme und Nassabscheider (42. BImSchV)[61].

Nach der klassischen Rechtsquellenlehre haben **Verwaltungsvorschriften** zwar nicht die Qualität von (Außen-)Rechtsnormen, es handelt sich also nicht um Rechtsgrundlagen im eigentlichen Sinne.[62] Bei der Anwendung des Bundes-Immissionsschutzgesetzes kommt ihnen jedoch wegen ihrer normausfüllenden Funktion herausragende Bedeutung zu.

Das Bundes-Immissionsschutzgesetz normiert in § 48 ausdrückliche **Ermächtigungen zum Erlass von Verwaltungsvorschriften.** Zu nennen sind insbesondere die Technische Anleitung zur Reinhaltung der Luft (TA Luft)[63] und die Technische Anleitung zum Schutz gegen Lärm (TA Lärm).[64] Geplant ist ferner eine Technische Anleitung zur Ermittlung angemessener Sicherheitsabstände zwischen Störfallbetrieben i.S.d. § 3 Abs. 5a, 5b BImSchG und benachbarten Schutzobjekten (TA Abstand).[65]

---

54 Näher Art. 23 Abs. 4 IE-RL; nicht routinemäßige Inspektionen sind in außergewöhnlichen Konstellationen vorgeschrieben, Art. 23 Abs. 5 IE-RL.
55 Erläuternd und Probleme der Vollzugspraxis beleuchtend *Kment/Pleiner*, ZUR 2015, 330.
56 Vgl. § 7 Rn. 15; auch *Sparwasser/Engel/Voßkuhle*, § 1 Rn. 219, § 10 Rn. 203.
57 EuGH, NVwZ 1991, 868; siehe auch § 6 Rn. 18; § 7 Rn. 15.
58 Verordnung über Luftqualitätsstandards und Emissionshöchstmengen v. 2.8.2010, BGBl. I, S. 1065; kritisch gegenüber der Verschränkung von Rechtsverordnungen und Verwaltungsvorschriften *Traulsen*, DÖV 2011, 769, 772; zur TA Lärm unter Rn. 11, 30.
59 Fassung v. 17.5.2013, BGBl. I, S. 1274; zuletzt geändert durch G v. 18.7.2017, BGBl. I, S. 2771.
60 *Hansmann* in: ders./Sellner, Grundzüge, Kap. 6, S. 465 ff.
61 BGBl. I 2017, S. 2379.
62 Vgl. zum Geltungsanspruch und der damit zusammenhängenden Rechtsschutzproblematik *Koch/Hofmann* in: Führ, GK-BImSchG, § 48 Rn. 67 ff.; siehe oben unter Rn. 9, 11, 29 f.
63 Technische Anleitung zur Reinhaltung der Luft – TA Luft v. 24.7.2002, GMBl. , S. 511; dazu unter Rn. 29.
64 Technische Anleitung zum Schutz gegen Lärm – TA Lärm v. 26.8.1998, GMBl., S. 503, geändert am 1.6.2017, BAnz AT v. 8.6.2017, Nr. B5; dazu unter Rn. 30.
65 *Uechtritz*, DVBl 2017, 659; *Wiese*, I+E 2017, 8; Näheres unter Rn. 65 zu Störfallanlagen.

12   Neben dem Bundes-Immissionsschutzgesetz stellt das **Treibhausgas-Emissionshandels-gesetz** einen wesentlichen Bestandteil des Immissionsschutzrechts dar. Veranlasst durch die Emissionshandelsrichtlinie 2003/87/EG bildet das Treibhausgas-Emissionshandels-gesetz den rechtlichen Rahmen des Emissionszertifikatehandels.[66] Die Zuteilung von Emissionszertifikaten erfolgt seit 2013 (dritte Handelsperiode) durch Beschluss der Europäischen Kommission,[67] der durch die **Zuteilungsverordnung 2020**[68] umgesetzt wird. Die zuvor erforderlichen nationalen **Zuteilungsgesetze** werden nicht mehr fortge-führt.

13   Weitere unmittelbar dem Immissionsschutz dienende Gesetze sind das **Fluglärmschutz-gesetz** vom 30.3.1971[69] und das **Benzin-Blei-Gesetz** vom 5.8.1971,[70] die jeweils durch mehrere Rechtsverordnungen ergänzt werden.[71]

14   Im Gebiet der neuen Bundesländer sowie im Gebiet von Berlin (Ost) galten die Rege-lungen des Bundes-Immissionsschutzgesetzes aufgrund des Umweltrahmengesetzes der früheren DDR vom 29.6.1990,[72] das am 1.7.1990 in Kraft trat. Seit dem 3.10.1990 gilt das Bundes-Immissionsschutzgesetz gem. Art. 8 des Einigungsvertrages in den neu-en Bundesländern und in Berlin (Ost) unmittelbar. Die wenigen Abweichungen sind bis 1996 mit Ausnahme von § 67a BImSchG aufgehoben worden.

15   Das Bundes-Immissionsschutzgesetz hat seit seinem Erlass zahlreiche wesentliche Än-derungen erfahren:[73]

- Änderung durch Art. 2 des **Gesetzes zur Umsetzung der UVP-Änderungsrichtlinie, der IVU-RL und weiterer EG-Richtlinien zum Umweltschutz vom 27.7.2001.**[74] Hierdurch hat der Gesetzgeber u.a. die IVU-RL[75] in nationales Recht transformiert. Ihr **integrativer Ansatz** findet sich etwa in der Zweckbestimmung (§ 1 Abs. 2 BImSchG), den Grundpflichten (§ 5 BImSchG) und dem Begriff des Standes der Technik (§ 3 Abs. 6 BImSchG) wieder;

- Beschränkung der Vorsorgepflicht gem. § 5 Abs. 1 Nr. 2 BImSchG für genehmi-gungsbedürftige Anlagen, die in den Anwendungsbereich des Treibhausgas-Emissi-onshandelsgesetz (§ 5 Abs. 2 BImSchG i.V.m. 2 TEHG) fallen.[76]

- Umsetzung der IE-Richtlinie durch das „**Gesetz zur Umsetzung der Richtlinie über Industrieemissionen**",[77]

---

66 Zum Ganzen § 16 Rn. 33 ff.; *Eifert* in: Schoch, Besonderes Verwaltungsrecht, 5. Kap. Rn. 298 ff.; *Enders*, LKV 2007, 193; BVerwG, ZUR 2014, 424.
67 Beschl. 2011/278/EU v. 27.4.2011, ABlEU L 130/1, zuletzt geändert durch Beschl. 2014/9/EU v. 18.12.2013, ABlEU L 9/9.
68 BGBl. I, S. 1921.
69 BGBl. I, S. 282, neugefasst durch Bek. v. 31.10.2007, BGBl. I, S. 2550; hierzu *Ekardt/Schmidtke*, DÖV 2009, 187; *Mechel*, ZUR 2007, 561; *Kämper*, NVwZ 2013, 8.
70 BGBl. I, S. 1234, zuletzt geändert durch VO v. 31.8.2015, BGBl. I, S. 1474.
71 *Hansmann* in: ders./Sellner, Grundzüge, Kap. 6, S. 482.
72 GBl. DDR I, S. 649, geändert durch Art. 12 des G. v. 22.3.1991, BGBl. I, S. 766, 1928.
73 Entwicklung des Immissionsschutzrechts *Schink*, NVwZ 2017, 337; *Koch/Weiss*, NVwZ 2015, 633.
74 BGBl. I, S. 1950.
75 Dazu unter Rn. 7 f.
76 *Jarass*, BImSchG, § 5 Rn. 5a f., dazu auch unter Rn. 48.
77 BGBl. I 2013, S. 734; ausführlich unter Rn. 7 f.; 31, 52, 67; ferner *Jarass*, NVwZ 2013, 169; *Betensted/Grand-jot/Waskow*, ZUR 2013, 395; zu Vollzug und Überwachung *Friedrich*, UPR 2013, 161; zur Umsetzung im Wasserrecht *Hofmann*, ZfW 2013, 57; zu Defiziten *Keller*, UPR 2013, 128; zum Ausgangszustandsbericht und zur Rückführungspflicht näher *Welke*, DVBl. 2013, 1362.

■ Einführung einer neuen Genehmigungspflicht gem. §§ 23a ff. BImSchG sowie Änderungsgenehmigungspflicht gem. § 16a BImSchG für Störfallbetriebe durch das Gesetz zur Umsetzung der Richtlinie 2012/18/EU zur Beherrschung der Gefahren schwerer Unfälle mit gefährlichen Stoffen (Seveso III-Richtlinie).[78]

4. Landesrecht

Mit Erlass des Bundes-Immissionsschutzgesetzes hat der Bund von seiner Gesetzgebungskompetenz nach Art. 74 Abs. 1 Nr. 11, 21–24 GG in weitem Umfang Gebrauch gemacht. Eine Rechtsetzungsbefugnis der Länder besteht nur insoweit, als der Bundesgesetzgeber **Ermächtigungen** zum Erlass bzw. **Vorbehalte** zugunsten landesrechtlicher Vorschriften vorgesehen hat oder selbst erkennbar keine abschließende bzw. gar **keine Regelung** treffen wollte (Art. 72 Abs. 1 GG).[79] Durch das Inkrafttreten der Föderalismusreform I (2006) sind die Gesetzgebungskompetenzen von Bund und Ländern teilweise neu verteilt worden. Für das Immissionsschutzrecht ergibt sich eine Änderung lediglich insoweit, als die konkurrierende Kompetenz für Luftreinhaltung und Lärmbekämpfung (ohne Schutz vor verhaltensbezogenem Lärm) von der Erforderlichkeitsklausel (Art. 72 Abs. 2 GG) freigestellt worden ist.

16

Als **Regelungsbereich** ist den Bundesländern insbesondere der Schutz vor solchen Immissionen verblieben, die unmittelbar von Menschen, Tieren oder Pflanzen ausgehen und in keinem inneren Zusammenhang mit dem Betrieb von Anlagen, Fahrzeugen und Verkehrswegen stehen (verhaltensbezogener Immissionsschutz, vgl. Art. 74 Abs. 1 Nr. 24 GG).[80] Hierzu gehören etwa die Benutzung von Musikinstrumenten, das Bellen von Hunden oder das Verbrennen von Gartenabfällen.[81] Zudem können die Länder aufgrund ausdrücklichen Vorbehalts im Bundes-Immissionsschutzgesetz Bestimmungen über den **Entschädigungspflichtigen** bei Widerruf einer Genehmigung treffen (§ 21 Abs. 5 BImSchG) sowie Gemeinden und Gemeindeverbände zum Erlass **ortsrechtlicher Vorschriften** zum Schutz vor Luftverunreinigungen und Geräuschen ermächtigen (§ 49 Abs. 3 BImSchG). Die Landesregierungen sind ferner gem. §§ 23 Abs. 2, 47 Abs. 7 und 49 BImSchG ermächtigt, landesrechtliche Rechtsverordnungen zur Konkretisierung von Bestimmungen des Bundes-Immissionsschutzgesetzes zu erlassen.[82]

Die Bundesländer haben von den soeben skizzierten Gestaltungsspielräumen Gebrauch gemacht: So haben etwa Bayern, Berlin, Brandenburg, Bremen, Nordrhein-Westfalen, Rheinland-Pfalz und Sachsen **Landes-Immissionsschutzgesetze** (LImSchG) erlassen,[83] die zum Teil durch Rechtsverordnungen ergänzt werden.

---

78 BGBl. I 2016, S. 2749; dazu *Jarass*, NVwZ 2018, 185; *Schoppen*, NVwZ 2017, 1561; *Rebentisch*, NVwZ 2017, 1569; *Wasilewski*, UPR 2017, 1; ausführlich unter Rn. 65-69.
79 Allgemein dazu unter § 4 Rn. 50.
80 *Hansmann*, NVwZ 2007, 17, 19 f.
81 *Sparwasser/Engel/Voßkuhle*, § 10 Rn. 84 f.; *Schmidt/Kahl/Gärditz*, § 7 Rn. 14.
82 Vgl. *Kloepfer*, Umweltrecht, § 15 Rn. 145.
83 BayImSchG v. 1.1.1983, BayRS III, S. 472; LImSchG Bln v. 5.12.2005, GVBl. S. 735; BremImSchG v. 26.6.2001, Brem. GBl. S. 220; LImschG NRW v. 18.3.1975, GV. NRW. 1975, 232; hierzu *Schlacke* in: dies./Wittreck, Landesrecht Nordrhein-Westfalen, § 7 Rn. 107 ff.; LImSchG RP v. 20.12.2000, GVBl. S. 578; Sächsisches Ausführungsgesetz zum Bundes-Immissionsschutzgesetz und zum Benzinbleigesetz v. 4.7.1994, SächsGVBl. 1994 Nr. 44, S. 1281.

5. Weitere Rechtsgrundlagen

17   Immissionsschutzrelevante Vorschriften finden sich ferner in zahlreichen nicht unmittelbar dem Immissionsschutz dienenden Gesetzen.

So enthalten das Straßenverkehrsgesetz, die Straßenverkehrs-Ordnung und die Straßenverkehrszulassungs-Ordnung Regelungen zum Schutz gegen den von Kraftfahrzeugen ausgehenden Verkehrslärm (vgl. z.B. § 30 Abs. 1 S. 1 StVO). Die Arbeitsstättenverordnung schützt vor Immissionen am Arbeitsplatz. Aus dem Gaststättengesetz ergeben sich Anforderungen zur Vermeidung von Gaststättenlärm.

Das Baugesetzbuch, die Baunutzungsverordnung und die Landesbauordnungen dienen neben anderen Belangen auch denen des (städtebaulichen) Immissionsschutzes (etwa § 9 Abs. 1 Nr. 23, 24 BauGB).

II. Das Bundes-Immissionsschutzgesetz im Überblick

18   Das Bundes-Immissionsschutzgesetz gliedert sich in acht Teile. Vorangestellt sind die allgemeinen Vorschriften über den Zweck des Gesetzes, den Geltungsbereich und die Begriffsbestimmungen. Abschließend enthält der 7. Teil sog. gemeinsame Vorschriften und der 8. Teil gängige Schlussvorschriften (v.a. intertemporales Kollisionsrecht).

Der materielle Regelungsbereich des Bundes-Immissionsschutzgesetzes erstreckt sich auf die Teile 2–6.[84]

19   ■ Der als Kontrolle über die Errichtung und den Betrieb von Anlagen ausgestaltete **anlagenbezogene Immissionsschutz** (Teil 2 des BImSchG, §§ 4–31) stellt den wichtigsten Bereich des Immissionsschutzrechts dar. Zugleich handelt es sich um die älteste Form des Immissionsschutzes. Bereits nach §§ 26 ff. der Preußischen Allgemeinen Gewerbeordnung von 1845, deren Regelungen durch die im Wesentlichen bis zum Erlass des Bundes-Immissionsschutzgesetzes fortgeltende Gewerbeordnung von 1869 übernommen wurden, waren bestimmte Anlagen der Genehmigungspflicht unterworfen.[85]

20   ■ Der **produktbezogene Immissionsschutz** (Teil 3 des BImSchG, §§ 32–37g)[86] trägt in besonderem Maße dem Vorsorgeprinzip Rechnung. Über den anlagenbezogenen Immissionsschutz hinausgehend werden nicht erst an die Errichtung und den Betrieb einer Anlage, sondern bereits an das Herstellen, die Beschaffenheit, das Inverkehrbringen und Einführen von Anlagen, Brenn-, Treib- und Schmierstoffen[87] sowie solchen Stoffen und Erzeugnissen, deren Verwendung oder Verbrennung zu schädlichen Umwelteinflüssen führen kann, Anforderungen gestellt.

21   §§ 32–37 BImSchG enthalten keine materiell-rechtlichen Regelungen, sondern lediglich Ermächtigungen zum Erlass von Rechtsverordnungen.[88] Unmittelbare produktbezogene Pflichten für den Einzelnen entstehen daher erst, wenn sie in entsprechenden Verordnungen normiert werden.
Sonderbestimmungen gelten für Biokraftstoffe (§§ 37a–37g BImSchG). Die Mineralölwirtschaft ist gehalten einen Mindestanteil von Biokraftstoffen in den Verkehr

---

84   Auch *Eifert* in: Schoch, Besonderes Verwaltungsrecht, 5. Kap. Rn. 249.
85   Dazu *Ochtendung*, ZUR 2004, 184; *Kloepfer*, Umweltrecht, § 15 Rn. 18 f.
86   Dazu auch *Eifert* in: Schoch, Besonderes Verwaltungsrecht, 5. Kap. Rn. 289; *Beaucamp* in: Kluth/Smeddinck, § 2 Rn. 107 ff.
87   Zu den Anforderungen an die Beschaffenheit der Stoffe anhand § 34 BImSchG *Scheidler*, WiVerw 2012, 227.
88   Dazu bereits Rn. 10.

zu bringen. Die Quote richtet sich nicht – wie bis 2014 – nach der Kraftstoffart (§ 37a Abs. 3 BImSchG), sondern seit 2015 nach der Treibhausgasminderung (§ 37a Abs. 4 BImSchG). Seit dem 1.1.2018 kann auch elektrischer Strom für Elektroautos auf diese Treibhausgasquote angerechnet werden.[89] Zwecks Vermeidung indirekter Landnutzungsänderungen, d.h. der weiteren Flächeninanspruchnahme zum Anbau biogener Rohstoffe für die Biokraftstoffherstellung, gilt seit 2018 eine Obergrenze für konventionelle Biokraftstoffe und ein Mindestanteil für sog. fortschrittliche Biokraftstoffe, hergestellt u.a. aus Gülle oder Klärschlamm.[90] Flankiert werden diese Pflichten durch zahlreiche Mitteilungspflichten der Inverkehrbringer fossiler Otto- und Dieselkraftstoffe (§ 37c Abs. 1 BImSchG). Insbesondere haben die Verpflichteten nach § 37c Abs. 1 S. 1, 2 BImSchG der zuständigen Stelle jeweils bis zum 15.4. eines Jahres die im vorangegangenen Kalenderjahr in Verkehr gebrachte Menge Otto- und Dieselkraftstoffs sowie die in Verkehr gebrachte Menge von Biokraftstoffen mitzuteilen. Für den Fall des Unterschreitens der Quote sind als Sanktionsmittel Abgaben vorgesehen (§ 37c Abs. 2 BImSchG).

■ Ziel des **verkehrsbezogenen Immissionsschutzes** ist die Bekämpfung des Verkehrslärms und der Luftverschmutzung durch Abgase.[91] Neben den in Teil 4 BImSchG enthaltenen Vorschriften (§§ 38 ff.) über Anforderungen an die Beschaffenheit und den Betrieb von Fahrzeugen sowie den Bau und die Änderung von Straßen- und Schienenwegen ist insbesondere die am 21.6.1990 in Kraft getretene Verkehrslärmschutz-Verordnung (16. BImSchV)[92] hervorzuheben. Der verkehrsbezogene Immissionsschutz ist im Bundes-Immissionsschutzgesetz freilich lediglich bruchstückhaft geregelt; er ergänzt die in fachspezifischen Verkehrsgesetzen vorgehaltenen Normen (z.B. §§ 47, 48, 49 StVZO, Bundesfernstraßengesetz, Allgemeines Eisenbahngesetz, Fluglärmgesetz). Besondere Bedeutung erlangen insoweit §§ 47, 49 StVZO, die u.a. auf der Grundlage der sog. Euro-Normen[93] die zulässigen Lärmimmissionen und Luftverunreinigungen – verursacht durch Kraftfahrzeuge – statuieren, so dass die in §§ 38 ff. BImSchG zur Emissionsreduktion vorgesehenen Regelungen weitgehend leerlaufen.[94]   22

■ Verkehrsbeschränkungen nach § 40 BImSchG, wie „Umweltzonen" oder Fahrverbote für bestimmte Dieselfahrzeuge in Städten, bedürfen der Einbindung in Planungsinstrumente des gebietsbezogenen Immissionsschutzes (dazu nachfolgend); Entsprechendes gilt für Maßnahmen nach § 40 Abs. 2 BImSchG.[95]

■ Der **gebietsbezogene Immissionsschutz** (Teile 5 und 6 des BImSchG, §§ 44–47f) dient der Luftreinhaltung (§§ 44-47 BImSchG)[96] und der Lärmminderung (§§ 47a–47f BImSchG)[97] durch eine flächenbezogene Kontrolle und Planung.[98]   23

---

89 §§ 5 ff. der 38. BImSchV v. 8.12.2017, BGBl. I, S. 3892; zur Treibhausquote allgemein *Schütte/Winkler*, ZUR 2014, 571, 572.
90 §§ 13 ff. der 38.BImSchV.
91 Dazu auch *Eifert* in: Schoch, Besonderes Verwaltungsrecht, 5. Kap. Rn. 290 ff.; näher *Beaucamp* in: Kluth/Smeddinck, § 2 Rn. 99 ff.
92 BGBl. I, S. 1036, zuletzt geändert durch VO v. 18.12.2014, BGBl. I, S. 2269.
93 Vgl. § 16 Rn. 28.
94 Vgl. *Koch* in: ders./Hofmann/Reese, § 4 Rn. 64 m.w.N.
95 S. dazu unter Rn. 36, 39; dazu und zur Lärmminderungspflicht bei Straßen- und Schienenbaumaßnahmen *Beaucamp* in: Kluth/Smeddinck, § 2 Rn. 102 ff.
96 Ausführlich unter Rn. 35 f.
97 Ausführlich unter Rn. 37.
98 Vgl. BVerwG, ZUR 2002, 356, sowie *Stüer*, DVBl. 2014, 908, zur Immissionsvorsorge durch Bauleitplanung.

III. Ziele

24 Die in § 1 BImSchG festgelegten Einzelzwecke lassen sich zu dem immanenten **Hauptziel** des Immissionsschutzrechts zusammenfassen: Schutz vor Luftverunreinigungen und Lärm. Daneben schützt das BImSchG durch die Vorgaben zum Anlagenrecht vor schweren Unfällen oder Störfällen und sonstigen Gefahren, die nicht durch Immissionen bedingt sind. Insoweit bildet das Bundes-Immissionsschutzgesetz einen Teil des (technischen) Sicherheitsrechts. Überdies zielt es gerade im Bereich der genehmigungsbedürftigen Anlagen auf Energieeinsparung, Abfallverwertung und Abfallvermeidung.[99] Durch die **Integrationsklausel** (§ 5 Abs. 1 BImSchG), die ein hohes Schutzniveau für die Umwelt insgesamt erstrebt, wird darüber hinaus eine medienübergreifende Abwägung, die einen intermedialen Nutzenvergleich zum Inhalt hat, angestrebt.[100]

In der Zweckbestimmung des § 1 BImSchG werden neben Menschen als Schutzgüter Tiere und Pflanzen, der Boden, das Wasser, die Atmosphäre sowie Kultur- und sonstige Sachgüter erfasst. Über die Gefahrenabwehr hinaus gehört nach § 1 Abs. 1 BImSchG die Vorsorge zum Gesetzeszweck. Letztlich sind sämtliche Schutzgüter und Zielsetzungen des Gesetzes auf den Menschen bezogen. Dem BImSchG liegt somit ein **anthropozentrisches Umweltschutzkonzept** zugrunde.[101]

Rechtspflichten lassen sich der Zweckbestimmung des § 1 BImSchG direkt nicht entnehmen. Sie dient vor allem der Auslegung der nachfolgenden Gesetzesbestimmungen und ist bei Vollzug und Kontrolle des Gesetzes, insbesondere im Rahmen von Ermessensentscheidungen, zu beachten.[102]

IV. Grundbegriffe und Geltungsbereich

1. Grundbegriffe

25 § 3 BImSchG enthält Legaldefinitionen der Grundbegriffe des Bundes-Immissionsschutzgesetzes. Von Bedeutung für den anlagenbezogenen Immissionsschutz sind insbesondere:

- Immissionen,
- Emissionen,
- schädliche Umwelteinwirkungen und
- der Stand der Technik.

a) Immissionen

26 Immissionen sind gem. § 3 Abs. 2 BImSchG auf Menschen, Tiere, Pflanzen, den Boden, das Wasser, die Atmosphäre sowie Kultur- und Sachgüter einwirkende

- Luftverunreinigungen,
- Geräusche,
- Erschütterungen,
- Licht,

99 Vgl. *Jarass*, BImSchG, Einl. Rn. 8.
100 Vgl. unten Rn. 46; zur Kritik § 5 Rn. 70.
101 Dazu § 1 Rn. 9.
102 *Jarass*, BImSchG, § 1 Rn. 2.

- Wärme,
- Strahlen und
- ähnliche Umwelteinwirkungen.[103]

Was unter **Luftverunreinigungen** zu verstehen ist, bestimmt § 3 Abs. 4 BImSchG.[104]

Geräusche stellen hörbare Einwirkungen dar, die durch Schallwellen verbreitet werden. Einschränkend lässt sich aus dem Kontext des § 3 BImSchG entnehmen, dass nicht jegliche Geräusche, sondern letztlich nur für den Menschen lästige Geräusche, sog. Lärm, erfasst werden sollen.[105]

Als **Erschütterungen** werden niederfrequente, mechanische Schwingungen fester Körper bezeichnet, wie sie etwa beim Einsatz schwerer Baumaschinen entstehen können.

Licht geht beispielsweise von Himmelbestrahlungsanlagen[106] und als Reflexion von Windenergieanlagenflügeln alter Bauart ohne Speziallackierung aus („Disco-Effekt")[107].

Wärme hat als Immission bisher keine nennenswerte Bedeutung erlangt.

Strahlen fallen nur dann unter den Immissionsbegriff, wenn es sich nicht um ionisierende Strahlen handelt. Sie weisen im Gegensatz zu Letzteren nicht genügend Energie auf, um Atome und Moleküle elektrisch aufzuladen, d. h. zu ionisieren. Dazu zählen elektrische, magnetische und elektromagnetische Felder sowie der Ultraschall.[108] Ionisierende Strahlen sind gem. § 2 Abs. 2 BImSchG vom Geltungsbereich des Gesetzes ausgenommen und unterliegen den spezialgesetzlichen Regelungen des Atomgesetzes und der Strahlenschutzverordnung. Die Strahlungsformen Licht und Wärme sind explizit erwähnt und fallen daher ebenfalls nicht unter den Begriff der (sonstigen) Strahlen.

Ähnliche Umwelteinwirkungen sind solche, die den vorgenannten Immissionen vergleichbar sind. Unstreitig werden von dem Begriff ausschließlich physikalische Vorgänge erfasst, also nicht immaterielle Einwirkungen, wie z.B. ein unansehnlicher Schrottplatz.[109] Des Weiteren kommen nur solche Einwirkungen in Betracht, die von unwägbaren Stoffen[110] ausgehen. Keine Immission ist demzufolge ein Steinwurf oder eine Insektenplage.[111]

---

103 Zum Begriffsverständnis im Einzelnen *Kloepfer*, Umweltrecht, § 15 Rn. 171 ff.; *Sparwasser/Engel/Voßkuhle*, § 10 Rn. 100 ff.
104 Vgl. dazu jüngst BVerwG, ZUR 2015, 288 – Luftverunreinigungen durch Bioaerosole.
105 *Kloepfer*, Umweltrecht, § 15 Rn. 173 ff.; *Hoppe/Beckmann/Kauch*, § 21 Rn. 17.
106 Vgl. bspw. VG Neustadt a.d. Weinstraße, NJOZ 2006, 824. Derartige Anlagen sind jedoch in der Regel nicht gemäß § 4 Abs. 1 BImSchG genehmigungspflichtig.
107 Vgl. Ziff. 5.6.1.2. VwVWErlBW (dort jedoch als „ähnliche Einwirkung" eingestuft).
108 § 1 Abs. 2 Gesetz zum Schutz vor nichtionisierender Strahlung bei der Anwendung am Menschen (NiSG) v. 29.7.2009, BGBl. I, S. 2433, zuletzt geändert durch Gesetz v. 8.4.2013, BGBl. I, 734; zur fehlenden Gesundheitsgefährdung durch Ultraschall OVG Münster, ZUR 2018, 163, 164 und zum Infraschall *Fülbier*, ZUR 2017, 399.
109 *Koch/Hofmann* in: Führ, GK-BImSchG, § 3 Rn. 16.
110 Vgl. § 906 Abs. 1 BGB.
111 *Jarass*, DVBl. 1983, 726, 727.

b) Emissionen

27 Unter Emissionen sind die von einer Anlage ausgehenden, soeben dargestellten Belastungen zu verstehen (§ 3 Abs. 3 BImSchG). Der Begriff der ähnlichen Erscheinungen entspricht dem Begriff der ähnlichen Umwelteinwirkungen.[112]

Der **Unterschied** zwischen Immissionen und Emissionen liegt darin, dass Emissionen von einem bestimmten Verursacher (einer Anlage) ausgehen, während der Begriff der Immissionen die Einwirkung von Umwelteinflüssen auf bestimmte Rechtsgüter (z.B. Pflanzen) erfasst.[113]

c) Schädliche Umwelteinwirkungen

28 Schädliche Umwelteinwirkungen sind solche Immissionen, die nach Art, Ausmaß oder Dauer geeignet sind, für die Allgemeinheit oder die Nachbarschaft

- Gefahren,
- erhebliche Nachteile oder
- erhebliche Belästigungen

herbeizuführen, § 3 Abs. 1 BImSchG.[114]

Der Begriff der **Gefahr**[115] entspricht grundsätzlich dem des Polizei- und Ordnungsrechts. Danach liegt eine Gefahr vor, wenn die erkennbare, objektive, nicht entfernte Möglichkeit des Eintritts eines Schadens, d.h. einer Rechtsverletzung bzw. einer Schädigung von Rechtsgütern, besteht.

Ein **Nachteil** liegt vor, wenn Interessen beeinträchtigt werden, die ansonsten keinem rechtlichen Schutz unterliegen, z.B. die Wertminderung eines Grundstücks durch erhöhte Lärmimmissionen.[116]

Belästigungen sind Einwirkungen auf das körperliche und seelische Wohlbefinden des Menschen, die keine Gefahr für die Gesundheit darstellen.[117]

Nachteile und Belästigungen sind immissionsschutzrechtlich nur beachtlich, wenn sie **erheblich**[118] sind.

Für Kinderlärm, der von Kitas oder Kinderspielplätzen ausgeht, ist dies inzwischen ausdrücklich in § 22 Abs. 1a BImSchG ausgeschlossen worden,[119] allerdings nur, soweit der Benutzerkreis einer Anlage tatsächlich auf Kinder beschränkt ist.[120]

Beeinträchtigungen werden als erheblich eingestuft, wenn eine umfassende Güterabwägung ergibt, dass sie der Allgemeinheit oder den Nachbarn nicht zugemutet werden können. Konkretere Maßstäbe können sich aus Grenzwerten ableiten, sofern solche

---

112 Siehe oben unter Rn. 26.
113 *Kloepfer*, Umweltrecht, § 15 Rn. 168 f.
114 Dazu *Jarass*, DVBl. 1983, 725, 725 f.; *Kutscheidt* in: Czajka, FS Feldhaus, S. 1 ff.
115 *Hoppe/Beckmann/Kauch*, § 21 Rn. 23; s. bereits § 3 Rn. 5 und § 4 Rn. 33.
116 Weitere Bsp. bei *Jarass*, BImSchG, § 3 Rn. 28 f.; vgl. § 4 Rn. 31.
117 Vgl. die amtliche Begründung zu § 3 BImSchG, BT-Drs. 7/1513, S. 2; dazu auch BVerwG, DVBl. 1987, 907, 908; ferner unter § 4 Rn. 31.
118 Vgl. *Sparwasser/Engel/Voßkuhle*, § 10 Rn. 116 ff.
119 Dazu *Schmidt/Kahl/Gärditz*, § 7 Rn. 135 ff.; differenzierend zur Frage, ob Kinderlärm einen Mietmangel darstellen kann BGH, NJW-RR 2017, 1290.
120 VGH Mannheim, NVwZ-RR 2014, 724; Abgrenzung bei Mitnutzung durch Jugendliche OVG Münster, BauR 2018, 796.

vorhanden sind (bspw. für Lärm oder Luftverunreinigungen); sind sie dauerhaft über-schritten, kann regelmäßig von einer erheblichen Beeinträchtigung ausgegangen wer-den.[121] Ansonsten ist – ausgehend von Stärke, Intensität und Dauer der Beeinträchti-gungen – auf das Empfinden eines normalen Durchschnittsmenschen in vergleichbarer Lage abzustellen.[122] Die Erheblichkeitsschwelle hängt überdies von der Ortsüblichkeit der Beeinträchtigung ab (z.B. Wohnhaus in der Nähe der Autobahn). Ohnehin sind et-waige Vorbelastungen einzubeziehen[123] und ist bei jeder Grundstücksnutzung das Ge-bot gegenseitiger Rücksichtnahme zu beachten.[124] Dies gilt nicht nur für den Emitten-ten, sondern auch für denjenigen, dessen Grundstück in der Nähe einer Emissionsquel-le liegt. Aus dem Gebietscharakter kann sich daher eine verminderte Schutzwürdigkeit und Schutzbedürftigkeit des von Immissionen Betroffenen ergeben (z.B. Lärmeinwir-kungen auf ein zu Wohnzwecken genutztes Grundstück in einem Gewerbegebiet). Zur Allgemeinheit zählen über die Nachbarschaft hinaus in räumlicher Hinsicht alle sich im Einwirkungsbereich der Schadstoffe Befindenden.[125] In persönlicher Hinsicht wer-den über den baurechtlichen **Nachbarbegriff**[126] hinaus nicht nur Eigentümer, sondern auch Mieter bzw. Pächter und im Einwirkungsbereich Beschäftigte erfasst, nicht hinge-gen Spaziergänger und Besucher.[127]

Für **Luftverunreinigungen** legt die **TA Luft**[128] Immissionswerte fest, bei deren Über-schreiten[129] ein Nachteil oder eine Belästigung als erheblich anzusehen ist. Unmittelba-re Geltung hat die TA Luft nur für Immissionen genehmigungsbedürftiger Anlagen,[130] wobei diese Außenverbindlichkeit der Immissionsgrenzwerte der TA Luft als norm-konkretisierende Verwaltungsvorschrift[131] nicht gänzlich unumstritten ist.[132] Auch für nicht genehmigungsbedürftige Anlagen wird ihr eine weitgehende Indizwirkung beige-messen.[133] Seit 2016 wird an einer Änderung der TA Luft erarbeitet. Geplant sind u.a. die Einfügung unionsweit geltender Emissionsgrenzwerte für Industrieemissions-Anla-gen[134], die Integration der Geruchsimmissions-Richtlinie (GIRL) sowie Regelungen zum Schutz von empfindlichen Gebieten zum Schutz vor Stickstoff- und Ammoniakbe-lastungen.[135]

29

---

121 Näher *Beaucamp* in: Kluth/Smeddinck, § 2 Rn 29.
122 *Jarass*, BImSchG, § 3 Rn. 53.
123 Etwa *Füßer/Kreuter*, NVwZ 2013, 1241, 1241 ff., zu sog. Irrelevanzschwellen, bei denen u.a. auf die Ermitt-lung von Vorbelastungen verzichtet werden kann (etwa nach der TA Lärm).
124 Dazu jüngst VGH München, NuR 2015, 330.
125 Nahbereich, *Schmidt/Kahl/Gärditz*, § 7 Rn. 58.
126 Dazu etwa *Erbguth/Schubert*, Öffentliches Baurecht, § 15 Rn. 32 ff.
127 „Qualifiziertes Betroffensein", *Beaucamp* in: Kluth/Smeddinck, § 2 Rn. 30; unter prozessualen Gesichts-punkten § 6 Rn. 13, a.E.
128 Dazu bereits oben Rn. 9, 11.
129 Zur Unionsrechtskonformität von Irrelevanzregelungen in der TA Luft BVerwG, NuR 2014, 199.
130 Zu den Voraussetzungen eines Abweichens von Regelungen der TA Luft vgl. BVerwG, ZUR 2002, 109.
131 Dazu bereits § 6 Rn. 18; ferner *Eifert* in: Schoch, Besonderes Verwaltungsrecht, 5. Kap. Rn. 257; *Erbguth/ Guckelberger*, Allgemeines Verwaltungsrecht, § 27 Rn. 2 ff.
132 *Koch* in: ders., Umweltrecht, § 4 Rn. 98; dazu und allgemein zur überholten Vorstellung von einem „antizi-pierten Sachverständigengutachten" *Schmidt/Kahl/Gärditz*, § 5 Rn. 38.
133 Vgl. Nr. 1 Abs. 5 TA Luft; *Kloepfer*, Umweltrecht, § 15 Rn. 106.
134 Zu Emissionsbegrenzungen für IE-Anlagen durch BVT-Schlussfolgerungen und der Umsetzung in Deutschland s. Rn. 7 f., 31.
135 *Schink*, NVwZ 2017, 337, 340; zur Vereinbarkeit des Änderungsentwurfs mit dem Unionsrecht *Wagner*, DVBl 2017, 1203; zur GIRL als unverbindliche Orientierungshilfe BVerwG, Beschl. v. 13.01.2016 - 7 B 38.15; *Lang*, S. S. 66 ff., und zur Integration in die TA-Luft *Hübner/Kyriazis*, I+E 2018, 33; kritisch zu habitatschutz-rechtlichen Vorschriften des Änderungsentwurfs *Weuthen*, ZUR 2017, 215.

Anhaltspunkte für die rechtliche Beurteilung von Gerüchen ergeben sich daneben aus verschiedenen VDI-Richtlinien.[136] Als Regelwerke einer privaten Institution (Verein Deutscher Ingenieure, VDI) sind die festgelegten Werte zwar weder für die Verwaltungsbehörden noch für die Gerichte verbindlich; sie können indes als Entscheidungshilfe dienen, wobei ihre Bedeutung insbesondere in der gerichtlichen Beurteilung nicht über die eines Indizes hinausgeht.[137] Infolge der subjektiven (Sinnes-)Wahrnehmung von Gerüchen kann die Frage, wann Gerüche aus rechtlicher Sicht eine erhebliche Belästigung darstellen, kaum generell beantwortet werden;[138] es bedarf also der Einzelfallbewertung anhand der benannten Kriterien.

30   Bei **Lärmimmissionen**, verursacht durch genehmigungsbedürftige Anlagen, ergibt sich die Erheblichkeit aus den in der **TA Lärm** festgesetzten Grenzwerten; wie der TA Luft kommt ihr nach h.M. insoweit Verbindlichkeit als normkonkretisierende Verwaltungsvorschrift zu.[139] In begrenztem Umfang kann die TA Lärm auch bei anderen Anlagen angewendet werden. Im Zuge der Einführung der neuen bauplanungsrechtlichen Gebietsart „urbanes Gebiet" in § 6a BauNVO, welches eine stärkere bauliche Verdichtung zwecks Wohnraumschaffung ermöglichen soll, wurde die TA Lärm um Immissionsrichtwerte für das urbane Gebiet ergänzt. Das Lärmschutzniveau wurde abgesenkt.[140] Anhaltspunkte für zumutbare Lärmbelastungen ergeben sich weiterhin aus der **VDI-Richtlinie 2058**[141].

d) Stand der Technik

31   Der in § 3 Abs. 6 S. 1 BImSchG legal definierte Begriff „Stand der Technik" meint „den Entwicklungsstand fortschrittlicher Verfahren, Einrichtungen oder Betriebsweisen, der die praktische Eignung einer Maßnahme

- zur Begrenzung von Emissionen in Luft, Wasser und Boden,
- zur Gewährleistung der Anlagensicherheit,
- zur Gewährleistung einer umweltverträglichen Abfallentsorgung oder
- sonst zur Vermeidung oder Verminderung von Auswirkungen auf die Umwelt zur Erreichung eines allgemein hohen Schutzniveaus für die Umwelt insgesamt
- als gesichert erscheinen lässt".

Bei der Bestimmung des Standes der Technik sind vornehmlich die in der Anlage zum BImSchG aufgeführten Kriterien – wie etwa der Einsatz abfallarmer Technologien oder weniger gefährlicher Stoffe – zu berücksichtigen (§ 3 Abs. 6 S. 2 BImSchG). Die Berücksichtigungspflicht orientiert sich am Verhältnismäßigkeitsgrundsatz; insbesondere sind Aufwand und Nutzen möglicher Maßnahmen sowie der Vorsorge- und der Vorbeugegrundsatz[142] hinsichtlich der fraglichen Anlage in Rechnung zu stellen.

Für Industrieemissions-Anlagen[143] i.S.d. § 3 Abs. 8 BImSchG erfolgt für den Stand der Technik eine Konkretisierung durch sog. BVT-Merkblätter (§ 3 Abs. 6a BImSchG), deren Kernstück die

---

136   Z.B. VDI-RL 3471: Emissionsminderungsrichtlinie Tierhaltung Schweine; vgl. § 3 Rn. 19.
137   Dazu BVerwG, DVBl. 1988, 967, 970.
138   Ausführlich dazu *Lang*, S. 133; *Riemer*, S. 13 ff.
139   Vgl. Rn. 11, 29; zu Anwendungsproblemen der TA Lärm *Hansmann*, ZUR 2002, 207; weiterführend zur Gesamtlärmbewertung *Storost*, UPR 2015, 121
140   BR-Drs.708/16, S. 4 ff.; *Spannowsky*, ZfBR 2018, 25; kritisch *Franßen*, ZUR 2017, 532, 533 ff.
141   OVG Münster, NJW 1979, 772.
142   BVerwG, GewArch 2016, 43, 44; zu den Grundsätzen des Umweltrechts s. § 7 Rn. 7 ff.
143   Zur Industrieemissions-Richtlinie Rn. 7f.

BVT-Schlussfolgerungen sind. Letztere enthalten für den Anlagenbetrieb strikt zu beachtende Emissionsgrenzwerte. Während die BVT-Merkblätter lediglich beschreibende Dokumente sind, die von den Mitgliedstaaten, betroffenen Industriezweigen, Umweltorganisationen und der EU-Kommission gemeinsam erarbeitet werden, stellen die BVT-Schlussfolgerungen Durchführungsrechtsakte i.S.d. Art. 291 AEUV dar.[144] BVT-Merkblätter und -Schlussfolgerungen werden durch Rechtsverordnungen und Verwaltungsvorschriften (TA Luft) in das deutsche Recht umgesetzt.[145] Sofern der unionsweit durch die BVT-Schlussfolgerungen und durch Rechtsverordnungen festgelegte Stand der Technik nicht hinreichend oder nicht mehr gewährleistet wird, muss die Umsetzung der BVT-Schlussfolgerungen im Einzelfall durch Nebenbestimmungen (§ 12 Abs. 1a BImSchG) oder nachträgliche Anordnungen (§ 17 Abs. 2a BImSchG) erfolgen.[146]

2. Geltungsbereich

Der **sachliche Geltungsbereich** des Gesetzes erstreckt sich gem. § 2 Abs. 1 BImSchG auf   32

- die Errichtung und den Betrieb von Anlagen,
- das Herstellen, Inverkehrbringen und Einführen von Anlagen, Brennstoffen und Treibstoffen, Stoffen und Erzeugnissen aus Stoffen nach Maßgabe der §§ 32–37 BImSchG,
- die Beschaffenheit, die Ausrüstung, den Betrieb und die Prüfung von Kraftfahrzeugen und ihren Anhängern und von Schienen-, Luft- und Wasserfahrzeugen sowie von Schwimmkörpern und schwimmenden Anlagen nach Maßgabe der §§ 38–40 BImSchG und
- den Bau öffentlicher Straßen sowie von Eisenbahnen, Magnetschwebebahnen und Straßenbahnen nach Maßgabe der §§ 41–43 BImSchG.

Das Bundes-Immissionsschutzgesetz setzt somit bei bestimmten Quellen mit den darauf bezogenen Handlungen an.

Um offene Normenkonkurrenzen mit bestehenden Regelungen zu vermeiden, sind gem. § 2 Abs. 2 S. 1 BImSchG vom Anwendungsbereich ausgenommen

- Flugplätze, soweit nicht der 6. Teil des Gesetzes betroffen ist, sowie
- Anlagen, Geräte, Vorrichtungen, Kernbrennstoffe und sonstige radioaktive Stoffe, die den Vorschriften des Atomgesetzes oder einer hiernach erlassenen Rechtsverordnung unterliegen, soweit es sich um den Schutz vor den Gefahren der Kernenergie und der schädlichen Wirkung ionisierender Strahlen handelt.

Ferner gilt das Bundes-Immissionsschutzgesetz nicht, soweit sich aus wasserrechtlichen Vorschriften des Bundes und der Länder zum Schutz der Gewässer oder aus Vorschriften des Düngemittel- und Pflanzenschutzrechts etwas anderes ergibt, § 2 Abs. 2 S. 2 BImSchG.

Regelungen hinsichtlich des **zeitlichen und räumlichen Geltungsbereichs** treffen die §§ 66 ff. BImSchG.

---

144 *Jarass*, I+E 2016, 148; vgl. auch § 7 Rn. 16.
145 Vgl. §§ 7 Abs. 1 Nr. 2, Abs. 1a, Abs. 1b; 48 Abs. 1 Nr. 2, Abs. 1a, Abs. 1a BImSchG; hierzu kritisch *Wagner*, S. 204 ff.; *Jarass*, in: Knopp/Wolff, FS Peine, S. 129 ff.; *Kment*, VerwArch 2014, 262, 267.
146 *Kloepfer*, Umweltrecht, § 15 Rn. 316 ff., 528.

V. Immissionsschutzrechtliches Instrumentarium

Neben ordnungsrechtlichen Instrumenten in Form von Ge- und Verboten, insbesondere in den Bereichen des anlagen- und verkehrsbezogenen Immissionsschutzes, bedient sich das Bundes-Immissionsschutzgesetz weiterer Mittel direkter Verhaltenssteuerung durch präventive und repressive Kontrollmaßnahmen, aber auch planerischer Instrumente.

1. Planungsinstrumente

33   Planungsrechtliche Instrumente erfahren durch das Gemeinschaftsrecht eine zunehmende Bedeutung für das Immissionsschutzrecht, weil die neue Luftqualitätsrichtlinie wie ihre Vorgängerinnen auf koordiniertes Vorgehen gegen Luftverunreinigungen setzt, was vorrangig durch Planung zu bewältigen ist.[147] Zu nennen sind insoweit

- ■ materiell: die allgemeine Planungsdirektive des § 50 BImSchG;
- ■ instrumentell:[148]
  - – die Luftreinhalteplanung und
  - – die Lärmminderungsplanung.

a) Planungsgrundsatz

34   Nach der in § 50 S. 1 BImSchG allgemein normierten **Planungsdirektive** (bzw. Planungsgrundsatz) sind bei raumbedeutsamen Maßnahmen und Planungen die für eine bestimmte Nutzung vorgesehenen Flächen einander so zuzuordnen, dass schädliche Umwelteinwirkungen und Auswirkungen schwerer Unfälle i.S.d. Seveso-III-Richtlinie (2012/18/EU)[149] auf die ausschließlich oder überwiegend dem Wohnen dienenden Gebiete sowie auf sonstige schutzbedürftige Gebiete soweit wie möglich vermieden werden. Als Ausprägung des **Vorsorgegrundsatzes**[150] ergänzt § 50 S. 1 BImSchG die in anderen Gesetzen enthaltenen Regelungen über raumbedeutsame Planungen und Maßnahmen um die Verpflichtung, bereits im Planungsstadium auch den Belangen des Immissionsschutzes Rechnung zu tragen.[151] Wegen der Klausel „soweit wie möglich" kann zwar nicht von einem verbindlichen „Planungsleitsatz"[152], allerdings von einem **Optimierungsgebot** gesprochen werden, dessen Zurücksetzen gegenüber konfligierenden Belangen einen erhöhten Begründungsaufwand verlangt.[153]

Letzteres gilt allerdings nicht für § 50 S. 2 BImSchG, welcher Gebiete mit guter Luftqualität vor Verschlechterungen schützen will und ebenfalls Ausdruck des Vorsorgeprinzips ist. Die Bestimmung betrifft raumbedeutsame Planungen und Maßnahmen in Gebieten, in denen durch die 39. BImSchV festgelegte Immissionsgrenzwerte und Zielwerte nicht überschritten werden. Die Be-

---

147   Vgl. dazu bereits Rn. 5 sowie *Schmidt/Kahl/Gärditz*, § 7 Rn. 156 ff.
148   Hierzu gehört auch die Überwachungsplanung bei Industrieemissions-Anlagen nach § 52a BImSchG, dazu bereits Rn. 8.
149   ABIEU L 197/1.
150   BayVGH, BauR 1981, 172, 173; *Schulze-Fielitz* in: Führ, GK-BImSchG, § 50 Rn. 1; vgl. § 3 Rn. 3 ff.
151   Zum immissionsschutzplanungsrechtlichen Trennungsgebot OVG Lüneburg, BauR 2015, 1300.
152   Zu dieser Rechtsfigur anhand des Städtebaurechts *Erbguth/Schubert* in: Erbguth/Mann/Schubert, Rn. 983 ff.
153   BVerwGE 71, 163, 165; erläuternd und abgrenzend *Tophoven* in: Giesberts/Reinhardt, Umweltrecht, § 50 BImSchG Rn. 23 m.w.N.; anhand des Bauplanungsrechts und unter Hinweis auf die rückläufige Bedeutung des Topos *Erbguth/Schubert* in: Erbguth/Mann/Schubert, Rn. 986.

rücksichtigung der Verschlechterung der Luftqualität stellt dabei lediglich einen einfachen Abwägungsbelang und kein Optimierungsgebot dar.[154]

Eine weitgehende Wirkung kommt dagegen § 41 BImSchG (schädliche Umwelteinwirkungen durch Verkehrsgeräusche) für die Verkehrsplanung zu: Derartige Beeinträchtigungen sind, sofern vermeidbar und nicht unverhältnismäßig, auszuschließen. Die Vorschrift stellt zwingendes Recht dar und eröffnet keinen planerischen Gestaltungsspielraum.[155]

Ob dem Regelungsgehalt des § 50 S. 1 BImSchG **drittschützende Wirkung** zukommt, wird nicht einheitlich beurteilt.[156] Dagegen vermittelt § 50 S. 2 BImSchG kein subjektives Recht.[157]

b) Luftreinhalteplanung

Voraussetzung für die Verbesserung der Luftqualität ist die Ermittlung und Auswertung von Daten über die in einem bestimmten Gebiet vorhandenen Luftverunreinigungen. Dies erfolgt gem. §§ 44 und 46 BImSchG durch die Ausweisung von Untersuchungsgebieten, § 44 Abs. 2 BImSchG, und die Erstellung von Emissionskatastern, § 46 BImSchG.   35

Die Öffentlichkeit ist nach § 46a BImSchG über die Luftqualität zu informieren. Werden konkrete, in Rechtsverordnungen als Immissionswerte festgelegte Alarmschwellen überschritten, ist das der Öffentlichkeit von der zuständigen Behörde unverzüglich durch Rundfunk, Fernsehen, Presse oder auf andere Weise bekannt zu geben (§ 46a S. 2 BImSchG).

§ 44 Abs. 2 BImSchG ermächtigt die Landesregierungen sog. **Untersuchungsgebiete** festzusetzen. Dabei handelt es sich um solche Gebiete, in denen Luftverunreinigungen auftreten bzw. zu erwarten sind, die wegen der Häufigkeit und Dauer ihres Auftretens, ihrer hohen Konzentration oder der Gefahr ihres Zusammenwirkens mit anderen Luftverunreinigungen schädliche Umwelteinwirkungen hervorrufen können.

Die nach Landesrecht zuständigen Behörden stellen in den Untersuchungsgebieten sowie in Gebieten, in denen eine Überschreitung von Immissionswerten oder -leitwerten zu erwarten ist bzw. vorliegt, Art und Umfang bestimmter Luftverunreinigungen fest und untersuchen die Umstände ihrer Entstehung und Ausbreitung. Des Weiteren fertigen sie für die Gebiete **Emissionskataster** (§ 46 BImSchG) an, soweit es zur Erfüllung von bindenden Beschlüssen der Europäischen Union erforderlich ist.

Diese Maßnahmen bereiten die **Aufstellung von Plänen** gem. § 47 BImSchG vor. Hierbei ist zu unterscheiden zwischen   36

- Luftreinhalteplänen und
- Plänen für kurzfristig zu ergreifende Maßnahmen.

---

154 VGH Mannheim, ZUR 2013, 436; *Jarass*, BImSchG, § 50 Rn. 40; *Tophoven* in: Giesberts/Reinhardt, Umweltrecht, § 50 BImSchG Rn. 38.

155 BVerwG, NVwZ 1999, 1222.

156 Bejahend: *Kühling/Herrmann*, Rn. 434 f.; verneinend: BVerwG, NJW 1982, 348; OVG Münster, Urt. v. 15.5.2015 – 11 D 12/12.AK; differenzierend *Jarass*, BImSchG, § 50 Rn. 33; *Tophoven* in: Giesberts/Reinhardt, § 50 BImSchG Rn. 41 ff.; umfassende Darstellung des Streitstandes bei *Schoen* in: Landmann/Rohmer, § 50 BImSchG Rn. 161 ff.

157 *Jarass*, BImSchG, § 50 Rn. 42; *Tophoven* in: Giesberts/Reinhardt, § 50 BImSchG Rn. 45; *Schoen* in: Landmann/Rohmer, § 50 BImSchG Rn. 174.

Der **Luftreinhalteplan** (§ 47 Abs. 1 BImSchG) beinhaltet die erforderlichen Maßnahmen zur dauerhaften Verminderung von Luftverunreinigungen.[158] Insgesamt muss es sich um planerische Festlegungen und Maßgaben handeln. Der Luftreinhalteplan als solcher stellt dabei keine Ermächtigungsgrundlage für bestimmte Maßnahmen dar; vielmehr bedarf es zur Maßnahmenumsetzung konkreter Befugnisnormen, die sich aus dem Bundes-Immissionsschutzgesetz selbst oder aus anderen Fachgesetzen ergeben.[159]

Beispielhaft hierfür stehen Maßnahmen der Verkehrsbeschränkung (vgl. § 40 Abs. 1 BImSchG), die nach Maßgabe der straßenverkehrsrechtlichen Vorschriften umzusetzen sind, wie etwa Fahrverbote für bestimmte Dieselfahrzeuge. Das Bundesverwaltungsgericht hat im Februar 2018 die Zulässigkeit derartiger Fahrverbote nach Maßgabe des StVG und der StVO vor allem aufgrund unionsrechtlicher Vorgaben für zulässig erklärt.[160] Als Maßnahme kommt daneben auch eine City-Maut in Betracht.[161]

Die Festlegung des Plangebiets hat sich in ordnungsgemäßer planerischer Abwägung an den lokalen Quellen und dem städtebaulich-urbanen Hintergrund der Luftverunreinigungen zu orientieren,[162] weit entfernte Schadstofftransporte müssen als nicht steuerbare Belastungsgrößen unberücksichtigt bleiben.[163]

Ein Luftreinhalteplan ist aufzustellen, wenn die Immissionsgrenzwerte, einschließlich festgelegter Toleranzmargen des EU-Luftqualitätsrechts[164] – umgesetzt in der 39. BImSchV – überschritten werden. Inhaltlich steht den zuständigen Behörden ein planerischer Gestaltungsspielraum zu, und zwar sowohl hinsichtlich der Eignung der Maßnahmen als auch bezüglich der (Maßnahmen-)Festlegung zur Verminderung der Schadstoffkonzentration.[165] Dabei reicht es nach der Rechtsprechung hinsichtlich der Eignung(sprognose) aus, dass die Unterschreitung der Grenzwerte im Wege der Maßnahme(n) erst nach einer gewissen Zeit erreicht wird, allerdings muss dieser Zeitraum so kurz wie möglich gehalten werden. [166] Daher kann sich bei der Festlegung von Maßnahmen der Auswahlspielraum auf eine bestimmte Maßnahme reduzieren, wenn diese alternativlos ist.[167] Im Übrigen müssen die Maßnahmen am Verursacherprinzip und damit am Verursacheranteil orientiert sein, wobei allerdings auch die Verhältnismäßigkeit zu berücksichtigen ist. Im Rahmen einer Klage gegen konkrete Maßnahmen, etwa Verkehrsbeschränkungen, kann der Luftreinhalteplan dabei einer inzidenten Rechtmäßigkeitsprüfung unterliegen.[168] Schließlich ist im Rahmen der Erforderlichkeit

---

158 Vgl. *Köck/Lehmann*, ZUR 2013, 67, 68.
159 Dazu *Scheidler*, GewArch 2009, 281, 285.
160 BVerwG, ZUR 2018, 422 im Anschluss an VG Stuttgart, ZUR 2017, 620; dazu *Klinger*, ZUR 2018, 257 und 272; *Faßbender*, NJW 2017, 1995; als Übungsklausur *Schwarz*, GewArch 2018, 101; zur Vollstreckung des Urteils zur Fortschreibung eines Luftreinhalteplans vgl. VGH München, ZUR 2017, 440.
161 *Klinger*, ZUR 2016, 591; allgemein als Gebühr oder Sonderabgabe *Schröder*, NVwZ 2012, 1438.
162 *Jarass*, BImSchG, § 47 Rn. 12; *Köck/Lehmann*, ZUR 2013, 67, 69.
163 Nicht zuletzt wegen dieser „großräumigen Hintergrundbelastungen" bedarf es aber der zumindest politischen Einflussnahme zugunsten verbesserter Luftqualität auf landes-, staats- und europaweiter Ebene, näher *Köck/Lehmann*, ZUR 2013, 67, 69, 72 f., 75.
164 Bereits unter Rn. 5.
165 *Köck/Lehmann*, ZUR 2013, 67, 70 f.; zum Prognosespielraum OVG Münster, ZUR 2011, 199.
166 EuGH, ZUR 2015, 33 sowie NVwZ 2008, 984, 985.
167 *Köck/Lehmann*, ZUR 2013, 67, 71; VG Wiesbaden, ZUR 2012, 113, 116 f.
168 Zur Verhältnismäßigkeit BVerwG, ZUR 2018, 422; OVG Münster, ZUR 2011, 199, 200 f.; zur Inzidentprüfung des Luftreinhalteplans BVerwG, ZUR 2012, 552. Maßgeblicher Zeitpunkt für die Rechtmäßigkeit des Plans ist die Beschlussfassung über den Plan: BVerwG, ZUR 2012, 552, 553.

auch das europäische Primärrecht, etwa die Warenverkehrsfreiheit, gebührend zu berücksichtigen.[169]

Besteht die Gefahr, dass die im Wege der 39. BImSchV festgelegten Alarmschwellen[170] überschritten werden, hat die zuständige Behörde einen **Plan für kurzfristig zu ergreifende Maßnahmen** aufzustellen (§ 47 Abs. 2 S. 1 BImSchG).[171] Richtet sich die Gefahr auf eine Überschreitung der dort bestimmten Immissionsgrenzwerte oder Zielwerte, steht die Aufstellung eines solchen Plans im behördlichen Ermessen, § 47 Abs. 2 S. 2 BImSchG. Die im Plan festgelegten Maßnahmen müssen geeignet sein, die Gefahr der Überschreitung der Werte zu verringern oder den Zeitraum, während dessen die Werte überschritten werden, zu verkürzen, § 47 Abs. 2 S. 3 BImSchG (etwa durch befristete Verkehrsbeschränkungen, Betriebsbeschränkungen bei gewerblichen Anlagen)[172]. Die Pläne können gemäß § 47 Abs. 2 S. 4 BImSchG Teil des Luftreinhalteplans gem. § 47 Abs. 1 BImSchG sein.

Im **Verfahren** zur Aufstellung dieser Pläne ist die Öffentlichkeit zu beteiligen, § 47 Abs. 5 S. 2 BImSchG; auch müssen die Pläne der Öffentlichkeit zugänglich sein, § 47 Abs. 5 S. 3 BImSchG. Für Luftreinhaltepläne nach § 47 Abs. 1 BImSchG finden sich insoweit nähere und weitere (Verfahrens-)Regelungen in § 47 Abs. 5a BImSchG. Eine Beteiligung in ihrem Aufgabenbereich betroffener Behörden ist nicht explizit geregelt, ergibt sich aber aus allgemeinen verwaltungsorganisatorischen Grundsätzen und für Stellen der kommunalen Selbstverwaltung aus Art. 28 Abs. 2 S. 1 GG.[173]

Welche Rechtsnatur diesen Plänen zukommt, ist umstritten.[174] Aufgrund ihres abstrakt-generellen Charakters sind sie als Normen einzustufen. Fraglich ist aber, ob ihnen **Außenwirkung** zukommt oder ob sie als reines Innenrecht einzuordnen sind. Rechtsprechung und Teile der Literatur gehen von einer (Innen-)Rechtsqualität wie diejenige von Verwaltungsvorschriften aus,[175] andere ordnen Luftreinhaltepläne als „Rechtsakt eigener Art" ein;[176] im Schrifttum wird allerdings zunehmend eine den Außenrechtsnormen ähnliche Wirkung angenommen.[177] Dass Luftreinhaltepläne gem. § 47 Abs. 6 BImSchG mit dem Eingriffsinstrumentarium des BImSchG gegenüber dem Bürger durchgesetzt werden können,[178] spricht nicht eindeutig für ihre Außenwirkung, weil hierdurch nur die Wirkung der Vollzugsmaßnahmen angesprochen wird, nicht

---

169 *Köck/Lehmann*, ZUR 2013, 67, 72, unter Hinweis auf EuGH, ZUR 2006, 139, 141; EuGH, ZUR 2012, 291, 297.

170 Alarmschwellen sind im Gefolge der Luftqualitätsrahmenrichtlinie (dazu vorstehend Rn. 5) bislang nur für Schwefeldioxid, Stickstoffdioxid und Ozon festgelegt worden, vgl. § 28 Abs. 1 S. 1 i.V.m. §§ 2 Abs. 3, 3 Abs. 3, 9 Abs. 6 der 39. BImSchV; *Köck/Lehmann*, ZUR 2013, 67, 70.

171 Zu Plänen für kurzfristig zu ergreifenden Maßnahmen vgl. *Schmidt/Kahl/Gärditz*, § 7 Rn. 170 ff.

172 Näher *Jarass*, BImSchG, § 47 Rn. 14.

173 *Schmidt/Kahl/Gärditz*, § 7 Rn. 167.

174 Dazu *Jarass*, BImSchG, § 47 Rn. 58.

175 BVerwGE 128, 278, 288; BVerwG, NVwZ 2012, 1175; BVerwG, BayVBl. 2013, 377, 378, dort auch zur Inzidentkontrolle des Plans, vgl. in Fn. 222 und nachfolgend im Text; OVG Lüneburg, DVBl. 2011, 1184; OVG Münster, ZUR 2011, 199; *Eifert* in: Schoch, Besonderes Verwaltungsrecht, 5. Kap. Rn. 297; *Beaucamp* in: Kluth/Smeddinck, § 2 Rn. 118.

176 *Ekardt/Beckmann*, UPR 2008, 241, 243; auch *Jarass*, BImSchG, § 47 Rn. 58: qualifizierte, mit Außenwirkung verbundene Verwaltungsvorschrift.

177 *Cancik*, ZUR 2011, 283, 287; *Sparwasser/Engel*, NVwZ 2010, 1513, 1514; zu alldem *Köck/Lehmann*, ZUR 2013, 67, 69 f.

178 Zu weiteren Umsetzungsinstrumenten *Beaucamp* in: Kluth/Smeddinck, § 2 Rn. 117.

aber diejenige der vorgelagerten Planung. Überzeugend erscheint hingegen der Hinweis auf die in ihrem Selbstverwaltungsrecht gebundenen Gemeinden.[179]

Hinsichtlich des Rechtsschutzes gegen Luftreinhaltepläne ist zu unterscheiden zwischen Rechtsbehelfen, gerichtet auf Planaufstellung und -fortschreibung, sowie Rechtsbehelfen gegen oder auf konkrete Planfestsetzungen bzw. Maßnahmen. Nach der Luftqualitätsrichtlinie 2008/50/EG[180], die im Interesse des Schutzes der öffentlichen Gesundheit eine Reduzierung der Luftverschmutzung bezweckt,[181] steht einem von PM_{10}-Feinstäuben betroffenen Bürger ein subjektives Recht zu, die Aufstellung (und Fortschreibung) von Plänen für kurzfristig zu ergreifende Maßnahmen im Fall der Gefahr einer Überschreitung der Alarmschwellen, § 47 Abs. 2 S. 1 BImSchG, zu verlangen.[182] Außerdem steht auch gem. § 3 UmwRG anerkannten Umweltverbänden als „Sachwalter der Umwelt" ein solcher Anspruch zu.[183] Das BVerwG hat dies bestätigt und dahingehend erweitert, dass ein Anspruch des einzelnen betroffenen Bürgers und anerkannter Umweltverbände auf Aufstellung (und Fortschreibung) eines Luftreinhalteplans gem. § 47 Abs. 1 BImSchG ebenfalls bestehe, sofern die einschlägigen Immissionsgrenzwerte überschritten werden. Das Rechtsbegehren kann mit einer Leistungsklage verfolgt werden.[184] Hinsichtlich der Kontrolldichte heben die Gerichte z.T. auf die Maßstäbe der Überprüfung von Prognosen ab.[185] Da es sich um Planung handelt, dürften indes die Anforderungen der Abwägungsfehlerlehre[186] heranzuziehen sein.

- Seit 2017 ist Umweltverbänden gem. § 2 Abs. 1 i.V.m. § 1 Abs. 1 Nr. 4a UmwRG die Möglichkeit eröffnet, die Aufstellung und Fortschreibung von Luftreinhalteplänen zu verlangen. Hierzu müssen sie die mögliche Verletzung umweltbezogener Rechtsvorschriften[187] geltend machen.

- Soweit konkrete im Plan festgesetzte Maßnahmen angegriffen werden, richtet sich der Rechtsbehelf nach der Rechtsnatur der Maßnahme (z.B. Verwaltungsakt, Rechtsverordnung). Die Pläne werden dann im Wege der Inzidentkontrolle einer gerichtlichen Überprüfung unterzogen.[188]

c) Lärmminderungsplanung

37   Die in §§ 47a–47f normierte **Lärmminderungsplanung** regelt die Erstellung von Lärmkarten zur Darstellung der Lärmsituation (§ 47c BImSchG)[189] sowie von **Lärmaktionsplänen**[190] (§ 47d BImSchG). Der Anwendungsbereich der Lärmminderungsplanung be-

---

179   *Köck/Lehmann*, ZUR 2013, 67, 70, unter zusätzlichem Hinweis auch auf bürgergerichtete (Anspruchs-)Wirkungen (Gesundheitsschutz).
180   Dazu bereits Rn. 5; *Köck/Lehmann*, ZUR 2013, 67 f., 72.
181   Die Vorgaben der Richtlinie 2008/50/EG sind in der 39. BImSchV umgesetzt worden.
182   EuGH, ZUR 2008, 419; BVerwG, ZUR 2014, 52; auch *Schmidt/Kahl/Gärditz*, § 7 Rn. 176 ff.
183   BVerwG, ZUR 2014, 52 im Anschluss an EuGH, ZUR 2011, 317, 318; *Schlacke*, DVBl. 2015, 929.
184   BVerwG, ZUR 2014, 52, 56; *Köck/Lehmann*, ZUR 2013, 67, 72.
185   OVG Münster, ZUR 2011, 199; zur Prognosekontrolle *Hoppe* in: ders./Bönker/Grotefels, Öffentliches Baurecht, § 7 Rn. 50 ff., 101 ff.
186   Dazu *Erbguth/Schubert* in: Erbguth/Mann/Schubert, Rn. 1001 ff.
187   Näher zum Begriff *Schlacke*, EurUP 2018, 127, 133; *dies.* in: Gärditz, VwGO, § 1 Rn. 84 ff.
188   BVerwG, BayVBl. 2013, 377; OVG Lüneburg, DVBl. 2011, 1184; dazu auch *Schmidt/Kahl/Gärditz*, § 7 Rn. 186 ff.
189   Zuletzt konkretisiert durch VO über die Lärmkartierung (34. BImSchV) v. 6.3.2006, BGBl. I, S. 516.
190   Kritisch hierzu *Cancik*, ZUR 2007, 169.

zieht sich auf Lärm, dem Menschen in den in § 47a S. 1 BImSchG nicht abschließend aufgeführten schutzwürdigen Gebieten ausgesetzt sind.[191]

Relevante Begriffsbestimmungen finden sich in § 47b BImSchG. Zu beachten ist, dass der in Nr. 1 definierte „Umgebungslärm" auch lediglich „belästigende" Geräusche umfasst und insoweit wesentlich weiter zu verstehen ist als der Begriff der schädlichen Umwelteinwirkungen gem. § 3 Abs. 1 BImSchG.[192]

Grundlage der Lärmaktionspläne, die nach Maßgabe des § 47d Abs. 1 BImSchG aufzustellen sind, bilden lärmbezogene Daten. Die Gemeinden, die nach Landesrecht zuständigen Behörden (§ 47e Abs. 1 BImSchG) und in Bezug auf Haupteisenbahnstrecken des Bundes das Eisenbahnbundesamt (§ 47e Abs. 3, 4 BImSchG) haben daher gem. § 47c BImSchG in besagten Gebieten den Lärm in sog. Lärmkarten zu erfassen.[193]

Für näher beschriebene Orte in der Nähe von hochfrequentierten Verkehrsadern und für größere Ballungsräume waren bis zum 18.7.2013 Lärmaktionspläne zu erstellen, die danach alle fünf Jahre zu überprüfen sind.[194] Ihre Rechtswirkungen entsprechen denen der Luftreinhaltepläne.[195] Auch werden wie bei Letzteren die in den Lärmaktionsplänen vorgesehenen Maßnahmen (wie verkehrsberuhigte Zonen, Parkraumbewirtschaftung, Geschwindigkeitsbegrenzungen[196]) von den zuständigen Behörden oder den Planungsträgern durchgesetzt (§ 47d Abs. 6 i.V.m. § 47 Abs. 6 BImSchG).

Im Zusammenhang mit der Lärmaktionsplanung sind vielerlei **Rechtsfragen** trotz Erlass der 34. BImSchV auf Grundlage von § 47f BImSchG nicht abschließend geklärt:[197]

- So ist die regelhafte Zuständigkeit der Gemeinden für die(se) Planung verfassungs- wie europarechtlich ebenso zweifelhaft[198] wie die Annahme, dass es sich dabei um eine kommunale Selbstverwaltungsangelegenheit handelt[199].

- Ferner wird problematisiert, ob Fachbehörden (etwa Straßenverkehrsbehörden) in den Lärmaktionsplänen zwingend vorgegebene Maßnahmen (bspw. zur Verkehrsberuhigung) generell umsetzen müssen oder nur dann, wenn sie vorher (ggf. qualifiziert: Veto-Position) in die Planung einbezogen worden sind – oder ob ihnen insoweit das fachgesetzlich eröffnete Ermessen verbleibt (vgl. § 45 StVO);[200] der Wortlaut des § 47 Abs. 6 BImSchG, auf den § 47d Abs. 6 BImSchG verweist, ist insoweit eindeutig: Maßnahmen „sind…durchzusetzen" (S. 1), planungsrechtliche Festlegungen sind (von Planungsträgern) „zu berücksichtigen" (S. 2).

---

191 Signifikante Aufenthaltsdauer im Bereich der Lärmemission, näher anhand Anlage 3 der 39. BImSchV BVerwG, NuR 2013, 642.
192 Vgl. Rn. 28.
193 Vgl. auch *Scheidler*, DVBl. 2005, 1344, 1345; *Feldmann*, ZUR 2005, 352.
194 § 47d Abs. 1 S. 1, 2, Abs. 5 BImSchG; näher *Cancik*, WiVerw 2012, 210, 210 f.
195 Vgl. Rn. 36.
196 Näher *Schmidt/Kahl/Gärditz*, § 7 Rn. 174 f.
197 *Cancik*, WiVerw 2012, 210, 222; *Beaucamp* in: Kluth/Smeddinck, § 2 Rn. 120, dort auch, a.a.O., zur Kritik am unverhältnismäßigen Erhebungsaufwand.
198 *Engel* in: Gesellschaft für Umweltrecht, Dokumentation zur 33. wissenschaftlichen Fachtagung der GfU e.V. Berlin 2009, 2010, S. 96, 101 f.; *Cancik*, WiVerw 2012, 210, 212.
199 Dazu *Cancik*, ViVerw 2012, 210, 222.
200 *Cancik*, wie vor, 213 f., 216 m.w.N.; dazu umfassend auch *Röckinghausen*, I+E 2014, 230.

- Die aus nationaler Sicht ungewöhnliche Einbeziehung besagter (Einzel-)Maßnahmen in die Planung beruht auf entsprechenden Vorgaben des Europarechts und hat teilweise zur Annahme eines Instruments „sui generis" geführt.[201]
- Anders als bei den Luftreinhalteplänen[202] kann wegen bislang fehlender (europäischer) Grenzwertfestsetzungen aus deren Überschreitung kein Anspruch auf Erstellung eines Lärmaktionsplans abgeleitet werden; ggf. lässt sich solches in dringenden Fällen des Gesundheitsschutzes begründen.[203]
- Ansprüche auf Aufnahme konkreter Maßnahmen in den Plan und auf Planvollzug werden regelmäßig mangels subjektiv-öffentlichen Rechts[204] scheitern; für Verkehrsbeschränkungen ließe sich allenfalls unter Hinweis auf § 40 Abs. 1 BImSchG abhelfen[205]. Jedenfalls kann sich aus § 47 Abs. 6 BImSchG mangels subjektiver Qualität kein Vollzugsanspruch ergeben.[206]
- Die Auffassungen zur **Rechtsnatur** und damit zur (direkten) gerichtlichen Angreifbarkeit differieren in vergleichbarer Weise wie zu den Luftreinhalteplänen.[207] Allein unter Hinweis auf den fachbehördlichen Vollzug der Pläne dürfte ihre Außenwirkung nicht zu begründen sein; allenfalls ließe sich das Argument gemeindlicher Betroffenheit, wie es bei den Luftreinhalteplänen herangezogen worden ist, gleichsam seitenverkehrt bemühen: Indem die Bindungswirkung der Lärmaktionspläne in selbstverwaltungsrechtlich-kommunaler Trägerschaft gegenüber staatlichen Behörden hergestellt wird, artikulieren sie sich dadurch (schon) im Außenverhältnis.[208]

2. Instrumente direkter Verhaltenssteuerung

38   ▶ **FALL 10:** A ist Eigentümer eines im für Windenergieanlagen ausgewiesenen Außenbereich der Stadt R liegenden Grundstücks. Im Dezember 2015 beantragte er eine Genehmigung für 20 dem neuesten Stand der Technik entsprechende Windenergieanlagen. Ein für die beantragten Anlagentypen vom Antragsteller in Auftrag gegebenes Sachverständigengutachten kommt zu dem Ergebnis, dass bei üblichen Windgeschwindigkeiten die Immissionswerte bei den nächstgelegenen Wohngebäuden tags bei 55,5 dB(A) und nachts bei 45 dB(A) liegen. Der zu erwartende Schattenwurf der Anlagen wird für die davon betroffenen bebauten Grundstücke 30 min pro Tag und 30 Stunden pro Jahr nicht überschreiten.

Die zuständige Behörde erteilte unter Einhaltung der Verfahrens- und Formvorschriften die immissionsschutzrechtliche Genehmigung für die Errichtung und den Betrieb von 20 Windenergieanlagen des Typs Südwind mit 85 m Nabenhöhe, einer Gesamthöhe von 100 m und 77 m Rotordurchmesser unter Auflagen. In Nr. 5 der Auflagen heißt es: „Die Tages- und Nachtkennzeichnung ist entsprechend den Richtlinien für die Kennzeichnung von Luftfahrthindernissen des Bundesministeriums für Verkehr, Bau- und Wohnungswesen vom 2.9.2004 an allen Windkraftanlagen auszuführen." Besagte Richtlinien sehen vor, dass die

---

201 So etwa *Sparwasser*, NVwZ 2006, 369, 375 f.; vgl. auch Rn. 36, allgemein zum Immissionsschutz zwischen Planungs- und Fachrecht *Hendler*, NuR 2012, 531.
202 Vorstehend Rn. 36.
203 *Cancik*, ZUR 2007, 169, 171 ff.
204 VGH Kassel, ZUR 2018, 294, 296 ff.; dazu auch unter § 6 Rn. 12 ff.
205 *Cancik*, WiVerw 2012, 210, 223; zu § 45 Abs. 1 S. 2 Nr. 3, Abs. 9 StVO im Zusammenhang mit einem Lärmaktionsplan *Berkemann*, NuR 2012, 517.
206 Anders *Engel* in: Gesellschaft für Umweltrecht, Dokumentation zur 33. wissenschaftlichen Fachtagung der GfU e.V. Berlin 2009, 2010, S. 95, 142.
207 Vgl. unter Rn. 36.
208 *Cancik*, WiVerw 2012, 210, 222.

Gefahrenfeuer sich erst unter einem Helligkeitswert von 50 lx einschalten und ihre Leucht-mittelleistung 250 Watt beträgt. Sie erhellen und verdunkeln sich im 3-Sekunden-Takt und sind in einer Höhe von 85 m zu installieren. In der Auflage Nr. 8 wird Bezug genommen auf eine Stellungnahme des Umweltamtes, in der für die nächstgelegenen Wohngebäude Im-missionswerte von bis zu 45 dB(A) nach der TA Lärm für Dorfgebiete festgelegt wurden. Weiterhin heißt es: „Werden aufgrund der Windverhältnisse die Immissionswerte über-schritten, so sind die Anlagen abzuschalten." Ferner ist vorgeschrieben, dass Lichtreflexe, Schattenbildungen und Spiegelungen, die zu Beeinträchtigungen führen können, auszu-schließen bzw. hiergegen vorsorgende Maßnahmen, z.B. in Form einer Abschaltautomatik, zu treffen sind.

Nachbar N befürchtet nun, durch den Lärm, den Schattenwurf und die an den Anlagen zu installierende Warnbeleuchtung insbesondere zur Nachtzeit belästigt zu werden. Das Wohnhaus des N liegt an der Grenze des Außenbereichs der Stadt R im Ortsteil D, 500 m von den geplanten Anlagen entfernt. In der näheren Umgebung ist verbreitet Tierhaltung (Pferde, Gänse, Hühner) anzutreffen; zwischen der überwiegenden Wohnbebauung finden sich Ackerflächen, welche aus der Ortslage heraus bewirtschaftet werden. N trägt vor, dass sein Wohnhaus in einem allgemeinen Wohngebiet liege. Die zu erwartenden Lärmimmis-sionen der Anlagen würden die hierfür bestehenden Grenzwerte erheblich überschreiten, ihn in seiner Nachtruhe stören und seine Gesundheit beeinträchtigen. Die Nutzung seines Hauses zu Wohnzwecken sei aufgrund des Schattenwurfs und der Gefahrenfeuer unzumut-bar.

Er bittet um Überprüfung, ob die Erteilung der immissionsschutzrechtlichen Genehmigung dem materiellen Recht entspricht (von einer Prüfung der Einhaltung der Abstandsflächen nach der Landesbauordnung ist abzusehen).

Auszug aus der TA Lärm

6. Immissionsrichtwerte

    6.1. Immissionsrichtwerte für Immissionsorte außerhalb von Gebäuden
        Die Immissionsrichtwerte für den Beurteilungspegel betragen für Immissionsorte außerhalb von Gebäuden (...)

        c) in Kerngebieten, Dorfgebieten und Mischgebieten
            tags 60 dB(A)
            nachts 45 dB(A)

        d) in allgemeinen Wohngebieten und Kleinsiedlungsgebieten
            tags 55 dB(A)
            nachts 40 dB(A)

(...) ◄

a) Ge- und Verbote des verkehrsbezogenen Immissionsschutzes

Die Ge- und Verbote des verkehrsbezogenen Immissionsschutzes regeln   39

- die Anforderungen an die Beschaffenheit und den Betrieb von Fahrzeugen,
- Verkehrsbeschränkungen und
- den Schutz vor Verkehrslärm.

Nach § 38 Abs. 1 S. 1 BImSchG muss die **Beschaffenheit** von Fahrzeugen so sein, dass bei ihrem bestimmungsgemäßen Betrieb die zum Schutz vor schädlichen Umwelteinwirkungen einzuhaltenden Grenzwerte nicht überschritten werden. Zweck dieser Regelung ist nur die Verringerung der spezifischen, durch die Nutzung des Fahrzeugs als Fortbewegungsmittel entstehenden Immissionen. Erfasst wird nicht etwa der von einer im Kraftfahrzeug installierten Musikanlage ausgehende Lärm. Adressaten dieser Verpflichtung sind Hersteller, Importeure und Fahrzeughalter, nicht aber der Fahrzeugführer.[209]

Der **Betrieb** von Fahrzeugen hat gem. § 38 Abs. 1 S. 2 BImSchG dergestalt zu erfolgen, dass vermeidbare Emissionen verhindert und unvermeidbare auf ein Mindestmaß reduziert werden. Hierzu ist jeder, der das Fahrzeug in Betrieb nimmt, verpflichtet, also gerade auch der Fahrzeugführer.[210] Eine Inbetriebnahme des Fahrzeugs liegt bereits bei vorbereitenden Tätigkeiten wie Einsteigen (Türenzuschlagen) und Beladen eines Fahrzeugs vor.

§ 38 BImSchG ist **nicht anwendbar** auf solche Fahrzeuge, die in unmittelbarem Zusammenhang mit einer Anlage und nicht im öffentlichen Verkehr genutzt werden. Insoweit greifen die Vorschriften des anlagenbezogenen Immissionsschutzes ein.[211]

Nach § 40 Abs. 1 BImSchG legt die zuständige Straßenverkehrsbehörde Beschränkungen und Verbote des Straßenverkehrs fest, soweit ein Luftreinhalteplan bzw. ein Plan für kurzfristig zu ergreifende Maßnahmen gem. § 47 Abs. 1 oder 2 BImSchG[212] dieses vorsieht. Ausnahmen hiervon können nach den Maßgaben des Abs. 1 S. 2 oder Abs. 3 getroffen werden.

§ 40 Abs. 2 BImSchG zufolge können nach straßenverkehrsrechtlichen Vorschriften **Verkehrsbeschränkungen oder -verbote** zulässig sein, wenn der Kraftfahrzeugverkehr zur Überschreitung von Immissionswerten, die in Rechtsverordnungen nach § 48a Abs. 1 BImSchG verankert sind[213], beiträgt. Solche Maßnahmen stehen im Unterschied zu § 40 Abs. 1 BImSchG im Ermessen der zuständigen Straßenverkehrsbehörde.[214] Grundsätzlich sind derartige Verkehrsregulierungen vorzunehmen, wenn ein Luftreinhalteplan oder Aktionsplan/Plan für kurzfristig zu ergreifende Maßnahmen dies vorsieht.

Das Bundesverwaltungsgericht bejaht freilich einen Anspruch des Betroffenen auf Einschreiten der Behörde bei gesundheitsgefährdenden Grenzwertüberschreitungen auch ohne Plan für kurzfristig zu ergreifende Maßnahmen.[215]

40   Der **Schutz vor Verkehrslärm** erfolgt in zwei Stufen:

- ■ aktiver Lärmschutz und

- ■ passiver Lärmschutz.

Lassen sich schädliche Umwelteinwirkungen durch Verkehrsgeräusche beim Bau oder bei wesentlicher Änderung einer Trasse selbst durch entsprechende Planung (vgl. § 50 BImSchG) nicht vermeiden, so sind die Geräusche gem. § 41 Abs. 1 BImSchG durch Lärmschutzmaßnahmen auf das nach dem Stand der Technik nicht vermeidbare Aus-

---

209 *Knauff* in Führ, GK-BImSchG, § 38 Rn. 32.
210 *Jarass*, BImSchG, § 38 Rn. 16.
211 Vgl. *Hoppe/Beckmann/Kauch*, § 21 Rn. 237, für Werksbahnen, Anschlussbahnen und spezielle, nur auf dem Werksgelände eingesetzte Lastkraftwagen.
212 Vgl. Rn. 36.
213 39. BImSchV.
214 *Rehbinder*, ZUR 1994, 101, 101 f.
215 BVerwG, UPR 2008, 36; vgl. Rn. 36.

maß zu reduzieren (**aktiver Lärmschutz**).[216] Die Änderung einer Straße ist als wesentlich einzustufen, wenn sie um mindestens einen durchgehenden Fahrstreifen erweitert wird (§ 1 Abs. 2 VerkehrslärmSchV [16. BImSchV]). Aktive Lärmschutzmaßnahmen können etwa in der Errichtung von Schallschutzwänden, Bepflanzungen, Tunnelungen oder in der Verwendung offenporigen Asphalts bestehen.[217]

Momentan wird dabei durch Straßenbahnverkehr verursachter Lärm noch durch den sogenannten „Schienenbonus" privilegiert und darf die Grenzwerte um 5 dB(A) überschreiten. Diese Regelung ist für den übrigen Bahnverkehr zum Jahre 2015 entfallen und läuft auch für Straßenbahnen zum Jahr 2019 aus.[218]

Ist die Ergreifung aktiver Lärmschutzmaßnahmen aus tatsächlichen Gründen nicht möglich oder stehen ihre Kosten außer Verhältnis zu dem angestrebten Zweck,[219] so verbleibt es bei Maßnahmen des **passiven Lärmschutzes**. Das ist etwa der Einbau von Schallschutzfenstern oder die Anbringung von Rollläden.[220] Aktiver Lärmschutz verhindert Emissionen, passiver Lärmschutz wehrt Immissionen ab.

Nach § 42 Abs. 1 BImSchG kann der Eigentümer bei Überschreitung festgesetzter Immissionsgrenzwerte eine Entschädigung für die an seinen baulichen Anlagen vorzunehmenden Schallschutzmaßnahmen beanspruchen. Die Ausgleichspflicht besteht jedoch nicht, wenn die Beeinträchtigung im Einzelfall zumutbar ist oder sich aus der Situationsgebundenheit des Gebiets eine verminderte Schutzwürdigkeit der baulichen Anlage ergibt (§ 42 Abs. 1 S. 1 und 2 BImSchG).[221]

b) Ge- und Verbote des anlagenbezogenen Immissionsschutzes

Als grundsätzlich für alle Anlagenbetreiber geltende Leistungspflichten sind die Bestellung des Betriebsbeauftragten für Immissionsschutz und des Störfallbeauftragten zu nennen. Im Übrigen unterscheiden sich die **Leistungs- und Unterlassungspflichten** des Betreibers danach, ob er eine genehmigungsbedürftige oder eine nicht genehmigungsbedürftige Anlage betreibt. Dies beruht darauf, dass das Betreiben der als genehmigungsfrei eingestuften Anlagen typischerweise mit geringeren Umweltgefährdungen verbunden ist.[222]   41

Daneben enthalten die Regelungen des anlagenbezogenen Immissionsschutzes **Duldungspflichten**, die sich aber auf die üblicherweise bei Überwachungsmaßnahmen auftretenden Pflichten beschränken und deshalb im Zusammenhang mit den Kontrollinstrumenten dargestellt werden.   42

Die Pflichten bestehen nur für Betreiber von Anlagen, die dem **Anwendungsbereich** des Bundes-Immissionsschutzgesetzes unterfallen. Grundsätzlich von der Anwendung des Bundes-Immissionsschutzgesetzes ausgeschlossen sind Flugplätze und Anlagen, die den atomrechtlichen Vorschriften unterliegen (§ 2 Abs. 2 BImSchG).[223]   43

---

216 BVerwG, UPR 2009, 154.
217 OVG Lüneburg, ZUR 2009, 329.
218 Ziff. 2.2.18 der Anl. 2 zur 16. BImSchV.
219 Zum Verhältnis von aktivem und passivem Lärmschutz BVerwG, DÖV 1996, 998.
220 *Sparwasser/Engel/Voßkuhle*, § 10 Rn. 289 ff., 387 ff.
221 Weiterführend *Hoppe/Beckmann/Kauch*, § 21 Rn. 269.
222 *Hoppe/Beckmann/Kauch*, § 21 Rn. 166.
223 Dazu bereits Rn. 32.

Welche Anlagen erfasst werden, ergibt sich aus § 3 Abs. 5 BImSchG:

- Betriebsstätten und sonstige ortsfeste Einrichtungen (wie Fabriken, Handwerksbetriebe, Steinbrüche, Straßenleuchten, Mobilfunkstationen),

- Maschinen, Geräte und sonstige ortsveränderliche (nicht standortgebundene) technische Einrichtungen (etwa Kräne, Bohrmaschinen, Rasenmäher) sowie Fahrzeuge, soweit sie nicht der Vorschrift des § 38 BImSchG unterliegen (z.b. Wohnwagen), und

- Grundstücke, auf denen (zweckbestimmt) Stoffe gelagert oder abgelagert oder Arbeiten durchgeführt werden, die Emissionen verursachen können, mit Ausnahme öffentlicher Verkehrswege (bspw. Mülldeponien, Kohlenhalden).[224]

Emissionsquellen müssen daher einen entsprechenden **Anlagenbezug** aufweisen. Rein verhaltensbedingte Immissionen, also solche, die (auch) nicht auf der bestimmungsgemäßen Nutzung oder Verwendung der Anlage (Lärm von Fußballstadien) beruhen, fallen aus dem Anlagenbegriff heraus.[225]

Gemeinsam ist den drei Anlagegruppen darüber hinaus das ungeschriebene Begriffsmerkmal des **Betreibens**:[226] Mit einer gewissen Organisation und unter Einsatz bestimmter, regelmäßig technischer Arbeitsmittel muss ein spezieller Zweck fortgesetzt verfolgt werden.[227] Angesichts dessen gehören zu den ortsveränderlichen technischen Einrichtungen nur solche, die nachhaltig und bestimmungsgemäß betrieben werden können. Dies ist nicht der Fall, wenn es sich lediglich um mit der Hand zu bedienende Geräte handelt, wie Musikinstrumente (z.B. Trompete) oder Spiel- und Sportgeräte (z.B. Tennisschläger).

aa) Pflichten der Betreiber genehmigungsbedürftiger Anlagen

44   Soll eine nach § 4 BImSchG genehmigungsbedürftige Anlage errichtet und betrieben werden, treffen den Betreiber die in § 5 Abs. 1 BImSchG niedergelegten Pflichten.[228] Diese werden durch von der Bundesregierung nach § 7 Abs. 1 BImSchG erlassene Rechtsverordnungen[229] konkretisiert.

(1) Pflichten gem. § 5 BImSchG

45   Dem Betreiber einer genehmigungsbedürftigen Anlage obliegen nach § 5 Abs. 1 Nr. 1–4, Abs. 3 und 4 BImSchG folgende Pflichten:[230]

- Schutzpflicht,

- Vorsorgepflicht,

- Abfallvermeidungs-, Abfallverwertungs- und Abfallentsorgungspflicht,

---

224 *Jarass*, BImSchG, § 3 Rn. 79.
225 Kompetenz der Bundesländer, vgl. bereits die Kompetenzgrundlage des Art. 74 Abs. 1 Nr. 24 GG und Rn. 16; *Schmidt/Kahl/Gärditz*, § 7 Rn. 127.
226 OVG Münster, ZUR 2009, 268.
227 Vgl. etwa *Schmidt/Kahl/Gärditz*, § 7 Rn. 128 ff.
228 Zum Recht der Errichtung und des Betriebs von Anlagen im Immissionsschutzrecht *Peters/Hesselbarth/Peters*, Umweltrecht, Rn. 682 ff.
229 Dies sind insb. die 12., 13., 17. und die 30. BImSchV, vgl. *Jarass*, BImSchG, § 7 Rn. 38 ff.
230 Etwa *Eifert* in: Schoch, Besonderes Verwaltungsrecht, 5. Kap. Rn. 253 ff.; *Beaucamp* in: Kluth/Smeddinck, § 2 Rn. 45 ff.

■ Energieeffizienzpflicht und

■ Nachsorgepflicht.

Allen Grundpflichten vorangestellt ist die sog. **Integrationsklausel**, die besagt, dass ge-   46
nehmigungsbedürftige Anlagen so zu errichten und zu betreiben sind, dass **ein hohes
Schutzniveau für die Umwelt insgesamt** gewährleistet wird (§ 5 Abs. 1 BImSchG).[231]
Dieser integrative Ansatz bezweckt eine umfassende Betrachtung der Umweltauswirkungen einer Anlage: „Es soll vermieden werden, dass durch medial bezogene Schutzmaßnahmen beispielsweise zur Luftreinhaltung andere Umweltbelastungen, etwa große Mengen von Abfällen, mit der Folge auftreten, dass die Gesamtbilanz der Umweltbelastungen negativer ausfällt, als wenn die zur Belastungsverlagerung führende Maßnahme unterblieben wäre.“[232] Angestrebt ist somit eine **medienübergreifende Abwägung**, die einen intermedialen Nutzenvergleich zum Inhalt hat.[233]

■ Nach der in § 5 Abs. 1 Nr. 1 BImSchG normierten **Schutzpflicht** dürfen die Errich-   47
tung und der Betrieb von Anlagen keine schädlichen Umwelteinwirkungen[234], sonstigen Gefahren, erheblichen Nachteile und erheblichen Belästigungen[235] für die Allgemeinheit und die Nachbarschaft hervorrufen. Durch Einbeziehung „sonstiger“
Gefahren erstreckt sich der Anwendungsbereich des Schutzgrundsatzes auch auf
Einwirkungen physischer Art, die keine Immissionen[236] darstellen, wie z.B. der
durch Explosion erfolgende Auswurf wägbarer Stoffe.[237]
Die zu treffenden Schutzvorkehrungen müssen sich sowohl auf den Normalbetrieb
als auch auf den Störfall erstrecken.[238] Durch welche Maßnahmen der Betreiber seiner Schutzpflicht nachkommt, bleibt weitestgehend ihm überlassen.[239] Besondere
Pflichten werden den Betreibern insoweit aber durch die Störfallverordnung (12.
BImSchV)[240] auferlegt.
Anders als bei der Vorsorgepflicht stehen die im Rahmen der Schutzpflicht zu treffenden Maßnahmen nicht unter dem Vorbehalt ihrer technischen Realisierbarkeit;
auch wenn die von einer Anlage ausgehenden schädlichen Umwelteinwirkungen
nach dem Stand der Technik[241] unvermeidbar sind, scheidet daher eine Genehmigungserteilung aus.[242]
Die Vorschrift des § 5 Abs. 1 Nr. 1 BImSchG ist **drittschützend**, zumal sie ausdrücklich Bezug auf die „Nachbarschaft“ nimmt.[243]

■ Der Betreiber hat nach § 5 Abs. 1 Nr. 2 BImSchG Vorsorge gegen schädliche Um-   48
welteinwirkungen zu treffen, insbesondere durch dem Stand der Technik entspre-

---

231 Vgl. Rn. 24.
232 *Koch* in: ders./Hofmann/Reese, § 4 Rn. 89 ff.; allgemein zu den integrativen Elementen des Immissions-
     schutzrechts *Scheidler*, NuR 2008, 764 ff.
233 Kritisch in Bezug auf die hierfür entscheidenden Maßstäbe *Koch* in: ders./Hofmann/Reese, § 4 Rn. 92; § 5
     Rn. 70.
234 Dazu § 3 Abs. 1 BImSchG, vgl. Rn. 28.
235 Zu den Begriffen Nachteile und Belästigungen (§ 3 Abs. 1 BImSchG) vgl. Rn. 28.
236 Dazu § 3 Abs. 2 BImSchG, vgl. Rn. 26; in Abgrenzung zum Begriff der Emissionen, § 3 Abs. 3 BImSchG, vgl.
     Rn. 27.
237 *Schmidt/Kahl/Gärditz*, § 7 Rn. 55.
238 *Sparwasser/Engel/Voßkuhle*, § 10 Rn. 180 ff.
239 Vgl. *Hoppe/Beckmann/Kauch*, § 21 Rn. 54.
240 Nachfolgend Rn. 53 f.
241 Vgl. Rn. 31.
242 *Ipsen*, AöR 1982, 259, 263; *Kloepfer*, Umweltrecht, § 15 Rn. 285.
243 BVerwG, NJW 1984, 2174, 2175; OVG Saarlouis, ZUR 1994, 258, 259 f.; *Jarass*, BImSchG, § 5 Rn. 133.

chende Maßnahmen (**Vorsorgepflicht**). Bereits im Vorfeld der Schutzpflicht[244] soll damit dem Entstehen von Immissionen vorgebeugt werden, indem eine Sicherheitszone unterhalb der Gefahrenschwelle geschaffen wird und Freiräume als (Belastungs-)Reserven erhalten werden[245]. Welche Schutzzwecke § 5 Abs. 1 Nr. 2 BImSchG verfolgt[246] und ob der Vorschrift drittschützende Wirkung zukommt, ist umstritten, wobei letzteres weit überwiegend im Grundsatz verneint wird[247]. Jedenfalls bleibt es dabei, dass Vorsorgemaßnahmen bereits dann rechtlich eröffnet sind, wenn Immissionen noch keine schädlichen Umwelteinwirkungen darstellen.[248]

- Abweichendes gilt für Anlagen, die dem Anwendungsbereich des Treibhausgas-Emissionshandelsgesetzes (**TEHG**)[249] unterliegen.[250] Anforderungen zur Reduzierung der Treibhausgasemissionen sind nur zulässig, um das Entstehen schädlicher Umwelteinwirkungen nach § 5 Abs. 1 Nr. 1 BImSchG im Einwirkungsbereich der Anlage zu verhindern (§ 5 Abs. 2 S. 1 BImSchG). Darüber hinaus dürfen bei diesen Anlagen zur Erfüllung der Pflicht zur effizienten Verwendung von Energie bzgl. CO_2 keine Anforderungen gestellt werden, die über die im Treibhausgas-Emissionshandelsgesetz normierten Pflichten hinausgehen (§ 5 Abs. 2 S. 2 BImSchG). Insofern wird bereits die Teilnahme am Emissionshandel durch die Gesamtheit der Anlagen als ausreichende Vorsorge gewertet. Diese Einschränkung des Vorsorgegebotes ist zu Recht umstritten.[251]

49   Was unter **Stand der Technik**[252] zu verstehen ist, definiert § 3 Abs. 6 BImSchG.[253] Vor diesem Hintergrund beurteilt sich die erforderliche Vorsorge anders als bei § 5 Abs. 1 Nr. 1 BImSchG anhand der vorhandenen technischen Möglichkeiten. Auch können nur solche Maßnahmen verlangt werden, die nicht außer **Verhältnis** zum angestrebten Zweck der Emissionsminderung stehen.[254]
Nach bislang überwiegender Auffassung im nationalen Bereich lässt sich dem Vorsorgegebot **keine drittschützende Wirkung** entnehmen;[255] europarechtlich bzw. -gerichtlich stellen sich die Dinge anders dar[256].

---

244   Dazu vorstehend Rn. 47.
245   BVerwGE 65, 313, 320 f.; *Schmidt/Kahl/Gärditz*, § 7 Rn 63, m.w.N.; bereits unter § 3 Rn. 3 ff.
246   *Dietlein* in: Landmann/Rohmer, § 5 BImSchG Rn. 134 f.; allgemein zum umweltrechtlichen Vorsorgegrundsatz § 3 Rn. 3 ff.
247   *Jarass*, BImSchG, § 5 Rn. 34 ff.
248   Dergestalt dient das Vorsorgeprinzip der Verbesserung der allgemeinen Umweltsituation, auch hinsichtlich des Ferntransports von Luftschadstoffen, *Schmidt/Kahl/Gärditz*, § 7 Rn. 63, unter Hinweis auf BVerwGE 69, 37, 42 ff.
249   Vgl. § 16 Rn. 33 ff.
250   In diesen Zusammenhang gehört auch die verfolgte gesetzliche Einführung der CCS-Technik, um CO_2 dauerhaft in unterirdischen geologischen Formationen (ab)zulagern; vgl. § 16 Rn. 29; näher *Stevens*, UPR 2007, 281; *Wickel*, ZUR 2011, 115, 116 f.; *Erbguth*, ZUR 2011, 121.
251   Kritisch hierzu *Koch/Kahle*, NVwZ 2006, 1126; *Mager*, DÖV 2004, 561, 565.
252   Grundlegend *Marburger*, S. 158 ff.; *Breuer* in: Kimminich/v. Lersner/Storm, Bd. 2, Sp. 1869 ff.; *Feldhaus*, DVBl. 1981, 165.
253   Ausführlich, einschließlich der Besonderheiten bei Anlagen i.S.d. der IE-RL unter Rn. 31.
254   *Kloepfer*, Umweltrecht, § 15 Rn. 309 ff.
255   BVerwGE 65, 313, 320; *Ronellenfitsch/Wolf*, NJW 1986, 1955, 1959; differenzierend *Sparwasser/Engel/Voßkuhle*, § 10 Rn. 159; inzwischen aber BVerwG, JuS 2004, 1026: Drittschutz zu bejahen bei typischerweise der Vorsorge dienenden Emissionswerten, sofern keine Immissionswerte bestehen; auch *Eifert* in: Schoch, Besonderes Verwaltungsrecht, 5. Kap. Rn. 262; gegenteilig vor dem Hintergrund der Entwicklung der Rechtsprechung zum Atomrecht *Murswiek/Ketterer/Sauer/Wöckel*, Die Verwaltung 44 (2011), 235, 244.
256   Bereits Rn. 36 a.E.; auch Rn. 34 a.E.

- § 5 Abs. 1 Nr. 3 BImSchG regelt die in einem Stufenverhältnis zueinander stehenden   50
Pflichten zur **Abfallvermeidung, Abfallverwertung und Abfallentsorgung.** Priorität
hat die Vermeidung von Abfällen. Soweit dies nicht möglich ist, trifft den Anlagenbetreiber die Pflicht zur ordnungsgemäßen und schadlosen Verwertung der angefallenen Abfälle. Ist eine Vermeidung oder Verwertung technisch nicht möglich oder
unzumutbar, sind Abfälle zu beseitigen.[257]
Der Abfallbegriff des § 5 Abs. 1 Nr. 3 BImSchG ist mit dem des Kreislaufwirt-
schaftsrechts[258] identisch, allerdings ohne die dort vorgehaltenen Ausnahmen. Er
umfasst daher neben beweglichen Sachen, die bei der Energieumwandlung, Herstellung, Behandlung oder Nutzung von Stoffen oder Erzeugnissen oder bei Dienstleistungen anfallen, ohne dass der Zweck der jeweiligen Handlung darauf gerichtet ist,
auch sonstige unerwünschte Nebenprodukte, wie solche tierischer Art und Abwäs-
ser.[259]
Die sich aus § 5 Abs. 1 Nr. 3 BImSchG ergebende Vermeidungspflicht hat als Ausdruck des Vorsorgeprinzips keine drittschützende Wirkung.[260] Soweit es um die Art
und Weise der Abfallverwertung oder -beseitigung geht, beurteilt sich die Frage des
Drittschutzes anhand der dafür einschlägigen (Spezial-)Vorschriften, insbesondere
des Kreislaufwirtschafts- und des Abwasserrechts.[261]

- Es besteht ferner die Grundpflicht, die eingesetzte und die beim Betrieb anfallende   51
Energie sparsam und **effizient** zu verwenden (§ 5 Abs. 1 Nr. 4 BImSchG).[262] Dies
richtet sich auf eine Vermeidung von Energieverlusten, eine Reduktion der eingesetzten Energie und die Erreichung hoher energetischer Wirkungs- und Nutzungs-
grade.[263] Die Pflicht zum sparsamen und effizienten Energieeinsatz ergibt sich teilweise bereits aus dem einzuhaltenden Stand der Technik (§ 3 Abs. 6 BImSchG). Nähere Vorgaben zur Wärmenutzung enthält § 13 der 17. BImSchV. Die Vorschrift
verlangt in bestimmten Fällen, die Wärme zur Stromerzeugung zu nutzen. Eine der
Regelung im Zusammenhang mit dem Vorsorgegrundsatz entsprechende Sonderbe-
handlung[264] erfahren dem TEHG unterfallende Anlagen, soweit es um die Pflicht
zur effizienten (also nicht: sparsamen) Verwendung von Energie geht, § 5 Abs. 2
S. 2 BImSchG.[265] Als Ausdruck des Vorsorgeprinzips wird § 5 Abs. 1 Nr. 4
BImSchG keine **drittschützende** Wirkung zugesprochen.[266]

- Um der Entstehung sog. Altlasten vorzubeugen, besteht die Schutz- und Entsor-   52
gungspflicht auch nach einer Betriebseinstellung (§ 5 Abs. 3, 4 BImSchG: **Nachsorgepflicht,** insbes. Wiederherstellung eines ordnungsgemäßen Zustands des Betriebs-
geländes, Nr. 3 der Vorschrift);[267] im Grunde handelt es sich daher nicht um eine

---

257 OVG Lüneburg, NJW 1998, 398; der Vorrang der Verwertung kann auch dann entfallen, wenn die Beseitigung umweltverträglicher ist, vgl. *Schmidt/Kahl/Gärditz*, § 7 Rn. 66, unter Hinweis auf das Kreislaufwirtschaftsrecht.
258 Vgl. § 12 Rn. 7, 16 ff.
259 Dazu § 12 Rn. 18 ff., 23; *Kaster*, NuR 1996, 109; *Sparwasser/Engel/Voßkuhle*, § 10 Rn. 112, 162; *Roßnagel/
Hentschel* in: Führ, GK-BImSchG, § 5 Rn. 641 ff.
260 OVG Münster, NuR 1990, 330; *Heitsch*, JA 2001, 258.
261 *Jarass*, BImSchG, § 5 Rn. 138; differenzierend *Roßnagel/Hentschel* in: Führ, GK-BImSchG, § 5 Rn. 682 ff.
262 Auch *Eifert* in: Schoch, Besonderes Verwaltungsrecht, 5. Kap. Rn. 265.
263 *Jarass*, BImSchG, § 5 Rn. 99 f.
264 Vgl. Rn. 48.
265 Zur geringen Bedeutung der Freizeichnung, weil das TEHG energiebezogene Pflichtenstellung bislang
nicht vorhält, *Schmidt/Kahl/Gärditz*, § 7 Rn. 67.
266 *Dietlein* in: Landmann/Rohmer, § 5 BImSchG Rn. 205; *Jarass*, BImSchG, § 5 Rn. 138.
267 Dazu *Peters*, NVwZ 1994, 879; *Köster*, ZUR 1995, 298; *Vallendar*, UPR 1991, 91; für Betreiber von Anlagen
nach der IE-RL gelten insoweit besondere Nachsorgepflichten, vgl. *Scheidler*, ZUR 2013, 264.

zusätzliche Betreiberpflicht, sondern um eine zeitliche Ausdehnung der genannten Pflichten.[268]

Für **Industrieemissions-Anlagen** besteht nach endgültiger Einstellung des Betriebs eine neben der Wiederherstellungspflicht des § 5 Abs. 3 Nr. 3 BImSchG stehende Rückführungspflicht[269] bei Boden- und Grundwasserverschmutzungen auf den Ausgangszustand (§ 5 Abs. 4 BImSchG).[270]

Die Maßgaben der Nr. 1–3 des § 5 Abs. 3 BImSchG stehen in keinem Rangverhältnis, also nebeneinander.[271] Insoweit können bereits bei der Anlagengenehmigung Vorkehrungen getroffen werden, etwa im Wege von Auflagen.[272] Ansonsten bleibt es bei der Möglichkeit, nachträgliche Anordnungen nach § 17 BImSchG zu erlassen. Adressat der Nachsorgepflichten ist der (jeweils letzte) Anlagenbetreiber.[273]

Um bereits frühzeitig die Erfüllbarkeit der Nachsorgepflicht zu gewährleisten und um Beweisschwierigkeiten hinsichtlich des Ausmaßes verursachter Verschmutzungen auszuräumen, sieht § 10 Abs. 1a BImSchG in Umsetzung der IE-RL vor, dass bei Genehmigung der Bodenzustand in einem Ausgangsbericht zu dokumentieren ist.[274] Teil der Nachsorgepflicht aus § 5 Abs. 3 ist es dann, diesen Ausgangszustand wiederherzustellen.[275]

Drittschutz beurteilt sich anhand der „weitergeleiteten" Schutz- und Entsorgungspflichten.[276]

(2) Konkretisierende Rechtsverordnungen gem. § 7 BImSchG

53 Pflichten ergeben sich ferner aus den aufgrund § 7 Abs. 1 BImSchG erlassenen (bislang vier) Rechtsverordnungen. Es handelt sich um die

- Störfallverordnung (12. BImSchV),
- Großfeuerungs-, Gasturbinen- und Verbrennungsmotorenanlagenverordnung (13. BImSchV),
- Abfallverbrennungs- und -mitverbrennungsverordnung (17. BImSchV) und
- Verordnung über biologische Abfallbehandlungsanlagen (30. BImSchV).

54 Die **Störfallverordnung**[277] erfasst Betriebsbereiche i.S.d. § 3 Abs. 5a BImSchG, in denen Stoffe oder Stoffgruppen nach Anhang I der Verordnung im bestimmungsgemäßen Betrieb vorhanden sind (§ 1 Abs. 1 StörfallVO). Des Weiteren werden auch nach § 4 BImSchG genehmigungsbedürftige Anlagen, die ein hohes Gefährdungspotential aufweisen, einbezogen, selbst wenn sie nicht zu einem Betriebsbereich gehören, etwa Flüssiggas- oder Ammoniakkälteanlagen. Die Verordnung legt den Betreibern der Betriebsbereiche und Anlagen nach dem jeweiligen Gefährdungspotential abgestufte materielle und formelle Pflichten auf.[278] Insgesamt richtet sich die Richtlinie darauf, die Auswirkungen von Störfällen zu begrenzen.[279]

---

268 *Schmidt/Kahl/Gärditz*, § 7 Rn. 68.
269 Zum Verhältnis beider Pflichtenstellungen *Jarass*, NVwZ 2013, 169, 175: herkömmliche Pflicht strenger, wenn Grundstück bei Anlagenerrichtung bereits erheblich vorbelastet war.
270 Näher *Betensted/Grandjot/Waskow*, ZUR 2013, 395, 398.
271 *Sparwasser/Engel/Voßkuhle*, § 10 Rn. 168.
272 Allgemein zu Nebenbestimmungen *Erbguth/Guckelberger*, Allgemeines Verwaltungsrecht, § 18.
273 Zum Vorstehenden *Schmidt/Kahl/Gärditz*, § 7 Rn. 68.
274 Vgl. Rn. 67.
275 Dazu ausführlich *Müggenborg*, NVwZ 2014, 326.
276 Vorsorgepflichten werden nicht erfasst vgl. *Jarass*, BImSchG, § 5 Rn. 139.
277 VO v. 15.3.2017, BGBl. I, S. 483, zuletzt geändert durch VO v. 8.12.2017, BGBl. I, S. 3882.
278 Vgl. *Sparwasser/Engel/Voßkuhle*, § 10 Rn. 183.
279 *Schmidt/Kahl/Gärditz*, § 7 Rn. 71.

Die Großfeuerungs-, Gasturbinen- und Verbrennungsmotorenanlagenverordnung[280] 55
verpflichtet die Betreiber von Anlagen zur Verfeuerung fester, flüssiger und gasförmi-
ger Brennstoffe u.a. mit einer Feuerwärmeleistung von 50 Megawatt und mehr zur
Einhaltung von Emissionsgrenzwerten – und konkretisiert damit das Vorsorgegebot,
§ 5 Abs. 1 Nr. 2 BImSchG.[281] Die Festlegung der Emissionsgrenzwerte richtet sich nach
einzelnen Emissionsstoffen sowie nach der Anlagengröße (§§ 4 ff. der 13. BImSchV).
Die Einhaltung der Grenzwerte wird durch detaillierte Überwachungs- und Messrege-
lungen gewährleistet (§§ 18 ff. der 13. BImSchV).

Die Abfallverbrennungs- und -mitverbrennungsverordnung[282] gilt für nach § 4 56
BImSchG genehmigungsbedürftige Verbrennungs- oder Mitverbrennungsanlagen, in
denen feste, flüssige und gasförmige Stoffe (§ 1 Abs. 1 Nr. 1 der 17. BImSchV) oder
ähnliche feste bzw. flüssige brennbare Stoffe nach näherer Maßgabe der Nr. 2 jener
Vorschrift verbrannt werden, auch wenn dies nur einen Nebenzweck der Anlage darstellt. Regelungszweck der Abfallverbrennungsanlagenverordnung ist die Verschärfung
der emissionsbegrenzenden Anforderungen für Abfall- und Abfallmitverbrennungsan-
lagen gegenüber der TA Luft.[283]

Die Verordnung zur biologischen Behandlung von Abfällen[284] regelt Anforderungen 57
an Abfallbehandlungsanlagen, um eine umweltverträgliche biologische Behandlung
von Siedlungsabfällen u.Ä. sicherzustellen.[285] Insbesondere geht es um Schutz und Vorsorge gegen Abgase derartiger Anlagen.[286]

bb) Pflichten der Betreiber nicht genehmigungsbedürftiger Anlagen

Handelt es sich bei Anlagen i.S.d. § 3 Abs. 5 BImSchG[287] um nicht nach § 4 BImSchG 58
genehmigungsbedürftige Anlagen, unterfallen sie den Betreiberpflichten aus § 22
BImSchG sowie den Anforderungen, die sich aus einer nach § 23 BImSchG erlassenen
Rechtsverordnung[288] ergeben.[289] Neben denjenigen Anlagen, welche die Schwellenwerte der 4. BImSchV für die Genehmigungsbedürftigkeit nicht überschreiten, werden
hiervon u.a. Mobilfunkanlagen, Tankstellen, Biergärten, Kirchturmglocken und Sportplätze erfasst.[290]

Der Betreiber einer nicht genehmigungsbedürftigen Anlage hat gem. § 22 Abs. 1
BImSchG folgende Pflichten zu erfüllen:

- Verhinderungspflicht,
- Minimierungspflicht und
- Abfallbeseitigungspflicht.

---

280 13. BImSchV v. 2.5.2013, BGBl. I, S. 1021, 1023, zuletzt geändert durch VO v. 19.12.2017, BGBl. I, S. 4007.
281 *Schmidt/Kahl/Gärditz*, § 7 Rn. 71; zum Vorsorgegebot vgl. Rn. 48 f.; allgemein § 3 Rn. 3 ff.
282 17. BImSchV v. 2.5.2013, BGBl. I, S. 1021.
283 *Sparwasser/Engel/Voßkuhle*, § 11 Rn. 335.
284 30. BImSchV v. 20.2.2001, BGBl. I, S. 317, zuletzt geändert durch VO v. 27.9.2017, BGBl. I, S. 3465.
285 *Schmidt/Kahl/Gärditz*, § 7 Rn. 71.
286 Zu übergreifenden sowie sekundär auf § 7 BImSchG gestützten Rechtsverordnungen *Jarass*, BImSchG, § 7 Rn. 38.
287 Dazu Rn. 43.
288 Dazu sogleich Rn. 60.
289 Allgemein *Pütz/Buchholz*, Immissionsschutz bei nicht genehmigungsbedürftigen Anlagen.
290 Ausführlich hierzu *Jarass*, BImSchG, § 22 Rn. 9 f.

59   Soweit nach dem Stand der Technik schädliche Umwelteinwirkungen vermeidbar sind, sind sie zu verhindern (**Verhinderungspflicht**). Die unvermeidbaren schädlichen Umwelteinwirkungen sind nach dem Stand der Technik auf ein Mindestmaß zu beschränken (**Minimierungspflicht**).[291] Beide Betreiberpflichten sind drittschützend.[292] Anders als bei genehmigungspflichtigen Anlagen ist die Vermeidung der von einer genehmigungsfreien Anlage ausgehenden sonstigen Gefahren, erheblichen Nachteilen oder erheblichen Belästigungen nicht Gegenstand der Betreiberpflichten. Nach dem Wortlaut ebenfalls hinzunehmen sind die auf ein Mindestmaß reduzierten schädlichen Umwelteinwirkungen. Aus Sinn und Zweck sowie der systematischen Stellung der Vorschrift (§ 25 Abs. 2 BImSchG) ergibt sich jedoch, dass dies nur gilt, solange keine Gefahren für Leben, Gesundheit oder bedeutende Sachwerte bestehen.[293]

- Eine Vorsorgepflicht des Betreibers wie bei genehmigungspflichtigen Anlagen (§ 5 Abs. 1 Nr. 2 BImSchG) lässt sich aus der Vorschrift nicht ableiten.[294]

- Des Weiteren hat der Betreiber die beim Betrieb der Anlage anfallenden Abfälle ordnungsgemäß zu beseitigen (**Abfallbeseitigungspflicht**).

- Für nicht zu gewerblichen Zwecken betriebene und nicht in wirtschaftlichen Unternehmen Verwendung findende Anlagen beschränken sich die in § 22 Abs. 1 S. 3 BImSchG genannten Betreiberpflichten auf Luftverunreinigungen, Geräusche[295] und auf die von Funkanlagen ausgehenden nichtionisierenden Strahlen. Der Vorschrift kommt **nachbarschützende Wirkung** zu.[296]

60   Weitergehende Pflichten können den Anlagenbetreibern durch Rechtsverordnungen nach § 23 Abs. 1 BImSchG[297] auferlegt werden. In ihnen kann die Bundesregierung bestimmte Anforderungen zum **Schutz** der Allgemeinheit und der Nachbarschaft sowie zur **Vorsorge** an **nicht genehmigungsbedürftige** Anlagen stellen; dabei darf das Schutzniveau des § 22 BImSchG nicht unterschritten werden.[298] Auf dieser Grundlage sind bisher ergangen:

- Verordnung über kleine und mittlere Feuerungsanlagen v. 26.1.2010 (1. BImSchV),[299]

- Verordnung zur Emissionsbegrenzung von leichtflüchtigen halogenierten organischen Verbindungen v. 10.12.1990 (2. BImSchV),[300]

- Verordnung zur Auswurfbegrenzung von Holzstaub v. 18.12.1975 (7. BImSchV),[301]

- Verordnung über die Beschaffenheiten und die Auszeichnung der Qualitäten von Kraft- und Brennstoffen v. 8.12.2010 (10. BImSchV),[302]

---

291 Dazu BVerwGE 81, 197, 200.
292 Wegen des Bezugs zu § 3 Abs. 1 BImSchG, vgl. *Heitsch*, JA 2001, 258, 259.
293 *Kloepfer*, Umweltrecht, § 15 Rn. 558 f.
294 VGH München, UPR 1987, 317; OVG Bremen, NordÖR 2015, 353 f.; *Jarass*, BImSchG, § 22 Rn. 22; a.A. *Kloepfer*, Umweltrecht, § 15 Rn. 557; *Couzinet*, NuR 2007, 722.
295 *Jarass*, BImSchG, § 22 Rn. 24.
296 BVerwGE 74, 315, 327; 79, 254, 257; 101, 157, 164.
297 Zum Streit, ob die Vorschrift als Ermächtigungsgrundlage ausreicht; dafür BVerfG, GewArch 1997, 235; a.A. VG Gelsenkirchen, ZUR 1993, 119, aufgehoben durch OVG Münster, DÖV 1993, 966. Ersatzweise sind die Länder zum Verordnungserlass ermächtigt, § 23 Abs. 2 BImSchG.
298 Vgl. BVerwGE 108, 260, 264 ff., zur früheren Biergarten-Nutzungszeiten-Verordnung Bayerns.
299 BGBl. I, S. 38, zuletzt geändert durch G v. 10.3.2017, BGBl. I, S. 420.
300 BGBl. I, S. 2694, zuletzt geändert durch VO v. 24.3.2017, BGBl. I, S. 656.
301 BGBl. I, S. 3133.
302 BGBl. I, S. 1849, geändert durch VO v. 1.12.2014, BGBl. I, S. 1890.

- Störfall-Verordnung in der Fassung der Bekanntmachung v. 15.3.2017 (12. BImSchV),[303]
- Sportanlagenlärmschutzverordnung v. 18.7.1991 (18. BImSchV),[304]
- Verordnung zur Begrenzung der Emissionen flüchtiger organischer Verbindungen beim Umfüllen und Lagern von Otto-Kraftstoffen, Kraftstoffgemischen und Rohbenzin in der Fassung der Bekanntmachung v. 18.8.2014 (20. BImSchV),[305]
- Verordnung zur Begrenzung der Kohlenwasserstoffemissionen bei der Betankung von Kraftfahrzeugen in der Fassung der Bekanntmachung v. 18.8.2014 (21. BImSchV),[306]
- Verordnung über elektromagnetische Felder In der Fassung der Bekanntmachung v. 14.8.2013 (26. BImSchV),[307]
- Verordnung über Anlagen zur Feuerbestattung v. 19.3.1997 (27. BImSchV),[308]
- Verordnung zur Begrenzung der Emissionen flüchtiger organischer Verbindungen bei der Verwendung organischer Lösemittel in bestimmten Anlagen v. 21.8.2001 (31. BImSchV)[309] und
- Geräte- und Maschinenlärmschutzverordnung v. 29.8.2002 (32. BImSchV).[310]

cc) Bestellung eines Immissionsschutzbeauftragten

Eine Leistungspflicht des Betreibers liegt in der von ihm gem. §§ 53 ff. BImSchG geforderten Bestellung eines Betriebsbeauftragten für Immissionsschutz.[311]   61

Sie dient der immissionsschutzrechtlichen Überwachung von Anlagen. Der Immissionsschutzbeauftragte ist jedoch kein Hilfsorgan der Behörde; seine Tätigkeit ist vielmehr als eigenverantwortliche und betriebsinterne Überwachung durch den Betreiber ausgestaltet.[312]

Die **Pflicht zur Bestellung** eines oder mehrerer Betriebsbeauftragten trifft nur diejenigen Betreiber genehmigungsbedürftiger Anlagen, bei denen nach § 53 Abs. 1 BImSchG ein entsprechendes Erfordernis besteht. Die entsprechenden Anlagen sind durch die Verordnung über Immissionsschutz- und Störfallbeauftragte vom 30.7.1993 (5. BImSchV)[313] bestimmt worden. Darüber hinaus kann die Behörde nach § 53 Abs. 2 BImSchG auch für nicht genehmigungsbedürftige Anlagen die Bestellung eines Immissionsschutzbeauftragten vorschreiben.

Die **Aufgabe** des Immissionsschutzbeauftragten liegt darin, auf Entwicklung und Einführung umweltfreundlicher Verfahren und Erzeugnisse hinzuwirken. Er überwacht die Einhaltung des Immissionsschutzrechts und klärt die Betriebsangehörigen über ver-

---

303 BGBl. I, S. 483; Neubekanntmachung in der ab dem 14.1.2017 geltenden Fassung, zuletzt geändert durch VO v. 8.12.2017, BGBl. I, S. 3882.
304 BGBl. I, S. 1588, zuletzt geändert durch VO v. 1.6.2017, BGBl I, S. 1468.
305 BGBl. I, S. 1447; zuletzt geändert durch VO v. 24.3.2017, BGBl. I, S. 656.
306 BGBl. I, S. 1453; zuletzt geändert durch VO v. 24.43.2017, BGBl. I, S. 656.
307 BGBl. I, S. 3266; mit guten Gründen kritisch gegenüber der Neufassung *Budzinski*, NVwZ 2013, 613, 621 f.
308 BGBl. I, S. 545, zuletzt geändert durch VO v. 2.5.2013, BGBl. I, S. 973.
309 BGBl. I, S. 2180, zuletzt geändert durch VO v. 24.3.2017, BGBl. I, S. 656.
310 BGBl. I, S. 3478, zuletzt geändert durch VO v. 31.8.2015, BGBl. I, S. 1474.
311 Zum Nachfolgenden vgl. *Beaucamp* in: Kluth/Smeddinck, § 2 Rn. 127 ff.; allgemein § 5 Rn. 26 f.
312 *Hoppe/Beckmann/Kauch*, § 21 Rn. 215; *Kaster*, GewArch 1998, 129; bereits § 5 Rn. 27.
313 BGBl. I, S. 1433, zuletzt geändert durch VO v. 28.4.2015, BGBl. I, S. 670.

ursachte Umweltbeeinträchtigungen und die Möglichkeit ihrer Verhinderung auf (§ 54 BImSchG).

Vor immissionsschutzrelevanten Entscheidungen muss der Betreiber die Stellungnahme des Betriebsbeauftragten einholen. Er hat dem Immissionsschutzbeauftragten außerdem zu ermöglichen, seine Vorschläge und Bedenken ggf. unmittelbar der Geschäftsleitung vorzutragen (§ 57 BImSchG).

dd) Bestellung eines Störfallbeauftragten

62   Die Vorschriften über die Bestellung eines Störfallbeauftragten (§§ 58a ff. BImSchG) wurden durch das 3. Änderungsgesetz zum Bundes-Immissionsschutzgesetz eingeführt und entsprechen weitestgehend den Regelungen der §§ 53 ff. BImSchG.

Die **Pflicht zur Bestellung** eines Störfallbeauftragten betrifft die Betreiber solcher Anlagen, in denen im Hinblick auf ihre Art und Größe eine Störung Gefahren für die Allgemeinheit und die Nachbarschaft auslösen kann.

Seine **Aufgaben** erstrecken sich darauf, dem Betreiber Störungen sowie Mängel zu melden, auf die Verbesserung der Sicherheit der Anlage hinzuwirken und die Einhaltung des Bundes-Immissionsschutzgesetzes sowie erteilter Auflagen und Bedingungen zu überwachen.[314]

c) Kontrollinstrumente

63   Die Kontrollinstrumente des Immissionsschutzes lassen sich in die der Eröffnungskontrolle dienende **Genehmigungspflicht** für bestimmte Anlagen und die zur Befolgungskontrolle eingesetzten **Überwachungsmaßnahmen** unterteilen.

aa) Genehmigungspflicht

64   Die Genehmigungspflicht als präventive Kontrolle (präventives Verbot mit Erlaubnisvorbehalt[315]) erfasst nur die Errichtung bzw. Änderung bestimmter Anlagen. Es ist deshalb zunächst festzustellen, ob es sich um eine **genehmigungsbedürftige Anlage** i.S.d. Bundes-Immissionsschutzgesetzes handelt. Sodann ist zu überprüfen, ob ein ordnungsgemäßes **Genehmigungsverfahren** durchgeführt wurde. Schließlich müssen die **materiellen Voraussetzungen** für eine Genehmigungserteilung vorliegen.[316] Die Genehmigung kann in verschiedenen **Formen** erteilt werden und entfaltet unterschiedliche **Rechtswirkungen**.

(1) Genehmigungsbedürftigkeit einer Anlage

65   Der Genehmigungspflicht unterliegen nach § 4 Abs. 1 S. 1 BImSchG die Errichtung und der Betrieb von **Anlagen**, die aufgrund ihrer Beschaffenheit oder ihres Betriebs besonders geeignet sind, schädliche Umwelteinwirkungen hervorzurufen oder in anderer Weise geeignet sind, die Allgemeinheit oder die Nachbarschaft zu gefährden, erheblich zu benachteiligen bzw. erheblich zu belästigen, sowie von ortsfesten Abfallentsorgungsanlagen zur Lagerung oder Behandlung von Abfällen. Eingeschränkt ist die Genehmigungspflicht bei Anlagen, die nicht gewerblichen Zwecken dienen und auch

---

314 Vgl. *Steinberg*, NVwZ 1995, 209.
315 Vgl. § 5 Rn. 32.
316 Fallbezogen näher *Kment/Braun*, JURA 2011, 414.

nicht im Rahmen wirtschaftlicher Unternehmen Anwendung finden (§ 4 Abs. 1 S. 2 BImSchG).[317] Der Kreis der danach genehmigungspflichtigen Anlagen wird durch die auf der Rechtsgrundlage des § 4 Abs. 1 S. 3 BImSchG erlassene Verordnung über genehmigungsbedürftige Anlagen (4. BImSchV) **konstitutiv** und abschließend[318] festgelegt.[319] Entsprechendes gilt für die dort mitgeregelten anlagenspezifischen Fragen,[320] wie die zu erwartende Mindestbetriebsdauer[321], den Maßstab für die Bemessung von Leistungsgrenzen und Anlagengrößen[322] und deren Zusammenrechnung bei Anlagenmehrheiten[323].[324] Anlagen des Bergwesens bedürfen der Genehmigung nur, soweit sie im Tagebau betrieben werden (§ 4 Abs. 2 BImSchG).

Anlagen, die nicht bereits nach der 4. BImSchV genehmigungspflichtig sind, können neuerdings nach Umsetzung der Seveso III-Richtlinie[325] einer störfallrechtlichen Genehmigungspflicht gem. § 23b BImSchG unterliegen. Erfasst sind störfallrelevante Errichtungen, der Betrieb oder Änderungen (§ 3 Abs. 5b BImSchG) von Anlagen, die Betriebsbereich oder Teil eines Betriebsbereichs i.S.d. § 3 Abs. 5a BImSchG sind. Kennzeichnend für Letztere ist das Vorhandensein bestimmter gefährlicher Stoffe i.S.d. Art. 3 Nr. 10 der Seveso III-Richtlinie. Es genügt, dass diese Stoffe nach der Betriebsplanung oder bei außer Kontrolle geratenen Prozessen wahrscheinlich anfallen werden.[326]

Das Verfahren ist zweistufig ausgestaltet: Die störfallrelevante Anlagenerrichtung, -änderung oder der Betrieb ist zunächst nach Maßgabe des § 23a Abs. 1 BImSchG anzuzeigen, um die behördliche Feststellung der störfallrechtlichen Genehmigungspflichtigkeit zu ermöglichen (§ 23a Abs. 2 S. 1 BImSchG). Konstitutiv für die Genehmigungspflicht sind gem. § 23a Abs. 2 S. 1 BImSchG entweder das erstmalige oder weitere räumliche Unterschreiten des angemessenen Sicherheitsabstandes zu benachbarten Schutzobjekten (z.B. Wohngebäude, vgl. § 3 Abs. 5d BImSchG) oder eine erhebliche Gefahrenerhöhung. Der anhand störfallspezifischer Faktoren (z.B. der Art gefährlicher Stoffe) zu ermittelnde angemessene Abstand ist ein unbestimmter und gerichtlich voll überprüfbarer Rechtsbegriff (§ 3 Abs. 5c BImSchG).[327] Zwecks Konkretisierung soll auf Grundlage der Ermächtigung des § 48 Abs. 1 Nr. 5 BImSchG eine neue Verwaltungsvorschrift („TA Abstand") erlassen werden.[328] Die Genehmigungspflicht entfällt, soweit dem Gebot, den angemessenen Abstand zu wahren, bereits auf Ebene einer raumbedeutsamen Planung oder Maßnahme durch ver-

---

317 Nur genehmigungspflichtig, wenn schädliche Umwelteinwirkungen durch Luftverunreinigungen und Geräusche drohen. Die Beschränkung beruht darauf, dass Kompetenzgrundlage insoweit nur Art. 74 Abs. 1 Nr. 24 GG sein kann; Art. 74 Abs. 1 Nr. 11 GG (Wirtschaft) scheidet definitionsgemäß aus; vgl. *Schmidt/Kahl/Gärditz*, § 7 Rn. 18 ff.; zur Abgrenzung *Kloepfer*, Umweltrecht, § 15 Rn. 252.

318 Allein aus § 4 BImSchG lässt sich daher keine genehmigungsbedürftige Anlage ableiten, *Jarass*, UPR 2011, 201.

319 V. 31.5.2017, BGBl. I, S. 1440; in der Fassung der Neubekanntmachung; etwa Windkraftanlagen mit einer Gesamthöhe von mehr als 50 Metern, Nr. 1.6 Anhang 4. BImSchV; vgl. auch Fall 10 mit Lösung.

320 Vgl. *Schmidt/Kahl/Gärditz*, § 7 Rn. 20 f.

321 Mehr als zwölf Monate, § 1 Abs. 1 S. 1 der 4. BImSchV.

322 Rechtlich und tatsächlich möglicher Betriebsumfang, § 1 Abs. 1 S. 4 der 4. BImSchV.

323 Bei engem räumlichem und betrieblichem Zusammenhang, § 1 Abs. 3 S. 1 der 4. BImSchV; näher S. 2 der Vorschrift; vgl. auch § 1 Abs. 1 S. 4 der 4. BImSchV: nur bei Anlagen desselben Betreibers; zum Begriff des Betreibers OVG Münster, NVwZ-RR 2009, 462; zu alldem *Schmidt/Kahl/Gärditz*, § 7 Rn. 23.

324 Zum Vorstehenden näher *Jarass*, UPR 2011, 201.

325 S. hierzu bereits oben unter Rn. 6, 15.

326 Vgl. § 2 Nr. 5 der 12. BImSchV; erläuternd *Jarass*, BImSchG, § 3 Rn. 100; *Schoppen*, NVwZ 2017, 1561, 1563; zum Erfordernis legaler Betriebsführung OVG Münster, ZUR 2017, 239.

327 BVerwG, ZUR 2013, 278.

328 Vgl. Entwurf eines Eckpunktepapiers des Bund-/Länder-Arbeitskreises v. 11.9.2017; zu den Problemen der Ermittlung *Uechtritz/Farsbotter*, BauR 2015, 1919; dazu auch unter Rn. 9.

bindliche Vorgaben Rechnung getragen wurde, z.b. durch Bebauungspläne oder Planfeststellungen, nicht aber durch Flächennutzungspläne,[329] § 23b Abs. 1 S. 2 BImSchG.

Für das stets durchzuführende förmliche Genehmigungsverfahren gelten Besonderheiten. Auch die materiellen Genehmigungsvoraussetzungen weichen von den Genehmigungs-voraussetzungen der Genehmigung gem. §§ 4, 6 BImSchG ab.[330]

Die Errichtung und Änderung von Vorhaben, die keine Störfallanlagen sind, sich aber in der Umgebung eines Störfallbetriebs befinden, unterliegen nicht der Genehmigungspflicht nach den §§ 23a ff. BImSchG. Da indes auch hier störfallrelevante Gefahrenlagen entstehen oder intensiviert werden können, sind störfallrechtliche Vorschriften zur Öffentlichkeitsbeteiligung nach den Landesbauordnungsvorschriften, etwa im Verfahren zur Erteilung einer Baugenehmigung, zu beachten.[331]

66   Nach § 16 BImSchG besteht auch bei der **wesentlichen Änderung** einer Anlage ein Genehmigungserfordernis. Wesentlich ist eine Änderung, wenn durch sie nachteilige Wirkungen hervorgerufen werden können und diese Wirkungen für die Prüfung der Betreiberpflichten nach § 5 BImSchG oder der Pflichten aus Rechtsverordnungen nach § 7 BImSchG erheblich sein können.[332] Damit werden verbessernde und immissionsschutzrechtlich neutrale Änderungen vom Genehmigungserfordernis nach dem Bundes-Immissionsschutzgesetz ausgenommen. Darüber hinaus bestimmt § 16 Abs. 1 S. 2 BImSchG, dass eine Genehmigung auch dann nicht erforderlich ist, wenn durch die Änderung hervorgerufene nachteilige Auswirkungen offensichtlich gering sind und die Erfüllung der sich aus § 6 Abs. 1 Nr. 1 BImSchG ergebenden Betreiberpflichten sichergestellt ist. Wird eine Anlage vollständig durch eine andere ersetzt, handelt es sich nicht um eine Änderung, sondern um eine Neuerrichtung.[333]

Eine Änderungsgenehmigung ist ebenso wie die Genehmigung zur Errichtung oder zum Betrieb einer Anlage bei Vorliegen der Genehmigungsvoraussetzungen zu erteilen; es gilt also § 6 BImSchG.[334] Allerdings sollen bestimmte Verfahrensanforderungen – wie die öffentliche Bekanntmachung – entfallen, wenn sich aus der Änderung keine nachteiligen Auswirkungen auf die in § 1 BImSchG genannten Schutzgüter ergeben (§ 16 Abs. 2 BImSchG).[335] Auch darf nach näherer Maßgabe des § 6 Abs. 3 BImSchG die (Änderungs-)Genehmigung nicht versagt werden; die Vorschrift will Betrieben in Belastungsgebieten Entwicklungsmöglichkeiten offen halten.[336]

Zu beachten ist daneben der Auffangtatbestand des § 16a BImSchG, der eine Genehmigungspflicht für störfallrelevante Änderungen einer genehmigungsbedürftigen Anlage vorsieht, die Be-

---

329 *Jarass*, NVwZ 2018, 185, 187 f.; BT-Drs. 18/9417, S. 27.
330 Zum Genehmigungsverfahren unter Rn. 67; zu den materiellen Genehmigungsvoraussetzungen unter Rn. 70.
331 S. etwa § 51 I, 55 IV BW LBO; dazu *Uechtritz*, VBlBW 2018, 133.
332 Vgl. BVerwG, GewArch 1977, 168 f.; BVerwG, UPR 1985, 23; OVG Münster, ZUR 2017, 239; *Martens*, S. 179 ff.; *Reidt*, NVwZ 2017, 356, 358 f.; zur Standortverlegung als Anlagenänderung VGH München, ZUR 2017, 178.
333 *Jarass*, BImSchG, § 16 Rn. 6a.
334 Auch *Schmidt/Kahl/Gärditz*, § 7 Rn. 114. Entsprechendes gilt bei Anlagen, die der IE-RL unterfallen; dazu anhand des Ausgangszustandsberichts und der BVT-Schlussfolgerungen *Zimmermann*, I+E 2012, 110, 113 ff.
335 Näher *Schink*, NuR 2011, 250; *Jarass*, BImSchG, § 16 Rn. 52 f.
336 *Schmidt/Kahl/Gärditz*, § 7 Rn. 115, unter Hinweis auf BR-Drs. 281/09, S. 19 f.; dazu kritisch *Koch/Braun*, NVwZ 2010, 1199, 1271 ff.

triebsbereich oder Bestandteil eines Betriebsbereichs i.S.d. § 3 Abs. 5a BImSchG ist („Störfallanlagen")[337,338]

Wird eine Änderungsgenehmigung nicht beantragt, ist das Vorhaben, wenn es sich auf die Schutzgüter des § 1 BImSchG auswirken kann, nach § 15 Abs. 1 BImSchG anzeigebedürftig. Die Behörde erhält dadurch Gelegenheit zur Überprüfung, ob die Voraussetzungen des § 16 BImSchG vorliegen, vgl. § 15 Abs. 2 S. 1 BImSchG.

Die Freistellungserklärung der Behörde nach § 15 Abs. 2 S. 2 BImSchG, dass die Änderung keiner Genehmigung bedarf, betrifft lediglich diese Frage in formeller Hinsicht, also die formelle Legalität.[339] Nur insoweit ist der Antragsteller vor einem behördlichen Einschreiten nach § 20 Abs. 2 BImSchG geschützt, nicht aber mit Blick darauf, dass von der Anlagenänderung keine nachteiligen Auswirkungen auf die Schutzgüter des § 1 BImSchG ausgehen. Eine diesbezügliche Absicherung lässt sich nur nach § 16 Abs. 4 BImSchG erreichen, nämlich im Wege des dort optional vorgehaltenen Antrags auf Durchführung eines (vereinfachten) Genehmigungsverfahrens.[340] Für Störfallanlagen (vgl. § 3 Abs. 5a, Abs. 5b BImSchG) gilt dabei § 15 Abs. 2a BImSchG, der § 15 Abs. 2 BImSchG vorgeht.[341]

(2) Genehmigungsverfahren

Nach §§ 4 ff., 7 BImSchG i.V.m. § 2 der 4. BImSchV sind zwei **Genehmigungsverfahren** vorgesehen, deren näherer Verfahrensgang in der Verordnung über die Grundsätze des Genehmigungsverfahrens (9. BImSchV)[342] geregelt ist.[343] Es handelt sich um   67

- das **förmliche** Genehmigungsverfahren und
- das **vereinfachte** Genehmigungsverfahren.

(a) Förmliches Genehmigungsverfahren

Der Gang des förmlichen Verfahrens richtet sich nach § 10 BImSchG i.V.m. der 9. BImSchV;[344] es ist durch Formstrenge, Publizität und weitreichende Beteiligungspflichten geprägt.[345] Ein solches Verfahren ist für alle in Anhang 1 zur 4. BImSchV mit „G" gekennzeichneten Anlagen erforderlich (§ 2 Abs. 1 S. 1 Nr. 1 lit. (a) der 4. BImSchV).[346] Das förmliche Genehmigungsverfahren findet auch auf Störfallanlagen i.S.d. § 19 IV 1 BImSchG Anwendung. Erfasst sind Anlagen, die einer störfall-

---

337 Zu Störfallanlagen bereits oben Rn. 65; *Uechtritz*, DVBl 2017, 659; *Wasielewski*, UPR 2017, 1.
338 Zur umstrittenen Frage, welche Fallgruppen § 16a BImSchG erfasst vgl. *Jarass*, NVwZ 2018, 185, 186; *ders.*, BImSchG, § 16a Rn. 1.
339 Nicht aber wird verbindlich festgestellt, dass die (noch) nicht geänderte Anlage formell rechtmäßig ist, OVG Magdeburg, NVwZ-RR 2012, 640.
340 BVerwG, NVwZ 2011, 120; näher dazu *Seibert*, DVBl. 2013, 605, 611.
341 *Jarass*, BImSchG, § 15 Rn. 47-47c.
342 Bek. v. 29.5.1992, BGBl. I, S. 1001, zuletzt geändert durch VO v. 28.4.2015, BGBl. I, S. 670.
343 Auch *Eifert* in: Schoch, Besonderes Verwaltungsrecht, 5. Kap. Rn. 269 ff.; *Beaucamp* in: Kluth/Smeddinck, § 2 Rn. 59 ff. Zu Beschleunigungsvorschlägen für das immissionsschutzrechtliche Genehmigungsverfahren *Bräker*, I+E 2014, 154.
344 Kein „förmliches Verwaltungsverfahren" gem. § 63 ff. VwVfG, dazu bereits § 5 Rn. 39. Subsidiär gelten aber allgemeine Regelungen des Verwaltungsverfahrensrechts (der Länder): §§ 3–24, 31–35 VwVfG, *Schmidt/Kahl/Gärditz*, § 7 Rn. 32 ff.
345 *Schmidt/Kahl/Gärditz*, § 7 Rn. 28.
346 Ferner bei Anlagen, die sich aus förmlich und vereinfacht genehmigungsbedürftigen Anlagen zusammensetzen, § 2 Abs. 1 S. 1 Nr. 1b) der 4. BImSchV; vgl. Schema nach Rn. 70; zu entsprechenden Konsequenzen bei UVP-pflichtigen Anlagen vgl. § 2 Abs. 1 S. 1 Nr 1c) der 4. BImSchV und bei Rn. 68; zu Störfallanlagen i.S.d. § 19 Abs. 4 S. 1 BImSchG unter Rn. 68.

rechtlichen Erst- oder Änderungsgenehmigung nach den §§ 23b, 16a BImSchG unterliegen oder zwar nach den §§ 4, 6 BImSchG genehmigungspflichtig sind, aber an sich nur einem vereinfachten Genehmigungsverfahren unterliegen und eine besondere Störfallrelevanz gem. § 19 IV 1 BImSchG haben.[347]

- Im Vorfeld des eigentlichen Verfahrens, sobald der Träger des Vorhabens die Genehmigungsbehörde (informell) über das geplante Vorhaben unterrichtet, soll diese ihn im Hinblick auf die Antragstellung beraten, um einen möglichst zügigen Verlauf des Genehmigungsverfahrens zu erreichen (§ 2 Abs. 2 der 9. BImSchV).[348]

- Zur eigentlichen Verfahrenseinleitung ist sodann ein Antrag des Vorhabenträgers erforderlich. Dieser ist schriftlich zu stellen (§ 10 Abs. 1 S. 1 BImSchG). Ihm sind die zur Prüfung der materiellen Genehmigungsvoraussetzungen erforderlichen Unterlagen (z.B. Zeichnungen, Erläuterungen der Umweltauswirkungen, Sicherheitsanalysen) beizufügen. Geschäfts- und Betriebsgeheimnisse sind vom Antragsteller zu kennzeichnen;[349] zu den Einzelheiten vgl. §§ 3 bis 7 der 9. BImSchV.
Bei Industrieemissions-Anlagen i.S.d. § 3 Abs. 8 BImSchG muss den Antragsunterlagen zusätzlich gem. § 10 Abs. 1a S. 1 BImSchG ein Bericht über den Ausgangszustand von Boden und Grundwasser vorgelegt werden, wenn in der Anlage relevante gefährliche Stoffe verwendet, erzeugt oder freigesetzt werden sollen und daher die Möglichkeit einer Boden- oder Grundwasserverschmutzung besteht.[350]

- Liegen die Unterlagen vollständig vor, erfolgt die öffentliche Bekanntmachung des Vorhabens. Der Inhalt der Bekanntmachung wird durch § 10 Abs. 4 BImSchG i.V.m. § 9 der 9. BImSchV vorgeschrieben. Handelt es sich um ein Verfahren zur Erteilung einer Änderungsgenehmigung, kann die Bekanntmachung bei Vorliegen der Voraussetzungen des § 16 Abs. 2 BImSchG unterbleiben.[351]

- Spätestens mit der öffentlichen Bekanntmachung des Vorhabens sind alle Behörden, deren Aufgabenbereich durch das Vorhaben betroffen wird, zur Abgabe von **Stellungnahmen** binnen eines Monats aufzufordern (§ 10 Abs. 5 BImSchG, § 11 der 9. BImSchV; auch grenzüberschreitend, § 11a der 9. BImSchV). Hat eine Behörde bis zum Ablauf der Frist keine Stellungnahme abgegeben, so ist davon auszugehen, dass sie sich nicht äußern will (§ 11 S. 3 der 9. BImSchV).
Gegebenenfalls können auch **Sachverständigengutachten** angefordert werden.
Weiter gehende Vorschläge richten sich – de lege ferenda – auf ein „Sachverständigenmodell" i.S.e. staatlich-privaten Verantwortungsteilung im immissionsschutzrechtlichen Genehmigungsrecht. Dem steht indes die Unteilbarkeit der hoheitlichen Verantwortung jedenfalls im Bereich der Gefahrenabwehr entgegen. Die vor diesem Hintergrund dann auch geforderte administrative Qualitätskontrolle kann insoweit weder rechtlich noch faktisch kompensativ wirken.[352]

- Im Anschluss an die Bekanntmachung werden Antrag und Unterlagen einen Monat zu jedermanns Einsicht ausgelegt (§ 10 Abs. 3 S. 2 BImSchG, § 10 Abs. 1 S. 1 der 9. BImSchV). Von der **Auslegung** ausgenommen sind die von der Behörde als Ge-

---

347   Dazu auch unter Rn. 68.
348   Der Umfang der Beratung wird durch das Gebot fairer Verfahrensführung konkretisiert, vgl. BVerwGE 75, 214, 230 ff.
349   *Jarass*, BImSchG, § 10 Rn. 37.
350   *Scheidler*, VR 2015, 7; *Müggenborg*, NVwZ 2014, 326; *Krappel*, ZUR 2014, 202; zur IE-Richtlinie und der Umsetzung im deutschen Recht bereits Rn. 7 f.; 31.
351   Vgl. ferner § 8 Abs. 2 der 9. BImSchV.
352   Eingehend und positiv zur vorstehenden Reformdiskussion *Häfner*.

schäfts- und Betriebsgeheimnisse eingestuften Unterlagen; an ihrer Stelle ist eine Inhaltsdarstellung auszulegen, § 10 Abs. 3 S. 1 der 9. BImSchV, § 10 Abs. 2 S. 2 BImSchG. Fehlen Bekanntmachung oder Auslegung, so führt dies zur **Nichtigkeit** der Genehmigungsentscheidung.

▪ Bis zwei Wochen nach Ablauf der Auslegungsfrist können **Einwendungen** schriftlich oder elektronisch gegen das Vorhaben erhoben werden, § 10 Abs. 3 S. 4, Abs. 4 Nr. 2 BImSchG, § 12 der 9. BImSchV. Einwendungsberechtigt ist jedermann. Einwendungen werden als sachliches Gegenvorbringen verstanden, das auf Verhinderung oder Modifizierung des Vorhabens gerichtet ist; konkret gefährdete Rechtsgüter und befürchtete Beeinträchtigungen müssen dargelegt werden.[353] Bloß allgemeine oder politische Einwände, die sich etwa gegen die Vorhabenform richten, sind dementsprechend unzulässig. Damit geht die Öffentlichkeitsbeteiligung regelmäßig an den Erwartungen vieler Einwendungsführer vorbei. Dies ist jedoch letztlich Ausfluss des output-orientierten Ansatzes des deutschen Verwaltungsrechts.[354]
Für Industrieemissions-Anlagen[355] gilt dagegen eine Einwendungsfrist von einem Monat. Nach § 3 UmwRG anerkannte Vereinigungen sollen die zuständige Behörde in einer dem Umweltschutz dienenden Weise unterstützen (§ 10 Abs. 3a BImSchG). Bei Störfallanlagen i.S.d. § 19 Abs. 4 BImSchG sind lediglich Personen einwendungsberechtigt, deren Belange durch die Anlagenerrichtung oder -änderung berührt sind, § 19 Abs. 4 S. 3 BImSchG.

▪ Mit Ablauf der Einwendungsfrist werden gem. § 10 Abs. 3 S. 5 BImSchG alle nachfolgenden Einwendungen *für das Genehmigungsverfahren* ausgeschlossen (präkludiert), die nicht auf besonderen privatrechtlichen Titeln (z.B. Vertrag, Grunddienstbarkeit) beruhen. Diese formelle Präklusion[356] hat zur Folge, dass verfristete Einwendungen nicht mehr im folgenden Genehmigungsverfahren erörtert werden müssen. Die Behörde wird hierdurch aber nicht von ihrer umfassenden Amtsermittlungspflicht entbunden, sodass auch verspätete Einwendungen von ihr in der Sache zu berücksichtigen sind.[357] Die bis zum 1.6.2017 geltende materielle Präklusionsanordnung[358] in § 10 Abs. 3 S. 5 BImSchG a.F. wurde indes vom EuGH für unionsrechtswidrig erklärt[359] und daher vom deutschen Gesetzgeber aufgehoben.[360]
Allgemein gilt, dass die formelle Präklusionswirkung nicht eintritt, wenn Bekanntmachung bzw. Auslegung Fehler enthielten, die den Einwender an der Geltendmachung seiner Einwände gehindert haben. Auch muss die Entscheidung, wie zuvor angesprochen, auf den (Verfahrens-)Unterlagen beruhen, beides also kongruent sein.[361] Bei schuldloser Fristversäumnis kann Wiedereinsetzung nach § 32 VwVfG gewährt werden.

▪ Danach **kann** ein **Erörterungstermin** folgen. Ein solcher findet nicht statt, wenn nach näherer Maßgabe des § 16 der 9. BImSchV kein Erörterungsbedarf besteht. Das gilt u.a. bei UVP-pflichtigen Vorhaben, weil die Einbeziehung der Öffentlichkeit weder nach dem UVPG[362] noch nach der UVP-Richtlinie einen Erörterungster-

---

353 *Sellner/Reidt/Ohms*, 2. Teil Rn. 89; *Schmidt/Kahl/Gärditz*, § 7 Rn. 39; zu Praxisfragen der Öffentlichkeitsbeteiligung im immissionsschutzrechtlichen Genehmigungsverfahren instruktiv *Dippel*, NVwZ 2010, 145.
354 Bereits § 6 Rn. 2.
355 Dazu Rn. 7 f.
356 S. hierzu § 6 Rn. 5.
357 *Jarass*, § 10 Rn. 88, 92; *Schlacke*, EurUP 2018, 127, 132 ff.; *dies.*, NVwZ 2017, 905, 909 f.
358 S. hierzu § 6 Rn. 5.
359 EuGH, Rs. C-137/14, ZUR 2016, 34 ff. m. Anm. *Klinger*, ZUR 2016, 42.
360 BT-Drs. 18/9526, S. 2 f., 41, 49; ausführlich in § 6 Rn. 5.
361 *Jarass*, BImSchG, § 10 Rn. 93.
362 Dazu näher § 5 Rn. 61 ff.

min verlangt.[363] Der Erörterungstermin dient zum einen der Unterrichtung der Behörde. Zum anderen sollen die Rechte der Betroffenen gewahrt werden, indem deren Bedenken bereits vor Genehmigungserteilung Berücksichtigung finden.[364] In dem Erörterungstermin soll die Behörde die innerhalb der Einwendungsfrist erhobenen Einwendungen mit dem Antragsteller und den Einwendern erörtern (§ 10 Abs. 6 BImSchG; auch §§ 14–19 der 9. BImSchV). Gem. § 10 Abs. 3 S. 6 BImSchG sind Einwendungen, die auf besonderen privatrechtlichen Titeln beruhen, auf den Zivilrechtsweg zu verweisen.

Im Genehmigungsverfahren für Störfallanlagen i.S.d. § 19 Abs. 4 S. 1 BImSchG ist dagegen kein Erörterungstermin vorgesehen, § 19 Abs. 4 S. 2 BImSchG.

- Nach § 10 Abs. 5 S. 2 BImSchG hat die zuständige Genehmigungsbehörde eine vollständige Koordination des Zulassungsverfahrens sowie der Inhalts- und Nebenbestimmungen zu gewährleisten, sofern für das Vorhaben weitere Zulassungen vorgeschrieben sind.[365]

- Aufgrund der § 6 ff. UVPG ist bei bestimmten Vorhaben eine **UVP** durchzuführen.[366] Die entsprechenden Anforderungen an das Genehmigungsverfahren für solche Anlagen, die immissionsschutzrechtlich genehmigungsbedürftig sind, werden in §§ 1 Abs. 2, 1a, 2a, 4e, 20 Abs. 1a, 1b, 3 S. 2 der 9. BImSchV näher bestimmt; sie gehen über diejenigen des „normalen" immissionsschutzrechtlichen Verfahrens hinaus[367] und infolge § 1 Abs. 4 UVPG denen des UVPG vor.[368]

Insoweit ist u.a. (möglichst) innerhalb eines Monats nach Ablauf der Einwendungsfrist resp. der Durchführung eines Erörterungstermins eine zusammenfassende Darstellung zu erarbeiten, § 20 Abs. 1a S. 1, 2 der 9. BImSchV.[369] Auf deren Grundlage sind die Umweltauswirkungen durch die Genehmigungsbehörde anhand der immissionsschutzrechtlichen Vorschriften, also nach Maßgabe des Fachrechts, zu bewerten, § 20 Abs. 1b S. 1 der 9. BImSchV.[370]

- Die Behörde hat spätestens[371] sieben Monate (im vereinfachten Verfahren: drei Monate), nachdem vollständige Antragsunterlagen vorliegen, über den Genehmigungsantrag zu **entscheiden** (§ 10 Abs. 6a S. 1 BImSchG). Eine Fristverlängerung ist gem. § 10 Abs. 6a S. 3 BImSchG zu begründen.[372]

Bei Fristüberschreitung tritt Rechtswidrigkeit der Genehmigung ein, nicht aber wird – mangels Anordnung i.S.d. § 42a Abs. 1 S. 1 VwVfG – die Erteilung der Genehmigung fingiert. Es ist also Rechtsschutz im Wege der Verpflichtungsklage nach §§ 42 Abs. 1 Alt. 2, 75 VwGO[373] zu

---

363 Vgl. nur *Sellner/Reidt/Ohms*, 2. Teil Rn. 128; *Dippel*, NVwZ 2010, 145, 151, 153 f., auch zum Rechtsschutz.
364 Rechtliches Gehör, etwa *Schmidt/Kahl/Gärditz*, § 7 Rn. 41.
365 Ausführlich zum Koordinierungsgebot *Jarass*, NVwZ 2009, 65.
366 Zum Rechtsschutz insoweit § 6 Rn. 13, 17.
367 Etwa Anspruch des Vorhabenträgers auf Unterrichtung, über voraussichtlich beizubringende Unterlagen, § 2a der 9. BImSchV.
368 Auch *Schmidt/Kahl/Gärditz*, § 7 Rn. 41.
369 Zur federführenden Stelle im Fall der Zulassung(snotwendigkeit) durch mehrere Behörden vgl. § 20 Abs. 1a S. 3 der 9. BImSchV, § 31 Abs. 1, Abs. 2 UVPG.
370 S. ausführlich § 5 Rn. 66; zur Gesamtbewertung bei Vorhabenzulassungen durch mehrere Behörden § 31 UVPG, § 20 Abs. 1b S. 2 der 9. BImSchV. Bei genauerer Betrachtung handelt es sich indes entgegen der bisherigen h.M. jedenfalls bei der Bewertung um keinen Verfahrensschritt, sondern um eine materielle Anforderung der UVP, vgl. EuGH, NVwZ 2011, 929 m. Anm. *Erbguth*, NVwZ 2011, 935.
371 Vgl. § 20 Abs. 1 S. 1 der 9. BImSchV: unverzüglich.
372 Zu Problemen um die Entscheidungsfrist *Jarass*, DVBl. 2009, 205.
373 Die Frist i.S.d. § 75 VwVfG ist diejenige des § 10 Abs. 6a S. 1 BImSchG für das vereinfachte Verfahren; *Schmidt/Kahl/Gärditz*, § 7 Rn. 45.

suchen; Schadensersatz kann auf Sekundärrechtsebene[374] ggf. im Wege der Amtshaftung nach § 839 BGB, Art. 34 GG verfolgt werden[375].

■ Die Entscheidung über den Genehmigungsantrag ist sowohl dem Antragsteller als auch in der Regel allen Einwendern **zuzustellen** (§ 10 Abs. 7 BImSchG). Die Zustellung an die Einwender kann unter den Voraussetzungen des § 10 Abs. 8 BImSchG durch öffentliche Bekanntmachung ersetzt werden. Nach Maßgabe des § 21a der 9. BImSchV (Verfahren mit Öffentlichkeitsbeteiligung oder entsprechender Antrag des Vorhabenträgers) ist die Entscheidung stets öffentlich bekannt zu machen.

(b) Vereinfachtes Genehmigungsverfahren

Wegen geringer Umweltrelevanz ist bei bestimmten Anlagen nur die Durchführung eines vereinfachten Genehmigungsverfahrens vorgeschrieben.[376] Nach § 19 Abs. 2 BImSchG ist dann u.a. eine Verfahrensbeteiligung der Öffentlichkeit nicht erforderlich.[377] Für welche Vorhaben dieses Verfahren Anwendung findet, ergibt sich aus Anhang 1 zur 4. BImSchV: Es handelt sich um die mit einem „V" versehenen Anlagen. Abweichendes gilt dann, wenn eine Anlage nach jener Spalte zugleich UVP-pflichtig ist (vgl. §§ 6 ff. UVPG); dann ist ein förmliches Genehmigungsverfahren[378] zu durchlaufen, § 2 Abs. 1 S. 1 Nr. 1 lit. (c) der 4. BImSchV. Letzteres muss auch auf entsprechenden Antrag des Vorhabenträgers stattfinden (§ 19 Abs. 3 BImSchG). Dies ist für den Vorhabenträger zwar aufwändiger, kann sich aber dennoch lohnen, da damit auch eine stärkere Rechtsposition erlangt wird.[379]

68

Aus demselben Grund können auch Betreiber einer **nicht nach der 4. BImSchV genehmigungsbedürftigen** Anlage gem. § 23 Abs. 1a BImSchG eine immissionsschutzrechtliche (förmliche) Genehmigung beantragen. Dies gilt jedoch nur hinsichtlich solcher Anlagen, die der Verordnungsgeber in einer Rechtsverordnung nach § 23 Abs. 1 BImSchG ausdrücklich bezeichnet hat. Die entsprechende Option, allerdings nur auf ein vereinfachtes Genehmigungsverfahren, steht gem. § 16 Abs. 4 BImSchG auch demjenigen Anlagenbetreiber zu, der lediglich **anzeigebedürftige** Änderungen an seiner Anlage vornehmen will.

Genehmigungen von Störfallanlagen dürfen gem. § 19 Abs. 4 S. 1 BImSchG nicht im vereinfachten Verfahren erteilt werden. Die Vorschrift betrifft zwei Anlagentypen: Betroffen sind zum einen Anlagen, die zwar genehmigungspflichtig nach der 4. BImSchV sind, indes im vereinfachten Verfahren genehmigt werden und die Voraussetzungen des § 19 Abs. 4 S. 1 BImSchG erfüllen. Betroffen sind außerdem Anlagen, die zwar nicht nach der 4. BImSchV, aber nach den §§ 23a ff., 16a BImSchG genehmigungspflichtig sind.[380]

---

374 Dazu etwa *Erbguth/Guckelberger*, Allgemeines Verwaltungsrecht, § 36 Rn. 1 ff. m.w.N.
375 Die Fristbestimmung soll drittschützende Wirkung haben, *Jarass*, DVBl. 2009, 205, 206, was aber fraglich ist, weil das (berechtigte) Interesse an einer zügigen Entscheidung nicht zwingend zugleich ein subjektiv-öffentliches Recht abgibt.
376 *Kloepfer*, Umweltrecht, § 15 Rn. 252 ff.
377 Keine Auslegung, keine Erörterung; keine generelle Pflicht zur öffentlichen Bekanntmachung; vgl. näher *Jarass*, BImSchG, § 10 Rn. 121a.
378 Vgl. Rn. 67.
379 *Schmidt/Kahl/Gärditz*, § 7 Rn. 51.
380 Dazu bereits vorstehend unter Rn. 67.

(3) Materielle Genehmigungsvoraussetzungen

69   **Rechtsgrundlage** für die Erteilung der Genehmigung ist § 6 BImSchG. Liegen die Voraussetzungen vor, ist die Genehmigung zu erteilen. Der Behörde steht dabei kein Ermessen zu. Es handelt sich um einen sog. **gebundenen Verwaltungsakt: präventives Verbot mit Erlaubnisvorbehalt**[381].

70   Die Genehmigungserteilung setzt zunächst voraus, dass die Erfüllung der sich aus § 5 BImSchG und aus den nach § 7 BImSchG erlassenen Rechtsverordnungen ergebenden **Betreiberpflichten**[382] sichergestellt ist (§ 6 Abs. 1 Nr. 1 BImSchG).

Dabei reicht eine Festlegung von Immissionsrichtwerten (etwa nach der TA Luft) nur aus, wenn die beim Anlagenbetrieb entstehenden Immissionen eindeutig die Zumutbarkeitsgrenze für die Nachbarschaft nicht überschreiten; ansonsten bedarf es konkreter Betriebsregelungen (Tätigkeiten, Nutzungen, ggf. technische Vorkehrungen).[383]

Im Falle **UVP**-pflichtiger Vorhaben hat die Behörde ferner die Bewertung der Umweltauswirkungen[384] bei der Entscheidung zu berücksichtigen,[385] § 20 Abs. 1b S. 3 der 9. BImSchV, und zwar nach Maßgabe der „hierfür geltenden", also immissionsschutzrechtlichen (Fach-)Vorschriften.[386]

Des Weiteren dürfen keine anderen **öffentlich-rechtlichen Vorschriften**[387] entgegenstehen (§ 6 Abs. 1 Nr. 2 Alt. 1 BImSchG). Die Behörde hat aufgrund der **Konzentrationswirkung**[388] der Genehmigung alle anlagenbezogenen Normen[389] des öffentlichen Rechts zu prüfen. Insbesondere sind die Vorschriften des Bauplanungs-[390] und Bauordnungsrechts, des Straßen-, Wasser-, Abfall- und Naturschutzrechts[391] zu beachten.[392]

Schließlich darf die Genehmigung nur erteilt werden, wenn auch den **Belangen des Arbeitsschutzes** Rechnung getragen wird (§ 6 Abs. 1 Nr. 2 Alt. 2 BImSchG). Zu prüfen sind u.a. Vorschriften der Arbeitsstätten-Verordnung und das Jugendarbeitsschutz-Gesetz.[393] Die von § 6 Abs. 1 Nr. 2 BImSchG erfassten Bestimmungen bilden zwar zu prüfende Voraussetzungen der immissionsschutzrechtlichen Genehmigung, nehmen als

---

381 Dazu unter Rn. 64, dazu bereits allgemein § 5 Rn. 32.
382 Dazu näher Rn. 44 ff.; *Eifert* in: Schoch, Besonderes Verwaltungsrecht, 5. Kap. Rn. 253 ff.; zu den Genehmigungsvoraussetzungen von Industrieemissionsanlagen *Scheidler*, GewArch 2016, 321.
383 Weil nur das von den Nachbarn nachprüfbar ist, nicht aber die Einhaltung von Immissionswerten, OVG Münster, UPR 2012, 446; dazu *Seibert*, DVBl. 2013, 605, 606 f.
384 Oder deren Gesamtbewertung nach § 20 Abs. 1a S. 1, 3 der 9. BImSchV, vgl. bereits Rn. 68 m.w.N.
385 Zur rechtssystematischen Unvereinbarkeit eines Berücksichtigungsgebots bei gebundenen Entscheidungen anhand der UVP vgl. § 5 Rn. 71.
386 Zur Kritik einer fachgesetzlichen Einengung des integrativen Auftrags der UVP in der Entscheidungsfindung vgl. § 5 Rn. 70.
387 Ausführlich *Wasilewski* in: Führ, GK-BImSchG, § 6 Rn. 20 ff.
388 § 13 BImSchG, vgl. Rn. 77.
389 Die Genehmigung ist dagegen keine Personalkonzession, *Kloepfer*, Umweltrecht, § 15 Rn. 402.
390 Etwa auch das diesbezügliche Rücksichtnahmegebot, dazu etwa *Erbguth/Schubert*, Öffentliches Baurecht, § 15 Rn. 40, 46, 51, unter Rechtsschutzgesichtspunkten; vgl. des Weiteren *Hilbert*, JuS 2014, 983.
391 Etwa entgegenstehende artenschutzrechtliche Verbote nach § 44 BNatSchG, BVerwG, NVwZ 2013, 1411, 1411; VGH Kassel, ZUR 2014, 366; zu sog. Critical Loads (naturwissenschaftlich begründete Belastungsgrenzen für Vegetationstypen oder andere Schutzgüter), Bagatellgrenzen, zur Summationsbetrachtung (Genehmigungsrelevanz auch der Auswirkungen paralleler Projekte) und zum Prioritätsprinzip (Vorrang des jeweils prüffähigen Antrags) näher *Seibert*, DVBl. 2013, 604, 607 ff; *Füßer*, UPR 2014, 121.
392 Vgl. *Sparwasser/Engel/Voßkuhle*, § 10 Rn. 234 ff.
393 *Kloepfer*, Umweltrecht, § 15 Rn. 406.

fachfremde Belange indes nicht an ihrer Regelungswirkung teil, unabhängig davon, ob es insoweit noch einer fachlichen Zulassung o.ä. bedarf.[394]

Abweichend hiervon beurteilt sich die Genehmigungsfähigkeit von Störfallanlagen, deren Genehmigungspflichtigkeit sich nach § 23b BImSchG richtet.[395] Die Genehmigungsfähigkeit setzt das Einhalten der Anforderungen des § 22 Abs. 1 BImSchG, der aufgrund des § 23 BImSchG erlassenen Rechtsverordnungen (u.a. 12. BImSchV) sowie aller *anlagenbezogenen*[396] öffentlich-rechtlichen Vorschriften und der Belange des Arbeitsschutzes voraus, § 23b Abs. 1 S. 5 BImSchG. Die Betreiberpflichten des § 5 Abs. 1 BImSchG sind allerdings für die Genehmigungsfähigkeit nicht von Bedeutung.[397]

Zumindest im Falle einer weiteren räumlichen Unterschreitung des angemessenen Sicherheitsabstandes einer zu errichtenden Störfallanlage zu benachbarten Schutzobjekten steht der zuständigen Behörde dabei ein Beurteilungsspielraum zu, so dass die Genehmigung nicht zwingend zu untersagen ist und sozioökonomische Faktoren berücksichtigt werden können.[398]

Mit der UmwRG-Novelle 2017[399] sind neuerdings **Heilungs**vorschriften in den §§ 4 Abs. 1b S. 1, 7 Abs. 5 UmwRG eingefügt worden. Möglich ist hiernach die verfahrens- und materiell-rechtliche Fehlerbehebung während und nach dem gerichtlichen Verfahren durch Verfahrensergänzung oder ein ergänzendes Verfahren.[400] Die Heilungsmöglichkeiten gelten für Erstgenehmigungen gem. § 4, 6 BImSchG, Änderungsgenehmigungen gem. § 16 BImSchG, Vorbescheide gem. § 9 BImSchG sowie Teilgenehmigungen gem. § 8 BImSchG, die im förmlichen Verfahren erteilt wurden (§ 1 Abs. 1 S. 1 Nr. 2 Var. 1 UmwRG). Ebenfalls erfasst sindnachträgliche Entscheidungen i.S.d. § 17 Abs. 1 BImSchG (§ 1 Abs. 1 S. 1 Nr. 2 Var. 2 UmwRG), sowie störfallrechtliche Erst- und Änderungsgenehmigungen gem. §§ 23b, 16a BImSchG.[401]

Schema zur Prüfung der Rechtmäßigkeit einer immissionsschutzrechtlichen Genehmigung gem. §§ 4, 6 BImSchG:

I. **Genehmigungsbedürftigkeit** einer Anlage gem.
§ 4 Abs. 1 S. 1 BImSchG i.V.m. 4. BImSchV
⇒ genehmigungsbedürftig sind Anlagen nach Maßgabe von Anhang 1 der 4. BImSchV.

---

394 BVerfG, NVwZ 2010, 771; *Kahl*, JZ 2012, 729, 730 f.
395 Siehe oben Rn. 65.
396 *Jarass*, BImSchG, § 23b Rn. 10; *ders.*, NVwZ 2018, 185, 188.
397 Die Wahrung angemessener Sicherheitsabstände ist keine Betreiberpflicht, § 3 V der 12. BImSchV, dazu BT-Drs. 18/9417, S. 29.
398 BVerwG, ZUR 2013, 278, 282.
399 Erläuterung der durch das UmwRG 2017 eingeführten Neuerungen, insbesondere hinsichtlich des Rechtsschutzverfahrens unter § 6 Rn. 12 ff.
400 Ausführlich unter § 6 Rn. 13; kritisch hierzu *Seibert*, NVwZ 2018, 97
401 *Schlacke* in: Gärditz, VwGO, § 1 UmwRG Rn. 24 ff.; *Fellenberg/Schiller* in: Landmann/Rohmer, § 1 UmwRG Rn. 31 ff.

II. **Genehmigungsfähigkeit** einer Anlage gem. § 6 BImSchG

1. Formelle Rechtmäßigkeit

   a) Zuständigkeit

   b) Verfahren

   – bei Anlagen der Spalte c des Anhangs 1 der 4. BImSchV, die mit dem Buchstaben „G" gekennzeichnet sind, oder Anlagen, die sich dort aus mit dem Buchstaben „G" und mit dem Buchstaben „V" gekennzeichneten Anlagen zusammensetzen, § 2 Abs. 1 S. 1 Nr. 1 a), b) der 4. BImSchV, oder mit „V" gekennzeichnete UVP-pflichtige Anlagen, dort c),
   ⇒ Verfahren nach § 10 BImSchG i.V.m. der 9. BImSchV, UVPG

   – bei (sonstigen) Anlagen, die in Spalte c des Anhangs 1 der 4. BImSchV mit „V" gekennzeichnet sind
   ⇒ vereinfachtes Verfahren nach § 19 BImSchG (ohne Öffentlichkeitsbeteiligung)

   c) Form

   – bei Genehmigungsverfahren nach § 10 BImSchG
   ⇒ Form gem. § 10 Abs. 7 BImSchG i.V.m. 9. BImSchV

   – bei Genehmigungsverfahren nach § 19 BImSchG
   ⇒ Form gem. § 19 Abs. 2 i.V.m. § 10 Abs. 7 BImSchG i.V.m. 9. BImSchV

2. Materielle Rechtmäßigkeit

   a) Rechtsgrundlage: § 6 BImSchG

   b) Voraussetzungen der Rechtsgrundlage

   aa) Immissionsschutzrechtliche Anforderungen

   – Grundpflichten gem. § 5 BImSchG

      – Schutzgrundsatz, § 5 Abs. 1 Nr. 1 BImSchG

      – Vorsorgegrundsatz, § 5 Abs. 1 Nr. 2 BImSchG

      – abfallrechtliche Pflichten, § 5 Abs. 1 Nr. 3 BImSchG

      – Energieeffizienz, § 5 Abs. 1 Nr. 4 BImSchG

      – Nachsorgepflicht, § 5 Abs. 3, 4 BImSchG

   – Verordnungen gem. § 7 BImSchG; z.B. 12., 13., 17., 30. BImSchV

   bb) Einhaltung sonstiger öffentlich-rechtlicher Vorschriften; z.B.

      – BauGB, LBauO, KrWG, BBodSchG, BNatSchG, WHG

      – Straßen- und Wegerecht, Landesumweltgesetze

   cc) Einhaltung arbeitsrechtlicher Vorschriften, z.B.

      – Gefahrstoffrecht, Arbeitsschutzrecht

      – Unfallverhütungsvorschriften

3. Ggf. Heilung[402]

   – Form- und Verfahrensfehler

   – absolute Verfahrensfehler i.S.d. § 4 Abs. 1 UmwRG ⇒ beachtlich und nicht heilbar

   – relative Verfahrensfehler nach § 4 Abs. 1a UmwRG ⇒ Beachtlichkeit richtet sich nach § 4 Abs. 1b S. 1 UmwRG i.V.m. § 46 VwVfG, falls beachtlich ⇒ heilbar nach § 4 Abs. 1b UmwRG durch Verfahrensergänzung oder ergänzendes Verfahren

   – materielle Fehler

   – beachtlich ⇒ heilbar nach § 7 Abs. 5 UmwRG

---

402 Näher zur Unterscheidung siehe § 6 Rn. 13.

(4) Genehmigungsformen

Neben der Vollgenehmigung (§ 6 BImSchG) gibt es folgende Entscheidungsformen: 71

- Teilgenehmigung,
- Vorbescheid und
- Zulassung vorzeitigen Beginns.

Durch die Genehmigungsformen des Vorbescheids (§ 9 BImSchG) und der Teilgenehmigung (§ 8 BImSchG) können Vorhaben größeren Umfangs sukzessive geplant und errichtet werden. Ihre Erteilung *soll* erfolgen, d.h. die Erteilung kann lediglich in atypischen Ausnahmefällen von der Behörde verweigert werden.[403] Der Vorhabenträger muss die Entscheidung beantragen und ein berechtigtes Interesse nachweisen. Ein solches Interesse kann sich aus wirtschaftlichen Gesichtspunkten oder Gründen der Verfahrensbeschleunigung ergeben.

Die **Teilgenehmigung** nach § 8 BImSchG gestattet die Errichtung einer Anlage oder die 72
Errichtung und Inbetriebnahme eines Anlagenteils (etwa eines Kühlturms). Voraussetzung für die Erteilung ist ein sog. vorläufiges positives Gesamturteil.[404] Die Prüfung der vorgelegten Unterlagen muss ergeben, dass die **Gesamtanlage** mit hoher Wahrscheinlichkeit zu genehmigen ist. Vorläufig ist das Gesamturteil deshalb, weil die Genehmigungsvoraussetzungen des § 6 BImSchG nur anhand vorläufiger, im Hinblick auf die Gesamtkonzeption der Anlage jedoch hinreichend aussagekräftiger Unterlagen geprüft werden müssen. Im Unterschied zum Vorbescheid nach § 9 BImSchG handelt es sich bei der Teilgenehmigung um eine echte Genehmigung gem. § 4 BImSchG.[405]

In ihrem (Teil-)Regelungsgehalt kann – und muss – sie durch hiervon Drittbetroffene gesondert gerichtlich angegriffen werden.[406]

Mit dem **Vorbescheid** nach § 9 BImSchG wird über das Vorliegen einzelner Genehmigungsvoraussetzungen oder den Standort der Anlage – feststellend[407] – befunden.[408] Er 73
dient der verbindlichen Entscheidung über wichtige Vorfragen, die Bestandteil der späteren Vollgenehmigung sind. Errichtung oder Betrieb der Anlage ist dem Antragsteller aufgrund des Vorbescheides nicht gestattet. Seine Erteilung ist ebenfalls von einem sog. vorläufigen positiven Gesamturteil abhängig. Der immissionsschutzrechtliche Vorbescheid gleicht damit in Voraussetzungen und Rechtsfolge dem landesrechtlich geregelten Bauvorbescheid (bspw. § 71 BauO NRW).

Von Dritten muss der spezifische Regelungsgehalt des Vorbescheids (Vorfragen) mit einer Klage gegen diesen und darf nicht erst gegen den endgültigen (Genehmigungs-)Bescheid angegriffen werden; es gilt also Entsprechendes wie bei der Teilgenehmigung.[409]

---

403 *Jarass*, BImSchG, § 8 Rn. 13; *Kloepfer*, Umweltrecht, § 15 Rn. 487, 494.
404 BVerwG, DVBl. 1986, 190, 192 f.; *Beaucamp* in: Kluth/Smeddinck, § 2 Rn. 70 f.
405 *Kloepfer*, Umweltrecht, § 15 Rn. 491.
406 *Jarass*, BImSchG, § 8 Rn. 35, 80.
407 Bei der Genehmigung wird die feststellende Wirkung dann um die Gestattungswirkung ergänzt, ähnlich *Schmidt/Kahl/Gärditz*, § 7 Rn. 87 ff.; allgemein etwa *Erbguth*, Öffentliches Baurecht, § 13 Rn. 32.
408 Allgemein BVerwG, DVBl. 1990, 57, 58; OVG Münster, NuR 1990, 328.
409 Vgl. Rn. 72, 80; es sei denn, die Genehmigung ändert den Vorbescheid ab o.ä., *Schmidt/Kahl/Gärditz*, § 7 Rn. 95 ff.

74   Nach § 8a Abs. 1 BImSchG kann der Beginn der Errichtung genehmigungsbedürftiger Anlagen (nicht der Betrieb[410]) **vorzeitig zugelassen** werden.[411] Voraussetzungen sind auch hier, dass mit einer Entscheidung zugunsten des Antragstellers gerechnet werden kann (§ 8a Abs. 1 Nr. 1 BImSchG), dass ein öffentliches Interesse oder ein berechtigtes Interesse des Antragstellers besteht (Nr. 2 der Vorschrift) und ferner, dass der Träger des Vorhabens sich verpflichtet, alle bis zur (Genehmigungs-)Entscheidung durch die Errichtung der Anlage verursachten Schäden zu ersetzen und bei Ablehnung der Genehmigung den früheren Zustand wiederherzustellen (§ 8a Abs. 1 Nr. 3 BImSchG).[412] Die Zulassung kann jederzeit widerrufen werden, § 8a Abs. 2 S. 1 BImSchG; sie entfaltet keinerlei Bindungswirkung für die Genehmigungsentscheidung.[413] Der Vollzug erfolgt auf das alleinige Risiko des Antragstellers, was mitunter zur Gefahr großer Verluste führen kann. So wurde das Kohlekraftwerk Lünen mit einem Investitionsvolumen von 1,4 Milliarden Euro beispielsweise 2013 zunächst nur aufgrund der vorzeitigen Zulassung in Betrieb genommen.[414] Der Rechtsstreit über die nachträgliche Vollgenehmigung aus Dezember 2013 ist noch nicht abschließend geklärt.[415]

Im Rahmen der Änderungsgenehmigung nach § 16 BImSchG kann nach § 8a Abs. 3 BImSchG sogar der Betrieb einer Anlage vorläufig zugelassen werden.

75   Weiterhin können die Voll- sowie die Teilgenehmigung und die Zulassung des vorzeitigen Beginns mit **Nebenbestimmungen** versehen werden. § 12 BImSchG regelt abschließend, welche Nebenbestimmungen bei Erteilung einer immissionsschutzrechtlichen Genehmigung zulässig sind.[416] **Bedingungen** und **Auflagen**[417] können der Genehmigung zur Sicherstellung der Genehmigungsvoraussetzungen beigefügt werden.[418] Sie sind der Genehmigungsversagung aus Gründen rechtsstaatlicher Verhältnismäßigkeit als milderes Mittel vorzuziehen. Dient die Anlage lediglich Erprobungszwecken, ist ein **Widerrufsvorbehalt** möglich (§ 12 Abs. 2 S. 2 BImSchG). Auf Antrag kann die Genehmigung **befristet** werden. Eine spezielle Regelung für die **Teilgenehmigung** ist in § 12 Abs. 3 BImSchG enthalten.[419]

(5) Rechtswirkungen

76   Der Vollgenehmigung kommt

- Konzentrationswirkung und
- privatrechtsgestaltende Wirkung

zu.

---

410   Allenfalls Probebetrieb, *Schmidt/Kahl/Gärditz*, § 7 Rn. 81.
411   Vgl. *Ochtendung*.
412   *Kloepfer*, Umweltrecht, § 15 Rn. 504.
413   *Beaucamp* in: Kluth/Smeddinck, § 2 Rn. 73.
414   Zum Vorbescheid OVG Münster, ZUR 2012, 372.
415   OVG Münster, ZUR 2016, 613; BVerwG, Beschl. v. 31.7.2017 – 7 B 15.16, Juris.
416   Von § 36 VwVfG können nur die Begriffsbestimmungen herangezogen werden, *Jarass*, BImSchG, § 12 Rn. 4.
417   Zur Abgrenzung zwischen Genehmigungsinhalt und Auflage vgl. BVerwGE 69, 37, 39; *Kunert*, UPR 1991, 249, 251.
418   Zur Rückbindung bei Anlagen nach der IE-RL an BTV-Schlussfolgerungen vgl. § 12 Abs. 1a, 1b BImSchG und näher *Scheidler*, VR 2013, 253, 256; Abgrenzung zu Inhaltsbestimmungen und nachträglichen Anordnungen gem. § 17 BImSchG bei OVG Thüringen, ThürVBl. 2015, 218.
419   Dazu *Sparwasser/Engel/Voßkuhle*, § 10 Rn. 246.

Gem. § 13 BImSchG schließt die Genehmigung andere die Anlage betreffende behörd-   77
liche Entscheidungen ein (**Konzentrationswirkung**).[420]

Das gilt gleichermaßen für Teilgenehmigungen (§ 8 BImSchG), Änderungsgenehmigungen (§ 16
BImSchG), für Genehmigungen im vereinfachten Verfahren, für die Zulassung vorzeitigen Beginns (§ 8a BImSchG) und in analoger Anwendung für den Vorbescheid (§ 9 BImSchG).[421]

Wegen der Komplexität immissionsschutzrechtlich genehmigungsbedürftiger Anlagen
entscheidet die Behörde zugleich mit über die zur Errichtung einer Anlage notwendigen Baugenehmigungen, über baurechtliche Ausnahmen und Befreiungen, aber bspw.
auch über Genehmigungen nach dem Treibhausgas-Emissionshandelsgesetz sowie über
Erlaubnisse nach dem Natur- und Denkmalschutzrecht.[422] An die diesbezüglichen materiellen Vorgaben der anderen Rechtsbereiche ist die immissionsschutzrechtliche Entscheidung nach Maßgabe deren (fach)gesetzlicher Geltungsanordnung gebunden; das
Verfahrensrecht der ersetzten Zulassungen entfällt hingegen zugunsten des immissionsschutzrechtlich zu durchlaufenden Verfahrens – auch dann, wenn Ersteres funktional
andersartige Maßgaben vorhält[423] (bloße **formelle** oder **Verfahrenskonzentration**[424]).

Sonderfälle: Die Mitwirkungsrechte von anerkannten Naturschutzvereinigungen aufgrund § 63
Abs. 2 Nr. 5 BNatSchG bleiben auch bei Ersetzung der naturschutzrechtlichen Befreiung durch
die immissionsschutzrechtliche Genehmigung erhalten. Entsprechendes gilt für das baurechtliche
Einvernehmen der Gemeinde, § 36 Abs. 1 S. 2 BauGB.[425]

Planfeststellungen, Zulassungen bergrechtlicher Betriebspläne, behördliche Entscheidungen aufgrund atomrechtlicher Vorschriften sowie wasserrechtliche Erlaubnisse und
Bewilligungen sind nach § 13 BImSchG jedoch von der Konzentrationswirkung **ausgeschlossen.**

In der Rechtsprechung wird z.T. eine Koordinierung zwischen jenen und dem immissionsschutz-
rechtlichen Verfahren verlangt, etwa wenn von der Anlage dieselben Schadstoffe sowohl über den
Wasserpfad (wasserrechtliche Zulassung) als auch über den Luftpfad (immissionsschutzrechtliche
Genehmigung) abgegeben werden.[426]

Die unanfechtbar gewordene Genehmigung schließt nach § 14 S. 1 BImSchG nicht auf   78
besonderen Titeln beruhende privatrechtliche Abwehransprüche des Grundstücksnach-
barn aus (**privatrechtsgestaltende Wirkung**).[427] Danach können lediglich vertragliche
oder dingliche Ansprüche an dem Betriebsgrundstück geltend gemacht werden. Zum
Ausgleich für den Verlust der Abwehrmöglichkeiten bestehen aber Ansprüche auf
Schutzvorkehrungen gegen benachteiligende Wirkungen (§ 14 S. 1 Hs. 2 BImSchG)

---

420 Allgemein bereits § 5 Rn. 51; zur Berücksichtigung von Vorhaben Dritter im Anlagenzulassungsrecht so-
     wie im konzentrierten Zulassungsverfahren *Schütte*, NuR 2008, 142, 143.
421 *Schmidt/Kahl/Gärditz*, § 7 Rn. 79; nicht aber für nachträgliche Anordnungen, die nach § 17 Abs. 4 BImSchG
     eine Änderungsgenehmigung ersetzen, *Schmidt/Kahl/Gärditz*, wie vor.
422 Vgl. *Jarass*, BImSchG, § 13 Rn. 4 ff., m. Bsp.
423 BVerwG, NVwZ 2003, 750.
424 *Sparwasser/Engel/Voßkuhle*, § 10 Rn. 234; anhand des Planfeststellungsrechts bereits § 5 Rn. 51.
425 Dazu VGH Kassel, DÖV 2014, 849.
426 Dem soll bei der immissionsschutzrechtlichen Entscheidung bspw. durch den Vorbehalt nachträglicher
     Neben- oder Inhaltsbestimmungen aufgrund von Erkenntnissen im wasserrechtlichen Erlaubnisverfahren
     Rechnung zu tragen sein, OVG Münster, ZUR 2012, 372; näher *Seibert*, DVBl. 2012, 605, 609 f.
427 Zum Ausschluss privatrechtlicher Abwehransprüche nach § 14 BImSchG bei erloschener Genehmigung
     vgl. BVerwG, ZUR 2003, 238; allgemein zum Ausschluss privatrechtlicher Abwehransprüche im Immissi-
     onsschutz- und Atomrecht *Kment*, UTR 2011, S. 93.

und, falls diese nach dem Stand der Technik (vgl. § 3 Abs. 6 BImSchG) nicht durchführbar[428] oder wirtschaftlich nicht vertretbar[429] sind, auf Schadensersatz (§ 14 S. 2 BImSchG).[430]

Abwehransprüche privatrechtlicher Art können allerdings geltend gemacht werden, wenn die Anlage nicht in Einklang mit der Genehmigung betrieben wird. Das ist auch dann der Fall, wenn der Betrieb gegen eine modifizierende Auflage verstößt, weil es sich hierbei der Sache nach um eine Inhaltsbestimmung handelt.[431]

Gegen die Genehmigung steht in eigenen Rechten betroffenen Dritten die **Anfechtungsklage** offen, soweit die entsprechenden Sachentscheidungsvoraussetzungen gegeben sind.[432] Dabei ist nur die Verletzung solcher Vorschriften rügefähig, die dem Schutz des Klägers zu dienen bestimmt sind. Beispielsweise kann der betroffene Nachbar[433] geltend machen, dass das Vorhaben gegen § 5 Abs. 1 Nr. 1 BImSchG verstößt. Parallel zur Anfechtung von Baugenehmigungen ist bei Anfechtungsklagen gegen Genehmigungen nach § 6 Abs. 1 BImSchG maßgeblicher Zeitpunkt zur Beurteilung der Sach- und Rechtslage der Zeitpunkt der letzten behördlichen Entscheidung.[434]

79   Bei **Vorbescheid** und **Teilgenehmigung** sind vor allem hervorzuheben die

- Bindungswirkung und
- Bestandskraft- oder Bestandsschutzpräklusion.

Von besonderer Bedeutung ist die durch die vorläufige Beurteilung des Gesamtvorhabens bei Vorbescheid oder Teilgenehmigung erzielte **Selbstbindung** der Behörde gegenüber dem Antragsteller.[435] Solange keine besonderen Umstände hinzutreten, darf die Anlage als solche im nachfolgenden Genehmigungsverfahren nicht mehr in Frage gestellt werden.[436] Für die Teilgenehmigung kann dies aus dem Wortlaut des § 8 S. 2 BImSchG rückgefolgert werden; hiernach entfällt die Bindungswirkung der vorläufigen Gesamtbeurteilung (u.a.) bei einer diesbezüglich nachträglichen Änderung der Sach- und Rechtslage. Für den Vorbescheid kann Entsprechendes der Bezugnahme in § 9 Abs. 1 BImSchG auf „die Auswirkungen der geplanten Anlage" und dem mit dem Vorbescheid verfolgten Zweck entnommen werden.[437]

80   Nach Eintritt der Unanfechtbarkeit von Teilgenehmigung und Vorbescheid ist im späteren Verfahren die Geltendmachung solcher Einwendungen ausgeschlossen, die bereits im Verfahren zur Erteilung der Teilentscheidungen vorgebracht worden sind oder hätten vorgebracht werden können, § 11 BImSchG (**Bestandskraft- oder Bestands-**

---

428   Nicht schon, wenn für die Vorkehrung noch eine Änderungsgenehmigung erforderlich ist, *Rehbinder* in: Landmann/Rohmer, § 14 BImSchG Rn. 62.

429   Maßstab ist der Durchschnittsbetrieb; die Regelung erscheint freilich redundant, da die wirtschaftliche Vertretbarkeit über den Verhältnismäßigkeitsgrundsatz bereits zum Regelungsgegenstand des Standes der Technik, § 3 Abs. 6 S. 1 BImSchG (dazu Rn. 31), gehört, vgl. zum Vorstehenden *Schmidt/Kahl/Gärditz*, § 7 Rn. 122.

430   Vgl. dazu OVG Münster, NVwZ-RR 1998, 23; Durchsetzbarkeit des Schadensersatzanspruchs vor den Zivilgerichten: *Schmidt/Kahl/Gärditz*, § 7 Rn. 121 f.

431   Vgl. *Schmidt/Kahl/Gärditz*, § 7 Rn. 121 f.; allgemein zur Rechtsfigur der modifizierenden Auflage etwa *Erbguth/Guckelberger*, Allgemeines Verwaltungsrecht, § 18 Rn. 12.

432   Dazu ausführlich § 6 Rn. 12 ff.

433   Vgl. Rn. 28.

434   VGH Mannheim, NVwZ-RR 2015, 18.

435   VGH Mannheim, NVwZ-RR 2015, 96; vgl. auch *Hoppe/Beckmann/Kauch*, § 21 Rn. 123.

436   *Sparwasser/Engel/Voßkuhle*, § 10 Rn. 246.

437   *Schmidt/Kahl/Gärditz*, § 7 Rn. 87 f., 95 f.

schutzpräklusion). Die Präklusionsregelung des § 11 BImSchG ist ein Spezifikum mehrstufiger Verwaltungsverfahren und von der formellen Präklusion i.S.d. § 10 Abs. 3 S. 5 BImSchG zu unterscheiden, welche sich auf den Ausschluss von Einwendungen im Genehmigungsverfahren bezieht.[438] Unanfechtbar ist die Genehmigung bzw. der Vorbescheid nur, wenn dem jeweiligen Einwender kein Rechtsmittel mehr zur Verfügung steht. Diese Voraussetzung ist daher für jeden Betroffenen gesondert zu überprüfen.

Die Präklusionswirkung beschränkt sich auf Einwendungen, die in Zusammenhang mit dem Gegenstand des damaligen Verfahrens stehen. Ist über diesen nur zum Teil entschieden worden, besteht für solche Einwendungen kein Ausschluss, die sich nicht auf den mit der Teilgenehmigung oder dem Vorbescheid beschiedenen Gegenstand beziehen.[439]

§ 18 BImSchG regelt Konstellationen, in denen die Genehmigung **erlischt**. Von praktischer Bedeutung ist § 18 Abs. 1 Nr. 2 BImSchG, wonach diese Rechtsfolge eintritt, wenn eine Anlage länger als drei Jahre (ununterbrochen) nicht betrieben wird. Maßgeblich ist die tatsächliche Betriebseinstellung, die Absichtserklärung einer Betriebsfortführung genügt nicht, um die Frist zu unterbrechen.[440]

bb) Überwachungsmaßnahmen

Die Überwachung der immissionsschutzrechtlichen Pflichten erfolgt 81

■ über Mitteilungspflichten der Betreiber und

■ durch Anordnungsbefugnisse der Behörde.

Die **Mitteilungspflichten** des Anlagenbetreibers ergeben sich aus §§ 15 Abs. 1, 52 82
Abs. 2, 52a und 27 Abs. 1 BImSchG. Sie sollen der Behörde die notwendigen Informationen verschaffen, auf deren Grundlage sie ggf. Anordnungen zur Sicherstellung des ordnungsgemäßen Betriebs treffen kann.

Die **Anordnungsbefugnisse** der Behörde richten sich nach §§ 26 ff. BImSchG und § 52 83
BImSchG.

Für Industrieemissionsanlagen ist nach § 52 Abs. 1 S. 5 bis 8 BImSchG u.a. zusätzlich eine besonders rechtzeitige Überprüfung und Aktualisierung der Genehmigung vorzunehmen. §§ 52, 52a BImSchG statuieren neben einer jährlichen Prüfpflicht der Behörde bei Festlegung bestimmter Emissionsgrenzwerte (§ 52 Abs. 1a BImSchG) in §§ 52 Abs. 1b, 52a BImSchG ein neues Überwachungsinstrumentarium[441].

Die nach §§ 26 ff. BImSchG[442] möglichen Überwachungsmaßnahmen der Behörde gelten für genehmigungsbedürftige, teilweise auch für nicht genehmigungsbedürftige An-

---

438 *Kloepfer*, Umweltrecht, § 15 Rn. 500 ff.; *Jarass*, BImSchG, § 11 Rn. 7; zur formellen Präklusion oben Rn. 67 sowie § 6 Rn. 4.

439 Vgl. *Jarass*, BImSchG, § 11 Rn. 7.

440 BVerwGE 124, 156, 160 f.; OVG Weimar, ZUR 2016, 120; verhindert werden sollen Betriebsfortführungen trotz zwischenzeitlicher (während der Betriebseinstellung) Änderung der tatsächlichen Verhältnisse, die der Genehmigung zugrunde lagen, *Schmidt/Kahl/Gärditz*, § 7 Rn. 83. Das Erlöschen der Betriebsgenehmigung kann grds. auch nicht durch energiewirtschaftsrechtliche Regelungen zum Weiterbetrieb (§§ 13, 13a EnWG) durchbrochen werden, vgl. *Albrecht/Zschiegner*, GewArch 2016, 321.

441 „Überwachungspläne" und „Überwachungsprogramme", *Betensted/Grandjot/Waskow*, ZUR 2013, 395, 401.

442 Zu Modifizierungen im Zuge der Umsetzung der IE-RL *Scheidler*, VR 2013, 253, 256 f.

lagen. Die Anordnungen stehen im Ermessen der Behörde. Bei ihren Entscheidungen hat die Behörde insbesondere dem Verhältnismäßigkeitsgrundsatz Rechnung zu tragen. Die Vorschriften sind mit Ausnahme des § 30 BImSchG drittschützend.

Bei Industrieemissionsanlagen sieht § 31 BImSchG in Abs. 1–4 gesteigerte Betreiberpflichten vor: Unterrichtungspflicht betreffend Ereignisse mit erheblichen Umweltauswirkungen (Abs. 4),[443] (ggf.) Übermittlung von Daten mit Blick auf einen Durchführungsrechtsakt nach Art. 72 Abs. 2 der IE-RL[444] (Abs. 2), Informationspflichten bei Nichteinhaltung der Anforderungen des § 6 Abs. 1 BImSchG (Abs. 3), jährliche Überwachungsberichte (Abs. 1).

d) Repressive Instrumente

84   Auch bei den repressiven Instrumenten ist zwischen genehmigungsbedürftigen und genehmigungsfreien Anlagen zu unterscheiden.

aa) Genehmigungsbedürftige Anlagen

85   Gegenüber genehmigungsbedürftigen Anlagen können seitens der Behörde die folgenden – den Bestandsschutz des Betreibers erheblich einschränkenden – repressiven Maßnahmen getroffen werden:

- nachträgliche Anordnungen,
- Untersagung,
- Stilllegung und Beseitigung sowie
- Widerruf der Genehmigung.

86   Nach § 17 Abs. 1 BImSchG können **nachträgliche Anordnungen** ergehen, um die Erfüllung der sich aus dem Bundes-Immissionsschutzgesetz und den Rechtsverordnungen ergebenden Pflichten zu gewährleisten, § 17 Abs. 1 S. 2 BImSchG (Ermessen).[445] Zeigt sich nach Genehmigungserteilung, dass die dem Betreiber auferlegten Pflichten zum Schutz der Allgemeinheit und der Nachbarschaft nicht ausreichen, sollen nachträgliche Anordnungen getroffen werden, § 17 Abs. 1 S. 2 BImSchG (gebundenes Ermessen).[446]

Als Folge der dynamischen Betreiberpflichten (§ 5 Abs. 1 BImSchG) und nachträglicher Zugriffsmöglichkeiten auf die Genehmigung (§§ 20, 21 BImSchG) zeigt diese nämlich keinen Bestandsschutz, auch nicht aus grundrechtlicher Sicht.[447] Jegliche nachträgliche Anordnung steht aber unter dem Vorbehalt der Verhältnismäßigkeit. In Ausprägung dieses Gebots nennt § 17 Abs. 2 S. 1 BImSchG (immissionsschutz)relevante Abwägungsgesichtspunkte.[448] Einzubeziehendes Kriterium ist zudem die wirtschaftliche Ver-

---

443 Alle Störungen des bestimmungsgemäßen Betriebs, *Jarass*, NVwZ 2013 169, 172, unter Hinweis auf BT-Drs. 17/10486, S. 107.

444 Dazu Rn. 8.

445 Vgl. OVG Lüneburg, ZUR 2014, 296.

446 Regelmäßige Pflicht zum Erlass der Anordnung bei Absehensmöglichkeit in atypischen Fallkonstellationen, BVerwGE 84, 220, 223; deshalb auch bei „normaler" Konstellation Drittschutz, gerichtet auf Ergreifung einer geeigneten Maßnahme, *Jarass*, BImSchG, § 17 Rn. 83. Nach den Grundsätzen der reformatio in peius beurteilt sich hingegen die Verschärfung einer Auflage, wenn der Anlagenbetreiber gegen die Auflage einen Rechtsbehelf eingelegt hat, OVG NRW, NuR 2012, 870; dazu *Seibert*, DVBl. 2013, 605, 612; allgemein zur reformatio in peius *Erbguth/Guckelberger*, Allgemeines Verwaltungsrecht, § 20 Rn. 13 ff.

447 BVerfG, NVwZ 2010, 771; *Eifert* in: Schoch, Besonderes Verwaltungsrecht, 5. Kap. Rn 276; *Kahl*, JZ 2012, 729, 730.; zur Unterscheidung zwischen aktivem und passivem Bestandsschutz etwa *Kluth* in: ders./Smeddinck, § 1 Rn. 81.

448 Näher dazu *Eifert* in: Schoch, Besonderes Verwaltungsrecht, 5. Kap. Rn. 281; *Kloepfer*, Umweltrecht, § 15 Rn. 529 ff.

tretbarkeit für den Vorhabenbetreiber;[449] konkreten Gesundheitsbeeinträchtigungen durch Emissionen der Anlage kann diese allerdings nicht entgegengehalten werden[450].

Sonderregelungen gelten bei Industrieemissions-Anlagen i.S.d. § 3 Abs. 8 BImSchG: Nachträgliche Anordnungen nach § 17 Abs. 1 S. 2 BImSchG, die zum Schutze der Allgemeinheit oder Nachbarschaft durch neu festzulegende Emissionsbegrenzung ergehen *sollen* („Soll-Vorschrift"), bedürfen einer vorangehenden Öffentlichkeitsbeteiligung nach Maßgabe des § 17 Abs. 1a BImSchG. Dies gilt auch dann, wenn aufgrund einer Rechtsverordnung nach § 7 Abs. 1b BImSchG oder Verwaltungsvorschrift nach § 48 Abs. 1b BImSchG ausnahmsweise weniger strenge Emissionsbegrenzungen nachträglich angeordnet werden.

Daneben *muss* die zuständige Behörde gem. §§ 17 Abs. 2a i.V.m. 12 Abs. 1a BImSchG im Einzelfall eine nachträgliche Anordnung erlassen, wenn die in Rechtsverordnungen und Verwaltungsvorschriften national festgelegten Emissionsbegrenzungen nicht oder nicht mehr den unionsrechtlichen Vorgaben („BVT-Schlussfolgerungen") entsprechen. In diesem Fall müssen die Emissionsbegrenzungen durch eine nachträgliche Anordnung an die BVT-Schlussfolgerungen angepasst werden. Gleichwohl *kann* die Behörde hiervon nach Maßgabe des § 17 Abs. 2b BImSchG, etwa aus Gründen der Verhältnismäßigkeit, abweichen und weniger strenge Emissionsbegrenzungen festlegen.[451]

Eine Kompensationsregelung enthält § 17 Abs. 3a BImSchG. Danach soll die Behörde von einer nachträglichen Anordnung absehen, wenn ein **Kompensationsplan** vorgelegt wird, der eine höhere Minderung der Emissionen erzielt, als durch die nachträgliche Anordnung bewirkt werden könnte, § 17 Abs. 3a S. 1 BImSchG; die Regelung gilt daher nur im Vorsorgebereich.[452] Legt der Betreiber den Kompensationsplan erst vor, nachdem die Behörde bereits nachträgliche Anordnungen getroffen hat, ist die Anwendung der Kompensationsregelung ausgeschlossen.[453]

Nach Betriebseinstellung können nachträgliche Anordnungen zur Erfüllung der nach § 5 Abs. 3 BImSchG bestehenden Pflichten nur noch für einen Zeitraum von einem Jahr getroffen werden.[454] Eine gesetzliche Regelung bezüglich des Anordnungsadressaten fehlt. Vorrangig wird die Behörde den ehemaligen Betreiber als Verhaltensstörer in Anspruch zu nehmen haben.[455] Zu beachten ist schließlich der drittschützende Charakter der Sollvorschrift des § 17 Abs. 1 S. 2 BImSchG.[456]

Eine **Untersagung** des Anlagenbetriebs kann gem. § 20 Abs. 1 BImSchG zur Durchsetzung vollziehbarer nachträglicher Anordnungen und der Erfüllung von Auflagen oder konkreten Pflichten aus Rechtsverordnungen nach § 7 BImSchG erfolgen, sofern jene Anforderungen die Beschaffenheit oder den Betrieb der Anlage betreffen. Dabei handelt es sich regelmäßig um eine vorübergehende Maßnahme; die Genehmigung wird dadurch nicht berührt.[457]

87

---

449 *Schmidt/Kahl/Gärditz*, § 7 Rn. 105: jedenfalls ausgeschlossen, wenn aufgrund der Maßnahme an eine Stilllegung zu denken ist.
450 *Beaucamp* in: Kluth/Smedddinck, § 2 Rn. 79 m.w.N.
451 Siehe hierzu bereits oben Rn. 65; ferner *Jarass*, BImSchG, § 17 Rn. 87 ff.
452 Vgl. *Eifert* in: Schoch, Besonderes Verwaltungsrecht, 5. Kap. Rn. 282: Schadstoffkompensation im Vorsorgebereich; *Jarass*, BImSchG, § 17 Rn. 96.
453 Vgl. näher § 17 Abs. 3a S. 2 BImSchG.
454 § 17 Abs. 4a S. 2 BImSchG.
455 *Sparwasser/Engel/Voßkuhle*, § 10 Rn. 165 f.
456 *Jarass*, BImSchG, § 17 Rn. 83 ff.
457 *Beaucamp* in: Kluth/Smedddinck, § 2 Rn. 85 m.w.N.

Der Behörde wird mit der Untersagung ein zusätzliches Vollstreckungsinstrument neben den üblichen Maßnahmen nach den Landes-Verwaltungsvollstreckungsgesetzen an die Hand gegeben. Die Entscheidung, ob und wie die Behörde einschreitet, steht in ihrem Ermessen.[458] Eine Pflicht zur Untersagung besteht allerdings bei unmittelbaren Gefährdungen der menschlichen Gesundheit oder der Umwelt, § 20 Abs. 1 S. 2 BImSchG, und im Fall unzureichender Maßnahmen des Betreibers zur Verhütung schwerer Unfälle i.S.d. Seveso-III-Richtlinie (2012/18/EU),[459] § 20 Abs. 1a BImSchG.[460]

Nach § 20 Abs. 3 BImSchG kann im Fall der Unzuverlässigkeit des Betreibers oder eines mit der Leitung des Betriebs Beauftragten hinsichtlich der Einhaltung von Umweltschutzvorschriften der Betrieb einer Anlage untersagt werden, wenn dies zum Wohl der Allgemeinheit geboten ist.

§ 20 BImSchG vermittelt Nachbarn Drittschutz in Form eines Anspruchs auf ermessensfehlerfreie Entscheidung der Behörde über ein Eingreifen (Untersagung, § 20 Abs. 1a BImSchG), soweit es um die Abwehr von Eingriffen in Schutznormen, insbesondere § 5 Abs. 1 Nr. 1 BImSchG geht.[461]

88   Die **Stilllegung** oder **Beseitigung** einer Anlage soll erfolgen, wenn sie ohne Genehmigung errichtet, betrieben oder wesentlich geändert wird (§ 20 Abs. 2 S. 1 BImSchG). Hiervon kann nur in atypischen Fällen[462] bis zum Abschluss des erforderlichen Genehmigungsverfahrens abgesehen werden. Eine Stilllegungs- und Beseitigungspflicht der Behörde besteht, wenn die Allgemeinheit oder die Nachbarschaft auf andere Weise nicht ausreichend geschützt werden kann.[463]

89   Nach § 21 BImSchG ist unter bestimmten Voraussetzungen der **Widerruf** der Genehmigung möglich. Es handelt sich um eine abschließende Spezialregelung zu § 49 VwVfG,[464] dem sie sachlich freilich weitgehend entspricht. Bei Unverhältnismäßigkeit einer nachträglichen Anordnung soll die Genehmigung ganz oder teilweise widerrufen werden (§ 17 Abs. 2 S. 2 BImSchG).

bb) Nicht genehmigungsbedürftige Anlagen

Als Maßnahmen gegenüber dem Betreiber nicht genehmigungsbedürftiger Anlagen (Grillplätze, Sportplätze, Baumaschinen, Elektrogeräte, Tankstellen, Recycling-Anlagen)[465] kommen in Betracht:

- Anordnung, § 24 BImSchG und
- Untersagung, § 25 BImSchG.[466]
- Bei Störfallanlagen, die zwar keiner Genehmigungspflicht nach §§ 6, 4 BImSchG i.V.m. der 4. BImSchV, aber einer störfallrechtlichen **Genehmigungspflicht nach § 23b BImSchG** unterliegen, greifen vorrangig die §§ 25 Abs. 1a, 25a BImSchG ein.

---

458   Zu unzureichenden Maßnahmen des Betreibers zur Verhütung schwerer Unfälle bzw. von Störfällen *Jarass*, BImSchG, § 20 Rn. 21 ff.
459   Dazu oben Rn. 6.
460   Der veraltete Verweis des Gesetzes auf die mittlerweile aufgehobene Vorgängerrichtlinie ist als Verweis auf die Richtlinie 2012/18/EU zu verstehen, vgl. *Jarass*, BImSchG, § 20 Rn. 21a.
461   *Jarass*, BImSchG, § 20 Rn. 20 m.w.N.
462   BVerwGE 84, 220, 233; VGH Kassel, NVwZ 1998, 1315.
463   § 20 Abs. 2 S. 2 BImSchG; OVG Berlin, UPR 1985, 35.
464   Etwa *Eifert* in: Schoch, Besonderes Verwaltungsrecht, 5. Kap. Rn. 284.
465   Vgl. *Beaucamp* in: Kluth/Smeddinck, § 2 Rn. 90; dazu fallbezogen *Kment/Braun*, JURA 2011, 490.
466   Zum Nachfolgenden auch *Eifert* in: Schoch, Besonderes Verwaltungsrecht, Rn. 286 ff.

■ Eine Betriebsuntersagung *muss* dabei nach § 25 Abs. 1a S. 1 BImSchG ergehen, solange und soweit die von dem Betreiber getroffenen Maßnahmen zur Verhütung oder zur Begrenzung der Auswirkungen schwerer Unfälle eindeutig unzureichend sind. Hierbei werden vor allem schwerwiegende Unterlassungen von Folgemaßnahmen berücksichtigt, die im Rahmen der behördlichen Überwachung festgelegt wurden.[467] Eine Betriebsuntersagung kann gem. § 25 Abs. 1a S. 3 BImSchG u.a. bei formeller Illegalität ergehen. Abzugrenzen ist die Betriebsuntersagung nach § 25 Abs. 1a BImSchG von der Untersagung nach § 20 Abs. 1a BImSchG: Letztere greift auch bei der Gefahr eines schweren Unfalls aufgrund des Verwendens gefährlicher Stoffe ein, gilt aber lediglich für Anlagen, die bereits nach den §§ 4, 6 BImSchG einer Genehmigungspflicht unterliegen.

■ Nach § 25a S. 1 BImSchG *kann* die Behörde die Stilllegung oder Beseitigung einer Anlage verlangen, sofern die Anlage ohne die nach § 23b BImSchG erforderliche Genehmigung betrieben oder geändert wird. Sie *soll die* Beseitigung anordnen, wenn die Allgemeinheit oder die Nachbarschaft nicht auf andere Weise ausreichend geschützt werden kann, § 25a S. 2 BImSchG.

90 Gem. § 24 BImSchG kann die Behörde im Einzelfall **Anordnungen** treffen, um die Einhaltung der Betreiberpflichten nach § 22 BImSchG sowie der sich aus einer Rechtsverordnung ergebenden Pflichten durchzusetzen.[468] Der Inhalt der Anordnungen muss anlagenbezogen sein. Die Entscheidung steht im Ermessen der Behörde. Gehen von der Anlage mit Gesundheitsgefahren verbundene schädliche Umwelteinwirkungen aus, kann sich das Ermessen auf eine Pflicht zum Einschreiten reduzieren.[469]

91 Eine **Untersagung** des Betriebs der Anlage kann zur Durchsetzung einer vollziehbaren Anordnung nach § 24 BImSchG erfolgen (§ 25 Abs. 1 BImSchG), bis die Anordnung erfüllt ist; es handelt sich um eine Ermessensentscheidung.[470] Außerdem soll die Behörde die Errichtung oder den Betrieb einer Anlage untersagen, wenn dadurch eine erhöhte Gefahrenlage abgewendet wird (§ 25 Abs. 2 BImSchG). Da es sich um eine Soll-Entscheidung handelt, ist bei Vorliegen der in § 25 Abs. 2 BImSchG normierten Voraussetzungen regelmäßig eine Untersagung auszusprechen. Im Falle unzureichender Maßnahmen des Betreibers zur Verhinderung schwerer Unfälle i.S.d. Seveso-III-Richtlinie (2012/18/EU) hat die Untersagung zu erfolgen, § 25 Abs. 1a S. 1 BImSchG (gebundene Entscheidung)[471]. Die Wirkung der beiden zuletzt genannten Untersagungen ist auf Dauer angelegt und kann erst bei einer Änderung der Sach- oder Rechtslage entfallen.

Weitergehende öffentlich-rechtliche Vorschriften bleiben unberührt, § 22 Abs. 2 BImSchG; zusätzliche Anforderungen dieser Art an Errichtung und Betrieb ergeben sich etwa aus dem Gaststättenrecht, dem Gewerberecht, aus den Landesbauordnungen, aber auch aus dem Landesimmissionsschutzrecht. Weder werden die in jenen Gesetzen geregelten Eingriffsbefugnisse von §§ 24 f. BImSchG verdrängt, noch gilt dies umgekehrt.[472] Eine solche Parallelität wird überwiegend auch im Verhältnis zur ordnungsbehördlichen Generalklausel angenommen.[473]

---

467 Umfassend zum Überwachungsregime bei Störfallanlagen *Schoppen*, NVwZ 2017, 1561.
468 Bereits Rn. 58 ff.
469 VGH Kassel, NVwZ 1986, 666.
470 Ferner kann eine Betriebsuntersagung erfolgen, sofern die vom Betreiber getroffenen Maßnahmen zur Verhütung schwerer Unfälle unzureichend sind (§ 25 Abs. 1a BImSchG).
471 Vgl. aber auch § 25 Abs. 1a S. 2 BImSchG.
472 Zum Vorstehenden näher *Schmidt/Kahl/Gärditz*, § 7 Rn. 148 ff.
473 BVerwGE 55, 118, 122; differenzierend *Schmidt/Kahl/Gärditz*, § 7 Rn. 151 f.

92   ▶ **Lösung Fall 10:** Die Errichtung und der Betrieb der Windenergieanlagen durch A müssten eine immissionsschutzrechtliche Genehmigung erfordern.

Gem. §§ 4, 6 BImSchG i.V.m. §§ 1 Abs. 1 S. 1, 2 Abs. 1 S. 1 Nr. 1 lit. (a) der 4. BImSchV sowie Nr. 1.6.1 des Anhangs 1 zur 4. BImSchV bedürfen Windkraftanlagen mit jeweils einer Gesamthöhe von mehr als 50 m, wenn es sich um 20 Anlagen (wie hier) oder mehr handelt („G"), einer förmlichen Genehmigung nach § 10 BImSchG. Die Anlagen sind daher (förmlich) genehmigungsbedürftig.

Hinsichtlich ihrer Genehmigungsfähigkeit muss nach § 6 Abs. 1 Nr. 1 BImSchG materiellrechtlich die Einhaltung der in § 5 BImSchG niedergelegten Grundpflichten und der einschlägigen Rechtsverordnungen nach § 7 BImSchG gesichert sein.[474]

Gem. § 5 Abs. 1 Nr. 1 BImSchG sind genehmigungsbedürftige Anlagen so zu errichten und zu betreiben, dass schädliche Umwelteinwirkungen und sonstige Gefahren, erhebliche Nachteile und erhebliche Belästigungen für die Allgemeinheit und die Nachbarschaft nicht hervorgerufen werden. Schädliche Umwelteinwirkungen sind gemäß § 3 Abs. 1 BImSchG Immissionen, die nach Art, Ausmaß und Dauer geeignet sind, Gefahren, erhebliche Nachteile oder erhebliche Belästigungen für die Allgemeinheit oder die Nachbarschaft herbeizuführen. Zu solchen schädlichen Umwelteinwirkungen können insbesondere Lärm- und Lichtimmissionen gehören, die von einer Windenergieanlage auf benachbarte Wohnhäuser einwirken. Der Begriff der schädlichen Umwelteinwirkung gem. § 3 Abs. 1 BImSchG wird u.a. durch die TA Lärm konkretisiert. Eine schädliche Umwelteinwirkung i.S.v. § 3 Abs. 1 BImSchG liegt somit vor, wenn die Geräuschimmissionen die in der TA Lärm festgelegten Grenzwerte übersteigen.

Die 20 Windkraftanlagen sollen laut immissionsschutzrechtlicher Genehmigung die Richtwerte, welche in der TA Lärm für Dorf- und Mischgebiete festgelegt sind, einhalten. N behauptet, in einem allgemeinen Wohngebiet zu wohnen, für das strengere Lärmschutzwerte gelten. In der näheren Umgebung des Grundstücks des N ist verbreitet Tierhaltung (Pferde, Gänse, Hühner) anzutreffen, zwischen den Gebäuden liegen Ackerflächen, die aus der Ortslage heraus bewirtschaftet werden. Die Umgebung entspricht also einem Dorfgebiet, somit gelten die Grenzwerte für Misch- bzw. Dorfgebiete i.S.d. §§ 5, 6 BauNVO. Diese Grenzwerte (60 dB(A) tags, 45 dB(A) nachts) werden eingehalten.

Falls ausnahmsweise aufgrund erhöhter Windgeschwindigkeit hiervon abweichende Lärmimmissionen erzeugt werden, gewährleistet Auflage 8 der Genehmigung, dass die Anlagen abgeschaltet werden. Insofern ist nicht von einer unzumutbaren Lärmbelästigung auszugehen.

Die Pflicht zur Vermeidung schädlicher Umwelteinwirkungen könnte ferner durch den Schattenwurf verletzt sein, welchen die Windkraftanlagen immer dann verursachen, wenn die Sonne hinter der Anlage steht. Das Sachverständigengutachten hat ergeben, dass der maximal prognostizierte Schattenwurf der Anlagen das Grundstück des N nicht mehr als 30 Minuten pro Tag und 30 Stunden pro Jahr beeinträchtigen wird. Die Grenze der Schädlichkeit wird von der Rechtsprechung in Anlehnung an als generalisierte Sachverständigengutachten angesehene Verwaltungsvorschriften dort gezogen, wo ein Benutzer von Wohn- oder Büroräumen nicht länger als 30 min pro Tag und max. 30 Stunden im Jahr belastet wird. Zudem wird durch Auflage 8 darüber hinausgehenden Beeinträchtigungen durch Schattenwurf Einhalt geboten. Zwar findet sich das dafür einzusetzende Mittel (Abschalt-

---

474 Näher zu den nachfolgend angesprochenen Fragen *Schink*, I+E 2012, 194.

automatik) nicht zwingend vorgeschrieben, sondern nur beispielhaft genannt; insgesamt erscheint diese Vorkehrung aber als hinreichend geeignet und bestimmt, um N vor unzumutbarem Schattenwurf zu schützen.

Es könnte ferner ein Verstoß gegen § 5 Abs. 1 Nr. 1 BImSchG vorliegen, wenn die Lichtimmissionen der Warnbeleuchtung eine schädliche Umwelteinwirkung darstellen. Wann Lichtimmissionen zu erheblichen Belästigungen führen können, richtet sich insbesondere nach der Gebietsart und der durch die tatsächlichen Verhältnisse bestimmten Schutzwürdigkeit und Schutzbedürftigkeit der betroffenen Nachbarn, wobei wertende Elemente wie Herkömmlichkeit, soziale Adäquanz und allgemeine Akzeptanz einzubeziehen sind. Diese Faktoren sind neben Art, Stärke und Dauer der Lichteinwirkung in eine wertende Gesamtbeurteilung im Sinne einer Güterabwägung einzustellen, wobei es für die Frage der Zumutbarkeit oder Unzumutbarkeit von Lichteinwirkungen nicht nur auf die Lichtstärke, sondern entscheidend auf die durch den Lichtschein hervorgerufene Blendwirkung ankommt. Die Gefahrenfeuer sind in einer Höhe von 85 m installiert und strahlen bestimmungsgemäß nicht nach unten ab. Im Rahmen der sozialen Adäquanz ist zu berücksichtigen, dass die Gefahrenfeuer in erster Linie der Verkehrssicherheit der Luftfahrt dienen. Sofern sie die Wohn- und Schlafräume des N nachts erhellen, kann dies ohne größeren Aufwand z.B. durch Vorhänge vermindert bzw. ausgeschlossen werden. Die Gefahrenleuchten blitzen auch nicht auf, so dass es zu keinem sog. Disco-Effekt kommen kann. Ein Verstoß gegen § 5 Abs. 1 Nr. 1 BImSchG ist somit nicht gegeben. Auch der Vorsorgepflicht nach § 5 Abs. 1 Nr. 2 BImSchG wurde hier genügt, da die Windkraftanlagen laut Sachverhalt dem neuesten Stand der Technik entsprechen.

Gem. § 6 Abs. 1 Nr. 2 BImSchG ist darüber hinaus eine immissionsschutzrechtliche Genehmigung nur zu erteilen, wenn andere öffentlich-rechtliche Vorschriften und Belange nicht entgegenstehen. Als sonstige zu berücksichtigende öffentlich-rechtliche Vorschriften kommen hier die Vorgaben des Baugesetzbuchs in Betracht. Zu beachten ist diesbezüglich auch die Konzentrationswirkung der immissionsschutzrechtlichen Genehmigung, die andere die Anlage betreffende behördliche Entscheidungen, z.B. eine Baugenehmigung nach dem BauGB, einschließt. Die Windkraftanlage müsste somit auch nach den Vorschriften des BauGB genehmigungsfähig sein. Das Vorhaben des A befindet sich im Außenbereich. Vorhaben im Außenbereich sind gem. § 35 Abs. 1 BauGB zulässig, wenn sie zu den „privilegierten" Vorhaben zählen, ihnen öffentliche Belange nicht entgegenstehen und eine ausreichende Erschließung gesichert ist. Sonstige Projekte können gem. Abs. 2 im Einzelfall zugelassen werden, wenn ihre Ausführung und Benutzung (vor allem) die in Abs. 3 aufgeführten öffentlichen Belange nicht beeinträchtigen und ihre Erschließung gesichert ist. Windenergieanlagen sind privilegierte Außenbereichsvorhaben gem. § 35 Abs. 1 Nr. 5 BauGB. Einem privilegierten Vorhaben dürfen öffentliche Belange nicht entgegenstehen. Der Begriff der öffentlichen Belange ist in Abs. 3 der Vorschrift nicht definiert, vielmehr wird er durch einen nicht abschließenden Katalog wichtiger öffentlicher Belange erläutert. Betroffene öffentliche Belange könnten vorliegend schädliche Umwelteinwirkungen gem. § 35 Abs. 3 S. 1 Nr. 3 BauGB sein. Diesbezüglich gelten die gleichen Grundsätze wie im Bundes-Immissionsschutzgesetz, so dass sich keine Abweichungen zur vorangegangenen Prüfung ergeben. Insgesamt wird die Schutzwürdigkeit des Grundstücks des N im Rahmen des Bauplanungsrechts auch dadurch beeinflusst, dass es an der Grenze zum Außenbereich liegt. Wie sich aus § 35 Abs. 1 BauGB ergibt, müssen Eigentümer von Grundstücken in Randlage mit Veränderungen der Umgebung durch Anlagen nach § 35 Abs. 1 Nr. 5 BauGB von vornherein rechnen. Dem Vorhaben des A stehen folglich keine öffentlichen Belange gem. § 35 Abs. 3 BauGB entgegen.

Im Ergebnis ist festzustellen, dass die immissionsschutzrechtliche Genehmigung der 20 Windenergieanlagen dem materiellen Recht entspricht. ◄

WIEDERHOLUNGS- UND VERSTÄNDNISFRAGEN

> Welche Zielsetzungen verfolgt das Bundes-Immissionsschutzgesetz? (Rn. 24)
> Welcher Regelungsbereich des Immissionsschutzrechts verbleibt nach der Föderalismus-reform den Bundesländern? (Rn. 16)
> Welche Planungsinstrumente enthält das Bundes-Immissionsschutzgesetz? (Rn. 33 ff.)
> Besteht ein individueller Anspruch auf Aufstellung von Plänen i.S.v. § 47 Abs. 2 BImSchG? (Rn. 36)
> Welchen Pflichten unterliegen Betreiber genehmigungsbedürftiger Anlagen? (Rn. 44 ff.)
> Was bedeutet die Konzentrationswirkung der immissionsschutzrechtlichen Genehmigung? (Rn. 70, 77)
> Welche Pflichten treffen Betreiber nicht genehmigungsbedürftiger Anlagen? (Rn. 58 ff.)

§ 10 Naturschutz- und Landschaftspflegerecht

Als eine der zentralen Materien des Umweltrechts hat das Rechtsgebiet des **Natur-** **1** **schutzes und der Landschaftspflege** kontinuierlich an Bedeutung gewonnen. Sowohl der weltweit zu beklagende Artenrückgang[1] und der Verlust an Biodiversität als auch die durch Nutzungsansprüche der modernen Industriegesellschaft bedingten Beeinträchtigungen und Zerstörungen von Natur und Landschaft[2] haben diesem Bedeutungsgewinn Vorschub geleistet.[3] Nachdem das Bild lange Zeit durch einen räumlich und sachlich begrenzten Ansatz bestimmt worden ist, begnügt sich das moderne Naturschutzrecht nicht mehr damit, einige besonders wertvolle Biotope und seltene Arten zu schützen.[4] Die für diesen Bereich des Umweltrechts maßgeblichen Rechtsgrundlagen dokumentieren vielmehr eine **umfassende und gestalterische Aufgabenstellung** dahin gehend, Fehlentwicklungen flächendeckend zurückzudrängen und weitere Eingriffe in Natur und Landschaft möglichst zu vermeiden sowie die Biodiversität zu schützen.[5] Neue Herausforderungen werden durch den Klimawandel und Veränderungen in der Agrarpolitik begründet.[6]

I. Rechtsgrundlagen

Das Naturschutz- und Landschaftspflegerecht ist die Gesamtheit derjenigen Rechtsvorschriften, die dem Naturschutz und der Landschaftspflege dienen. **2**

1. Internationales Recht

Auf dem Gebiet des Naturschutzes sind eine Reihe von internationalen Übereinkommen zu nennen:[7] **3**

- Übereinkommen über Feuchtgebiete, insbesondere als Lebensraum für Wat- und Wasservögel von internationaler Bedeutung vom 2.2.1971, sog. **Ramsar-Konvention**.[8] Mithilfe der Konvention soll erreicht werden, dass möglichst viele Staaten ökologisch wichtige Feuchtgebiete von internationaler Bedeutung unter besonderen Schutz stellen.
- Übereinkommen über den internationalen Handel mit gefährdeten Arten freilebender Tiere und Pflanzen vom 3.3.1973, sog. **Washingtoner Artenschutzübereinkommen**.[9] Das 1975 völkerrechtlich in Kraft getretene Übereinkommen will den internationalen Handel als eine der Hauptursachen für die Gefährdung bestimmter Tier- und Pflanzenarten einschränken. Inzwischen ist die Konvention durch die EU-Artenschutz-Verordnung[10] als unmittelbar geltendes Recht in das Unionsrecht inkor-

---

1 Ausführlich *Maaß/Schütte* in: Koch/Hofmann/Reese, § 7 Rn. 1 ff.
2 Zum Verlust an Lebensraumtypen und Arten in der EU vgl. den Bericht der EU-Kommission, Der Zustand der Natur in der Europäischen Union, KOM (2015) 219 endg.
3 Zur Situation in Deutschland vgl. *SRU*, Umweltgutachten 2008, Tz. 331 ff.
4 Zur Entwicklung des Naturschutzrechts *Kloepfer*, Zur Geschichte des deutschen Umweltrechts, S. 70 ff., 87 ff., 211 ff.
5 *SRU*, Umweltgutachten 2008, Tz. 333.
6 *SRU*, Umweltgutachten 2008, Tz. 354 ff.
7 Überblicke bei *Wolf*, ZUR 2017, 3 ff.; *Durner*, AVR 2016, 355 ff.; *Schlacke/Krohn* in: Schlacke, GK-BNatSchG, Einl. Rn. 13 ff.
8 BGBl. II, S. 1266.
9 BGBl. II, S. 777, zuletzt geändert durch Übereinkommen v. 18.8.1995, BGBl. II, S. 771.
10 VO (EG) Nr. 338/97 v. 9.12.1996, ABlEG 1997 L 61/1, zuletzt geändert durch VO (EU) Nr. 160/2017 v. 20.1.2017, ABlEU L 27/1.

poriert worden, wobei teilweise noch Verschärfungen vorgenommen worden sind. Nationale Umsetzungsregelungen sind damit gegenstandslos geworden.

■ Übereinkommen zur Erhaltung der wandernden wild lebenden Tierarten vom 23.6.1979, sog. **Bonner Konvention.**[11] Das Übereinkommen schafft eine umfassende Regelung zur Erhaltung, Hege und Nutzung grundsätzlich aller wandernden Arten.

■ Übereinkommen über die Erhaltung der europäischen wild lebenden Pflanzen und Tiere und ihrer natürlichen Lebensräume vom 19.9.1979, sog. **Berner Konvention.**[12] Das Übereinkommen soll insbesondere die zwischenstaatliche Zusammenarbeit zum Schutz der wildlebenden Fauna und Flora fördern.

■ Übereinkommen zum Schutz der Alpen vom 7.11.1991. Die sog. **Alpenkonvention** soll die Alpen für ihre Bewohner als stabilen Lebensraum sichern und als einzigartige, vielfältige Naturlandschaft erhalten.[13] Hierzu dienen acht weitere am 21.8.2002 in Kraft getretene Durchführungsprotokolle zur Alpenkonvention über Raumplanung und nachhaltige Entwicklung, Naturschutz und Landschaftspflege, Berglandwirtschaft, Bergwald, Tourismus, Energie, Bodenschutz und Verkehr sowie das Streitbeilegungsverfahren.[14]

■ Übereinkommen über die biologische Vielfalt vom 5.6.1992, sog. **Biodiversitätskonvention,**[15] die u.a. mit dem Konzept des „sustainable development" den Schutz der biologischen Vielfalt in ihren natürlichen Lebensräumen weltweit sicherstellen will.[16]

■ Übereinkommen über den Schutz der Meeresumwelt des Nordostatlantiks vom 22.9.1992 (Oslo-Paris- oder kurz **OSPAR-Übereinkommen**), das als Grundlage die generelle Verpflichtung der Vertragsparteien zur Verhütung und Beseitigung der Meeresverschmutzung, zum Schutz gegen nachteilige Auswirkungen menschlichen Handelns und zur Wiederherstellung nachteilig beeinflusster Meeresgebiete vorsieht.[17]

■ Übereinkommen zum Schutz der Meeresumwelt des Ostseegebietes, sog. **Helsinki-Übereinkommen,** das 1992 grundlegend überarbeitet und 2000 in Kraft getreten ist.[18] Sie bezweckt den Schutz der natürlichen Lebensräume, Naturprozesse und biologischen Vielfalt des Ökosystems Ostsee und seiner Küstenzonen, der durch Erhaltungs-, Pflege- und Entwicklungsmaßnahmen der Anrainerstaaten und der EU gewährleistet werden soll.[19]

2. EU-Recht

4   Der Rat und die Kommission der EU haben für den Bereich des Naturschutzes folgende **Verordnungen** (Art. 288 Abs. 2 AEUV) erlassen:

---

11 BGBl. II, S. 569, zuletzt geändert durch VO v. 23.11.1997, BGBl. I, S. 2126.
12 BGBl. II, S. 618, zuletzt geändert durch die Bekanntmachung v. 23.9.1998, BGBl. II, S. 2654.
13 BGBl. II, S. 2538.
14 BGBl. II, S. 1785.
15 BGBl. II, S. 1741.
16 Vgl. oben § 8 Rn. 7, 20 sowie unten § 15 Rn. 35; vgl. dazu auch *Winter*, ZUR 2011, 57; *Kotzur*, ZUR 2008, 225.
17 BGBl. II, S. 1355, 1360, zuletzt geändert vgl. BGBl. II 2010, S. 1006; siehe unten § 15 Rn. 42.
18 BGBl. II 1994, S. 1355, 1397, zuletzt geändert durch VO v. 15.12.2004, BGBl. II, S. 1667; vgl. näher § 15 Rn. 47 f.
19 Zu weiteren die Meeresumwelt schützenden Übereinkommen vgl. § 15 Rn. 12, 25 ff.

▪ Verordnung 348/81/EWG über eine gemeinsame Regelung für die Einfuhr von Walerzeugnissen vom 20.1.1981,[20]

▪ Verordnung 2092/91/EWG über den ökologischen Landbau und die entsprechende Kennzeichnung der landwirtschaftlichen Erzeugnisse und Lebensmittel vom 24.6.1991[21] und

▪ Verordnung (EG) Nr. 338/97 über den Schutz von Exemplaren wildlebender Tier- und Pflanzenarten durch Überwachung des Handels vom 9.12.1996.[22]

In der Rechtsform der **Richtlinie** (Art. 288 Abs. 3 AEUV) ergingen folgende Regelungen:[23]

▪ Richtlinie 79/409/EWG über die Erhaltung der wildlebenden Vogelarten vom 2.4.1979, Richtlinie 2009/147/EG über die Erhaltung der wildlebenden Vogelarten vom 30.11.2009,[24] die die Richtlinie 79/409/EWG aufhob und neu kodifizierte, sog. **Vogelschutzrichtlinie**,[25]

▪ Richtlinie 86/278/EWG über den Schutz der Umwelt und insbesondere der Böden bei der Verwendung von Klärschlamm in der Landwirtschaft vom 12.6.1986,[26]

▪ Richtlinie 92/43/EWG zur Erhaltung der natürlichen Lebensräume sowie der wildlebenden Tiere und Pflanzen vom 21.5.1992, sog. **Fauna-Flora-Habitat-Richtlinie (FFH-Richtlinie)**,[27]

▪ Richtlinie 99/22/EG über die Haltung von Wildtieren in Zoos vom 29.3.1999, sog. **Zoorichtlinie**,[28] und

▪ Richtlinie 2004/35/EG über Umwelthaftung zur Vermeidung und Sanierung von Umweltschäden vom 21.4.2004, sog. **Umwelthaftungsrichtlinie**[29].

3. Bundesrecht

Auf Bundesebene bildet das zuletzt 2017 novellierte **Bundesnaturschutzgesetz** (BNatSchG) den naturschutzrechtlichen Normbestand.[30] Zuvor hatte der Gesetzgeber 5

---

20 ABlEG L 39/1.

21 ABlEG L 198/1, zuletzt geändert durch VO (EG) Nr. 404/2008 v. 6.5.2008, ABlEG L 120/8.

22 ABlEG L 61/1, zuletzt geändert durch VO (EU) 2017/160 v. 20.1.2017, ABlEU L 27/1; beachte zudem die DurchführungsVO (EU) Nr. 792/2012 v. 23.8.2012, ABlEU L 242/13, zuletzt geändert durch VO (EU) Nr. 2015/57 v. 15.1.2015, ABlEU L 10/19.

23 Zur Dogmatik der Direktwirkung von EG-Richtlinien und ihrer Bedeutung für das EU-Naturschutzrecht vgl. *Winter*, ZUR 2002, 313; ferner § 7 Rn. 15.

24 ABlEG L 20/7, zuletzt geändert durch RL 2013/17/EU v. 13.5.2013, ABlEU L 158/193.

25 ABlEG L 103/1, zuletzt geändert durch RL 2008/102/EG v. 19.11.2008, ABlEG L 323/31; *Künkele*, NuR 1988, 334; zur verspäteten Umsetzung EuGH, NuR 1993, 505; dazu *Schmidt*, JZ 1993, 1086, 1087.

26 ABlEG L 181/6, zuletzt geändert durch VO (EG) Nr. 219/2009 v. 11.3.2009, ABlEG L 87/109.

27 ABlEG L 206/7, zuletzt geändert durch RL 2013/17/EU v. 13.5.2013, ABlEU L 158/193; hierzu *Erbguth/Stollmann*, DVBl. 1997, 453; *Fisahn/Cremer*, NuR 1997, 268; *Erbguth*, DVBl. 1999, 588; zur verspäteten Umsetzung EuGH, NVwZ 2006, 319; EuGH, NuR 1998, 194; zur unmittelbaren Geltung der FFH-RL vgl. BVerwG, ZUR 1998, 28 ff. m. Anm. *Fisahn*; EuGH, NVwZ 2001, 549 – Basses Corbière.

28 ABlEG L 94/24.

29 ABlEG L 143/56, zuletzt geändert durch RL 2013/30/EU v. 12.6.2013, ABlEU L 178/66.

30 Gesetz über Naturschutz und Landschaftspflege (Bundesnaturschutzgesetz – BNatSchG) v. 29.7.2009, BGBl. I, S. 2542, zuletzt geändert durch Art. 1 d. G v. 15.9.2017, BGBl. I, S. 3434; vgl. dazu *Lütkes*, NuR 2018, 145; das Novellierungsvorhaben als nicht weitgehend genug bezeichnend *Möckel*, ZUR 2017, 195.

das 1976[31] erstmals erlassene und 1987, 1998 sowie 2002 geänderte[32] Bundesnatur-schutzgesetz 2007 novelliert.[33] Die Novellierung 2007 ging auf ein Urteil des Europäischen Gerichtshofs vom 10.1.2006[34] zurück, wonach die Bundesrepublik Deutschland die FFH-Richtlinie der Europäischen Gemeinschaft[35] nicht in allen Punkten hinreichend in nationales Recht umgesetzt hatte, weshalb das Habitat- und Artenschutzrecht im Bundesnaturschutzgesetz entsprechend geändert wurde (5. sog. „kleine" BNatSchG-Novelle 2007).

6   Veranlasst durch die zum 1.9.2006 in Kraft getretene Föderalismusreform des GG ist die Rahmengesetzgebungskompetenz (Art. 75 GG a.F.) gänzlich entfallen.[36] Der Bund verfügt fortan im Bereich Naturschutz und Landschaftspflege über eine konkurrierende Gesetzgebungskompetenz (vgl. Art. 74 Abs. 1 Nr. 29 GG) und hat im Gefolge dessen eine Vollregelung erlassen.[37] Im Gegenzug wurde den Ländern die Möglichkeit eingeräumt, vom Bundesnaturschutzrecht **abweichende Regelungen** zu treffen, soweit nicht allgemeine Grundsätze des Naturschutzes, das Recht des Artenschutzes oder des Meeresnaturschutzes betroffen sind (Art. 72 Abs. 3 S. 1 Nr. 2 GG).[38]

Dieses **Abweichungsrecht** der Länder war in der rechtspolitischen Auseinandersetzung um die Föderalismusreform höchst umstritten.[39] U.a. wurde die Befürchtung geäußert, dass mit Blick auf den Standortwettbewerb der Länder ein Abbau der Naturschutz-standards zu erwarten sei.[40] Diese Befürchtungen haben sich z.T. realisiert: Zwar haben sich kleinere Flächenländer und Stadtstaaten kaum bis gar nicht an einem derartigen Wettlauf-Szenario beteiligt. Die vor Verabschiedung des BNatSchG 2010 erfolgten Abstimmungsprozesse zwischen Bund und Ländern haben aber zumindest die größeren Flächenbundesländer nicht davon abgehalten, abweichende Regelungen zu treffen.[41] Die nur unzureichende, Interpretationsspielräume eröffnende Umschreibung der abweichungsfesten Kompetenzbereiche, insbesondere die des Artenschutzrechts in Art. 72 Abs. 3 S. 1 Nr. 2 GG, erweist sich als schwierig.[42]

Schließlich wurden die Regelungskompetenzen auf dem Gebiet des Verwaltungsverfahrens neu geregelt. Gem. Art. 83 GG führen die Länder bundesrechtliche Regelungen

---

31 BGBl. I, S. 3574.
32 1. Änderungsgesetz v. 12.3.1987, BGBl. I, S. 889. Mit dem 2. Änderungsgesetz v. 30.4.1998, BGBl. I, S. 823, wurde die FFH-RL mit vierjähriger Verspätung in nationales Recht umgesetzt. Das 3. Änderungsgesetz v. 21.9.1998, BGBl. I, S. 2994, fügte u.a. Regelungen zum Vertragsnaturschutz sowie zu Ausgleichszahlungen für landwirtschaftliche Nutzungsbeschränkungen in das Bundesnaturschutzgesetz ein; BNatSchGNeuregG v. 25.3.2002 (BGBl. I, S. 1193); zur rechtshistorischen Entwicklung des Naturschutzrechts vgl. *Wolf*, NuR 2013, 1.
33 G v. 12.12.2007, BGBl. I, S. 2873, ber. durch BGBl. I 2008, S. 47.
34 EuGH, ZUR 2006, 134.
35 Vgl. oben § 10 Rn. 4.
36 Siehe zur Gesetzgebungskompetenz § 4 Rn. 43 ff.; vgl. zu den Folgen der Föderalismusreform für das Naturschutzrecht *Schlacke/Krohn* in: Schlacke, GK-BNatSchG, Einl. Rn. 41 ff.
37 Zu den vergleichenen Bemühungen eines Umweltgesetzbuches des Bundes siehe Rn. 7. Vgl. *Fischer-Hüftle*, NuR 2007, 78; *Kloepfer*, NuR 2006, 1; *Frenz*, NVwZ 2006, 742; *Degenhart*, NVwZ 2006, 1209; *Rengeling*, DVBl. 2006, 1537; unter Berücksichtigung der Herausforderungen durch das europäische Gemeinschaftsrecht ferner *Epiney*, NuR 2006, 403.
38 Zur Abweichungsgesetzgebung und ihren Grenzen im Naturschutz *Franzius*, NVwZ 2008, 492; *Petschulat*, NuR 2015, 386; *ders.*, NuR 2015, 534.
39 *Degenhart*, NVwZ 2006, 1209, 1212 f.; *Ipsen*, NJW 2006, 2801, 2803 f.
40 *Koch/Krohn*, NuR 2006, 673, 679.
41 Vgl. *Schütte/Kattau*, ZUR 2010, 353, 355 ff. Zur Abweichungsgesetzgebung für den Bereich Naturschutz und Landschaftspflege vgl. *Petschulat/Weghake/Dallman/Schoen/Grotefels*, Die Regelungskompetenzen der Länder für die Raumordnung nach der Föderalismusreform, 2016; *Petschulat*, NuR 2015, S. 241 ff.
42 Eingehend hierzu *Koch/Krohn*, NuR 2006, 673, 677.

des Naturschutzrechts als eigene Angelegenheit aus. Überdies obliegt ihnen nach Art. 84 Abs. 1 S. 1 GG die Einrichtung von Behörden und die Regelung des Verwaltungsverfahrens. Sofern der Bund anderes bestimmt, können die Länder nach Art. 84 Abs. 1 S. 2 GG grundsätzlich abweichende Regelungen treffen. Eine Ausnahme besteht nach Art. 84 Abs. 1 S. 5 GG für den Fall, dass aufgrund eines besonderen Bedürfnisses eine abweichungsfeste Regelung des Bundes zum Verwaltungsverfahren vorliegt.

Zwar scheiterte im Februar 2009 das Bestreben des Bundes, von der im Zuge der **Föderalismusreform** eingeführten Möglichkeit Gebrauch zu machen, ein Umweltgesetzbuch zu schaffen.[43] Das Naturschutzrecht wurde jedoch neben anderen umweltrechtlichen Teilgebieten von der Schaffung eines einheitlichen Umweltgesetzbuches abgekoppelt und im Juli 2009 als Gesetz zur Neuregelung des Rechts des Naturschutzes und der Landschaftspflege verabschiedet.[44] Seitdem dürfen die Länder von ihrer Abweichungsbefugnis Gebrauch machen (vgl. Art. 125b Abs. 1 S. 3 GG).[45] Die letzte Novellierung wurde am 15.9.2017 verabschiedet,[46] durch die (geringfügige) Änderungen beim Artenschutz, Meeresnaturschutz und Biotopschutz vorgenommen wurden.[47]   7

Grundlage für den **Vollzug des Naturschutzrechts** ist regelmäßig das BNatSchG und das jeweilige Landesgesetz.[48]   8

Die Regelungen des Bundesnaturschutzgesetzes werden ergänzt durch die **Bundesartenschutzverordnung** vom 16.2.2005.[49]   9

Zum Naturschutzrecht im weiteren Sinne zählen das   10

- Forstrecht,
- Tierschutzrecht,
- Pflanzenschutzrecht,
- Jagdrecht und das
- Agrarrecht.

Insoweit sind als – allerdings nicht dem Naturschutz ausschließlich gewidmete, also nicht naturschutzspezifische – Rechtsgrundlagen zu nennen:

- **Bundeswaldgesetz** vom 2.5.1975.[50] Es umfasst rahmenrechtliche[51] Vorschriften über die forstliche Rahmenplanung, die Rodungsgenehmigung, Walderhaltung und Waldbewirtschaftung sowie Normen über forstwirtschaftliche Zusammenschlüsse und die Förderung der Forstwirtschaft.

---

43 Siehe bereits § 2 Rn. 14.
44 Gesetz zur Neuregelung des Rechts des Naturschutzes und der Landschaftspflege v. 29.7.2009, BGBl. I, S. 2542.
45 *Berghoff/Steg*, NuR 2010, 17, 18; *Degenhart*, NVwZ 2006, 1209, 1212 f.
46 G zur Änderung des Bundesnaturschutzgesetzes v. 9.9.2017, BGBl. I, S. 3434, Art. 1 Nr. 2, 5-10 in Kraft getreten am 29.9.2017, im Übrigen am 1.4.2018.
47 Ausführlich zu den Änderungen *Lütkes*, NuR 2018, 145 ff.
48 Vgl. unten § 10 Rn. 11.
49 Verordnung zum Schutz wildlebender Tier- und Pflanzenarten (Bundesartenschutzverordnung – BArtSchV), BGBl. I, S. 258, 896, zuletzt geändert durch Art. 10 d. G v. 21.1.2013, BGBl. I, S. 95; siehe *Adams*, NuR 2005, 299.
50 BGBl. I, S. 1037, zuletzt geändert durch Art. 1 d. G v. 17.1.2017, BGBl. I, S. 75; vgl. auch *Thomas*, NuR 2013, 559.
51 Vgl. bereits § 4 Rn. 47.

- **Bundesjagdgesetz** i.d.F. vom 29.9.1976.[52] Es regelt das Jagdrecht und die Beteiligung Dritter an der Ausübung des Jagdrechts, enthält Vorschriften zu den Jagdbezirken, über den Jagdschein, Jagdbeschränkungen sowie zu Wild- und Jagdschäden.
- **Flurbereinigungsgesetz** i.d.F. vom 16.3.1976.[53] Es umfasst insbesondere Grundlagenvorschriften der Flurbereinigung, eine Auflistung der an der Flurbereinigung Beteiligten und ihrer Rechte, Normen betreffend die Neugestaltung des Flurbereinigungsgebiets, Regelungen für ein beschleunigtes Zusammenlegungsverfahren, den freiwilligen Landtausch, die entstehenden Kosten, das Rechtsbehelfsverfahren, den Abschluss des Flurbereinigungsverfahrens und die Teilnehmergemeinschaft nach der Beendigung des Flurbereinigungsverfahrens.
- **Tierschutzgesetz** i.d.F. vom 18.5.2006.[54] Es enthält Normen zur Tierhaltung, Tötung von Tieren, zu Eingriffen an Tieren, Tierversuchen, Tierzucht und zum Tierhandel.
- **Pflanzenschutzgesetz** i.d.F. vom 6.2.2012.[55] Es umfasst Normen zum Schutz der Kulturpflanzen und Pflanzenerzeugnisse vor Schadorganismen sowie Normen zur Beschränkung der Anwendung von Pflanzenschutzmitteln.

4. Landesrecht

11 Vor Inkrafttreten des BNatSchG als Vollregelung 2010 im Gefolge der Föderalismusreform[56] hatten die Länder aufgrund der Umsetzungspflicht gem. § 71 BNatSchG a.F. ihre Landesnaturschutzgesetze und einschlägigen Rechtsverordnungen anhand des den Rahmen bildenden Bundesnaturschutzgesetzes[57] immer wieder zu novellieren. Dieser **bundesrechtliche Rahmen**[58] ließ den Ländern einen nicht unerheblichen Ausgestaltungsspielraum; dies galt insbesondere für die Regelung der Landschaftsplanung, der Eingriffe in Natur und Landschaft und der Erholung, aber auch für rechtspolitisch umstrittene Fragen wie die Einführung von Ausgleichsabgaben oder der Verbandsklage.[59]

Aufgrund von Art. 72 Abs. 3 S. 2 GG (2006) trat das BNatSchG sechs Monate nach seiner Verkündung am 1.3.2010 in Kraft. Auf diese Weise sollte den Ländern ein Zeitrahmen für die Entscheidung über Abweichungen eröffnet werden.[60] Trotz der nunmehr erfolgten Vollregelung und der Festlegung abweichungsfester Kerne (allgemeine Grundsätze des Naturschutzes, das Recht des Artenschutzes und Meeresnaturschutz) werden die Länder ausdrücklich zur Schaffung von Landesnaturschutzrecht ermächtigt, insbesondere in den Bereichen der Landschaftsplanung (vgl. § 10 Abs. 4 BNatSchG und § 11 Abs. 5 BNatSchG), der Eingriffsregelung (vgl. § 15 Abs. 7 S. 2 BNatSchG, § 16 Abs. 2 BNatSchG) und der Unterschutzstellung von Natur und Landschaft (vgl. § 22 Abs. 2 BNatSchG) sowie des Aufbaus und Schutzes des Netzes „Natura 2000" (vgl. § 32 Abs. 1 und 4 BNatSchG). Diese bundesrechtlichen Länderermäch-

---

52 BGBl. I, S. 2849, zuletzt geändert durch Art. 3 des Durchführungsgesetzes der VO (EU) Nr. 1143/2014 v. 8.9.1017, BGBl. I, S. 3376.
53 BGBl. I, S. 546, zuletzt geändert durch Art. 17 des G v. 19.12.2008, BGBl. I, S. 2794.
54 BGBl. I, S. 1206, 1313, zuletzt geändert durch Art. 141 des G v. 29.3.2017, BGBl. I, S. 626.
55 Gesetz zum Schutz der Kulturpflanzen (Pflanzenschutzgesetz – PflSchG), BGBl. I, S. 148, 1281, zuletzt geändert durch Art. 4 Abs. 84 G v. 18.7.2016, BGBl. I, S. 1674.
56 Vgl. bereits oben § 4 Rn. 46 f.
57 Vgl. oben § 10 Rn. 6.
58 Vgl. bereits § 10 Rn. 6, § 4 Rn. 47.
59 *Sparwasser/Engel/Voßkuhle*, § 6 Rn. 57.
60 Vgl. BT-Drs. 16/813, S. 11; dazu *Ipsen*, NJW 2006, 2801, 2804; *Häde*, JZ 2006, 930, 932; *Kotulla*, NVwZ 2007, 489, 491.

tigungen sorgen dafür, dass die Ländernaturschutzgesetzgebung weiterhin erforderlich ist. Art. 72 Abs. 3 S. 3 GG stellt klar, dass – soweit Bund und Länder von ihren jeweiligen Gesetzgebungszuständigkeiten Gebrauch gemacht haben – im Verhältnis von Bundes- und Landesrecht das jeweils später gesetzte Recht vorgeht (sog. lex-posterior-Regel). Die allgemeine Kollisionsregelung zugunsten des Bundesrechts (Art. 31 GG) wird also für diese Fälle außer Kraft gesetzt.[61]

Mittlerweile haben die Bundesländer ihre Naturschutzgesetze an das BNatSchG 2010 angepasst.[62] Dabei liegen die Schwerpunkte der das BNatSchG ausführenden Landesnaturschutzgesetze in folgenden Bereichen: 12

- Behördenzuständigkeiten und Verfahren,
- Landschaftsplanung,
- Flächenschutz,
- Eingriffsregelung,
- konkrete Nutzungskollisionen (z.B. allgemeines Betretungsrecht),[63]
- Eigentumsbindung,
- weitere Formen der Beteiligung im Naturschutz (z.B. Naturschutzvereinigungen, Naturschutzbeiräte, ehrenamtlicher Naturschutzdienst),
- Ordnungswidrigkeiten.

II. Grundbegriffe

1. Natur und Landschaft

Die Begriffe Natur[64] und Landschaft[65] bilden ein einheitliches Begriffspaar, sodass eine   13
Differenzierung nicht erforderlich ist.[66] Das Naturschutzrecht versteht unter Natur und Landschaft die Erdoberfläche einschließlich der Wasser- und Eisflächen mit ihren Pflanzen und Tieren sowie den darunterliegenden Erdschichten und dem unmittelbar

---

61 Vgl. hierzu *Schlacke/Krohn* in: Schlacke, GK-BNatSchG, Einl. 42 f.
62 Überblick über die Landesnaturschutzgesetze: NatSchG BW v. 13.12.2005, GBl. 2005, S. 745, ersetzt durch G v. 23.6.2015, GBl. 2015, S. 585, zuletzt geändert durch Art. 1 G v. 21.11.2017, GBl. 2017, S. 597, 643, GBl. 2018, S. 4; BayNatSchG v. 23.2.2011, GVBl. 2011, S. 82, zuletzt geändert durch § 2 G v. 21.2.2018, GVBl. 2018, S. 48; NatSchG Bln v. 29.5.2013, GVBl. 2013, S. 140; BbgNatSchAG v. 21.1.2013, GVBl. I 2013, Nr. 3, 21, zuletzt geändert durch Art. 2 Abs. 5 G v. 25.1.2016, GVBl. I 2016, Nr. 5; BremNatG v. 27.4.2010, Brem.GBl. 2010, S. 315, zuletzt geändert durch Art. 1 G v. 14.11.2017, BremGBl. 2017, S. 488; HmbBNatSchAG v. 11.5.2010, HmbGVBl. 2010, S. 350, zuletzt geändert durch 2. Änderungsgesetz v. 13.5.2014, HmbGVBl. 2014, S. 167; HAGBNatSchG v. 20.12.2010, GVBl. I 2010, S. 629, zuletzt geändert durch Art. 4 G v. 17.12.2015, GVBl. 2015, S. 607; NatSchAG M-V v. 23.2.2010, GVOBl. M-V 2010, S. 66, zuletzt geändert durch Art. 15 G v. 27.5.2016, GVOBl. M-V 2016, S. 431; NAGBNatSchG v. 19.2.2010, Nds. GVBl. 2010, S. 104; LNatSchGLG NRW v. 21.7.2000, GV. NRW. 2000, S. 568, zuletzt geändert durch Art. 1 G v. 15.11.2016, GV. NRW. 2016, S. 934; LNatSchG RP v. 28.9.2005, GVBl. 2005, S. 387; SNG v. 5.4.2006, Amtsbl. 2006, S. 726, zuletzt geändert durch G v. 22.6.2010, GVBl. 2010, S. 106 LNatSchG RP v. 6.10.2015, GVBl. 2015, S. 283, zuletzt geändert durch Art. 3 G v. 21.12.2016, GVBl. 2016, S. 583; SächsNatSchG v. 6.6.2013, SächsGVBl. 2013, S. 451, zuletzt geändert durch Art. 25 G v. 29.4.2015, SächsGVBl. 2015, S. 349; NatSchG LSA v. 10.12.2010, GVBl. LSA 2010, S. 569, zuletzt geändert durch Art. 5 G v. 18.12.2015, GVBl. LSA 2015, S. 659; LNatSchG SH v. 24.2.2010, GVOBl. Schl.-H. 2010, S. 301, 486, zuletzt geändert durch Art. 1 G v. 27.5.2016, GVOBl. Schl.-H. 2016, S. 162; ThürNatG v. 30.8.2006, GVBl. 2006, S. 421, zuletzt geändert durch Art. 1 G v. 15.7.2015, GVBl. 2015, S. 113; zum BbgNatSchAG vgl. *Koch*, LKV 2013, 207.
63 Zum Betretungsrecht von Stränden BVerwG, NVwZ 2018, 73 ff.; dazu *Lütkes*, NuR 2018, 101 ff.; zur Unzulässigkeit der Sperrung von Skipisten BayVGH, BayVBl. 2014, 304 ff.
64 Zum Begriff *Lersner*, NuR 1999, 61; *Hager*, JZ 1998, 223.
65 Zum juristischen Landschaftsbegriff *Fischer-Hüftle*, NuL 1997, 239.
66 *Kerkmann* in: Schlacke, GK-BNatSchG, § 1 Rn. 5 f.

darüber liegenden Luftraum.[67] Weder die tiefergelegenen Gesteinsschichten und Bodenschätze noch der das Wetter und Klima nicht beeinflussende Teil der Atmosphäre werden davon erfasst.[68]

2. Naturschutz und Landschaftspflege

14   **Naturschutz** ist die Gesamtheit der Maßnahmen zur Erhaltung und Förderung von Pflanzen und Tieren wildlebender Arten, ihrer Lebensgemeinschaften und natürlichen Lebensgrundlagen sowie zur Sicherung von Landschaften und Landschaftsteilen unter natürlichen Bedingungen.[69]

15   **Landschaftspflege** ist die Gesamtheit der Maßnahmen zur Sicherung und Förderung der nachhaltigen Nutzungsfähigkeit der Naturgüter sowie der Vielfalt, Eigenart und Schönheit von Natur und Landschaft.[70] Während die Begriffe Naturschutz und Landschaftspflege ursprünglich nebeneinander verwendet wurden, der erstere als Arten- und Gebietsschutz und der letzter als Landschaftsgestaltung, kommt es heute auf diese Differenzierungen im Einzelnen nicht mehr an. Naturschutz und Landschaftspflege bilden vielmehr ein einheitliches Begriffspaar, das auf einen umfassenden Schutz des Naturhaushaltes als Gesamtheit der jeweils räumlich fassbaren und ein ganzheitliches Wirkungsgefüge darstellenden Ökosysteme gerichtet ist.[71]

III. Das Bundesnaturschutzgesetz im Überblick

16   Das **Bundesnaturschutzgesetz** gliedert sich in elf Kapitel.

Das **1. Kapitel** (§§ 1–7 BNatSchG) enthält allgemeine Vorschriften über die Ziele des Naturschutzes und der Landschaftspflege, die Verwirklichung der Ziele, die Zuständigkeiten, Aufgaben und Befugnisse, vertragliche Vereinbarungen und die Zusammenarbeit der Behörden, die Funktionssicherung bei Flächen für öffentliche Zwecke, die Land-, Forst- und Fischereiwirtschaft, die Beobachtung von Natur und Landschaft sowie Begriffsbestimmungen. Im **2. Kapitel** (§§ 8–12 BNatSchG) finden sich Vorschriften über die Landschaftsplanung, insbesondere zu Aufgaben und Inhalten der Landschaftsplanung, zu Landschaftsprogrammen und Landschaftsrahmenplänen sowie Landschafts- und Grünordnungsplänen. Das **3. Kapitel** (§§ 13–19 BNatSchG) trifft Regelungen bei Eingriffen in Natur und Landschaft, normiert das Verhältnis zum Baurecht sowie Konsequenzen bei Schäden an bestimmten Arten und natürlichen Lebensräumen. Das **4. Kapitel** (§§ 20–36 BNatSchG) befasst sich mit dem Schutz bestimmter Teile von Natur und Landschaft, insbesondere mit der Festsetzung besonderer Schutzgebiete und -objekte sowie mit dem Aufbau und Schutz des europäischen Netzes Natura 2000. Das **5. Kapitel** (§§ 37–55 BNatSchG) enthält Vorschriften zum Schutz wildlebender Tier- und Pflanzenarten, ihrer Lebensstätten und Biotope. Das **6. Kapitel** (§§ 56–58 BNatSchG) widmet sich dem Meeresnaturschutz. Das **7. Kapitel** (§§ 59–62 BNatSchG) regelt die Erholung in Natur und Landschaft. Im **8. Kapitel** (§§ 63 f. BNatSchG) finden sich Vorschriften zu Mitwirkungsrechten und Rechtsbehelfen anerkannter Naturschutzvereinigungen. Das **9. Kapitel** (§§ 65–68 BNatSchG) enthält Vor-

---

67 *Lütkes* in: Lütkes/Ewer, BNatSchG, § 1 Rn. 14.
68 *A. Schumacher/J. Schumacher* in: J. Schumacher/Fischer-Hüftle, BNatSchG, § 1 Rn. 11.
69 *Lütkes* in: Lütkes/Ewer, BNatSchG, § 1 Rn. 25; vgl. auch *Sparwasser/Engel/Voßkuhle*, § 6 Rn. 1 ff.
70 *Lütkes* in: Lütkes/Ewer, BNatSchG, § 1 Rn. 25.
71 *Gassner* in: Gassner/Bendomir-Kahlo/Schmidt-Räntsch, BNatSchG, § 1 Rn. 2a; dazu auch *Niederstadt*, Ökosystemschutz durch Regelungen des öffentlichen Umweltrechts.

schriften zur Eigentumsbindung und zu Befreiungen. Das **10.** Kapitel (§§ 69–73 BNatSchG) betrifft Bußgeld- und Strafvorschriften. Das **11.** Kapitel (§ 74 BNatSchG) beinhaltet eine Übergangs- und Überleitungsvorschrift.

IV. Ziele und Grundsätze des Naturschutz- und Landschaftspflegerechts

Die in § 1 Abs. 1 BNatSchG festgelegten **Einzelziele** spiegeln die drei grundlegenden Zieldimensionen des Naturschutzes und der Landschaftspflege wider: Die Sicherung der biologischen Diversität,[72] die Sicherung der materiell-physischen Funktionen und die Sicherung der immateriellen Funktionen im Zusammenhang mit dem Wahrnehmen und Erleben von Natur und Landschaft.[73] Sie lassen sich zu einem einzigen, dem Naturschutzrecht immanenten Handlungsziel zusammenfassen: Erstrebt wird, Natur und Landschaft aufgrund ihres eigenen Wertes und als Lebensgrundlage des Menschen – auch in Verantwortung für die künftigen Generationen – durch dem Nachhaltigkeitsgebot[74] entsprechende Schutz-, Pflege-, Entwicklungs- und Wiederherstellungsmaßnahmen zu schützen und auf Dauer zu sichern.[75]

17

Eine Aufschlüsselung dieses Handlungsbündels ergibt folgende Grundaussagen:

Erstens: Zunächst verdeutlicht diese Zielsetzung die **anthropozentrische** – also dem Menschen zu dienen bestimmte – Ausrichtung des Naturschutzrechts.[76] So ist die Nutzungsfähigkeit der Naturgüter (§ 1 Abs. 1 Nr. 2 BNatSchG) wohl nicht primär mit dem Naturschutz verknüpft, genauso wenig wie die Erholung des Menschen in Natur und Landschaft und die ästhetischen Belange, welche in § 1 Abs. 1 Nr. 3 BNatSchG anklingen.[77]

Daneben tritt zweitens eine in Übereinstimmung mit Art. 20a GG zum Ausdruck kommende **ökozentrische** Ausrichtung,[78] nämlich Natur und Landschaft „an sich" für schützenswert zu erklären. Damit verhindert der Gesetzgeber, den Schutzauftrag des Gesetzes durch eine ausschließliche Ausrichtung an menschlichen Interessen einschränkend auszulegen. Der Verweis auf die Verantwortung für die künftigen Generationen rückt die dauerhafte, nachhaltige Nutzungsfähigkeit in den Vordergrund der Zielsetzung.[79]

Allerdings genießen dadurch **Naturschutzbelange keinen absoluten Vorrang** gegenüber anderen öffentlichen Belangen. Dies kommt auch in § 2 Abs. 3 BNatSchG zum Ausdruck, wonach Naturschutz und Landschaftspflege – was bei Zielkollisionen relevant wird – gegenüber gesetzesinternen, insbesondere aber aufgabenexternen öffentlichen Belangen unter Abwägungsvorbehalt stehen.[80]

---

72 Die Sicherung der biologischen Vielfalt wird erstmalig durch die BNatSchG-Novelle 2010 ausdrücklich als Zielbestimmung normiert.
73 Vgl. BR-Drs. 278/09, S. 158 f.
74 Vgl. bereits § 3 Rn. 2.
75 *Kerkmann* in: Schlacke, GK-BNatSchG, § 1 Rn. 5 ff.
76 Hierzu bereits § 1 Rn. 9; vgl. auch *Kloepfer*, Umweltrecht, § 12 Rn. 122.
77 *Lütkes* in: Lütkes/Ewer, BNatSchG, § 1 Rn. 32, 34.
78 Vgl. § 1 Rn. 10.
79 *Wolf* in: Kluth/Smeddinck, § 4 Rn. 21; *Mengel* in: Frenz/Müggenborg, BNatSchG, § 1 Rn. 27; *Lütkes* in: Lütkes/Ewer, BNatSchG, § 1 Rn. 32.
80 *Kerkmann* in: Schlacke, GK-BNatSchG, § 2 Rn. 7; *Maaß/Schütte* in: Koch/Hofmann/Reese, § 7 Rn. 41; *Kloepfer*, Umweltrecht, § 12 Rn. 132; a.A. *Gassner* in: Gassner/Bendomir-Kahlo/Schmidt-Räntsch, BNatSchG, § 2 Rn. 21 ff., 37 (Optimierungsgebot).

18   Ein in der Praxis schon seit Langem zu beobachtender **Zielkonflikt** besteht zwischen Naturschutz und Landschaftspflege einerseits sowie land- und forstwirtschaftlicher Bodennutzung andererseits, insbesondere im Fall der oftmals vorzufindenden Intensivlandwirtschaft mit umweltschädigender Überdüngung und der Verwendung chemischer Mittel.[81] Im Gegensatz dazu fingierte das Naturschutzrecht vor der dritten Änderung des Bundesnaturschutzgesetzes[82] für den Regelfall eine **Zielkonformität** zwischen diesen beiden Bereichen (vgl. z.B. §§ 8 Abs. 7, 15 Abs. 2, 20f Abs. 3 BNatSchG a.F.). Vor allem kam dies in § 1 Abs. 3 BNatSchG a.F. zum Ausdruck, der eine auch als **Agrarprivileg** bezeichnete gesetzliche Vermutung enthielt, der zufolge die ordnungsgemäße Land- und Forstwirtschaft in der Regel den Zielen des Naturschutzes und der Landschaftspflege diente.[83] Trotz Bemühungen der Rechtsprechung um eine naturschutzkonforme Auslegung der Vorschrift, etwa bei Nutzungsänderungen,[84] hat sich die Regelung insgesamt als naturschutzabträglich erwiesen.[85]

Durch das Dritte Gesetz zur Änderung des Naturschutzrechts wurde das Verhältnis von Land-, Forst- und Fischereiwirtschaft sowie Naturschutz und Landschaftspflege neu bestimmt.[86] In § 5 Abs. 1 BNatSchG (2002) hieß es, dass bei Maßnahmen des Naturschutzes und der Landschaftspflege die besondere Bedeutung der Land-, Forst- und Fischereiwirtschaft für die Erhaltung der Kultur- und Erholungslandschaft zu berücksichtigen sei. Die Vorschrift wollte ebenso wie ihre Vorgängerregelung in § 1 Abs. 3 BNatSchG (1998) darauf hinweisen, dass Land- und Forstwirtschaft das Erscheinungsbild unserer Landschaft und den vorhandenen Bestand an Tier- und Pflanzenarten maßgeblich geprägt haben, wenn auch nicht zu übersehen ist, dass insbesondere die Intensivlandwirtschaft der heutigen Zeit keineswegs stets und überall mit den Zielen und Grundsätzen des Naturschutzes konform geht.[87] § 5 Abs. 1 BNatSchG hat in seiner aktuellen Fassung nicht mehr die Funktion, einen Vorrang der Landwirtschaft zu begründen, sondern ist lediglich als eine Aufforderung an die Naturschutzbehörden zu verstehen, beim Vollzug des Gesetzes die Interessen der Land-, Forst- und Fischereiwirtschaft mit zu berücksichtigen.[88] Das bedeutet, dass der Landwirtschaft keine generelle Vorzugsbehandlung mehr zu Teil wird; vielmehr müssen sich ihre Belange nunmehr neben anderen gleichwertigen Naturschutzinteressen behaupten.[89]

Darüber hinaus werden aus naturschutzfachlicher Sicht **Grundsätze der guten fachlichen Praxis** formuliert,[90] die bei der landwirtschaftlichen Nutzung zu beachten sind (§ 5 Abs. 2 BNatSchG):

- ■ Die Bewirtschaftung muss standortangepasst erfolgen und die nachhaltige Bodenfruchtbarkeit und langfristige Nutzbarkeit der Flächen muss gewährleistet werden.
- ■ Die natürliche Ausstattung der Nutzfläche (Boden, Wasser, Flora, Fauna) darf nicht über das zur Erzielung eines nachhaltigen Ertrags erforderliche Maß hinaus beeinträchtigt werden.

---

81 So bereits *SRU*, Sondergutachten „Umweltprobleme der Landwirtschaft", Tz. 1360.
82 Vgl. § 10 Rn. 5.
83 Vgl. *Krohn* in: Schlacke, GK-BNatSchG, § 5 Rn. 2.
84 BVerwG, NuR 1992, 328; OVG Münster, Beschl. v. 10.2.1998 – 10 B 2439/97; VGH München, NuR 1989, 182, 183; vgl. auch *Stollmann*, DVBl. 1993, 643, 645.
85 *Schink*, UPR 1999, 8, 16.
86 Vgl. BT-Drs. 13/10186, S. 1.
87 *Vagedes* in: Lütkes/Ewer, BNatSchG, § 5 Rn. 1 ff.
88 Vgl. zur Privilegierung der Landwirtschaft auch *Ekardt/Heym/Seidel*, ZUR 2008, 169.
89 *Krohn* in: Schlacke, GK-BNatSchG, § 5 Rn. 17; *Endres* in: Frenz/Müggenborg, BNatSchG, § 5 Rn. 3, 7.
90 Hierzu *Möckel*, ZUR 2014, 14.

- Die zur Vernetzung von Biotopen erforderlichen Landschaftselemente sind zu erhalten und nach Möglichkeit zu vermehren.
- Die Tierhaltung hat in einem ausgewogenen Verhältnis zum Pflanzenanbau zu stehen; schädliche Umweltauswirkungen sind zu vermeiden.
- Auf erosionsgefährdeten Hängen, in Überschwemmungsgebieten, auf Standorten mit hohem Grundwasserstand sowie auf Moorstandorten ist ein Grünlandumbruch zu unterlassen.
- Die Anwendung von Dünge- und Pflanzenschutzmitteln ebenso wie die Erstellung einer schlagspezifischen Dokumentation über den Einsatz von Dünge- und Pflanzenschutzmitteln hat nach Maßgabe des landwirtschaftlichen Fachrechts zu erfolgen.

§ 5 Abs. 3 und 4 BNatSchG enthalten weitere natur- und landschaftsverträgliche Anforderungen für die Forst- und Fischereiwirtschaft.[91]

Die zweite Grundaussage, die § 1 BNatSchG zu entnehmen ist, stellt hingegen eine Ausweitung des Naturschutzes dar. Naturschutz gilt **umfassend**, und zwar zum einen *räumlich*, weil er nicht auf einzelne, besonders schutzwürdige Gebiete beschränkt ist, sondern Regelungen im Außenbereich wie auch in Siedlungsgebieten trifft (§ 1 Abs. 5 und 6 BNatSchG).[92] Zum anderen umfasst er *sachlich* nicht lediglich bestimmte Naturgüter wie Boden, Wasser, Klima, Flora und Fauna, sondern Natur und Landschaft im Sinne eines komplexen Wirkungsgefüges (Querschnittsmaterie).[93] Der **funktionelle** Naturschutz zielt auf die Erhaltung der Leistungs- und Funktionsfähigkeit des Naturhaushalts sowie der Regenerations- und Nutzungsfähigkeit der Naturgüter (§ 1 Abs. 1 Nr. 2 BNatSchG), während der **optisch-ästhetische** Schutz der Natur die Vielfalt, Eigenart und Schönheit der Landschaft bewahren will (§ 1 Abs. 1 Nr. 3 BNatSchG).[94]

19

Drittens: Nach § 1 Abs. 1 BNatSchG umfasst die dauerhafte Sicherung der Schutzziele nicht nur die Maßnahmentypen „**schützen**" und „**pflegen**". Gleichrangig neben diesen Handlungsformen steht der Auftrag, Natur und Landschaft zu **entwickeln** und, soweit erforderlich, **wiederherzustellen**. Schützen bedeutet, störende Einflüsse von Natur und Landschaft fernzuhalten, wobei Schutz im Sinne des Gesetzes als Oberbegriff für sämtliche Handlungsformen verwendet wird.[95] Pflegen geht über die Abwehr störender Einflüsse hinaus und umfasst Handlungen, die einen gewünschten Zustand von Natur und Landschaft erhalten und eine nachteilige Veränderung verhindern.[96] Entwickeln zielt auf eine Verbesserung der ökologischen Situation in geschwächten Naturräumen ab. Die Wiederherstellung knüpft an einen früheren, aufgrund eingetretener Veränderungen nicht mehr existenten Zustand an. Damit hat sich ein Wandel vom **konservierenden** zum **regenerierenden** und **kreativen** Naturschutz vollzogen,[97] der dem in § 1 Abs. 1 (explizit in Nr. 2) BNatSchG enthaltenen Nachhaltigkeitsgebot entspricht.[98]

20

---

91 Ausführlich *Krohn* in: Schlacke, GK-BNatSchG, § 5 Rn. 31 ff.
92 *Kloepfer*, Umweltrecht, § 12 Rn. 122.
93 Zum Wirkungsgefüge siehe *Kerkmann* in: Schlacke, GK-BNatSchG, § 1 Rn. 11.
94 *A. Schumacher/J. Schumacher* in: J. Schumacher/Fischer-Hüftle, BNatSchG, § 1 Rn. 44 ff., 53.
95 *Lütkes* in: Lütkes/Ewer, BNatSchG, § 1 Rn. 21.
96 *A. Schumacher/J. Schumacher* in: J. Schumacher/Fischer-Hüftle, BNatSchG, § 1 Rn. 23.
97 BT-Drs. 7/886, S. 25.
98 Vgl. bereits § 3 Rn. 2.

21   Die in § 1 Abs. 1 Nr. 1 bis 3 BNatSchG genannten Ziele werden durch die Abs. 2–4 derselben Vorschrift konkretisiert.[99] Hervorzuheben sind insbesondere folgende Präzisierungen:

■ § 1 Abs. 2 Nr. 1 BNatSchG: die Erhaltung lebensfähiger Populationen wild lebender Tiere und Pflanzen einschließlich ihrer Lebensstätten und die Ermöglichung des Austauschs zwischen den Populationen sowie von Wanderungen und Wiederbesiedlungen,

■ § 1 Abs. 3 Nr. 3 BNatSchG: Bewahrung der Meeres- und Binnengewässer vor Beeinträchtigungen und Erhaltung ihrer natürlichen Selbstreinigungsfähigkeit,

■ § 1 Abs. 3 Nr. 4 BNatSchG: Schutz von Luft und Klima auch durch Maßnahmen des Naturschutzes und der Landschaftspflege sowie den Aufbau einer nachhaltigen Energieversorgung, insbesondere durch zunehmende Nutzung erneuerbarer Energien, und

■ § 1 Abs. 4 Nr. 1 BNatSchG: Bewahrung der Naturlandschaften und historisch gewachsenen Kulturlandschaften, auch mit ihren Kultur-, Bau- und Bodendenkmälern, vor Verunstaltung, Zersiedelung und sonstigen Beeinträchtigungen.[100]

Die Zielsetzungen gem. § 1 BNatSchG bilden **keine unmittelbaren Rechtsgrundlagen für Einzelakte,**[101] etwa als Versagungsgründe für eine beantragte Genehmigung. Ihnen kommt vielmehr gem. § 2 Abs. 3 BNatSchG im Bereich der direkten Verhaltenssteuerung,[102] bei *Ermessensentscheidungen* und der *Auslegung von Tatbestandsmerkmalen* eine **Unterstützungsfunktion** zu. Insbesondere zeigt die Kombination aus anthropozentrischen und ökozentrischen Zieldimensionen die gesetzgeberische Entscheidung auf, dass weder das eine noch das andere Ziel Vorrang genießt. Darüber hinaus sind Ziele des Naturschutzes wie der Landschaftspflege als *abwägungsrelevante Belange* in die Gesamt-, Landschafts- und Fachplanung einzustellen.[103]

Die in § 1 Abs. 1 BNatSchG genannten Ziele sollen, soweit dies im Einzelfall dem Verhältnismäßigkeitsgrundsatz nach geeignet, erforderlich und angemessen ist, nach Maßgabe von § 2 Abs. 1, 2, 4 und 6 BNatSchG **verwirklicht** werden.

22   Die **Grundsätze** konkretisieren und ergänzen die in § 1 Abs. 1 Nr. 1 bis 3 BNatSchG genannten Ziele. Sie gehören im Sinne des Art. 72 Abs. 3 S. 1 Nr. 2 GG zu den abweichungsfesten Bereichen.[104] Vom Bundesgesetzgeber wurden folgende Regelungen als „allgemeine Grundsätze des Naturschutzes" eingeordnet:

■ die Ziele des Naturschutzes und der Landschaftspflege (§ 1 Abs. 1 BNatSchG),

■ die Beobachtung von Natur und Landschaft (§ 6 Abs. 1 BNatSchG),

■ die Landschaftsplanung (§ 8 BNatSchG),

■ der naturschutzrechtliche Eingriffstatbestand (§ 13 BNatSchG),

■ der Biotopverbund (§ 20 Abs. 1 BNatSchG) und die Unterschutzstellung von Natur und Landschaft (§ 20 Abs. 2 BNatSchG),

■ die gesetzlich geschützten Biotope (§ 30 Abs. 1 BNatSchG) und

---

99 *Lütkes* in: Lütkes/Ewer, BNatSchG, § 1 Rn. 26; *Mengel* in: Frenz/Müggenborg, BNatSchG, § 1 Rn. 4 ff.; umfassend dazu auch *Schmidt-Aßmann*, NuR 1979, 1.
100 Hierzu ausführlich *Kemper*, NuR 2011, 340.
101 *A. Schumacher/J. Schumacher* in: J. Schumacher/Fischer-Hüftle, BNatSchG, § 1 Rn. 2 f.
102 Vgl. hierzu bereits § 5 Rn. 20 ff.
103 Vgl. *Sparwasser/Engel/Voßkuhle*, § 6 Rn. 64.
104 Vgl. BT-Drs. 16/12274, S. 39 sowie oben § 10 Rn. 5 f., 11.

▪ das Betreten der freien Landschaft (§ 59 Abs. 1 BNatSchG).[105]

V. Naturschutzrechtliches Instrumentarium

Das Instrumentarium des Bundesnaturschutzgesetzes umfasst   23

▪ Planungsinstrumente,

▪ Instrumente direkter Verhaltenssteuerung und

▪ Instrumente indirekter Verhaltenssteuerung.

1. Landschaftsplanung

Die **Landschaftsplanung** findet ihre Regelung mit den §§ 8–12 im zweiten Kapitel des   24
BNatSchG.[106] Sie ist sektorale und querschnittsorientierte Fachplanung für den Bereich des Naturschutzes, der Landschaftspflege und der Erholungsvorsorge.[107] Sie trägt
als ein ökologisch orientiertes räumliches Nutzungskonzept dem **Vorsorgeprinzip**[108]
Rechnung.[109]

Sektoral dient sie einerseits dem Schutz der biologischen Vielfalt sowie der Sicherung
und Entwicklung eines funktionsfähigen Naturhaushalts und dem Bodenschutz.[110] Andererseits bezweckt die Landschaftsplanung als sektorale Fachplanung die Erhaltung
und Entwicklung der Landschaft als Erlebnis- und Erholungsraum (sog. **Fachplanung
des Naturschutzes**, § 9 Abs. 1 BNatSchG).[111]

Landschaftsplanung ist des Weiteren als **querschnittsorientiert** zu bezeichnen, weil sie
den ökologischen Beitrag für das Planungssystem der Landes-, Regional- und Bauleitplanung liefert – verfahrensrechtlich abgesichert durch die Beteiligung von Naturschutzbehörden an den genannten Planungsverfahren gem. § 3 Abs. 5 BNatSchG
i.V.m. § 9 Abs. 1, 5 S. 1 BNatSchG.[112]

In § 9 Abs. 2 S. 2 BNatSchG ist vorgesehen, dass Landschaftsplanung auf überörtlicher
Ebene oder örtlicher Ebene jeweils für Teilgebiete oder das Gesamtgebiet erfolgen
kann. Die Planung erfolgt auf überörtlicher Ebene durch Landschaftsprogramme *oder*
für Teile des Landes durch Landschaftsrahmenpläne (§ 10 Abs. 1 S. 1 BNatSchG); auf
örtlicher Ebene für die Gebiete der Gemeinden durch Landschaftspläne und für Teile
eines Gemeindegebiets durch Grünordnungspläne (§ 11 Abs. 1 S. 1 BNatSchG).[113] Dieser Aufbau entspricht der Struktur der gesamtplanerischen Raumordnung, die sich aus
hochstufiger Landesplanung, Regionalplanung, vorbereitender und verbindlicher Bauleitplanung (Flächennutzungsplan und Bebauungsplan) zusammensetzt.[114] Grundsätzlich zeichnet sich die Landschaftsplanung durch ihre rechtliche Unverbindlichkeit ge-

---

105 Ausführlich zum Betreten der freien Landschaft *Agena/Louis*, NuR 2015, 10; zum Betretensrecht von
     Stränden *Lütkes*, NuR 2018, 101.
106 Zur historischen Entwicklung der Landschaftsplanung ausführlich *Heugel* in: Schlacke, GK-BNatSchG,
     Vorb. §§ 8-12 Rn. 1 ff.
107 Vgl. *Heugel* in: Schlacke, GK-BNatSchG, Vorb. §§ 8-12 Rn. 19 ff.; zur Fortentwicklung der Landschaftspla-
     nung zu einer Umweltleitplanung *Kloepfer/Rehbinder/Schmidt-Aßmann*, UGB-AT, S. 185 ff.
108 Vgl. hierzu § 3 Rn. 3 ff.
109 *Schmidt/Kahl/Gärditz*, § 10 Rn. 22.
110 Überblick *Glaser*, JuS 2010, 209, 213; allgemein zur Landschaftsplanung *Blume*, NuR 1989, 332.
111 *Heugel* in: Schlacke, GK-BNatSchG, Vorb. §§ 8-12 Rn. 19 ff.
112 Zur Berücksichtigungspflicht *Mengel* in: Lütkes/Ewer, BNatSchG, § 9 Rn. 84 ff.
113 *A. Schumacher/J. Schumacher* in: J. Schumacher/Fischer-Hüftle, BNatSchG, § 9 Rn. 11.
114 *Kloepfer*, Umweltrecht, § 12 Rn. 169 ff.

genüber Dritten aus.[115] Insofern ist sie – vergleichbar der Flächennutzungsplanung (§§ 5 ff. BauGB) – ein vorbereitender, informierender Planungsakt, adressiert an die jeweiligen zuständigen öffentlichen Stellen.

25   **Mindestinhalte** für alle Stufen der Landschaftsplanung legt der Katalog in § 9 Abs. 3 BNatSchG fest. Danach sollen die Pläne folgende Angaben enthalten:

- den Ist- und Sollzustand von Natur und Landschaft,
- die konkretisierten Ziele und Grundsätze des Naturschutzes und der Landschaftspflege,
- die Beurteilung des vorhandenen und zu erwartenden Zustands von Natur und Landschaft nach Maßgabe dieser Ziele und Grundsätze, einschließlich der sich daraus ergebenden Konflikte,
- Erfordernisse und Maßnahmen zur Umsetzung der konkretisierten Ziele des Naturschutzes und der Landschaftspflege, insbesondere
  - zur Vermeidung, Minderung oder Beseitigung von Beeinträchtigungen von Natur und Landschaft,
  - zum Schutz bestimmter Teile von Natur und Landschaft i.S.d. Kapitels 4 sowie der Biotope, Lebensgemeinschaften und Lebensstätten der Tiere und Pflanzen wild lebender Arten,
  - auf Flächen, die wegen ihres Zustands, ihrer Lage oder ihrer natürlichen Entwicklungsmöglichkeit für künftige Maßnahmen des Naturschutzes und der Landschaftspflege, insbesondere zur Kompensation von Eingriffen in Natur und Landschaft sowie zum Einsatz natur- und landschaftsbezogener Fördermittel besonders geeignet sind,
  - zum Aufbau und Schutz eines Biotopverbundes, der Biotopvernetzung und des Netzes „Natura 2000",
  - zum Schutz, zur Verbesserung der Qualität und zur Regeneration von Böden, Gewässern, Luft und Klima,
  - zur Erhaltung und Entwicklung von Vielfalt, Eigenart und Schönheit von Natur und Landschaft sowie des Erholungswertes von Natur und Landschaft,
  - zur Erhaltung und Entwicklung von Freiräumen im besiedelten und unbesiedelten Bereich.

Die **Stadtstaaten** können – aufgrund ihrer besonderen räumlichen Verhältnisse – auf die Erstellung von Landschaftsplänen verzichten (§ 11 Abs. 4 BNatSchG), wenn die örtlichen Erfordernisse und Maßnahmen des Naturschutzes und der Landschaftspflege bereits im Rahmen der überörtlichen Planung (Landschaftsprogramme oder Landschaftsrahmenplan) berücksichtigt worden sind.[116]

a) Landschaftsprogramme

26   Im **Landschaftsprogramm** werden nach § 10 Abs. 1 S. 1 Hs. 1 BNatSchG für den Bereich eines Bundeslandes die überörtlichen, konkretisierten Ziele, Erfordernisse und Maßnahmen des Naturschutzes und der Landschaftspflege flächendeckend dargestellt. Es dient als konzeptionelle Grundlage für die Erarbeitung von Landschaftsplänen und

---

115 *Maaß/Schütte* in: Koch/Hofmann/Reese, § 7 Rn. 68.
116 Näher dazu *A. Schumacher/J. Schumacher* in: J. Schumacher/Fischer-Hüftle, BNatSchG, § 11 Rn. 22.

ist im Gegensatz zu diesen nur fakultativ aufzustellen. Die darzustellenden Inhalte ergeben sich aus § 9 Abs. 3 BNatSchG.[117]

Gem. § 10 Abs. 3 BNatSchG werden die konkretisierten Ziele, Erfordernisse und Maßnahmen der Landschaftsprogramme, soweit sie raumbedeutsam sind, mit den übrigen raumbedeutsamen Planungen und Maßnahmen abgewogen und nach Maßgabe der landesplanungsrechtlichen Vorschriften der Länder in die Raumordnungspläne integriert. Die Integration vollzieht sich in den einzelnen Bundesländern unterschiedlich:[118] Zum einen kann die Übernahme der Landschaftsrahmenplanung von vornherein einen integralen Bestandteil der Raumordnung bilden (Primärintegration), zum anderen erfolgt die Transformation nachträglich, d.h. nach Aufstellung einer zunächst eigenständigen fachlichen Landschaftsplanung (Sekundärintegration).

Die **Primärintegration** ermöglicht eine direkte Integration landschaftsplanerischer Inhalte in die Gesamtplanung und führt eine enge Verknüpfung der Landschaftsplanung mit der Gesamtplanung herbei. Auf diese Weise wird eine frühzeitige Abstimmung der Belange des Naturschutzes mit den sonstigen an die Bodennutzung gerichteten Ansprüchen ermöglicht. Diejenigen landschaftspflegerischen Inhalte, die der Abwägung mit anderen Belangen standhalten, werden unmittelbar mit dem Erlass des Plans wirksam und haben an dessen jeweiliger rechtlicher Verbindlichkeit unmittelbar Anteil. Nachteilig ist demgegenüber, dass sich mangels eines eigenständigen Landschaftsplandokuments für Außenstehende kaum beurteilen lässt, ob die Belange des Naturschutzes und der Landschaftspflege in ordnungsgemäßer Form in die Entscheidungsgrundlagen aufgenommen und richtig bewertet wurden. Es besteht insoweit die Gefahr, dass die ökologischen Belange im Planungsverfahren von vornherein nur insoweit artikuliert werden, als sie entgegenstehende Ansprüche an eine Bodennutzung nicht berühren und im Gesamtplan voraussichtlich durchsetzbar sind.

Die **Sekundärintegration** zeichnet sich demgegenüber durch die förmliche Aufstellung eines selbstständigen Landschaftsplans aus, dessen Integration in die Gesamtplanung nachträglich durch einen besonderen Transformationsakt vollzogen wird. Es erfolgt in der ersten Phase die Aufstellung beziehungsweise Erarbeitung des Landschaftsplans als Fachplan, in der zweiten Phase werden sodann die Inhalte des Landschaftsplans – unter allseitiger Abwägung aller Raumansprüche – in die Gesamtplanung übertragen, bevor sie die rechtliche Verbindlichkeit des jeweiligen Gesamtplans erlangen. Ein wesentlicher Vorteil der Sekundärintegration besteht darin, dass die erste Phase ihren Abschluss in einer eigenständigen Planungsdokumentation findet. Auf diese Weise wird eine größere Verfahrenstransparenz erzeugt, weil Bestandsaufnahme und Zielkonzeption transparenter und damit besser überprüfbar und nachvollziehbar sind.[119]

b) Landschaftsrahmenpläne

Landschaftsrahmenpläne sind – im Unterschied zum Landschaftsprogramm – für Teile eines Landes zu erstellen (§ 10 Abs. 2 BNatSchG); dies hat allerdings flächendeckend zu erfolgen.[120] Inhaltlich stellen sie gem. § 10 Abs. 1 S. 1 Hs. 2 BNatSchG die überörtlichen (regionalen) Erfordernisse und Maßnahmen zur Verwirklichung der Ziele des

27

---

117 Vgl. *Appel* in: Frenz/Müggenborg, BNatSchG, § 9 Rn. 18 ff.
118 Vgl. *Heugel* in: Schlacke, GK-BNatSchG, Vorb. §§ 8-12 Rn. 25 ff.; *Schmidt/Kahl/Gärditz*, § 10 Rn. 23.
119 *Heugel* in: Schlacke, GK-BNatSchG, Vorb. §§ 8-12 Rn. 27; vgl. auch *Erbguth/Stollmann* in: Riedel/Lange, Landschaftsplanung, S. 40 ff., 45 m.w.N.
120 *Schmidt/Kahl/Gärditz*, § 10 Rn. 28.

Naturschutzes und der Landschaftspflege dar und bestimmen und steuern dadurch die örtliche Planung.[121]

Landschaftsrahmenpläne sind grundsätzlich nur für die Naturschutzbehörden selbst verbindlich. Durch Berücksichtigung in der Regionalplanung, die sich gem. § 10 Abs. 3 BNatSchG entsprechend derjenigen der Landschaftsprogramme vollzieht, erlangen Festsetzungen in Landschaftsrahmenplänen – wie i.Ü. auch in Landschaftsprogrammen[122] – jedoch wesentlich gesteigerte Verbindlichkeit. Sofern sie aufgrund landesplanerischer Abwägung als Ziele der Raumordnung und Landesplanung in die Regionalpläne Eingang gefunden haben, nehmen sie an der Zielbeachtlichkeit teil, die nach § 4 Abs. 1, 3 bis 5 ROG nicht nur behördenübergreifend wirkt, sondern auch z.T. Private erfasst.[123] Insofern können u.U. naturschutzrechtliche Ziele der Landschaftsplanung anderweitige Fachplanungen überwinden. Subjektive Rechte lassen sich indes aus der überörtlichen Landschaftsplanung (bislang) nicht herleiten.[124]

Eng mit der Frage der Verbindlichkeit der überörtlichen Landschaftsplanung verknüpft ist jene nach dem Rechtsschutz. Sofern das Landschaftsprogramm oder der Landschaftsrahmenplan als Rechtsverordnung ergeht, kann ein durch die landesplanerischen Festsetzungen in seinen Rechten verletzter Planungsträger im Wege eines prinzipalen Normenkontrollverfahrens nach Maßgabe des jeweiligen Landesrechts gem. § 47 Abs. 1 Nr. 2 VwGO gegen die Rechtsverordnung vorgehen.[125] Fehlt es hingegen an einer Normierung dieser Pläne als Rechtsverordnung, so ist ihre Rechtsnatur im Einzelnen umstritten. Der überörtliche Planungsakt könnte als Rechtsverordnung im materiellen Sinne, als Verwaltungsakt gegenüber anpassungspflichtigen Planungsträgern, als Verwaltungsinternum oder als hoheitliche Willensbekundung sui generis angesehen werden.[126] Letzteres ist zumindest bei Plänen, denen eine verbindliche Wirkung zukommt, abzulehnen mit der Folge, dass sie mittels einer Normenkontrolle überprüfbar sind.[127]

c) Landschaftspläne und Grünordnungspläne

28   Auf unterer Stufe (kommunale Ebene) legen die **Landschaftspläne** nach Maßgabe des § 11 BNatSchG die örtlichen Erfordernisse und Maßnahmen des Naturschutzes und der Landschaftspflege für die Gebiete der Gemeinden fest. Diese sind aufzustellen, soweit dies im Hinblick auf die Erfordernisse oder Maßnahmen i.S.d. § 9 Abs. 3 Nr. 4 BNatSchG erforderlich ist. Gem. § 11 Abs. 2 S. 1 BNatSchG ist die Erforderlichkeit jedenfalls dann gegeben, wenn wesentliche Veränderungen von Natur und Landschaft im Planungsraum eingetreten, vorgesehen oder zu erwarten sind. § 11 Abs. 3 BNatSchG normiert das Zusammenspiel der örtlichen Landschaftsplanung mit der örtlichen Bauleitplanung, insbesondere können Ziele und Maßnahmen des Naturschutzes und der Landschaftspflege gem. §§ 5, 9 BauGB als Festsetzungen in die Bauleitplanung aufgenommen werden.[128]

---

121 Dazu sogleich § 10 Rn. 28.
122 Siehe bereits § 10 Rn. 25 f.
123 Vgl. zur Landschaftsplanung *Erbguth/Schubert*, Öffentliches Baurecht, § 3 Rn. 46 ff.
124 *Kment*, NVwZ 2004, 155; *Schmidt/Kahl/Gärditz*, § 10 Rn. 29.
125 Vgl. *Erbguth/Schubert*, Öffentliches Baurecht, § 15 Rn. 14 ff.
126 Ausführlich hierzu *Sparwasser/Engel/Voßkuhle*, § 5 Rn. 73.
127 BayVGH, NVwZ-RR 1991, 332; *Kment*, NVwZ 2003, 1047, 1048; *Schmidt/Kahl/Gärditz*, § 10 Rn. 33 f.
128 Näher BR-Drs. 278/09, S. 177 f.; ferner ausführlich *Heugel* in: Schlacke, GK-BNatSchG, § 11 Rn. 13 ff.; *Erbguth/Schubert*, Öffentliches Baurecht, § 3 Rn. 47 f.

Hinsichtlich der Bindungswirkung der örtlichen Landschaftsplanung ist zu differenzieren: Während Landschaftspläne, die infolge der selbstständigen Parallelplanung als Rechtsverordnungen oder als Satzungen ergangen sind, bereits unmittelbar außenverbindlich sind,[129] kommt integrierten Landschaftsplänen erst über das jeweilige Planungsinstrument (Bauleitplan) eine Bindungswirkung zu.[130]

Zusätzlich eröffnet § 11 Abs. 1 S. 1 BNatSchG die Möglichkeit, für Teile eines Gemeindegebietes auf fakultativer Basis (§ 11 Abs. 2 S. 2 BNatSchG) **Grünordnungspläne** aufzustellen.

2. Instrumente direkter Verhaltenssteuerung

Direkte Verhaltenssteuerung erfolgt im Naturschutz- und Landschaftspflegerecht in erster Linie durch gesetzliche Ge- und Verbote bzw. die darin auferlegten   29

- Leistungspflichten,
- Unterlassungspflichten,
- Duldungspflichten und
- Bürgerpflichten.

a) Leistungs- und Unterlassungspflichten, §§ 13 ff. BNatSchG

Das Zusammenspiel von Leistungs- und Unterlassungspflichten kommt insbesondere   30
in der **Eingriffsregelung** (§§ 13 ff. BNatSchG) zum Ausdruck:[131] Eingriffe in Natur und Landschaft werden durch eine abgestufte Reihenfolge unterschiedlicher Rechtspflichten bewältigt, § 13 BNatSchG. Vorrangig ist der Verursacher verpflichtet, erhebliche Beeinträchtigungen von Natur und Landschaft zu vermeiden, § 15 Abs. 1 BNatSchG. Sind die Beeinträchtigungen unvermeidbar, müssen diese durch Ausgleichs- oder Ersatzmaßnahmen kompensiert werden, § 15 Abs. 2 BNatSchG. Soweit das nicht möglich ist, hat der Verursacher Ersatz in Geld zu leisten hat, sofern die Belange des Naturschutzes und der Landschaftspflege im Rahmen einer Abwägung nicht vorgehen, § 15 Abs. 5, 6 BNatSchG. Dieser Geldbetrag wird für Maßnahmen des Naturschutzes und der Landschaftspflege verwendet.[132]

Zu den einzelnen Prüfungsschritten:

aa) Voraussetzungen eines Eingriffs

Ein **Eingriff** i.S.d. § 14 Abs. 1 BNatSchG setzt eine Eingriffshandlung und eine erhebliche Eingriffswirkung voraus.[133]   31

Eine Eingriffshandlung liegt bei einer Veränderung der Gestalt (beispielsweise durch Abgrabungen, Aufschüttungen, Beseitigung von Hecken) oder der Nutzung von Grundflächen (z.B. die Überführung von Brachland in eine landwirtschaftliche Nutzung) oder Veränderungen des mit der belebten Bodenschicht in Verbindung stehenden Grundwasserspiegels vor.

---

129 *Sparwasser/Engel/Voßkuhle*, § 6 Rn. 120 ff.
130 Vgl. ausführlich zum Rechtsschutz *Erbguth/Schubert*, Öffentliches Baurecht, § 15 Rn. 14 ff.
131 Zur Eingriffsregelung ausführlich *Guckelberger/Singler*, NuR 2016, 1; *Koch* in: Kerkmann, Naturschutzrecht in der Praxis, S. 119 ff.; zur Anwendung auf Windenergieanlagen *Fülbier*, NuR 2017, 804.
132 Ausführlicher zur Ersatzzahlung *Kloepfer*, Umweltrecht, § 12 Rn. 239 ff.
133 *Fischer-Hüftle/Czybulka* in: J. Schumacher/Fischer-Hüftle, BNatSchG, § 14 Rn. 2.

Dadurch muss eine Eingriffswirkung eintreten, welche die Leistungs- oder Funktionsfähigkeit des Naturhaushalts oder das Landschaftsbild erheblich beeinträchtigen kann. Eine Beeinträchtigung ist jede Veränderung, die sich nachteilig auf die Schutzgüter auswirken kann.[134] Erheblich ist die Beeinträchtigung, wenn sie nach Art, Umfang und Schwere nicht völlig unwesentlich ist.[135] Daraus folgt, dass die Schwelle eher niedrig als hoch anzusetzen ist.[136]

Nicht als Eingriff ist gem. § 14 Abs. 2 BNatSchG die land-, forst- und fischereiwirtschaftliche Bodennutzung[137] anzusehen, soweit dabei die Ziele und Grundsätze des Naturschutzes und der Landschaftspflege berücksichtigt werden. Präzisiert wird diese Regelung durch die widerlegliche Vermutung des § 14 Abs. 2 S. 2 BNatSchG: Danach widerspricht die land-, forst- und fischereiwirtschaftliche Bodennutzung in der Regel nicht den Zielen des Naturschutzes und der Landschaftspflege, wenn die in § 5 Abs. 2 bis 4 BNatSchG genannten Anforderungen sowie die Regeln der guten fachlichen Praxis, die sich aus dem Recht der Land-, Forst- und Fischereiwirtschaft und § 17 Abs. 2 BBodSchG ergeben,[138] eingehalten werden.[139] Land- und forstwirtschaftliche Umnutzungen werden von der Rechtsprechung hingegen als Eingriff eingestuft. Hierbei handelt es sich beispielsweise um Aufforstungen, Auffüllungen in einem Feuchtgebiet, den Bau einer Stromfreileitung, die Anpflanzung von Raps- und Erdbeerkulturen auf einer bislang extensiv genutzten Feuchtfläche oder die Anlage von Tiergehegen oder eines Fischteichs.[140]

Nach § 14 Abs. 3 BNatSchG gilt auch die Wiederaufnahme einer Bodennutzung der genannten Art nicht als Eingriff, wenn sie aufgrund vertraglicher Vereinbarungen oder aufgrund der Teilnahme an öffentlichen Programmen zur Bewirtschaftungsbeschränkung zeitweise eingeschränkt oder unterbrochen war und die Wiederaufnahme innerhalb von zehn Jahren nach Auslaufen der Einschränkung oder Unterbrechung erfolgt.[141] Ferner gilt die Wiederaufnahme einer land-, forst- und fischereiwirtschaftlichen Bodennutzung nicht als Eingriff, wenn sie aufgrund der Durchführung von vorgezogenen Kompensationsmaßnahmen, die selbst nicht zur Kompensation dienten, zeitweise eingeschränkt oder unterbrochen war.[142]

Über die Zulassung von Eingriffen in Natur und Landschaft (§ 17 Abs. 1 und 2 BNatSchG) wird nicht in einem eigenen naturschutzrechtlichen Verfahren, sondern zugleich im jeweiligen Zulassungsverfahren (Bewilligung, Erlaubnis, Genehmigung, Planfeststellungsbeschluss usw.) entschieden (sog. Huckepackverfahren).[143] Unterliegt ein Eingriff nach sonstigem Fachrecht keinem gesondertem Zulassungs- oder Anzeigever-

---

134 *Guckelberger* in: Frenz/Müggenborg, BNatSchG, § 14 Rn. 26.
135 *Fischer-Hüftle/Czybulka* in: J. Schumacher/Fischer-Hüftle, BNatSchG, § 14 Rn. 23 ff.; grundsätzlich zum Erheblichkeitsbegriff *Meßerschmidt*, NuR 2013, 168, 170 ff.; *Vallendar*, EurUP 2011, 14; *Thyssen*, NuR 2010, 9; weitere Beispiele finden sich bei *Maaß/Schütte* in: Koch/Hofmann/Reese, § 7 Rn. 47 ff.; ausführlich zu Flutungen von Rückhalteräumen zum Hochwasserschutz als Eingriff vgl. *Sparwasser/Wöckel*, NVwZ 2007, 764.
136 Vgl. VGH Mannheim, juris, Rn. 2.
137 Vgl. oben § 10 Rn. 18.
138 Vgl. auch § 10 Rn. 18, § 13 Rn. 61 und § 14 Rn. 57.
139 Hierzu *Möckel*, NuR 2012, 225.
140 Vgl. *Kloepfer*, Umweltrecht, § 12 Rn. 201 m.w.N. in Fn. 341.
141 *Prall* in: Schlacke, GK-BNatSchG, § 14 Rn. 61 ff.
142 *Fischer-Hüftle/Czybulka* in: J. Schumacher/Fischer-Hüftle, BNatSchG, § 14 Rn. 68 f.
143 *Prall* in: Schlacke, GK-BNatSchG, § 17 Rn. 4 ff.; *Sparwasser/Engel/Voßkuhle*, § 6 Rn. 135; zur Berücksichtigung der Eingriffsregelung sowie anderer naturschutzrechtlicher Voraussetzungen im immissionsschutzrechtlichen Genehmigungsverfahren vgl. *Scheidler*, NuR 2009, 232.

fahren, kommt gemäß § 17 Abs. 3 BNatSchG ein subsidiäres Genehmigungsverfahren zur Anwendung, in welchem die Naturschutzbehörde das Vorhaben am Maßstab der Voraussetzungen des § 15 BNatSchG prüft.[144]

bb) Rechtsfolgen eines Eingriffs

Als **Rechtsfolgen** eines tatbestandlichen Eingriffs ergeben sich in einem Stufenverhältnis Unterlassungs-, Ausgleichs-, Ersatz- und Zahlungspflichten. Hierfür enthält § 15 BNatSchG eine systematische **Prüfreihenfolge**: 32

- Der Verursacher eines Eingriffs ist zunächst verpflichtet, vermeidbare Beeinträchtigungen zu unterlassen (1. Stufe).
- Sind die Beeinträchtigungen unvermeidbar, hat der Verursacher diese durch Maßnahmen des Naturschutzes und der Landschaftspflege auszugleichen oder zu ersetzen (2. Stufe).
- Unvermeidbare und nicht in angemessener Frist ausgleichbare oder ersetzbare Beeinträchtigungen sind zu untersagen, wenn die Belange des Naturschutzes und der Landschaftspflege anderen Belangen bei der gebotenen Abwägung im Range vorgehen (3. Stufe).
- Wird ein Eingriff zugelassen oder durchgeführt, obwohl die Beeinträchtigungen nicht zu vermeiden oder nicht in angemessener Frist auszugleichen oder zu ersetzen sind, ist vom Verursacher Ersatz in Geld zu leisten (4. Stufe).

Im Unterschied zu § 19 Abs. 2 S. 1 BNatSchG a.F. ist zu beachten, dass Ausgleichs- und Ersatzmaßnahmen gleichrangig zur Wahl stehen,[145] sodass der Verursacher eines Eingriffs nicht vorrangig eine Ausgleichsmaßnahme ergreifen muss, bevor eine Ersatzmaßnahme in Betracht gezogen werden kann.[146] Für die Festlegung von Art und Umfang der Kompensationsmaßnahmen (Ausgleichs- und Ersatzmaßnahmen) sind die Programme und Pläne gem. §§ 10 und 11 BNatSchG[147] zu berücksichtigen, § 15 Abs. 2 S. 5 BNatSchG. Grundsätzlich dürfen Kompensationsmaßnahmen den genannten Plänen nicht entgegenstehen.[148]

cc) Das Verbot vermeidbarer Beeinträchtigungen

Nach § 15 Abs. 1 BNatSchG ist der Verursacher eines Eingriffs zu verpflichten, **vermeidbare Beeinträchtigungen zu unterlassen**. Nach der Legaldefinition des § 15 Abs. 1 S. 2 BNatSchG liegt eine vermeidbare Beeinträchtigungen vor, wenn zumutbare Alternativen gegeben sind, den mit dem Eingriff verfolgten Zweck am gleichen Ort ohne oder mit geringeren Beeinträchtigungen von Natur und Landschaft zu erreichen. § 15 Abs. 1 S. 3 BNatSchG normiert darüber hinaus eine Begründungspflicht für nicht vermeidbare Eingriffe. Die Vermeidbarkeit beeinträchtigender Vorhaben beurteilt sich mithin nach der Frage, ob und welche umweltschonenderen – also mit geringeren Nachteilen für Natur und Landschaft verbundenen – Alternativen für die Verwirk- 33

---

144 *Lütkes* in: Lütkes/Ewer, BNatSchG, § 17 Rn. 20 ff.
145 Zu der Möglichkeit, dass auch Ausgleichs- und Ersatzmaßnahmen selbst Eingriffe in Natur und Landschaft sein können, vgl. BVerwG, ZUR 2009, 324.
146 Zum Rangverhältnis gem. § 19 Abs. 2 S. 1 BNatSchG a.F. vgl. OVG Münster, ZUR 2008, 95.
147 Vgl. bereits § 10 Rn. 23 ff.
148 *Mühlbauer* in: Lorz/Konrad/Mühlbauer/Müller-Walter/Stöckel, BNatSchG, § 15 Rn. 26.

lichung des Vorhabens am gleichen Ort bestehen.[149] Eine Beeinträchtigung ist daher nur dann vermeidbar, wenn sie unterlassen werden könnte, ohne das mit dem jeweiligen Vorhaben verfolgte Ziel in Frage zu stellen.[150] Darüber hinaus ist zu beachten, dass der Aufwand für die angeordneten Vermeidungsmaßnahmen nicht über das objektiv Erforderliche hinausgehen und nicht außer Verhältnis zu einem hiermit erreichbaren geringfügigen Vorteil für den Naturschutz oder die Landschaftspflege stehen darf.[151] Das BVerwG geht insoweit von einer – gerichtlich nur beschränkt überprüfbaren – naturschutzfachlichen Einschätzungsprärogative der zuständigen Behörde aus.[152]

dd) Das Gebot zum Ausgleich oder Ersatz unvermeidbarer Beeinträchtigungen

34   Soweit die Beeinträchtigungen nicht zu vermeiden sind, hat der Verursacher Eingriffe durch Maßnahmen des Naturschutzes und der Landschaftspflege auszugleichen (**Ausgleichsmaßnahmen**) oder zu ersetzen (**Ersatzmaßnahme**), § 15 Abs. 2 S. 1 BNatSchG.[153]

Ein Eingriff ist gem. § 15 Abs. 2 S. 2 BNatSchG ausgeglichen, wenn und sobald die beeinträchtigten Funktionen des Naturhaushalts in gleichartiger Weise wiederhergestellt sind und das Landschaftsbild landschaftsgerecht wiederhergestellt oder neu gestaltet ist. Erforderlich ist mithin, dass die Funktionen des Naturhaushalts und des Landschaftsbildes gleichartig – m.a.W. so, wie sie waren – wiederhergestellt werden.[154]

Die durch die Kompensationsmaßnahme verwendete Fläche muss zur Aufwertung geeignet sein.[155] Die bloße Reservierung bzw. Sicherung ökologisch gleichwertiger Flächen stellt keinen Ausgleich dar, da die durch den Eingriff eintretenden Nachteile nicht durch ökologische Vorteile ausgeglichen werden.[156]

Intention des Gesetzes ist es, dass sich der Ausgleich von Eingriffen in Natur und Landschaft, den Naturhaushalt oder in die Pflanzen- und Tierwelt in dem geschädigten Gebiet selbst (positiv) auswirkt. Insofern soll eine Ausgleichsmaßnahme grundsätzlich in einem engen räumlichen Zusammenhang zum Eingriff vorgenommen werden.[157] Unter dem „betroffenen Raum" ist dabei das Umfeld des Eingriffs zu verstehen, das meist durch gleichartige ökologische Funktionen und Verhältnisse gekennzeichnet ist, aber nicht notwendig der unmittelbare Ort des Eingriffs selbst (**räumlicher Zusammenhang**).[158]

Beispiel: Ein Feuchtgebiet wird durch eine Straße zerschnitten; als Ausgleichsmaßnahme soll ein Biotop angelegt werden. Da es weder an der alten Stelle noch in unmittelbarer Um-

---

149 Vgl. *Kerkmann/Koch* in: Schlacke, GK-BNatSchG, § 15 Rn. 5 ff.; *Lütkes* in: Lütkes/Ewer, BNatSchG, § 15 Rn. 5 ff.
150 Vgl. etwa BVerwG, NVwZ 2010, 573; VGH Mannheim, DVBl. 1986, 364, 367; auch *Kuchler*, NuR 1991, 465, 466 f.
151 Vgl. *Fischer-Hüftle/A. Schumacher* in: J. Schumacher/Fischer-Hüftle, BNatSchG, § 15 Rn. 22 ff.
152 Vgl. in ständiger Rechtsprechung BVerwG ZUR 2007, 319; systematisierend *Kahl/Burs*, DVBl. 2016, 1222; kritisch *Gassner*, NuR 2013, 324, 325.
153 Ausführlich hierzu *Kerkmann/Koch* in: Schlacke, GK-BNatSchG, § 15 Rn. 8 ff.; vgl. auch zum Entwurf der Bundeskompensationsverordnung *Schütte/Wittrock*, ZUR 2013, 259.
154 *Kloepfer*, Umweltrecht, § 12 Rn. 216 f.; *Lütkes* in: Lütkes/Ewer, BNatSchG, § 15 Rn. 17.
155 BVerwG, ZUR 2017, 361, wonach der ökologische Wert der aufzuwertenden Fläche nicht geringer als der des durch den Eingriff beeinträchtigten Grund und Bodens sein darf.
156 *Schmidt/Kahl/Gärditz*, § 10 Rn. 56.
157 *Kloepfer*, Umweltrecht, § 12 Rn. 218 ff.
158 *Lütkes* in: Lütkes/Ewer, BNatSchG, § 15 Rn. 25; zum gelockerten räumlichen Bezug BVerwG, ZUR 2017, 357, Rn. 21 f.

gebung hergestellt werden kann, wird ein anderer Ort des Gemeindegebiets hierfür ausgewählt.[159]

Eine Ausgleichsmaßnahme dürfte auch dann „gleichartig" sein, wenn lediglich ein **funktionaler Zusammenhang** zum beeinträchtigten Naturraum besteht – vorausgesetzt sie erfolgt in demselben Landschaftsraum wie der Eingriff.[160]

BEISPIEL: Eine beseitigte, die Landschaft prägende Baumreihe wird neu gepflanzt.[161]

Ferner muss der Ausgleich innerhalb einer angemessenen Frist erreicht sein (**zeitlicher Zusammenhang**).[162] Ist die zeitliche Lücke zwischen der Beeinträchtigung des Naturhaushalts und der Wirksamkeit der Ausgleichsmaßnahme zu groß, vereitelt dies den Ausgleichszweck. Als angemessener zeitlicher Rahmen wird ein Zeitraum von maximal 25 bis 30 Jahren angesehen.[163]

Ein **Ausgleich des Landschaftsbildes** kann durch landschaftsgerechte Wiederherstellung oder Neugestaltung erfolgen. Die zweite Alternative verdeutlicht, dass ein Ausgleich von Beeinträchtigungen des Landschaftsbildes in der Regel nicht möglich ist, weil die Landschaft eingriffsbedingt anders aussieht.[164] Für eine landschaftsgerechte Neugestaltung genügt es, wenn die Ausgleichsfläche an die übrige Landschaft angepasst wird, ohne dass sie von einem durchschnittlichen Betrachter als Fremdkörper empfunden wird.[165]

Neben einer Ausgleichsmaßnahme kann eine unvermeidbare Beeinträchtigung auch ersetzt werden (sog. **Ersatzmaßnahme**, § 15 Abs. 2 S. 1 BNatSchG). Ersetzt ist eine Beeinträchtigung, wenn und sobald die beeinträchtigten Funktionen des Naturhaushalts in dem betroffenen Naturraum[166] in gleichwertiger Weise hergestellt sind und das Landschaftsbild landschaftsgerecht neu gestaltet ist (§ 15 Abs. 2 S. 3 BNatSchG).[167]

35

Wenngleich sich die Abgrenzung zwischen Ersatz- und Ausgleichsmaßnahme im Einzelfall als schwierig erweist, bleibt festzuhalten, dass Ersatzmaßnahmen aufgrund ihres Kompensationscharakters keinen glei*char*tigen, sondern nur einen glei*chwer*tigen Zustand schaffen sollen.[168] Insoweit sind die Anforderungen an Ersatzmaßnahmen, insbesondere im räumlich-funktionalen Bereich, unter gleichzeitiger Beachtung des Verhältnismäßigkeitsprinzips gelockert.[169] Ein gleichwertiger Zustand ist erreicht, wenn er in seinen Funktionen dem von dem Eingriff betroffenen Naturraum möglichst nahekommt.[170]

BEISPIEL: Die künstliche Schaffung eines nur vergleichbaren Ökosystems in der weiteren Umgebung anstelle eines vormals aus gleichartigen, nicht wieder herstellbaren Pflanzenformationen bestehenden Ökosystems.

---

159 Vgl. *Fickert*, BayVBl. 1978, 681, 690.
160 *Fischer-Hüftle/A. Schumacher* in: J. Schumacher/Fischer-Hüftle, BNatSchG, § 15 Rn. 36 ff.
161 Im Hinblick auf eine Ausgleichsmaßnahme für das Landschaftsbild vgl. BVerwG, NuR 1991, 124.
162 Vgl. § 15 Abs. 2 S. 2, Abs. 5 BNatSchG.
163 BVerwG, NVwZ 2004, 732, 737.
164 *Lütkes* in: Lütkes/Ewer, BNatSchG, § 15 Rn. 24.
165 Zu Ausgleichsmaßnahmen und Ersatzzahlungen bei Beeinträchtigung des Landschaftsbildes durch Windkraftanlagen vgl. OVG Lüneburg, ZUR 2010, 262.
166 Eine Ersatzmaßnahme zur Deckung eines vorhabenfremden Kompensationsbedarfs ist daher nicht möglich, BVerwG, ZUR 2009, 264.
167 Zum Eingriff in naturschutzrechtliche Kompensationsflächen durch nachfolgende Vorhaben vgl. *Roder*, NuR 2007, 387.
168 *Kerkmann/Koch* in: Schlacke, GK-BNatSchG, § 15 Rn. 18
169 BVerwG, NuR 2005, 177; *Durner*, NuR 2001, 601, 603 f.
170 *Fischer-Hüftle/A. Schumacher* in: J. Schumacher/Fischer-Hüftle, BNatSchG, § 15 Rn. 40.

Für die Festlegung von Art und Umfang der Ausgleichs- und Ersatzmaßnahmen sind die Programme und Pläne gem. §§ 10 und 11 BNatSchG sowie der Verhältnismäßigkeitsgrundsatz[171] zu berücksichtigen (§ 15 Abs. 2 S. 5 BNatSchG). § 15 Abs. 7 S. 1 BNatSchG ermächtigt das Bundesumweltministerium zum Erlass einer Rechtsverordnung, welche Näheres zur Kompensation von Eingriffen regelt.[172] Solange von der Ermächtigung kein Gebrauch gemacht wird, dürfen die Länder entsprechende Regelungen erlassen, vgl. § 15 Abs. 7 S. 2 BNatSchG.[173]

ee) Abwägung und Untersagung des Eingriffs

36   Sind Beeinträchtigungen nicht zu vermeiden sowie nicht im erforderlichen Maße in angemessener Frist ausgleichbar oder zu ersetzen, ist eine Abwägung vorzunehmen. Ergibt die eigenständige Abwägung einen Vorrang der Belange des Naturschutzes, dann hat eine **Untersagung** des Eingriffs gem. § 15 Abs. 5 S. 1 BNatSchG zu erfolgen. Eine Sonderregelung besteht für Eingriffe, bei denen nach der FFH-Richtlinie geschützte Arten betroffen sind (§ 44 Abs. 4 S. 2–4 BNatSchG).

§ 15 Abs. 5 BNatSchG stellt klar, dass eine Abwägung nicht zulässig ist, wenn ein Eingriff durch Ausgleichs- oder Ersatzmaßnahmen kompensiert wird.[174] Die Abwägung erfolgt also nur dann, wenn zumindest ein Rest nicht kompensierbarer Beeinträchtigungen verbleibt.[175] Ein Eingriff ist unzulässig, wenn die Belange des Naturschutzes gegenüber den Vorteilen der Vorhabenverwirklichung überwiegen.[176] Hierbei kommt es u.a. auf die Nutzungsinteressen des Verursachers des Eingriffs sowie die Schwere und Erheblichkeit der Beeinträchtigungen von Natur und Landschaft an. Beispielsweise können Freizeit- und Hobbynutzungen gegenüber einer – hierfür erforderlichen – nachhaltigen Flächenversiegelung nicht gerechtfertigt werden.[177] Inwieweit in der Abwägung private Interessen und Belange, insbesondere die der gewerblichen Wirtschaft sowie Eigentümerinteressen, zu beachten sind, ist umstritten.[178] So wird u.a. vertreten, lediglich öffentliche Interessen in die Abwägung einzubeziehen, um einer Entwertung der naturschutzrechtlichen Eingriffsregelung durch Berücksichtigung privater Belange entgegenzutreten.[179] Letztlich dürfte darauf abzustellen sein, wie die Schwere der Eingriffe in Natur- und Landschaft zu beurteilen ist. Das **Abwägungsergebnis** der Behörde wird gerichtlich nur eingeschränkt auf Abwägungsfehler überprüft, da der entscheidenden Behörde eine Einschätzungsprärogative eingeräumt wird.[180]

ff) Ersatz unvermeidbarer, zulässiger Beeinträchtigungen

37   Kann der Verursacher aus rechtlichen oder tatsächlichen Gründen Ausgleichs- und Ersatzmaßnahmen nicht vornehmen und wird der Eingriff nach § 15 Abs. 5 BNatSchG zugelassen oder durchgeführt, hat er stattdessen den Geldbetrag, der für die Aus-

---

171 BVerwG, ZUR 2009, 264.
172 Zum Entwurf einer Bundeskompensationsverordnung vgl. *Schütte/Wittrock*, ZUR 2013, 259.
173 Vgl. die HessKV v. 1.9.2005, GVBl. I S. 264, zuletzt geändert durch Art. 4 VO v. 22.9.2015, GVBl. S. 339, NRWÖkokontoVO v. 18.4.2008, GV.NRW, S. 379 sowie BayKompV v. 7.8.2013, GVBl. 2013, S. 517.
174 Vgl. *Guckelberger* in: Frenz/Müggenborg, § 15 Rn. 84 ff.
175 BVerwG, NVwZ 2001, 673; vgl. auch *Wolf* in: Kluth/Smeddinck, § 4 Rn. 58.
176 Ausführlich zur Abwägungsentscheidung *Kerkmann/Koch* in: Schlacke, GK-BNatSchG, § 15 Rn. 30 ff.; *Lütkes* in: Lütkes/Ewer, BNatSchG, § 15 Rn. 64 ff.
177 *Fischer-Hüftle/A. Schumacher* in: J. Schumacher/Fischer-Hüftle, BNatSchG, § 15 Rn. 133.
178 Ausführlich hierzu *Sparwasser/Engel/Voßkuhle*, § 6 Rn. 150 m.w.N.
179 VGH München, NuR 1991, 339.
180 BVerwG, NVwZ 2007, 581, 583 f.

gleichs- oder Ersatzmaßnahme erforderlich gewesen wäre, zu zahlen (sog. **Ersatzzahlung**, § 15 Abs. 6 BNatSchG).[181] Nach Auffassung des BVerwG handelt es sich insoweit um eine verfassungsrechtlich (Art. 104a ff. GG) zulässige Sonderabgabe.[182] Grundsätzlich besteht die Funktion der finanziellen Ausgleichspflicht darin, dort, wo naturale Ausgleichsmaßnahmen vom Verursacher selbst nicht durchgeführt werden können, eine dem Verursacherprinzip entsprechende Kostenbelastung zu ermöglichen.[183] Das ist nicht ganz unproblematisch, weil die ersatzweise Abgabe zur bloßen Ablasszahlung verkümmern kann.[184] Die Höhe der Abgabe bemisst sich gem. § 15 Abs. 6 S. 2 BNatSchG nach den durchschnittlichen Kosten für die Planung, Unterhaltung und Flächenbereitstellung unter Einbeziehung der Personal- und sonstigen Verwaltungskosten. Sind diese nicht feststellbar, so bemisst sich die Ersatzzahlung nach Dauer und Schwere des Eingriffs unter Berücksichtigung der dem Verursacher daraus erwachsenden Vorteile.[185]

181 Näher dazu *Fischer-Hüftle/A. Schumacher* in: J. Schumacher/Fischer-Hüftle, BNatSchG, § 15 Rn. 136 ff.; *Gassner*, NuR 1985, 180; *Breuer*, NuR 1980, 89, 96 f.
182 BVerwGE 74, 308; 81, 220; a.A. *Kloepfer*, Umweltrecht, § 12 Rn. 245, der eine Sondernutzungsgebühr annimmt.
183 *Breuer*, NuR 1980, 89, 98; *Kloepfer*, Umweltrecht, § 12 Rn. 240.
184 *Kloepfer*, Umweltrecht, § 12 Rn. 240; zu einer möglichen Zweckbindung der Ersatzzahlung vgl. *Fischer-Hüftle*, NuR 2011, 461.
185 Zu weiteren Verfahrensanforderungen vgl. § 15 Abs. 6 S. 4-7 BNatSchG.

Eingriffsregelung, §§ 13 ff. BNatSchG

Eingriff (§ 14 Abs. 1 BNatSchG)

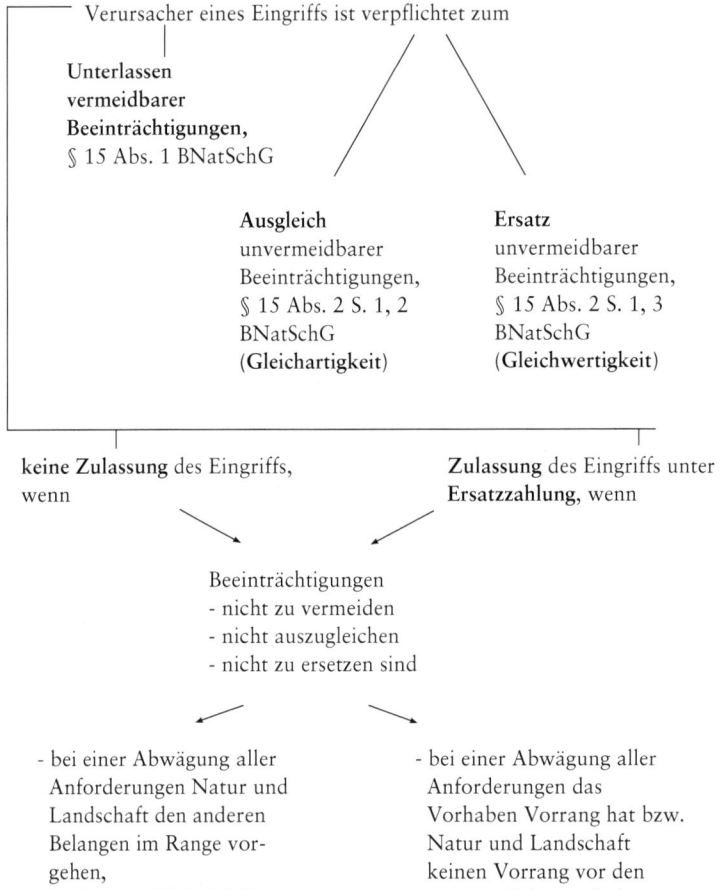

- Veränderungen der Gestalt oder Nutzung von Grundflächen oder
- Veränderungen des mit der belebten Bodenschicht in Verbindung stehenden Grundwasserspiegels,
  - die die Leistungs- und Funktionsfähigkeit des Naturhaushalts oder
  - das Landschaftsbild erheblich beeinträchtigen können.

Verursacher eines Eingriffs ist verpflichtet zum

Unterlassen vermeidbarer Beeinträchtigungen, § 15 Abs. 1 BNatSchG

Ausgleich unvermeidbarer Beeinträchtigungen, § 15 Abs. 2 S. 1, 2 BNatSchG **(Gleichartigkeit)**

Ersatz unvermeidbarer Beeinträchtigungen, § 15 Abs. 2 S. 1, 3 BNatSchG **(Gleichwertigkeit)**

keine Zulassung des Eingriffs, wenn

Zulassung des Eingriffs unter **Ersatzzahlung,** wenn

Beeinträchtigungen
- nicht zu vermeiden
- nicht auszugleichen
- nicht zu ersetzen sind

- bei einer Abwägung aller Anforderungen Natur und Landschaft den anderen Belangen im Range vorgehen, § 15 Abs. 5 BNatSchG

- bei einer Abwägung aller Anforderungen das Vorhaben Vorrang hat bzw. Natur und Landschaft keinen Vorrang vor den anderen Belangen haben, § 15 Abs. 6 BNatSchG

b) Naturschutzrechtliche Eingriffsregelung und Bauleitplanung

Das Verhältnis zwischen naturschutzrechtlicher Eingriffsregelung und Bauleitplanung hat über längere Zeit für heftige Kontroversen gesorgt.[186] Seit 1998 ist die Eingriffsregelung in die Bauleitplanung und entsprechend in das BauGB integriert. Sie gewährleistet, dass die das Verursacherprinzip kennzeichnenden Elemente „Vermeidung" und „Ausgleich" in der gesetzlich festgelegten Stufenfolge auf der Ebene der Bauleitplanung im Rahmen der Abwägung nach § 1 Abs. 7 BauGB berücksichtigt werden (vgl. § 1a Abs. 3 BauGB).[187] Die Berücksichtigung in der bauplanerischen Abwägung führt allerdings dazu, dass die zwingende vorrangige Vermeidungspflicht des § 15 Abs. 1 BNatSchG nicht greift.[188] Zudem kennt § 1a Abs. 3 BauGB die Unterscheidung zwischen Ausgleich und Ersatz nicht, da sich die Festsetzungen in der Bauleitplanung insoweit ausschließlich auf Ausgleichsmaßnahmen im Sinne des modifizierten Ausgleichsbegriffs nach § 200a BauGB richten.[189]

aa) Konzept der naturschutzrechtlichen Eingriffsregelung in der Bauleitplanung

§ 18 Abs. 1 BNatSchG verteilt die **Aufgaben** zwischen BauGB und BNatSchG wie folgt:[190] Sind aufgrund der Aufstellung, Änderung, Ergänzung oder Aufhebung von Bauleitplänen Eingriffe in Natur und Landschaft zu erwarten, ist über die Vermeidung, den Ausgleich und den Ersatz nach den Vorschriften des Baugesetzbuchs zu entscheiden. Ob Flächennutzungspläne oder Bebauungspläne einen derartigen Eingriff nach sich ziehen, beurteilt sich mithin nach § 14 Abs. 1 BNatSchG, die weitere Entscheidung (das „Wie") hingegen nach den einschlägigen Vorschriften des Baugesetzbuchs (vornehmlich über die Abwägung; dazu sogleich). Im (nachfolgenden) Baugenehmigungsverfahren findet die Eingriffsregelung dann keine Anwendung. Letzteres gilt gem. § 18 Abs. 2 S. 1 BNatSchG auch bei bereits aufgestellten Bebauungsplänen (§ 30 BauGB), bei sog. Planreife (§ 33 BauGB) und bei Vorhaben im nicht beplanten Innenbereich (§ 34 BauGB).[191] Die Einführung erleichterter bzw. beschleunigter Verfahren im Rahmen der Planaufstellung und -änderung (§§ 13–13b BauGB), deren beschleunigende Wirkung u.a. im Verzicht auf die Umweltprüfung[192] liegt, beeinflusst die Entscheidungsgrundlage zur Bestimmung von Ausgleichs- und Ersatzmaßnahmen auf Planebene. Hieraus kann ein Vollzugsdefizit der naturschutzrechtlichen Eingriffsregelung, welche auf Genehmigungsebene nicht eigens Anwendung findet, resultieren.[193] Der im Wege der BauGB-Novelle 2007[194] neu eingeführte § 13a Abs. 2 Nr. 4 BauGB sieht die Einführung des beschleunigten Verfahrens für Bebauungspläne der Innenentwicklung als Erweiterung des vereinfachten Verfahrens nach § 13 BauGB vor.[195] Jene **Bebauungspläne der Innenentwicklung** unterliegen weder einer förmlichen Umweltprüfung

38

39

---

186 Vgl. etwa *Ramsauer*, Die naturschutzrechtliche Eingriffsregelung; *Blume*, NVwZ 1993, 941; ausführlich *Fischer-Hüftle* in: J. Schumacher/Fischer-Hüftle, BNatSchG, § 18 Rn. 1.
187 Zum Verhältnis vom Eingriffsregelung und Bauleitplanung sowie Vorhabenzulassung *Schink*, NuR 2017, 585.
188 *Schmidt/Kahl/Gärditz*, § 10 Rn. 77; vgl. dazu § 10 Rn. 32 f.
189 Vertiefend *Schrödter* in: ders., BauGB, § 200a Rn. 2.
190 Ausführlich zur Eingriffsregelung in der Bauleitplanung *Kerkmann/Koch* in: Schlacke, GK-BNatSchG, § 18 Rn. 1 ff.
191 Vgl. hierzu *Rieger*, UPR 2012, 1, 2 f.; *Scheidler*, ZfBR 2011, 228.
192 Vgl. oben § 5 Rn. 73 f.
193 Vgl. etwa *Hofmeister/Mayer*, ZfBR 2017, 551; *Arndt/Mitschang*, ZfBR 2017, 737.
194 BGBl. I, S. 3316.
195 Vgl. hierzu *Krautzberger/Stüer*, DVBl. 2007, 160; *Battis/Krautzberger/Löhr*, NVwZ 2007, 121.

noch der Eingriffsregelung, soweit als zulässige Grundfläche eine Größe von insgesamt weniger als 20.000 m² festgesetzt wird (§ 13a Abs. 1 S. 2 Nr. 1 BauGB).[196] Diese Fiktion beinhaltet faktisch eine Freistellung der erfassten Bebauungspläne von der Ausgleichsverpflichtung.[197] Gleiches gilt auch für **Bebauungspläne der Außenentwicklung** i.S.d. § 13b BauGB, den der Gesetzgeber 2017 in das BauGB eingefügt und bis 2021 befristet hat.[198] Hierbei handelt es sich um Bebauungspläne, die im Außenbereich zur Wohnnutzung geplant werden, sich an im Zusammenhang bebaute Ortsteile anschließen und die eine zulässige Grundfläche von weniger als 10 000 m² vorsehen. Dadurch, dass Grundflächen im Außenbereich – in der Regel ökologisch wertvolle Gebiete – in Anspruch genommen werden, droht eine völlige Aushöhlung der naturschutzrechtlichen Eingriffsregelung.[199]

§§ 14–17 BNatSchG gelten hingegen bei Außenbereichsvorhaben gem. § 35 BauGB[200] und für planfeststellungsersetzende Bebauungspläne (vgl. § 17 Abs. 1 FStrG, § 28 Abs. 3 PBefG), § 18 Abs. 2 S. 2 BNatSchG.

bb) Abwägungsgebot und naturschutzrechtliche Eingriffsregelung

40   Infolge der Integration in die dem Genehmigungsverfahren vorgelagerte Planungsphase, in der Eingriffe in Natur und Landschaft erst vorbereitet und bauplanungsrechtlich zugelassen, aber eben noch nicht endgültig genehmigt werden, hat die Anwendung der vormals ausschließlich projektbezogenen Eingriffsregelung eine bedeutsame Erweiterung erfahren. Wie alle anderen im Bauleitplanverfahren zu prüfenden Belange unterliegt auch der Belang „Schutz von Natur und Landschaft" der **Abwägung nach § 1 Abs. 7 BauGB**, was durch § 1a Abs. 3 S. 1 BauGB ausdrücklich angeordnet wird. Dergestalt wird vor allem das der naturschutzrechtlichen Eingriffsregelung bislang immanente Gebot einer vollständigen Kompensation des Eingriffs durch die bauplanerische Abwägung relativiert. Das BVerwG[201] hatte bereits hinsichtlich § 8a Abs. 1 S. 1 BNatSchG (1993) zum Abwägungsgebot für die naturschutzrechtliche Eingriffsregelung in der Bauleitplanung klargestellt, dass „die Belange des Naturschutzes und der Landschaftspflege keinen abstrakten Vorrang vor den in der Bauleitplanung zu berücksichtigenden anderen Belangen haben. Das gilt sowohl für die Vermeidung von Beeinträchtigungen als auch für den Ausgleich unvermeidbarer Beeinträchtigungen oder den Ersatz für nicht ausgleichbare Beeinträchtigungen." Auch wird die Annahme eines Optimierungsgebots[202] vom Gericht abgelehnt. Nach Auffassung des BVerwG muss dies jedoch nicht zur Schwächung der Belange von Naturschutz und Landschaftspflege führen: „Gegenüber anderen öffentlichen, beispielhaft in § 1 Abs. 5 S. 2 BauGB (Anm.: jetzt § 1 Abs. 6 BauGB) genannten Belangen haben die Belange des Naturschutzes und der Landschaftspflege allerdings eine herausgehobene Bedeutung. [...] Das Besondere des § 8a Abs. 1 S. 1 BNatSchG (Anm.: jetzt § 1a Abs. 3 BauGB) besteht darin, dass die in der Abwägung zu berücksichtigenden Naturschutzbelange über das Integritätsinteresse hinaus, falls dieses nicht gewahrt werden kann, auf das Kompensationsinteresse

---

196 Eingehend ferner *Tomerius*, ZUR 2008, 1, 5 f.; *Götze/Müller*, ZUR 2008, 8.
197 *Battis* in: Battis/Krautzberger/Löhr, BauGB, § 13a Rn. 17.
198 G v. 4.5.2017, BGBl. I, S. 1057.
199 *Mayer*, ZfU 2018, 52, 62 f.; ablehnend auch *Arndt/Mitschang*, ZfBR 2017, 737, 746; *Hofmeister/Meier*, ZfBR 2017, 551, 558.
200 Vgl. BVerwG, NuR 2002, 360.
201 BVerwG, NVwZ 1997, 1213, 1214.
202 Vgl. bereits § 5 Rn. 44.

erweitert werden."[203] Dem vom BVerwG so bezeichneten Kompensationsinteresse ist aufgrund der in § 1a Abs. 3 S. 2 bis 5 BauGB vorgesehenen Möglichkeiten zur Umsetzung der Eingriffsregelung im Bauleitplanverfahren in geeigneter Weise Rechnung zu tragen.

Um zu einer im vorgenannten Sinne gerechten Abwägung der Belange des Naturschutzes und der Landschaftspflege zu gelangen, bedarf es zunächst einer **Bestandsaufnahme** von Natur und Landschaft; dies freilich nur i.S.e. sachgerechten Planungsentscheidung: Eine vollständige Erfassung der betroffenen Tier- und Pflanzenarten ist regelmäßig nicht erforderlich. Es kann vielmehr ausreichen, „wenn für die Bewertung des Eingriffs auf bestimmte Indikationsgruppen abgestellt wird".[204] Zur Verwendung von Bewertungsverfahren führt das BVerwG aus, dass es schon aus dem Fehlen eines gesetzlich vorgeschriebenen Bewertungsverfahrens für die Entscheidung nach § 8a BNatSchG (a.F., jetzt § 1a Abs. 3 S. 1 BauGB) folge, dass eine Bindung an die Ergebnisse eines (fehlerfrei durchgeführten) standardisierten Verfahrens zur Eingriffsbewertung nicht bestehe.[205] Das Gewicht und die spezifische Bedeutung der Eingriffsregelung im Abwägungsprozess der Bauleitplanung haben somit infolge der Klarstellungen durch das BVerwG feste Konturen erhalten, die mittels der ausdrücklichen normativen Einbindung der Vermeidung und des Ausgleichs in die Abwägung gem. § 1 Abs. 7 BauGB durch den Gesetzgeber bestätigt worden sind.

cc) Ausgleich von Eingriffen in Natur und Landschaft durch Bauleitplanung

Zentrale Norm für die Integration der Eingriffsregelung in das BauGB ist § 1a Abs. 3 S. 2 bis 5: Er eröffnet verschiedene Möglichkeiten, den Ausgleich der zu erwartenden Eingriffe in Natur und Landschaft zu verwirklichen. Darüber hinaus enthält er eine Klarstellung für jene Fälle, in denen ein Ausgleich nicht erforderlich ist.[206]

§ 1a Abs. 3 S. 2 bis 4 BauGB eröffnet folgende **Varianten eines Ausgleichs** für aus Bauleitplänen folgende Eingriffe in Natur und Landschaft:[207]

(1) Ausgleich durch geeignete Darstellungen und Festsetzungen nach den §§ 5 und 9 BauGB als Flächen oder Maßnahmen zum Ausgleich (S. 2); dabei wird unterstellt, dass der Ausgleich entsprechend der ursprünglichen Konzeption der naturschutzrechtlichen Eingriffsregelung am Ort des Eingriffs erfolgt;

(2) Darstellungen und Festsetzungen nach S. 2 auch an anderer Stelle als am Ort des Eingriffs, soweit dies mit einer geordneten städtebaulichen Entwicklung und den Zielen der Raumordnung sowie des Naturschutzes und der Landschaftspflege vereinbar ist (S. 3); damit wird die bisherige Konzeption der naturschutzrechtlichen Eingriffsregelung zugunsten eines weiträumigeren Ausgleichs verlassen;

41

---

203 BVerwG, NVwZ 1997, 1213, 1214.
204 BVerwG, BauR 1997, 459.
205 BVerwG, UPR 1997, 409.
206 Zur uneingeschränkten gerichtlichen Kontrolle des Vorliegens der Voraussetzungen des § 1a Abs. 3 S. 5 BauGB vgl. BVerwG, ZUR 2007, 37, 38.
207 Zur Hinnahme eines Ausgleichsdefizits wegen der Unzulänglichkeit rechnerischer Verfahren zur Bewertung von Beeinträchtigungen von Natur und Landschaft vgl. BVerwG, NuR 2008, 42.

(3) **vertragliche** Vereinbarungen gem. § 11 BauGB (S. 4, erster Fall) als Alternative zu Darstellungen und Festsetzungen;[208]

(4) sonstige geeignete Maßnahmen zum Ausgleich auf von der Gemeinde bereitgestellten Flächen (S. 4, zweiter Fall).

In Klärung einer auf der Grundlage des früheren Rechts umstrittenen Frage legt § 1a Abs. 3 S. 5 BauGB schließlich fest, dass ein Ausgleich nicht erforderlich ist, soweit die Eingriffe bereits vor der planerischen Entscheidung erfolgt sind oder zulässig waren. Bedeutung hat diese Regelung beispielsweise für nicht mehr genutzte Industriebrachen und Konversionsstandorte, weil ein Ausgleich dann nicht erforderlich wird, wenn anstelle der alten, nicht mehr genutzten Bebauung eine neue Bebauung ohne zusätzliche Beeinträchtigung von Natur und Landschaft treten soll.

§ 200a BauGB ergänzt die Vorschrift des § 1a Abs. 3 S. 3 BauGB, indem er einen eigenständigen **städtebaulichen Ausgleichsbegriff** einführt: Nach S. 1 werden die nach § 15 Abs. 2 S. 1 BNatSchG in einem Gleichrangigkeitsverhältnis zueinander stehenden Begriffe des Ausgleichs und des Ersatzes unter dem Oberbegriff des städtebaulichen Ausgleichs i.S.d. § 1a Abs. 3 BauGB zusammengefasst. § 200a S. 2 BauGB hebt zudem das Gebot eines teilweise nach Landesnaturschutzrecht auch für den Ersatz geregelten räumlichen Zusammenhangs mit dem Eingriff auf, wenn den Voraussetzungen des § 1a Abs. 3 S. 3 BauGB entsprochen ist. Durch die beschriebenen Erweiterungen soll der Ausgleich für die aufgrund der Bauleitplanung zu erwartenden Eingriffe in räumlicher Hinsicht flexibel gehandhabt, insbesondere der notwendige räumliche Anwendungsbereich für einen eigenständigen Ausgleichsbebauungsplan (dazu sogleich) geschaffen werden.[209]

dd) Verursacherprinzip und Ausgleich durch die Gemeinde

42   Das **Verursacherprinzip** als grundlegendes Element der naturschutzrechtlichen Eingriffsregelung nach §§ 14 ff. BNatSchG wirkt auch im Bauleitplanverfahren fort. Nach § 135a Abs. 1 BauGB sind festgesetzte Maßnahmen zum Ausgleich i.S.d. § 1a Abs. 3 BauGB vom Vorhabenträger durchzuführen. Dies kann er allerdings in der Regel nur, wenn die Gemeinde im Bebauungsplan die Maßnahmen zum Ausgleich am Ort des Eingriffs unmittelbar auf dem begünstigten Baugrundstück festgesetzt hat, etwa wenn von ihm im Garten bestimmte Bäume anzupflanzen sind. Ansonsten kann die Durchführung durch den Vorhabenträger an anderer Stelle als am Ort des Eingriffs vertraglich vereinbart werden,[210] beispielsweise wenn der Investor anderenorts im Gemeindegebiet über Flächen verfügt, die er ökologisch aufwerten kann. Stehen dem Vorhabenträger hingegen keine Flächen zur Verfügung und sieht die Gemeinde im Interesse der Verwirklichung eines anderen planerischen Konzepts den Ausgleich an anderer Stelle vor, soll nach § 135a Abs. 2 S. 1 BauGB die Gemeinde diesen anstelle und auf Kosten der Vorhabenträger oder der Eigentümer durch die Bauleitplanung begünstigter Grundstücke durchführen und auch die insoweit erforderlichen Flächen bereitstellen.[211]

---

208 BVerwG, DVBl. 1997, 1121, sieht im städtebaulichen Vertrag ein zulässiges Mittel, den Ausgleich auch außerhalb des Gebiets eines Bebauungsplans zu realisieren.
209 VGH Kassel, NuR 2005, 41, 44; *Battis/Krautzberger/Löhr*, NVwZ 1997, 1145, 1146.
210 Zur vertraglichen Pflicht zum Ausgleich BVerwG, DVBl. 1997, 1121, 1123.
211 Zur Flächenbeschaffung *Müller/Mahlburg*, DVBl. 1998, 1110, 1113 ff.

Für die Durchführung des Ausgleichs durch die Gemeinde im Wege jener „Ersatzvornahme" anstelle des Vorhabenträgers sind die besonderen **Zuordnungsdarstellungen** des § 5 Abs. 2a BauGB und insbesondere -**festsetzungen** des § 9 Abs. 1a BauGB von Bedeutung, weil nur sie, sofern keine vertragliche Absprache besteht, eine „Refinanzierung" der Gemeinde ermöglichen. Entscheidend sind dabei Festsetzungen im Bebauungsplan nach § 9 Abs. 1a S. 2 Hs. 1 BauGB, die den Eingriffsflächen die gebotenen Ausgleichsflächen zuordnen. Aufgrund jener Zuordnung ist die Gemeinde berechtigt, sich die Kosten für den Ausgleich vom Vorhabenträger erstatten zu lassen (§ 135a Abs. 2 S. 1 BauGB). Ebenso kann gem. § 9 Abs. 1a S. 2 Hs. 2 BauGB eine Zuordnung vom Bebauungsplan zu gemeindeeigenen, nicht weiter planerisch gesicherten Flächen erfolgen, wenn auf diesen der Ausgleich erfolgen soll. Darüber hinaus und vorrangig ist eine Zuordnung eines Eingriffsbebauungsplans zu einem (zweiten) Ausgleichsbebauungsplan eröffnet (§ 9 Abs. 1a S. 1 BauGB),[212] auf dessen Grundlage die Kompensation realisiert werden soll.

ee) Öko-Konto

Beim Öko-Konto findet sich der Vollzug von Eingriff und Ausgleich nicht nur räumlich, sondern auch zeitlich entkoppelt. Im Vorfeld der Durchführung von Bau- oder sonstigen Maßnahmen werden in zusammenhängender Form an anderer Stelle im Gemeindegebiet Maßnahmen für den Naturschutz realisiert.[213] Sie haben Ausgleichsfunktion, werden aber zeitlich vor dem Eingriff durchgeführt. Diese nach § 16 BNatSchG, insbesondere Abs. 2 i.V.m. dem jeweiligen Landesrecht,[214] und § 135a Abs. 2 S. 2 BauGB ausdrücklich zugelassene Variante kann entweder auf der Grundlage von Darstellungen zum Ausgleich im Flächennutzungsplan, aufgrund eines eigenen Ausgleichsbebauungsplans oder auf von der Gemeinde hierzu bereitgestellten Flächen vorgenommen werden. Mit der späteren Realisierung lassen sich dann jene Maßnahmen als für den Eingriff zu leistenden Ausgleich „abbuchen". Insoweit muss freilich bei der Durchführung von Maßnahmen für den Naturschutz bereits eindeutig erkennbar sein, dass diese die Funktion eines künftigen Ausgleichs haben. Eine bloße „Umwidmung" schon früher einmal aufgewerteter Flächen scheidet aus.

43

c) Schäden an bestimmten Arten und natürlichen Lebensräumen

Veranlasst durch die Umwelthaftungsrichtlinie[215] wurde in Anlehnung an § 2 Nr. 1a USchadG durch § 19 BNatSchG der Begriff von Schäden an bestimmten Arten und natürlichen Lebensräumen näher bestimmt. Ein **Schaden** liegt demnach insbesondere bei erheblichen nachteiligen Auswirkungen in Bezug auf den günstigen Erhaltungszustand bestimmter durch die Vogelschutz- und FFH-Richtlinie geschützter Arten und Lebensräume vor (§ 19 Abs. 1 S. 1, Abs. 2 und 3 BNatSchG).[216] Ausgangspunkt für die Ermittlung der Erheblichkeit ist der Ausgangszustand unter Berücksichtigung der Kriteri-

44

---

212 Dazu kritisch *Louis*, NuR 1998, 113.
213 Vgl. ausführlich *Louis*, NuR 2004, 714; *Thum*, UPR 2006, 289; *Stich*, UPR 2000, 321, 322.
214 Beispielhaft § 32 LG NRW; § 10 ÖkokontoVO NRW; zum Landesnaturschutzrecht vgl. *Schlacke* in: Schlacke/ Wittreck, Landesrecht Nordrhein-Westfalen, § 7 Rn. 7 ff., insb. Rn. 43 zur Bevorratung von Kompensationsmaßnahmen.
215 Siehe bereits § 2 Rn. 18; vgl. ferner zur Umsetzung der Umwelthaftungsrichtlinie *Becker*, NVwZ 2007, 1105.
216 Ausführlich zum Schadensbegriff *Diederichsen*, NJW 2007, 3377; *Gassner*, UPR 2007, 292.

en des Anhangs I der Umwelthaftungsrichtlinie (§ 19 Abs. 5 S. 1 BNatSchG).[217] Darüber hinaus benennt § 19 Abs. 5 S. 2 BNatSchG Regelbeispiele, bei denen eine erhebliche Schädigung zu verneinen ist. Eine Schädigung wird – trotz nachteiliger Beeinflussung von Natur und Landschaft – mittels Legaldefinition ausgeschlossen, wenn die beeinträchtigende Tätigkeit bzw. das Vorhaben nach den in § 19 Abs. 1 S. 2 BNatSchG genannten bundes- oder landesrechtlichen Vorschriften genehmigt wurde (z.B. nach §§ 34, 35, 45 Abs. 7 BNatSchG oder durch Befreiung gem. § 67 Abs. 2 BNatSchG) oder zulässig ist. Die Sanierungsverpflichtung der Verantwortlichen richtet sich nach dem Umweltschadensgesetz, wobei die Sanierungsmaßnahmen nach Anhang II Nr. 1 der Umwelthaftungsrichtlinie zu treffen sind (§ 19 Abs. 4 BNatSchG).

d) Duldungspflichten

45   In § 65 BNatSchG werden Eigentümern und Nutzungsberechtigten von Grundstücken **Duldungspflichten** auferlegt. Gegenstand der Duldungspflichten können sein: Unterhaltungs-, Aufräum-, Säuberungsarbeiten und Anpflanzungen auf Grundstücken sowie das Anbringen von Hinweiszeichen. Während § 65 Abs. 1 S. 1 BNatSchG nur Maßnahmen im Rahmen des Zumutbaren erfasst, können die Länder nach § 65 Abs. 1 S. 2 BNatSchG weitergehende Vorschriften erlassen, also Duldungspflichten auch bei an sich unzumutbaren Nutzungseinschränkungen vorsehen, womit eine Entschädigungsregel einher gehen muss (vgl. § 68 BNatSchG)[218]. Aufgrund dieser Vorschriften kann der Grundstückseigentümer jedoch nicht zu einem aktiven Handeln (z.B. Anpflanzung von Bäumen) verpflichtet werden.[219]

e) Bürger- und Behördenpflichten

46   § 2 Abs. 1 BNatSchG postuliert eine allgemeine **Bürgerpflicht** zum Schutz von Natur und Landschaft, indem jeder verpflichtet wird, im Rahmen seiner Möglichkeiten zur Verwirklichung der Ziele und Grundsätze des Naturschutzes und der Landschaftspflege beizutragen und auf die in § 1 BNatSchG genannten Schutzgüter Rücksicht zu nehmen. Der Vorschrift kommt lediglich Appellcharakter zu; ihr kann also keine Rechtspflicht im strengen Sinne entnommen werden. Ihre Beachtung kann von den Behörden weder erzwungen noch ordnungsrechtlich sanktioniert werden.[220]

47   Ebenfalls schwer durchsetzbar ist die **Pflicht zur Umweltbeobachtung** (§ 6 BNatSchG), die an den Bund und die Länder gerichtet ist. Zweck der Umweltbeobachtung ist es, gem. § 6 Abs. 2 BNatSchG den Zustand der Natur und Landschaft und ihrer Veränderungen einschließlich der Ursachen und Folgen dieser Veränderungen gezielt und fortlaufend zu ermitteln, zu beschreiben und zu bewerten.[221] Mit dieser Pflicht sollen ökologisch ungünstige Entwicklungen rechtzeitig erkannt werden, um daraus Prioritäten für praktisches Handeln aufzuzeigen sowie Gefahren für Mensch und Umwelt wirkungsvoll zu begegnen.[222]

---

217 Vgl. hierzu *John* in: Schlacke, GK-BNatSchG, § 19 Rn. 21 ff.
218 Hinsichtlich Natura 2000 Gebiete vgl. *Ziegler*, NVwZ 2017, 122.
219 *Hoppe/Beckmann/Kauch*, § 15 Rn. 101.
220 *Kerkmann* in: Schlacke, GK-BNatSchG, § 2 Rn. 2 ff.; *Hendrischke* in: Frenz/Müggenborg, BNatSchG, § 2 Rn. 9.
221 Vgl. hierzu auch BR-Drs. 278/09, S. 166.
222 *Erbguth/Stollmann*, NJ 2002, 519, 521.

3. Flächen- und Biotopschutz

Die dargestellten allgemeinen Schutz-, Pflege- und Entwicklungsmaßnahmen werden durch Maßnahmen des **Biotop- und Flächenschutzes** ergänzt, die nicht etwa ein planungsrechtliches Instrument darstellen, sondern auf eine direkte Verhaltenssteuerung durch Ge- und Verbote zielen. 48

▶ **FALL 11:** Landwirt S möchte auf einem seiner Felder zwei Windkraftanlagen errichten. Diese sollen jeweils eine Leistung von 1500 kW sowie eine Nabenhöhe von 100 m und einen Rotordurchmesser von 60 m haben. Das Gebiet, in dem die Windkraftanlagen errichtet werden sollen, liegt an der Weser innerhalb der durch einen Flächennutzungsplan der Stadt V dargestellten Konzentrationszone für Windenergienutzung. Östlich und nördlich dieser Konzentrationszone liegt das europäische Vogelschutzgebiet „Oberes Flussland", welches im Jahr 2005 an die Europäische Kommission gemeldet und durch Bekanntmachung im Amtsblatt des Bundeslandes N unter Schutz gestellt wurde. Die Reichweite der Unterschutzstellung wurde von verschiedenen Naturschutzverbänden kritisiert, da nicht alle, sondern nur die für die Nahrungssuche der geschützten Vögel geeignetsten Flächen unter Schutz gestellt worden sind. Der Schutzzweck wurde dabei wie folgt definiert: „Erhaltung und Entwicklung der grünlandgeprägten Weseraue sowie der angrenzenden Niederungsflächen mit ihren naturnahen Gewässern als Durchzugs-, Rast- und Überwinterungsgebiet für Bläss-, Saat- und Nonnengans." Die zwei Windkraftanlagen des S würden jeweils etwa 300 m vom Rand des europäischen Vogelschutzgebiets „Oberes Flussland" entfernt errichtet werden. 49

Die Windkraftanlagen sind genehmigungspflichtige Anlagen gem. § 4 BImSchG i.V.m. Nr. 1.6.2 des Anhangs 1 zur 4. BImSchV. Der Antrag auf Erteilung der immissionsschutzrechtlichen Genehmigung wurde von der zuständigen Behörde mit Verweis auf zwei Fachgutachten zur FFH-Verträglichkeit des Vorhabens abgelehnt. Diese beschreiben die Möglichkeit, dass insbesondere die geschützten Gänsearten ein Meideverhalten aufweisen könnten und die Windkraftanlagen umfliegen würden, was zu einer Verriegelung des Schutzgebiets und einer Verlängerung der Flugstrecken zwischen Schlaf- und Nahrungsplätzen der Gänse führen würde. Im schlimmsten Fall würden die Gänse einen Umkreis von 400 m meiden, womit ein indirekter Verlust der Nahrungsflächen einhergehe.

Landwirt S hält einen möglichen Verlust an Nahrungsflächen jedenfalls für nicht erheblich; eine Verriegelung des Vogelschutzgebiets und der Nahrungsgebiete sei durch die Gutachten nicht eindeutig nachgewiesen. Zudem hält er Kompensationsmaßnahmen für möglich. Schließlich weist S darauf hin, dass er seine Windkraftanlagen in einer von der Stadt V ausgewiesenen Konzentrations- und Vorrangzone für die Windenergienutzung errichten möchte.

Er klagt nunmehr auf Erteilung der immissionsschutzrechtlichen Genehmigung. Mit Erfolg? ◀

a) Flächenschutz

§§ 20 ff. BNatSchG betreffen die **Unterschutzstellung** von Teilen von Natur und Landschaft[223] durch Ausweisung als 50

---

223 Zur Beachtlichkeit von Handlungen außerhalb von Naturschutzgebieten, die in dieses einwirken VG Leipzig, ZUR 2008, 28; OVG Bautzen, ZUR 2008, 29 m. Anm. *Günther*.

- Naturschutzgebiet (§ 23 BNatSchG),
- Nationalpark, nationale Naturmonumente (§ 24 BNatSchG),
- Biosphärenreservat (§ 25 BNatSchG),
- Landschaftsschutzgebiet (§ 26 BNatSchG),
- Naturpark (§ 27 BNatSchG),
- Naturdenkmal (§ 28 BNatSchG),
- geschützter Landschaftsbestandteil (§ 29 BNatSchG)[224] und
- gesetzlich geschütztes Biotop (§ 30 BNatSchG).

Die Erklärung der Unterschutzstellung, sog. **Schutzerklärung**, erfolgt gem. § 22 Abs. 1 BNatSchG auf der Grundlage von Landesrecht regelmäßig in der Form der **Rechtsverordnung,** also als materielles Gesetz und nicht im Wege eines Einzelaktes (z.B. eines Verwaltungsaktes, § 35 VwVfG).[225] Eine Ausnahme bildet z.B. die Erklärung zum Nationalpark, die in vielen Bundesländern (bislang) nur aufgrund eines formellen Gesetzes möglich ist. Die Ausgestaltung von Form und Verfahren der Unterschutzstellung bleibt gem. § 22 Abs. 2 BNatSchG dem Landesgesetzgeber vorbehalten. Entsprechende – unter Maßgabe des BNatSchG a.F. erlassene – landesrechtliche Vorschriften eröffnen regelmäßig eine Gelegenheit zur Stellungnahme für Gemeinden, Behörden, öffentliche Planungsträger sowie nach § 63 Abs. 1 Nr. 1, Abs. 2 Nr. 1 BNatSchG anerkannte Umweltverbände.[226] Die nach Bekanntmachung des Verordnungsentwurfs vorgebrachten Bedenken und Anregungen sind bei der Entscheidungsfindung zu berücksichtigen.[227]

§ 22 Abs. 1 S. 2 BNatSchG gibt gleichwohl einen **Mindestinhalt der jeweiligen Schutzerklärungen** vor; in diesen sind Schutzgegenstand[228] und Schutzzweck,[229] ferner die zur Erreichung des Schutzzwecks notwendigen Ge- und Verbote sowie erforderlichenfalls auch Pflege-, Entwicklungs- und Wiederherstellungsmaßnahmen oder entsprechende Ermächtigungen zu bestimmen. Die genaueren Inhalte der Schutzerklärungen ergeben sich nach Maßgabe der jeweiligen Schutzkategorien gem. §§ 23 ff. BNatSchG.[230]

Nach § 22 Abs. 1 S. 3 BNatSchG können Schutzgebiete in Zonen mit abgestuftem Schutz gegliedert werden; hierbei kann auch die für den Schutz notwendige Umgebung einbezogen werden. Die im ersten Halbsatz normierte Zonierung von flächenhaften Schutzgebieten wurde zum Teil bereits in einigen Bundesländern praktiziert und von der Rechtsprechung anerkannt.[231] Durch den zweiten Halbsatz ist es möglich, die Umgebung der zu schützenden Teile von Natur und Landschaft in die Schutzerklärung einzubeziehen und auf diese Weise Pufferzonen zu schaffen, durch die nachteilige und den besonderen Charakter des Schutzgebiets entwertende Einwirkungen, z.B. Emissionen oder die Veränderung der Wasserverhältnisse in einem Feuchtgebiet, im erforderli-

---

224 Näher dazu *Kloepfer*, Umweltrecht, § 12 Rn. 324 ff.
225 BVerwG, NuR 2007, 268; BVerwG, NVwZ-RR 1997, 608; OVG Schleswig, BauR 1994, 359; zur Gesamt- oder Teilnichtigkeit einer solchen Verordnung vgl. BVerwG, NVwZ 2009, 719; umfassend zum Instrument *Agena/Louis*, NuR 2014, 313 ff; *dies.* NuR 2014, 391 ff.
226 *Heugel* in: Lütkes/Ewer, BNatSchG, § 22 Rn. 24 ff; vgl. unten § 10 Rn. 63 f.
227 *Hendrischke* in: Schlacke, GK-BNatSchG, § 22 Rn. 34 ff.
228 Zum Inhalt der Schutzerklärung *Hendrischke* in: Schlacke, GK-BNatSchG, § 22 Rn. 8 ff.
229 Zur Bestimmtheit der Schutzzwecke BVerwG v. 14.9.1998 – 6 BN 4.98, juris; VGH Mannheim, VBlBW 1993, 139; BVerwG, NVwZ 2007, 589.
230 Im Einzelnen *Sparwasser/Engel/Voßkuhle*, § 6 Rn. 181 ff.
231 *Hendrischke* in: Schlacke, GK-BNatSchG, § 22 Rn. 27.

chen Rahmen ferngehalten werden können.[232] Damit wird es der Praxis ermöglicht, alle durch die Ausweisung entstehenden Konflikte – auch in den Randbereichen – in das Verfahren zu integrieren und einer einheitlichen Lösung zuzuführen.[233]

Mit der Unterschutzstellung sind zwei Problemkreise verbunden. Zum einen kann die Ausweisung eines Schutzgebiets möglicherweise kommunalen Interessen zuwiderlaufen; auf die **Planungshoheit der Kommune** nach Art. 28 Abs. 2 S. 1 GG ist daher bei der Festsetzung besonders Rücksicht zu nehmen. Dies schließt nicht aus, dass auch solche Flächen unter Schutz gestellt werden, die eine Gemeinde zuvor als Baugebiet ausgewiesen hat. Die Unterschutzstellung darf aber nicht zur Folge haben, dass praktisch keine Möglichkeit gemeindlicher Bauleitplanung mehr besteht.[234] Zum anderen sind mit der Unterschutzstellung und den sich dadurch ergebenden Ge- und Verboten **Beschränkungen der Eigentumsnutzung** verbunden. Das grundrechtlich geschützte Eigentum wird jedoch nicht schrankenlos gewährleistet. Vielmehr werden Inhalt und Schranken des Eigentums gem. Art. 14 Abs. 1 S. 2 GG durch die Gesetze bestimmt. Nach der Rechtsprechung und der überwiegenden Auffassung im Schrifttum handelt es sich bei Maßnahmen des Natur- und Landschaftsschutzes einschließlich der Unterschutzstellung regelmäßig um entschädigungslos hinzunehmende Inhalts- und Schrankenbestimmungen, da sie Konkretisierungen der Sozialbindung des Eigentums i.S.d. Art. 14 Abs. 2 S. 1 GG darstellen.[235] Insofern sind es Naturschutzinteressen, die den Schutzumfang des Grundeigentums gem. Art. 14 Abs. 1 GG von Beginn an einschränken.[236] Eine Grenze ist freilich dort zu ziehen, wo ein privatnütziger Gebrauch oder eine ausgeübte Nutzung generell versagt wird.[237]

b) Biotopschutz und Biotopverbund

Der Flächenschutz der §§ 20 ff. BNatSchG[238] wird durch den Biotopschutz nach § 30 BNatSchG ergänzt.[239] Nach § 30 Abs. 2 BNatSchG werden besonders selten gewordene Biotope (z.B. Moore, Dünen, alpine Flächen, vgl. die Legaldefinition in § 7 Abs. 2 Nr. 4 BNatSchG) einem generellen Flächenveränderungsverbot unterworfen.[240] Abs. 3 der Vorschrift ermächtigt allerdings zu Ausnahmen von dem allgemeinen Veränderungsverbot, wenn die Beeinträchtigungen ausgeglichen werden können.[241]

Nach § 20 Abs. 1 und § 21 Abs. 2 BNatSchG soll darüber hinaus ein länderübergreifendes Netz verbundener Biotope (Biotopverbund) geschaffen werden, das mindestens zehn Prozent der Fläche eines jeden Landes umfassen soll. Der **Biotopverbund**[242] dient

51

---

232 *Kloepfer*, Umweltrecht, § 12 Rn. 272.
233 *Hendrischke* in: Schlacke, GK-BNatSchG, § 22 Rn. 28.
234 *Soell*, NuR 1993, 301, 306.
235 BVerwG, NJW 1956, 1369; BVerwG, NJW 1976, 765, 766 f.; BVerwG, NJW 1993, 2949 f.; BVerfG, NJW 1998, 367 ff.; *Maaß/Schütte* in: Koch/Hofmann/Reese, § 7 Rn. 35; *Schmidt/Kahl/Gärditz*, § 10 Rn. 73; *Kahl/Gärditz*, ZUR 2006, 1, 7 f.; zur Naturschutz und Eigentumsfreiheit ausführlich *Jeromin*, NuR 2010, 301.
236 *Hendler/Duikers*, JURA 2005, 409, 411; zum Rechtsschutz am Beispiel der FFH-Gebietsfestsetzungen *Kahl/Gärditz*, NuR 2005, 555; ebenso *Spreen*, UPR 2005, 8; zur Kompensation durch Entschädigungsregelungen siehe bereits § 4 Rn. 17.
237 *Kahl/Gärditz*, ZUR 2006, 1, 8.
238 Vgl. bereits § 10 Rn. 48.
239 Hierzu *Hendrischke/Kieß* in: Schlacke, GK-BNatSchG, § 30 Rn. 7 ff.; *Heugel* in: Lütkes/Ewer, BNatSchG, § 30 Rn. 1 f.; *J. Schumacher/A. Schumacher* in: J. Schumacher/Fischer-Hüftle, BNatSchG, § 30 Rn. 2 ff.
240 Weiterführend *Sparwasser/Engel/Voßkuhle*, § 6 Rn. 212; *Louis*, NuR 1992, 24; vgl. auch HessVGH, NVwZ-RR 1993, 348; zur Verfassungsmäßigkeit der Vorschrift hinsichtlich Art. 14 Abs. 1 GG BVerfG, NuR 1999, 99.
241 Dazu *Hendrischke/Kieß* in: Schlacke, GK-BNatSchG, § 30 Rn. 19 f.
242 Vgl. dazu *Albrecht/Leibenath*, ZUR 2008, 518.

im Gegensatz zu „Natura 2000" nicht nur dem Schutz bestimmter als besonders schutzwürdig eingestufter Lebensräume und Arten, sondern richtet sich auf die Erhaltung aller wild lebenden Tiere und Pflanzen einschließlich ihrer Lebensstätten, Biotope und Lebensgemeinschaften sowie auf die Bewahrung, Wiederherstellung und Entwicklung funktionsfähiger ökologischer Wechselbeziehungen (§ 21 Abs. 1 S. 1 BNatSchG). Freilich soll er auch zur Verbesserung des Zusammenhangs des Netzes „Natura 2000" beitragen (§ 21 Abs. 1 S 2 BNatSchG). Ein Biotopverbund besteht aus verschiedenen Bestandteilen: Kernflächen, Verbindungsflächen und Verbindungselementen (§ 21 Abs. 3 S. 1 BNatSchG). Kernflächen sind solche Bereiche, die durch ihre Ausgestaltung mit belebten und unbelebten Elementen qualitativ und quantitativ geeignet sind, die nachhaltige Sicherung der standorttypischen Arten und Lebensräume sowie der Lebensgemeinschaften zu gewährleisten.[243] Verbindungsflächen sind Bereiche, die vornehmlich natürlichen Wechselwirkungen zwischen verschiedenen Populationen von Tier- oder Pflanzenarten, deren Ausbreitung nach ihren artspezifischen Bedürfnissen, dem genetischen Austausch zwischen den Populationen oder Wiederbesiedlungs- und Wanderungsprozessen dienen. Verbindungselemente bestehen aus flächenhaften, punkt- oder linienförmig in der Landschaft verteilten Elementen wie Gehölzen, Feldrainen, Tümpeln, einzelnen Gebäuden, Bäumen, Wasserläufen oder dergleichen, die von bestimmten Arten für ihre Ausbreitung, Wanderung usw. benutzt werden und die mit dieser Eigenschaft den funktionalen Charakter des Biotopverbunds verdeutlichen.[244] Letztere sollen ohne Unterbrechung in die Verbindungs- und Kernflächen übergehen, so dass ein weiträumiges Netz entsteht. In § 21 Abs. 6 BNatSchG ist die Verpflichtung verankert, eine regionale Mindestdichte von zur Biotopvernetzung notwendigen Saum- und Trittstrukturen festzulegen.[245] Bestandteile des Biotopverbundes sind grundsätzlich alle Schutzgebiete und -objekte gem. §§ 23 ff. BNatSchG sowie die gesetzlich geschützten Biotope nach § 30 BNatSchG und weitere Flächen und Elemente, einschließlich solcher des nationalen Naturerbes, des Grünen Bandes sowie Teile von Landschaftsschutzgebieten und Naturparken. Nach § 21 Abs. 4 BNatSchG ist der Biotopverbund dauerhaft zu gewährleisten. Mögliche Sicherungsinstrumente sind z.B. Schutzgebietsausweisungen, planungsrechtliche Festlegungen, Vertragsnaturschutz sowie andere geeignete Maßnahmen. Die Länder sind in der Wahl der Sicherungsmittel frei.

c) Europäisches Netz „Natura 2000"

52   Rechtspflichten zur Ausweisung von Schutzgebieten können sich auch aus dem Unionsrecht, namentlich der Vogelschutzrichtlinie und der FFH-Richtlinie,[246] ergeben.[247] Nach Art. 4 Abs. 1 der Vogelschutzrichtlinie müssen die Mitgliedstaaten die für die Erhaltung der 181 im Anhang I aufgeführten Vogelarten zahlen- und flächenmäßig geeignetsten Gebiete unter Schutz stellen. Die Gebiete sind umfassend gegen Verschmutzung und Beeinträchtigung zu schützen.[248] Die Intention der Vogelschutzrichtlinie wird

---

243 *A. Schumacher/J. Schumacher* in: J. Schumacher/Fischer-Hüftle, BNatSchG, § 21 Rn. 13.
244 BT-Drs. 14/6378, S. 38.
245 *Erbguth/Stollmann*, NJ 2002, 519, 520.
246 Vgl. § 10 Rn. 4.
247 *Louis*, NuR 2012, 385; *Gellermann*, NVwZ 2001, 500; vgl. auch die Rechtsprechungsübersichten zum europäischen Naturschutzrecht von *Lau*, NVwZ 2011, 461 und *Steeck/Lau*, NVwZ 2009, 616.
248 EuGH, ZUR 2003, 102; EuGHE 1999, I-1719; *Gellermann*, S. 20; zur zögerlichen Umsetzung in das deutsche Recht EuGH, NuR 1993, 505 ff.; dazu *Schmidt*, JZ 1993, 1086, 1087.

durch die 1992 verabschiedete FFH-Richtlinie aufgegriffen und umfassend ausgeweitet, indem zur Wiederherstellung oder Bewahrung eines günstigen Erhaltungszustandes
natürlicher Lebensräume (nach Anhang I) und Arten (nach Anhang II) die Ausweisung
besonderer Schutzgebiete verlangt wird. Ziel ist es, der Zerstörung und sonstigen Beeinträchtigungen der Lebensräume der Tier- und Pflanzenarten entgegenzuwirken, indem ein zusammenhängendes ökologisches Netz geschaffen wird: Das sog. **Netz
„Natura 2000“.**[249] Der Aufbau dieses Netzes soll nach einem vorgeschriebenen Zeitplan erfolgen. Besonders schutzwürdige (prioritäre) Lebensraumtypen und Arten genießen dabei einen höheren Schutzstatus.[250]

aa) Schutzgebietsausweisung

Das in § 32 BNatSchG geregelte **dreistufige Verfahren zur Unterschutzstellung**[251] erfordert zunächst eine Auswahl der Gebiete durch die Bundesländer im Benehmen mit dem
Bundesumweltministerium (BMU) sowie unter Anhörung der fachlich betroffenen
Bundesministerien[252] und der Gemeinden,[253] die sich ausschließlich an den naturschutzfachlichen Kriterien der FFH-Richtlinie zu orientieren hat.[254] Die Mitgliedstaaten der EU dürfen ihr Einvernehmen zur Aufnahme eines Gebiets in die sog. Gemein-
schaftsliste insbesondere nicht aus wirtschaftlichen, gesellschaftlichen oder kulturellen
Gründen oder aufgrund regionaler Besonderheiten verweigern.[255] Das zuständige Bundesministerium (BMU) meldet der Kommission anschließend die betroffenen Gebiete.

In einem zweiten Schritt wählt die Europäische Kommission aus den von den Mitgliedstaaten gemeldeten Gebieten jene von gemeinschaftlicher Bedeutung aus und adressiert
sie durch Beschluss (vormals Entscheidung) i.S.v. Art. 288 Abs. 3 S. 2 AEUV[256] an die
Mitgliedstaaten.[257]

Die Länder erklären schließlich im dritten Schritt diese Gebiete entsprechend der jeweiligen Erhaltungsziele zu geschützten Teilen von Natur und Landschaft i.S.d. § 20
Abs. 2 BNatSchG und bestimmen dabei die geeigneten Ge- und Verbote sowie Pflege-
und Entwicklungsmaßnahmen (§ 22 Abs. 1 S. 2 BNatSchG).[258] Damit kommen zwar
grundsätzlich alle in § 20 Abs. 2 BNatSchG aufgeführten Schutzgebietskategorien in
Betracht; jedoch erfordert das Verschlechterungsverbot des Art. 6 Abs. 2 FFH-Richtlinie vorrangig die Ausweisung eines strengen Schutzregimes der Kategorie Naturschutz-

53

---

249 *Möckel* in: Schlacke, GK-BNatSchG, § 31 Rn. 3 f.; zum Fitness-Check *Mayrn/Weyland*, NuR 2016, 96 ff.; *Freiburg*, Die Erhaltung der biologischen Vielfalt in Deutschland auf der Basis europarechtlicher Vorgaben; *Rödiger-Vorwerk*, Die FFH-Richtlinie der EU und ihre Umsetzung in nationales Recht; *Freytag/Iven*, NuR 1995, 109; zur Flexibilisierung des Natura-2000-Schutzgebietsnetzes vor dem Hintergrund des Klimawandels vgl. *Hendler/Rödder/Veith*, NuR 2010, 685.
250 *Kohls*, NuR 2011, 161; *Sparwasser/Engel/Voßkuhle*, § 6 Rn. 221.
251 Ausführlich zur Ausweisung *Möckel* in: Schlacke, GK-BNatSchG, § 32 Rn. 64 ff.; *Niederstadt*, NVwZ 2008, 126; *Czybulka*, EurUP 2008, 181.
252 *Freiburg*, S. 91 f.; *Sparwasser/Engel/Voßkuhle*, § 6 Rn. 227.
253 *Spannowsky*, UPR 2000, 41, 50.
254 BVerwGE 107, 1; vgl. auch EuGHE 1991, I-883 ff.; EuGHE 1993, I-4221 ff.
255 EuGH, C-226/08 – Stadt Papenburg, ZUR 2010, 137; vgl. Anm. *Würtenberger*, NuR 2010, 316.
256 Vgl. oben § 7 Rn. 16.
257 Vgl. *Schlacke*, ZUR 2005, 592 m.w.N. in Fn. 3; a.A. *Schmidt/Kahl/Gärditz*, § 10 Rn. 115.
258 Vgl. zu den an die Ausweisung gestellten Anforderungen EuGHE 2003, I-2089, Rn. 26; BVerwG, NuR 2004, 524; BVerwG, NVwZ 2006, 822, 823; für die Ausweisung in der Ausschließlichen Wirtschaftszone (AWZ) abweichend § 57 Abs. 1, 2 BNatSchG, dazu *Salomon/Schumacher*, ZUR 2018, 84 ff.

gebiet oder Kernzone eines Nationalparks oder Biosphärenreservat.[259] Eine Unterschutzstellung gem. § 32 Abs. 2 und 3 BNatSchG kann unterbleiben, soweit nach anderen Rechtsvorschriften einschließlich des BNatSchG selbst und gebietsbezogener Bestimmungen des Landesrechts, nach Verwaltungsvorschriften, durch die Verfügungsbefugnis eines öffentlichen oder gemeinnützigen Trägers oder durch vertragliche Vereinbarungen[260] ein **gleichwertiger Schutz** gewährleistet ist (§ 32 Abs. 4 BNatSchG). Entsprechend der Neuregelung des Vertragsnaturschutzes in § 3 Abs. 3 BNatSchG sind vertragliche Schutzmodelle vorrangig zu prüfen.[261]

Die Kommission hat – überwiegend – die Listen der Gebiete von gemeinschaftlicher Bedeutung als Entscheidung (heute: Beschluss)[262] erlassen, sodass den Mitgliedstaaten die Aufgabe ihrer Unterschutzstellung zukommt.[263] Die Schutzgebietsausweisung findet in Deutschland seit über einem Jahrzehnt statt und ist noch nicht abgeschlossen.[264] Insbesondere ist die Verteilung der Schutzgebiete in Deutschland inhomogen und in Bezug auf den beabsichtigten kohärenten Schutz problematisch.[265] Aufgrund dessen hat die Kommission ein Vertragsverletzungsverfahren gem. Art. 258 AEUV gegen Deutschland eingeleitet.[266]

Teilweise wurde – vor allem von potenziell betroffenen Grundstückseigentümern oder Gemeinden – versucht, **Rechtsschutz** gegenüber der nationalen Meldung von FFH- und Vogelschutzgebieten vor deutschen Verwaltungsgerichten zu erlangen.[267] Dies ist nach mittlerweile ganz h.M. unzulässig, da die Meldung als lediglich vorbereitender verwaltungsinterner Akt eingeordnet wird.[268] Auch die Kommissionsliste kann durch Einzelne nicht vor der europäischen Gerichtsbarkeit angegriffen werden, weil ein Unionsbürger nicht Adressat der Kommissionslisten und mithin nicht klagebefugt i.S.d. Art. 263 Abs. 4 AEUV ist.[269] Letztlich wird ein Grundeigentümer, dessen Grundstück in einem FFH- oder Vogelschutzgebiet liegt und dem nach der Rechtsprechung der europäischen

---

259 *Kloepfer*, Umweltrecht, § 12 Rn. 384 m.w.N., ähnlich *Schmidt/Kahl/Gärditz*, § 10 Rn. 116; *Apfelbacher/Adenauer/Iven*, NuR 1999, 63, 64 ff.; hinsichtlich anderer Ausweisungsmöglichkeiten *Niederstadt*, NVwZ 2008, 126 ff.; zu den Anforderungen an den rechtlichen Schutzstatus von europäischen Vogelschutzgebieten vgl. EuGH, ZUR 2011, 26.

260 Vgl. zu vertraglichen Schutzmodellen *Rehbinder*, ZUR 2008, 178.

261 Zur Neuregelung des Vertragsnaturschutzes *Frenz*, NuR 2011, 257.

262 Vgl. zuletzt Durchführungsbeschluss 2015/72/EU v. 3.12.2014, zur Annahme einer achten aktualisierten Liste von Gebieten von gemeinschaftlicher Bedeutung in der atlantischen biogeografischen Region, ABlEU L 18/385.

263 Vgl. fehlerhafte Ausweisung eines europäischen Vogelschutzgebiets in Österreich EuGH, NuR 2010, 791.

264 Derzeit sind 4557 FFH- und 742 Vogelschutzgebiete gemeldet, die 9,4 % der Landesfläche ausmachen. Der europaweite Meldestand ist abrufbar unter http://ec.europa.eu/environment/nature/natura2000/barometer/index_en.htm (Stand: 6.9.2018); der aktuelle deutsche FFH-Bericht ist abrufbar unter www.bfn.de/themen/natura-2000/berichte-monitoring/nationaler-ffh-bericht.html (Stand 16.9.2018); zur Möglichkeit einer Deklassifizierung von Natura 2000-Gebieten *Meßerschmidt*, NuR 2015, 2.

265 *Möckel* in: Schlacke, GK-BNatSchG, Vorb. §§ 31-36 Rn. 11.

266 Europäische Kommission, Aufforderungsschreiben C (2015) 1105 final – Vertragsverletzungsverfahren Nr. 2014/2262 v. 27.2.2015, abrufbar unter www.bbn-online.de/fileadmin/AK_Natura_2000__Arten_und_Biotopschutz__Schutzgebiete/EU-FFH-RL_Mahnschr20150227.pdf (Stand: 26.10.2018).

267 Ausführlich zu Rechtsschutz im Zusammenhang mit Natura 2000 *Möckel* in: Schlacke, GK-BNatSchG, § 32 Rn. 116 ff.; zum mangelnden Beteiligungsrecht kommunaler Gebietskörperschaften bei der Erstellung der Kommissionslisten vgl. OVG Lüneburg, NuR 2013, 429.

268 Bis auf die Entscheidung des VG Bremen, NuR 2003, 132, 133 ff., das es als nicht zumutbar ansah, einen Kläger auf nachträglichen Rechtsschutz zu verweisen, waren sämtliche Rechtsschutzbegehren gegen die Meldung und Auswahl der schützenswerten Gebiete durch deutsche Behörden erfolglos, vgl. nur BVerwG, NuR 2008, 575.

269 Ständige Rechtsprechung, vgl. nur EuGH, ZUR 2005, 589, m. Anm. *Schlacke*, ZUR 2005, 592.

Gerichtsbarkeit[270] und nach der deutschen Verwaltungsgerichtsbarkeit[271] bereits gegenwärtig – wenn die Gebiete bestimmte Eigenschaften erfüllen – Nutzungen untersagt sind, Rechtsschutz vor den Verwaltungsgerichten suchen.[272] Betroffene Eigentümer können zunächst mittels Normenkontrollantrags – falls landesrechtlich eröffnet – die regelmäßig wohl in Naturschutzgebietsverordnungen erfolgenden Schutzgebietsausweisungen unter Berufung auf Art. 14 GG angreifen. Zudem kann der Eigentümer die Genehmigung eines Vorhabens auf dem betroffenen Grundstück beantragen und gegen eine etwaige Versagung Widerspruch und Verpflichtungsklage erheben. Den Betroffenen auf den nachgelagerten (konzentrierten) Rechtsschutz zu verweisen, ist auf Grund der zeitlichen Dauer des Ausweisungsverfahrens hinsichtlich des Gebots effektiven Rechtsschutzes problematisch, der sowohl gemäß Art. 19 Abs. 4 GG als auch gemeinschaftsrechtlich gewährleistet ist. Wirksamer i.S.d. unionsrechtlichen Effektivitätsgebots und ggf. verfassungsrechtlich geboten dürfte indes die Eröffnung eines phasenspezifischen Rechtsschutzes gegenüber den der Letztentscheidung (Unterschutzstellung) vorgelagerten Entscheidungen (Meldung, Kommissionsliste) sein.

bb) Verträglichkeitsprüfung

Die in Art. 6 Abs. 2–4 FFH-Richtlinie normierten Schutzpflichten werden durch §§ 33 ff. BNatSchG sowie die jeweiligen Landesvorschriften[273] umgesetzt. Von zentraler Bedeutung ist das allgemeine **Verschlechterungsverbot** des § 33 Abs. 1 S. 1 BNatSchG. Demnach sind alle Veränderungen und Störungen des Schutzgebiets untersagt, die zu erheblichen Beeinträchtigungen des Gebietes in seinen für die Erhaltungsziele oder den Schutzzweck maßgeblichen Bestandteilen führen können.[274] Folgerichtig kann das Verschlechterungsverbot u.a. ein Unterlassen bestimmter Tätigkeiten, aber auch die Durchführung lenkender Maßnahmen gebieten. Die Beseitigung vorhandener baulicher Anlagen vermag das Verschlechterungsverbot gleichwohl nicht zu bewirken.[275]

Als wichtiges Instrument zur Durchsetzung des Verschlechterungsverbots sieht § 34 BNatSchG die von Art. 6 Abs. 3 FFH-Richtlinie geforderte Prüfung von Projekten und Plänen auf ihre Verträglichkeit (**FFH-Verträglichkeitsprüfung**)[276] mit den festgelegten Erhaltungszielen[277] eines Gebiets von gemeinschaftlicher Bedeutung oder eines europäischen Vogelschutzgebiets vor. Die Prüfung ist nicht nur erforderlich, wenn ein Vorhaben in einem Schutzgebiet realisiert werden soll, sondern immer dann, wenn erhebliche

54

---

270 EuGH, NVwZ 2007, 61 sowie die Besprechung dieser Entscheidung von *Kautz*, NVwZ 2007, 666.
271 BVerwG, NVwZ 2006, 823; BVerwG, ZUR 2007, 307, 309 ff. – Westumfahrung Halle sowie die Besprechungen dieser Entscheidung von *Steeck/Lau*, NVwZ 2008, 854; *Stüer*, NVwZ 2007, 1147; *Stüer*, DVBl. 2009, 1; BVerwG, ZUR 2009, 141 – Bad Oeynhausen sowie die Besprechungen von *Louis*, NuR 2009, 91; *Gellermann*, NuR 2009, 85; OVG Koblenz, NuR 2008, 181 – Hochmoselübergquerung; BVerwG, NuR 2008, 502 – Jagdbergtunnel; dazu *Steeck/Lau*, NVwZ 2009, 616; OVG Bautzen, ZUR 2009, 45.
272 Ausführlich zu Rechtsbehelfen gegen FFH-Gebietsfestsetzungen *Kahl/Gärditz*, NuR 2005, 555.
273 Vgl. *Möckel* in: Schlacke, GK-BNatSchG, § 31 Rn. 26.
274 Entsprechend sind auch Nahrungshabitate außerhalb der Gebietsabgrenzung als durch die Erhaltungsziele mitumfasst zu behandeln und als Teil des Schutzgebiets anzusehen vgl. BVerwG, ZUR 2010, 479 – A 44 Kassel-Herleshausen m. Anm. *Frenz*, NuR 2011, 405; zum Gebietsverwaltungsprivileg des § 34 Abs. 1 S. 1 a.E. BNatSchG; *Meßerschmidt*, NuR 2016, 21.
275 *Erbguth/Schubert*, DVBl. 2006, 591, 596.
276 Vgl. zu den Anforderungen BVerwG, ZUR 2007, 307; BVerwG, NuR 2015, 401; hierzu auch *Kremer*, ZUR 2007, 299; ferner *Lau*, NuR 2016, 149; *Jarass*, NuR 2007, 371.
277 Vgl. dazu auch VGH Kassel, ZUR 2009, 215; OVG Koblenz, NuR 2008, 181, mit weiteren Anforderungen an eine FFH-Verträglichkeitsprüfung.

Beeinträchtigungen des Gebiets (von innerhalb oder außerhalb) möglich sind.[278] Bei der Prüfung sind auch die Auswirkungen, die durch das Zusammenwirken mit anderen Plänen oder Projekten hervorgerufen werden,[279] zu berücksichtigen (sog. Kumulation).[280] **Projekte** i.S.d. § 34 Abs. 1 BNatSchG sind sämtliche Maßnahmen und sonstige Vorhaben – mit Ausnahme von Plänen –,[281] ohne dass zwischen Projekten innerhalb oder außerhalb des Schutzgebiets unterschieden werden darf.[282]

Pläne können gem. § 36 BNatSchG dennoch einer Verträglichkeitsprüfung unterliegen. § 36 BNatSchG verweist auf eine entsprechende Anwendung des § 34 Abs. 1–5 BNatSchG für bestimmte Planungen des Bundes (S. 1 Nr. 1) sowie für Pläne, die bei behördlichen Entscheidungen zu beachten oder zu berücksichtigen sind (S. 1 Nr. 2).[283] Bei **Raumordnungsplänen** (§ 3 Abs. 1 Nr. 7 ROG) und bei **Bauleitplänen** und Satzungen (§ 34 Abs. 4 S. 1 Nr. 3 BauGB) findet § 34 Abs. 1 S. 1 BNatSchG zwar gem. § 36 S. 2 BNatSchG keine Anwendung. Allerdings verweist das jeweilige Fachrecht (§ 7 Abs. 6 ROG; § 1a Abs. 4 BauGB) auf das BNatSchG, sodass im Ergebnis auch bei diesen Plänen eine Verträglichkeitsprüfung durchzuführen ist.[284]

Ebenso ist § 34 Abs. 1 und 2 BNatSchG entsprechend auf die Freisetzung[285] und das Inverkehrbringen[286] gentechnisch veränderter Organismen anzuwenden, wenn diese geeignet sind, ein Gebiet von gemeinschaftlicher Bedeutung oder ein Vogelschutzgebiet erheblich zu beeinträchtigen (§ 35 BNatSchG).[287]

Das Prüfverfahren ist zweistufig aufgebaut. Zunächst erfolgt eine Vorprüfung, in der untersucht wird, ob das Projekt abstrakt dazu geeignet ist, die Schutzziele des FFH-Gebiets erheblich zu beeinträchtigen.[288] Die **Erheblichkeit** bestimmt sich anhand des Einzelfalls nach naturschutzfachlichen Gesichtspunkten.[289] Eine Erheblichkeit ist zu verneinen, wenn der Zustand der geschützten Lebensräume und der Habitate der geschützten Arten gleich bleibt, sich verbessert oder die Populationsgröße der geschützten Arten nicht abnimmt.[290] Ist der Lebensraum einer der Schutzziele des jeweiligen Gebiets, ist jeder dauerhafte Flächenverlust grundsätzlich eine erhebliche Beeinträchtigung.[291]

Kommt die Vorprüfung zu dem Ergebnis, dass eine erhebliche Beeinträchtigung vorliegt, ist eine Verträglichkeitsprüfung durchzuführen, die sich aus einer **Bestandsauf-**

---

278 BVerwGE 107, 1; zur Beeinträchtigung eines Vogelschutzgebiets durch Windkraftanlagen außerhalb des Schutzgebiets OVG Münster, ZUR 2011, 35 und zur FFH-Verträglichkeitsprüfung von Windkraftnutzung in einer Vorrangzone, OVG Münster, ZUR 2008, 209; zur Bestimmung der Erheblichkeitsschwelle vgl. BVerwG, ZUR 2013, 32.
279 Vgl. OVG Saarlouis, NVwZ-RR 2007, 24.
280 Ausführlich zu Infrastrukturvorhaben und dem Natura 2000-Recht *Weidemann/Krappel*, EurUP 2011, 61, 106; bezüglich Bagatell- und Abschneidekriterien *Weuthen*, ZUR 2017, 215.
281 *Möckel* in: Schlacke, GK-BNatSchG, § 34 Rn. 14.
282 EuGHE 2004, I-7405, Rn. 24-27; *Korbmacher*, UPR 2018, 1.
283 *Möckel* in: Schlacke, GK-BNatSchG, § 36 Rn. 16 f.
284 Ausführlich *Gellermann* in: Landmann/Rohmer, Umweltrecht, § 36 BNatSchG, Rn. 8 ff.; zum Baurecht *Wagner* in: Ernst/Zinkahn/Bielenberg/Krautzberger, BauGB, § 1a Rn. 161.
285 Vgl. § 14 Rn. 25, 41 ff.
286 Vgl. § 14 Rn. 26, 46 ff.
287 Ausführlich hierzu *Palme/Schumacher*, NuR 2007, 16; vgl. ferner § 14 Rn. 15.
288 BVerwG, NuR 2014, 656, Rn. 10.
289 BVerwG, NVwZ 2007, 1054, Rn. 43.
290 *J. Schumacher/A. Schumacher* in: J. Schumacher/Fischer-Hüftle, BNatSchG, § 34 Rn. 54; zu den sog. Erheblichkeitsschwellen, darunter Reaktions- und Belastungsschwellen sowie Bagatell- und Irrelevanzschwellen *Möckel* in: Schlacke, GK-BNatSchG, § 34 Rn. 108 ff.
291 BVerwGE, 130, 299, Rn. 124 f.

nahme der Gebietsbestandteile und einer Bewertung der Projektauswirkungen zusammensetzt.[292] Dafür sind nicht nur die Projektauswirkungen, sondern die Gesamtwirkungen, die auf den geschützten Lebensraum oder die Art einwirken, zu berücksichtigen (sog. kumulierte Einwirkung).[293] Ebenso müssen in die Beurteilung die positive Wirkung von Schadensminderungsmaßnahmen einfließen, mit denen etwaige unmittelbar verursachte schädliche Auswirkungen verhindert oder verringert werden.[294]

Ergibt die Verträglichkeitsprüfung, dass das Projekt zu erheblichen Beeinträchtigungen eines Gebiets in seinem für die Erhaltungsziele oder den Schutzzweck maßgeblichen Bestandteil führen kann, ist es nach § 34 Abs. 2 BNatSchG **unzulässig** und zu versagen (präventives Verbot mit Erlaubnisvorbehalt).[295]

§ 34 Abs. 3 BNatSchG ermöglicht gegenüber § 34 Abs. 2 BNatSchG ausnahmsweise die Zulassung eines Vorhabens,[296] soweit es aus zwingenden Gründen des überwiegenden öffentlichen Interesses,[297] einschließlich solcher sozialer und wirtschaftlicher Art, notwendig ist und zumutbare Alternativen[298] nicht gegeben sind.[299] Soweit sich in dem betroffenen Gebiet prioritäre Biotope oder Arten befinden, wird der Begriff der zwingenden Gründe noch weiter eingeschränkt (Abs. 4).[300]

Für Vogelschutzgebiete geht der **EuGH** davon aus, dass die für die Ausweisung maßgeblichen Regelungen der Vogelschutzrichtlinie unmittelbar anzuwenden sind, wenn ein Gebiet aufgrund seiner herausgehobenen Bedeutung für den Vogelschutz als besonderes Gebiet hätte benannt werden müssen, dies aber unterblieben ist (sog. **faktische Vogelschutzgebiete**).[301] Insofern hat das BVerwG entschieden, dass Gebiete, die nach den Kriterien der Vogelschutzrichtlinie förmlich unter Vogelschutz hätten gestellt werden müssen, aber nicht als Vogelschutzgebiet ausgewiesen worden sind, dem vorläufigen Schutzregime des Art. 4 Abs. 4 S. 1 Vogelschutzrichtlinie unterliegen.[302]

Ob in vergleichbarer Weise auch **potenzielle FFH-Gebiete**, m.a.W. Gebiete, die von einem Mitgliedstaat in Phase 1 der Kommission zugeleitet wurden, über deren Aufnahme in die Liste von gemeinschaftsrechtlicher Bedeutung aber noch nicht entschieden

---

292 *Schmidt/Kahl/Gärditz*, § 10 Rn. 128; bereits die Möglichkeit einer erheblichen Beeinträchtigung führt zur Unzulässigkeit des Projekts, vgl. EuGHE 2004, I-7405 – Herzmuschelfischerei; EuGHE 2006, I-10183, Rn. 20 – Castro Verde; einschränkend BVerwG, NVwZ 2007, 1054, Rn. 60 ff.; die zuständige Behörde muss die Gewissheit haben, dass sich das Vorhaben nachteilig auf das Gebiet auswirkt. Diese Gewissheit liegt nur dann vor, wenn aus wissenschaftlicher Sicht kein vernünftiger Zweifel daran besteht, dass solche Auswirkungen nicht auftreten werden, OVG Münster, ZUR 2008, 99.
293 *Möckel* in: Schlacke, GK-BNatSchG, § 34 Rn. 97 ff.; zu „Altvorhaben" *Beier*, UPR 2017, 281.
294 EuGH, ZUR 2014, 418, Rn. 28; *Korbmacher*, UPR 2018, 1, 3 ff.
295 VGH Kassel, NVwZ-RR 2017, 324, 325; vgl. § 5 Rn. 32; zur Prüfung der Erheblichkeit von Beeinträchtigungen im Rahmen der Verträglichkeitsprüfung *Frenz*, UPR 2011, 170; kritisch zu Beurteilungsspielräumen der Verwaltung *Kahl/Burs*, DVBl. 2016, 1157, 1164 f.; *dies.*, DVBl. 2016, 1222, 1226 f.
296 Zu den Beteiligungsrechten von anerkannten Umweltverbänden im Rahmen von Abweichungsentscheidungen OVG Magdeburg, ZUR 2007, 246 m. Anm. *Werner*, NuR 2007, 459.
297 Dazu BVerwGE 110, 302; VG Freiburg, NuR 2013, 373; *Beckmann/Lambrecht*, ZUR 2000, 1, 4; *Müller-Terpitz*, NVwZ 1999, 26, 29.
298 BVerwG, NuR 2013, 565; näher *Frenz*, NuR 2015, 683; *Füßer/Lau*, NuR 2012, 448.
299 BVerwG, NVwZ 2007, 1054, Rn. 113 f.; *Gellermann*, UPR 2015, 417, 420 f.; zu den Beteiligungsrechten anerkannter Umweltverbände im Rahmen der Abweichungsentscheidung vgl. *Werner*, NuR 2007, 459.
300 *Möckel* in: Schlacke, GK-BNatSchG, § 34 Rn. 154.
301 VG Saarlouis, NuR 2012, 587; VG Hannover, ZUR 2010, 490; EuGH, NuR 1997, 36, 37 f.; BVerwG, NVwZ 1999, 528, 530 f.; *Iven*, UPR 1998, 361.
302 BVerwG, ZUR 2008, 378; vgl. auch *Steeck/Lau*, NVwZ 2009, 616.

wurde,[303] anzuerkennen sind, ist umstritten.[304] Diesbezüglich hat der EuGH zunächst entschieden, dass die Mitgliedstaaten die von ihnen gemeldeten Gebiete „angemessen" zu schützen haben.[305] Nach Vorlage durch den BayVGH[306] hat der EuGH daraufhin klarstellend zu dem nur schwer eingrenzbaren Begriff der „Angemessenheit" von Schutzmaßnahmen entschieden, dass die Mitgliedstaaten keine Eingriffe zulassen dürfen, die die ökologischen Merkmale eines ausgewählten Gebiets ernsthaft beeinträchtigen können.[307] Letztlich besteht daher für potenzielle FFH-Gebiete zwar kein absolutes Verschlechterungsverbot;[308] gleichwohl haben sich die Schutzmaßnahmen, insbesondere für Gebiete mit prioritären Lebensräumen, an den materiell-rechtlichen Maßstäben des Art. 6 Abs. 3 FFH-Richtlinie auszurichten.[309] So wurde in einem Fall, bei dem es einerseits um die Erhaltung eines Braunkohletagebaus und andererseits um den Erhalt eines potenziellen FFH-Gebietes ging, unter Zugrundelegung der Ausnahmevorschrift des Art. 6 Abs. 4 FFH-Richtlinie wegen der überwiegenden öffentlichen Interessen in Form der Sicherung von Arbeitsplätzen, des Strukturwandels und der Energieversorgung ersterem der Vorrang eingeräumt.[310]

Umstritten ist schließlich, ob bei erheblichen Beeinträchtigungen in gemeldeten, aber noch nicht gelisteten Gebieten die Ausnahmevoraussetzungen des Art. 6 Abs. 4 FFH-Richtlinie[311] Anwendung finden.[312]

55   ▶ **Lösung Fall 11:** Landwirt S könnte sein Begehren im Rahmen einer Verpflichtungsklage gem. § 42 Abs. 1 Alt. 2 VwGO verfolgen. Eine solche wäre im Sinne einer Versagungsgegenklage statthaft und zulässig, da es sich bei der immissionsschutzrechtlichen Genehmigung um einen Verwaltungsakt gem. § 35 S. 1 VwVfG handelt und S als Adressat der (belastenden) Ablehnung seines ursprünglichen Antrags gem. § 42 Abs. 2 VwGO auch klagebefugt ist.

Die Klage ist begründet, soweit die Versagung der Genehmigung rechtswidrig und S dadurch in seinen Rechten verletzt ist (§ 113 Abs. 5 VwGO). Dies ist jedenfalls dann der Fall, wenn S einen gebundenen Anspruch auf Erteilung der immissionsschutzrechtlichen Genehmigung hat. Anspruchsgrundlage ist § 4 Abs. 1 S. 1 i.V.m. § 6 Abs. 1 BImSchG. Danach ist die Genehmigung zu erteilen, wenn sichergestellt ist, dass die sich aus § 5 BImSchG ergebenden Pflichten erfüllt werden und andere öffentlich-rechtliche Vorschriften der Errichtung und dem Betrieb der Anlage nicht entgegenstehen. Zu diesen öffentlich-rechtlichen Vor-

303 Jedenfalls ist nach Ergehen der Kommissionsentscheidung über die Gebiete mit gemeinschaftlicher Bedeutung kein Raum für die Annahme potenzieller FFH-Gebiete, vgl. VGH Mannheim, ZUR 2010, 261.
304 Vgl. EuGHE 2000, I-1079, Rn. 53; EuGHE 2003, I-2089, Rn. 26; BVerwGE 120, 276; hierzu Baum, NuR 2005, 87; OVG Berlin-Brandenburg, ZUR 2008, 34; OVG Bautzen, ZUR 2008, 45; BVerwG, NuR 2008, 633; vgl. Kloepfer, Umweltrecht, § 12 Rn. 375 ff.
305 EuGHE 2005, I-167, Rn. 26 ff.; hierzu Erbguth/Schubert, DVBl. 2006, 591, 593 ff.; Wagner/Emmer, NVwZ 2006, 422.
306 VGH München, BayVBl. 2005, 659.
307 EuGH, NVwZ 2007, 61, 63.
308 Gellermann in: Hansmann/Sellner, Kap. 10, Rn. 96; für ein stärkeres Schutzprogramm Maaß/Schütte in: Koch/Hofmann/Reese, § 7 Rn. 94 ff.
309 Hierzu Epiney, EurUP 2013, 41, 46 mit Verweis auf EuGH, NuR 2012, 359; insbesondere darf das Gebiet nicht zerstört oder so nachteilig beeinträchtigt werden, dass eine Aufnahme in die Liste nicht mehr in Betracht kommt, BVerwG, NuR 2015, 772, Rn. 23.
310 OVG Berlin-Brandenburg, ZUR 2008, 34; kritisch dazu Unnerstall, ZUR 2008, 70; ausführlich zu Abweichungsentscheidungen nach Art. 6 Abs. 4 FFH-RL Frenz, UPR 2011, 100.
311 Zu den Voraussetzungen des Art. 6 Abs. 4 FFH-RL vgl. EuGH, ZUR 2007, 89; BVerwG, ZUR 2010, 193.
312 Bejahend (argumentum a maiore ad minus) BVerwG, NVwZ 2005, 1422; a.A. EuGH, NVwZ 2007, 61, 63; Gellermann, ZUR 2005, 581, 584.

schriften zählen insbesondere auch die Vorschriften des Naturschutzes und der Landschaftspflege. Da das Bundesland N keine eigenständige Regelung des Naturschutzrechts vorgenommen hat, ist auf das demnach unmittelbar anwendbare und auf Grundlage des Art. 74 Abs. 1 Nr. 29 GG erlassene Bundesnaturschutzgesetz zurückzugreifen.

Als europäisches Vogelschutzgebiet ist das Schutzgebiet „Oberes Flussland" ein Natura 2000-Gebiet. Gem. § 34 Abs. 1 BNatSchG sind Projekte vor ihrer Zulassung oder Durchführung auf ihre Verträglichkeit mit den Erhaltungszielen eines Natura 2000-Gebiets zu überprüfen. Das Projekt ist gem. § 34 Abs. 2 BNatSchG unzulässig, wenn es zu erheblichen Beeinträchtigungen des Gebiets in seinen für die Erhaltungsziele oder den Schutzzweck maßgeblichen Bestandteilen führen kann. Die Errichtung der zwei Windkraftanlagen muss einer FFH-Verträglichkeitsprüfung unterzogen werden, wenn es sich dabei um ein Projekt i.S.d. § 34 Abs. 1 S. 1 BNatSchG handelt. Projekte i.S.v. § 34 Abs. 1 S. 1 BNatSchG sind u.a. die Errichtung von baulichen oder sonstigen Anlagen sowie sonstige Eingriffe in Natur und Landschaft. Die Errichtung von Windkraftanlagen ist ein Projekt in diesem Sinne. Fraglich ist jedoch, ob dem Erfordernis einer FFH-Verträglichkeitsprüfung die Tatsache entgegensteht, dass die Windkraftanlagen außerhalb des Schutzgebietes errichtet werden. Da allerdings auch Projekte außerhalb eines Schutzgebiets geeignet sind, dieses erheblich zu beeinträchtigen, und die FFH-Richtlinie ein umfassendes raum- bzw. gebietsbezogenes Schutzkonzept verfolgt, können auch Projekte außerhalb von Schutzgebieten eine Verträglichkeitsprüfung erforderlich machen.

Fraglich ist ferner, ob die Errichtung von zwei Windkraftanlagen in 300 m Entfernung vom Vogelschutzgebiet zu erheblichen Beeinträchtigungen des Gebiets in seinen für die Erhaltungsziele oder den Schutzzweck maßgeblichen Bestandteilen führen kann. Laut Schutzerklärung ist Schutzzweck des Vogelschutzgebiets dessen Erhaltung als Durchzugs-, Rast- und Überwinterungsgebiet für Bläss-, Saat- und Nonnengänse. Wie die erstellten Fachgutachten aufzeigen, könnten die Windkraftanlagen infolge eines Meideverhaltens der Gänse einen Verriegelungseffekt entfalten und damit einen indirekten Nahrungsflächenverlust bewirken. Insbesondere könnte die Verlängerung der Flugwege zwischen Schlaf- und Nahrungsplätzen einen Energieverlust und damit eine erhöhte Sterblichkeit der Gänse hervorrufen. Dabei ist es irrelevant, dass diese Beeinträchtigungen durch die Gutachten nicht abschließend und eindeutig bewiesen wurden. Das in Art. 191 Abs. 2 AEUV und in Art. 6 Abs. 2 FFH-Richtlinie enthaltene umweltrechtliche Vorsorgeprinzip gebietet es, diese Beeinträchtigungen auch dann anzunehmen, wenn sie anhand objektiver Umstände nicht gänzlich ausgeschlossen werden können. Allein eine schlüssige naturschutzfachliche Argumentation, die aus wissenschaftlicher Sicht keinen vernünftigen Zweifel an diesen negativen Auswirkungen bestehen lässt, kann dem entgegengehalten werden. Eine solche wurde von Landwirt S jedoch nicht hervorgebracht.

Auch ist unter Anwendung des Vorsorgegrundsatzes von der Erheblichkeit der Beeinträchtigung auszugehen. Da ursprünglich nicht alle Flächen, sondern nur die für die Nahrungssuche geeignetsten Flächen unter Schutz gestellt wurden, ist jeder weitere Flächenverlust zwangsweise als erheblich anzusehen. Mangels ausreichender Kompensationsflächen sind auch vorgeschlagene Kompensationsmaßnahmen nicht realisierbar.

Die Tatsache, dass die Windkraftanlagen in einer von der Stadt V ausgewiesenen Konzentrationsfläche für die Windenergienutzung errichtet werden sollen, steht dieser naturschutzrechtlichen Bewertung nicht entgegen. Zwar führt die Ausweisung von derartigen Konzentrationszonen i.S.d. § 35 Abs. 3 S. 3 i.V.m. Abs. 1 Nr. 5 BauGB im Flächennutzungsplan dazu, dass Windkraftanlagen außerhalb der ausgewiesenen Flächen bauplanungsrechtlich unzulässig sind, allerdings werden diese dadurch nicht von einer naturschutzrechtlichen (Verträglichkeits-)Prüfung und deren Folgen befreit.

Da dem Vorhaben des S somit die öffentlich-rechtliche Vorschrift des § 34 Abs. 2 BNatSchG entgegensteht, hat er keinen Anspruch auf Erteilung der immissionsschutzrechtlichen Genehmigung gem. § 4 Abs. 1 S. 1 i.V.m. § 6 Abs. 1 BImSchG. Die Verpflichtungsklage des S ist unbegründet und hat daher keinen Erfolg.

4. Meeresnaturschutz

56   Seit 2010 enthält das BNatSchG ein eigenständiges Kapitel zum stark völkerrechtlich geprägten Meeresnaturschutz,[313] um der besonderen Bedeutung der Meere für die Erhaltung der natürlichen Lebensgrundlagen des Menschen Rechnung zu tragen.[314] Der Erhalt der Leistungs- und Funktionsfähigkeit des Naturhaushalts erfordert, dass die Meeresgewässer nach § 1 Abs. 3 Nr. 3 BNatSchG vor Beeinträchtigungen bewahrt und gem. § 1 Abs. 3 Nr. 6 BNatSchG als naturnahe Ökosysteme in ihrer Selbstregulation erhalten werden.[315]

Insoweit erstreckt § 56 Abs. 1 BNatSchG den Geltungs- und Anwendungsbereich des BNatSchG grundsätzlich auf den Bereich des Küstengewässers[316] sowie – mit Ausnahme der Vorschriften zur Landschaftsplanung (§§ 8–12 BNatSchG) – auch auf die deutsche **Ausschließliche Wirtschaftszone** (AWZ) und den Festlandsockel.[317] Die AWZ gehört nicht zum Hoheitsgebiet der Bundesrepublik Deutschland; nach dem Seerechtsübereinkommen der Vereinten Nationen (SRÜ)[318] kann der Bund hierfür aber Hoheitsrechte beanspruchen.[319] Lediglich auf die Errichtung und den Betrieb von bis zum 1.1.2017 genehmigten Windkraftanlagen in der deutschen AWZ findet die Eingriffsregelung gem. § 15 BNatSchG keine Anwendung (§ 56 Abs. 3 BNatSchG).[320] Für die AWZ präzisiert seit der Novellierung des BNatSchG im Jahr 2017 der neu eingefügte § 56a BNatSchG die Möglichkeit der Bevorratung von Kompensationsmaßnahmen in einem Ökokonto.[321] Nach § 56a BNatSchG. auf den § 16 Abs. 2 S. 2 BNatSchG ausdrücklich verweist, bedarf die Kompensationsmaßnahme der Zustimmung durch das Bundesamt für Naturschutz (§ 56a Abs. 1 S. 1 BNatSchG). Soweit sich die vorgezogene Ausgleichs- oder Ersatzmaßnahme eignet, die Anerkennungsmaßnahmen nach § 16 Abs. 1 Nr. 1–3, 5 BNatSchG zu erfüllen, und sie Zielen des Naturschutzes und der Landschaftspflege nicht widerspricht, ist die beantragte Zustimmung zu erteilen (§ 56a Abs. 1 S. 2 BNatSchG). Die frühzeitige rechtsverbindliche Bestätigung der Ausgleichseignung schafft Rechtssicherheit für den Vorhabenträger.[322] Die Kompensationsmaßnahme muss der Zustimmung gemäß umgesetzt werden, bevor sie im Ökokonto fest-

---

313 Zum internationalen Meeresnaturschutz *Beyerlin/Marauhn*, S. 115 ff.
314 Dazu *WBGU*, Menschheitserbe Meer, S. 39 ff.
315 BR-Drs. 278/09, S. 227. Zum Konfliktpotenzial der Fischerei z.B. *Proelß/Kirschey*, NuR 2012, 378.
316 Dieser Regelung kommt eine lediglich klarstellende Funktion zu, da die Küstengewässer Teil des Staatsgebiets der Bundesrepublik Deutschland sowie des Territoriums der entsprechenden Küstenbundesländer sind, vgl. BR-Drs. 278/09, S. 228.
317 Zur Eingriffsregelung im Meeresbereich vgl. *Czybulka*, EurUP 2012, 229 sowie *Wolf*, ZUR 2010, 365; zum Maßnahmenprogramm in Ost- und Nordsee *Altenschmidt*, NuR 2017, 12.
318 Vgl. hierzu § 15 Rn. 12 ff. Zu den völkerrechtlichen Implikationen bei der Anwendung naturschutzrechtlicher Instrumente in der AWZ vgl. *Proelß*, ZUR 2010, 359.
319 *Kieß* in: Schlacke, GK-BNatSchG, § 56 Rn. 1 ff.
320 Zur Errichtung von Windkraftanlagen in der AWZ vgl. *Kieß* in: Schlacke, GK-BNatSchG, § 56 Rn. 31 ff.
321 Zum Ökokonto bereits oben Rn. 43.
322 Unter Systematisierung der Bevorratung als dreistufiges Konzept *Lütkes*, NuR 2018, 145, 148.

gestellt werden (§ 56 Abs. 2 S. 1 BNatSchG). Unter den Voraussetzungen des § 56a Abs. 3 BNatSchG ist der Anspruch auf Anerkennung der bevorrateten Maßnahmen (vgl. § 56a Abs. 2 S. 2 BNatSchG) auf Dritte übertragbar, wodurch Eingriff und Kompensationsmaßnahme personell entkoppelt werden und ein Markt für marine Kompensationsmaßnahmen entstehen kann.[323]

§ 57 BNatSchG enthält Sonderregelungen für Zuständigkeiten und Verfahren für die Auswahl und Ausweisung von **geschützten Meeresflächen** als Teil des europäischen ökologischen Netzes „Natura 2000" im Bereich der – jenseits der 12-Seemeilen Zone gelegenen – AWZ und des Festlandsockels[324].[325] Hintergrund der Vorschrift ist, dass es durch die geplante Errichtung von Offshore-Windenergieanlagen in der AWZ zu Konflikten mit divergierenden Nutzungen wie etwa der Schifffahrt, wirtschaftlichen und militärischen Nutzungen sowie Belangen des Natur- und Umweltschutzes kommen kann.[326] Durch Schutzgebietsausweisungen sollen diese zu einem angemessenen Ausgleich geführt werden. Ferner ist die Anwendbarkeit des EU-Rechts in der AWZ zu berücksichtigen.[327]

Nach § 32 Abs. 6 BNatSchG richtet sich die Schutzgebietsausweisung im Bereich der deutschen AWZ nach § 57 BNatSchG. Insbesondere sind bei der Ausweisung die einschränkenden Maßgaben des § 57 Abs. 3 BNatSchG zu beachten. Danach sind näher definierte Beschränkungen des Flugverkehrs und der Schifffahrt, der wissenschaftlichen Meeresforschung, der Fischerei, der Energieerzeugung sowie bei der Verlegung unterseeischer Kabel und Rohrleitungen unzulässig.[328] Im Zuge der Novellierung des BNatSchG 2017 wurde der Anwendungsbereich der Einschränkungen nach § 57 Abs. 3 BNatSchG ausgeweitet, indem die Beschränkung auf Natura 2000-Gebiete fallen gelassen wurde.[329]

Zuständig für die Auswahl geschützter Meeresgebiete sowie die sich aus dem Aufbau und Schutz des „Europäischen Netzes Natura 2000" ergebenden Aufgaben ist nach § 57 Abs. 1 und § 58 Abs. 1 BNatSchG das Bundesamt für Naturschutz (BfN). Die mit der Schutzausweisung verbundenen Rechtsetzungsaufgaben obliegen allerdings dem Bundesumweltministerium (§ 57 Abs. 2 BNatSchG).[330]

5. Umweltabsprachen

Umweltabsprachen zwischen Staat und Wirtschaft spielen in erster Linie im Artenschutzrecht eine gewisse Rolle. Sie zählen zu den Instrumenten indirekter Verhaltenssteuerung.[331] In diesem Zusammenhang ist die gegenüber der Bundesregierung seitens der deutschen Pelzindustrie abgegebene Verpflichtung erwähnenswert, Jungrobbenfelle und aus solchen gefertigte Produkte nicht mehr einzuführen und zu verarbeiten. Das Selbstbeschränkungsabkommen in Form einer gesetzesvertretenden Absprache er-

57

58

---

323 *Lütkes*, NuR 2018, 145, 148.
324 Dazu *Ell/Heugel*, NuR 2007, 315.
325 Vgl. näher § 15 Rn. 16.
326 Vgl. § 15 Rn. 3 f.; hierzu *von Daniels/Uibeleisen*, ZNER 2011, 602.
327 Vgl. § 15 Rn. 61; *Czybulka*, ZUR 2003, 329, 332 f.; *Czybulka* in: J. Schumacher/Fischer-Hüftle, BNatSchG, Vor § 56 Rn. 65 ff., § 57 Rn. 9 ff.
328 Ausführlich *Kieß* in: Schlacke, GK-BNatSchG, § 57 Rn. 17 ff.
329 *Lütkes*, NuR 2018, 145, 149.
330 *Lütkes* in: Lütkes/Ewers, BNatSchG, § 57 Rn. 16 ff.
331 Hierzu bereits § 5 Rn. 81 ff.

scheint angesichts seiner handels- und verwendungsbeschränkenden Vereinbarungen ökologisch wirksam, praktikabel und effizient.

6. Artenschutz

59 Artenschutzrelevante Vorschriften finden sich in internationalen Artenschutzabkommen (z.B. Ramsar-Übereinkommen und Washingtoner Artenschutzabkommen),[332] im EU-Recht (z.B. EU-Artenschutzverordnung, FFH- und Vogelschutz-Richtlinie)[333] sowie im Bundes- und Landesrecht.[334]

Im Bundesnaturschutzgesetz dienen dem Artenschutz[335] u.a. Regelungen über die Landschaftsplanung (planerisches Instrument), die Eingriffsregelung, die Vorschriften über die Ausweisung von Naturschutzgebieten, Nationalparken und Landschaftsschutzgebieten,[336] vor allem aber das 5. Kapitel (§§ 37 ff.) des Bundesnaturschutzgesetzes (Instrumente der direkten Verhaltenssteuerung). Charakteristisch für den Artenschutz im Bundesnaturschutzgesetz ist ein hierarchisch gestuftes Schutzsystem, das sich an der Schutzbedürftigkeit der Tier- und Pflanzenarten ausrichtet.[337] Der Artenschutz umfasst nach § 37 Abs. 1 S. 2 BNatSchG

- den Schutz der Tiere und Pflanzen wild lebender Arten und ihrer Lebensgemeinschaften vor Beeinträchtigungen durch den Menschen und die Gewährleistung ihrer sonstigen Lebensbedingungen,
- den Schutz der Lebensstätten und Biotope wild lebender Tier- und Pflanzenarten sowie
- die Wiederansiedlung von Tieren und Pflanzen verdrängter wild lebender Arten in geeigneten Biotopen innerhalb ihres natürlichen Verbreitungsgebiets.

Das **allgemeine Artenschutzrecht** schützt alle – d.h. nicht durch namentliche Einzelaufnahme in eine Artenliste aufgenommenen – wild lebenden Tiere und wild wachsenden Pflanzen durch eine Vielzahl von Störungs-, Zugriffs- und Beeinträchtigungsverboten, die in § 39 BNatSchG aufgelistet sind.[338] Ziel des allgemeinen Artenschutzes ist auch der vorsorgende Schutz der Lebensräume und Lebensstätten der Arten i.S.e. Biotopschutzes.[339] Dies verfolgt § 30 BNatSchG durch das Verbot von Maßnahmen, die dem Ziel des Biotopschutzes entgegenlaufen.[340] § 38 Abs. 1 BNatSchG verpflichtet die zuständigen Behörden des Bundes und der Länder zur Festlegung von Schutz-, Pflege- und Entwicklungsmaßnahmen, die der Vorbereitung, Durchführung und Überwachung des Arten- und Biotopschutzes dienen sollen.

60 Der **besondere Artenschutz** bezieht sich schließlich auf einzelne Pflanzen- und Tierarten, die in Artenlisten (z.B. EU-Artenschutzverordnung, Bundesartenschutzverordnung) namentlich aufgezählt sind. Für diese Arten gelten spezielle Verbotstatbestände:[341] Gem. § 44 Abs. 1 BNatSchG ist es verboten, wild lebenden Tieren der geschütz-

---

332 Vgl. § 10 Rn. 3.
333 Vgl. § 10 Rn. 4.
334 Kritisch zum Rechtszustand des Artenschutzes *Philipp*, NVwZ 2008, 593; zum europarechtlichen Artenschutz *Dolde*, NVwZ 2007, 7; *Niederstadt/Krüsemann*, ZUR 2007, 347.
335 Vgl. hierzu *Gassner/Heugel*, Rn. 509 ff.; *Gellermann*, NVwZ 2010, 73, 78.
336 *Hoppe/Beckmann/Kauch*, § 15 Rn. 172 ff.
337 Vgl. *Gellermann* in: Hansmann/Sellner, Kap. 10, Rn. 106; *Müller*, NuR 2005, 157, 158.
338 Ausführlich hierzu *Schütte/Gerbig* in: Schlacke, GK-BNatSchG, § 39 Rn. 1 ff.
339 Zum Verhältnis zwischen Habitatschutz und allgemeinem Artenschutz vgl. BVerwG, ZUR 2009, 141.
340 *Hendrischke/Kieß* in: Schlacke, GK-BNatSchG, § 30 Rn. 16.
341 Weiterführend *Louis*, NuR 2012, 467, 468 ff.; *Gellermann* in: Hansmann/Sellner, Kap. 10, Rn. 118 ff.

ten Arten nachzustellen, sie zu fangen, zu verletzen oder zu töten (Nr. 1),[342] sie, insbesondere während der Fortpflanzungszeit, erheblich zu stören (Nr. 2),[343] ihre Fortpflanzungs- oder Ruhestätten zu entnehmen, zu beschädigen bzw. zu zerstören (Nr. 3) oder wildlebende Pflanzen aus der Natur zu entnehmen (Nr. 4). Neben diesen Zugriffsverboten formuliert § 44 Abs. 2 BNatSchG besondere Besitz- und Vermarktungsverbote.

Von zentraler Bedeutung ist das Tötungsverbot des § 44 Abs. 1 Nr. 1 BNatSchG. Dieses Verbot dient der Umsetzung des Art. 12 Abs. 1 FFH-Richtlinie. Das Tötungsverbot ist individuenbezogen und untersagt jede Tötung eines Exemplars einer besonders geschützten Art (§ 7 Abs. 2 Nr. 13 BNatSchG). Nach Verurteilung der Bundesrepublik Deutschland durch den EuGH setzt ein Verstoß gegen einen artenschutzrechtlichen Verbotstatbestand entgegen der früheren Rechtslage nunmehr in Übereinstimmung mit Art. 12 Abs. 1d FFH-Richtlinie kein absichtliches Handeln voraus.[344] Das Tötungsverbot ist im Rahmen der Zulassung von Infrastrukturvorhaben wie einer Straße,[345] einer Windenergieanlage[346] oder eines Gebäudes zu berücksichtigen, wenn nicht ausgeschlossen werden kann, dass geschützte Individuen als Kollisionsopfer mit Fahrzeugen, Rotoren oder Glasfassaden[347] zu Tode kommen.[348] Damit würde das Tötungsverbot zu einem Planungs- und Zulassungshindernis, das nur durch eine Ausnahmeerteilung überwindbar wäre. Um diese Rechtsfolge zu verhindern, hat die Rechtsprechung als einschränkendes Auslegungsmerkmal das Signifikanzerfordernis entwickelt.[349] Das Merkmal wurde im Zuge der BNatSchG-Novelle 2017 in § 44 Abs. 5 S. 2 Nr. 1 BNatSchG verankert. Danach ist bei Eingriffen in Natur und Landschaft, die nach § 17 Abs. 1 oder 3 BNatSchG zugelassen oder von einer Behörde durchgeführt werden, sowie für Vorhaben i.S.d. § 18 Abs. 2 S. 1 BNatSchG (insbesondere Planfeststellungs- und Baugenehmigungsverfahren) das Tötungsverbot nicht verletzt, wenn das Tötungsrisiko geschützter Arten durch das Vorhaben nicht signifikant erhöht wird und die Beeinträchtigung nicht mittels gebotener, fachlich anerkannter Schutzmaßnahmen vermieden werden kann.

Signifikant erhöht ist das Tötungsrisiko, wenn besonders geschützte Tiere i.S.d. § 44 Abs. 5 S. 1 BNatSchG besonders von den Auswirkungen des Vorhabens betroffen sind[350] und wenn es aus naturschutzfachlicher Sicht zu einer deutlichen Steigerung des Tötungsrisikos im Vergleich zum Naturgeschehen kommt.[351] Bei der insoweit anzustellenden Prognose sind auch Vermeidungsmaßnahmen zu berücksichtigen, wenn sie mit hinreichender Sicherheit dazu führen, dass das Tötungsrisiko geschützter Arten

---

342 Vgl. *Gellermann*, NuR 2012, 34, 35 f.; zu den Zugriffsverboten in der Bauleitplanung *Beier*, UPR 2017, 207, 210.
343 Dazu *Schütte/Gerbig* in: Schlacke, GK-BNatSchG, § 44 Rn. 18 ff.
344 Auslöser hierfür war eine Verurteilung Deutschlands durch den EuGH, C-98/03, ZUR 2006, 134; zuvor hatte der EuGH den Absichtsbegriff des Art. 12 Abs. 1 FFH-Richtlinie weit ausgelegt, EuGH, NuR 2007, 261, 264; verweisend auf das Caretta-Caretta Urteil des EuGH, NuR 2004, 596, 597.
345 Vgl. nur BVerwG, NuR 2008, 633, Rn. 219.
346 *Müller-Mitschke*, NuR 2015, 741.
347 Zum Vogelschlag an Glas *Schmid/Doppler/Heinen/Rössler*, Vogelfreundliches Bauen mit Glas und Licht.
348 *Kratsch* in: J. Schumacher/Fischer-Hüftle, BNatSchG, § 44 Rn. 16; zu den Auswirkungen auf die Bauleitplanung *Beier*, UPR 2017, 208; *Schlacke*, ZUR 2013, 666, 672 f.
349 St. Rspr. BVerwG, NVwZ 2014, 1008, Rn. 78; BVerwG, NuR 2011, 866, Rn. 99; BVerwG, NVwZ, 2009, 302, 311; dazu *Bick/Wulfert*, NVwZ 2017, 346; kritisch *Schreiber*, NuR 2017, 5: Falllösung bei *Stark/Christmann*, JuS 2017, 430.
350 BVerwG, NVwZ 2010, 44, Rn. 58.
351 *Lau* in: Frenz/Müggenborg, BNatSchG, § 44 Rn. 14.

trotz Realisierung des Vorhabens unterhalb der Signifikanzschwelle verbleibt.[352] Hierfür wird den Behörden eine sog. **naturschutzfachliche Einschätzungsprärogative** eingeräumt, die eine eingeschränkte gerichtliche Kontrolle nach sich zieht.[353] Welche Maßnahmen zum Schutz naturschutzfachlich *geboten* sind, ist im Einzelfall zu klären.[354]

Die verbleibenden Ausnahmen der in § 44 BNatSchG geregelten Verbote werden einheitlich in § 45 BNatSchG unter Aufführung aller Abweichungsvoraussetzungen des Art. 16 FFH-Richtlinie aufgelistet.[355] Voraussetzung für eine Ausnahme bei FFH-Arten ist die Beibehaltung des günstigen Erhaltungszustands. Eine Ausnahme ist jedoch auch bei Arten im ungünstigen Erhaltungszustand möglich, wenn diese aus außergewöhnlichen Gründen gerechtfertigt ist und der ungünstige Erhaltungszustand dadurch nicht weiter verschlechtert oder die Wiederherstellung eines günstigen Erhaltungszustandes nicht behindert wird (vgl. § 45 Abs. 7 BNatSchG).[356] Im Übrigen beschränkt sich die Befreiungsregelung des § 67 Abs. 2 S. 1 BNatSchG auf unzumutbare Belastungen im konkreten Einzelfall.

61   Mit § 44 Abs. 4 und 5 BNatSchG werden bestehende und seitens der Europäischen Kommission anerkannte Spielräume bei der Auslegung der artenschutzrechtlichen Vorschriften der FFH-Richtlinie gesetzlich festgeschrieben. Insbesondere die der **guten fachlichen Praxis** entsprechende Bodennutzung im Bereich der Land-, Forst- und Fischereiwirtschaft[357] verstößt nicht gegen Zugriffs-, Besitz- und Vermarktungsverbote, soweit sich der Erhaltungszustand der lokalen Population einer Art nicht verschlechtert (§ 44 Abs. 4 BNatSchG). Hintergrund dieser Bereichsausnahme ist die besondere Situation der Wirtschaftszweige, deren Tätigkeit untrennbar mit der Natur verbunden ist. Fraglich ist jedoch, inwieweit diese Privilegierung der Land-, Forst- und Fischereiwirtschaft mit Art. 12 FFH-Richtlinie vereinbar ist.[358]

I.Ü. bleibt es grundsätzlich bei der exemplarischen Anwendung der artenschutzrechtlichen Verbote (§ 44 Abs. 5 BNatSchG). Hinsichtlich des Verbots der Beschädigung von Fortpflanzungs- und Ruhestätten nach § 44 Abs. 1 Nr. 3 BNatSchG liegt gem. § 44 Abs. 5 S. 2 Nr. 3 BNatSchG kein Verstoß vor, soweit die ökologische Funktionalität der Lebensstätten im räumlichen Zusammenhang gewahrt bleibt.[359]

7. Verbandsmitwirkung und Verbandsklage

62   ▶ **FALL 11 (ABWANDLUNG):** Könnte in Fall 11 der im Bundesland N anerkannte Naturschutzverein „Freunde des Oberen Flusslandes" gegen die Errichtung der Windkraftanlagen gerichtlich vorgehen? ◀

Naturschutz erfordert die Einbeziehung ehrenamtlicher Naturschützer (Kooperationsprinzip).[360] Deshalb ist bundesrechtlich die **Mitwirkung von Verbänden im Bereich des Naturschutzes und der Landschaftspflege** auf Landes- und Bundesebene (§§ 63 f.

---

352 BVerwG, ZUR 2009, 141, 149.
353 BVerwG, NVwZ 2009, 302 Rn. 65 ff.; hierzu umfassend *Jacob/Lau*, NVwZ 2015, 241 m.w.N.
354 Vgl. BT-Drs. 168/17 S. 14.
355 Dazu *Bick/Wulfert*, NVwZ 2017, 346, 349 ff.
356 EuGH, NuR 2007, 477; BVerwG, NuR 2009, 414 m. Anm. *Steeck*, NuR 2010, 4; BVerwG, NuR 2010, 492; BVerwG, ZUR 2010, 476.
357 Vgl. oben § 10 Rn. 18.
358 Vgl. Gesetzentwurf der „kleinen" Bundesnaturschutzgesetz-Novelle, BT-Drs. 16/5100, S. 11; kritisch *Lau* in: Frenz/Müggenborg, BNatSchG, § 44 Rn. 32.
359 *Schütte/Gerbig* in: Schlacke, GK-BNatSchG, § 44 Rn. 34.
360 Dazu bereits § 3 Rn. 17 ff.

BNatSchG) geregelt.[361] Das BNatSchG 2002 eröffnete erstmals – nach langjährigen rechtspolitischen Auseinandersetzungen[362] – eine bundesrechtliche Verbandsklagebefugnis im Naturschutzrecht.[363] Bereits vor Einführung der Verbandsklage auf Bundesebene 2002 war es den Ländern nicht verwehrt, bestimmten Naturschutzverbänden das Recht einzuräumen, gegen behördliche Maßnahmen, die geeignet sind, Belange des Naturschutzes und der Landschaftspflege zu beeinträchtigen, die Verwaltungsgerichte anzurufen.[364] Ein Naturschutzverband konnte damit gewissermaßen als Treuhänder der Natur eine objektive Rechtmäßigkeitskontrolle bestimmter, naturschutzbeeinträchtigender Maßnahmen verlangen, ohne in eigenen Rechten verletzt sein zu müssen (vgl. § 42 Abs. 2 Hs. 1 VwGO).[365]

a) Verbandsmitwirkung

§ 63 BNatSchG räumt einer nach § 3 UmwRG[366] anerkannten Naturschutzvereinigung ein **Recht auf Mitwirkung**[367] – nicht auf Mitentscheidung – bei der Vorbereitung bestimmter staatlicher Entscheidungen ein.[368] Ziel der Mitwirkung ist es, dass sich die das Verfahren abschließende behördliche Entscheidung auf eine möglichst breite Erkenntnisgrundlage stützen kann. Zu differenzieren ist zwischen der Beteiligung bei Maßnahmen des Bundes und der Länder. Die Mitwirkungsbefugnisse bei Bundesentscheidungen gem. § 63 Abs. 1 BNatSchG beschränken sich auf die **Abgabe von Stellungnahmen** und die Möglichkeit der **Einsichtnahme in einschlägige Sachverständigengutachten**. Die Länder können gem. § 63 Abs. 2 Nr. 8 BNatSchG weitergehende Formen der Mitwirkung regeln sowie gem. § 63 Abs. 4 BNatSchG bestimmen, dass in Fällen, in denen lediglich geringfügige Beeinträchtigungen von Natur und Landschaft zu erwarten sind, von einer Mitwirkung abgesehen werden kann.

Die **Gegenstände der Mitwirkung** auf Bundesebene[369] sind in § 63 Abs. 1 Nr. 1-4 BNatSchG abschließend aufgeführt; sie umfassen

- Bundesverordnungen und andere im Rang unter förmlichen Gesetzen stehende Rechtsvorschriften auf dem Gebiet des Naturschutzes und der Landschaftspflege,
- die Erteilung von Befreiungen von Geboten und Verboten zum Schutz von geschützten Meeresgebieten i.S.d. § 57 Abs. 2 BNatSchG, auch wenn diese durch andere Entscheidungen eingeschlossen oder ersetzt werden,
- Planfeststellungsverfahren, die von Bundesbehörden oder im Bereich der deutschen Ausschließlichen Wirtschaftszone und des Festlandsockels von Landesbehörden

63

---

361 Hierzu ausführlich *Schlacke* in: Schlacke, GK-BNatSchG, §§ 63-64; *Wilrich*, DVBl. 2002, 872; vgl. auch *Marzik/Wilrich*, BNatSchG, Vor §§ 58 ff. Rn. 3 ff.
362 *Bell*, SächsVBl. 2001, 96; *Ekardt*, ThürVBl. 2001, 223; *Rühl*, NWVBl. 2001, 87; *Rudolph*, JuS 2000, 478; *Kokott/Lee* in: Jahrbuch des Umwelt- und Technikrechts 45 (1998), S. 215 ff.; *Harings*, NVwZ 1997, 538; *Rehbinder/Burgbacher/Knieper*, Bürgerklage im Umweltschutz; *Weyreuther*, Verwaltungskontrolle durch Verbände.
363 Hierzu *Schlacke* in: Falke/Schlacke, S. 131, 133 ff.; *Seelig/Gündling*, NVwZ 2002, 1033.
364 Hiervon hatten bis 2002 Berlin, Brandenburg, Bremen, Hamburg, Hessen, Niedersachsen, Rheinland-Pfalz, Saarland, Sachsen, Sachsen-Anhalt, Schleswig-Holstein und Thüringen Gebrauch gemacht.
365 Vgl. *Kloepfer*, Umweltrecht, § 8 Rn. 28 ff.
366 Vgl. § 10 Rn. 64 und § 6 Rn. 6.
367 BVerwGE 87, 62; *Herbert*, NuR 1994, 218; zur Geltendmachung auch *Sparwasser/Engel/Voßkuhle*, § 6 Rn. 286 ff.; zur Frage nach den Mitwirkungsrechten der Verbände bei faktischen FFH-Gebieten, vgl. OVG Sachsen-Anhalt, ZUR 2007, 247; OVG Hamburg, ZUR 2005, 206.
368 Ausführlich hierzu *Schlacke* in: Schlacke, GK-BNatSchG, § 63 Rn. 8 ff.; vgl. ferner § 6 Rn. 6.
369 Eine Mitwirkungs- oder Klagebefugnis gegen allein länderbezogene Vorhaben kann hieraus nicht abgeleitet werden, VG Bremen, ZUR 2008, 368.

durchgeführt und die mit Eingriffen in Natur und Landschaft verbunden sind, sowie

- Plangenehmigungen, die von Bundesbehörden erteilt werden und für die eine Öffentlichkeitsbeteiligung vorgesehen ist.

Einen nicht abschließenden **Katalog der Mitwirkungsfälle der Länder enthält** § 63 **Abs. 2 Nr. 1–8 BNatSchG.**[370] Zentrale Mitwirkungsgegenstände – auch im Unterschied zu Abs. 1 – sind

- die Erteilung von Befreiungen von Geboten und Verboten zum Schutz von Gebieten im Sinne des § 32 Abs. 2 BNatSchG, Natura 2000-Gebieten, Naturschutzgebieten, Nationalparken, Nationalen Naturmonumenten und Biosphärenreservaten, auch wenn diese durch eine andere Entscheidung eingeschlossen oder ersetzt werden,[371]
- Planfeststellungsverfahren, wenn es sich um Vorhaben im Gebiet des anerkennenden Landes handelt, die mit Eingriffen in Natur und Landschaft verbunden sind, und
- Plangenehmigungen, wenn eine Öffentlichkeitsbeteiligung vorgesehen ist.

64   **Mitwirkungsberechtigt** sind Naturschutzvereinigungen nur, wenn sie nach § 3 **UmwRG vom Bund oder einem Land anerkannt sind:**[372] Die **Anerkennung** wird auf **Antrag ausgesprochen** (§ 3 Abs. 1 S. 1 UmwRG) und ergeht als gebundene Entscheidung nach § 3 Abs. 1 S. 2 UmwRG, wenn die Vereinigung

- nach ihrer Satzung ideell und nicht nur vorübergehend vorwiegend die Ziele des Umweltschutzes fördert (Nr. 1),
- im Zeitpunkt der Anerkennung mindestens drei Jahre besteht und in diesem Zeitraum i.S.d. Nr. 1 tätig gewesen ist (Nr. 2),
- die Gewähr für eine sachgerechte Aufgabenerfüllung bietet; dabei sind Art und Umfang ihrer bisherigen Tätigkeit, der Mitgliederkreis sowie die Leistungsfähigkeit der Vereinigung zu berücksichtigen (Nr. 3),
- gemeinnützige Ziele i.S.v. § 52 AO verfolgt (Nr. 4) und
- jedem offen steht, der die Ziele der Vereinigung unterstützt (Nr. 5). Bei Vereinigungen, deren Mitgliederkreis zu mindestens drei Vierteln aus juristischen Personen besteht, muss die Mehrzahl dieser juristischen Personen die Voraussetzung i.S.v. § 3 Abs. 1 S. 2 Nr. 5 Hs. 1 UmwRG erfüllen.[373]

Die Anerkennung wird vom Umweltbundesamt (§ 3 Abs. 2 S. 1 UmwRG) oder der zuständigen Landesbehörde für den satzungsmäßigen Aufgabenbereich ausgesprochen.[374] Dabei ist insbesondere anzugeben, ob die Vereinigung im Schwerpunkt die Ziele des Naturschutzes und der Landschaftspflege fördert (§ 3 Abs. 1 S. 3 UmwRG).

---

370   Zum Unterlassungsanspruch eines Naturschutzverbandes gegen ein Vorhaben, an dem er trotz bestehender Beteiligungpflicht nicht beteiligt wurde, vgl. OVG Magdeburg, ZUR 2008, 386.
371   Das BVerwG, NVwZ 2015, 1532 ff., beschränkt die Mitwirkung auf die FFH-Abweichungsentscheidung (s.o. § 10 Rn. 54). Eine Mitwirkung an der FFH-Verträglichkeitsprüfung lehnt das BVerwG auch unter Berücksichtigung des Unionsrechts ab.
372   § 63 Abs. 1 und 2 BNatSchG.
373   Zur bisherigen Regelung gem. § 29 Abs. 4 BNatSchG a.F. vgl. BVerwG, DVBl. 1986, 415; OVG Hamburg, NVwZ 1982, 687.
374   So z.B. § 30 Abs. 1 BremNatG.

b) Verbandsklage

Eines der Grundcharakteristika des deutschen Rechtsschutzsystems ist, dass der Einzel- 65
ne nur dann Zugang zu verwaltungsgerichtlichem Rechtsschutz erlangt, wenn er die
Verletzung eines (eigenen) subjektiv-öffentlichen Rechts geltend machen kann (§ 42
Abs. 2 Hs. 2 VwGO, sog. Klagebefugnis).[375] Die Einführung einer Popularklage, d.h.
die Möglichkeit, dass jeder Bürger die Verwaltungsgerichte bei Verstößen gegen Naturschutzrecht anrufen kann, ist dem deutschen Rechtsschutzsystem fremd.[376] Die Über-
windung dieser Hürde gelingt daher in der Regel nur dem Grundeigentümer, was in
der Praxis dazu führte, dass Naturschutzverbände sog. Sperrgrundstücke ankauften,
um gegen ökologisch bedenkliche Vorhaben auch gerichtlich vorgehen zu können (sog.
Sperrgrundstücksklagen).[377]

§ 64 BNatSchG normiert eine **altruistische (überindividuelle) Verbandsklage**[378] für 66
nach § 3 UmwRG anerkannte Naturschutzvereinigungen.[379] Anerkannte Umweltverbände können danach ohne Geltendmachung einer eigenen Rechtsverletzung Verstöße
gegen naturschutzbezogene Vorschriften gerichtlich rügen.[380]

Rechtsbehelfe i.S.v. § 64 Abs. 1 BNatSchG können Widerspruch, Anträge im Rahmen
einstweiligen Rechtsschutzes und Klagen sein. **Die Rechtsbehelfsgegenstände** sind abschließend benannt (§ 64 Abs. 1 BNatSchG) und umfassen nur einen Teilausschnitt der
Mitwirkungsfälle:[381]

- Befreiungen von Ver- und Geboten zum Schutz von geschützten Meeresgebieten
  i.S.d. § 57 Abs. 2 BNatSchG (§ 63 Abs. 1 Nr. 2 BNatSchG),[382]
- Befreiungen von Ver- und Geboten zum Schutz von Gebieten i.S.d. § 32 Abs. 2 und
  der §§ 23–25 BNatSchG sowie von Natura 2000-Gebieten (§ 63 Abs. 2 Nr. 5
  BNatSchG),
- Planfeststellungsbeschlüsse des Bundes und der Länder, soweit sie nicht in den Anwendungsbereich des § 1 Abs. 3 i.V.m. § 1 Abs. 1 S. 1 Nr. 1, 2 oder 5 UmwRG fallen (§ 63 Abs. 1 Nr. 3 und Abs. 2 Nr. 6 BNatSchG),

---

375 Vgl. § 6 Rn. 11 ff.
376 Dazu *Bruckert*, NuR 2015, 541.
377 Vgl. § 4 Rn. 23; auch „versteckte", „uneigentliche" oder „faktische" Verbandsklage genannt, vgl. *Dürr*, VBlBW 1992, 321, 327; zur Unzulässigkeit BVerwG, NVwZ 2012, 567, Rn. 13 m.w.N.
378 Vgl. *Schlacke*, Überindividueller Rechtsschutz; zur Verbandsklage nach dem BNatSchG 2010 vgl. *Fischer-Hüftle*, NuR 2011, 237; zur Klagebefugnis zuletzt *Schlacke*, DVBl. 2015, 929.
379 Diese begründet zugleich die Möglichkeit der Beiladung von anerkannten Naturschutz- und Umweltverei-nen, OVG Hamburg, ZUR 2009, 265; nicht jedoch im Fall einer Unterlassungsklage, weil hier die Voraus-setzungen der notwendigen Beiladung nach § 65 Abs. 2 VwGO nicht vorliegen, OVG Lüneburg, ZUR 2009, 267, und auch nicht im Fall einer Verpflichtungsklage des Vorhabenträgers auf Erlass eines Planfeststel-lungsbeschlusses, OVG Münster, ZUR 2010, 315.
380 Vgl. § 6 Rn. 13; ferner *Schlacke* in: Falke/Schlacke, S. 131 ff.; *Seelig/Gündling*, NVwZ 2002, 1033.
381 Vgl. oben § 10 Rn. 62.
382 Hieraus ergibt sich nicht nur die Möglichkeit der Verbandsklage, sondern auch ein Beteiligungsrecht, OVG Magdeburg, NVwZ-RR 2009, 416: Da der Vorschrift ein formeller Biotop- und Flächenschutz zugrunde liegt, wird ein FFH-Gebiet hiervon nicht erfasst, solange die Schutzgebietsausweisung noch nicht erfolgt ist, VG Leipzig, ZUR 2008, 28; OVG Bautzen, ZUR 2008, 29 m. Anm. *Günther*, ZUR 2008, 29; vgl. auch die Besprechung von *Niederstadt*, EurUP 2008, 48.

■ Plangenehmigungen,[383] soweit eine Öffentlichkeitsbeteiligung vorgesehen ist und sie nicht in den Anwendungsbereich des § 1 Abs. 3 i.V.m. § 1 Abs. 1 S. 1 Nr. 1, 2 oder 5 UmwRG fallen (§ 63 Abs. 1 Nr. 4 und Abs. 2 Nr. 7 BNatSchG).[384]

67   Die Länder können Rechtsbehelfe in anderen Fällen, in denen Verbänden eine Mitwirkungsbefugnis eingeräumt worden ist, vorsehen (§ 64 Abs. 3 BNatSchG).[385] Allerdings verleiht die von einer Landesbehörde erteilte Anerkennung als Naturschutzverein eine Rechtsbehelfsbefugnis nur gegen Planfeststellungsbeschlüsse, die Vorhaben in dem Gebiet des betreffenden Bundeslandes zum Gegenstand haben.[386]

68   Darüber hinaus enthält § 64 Abs. 1 Nr. 1–3 BNatSchG **besondere Zulässigkeitsvoraussetzungen** für die Einlegung der Rechtsbehelfe: Zunächst ist eine **verwaltungsbehördliche oder gerichtliche Überprüfung auf Verwaltungsakte beschränkt. Normenkontrollen können nicht veranlasst werden.** Weiterhin können nur **Verstöße gegen Rechtsvorschriften gerügt werden, die zumindest auch den Belangen des Naturschutzes und der Landschaftspflege zu dienen bestimmt sind.**[387] Der Verein muss ferner in seinem **satzungsgemäßen Aufgabenbereich, soweit sich die Anerkennung darauf bezieht, berührt sein.** Schließlich hat sich der Verband **im Verwaltungsverfahren zu beteiligen, wenn ihm die Möglichkeit ordnungsgemäß eröffnet wurde (§ 64 Abs. 1 Nr. 3 BNatSchG).**

Bis zum Inkrafttreten der UmwRG-Novelle 2017 galt gem. § 64 Abs. 2 BNatSchG i.V.m. § 2 Abs. 3 UmwRG a.F. eine materielle **Präklusion** von Einwendungen[388].[389] Aufgrund der Unionsrechtswidrigkeit wurden die materiellen Präklusionsvorschriften aufgehoben, die nicht zu beanstandenden formellen Präklusionsvorgaben gelten (weiterhin).[390]

69   **Die naturschutzrechtliche Verbandsklage ist grundsätzlich neben einem Umwelt-Rechtsbehelf gem. § 2 Abs. 1 UmwRG anwendbar.**[391] Lediglich wenn es sich um ein **planfeststellungs- oder -genehmigungsbedürftiges Vorhaben handelt, das mit Eingriffen in Natur und Landschaft verbunden ist, tritt die naturschutzrechtliche Verbandsklage hinter dem Umwelt-Rechtsbehelf zurück (§ 1 Abs. 3 UmwRG, § 64 Abs. 1 BNatSchG).**[392]

70   ▶ **Lösung Fall 11 (Abwandlung):** Dem Naturschutzverein „Freunde des Oberen Flusslandes" könnte möglicherweise ein Verbandsklagerecht gem. § 64 Abs. 1 BNatSchG oder § 2 Abs. 1 UmwRG zustehen. Der Verein wurde von der zuständigen Landesbehörde als Naturschutzverein gem. § 3 Abs. 1 UmwRG anerkannt und ist somit grundsätzlich verbandsklagebefugt. Allerdings müsste es sich bei der Errichtung der Windkraftanlagen um einen in § 64 Abs. 1 BNatSchG oder § 2 Abs. 1 UmwRG aufgelisteten zulässigen Prüfungsgegenstand han-

---

383   OVG Bautzen, NuR 2003, 557; BayVGH, NVwZ-RR 2005, 705, 706.
384   Aufgrund des Vorbehalts in § 64 Abs. 1 BNatSchG sind Planfeststellungsbeschlüsse gem. § 1 Abs. 3 UmwRG nur noch mittels eines Umwelt-Rechtsbehelfs angreifbar.
385   Zur Klagebefugnis von Naturschutzverbänden bei fehlender landesrechtlicher Regelung vgl. BVerwG, ZUR 2006, 588.
386   OVG Bremen, ZUR 2010, 42.
387   Ausführlich zur Rüge der Verletzung naturschutzbezogener Vorschriften und der fehlenden Gewährung eines objektiv-rechtlichen Beanstandungsverfahrens vgl. BVerwG, ZUR 2008, 257; kritisch hierzu *Vallendar*, UPR 2008, 1.
388   Hierzu bereits § 6 Rn. 5.
389   Zur alten Rechtslage *Seibert*, NVwZ 2013, 1040, 1044.
390   *Schlacke*, NVwZ 2017, 905, 909 f.; zur Unionsrechtswidrigkeit EuGH, NVwZ 2015, 1665, Rn. 47 ff.
391   Siehe bereits § 6 Rn. 15.
392   Siehe bereits o. Rn. 66.

deln. Dies sind insbesondere Befreiungen von Ge- und Verboten zum Schutz von Natura 2000-Gebieten sowie Planfeststellungsverfahren und -genehmigungen (vgl. § 64 Abs. 1 i.V.m. § 63 Abs. 2 Nr. 5–7 BNatSchG). Die Errichtung von zwei Windkraftanlagen ist jedoch weder Gegenstand von Planfeststellungsverfahren bzw. -genehmigungen noch wurde hierzu eine Befreiung von Ge- und Verboten zum Schutz eines Natura 2000-Gebiets erteilt.

Nach § 2 Abs. 1 Nr. 1 i.V.m. § 1 Abs. 1 S. 1 Nr. 1 und 2 UmwRG könnte der Naturschutzverein allerdings darüber hinaus eine Verbandsklage erheben, wenn es sich bei den Windkraftanlagen um ein UVP-pflichtiges Vorhaben oder um eine Anlage handelt, für die in Spalte c des Anhangs 1 zur 4. BImSchV die Durchführung eines Genehmigungsverfahrens nach § 10 BImSchG vorgesehen ist. Die UVP-Pflichtigkeit von Windkraftanlagen ist in Anlage 1 zum UVPG näher geregelt. Gem. Nr. 1.6.3 Anlage 1 zum UVPG sind nur Windfarmen ab einer Anlagenzahl von drei Windkraftanlagen standortabhängig UVP-pflichtig. Eine Pflicht zur Durchführung eines Genehmigungsverfahrens nach § 10 BImSchG besteht darüber hinaus nur für Windfarmen mit mehr als 20 Windkraftanlagen (vgl. Nr. 1.6.1 des Anhangs 1 zur 4. BImSchV). Da Landwirt S jedoch nur zwei Windkraftanlagen errichten will, muss weder eine Umweltverträglichkeitsprüfung noch ein immissionsschutzrechtliches Genehmigungsverfahren nach § 10 BImSchG durchgeführt werden.

Der Naturschutzverein „Freunde des Oberen Flusslandes" kann somit auch nicht auf Grundlage von § 2 Abs. 1 UmwRG eine Verbandsklage gegen das Vorhaben des S erheben. ◀

WIEDERHOLUNGS- UND VERSTÄNDNISFRAGEN

> Welche Ziele verfolgt das Bundesnaturschutzgesetz? (Rn. 17 ff.)   71

> Welchen Einfluss hatte die Föderalismusreform auf das Verhältnis des Bundesnaturschutzgesetzes zu den einzelnen Naturschutz- und Landschaftspflegegesetzen der Länder? (Rn. 11, 22)

> Inwieweit besteht ein Zielkonflikt zwischen Natur und Landschaftspflege einerseits und land- und forstwirtschaftlicher Bodennutzung andererseits? (Rn. 18)

> Welche naturschutzrechtlichen Instrumente normiert das Bundesnaturschutzgesetz? (Rn. 23 ff.)

> Wann ist ein Eingriff nach § 14 BNatSchG vermeidbar? (Rn. 32 f.)

> Worin besteht der Unterschied zwischen Ausgleichs- und Kompensationsmaßnahmen bei unvermeidbaren Beeinträchtigungen? (Rn. 34)

> Welche Schutzgebiete statuiert das BNatSchG? In welcher Rechtsform erfolgt die Unterschutzstellung von Flächen? (Rn. 50 ff.)

> Was umfasst das allgemeine Verschlechterungs- und Störungsverbot? (Rn. 54)

> Wie unterscheidet sich der allgemeine vom besonderen Artenschutz? (Rn. 59 f.)

> Welchen Anforderungen müssen Infrastrukturvorhaben genügen, um nicht gegen das Tötungsverbot des § 44 Abs. 1 Nr. 1 BNatSchG zu verstoßen? (Rn. 60)

> Benennen Sie Voraussetzungen für die Zulässigkeit von Verbandsklagen, um die Verletzung von Naturschutzrecht zu rügen? (Rn. 66 ff.)

§ 11 Gewässerschutzrecht

1   Versteht man Umweltschutz im Sinne einer Gewährleistung natürlicher Zivilisations-
grundlagen, so stellt der Gewässerschutz die wohl **älteste Umweltschutzaufgabe** überhaupt dar. Seit jeher gehört die Ordnung des Wasserhaushalts einschließlich eines nach
Menge und Güte ausreichenden Wasserangebots zu den Aufgaben jedes Gemeinwe-
sens.[1]

2   Den Gewässerschutz der Gegenwart prägt angesichts der gerade auch hinsichtlich des
Mediums „Wasser" deutlich spürbaren Auswirkungen der modernen Industriegesellschaft eine komplexe Ausgangslage: Wenngleich in der Vergangenheit bereits erhebliche Erfolge beim Schutz der Oberflächengewässer erzielt werden konnten, sind doch
die Nährstoff- und Schadstofffrachten, die durch diffuse Quellen (Landwirtschaft, Verkehr) und Punktquellen (Industriebetriebe, Kläranlagen) in die Flüsse und über diese in
die Küstenmeere gelangen, immer noch zu hoch. Daneben geraten in jüngerer Zeit
auch die sensiblen Reaktionen von Fließgewässern auf Wärmebelastungen aus Kraftwerken in den Blickpunkt. Für die **Grundwasservorräte** ergeben sich Gefährdungen sowohl aus zu hohen Entnahmen als auch aus Verschmutzungen, etwa durch Nitrat-,
Chlorid- oder Phosphatbelastung infolge landwirtschaftlicher Überdüngung. Maßnahmen des **Wasserbaus**, z.B. Flusslaufbegradigungen, Trockenlegung flussnaher Feuchtgebiete und Versiegelung der Landschaft durch Überbauung, greifen gravierend in die
Fließgewässereigenschaften von Bächen und Flüssen ein und sind mitursächlich für die
in letzter Zeit vermehrt auftretenden Hochwasser.[2] Entsprechend komplex ist die Aufgabenstellung des modernen Gewässerschutzrechts.

I. Rechtsgrundlagen

3   Das Gewässerschutzrecht ist in erster Linie **öffentliches Recht**. Gewässerbewirtschaftung als eine dem Gemeinwohl dienende Aufgabe kann aus heutiger Sicht auch unter
Berücksichtigung von Privatisierungs- und Liberalisierungstendenzen in Teilbereichen[3]
mit den Mitteln des Privatrechts kaum umfassend bewältigt werden.[4] Die Grundvo-
raussetzungen für das heutige System des Gewässerschutzes wurden allerdings erst im
vorigen Jahrhundert geschaffen. Mit der Beschränkung des bis dahin in eine Vielzahl
privater und öffentlicher Wasserrechte zersplitterten Gewässereigentums und einer
weitgehenden Überführung in das öffentliche Sachenrecht trug man der Knappheit des
Mediums Wasser Rechnung. Unter zunehmender Zurückdrängung subjektiver Rechte
wurden alle wesentlichen Gewässerbenutzungen von einem Zulassungsakt abhängig
gemacht und so einer **öffentlich-rechtlichen Benutzungsordnung** unterstellt.[5]

---

1   Vgl. *Salzwedel/Durner* in: Hansmann/Sellner, Kap. 8, Rn. 2.
2   Weiterführend zur Situation des Gewässerschutzes in der Bundesrepublik Deutschland vgl. *SRU*, Umweltgutachten 2016, Tz. 486 ff.; *ders.*, Umweltgutachten 2004, Tz. 374 ff.; auch *Salzwedel/Durner* in: Hansmann/
Sellner, Kap. 8, Rn. 19 ff.; *Sparwasser/Engel/Voßkuhle*, § 8 Rn. 2 ff.
3   Dazu *SRU*, Umweltgutachten 2000, Tz. 180 ff.; *Laskowski*, ZUR 2003, 1; *Kühne*, LKV 2006, 489.
4   Vgl. auch BVerfGE 58, 300, 344.
5   Zur historischen Entwicklung *Salzwedel/Durner* in: Hansmann/Sellner, Kap. 8, Rn. 3 ff.; *Sparwasser/Engel/
Voßkuhle*, § 8 Rn. 46 ff.; allgemein zur Wasserwirtschaft und dem Gewässerschutzrecht in Deutschland, *Köck*,
ZUR 2012, 140; zum (ökologischen) Gewässerschutz zwischen Wasserrecht und Naturschutzrecht, *Durner*,
EurUP 2015, 82; *Gärditz*, NuR 2013, 605; gezielte ökologische Flutung zur Hochwasserrückhaltung als Eingriff i.S.d. § 14 Abs. 1 BNatSchG, BVerwG, ZUR 2015, 85.

Rechtsdogmatisch sind Gewässer **öffentliche Sachen.** Während es sich bei Wasserstra- 4
ßen um öffentliche Sachen im Gemeingebrauch handelt, stellen Gewässer in Bezug auf
ihre wirtschaftliche Nutzung öffentliche Sachen im Sondergebrauch dar.[6]

1. Internationales Recht

Mit dem **Seerechtsübereinkommen** (SRÜ) der Vereinten Nationen vom 10.12.1982[7] 5
wurden erstmals weltweite Regelungen zur Verhütung der Verschmutzung der Meere
rechtlich verbindlich kodifiziert (Teil XII des SRÜ).[8] Beim SRÜ handelt es sich um ein
Rahmenübereinkommen. Dieses wird durch internationale Vereinbarungen sowohl auf
globaler als auch auf regionaler Ebene – wie etwa das OSPAR- (Nordost-Atlantik) und
HELCOM-Abkommen (Ostsee)[9] – ausgefüllt.[10]

Erwähnenswert sind ferner die bestehenden Übereinkommen zum Schutz grenzüber- 6
schreitender Flüsse:

- Vertrag über die internationale Kommission zum Schutz der Oder gegen Verunreinigung (Oderschutzkommission) vom 11.4.1996,[11]
- Vereinbarung über die internationale Kommission zum Schutz der Elbe vom
  8.10.1990,[12]
- Übereinkommen über die Zusammenarbeit zum Schutz und zur verträglichen Nutzung der Donau (Donauschutzübereinkommen) vom 29.6.1994[13] und
- Übereinkommen zum Schutz des Rheins vom 12.4.1999.[14]

2. EU-Recht

Der Rat der EU hat zahlreiche Vorschriften in **Richtlinien**form (Art. 288 Abs. 3 AEUV) 7
erlassen. Diese enthalten einerseits einen qualitätsbezogenen Ansatz, indem sie übergreifende oder **für bestimmte Nutzungsarten Qualitätsanforderungen** formulieren und
u.a. die Höhe des zulässigen Verschmutzungsgrads der Gewässer bestimmen:

- Richtlinie 98/83/EG über die Qualität von Wasser für den menschlichen Gebrauch
  vom 3.11.1998 (sog. Trinkwasserrichtlinie),[15]
- Richtlinie 2000/60/EG zur Schaffung eines Ordnungsrahmens für Maßnahmen der
  Gemeinschaft im Bereich der Wasserpolitik vom 23.10.2000 (sog. Wasserrahmen-
  richtlinie – WRRL),[16]
- Richtlinie 2006/7/EG über die Qualität der Badegewässer vom 15.2.2006,[17]

---

6 *Sparwasser/Engel/Voßkuhle*, § 8 Rn. 50.
7 BGBl. II 1994, S. 1798.
8 Vgl. ausführlich § 15 Rn. 21 ff.
9 Z.B. OSPAR, HELCOM, dazu vgl. § 15 Rn. 12, 47.
10 Vgl. hierzu § 15 Rn. 25 ff., 32 ff., 41 ff; ferner *Breuer/Gärditz*, Rn. 100.
11 BGBl. II 1997, S. 1707.
12 BGBl. II 1992, S. 942.
13 BGBl. II 1996, S. 874.
14 BGBl. II 2001, S. 849.
15 ABlEG L 330/32, zuletzt geändert durch RL 2015/1787/EU v. 6.10.2015, ABlEU L 260/6.
16 ABlEG L 327/1, zuletzt geändert durch RL 2014/101/EU v. 30.10.14, ABlEU L 311/32.
17 ABlEG L 64/37, zuletzt geändert durch RL 2013/64/EU v. 17.12.2013, ABlEU L 353/8.

- Richtlinie 2006/118/EG zum Schutz des Grundwassers vor Verschmutzung und Verschlechterung vom 12.12.2006 (sog. Grundwasserrichtlinie),[18]

- Richtlinie 2008/56/EG zur Schaffung eines Ordnungsrahmens für Maßnahmen der Gemeinschaft im Bereich der Meeresumwelt vom 17.6.2008 (sog. Meeresstrategie-Rahmenrichtlinie)[19] und

- Richtlinie 2008/105/EG über Umweltqualitätsnormen im Bereich der Wasserpolitik und zur Änderung mehrerer Richtlinien vom 16.12.2008.[20]

Andererseits bezwecken die gewässerbezogenen Richtlinien den **Schutz der Gewässer vor Ableitungen gefährlicher Stoffe**, m.a.W. einen quellenbezogenen Ansatz:

- Richtlinie 2006/118/EG zum Schutz des Grundwassers vor Verschmutzung und vor Verschlechterung vom 12.12.2006,[21]

- Richtlinie 91/271/EWG über die Behandlung von kommunalem Abwasser vom 21.5.1991,[22]

- Richtlinie 91/676/EWG zum Schutz der Gewässer vor Verunreinigung durch Nitrat aus landwirtschaftlichen Quellen vom 12.12.1991.[23]

Auf die Hochwasserereignisse des letzten Jahrzehnts reagiert schließlich die

- Richtlinie 2007/60/EG über die Bewertung und das Management von Hochwasserrisiken vom 23.10.2007.[24]

8   Weitreichende Veränderungen des europäischen und nationalen Wasserrechts brachte die Richtlinie 2000/60/EG zur Schaffung eines Ordnungsrahmens für Maßnahmen der Gemeinschaft im Bereich der Wasserpolitik vom 23.10.2000 (**Wasserrahmenrichtlinie**)[25] mit sich.[26] Im Wege dieser Richtlinie schuf die Europäische Union einen transparenten, effizienten und kohärenten rechtlichen Handlungsrahmen für eine nachhaltige Nutzung der Gemeinschaftsgewässer,[27] der es den Mitgliedstaaten ermöglicht, die Besonderheiten und Merkmale der Wasserkörper in ihrem Hoheitsgebiet zu berücksichtigen, da die WRRL nicht auf die vollständige Harmonisierung der wasserrechtlichen

---

18   ABlEG L 372/19, zuletzt geändert durch RL 2014/80/EU v. 20.6.2014, ABlEU L 182/52; vgl. hierzu *Rechenberg*, ZUR 2007, 235; Umsetzung der Grundwasserrichtlinie durch die neue Grundwasserverordnung vom 9.11.2010, BGBl. I, S. 1513; vgl. hierzu *Laskowski*, ZUR 2010, 449.

19   ABlEG L 164/19, zuletzt geändert durch RL 2017/845/EU v. 17.5.2017, ABlEU L 125/27; siehe hierzu näher *Weiß*, ZUR 2017, 331; *Markus/Schlacke/Maier*, The International Journal of Marine and Coastal Law 2011, 59–90; *Markus/Schlacke*, ZUR 2009, 464.

20   ABlEG L 348/84, zuletzt geändert durch RL 2013/39/EU v. 12.8.2013, ABlEU L 226/1; zur Novellierung der Liste der prioritären Stoffe, *Heiss*, in: Hofmann, Wasserrecht in Europa, S. 184 ff.; *Kern*, JEEPL 2014, 31; *dies.*, NVwZ 2014, 256.

21   ABlEG L 372/19, zuletzt geändert durch RL 2014/80/EU vom 20.6.2014, ABlEU L 182/52.

22   ABlEG L 135/40, zuletzt geändert durch RL 2013/64/EU v. 17.12.2013, ABlEU L 353/8; dazu *Schulte*, EG-Richtlinie Kommunales Abwasser.

23   ABlEG L 375/1, zuletzt geändert durch VO (EG) Nr. 1137/2008 v. 22.10.2008, ABlEG L 311/1.

24   ABlEG L 288/27.

25   Vgl. § 11 Rn. 7.

26   *Albrecht*, EurUP 2015, 96; *Seidel/Rechenberg*, ZUR 2004, 213; *Breuer*, NuR 2000, 541; *Fassbender*, NVwZ 2001, 241; zur Auslegung und der rechtlichen Bedeutung des Verschlechterungsverbotes der WRRL nach EuGH, Rs. C-461/13, ZUR 2015, 546; zu diesem Urteil *Laskowski*, ZUR 2015, 542; *Ginzky*, NuR, 2015, 624; *Reinhardt*, UPR 2015, 321; *Rolfsen*, NuR 2015, 437; allgemein zum Verschlechterungsverbot, *Rehbinder*, in: Hofmann, Wasserrecht in Europa, S. 34 ff.; *Ekardt/Weyland*, NuR 2014, 12; *Faßbender*, EurUP 2013, 70; *Ginzky*, ZUR 2013, 343; zur aktuellen Entwicklung der wasserwirtschaftlichen Fachplanung, *Faßbender*, NVwZ 2014, 476; zu den planerischen Instrumenten der WRRL vgl. *Dieckmann*, EurUP 2008, 2.

27   Teilweise als zu intensiver Eingriff in das System des deutschen Wasserrechts kritisiert etwa durch *Breuer*, ZfW 2005, 1; zur Frage, ob die WRRL der Errichtung neuer Kohlekraftwerke entgegensteht vgl. *Laskowski*, ZUR 2013, 131; *Köck/Möckel*, NVwZ 2010, 1390; a.A. *Spieth/Ipsen*, NVwZ 2011, 536.

Vorschriften der Mitgliedstaaten abzielt.[28] Die wohl bedeutsamste Neuerung der Richtlinie ist die Einführung eines europaweiten Wasserbewirtschaftungssystems auf der Ebene von Flusseinzugsgebieten (Art. 13 WRRL). Damit verfolgt die Wasserrahmenrichtlinie eine integrative Zielsetzung, die sich aber – im Unterschied zur Richtlinie 2010/75/EU über Industrieemissionen[29] und von wenigen Ausnahmen abgesehen – auf das Umweltmedium Wasser beschränkt, dieses allerdings in seiner Gesamtheit in den Blick nimmt (**ganzheitlicher Gewässerschutz**).[30] Als zentrales Instrument zur Erreichung der umweltpolitischen Zielsetzungen wurde die Aufstellung von rechtsverbindlichen Bewirtschaftungsplänen und zugehörigen Maßnahmenprogrammen zur Erreichung eines **guten Gewässerzustandes** innerhalb der Mitgliedstaaten bis 2009 vorgeschrieben (Art. 13 Abs. 6 WRRL). Als Grundlage waren hierfür bis 2004 alle signifikanten Belastungen und anthropogenen Einwirkungen auf die Gewässer zu erfassen sowie eine wirtschaftliche Analyse der Wassernutzung durchzuführen (Art. 5 Abs. 1 WRRL). Mittlerweile wurden für alle zehn Flussgebietseinheiten in Deutschland Maßnahmenprogramme und Bewirtschaftungspläne aufgestellt.[31] Weiterhin war gefordert, bis 2004 ein Verzeichnis der Schutzgebiete zu erstellen (Art. 6 WRRL). Bis 2006 war sodann ein Monitoringprogramm zur Überwachung des Gewässerzustandes zu erarbeiten (Art. 8 WRRL). Das Umweltziel der Richtlinie, einen guten Zustand von Oberflächengewässern und Grundwasser zu erreichen,[32] sollte bis Ende 2015 erfüllt sein.[33] Dieses Ziel wurde nach einhelliger Auffassung nicht erreicht.[34] Stattdessen machten die Mitgliedstaaten in großem Umfang von den in Art. 4 Abs. 4 WRRL enthaltenen Ausnahmeregelungen für die Erreichung eines guten Zustandes der Oberflächengewässer Gebrauch.[35] Spezifikationen zur Umsetzung der einzelnen Teilschritte und Bestimmungen zur Beschreibung des Zustandes der Gewässer finden sich in den Anhängen der Richtlinie.[36]

Daneben formuliert Art. 4 Abs. 1 Buchst. a UAbs. i) WRRL ein **Verschlechterungsverbot**. Danach treffen die Mitgliedstaaten die notwendigen Maßnahmen, um eine Verschlechterung des Zustandes aller Oberflächengewässer zu verhindern.[37] Im Vorabent-

---

28 EuGH, ZUR 2015, 546, Rn. 34, 42.
29 Vgl. hierzu § 9 Rn. 8; zur Umsetzung der IE-RL im deutschen Wasserrecht: *Kern*, ZUR 2013, 150; *Hofmann*, ZfW 2013, 57.
30 *Seidel/Rechenberg*, ZUR 2004, 213; zu Aspekten grenzübergreifender Flussgebietsverwaltung vgl. *Albrecht*, DVBl. 2008, 1027; allgemein zu den Umweltzielen der Wasserrahmenrichtlinie, *Port*, Wasserrahmenrichtlinie.
31 Siehe näher die Bund-Länder-Informations- und Kommunikationsplattform www.wasserblick.net (Stand: 16.9.2018).
32 Zur Definition des „guten Zustandes" ausführlich *Albrecht*, NuR 2010, 607.
33 Zum Umsetzungsstand der Wasserrahmenrichtlinie, vgl. Bericht der Kommission, KOM (2012) 670 endg., sowie Mitteilung der Kommission, KOM (2015) 120 endg.
34 KOM (2015) 120 endg. S. 3, 6, 13; KOM (2012) 670 endg., S. 6; *BMU*, Die Wasserrahmenrichtlinie – Eine Zwischenbilanz zur Umsetzung der Maßnahmenprogramme, 2012, S. 6, 9 f.; *Albrecht*, EurUP 2015, 96, 99; *Reinhardt*, NuR 2013, 765.
35 Kritisch zur Handhabung der Ausnahmeregelungen, *Faßbender*, NVwZ 2014, 476, 479; zu Entwicklungslinien und Perspektiven des Wasserrechts, insbesondere nach 2015, *Reinhardt*, in: Hofmann, Wasserrecht in Europa, S. 9 ff.; *ders.*, EurUP 2015, 137.
36 Die WRRL wurde durch die siebte Novelle des Wasserhaushaltsgesetzes (WHG) v. 19.8.2002 (BGBl. I, S. 3245) in deutsches Recht umgesetzt. Es bedurfte weiterer Konkretisierungen durch die Länder bis zum 31.12.2003: Bis zu diesem Termin waren aber nicht alle Länder ihrer Umsetzungsverpflichtung nachgekommen, vgl. *Seidel/Rechenberg*, ZUR 2004, 213; ausführlich zur Umsetzung der Wasserrahmenrichtlinie in Deutschland, vgl. *Köck/Faßbender*, Implementation der WRRL; *Köck*, ZUR 2009, 227.
37 Allgemein zum Verschlechterungsverbot *Rehbinder*, in: Hofmann, Wasserrecht in Europa, S. 34 ff.; *Ekardt/Weyland*, NuR 2014, 12; *Faßbender*, EurUP 2013, 70; *Ginzky*, ZUR 2013, 343.

scheidungsverfahren zur Weservertiefung entschied der EuGH, dass jegliche Beeinträchtigung eines Oberflächengewässers eine Verschlechterung darstelle, sofern sich eine Qualitätskomponente zur Festlegung des ökologischen Zustands nach Anhang V der WRRL um eine Zustandsklasse verschlechtert.[38] Weiter urteilte das Gericht, dass das Verschlechterungsverbot keine bloß planerische Zielvorgabe darstellt. Stattdessen binde es die Mitgliedstaaten unmittelbar bei Vorhabenentscheidungen.[39]

Hieran schließt sich das Urteil des BVerwG zur Elbvertiefung von 2017[40] an. Das BVerwG geht ebenso wie der EuGH davon aus, dass bereits die Verschlechterung des Zustands mindestens einer Qualitätskomponente i.S.d. Anhangs V der WRRL, eine Verschlechterung i.S.d. § 27 Abs. 1 Nr. 1, Abs. 2 Nr. 1 WHG darstelle. Dies sei auch der Fall, wenn damit keine Verschlechterung des ökologischen Zustands des Oberflächenwasserkörpers insgesamt verbunden ist. Ob ein Vorhaben eine Verschlechterung des Zustands eines Oberflächenwasserkörpers bewirke, beurteilt sich nach dem allgemeinen ordnungsrechtlichen Maßstab der hinreichenden Wahrscheinlichkeit eines Schadenseintritts, d.h. eine Verschlechterung muss nicht ausgeschlossen, aber auch nicht sicher zu erwarten sein.

Entscheidend für die Bewertung einer Verschlechterung des Gewässerzustands sei dabei eine Verschlechterung einer biologischen Qualitätskomponente, wohingegen einer Verschlechterung der hydromorphologischen, chemischen und allgemein physikalisch-chemischen Qualitätskomponenten nur eine Indizwirkung zukommt. Entscheidend ist eine fachgutachterliche Bewertung im Einzelfall, die nachvollziehbar, schlüssig und fachlich untersetzt sein muss. Die räumliche Bezugsgröße der Prüfung ist grundsätzlich der gesamte Oberflächenwasserkörper, wobei die für den Wasserkörper repräsentativen Messstellen maßgeblich sind. Lokal begrenzte nachteilige Veränderungen sind daher grundsätzlich nicht relevant, sofern sie sich nicht auf den gesamten Wasserkörper oder andere Wasserkörper auswirken. Bei der Bewertung der konkreten Vorhabenzulassung dürfen außerdem auch Einstufungen des relevanten Oberflächenwasserkörpers im Bewirtschaftungsplan i.S.d. § 83 WHG herangezogen werden; dies allerdings nur dann, sofern sie den Anforderungen der WRRL, des WHG und der OGewV entsprechend zustande gekommen und die fachlichen Bewertungen vertretbar sind. Bei konkreten Anhaltspunkten für eine Veränderung der Sachlage, sind aber weitere Untersuchungen geboten.[41]

Zur Konkretisierung der Umweltqualitätsnormen sowie des Verfahrens für die Zustandsbewertung und Trendberechnung des Grundwassers erging ferner die Grundwasser-Tochterrichtlinie 2006/118/EG.[42]

9   Neben der WRRL stellt die **Meeresstrategie-Rahmenrichtlinie** 2008/56/EG vom 17.6.2008[43] einen weiteren Schritt hin zu einer ökosystemorientierten Bewirtschaftung von Meeresgewässern dar. Ausgangspunkt der Meeresstrategie-Rahmenrichtlinie war

38 EuGH, Rs. C-461/13, ZUR 2015, 546, Rn. 66, 70; vgl. dazu *Faßbender*, ZUR 2016, 195; *Laskowski*, ZUR 2015, 542; *Franzius*, ZUR 2015, 643; *Füßer/Lau*, NuR 2015, 589; *Hofmann*, EurUP 2015, 246; *Ginzky*, NuR, 2015, 624; *Reinhardt*, UPR 2015, 321; *Rolfsen*, NuR 2015, 437.
39 EuGH, Rs. C-461/13, ZUR 2015, 546, Rn. 43, 51.
40 BVerwG, ZUR 2017, 424 ff.
41 BVerwG, ZUR 2017, 424 ff.; erläuternd *Versteyl/Ballhausen/Böhler*, I+E 2017, 87 ff.; *Schönberger*, NuR 2017, 554 ff.; *Lau*, NuR 2017, 517 ff.; *Feldt/Schumacher*, NuR 2017, 676 ff.; zur Rechtmäßigkeit der geplanten Elbvertiefung *Feldt/Schumacher*, NuR 2017, 676.
42 Vgl. Fn. 24.
43 ABlEG L 164/19, zuletzt geändert durch RL (EU) 2017/845 der Kommission, ABlEU L 125/27; vgl. Rn. 7.

die Erkenntnis, dass eine sachgerechte Regulierung von Schutz- und Nutzungskonflikten im Meeresbereich nicht allein durch **sektorspezifische Steuerung** erfolgen kann.[44] Der von der EU entwickelte integrierte, meerespolitische Ansatz mündete schließlich in die Meeresstrategie-Rahmenrichtlinie, die bezweckt, einen guten Umweltzustand der Meere zu erreichen. Konzeptionell setzt die EU insoweit auf die Mitgliedstaaten, die für die Zielerreichung angemessene Strategien und Maßnahmen sowie Governance-Strukturen entwickeln sollen, um die Meeresumwelt zu schützen, zu erhalten, zu verbessern und eine Verschlechterung zu verhindern (Art. 13 Abs. 2 MSRL).[45] Inhaltlicher Maßstab ist der interpretationsoffene und konkretisierungsbedürftige Ökosystemansatz,[46] dessen Ausfüllung aufgrund verzögerter und vielfach verfristeter Umsetzung durch die Mitgliedstaaten[47] z.T. durch die Kommission erfolgt.[48]

Die Bundesrepublik Deutschland ist wegen fehlender oder mangelhafter Umsetzung gewässerbezogener EU-Richtlinien in den letzten Jahren wiederholt durch den **EuGH** verurteilt worden: So wurde die Umsetzung der Grundwasserschutzrichtlinie 80/68/EWG in nationales Recht nicht fristgerecht vorgenommen; gleiches gilt für die Richtlinien 75/440/EWG und 79/869/EWG sowie die Trinkwasserrichtlinie 98/83/EG. Der EuGH beanstandete u.a., dass anstelle hinreichend konkreter Rechtsnormen Verwaltungsvorschriften erlassen worden waren.[49] Weiter verstieß Deutschland gegen seine Verpflichtungen aus den Richtlinien 78/659/EWG und der Richtlinie 79/923/EWG, indem es nicht innerhalb der vorgegebenen Fristen die erforderlichen Maßnahmen getroffen hat, um Qualitätsanforderungen an Süßwasser und Muschelgewässern nachzukommen.[50] Ein **Vertragsverletzungsverfahren** erging zudem gegen Deutschland, weil es nicht die notwendigen Maßnahmen zur Umsetzung von Richtlinien zum Schutz vor bestimmten gefährlichen Stoffen umgesetzt hatte.[51] Wegen nicht fristgerechter Umsetzung der Wasserrahmenrichtlinie in den Bundesländern erfolgte ebenfalls eine Verurteilung der Bundesrepublik Deutschland durch den EuGH.[52] Ein Vertragsverletzungsverfahren war auch bereits wegen Nichtumsetzung der Meeresstrategierahmen-Richtlinie eingeleitet worden, da Deutschland die Richtlinie nicht bis zum 15.7.2010 in nationales Recht umgesetzt hatte. Die deutsche Umsetzung erfolgte 2011 durch Änderung des WHG (§§ 45a-45l WHG.).[53] Weitere Vertragsverletzungsverfahren sind u.a. wegen der (Nicht-)Umsetzung und Anwendung wasserrechtlicher Bestimmungen anhängig.[54]

10

---

44 Vgl. hierzu *Markus/Schlacke*, ZUR 2009, 464; *Markus/Schlacke/Maier*, The International Journal of Marine and Coastal Law 2011, 1, 3 ff.
45 *Schlacke* in: Durner, Wasserrechtlicher Reformbedarf, S. 21, 23.
46 Vgl. Art. 1 Abs. 3 MSRL.
47 Vgl. Bericht der Kommission zum Beitrag der MSRL zum Umweltschutz, KOM (2012) 662 endg.
48 Vgl. Festlegung der Deskriptoren in Annex I der Meeresstrategie-Rahmenrichtlinie, Beschl. 2017/848 der Kommission v. 17.5.2017 zur Festlegung der Kriterien und methodischen Standards für die Beschreibung eines guten Umweltzustands von Meeresgewässern und von Spezifikationen und standardisierten Verfahren für die Überwachung und Bewertung, ABlEU L 125/43.
49 EuGH, Rs. C-131/88, NVwZ 1991, 973; *Reinhardt*, DVBl. 2001, 145; *ders.*, DÖV 1992, 102; vgl. bereits § 6 Rn. 18; § 7 Rn. 15.
50 EuGH, Rs. C-298/95, NVwZ 1997, 369.
51 EuGH, Rs. C-262/95, NVwZ 1997, 371.
52 EuGH, Rs. C-67/05, ZfW 2007, 98; zur Umsetzung der Wasserrahmenrichtlinie vgl. *Salzwedel/Durner* in: Hansmann/Sellner, Kap. 8, Rn. 15 ff.; *Köck*, ZUR 2009, 227; zur Umsetzung bei FFH- und Vogelschutzgebieten vgl. *Möckel*, NuR 2007, 602.
53 BGBl. I 2011, S. 1986. Zur Umsetzung der MSRL in deutsches Recht vgl. *Janssen*, EurUP 2013, 269.
54 Vgl. BT-Drs. 18/10151, S. 4.

3. Bundesrecht

11   Grundlegend für den Gewässerschutz sind das **Wasserhaushaltsgesetz** (WHG)[55] und die zur Ausfüllung dieses Gesetzes erlassenen Landeswassergesetze. Infolge der **Föderalismusreform 2006**[56] wurde die Rahmengesetzgebungskompetenz für das Wasserrecht in eine konkurrierende Gesetzgebungskompetenz des Bundes (vgl. Art. 74 Abs. 1 Nr. 32 GG) überführt.[57] Das Wasserhaushaltsgesetz a.F.[58] hatte als Rahmengesetz bis zum 28.2.2010 weiterhin Bestand.[59] Seit dem 1.3.2010 gilt das Gesetz zur Ordnung des Wasserhaushalts (WHG)[60] vom 31.7.2009, das nach dem Scheitern des Umweltgesetzbuchs[61] zur Reform des Umweltrechts 2009 zählt.[62] Es ist die erste bundeseinheitliche Vollregelung des Wasserrechts, die zugleich die Anforderungen der Hochwasserschutzrichtlinie 2007/60/EG[63] in deutsches Recht umsetzt.[64] Änderungen erfuhr das WHG durch das Gesetz zur Änderung wasser- und naturschutzrechtlicher Vorschriften zur Untersagung und zur Risikominimierung bei den Verfahren der Fracking-Technologie vom 4.8.2016[65] und durch das Hochwasserschutzgesetz II, welches am 5.1.2018 in Kraft getreten ist.[66] Allerdings enthält auch das WHG Bereiche, die durch die Länder in eigenständigen Regelungen zu konkretisieren sind, wie etwa im Bereich der Abwasseranlagen (§ 60 Abs. 7 WHG).

Gleichwohl können die Länder gem. Art. 72 Abs. 3 S. 1 Nr. 5 GG vom Bundeswasserrecht abweichende Regelungen treffen, sofern es sich nicht um „stoff- und anlagenbezogene" Vorgaben handelt.[67] Es kommen daher landesrechtliche Abweichungen von allen Vorschriften des Wasserhaushaltsgesetzes mit Ausnahme der Vorschriften über Abwasseranlagen (§ 60 WHG), Rohrleitungsanlagen,[68] Anlagen zum Umgang mit wassergefährdenden Stoffen (§§ 62 f. WHG) sowie über das Einleiten von Abwasser (§§ 57 ff. WHG) in Betracht.[69]

Die Wasserrahmenrichtlinie[70] wurde im Wesentlichen durch die **siebte WHG-Novelle**[71] 2002 in deutsches Recht umgesetzt.

---

55 BGBl. I 2009, S. 2585, zuletzt geändert durch G v. 18.07.2017, BGBl. I, S. 2771.
56 Vgl. § 2 Rn. 14; § 4 Rn. 46 f.
57 *Salzwedel/Durner* in: Hansmann/Sellner Kap. 8, Rn. 3 ff.; kritisch hierzu *Koch/Krohn*, NuR 2006, 673; ferner *Ginzky/Rechenberg*, ZUR 2006, 344.
58 Gesetz zur Ordnung des Wasserhaushalts i.d.F. der Bekanntmachung v. 19.8.2002, BGBl. I 2002, S. 3245, zuletzt geändert durch G v. 22.12.2008, BGBl. I, S. 2986, aufgehoben durch G v. 31.7.2009, BGBl. I, S. 2585.
59 Vgl. Art. 125b Abs. 1 S. 1 GG.
60 Ausführlich zum novellierten WHG *Kotulla*, NVwZ 2010, 79; *Faßbender*, ZUR 2010, 181; ferner *Stüer/Buchsteiner*, DÖV 2010, 261.
61 Vgl. § 2 Rn. 14.
62 Vgl. oben § 4 Rn. 47, 52.
63 Vgl. oben § 11 Rn. 7.
64 Zur Ausgestaltung des Hochwasserschutzes im WHG, *Guckelberger*, UPR 2012, 361; kritisch zum deutschen Hochwasserschutz *Reinhardt*, ZRP 2013, 184.
65 BGBl. I, S. 1972.
66 BGBl. I 2017, S. 2193; vgl. zur WHG-Novelle 2017 *Hofmann*, ZfW 2018, 1; *Reinhardt*, NVwZ 2017, 1585.
67 Kritisch zur Abweichungsgesetzgebung *Haug*, DÖV 2008, 851; kritisch zur stoff- und anlagenbezogenen Regelung *Dietlein* in: Reinhardt, Das WHG 2010 – Weichenstellung oder Interimslösung?, S. 30 f.
68 Überführt in § 74 Abs. 6a UVPG.
69 Ausführlich zur verfassungsrechtlichen Kompetenzverteilung auf dem Gebiet des Gewässerschutzes siehe *Kotulla*, WHG, Einf. Rn. 29 ff.; ferner *Salzwedel/Durner* in: Hansmann/Sellner, Kap. 8, Rn. 6 ff.
70 Vgl. § 11 Rn. 7 f.
71 BGBl. I 2002, S. 1914; ausführlich hierzu *Kotulla*, NVwZ 2002, 1409.

Die Umsetzung der Meeresstrategie-Rahmenrichtlinie[72] erfolgte 2011 als ein „Gesetz im Gesetz"[73] und nicht als „eigenständiges Regelungsregime"[74], indem ein neuer Abschnitt 3 a „Bewirtschaftung von Meeresgewässern" (§§ 45a–45l WHG) in das Kapitel 2 des Wasserhaushaltsgesetzes eingefügt sowie der Begriff „Meeresgewässer" in den Katalog des § 3 WHG aufgenommen und definiert wurde (vgl. § 3 Nr. 2a WHG).[75]

12

Die Rechtsgrundlagen des Gewässerschutzes im Hinblick auf das Einleiten von Abwasser in ein Gewässer ergeben sich aus dem **Abwasserabgabengesetz (AbwAG)** vom 13.9.1976.[76]

13

Bedeutsam für den Schutz der Gewässer vor Abwässern ist die auf der Grundlage des § 23 Abs. 1 Nr. 3 i.V.m. § 57 Abs. 2 WHG[77] sowie des § 3 Abs. 4 AbwAG erlassene **Abwasserverordnung (AbwV)**[78] vom 17.6.2004. Sie regelt die Anforderungen für das Einleiten von Abwasser im Rahmen der kommunalen, gewerblichen und industriellen Abwasserbehandlung.

14

Gewässerschutzbelangen dienen auch folgende Spezialgesetze: das **Wasch- und Reinigungsmittelgesetz** (WRMG)[79] und die **Phosphathöchstmengenverordnung** (PHöchstMengV) vom 4.6.1980.[80]

15

Mittelbare Bezüge zum Gewässerschutz haben das **Wasserstraßenrecht**[81] und das damit verbundene **Wasserverkehrsrecht**.[82]

Stoffbezogene Regelungen mit wasserwirtschaftlicher Relevanz enthält ferner die **Trinkwasserverordnung** vom 21.5.2001.[83]

4. Landesrecht

Das WHG ist trotz der nun bestehenden Vollregelungen[84] auf Ausfüllung, Konkretisierung und Ergänzung durch den Landesgesetzgeber angewiesen.[85] Neben ihrer Abwei-

16

---

72 Vgl. oben § 11 Rn. 9.
73 *Schlacke* in: Durner, Wasserrechtlicher Reformbedarf, S. 21, 23.
74 BT-Drs. 17/6055, S. 17.
75 Dazu *Hofmann* in: Durner, Wasserrechtlicher Reformbedarf , S. 1, 3 ff.
76 Gesetz über Abgaben für das Einleiten von Abwasser in Gewässer, BGBl. I 2005, S. 114, zuletzt geändert durch VO v. 1.6.2016, BGBl. I, S. 1290; ausführlich zum Abwasserrecht *Salzwedel/Durner* in: Hansmann/Sellner, Kap. 8, Rn. 64 ff.
77 Vgl. Gesetzesbegründung BR-Drs. 280/09, S. 166 f.
78 BGBl. I 2004, S. 1108, zuletzt geändert durch G v. 29.03.2017, BGBl. I, S. 626; zur Beseitigung von Mikroverunreinigungen im Abwasser durch die „Vierte-Reinigungsstufe", *Gawel/Schindler*, ZUR 2015, 387.
79 Gesetz über die Umweltverträglichkeit von Wasch- und Reinigungsmitteln v. 17.7.2013, BGBl. I, S. 2538, zuletzt geändert durch G v. 18.07.2017, BGBl. I, S. 2774.
80 Verordnung über Höchstmengen für Phosphate in Wasch- und Reinigungsmitteln, BGBl. I, S. 664.
81 Bundeswasserstraßengesetz (WaStrG), BGBl. I 2007, S. 962, zuletzt geändert durch VO v. 31.8.2015, BGBl. I, S. 1474; zur Bewirtschaftung von Bundeswasserstraßen gemäß der WRRL vgl. *Möckel*, DVBl. 2010, 618.
82 Z.B. die Verordnung zur Einführung der Binnenschifffahrtsstraßen-Ordnung (BinSchStrEV) v. 16.12.2011, BGBl. I 2012, S. 2, zuletzt geändert durch VO v. 16.12.2016, BGBl. I, S. 2948; *Kloepfer*, Umweltschutzrecht, § 14 Rn. 6.
83 BGBl. I, S. 459, zuletzt geändert durch VO v. 3.1.2018, BGBl. I, S. 99.
84 Bereits § 11 Rn. 11; zum Zusammenspiel zwischen Bundes- und Landesrecht am Beispiel des § 38 WHG, vgl. *Fassbender*, ZUR 2010, 181, 185 f.; zu weiteren ausgewählten Konfliktfeldern vgl. *Kibele* in: Reinhardt, Das WHG 2010 – Weichenstellung oder Interimslösung, S. 53 ff.
85 Dies gilt erst recht für das als Rahmenrecht fortgeltende AbwAG, vgl. oben § 11 Rn. 13.

chungsbefugnis[86] können[87] und müssen die Länder für Maßnahmen[88] und Anlagen[89], die sich auf die Gewässer und ihre Nutzung auswirken können, und für das Recht der Gefahrenabwehr selbstständige Regelungen treffen. Dies gilt etwa auch für die Frage, wem das Eigentum an den Gewässern zusteht und welche Rechte und Pflichten sich aus dem wasserrechtlichen Nachbarrecht ergeben, sowie für verkehrs- und wegerechtliche Bestimmungen für Gewässer, die nicht Bundeswasserstraßen sind. Schließlich müssen die Länder bestimmen, welche Behörde für die Durchführung des WHG und des jeweiligen Landeswassergesetzes zuständig ist und welche Verfahren dabei einzuhalten sind.[90]

Auf regionaler und örtlicher Ebene werden wasserwirtschaftliche Fragen – insbesondere betreffend die Abwasserbeseitigung über gemeindliche Entwässerungsanlagen – durch das **Satzungsrecht**[91] der Gemeinden sowie der **Wasser- und Bodenverbände** geregelt.[92] Obwohl § 56 WHG die **Abwasserbeseitigungspflicht** grundsätzlich der öffentlichen Hand zuweist, sind die Länder nach § 56 S. 3 WHG befugt, diese auf private Dritte zu übertragen.

II. Das Wasserhaushaltsgesetz im Überblick

17   Das Wasserhaushaltsgesetz weist folgende Struktur auf: Nach allgemeinen Bestimmungen, die im ersten Kapitel behandelt werden, folgen fünf weitere Kapitel und zwei Anlagen. **Kapitel 1** (§§ 1–5 WHG) enthält Regelungen zu Zweck und Anwendungsbereich des WHG, Begriffsbestimmungen sowie Aussagen zu Gewässereigentum, Schranken des Grundeigentums und zu allgemeinen Sorgfaltspflichten. **Kapitel 2** beschäftigt sich mit der Bewirtschaftung von Gewässern (§§ 6–49 WHG). Es ist unterteilt in die Abschnitte über gemeinsame Bestimmungen (§§ 6–24 WHG), oberirdische Gewässer (§§ 25–42 WHG), Küstengewässer (§§ 43–45 WHG), Meeresgewässer (§§ 45a–45l WHG) und das Grundwasser (§§ 46–49 WHG). **Kapitel 3** (§§ 50–95 WHG) enthält besondere wasserwirtschaftliche Bestimmungen zur öffentlichen Wasserversorgung, Wasserschutzgebieten und zum Heilquellenschutz (§§ 50–53 WHG), zur Abwasserbeseitigung (§§ 54–61 WHG), zum Umgang mit wassergefährdenden Stoffen (§§ 62–63 WHG), zu Gewässerschutzbeauftragten (§§ 64–66 WHG), zu Gewässerausbau, Deich-, Damm- und Küstenschutzbauten (§§ 67–71a WHG), zum Hochwasserschutz (§§ 72–81 WHG), zur wasserwirtschaftlichen Planung und Dokumentation (§§ 82–88

---

86 Vgl. oben § 11 Rn. 11.
87 Vgl. z.B. § 2 Abs. 2 WHG (Festlegung von Ausnahmen des Anwendungsbereichs), § 25 S. 3 WHG (Erstreckung des Gemeingebrauchs), § 38 Abs. 3 S. 3 WHG (Festlegung von Gewässerrandstreifen), § 40 Abs. 1 S. 1 WHG (Festlegung des Trägers der Unterhaltungspflicht), § 43 WHG (erlaubnisfreie Benutzungen von Küstengewässern).
88 Den Ländern obliegt etwa die Koordination der Bewirtschaftung der Flussgebietseinheiten gem. § 7 Abs. 2 WHG und der Maßnahmenprogramme (§ 7 Abs. 3 WHG), die Festsetzung von Wasserschutzgebieten (§ 51 Abs. 1 WHG) und die Bestimmung der Abwasserbeseitigungspflichtigen (§ 56 WHG).
89 Vgl. etwa § 20 WHG zu alten Rechten und Pflichten oder § 60 Abs. 7 WHG zu Abwasseranlagen.
90 Eine Auflistung der aktuellen Landeswassergesetze findet sich in *Czychowski/Reinhardt*, WHG, Einl. Rn. 48; zum LWG NRW *Schlacke*, in dies./Wittreck, Landesrecht Nordrhein-Westfalen, § 7 Rn. 199 ff.
91 *Kloepfer*, Umweltrecht, § 14 Rn. 54.
92 Das Organisationsrecht der Wasser- und Bodenverbände, deren Hauptaufgabe es ist, die wasserwirtschaftlichen Verhältnisse in einem begrenzten Gebiet zu regeln, normiert das Wasserverbandsgesetz (WVG) v. 12.2.1991, BGBl. I, S. 405, zuletzt geändert durch G v. 15.5.2002, BGBl. I, S. 1578; vgl. *Czychowski/Reinhardt*, WHG, Einl. Rn. 28; *Breuer/Gärditz*, Rn. 33 ff.; zur Verfassungsmäßigkeit der Abwasserbeseitigungspflicht eines Abwasserverbandes vgl. OVG NRW, ZUR 2014, 249; zur Höhe einer Wasserverbandsabgabe vgl. BVerwG, ZUR 2015, 345.

WHG), zur Haftung für Gewässerveränderungen (§§ 89 f. WHG) und zu Duldungs- und Gestattungsverpflichtungen (§§ 91–95 WHG). Die Vorschriften des **Kapitels 4** (§§ 96–99a WHG) regeln Entschädigung und Ausgleich; **Kapitel 5** enthält Angaben zu Aufgaben und Befugnissen der Gewässeraufsicht (§§ 100–102 WHG). **Kapitel 6** schließt mit Bußgeld- und Überleitungsbestimmungen (§§ 103–107 WHG). **Anlage 1** enthält Kriterien zur Bestimmung des Standes der Technik und damit zur Konkretisierung von § 3 Nr. 11 WHG; **Anlage 2** enthält gem. § 7 Abs. 1 S. 3 WHG eine kartografische Darstellung der Flussgebietseinheiten der Bundesrepublik Deutschland.[93]

III. Ziele und Grundsätze der Gewässerbewirtschaftung

Nach § 1 WHG ist es Zweck des Gesetzes, durch eine nachhaltige Gewässerbewirtschaftung die Gewässer als Bestandteil des Naturhaushalts, als Lebensgrundlage des Menschen, als Lebensraum für Tiere und Pflanzen sowie als nutzbares Gut zu schützen. Leitlinie der Schutzzweckerfüllung ist der **Nachhaltigkeitsgrundsatz**.[94]

18

Ziel der Bewirtschaftung ist mithin, eine Ordnung des Wasserhaushalts dahingehend zu schaffen, dass das **ökologische Gleichgewicht** der Gewässer gewahrt oder wiederhergestellt wird, dass die **einwandfreie Wasserversorgung** der Bevölkerung und der Wirtschaft gesichert ist und dass darüber hinaus alle **anderen Wasserfunktionen** (wie etwa Fischerei, Erholung, Energieversorgung, Schifffahrt) im Sinne einer nachhaltigen Entwicklung[95] gewährleistet bleiben.[96] Dabei sind insbesondere mögliche Verlagerungen von nachteiligen Auswirkungen von einem Schutzgut auf ein anderes zu berücksichtigen und ein hohes Schutzniveau für die Umwelt insgesamt – unter Berücksichtigung der Erfordernisse des Klimaschutzes[97] – zu gewährleisten. Ferner ist auch ein Beitrag zum Meeresumweltschutz zu leisten, insbesondere bei der Zulassung von Stoffeinträgen in oberirdischen Gewässern.[98] Im Ergebnis ist damit eine integrierte Bewirtschaftung im Hinblick auf den gesamten Wasser- und Naturkreislauf gefordert.[99]

Gegenstand der Gewässerbewirtschaftung sind **Gewässer**, auf die sich auch die **Anwendung des WHG** erstreckt. Gewässer sind gem. § 2 Abs. 1 WHG oberirdische Gewässer, Küstengewässer, Grundwasser oder Teile von diesen. Auf Meeresgewässer gem. § 3 Nr. 2a WHG finden lediglich § 23, §§ 45a–45l und § 90 WHG Anwendung (vgl. § 2 Abs. 1a S. 1 WHG), wobei unabhängig vom Anwendungsbereich des WHG der Schutz der Binnengewässer notwendigerweise auch zum Schutz der Meeresgewässer führt.

---

93 Zur synoptischen Übersicht der alten und neuen Vorschriften des WHG vgl. *Drost*, WHG 2010, S. 98; ausführlich zu den Änderungen des WHG im Einzelnen vgl. *Caßor-Pfeiffer*, ZfW 2010, 1, 5 ff.; zum Aufbau des WHG vgl. *Müggenborg/Hentschel*, NJW 2010, 961, 962 ff.

94 Vgl. § 3 Rn. 2 und sogleich unten § 11 Rn. 19; ferner Begründung BR-Drs. 280/09, S. 149; *Schmidt/Kahl/Gärditz*, § 8 Rn. 18 f.

95 Diese Zielsetzung wurde durch die siebte WHG-Novellierung eingefügt; vgl. § 11 Rn. 11.

96 Vgl. *Kloepfer*, Umweltrecht, § 14 Rn. 82 ff. Erstmals findet sich in § 35 WHG auf Bundesebene eine Regelung der Wasserkraftnutzung, die die ökologischen Belange der Energieerzeugung sowie des Gewässer- und Fischschutzes miteinander in Einklang zu bringen versucht; kritisch zu den wasserrechtlichen Anforderungen *Reinhardt*, NVwZ 2011, 1089.

97 Zur Anpassung an den Klimawandel im Bewirtschaftungssystem der WRRL vgl. *Reese*, ZfW 2011, 61.

98 Vgl. Begründung BR-Drs. 280/09, S. 155.

99 Vgl. *Kloepfer*, Umweltrecht, § 14 Rn. 82; *Czychowski/Reinhardt*, WHG, § 1 Rn. 5 ff.

19 Die **allgemeinen Grundsätze der Gewässerbewirtschaftung** sind in § 6 WHG niedergelegt. Diese sind insbesondere:

- die Erhaltung und Verbesserung der Funktions- und Leistungsfähigkeit der Gewässer als Bestandteil des Naturhaushalts und als Lebensraum für Tiere und Pflanzen (vgl. § 6 Abs. 1 S. 1 Nr. 1 WHG),
- die Vermeidung und der Ausgleich unvermeidbarer Beeinträchtigungen auch im Hinblick auf den Wasserhaushalt der direkt von den Gewässern abhängenden Landökosystemen und Feuchtgebieten (vgl. § 6 Abs. 1 S. 1 Nr. 2 WHG),
- die Nutzung von Gewässern zum Wohl der Allgemeinheit und im Einklang mit ihm im Interesse Einzelner (vgl. § 6 Abs. 1 S. 1 Nr. 3 WHG),
- die Erhaltung oder Schaffung bestehender oder künftiger Nutzungsmöglichkeiten insbesondere für die öffentliche Wasserversorgung (vgl. § 6 Abs. 1 S. 1 Nr. 4 WHG),
- die Vorbeugung möglicher Folgen des Klimawandels (vgl. § 6 Abs. 1 S. 1 Nr. 5 WHG),
- die Gewährleistung natürlicher und schadloser Abflussverhältnisse an oberirdischen Gewässern und insbesondere die Vorbeugung der Entstehung nachteiliger Hochwasserfolgen durch Rückhaltung des Wassers in der Fläche (vgl. § 6 Abs. 1 S. 1 Nr. 6 WHG) und
- die Leistung eines Beitrags zum Schutz der Meeresumwelt (vgl. § 6 Abs. 1 S. 1 Nr. 7 WHG).

§ 6 Abs. 1 S. 1 WHG verpflichtet generell zu einer nachhaltigen Gewässerbewirtschaftung.[100] § 6 Abs. 1 S. 1 Nr. 4 WHG stellt eine besondere Ausprägung des Nachhaltigkeitsgrundsatzes dar.[101] Darüber hinaus enthält § 6 Abs. 1 S. 2 WHG Anforderungen an eine **nachhaltige Gewässerbewirtschaftung:** Sie soll ein hohes Schutzniveau gewährleisten sowie Wechselwirkungen zwischen den Umweltmedien und die Erfordernisse des Klimaschutzes berücksichtigen.

Ferner sollen Gewässer, die sich in einem natürlichen und naturnahen Zustand befinden, in diesem Zustand erhalten bleiben und nicht naturnah ausgebaute natürliche Gewässer sollen so weit wie möglich wieder in einen naturnahen Zustand zurückgeführt werden, wenn überwiegende Gründe des Allgemeinwohls dem nicht entgegenstehen (§ 6 Abs. 2 WHG).

1. Behördliche Bewirtschaftungspflichten

20 Strukturprinzip des Wasserrechts ist die Verpflichtung, für jede Gewässerbenutzung grundsätzlich eine behördliche Zulassung einzuholen (**Bewirtschaftungsauftrag des Staates**).[102] Übergeordnete Leitlinie dieses Bewirtschaftungsauftrags ist gem. § 6 Abs. 1 S. 1 WHG der Nachhaltigkeitsgrundsatz.[103] Gem. § 6 WHG sind Gewässer als Bestandteil des Naturhaushalts und als Lebensraum für Tiere und Pflanzen zu sichern und unter Beachtung des Vorsorgeprinzips so zu **bewirtschaften**, dass sie dem Wohl der Allgemeinheit und – im Einklang mit ihm – auch dem Nutzen Einzelner dienen und vermeidbare Beeinträchtigungen ihrer ökologischen Funktionen unterbleiben.

---

100 *Kotulla*, WHG, § 6 Rn. 7 ff.; *Berendes* in: Ders./Frenz/Müggenborg, WHG, § 6 Rn. 8.
101 Vgl. BR-Drs. 280/09, S. 155.
102 Vgl. Begründung BR-Drs. 280/09, S. 154.
103 Vgl. § 11 Rn. 18 f.; allgemein zum Nachhaltigkeitsgrundsatz vgl. § 3 Rn. 2.

Die Bewirtschaftungsgrundsätze[104] – dessen Adressaten ausschließlich Behörden sind[105] – dienen als Richtschnur bei der Auslegung von unbestimmten Rechtsbegriffen und bei der Eingrenzung von Spielräumen im Recht der (staatlichen) Gewässerbewirtschaftung; sie entfalten hingegen keine drittschützende Wirkung.[106] Derartige Spielräume werden den zuständigen Behörden vor allem bei der Erlaubnis und Bewilligung für eine Gewässerbenutzung im Rahmen ihres **Bewirtschaftungsermessens** (§ 12 Abs. 2 WHG) eingeräumt.

2. Allgemeine Sorgfaltspflichten

Demgegenüber richtet sich die in § 5 Abs. 1 WHG statuierte, am Vorsorgeprinzip[107] orientierte **allgemeine Sorgfaltspflicht** an jedermann. Sie bezieht sich nicht nur auf eine sparsame Gewässerbenutzung i.S.d. § 9 WHG, sondern aufgrund der in § 5 Abs. 1 WHG bewusst weit gewählten Formulierung auf schlechthin alle Maßnahmen, die auf Gewässer einwirken.[108] Dazu zählt auch die Jedermann-Pflicht, geeignete Vorsorgemaßnahmen zum Schutz vor nachteiligen Hochwasserfolgen und zur Schadensminderung zu treffen, insbesondere die Nutzung von Grundstücken den möglichen nachteiligen Folgen für Mensch, Umwelt oder Sachwerte durch Hochwasser anzupassen (§ 5 Abs. 2 WHG). Damit werden auch und gerade solche Verhaltensweisen erfasst, für welche die übrigen Vorschriften des WHG nicht oder nur eingeschränkt gelten.[109] Solche erlaubnisfreien Tätigkeiten sind z.B. der Eigentümer- und Anliegergebrauch (§ 26 WHG)[110] und bestimmte Nutzungen des Grundwassers für häusliche, land-,[111] forst- oder gärtnereiwirtschaftliche Zwecke (§ 46 WHG).

Mit dem **Umweltschadensgesetz** (USchadG) vom 10.5.2007 ist erstmals eine zum Teil verschuldensunabhängige Haftung für bestimmte, rein ökologische Schäden an Gewässern eingeführt worden.[112] Der Begriff des Umweltschadens wird in § 2 Nr. 1 USchadG definiert. Dieser erfasst gem. § 2 Nr. 1 b) USchadG[113] auch den in § 90 Abs. 1 WHG definierten Begriff des Gewässerschadens. Dieser umfasst alle erheblichen nachteiligen Auswirkungen auf den ökologischen oder chemischen Zustand eines oberirdischen Gewässers oder Küstengewässers, auf das ökologische Potential oder den chemischen Zustand eines künstlichen oder erheblich veränderten oberirdischen Gewässers oder Küstengewässers oder jene Auswirkungen auf den chemischen oder mengenmäßigen Zustand des Grundwassers sowie den Zustand des Meeresgewässers.[114]

21

22

---

104 Vgl. oben § 11 Rn. 19.
105 *Czychowski/Reinhardt*, WHG, § 6 Rn. 14 ff.; *Kloepfer*, Umweltrecht, § 14 Rn. 95.
106 BVerwG, BeckRS 2017, 146870, Rn. 41; BVerwG, ZfW 1999, 94; *Kotulla*, WHG, § 6 Rn. 4 f.
107 Vgl. § 3 Rn. 3 ff.
108 *Hasche* in: Giesberts/Reinhardt, § 5 WHG Rn. 4.
109 *Czychowski/Reinhardt*, WHG, § 5 Rn. 2 f.
110 Zu Fragen des wasserrechtlichen Eigentümergebrauchs vgl. das seit dem 1.2.2004 in Nordrhein-Westfalen geltende Gesetz über die Erhebung eines Entgelts für die Entnahme von Wasser aus Gewässern, Wasserentnahmegesetz des Landes Nordrhein-Westfalen v. 27.1.2004, GVBl. NW, S. 30, zuletzt geändert durch G v. 8.7.2016, GV. NRW. S. 559.
111 *Kloepfer*, Umweltrecht, § 14 Rn. 164.
112 Vgl. § 2 Rn. 18.
113 BGBl. I 2007, S. 666, zuletzt geändert durch G v. 4.8.2016, BGBl. I, S. 1972; siehe bereits § 2 Rn. 18; vgl. ferner zur Umsetzung der Umwelthaftungsrichtlinie *Becker*, NVwZ 2007, 1105.
114 Eingehend hierzu *Diederichsen*, NJW 2007, 3377 f.; zur Haftung für nachteilige Gewässerveränderung und die Sanierung von Gewässern gem. §§ 89, 90 WHG vgl. *Seuser*, NuR 2013, 248.

3. Grundsatzbestimmung über das Verhältnis von Grundeigentum und Gewässerbenutzung

23   Nach Art. 89 Abs. 1 GG ist der Bund Eigentümer der Bundeswasserstraßen. Die in den Landeswassergesetzen[115] bestimmten Gewässer **erster Ordnung** liegen im Eigentum des Landes, soweit sie nicht Bundeswasserstraßen sind. Alle übrigen Gewässer sind Gewässer **zweiter Ordnung** und gehören den Eigentümern der Ufergrundstücke.

Das **private Gewässereigentum** ist innerhalb dieser Eigentumsordnung stark eingeschränkt. Der deklaratorische Aussagegehalt des § 4 Abs. 2 WHG (oberirdische Gewässer und Grundwasser sind nicht eigentumsfähig), des § 4 Abs. 3 WHG (Grundeigentum berechtigt nicht zu einer zulassungspflichtigen Gewässerbenutzung oder zum Gewässerausbau) und des § 4 Abs. 4 S. 1 WHG (Duldungsverpflichtung Dritter)[116] spiegelt den von Anfang an im WHG verankerten Grundsatz wider, die Gewässerbenutzung losgelöst vom Privateigentum einer öffentlich-rechtlichen Benutzungsordnung zu unterstellen.[117] Seit der Nassauskiesungsentscheidung des BVerfG[118] ist es verfassungsrechtlich nicht mehr zu beanstanden, das Grundwasser und dementsprechend teilweise auch die oberirdischen Gewässer und die Küstengewässer zur Sicherung der öffentlichen Wasserversorgung dem Grundstückseigentum zu entziehen sowie grundsätzlich jede Benutzung von einer konstitutiv wirkenden Zulassung abhängig zu machen. Dieser Umstand ist sowohl auf die „überragende Bedeutung des Wasserhaushalts für die Allgemeinheit"[119] als auch die Sozialpflichtigkeit des Eigentums nach Art. 14 Abs. 2 GG zurückzuführen. § 4 Abs. 2–4 WHG sind Inhalts- und Schrankenbestimmungen i.S.v. Art. 14 Abs. 1 S. 2 GG.[120]

4. Grundsätze der öffentlichen Wasserversorgung

24   Die allgemeinen Grundsätze der der Allgemeinheit dienenden Wasserversorgung (= öffentliche Wasserversorgung) normiert § 50 WHG, der klarstellt, dass die Versorgung der Bevölkerung mit Wasser („ohne Wasser kein Leben")[121] die wichtigste Nutzung der Gewässer und damit Aufgabe der (kommunalen) Daseinsvorsorge ist.

§ 50 Abs. 2 S. 1 WHG enthält die Vorgabe, statt durch Fernwasser die Trinkwasserversorgung über ortsnahe Wasservorkommen zu decken. Aufgrund der herausragenden Bedeutung des „guten Wassers"[122] ist dieses **Optimierungsgebot**, das bei der Abwägung eine privilegierte Stellung einnimmt, verfassungsgemäß. Das Recht der kommunalen Selbstverwaltung tritt daher ebenso wie wirtschaftliche Erwägungen zurück.[123]

§ 50 Abs. 3 WHG soll einen sorgsamen Umgang mit Wasser durch Wasserversorgungsunternehmen und Endverbraucher gewährleisten.[124] Unnötiger Wasserverbrauch soll unter Beachtung der Anforderungen von Wirtschaftlichkeit und Hygiene in der öffentlichen Wasserversorgung vermieden werden.

---

115   Z.B. § 3 LWG NRW; §§ 48 ff. LWaG M-V.
116   Zur Rechtsnachfolge in eine wasserrechtliche Duldungsverpflichtung vgl. ThürOVG, DÖV 2007, 260 f.
117   *Czychowski/Reinhardt*, WHG, § 4 Rn. 14 ff.; *Berendes* in: ders./Frenz/Müggenborg, WHG, § 4 Rn. 8 ff.; *Kotulla*, WHG, § 4 Rn. 33 ff.
118   BVerfGE 58, 300, 330 ff.; *Schmidt/Kahl/Gärditz*, § 8 Rn. 24.
119   BVerfGE 58, 300, 341; *Czychowski/Reinhardt*, WHG, § 4 Rn. 16 m.w.N.
120   Vgl. Begründung BR-Drs. 280/09, S. 152.
121   Vgl. Begründung BR-Drs. 280/09, S. 191.
122   BVerfGE 58, 300, 341.
123   Vgl. *Laskowski/Ziehm* in: Koch/Hofmann/Reese, § 5 Rn. 82 m.w.N.
124   Neu eingefügt durch WHG 2010, vgl. Begründung BR-Drs. 280/09, S. 192.

IV. Geltungsbereich und Begriffsbestimmungen

Den Begriff des **Wasserhaushalts** definieren das WHG und die Landeswassergesetze   25
nicht. Naturwissenschaftlich lässt sich der Begriff umschreiben als das auf der Erde
vorhandene Wasser, das sich ständig in Kreisläufen von Verdunstung, Kondensation,
Niederschlag, Abfluss und Wiederverdunstung bewegt.[125] Entscheidend ist somit die
Eingebundenheit des Gewässers in den natürlichen Wasserkreislauf.[126] Das BVerfG[127]
umschreibt den Regelungsgegenstand des Wasserhaushaltsrechts als die allgemein verbindliche Normierung der menschlichen Einwirkungen auf Oberflächen- und Grundwasser.

Das Wasserhaushaltsgesetz gilt gem. § 2 Abs. 1 WHG für oberirdische Gewässer, Küstengewässer und Grundwasser sowie für deren Teile. Gemäß § 2 Abs. 1a S. 1 WHG
finden auf die Meeresgewässer die Verordnungsermächtigung des § 23 WHG, die Vorschriften des Kapitels 2 Abschnitt 3a und § 90 WHG Anwendung. Daneben gelten für
Küstengewässer weiterhin die Vorschriften des Kapitels 2 Abschnitt 3 über die Bewirtschaftung der Küstengewässer (vgl. § 2 Abs. 1a S. 2 WHG).

§ 3 Nr. 1 WHG definiert **oberirdische Gewässer** als das ständig oder zeitweilig in Bet-
ten fließende oder stehende oder aus Quellen wild abfließende Wasser.[128]

Gem. § 3 Nr. 4 und 5 findet das WHG auch auf künstliche, d.h. von Menschen geschaffene oberirdische oder Küstengewässer[129] sowie auf durch den Menschen in
ihrem Wesen physikalisch erheblich veränderte oberirdische Gewässer oder Küstengewässer[130] (= erheblich veränderte Gewässer) Anwendung.

Küstengewässer sind gem. § 3 Nr. 2 WHG das Meer zwischen der Küstenlinie bei mitt-   26
lerem Hochwasser oder zwischen der seewärtigen Begrenzung der oberirdischen Gewässer und der seewärtigen Begrenzung des Küstenmeeres.[131] Für das **Küstenmeer** entspricht die seewärtige Begrenzung der Hoheitsgrenze der von der Bundesrepublik in
Anspruch genommenen 12-sm-Zone.[132]

Der Begriff der **Meeresgewässer** wird in § 3 Nr. 2a WHG definiert als Küstengewässer   27
sowie Gewässer im Bereich der deutschen ausschließlichen Wirtschaftszone und des
Festlandsockels, jeweils einschließlich des Meeresgrundes und des Meeresuntergrun-
des.[133]

---

125 *Hoppe/Beckmann/Kauch*, § 18 Rn. 1.
126 BVerwG, NVwZ-RR 2005, 739, 740; BVerwG, NVwZ-RR 2003, 829, 830; OVG Münster, NVwZ-RR 2006, 639,
     640.
127 BVerfGE 15, 1, 14; BVerfGE 58, 300, 348.
128 Zur Gewässereigenschaft bei „verrohrter" Wasserführung vgl. BVerwG, ZUR 2011, 254; *Kotulla*, WHG, § 3
     Rn. 3 ff.
129 *Guckelberger* in: Giesberts/Reinhardt, § 3 WHG Rn. 12 ff.
130 *Dies.* in: Giesberts/Reinhardt, § 3 WHG Rn. 15.
131 Vgl. ferner § 15 Rn. 14 ff.
132 Proklamation der Bundesregierung über die Ausweitung des deutschen Küstenmeeres v. 11.11.1994,
     BGBl. I 1994, S. 3428; vgl. näher § 15 Rn. 68.
133 Erstmals werden das gesamte, küstenstaatlichen Hoheitsbefugnissen unterliegende Meer, der Meeresbo-
     den und Festlandsockel und nicht nur die Küstengewässer vom WHG erfasst (vgl. §§ 3 Nr. 2, 43 ff. WHG).
     Vgl. zur Zonierung der Meere nach dem SRÜ § 15 Rn. 13 ff.

28   Das **Grundwasser** umfasst nach § 3 Nr. 3 WHG das unterirdische Wasser in der Sätti-
gungszone, das in unmittelbarer Berührung mit dem Boden oder dem Untergrund
steht.[134]

Von der Ermächtigung des § 2 Abs. 2 WHG, kleine Gewässer von wasserwirtschaftlich
untergeordneter Bedeutung oder Heilquellen (vgl. § 53 WHG) vom Anwendungsbereich auszunehmen, wurde in den Ländern bisher insbesondere im Hinblick auf Teiche,
Gräben und Straßenseitengräben Gebrauch gemacht.[135]

29   Von zentraler Bedeutung für die aufgrund der WRRL erforderliche Gewässerbewirtschaftung nach Flussgebietseinheiten gem. § 7 WHG sind die Begriffe „Einzugsgebiet"
(§ 3 Nr. 13 WHG), „Teileinzugsgebiet" (§ 3 Nr. 14 WHG) und „Flussgebietseinheit"
(§ 3 Nr. 15 WHG).

Die Begriffsbestimmungen in § 3 WHG für „künstliche Gewässer" (Nr. 4), erheblich
„veränderte Gewässer" (Nr. 5), „Wasserkörper" (Nr. 6), „Gewässereigenschaften"
(Nr. 7), „Gewässerzustand" (Nr. 8), „Wasserbeschaffenheit" (Nr. 9), „schädliche Gewässerveränderungen" (Nr. 10), „Stand der Technik" (Nr. 11) und „EMAS-Standort"
(Nr. 12) sind ebenfalls unionsrechtlichen Vorgaben geschuldet.[136]

V. Wasserrechtliches Instrumentarium

30   Neben ordnungsrechtlichen Instrumenten in Form von Ge- und Verboten, insbesondere im Bereich der Gewässeraufsicht, bedient sich das Wasserhaushaltsrecht überwiegend der Mittel der direkten Verhaltenssteuerung durch Präventivkontrollen und repressive Maßnahmen sowie der wasserwirtschaftlichen Planung.

1. Wasserwirtschaftliche Planung

31   Das Wasserhaushaltsgesetz sieht **verschiedene Planungsinstrumente** vor:

- Bewirtschaftungspläne, § 83 WHG,
- Maßnahmenprogramme für Flussgebietseinheiten (§ 82 WHG) und Meeresgewässer
  (§ 45h WHG) und Überwachungsprogramme für Meeresgewässer (§ 45 f. WHG)
  und
- Risikomanagementpläne für Gebiete mit signifikantem Hochwasserrisiko,
  § 75 WHG.

a) Bewirtschaftungspläne

32   Die wasserrechtlichen **Bewirtschaftungspläne** gem. § 83 WHG stellen die oberste Pla-
nungsstufe dar. Ein Bewirtschaftungsplan ist für jede Flussgebietseinheit[137] aufzustellen, um eine einheitliche Betrachtungsweise vom Oberlauf bis zum Unterlauf zu gewährleisten. Eine Flussgebietseinheit ist ein als Haupteinheit für die Bewirtschaftung

---

134 Vgl. auch Definitionen des BVerfGE 58, 300, 303; BVerwG, ZfW 1969, 116; OVG Münster, ZfW 1998, 455,
     456; allgemein zum Grundwasserschutz vgl. *Laskowski*, ZUR, 2010, 449; *Rechenberg*, ZUR 2007, 235; *Ginz-
     ky*, ZUR 2005, 291; zur Problematik des (Grund)wasserschutzes bei Erdgas-Fracking, u.a. *Ramsauer/Wendt*,
     NVwZ 2014, 1401; *Gaßner/Buchholz*, ZUR 2013, 143; zu wasserrechtlichen Maßnahmen bei Verunrei-
     nigung des Grundwassers durch schädliche Bodenveränderungen vgl. OVG Münster, NVwZ-RR 2013, 681.
135 Vgl. etwa Art. 1 Abs. 2 BayWG, § 1 Abs. 2 LWaG MV, § 1 Abs. 2 LWG RP.
136 Begründung BR-Drs. 280/09, S. 150.
137 Vgl. die Legaldefinition in § 3 Nr. 15 WHG.

von Einzugsgebieten[138] festgelegtes Land- oder Meeresgebiet, das aus einem oder mehreren benachbarten Einzugsgebieten, dem ihnen zugeordneten Grundwasser und den ihnen zugeordneten Küstengewässern i.S.d. § 7 Abs. 5 S. 2 WHG besteht (§ 3 Nr. 15 WHG).[139]

Aufgabe eines Bewirtschaftungsplans ist es, alle vorhandenen, die Gewässer beschreibenden Daten zu bündeln sowie alle relevanten Ziele der Gewässerbewirtschaftung aufzuführen. Die Bewirtschaftungspläne dienen mithin der informatorischen Grundlage der Gewässerbewirtschaftung.[140] Bewirtschaftungspläne müssen gem. § 83 Abs. 2 S. 1 WHG die in Art. 13 Abs. 4 i.V.m. Anhang VII der WRRL genannten Informationen enthalten, insbesondere:

- eine Beschreibung der Merkmale der Gewässer in der Flussgebietseinheit,
- die Zusammenfassung der signifikanten Auswirkungen und Einwirkungen auf den Zustand der Gewässer,
- die von den Gewässern direkt anhängenden Schutzgebiete,
- die Überwachungsnetze und die Überwachungsergebnisse,
- die Bewirtschaftungsziele,
- die Zusammenfassung einer wirtschaftlichen Analyse des Wassergebrauchs,
- die Zusammenfassung der Maßnahmenprogramme.

Neben diesen Mindestinhalten sind nach § 83 Abs. 2 S. 2 WHG die begründete Einstufung oberirdischer Gewässer als künstlich oder erheblich verändert (vgl. § 28 WHG), Abweichungen von gesetzlichen Fristvorgaben und ihre Gründe (vgl. §§ 29 Abs. 2–4, §§ 44 und 47 Abs. 2 S. 2 WHG), begründete Abweichungen von Bewirtschaftungszielen (vgl. § 30 WHG) und Ausnahmen (vgl. §§ 31 Abs. 2, 44 und 47 Abs. 3 WHG), Bedingungen und Kriterien für die Geltendmachung von Umständen für vorübergehende Verschlechterungen, ihre Auswirkungen und Behebung sowie eine Darstellung der geplanten Schritte zur Durchführung von § 6a WHG, die zur Erreichung der Bewirtschaftungsziele nach den §§ 27–31, 44 und 47 WHG beitragen sollen, der Beiträge der verschiedenen Wassernutzungen zur Deckung der Kosten der Wasserdienstleistungen sowie der Gründe dafür, dass bestimmte Wassernutzungen nach § 6a Abs. 2 WHG nicht zur Deckung der Kosten der Wasserdienstleistungen[141] beizutragen haben, sowie die Gründe für Ausnahmen nach § 6a Abs. 4 WHG darzulegen.[142]

Ferner sieht § 83 Abs. 3 WHG die Erstellung zusätzlicher detaillierter Programme und Bewirtschaftungspläne für bestimmte Teileinzugsgebiete[143] sowie für bestimmte Sektoren und Aspekte der Gewässerbewirtschaftung vor, die in den Bewirtschaftungsplan für die Flussgebietseinheit aufgenommen werden können.

Die Aufstellung solcher Pläne obliegt gem. § 83 Abs. 4 WHG der „zuständigen Behörde" und verweist i.V.m. § 84 WHG die Zuständigkeit für Aufstellung und Änderung an die Länder.

---

138 Vgl. die Legaldefinition in § 3 Nr. 13 WHG.
139 Zur Festlegung der Flussgebietseinheiten in der Bundesrepublik Deutschland vgl. § 7 Abs. 1 WHG i.V.m. Anlage 2; zum Koordinierungsgebot für Flussgebietseinheiten (vgl. § 7 Abs. 2 WHG), die sich über das Gebiet mehrerer Bundesländer erstrecken BVerwG, Beschl. v. 9.3.2010, 7 B 3/10.
140 BVerwG, ZUR 2017, 424, Rn. 586; *Kloepfer*, Umweltschutzrecht, § 14 Rn. 72.
141 Legaldefinition in § 3 Nr. 17 WHG.
142 Zu den Ausnahmeklauseln, vgl. *Salzwedel/Durner* in: Hansmann/Sellner, § 8 Rn. 50 ff.
143 Vgl. die Legaldefinition in § 3 Nr. 14 WHG.

Dem Bewirtschaftungsplan kommt keine rechtsverbindliche Außenwirkung zu. Allerdings entfaltet er verwaltungsintern unabhängig davon, ob seine Behördenverbindlichkeit ausdrücklich bestimmt ist, grundsätzlich nicht nur für die Wasserbehörden Bindungswirkung, sondern auch für alle anderen Behörden, soweit sie über wasserwirtschaftliche Belange entscheiden.[144]

b) Maßnahmen- und Überwachungsprogramme

33 **Maßnahmenprogramme** sind für jede Flussgebietseinheit aufzustellen, um den guten Zustand der Gewässer zu erreichen oder zu erhalten (§ 82 WHG). Sie dienen – unter Beachtung der Ziele der Raumordnung und Berücksichtigung der Raumordnungsgrundsätze – der Erreichung von Bewirtschaftungszielen für oberirdische Gewässer (§§ 27–31 WHG), Küstengewässer (§ 44 WHG) und das Grundwasser (§ 47 Abs. 1, § 82 Abs. 1 WHG).[145] Sie enthalten grundlegende – und, soweit erforderlich, ergänzende – Maßnahmen, um fristgerecht die im Gesetz festgelegten Ziele zu erreichen (§ 82 Abs. 2, 3 WHG). Die Erstellung der Maßnahmenprogramme obliegt den Ländern.[146] Als Grundlage für wasserwirtschaftliche Vollzugsmaßnahmen ist umstritten, ob Maßnahmenprogramme als außenwirksame Rechtsnorm erlassen werden müssen.[147] Es bestünde jedenfalls auch die Möglichkeit, sie auf die Benennung von Maßnahmen zu beschränken und ihre konkrete Umsetzung durch landesrechtliche Befugnisnormen vorzunehmen. Damit einher geht der Streit um den einschlägigen Rechtsschutz. Zumindest für anerkannte Naturschutz- und Umweltverbände besteht nun nach § 1 Abs. 1 Nr. 4 lit. a) UmwRG die Möglichkeit, Maßnahmenprogramme gerichtlich überprüfen zu lassen.[148]

§ 85 WHG normiert die Pflicht der zuständigen Behörden, die aktive Beteiligung aller interessierten Stellen an der Aufstellung, Überprüfung und Aktualisierung der Maßnahmenprogramme und Bewirtschaftungspläne zu fördern. Weitergehend besteht die Pflicht zur Öffentlichkeitsbeteiligung, da gemäß § 35 Abs. 1 Nr. 1 UVPG eine Strategische Umweltprüfung durchgeführt werden muss.

Der **Mindestinhalt** eines Maßnahmenprogramms wird durch § 82 Abs. 3 WHG i.V.m. Art. 11 Abs. 3 WRRL festgelegt. Er enthält neben den grundlegenden Maßnahmen auch solche ergänzender Art, soweit sie erforderlich sind, um die in §§ 27–31, 44 und 47 WHG genannten Güteziele zu erreichen (§ 82 Abs. 4 WHG). Falls die gesetzlichen Güteziele nicht erreicht werden, sieht § 82 Abs. 5 WHG eine Ursachenforschung sowie eine Aktualisierung und Anpassung des Maßnahmenprogramms an die

---

144 BVerwG, ZUR 2017, Rn. 489; kritisch Nutzhorn nach *Schöneberger*, NVwZ 2018, 133, 134.

145 *Czychowski/Reinhardt*, WHG, § 82 Rn. 7 ff.; zum Verhältnis der Maßnahmenprogramme zur Raumordnung vgl. *Czychowski/Reinhardt*, WHG, § 82 Rn. 13 f.; zum Konfliktpotential zwischen Raumordnung und Wasserbewirtschaftung vgl. *Köck*, DÖV 2013, 844.

146 Bis Ende 2009 waren die Programme aufzustellen; die Maßnahmen waren bis Ende 2012 umzusetzen vgl. § 84 Abs. 2 WHG; sie sind erstmals bis zum 22. Dezember 2015 sowie anschließend nicht nur turnusmäßig alle sechs Jahre zu überprüfen und zu aktualisieren, sondern dynamisch fortzuschreiben und, soweit erforderlich, zu aktualisieren, vgl. § 84 Abs. 1, 2. Hs. WHG, BVerwG, ZUR 2017, Rn. 593; zum Maßnahmenprogramm für den deutschen Anteil der Flussgebietsgemeinschaft Elbe s. www.fggelbe.de/berichte.html %3Ffile%3Dtl_files/Downloads/EG_WRRL/ber/mnp2015/Massnahmenprogramm_Stand_12-11-2015.pdf (Stand: 16.9.2018).

147 Vgl. *Czychowski/Reinhardt*, WHG, § 82 Rn. 10; *Sparwasser/Engel/Voßkuhle*, § 8 Rn. 227 ff.; *Laskowski/Ziehm* in: Koch/Hofmann/Reese, § 5 Rn. 117 unter Verweis auf die Rechtsprechung der EuGHE 1991, I-825, EuGHE 1991, I-2567; EuGHE 1991, I-2607; a.A. *Heiland*, VBlBW 2004, 281; *Faßbender*, ZfW 2010, 189.

148 Dazu ausführlich: *Durner*, EurUP 2018, 142, 148 ff.; *Ginzky* in: Giesberts/Reinhardt, § 82 Rn. 8. sieht den Streit durch die Novellierung des UmwRG 2017 (vgl. hierzu § 6 Rn. 15) als entschieden an.

derzeitige Situation vor. Eine darüber hinausgehende regelmäßige Überprüfungs- und Aktualisierungspflicht normiert § 84 WHG. Insgesamt muss das Maßnahmenprogramm auf die Verwirklichung des jeweiligen Bewirtschaftungsziels angelegt sein, sodass ein kohärentes Gesamtkonzept erforderlich ist, das sich nicht nur in der Summe von punktuellen Einzelmaßnahmen erschöpft.[149]

Ergänzt werden die ersten beiden Instrumente durch eine plansichernde **Veränderungssperre** (§ 86 WHG) und durch die Pflicht zur wasserwirtschaftlichen **Dokumentation** in sog. Wasserbüchern (§ 87 WHG).[150] Ferner statuiert § 88 WHG eine Pflicht zur Beschaffung und Übermittlung von Daten, die den Informationsaustausch zwischen Behörden der Länder und des Bundes gewährleisten soll.

Nach § 45h Abs. 1 WHG sind **Maßnahmenprogramme** auch **für Meeresgewässer** bis zum 31.12.2015 aufzustellen. Dieser Pflicht wurde durch die Erstellung des MSRL-Maßnahmenprogramms zum Meeresschutz der deutschen Nord- und Ostsee vom 30. März 2016 nachgekommen.[151] Grundlage der Maßnahmenprogramme sind die Anfangsbewertung des Zustands der Meeresgewässer (§ 45c WHG) und die nach § 45e S. 1 WHG festgelegten Ziele, um einen guten Zustand (§ 45b Abs. 2 WHG) der Meeresgewässer zu erreichen. 34

Die **Rechtsnatur** der Maßnahmenprogramme gem. § 45h Abs. 1 WHG unterscheidet sich nicht von jenen i.S.v. § 82 Abs. 1 WHG.[152] Maßnahmenprogramme gem. § 45h WHG sind ferner SUP-pflichtig (§ 45i Abs. 1 S. 3 WHG), so dass auch für diese eine Öffentlichkeitsbeteiligung nach § 42 UVPG durchzuführen ist.

Neben den Maßnahmenprogrammen zählen zum wasserrechtlichen Planungsinstrumentarium **Überwachungsprogramme**. Sie sind im Zusammenhang mit der Bewirtschaftung von Küstengewässern nach Maßgabe des § 44 WHG aufzustellen sowie zur fortlaufenden Ermittlung, Beschreibung und Bewertung des Zustands der **Meeresgewässer** (§ 45f Abs. 1 WHG).[153] Adressaten der §§ 44, 45a ff. WHG sind ausschließlich die jeweils zuständigen Behörden, nicht jedoch juristische oder natürliche Personen des Privatrechts.[154] Freilich können einzelne Maßnahmen aus den Maßnahmenprogrammen Rechte und Pflichten von Bürgerinnen und Bürgern begründen.[155] Gegen Eingriffe in ihre Rechte können sich die Maßnahmenadressaten gerichtlich zur Wehr setzen.[156] 35

c) Risikomanagementpläne

Hinsichtlich des Hochwasserschutzes normiert § 75 WHG das spezifische Planungsinstrument in Form der Risikomanagementpläne. Diese sollen die nachteiligen Folgen von Hochwasser[157] unter Berücksichtigung des Verhältnismäßigkeitsgrundsatzes verringern (§ 75 Abs. 2 WHG). 36

---

149 BVerwG, ZUR 2017, 424 Rn. 586.
150 Näher *Czychowski/Reinhardt*, WHG, § 87 Rn. 4 ff.
151 Abrufbar unter www.meeresschutz.info/berichte-art13.html (Stand 16.9.2018).
152 Vgl. oben § 11 Rn. 32; so auch *Hofmann* in: Durner, Wasserrechtlicher Reformbedarf, S. 1, 6.
153 Zur Öffentlichkeitsbeteiligung bei der Aufstellung vgl. *Schlacke* in: Durner, Wasserrechtlicher Reformbedarf , S. 26.
154 *Hofmann* in: Durner, Wasserrechtlicher Reformbedarf, S. 1, 6.
155 *Hofmann* in: Durner, Wasserrechtlicher Reformbedarf, S. 1, 7.
156 Vgl. oben § 6 Rn. 8 ff.
157 Vgl. die Legaldefinition in § 72 WHG. Nicht erfasst sind Überschwemmungen aus Abwassersystemen, vgl. Begründung BR-Drs. 280/09, S. 215.

Auf die deutschen Hochwasserereignisse des letzten Jahrzehnts reagierte der Bundesgesetzgeber mit dem **Hochwasserschutzgesetz** vom 3.5.2005,[158] das bundesweit einheitliche Vorgaben zur Vorbeugung gegen Hochwasserschäden normierte, u.a. durch Schaffung eines neuen Planungsinstruments, die sog. Hochwasserschutzpläne (jetzt Risikomanagementpläne).[159] Im WHG 2010 wurden die Vorschriften zum Hochwasserschutz aufgenommen und zugleich die gemeinschaftsrechtlichen Vorgaben der EG-Hochwasserrichtlinie von 2007[160] in nationales Recht umgesetzt, so dass nunmehr neben dem Binnenhochwasser auch das Küstenhochwasser vom WHG erfasst wird.[161] Eine weitergehende Verbesserung des Hochwasserschutzes soll durch das Gesetz zur weiteren Verbesserung des Hochwasserschutzes und zur Vereinfachung von Verfahren des Hochwasserschutzes (Hochwasserschutzgesetz II) vom 30.6.2017 erreicht werden,[162] u.a. indem der vorsorgende Hochwasserschutz angepasst und Planungs- und Genehmigungsverfahren beschleunigt werden.[163]

Die zuständigen Behörden sind gem. § 75 Abs. 1 WHG verpflichtet, für Risikogebiete auf der Grundlage von Gefahrenkarten und Risikokarten Risikomanagementpläne bis zum 22.12.2015 zu erstellen (§ 75 Abs. 6 S. 1 WHG).[164] Die Länder dürften danach – weiterhin – gehalten sein, derartige Pläne nach den Maßgaben von § 75 Abs. 2–6 WHG aufzustellen.[165]

2. Instrumente direkter Verhaltenssteuerung

37   Das System der **Eröffnungskontrollen** erstreckt sich auf nahezu alle Gewässerbenutzungen (§§ 8 ff. WHG), die Anlagenzulassung (§ 60 Abs. 1, 3 WHG) und den Gebietsschutz (§ 51 WHG).

38   ▶ **FALL 12:** Der Hobbybastler K, der in seiner Freizeit ferngesteuerte Modellboote mit Elektromotoren oder methanolbetriebenen Verbrennungsmotoren baut, wurde mit Schreiben des Landrats L gem. § 56 Abs. 1 S. 1 OWiG i.V.m. §§ 103 Abs. 1 Nr. 1, 8 Abs. 1 WHG verwarnt. Er habe ein ferngesteuertes Modellmotorboot auf dem Baggersee bei H ohne die erforderliche wasserrechtliche Erlaubnis fahren lassen und damit eine Ordnungswidrigkeit begangen. Gleichzeitig wurde dem K für den Fall, dass er erneut ein Modellmotorboot ohne die erforderliche wasserrechtliche Erlaubnis in ein Gewässer einbringe, ein Bußgeldbescheid angedroht. Der Landrat wies darauf hin, dass durch den Betrieb von Modellmotorbooten, insbesondere wegen der relativ hohen erreichbaren Geschwindigkeiten und der Lärment-

158 Gesetz zur Verbesserung des vorbeugenden Hochwasserschutzes, BGBl. I 2005, S. 1224.
159 Zum Verbot der Ausweisung neuer Baugebiete in Überschwemmungsgebieten gem. § 78 Abs. 1 S. 1 WHG, vgl. *Köck*, ZUR 2015, 515.
160 Vgl. oben § 11 Rn. 7; zur Entwicklung des Hochwasserschutzes im WHG *Hünnekens* in: Landmann/Rohmer, Vor §§ 72–81 WHG Rn. 1 ff.; zur Verbesserung und Beschleunigung des Hochwasserschutzes, *Guckelberger*, UPR 2013, 361.
161 Begründung BR-Drs. 280/09, S. 214; zur koordinierten Anwendung von WRRL und HochwasserrisikomanagementRL im Kontext des Planungsprozesses *Albrecht/Wendler*, NuR 2009, 608; zum Hochwasser- (und Naturschutz) bei der Umnutzung von Hafenflächen vgl. *Schlacke*, ZUR 2013, 666.
162 BGBl. I 2017, S. 2193.
163 *Hofmann*, ZfR 2018, 1, 3; zur Berücksichtigung des Hochwasserschutzes in der Bauleitplanung *Mitschang*, ZfBR 2018, 329; *Schmidt/Gärtner*, NVwZ 2018, 534.
164 Vgl. etwa den Risikomanagementplan Diemel/Weser, www.hlnug.de/themen/wasser/hochwasser/hochwasserrisikomanagementplaene/diemel-weser.html (Stand 17.9.2018).
165 Z.B. zum Entwurf der Hochwasserrisikomanagementpläne in NRW, vgl. www.flussgebiete.nrw.de/index.php/HWRMRL/Hochwasserrisikomanagementplan/2015 (Stand: 17.9.2018); zum Drittschutz im Hochwasserschutzrecht vgl. VG München, Beschl. v. 7.5.2018, BeckRS 2018, 8655; VGH Mannheim, Beschl. v. 23.9.2014, ZUR 2015, 361; *Faßbender/Gläß*, NVwZ 2011, 1094.

wicklung, Nutzungskonflikte mit Badenden sowie Störungen des Gewässers als Lebensraum für Tiere und Pflanzen auftreten können. K wendet ein, dass seine Modellboote nur maximal eine Länge von 1,5 m und die verwendeten Motoren eine Leistung von weniger als 2 PS haben. Das Befahren von Gewässern mit seinen Modellbooten übersteige wohl kaum den Gemeingebrauch, da ja auch jedes Kind ohne wasserrechtliche Genehmigung ein Spielzeugboot auf dem Wasser fahren lassen dürfe.

K möchte wissen, ob das Befahren von Gewässern mit seinen Modellmotorbooten tatsächlich einer wasserrechtlichen Gestattungspflicht unterliegt. ◀

a) Gewässerbenutzung

Dem Erlaubnis- und Bewilligungserfordernis des § 8 WHG[166] sind fast alle wesentlichen Gewässerbenutzungen unterworfen.[167]   39

aa) Benutzungstatbestände

Genehmigungspflichtige **Benutzungstatbestände** bilden zum einen die im Einzelnen § 9   40
Abs. 1 Nr. 1–5 WHG zu entnehmenden Benutzungen wie etwa das Aufstauen und Absenken von oberirdischen Gewässern[168] wie auch das Einbringen und Einleiten von Stoffen in Gewässer[169] (sog. **echte Benutzungen**), aber auch sonstige Maßnahmen nach § 9 Abs. 2 Nr. 1–4 WHG, wie beispielsweise das Aufbrechen von Gesteinen unter hydraulischem Druck zur Aufsuchung oder Gewinnung von Erdgas (Fracking), Erdöl oder Erdwärme, einschließlich der zugehörigen Tiefbohrungen[170] (sog. **unechte Benutzungen**).[171]

Keine Benutzungen im Sinne des Katalogs der gestattungspflichtigen Benutzungstatbe-   41
stände sind lediglich mittelbare Gewässernutzungen, etwa durch Kanalisationen (sog. Indirekteinleitungen),[172] ferner Maßnahmen der Unterhaltung (soweit hierbei nicht chemische Mittel verwendet werden, z.B. chemische Entkrautung eines Gewässers) und des Ausbaus oberirdischer Gewässer (§ 9 Abs. 3 WHG).[173]

bb) Gestattungsfreie Benutzungen

Neben den Genehmigungstatbeständen gibt es bestimmte **genehmigungsfreie Benut-**   42
zungen. Exemplarisch herausgegriffen seien

---

166 S. sogleich unter Rn. 43 ff.
167 Vgl. *Salzwedel/Durner* in: Hansmann/Sellner, Kap. 8, Rn. 24 ff.
168 Ausführlich zur Benutzung von Wasserkraftanlagen *Reinhardt*, NuR 2006, 205, 207; zum Zielkonflikt zwischen Gewässerschutz und Ausbau der Energiewende durch Wasserkraftanlagen, *Attendorn*, UPR 2013, 47; *Gawel*, ET 2011, Nr. 8, 57.
169 Auch das Einbringen von festen Stoffen in das Grundwasser, z.B. die Verwendung von Bauprodukten im Grundwasserbereich, wird als Benutzung erfasst; vgl. Begründung BR-Drs. 280/09, S. 156.
170 Dazu *Reinhardt*, NVwZ 2016, 1505.
171 *Hasche* in: Giesberts/Reinhardt, WHG § 9 Rn. 16; zu den Benutzungstatbeständen *Breuer/Gärditz*, Rn. 207 ff.; zur Errichtung von Bootsanbindepfählen als Gewässerbenutzung i.S.d. § 9 Abs. 2 Nr. 2 WHG vgl. VGH Bad.-Württ., Urt. v. 20.5.2010, 3 S 1253/08.
172 *Czychowski/Reinhardt*, WHG, § 58 Rn. 6 m.w.N.; kritisch zur Ausnahme von den Benutzungstatbeständen *Kloepfer*, Umweltrecht, § 13 Rn. 72 f.
173 Vgl. *Sparwasser/Engel/Voßkuhle*, § 8 Rn. 124; zum Abpumpen von Grundwasser in ein oberirdisches Gewässer während des Ausbaus einer Bundeswasserstraße vgl. BVerwG, ZUR 2008, 148.

- der wasserrechtliche Gemeingebrauch[174] gem. § 25 WHG, konkretisiert durch die Landeswassergesetze (z.B. Freizeitnutzung, nicht dagegen das Befahren mit Motorbooten),[175]
- der Eigentümer- und Anliegergebrauch gem. § 26 WHG, beispielsweise Wasserentnahme in geringer Menge für den Eigenbedarf, nicht dagegen das Einbringen und Einleiten von Stoffen in oberirdische Gewässer (§ 26 Abs. 1 S. 2 WHG),[176]
- Stoff- und Wassereinbringungen in Küstengewässer nach Maßgabe des § 43 WHG i.V.m. entsprechenden landesrechtlichen Regelungen,
- erlaubnisfreie Benutzungen des Grundwassers gem. § 46 Abs. 1 S. 1 WHG (Entnahmen geringer Mengen für den Haushaltsbedarf und für landwirtschaftliche Betriebe, Bodenentwässerung) und
- die Benutzung aufgrund alter Rechte gem. § 20 WHG.[177]

cc) Wasserrechtliche Genehmigungsarten

43   Jeder, der ein Gewässer mehr als nur geringfügig benutzen möchte, bedarf der Erteilung einer **Erlaubnis** (§ 10 Abs. 1 Hs. 1 WHG) oder **Bewilligung** (§ 10 Abs. 1 Hs. 2 WHG).

Rechtssystematisch handelt es sich bei der Erlaubnis und der Bewilligung um **Ausnahmebewilligungen**, also um repressive Verbote mit Befreiungsvorbehalt.[178]

44   Erlaubnis und Bewilligung unterscheiden sich in erster Linie durch die dem Genehmigungsadressaten eingeräumte Rechtsstellung: Die **Erlaubnis** gewährt eine jederzeit – aber nicht willkürlich, sondern sachlich begründete – **widerrufliche Befugnis**, während die **Bewilligung** ein **nicht jederzeit**, sondern nur unter den Voraussetzungen des § 18 Abs. 2 WHG **widerrufliches subjektiv-öffentliches Recht** zur Gewässerbenutzung und damit eine deutlich stärkere Rechtsposition einräumt.[179] Diese Rechtsstellung wird nach § 16 Abs. 2 S. 1 WHG durch den Ausschluss bestimmter Ansprüche gestärkt. Danach kann ein Betroffener gegen den Inhaber der Bewilligung keine Ansprüche geltend machen, die auf Beseitigung der Störung, auf die Unterlassung der Benutzung, auf die Herstellung von Schutzeinrichtungen oder auf Schadenersatz gerichtet sind.[180]

Als Kompensation für die erschwerte Widerrufsmöglichkeit darf die Bewilligung allerdings **nur befristet** erteilt werden (§ 14 Abs. 2 WHG).[181] Außerdem unterliegt die Erteilung einer Bewilligung – zusätzlich zu § 12 WHG – den in § 14 Abs. 1 Nr. 1 und 2

---

174   Zur Differenzierung von Gewässer als öffentliche Sache im Gemein- oder Sondergebrauch vgl. *Erbguth/Guckelberger*, Allgemeines Verwaltungsrecht, § 31 Rn. 1 ff., § 32 Rn. 1 f.

175   OVG Schleswig, NVwZ 1992, 692.

176   Zulässig ist aber das schadlose Einleiten von Niederschlagswasser bzw. das Einbringen von Stoffen in oberirdische Gewässer für Zwecke der Fischerei, wenn dadurch keine signifikant nachteiligen Auswirkungen auf den Gewässerzustand zu erwarten sind, § 26 Abs. 1 S. 3 i.V.m. § 25 S. 3 WHG.

177   Dazu BVerwG, ZfW 1987, 116; NVwZ-RR 1991, 236; OVG Münster, DÖV 1994, 78; zum Widerruf alter Gewässerbenutzungsrechte vgl. *Zeitler*, ZUR 2007, 183; zum Widerruf eines alten Wasserrechts wegen dreijähriger Nichtausübung, OVG Saarlouis, NuR 2010, 811.

178   *Czychowski/Reinhardt*, WHG, § 8 Rn. 3; *Kotulla*, WHG, § 8 Rn. 4, § 10 Rn. 4 ff.; *Schmidt/Kahl/Gärditz*, § 8 Rn. 19; BVerfGE 58, 300, 346; vgl. § 5 Rn. 33 f.

179   *Sparwasser/Engel/Voßkuhle*, § 8 Rn. 149 ff.; *Laskowski/Ziehm* in: Koch/Hofmann/Reese, § 5 Rn. 93; *Czychowski/Reinhardt*, WHG, § 10 Rn. 7 ff., § 14 Rn. 4 ff.

180   Ansprüche auf Schadenersatz wegen nachteiliger Wirkungen sind gem. § 16 Abs. 2 S. 2 WHG freilich nicht ausgeschlossen, wenn der Gewässerbenutzer angeordnete Inhalts- oder Nebenbestimmungen nicht erfüllt.

181   Die Frist darf gem. § 14 Abs. 2 Hs. 2 WHG nur in besonderen Fällen 30 Jahre überschreiten.

WHG normierten Voraussetzungen und ist für bestimmte Benutzungstatbestände von vornherein ausgeschlossen (vgl. § 14 Abs. 1 Nr. 3 WHG).

Auch die Genehmigungsverfahren weisen Unterschiede auf. Während das gem. § 11 Abs. 2 WHG als Einwendungsverfahren ausgestaltete Bewilligungsverfahren einem Planfeststellungsverfahren angenähert ist, bleibt das Erlaubnisverfahren im Wasserhaushaltsgesetz ungeregelt.[182]

Beiden Genehmigungstypen kommt allerdings **keine Konzentrationswirkung** zu, wie sie für Planfeststellungsverfahren typisch ist.[183] Zwar stellt § 19 WHG zur Verfahrensvereinfachung die Erteilung der wasserrechtlichen Genehmigung in die Zuständigkeit der Planfeststellungsbehörde. Gleichwohl wird beim Zusammentreffen mehrerer Zulassungserfordernisse nicht lediglich ein einziges Verfahren durchgeführt. Es handelt sich vielmehr um eine bloße Zuständigkeitskonzentration. 45

Problematisch ist indes, welche Stellung den Interessen Dritter bei dem Verfahren zur Erteilung einer Erlaubnis oder Bewilligung nach § 12 WHG zukommt, was mit der Frage nach dem wasserrechtlichen **Drittschutz**[184] verbunden ist. Dem Rücksichtnahmegebot Rechnung tragend billigt das BVerwG Drittbetroffenen einen Anspruch auf eine ermessensgerechte Beachtung und Würdigung ihrer Interessen zu, sofern eine individualisierbare und qualifizierte Betroffenheit vorliegt.[185]

Die **Erlaubnis** stellt als schwächere Zulassungsform die **Regelentscheidung** dar. Demgegenüber darf die Bewilligung gem. § 14 Abs. 1 WHG nur in Ausnahmefällen, u.a. bei ansonsten eintretender wirtschaftlicher Unzumutbarkeit,[186] erteilt werden. 46

Neben den Zulassungsformen der Erlaubnis und der Bewilligung enthält § 15 WHG das Institut der **gehobenen Erlaubnis**.[187] Eingeführt für im öffentlichen Interesse oder im berechtigten Interesse des Gewässerbenutzers liegende Gewässerbenutzungen, berücksichtigt die gehobene Erlaubnis Rechte und Interessen Dritter und schließt im Falle ihrer Erteilung Ansprüche Dritter auf Unterlassung der Benutzung und teilweise auch auf Schadenersatz aus (vgl. § 16 Abs. 1 WHG). 47

dd) Materielle Genehmigungsvoraussetzungen

Die **materiellen Genehmigungsvoraussetzungen** richten sich nach § 12 Abs. 1 WHG und sind demzufolge vom jeweiligen Genehmigungstyp – im Wesentlichen (vgl. § 14 Abs. 1 WHG) – unabhängig. Erlaubnis und Bewilligung können nur erteilt werden, wenn keine zwingenden Versagungsgründe entgegenstehen und im Rahmen des der Behörde eingeräumten sog. **Bewirtschaftungsermessens** (§ 12 Abs. 2 WHG)[188] die Ge- 48

---

182 *Kloepfer*, Umweltrecht, § 14 Rn. 179.

183 *Hoppe/Beckmann/Kauch*, § 18 Rn. 47; speziell *Kaster*, Immissionsschutzrechtliche Genehmigung und wasserrechtliche Erlaubnis, S. 81 ff.; zur Erforderlichkeit eines wasserrechtlichen Genehmigungsverfahrens beim Eintrag von Luftschadstoffen in ein Gewässer vgl. *Kremer*, ZUR 2009, 421; vgl. oben § 5 Rn. 51.

184 Vgl. bereits § 6 Rn. 13 ff.; *Salzwedel/Durner* in: Hansmann/Sellner, Grundzüge, Kap. 8 Rn. 107; VGH Kassel, ZUR 2012, 108; *Czychowski/Reinhardt*, WHG, § 10, Rn. 46; zum Drittschutz wasserrechtlicher Vorschriften zum Hochwasserschutz vgl. VGH Mannheim, NVwZ-RR 2014, 265.

185 BVerwGE 78, 40, 42 ff.; BVerwG, NVwZ 2005, 84, 85 f.; ausführlich zum Drittschutz im Wasserrecht *Reinhardt*, DÖV 2011, 135.

186 Dazu BVerwGE 20, 219, 225; *Czychowski/Reinhardt*, WHG, § 14 Rn. 5 ff.; ausführlich zu den wasserrechtlichen Genehmigungsarten *Salzwedel/Durner* in: Hansmann/Sellner, Grundzüge, Kap. 8 Rn. 92 ff.

187 *Kotulla*, WHG, § 15 Rn. 2 f. Ausführlich zu allen wasserrechtlichen Zulassungsarten vgl. *Zabel*, DVBl. 2010, 93, 94 ff.

188 Vgl. *Baisch*, S. 145 ff.

wässerbenutzung verhältnismäßig ist (Anspruch auf fehlerfreie Ermessensausübung).[189] Anders ausgedrückt: Erlaubnis oder Bewilligung sind zu versagen, wenn von der beabsichtigten Gewässerbenutzung

- schädliche, auch durch Nebenbestimmungen (§ 13 WHG) nicht vermeidbare oder nicht ausgleichbare Gewässerveränderungen zu erwarten,[190] folglich die Voraussetzungen für das Eingreifen des **Verschlechterungsverbots**[191] gegeben sind oder
- andere Anforderungen nach öffentlich-rechtlichen Vorschriften nicht erfüllt werden und
- das Bewirtschaftungsermessen fehlerfrei ausgeübt wurde.

Gem. § 12 Abs. 1 Nr. 1 WHG muss es sich um **schädliche Gewässerveränderungen** i.S.v. § 3 Nr. 10 WHG handeln. Schädlich sind danach alle Gewässerveränderungen, die gegen das Wohl der Allgemeinheit oder gegen sonstige wasserrechtliche Vorschriften einschließlich landesrechtlicher Anforderungen verstoßen.[192] Das **Wohl der Allgemeinheit** wird u.a. beeinträchtigt, wenn die öffentliche Wasserversorgung gefährdet ist und die Forderung nach Reinhaltung der Gewässer, sparsamer Verwendung des Wassers und überwachbarer Benutzung nicht erfüllt wird.[193] Weitere Konkretisierungen des Allgemeinwohlbegriffs finden sich in den Landeswassergesetzen sowie in wasserwirtschaftlichen und sonstigen raumbedeutsamen Planungen.[194] Eine Legaldefinition des „Wohls der Allgemeinheit" findet sich im WHG nicht, weshalb sich Rechtsprechung und Literatur um eine Konkretisierung des Begriffs bemühen.[195] Aus der Begründung für die Vorschrift[196] geht hervor, dass die Behörde eine „Beeinträchtigung des Wohls der Allgemeinheit nicht nur unter dem Gesichtspunkt einer Gefährdung des Wasserhaushalts, sondern auch in anderer Hinsicht zu berücksichtigen" hat. Als unbestimmter Rechtsbegriff[197] wird das Allgemeinwohl im Wasserhaushaltsgesetz gleich mehrfach verwendet. Es unterliegt der vollen verwaltungsgerichtlichen Nachprüfung und ist einheitlich auszulegen.

49   Als **Versagungsgründe** für eine wasserrechtliche Erlaubnis oder Bewilligung gem. § 12 Abs. 1 Nr. 2 WHG kommen in Betracht:

- einer Bewilligung entgegenstehende private Belange, § 14 Abs. 3 WHG (z.B. Beeinträchtigung der bisherigen Grundstücksnutzung, Veränderung des Wasserstandes und -abflusses),[198]
- einer Erlaubnis zum Einleiten von Abwasser entgegenstehende Anforderungen, § 57 Abs. 1 WHG (z.B. Schadstofffracht, Gefährlichkeit der Stoffe),

---

189   *Kloepfer*, Umweltrecht, § 14 Rn. 189.
190   Zur Erlaubnis der Gewässerbenutzung für den Betrieb des Steinkohlekraftwerks Moorburg, zunächst OVG Hamburg, ZUR 2013, 357, welches die wasserrechtliche Erlaubnis des Kraftwerksbetreibers aufhob. Durch BVerwG, Urt. v. 29.5.2017 – 7 C 18.17, Juris, zurückverwiesen an das OVG Hamburg, da das angefochtene Urteil des OVG Hamburg in seinen entscheidungstragenden Ausführungen zum Verschlechterungsverbot gegen Bundesrecht verstößt. Zur Auslegung der WRRL vgl. EuGH, ZUR 2015, 546; zur Auslegung der FFH-RL vgl. EuGH, ZUR 2017, 414.
191   Vgl. oben § 11 Rn. 8.
192   Begründung BR-Drs. 280/09, S. 151, 158; *Czychowski/Reinhardt*, WHG, § 3 Rn. 69 ff, § 12 Rn. 11 ff. m.w.N.
193   *Czychowski/Reinhardt*, WHG, § 6 Rn. 25 ff.
194   *Czychowski/Reinhardt*, WHG, § 6 Rn. 26, 30 f.
195   *Berendes* in: ders./Frenz/Müggenborg, WHG, § 3 Rn. 33, § 6 Rn. 16 ff. m.w.N.
196   BT-Drs. 2/2072, S. 23.
197   Vgl. hierzu *Erbguth/Guckelberger*, Allgemeines Verwaltungsrecht, § 14 Rn. 26 ff.
198   *Czychowski/Reinhardt*, WHG, § 14 Rn. 38 ff.; zu Abwehrrechten kommunaler öffentlicher Einrichtungen als Rechte Dritter i.S.d. Abs. 3 vgl. BayVGH, ZfW 2011, 169 f.

- das Verbot der Einleitung fester Stoffe zum Zwecke der Abfallbeseitigung, § 32 Abs. 1 S. 1 WHG,
- das Gebot schadloser Abwasserbeseitigung, § 55 Abs. 1 S. 1 WHG,[199]
- Grundwassergefährdungen, § 48 Abs. 1 S. 1 WHG und
- die gewässernahe Lagerung von Stoffen, §§ 32 Abs. 2, 45 Abs. 2, 48 Abs. 2 WHG.

Liegt ein Versagungsgrund nach § 12 Abs. 1 WHG nicht vor, so besteht dennoch **kein Rechtsanspruch** auf Erteilung einer Erlaubnis oder Bewilligung. Vielmehr hat die Behörde das genannte weite und umfassende Bewirtschaftungsermessen (§ 12 Abs. 2 WHG), m.a.W. eine **am Bewirtschaftungszweck orientierte Zweckmäßigkeitsprüfung** vorzunehmen, deren Ergebnis lediglich der beschränkten gerichtlichen Kontrolle nach § 114 S. 1 VwGO unterliegt.[200] Richtschnur für die Ausübung dieses Ermessens sind die allgemeinen Grundsätze der Gewässerbewirtschaftung und das Erfordernis einer nachhaltigen Gewässerbewirtschaftung (§ 6 WHG).[201] Danach sind Gewässer nachhaltig dergestalt zu bewirtschaften, dass bestehende oder künftige Nutzungen – z.B. für die öffentliche Wasserversorgung – zu erhalten oder zu schaffen sind. Auch hat die Behörde den Schutz der Meeresumwelt zu berücksichtigen und folglich die Zulassung von Stoffeinträgen in oberirdische Gewässer zu begrenzen. Insbesondere hat sie das in § 27 WHG für oberirdische Gewässer und das in § 47 WHG für das Grundwasser verankerte Verschlechterungsverbot zu berücksichtigen. Ziel der Ausübung des Bewirtschaftungsermessens ist es, einen guten ökologischen und guten chemischen Zustand der Gewässer zu erhalten oder zu erreichen. Ausgangspunkt für die Ausübung des Bewirtschaftungsermessens nach § 12 Abs. 2 WHG ist der konkrete Zustand des jeweils in Rede stehenden Gewässers.

Inwieweit das sog. Verschlechterungsverbot[202] im Rahmen des Bewirtschaftungsermessens zu berücksichtigen ist, war umstritten. Ausgehend vom Wortlaut des Art. 4 Abs. 1 lit. a Nr. i WRRL wurde einerseits unter Verschlechterung jede Inanspruchnahme eines Wasserkörpers, die sich nicht ausschließlich positiv oder neutral auf den Gewässerzustand auswirkt, verstanden (status-quo-Theorie).[203] Andererseits sollte eine Verschlechterung nur dann gegeben sein, wenn der Zustand des betroffenen Wasserkörpers von einer Zustandsklasse im Sinne des Anhangs V WRRL in die nächstniedrigere Klasse absinkt (Zustandsklassentheorie).[204] Unter Berücksichtigung des Verhältnismäßigkeitsgrundsatzes wurden u.a. Bagatellgrenzen für zulässig gehalten.[205] Der EuGH[206] hat sich für einen Mittelweg entschieden[207] und mittlerweile geklärt, dass das Verschlechterungsverbot sich zu einem Versagungsgrund für ein konkretes Vorhaben entwickeln kann, wenn dieses entweder

---

199 Zur Beanstandung eines gemeindlichen Abwasserbeseitigungskonzepts vgl. OVG NRW, ZUR 2013, 547.
200 *Pape*, in: Landmann/Rohmer, § 12 WHG Rn. 48.; *Schendel/Scheier* in: Giesberts/Reinhardt, § 12 WHG Rn. 12.
201 Siehe oben § 11 Rn. 19.
202 Siehe oben § 11 Rn. 8.
203 OVG Hamburg, ZUR 2013, 357; VG Cottbus, ZUR 2013, 374.
204 Vgl. ausführlich *Faßbender*, ZUR 2016, 195 ff. m.w.N.
205 Vgl. BVerwG, ZfW 2014, 51 ff.; VG Cottbus, ZUR 2013, 374 ff.; OVG Hamburg, ZUR 2013, 357 ff.; BVerwG, ZfW 2014, ZFW 51 ff.
206 EuGH, C-461/13, ZUR 2015, 546.
207 *Rehbinder*, NVwZ 2015, 1506, 1508.

- die Verschlechterung des Zustandes eines Oberflächenwasserkörpers verursachen kann oder
- die Erreichung eines guten Zustandes eines Oberflächengewässers gefährdet.

Daran schließt sich das Urteil des BVerwG zur Elbvertiefung an.[208] Die „Verschlechterung des Zustandes" liegt vor, sobald sich der Zustand mindestens einer Qualitätskomponente im Sinne des Anhanges V der WRRL um eine Klasse verschlechtert. Das gilt auch dann, wenn diese Verschlechterung nicht zu einer Verschlechterung der Einstufung des Oberflächenwasserkörpers insgesamt führt. Wenn die betreffende Qualitätskomponente im Sinne von Anhang V bereits in der niedrigsten Klasse eingeordnet ist, stellt jede Verschlechterung dieser Komponente eine „Verschlechterung des Zustandes" eines Oberflächenwasserkörpers im Sinne von Art. 4 Abs. 1 lit. a Ziff. 1 dar. Bei der Bewertung wird nicht nur auf den ökologischen, sondern auch auf den chemischen Zustand abgestellt.[209] Ob ein Vorhaben eine Verschlechterung des Zustands bewirken kann, beurteilt sich nach dem allgemeinen ordnungsrechtlichen Maßstab der hinreichenden Wahrscheinlichkeit eines Schadenseintritts, sodass eine Verschlechterung nicht ausgeschlossen, aber auch nicht sicher zu erwarten sein muss.[210] Werden diese Anforderungen nicht erfüllt, ist die Gewässernutzung zu versagen, es sei denn, eine Zulassung kann über die eng auszulegende Ausnahmeregelung des § 31 Abs. 2 WHG gewährt werden.[211]

ee) Inhalts- und Nebenbestimmungen

50   Nach § 13 Abs. 1 und 2 WHG können Erlaubnis und Bewilligung mit **Inhalts- und Nebenbestimmungen** versehen werden. Im Unterschied zu Auflagen i.S.d. § 36 Abs. 2 Nr. 4 VwVfG[212] sind Inhaltsbestimmungen nach § 13 WHG unselbstständiger Teil der genehmigten Benutzung.[213] Sie konkretisieren den Inhalt des Benutzungsrechts z.B. nach Art und Menge des entnehmbaren oder einleitbaren Wassers und sind insoweit nicht isoliert anfechtbar.

Nebenbestimmungen i.S.d. § 13 WHG sind nach der Gesetzesbegründung als Auflagen i.S.v. § 36 Abs. 2 Nr. 4 VwVfG zu verstehen und treten zur Genehmigung als selbstständige Gebote, die dem Genehmigungsinhaber ein bestimmtes Tun, Dulden oder Unterlassen vorschreiben, hinzu.

Inhalts- und Nebenbestimmungen sind nach § 13 Abs. 2 WHG insbesondere zulässig, um

---

208   BVerwG, ZUR 2017, 424.
209   EuGH, ZUR 2015, 546, Rn. 55.; BVerwG, ZUR 2018, 281.
210   BVerwG, ZUR 2017, 424, Rn. 480; der ordnungsrechtliche Wahrscheinlichkeitsmaßstab ist auch bei der Prüfung des Verbesserungsgebots nach § 27 Abs. 1 Nr. 2 WHG anzulegen. Maßgeblich ist, ob die Folgewirkungen des Vorhabens mit hinreichender Wahrscheinlichkeit faktisch zu einer Vereitelung der Bewirtschaftungsziele führen können.
211   Zu den Konsequenzen der EuGH-Rechtsprechung vgl. *Faßbender*, ZUR 2016, 195, 198 ff.; *Schütte/Warnke/ Wittrock*, ZUR 2016, 215 ff.; *Durner*, DVBl 2015,1049; *Reinhardt*, NVwZ 2015, 1046; *Rolfsen*, NuR 2015, 437; *Stüer*, DVBl. 2015, 1053.
212   Zu Inhalts- und Nebenbestimmungen vgl. *Erbguth/Guckelberger*, Allgemeines Verwaltungsrecht, § 18 Rn. 6.
213   Vgl. Begründung BR-Drs. 280/09, S. 158; *Salzwedel/Durner* in: Hansmann/Sellner, Kap. 8 Rn. 111 ff. m.w.N.

- Anforderungen an die Beschaffenheit einzubringender oder einzuleitender Stoffe zu stellen (Nr. 1),
- Maßnahmen anzuordnen, etwa zur Erfüllung eines Maßnahmenprogamms nach § 82 WHG (Nr. 2a) oder damit Wasser mit Rücksicht auf den Wasserhaushalt sparsam verwendet wird (Nr. 2b),
- die Bestellung verantwortlicher Betriebsbeauftragter vorzuschreiben (Nr. 3) oder
- Kosten für Ausgleichsmaßnahmen festzusetzen (Nr. 4).

ff) Nachträgliche Anordnungen und Widerruf

§ 13 Abs. 1 WHG stellt Erlaubnis und Bewilligung unter den Vorbehalt **nachträglicher Änderungen** zulasten des Inhabers. Der Vorbehalt gilt kraft Gesetzes und braucht daher in der Erlaubnis/Bewilligung nicht erwähnt zu werden. Zusätzliche Anforderungen können bspw. an die Beschaffenheit einzubringender oder einzuleitender Stoffe gestellt werden. Da die Erlaubnis gem. § 18 Abs. 1 WHG entschädigungslos widerruflich ist, hat der Vorbehalt nachträglicher Anordnungen in erster Linie für die Bewilligung Bedeutung.[214] Bei Bewilligungen sind – anders als bei Erlaubnissen – nur die in § 13 Abs. 2 Nr. 1–4 WHG genannten Inhalts- und Nebenbestimmungen nachträglich zulässig (§ 13 Abs. 3 WHG).

51

Gleichwohl ist auch die Bewilligung gem. § 18 Abs. 2 WHG widerruflich.[215] Für die Rücknahme von Erlaubnis oder Bewilligung gilt mangels wasserrechtlicher Spezialvorschrift § 48 VwVfG.[216]

b) Gewässerausbau

Der **Gewässerausbau** bedarf der **Planfeststellung** (§ 68 Abs. 1 WHG). Gewässerausbau ist die Herstellung, die Beseitigung und die wesentliche Umgestaltung eines Gewässers oder seiner Ufer.[217] Ein Gewässerausbau liegt nicht vor, wenn ein Gewässer nur für einen begrenzten Zeitraum entsteht und der Wasserhaushalt dadurch nicht erheblich beeinträchtigt wird. Deich- und Dammbauten, die den Hochwasserabfluss beeinflussen, sowie Bauten des Küstenschutzes stehen dem Gewässerausbau gleich (§ 67 Abs. 2 WHG). Beim Gewässerausbau ist zu berücksichtigen, dass natürliche Rückhalteflächen erhalten bleiben, das natürliche Abflussverhalten nicht wesentlich verändert wird, naturraumtypische Lebensgemeinschaften bewahrt und sonstige nachteilige Veränderungen des Zustands des Gewässers vermieden oder, soweit dies nicht möglich ist, ausgeglichen werden (§ 67 Abs. 1 WHG).

52

Ob der Gewässerausbau UVP-pflichtig ist, richtet sich nach Anlage 1 Liste „UVP-pflichtige Vorhaben", Nr. 13 zum UVPG. Ist ein Gewässerausbau nicht UVP-pflichtig, so kann eine Plangenehmigung gem. § 68 Abs. 2 S. 1 WHG erteilt werden. Eine Feststellung oder Genehmigung des Plans kommt nur in Betracht, wenn eine Beeinträchtigung des Wohls der Allgemeinheit, insbesondere eine erhebliche und dauerhafte, nicht ausgleichbare Erhöhung der Hochwasserrisiken oder eine Zerstörung natürlicher

---

214 *Czychowski/Reinhardt*, WHG, § 18 Rn. 19 ff.
215 Dazu *Czychowski/Reinhardt*, WHG, § 18 Rn. 25 ff.; kritisch zu dieser Regelung *Kotulla/Rolfsen*, NuR 2010, 625.
216 *Kloepfer*, Umweltrecht, § 14 Rn. 239; zur Rücknahme von Verwaltungsakten vgl. *Erbguth/Guckelberger*, Allgemeines Verwaltungsrecht, § 16 Rn. 9 ff.
217 Vgl. hierzu *Salzwedel/Durner* in: Hansmann/Sellner, Kap. 8 Rn. 121 ff.

Rückhalteflächen, vor allem in Auwäldern, nicht zu erwarten ist und andere Anforderungen nach diesem Gesetz oder sonstigen öffentlich-rechtlichen Vorschriften erfüllt werden (§ 68 Abs. 3 WHG).[218]

c) Anlagenzulassung

53 Die Präventivkontrolle[219] erstreckt sich auch auf das **Anlagenrecht**. So enthält das WHG

- allgemeine Sorgfaltsanforderungen an die Lagerung und den Transport von Flüssigkeiten und Gasen durch Rohrleitungen (§§ 32 Abs. 2, 45 Abs. 2, 48 Abs. 2 WHG),
- Errichtungs- und Betriebsvorschriften für Abwasser- und Abwasserbehandlungsanlagen (§ 60 WHG) sowie
- Entsprechendes für Anlagen zum Umgang mit wassergefährdenden Stoffen (§§ 62 f. WHG).

Genehmigungsvorbehalte bestehen für UVP-pflichtige Abwasserbehandlungsanlagen (§§ 65 ff. UVPG).

d) Wasserschutzgebiete

54 Eine Präventivkontrolle erfolgt schließlich durch Festsetzung von **Wasserschutzgebieten** gem. § 51 WHG.[220]

Soweit es das Wohl der Allgemeinheit erfordert, können nach § 51 Abs. 1 WHG Wasserschutzgebiete festgesetzt werden zu dem Zweck,

- Gewässer im Interesse der derzeit bestehenden oder künftigen öffentlichen Wasserversorgung vor nachteiligen Einwirkungen zu schützen (Nr. 1)[221] oder
- das Grundwasser anzureichern (Nr. 2)[222] oder
- das schädliche Abfließen von Niederschlagswasser sowie das Abschwemmen und den Eintrag von Bodenbestandteilen, Dünge- oder Pflanzenbehandlungsmitteln in Gewässer zu vermeiden (Nr. 3).[223]

Die Festsetzung dient dazu, ausgewählte Gebiete einer verstärkten wasserwirtschaftlichen Pflege zu unterstellen, indem bestimmte Verhaltensweisen, die sich auf Menge und Güte des Wassers, auf die Abflussverhältnisse und den Bodenabtrag auswirken, verboten oder umgekehrt zu dulden sind.[224] Die prinzipiell nicht im Rahmen wasserwirtschaftlicher Planung erfolgende Ausweisung von Wasserschutzgebieten beinhaltet demgemäß eine räumliche Begrenzung des Schutzgebiets, regelmäßig gekoppelt an eine

---

218 Zur Zulassung eines Hafenausbaus durch Planfeststellungsbeschluss, BVerwG, NWVBl. 2015, S. 290; zum Hochwasser- und Naturschutz bei der Umnutzung von Hafenflächen, *Schlacke*, ZUR 2013, 666.
219 Vgl. oben § 5 Rn. 32.
220 Zur Sicherung eines Wasserschutzgebietes durch Enteignung, vgl. Bay-VGH, NuR 2014, S. 223 f.; zur Abgrenzung von Wasserschutzgebieten, BVerwG, ZUR 2013, 33.
221 *Hünnekens* in: Landmann/Rohmer, § 51 WHG Rn. 25 ff.; vgl. zum Normsetzungsermessen der Behörde bzgl. der räumlichen Abgrenzung eines Wasserschutzgebietes BVerwG, Beschl. v. 29.9.2010, 7 BN 1/10.
222 *Hünnekens* in: Landmann/Rohmer, § 51 WHG Rn. 34.
223 Dazu *Müller*, S. 210 ff.
224 Zu Abwägungsproblemen bei der Festsetzung von Wasserschutzgebieten für die öffentliche Wasserversorgung vgl. *Knopp*, ZUR 2007, 467; zu den Beschränkungen der Landwirtschaft durch die Festsetzung vgl. *Scheidler*, RdL 2010, 227; zur Verbesserung des Umweltschutzes in der Landwirtschaft durch das Umweltrecht u.a. durch Wasserrecht, *Möckel*, ZUR, 2015, 131, *ders.* ZUR 2014, 14.

zonenmäßige Staffelung[225] und die Formulierung bestimmter Schutzanordnungen gem. § 52 Abs. 1 WHG.[226] Gem. § 51 Abs. 1 WHG hat die Festsetzung durch die Landesregierungen im Verordnungswege zu erfolgen.[227]

Enteignend wirkende Schutzanordnungen lösen nach § 52 Abs. 4 WHG eine **Entschädigungspflicht** aus.[228] Diese Vorschrift kann nunmehr als Inhalts- und Schrankenbestimmung i.S.v. Art. 14 Abs. 1 S. 2 GG angesehen werden. Die Festsetzung der Entschädigung richtet sich nach den §§ 96 ff. WHG. Ferner enthält § 52 Abs. 5 WHG einen vom verfassungsrechtlichen Enteignungstatbestand unabhängigen Ausgleichsanspruch für land- und forstwirtschaftliche Nutzungsbeschränkungen.[229]

55

3. Instrumente indirekter Verhaltenssteuerung – Abwasserabgabenrecht

Mit der Einführung einer Abgabenpflicht für Abwassereinleiter durch das **Abwasserabgabengesetz** (AbwAG)[230] wurde im Bereich der Abwasserbeseitigung ein neuartiges Instrument des Gewässerschutzrechts geschaffen. Als Mittel der indirekten Verhaltenssteuerung tritt die Abwasserabgabe neben das traditionell ordnungsrechtlich und planerisch geprägte Instrumentarium des Wasserhaushaltsrechts.[231] Die ökonomische Belastung, die für den Gewässerverschmutzer aus der Abwasserabgabe folgt,[232] soll diesen veranlassen – daher indirekte Verhaltenssteuerung –, z.B. in stärkerem Maße als bisher Kläranlagen zu bauen, den Stand der Abwasserreinigungstechnik zu verbessern oder abwasserarme bzw. abwasserlose Produktionsverfahren zu entwickeln und einzusetzen.[233] Der Abwasserabgabe kommt damit nicht nur eine Anreiz-, sondern auch eine Antriebs- und eine Ausgleichsfunktion zu.[234] Rechtlich einzuordnen ist sie als Sonderabgabe.[235]

56

Der Ausgleich wird dadurch bewirkt, dass der Wettbewerbsvorteil derjenigen, die bisher kostenlos die Gewässer verschmutzen und damit ohne Gegenleistung ein knappes Gut in Anspruch nehmen bzw. schädigen, gegenüber anderen Einleitern, die zum Teil kostenintensiven Gewässerschutz betreiben, abgebaut wird. Aufgrund ihres Lenkungscharakters und ihrer zweckgebundenen Verwendung (§ 13 AbwAG) ist die Einnahmeerzielung allerdings nicht primärer Gesetzeszweck, sondern nur notwendige Begleiterscheinung.[236]

Ausgelöst wird die **Abgabenpflicht** durch das Einleiten von Abwasser in ein Gewässer (§ 1 S. 1 AbwAG). Abgabenpflichtig sind nur **Direkteinleiter** wie Kommunen, Wasserverbände und industrielle Großeinleiter. Demgegenüber werden die sog. **Indirekteinleiter** wie private Haushalte und gewerbliche Einleiter, die an das Kanalisationssystem

---

225 Grundlage hierfür sind die „Richtlinien für Trinkwasserschutzgebiete des deutschen Vereins des Gas- und Wasserfachs e.V".
226 Vgl. dazu *Sparwasser/Engel/Voßkuhle*, § 8 Rn. 243 ff.
227 So schon BVerwGE 29, 207, 209 f.; zur Durchführung und Abschluss des Verfahrens der Festsetzung von Wasserschutzgebieten, *Hünnekens* in: Landmann/Rohmer, § 51 WHG Rn. 53 ff.
228 Vgl. bereits § 4 Rn. 17; *Salzwedel/Durner* in: Hansmann/Sellner, Kap. 8, Rn. 175 ff.; zum Ausschluss solcher Schutzanordnungen bei geeigneten und zumutbaren Alternativen vgl. BayVGH, ZUR 2008, 155.
229 Dazu *Kloepfer*, Umweltrecht, § 14 Rn. 288; *Czychowski/Reinhardt*, WHG, § 52 Rn. 88, 102.
230 Vgl. § 11 Rn. 13.
231 *Zöllner* in: Sieder/Zeitler/Dahme/Knopp, WHG-AbwAG, Vorb. Rn. 11, § 1 Rn. 1 ff.
232 Zur Abgrenzung zu Fremdwasser *Queitsch*, UPR 2007, 326; *Simonides*, UPR 2008, 256.
233 *Zöllner* in: Sieder/Zeitler/Dahme/Knopp, WHG-AbwAG, Vorb. Rn. 10 f.; *Schmidt/Kahl/Gärditz*, § 8 Rn. 14.
234 *Hoppe/Beckmann/Kauch*, § 19 Rn. 2 f.; vgl. § 5 Rn. 88 ff.
235 Vgl. § 5 Rn. 88 ff., 92.
236 Vgl. *Zöllner*, in: Sieder/Zeitler/Dahme/Knopp, WHG-AbwAG, AbwAG, § 13 Rn. 1, 3.

angeschlossen sind, vom Lenkungseffekt des Abwasserabgabengesetzes nicht unmittelbar erreicht, sondern nur mittelbar durch eine Umlage der Abwasserabgabe über die Kanalisationsgebühren.[237]

Während der Abgabentatbestand das tatsächliche Einleiten von Abwasser ist und somit über das Entstehen der Abgabenpflicht entscheidet, knüpft die **Abgabenerhebung** im Regelfall an die im wasserrechtlichen Bescheid zugelassenen Einleitungswerte an (§ 4 Abs. 1 S. 1 AbwAG). Die Abwasserabgabe bemisst sich gem. § 3 Abs. 1 AbwAG nach der Schädlichkeit des Abwassers, die nicht nur durch die Abwassermenge, sondern auch durch den Gehalt an bestimmten Schadstoffen – ausgedrückt in sog. Schadeinheiten, die der Anlage zu § 3 AbwAG zu entnehmen sind – bestimmt wird.[238]

57 ▶ **Lösung Fall 12:** Das Befahren von Gewässern mit den motorbetriebenen Modellbooten des K könnte eine Benutzung nach § 9 Abs. 1 Nr. 4 WHG darstellen, die aufgrund von § 8 Abs. 1 WHG einer behördlichen Gestattung bedarf. Gem. § 9 Abs. 1 Nr. 4 WHG ist Benutzung das Einbringen und Einleiten von Stoffen in Gewässer. Wie alle Benutzungsarten des § 9 Abs. 1 WHG setzt auch das Einbringen von Stoffen eine Handlung voraus, die sich nach ihrer objektiven Eignung unmittelbar auf ein Gewässer richtet und sich seiner zur Erreichung bestimmter Ziele bedient. Von einer Benutzung ist nur dann auszugehen, wenn es darum geht, die natürlichen Eigenschaften des Gewässers, z.B. auch seine Tragkraft für Wasserfahrzeuge, zur Förderung bestimmter menschlicher Zwecke auszunutzen. Dies ist beim Befahren eines Baggersees mit motorbetriebenen Modellbooten der Fall. Nicht erforderlich ist ein „Verbrauchen" oder „Verändern" des Wassers durch die Benutzung. Der Begriff des „Stoffes", der im Wasserhaushaltsgesetz nicht näher bestimmt wird, ist weit zu verstehen und erfasst jede Materie, die vor dem Einbringen in das Gewässer nicht vorhanden war. In diesem Sinn stellt auch das Zuwasserbringen eines motorbetriebenen Modellbootes als Voraussetzung und Beginn des Befahrens eines Gewässers das Einbringen eines festen Stoffes dar. Eine Beschränkung des Anwendungsbereichs von § 9 Abs. 1 Nr. 4 WHG auf Stoffe, die zur Auflösung oder zu anderer wasserwirtschaftlicher Verbindung mit dem Wasser eingebracht werden, ist im Wortlaut dieser Bestimmung nicht angelegt und steht auch im Widerspruch zur Zielrichtung des WHG. Wie sich aus § 6 Abs. 1 WHG ergibt, der bei der Auslegung der sonstigen Vorschriften des Wasserhaushaltsgesetzes zu berücksichtigen ist, sind die Gewässer als Bestandteil des Naturhaushalts und als Lebensraum für Tiere und Pflanzen zu sichern und so zu bewirtschaften, dass sie dem Wohl der Allgemeinheit und im Einklang mit ihm auch dem Nutzen Einzelner dienen und vermeidbare Beeinträchtigungen ihrer ökologischen Funktion unterbleiben. Eine einengende Auslegung des Regelungsgehalts in § 9 Abs. 1 Nr. 4 WHG, bei der solche mit einer Einwirkung auf ein Gewässer verbundenen Beeinträchtigungen außer Betracht blieben, lässt sich mit dieser Zielrichtung des § 6 Abs. 1 WHG nicht vereinbaren. Zutreffend hat daher der Landrat darauf hingewiesen, dass durch den Betrieb von Modellmotorbooten insbesondere wegen der relativ hohen erreichbaren Geschwindigkeiten und der Lärmentwicklung Nutzungskonflikte mit Badenden sowie Störungen des Gewässers als Lebensraum für Tiere und Pflanzen auftreten können. Das unterscheidet den Betrieb von motorbetriebenen Modellbooten auch vom Fahrenlassen etwa mechanisch aufziehbarer Spielzeugboote ohne eigene Triebkraft durch Kinder oder vom Werfen eines Steins in ein Gewässer, weil in diesen Fällen allenfalls unerhebliche Beeinträchtigungen der in § 6 Abs. 1 WHG genannten Belange auftreten können.

---

237   Weiterführend *Nisipeanu*, S. 37 ff.
238   Dazu *Berendes/Winters*, S. 41 ff.

Eine behördliche Gestattung gem. § 8 Abs. 1 WHG wäre jedoch entbehrlich, wenn das Befahren des Baggersees mit dem Modellmotorboot dem erlaubnisfreien Gemeingebrauch gem. § 25 WHG zuzuordnen wäre. Aufgrund § 25 S. 1 WHG i.V.m. (etwa) § 19 Abs. 1 S. 1 LWG NRW ist jedoch lediglich der Betrieb von Modellbooten ohne eigene Triebkraft als Gemeingebrauch ohne behördliche Erlaubnis gestattet. Ein erlaubnisfreier Gemeingebrauch liegt somit nicht vor.

Im Ergebnis ist festzustellen, dass das Befahren des Baggersees mit dem Modellmotorboot als Benutzung gem. § 9 Abs. 1 Nr. 4 WHG einer behördlichen Gestattung gem. § 8 Abs. 1 WHG bedarf. ◄

WIEDERHOLUNGS- UND VERSTÄNDNISFRAGEN

> Zu welchen Veränderungen des nationalen Wasserrechts führte die Wasserrahmenricht-   58
  linie 2000/60/EG? (Rn. 8, 11)
> Welche Grundsätze kennzeichnen das Wasserhaushaltsgesetz? (Rn. 19)
> Welche Planungstypen kennt das Wasserhaushaltsgesetz? Wodurch zeichnen sich diese
  aus? (Rn. 31-36)
> Zwischen welchen wasserrechtlichen Zulassungsarten differenziert das Wasserhaus-
  haltsgesetz? Benennen Sie Gemeinsamkeiten und Unterschiede! (Rn. 43-51)

§ 12 Kreislaufwirtschafts- und Abfallrecht

1 Ein vergleichender Blick auf die Lage der Abfallwirtschaft in der Mitte der 1990 Jahre und heute führt zu der Feststellung, dass im Hinblick auf die Reduzierung der Abfallmengen und die Verminderung der hiermit verbundenen Umweltbelastungen gewisse Erfolge erzielt worden sind.[1] Die Entsorgungssituation ist vor allem dadurch gekennzeichnet, dass die Verwertung von Abfällen erheblich an Bedeutung gewonnen hat und spiegelbildlich die der Beseitigung zufließenden Abfallmengen zurückgegangen sind.[2] Mengenreduzierungen dürfen jedoch nicht darüber hinwegtäuschen, dass auch mit den verbleibenden Abfällen erhebliche Umweltprobleme verbunden sind.[3]

Während in der Vergangenheit die Anstrengungen stärker auf eine Erhöhung der technischen Standards zur Abfallbeseitigung als auf eine effektive **Abfallvermeidung**[4] gerichtet waren, kommt im Gefolge der Konzeption einer **Kreislaufwirtschaft**[5] der Abfallvermeidung als umweltschonendster Alternative Priorität zu. Allerdings konstatierte der Sachverständigenrat für Umweltfragen bereits 2008, dass „die mit Priorität verlangte Vermeidung von Abfällen [nicht] geschieht (...), da mit der Abfallwirtschaft und dem Abfallrecht der Rohstoffverbrauch nicht zu steuern ist".[6] Grund dafür ist, dass die Vermeidung von Abfällen nicht allein technisch hergestellt werden kann, sondern auch mit einer Veränderung von Konsum- und Lebensstilen verbunden ist.[7] Wo Abfälle nicht vermieden oder vermindert werden können, sollen sie möglichst wiederverwertet werden (**Abfallverwertung**).[8] Insoweit ist in den letzten Jahren eine Verschiebung der Abfallmengen von der Beseitigung zur Verwertung zu verzeichnen.[9] Das ist zwar wegen allgemein umwelt- und ressourcenschonender Auswirkungen begrüßenswert, reduziert jedoch die Abfallmengen auch bei weiterer Verbesserung der Recyclingsysteme kaum und bewirkt hauptsächlich eine Verschiebung der letztendlich notwendigen Abfallbeseitigung auf einen späteren Zeitpunkt. Als ultima ratio müssen die Abfälle, die nicht verwertet werden können, einer **Abfallbeseitigung**sanlage zur Behandlung oder Ablagerung zugeführt werden.[10]

---

1 *SRU*, Umweltgutachten 2016, Tz. 53 ff.; *SRU*, Umweltgutachten 2012, Tz. 120 ff.
2 Vgl. Statistisches Bundesamt, Abfallbilanz (Abfallaufkommen/-verbleib, Abfallintensität, Abfallaufkommen nach Wirtschaftszweigen) 2015, S. 30 f., abrufbar unter: www.destatis.de/DE/Publikationen/Thematisch/U mweltstatistischeErhebungen/Abfallwirtschaft/AbfallbilanzPDF_5321001.pdf?__blob=publicationFile (Stand: 16.9.2018); zur Entwicklung des Abfallaufkommens in den 1990er Jahren *SRU*, Umweltgutachten 2000, Tz. 822 ff.
3 *SRU*, Umweltgutachten 2012, Tz. 103 ff.; *SRU*, Umweltgutachten 2000, Tz. 947 ff.
4 Dazu *Sparwasser/Engel/Voßkuhle*, § 11 Rn. 1 ff.
5 Weiterführend zur Kreislaufwirtschaft *Smeddinck* in: Kluth/Smeddinck, § 3 Rn. 1 ff.; *Jung*, AbfallR 2017, 70 ff.
6 *SRU*, Umweltgutachten 2008, Tz. 863; vgl. auch *Smeddinck* in: Kluth/Smeddinck, § 3 Rn. 8.
7 *SRU*, Umweltgutachten 2016, Tz. 54 f.
8 Zu unterscheiden ist die stoffliche von der energetischen Verwertung; vgl. *Dieckmann/Reese* in: Koch/Hofmann/Reese, § 6 Rn. 5 ff.
9 Vgl. Statistisches Bundesamt, Abfallbilanz (Abfallaufkommen/-verbleib, Abfallintensität, Abfallaufkommen nach Wirtschaftszweigen) 2015, S. 19 ff., abrufbar unter: www.destatis.de/DE/Publikationen/Thematisch/ UmweltstatistischeErhebungen/Abfallwirtschaft/AbfallbilanzPDF_5321001.pdf?__blob=publicationFile (Stand: 16.9.2018).
10 Dazu *Smeddinck* in: Kluth/Smeddinck„ § 3 Rn. 33.

I. Rechtsgrundlagen

Das Abfallrecht dient wie das Immissionsschutz-, Atom-, Gentechnik- und Chemikalienrecht dem kausalen Umweltschutz. Es findet sich auch hier ein Geflecht aus internationalen, europarechtlichen, bundes- und landesrechtlichen Regeln.

2

1. Internationales Recht

Auf der **internationalen Ebene** sollen zwischenstaatliche Übereinkommen vornehmlich den Müllexport reduzieren. Hier ist besonders auf das **Basler Übereinkommen** vom 22.3.1989[11] über die Kontrolle der grenzüberschreitenden Verbringung gefährlicher Abfälle und ihrer Entsorgung hinzuweisen, zu dessen Ausführung im Jahr 2007 das Abfallverbringungsgesetz[12] erlassen wurde.

3

2. EU-Recht

Den abfallrechtlichen Vorschriften des **EU-Rechts** kommt als wesentliche Determinante des nationalen Abfallrechts besondere Bedeutung zu.[13]

4

Grundlegend für die Entwicklung des Abfallrechts in der Europäischen Union ist die Richtlinie 75/442/EWG des Rates über Abfälle vom 15.7.1975.[14] Diese wurde durch die Richtlinie 2006/12/EG vom 5.4.2006[15] (sog. **Abfallrahmenrichtlinie**) ersetzt, an deren Stelle schließlich die novellierte Abfallrahmenrichtlinie 2008/98/EG vom 19.11.2008[16] trat. Letztere enthält eine veränderte Definition des Abfallbegriffs (Art. 3 Nr. 1), Kriterien für die bis dahin umstrittene Abgrenzung von Abfall und Nebenprodukt (Art. 5), die Abgrenzung von Verwertung und Beseitigung (Art. 3 Nr. 15 und Nr. 19) sowie für die ungeklärte Frage des Endes der Abfalleigenschaft (Art. 6). Darüber hinaus normiert sie eine fünfstufige **Abfallhierarchie** (Vermeidung – Vorbereitung zur Wiederverwertung – Recycling – sonstige Verwertung – Beseitigung, Art. 4).[17] Die Abfallrahmenrichtlinie wird durch zahlreiche weitere Einzelrichtlinien ergänzt. Als Auswahl zu nennen sind die

- Richtlinie 86/278/EWG über den Schutz der Umwelt und insbesondere der Böden bei der Verwendung von Klärschlamm in der Landwirtschaft vom 12.6.1986,[18]
- Richtlinie 94/62/EG über Verpackungen und Verpackungsabfälle vom 20.12.1994,[19]
- Richtlinie 96/59/EG über die Beseitigung polychlorierter Biphenyle und polychlorierter Terphenyle (PCB/PCT) vom 16.9.1996,[20]
- Richtlinie 99/31/EG über Abfalldeponien vom 26.4.1999 (sog. Deponierichtlinie),[21]

---

11 BGBl. II 1994, S. 2703, zuletzt geändert durch ÄndVO v. 6.5.2014, BGBl. II, S. 306.
12 BGBl. I, S. 1462, zuletzt geändert durch G v. 1.11.2016, BGBl. I, S. 2452.
13 Bericht der Kommission über die Umsetzung des EU-Rechts im Bereich der Abfallwirtschaft, KOM(2017) 88 endg.; ausführlich zum europäischen Abfallrecht *Oehlmann*, Vom Abfall als Problem zum Abfall als Ressource – Das europäische Abfallrecht als Baustein einer europäischen Kreislaufwirtschaft.
14 ABlEG L 194/47.
15 ABlEU L 114/9.
16 ABlEU L 312/3, zuletzt geändert durch RL 2018/851/EU v. 30.5.2018, ABlEU L 150/109.
17 Vertiefend zur (europäischen) Abfallhierarchie *Hahn*, Die Abfallhierarchie der europäischen Abfallrahmenrichtlinie und ihre Umsetzung im deutschen Kreislaufwirtschaftsgesetz.
18 ABlEG L 181/6, zuletzt geändert durch VO (EG) Nr. 219/2009 v. 11.3.2009, ABlEG L 87/109.
19 ABlEG L 365/10, zuletzt geändert durch RL 2018/852/EU v. 30.5.2018, ABlEU L 150/141.
20 ABlEG L 243/31, zuletzt geändert durch VO (EG) Nr. 596/2009 v. 18.6.2009, ABlEU L 188/14.
21 ABlEG L 182/1, zuletzt geändert durch RL 2018/850/EU v. 30.5.2018, ABlEU L 150/100.

- Richtlinie 2000/53/EG über Altfahrzeuge vom 18.9.2000,[22]
- Richtlinie 2000/76/EG über die Verbrennung von Abfällen vom 4.12.2000,[23]
- Richtlinie 2006/66/EG über Batterien und Akkumulatoren sowie Altbatterien- und Altakkumulatoren vom 6.9.2006,[24]
- Richtlinie 2006/21/EG über die Bewirtschaftung von Abfällen aus der mineralgewinnenden Industrie vom 15.3.2006,[25]
- Richtlinie 2011/65/EU zur Beschränkung der Verwendung bestimmter gefährlicher Stoffe in Elektro- und Elektronikgeräten vom 8.6.2011[26] und
- Richtlinie 2012/19/EU über Elektro- und Elektronikaltgeräte ((„**WEEE-RL**") vom 4.7.2012.[27]

Das Europäische Parlament hat am 18.4.2018 dem sog. EU-Kreislaufwirtschaftspaket[28] zugestimmt.[29] Dieses wurde von den Vertretern der EU-Mitgliedstaaten am 22.5.2018 endgültig angenommen und sieht Änderungen der Abfallrahmenrichtlinie, der Deponierichtlinie, der Verpackungsrichtlinie sowie Änderungen der Richtlinien über Altfahrzeuge, Batterien und Altgeräte vor. Die Richtlinien des Pakets sollen die Weichen für die Abfallpolitik der EU bis zum Jahr 2035 stellen und u.a. zentrale Definitionen sowie die Berechnungsmethode von Recyclingquoten vereinheitlichen. Ebenso Teil des Beschlusses sind die Verpflichtung zur getrennten Sammlung von Bioabfällen (oder Verwertung durch Kompostierung) ab dem Jahr 2024, für Textilien und als gefährlich eingestufte Haushaltsabfälle ab dem Jahr 2025 sowie konkrete Anforderungen an Systeme der erweiterten Herstellerverantwortung. Die Verminderung der Deponierung von Siedlungsabfällen gehört zu den wichtigsten neuen Zielsetzungen. Darüber hinaus enthält das Paket höhere verbindliche Recyclingquoten.[30]

Auf der Ebene der **Verordnungen** (Art. 288 Abs. 2 AEUV) ist die Verordnung (EG) Nr. 1013/2006 über die Verbringung von Abfällen vom 14.6.2006[31] (sog. **Abfallverbringungsverordnung**) zu nennen.[32]

3. Bundesrecht

5   Das Recht der Abfallbeseitigung/-entsorgung wurde gesetzgeberisch lange Zeit vernachlässigt. Seine ersten Normierungen erfuhr die Abfallbeseitigung in **kommunalen Satzungen** und zum Ende der 60er Jahre in einigen **Landesgesetzen**.[33] Erst 1972 wurde eine umfassende Gesetzgebungskompetenz des Bundes geschaffen (Art. 74 Nr. 24 GG a.F. – konkurrierende Gesetzgebungskompetenz), auf deren Grundlage das **Abfallbesei-**

---

22 ABlEG L 269/34, zuletzt geändert durch RL 2018/849/EU v. 30.5.2018, ABlEU L 150/93.
23 ABlEG L 332/91, durch RL 2010/75/EU v. 24.11.2010, ABlEU 334/17, mit Wirkung v. 7.1.2014 aufgehoben.
24 ABlEU L 266/1, zuletzt geändert durch RL 2018/849/EU v. 30.5.2018, ABlEU L 150/93.
25 ABlEU L 102/15, zuletzt geändert durch VO (EG) Nr. 596/2009 v. 18.6.2009, ABlEU L 188/14.
26 ABlEU L 174/88, zuletzt geändert durch RL 2017/2102/EU v. 15.11.2017, ABlEU L 305/8.
27 ABlEU L 197/38, zuletzt geändert durch RL 2018/849/EU v. 30.5.2018, ABlEU L 150/93.
28 Dieses besteht aus RL 2018/849/EU v. 30.5.2018, ABlEU L 150/93, RL 2018/850/EU v. 30.5.2018, ABlEU L 150/100, RL 2018/851/EU v. 30.5.2018, ABlEU L 150/109 und RL 2018/852/EU v. 30.5.2018, ABlEU L 150/141.
29 Das EU-Kreislaufwirtschaftspaket basiert auf einem Aktionsplan zur Kreislaufwirtschaft, der von der EU-Kommission Anfang Dezember 2015 vorgestellt wurde, vgl. KOM(2015) 614 endg.
30 Zum EU-Kreislaufwirtschaftspaket überblicksartig auch *Jaron*, MuA 2017, 115 ff.; *Engel/Mailänder*, AbfallR 2016, 273 ff.; *Maurer*, MuA 2016, 291 ff.
31 ABlEG L 190/1, zuletzt geändert durch VO (EU) 2015/2002 v. 10.11.2015, ABlEU L 294/1.
32 Umfassend hierzu *Oexle*, ZUR 2007, 460; *Dieckmann*, ZUR 2006, 561; *Kropp*, AbfallR 2006, 150.
33 Dazu *Kloepfer*, Zur Geschichte des deutschen Umweltrechts, S. 68 ff.

tigungsgesetz vom 7.6.1972[34] erlassen wurde. Ursprünglich war das Abfallbeseitigungsgesetz durch eine ordnungsrechtliche Zielsetzung geprägt, die allerdings nach und nach durch abfallwirtschaftliche Regelungen ergänzt wurde. Die ersten drei Änderungen von 1976[35], 1982[36] und 1985[37] standen ganz im Zeichen neuerer Erkenntnisse über Umweltgefährdungen, die von Abfällen ausgehen. Anstelle eines vierten Änderungsgesetzes wurde das Abfallbeseitigungsgesetz am 27.8.1986 vom **Abfallgesetz**[38] abgelöst. Bereits die Umbenennung in „Gesetz über die Vermeidung und Entsorgung von Abfällen" sollte die Weiterentwicklung zu einem Abfall*wirtschafts*recht deutlich machen.[39]

Im Wege einer Neuverabschiedung wurde am 27.9.1994 das **Gesetz zur Förderung der**   6
Kreislaufwirtschaft und Sicherung der umweltverträglichen Beseitigung von Abfällen
(Kreislaufwirtschafts- und Abfallgesetz – KrW-/AbfG)[40] eingeführt. Die rechtspolitische Konzeption, die dieser Novellierung zugrunde lag, lässt sich mit dem Begriff der
ganzheitlichen Produktverantwortung umschreiben: Wer ein Produkt erzeugt und vermarktet, soll auch für dessen spätere Entsorgung verantwortlich sein. So soll die Wirtschaft dazu angehalten werden, künftig bereits bei der Entwicklung eines Produkts auf
dessen spätere Verwertungs- und Entsorgungsfreundlichkeit zu achten.[41]

Zur Umsetzung der Abfallrahmenrichtlinie 2008/98/EG trat am 1. Juni 2012 das   7
Kreislaufwirtschaftsgesetz (KrWG) in und das bis dahin geltende KrW-/AbfG außer
Kraft.[42] Die mit dieser Novellierung verbundenen Änderungen des KrW-/AbfG folgen
überwiegend aus den europarechtlichen Vorgaben der Abfallrahmenrichtlinie. Im Mittelpunkt dieser Vorgaben steht die Förderung der **Abfallverwertung**, insbesondere die
Förderung der stofflichen Verwertung, des Recyclings.[43] Aber auch die Abfallvermeidung rückt in den Vordergrund, indem Mitgliedstaaten zur Aufstellung von **Abfallvermeidungsprogrammen** verpflichtet werden.[44]

Das Kreislaufwirtschaftsgesetz bildet den Kern des zum Kreislaufwirtschaftsrecht   8
transformierten Abfallrechts. Als formelles Gesetz ist weiter das Gesetz über die Überwachung und Kontrolle der grenzüberschreitenden Verbringung von Abfällen (**Abfallverbringungsgesetz – AbfVerbrG**) vom 19.7.2007[45] zu nennen, das das Basler Übereinkommen[46] sowie die Abfallverbringungsverordnung[47] in nationales Recht inkorporiert
hat.[48] Überdies reagierte der Gesetzgeber mit dem **Elektro- und Elektronikgerätegesetz**
(ElektroG) vom 16.3.2005,[49] das die Richtlinien 2002/95/EG[50] und 2002/96/EG[51] um-

---

34 BGBl. I, S. 873.
35 BGBl. I, S. 1601.
36 BGBl. I, S. 281.
37 BGBl. I, S. 204.
38 BGBl. I, S. 1410.
39 Vgl. *Kloepfer*, Umweltrecht, § 21 Rn. 11 f.
40 BGBl. I, S. 2705, durch G v. 24.2.2012, BGBl. I, S. 212 mit Wirkung v. 1.6.2012 außer Kraft.
41 Vgl. zu den wesentlichen Regelungsschwerpunkten des KrW-/AbfG *Petersen/Rid*, NJW 1995, 7.
42 BGBl. I, S. 212, zuletzt geändert durch G v. 20.7.2017, BGBl. I, S. 2808.
43 Vgl. dazu § 12 Rn. 33.
44 Näher dazu § 12 Rn. 96.
45 BGBl. I, S. 1462, zuletzt geändert durch G v. 1.11.2016, BGBl. I, S. 2452.
46 Vgl. oben § 12 Rn. 3.
47 Vgl. oben § 12 Rn. 4.
48 Vgl. zu den Zuständigkeiten und der Vorgehensweise bei der Kontrolle grenzüberschreitender Abfalltransporte *Kropp*, UPR 2008, 213.
49 BGBl. I, S. 762, aufgehoben durch G v. 20.10.2015, BGBl. I, S. 1739.
50 ABlEU L 37/19, durch RL 2011/65/EU v. 8.6.2011, ABlEU L 174/88, mit Wirkung v. 3.1.2013 aufgehoben.
51 ABlEU L 37/24, durch RL 2012/19/EU v. 4.7.2012, ABlEU L 197/38, mit Wirkung v. 14.2.2014 aufgehoben.

setzte, auf die bedeutende Zunahme des sog. Elektroschrotts. Die Richtlinie 2012/19/EU[52] ist inzwischen an die Stelle der Richtlinie 2002/96/EG getreten. Der nationale Gesetzgeber setzte diese Richtlinie deutlich verspätet[53] mit Wirkung vom 24.10.2015 durch Neufassung des ElektroG[54] um. Mit dem **Batteriegesetz** (BattG) vom 25.6.2009[55] wurde die EG-Batterien-Richtlinie[56] in nationales Recht umgesetzt. Hersteller und Importeure werden darin zur Rücknahme und zur umweltverträglichen Entsorgung von Altbatterien und Akkumulatoren verpflichtet.

9   Gem. Art. 74 Abs. 1 Nr. 24 GG besitzt der Bund die **konkurrierende Gesetzgebungskompetenz** für die Abfallwirtschaft. Die Prüfung der Erforderlichkeit einer bundeseinheitlichen Regelung (vgl. Art. 72 Abs. 2 GG a.F.) ist seit der **Föderalismusreform** im Jahr 2006[57] obsolet (Art. 72 Abs. 2 GG). Gleichfalls wurde der bisherige Kompetenztitel der „Abfallbeseitigung" durch den Terminus „Abfallwirtschaft" ersetzt. Materiellrechtlich ergeben sich insoweit jedoch keine Änderungen. Das BVerfG subsumierte bereits vor der Verfassungsänderung unter den Begriff der Abfallbeseitigung gesetzgeberische Maßnahmen zur Abfallvermeidung,[58] so dass die Neuformulierung lediglich der Klarstellung dient.[59]

10   Die zurzeit geltenden **Rechtsverordnungen** und **Verwaltungsvorschriften** sind größtenteils noch auf der Grundlage des Abfallgesetzes 1972/86 erlassen worden. Besonders hervorzuheben sind die:

- Verordnung über Betriebsbeauftragte für Abfall (Abfallbeauftragtenverordnung – AbfBeauftrV) i.d.F. der Bekanntmachung vom 2.12.2016,[60]
- Altölverordnung (AltölV) i.d.F. der Bekanntmachung vom 16.4.2002,[61]
- Verordnung über die Entsorgung gebrauchter halogenierter Lösemittel (HKWAbfV) vom 23.10.1989,[62]
- Verordnung über die Nachweisführung bei der Entsorgung von Abfällen (Nachweisverordnung – NachwV) i.d.F. der Bekanntmachung vom 20.10.2006,[63] Verordnung über die Verwertung von Klärschlamm, Klärschlammgemisch und Klärschlammkompost (Klärschlammverordnung – AbfKlärV) i.d.F. der Bekanntmachung vom 27.9.2017,[64]
- Verordnung über das Europäische Abfallverzeichnis (Abfallverzeichnisverordnung – AVV) vom 10.12.2001,[65]

52 ABlEU L 197/38.
53 Die RL 2012/19/EU war gem. ihrem Art. 24 Abs. 1 zum 14.2.2014 umzusetzen.
54 BGBl. I, S. 1739, zuletzt geändert durch G v. 27.6.2017, BGBl. I, S. 1966; vgl. hierzu unten § 12 Rn. 63.
55 BGBl. I, S. 1582, zuletzt geändert durch G v. 13.4.2017, BGBl. I, S. 872.
56 Vgl. oben § 12 Fn. 4.
57 Vgl. oben § 4 Rn. 46; *Wendenburg*, ZUR 2006, 351.
58 BVerfGE 98, 83.
59 So auch *Franßen* in: Hansmann/Sellner, Kap. 14, Rn. 31.
60 BGBl. I, S. 2789, zuletzt geändert durch G v. 5.7.2017, BGBl. I, S. 2234.
61 BGBl. I, S. 1368, zuletzt geändert durch G v. 24.2.2012, BGBl. I, S. 212.
62 BGBl. I, S. 1918, zuletzt geändert durch VO v. 20.10.2006, BGBl. I, S. 2298.
63 BGBl. I, S. 2298, zuletzt geändert durch G v. 18.7.2017, BGBl. I, S. 2745.
64 BGBl. I, S. 3465, zuletzt geändert durch VO v. 27.9.2017, BGBl. I, S. 3465; zu den Rechtsfolgen der neuen AbfKlärV für die Entsorgungspraxis vgl. *Queitsch*, AbfallR 2018, 78 ff.
65 BGBl. I, S. 3379, zuletzt geändert durch VO v. 17.7.2017, BGBl. I, S. 2644; vgl. zur im Jahr 2016 erfolgten grundlegenden Novelle der AVV *Kropp*, AbfallR 2017, 22 ff.

- Verordnung über Anlagen zur biologischen Behandlung von Abfällen (30. BImSchV) vom 20.2.2001,[66]

- Verordnung über die Überlassung, Rücknahme und umweltverträgliche Entsorgung von Altfahrzeugen (Altfahrzeugverordnung – AltfahrzeugV) i.d.F. der Bekanntmachung vom 21.6.2002,[67]

- Verordnung über die Verwertung von Bioabfällen auf landwirtschaftlich, forstwirtschaftlich und gärtnerisch genutzten Böden[68] (Bioabfallverordnung – BioAbfV) i.d.F. der Bekanntmachung vom 4.4.2013,[69]

- Verordnung über Anforderungen an die Verwertung und Beseitigung von Altholz (Altholzverordnung – AltholzV) vom 15.8.2002,[70]

- Verordnung über die Bewirtschaftung von gewerblichen Siedlungsabfällen und von bestimmten Bau- und Abbruchabfällen (Gewerbeabfallverordnung – GewAbfV) i.d.F. der Bekanntmachung vom 18.4.2017,[71]

- Verordnung über den Versatz von Abfällen unter Tage (Versatzverordnung – VersatzV) vom 24.7.2002,[72]

- Gebührenverordnung zum Elektro- und Elektronikgerätegesetz (Elektro- und Elektronikgerätegesetz-Gebührenverordnung – ElektroGGebV) i.d.F. der Bekanntmachung vom 20.10.2015,[73]

- Verordnung zur Durchsetzung von Vorschriften in Rechtsakten der Europäischen Gemeinschaft über die Verbringung von Abfällen (Abfallverbringungsbußgeldverordnung – AbfVerbrBußV) vom 29.7.2007,[74]

- Verordnung zur Umsetzung der Richtlinie 2006/21/EG des Europäischen Parlaments und des Rates vom 15.3.2006 über die Bewirtschaftung von Abfällen aus der mineralgewinnenden Industrie und zur Änderung der Richtlinie 2004/35/EG (Gewinnungsabfallverordnung – GewinnungsAbfV) vom 27.4.2009,[75]

- Verordnung über Deponien und Langzeitlager (Deponieverordnung – DepV) i.d.F. der Bekanntmachung vom 27.4.2009,[76]

- Verordnung über das Anzeige- und Erlaubnisverfahren für Sammler, Beförderer, Händler und Makler von Abfällen (Anzeige- und Erlaubnisverordnung – AbfAEV) vom 5.12.2013[77] und die

- Verordnung über Entsorgungsfachbetriebe, technische Überwachungsorganisationen und Entsorgergemeinschaften (Entsorgungsfachbetriebeverordnung – EfbV) vom 2.12.2016.[78]

---

66 BGBl. I, S. 317, zuletzt geändert durch VO v. 27.9.2017, BGBl. I, S. 3465.
67 BGBl. I, S. 2214, zuletzt geändert durch VO v. 2.12.2016, BGBl. I, S. 2770.
68 Dazu Queitsch, AbfallR 2009, 70; Vetter, NVwZ 1999, 622.
69 BGBl. I, S. 658, zuletzt geändert durch VO v. 27.9.2017, BGBl. I, S. 2465.
70 BGBl. I, S. 3302, zuletzt geändert durch G v. 29.3.2017, BGBl. I, S. 626.
71 BGBl. I, S. 896, zuletzt geändert durch G v. 5.7.2017, BGBl. I, S. 2234.
72 BGBl. I, S. 2833, zuletzt geändert durch G v. 24.2.2012, BGBl. I, S. 212.
73 BGBl. I, S. 1776, zuletzt geändert durch VO v. 18.12.2017, BGBl. I, S. 3977.
74 BGBl. I, S. 1761, zuletzt geändert durch G v. 1.11.2016, BGBl. I, S. 2452.
75 BGBl. I, S. 947, zuletzt geändert durch G v. 24.2.2012, BGBl. I, S. 212.
76 BGBl. I, S. 900, zuletzt geändert durch VO v. 27.9.2017, BGBl. I, S. 3465.
77 BGBl. I, S. 4043, zuletzt geändert durch G v. 5.7.2017, BGBl. I, S. 2234.
78 BGBl. I, S. 2770, zuletzt geändert durch G v. 5.7.2017, BGBl. I, S. 2234.

■ Die Verordnung über die Vermeidung von Verpackungsabfällen (Verpackungsverordnung – VerpackV) vom 21.8.1998[79] wird mit Wirkung vom 1.1.2019 aufgehoben. Sie wird ersetzt durch das Verpackungsgesetz (VerpackG) vom 5.7.2017.[80]

4. Landesrecht

11   Angesichts der konkurrierenden Gesetzgebungskompetenz des Bundes enthält das Kreislaufwirtschaftsgesetz weitgehend abschließende Regelungen.

Die Landesgesetze bestimmen daher lediglich die zur Durchführung des Kreislaufwirtschaftsgesetzes **zuständigen Behörden** und regeln bestimmte vom Bundesgesetzgeber offen gelassene Einzelfragen.[81]

II. Das Kreislaufwirtschaftsgesetz im Überblick

12   Das Kreislaufwirtschaftsgesetz besteht aus neun Teilen: Im **Ersten Teil** (§§ 1–5 KrWG) finden sich allgemeine Vorschriften über den Zweck des Gesetzes, seinen Geltungsbereich und Begriffsbestimmungen. Im **Zweiten Teil** (§§ 6–22 KrWG) werden die Grundsätze und Pflichten der Erzeuger und Besitzer von Abfällen sowie der öffentlich-rechtlichen Entsorgungsträger genannt. Der **Dritte Teil** (§§ 23–27 KrWG) enthält Bestimmungen über die Produktverantwortung. Der **Vierte Teil** (§§ 28–44 KrWG) hat Regelungen zu Abfallwirtschaftsplänen und Abfallvermeidungsprogrammen zum Gegenstand; er normiert neben Regelungen der Abfallwirtschaftsplanung vor allem das wichtige Anlagenzulassungsrecht. Der **Fünfte Teil** (§§ 45–46 KrWG) ergänzt die Produktverantwortung um eine Absatzförderungspflicht und normiert eine Beratungspflicht zur Vermeidung, Verwertung und Beseitigung von Abfällen der öffentlichen Hand. Der **Sechste Teil** (§§ 47–55 KrWG) regelt die allgemeine behördliche Überwachung von Abfällen, besonders überwachungsbedürftige (gefährliche) Abfälle bis hin zu Registrierungs- und Nachweispflichten von Sammlern, Beförderern, Händlern und Maklern von Abfällen u.a. mehr. Der **Siebte Teil** (§§ 56–57 KrWG) betrifft Entsorgungsfachbetriebe. Der **Achte Teil** (§§ 58–61 KrWG) regelt Organisationsvorgaben für Unternehmen einschließlich des Betriebsbeauftragten für Abfall. Der **Neunte Teil** (§§ 62–72 KrWG) beendet das Gesetz mit den üblichen Schlussbestimmungen.[82]

III. Geltungsbereich des Kreislaufwirtschaftsgesetzes

13   Der **Geltungsbereich** des Kreislaufwirtschaftsgesetzes erstreckt sich grundsätzlich auf die **Vermeidung**, **Verwertung** und **Beseitigung** von **Abfällen** sowie auf **sonstige Maßnahmen der Abfallbewirtschaftung** (§ 2 Abs. 1 Nr. 1–4 KrWG). Alle fünf Begriffe, denen für die Anwendung des Gesetzes zentrale Bedeutung zukommt, werden in § 3 KrWG legaldefiniert.[83]

---

79   BGBl. I, S. 2379, zuletzt geändert durch G v. 18.7.2017, BGBl. I, S. 2745.

80   BGBl. I, S. 2234; vgl. unten § 12 Rn. 55 ff.

81   So z.B. das Landesabfallgesetz NRW, GV.NW 1988, S. 250, zuletzt geändert durch G v. 7.4.2017, GV.NRW. S. 442; Landesabfallgesetz BW, GBl. 2008, S. 370, zuletzt geändert durch G v. 17.12.2009, GBl., S. 802. Zu den Spielräumen für die Landesgesetzgebung im Kreislaufwirtschaftsrecht vgl. *Schlacke* in: dies./Wittreck, Landesrecht Nordrhein-Westfalen, § 7 Rn. 228 f.; *Burgi*, DVBl. 2017, 921.

82   Weiterführend zum KrWG etwa *Petersen/Doumet/Stöhr*, NVwZ 2012, 521; *Matschull-Zorn*, EurUP 2012, 247; vgl. zu einem vorläufigen Fazit nach vier Jahren KrWG *Denz-Hedlund*, AbfallR 2016, 178 ff.

83   Vgl. § 3 Abs. 1, 14, 20, 23, 26 KrWG.

Ausgenommen von der Anwendung des Kreislaufwirtschaftsgesetzes sind Abfälle, die 14
einer spezialgesetzlichen Regelung unterfallen, welche konkrete Bestimmungen über
die Bewirtschaftung als Abfall enthalten.[84] Beispielhaft zu nennen sind

- Stoffe, die nach dem Lebensmittel- und Futtermittelgesetzbuch, dem Tabakerzeugnisgesetz, dem Milch- und Margarinegesetz, dem Tierseuchengesetz, dem Pflanzenschutzgesetz und nach den aufgrund dieser Gesetze erlassenen Rechtsverordnungen zu entsorgen sind (Nr. 1 lit. a–f),
- tierische Nebenprodukte, die dem Anwendungsbereich der Verordnung (EG) Nr. 1069/2009,[85] dem Tierische Nebenprodukte-Beseitigungsgesetz oder der aufgrund dieses Gesetzes erlassenen Rechtsverordnungen unterliegen (Nr. 2),
- Kernbrennstoffe und sonstige radioaktive Stoffe i.S.d. Atomgesetzes oder des Strahlenschutzgesetzes (Nr. 5),
- Abfälle, die beim Aufsuchen, Gewinnen, Aufbereiten und Weiterverarbeiten von Bodenschätzen in den der Bergaufsicht unterstehenden Betrieben anfallen (Nr. 7),
- nicht in Behälter gefasste gasförmige Stoffe (Nr. 8),
- Stoffe, sobald diese in Gewässer oder Abwasseranlagen eingeleitet oder eingebracht werden (Nr. 9),[86]
- Böden am Ursprungsort (Böden in situ), einschließlich nicht ausgehobener, kontaminierter Böden und Bauwerke, die dauerhaft mit Grund und Boden verbunden sind (Nr. 10)[87] und
- Kampfmittel (Nr. 14).

IV. Grundbegriffe

Gesetzliche Definitionen finden sich in § 3 KrWG hinsichtlich der Begriffe Abfall, Abfallerzeuger, Abfallbesitzer, Abfallentsorgung, gefährliche Abfälle, Recycling, Nebenprodukte und Ende der Abfalleigenschaft. 15

1. Abfallbegriff

Das Kreislaufwirtschaftsgesetz findet nur für **Abfall** i.S.d. Gesetzes Anwendung. Da 16
das europäische Recht durch die Abfallrahmenrichtlinie[88] bezüglich des Abfallbegriffs
genaue Vorgaben formuliert,[89] hat der Gesetzgeber nunmehr im Kreislaufwirtschaftsgesetz die Definition des Abfallbegriffs neben beweglichen Sachen auch auf unbewegliche Sachen ausgedehnt.[90] Damit wurde den Anforderungen der Abfallrahmenrichtlinie
entsprochen, die in Art. 3 Nr. 1 nicht auf „bewegliche Sachen", sondern vielmehr auf
„Stoffe und Gegenstände" abstellt.[91]

---

84 EuGH, ZUR 2007, 366, 369; *Prelle* in: Schmehl, GK-KrWG, § 2 Rn. 12.
85 ABlEU L 300/1, zuletzt geändert durch VO (EU) 2017/625, ABlEU L 95/1.
86 Dazu BT-Drs. 10/2885, S. 13 f.; zur Abgrenzung von Abfall- und Wasserrecht *Scheier*, UPR 2011, 300; zur Anwendung des KrWG bei Klärschlamm aus einer stillgelegten Kläranlage vgl. OVG Münster, NWVBl. 2018, 104 ff.
87 Vgl. dazu § 12 Rn. 16.
88 Bereits § 12 Rn. 4.
89 Vgl. vertiefend zu den Vorgaben der Abfallrahmenrichtlinie *Schink*, UPR 2012, 201.
90 Vgl. *Kopp-Assenmacher/Schwartz* in: Kopp-Assenmacher, KrWG, § 3 Rn. 7.
91 Zum neuen Abfallbegriff vgl. *Frenz*, NVwZ 2012, 1590; *Schink*, UPR 2012, 201.

Als Abfall definiert § 3 Abs. 1 S. 1 KrWG „alle Stoffe oder Gegenstände, derer sich ihr Besitzer entledigt, entledigen will oder entledigen muss". Grundlegende Voraussetzung für die Abfalleigenschaft ist mithin, dass es sich um einen **Stoff** oder **Gegenstand** handelt und ein **Entledigungstatbestand** gegeben ist.[92] Grundsätzlich findet der Abfallbegriff an sich auch auf unbewegliche Sachen Anwendung (s.o.). Durch den kategorischen Anwendungsausschluss des Gesetzes für Böden (in situ), nicht ausgehobene, kontaminierte Böden, sowie für Bauwerke, die dauerhaft mit Grund und Boden gem. § 2 Abs. 2 Nr. 10 KrWG verbunden sind,[93] wird aber klargestellt, dass sich die abfallrechtlichen Regelungen im Ergebnis weiterhin nur auf „bewegliche Sachen" beschränken.[94] Durch diese Eingrenzung des nationalen Abfallbegriffs ist ebenso der Abfallrahmenrichtlinie (Art. 2 Abs. 1 lit. b) entsprochen worden. Dieser Artikel erging mit der Novellierung der Richtlinie 2008 und ist eine Reaktion auf das **Van-de-Walle-Urteil** des **EuGH**. Er entschied 2004, dass sowohl ins Erdreich gelaufener Treibstoff als auch das dadurch verunreinigte Erdreich Abfälle im Sinne der Richtlinie sind.[95] Die Neuregelung der Abfallrahmenrichtlinie 2008 nahm sodann Böden vom Abfallbegriff aus und beugte einer weiteren Ausdehnung des Abfallbegriffs auf unbewegliche Sachen durch die Rechtsprechung vor.[96] Nach dem Begriffsverständnis des § 3 Abs. 1 S. 1 KrWG i.V.m § 2 Abs. 2 Nr. 10 KrWG stellen Grundstücke und Grundstücksbestandteile auch keinen Abfall dar (z.B. eine noch nicht ausgekofferte Altlast, vgl. § 94 BGB). Es liegt vielmehr eine schädliche Bodenverunreinigung vor, die den Anwendungsbereich des Bundes-Bodenschutzgesetzes[97] eröffnet.[98]

17   Anders als im früheren KrW-/AbfG wird in der Abfalldefinition des KrWG nicht auf Abfallgruppen Bezug genommen.[99] Ähnlich verhält es sich mit dem **Europäischen Abfallkatalog**,[100] der Abfälle zwar klassifiziert; seine Abfallbezeichnungen haben aber keine Auswirkungen auf die Abfalleigenschaft, sondern setzen diese vielmehr voraus.[101]

18   Kernstück des nationalen – wie i.Ü. auch des europäischen Abfallbegriffs[102] – ist daher der **Entledigungsbegriff**. § 3 Abs. 1 S. 1 KrWG benennt drei Entledigungstatbestände: Entledigung, Entledigungswillen und Entledigungspflicht.

19   Nach § 3 Abs. 2 KrWG setzt die an konkretes Verhalten anknüpfende Entledigung voraus, dass der Besitzer Stoffe oder Gegenstände

---

92   *Delfs* in: Schmehl, GK-KrWG, § 3, Rn. 11; *Schink/Krappel* in: Schink/Versteyl, KrWG, § 3, Rn. 13; *Versteyl* in: ders./Mann/Schomerus, KrWG, § 3 Rn. 7.

93   Vgl. oben § 12 Rn. 14; zur Abfalleigenschaft von ausgehobenem Mutterboden vgl. *Seibert*, EurUP 2017, 264, 265 ff.

94   BT-Drs. 17/6052, S. 71; darstellend auch *Ehrmann*, ZUR 2010, 552.

95   EuGH, NVwZ 2004, 1341, m. Anm. *Riese/Karsten*, ZUR 2005, 75; weitergehend zur Qualifizierung von Abwasser als Abfall vgl. EuGH, ZUR 2007, 366.

96   Dazu *Petersen*, ZUR 2007, 449, 450; *Frenz*, UPR 2007, 81.

97   Vgl. § 13 Rn. 8.

98   *Frenz*, NVwZ 2012, 1590, 1591; *Schink*, UPR 2012, 201, 202; *Hurst*, UPR 2012, 216, 217; vgl. zur Abgrenzung zwischen Bodenschutz- und Abfallrecht BVerwG, AbfallR 2016, 249 ff.

99   BT-Drs. 17/6052, S. 71.

100 Umgesetzt durch Entscheidung 2000/532/EG v. 3.5.2000 über ein europäisches Abfallverzeichnis, ABlEG L 226/3, zuletzt geändert durch Beschluss v. 18.12.2014, ABlEU L 370/44; diese Entscheidung wurde in Deutschland umgesetzt durch die AbfallverzeichnisVO v. 10.12.2001, BGBl. I, S. 3379, zuletzt geändert durch VO v. 17.7.2017, BGBl. I, S. 2644.

101 *Dieckmann/Reese* in: Koch/Hofmann/Reese, § 6 Rn. 47.

102 Vertiefend zur Situation vor Erlass der neuen Abfallrahmenrichtlinie 2008 *Herbert*, NVwZ 2007, 617; vgl. dazu auch EuGH, NVwZ 2008, 295, 296.

- einer Verwertung i.S.d. Anlage 2 oder einer Beseitigung i.S.d. Anlage 1 zum KrWG zuführt oder
- die tatsächliche Sachherrschaft über sie unter Wegfall jeder weiteren Zweckbestimmung aufgibt.[103]

Die über das Bestimmungsrecht des Besitzers hinausgehende, in § 3 Abs. 3 S. 1 KrWG geregelte Fiktion des Entledigungswillens gliedert sich in zwei Fallgruppen: 20

Der Entledigungswille ist einmal hinsichtlich solcher Stoffe oder Gegenstände anzunehmen, die bei der Energieumwandlung, der Herstellung, Bearbeitung und anderen Nutzungen von Stoffen und Erzeugnissen „anfallen, ohne dass der Zweck der jeweiligen Handlung hierauf gerichtet ist" (§ 3 Abs. 3 S. 1 Nr. 1 KrWG). Im Produktions- und Verarbeitungsprozess nicht zielgerichtet anfallende verwertbare „Reststoffe" sind damit (erstmals) Abfälle und unterliegen folglich den Pflichten des Abfallrechts.[104]

In der zweiten Fallgruppe wird der Entledigungswille hinsichtlich bereits in Gebrauch befindlicher Sachen fingiert. Der Entledigungswille ist anzunehmen, wenn die ursprüngliche Zweckbestimmung einer Sache entfällt, ohne dass ein neuer Verwendungszweck unmittelbar an deren Stelle tritt (§ 3 Abs. 3 S. 1 Nr. 2 KrWG). Ist für die Wiederverwendung eine Zwischenhandlung erforderlich oder stellt sich der neue Verwendungszweck erst mit erheblichem zeitlichem Verzug ein, so wird der Entledigungswille mit der Folge fingiert, dass solche Stoffe Abfälle sind.[105] Nicht sortenreines Altpapier ist danach beispielsweise so lange Abfall, bis es nach einer Sortierung in einen für die papierverarbeitende Industrie gebrauchsfähigen Zustand versetzt wird.[106]   21

Der Anknüpfungspunkt dieses – auch als subjektiv bezeichneten[107] – Abfallbegriffs ist folglich nicht nur die „unergründliche" Frage, ob der Besitzer eine Verwertungs- oder Beseitigungsabsicht hat. M.a.W. geht es nicht allein darum, ob der Besitzer eine bewegliche Sache „loswerden" will, sondern auch darum, ob der Verwendungszweck der Sache weggefallen ist. Dies richtet sich danach, ob die Sache nach der „Verkehrsanschauung" (vgl. § 3 Abs. 3 S. 2 KrWG) zweckgerichtet produziert bzw. verwendet wird; ausschlaggebend ist also die Abgrenzung zwischen Produkt und Abfall (Objektivierung der Zweckbestimmung).[108] Zur Konkretisierung der Verkehrsanschauung und folglich zur Bestimmung der Abfalleigenschaft haben Rechtsprechung und Literatur unterschiedliche und überwiegend strittige Kriterien (z.B. ob ein Stoff einen Marktwert besitzt) entwickelt.[109]   22

---

103   Dazu BVerwG, NVwZ 1996, 1010 f.; BVerwG, ZUR 1999, 110; *Delfs* in: Schmehl, GK-KrWG, § 3 Rn. 25; *Schink/Krappel* in: Schink/Versteyl, KrWG, § 3 Rn. 35 f.; *Versteyl* in: ders./Mann/Schomerus, KrWG, § 3 Rn. 16 f.

104   Umfassend zum Unterschied zwischen Abfall und Nicht-Abfall vgl. Mitteilung der Kommission zu Auslegungsfragen betreffend Abfall und Nebenprodukte, KOM (2007) 59 endg.; *Sobotta*, ZUR 2007, 188; EuGH, ZUR 2005, 80; *Schink/Krappel* in: Schink/Versteyl, KrWG, § 3 Rn. 45.

105   Vgl. *Schink/Krappel* in: Schink/Versteyl, KrWG, § 3 Rn. 47 ff. m.w.N.

106   Zu weiteren Beispielen und Abgrenzungsschwierigkeiten vgl. *Dieckmann/Reese* in: Koch/Hofmann/Reese, § 6 Rn. 49.

107   Vgl. *Kloepfer*, Umweltrecht, § 21 Rn. 120.

108   Dazu BVerwGE 92, 353, 355; *Schink/Krappel* in: Schink/Versteyl, KrWG, § 3 Rn. 43; *Delfs* in: Schmehl, GK-KrWG, § 3 Rn. 45.

109   Hierzu näher *Dieckmann/Reese* in: Koch/Hofmann/Reese, § 6 Rn. 54 f.; zur Abfalleigenschaft eines Autowracks OVG Lüneburg, ZUR 2010, 541.

23   Die eine Gefährdung voraussetzende **Entledigungspflicht** wird in § 3 Abs. 4 KrWG definiert. Hierbei handelt es sich um den sog. „objektiven Abfallbegriff".[110] Danach muss sich der Besitzer der Stoffe oder Gegenstände entledigen, wenn

- diese entsprechend ihrer ursprünglichen Zweckbestimmung nicht mehr verwendet werden,
- sie aufgrund ihres konkreten Zustands geeignet sind, gegenwärtig und künftig das Wohl der Allgemeinheit, insbesondere die Umwelt zu gefährden, und
- deren Gefährdungspotential nur durch eine ordnungsgemäße und schadlose Verwertung oder eine gemeinwohlverträgliche Beseitigung nach den Vorschriften des KrWG ausgeschlossen werden kann.

Die erste Voraussetzung erfordert, dass der Stoff oder Gegenstand nicht mehr nach seiner ursprünglichen Zweckbestimmung verwendet wird.[111] Die zweite Voraussetzung erfordert, dass der Stoff aufgrund seines konkreten Zustands geeignet ist, das Wohl der Allgemeinheit zu gefährden.[112] Es muss folglich eine abstrakte Gefährdungslage für das Schutzgut vorliegen.[113] Schließlich muss als dritte Voraussetzung eine umweltverträgliche Verwertung und Beseitigung *erforderlich* sein.[114] Dies ist durch Abwägung der privaten Interessen des Besitzers am Erhalt oder der sonstigen Verwendung der Stoffe gegenüber den Interessen der Allgemeinheit an deren Entsorgung zur Beseitigung möglicher Gefahren im Einzelfall zu ermitteln.[115]

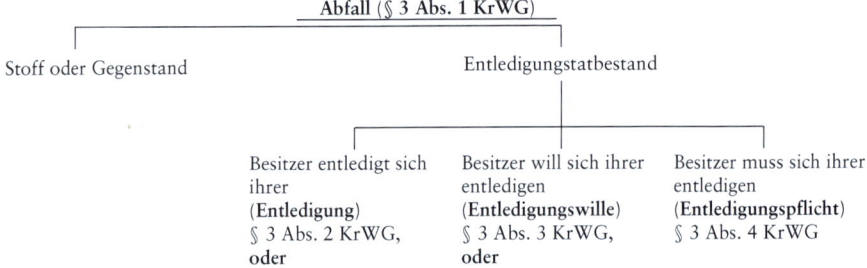

2. Abfallerzeuger

24   Zu **Erzeugern** von Abfällen bestimmt § 3 Abs. 8 KrWG jede natürliche oder juristische Person, durch deren Tätigkeit Abfälle angefallen sind (Ersterzeuger), oder jede Person, die Vorbehandlungen, Mischungen oder sonstige Behandlungen vorgenommen hat, die eine Veränderung der Natur oder der Zusammensetzung dieser Abfälle bewirken (Zweiterzeuger).[116]

---

110 *Schink/Krappel* in: Schink/Versteyl, KrWG, § 3 Rn. 51; *Delfs* in: Schmehl, GK-KrWG, § 3 Rn. 49.
111 *Schink/Krappel* in: Schink/Versteyl, KrWG, § 3 Rn. 52; *Delfs* in: Schmehl, GK-KrWG, § 3 Rn. 52.
112 *Delfs* in: Schmehl, GK-KrWG, § 3 Rn. 55.
113 *Delfs* in: Schmehl, GK-KrWG, § 3 Rn. 56.
114 *Delfs* in: Schmehl, GK-KrWG, § 3 Rn. 58.
115 *Sparwasser/Engel/Voßkuhle*, § 11 Rn. 151.
116 Näher zum Begriff des Zweiterzeugers vgl. *Delfs* in: Schmehl, GK-KrWG, § 3 Rn. 72; *Schink/Krappel* in: Schink/Versteyl, KrWG, § 3 Rn. 69 ff.

3. Abfallbesitzer

Nach § 3 Abs. 9 KrWG ist **Besitzer** von Abfällen i.S.d. Gesetzes jede natürliche oder juristische Person, die die tatsächliche Sachherrschaft[117] über Abfälle hat. Im Unterschied zum zivilrechtlichen setzt der abfallrechtliche Sachherrschaftsbegriff keinen Besitzbegründungswillen voraus. Erforderlich ist jedoch ein Mindestmaß an Sachherrschaft,[118] welches nicht mehr gegeben ist, wenn Abfälle durch Dritte auf ein Grundstück gelangen, das der Allgemeinheit rechtlich und tatsächlich frei zugänglich ist („wilder Müll").[119]

25

4. Abfallentsorgung

Die **Abfallentsorgung** umfasst nach § 3 Abs. 22 KrWG sowohl die Abfallverwertung gem. § 3 Abs. 23 KrWG als auch die Abfallbeseitigung gem. § 3 Abs. 26 KrWG.[120] Daneben unterfallen der Abfallentsorgung auch die folgenden Vorbereitungs- und Begleithandlungen:

26

Als **Einsammeln** werden das Abholen der vom Besitzer bereitgestellten Abfälle sowie das Auflesen herumliegender Abfälle, die keinen Besitzer haben, bezeichnet. Nicht erfasst wird somit das Zusammentragen von Abfällen durch den gem. § 17 Abs. 1 KrWG überlassungspflichtigen Besitzer.[121]

27

Unter das dem Einsammeln nachfolgende **Befördern** fallen alle Handlungen und Vorgänge, die dem Transport des Abfalls dienen. Hierzu zählen neben dem Be- und Entladen sowie Verpacken und Auspacken auch zeitweilige Unterbrechungen der Beförderung.[122]

28

Zum **Behandeln** gehört jede quantitative oder qualitative Veränderung des Abfalls, die im Rahmen der Entsorgung erfolgt. Dies kann beispielsweise durch Zerkleinern, Entwässern oder Verbrennen geschehen.[123]

29

Die Maßnahme des **Lagerns** ist ein vorübergehendes Niederlegen von Abfällen, das der Verwertung oder endgültigen Ablagerung vorausgeht.[124] Nicht hierunter fällt die Bereitstellung des Abfalls (z.B. in Mülltonnen), damit dieser durch den Entsorgungspflichtigen eingesammelt werden kann.[125]

30

Seinen Abschluss findet der Abfallentsorgungsprozess, der auf die Abfallbeseitigung gerichtet ist, mit der **Ablagerung** von Abfällen und Behandlungsrückständen. Eine solche ist gegeben, wenn Abfälle mit dem Ziel, sich ihrer dauerhaft zu entledigen, auf oder unter dem Erdboden deponiert werden (Endlagerung).[126]

31

---

117 Dazu BVerwGE 67, 8, 12; BVerwG, UPR 1989, 27; VGH Mannheim, NuR 1995, 353, 354; *Delfs* in: Schmehl, GK-KrWG, § 3 Rn. 73.
118 OVG Berlin, ZUR 2005, 203; vgl. auch VGH Mannheim, UPR 2018, 118.
119 BVerwGE 106, 43, 46.
120 Vgl. näher § 12 Rn. 64 ff.; *Delfs* in: Schmehl, GK-KrWG, § 3 Rn. 101.
121 *Groß* in: Schmehl, GK-KrWG, § 10 Rn. 16 m.w.N; *Klement* in: Schmehl, GK-KrWG, Vor § 17 Rn. 35.
122 *Klement* in: Schmehl, GK-KrWG, Vor § 17 Rn. 35.
123 *Delfs* in: Schmehl, GK-KrWG, § 3 Rn. 113, 123.
124 *Groß* in: Schmehl, GK-KrWG, § 10 Rn. 14 m.w.N.
125 *Delfs* in: Schmehl, GK-KrWG, § 3 Rn. 84.
126 Zum bloßen Liegenlassen bei Verstoß gegen die Rechtspflicht zum Tätigwerden VGH München, BayVBl. 1981, 597; OVG Koblenz, NVwZ 1989, 985; zur Verbringung von Abfällen als Bergversatz vgl. EuGH, ZUR 2002, 352; vgl. zur schlichten Ablagerung von Abfällen auch VGH Mannheim, UPR 2016, 355.

5. Gefährliche und nicht gefährliche Abfälle

32   **Gefährliche Abfälle** sind nach § 3 Abs. 5 S. 1 KrWG diejenigen, die durch Rechtsverordnung nach § 48 S. 2 KrWG dazu bestimmt sind.[127] Alle übrigen Abfälle sind **nicht gefährliche Abfälle** (§ 3 Abs. 5 S. 2 KrWG). Die vormalige Unterscheidung in nichtüberwachungsbedürftige, überwachungsbedürftige und besonders überwachungsbedürftige Abfälle wurde aufgrund der erforderlichen Anpassung an das europäische Abfallrecht durch das **Gesetz zur Vereinfachung der abfallrechtlichen Überwachung** vom 15.7.2006[128] aufgegeben. Die Differenzierung nach gefährlichen und nicht gefährlichen Abfällen wird u.a. im Rahmen der abfallrechtlichen Überwachung relevant, da sie die Intensität der Überwachungsmaßnahmen bestimmt.[129]

6. Recycling

33   **Recycling** i.S.d. § 3 Abs. 25 KrWG umfasst jedes Verwertungsverfahren, durch das Abfälle zu Erzeugnissen, Materialien oder Stoffen entweder für den ursprünglichen Zweck oder für andere Zwecke aufbereitet werden.[130] Es schließt die Aufbereitung organischer Materialien ein, nicht aber die energetische Verwertung und die Aufbereitung zu Materialien, die für die Verwendung als Brennstoff oder zur Verfüllung bestimmt sind. Damit stellt das Recycling von Stoffen und Gegenständen neben der „Vorbereitung zur Wiederverwendung" (§ 3 Abs. 24 KrWG) eine weitere stoffliche Verwertungsoption dar.[131]

7. Nebenprodukte

34   Gem. § 4 Abs. 1 Nr. 1–4 KrWG sind **Nebenprodukte** solche Stoffe und Gegenstände, die als integraler Bestandteil eines Herstellungsverfahrens anfallen, ohne Hauptzweck der Herstellung zu sein. Kumulativ muss eine weitere Verwendung vom Stoff oder Gegenstand sichergestellt und rechtmäßig sein, ohne dass hierfür außergewöhnliche Vorbehandlungen erforderlich sind.[132] Mit dieser Regelung wird die Abgrenzung zwischen Abfall und Nebenprodukt vorgenommen. Indem das abfallrechtliche Regelungsregime nur greift, sofern ein Stoff oder Gegenstand als Abfall i.S.d. KrWG einzustufen ist, hat diese Norm eine große praktische Bedeutung.[133]

Die Bundesregierung wird dabei nach § 4 Abs. 2 KrWG ermächtigt, im Rahmen einer Rechtsverordnung festzulegen, welche Stoffe oder Gegenstände Nebenprodukte sind. Eine solche Rechtsverordnung könnte die **Ersatzbaustoffverordnung** (ErsatzbaustoffV) werden, für die im Februar 2017 ein Referentenentwurf vorgelegt wurde.[134]

---

127 Vgl. oben Rn. 10.
128 BGBl. I, S. 1619; dazu *Stöhr*, ZUR 2007, 77; vgl. ferner die dazu ergangene Verordnung zur Vereinfachung der abfallrechtlichen Überwachung v. 20.10.2006, BGBl. I, S. 2298, ber. durch BGBl. I 2007, S. 2316.
129 Vgl. unten § 12 Rn. 94; nach dem KrWG bestimmt sich nach der Gefährlichkeit der Abfälle, ob die Tätigkeit als Sammler und Händler lediglich anzeigepflichtig ist oder einer Erlaubnis bedarf, vgl. § 12 Rn. 91 f.
130 *Delfs* in: Schmehl, GK-KrWG, § 3 Rn. 118 m.w.N.
131 *Schink/Krappel* in: Schink/Versteyl, KrWG, § 3 Rn. 116; BR-Drucks. 216/11, S. 136.
132 Darstellend *Ehrmann*, ZUR 2010, 552.
133 *Oexle* in: Schmehl, GK-KrWG, § 4 Rn. 1.
134 Die Bundesregierung hat im Mai 2017 den Entwurf einer Ersatzbaustoffverordnung beschlossen, vgl. BR-Drs. 566/17.

8. Ende der Abfalleigenschaft

In § 5 Abs. 1 Nr. 1–4 KrWG wird das **Ende der Abfalleigenschaft** definiert. Hiernach
endet die Abfalleigenschaft von Stoffen und Gegenständen, wenn sie ein Verwertungsverfahren durchlaufen haben und eine Beschaffenheit aufweisen, die eine Verwendung
für übliche Zwecke ermöglicht und dabei die technischen Anforderungen und gesetzlichen Normen an die Zweckbestimmung erfüllt. Zudem muss am Markt eine Nachfrage für sie bestehen und die Verwendung darf keine umweltschädlichen Konsequenzen
haben. Die Bestimmung, wann ein Stoff oder Gegenstand seine Abfalleigenschaft ver-
liert und damit dem Produktrecht unterfällt, hat ähnlich wie die Regelung zu den Ne-
benprodukten große praktische Relevanz. An die Behandlung von Abfällen sind
schließlich andere Rechtspflichten geknüpft als an Produkte, für die lediglich das sonstige Anlagen-, Produkt- oder Stoffrecht gilt.[135]

35

Um mehr Rechtssicherheit und -klarheit zu schaffen, ermächtigt der Gesetzgeber in § 5
Abs. 2 KrWG die Bundesregierung, für einzelne Abfallströme das Ende der Abfalleigenschaft zu konkretisieren. Solche Konkretisierungen enthält beispielsweise die geplante Ersatzbaustoffverordnung.[136]

V. Grundsätze und Grundpflichten

Das Kreislaufwirtschaftsgesetz normiert **Grundsätze** der Kreislaufwirtschaft in § 6
KrWG und der Abfallbeseitigung in § 15 KrWG. Darauf bauen die **Grundpflichten** der
Erzeuger und Besitzer von Abfällen in §§ 7, 15 KrWG auf. **Konkretisierung** erlangen
diese Grundpflichten durch Rechtsverordnungen gem. §§ 10, 16 KrWG.

36

In § 6 Abs. 1 KrWG wird Art. 4 der Abfallrahmenrichtlinie umgesetzt und eine fünfstufige **Abfallhierarchie** eingeführt. Nach § 6 Abs. 1 bezieht das KrWG insbesondere
die Wieder- und Weiterverwendung in die Abfallhierarchie ausdrücklich mit ein. Die
neue Abfallhierarchie

1. Vermeidung,

2. Vorbereitung zur Wiederverwendung,

3. Recycling,

4. Sonstige, z.B. energetische, Verwertung und

5. Beseitigung

sorgt durch die Ausdifferenzierung der Verwertungsmöglichkeiten auch für eine klare-
re Abgrenzung zwischen energetischer Verwertung und thermischer Behandlung.[137] So
bleibt zwar der Grundkanon Vermeidung, Verwertung und Beseitigung erhalten. Die
Abfallverwertung wird aber weiter in Vorbereitung zur Wiederverwendung, Recycling
und sonstige Verwertung aufgegliedert.[138] Bei der Auflistung in § 6 Abs. 1 KrWG handelt es sich isoliert betrachtet um einen Grundsatzkatalog, aus dem sich keine unmittelbaren Rechtsfolgen für Abfallerzeuger und -besitzer ergeben.[139] Erst aus den in Be-

---

135 *Schink* in: ders./Versteyl, KrWG, § 5 Rn. 1 m.w.N.; *Matschull-Zorn*, EurUP 2012, 247, 249; *Giesberts*, DVBl.
   2012, 816.
136 Vgl. § 20 ErsatzbaustoffV; siehe oben § 12 Rn. 34.
137 *Meßerschmidt*, Europäisches Umweltrecht, § 18 Rn. 50.
138 *Giesberts*, DVBl. 2012, 816, 817; *Frenz*, UPR 2012, 210 ff.; vertiefend *Hahn*, Die Abfallhierarchie der europäischen Abfallrahmenrichtlinie und ihre Umsetzung im deutschen Kreislaufwirtschaftsgesetz.
139 *Schink* in: ders./Versteyl, KrWG, § 6 Rn. 16; *Frische* in: Schmehl, GK-KrWG, § 6 Rn. 44 f.

zug genommenen §§ 7 und 8 KrWG können konkrete Pflichten der Abfallerzeuger und -besitzer folgen.[140]

Ob durch die Rangfolge der Verwertungstatbestände auch eine **Hierarchie für Verwertungsmaßnahmen** vorgeschrieben wird, ist indes fraglich.[141] Gem. § 6 Abs. 2 S. 1 i.V.m. § 8 Abs. 1 S. 1 KrWG hat jedenfalls diejenige Verwertungsmaßnahme i.S.v. § 6 Abs. 1 Nr. 2–4 KrWG Vorrang, die den Schutz von Mensch und Umwelt am besten gewährleistet.[142]

Eine abfallrechtliche Regelung außerhalb des KrWG befindet sich in § 5 Abs. 1 Nr. 3 BImSchG, der eine Grundpflicht für den Betrieb von nach dem **BImSchG** genehmigungspflichtigen Anlagen enthält. Hiernach ist eine Anlage so zu betreiben, dass Abfälle möglichst vermieden, sonst verwertet und, wenn dies nicht möglich ist, ohne Beeinträchtigung des Wohls der Allgemeinheit beseitigt werden. Durch die Umsetzung der IE-Richtlinie[143] im deutschen BImSchG ist die Inkorporation des Abfallrechts im BImSchG fortgesetzt worden. Denn die IE-Richtlinie nimmt Bezug auf die Abfallrahmenrichtlinie, so dass das deutsche BImSchG und das KrWG gleichlaufen. Die nunmehr fünfstufige Abfallhierarchie und die (neuen) Begrifflichkeiten der Abfallrahmenrichtlinie finden über den Gleichlauf des KrWG und BImSchG Eingang in § 5 Abs. 1 Nr. 3 BImSchG.[144] Diese materielle Aufladung des BImSchG bleibt jedoch nicht ohne Folgeprobleme, da bereits auf Genehmigungsebene geprüft werden müsste, ob die fünfstufige Abfallhierarchie eingehalten werden kann.[145] Dies kann zu erheblichen Belastungen und Rechtsunsicherheiten im Genehmigungsverfahren führen, da evtl. ein ökobilanzieller Nachweis geführt werden müsste, um von der Hierarchie abzuweichen.[146] Daher ist eine intensive Zusammenarbeit zwischen Immissionsschutz- und Abfallbehörden gefragt.[147]

37   Die Grundpflichten für die Wahl der durchzuführenden Entsorgungsmaßnahme ergeben sich – wie bereits erwähnt – erst aus den §§ 7 und 8 KrWG, die wiederum auf § 6 KrWG verweisen.[148] Die **Pflichten** zur Abfallvermeidung richten sich gem. § 7 Abs. 1 KrWG nach § 13 KrWG sowie den aufgrund der §§ 24, 25 KrWG erlassenen Rechtsverordnungen.[149] Der Kreislaufwirtschaftsgrundsatz der Abfallverwertung wird in § 7 Abs. 2 S. 1 KrWG zur Rechtspflicht erhoben. Gleiches gilt für den Vorrang der Verwertung vor der Beseitigung in § 7 Abs. 2 S. 2 KrWG. Für den Grundsatz der Abfallbeseitigung normiert § 15 Abs. 1 S. 1 KrWG eine Rechtspflicht.

---

140 *Frische* in: Schmehl, GK-KrWG, § 6 Rn. 45.

141 So aber *Meßerschmidt*, Europäisches Umweltrecht, § 18 Rn. 50; *SRU*, Umweltgutachten 2008, Tz. 957 für die novellierte Abfallrahmenrichtlinie 2008/98/EG.

142 *Frenz*, UPR 2012, 210, 213.

143 RL 2010/75/EU über Industrieemissionen (integrierte Vermeidung und Verminderung der Umweltverschmutzung) v. 24.11.2010, ABlEU L 334/17.

144 *Petersen* in: Kirchhof/Paetow/Uechtritz, FS Dolde, S. 333, 336 f.; vgl. auch *Kopp-Assenmacher/Schwartz* in: Kopp-Assenmacher, KrWG, § 3 Rn. 5.

145 *Petersen* in: Kirchhof/Paetow/Uechtritz, FS Dolde, S. 333, 354 f.

146 *Petersen* in: Kirchhof/Paetow/Uechtritz, FS Dolde, S. 333, 354 f.

147 *Petersen* in: Kirchhof/Paetow/Uechtritz, FS Dolde, S. 333, 357.

148 *Schink* in: ders./Versteyl, KrWG, § 6 Rn. 16 m.w.N.; *Frische* in: Schmehl, GK-KrWG, § 6 Rn. 45 f.

149 Vgl. zu den entsprechenden Verordnungen § 12 Rn. 10; Verordnung über Stoffe, die die Ozonschicht schädigen (Chemikalien-Ozonschichtverordnung – ChemOzonSchichtV) i.d.F. der Bekanntmachung v. 15.2.2012, BGBl. I, S. 409, zuletzt geändert durch G v. 20.10.2015, BGBl. I, S. 1739; Verordnung zum Schutz des Klimas vor Veränderungen durch den Eintrag bestimmter fluorierter Treibhausgase (Chemikalien-Klimaschutzverordnung – ChemKlimaschutzV) v. 2.7.2008, BGBl. I, S. 1139, zuletzt geändert durch G v. 14.2.2017, BGBl. I, S. 148.

Aus einer Gesamtschau von §§ 6, 7 Abs. 1 und § 15 Abs. 1 KrWG lässt sich eine 38
Pflichtenhierarchie herauslesen, nach der Abfälle erstens zu vermeiden sind. Auf zweiter Stufe steht die Vorbereitung zur Wiederverwendung. Drittens sollen Abfälle recycelt werden. Darauf folgt die sonstige Verwertung von Abfällen. Am Ende steht die Abfallbeseitigung. Dem Vorrang der Verwertung vor der Beseitigung kommt allerdings *kein* Absolutheitsanspruch zu. So muss die Verwertung im Einzelfall technisch möglich sein und darf im Ergebnis auch nicht zu einer höheren Umweltbelastung führen (vgl. § 7 Abs. 2 S. 3 i.V.m. § 6 Abs. 2 S. 2 und 3 KrWG).[150]

Grundsätze der Kreislaufwirtschaft (§ 6 KrWG)

Vermeidung , § 7 I, § 13

↓

Vorbereitung zur Wiederverwendung

↓

Recycling
(§ 3 Abs. 25 KrWG)

↓

Sonstige Verwertung § 7 II 1, 2

↓

Beseitigung § 15 I 1
(§ 3 Abs. 26 KrWG)

VI. Abfallrechtliches Instrumentarium

Auch die abfallrechtlichen Instrumente lassen sich nach ihrer Wirkungsweise gegen- 39
über dem Adressaten in

- Planungsinstrumente,
- Instrumente direkter Verhaltenssteuerung,
- Instrumente indirekter Verhaltenssteuerung und
- staatliche Eigenvornahme

gliedern.

1. Abfallwirtschaftsplanung

Als Planungsinstrumente sieht das Kreislaufwirtschaftsgesetz die Aufstellung von **Ab-** 40
fallvermeidungsprogrammen[151] durch den Bund (§ 33 KrWG), die Erstellung von **Abfallwirtschaftsplänen**[152] durch die Länder (§ 30 KrWG) sowie die Erstellung von **Abfallwirtschaftskonzepten** und **Abfallbilanzen** durch die kommunalen öffentlich-rechtlichen Entsorgungsträger (§ 21 KrWG) vor. Damit entsprechen diese Instrumente dem sich aus der komplexen Aufgabe geordneter Abfallentsorgung ergebenden Erfordernis

---

150 Vgl. *Schink* in: ders./Versteyl, KrWG, § 6 Rn. 17 ff.; zur Differenzierung zwischen energetischer Verwertung und thermischer Behandlung zur Beseitigung *Reese*, ZUR 2003, 217 m.w.N. zur EuGH-Rechtsprechung.
151 Weiterführend zu den Abfallvermeidungsprogrammen vgl. unten § 12 Rn. 96.
152 Vgl. *Frenz*, NuR 2013, 105, 107; grundlegend *Erbguth*, Die Abfallwirtschaftsplanung; *ders.*, UPR 1997, 60.

einer überörtlichen Planung. Bei der Ausarbeitung der unterschiedlichen Planungsinstrumente sind die Abfallvermeidungsprogramme des Bundes, die Abfallwirtschaftspläne der Länder und die Abfallwirtschaftskonzepte auf kommunaler Ebene aufeinander abzustimmen.[153]

Alle drei Planungsinstrumente müssen obligatorisch einer **Strategischen Umweltprüfung** (SUP) unterzogen werden (vgl. Nr. 2.3, 2.5, 2.6 Anlage 5 UVPG), so dass sie nur unter Beteiligung der Öffentlichkeit aufgestellt oder geändert werden dürfen.[154]

a) Abfallwirtschaftsplan

41   § 30 KrWG verpflichtet die Länder zu einer überörtlichen Abfallwirtschaftsplanung.

aa) Inhalt des Abfallwirtschaftsplans

42   Als Mindestinhalt müssen gem. § 30 Abs. 1 S. 2 Nr. 1–4 KrWG

- die Ziele der Abfallvermeidung, der Abfallverwertung, insbesondere der Vorbereitung zur Wiederverwendung und des Recyclings, sowie der Abfallbeseitigung,
- die bestehende Situation der Abfallbewirtschaftung,
- die erforderlichen Maßnahmen zur Verbesserung der Abfallverwertung und Abfallbeseitigung einschließlich einer Bewertung ihrer Eignung zur Zielerreichung sowie
- die Abfallentsorgungsanlagen, die zur Sicherung der Beseitigung von Abfällen sowie der Verwertung von gemischten Abfällen aus privaten Haushaltungen einschließlich solcher, die dabei auch in anderen Herkunftsbereichen gesammelt werden, im Inland erforderlich sind,

dargestellt und

- zugelassene Abfallbeseitigungsanlagen und
- geeignete Flächen für Abfallbeseitigungsanlagen zur Endablagerung von Abfällen und für sonstige Abfallbeseitigungsanlagen

ausgewiesen werden (§ 30 Abs. 1 S. 3 Nr. 1–2 KrWG).

Des Weiteren können die Pläne bestimmen, welcher Entsorgungsträger vorgesehen ist und welcher Abfallbeseitigungsanlage sich die Beseitigungspflichtigen zu bedienen haben (§ 30 Abs. 1 S. 4 KrWG).[155]

§ 30 Abs. 1 KrWG hat nach überwiegender Auffassung keinen abschließenden Charakter, so dass die Länder darüber **hinausgehende Inhalte** zum Planungsgegenstand machen können, z.B. die Verwertung von Abfällen.[156] Ferner müssen die Abfallentsorgungspläne der Länder aufeinander **abgestimmt** werden (§ 31 Abs. 1 KrWG).

Mit den Abfallwirtschaftsplänen werden die für ihren Geltungsbereich zu einer geordneten Abfallbeseitigung notwendigen Maßnahmen unter **Beachtung der Ziele sowie Berücksichtigung der Grundsätze und sonstigen Erfordernisse der Raumordnung und Landesplanung** koordiniert (§ 30 Abs. 5 KrWG). Ebenfalls angemessene Berücksichti-

---

153   *Kahle* in: Schmehl, GK-KrWG, § 21 Rn. 3.
154   *Kahle* in: Schmehl, GK-KrWG, § 21 Rn. 16; *Hofmann* in: Schmehl, GK-KrWG, § 30 Rn. 36.
155   Dazu OVG Münster, NVwZ-RR 1995, 505.
156   *Kleve* in: Schink/Versteyl, KrWG, § 30 Rn. 25; anders *Erbguth* in: Jarass/Petersen, KrWG, § 30 Rn. 35.

gung müssen dabei die auf das **Selbstverwaltungsrecht** (Art. 28 Abs. 2 S. 1 GG) gestützten Interessen der betroffenen Gemeinden finden.[157]

bb) Bedeutung des Abfallwirtschaftsplans

Die Abfallwirtschaftspläne wirken sich   43

- aufgrund einer etwaigen speziellen Verbindlichkeitserklärung (§ 30 Abs. 4 KrWG),[158]
- aufgrund landesrechtlich geregelter Veränderungssperren,[159]
- über die Integrationsklausel des § 30 Abs. 5 S. 2 KrWG i.V.m. § 8 Abs. 6 ROG (a.F.),[160] jetzt § 7 Abs. 4 ROG,[161] durch die raumbedeutsame Planungen und Maßnahmen der Abfallwirtschaftspläne zu verbindlichen Zielen i.S.d. § 4 Abs. 1 S. 1, 2 ROG werden, oder
- über § 1 Abs. 4 BauGB aufgrund ihrer etwaigen landesrechtlichen Integration in die Landesplanung

unmittelbar **flächensichernd** aus.

Bedeutung haben Abfallwirtschaftspläne hinsichtlich abfallrechtlicher Einzelentscheidungen insbesondere für die Zulassung von Abfallbeseitigungsanlagen[162] nach § 35 Abs. 1 und 2 KrWG bei gem. § 30 Abs. 4 KrWG für verbindlich erklärten Teilen der Pläne.[163]

Das KrWG bedient sich somit eines **zweistufigen Planungskonzepts.**[164] Auf der ersten Stufe geben die Abfallwirtschaftspläne den Rahmen vor, der auf der zweiten Stufe durch die Planfeststellung oder die Genehmigung ausgefüllt wird. Insbesondere die Überprüfung von Standortalternativen[165] kann bereits auf der ersten Stufe behandelt und gelöst werden.

cc) Verbindlichkeit von Abfallwirtschaftsplänen und Rechtsschutz

Abfallwirtschaftspläne sind zunächst **für die nachgeordneten Behörden verbindlich,** die   44
im Rahmen ihrer Entscheidungsbefugnisse die Planvorgaben wie Verwaltungsvorschriften zu beachten haben. Soweit ihre Planinhalte nach § 8 Abs. 6 ROG (a.F.)[166] als

---

157 Vgl. BVerwG, UPR 1992, 447; OVG Lüneburg, DVBl. 1987, 1021; *Frenz*, NuR 2013, 105, 111.
158 *Frenz*, NuR 2013, 105, 108 f.
159 Vgl. etwa § 22 Abs. 5 Landesabfallgesetz NRW, GV.NW 1988, S. 250, zuletzt geändert durch G v. 7.4.2017, GV.NRW, S. 442.
160 Vgl. hierzu *Erbguth* in: Jarass/Petersen, KrWG, § 30 Rn. 98 ff.
161 Der bisherige § 8 ROG wurde mit Wirkung v. 29.11.2017 gestrichen und größtenteils durch den bisherigen § 9 ROG ersetzt. Die Vorschrift des § 8 Abs. 6 ROG a.F. findet sich nun mit gleichem Wortlaut in § 7 Abs. 4 ROG n.F. wieder. Eine dahingehende redaktionelle Anpassung soll bei der nächsten Novellierung des WHG erfolgen.
162 Dazu *Erbguth*, UPR 1997, 60; vgl. § 12 Rn. 84 ff.
163 Vgl. § 36 Abs. 1 Nr. 5 KrWG; hierbei ist umstritten, ob verbindliche Ausweisungen der abfallrechtlichen Pläne eine absolute Sperrwirkung für die behördliche Zulassungsentscheidung auslösen, so *Danter*, ZUR 1996, 309, 312 f.; *Erbguth* in: Jarass/Petersen, KrWG, § 30 Rn. 17 f.; hingegen weist im Hinblick auf die Formulierung „[...] nicht entgegenstehen [...]" darauf hin, dass anhand einer Prüfung der Entsorgungskonzeption des Plans ermittelt werden müsse, ob im Einzelfall aufgrund einer für verbindlich erklärten Ausweisung eine Plangenehmigung bzw. ein Planfeststellungsbeschluss nicht erlassen werden können.
164 Vgl. *Bender/Pfaff*, DVBl. 1992, 181.
165 *Hoppe*, DVBl. 1994, 255; *Schink*, DVBl. 1994, 245; *Erbguth*, NuR 1992, 262; *Beckmann*, DVBl. 1994, 236.
166 S. Fn. 162.

Ziele in Raumordnungsplänen Aufnahme gefunden haben, nehmen sie an der Zielbeachtlichkeit nach § 4 Abs. 1 ROG teil.[167]

Ferner können Abfallentsorgungspläne gem. § 30 Abs. 4 KrWG **für die Beseitigungspflichtigen**[168] für **verbindlich** erklärt werden.[169] Die Pläne entfalten gegenüber diesen unmittelbare Außenwirkung. Die Verbindlicherklärung erfolgt in der Regel durch Rechtsverordnungen der Länder.

45   Von der Form der Verbindlichkeitserklärung hängt der **Rechtsschutz** gegen Abfallwirtschaftspläne ab. Gegen Abfallwirtschaftspläne in Form der Rechtsverordnung ist grundsätzlich die Möglichkeit des Normenkontrollantrags gem. § 47 VwGO gegeben – sofern das Landesrecht dies zulässt. Bei fehlender Verbindlichkeitserklärung hängen die Möglichkeiten des Rechtsschutzes davon ab, ob dieser gegen Verwaltungsvorschriften, um die es sich dann bei den Abfallwirtschaftsplänen handelt, überhaupt eröffnet ist. Überwiegend wird das bislang abgelehnt.[170]

dd) Verfahren

46   Das **Planaufstellungsverfahren** ist gem. § 31 Abs. 4 S. 1 KrWG von den Ländern zu regeln. Entweder enthalten die Landesabfallgesetze selbst Verfahrensvorschriften oder sie verweisen auf die Bestimmungen der Landesplanungsgesetze. Da die entsorgungspflichtigen Gemeinden sowie die Standortgemeinden durch die Festlegungen in den Abfallentsorgungsplänen in ihrem Selbstverwaltungsrecht aus Art. 28 Abs. 2 S. 1 GG betroffen sind, müssen sie nach § 31 Abs. 2 KrWG durch Anhörung an der Planaufstellung beteiligt werden.[171]

b) Abfallwirtschaftskonzepte und Abfallbilanz

47   Die öffentlich-rechtlichen Entsorgungsträger i.S.d. § 20 KrWG werden gem. § 21 KrWG verpflichtet, Abfallwirtschaftskonzepte sowie Abfallbilanzen über die Verwertung, insbesondere über die Vorbereitung der Wiederverwertung, des Recyclings und die Beseitigung der in ihrem Gebiet anfallenden und ihnen zu überlassenden Abfälle zu erstellen.

§ 21 KrWG gibt nicht vor, welchen Inhalt die kommunalen Abfallwirtschaftskonzepte und Abfallbilanzen haben sollen, und überträgt insofern die Ausgestaltung der Anforderungen den Landesgesetzgebern.[172]

Abfallwirtschaftskonzepte werden nach der überwiegenden Zahl der Landesabfallgesetze im Abstand von fünf Jahren neu verfasst und sind auf die Zukunft gerichtet. Die jährlichen Abfallbilanzen dienen dazu, das in den Abfallwirtschaftskonzepten Festgelegte hinsichtlich der Einhaltung zu überprüfen und das Erreichte zu bilanzieren.[173]

---

167 Vgl. *Erbguth* in: Jarass/Petersen, KrWG, § 30 Rn. 100. Zur Aktualität des Verweises auf § 8 Abs. 6 ROG a.F. vgl. soeben § 12 Rn. 43.
168 Vgl. § 12 Rn. 75 ff.
169 *Hofmann* in: Schmehl, GK-KrWG, § 30 Rn. 25 ff.; vgl. auch BVerwGE 81, 139, 144 ff.
170 *Hofmann* in: Schmehl, GK-KrWG, § 30 Rn. 45 m.w.N.
171 *Zimmerling*, NVwZ 1992, 122; *Frenz*, NuR 2013, 105, 111.
172 *Kahle* in: Schmehl, GK-KrWG, § 21 Rn. 10.
173 *Kahle* in: Schmehl, GK-KrWG, § 21 Rn. 14 f.

2. Instrumente direkter Verhaltenssteuerung

a) Ge- und Verbote

Das Kreislaufwirtschaftsgesetz und die zum großen Teil noch unter dem Regime der 48
Abfallgesetze von 1972 und 1986 erlassenen Rechtsverordnungen enthalten umfangreiche, der Abfallvermeidung sowie der geordneten Abfallentsorgung dienende Leistungs- und Unterlassungspflichten.

aa) Abfallvermeidung und Produktverantwortung

§ 6 Abs. 1 KrWG normiert den Grundsatz der **Abfallvermeidung**, dem – wie 49
oben aufgezeigt[174] – Vorrang vor der Abfallverwertung und damit erst recht der Abfallbeseitigung zukommt.

Als Maßnahmen zur Vermeidung von Abfällen benennt § 3 Abs. 20 S. 2 KrWG insbesondere

- die anlageninterne Kreislaufführung von Stoffen,
- die abfallarme Produktgestaltung,
- die Wiederverwendung von Erzeugnissen oder die Verlängerung ihrer Lebensdauer sowie
- ein auf den Erwerb abfall- und schadstoffarmer Produkte und die Nutzung von Mehrwegverpackungen gerichtetes Konsumverhalten.

Pflichten zur Abfallvermeidung bestehen für den Abfallproduzenten jedoch nur auf- 50
grund der immissionsschutzrechtlichen Vermeidungspflicht (§ 13 KrWG i.V.m. § 5
Abs. 1 Nr. 3 BImSchG)[175] und im Rahmen der in § 23 KrWG verankerten Produktverantwortung.[176] Diese findet ihre nähere Ausgestaltung in den Rechtsverordnungen
nach §§ 24 f. KrWG.

(1) Produktverantwortung als Grundpflicht

Mit dem dritten Teil des Kreislaufwirtschaftsgesetzes wird nunmehr die **Produktver-** 51
antwortung als eine – in das Regelsystem eingebundene – Grundpflicht[177] ausgestaltet,
deren Erfüllung durch Rechtsverordnungen konkretisiert wird.[178] Nach § 23 Abs. 1
KrWG trägt derjenige die Produktverantwortung, der Erzeugnisse entwickelt, herstellt,
be- und verarbeitet oder vertreibt. Diese dient dazu, Erzeugnisse möglichst so zu gestalten, dass bei deren Herstellung und Gebrauch das Entstehen von Abfällen vermindert wird und die umweltverträgliche Verwertung und Beseitigung der nach Gebrauch
entstandenen Abfälle sichergestellt ist. Die Produktverantwortung entspricht damit
dem **Verursacherprinzip** und setzt an der Wurzel der Abfallentstehung an. Eine derart
weit gefasste Produktverantwortung bedarf jedoch der Eingrenzung. § 23 Abs. 3
KrWG verlangt deshalb, dass analog der in § 7 Abs. 4 KrWG für die Verwertungspflicht festgelegten Zumutbarkeitsgrenze die Anforderungen verhältnismäßig sein müssen und die Anforderungen zu beachten sind, die sich aus anderen Regelungen der Pro-

---

174 Vgl. § 12 Rn. 38.
175 Vgl. auch *Hansmann*, NVwZ 1990, 409, 411.
176 Ausführlich *Kloepfer*, Umweltrecht, § 21 Rn. 187 ff.; *Hoffmann*, DVBl. 1996, 347, 351.
177 Dazu auch BT-Drs. 12/5672, S. 85 ff. und 114 ff.; *Petersen/Rid*, NJW 1995, 7, 10; a.A. *Beckmann*, UPR 1996,
41, 47; *Tettinger*, DVBl. 1995, 213, 214 f.; *Hendler/Eske*, UPR 2013, 84.
178 Vgl. auch *Versteyl/Wendenburg*, NVwZ 1994, 833, 839.

duktverantwortung (z.B. Sicherheitsbestimmungen) und den Festlegungen des Gemeinschaftsrechts über den freien Warenverkehr ergeben.[179]

Was Produktverantwortung konkret bedeutet, ergibt sich aus einer Reihe von **Regelbeispielen (§ 23 Abs. 2 KrWG)**; neben anderem umfasst sie danach insbesondere

- den vorrangigen Einsatz von verwertbaren Abfällen oder sekundären Rohstoffen bei der Herstellung von Erzeugnissen (Nr. 2) sowie
- den Hinweis auf Rückgabe-, Wiederverwendungs- und Verwertungsmöglichkeiten oder -pflichten und Pfandregelungen durch Kennzeichnung der Erzeugnisse (Nr. 4).

Nähere Konkretisierungen erfährt die Produktverantwortung durch die auf §§ 24, 25 KrWG gestützten Rechtsverordnungen.[180]

(2) Verbote, Beschränkungen und Kennzeichnungen

52   Nach § 24 KrWG wird die Bundesregierung nach Anhörung der betroffenen Kreise (§ 68 KrWG) ermächtigt, durch **Rechtsverordnung** mit Zustimmung des Bundesrates u.a. zu bestimmen, dass

- bestimmte Erzeugnisse, insbesondere Verpackungen und Behältnisse, nur in bestimmter Beschaffenheit oder für bestimmte Verwendungen, bei denen eine ordnungsgemäße Verwertung oder Beseitigung der anfallenden Abfälle gewährleistet ist, in Verkehr gebracht werden dürfen (Nr. 1),
- bestimmte Erzeugnisse überhaupt nicht in Verkehr gebracht werden dürfen, wenn bei ihrer Entsorgung die Freisetzung schädlicher Stoffe nicht oder nur mit unverhältnismäßig hohem Aufwand verhindert werden könnte oder die umweltverträgliche Entsorgung nicht auf andere Weise sichergestellt werden kann (Nr. 2),
- bestimmte Erzeugnisse nur in bestimmter, die Abfallentsorgung spürbar entlastender Weise, insbesondere in einer die mehrfache Verwendung oder die Verwertung erleichternden Form in Verkehr gebracht werden dürfen (Nr. 3).

Die nachfolgenden Nummern 4–8 der Vorschrift erlauben die Statuierung von Kennzeichnungspflichten verschiedener Art.

(3) Rücknahme- und Rückgabepflichten

53   Die Verordnungsermächtigung des § 25 Abs. 1 KrWG eröffnet dem Verordnungsgeber unter anderem die Möglichkeit,

- eine Rückgabemöglichkeit zur Voraussetzung für das Inverkehrbringen zu machen (Nr. 1),
- Rücknahme- und Pfandsysteme vorzuschreiben (Nr. 2 und 3) und
- Nachweispflichten über Art, Menge, Verwertung und Beseitigung der zurückgenommenen Abfälle einzuführen (Nr. 4).

54   Er kann nach Abs. 2 der Vorschrift weiter bestimmen:

- die Kostentragung für die Rücknahme, Verwertung und Beseitigung der zurückzunehmenden Erzeugnisse (Nr. 1),
- Rückgabepflichten des Besitzers an den Hersteller oder Vertreiber (Nr. 2),

---

179 Vgl. *Kloepfer*, Umweltrecht, § 21 Rn. 203, 310.
180 Vgl. § 12 Rn. 10.

- Einzelheiten der Überlassung, einschließlich Bringpflichten (Nr. 3), und
- eine Mitwirkung der öffentlich-rechtlichen Entsorgungsträger sowie der entsorgungspflichtigen Verbände und Selbstverwaltungskörperschaften der Wirtschaft (i.S.d. § 20 KrWG) (Nr. 4).[181]

Die auf dieser Grundlage erlassene **Verpackungsverordnung** (VerpackV),[182] die einen erheblichen Schritt zur Privatisierung der Entsorgungsaufgaben bedeutet, gilt sowohl für Hersteller als auch für Vertreiber von Verpackungen oder Erzeugnissen, aus denen unmittelbar Verpackungen hergestellt werden. Vertreiber i.S.d. Verordnung ist auch, wer Waren in Verpackungen in den Verkehr bringt. Die VerpackV enthält diverse Rücknahme- und Rückgabe- bzw. Überlassungspflichten. Zur Erfüllung dieser Pflichten wurde neben dem bestehenden öffentlich-rechtlichen Abfallentsorgungssystem in den 1990er Jahren ein zweites (also: duales) System aufgebaut. Auf diese Weise hat die VerpackV zur Errichtung eines von der Privatwirtschaft getragenen Entsorgungssystems geführt (sog. Duales System).[183]

55

Die VerpackV gilt aber nur noch bis zum 31.12.2018. Ab dem 1.1.2019 wird sie durch das im Juli 2017 beschlossene **Verpackungsgesetz (VerpackG)**[184] ersetzt. Das ursprünglich geplante Wertstoffgesetz ist hingegen gescheitert.[185] Mit diesem sollte eine gemeinsame Wertstofftonne für alle Verpackungen (z.B. Joghurtbecher aus Plastik) und stoffgleichen Nichtverpackungen (z.B. alte Kleiderbügel, alte Putzeimer oder altes Plastikspielzeug) eingeführt werden. Bislang trugen die privaten Entsorgungsunternehmen nur die Verantwortung für den Verpackungsmüll, der beim privaten Verbraucher anfiel (§ 6 VerpackV). Stoffgleiche Nichtverpackungen wurden dagegen als Restmüll entsorgt, für den die Kommunen die Verantwortung trugen. Dies sollte das Wertstoffgesetz ändern. Das nun beschlossene VerpackG erweitert die Produktverantwortung der Hersteller und Vertreiber hingegen nicht auf stoffgleiche Nichtverpackungen. Das für Privathaushalte häufig verwirrende Trennsystem zwischen Verpackungen und stoffgleichen Nichtverpackungen bleibt somit also bestehen.[186] Dennoch enthält das VerpackG einige neue Regelungen, die zur Fortentwicklung des bisherigen Verpackungsregimes beitragen sollen.[187]

56

Das VerpackG verfolgt in § 1 VerpackG ähnliche Ziele wie die bisherige VerpackV (vgl. § 1 VerpackV). Es bezweckt, die Auswirkungen von Verpackungsabfällen auf die Umwelt zu vermeiden oder zu verringern. Dafür sollen Verpackungsabfälle in erster Linie vermieden und darüber hinaus einer Vorbereitung zur Wiederverwendung oder dem Recycling zugeführt werden. Gleichzeitig sollen die Marktteilnehmer vor unlauterem Wettbewerb geschützt werden. Eine Neuerung des VerpackG ist, dass es gem. § 1 Abs. 1 S. 1 VerpackG ausdrücklich Anforderungen an die Produktverantwortung nach § 23 KrWG für Verpackungen festlegt. Der Gesetzgeber bekräftigt auf diese Weise die

---

181 *Sparwasser/Engel/Voßkuhle*, § 11 Rn. 224 ff.
182 Vgl. oben § 12 Rn. 10.
183 *Kloepfer*, Umweltrecht, § 21 Rn. 211 ff., 238; *Sparwasser/Engel/Voßkuhle*, § 11 Rn. 230.
184 BGBl. I, S. 2234.
185 Vgl. zur Entstehungsgeschichte des ursprünglich geplanten Wertstoffgesetzes und des nun beschlossenen Verpackungsgesetzes *Stroetmann/Below*, UPR 2016, 321 ff.; *Webersinn*, UPR 2018, 96 ff.
186 Dadurch landen laut Aussage des NABU weiterhin 450.000 Tonnen Wertstoffe in der Restmüllsammlung und somit schließlich in der Verbrennung. Zu diesem und weiteren Kritikpunkten am neuen VerpackG vgl. *Roth*, Abfall 2017, 55 f.; *Notter*, AbfallR 2017, 37 ff.
187 Übersicht bei *Schütte/Winkler*, ZUR 2017, 506 f.; *Bruckschen*, AbfallR 2018, 32 ff.; *Webersinn*, UPR 2018, 96 ff.

unionsrechtlichen und nationalen Rahmenvorgaben der Hersteller- bzw. Produktverantwortung.[188]

57   Das VerpackG hält an dem durch die VerpackV etablierten System der sog. **„Dualen Systeme"** fest. Die Aufgabe dieser privatwirtschaftlich organisierten Unternehmen ist die Sammlung, Sortierung und Verwertung der beim privaten Endverbraucher als Abfall anfallenden restentleerten Verpackungen. Sie finanzieren sich über sog. Beteiligungsentgelte. Hersteller von systembeteiligungspflichtigen Verpackungen zahlen ein solches Beteiligungsentgelt („Lizenzgebühr") an die Dualen Systeme, um ihrer Verpflichtung zur Teilnahme an einem Rücknahmesystem nachzukommen und ihre Produkte mit dem Lizenzzeichen (z.B. dem Grünen Punkt) versehen zu dürfen. Eine Kennzeichnung der lizensierten Verpackungen ist seit der 5. Novelle der VerpackV im Jahr 2009 zwar nicht mehr notwendig, da eine Beteiligung an einem Rücknahmesystem nunmehr verpflichtend ist, wird jedoch weiterhin, z.B. aus Werbezwecken, vorgenommen. Die Höhe der Beteiligungsentgelte hängt i.d.R. von Art und Menge der in Verkehr gebrachten Verkaufsverpackungen ab. Durch das neue VerpackG sollen die Dualen Systeme verpflichtet werden, bei der Festlegung dieser Entgelte auch ökologische Kriterien zu berücksichtigen, um die Hersteller und Vertreiber dazu zu motivieren, ihre Produkte nachhaltig zu gestalten (§ 21 VerpackG).[189]

Momentan agieren bundesweit etwa zehn Anbieter für Duale Systeme.[190] Diese sind gem. § 14 VerpackG (früher: § 6 Abs. 3 VerpackV) sowohl zur Erfassung (§ 14 Abs. 1 VerpackG) als auch zur Verwertung (§ 14 Abs. 2 VerpackG) der lizensierten Verkaufsverpackungen verpflichtet. Zudem müssen sie die privaten Endverbraucher in angemessenem Umfang über Sinn und Zweck der getrennten Sammlung von Verpackungsabfällen, die hierzu eingerichteten Sammelsysteme und die erzielten Verwertungsergebnisse informieren (§ 14 Abs. 3 VerpackG). Die neu eingeführte Informationspflicht steht neben den weiterhin parallel bestehenden Informationspflichten der öffentlich-rechtlichen Entsorgungsträger (vgl. § 22 Abs. 9 VerpackG) und soll dazu beitragen, die Gesellschaft zu einem bewussten Verbraucherverhalten zu motivieren.[191]

Für ihre Tätigkeit bedürfen die Dualen Systeme einer Genehmigung durch die zuständige Landesbehörde (vgl. § 18 Abs. 1 S. 1 VerpackG).[192] Außerdem haben sie sich mit den öffentlich-rechtlichen Entsorgungsträgern (also den Kommunen) abzustimmen (vgl. § 22 VerpackG).[193]

58   Das VerpackG enthält verschiedene **Pflichten zur Sammlung, Rücknahme und Verwertung** von Verpackungsabfällen durch Hersteller und Vertreiber.[194]

---

188   *Webersinn*, UPR 2018, 96, 99.
189   BT-Drs. 18/11274, S. 107; kritisch zu dem Versuch, mittels öffentlicher Berichte eine ökologische Gestaltung von Beteiligungsentgelten erreichen zu wollen *Notter*, AbfallR 2017, 37, 41 f.; *Webersinn*, UPR 2018, 96, 100 f.
190   *Dieckmann/Reese* in: Koch/Hofmann/Reese, § 6 Rn. 154.
191   *Bruckschen*, AbfallR 2018, 32.
192   Genauer: Die oberste Landesbehörde stellt auf Antrag des Systembetreibers fest, dass das Rücknahmesystem die Anforderungen des § 18 Abs. 1 S. 2 VerpackG erfüllt. Hält ein Rücknahmesystem diese Anforderungen nicht ein oder kommt seinen Pflichten aus § 14 Abs. 1 und 2 VerpackG nicht nach, ist die zuständige Behörde gem. § 18 Abs. 3 VerpackG zum Widerruf der Genehmigung berechtigt.
193   Vgl. zum möglichen Konfliktpotential der §§ 22, 23 VerpackG für das Verhältnis von öffentlich-rechtlichen Entsorgern und Dualen Systemen *Notter*, AbfallR 2017, 37, 42 f.; *Brandt*, NuR 2017, 305, 309 f.; *Hartwig/Gruneberg*, AbfallR 2017, 255 ff.; vgl. zu weiteren durch das neue VerpackG (u.a. aufgrund der Verwendung unbestimmter Rechtsbegriffe) „vorprogrammierten" rechtlichen Auseinandersetzungen *Webersinn*, UPR 2018, 96, 99 ff.; *Wüstemann*, AbfallR 2018, 38 ff.
194   Vgl. zur Rechts- und Pflichtstellung insbesondere des Handels *Fischer*, AbfallR 2018, 115 ff.

So haben die Dualen Systeme im Einzugsgebiet der beteiligten Hersteller eine vom gemischten Siedlungsabfall getrennte, flächendeckende **Sammlung** aller restentleerten Verpackungen bei den privaten Endverbrauchern (Holsystem) oder in deren Nähe (Bringsystem) oder durch eine Kombination beider Varianten in ausreichender Weise und für den privaten Endverbraucher unentgeltlich sicherzustellen (§ 14 Abs. 1 VerpackG; früher: § 6 Abs. 3 VerpackV).

Die **Rücknahmepflichten** nach dem VerpackG sind teils individuell, teils kollektiv ausgestaltet.

Transport-, Verkaufs- und Umverpackungen sind gem. § 15 Abs. 1 S. 1 VerpackG (früher: §§ 4, 5, 7, 8 VerpackV) nach ihrer Verwendung vom Hersteller und Vertreiber im Grundsatz individuell, z.B. am Ort der Verkaufsstelle, zurückzunehmen.

Für die Rücknahme von Verkaufs- und Umverpackungen, die typischerweise beim privaten Endverbraucher anfallen, haben sich die Hersteller dagegen an einem kollektiven Rücknahmesystem zu beteiligen, das eine flächendeckende Rücknahme der Verkaufsverpackungen sicherstellt (§ 7 Abs. 1 S. 1 VerpackG; früher: § 6 Abs. 1 S. 1 VerpackV). Bei diesen Rücknahmesystemen handelt es sich um die bereits erwähnten sog. Dualen Systeme.[195]

Mit der Einführung der Pflicht einer kollektiven Rücknahme in der VerpackV bezweckte der Gesetzgeber, faire Wettbewerbsbedingungen unter den Wirtschaftsbeteiligten zu schaffen.[196] Zudem sollten die bis dahin freiwilligen Rücknahmesysteme vor sog. „Trittbrettfahrern" geschützt werden, die den Verpackungsabfall weder selbst zurück nahmen noch an einem kollektiven Rücknahmesystem beteiligt waren.[197] Etwa 25 % der Verkaufsverpackungen wurden auf diese Weise ohne Lizensierung durch ein Rücknahmesystem entsorgt, was die Kostenlast für ordnungsgemäß lizensierte Teilnehmer erhöhte.[198]

Ebenfalls der Reduzierung von „Trittbrettfahrern" dient die Pflicht zur Abgabe sog. Vollständigkeitserklärungen gem. § 11 VerpackG (früher: § 10 VerpackV).[199] Danach werden Hersteller bzw. Vertreiber von Verkaufsverpackungen zu umfassenden Angaben verpflichtet, beispielsweise zu Materialart und Masse der im vorangegangenen Kalenderjahr in Verkehr gebrachten Verkaufsverpackungen und zur Beteiligung an kollektiven Rücknahmesystemen.

Die Verletzung der Pflicht, sich an einem Rücknahmesystem zu beteiligen, stellt gem. § 34 Abs. 1 Nr. 3 VerpackG (früher: § 15 Nr. 6 VerpackV i.V.m § 69 Abs. 1 Nr. 8 KrWG) eine Ordnungswidrigkeit dar, die gem. § 34 Abs. 2 VerpackG (früher: § 69 Abs. 3 KrWG) mit einer Geldbuße von bis zu 200.000 EUR (früher: 100.000 EUR) geahndet werden kann.

Auch nach dem VerpackG besteht weiterhin die Möglichkeit von **Branchenlösungen,** nach denen einzelne Wirtschaftszweige ein für den jeweiligen Wirtschaftszweig eigenständiges Rücknahmesystem einrichten können (vgl. § 8 VerpackG; früher: § 6 Abs. 2 VerpackV). An den durch die 7. Novelle der VerpackV im Jahr 2014 erhöhten forma-

---

195 Vgl. § 12 Rn. 57.
196 BT-Drs. 16/7954, S. 1; *Hendler*, GewArch 2009, 5.
197 BT-Drs. 16/7954, S. 1; *Dieckmann/Reese* in: Koch/Hofmann/Reese, § 6 Rn. 153.
198 BT-Drs. 16/7954, S. 19.
199 Noch zu § 10 VerpackV *Hendler*, GewArch 2009, 5.

len Anforderungen an diese Branchenlösungen (z.B. Anzeige-, Nachweis- und Dokumentationspflichten) wurde festgehalten.

Die **Verwertung** der gesammelten Verpackungsabfälle richtet sich schließlich nach § 16 VerpackG. Nach Maßgabe des § 8 Abs. 1 S. 1 KrWG sind diese vorrangig einer Vorbereitung zur Wiederverwendung oder dem Recycling zuzuführen. Insbesondere sollen bis 2022 die Recyclingquoten schrittweise erhöht werden (§ 16 Abs. 2 VerpackG).

Nach dem neuen VerpackG dürfen Inverkehrbringer von Verpackungen zukünftig **Dritte** mit der Erfüllung ihrer Pflichten beauftragen. Sie bleiben jedoch weiterhin für die Erfüllung verantwortlich. Außerdem müssen die beauftragten Dritten über die erforderliche Zuverlässigkeit verfügen (vgl. § 33 VerpackG).

59   Als Neuerung des VerpackG wird zudem eine sog. „**Zentrale Stelle**" eingerichtet (§§ 24-30 VerpackG).[200] Diese ist nicht mit der „Gemeinsamen Stelle" (vgl. § 19 VerpackG) zu verwechseln, die der Zusammenarbeit der Dualen Systeme dient. Bei der Zentralen Stelle handelt es sich um eine Stiftung des bürgerlichen Rechts, die u.a. von Herstellern und Vertreibern von Verpackungen bereits im Juli 2017 errichtet wurde (vgl. § 24 VerpackG). Sie ist mit hoheitlichen Befugnissen ausgestattet und soll u.a. einen fairen Wettbewerb zwischen den Dualen Systemen sicherstellen und die Erfüllung der Pflichten der Hersteller und Vertreiber von Verpackungen effektiver überwachen (vgl. § 26 VerpackG).[201] Hersteller von Verpackungen sind zukünftig dazu verpflichtet, sich vor dem Inverkehrbringen von Verpackungen bei der neu geschaffenen Zentralen Stelle registrieren zu lassen. Ohne eine solche Registrierung dürfen Produkte in systembeteiligungspflichtigen Verpackungen nicht zum Verkauf angeboten werden (vgl. § 9 VerpackG).

60   Weitere spezielle Rücknahme- und Pfanderhebungspflichten für **Getränkeverpackungen** werden den Herstellern und Vertreibern durch §§ 31, 32 VerpackG (früher: § 9 VerpackV) auferlegt.[202] Die Förderung von Mehrweggetränkeverpackungen stellt auch eines der ausdrücklichen Ziele des VerpackG dar (vgl. § 1 Abs. 3 S. 1 VerpackG).

61   Zur Lenkung der damals jährlich etwa 3 Mio. stillgelegten Autos[203] in umweltgerecht arbeitende Verwertungsbetriebe flankierte die am 1.4.1998 in Kraft getretene **Altautoverordnung**[204] eine 1996 abgegebene freiwillige Selbstverpflichtung der Automobilindustrie. In dieser verpflichteten sich die Fahrzeughersteller, alle Fahrzeuge, die nach dem 1.4.1998 neu in den Verkehr gekommen sind, bis zu einem Alter von 12 Jahren

---

200 Weiterführend vgl. *Webersinn*, UPR 2018, 96, 100; *Rachut*, AbfallR 2016, 305 ff.

201 BT-Drs. 18/11274, S. 70.

202 Zur Vereinbarkeit der Pfandregelung der VerpackV mit der Warenverkehrsfreiheit gem. Art. 28 EG (jetzt: Art. 34 AEUV) vgl. BVerwG, NVwZ 2007, 1311; BVerwG, NVwZ 2007, 1428; VGH Mannheim, DVBl. 2008, 1386; zur Besprechung dieser Entscheidungen *Weidemann*, NVwZ 2007, 1268; umfassend zur Pfandpflicht auf Einweggetränkeverpackungen *UBA*, Bewertung der Verpackungsverordnung – Evaluierung der Pfandpflicht, abrufbar unter: www.umweltbundesamt.de/publikationen/bewertung-verpackungsverordnung (Stand: 16.9.2018).

203 *UBA*, Daten zur Umwelt 1997, S. 441 f. Die Zahl der jährlich stillgelegten Fahrzeuge variiert nicht sehr stark. Im Jahr 2016 wurden beispielsweise mit 2,9 Mio. eine ähnliche Zahl von Fahrzeuge endgültig stillgelegt, *BMUB*, Jahresbericht über die Altfahrzeug-Verwertungsquoten in Deutschland im Jahr 2016, S. 29, abrufbar unter: www.bmu.de/fileadmin/Daten_BMU/Download_PDF/Abfallwirtschaft/jahresbericht_altfahrzeug_2016_bf.pdf (Stand: 16.9.2018).

204 Vgl. ausführlicher zur AltautoVO *Giesberts/Hilf*, Kreislaufwirtschaft Altauto: Altautoverordnung und freiwillige Selbstverpflichtung; *Christ*, Rechtsfragen der Altautoverwertung.

kostenlos zurückzunehmen.[205] Sie wurde nunmehr durch die **Altfahrzeugverord-nung**[206] ersetzt, welche die Richtlinie 2000/53/EG über Altfahrzeuge vom 1.9.2000[207] umsetzt. Die Verordnung normiert u.a. die Pflicht der Hersteller/Importeure, Altfahrzeuge vom Letzthalter unentgeltlich zurückzunehmen (§ 3 AltfahrzeugV). Hierzu haben sie selbst oder durch beauftragte Dritte ein flächendeckendes Rücknahmesystem einzurichten und die ordnungsgemäße Entsorgung auf eigene Kosten sicherzustellen (§ 3 Abs. 3 AltfahrzeugV). Des Weiteren werden zeitlich gestaffelte Quoten für die stoffliche Verwertung und Wiederverwendung festgelegt (§ 5 AltfahrzeugV). Für die Verwertungsbetriebe enthält der Anhang strenge Umweltstandards, deren Überwachung auf unabhängige Sachverständige übertragen ist (§ 5 Abs. 3 i.V.m. § 6 AltfahrzeugV). Einen präventiven Impuls zur Abfallvermeidung statuiert § 8 Abs. 2 AltfahrzeugV, indem ein Verkehrsverbot für die Verwendung bestimmter gefährlicher Stoffe normiert wird.[208]

Am 1.12.2009 trat das **Batteriegesetz** (BattG)[209] in Kraft.   62

Gem. § 11 BattG werden die Verbraucher verpflichtet, Altbatterien nicht dem unsortierten Siedlungsabfall, sondern einer getrennten Erfassung zuzuführen. Für diese gesonderte Erfassung stehen Sammelstellen, Gemeinsame Rücknahmesysteme oder herstellereigene Rücknahmesysteme zur Verfügung. Entsprechend sind die Vertreiber von Batterien gem. § 9 BattG zunächst zur Rücknahme von Altbatterien verpflichtet. Die zurückgenommenen Altbatterien haben sie dann dem Gemeinsamen Rücknahmesystem der Hersteller zur Abholung bereitzustellen (§ 9 Abs. 2 BattG). Die Hersteller sind nach §§ 5–8 BattG dazu verpflichtet, die von den Vertreibern zurückgenommenen Altbatterien ihrerseits zurückzunehmen. Zur Erfüllung dieser Pflicht können sie sich an einem Gemeinsamen Rücknahmesystem beteiligen oder ein herstellereigenes Rücknahmesystem betreiben. Die zurückgenommenen Altbatterien sind gem. § 14 Abs. 1 BattG nach dem Stand der Technik zu behandeln und stofflich zu verwerten.

Schließlich enthält das am 24.10.2015 in Kraft getretene **Elektro- und Elektronikgerätegesetz** (ElektroG),[210] das das bisherige ElektroG[211] ersetzt, Rücknahme- und Verwertungspflichten für Elektro- und Elektronik-Altgeräte.[212] Wie schon das bisherige ElektroG sieht es dabei zunächst Registrierungspflichten[213] (§ 6 ElektroG) sowie insolvenzsichere Finanzierungsgarantien der Hersteller vor (§ 7 ElektroG). Neu ist, dass der Gesetzgeber erstmals in bestimmten Zeitabständen steigende Sammelziele gesetzlich verankert hat (§ 10 Abs. 3 ElektroG). Das gesetzlich geregelte Rücknahmeverfahren ist dabei für private und gewerbliche Nutzer unterschiedlich ausgestaltet. So werden Elektro- und Elektronik-Altgeräte von privaten Endverbrauchern zunächst durch die öffentlich-rechtlichen Entsorgungsträger an Sammelstellen angenommen (§ 13 ElektroG)   63

---

205 Zum umweltpolitischen Effekt *SRU*, Umweltgutachten 2000, Tz. 164.
206 Neugefasst durch Bekanntmachung v. 21.6.2002, BGBl. I, S. 2214, zuletzt geändert durch VO v. 2.12.2016, BGBl. I, S. 2770; umfassend zur AltfahrzeugVO *Prelle*, ZUR 2010, 512.
207 Vgl. § 12 Rn. 4.
208 Vertiefend *Hagmann*, ZUR 2007, 135; *Prelle*, ZUR 2010, 512.
209 Vgl. § 12 Rn. 8.
210 BGBl. I, S. 1739, zuletzt geändert durch G v. 27.6.2017, BGBl. I, S. 1966.
211 Vgl. § 12 Rn. 8; zur Novelle des ElektroG vgl. *Grunow/Seitel*, AbfallR 2014, 115 ff.; *Pauly/Peine/Janke*, ZUR 2016, 67 ff.
212 Ausführlich zum bisherigen ElektroG *Krink*, Der Betrieb 2005, 1893; Rechtsprechungsübersicht bei *Ahlhaus/Waggershauser*, AbfallR 2007, 194; ebenso zur Rechtsprechung *Stuiber/Hoffmann*, ZUR 2011, 519; *Schoppen*, NVwZ 2013, 187.
213 Weitergehend *Weidemann*, NVwZ 2005, 1345.

und sodann den Herstellern zur Abholung bereitgestellt (§ 14 ElektroG). Im Unterschied dazu sind die Hersteller gem. § 19 ElektroG verpflichtet, gewerblichen Nutzern zumutbare Rücknahmemöglichkeiten zu eröffnen. Der Handel wird seit dem Neuerlass des ElektroG ebenfalls in die Pflicht genommen. Gem. § 17 ElektroG besteht für Großvertreiber (Verkaufsfläche ≥ 400 qm) eine unentgeltliche Rücknahmepflicht für Kleingeräte unabhängig von einem Kauf eines neuen Gerätes durch den Kunden; für Großgeräte besteht eine Rücknahmepflicht nur bei einem Neukauf. Die Pflicht zur Rücknahme besteht mithin nicht nur für den stationären Handel, sondern gem. § 17 Abs. 2 ElektroG auch für Online-Händler. Als maßgebliche Verkaufsfläche sind dann sämtliche Lager- und Versandflächen für Elektronik- und Elektrogeräte zu berücksichtigen. Die spezifischen Anforderungen an das Verwertungsverfahren selbst ergeben sich aus den §§ 20 ff. ElektroG.

Gegenüber dem vorherigen ElektroG gestaltet der Gesetzgeber mit Wirkung vom 15.8.2018[214] den Anwendungsbereich des neuen ElektroG nunmehr offen und nicht mehr kategoriebasiert.[215] Das Gesetz gilt daher seit dem 15.8.2018 gem. § 2 Abs. 1 ElektroG für sämtliche Elektro- und Elektronikgeräte, solange sie nicht explizit durch einen gesetzlichen Ausnahmetatbestand ausgeschlossen sind. Die Zuordnung zu einer der dann sechs Gerätekategorien stellt somit nicht (mehr) eine konstitutive Vorgabe für die Anwendbarkeit des ElektroG dar.[216]

bb) Abfallentsorgung

64   Wie erwähnt,[217] teilt sich die **Abfallentsorgung** in die

- Abfallverwertung,
- Abfallbeseitigung
- sowie die Vorbereitung vor der Verwertung und Beseitigung.

Die Unterscheidung der Verwertung von der Beseitigung ist maßgeblich für das anzuwendende abfallrechtliche Pflichten- und Überwachungsprogramm[218] sowie für die Frage, ob und nach welchen Vorgaben Abfallanlagen genehmigungspflichtig sind. So bedürfen Anlagen, die der Lagerung oder Behandlung von Abfällen *zur Beseitigung* dienen, einer Planfeststellung nach § 35 Abs. 2 KrWG, während Anlagen *zur energetischen Verwertung* von Abfällen ggf. nach dem Bundes-Immissionsschutzgesetz genehmigungspflichtig sind.[219] Bei gewerblichen Abfällen bedingt die Einordnung in Abfälle zur Verwertung oder Beseitigung beispielsweise, ob sie vom Erzeuger zu entsorgen oder den öffentlich-rechtlichen Entsorgungsträgern zu überlassen sind (§ 17 KrWG).[220]

214 Vgl. Art. 3 und Art. 7 Abs. 3 des Gesetzes zur Neuordnung des Rechts über das Inverkehrbringen, die Rücknahme und die umweltverträgliche Entsorgung von Elektro- und Elektronikgeräten v. 20.10.2015, BGBl. I, S. 1739.
215 Vgl. zum bisher geltenden kategoriebasierten Anwendungsbereich (§ 2 Abs. 1) des ElektroG (hier: nicht ausschließlich zum Laufen verwendbarer Sportschuh) BVerwG, NVwZ 2008, 697, 698.
216 Vgl. zum neuen Anwendungsbereich des ElektroG *Pauly/Peine/Janke*, ZUR 2016, 67 f.
217 Vgl. § 12 Rn. 26 ff.
218 Vgl. *Dieckmann/Reese* in: Koch/Hofmann/Reese, § 6 Rn. 68.
219 Vgl. näher § 12 Rn. 84 ff.
220 Hierzu § 12 Rn. 80.

Abgrenzungsschwierigkeiten bereiten insbesondere drei Fallgruppen: 65

- die Verbrennung von Abfällen mit nur geringer Energieausbeute (energetische Verwertung oder thermische Behandlung zur Beseitigung),
- Nutzung der Abfälle als Füllstoffe, z.B. zur Verfüllung von Bergwerken und Gruben (stoffliche Verwertung durch Nutzung des Abfallvolumens oder Deponierung),
- Sortierung und Behandlung von Gemischen aus verwertbaren und unverwertbaren Abfällen (Verwertung der verwertbaren oder Beseitigung der unverwertbaren Anteile).[221]

(1) Abfallverwertung

Der Begriff der **Abfallverwertung** umschreibt allgemein den Einsatz von anfallenden 66 Reststoffen für neue Anwendungsbereiche.[222] Gem. § 3 Abs. 23 S. 1 KrWG versteht man unter Verwertung „jedes Verfahren, als dessen Hauptergebnis die Abfälle innerhalb der Anlage oder in der weiteren Wirtschaft einem sinnvollen Zweck zugeführt werden, indem sie entweder andere Materialien ersetzen, die sonst zur Erfüllung einer bestimmten Funktion verwendet worden wären, oder indem die Abfälle so vorbereitet werden, dass sie diese Funktion erfüllen". Dabei kann die Abfallverwertung in die stoffliche und energetische Verwertung unterteilt werden. **Stoffliche Verwertung** bedeutet die Verringerung der Abfallmenge entweder durch Erhaltung des Wertstoffcharakters gebrauchter Stoffe (Weiter- bzw. Wiederverwendung) oder durch Rückgewinnung von Wertstoffen aus Abfällen (Recycling).[223] Dagegen beinhaltet die **energetische Verwertung** die Rückgewinnung der den Abfällen innewohnenden Energie durch Verbrennung. Die Abfälle werden also als Ersatzbrennstoffe verwendet, um Energie zu erzeugen.[224] Die sog. Heizwertklausel des § 8 Abs. 3 S. 1 KrWG a.F. sah vor, dass die energetische Verwertung mit der stofflichen Verwertung als gleichrangig anzunehmen sei, wenn „der Heizwert des einzelnen Abfalls, ohne Vermischung mit anderen Stoffen, mindestens 11 000 Kilojoule pro Kilogramm beträgt". Umstritten war, ob diese konkreten Voraussetzungen zur Abgrenzung von energetischer Verwertung und thermischer Behandlung zur Beseitigung mit dem Unionsrecht und dabei insbesondere mit der Abfallhierarchie aus Art. 4 Abs. 1 Abfallrahmenrichtlinie 2008/98/EG vereinbar sind.[225] In Reaktion auf die Kritik (nicht nur) von Seiten der Europäischen Kommission und auf Basis einer eigens durchgeführten Evaluation über die Auswirkungen der Streichung der Heizwertklausel beschloss der Gesetzgeber mit Wirkung vom 1.6.2017[226] die Streichung des § 8 Abs. 3 KrWG a.F. und somit das Ende der Heizwertklausel.[227]

Die Definition der Abfallverwertung ist die wörtliche Umsetzung der entsprechenden Definition aus Art. 3 Nr. 15 der Abfallrahmenrichtlinie 2008/98/EG. Entscheidendes

---

221 *Dieckmann/Reese* in: Koch/Hofmann/Reese, § 6 Rn. 68 ff.
222 Zum Verwertungsbegriff näher BVerwG, NuR 1994, 440; *Klöck*, ZUR 1997, 117; *Bothe*, UPR 1996, 170.
223 Vgl. EuGH, ZUR 2004, 34, zur Reichweite des europäischen Abfallbegriffs in Bezug auf Verpackungsverwertung.
224 Vgl. Anlage II, R 1 zum KrWG; dazu *Klöck*, ZUR 1997, 117; *Schwartmann*, NVwZ 1998, 1151; *Sina*, NVwZ, 2007, 280; *Schink/Krappel* in: Schink/Versteyl, KrWG, § 3 Rn. 111.
225 Vgl. übersichtsartig *Kropp*, AbfallR 2016, 123, 128 m.w.N.
226 BGBl. I, S. 567.
227 Ausführlicher zur Streichung der Heizwertklausel *Bleicher* in: Schink/Queitsch/ders., Abfallrecht, S. 29 f.; *Franßen*, AbfallR 2017, 80 ff.

Kriterium zur Abgrenzung der Verwertung von einer Beseitigung ist hiernach die Substitutionswirkung für Rohstoffe bzw. Brennstoffe, die einer Verwertung zukommt.[228]

Mit der Definition der Begriffe im Katalog des § 3 KrWG wurde zudem der oftmals schwierigen Unterscheidung zwischen Abfallverwertung und Abfallbeseitigung entgegengewirkt, wie sie noch im Rahmen des alten KrW-/AbfG auftrat.

Nach der Rechtsprechung des BVerwG ist die Nutzung von Abfällen als Füllmaterial jedenfalls dann eine Beseitigung, wenn der Abfall für sich genommen nicht die statischen Eigenschaften (etwa Festigkeit) erfüllt, die der Füllstoff zur ordnungsgemäßen (bergrechtlichen) Verfüllung haben muss.[229] Das Hauptergebnis der Maßnahme ist ebenfalls ausschlaggebend für die Abgrenzung zwischen energetischer Verwertung und Abfallbeseitigung durch Verbrennung.[230] Darüber hinaus erfordert die Einordnung der Abfallverbrennung als Verwertungsvorgang, dass die Abfälle hauptsächlich als Brennstoff oder anderes Mittel der Energieerzeugung verwendet werden, um Primärenergieträger zu ersetzen, die sonst für diesen Zweck hätten eingesetzt werden müssen. Zudem muss der gewonnene Energieüberschuss auch tatsächlich genutzt werden.[231] Bei **Abfallgemischen** soll nach nunmehr gefestigter Auffassung[232] nicht wie bisher der einzelne Abfall Bezugspunkt der Abgrenzung sein.[233] Vielmehr ist das Abfallgemisch selbst als Abfall zur Verwertung einzuordnen, wenn es als solches überwiegend verwertbar ist und der Verwertung zugeführt wird.

Die Unterscheidung zwischen Verwertung und Beseitigung hängt ferner gem. § 3 Abs. 1 S. 2 KrWG nicht von der abstrakten Verwertbarkeit des Abfalls ab, sondern davon, ob er **konkret** einer Verwertung zugeführt wird. Hiernach wird der Erzeuger oder Besitzer im Zweifel konkrete Verwertungsmaßnahmen darlegen müssen,[234] ansonsten kann er zur Überlassung der Abfälle an den zuständigen öffentlich-rechtlichen Entsorgungsträger verpflichtet werden.[235]

67   Nach § 7 Abs. 3 KrWG muss die Verwertung von Abfällen „ordnungsgemäß und schadlos erfolgen".[236] Ordnungsgemäß heißt in diesem Zusammenhang, dass die Verwertung nicht mit den Normen des Gesetzes und anderen öffentlich-rechtlichen Vorschriften (z.B. BImSchG) kollidieren darf. Der Begriff der Schadlosigkeit bezieht sich auf das Wohl der Allgemeinheit, welches nicht beeinträchtigt werden darf. Als Maßstab für die Gemeinwohlverträglichkeit sind die Anforderungen an die Kreislaufwirtschaft heranzuziehen, die § 15 KrWG beinhaltet.[237]

---

228 BT-Drs. 17/6052, S. 74; *Ehrmann*, ZUR 2010, 552 sieht darin eine Präzisierung der Abgrenzung zwischen Verwertung und Beseitigung.
229 BVerwG, DVBl. 2000, 1351; vgl. auch BVerwG, DVBl. 1994, 1013, 1014; vgl. zur Einordnung der schlichten Ablagerung von Abfällen als Abfallbeseitigung auch VGH Mannheim, UPR 2016, 355.
230 Im KrW-/AbfG wurde noch maßgeblich auf den „Hauptzweck" abgestellt, vgl. *Reese* in: Jarass/Petersen, KrWG, § 3 Rn. 313 ff.
231 BVerwG, ZUR 2007, 476, 477; instruktiv für die Abgrenzung bei der Verwendung von Klärschlamm in Zementwerken *Sina*, NVwZ 2007, 280.
232 BVerwG, ZUR 2007, 476, 477; VGH Mannheim, ZUR 2008, 43, 44; *Petersen*, NVwZ 2004, 34, 36 f.; *Schoch*, DVBl. 2004, 69, 78.
233 Zur früheren Rechtslage kritisch *Dieckmann/Reese* in: Koch/Hofmann/Reese, § 6 Rn. 78 ff.
234 *Schink/Krappel* in: Schink/Versteyl, KrWG, § 3, Rn. 30 ff.; vgl. auch VGH Mannheim, NuR 1999, 581; OVG Saarbrücken, NVwZ-RR 2017, 720.
235 *Dieckmann/Reese* in: Koch/Hofmann/Reese, § 6 Rn. 72; vgl. auch OVG Greifswald, NordÖR 2014, 182.
236 Hiermit endet die Abfalleigenschaft des Stoffes, mithin das Regime des Abfallrechts, vgl. BVerwG, ZUR 2007, 203; zum Ende der Abfalleigenschaft von Klärschlammkompost durch Aufbringen auf einen geeigneten Boden, BVerwG, NVwZ 2007, 338, 339; *Giesberts/Kleve*, DVBl. 2008, 678.
237 Sogleich § 12 Rn. 71 f.; *Kloepfer*, Umweltrecht, § 21 Rn. 309.

Der **Vorrang der Verwertung von Abfällen entfällt**, wenn ihre Beseitigung umweltver 68
träglicher ist, § 7 Abs. 2 S. 3 KrWG, wobei das Gesetz selbst einige hierfür maßgebliche Kriterien aufstellt (§ 6 Abs. 2 S. 3 Nr. 1–4 KrWG). Weitere Grenzen ergeben sich
aus der technischen Möglichkeit und der wirtschaftlichen Zumutbarkeit, d.h. der
Marktfähigkeit (§ 6 Abs. 2 S. 4 KrWG).

Zur Förderung der Abfallverwertung führt das KrWG mit § 14 Abs. 1 die Pflicht zur 69
getrennten Sammlung von Papier-, Metall-, Kunststoff- und Glasabfällen ein. Die Verpflichtung dient dem ordnungsgemäßen, schadlosen und hochwertigen Recycling und
ist seit dem 1.1.2015 einzuhalten. Zudem führt das KrWG in § 14 Abs. 2 und Abs. 3
Recyclingquoten ein, nämlich in Höhe von 65 % der Siedlungsabfälle und 70 % der
Bau- und Abbruchabfälle, die ab dem 1.1.2020 verbindlich sind.[238]

(2) Abfallbeseitigung

▶ **FALL 13:** Der Unternehmer A zeigt gem. § 18 Abs. 1, Hs. 2 i.V.m. § 17 Abs. 2 S. 1 Nr. 4 KrWG 70
in rechtmäßiger Weise eine geplante gewerbliche Sammlung von Alttextilien an. Die zuständige Behörde untersagt daraufhin gem. § 18 Abs. 5 S. 2 i.V.m. § 17 Abs. 2 S. 1 Nr. 4 KrWG
diese Sammlung. Sie begründet ihre Entscheidung damit, dass diese zu einer Gefährdung
der Funktionsfähigkeit des öffentlich-rechtlichen Entsorgungsträgers (vgl. § 17 Abs. 3 S. 1
KrWG) führen würde und damit überwiegende öffentliche Interessen der Sammlung entgegenstünden (vgl. § 17 Abs. 2 S. 1 Nr. 4 KrWG). Die Funktionsfähigkeit des öffentlich-rechtlichen Entsorgungsträgers sei gefährdet, da die gewerbliche Sammlung eine wesentliche Beeinträchtigung der Planungssicherheit und Organisationsverantwortung des öffentlich-
rechtlichen Entsorgungsträgers nach sich ziehe (vgl. § 17 Abs. 3 S. 2 KrWG). Konkrete Angaben und Tatsachen, inwiefern die Planungssicherheit und Organisationsverantwortung des
öffentlich-rechtlichen Entsorgungsträgers beeinträchtigt werde, trägt die zuständige Behörde indes nicht vor.

Nach erfolglosem Widerspruchsverfahren[239] erhebt A Anfechtungsklage gegen den Bescheid beim zuständigen Verwaltungsgericht. Er ist der Auffassung, dass die Untersagungsverfügung schon allein deshalb rechtswidrig sei, weil die Ermächtigungsgrundlage europarechtswidrig sei. Selbst wenn die Ermächtigungsgrundlage wirksam sei, so seien jedenfalls
ihre Tatbestandsvoraussetzungen nicht erfüllt.[240]

Ist die zulässige Klage des Unternehmers A begründet?

Von der formellen Rechtmäßigkeit der Untersagungsverfügung ist auszugehen. ◀

Die in § 3 Abs. 26 KrWG neu eingeführte Definition der **Abfallbeseitigung** erfolgt in
negativer Abgrenzung zum Begriff der Verwertung. Beseitigung ist demnach jedes Verfahren, das keine Verwertung ist, auch wenn das Verfahren zur Nebenfolge hat, dass
Stoffe oder Energie zurückgewonnen werden. Diese neue Definition setzt die europarechtlichen Vorgaben gem. Art. 3 Nr. 19 der Abfallrahmenrichtlinie 2008/98/EG wörtlich um.

---

238 Zu Getrennthaltungsgeboten im KrWG, *Kropp,* ZUR 2012, 474.
239 Nicht in allen Bundesländern ist ein Widerspruchsverfahren notwendig, vgl. etwa § 110 Abs. 1 S. 1 JustG
   NRW.
240 Der Sachverhalt und die Lösung sind angelehnt an einen Fall des 10. Senats des VGH Mannheim vom
   9.9.2013, ZUR 2014, 112 ff.

71   Für die Abfallbeseitigung etabliert das Kreislaufwirtschaftsgesetz in § 15 KrWG Grundpflichten zur ordnungsgemäßen Beseitigung von Abfällen. § 15 KrWG bestimmt, was wo und wie beseitigt werden muss.

Die **Grundpflicht** des § 15 KrWG verpflichtet Erzeuger und Besitzer von Abfällen, die nicht verwertet werden, zur gemeinwohlverträglichen Abfallbeseitigung nach § 15 Abs. 2 KrWG und erhebt mithin die Grundsätze zu Rechtssätzen. Überdies findet sich in § 15 Abs. 3 KrWG noch die wichtige Grundpflicht der Abfalltrennung.

72   Der als unbestimmter Rechtsbegriff voll justiziable Terminus der Beeinträchtigung des Gemeinwohls wird in § 15 Abs. 2 S. 2 KrWG nach der Regelbeispieltechnik näher beschrieben. Eine Beeinträchtigung liegt danach insbesondere bei

- einer Beeinträchtigung der Gesundheit der Menschen (Nr. 1),
- einer Gefährdung von Tieren und Pflanzen (Nr. 2),
- einer schädlichen Beeinflussung von Gewässern und Böden (Nr. 3),
- der Herbeiführung schädlicher Umwelteinwirkungen durch Luftverunreinigung oder Lärm (Nr. 4),
- fehlender Wahrung der Belange der Raumordnung und der Landesplanung, des Naturschutzes und der Landschaftspflege sowie des Städtebaus (Nr. 5) oder
- einer sonstigen Gefährdung oder Störung der öffentlichen Sicherheit und Ordnung (Nr. 6)

vor.[241]

73   § 16 S. 1 KrWG enthält Ermächtigungen zur **Ordnung der Abfallbeseitigung.** Der Verordnungsgeber kann die Kriterien der gemeinwohlverträglichen Abfallbeseitigung entsprechend dem Stand der Technik[242] im Verordnungswege konkretisieren. Danach können etwa Anforderungen an die Getrennthaltung und die Behandlung von Abfällen (Nr. 1) sowie an das Bereitstellen, das Überlassen, das Einsammeln, die Beförderung, die Lagerung und die Ablagerung von Abfällen (Nr. 2) statuiert werden.[243]

74   Die Grundpflichten des § 15 KrWG bestehen nur, soweit eine **Abfallbeseitigungspflicht** besteht, weshalb § 15 Abs. 1 KrWG auf den § 17 KrWG verweist.

75   Nach §§ 7 Abs. 2 S. 1 und 15 Abs. 1 S. 1 KrWG sind Erzeuger und Besitzer von Abfällen zur Verwertung und Beseitigung ihrer Abfälle verpflichtet (**Grundsatz der Eigenentsorgung**).

Eine solche Primärverantwortung, welche sich aus dem **Verursacherprinzip** herleitet,[244] wird jedoch durch die Normierung zahlreicher Ausnahmetatbestände weitestgehend eingeengt.

76   Gem. § 17 Abs. 1 S. 1 KrWG sind abweichend von den §§ 7 Abs. 2 S. 1 und 15 Abs. 1 S. 1 KrWG Erzeuger oder Besitzer von Abfällen aus **privaten Haushaltungen**[245] verpflichtet, diese den nach jeweiligem Landesrecht zur Entsorgung verpflichteten juristischen Personen (öffentlich-rechtliche Entsorgungsträger) zu überlassen, soweit sie zu einer Verwertung auf den von ihnen im Rahmen ihrer privaten Lebensführung genutz-

---

241   Vgl. *Kloepfer*, Umweltrecht, § 21 Rn. 343.
242   Vgl. die Legaldefinition gem. § 3 Abs. 28 KrWG; ferner *Kloepfer*, Umweltrecht, § 21 Rn. 350; *Asbeck-Schröder*, DÖV 1992, 252.
243   Auf diese Ermächtigungsgrundlage stützt sich die DepV; vgl. oben § 12 Rn. 10.
244   Vgl. oben § 3 Rn. 11 ff.; ferner *Franßen* in: Hansmann/Sellner, Kap. 14, Rn. 157.
245   Hierzu gehören auch in Ferienhäusern anfallende Abfälle, BVerwG, NVwZ 2009, 184.

ten Grundstücken nicht in der Lage sind oder diese nicht beabsichtigen[246] (obligatorische Entsorgungspflicht der öffentlichen Hand).

§ 17 Abs. 1 S. 2 KrWG begründet durch seine Bezugnahme auf den dortigen S. 1 beim Vorliegen von Abfällen zur Beseitigung aus **anderen Herkunftsbereichen** ebenfalls eine Verpflichtung zur Überlassung[247] der anfallenden Abfälle zur Beseitigung an den öffentlichen Entsorgungsträger, soweit sie nicht in eigenen Anlagen des Abfallbesitzers beseitigt werden können (**fakultative Entsorgungspflicht der öffentlichen Hand**). Für den Fall einer nach Maßgabe dieses Gesetzes zulässigen Verwertung besteht insoweit also keine Überlassungspflicht an den öffentlich-rechtlichen Entsorgungsträger.[248] § 17 Abs. 1 S. 3 KrWG normiert jedoch, dass die Befugnis zur Beseitigung von Abfällen in eigenen Anlagen nach S. 2 nicht besteht, soweit die Überlassung der Abfälle an den öffentlich-rechtlichen Entsorgungsträger aufgrund **überwiegender öffentlicher Interessen** erforderlich ist. Bei dieser Regelung handelt es sich folglich um eine Rückausnahme zu § 17 Abs. 1 S. 2 KrWG.[249] Bei der Frage, wann das überwiegende öffentliche Interesse betroffen ist, kann nicht die Begriffsdefinition des „überwiegenden öffentlichen Interesses" aus § 17 Abs. 3 KrWG herangezogen werden. Diese bezieht sich ausdrücklich nur auf den § 17 Abs. 2 S. 1 Nr. 4 KrWG. Öffentliche Interessen i.S.d. § 17 Abs. 1 S. 3 KrWG sind die in den Zielen des Gesetzes angelegten Interessen (vgl. § 1 KrWG) sowie die Allgemeinwohlbelange gem. § 15 Abs. 2 S. 2 KrWG, welche die Abfallbehörden bei ihrem Handeln heranzuziehen haben.[250]

Bei § 17 KrWG handelt es sich um eine bundesrechtliche Regelung des Anschluss- und Benutzungszwangs. Danach hat der Abfallbesitzer dem Entsorgungspflichtigen oder den von diesem beauftragten Dritten den Abfall aus privaten Haushaltungen zu überlassen, indem er ihn zur Abholung bereitstellt. Diese Pflicht erstreckt sich auch darauf, dass ein Grundstückseigentümer die auf einem allein seiner Sachherrschaft unterstehenden Grundstück herumliegenden Abfälle zusammenträgt und so deren Einsammeln durch den Träger der Entsorgung ermöglicht.[251]

Soweit ein Abfallerzeuger/-besitzer zur Überlassung verpflichtet ist, **darf** er eine Eigenentsorgung nicht mehr vornehmen.[252] Korrespondierend zur Überlassungspflicht steht dem Abfallerzeuger/-besitzer ein Anspruch auf Abnahme der angebotenen Abfälle gegen den öffentlich-rechtlichen Entsorgungsträger zu.[253]

77

---

246 Die Möglichkeit zur Verwertung erfasst nach inzwischen herrschender Ansicht nur die Eigenverwertung (Kompostierung von Hausmüll im eigenen Garten) und nicht eine darüber hinausgehende Fremdverwertung vgl. *Dippel* in: Schink/Versteyl, KrWG, § 17 Rn. 17 m.w.N.; *Karpenstein/Dingemann* in: Jarass/Petersen, KrWG, § 17 Rn. 88 f.; vgl. auch BVerwG, ZUR 2009, 487.

247 Für gewerbliche Siedlungsabfälle sind gem. § 7 Abs. 2 GewAbfV im Rahmen der Überlassung Abfallbehälter zu benutzen. Vgl. noch zu den früheren Normen BVerwG, NVwZ 2006, 589, 591; zur Vermeidung der Behälterbenutzungspflicht bei der bloßen Möglichkeit der späteren Verwertung des Abfalls BVerwG, NVwZ 2008, 1119, 1121; s. zur Abfallbehälternutzungspflicht für gewerbliche Siedlungsabfälle BVerfG, NVwZ 2007, 1172 sowie die Besprechung dieser Entscheidung von *Vetter*, NVwZ 2007, 1377.

248 Hierbei gewinnt die Abgrenzung zwischen Abfallbeseitigung und Abfallverwertung an Bedeutung, vgl. oben § 12 Rn. 64.

249 *Dippel* in: Schink/Versteyl, KrWG, § 17 Rn. 30; vertiefend zu den Rückausnahmetatbeständen *Schmidt/Kahl/Gärditz*, § 11 Rn. 77 f.; *Kunig* in: ders./Paetow/Versteyl, KrW-/AbfG, § 13 Rn. 21; *Klement* in: Schmehl, GK-KrWG, § 17 Rn. 102 ff.

250 *Klement* in: Schmehl, GK-KrWG, § 17 Rn. 103 f.; *Dippel* in: Schink/Versteyl, KrWG, § 17 Rn. 30 ff.

251 BVerwG, NJW 1989, 1295; BVerwGE 67, 8, 11 f.; vgl. auch *Kloepfer*, Umweltrecht, § 21 Rn. 445 ff.

252 BVerwG, NVwZ 2006, 589, 591.

253 *Giesberts* in: Giesberts/Reinhardt, Umweltrecht Kommentar, KrWG, § 17 Rn. 1 f. Die nähere Ausgestaltung der Abfallüberlassung (das „Wie") kann durch Landesrecht oder kommunales Satzungsrecht der entsorgungspflichtigen Körperschaft erfolgen, vgl. *Dippel* in: Schink/Versteyl, KrWG, § 17 Rn. 10 m.w.N. Näher

Der Überlassungsvorgang ist vom eigentlichen Verwertungs- und Beseitigungsvorgang zu trennen. In den Fällen des § 17 Abs. 1 KrWG geht die ordnungsgemäße Abfallentsorgung in die Verantwortung der öffentlich-rechtlichen Entsorgungsträger über, mithin endet der Pflichtenkreis des ursprünglich Entsorgungspflichtigen mit der Überlassung (vgl. § 20 Abs. 1 S. 1 KrWG).[254]

78   Eine nach § 17 Abs. 1 S. 1 und 2 KrWG begründete Überlassungspflicht für Abfälle besteht **indes nicht**, wenn

- Abfälle einer Rücknahme- oder Rückgabepflicht aufgrund einer Rechtsverordnung nach § 25 KrWG (z.B. AltfahrzeugV, AltölV oder die noch bis Ende 2018 gültige VerpackV)[255] unterliegen (§ 17 Abs. 2 S. 1 Nr. 1 KrWG),
- Abfälle in Wahrnehmung der Produktverantwortung[256] nach § 26 KrWG freiwillig zurückgenommen werden (§ 17 Abs. 2 S. 1 Nr. 2 KrWG),
- Abfälle im Rahmen einer gemeinnützigen oder gewerblichen Sammlung einer ordnungsgemäßen und schadlosen Verwertung zugeführt werden (§ 17 Abs. 2 S. 1 Nr. 3 und 4 KrWG)[257] sowie
- besondere landesrechtliche Überlassungs- und Andienungspflichten für gefährliche Abfälle zur Beseitigung bestehen (§ 17 Abs. 4 KrWG).[258]

Ein beherrschendes Thema in der deutschen Abfallwirtschaft ist nicht erst seit Inkrafttreten des KrWG die Frage, welche Anforderungen an eine zulässige **gewerbliche Sammlung** gestellt werden und unter welchen Voraussetzungen eine gewerbliche Sammlung untersagt werden kann. Häufig betreffen die Sachverhalte die Sammlung von Alttextilien,[259] Sperrmüll,[260] Altmetall oder Altpapier.

Die Rechtsprechung hatte sich in einer Reihe von Fällen mit der von öffentlichen Entsorgungsträgern in Frage gestellten Zulässigkeit der gewerblichen Altpapierentsorgung nach § 13 Abs. 3 Nr. 3 KrW-/AbfG a.F. (nunmehr § 17 Abs. 2 S. 1 Nr. 4 KrWG) auseinanderzusetzen.[261] Das BVerwG vertrat in diesem Zusammenhang die Auffassung, dass die **Sammlung von Altpapier** grundsätzlich den öffentlich-rechtlichen Entsorgungsträgern zu überlassen ist. Private Haushaltungen seien nicht zur Eigenverwertung von Altpapier in der Lage, so dass sich gem. § 13 Abs. 1 KrW-/AbfG a.F. (§ 17 Abs. 1 KrWG) eine Überlassungspflicht an die öffentlich-rechtlichen Entsorgungsträger erge-

---

insbesondere zum Thema der Abfallgebühren und der dazu ergangenen Rechtsprechung *Frenz*, Gemeindehaushalt 2012, 217 ff.

254   Zur Abgrenzung zwischen Bereitstellen und Überlassen des Abfalls sowie zum Übergang der Entsorgungspflicht vgl. BVerwG, ZUR 2008, 147.

255   Vgl. oben § 12 Rn. 10.

256   Vgl. hierzu die Rabattaktionen von Modeunternehmen: Nach der Rechtsprechung liegt ein solcher Ausnahmegrund vor, wenn Bekleidungshersteller ihren Kunden Rabatte im Gegenzug für die Abgabe von Altkleidern – sogar von Fremdherstellern – gewähren, vgl. VG Würzburg, AbfallR 2015, 196 und VG Düsseldorf, AbfallR 2015, 196 m. Anm. *Wenzel*, AbfallR 2015, 187.

257   Nach VGH München, NVwZ 2008, 1140, 1141 hat ein öffentlicher Entsorgungsträger nicht das Recht, in die Wahl des Partners der durch gemeinnützige Einrichtungen initiierten Verwertung einzugreifen.

258   Vertiefend zur Regelung des § 17 Abs. 4 KrWG im Spiegel aktueller Judikatur *Frenz*, AbfallR 2017, 163 ff.

259   Ausführlich zur Altkleidersammlung im Spannungsverhältnis zwischen dem Kreislaufwirtschafts- und Straßenrecht, *Bühs*, Zum Sammeln alter Kleider.

260   Auch Sperrmüll kann gewerblich gesammelt werden, vgl. BVerwG, Urt. v. 23.02. 2018 – 7 C 9/16, Juris; vgl. auch *Peine*, AbfallR 2016, 222 ff.

261   Hiervon sind Sammelsysteme unter dem Rechtsregime der Verpackungsverordnung zu unterscheiden; vgl. dazu BVerwG, NVwZ 2006, 688; OVG Hamburg, ZUR 2008, 425, 427; s. dazu auch *Wenzel*, ZUR 2008, 411; *Weidemann*, NVwZ 2008, 1086, 1087; *Knopp/Küchenhoff*, UPR 2007, 216; *Dinger*, UPR 2007, 373; für die Zulässigkeit einer gewerblichen Altpapiersammlung: OVG Lüneburg, KommJur 2013, 277.

be. Das BVerwG hat den Begriff der gewerblichen Sammlung sehr eng verstanden, die typischerweise dann anzunehmen sei, wenn es sich um ein „allgemeines, auf freiwilliger Basis beruhendes Angebot der unentgeltlichen Überlassung von verwertbaren Abfällen"[262] handelt. Wenn nach dieser Definition überhaupt eine gewerbliche Sammlung vorläge, müsse in einem zweiten Schritt geprüft werden, ob das überwiegende öffentliche Interesse einer solchen Sammlung nicht entgegenstehe. Einer gewerblichen Sammlung gem. § 13 Abs. 1 Nr. 3 KrW-/AbfG a.F. stehe bereits dann das überwiegende öffentliche Interesse entgegen, „wenn die Sammlung nach ihrer konkreten Ausgestaltung mehr als nur geringfügige Auswirkungen auf die Organisation und Planungssicherheit des öffentlich-rechtlichen Entsorgungsträgers nach sich zieht".[263]

Der Gesetzgeber hat auf diese Rechtsprechung reagiert und den **Begriff der gewerblichen Sammlung** in § 3 Abs. 18 KrWG definiert. Danach ist eine gewerbliche Sammlung von Abfällen eine Sammlung, die zum Zweck der Einnahmeerzielung erfolgt. Erfasst wird gem. S. 2 auch die Sammeltätigkeit, die auf der Grundlage vertraglicher Bindungen zwischen dem Sammler und der privaten Haushaltung in dauerhaften Strukturen steht.[264] Der Begriff der gewerblichen Sammlung ist danach weit zu verstehen, da nur so Konformität mit dem Unionsrecht hergestellt werden kann.[265] Zöge man – wie zuvor vom BVerwG angenommen[266] – ein enges Begriffsverständnis heran, würden Überlassungspflichten an die öffentlich-rechtlichen Entsorgungsträger für problemlos verwertbare Abfälle in nicht mehr mit dem Unionsrecht zu vereinbarender Weise ausgedehnt.[267] Das BVerfG[268] hält die Auslegung des BVerwG „zumindest" für verfassungskonform. Insbesondere sei ein Verstoß gegen das in Art. 101 Abs. 1 S. 2 GG verankerte Gebot des gesetzlichen Richters nicht ersichtlich. Das BVerwG sei nicht verpflichtet gewesen, die Frage dem EuGH vorzulegen, da der Rückgriff auf Art. 106 Abs. 2 AEUV als Rechtfertigungsgrund für die Überlassungspflicht jedenfalls nicht willkürlich sei. Aus verfassungsrechtlicher Sicht könne daher dahinstehen, ob das BVerwG den Begriff der gewerblichen Sammlung zu eng ausgelegt habe, da auch einer gewerblichen Sammlung Art. 106 Abs. 2 AEUV entgegengehalten werden und somit eine Untersagung gerechtfertigt werden könne.

Nunmehr definiert § 17 Abs. 3 KrWG, wann das „überwiegende öffentliche Interesse" betroffen ist. Danach stehen überwiegende öffentliche Interessen einer gewerblichen Sammlung nur entgegen, wenn die Sammlung in ihrer konkreten Ausgestaltung die Funktionsfähigkeit des öffentlich-rechtlichen Entsorgungsträgers gefährdet. Durch diese Regelung soll laut Gesetzesbegründung sichergestellt werden, dass eine Abwägung von entgegenstehenden Interessen im Einklang mit der Rechtsprechung des Gerichtshofs der Europäischen Union erfolgt.[269] Zwar blieb auch § 17 Abs. 3 KrWG nicht ohne Kritik,[270] da die Bestimmung viele unbestimmte Rechtsbegriffe enthält und letztlich

---

262 BVerwG, NVwZ 2009, 1292, 1295.
263 BVerwG, NVwZ 2009, 1292, 1295.
264 Auch Personengesellschaften können Sammler i.S.d. § 3 Abs. 10 KrWG und Träger einer gewerblichen Sammlung i.S.d. § 17 Abs. 2 KrWG sein, vgl. BVerwG, ZUR 2016, 289 ff.
265 Zur Frage der Europarechtswidrigkeit der Überlassungspflichten gem. dem nunmehr maßgeblichen § 17 KrWG vgl. *Knopp/Piroch*, UPR 2012, 343.
266 BVerwG, ZUR 2009, 487 ff.; bestätigt durch BVerwG, ZUR 2015, 39 ff.; zu dieser Rechtsprechung vgl. *Kahl*, JZ 2012, 729, 736 Fn. 97; zur Zulässigkeit von privaten Wertstoffsammlungen OVG Berlin-Brandenburg, ZUR 2012, 103.
267 *Dippel* in: Schink/Versteyl, KrWG, § 17 Rn. 47 m.w.N.
268 BVerfG, NVwZ 2015, 52.
269 BT-Drs. 17/6052, S. 87.
270 Vgl. etwa *Weidemann*, AbfallR 2012, 96, 101.

einen Kompromiss[271] zwischen den Interessen der öffentlich-rechtlichen Entsorgungsträger und dem (europarechtlich geprägten) Interesse an einem freien Wettbewerb darstellt. Denn aus **unionsrechtlicher Sicht** wurden vor allem zwei Bedenken vorgebracht: Zum einen verstoße § 17 Abs. 3 KrWG gegen das europäische Sekundärrecht,[272] zum anderen greife auch der Rechtfertigungsgrund nach Art. 106 Abs. 2 AEUV nicht.[273] Die Vorschrift kann aber zumindest europarechtskonform ausgelegt werden.[274] Das europäische Sekundärrecht, insbesondere die Abfallrahmenrichtlinie und die Abfallverbringungsverordnung, trifft keine abschließende Regelung zu Überlassungspflichten. Vielmehr verhält es sich zu der Überlassungspflicht von sortenreinen Abfällen („Altpapier" usw.) gar nicht.[275] Die Anwendung des Art. 106 Abs. 2 AEUV ist daher auch nicht durch das europäische Sekundärrecht gesperrt, sondern kann als Rechtfertigung für weitere Überlassungspflichten herangezogen werden.[276]

Die Befürchtung der Landesbehörden, dass durch die Neuformulierung des § 17 Abs. 3 KrWG gewerblichen Entsorgern das gezielte Sammeln gut vermarktbarer Abfälle ermöglicht wird und infolgedessen gewerbliche Entsorgungsbetriebe gegenüber kommunalen Entsorgern begünstigt werden, ist bisher nur zum Teil bestätigt worden. Die Rechtsprechung wird sich zukünftig an dem Wortlaut des § 3 Abs. 18 KrWG zur gewerblichen Sammlung und § 17 Abs. 3 KrWG hinsichtlich des überwiegenden öffentlichen Interesses orientieren müssen. Folge kann eine weitergehende Zulässigkeit von gewerblichen Sammlungen verwertbarer Abfälle als zuvor sein.[277]

Zur Auslegung und Ausfüllung der unbestimmten Rechtsbegriffe des § 17 Abs. 3 KrWG sind inzwischen einige höchstrichterliche Entscheidungen ergangen. So war lange Zeit umstritten, wann die **Funktionsfähigkeit des öffentlich-rechtlichen Entsorgungsträgers** nach § 17 Abs. 3 S. 2 KrWG gefährdet ist. Nach dem Gesetzeswortlaut ist dies der Fall, wenn die Erfüllung der bestehenden Entsorgungspflichten zu wirtschaftlich ausgewogenen Bedingungen verhindert oder die Planungssicherheit und Organisationsverantwortung wesentlich beeinträchtigt wird.

Das BVerwG stellte in seinem Urteil vom 30.6.2016[278] fest, dass gewerbliche Altkleidersammlungen nicht schon dann untersagt werden können, wenn der öffentlich-rechtliche Entsorgungsträger ein hochwertiges Erfassungssystem bereitstellt. Es bedürfe vielmehr der Prüfung, ob trotz der Sammlung des gewerblichen Wettbewerbers die gesetzliche Vermutung, dass in dieser Situation die Funktionsfähigkeit des öffentlich-rechtlichen Entsorgungsträgers gefährdet ist, ausnahmsweise nicht greift. Das Gesetz normiere insoweit eine **widerlegliche Vermutung**.[279] Dies ergebe sich insbesondere aus der Berücksichtigung des Unionsrechts, da eine Beschränkung der Warenverkehrsfrei-

---

271   *Karpenstein/Dingemann* in: Jarass/Petersen, KrWG, § 17 Rn. 152.
272   *Webersinn*, UPR 2012, 436, 437.
273   *Beckmann/Wübbenhorst*, DVBl. 2012, 1403.
274   Vgl. BVerwG, ZUR 2017, 99 ff.; VGH Mannheim, ZUR 2014, 112 ff.; so auch schon *Karpenstein/Dingemann* in: Jarass/Petersen, KrWG, § 17 Rn. 153 m.w.N.
275   *Schoch* in: Kirchhof/Paetow/Uechtritz, FS Dolde, 2014, S. 292, 296 ff.; *Vetter* in: Kirchhof/Paetow/Uechtritz, FS Dolde, 2014, S. 309, 320 ff.
276   *Vetter* in: Kirchhof/Paetow/Uechtritz, FS Dolde, 2014, S. 309, 321.
277   BVerwG, Urt. v. 23.02.2018 – 7 C 9/16 –, Juris; so auch schon OVG Lüneburg, KommJur 2013, 277; VGH Mannheim, ZUR 2014, 112 ff.
278   BVerwG, ZUR 2017, 99 ff. Besprechungen des Urteils finden sich u.a. bei *Kopp-Assenmacher/Hahn*, ZUR 2017, 80 ff.; *Wenzel*, AbfallR 2017, 57 ff. Zu einer möglichen Übertragung des Urteils auf andere Bestimmungen wie etwa die Regelbeispiele nach § 17 Abs. 3 S. 3 Nr. 2, 3 KrWG äußert sich *Frenz*, UPR 2018, 131 ff.
279   Hierzu auch *Dippel* in: Schink/Versteyl, KrWG, § 17 Rn. 68.

heit durch eine Überlassungspflicht zugunsten des öffentlich-rechtlichen Entsorgungsträgers nur bei Beachtung des Erforderlichkeitsgrundsatzes zulässig sei.[280]

Das OVG Münster hat im Zusammenhang mit einer Alttextilsammlung Richtgrößen entwickelt, die widerlegbare Vermutungen für und gegen eine wesentliche Beeinträchtigung der Planungs- und Organisationshoheit i.S.d. § 17 Abs. 3 S. 3 Nr. 1 KrWG begründen.[281] Der Auffassung des OVG Münster, nach der eine wesentliche Beeinträchtigung der Planungssicherheit und Organisationsverantwortung des öffentlich-rechtlichen Entsorgungsträgers dann unwiderlegbar anzunehmen sei, wenn mehr als 50 % der Sammelmenge des öffentlich-rechtlichen Entsorgungsträgers durch private Sammlungen erfasst werde, trat das BVerwG in einer anderen Entscheidung – in der es ebenfalls um die Sammlung von Alttextilien geht[282] – jedoch entschieden entgegen.[283] Das zugrunde gelegte Verständnis des Regel-Ausnahmeverhältnisses stehe zwar mit der unionsrechtlich gebotenen Auslegung von § 17 Abs. 2 und 3 KrWG im Wesentlichen im Einklang. Die sog. **Irrelevanzschwelle**, unterhalb derer wesentliche Änderungen der Entsorgungsstruktur typischerweise nicht zu erwarten sind, sei jedoch deutlich niedriger (etwa bei 10 % bis 15 %) anzusetzen. Bei der Regelvermutung verbleibe es umgekehrt dann, wenn diese Schwelle überschritten werde. Die Berechnung der Irrelevanzschwelle ergebe sich dabei allein aus einer Gegenüberstellung der Sammelmengen des öffentlich-rechtlichen Entsorgungsträgers auf der einen Seite und der angezeigten privaten Sammlungen auf der anderen Seite. Bei der Berechnung der privaten Sammelmengen seien auch gemeinnützige Sammlungen miteinzubeziehen.[284] Maßgeblicher Zeitpunkt für die Berechnung der Irrelevanzschwelle sei dabei der Tag der letzten mündlichen Verhandlung vor dem Tatsachengericht.[285]

Im Hinblick auf **Untersagungen** von gewerblichen Sammlungen gem. § 18 Abs. 5 S. 2 KrWG haben sich die Gerichte auch mit der Frage auseinanderzusetzen, ob derselbe Rechtsträger öffentlich-rechtlicher Entsorgungsträger und zugleich verantwortlich für die Prüfung der Rechtmäßigkeit der Sammlung sein kann. Dagegen streitet das rechtsstaatliche **Neutralitätsgebot**. Nach herrschender Ansicht[286] reicht allerdings eine organisatorische und personelle Trennung der Aufgabenbereiche innerhalb der Behörde zur Wahrung des Neutralitätsgebots aus. Dies ist freilich aus europarechtlicher Sicht aufgrund einer möglichen Interessenkollision mit dem im europäischen Wettbewerbsrecht verankerten Neutralitätsgebot (Art. 106 Abs. 1 i.V.m. Art. 102 AEUV) bedenklich.[287]

Der unbestimmte Rechtsbegriff der **Zuverlässigkeit i.S.d. § 18 Abs. 5 S. 2 KrWG** ist ebenfalls Gegenstand zahlreicher gerichtlicher Entscheidungen gewesen. So bestehen beispielsweise durchgreifende Bedenken gegen die Zuverlässigkeit des Trägers einer Sammlung, wenn Sammelcontainer wiederholt ohne erforderliche Sondernutzungser-

---

280 Zu den Auswirkungen des Unionsrechts vgl. auch *Frenz*, NuR 2017, 311, 312 ff.
281 OVG Münster, ZUR 2016, 312 f.
282 Die Ausführungen der Urteile für Alttextilien dürften sich größtenteils auf andere Abfallfraktionen übertragen lassen vgl. *Dippel/Ottensmeier*, AbfallR 2017, 13, 16.
283 BVerwG, ZUR 2018, 103 ff.; mit Anm. *Frank/Schwarz*, AbfallR 2017, 312 ff.
284 Kritisch hierzu *Dippel/Ottensmeier*, AbfallR 2017, 13, 15 f.
285 Vgl. zur Irrelevanzschwelle auch *Wenzel*, AbfallR 2017, 57, 59 ff.
286 BVerwG, LKV 2018, 69 ff.; VGH Mannheim, ZUR 2014, 112 ff.; OVG Münster, BeckRS 2014, 46261; a. A. *Karpenstein/Dingemann* in: Jarass/Petersen, KrWG, § 18 Rn. 28 f.
287 Vgl. näher *Karpenstein/Dingemann* in: Jarass/Petersen, KrWG, § 18 Rn. 29 f.; keine Bedenken haben BVerwG, LKV 2018, 69 ff.; VGH Mannheim, ZUR 2014, 112 ff.

laubnis im öffentlichen Straßenraum oder widerrechtlich auf Privatgrundstücken aufgestellt wurden.[288]

Auch die Anforderungen an den Umfang der Anzeige und die beizufügenden Unterlagen gem. § 18 Abs. 2 KrWG sind teilweise noch umstritten. Hinsichtlich des **Nachweises des Verwertungsweges** i.S.d. § 18 Abs. 2 Nr. 4 KrWG hat das BVerwG in Bezug auf Sammlungen von Altmetall durch gewerbliche Kleinsammler festgestellt, dass diese i.d.R. nur ihren ersten Abnehmer benennen müssen, da eine detaillierte Beschreibung des weiteren Verwertungsweges bis zum letzten Bestimmungsort der Abfälle unter namentlicher Benennung aller beteiligten Unternehmen von einem Kleinsammler nicht verlangt werden könne. Dabei muss der Umfang der Darlegungspflicht nicht generalisierend, sondern im Blick auf die konkreten Entsorgungsstrukturen (z.B. Existenz etablierter Verwertungsstrukturen, Marktpreis) bestimmt werden.[289]

▶ **Lösung Fall 13:** Die Klage des A ist begründet, soweit die behördliche Untersagungsverfügung rechtswidrig ist und A dadurch in seinen Rechten verletzt wird (§ 113 Abs. 1 S. 1 VwGO).

Eine behördliche Verfügung ist dann rechtmäßig, wenn sie auf einer wirksamen Ermächtigungsgrundlage beruht und deren formelle und materielle Voraussetzungen vorliegen.

Als Ermächtigungsgrundlage kommt zunächst die abfallrechtliche Generalklausel § 62 KrWG in Betracht. § 62 KrWG ist jedoch nicht einschlägig, sofern eine speziellere Ermächtigungsgrundlage greift. Hinsichtlich angezeigter Sammlungen normiert § 18 Abs. 5 S. 2 KrWG eine spezielle Ermächtigungsgrundlage, die § 62 KrWG verdrängt.

Die Ermächtigungsgrundlage für die Untersagung einer gewerblichen Sammlung (vgl. §§ 18 Abs. 5 S. 2, 17 Abs. 2 S. 1 Nr. 4 KrWG) müsste zunächst wirksam sein, das heißt u.a. mit höherrangigem Recht in Einklang stehen. Hier äußert A Zweifel an der Unionsrechtskonformität dieser Normen. Grundsätzlich stellen gesetzliche Überlassungspflichten im Abfallrecht eine Beschränkung der Warenverkehrsfreiheit (vgl. Art. 34, 36 AEUV) und der Wettbewerbsfreiheit (vgl. Art. 101 ff. AEUV) dar. Eine Rechtfertigung dieser Beschränkung könnte sich jedoch aus Art. 106 Abs. 2 AEUV ergeben, wenn die Entsorgung von Alttextilien eine Dienstleistung „von allgemeinem wirtschaftlichem Interesse" ist. Die mitgliedstaatliche gesetzliche Zuweisung von zur Verwertung bestimmten Abfällen aus privaten Haushaltungen an die öffentlich-rechtlichen Entsorgungsträger kann demnach unter Einhaltung der Voraussetzungen des Art. 106 Abs. 2 AEUV gerechtfertigt werden. Dann müsste es sich bei dem öffentlich-rechtlichen Entsorgungsträger um ein öffentliches Unternehmen i.S.d. Art. 106 Abs. 1 AEUV handeln, das mit einer Dienstleistung von allgemeinem wirtschaftlichem Interesse betraut ist (vgl. Art. 106 Abs. 2 S. 1 AEUV). Bei dem öffentlich-rechtlichen Entsorgungsträger handelt es sich um ein solches Unternehmen. Auch ist anerkannt, dass die Abfallentsorgung eine Dienstleistung darstellt, die von allgemeinem wirtschaftlichem Interesse sein

---

288   OVG Lüneburg, DÖV 2018, 417; OVG Münster, NWVBl 2018, 283 ff.; auch schon VGH Kassel, AbfallR 2017, 125; OVG Lüneburg, ZUR 2016, 431 f.; näher zu den Schnittstellen von Abfallrecht und dem öffentlichen Straßenrecht (anhand des Beispiels Nordrhein-Westfalen) *Queitsch*, AbfallR 2016, 142 ff.; *Bühs*, Zum Sammeln alter Kleider. Manch unzuverlässige gewerbliche Abfallsammler versuchen mittels Abspaltungsvorgängen nach dem Umwandlungsgesetz die bereits gegen sie ergangenen Untersagungsverfügungen zu umgehen. Zu dieser Problematik und der bisher divergierenden Rechtsprechung vgl. *Blatt*, AbfallR 2018, 41 ff.

289   BVerwG, ZUR 2017, 96 ff.; Besprechungen des Urteils finden sich u.a. bei *Dippel/Ottensmeier*, AbfallR 2017, 13, 16 f.; *Wenzel*, AbfallR 2017, 57, 61 f.

kann.[290] Denn bei der Abholung und Behandlung handele es sich laut EuGH um eine „im Allgemeininteresse liegende Aufgabe", die von Privaten möglicherweise nicht in dem notwendigen Maße erfüllt werden kann.

Darüber hinaus setzt Art. 106 Abs. 2 AEUV für eine Beschränkung der Wettbewerbsfreiheit voraus, dass die Erfüllung der übertragenen Aufgabe anderenfalls rechtlich oder tatsächlich verhindert würde. Dies wiederum ist der Fall, wenn der öffentlich-rechtliche Entsorgungsträger seine Tätigkeit nicht unter wirtschaftlich ausgewogenen Bedingungen ausüben kann.[291] Diesen Maßstäben trägt § 17 Abs. 2 S. 1 Nr. 4 KrWG Rechnung, da nur überwiegende öffentliche Interessen eine Untersagung einer gewerblichen Sammlung rechtfertigen und diese nunmehr in § 17 Abs. 3 KrWG konkretisiert werden. Überwiegende öffentliche Interessen liegen vor, wenn anderenfalls die Funktionsfähigkeit der öffentlich-rechtlichen Entsorgungsträger gefährdet wird. Wann eine solche Gefährdung vorliegt, wird in § 17 Abs. 3 S. 2 KrWG durch Regelbeispiele näher bestimmt. Damit ist die Beschränkung der Warenverkehrsfreiheit gem. Art. 106 Abs. 2 S. 1 AEUV gerechtfertigt.

Eine wirksame Ermächtigungsgrundlage für das Handeln der Behörde liegt demnach vor. Da die formelle Rechtmäßigkeit der Untersagungsverfügung laut Sachverhalt gegeben ist, bedarf es allein einer Untersuchung der materiellen Rechtmäßigkeit.

Die Untersagungsverfügung ist materiell rechtmäßig, sofern die Tatbestandsvoraussetzungen der Ermächtigungsgrundlage vorliegen und die richtige Rechtsfolge gesetzt wurde.

Gem. § 18 Abs. 5 S. 2 KrWG i.V.m. § 17 Abs. 2 S. 1 Nr. 4 KrWG ist die gewerbliche Sammlung von Abfällen aus privaten Haushaltungen unzulässig, sofern überwiegende öffentliche Interessen dieser Sammlung entgegenstehen.

Bei den Alttextilien müsste es sich um Abfall i.S.d. KrWG handeln. Als Abfall definiert § 3 Abs. 1 S. 1 KrWG „alle Stoffe oder Gegenstände, derer sich ihr Besitzer entledigt, entledigen will oder entledigen muss". Grundlegende Voraussetzung für die Abfalleigenschaft ist mithin, dass es sich um einen Stoff oder Gegenstand handelt und ein Entledigungstatbestand gegeben ist. Bei den Alttextilien handelt es sich um Gegenstände, derer sich die vorherigen Besitzer freiwillig entledigt haben. Damit haben sie die tatsächliche Sachherrschaft über die Textilien unter Wegfall jeder weiteren Zweckbestimmung aufgegeben. Es handelt sich somit um Abfall i.S.d. KrWG.[292]

Die Behörde führt an, dass die Planungssicherheit und die Organisationsverantwortung des öffentlich-rechtlichen Entsorgungsträgers beeinträchtigt wäre (vgl. § 17 Abs. 3 S. 2 KrWG) und damit überwiegende öffentliche Interessen der gewerblichen Sammlung entgegenstünden (vgl. § 17 Abs. 3 KrWG). Die Darlegungslast, ob eine Gefährdung des Schutzguts „Funktionsfähigkeit des öffentlich-rechtlichen Entsorgungsträgers" tatsächlich vorliegt, obliegt der Verwaltung. Für eine Gefährdung würde sprechen, wenn durch die gewerbliche Altkleidersammlung der öffentlich-rechtliche Entsorgungsträger seine Pflichten aus § 20 KrWG nicht mehr zu wirtschaftlich ausgewogenen Bedingungen erfüllen könnte, beispielsweise höhere Abfallgebühren fällig würden. Die Behörde hat dahin gehend allerdings keine Fakten vorgetragen. Die bloße Behauptung einer Beeinträchtigung genügt den Anforderun-

---

290 So schon EuGH, NVwZ 2000, 1151.
291 Vgl. hierzu BVerfG, NVwZ 2015, 52, 55.
292 Dies gilt auch für Altkleider und -schuhe, die in öffentlich zugänglichen Containern gesammelt werden, BVerwG, ZUR 2018, 103 ff.

gen des § 18 Abs. 5 S. 2 KrWG nicht. Insofern liegen die Voraussetzungen der Ermächtigungsgrundlage nicht vor. Die Untersagungsverfügung ist demnach materiell rechtswidrig.

A ist auch in seiner Berufsausübungsfreiheit aus Art. 12 Abs. 1 GG verletzt.

Die Anfechtungsklage des A ist damit gem. § 113 Abs. 1 S. 1 VwGO begründet. ◀

79   Über die dargestellte Verteilung der Entsorgungszuständigkeit hinaus implementiert das KrWG die Möglichkeit der **Zuhilfenahme Dritter** bei der Abfallentsorgung durch den Entsorgungspflichtigen (§ 22 KrWG).

Gem. § 22 S. 1 und 3 KrWG kann sich der Entsorgungspflichtige zur Erfüllung seiner Pflichten Dritter[293] bedienen, soweit diese über die erforderliche Zuverlässigkeit verfügen (§ 16 S. 2 Nr. 3 KrWG). Entsprechend § 22 Abs. 1. S. 2 KrWG bleibt die Verantwortlichkeit des Entsorgungspflichtigen hiervon unberührt und so lange bestehen, bis die Entsorgung endgültig und ordnungsgemäß abgeschlossen ist. Der Dritte wird demgemäß als Erfüllungsgehilfe für den Träger der Entsorgungspflicht tätig, so dass dieser im Falle einer regelwidrigen Entsorgung haftbar gemacht werden kann.[294] Die Prüfung der Zuverlässigkeit des beauftragten Dritten liegt nicht zuletzt deshalb im vitalen Eigeninteresse des Entsorgungspflichtigen.[295]

80   Eine **Entsorgungspflicht**[296] der **öffentlich-rechtlichen Entsorgungsträger** besteht nur noch **subsidiär**.[297] Das heißt die Entsorgungspflicht der öffentlich-rechtlichen Entsorgungsträger ist nachrangig gegenüber der grundsätzlichen Regelung des § 15 Abs. 1 KrWG, welche den Besitzer oder Erzeuger von Abfall auch zur Beseitigung verpflichtet. Die Pflicht der öffentlich-rechtlichen Entsorgungsträger ist zunächst beschränkt auf die in ihrem Gebiet angefallenen oder überlassenen Abfälle aus **privaten Haushaltungen** (§ 20 Abs. 1 S. 1 Var. 1 KrWG). Hinzu können grundsätzlich auch Abfälle zur Beseitigung aus **anderen Herkunftsbereichen** kommen, also beispielsweise Restabfälle aus der Abfallaufbereitung, wenn sie den öffentlich-rechtlichen Entsorgungsträgern angetragen werden (§ 20 Abs. 1 S. 1 Var. 2 KrWG). Die öffentlich-rechtlichen Entsorgungsträger können gem. § 20 Abs. 2 KrWG Abfälle unter den dort genannten Voraussetzungen (S. 1: Rücknahmepflicht aufgrund einer nach § 25 KrWG erlassenen Rechtsverordnung und tatsächlich zur Verfügung stehenden Rücknahmeeinrichtungen; S. 2: Abfälle, die nach Art, Menge oder Beschaffenheit nicht mit den in Haushaltungen anfallenden Abfällen beseitigt werden können oder deren umweltverträgliche Beseitigung durch andere Entsorgungsträger oder Dritte gewährleistet ist) von der Entsorgung ausschließen.[298]

---

293   Zum Begriff des Dritten *Schink* in: ders./Versteyl, KrWG, § 22 Rn. 15 ff.
294   Vgl. BGH, NVwZ 1993, 1228.
295   *Schmidt/Kahl/Gärditz*, § 11 Rn. 81; zur Prüfungsintensität *Versteyl* in: Kunig/Paetow/ders., KrW-/AbfG, § 16 Rn. 18 ff.
296   Ausweislich § 20 Abs. 1 S. 1 KrWG sind die öffentlich-rechtlichen Entsorgungsträger ebenfalls zu einer ordnungsgemäßen und schadlosen Verwertung und Entsorgung verpflichtet (§§ 6–11, 15–16 KrWG). Die nähere Ausgestaltung obliegt kommunalem Satzungsrecht.
297   Zu den Möglichkeiten und Grenzen der kommunalwirtschaftlichen Betätigung in diesem Bereich *Pape/Holz*, NVwZ 2007, 636.
298   Näher zur Möglichkeit des Entsorgungsausschlusses *Schink* in: ders./Versteyl, KrWG, § 20 Rn. 80 ff.

cc) Altölentsorgung

Eine Vorrangregelung für die Aufarbeitung von Altölen vor der Entsorgung enthält die Altölverordnung.[299] Damit soll eine stoffliche Verwertung von Altölen gewährleistet werden.[300]

81

dd) Betriebsbeauftragter für Abfall

Nach § 59 Abs. 1 S. 1 KrWG besteht für die Betreiber

82

- von genehmigungspflichtigen Anlagen i.S.d. § 4 BImSchG,
- von Anlagen, in denen regelmäßig besonders überwachungsbedürftige Abfälle anfallen,
- von Sortier-, Verwertungs- oder Abfallbeseitigungsanlagen,
- für Besitzer i.S.d. § 27 KrWG
- sowie für Betreiber von Rücknahmesystemen und -stellen, die von den Besitzern i.S.d. § 27 KrWG eingerichtet worden sind oder an denen sie sich beteiligen

die Pflicht zur Bestellung eines Betriebsbeauftragten für Abfall (Abfallbeauftragter).[301]

Die **Aufgaben und Befugnisse** des Betriebsbeauftragten erstrecken sich gem. § 60 Abs. 1 S. 2 KrWG u.a. darauf,

83

- die Wege der Abfälle lückenlos zu überwachen (Nr. 1),
- die Einhaltung der abfallrechtlichen Vorschriften zu überwachen (Nr. 2),
- die Betriebsangehörigen über schädliche Umwelteinwirkungen aufzuklären (Nr. 3),
- auf die Entwicklung und Einführung abfallarmer und umweltfreundlicher Verfahren sowie Erzeugnisse hinzuwirken (Nr. 4),
- bei dieser Entwicklung und Einführung mitzuwirken (Nr. 5) und
- auf Verbesserungen des Verfahrens bei Abfallbewirtschaftungsanlagen hinzuwirken (Nr. 6).

b) Zulassung von Abfallentsorgungsanlagen

Gem. § 28 Abs. 1 S. 1 KrWG dürfen Abfälle zum Zwecke der **Beseitigung** nur in den dafür zugelassenen Anlagen oder Einrichtungen (Abfallbeseitigungsanlagen) behandelt, gelagert oder abgelagert werden. Außerdem ist die Behandlung von Abfällen zur Beseitigung in Anlagen zulässig, die überwiegend einem anderen Zweck als der Abfallbeseitigung dienen und einer Genehmigung nach § 4 BImSchG bedürfen (§ 28 Abs. 1 S. 2 KrWG).[302]

84

Der Begriff der Abfallbeseitigungsanlage erfasst alle zum Zwecke der Beseitigung von Abfällen zugelassenen Anlagen oder Einrichtungen. Der Begriff der Anlage selbst wird im KrWG nicht legaldefiniert, wenngleich er weit auszulegen ist.[303] Er umfasst alle An-

---

299 I.d.F.v. 16.4.2002, BGBl. I, S. 1368, zuletzt geändert durch G v. 24.2.2012, BGBl. I, S. 212. Hierzu *Versteyl*, ZUR 2002, 318.
300 Zur Entwicklung der Bestimmungen für Altöle vgl. *Sparwasser/Engel/Voßkuhle*, § 11 Rn. 247 ff.
301 Ausführlicher zur Rolle des Abfallbeauftragten und zur Novelle der AbfBeauftrV vgl. *Hermanns*, AbfallR 2017, 242 ff.
302 Vgl. § 9 Rn. 65 ff.
303 BVerwGE 85, 120, 121.

lagen und Einrichtungen, die der Behandlung, Lagerung und Ablagerung von Abfällen dienen.[304]

Einen entsprechenden Genehmigungsvorbehalt für **Abfallverwertungsanlagen** normiert das KrWG nicht. Diese werden jedoch unter § 4 Abs. 1 S. 1 BImSchG subsumiert, unterliegen mithin einem immissionsschutzrechtlichen Genehmigungserfordernis.[305] Ob eine Abfallentsorgungsanlage der Abfallverwertung oder der Abfallbeseitigung dient, ist anhand der Begriffsbestimmungen in § 3 Abs. 23, 26 KrWG zu bestimmen.

85   Die Errichtung, der Betrieb und die wesentliche Änderung einer **Abfallbeseitigungsanlage** sind zulassungsbedürftig. Zu unterscheiden ist hierbei zwischen der Zulassung von Deponien und sonstigen Abfallbeseitigungsanlagen. Das KrWG selbst regelt nur noch die Zulassung von Deponien[306] im Wege der Planfeststellung (§ 35 Abs. 2 KrWG).[307] Die Errichtung und der Betrieb sonstiger ortsfester Abfallbeseitigungsanlagen zur Behandlung oder (Zwischen-)Lagerung[308] von Abfällen zur Beseitigung bedarf hingegen einer immissionsschutzrechtlichen Genehmigung (§ 35 Abs. 1 KrWG i.V.m. § 4 Abs. 1 S. 2 BImSchG).[309] Daneben besteht ein Anlagenzwang, der dazu verpflichtet, Abfälle nur in zugelassenen Anlagen oder Einrichtungen zu behandeln, zu lagern oder zu beseitigen (§ 28 Abs. 1 S. 1 KrWG).

aa) Planfeststellungsverfahren für Deponien

86   Da das Kreislaufwirtschaftsgesetz **keine speziellen Vorschriften** bezüglich des durchzuführenden **Planfeststellungsverfahrens** enthält, finden die §§ 72–78 VwVfG des Bundes uneingeschränkt Anwendung (§ 38 Abs. 1 S. 1 KrWG).[310] Weitere Einzelheiten des Planfeststellungsverfahrens können durch Rechtsverordnung bestimmt werden, § 38 Abs. 1 S. 2 KrWG. Die nach der Anlage 1 und 3 zum UVPG für die Planfeststellung vorgeschriebene Umweltverträglichkeitsprüfung[311] ist Bestandteil des Planfeststellungsverfahrens.

Das Planfeststellungsverfahren kann auf Antrag oder von Amts wegen durch ein Genehmigungsverfahren ohne UVP (Plangenehmigung)[312] ersetzt werden, wenn einer der in § 35 Abs. 3 S. 1 KrWG normierten Tatbestände eingreift, also wenn

- die Errichtung und der Betrieb einer unbedeutenden Deponie beantragt wird (Nr. 1),[313]

- die wesentliche Änderung einer bestehenden Deponie oder ihres Betriebs, aber ohne erhebliche nachteilige Auswirkungen beantragt wird (Nr. 2) oder

---

304 *Schmidt/Kahl/Gärditz*, § 11 Rn. 99 m.w.N.; hierunter können u.U. auch Grundstücke fallen.
305 *Jarass* in: ders., BImSchG, § 4 Rn. 8 ff.
306 Zur Begriffsbestimmung § 3 Abs. 27 KrWG.
307 In Betracht kommt ausnahmsweise auch eine Plangenehmigung gem. § 35 Abs. 3 KrWG.
308 Vgl. zu den Rechtsfragen der Zwischenlagerung von Abfall *Beckmann/Wittmann*, UPR 2007, 247.
309 Vgl. § 9 Rn. 65 ff.; zu den Voraussetzungen für die Forderung einer Sicherheitsleistung nach § 17 Abs. 4a i.V.m. § 5 Abs. 3 BImSchG vgl. BVerwG, ZUR 2008, 419; die Forderung einer Sicherheitsleistung nach § 17 Abs. 4a BImSchG kann sich auch auf Nebeneinrichtungen oder Teile einer anderweitig immissionsschutzrechtlich genehmigungsbedürftigen Anlage erstrecken vgl. BVerwG, UPR 2016, 222.
310 Vgl. § 5 Rn. 40 ff.
311 Siehe § 5 Rn. 62 ff.
312 Siehe § 5 Rn. 57.
313 Hinsichtlich des Begriffs „unbedeutend" kommt es wohl auf die Lagermenge und den Umfang möglicher Beeinträchtigungen an, vgl. VGH Mannheim, DVBl. 1993, 163; vgl. auch *Versteyl/Grunow* in: Schink/ Versteyl, KrWG, § 35 Rn. 41.

▪ die Errichtung und der auf maximal zwei Jahre befristete Betrieb einer Anlage zur Entwicklung und Erprobung neuer Abfallbehandlungs- und Abfallverwertungsverfahren beantragt wird (Nr. 3).

bb) Materiell-rechtliche Zulassungsvoraussetzungen für Deponien

Die **materiell-rechtlichen Voraussetzungen** für die Zulassung einer Deponie ergeben sich aus § 36 Abs. 1 KrWG. Danach dürfen der Planfeststellungsbeschluss oder die Genehmigung nur erteilt werden, wenn

87

▪ sichergestellt ist, dass das Wohl der Allgemeinheit nicht beeinträchtigt wird, insbesondere Gefahren für die in § 15 Abs. 2 S. 2 KrWG genannten Schutzgüter nicht hervorgerufen werden können und Vorsorge gegen die Beeinträchtigung der Schutzgüter, insbesondere durch bauliche, betriebliche oder organisatorische Maßnahmen, entsprechend dem Stand der Technik getroffen sowie Energie sparsam und effizient verwendet wird (Nr. 1),

▪ keine Tatsachen vorliegen, aus denen sich Bedenken gegen die Zuverlässigkeit der für den Betrieb verantwortlichen Personen ergeben (Nr. 2),

▪ diese Personen und das sonstige Personal die erforderliche Fach- und Sachkunde besitzen (Nr. 3),

▪ keine nachteiligen Auswirkungen auf die Rechte eines anderen zu erwarten sind (Nr. 4)[314] und

▪ die für verbindlich erklärten Feststellungen eines Abfallwirtschaftsplanes (§ 30 Abs. 4 KrWG) dem Vorhaben nicht entgegenstehen (Nr. 5).[315]

Keine Anwendung finden aufgrund der materiellen Konzentrationswirkung des § 38 S. 1 Hs. 1 BauGB die §§ 29 ff. BauGB (sog. Fachplanungsprivileg). Die Zulassung einer Deponie setzt daher keine Zustimmung der Standortgemeinde voraus. Ihr steht aber gem. § 38 S. 1 BauGB ein Recht auf Verfahrensbeteiligung zu.

cc) Planerischer Gestaltungsspielraum

Liegen Versagungsgründe nach § 36 Abs. 1 KrWG nicht vor, besteht dennoch **kein Anspruch** auf Erlass des Planfeststellungsbeschlusses.[316] Auch bei abfallrechtlichen Planfeststellungen ist der Behörde planerischer Gestaltungsspielraum[317] eingeräumt; es gelten also (lediglich) die Anforderungen der Abwägungsfehlerlehre.[318] Wird der Planfeststellungsbeschluss erteilt, so hat er u.a. Konzentrations- und Gestaltungswirkung.[319]

88

Bei Durchführung eines Plangenehmigungsverfahrens liegt die Genehmigungserteilung grundsätzlich im Ermessen der Behörde.[320] Der Plangenehmigung kommen dabei gem.

---

314 Insoweit ist die Vorschrift drittschützend.
315 Für verbindlich erklärte Feststellungen eines Abfallwirtschaftsplans entfalten keine absolute Sperrwirkung für die Planfeststellung i.S.v. § 35 Abs. 2 KrWG; so *Erbguth* in: Jarass/Petersen, KrWG, § 30 Rn. 17 ff.; vgl. bereits § 12 Rn. 44 ff.
316 Der Antragsteller hat lediglich ein subjektiv-öffentliches Recht auf rechtsfehlerfreie Ausübung des Planungsermessens, BVerwG, UPR 1995, 192; vgl. auch VGH Mannheim, DVBl. 1993, 168 und oben § 5 Rn. 42.
317 BVerwGE 71, 166, 168; 85, 44, 51 f.; VGH Baden-Württemberg, VBlBW 1993, 106, 108; *Schink*, DÖV 1993, 725, 733; *Beckmann*, DÖV 1987, 944, 949.
318 Vgl. dazu § 5 Rn. 45 f.
319 Vgl. § 75 Abs. 1 S. 1 Hs. 2 VwVfG; vgl. *Versteyl/Grunow* in: Schink/Versteyl, KrWG, § 35 Rn. 31 ff.; vgl. oben § 5 Rn. 51 f.
320 *Versteyl/Grunow* in: Schink/Versteyl, KrWG, § 35 Rn. 48 ff.

§ 35 Abs. 3 KrWG i.V.m. § 74 Abs. 6 S. 2 VwVfG die Rechtswirkungen eines Planfeststellungsbeschlusses (und somit insbesondere auch die Konzentrationswirkung gem. § 75 Abs. 1 VwVfG) zu.[321]

dd) Nebenbestimmungen

89   Sowohl der Planfeststellungsbeschluss als auch die Genehmigung können mit **Nebenbestimmungen** versehen werden (§ 36 Abs. 4 KrWG). Möglich sind Bedingungen, Auflagen und Befristungen. Gegenstände von Bedingungen und Auflagen können z.B. Vorkehrungen zum Schutz der Nachbarschaft oder Bestimmungen über Art und Menge der in der Anlage zu behandelnden Abfälle sein.

Insbesondere zur Anpassung an veränderte Umstände können auch nachträglich **Auflagen** über Anforderungen an die Deponie oder ihren Betrieb in den Planfeststellungsbeschluss bzw. die Plangenehmigung aufgenommen oder vorhandene Auflagen geändert oder ergänzt werden, wenn dies zur Wahrung des Schutzes der Allgemeinheit oder der Nachbarschaft erforderlich ist (§ 36 Abs. 4 S. 2 und 3 KrWG) und dem Grundsatz der Verhältnismäßigkeit entspricht. Einzelheiten hierzu regelt die auf Grundlage von § 36 Abs. 4 S. 4 KrWG ergangene Deponieverordnung.[322]

Gem. § 36 Abs. 3 KrWG soll dem Inhaber einer Deponie die Leistung einer **Sicherheit** i.S.d. § 232 BGB oder ein gleichwertiges Sicherungsmittel für die Rekultivierung sowie für eventuell anfallende Sanierungskosten nach Stilllegung der Anlage auferlegt werden.

ee) Zulassung des vorzeitigen Beginns

90   Angesichts der erheblichen Dauer von Planfeststellungs- und Genehmigungsverfahren gewinnt die unter den Voraussetzungen des § 37 Abs. 1 KrWG mögliche **Zulassung des vorzeitigen Beginns** an Bedeutung. Danach kann bereits vor Planfeststellungsbeschluss bzw. Genehmigungserteilung mit der Ausführung des Vorhabens begonnen werden, wenn mit einer Entscheidung zugunsten des Vorhabenträgers zu rechnen ist (§ 37 Abs. 1 Nr. 1 KrWG). Ob die Anlage voraussichtlich zugelassen wird, ist anhand der in § 36 Abs. 1 KrWG formulierten Voraussetzungen summarisch zu prüfen. Weitere Voraussetzung ist das Vorliegen eines öffentlichen Interesses am vorzeitigen Beginn (§ 37 Abs. 1 Nr. 2 KrWG). Außerdem muss sich der Träger des Vorhabens verpflichten, alle bis zur endgültigen Entscheidung durch die Ausführung verursachten Schäden zu ersetzen und im Falle der Nichtzulassung den früheren Zustand wiederherzustellen (§ 37 Abs. 1 Nr. 3 KrWG). Hierfür kann eine Sicherheitsleistung verlangt werden (§ 37 Abs. 2 KrWG).

Die vorzeitige Zulassung liegt im **Ermessen** der Behörde. Sie kann die Zulassung mit Auflagen, Bedingungen und Befristungen verbinden.[323]

Umstritten war, ob nach § 37 Abs. 1 KrWG nur Maßnahmen der Anlagenerrichtung, wie die Erschließung von Grundstücken, oder auch der vorläufige Betrieb einer Anlage zulässig sind.[324] Nunmehr beschränkt der eindeutige Wortlaut des § 37 Abs. 1 KrWG

---

321   Die enteignungsrechtliche Vorwirkung ist jedoch nicht umfasst vgl. *Versteyl/Grunow* in: Schink/Versteyl, KrWG, § 35 Rn. 53.
322   Vgl. § 12 Rn. 10.
323   *Versteyl* in: Schink/dies., KrWG, § 37 Rn. 17.
324   Dazu bejahend *Kloepfer*, Umweltrecht, § 21 Rn. 534.

die Möglichkeit des vorzeitigen Beginns auf die Errichtungsphase sowie den Probebetrieb.[325] Zudem ergibt sich aus § 37 Abs. 1 Nr. 3 KrWG, dass die Wiederherstellung des ursprünglichen Zustands möglich bleiben muss. Mit Betriebsbeginn einer Abfallentsorgungsanlage könnten jedoch unter Umständen irreversible Tatsachen geschaffen werden (z.B. durch Ablagerung von Abfällen). Allerdings kann – wie bereits erwähnt – im Zuge einer Prüfung der Betriebstüchtigkeit ein kurzer Probebetrieb der Deponie gestattet werden.[326]

Die **Prognose**, dass mit einer Entscheidung zugunsten des Vorhabenträgers gerechnet werden kann, ist kein feststellender Regelungsbestandteil der Zulassung des vorzeitigen Beginns; sie entfaltet dementsprechend keine Bindungswirkung für das die endgültige Zulassung betreffende Verfahren.[327]

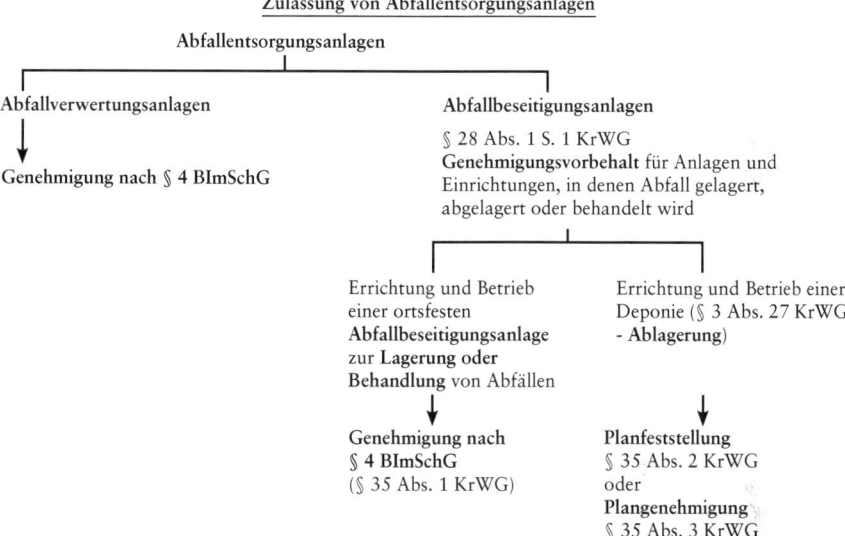

c) Anzeigepflicht und Erlaubnisvorbehalt

Im Interesse einer wirkungsvollen Kontrolle des gesamten Ablaufs der Abfallverwertung und -beseitigung (sog. **cradle-to-grave-Prinzip**)[328] besteht für Sammler, Beförderer, Händler und Makler von Abfällen eine Anzeigepflicht (§ 53 Abs. 1 S. 1 KrWG). Handelt es sich dabei um gefährliche Abfälle (§ 3 Abs. 5 KrWG), so benötigen die benannten Personen eine Erlaubnis für ihre Tätigkeit (§ 54 Abs. 1 S. 1 KrWG).[329] Die Intensi-

91

---

325 Vgl. schon BVerwG, DVBl. 1991, 877; *Schröder/Steinmetz-Matz*, DVBl. 1992, 23; so auch *Versteyl* in: Schink/ dies., KrWG, § 37 Rn. 8; *Frische* in: Schmehl, GK-KrWG, § 37 Rn. 7 ff.

326 So auch *Frische* in: Schmehl, GK-KrWG, § 37 Rn. 10 m.w.N.; *Beckmann* in: Landmann/Rohmer, Umweltrecht, § 37 LKrWG Rn. 11.

327 *Frische* in: Schmehl, GK-KrWG, § 37 Rn. 13 ff. m.w.N.; *Beckmann* in: Landmann/Rohmer, Umweltrecht, § 37 LKrWG Rn. 33.

328 Vgl. dazu § 3 Rn. 2.

329 Zu den Voraussetzungen der Erteilung der Erlaubnis vgl. § 54 Abs. 1 S. 2 KrWG.

tät der Kontrollinstrumente wird somit nach der Gefährlichkeit der Abfälle differenziert.

Mit diesen Regelungen wird das ursprüngliche Kontrollinstrumentarium des KrW-/AbfG umgestaltet. Es wird zum einen das deutsche Abfallrecht an die europarechtlichen Vorgaben der novellierten Abfallrahmenrichtlinie angepasst. Zum anderen wird der Kontrollaufwand der zuständigen Behörden gesenkt, ohne damit aber die Effektivität der Überwachung zu schmälern.[330]

92   § 53 Abs. 1 S. 1 KrWG normiert eine **Anzeigepflicht** für Sammler, Beförderer, Händler und Makler von Abfällen. Diese müssen die Tätigkeit ihres Betriebs vor der Aufnahme der Tätigkeit der zuständigen Behörde anzeigen. Eine Ausnahme von der Anzeigepflicht besteht dann, wenn der Betrieb über eine Erlaubnis gem. § 54 Abs. 1 KrWG verfügt.

§ 53 Abs. 2 KrWG bestimmt Anforderungen an den Inhaber eines Betriebes. Danach müssen sowohl der Inhaber als auch die Person, die für die Leitung und Beaufsichtigung des Betriebes verantwortlich ist, zuverlässig sein (S. 1). Weiter müssen der Inhaber, die für die Leitung und Beaufsichtigung des Betriebes verantwortliche Person und das sonstige Personal über die notwendige Fach- und Sachkunde verfügen (S. 2).

Ferner kann die zuständige Behörde die angezeigte Tätigkeit von Bedingungen abhängig machen, sie zeitlich befristen oder Auflagen für sie vorsehen, soweit dies zur Wahrung des Wohls der Allgemeinheit erforderlich ist (§ 53 Abs. 3 S. 1 KrWG). Weiter hat die Behörde die angezeigte Tätigkeit nach § 53 Abs. 3 S. 3 KrWG zu untersagen, wenn Tatsachen bekannt sind, aus denen sich Bedenken gegen die notwendigen Anforderungen der Zuverlässigkeit oder der erforderlichen Fach- und Sachkunde ergeben.

93   Verboten ist nach der **Abfallverbringungsverordnung der Europäischen Union** ein Export von Abfällen in solche Staaten, die weder EU-Mitgliedstaaten noch dem Basler Übereinkommen beigetreten sind; i.Ü. schreibt die Verordnung ein einheitliches Notifizierungsverfahren (Genehmigungsverfahren) vor, das alle Verbringungen erfasst, mit Ausnahme derjenigen Abfälle zur Verwertung, die in der Anlage III aufgeführt und von einer Kontrolle und Überwachung weitgehend freigestellt sind.[331]

Um dem **illegalen Export von Elektroaltgeräten** entgegenzuwirken, normierte der Gesetzgeber im ElektroG[332] nunmehr in § 23 Abs. 4 eine Beweislastumkehr. Derjenige, der die Geräte ins Ausland verbringen möchte, muss in Anlage 6 des ElektroG näher bestimmte Unterlagen (u.a. eine Kopie des Kaufvertrags über das Gebrauchtgerät, aus der hervorgeht, das das Gerät wiederverwendet wird sowie eine Erklärung, dass keines der Materialien des Geräts Abfall darstellt) bereithalten und der zuständigen Behörde auf Anfrage vorlegen. Falls die vorgelegten Unterlagen des Exporteurs Defizite aufweisen, die Unterlagen gänzlich fehlen oder ein angemessener Schutz vor Beschädigung des Geräts beim Transport fehlt, wird widerlegbar vermutet, dass es sich um ein Altgerät handelt und ein illegaler Export vorliegt. Derjenige, der Elektrogeräte exportiert, muss daher beweisen (können), dass es sich bei den zu exportierenden Geräten um funktionstüchtige Gebrauchtgeräte handelt.[333]

---

330 *Dippel* in: Schink/Versteyl, KrWG, § 53 Rn. 3; *Brinktrine* in: Schmehl, GK-KrWG, § 53 Rn. 14 f.
331 Umfassend hierzu *Dieckmann/Reese* in: Koch/Hofmann/Reese, § 6 Rn. 127 ff.
332 Vgl. § 12 Rn. 63.
333 Ausführlich hierzu *Kropp*, AbfallR 2014, 280.

d) Überwachung

Ein effizienter Vollzug des Abfallrechts erfordert nicht nur eine vorbeugende Überwachung in Form der Zulassungspflicht von Abfallbeseitigungsanlagen, sondern auch eine laufende Überwachung der Vermeidung, Verwertung und Beseitigung von Abfällen.[334] Daher sollen die entsprechenden Vorschriften eine möglichst lückenlose Überwachung, beginnend mit der Abfallentstehung bis zur endgültigen Abfallbeseitigung, gewährleisten. Kernstück der Überwachungsregelungen ist § 47 Abs. 1 KrWG. Die allgemeine Überwachung erstreckt sich auf alle vom KrWG erfassten Abfallarten[335] sowie auf alle Entsorgungspflichtigen[336]. 94

§ 47 Abs. 1 KrWG enthält zunächst nur eine Zuweisung der Überwachungsaufgabe[337] an die zuständige Behörde.[338] Die einzelnen Überwachungsmaßnahmen bedürfen daher gesonderter Rechtsgrundlagen.[339]

§ 47 Abs. 3 S. 1 Nr. 1–4 KrWG benennt die Überwachungspflichtigen, namentlich Erzeuger und Besitzer von Abfällen, Entsorgungspflichtige, (frühere) Betreiber von (auch stillgelegten) Entsorgungsanlagen sowie Abfallsammler, Abfallbeförderer, Abfallhändler und Abfallmakler.

Die Überwachungspflichtigen haben auf Verlangen Auskunft über alle Anlagen und Einrichtungen sowie deren Betrieb und sonstige der Überwachung unterliegenden Gegenstände zu geben (§ 47 Abs. 3 S. 1 KrWG). Ein entsprechendes Auskunftsverweigerungsrecht ergibt sich aus § 47 Abs. 5 KrWG.

Zur Sicherstellung einer effektiven Überwachung haben die in § 47 Abs. 1 S. 1 KrWG genannten Personen gem. § 47 Abs. 3 S. 2 KrWG zur Prüfung ihrer Verpflichtungen aus §§ 7 und 15 KrWG das Betreten von Grundstücken, Geschäfts- und Betriebsräumen sowie die Einsicht in Unterlagen und die Vornahme von technischen Ermittlungen und Prüfungen zu gestatten. Diese Gestattungspflicht geht über eine passive Duldungspflicht hinaus und umfasst auch erforderliche Mitwirkungshandlungen des Pflichtigen. Das ergibt sich nicht zuletzt schon aus § 47 Abs. 4 KrWG, der die Mitwirkungspflichten in Bezug auf Anlagenbetreiber ausdrücklich konkretisiert.[340]

Nach § 48 S. 2 KrWG können durch Rechtsverordnung[341] bestimmte Abfälle als gefährlich eingestuft werden (vgl. § 3 Abs. 5 KrWG). Solche unterliegen in Bezug auf Entsorgung und Überwachung gesteigerten Anforderungen (§ 48 S. 1 KrWG).[342]

Um eine effektive Abfallüberwachung zu ermöglichen, normiert § 49 KrWG Dokumentationspflichten. Konkret bestimmt § 49 Abs. 1 KrWG eine sog. **Registerpflicht**.

---

334 Diese Vorschriften wurden durch das Gesetz zur Vereinfachung der abfallrechtlichen Überwachung v. 15.7.2006, BGBl. I, S. 1619, umfassend vereinfacht; vgl. hierzu *Stöhr*, ZUR 2007, 77; zur Bedeutung des § 3a VwVfG *Kropp*, NVwZ 2008, 1055.

335 Vgl. § 12 Rn. 13 f.

336 Vgl. § 12 Rn. 80.

337 Überwachungsmaßnahmen ohne Grundrechtsrelevanz oder im Einverständnis mit einem betroffenen Grundrechtsträger, wie z.B. Messungen oder Beobachtungen, können auf § 47 Abs. 1 KrWG gestützt werden; vgl. hierzu VGH Mannheim, UPR 2002, 237.

338 Die für die Überwachung zuständige Behörde bestimmt sich nach Landesrecht. Regelungen enthalten z.B. das Landesabfallgesetz NRW, GV.NW 1988, S. 250, zuletzt geändert durch G v. 7.4.2017, GV.NRW, S. 442, und das Landesabfallgesetz BW, GBl. 2008, S. 370, zuletzt geändert durch G v. 17.12.2009, GBl., S. 802.

339 Umfassend zur abfallrechtlichen Überwachung *Franßen* in: Hansmann/Sellner, Kap. 14, Rn. 270 f.

340 *Franßen* in: Hansmann/Sellner, Kap. 14, Rn. 272.

341 Auf dieser Grundlage ist die AbfallverzeichnisVO ergangen, vgl. § 12 Rn. 10.

342 Vgl. § 12 Rn. 32.

Registerpflichtig sind Entsorger (Abs. 1), Entsorger, die Abfälle behandeln oder lagern (Abs. 2), sowie Erzeuger, Besitzer, Sammler, Beförderer, Händler und Makler gefährlicher Abfälle (Abs. 3).

Die Registerpflicht gilt mithin für gefährliche und nicht gefährliche Abfälle. Die spezifischen inhaltlichen Anforderungen an die in dem Register enthaltenen Angaben ergeben sich aus § 49 Abs. 1 und 2 KrWG sowie § 24 NachwV.[343]

Weitergehende Nachweispflichten für Erzeuger, Besitzer, Sammler, Beförderer und Händler gefährlicher Abfälle statuiert § 50 KrWG.

Die besonderen Anforderungen gem. §§ 49, 50 KrWG sind auch auf nicht gefährliche Abfälle anzuwenden, wenn sie im Einzelfall (§ 51 Abs. 1 S. 1 Nr. 1 KrWG) oder durch Rechtsverordnung gem. § 10 Abs. 2 Nr. 2 und 3 sowie 5 und 8 KrWG durch die zuständige Behörde angeordnet werden (§ 51 Abs. 1 S. 1 Nr. 2 KrWG).

3. Instrumente indirekter Verhaltenssteuerung

95   Der Einsatz von Instrumenten indirekter Verhaltenssteuerung bietet sich insbesondere im Rahmen der Abfallvermeidung an.

96   Erstmals zum 12.12.2013 war der Bund gem. § 33 KrWG dazu verpflichtet, ein umfassendes Programm zur Abfallvermeidung festzulegen.[344] Am 31.7.2013 verabschiedete das Bundeskabinett das Abfallvermeidungsprogramm des Bundes, welches in Zusammenarbeit mit den Ländern erarbeitet wurde, und kam somit der Verpflichtung aus § 33 Abs. 1 S. 1 KrWG nach.[345]

Zentraler Bestandteil des Programmes ist die Evaluation bestehender Abfallvermeidungsmaßnahmen und die Weiter- bzw. Neuentwicklung von Instrumenten, die eine Abfallvermeidung bewirken sollen.[346] Die Verpflichtung, Abfallvermeidungsprogramme aufzustellen, richtet sich zunächst an den Bund. Die Länder können sich jedoch gem. § 33 Abs. 1 S. 2 KrWG an der Erstellung des Programmes beteiligen. Beteiligen sich die Länder nicht an der Erstellung eines Abfallvermeidungsprogramms, so müssen sie gem. § 33 Abs. 2 KrWG selbst ein solches erstellen.[347]

Anders als Abfallwirtschaftspläne sollen Abfallvermeidungsprogramme konkrete Maßnahmen zur Abfallvermeidung enthalten.[348] Beiträge der Länder zu Abfallvermeidungsprogrammen gem. § 33 Abs. 1 KrWG oder Länderabfallvermeidungsprogramme gem. § 33 Abs. 2 KrWG können jedoch gem. Abs. 4 in Abfallwirtschaftspläne aufgenommen werden. Durch diese Verschränkungsmöglichkeit der beiden Planungsinstrumente können auch im Rahmen von Abfallwirtschaftsplänen gem. § 30 KrWG konkrete Abfallvermeidungsmaßnahmen vorgesehen werden.

---

343 Vgl. § 12 Rn. 10.
344 Durch § 33 KrWG wird Art. 29 der Abfallrahmenrichtlinie 2008/98/EG umgesetzt; vertiefend zu den Abfallvermeidungsprogrammen *Schomerus/Herrmann-Reichold/Stropahl*, ZUR 2011, 507; *Hutsch*, DöV 2012, 145, 151; *Hofmann* in: Schmehl, GK-KrWG, § 33 Rn. 2 ff.
345 Abrufbar unter: www.bmub.bund.de/fileadmin/Daten_BMU/Pools/Broschueren/abfallvermeidungsprogramm_bf.pdf (Stand: 16.9.2018).
346 BT-Drs. 17/6052, S. 57 f.
347 *Hofmann* in: Schmehl, GK-KrWG, § 33 Rn. 6 ff.
348 BT-Drs. 17/6052, S. 92.

Die nachfolgend dargestellten Instrumente dienen ebenfalls der Abfallvermeidung. Sie werden in den zukünftig zu erstellenden Abfallvermeidungsprogrammen evaluiert und gegebenenfalls weiterentwickelt.

a) Abfallabgaben

Rechtspolitische Vorstellungen richten sich vor allem auf die Erhebung von **Umweltabgaben**, die entsprechend dem **Verursacherprinzip** Endverbraucher sowie die Industrie, die trotzdem große Mengen Abfall erzeugen, mit höheren Gebühren belegen. Mit einer Abgabe, die an das Entstehen von Abfällen anknüpft, verbinden sich jedoch eine Reihe von Problemen. So hängt die Festlegung genauer Abgabesätze von der Quantifizierbarkeit der durch Abfallstoffe hervorgerufenen Umweltbelastungen ab. Da die stofflichen Wirkungszusammenhänge nicht alle bekannt sind, ist eine exakte Bewertung kaum möglich. Wenn die Abgabenhöhe aber nicht entsprechend dem genauen Umweltverschmutzungsbeitrag des einzelnen Verursachers[349] festgelegt werden kann, bleibt auch der Anreiz zur Abfallvermeidung gering.

97

b) Hausmüllgebühren

In allen Bundesländern werden **Gebühren** für die Müllabfuhr nach den Kommunalabgabengesetzen erhoben.[350] Nennenswerte Anreize zur Abfallvermeidung entstehen aber nur dann, wenn ein mengenbezogener Maßstab angewandt wird, sei es, dass sich die Höhe der Gebühr nach dem Gewicht des Mülls oder nach der vom Abfallbesitzer bestimmten Anzahl der Leerungen bemisst. Beide Lösungen setzen jedoch einen hohen organisatorischen Aufwand voraus und sind außerdem kostenträchtig, weil die Müllwagen mit elektronischen Waagen ausgerüstet werden müssen oder eine Codierung der Mülltonnen erfolgen muss.[351]

98

c) Kommunale Verpackungssteuern

Auch Kommunen dürfen Umweltabgaben erheben, wenn ihnen durch die Kommunalabgabengesetze der Länder eine entsprechende Befugnis eingeräumt wird. Strittig ist dagegen, ob die kommunale Selbstverwaltungsgarantie des Art. 28 Abs. 2 S. 1 GG die Gemeinden ermächtigt, – auch ohne besondere gesetzliche Grundlage – aufgrund eines Steuerfindungsrechts Abgabensatzungen zu erlassen.[352] In einigen Gemeinden ist in der Vergangenheit der Versuch unternommen worden, durch Satzungen für den örtlichen Bereich Einwegerzeugnisse zu verbieten oder mit **Sonderabgaben** zu belegen. Zwar hatte das BVerwG[353] die kommunale Verpackungsteuersatzung zunächst für rechtmäßig erachtet; nach dem BVerfG ist sie allerdings in ihrer konkreten Ausgestaltung als Lenkungsteuer bundesrechtswidrig.[354]

99

---

349 Zur Finanzierungsverantwortlichkeit *Koch*, NVwZ 2005, 1153.
350 Dazu *Quaas*, VBlBW 2000, 10; *Queitsch*, UPR 1998, 88; *Gössel*, BWGZ 1999, 170; vgl. oben § 5 Rn. 88 ff.
351 Vgl. zum Problem der Gebühren in der Abfallpolitik auch *SRU*, Umweltgutachten 1998, BT-Drs. 13/10195; Rechtsprechungsübersicht zum Gebührenmaßstab vgl. *Queitsch*, KStZ 2007, 146.
352 Ablehnend BVerwG, NVwZ 1995, 59, 61.
353 BVerwGE 96, 272, 277; dazu *Sendler*, WiVerw 1996, 83; *Gern*, NVwZ 1995, 771; *Eckert*, DÖV 1990, 1006; *Tiedemann*, DÖV 1990, 1; *Dahmen*, KStZ 1992, 1, 6.
354 BVerfGE 98, 106.

Wiederholungs- und Verständnisfragen

100
> Wie definiert das KrWG den Begriff „Abfall"? (Rn. 16-23)

> Was wird unter der Abfallhierarchie verstanden (Rn. 36-38)

> Wie werden nach dem KrWG gefährliche von nicht gefährlichen Abfällen abgegrenzt? Welche Bedeutung kommt der Unterscheidung zu? (Rn. 32)

> Welche abfallrechtlichen Instrumente normiert das KrWG? (Rn. 39 ff.)

> Wie wird der Begriff der Abfallentsorgung definiert? Benennen Sie die diesbezüglichen Grundpflichten! (Rn. 26-31, 64 ff.)

> Nach welchen Normen richtet sich die Zulassung von Abfallentsorgungsanlagen? (Rn. 84 ff.)

§ 13 Bodenschutz- und Altlastenrecht

Aufgabe des Bodenschutzes ist es, die natürlichen Bodenfunktionen, die einer Vielzahl   1
von konkurrierenden Nutzungsansprüchen ausgesetzt sind, auch den künftigen Generationen zu erhalten. Der Boden als elementare Lebens- und Nahrungsgrundlage muss
insbesondere vor Schadstoffeinträgen und Kontamination, Erosion, Verdichtung,
Landverbrauch, Versalzung, Versauerung, Humusverlust und Flächenversiegelung geschützt werden.[1]

Das Umweltmedium Boden ist relativ spät in das umweltrechtliche Blickfeld geraten.
Ausgelöst durch Altlastenskandale in den 1970er und 1980er Jahren wurde Bodenschutz in erster Linie durch Altlastensanierung – mangels spezialgesetzlicher Regelungen gestützt auf das allgemeine Recht der Gefahrenabwehr – betrieben. Die Politik
hatte allerdings bereits im Umweltprogramm der Bundesregierung von 1971 und in
der Bodenschutzkonzeption der Bundesregierung von 1985 das Schutzgut Boden als
regelungsbedürftig charakterisiert.[2] Dennoch ließ ein medienbezogenes Schutzgesetz
für den Boden auf Bundesebene lange Zeit auf sich warten, obwohl aus fachlicher
Sicht wiederholt die Notwendigkeit eines einheitlichen Regelwerks zur Erhaltung der
ökologischen Funktionen des Bodens hervorgehoben worden war.[3] Mit der ausufern-
den Altlastenproblematik sowie der Herstellung der deutschen Einheit im Jahre 1990
wurde dies zunehmend dringlich. Infolgedessen war der Erlass eines Bundes-Bodenschutzgesetzes bereits seit einigen Jahren als fester Bestandteil einer reformorientierten
Umweltschutzpolitik vorgesehen.[4] Der Schutz des Bodens erfolgte bis Mitte der 90er
Jahre weitgehend aufgrund defizitärer und zersplitterter Vorschriften in den unterschiedlichsten Regelungszusammenhängen, insbesondere des Landesrechts oder einzelner Fachgesetze, z.B. im Immissionsschutzrecht, Wasserrecht und Abfallrecht. Der
Querschnittscharakter des Bodenschutzes warf nicht unerhebliche Regelungsprobleme
bei der Konzeption eines bundeseinheitlichen Regelwerks auf,[5] das erst vier Jahre nach
dem ersten Entwurf als „Gesetz zum Schutz des Bodens" am 17.3.1998[6] erlassen werden konnte. Aufgrund seiner Entstehungsgeschichte liegt sein Schwerpunkt weiterhin
auf dem primär ordnungsrechtlichen Altlastenrecht.[7] Daneben wird nur Abgrabungen
und Auffüllungen eine gewisse Bedeutung beigemessen; quantitativem Bodenschutz
(Versiegelungsverbot, Entsiegelungspflicht) und qualitativem Bodenschutz (Nutzungsbeschränkungen in der Landwirtschaft einschließlich Ausgleichspflicht) kommt lediglich eine untergeordnete Rolle zu.[8] Der reaktive, gefahrenabwehrrechtliche Charakter
des deutschen Bodenschutzrechts ist allein ungeeignet, den teilweise schon eingetretenen Schäden an der natürlichen Umgebung hinreichend zu begegnen.[9] Geboten ist eine
dem Vorsorgeprinzip verpflichtete, nachhaltige Steuerung der Inanspruchnahme dieser

---

1 Zu den aktuellen Bodenfunktionen und ihren Beeinträchtigungen vgl. *SRU*, Umweltgutachten 2008, Tz.
   485 ff.
2 *Sanden* in: Koch/Hofmann/Reese, § 8 Rn. 27.
3 Vgl. *Sanden/Schoeneck*, BBodSchG, Einf. Rn. 2 f.; *Kauch*, S. 2 f.; *Kobes*, NVwZ 1998, 786; *Erbguth/Stollmann*,
   NuR 1994, 319 f.
4 *Erbguth/Stollmann*, GewArch 1999, 223.
5 *Sparwasser/Engel/Voßkuhle*, § 9 Rn. 49.
6 BGBl. I, S. 502; dazu *Bückmann/Lee/Zieschank*, UPR 1999, 81; *Erbguth/Stollmann*, Bodenschutzrecht, Rn. 4;
   Peine, NuR 1999, 121; *Peters*, VBlBW 1999, 83; *Riedel*, UPR 1999, 92; *Vierhaus*, NJW 1998, 1262.
7 *Erbguth/Stollmann*, GewArch 1999, 223, 224; vgl. auch *Finger*, NVwZ 2011, 1288, 1291.
8 *Sparwasser/Engel/Voßkuhle*, § 9 Rn. 47; kritisch auch *Peine*, UPR 2003, 406, 407.
9 Vgl. zum Stand der Flächeninanspruchnahme und der Schadstoffeinträge in Böden *SRU*, Umweltgutachten
   2008, Tz. 490 ff.; *ders.*, Stickstoff: Lösungsstrategien für ein drängendes Umweltproblem, 2015, S. 83 ff.; *UBA*,

natürlichen Ressource, mithin eine Abkehr vom ordnungsrechtlichen Ansatz. Ein Instrument nachhaltiger Bodenbewirtschaftung ist das Flächenrecycling, das angesichts der nach wie vor erheblichen Neuinanspruchnahme von Böden für Siedlungs- und Verkehrszwecke auf die Wiedernutzung brachgefallener Flächen zielt.[10] Dabei sollten nicht zuletzt ökonomische Instrumente eingesetzt werden, um durch wirtschaftliche Anreize bodenschützende Ziele zu erreichen.[11]

I. Rechtsgrundlagen

Das Bodenschutzrecht ist systematisch dem medienbezogenen, kausalen Umweltschutz zuzuordnen.[12] Es finden sich auch in diesem Bereich völkerrechtliche, europarechtliche sowie bundes- und landesrechtliche Vorschriften.

1. Internationales Recht

2   Auf der internationalen Ebene hat die **Europäische Bodencharta** von 1972 Grundsätze für eine nachhaltige Bodenbewirtschaftung festgelegt. Zudem haben die **Weltbodencharta** von 1982 sowie das **UNEP-Umweltrechtsprogramm von Montevideo**[13] – als Initiativen und Aktionsprogramme ohne verbindlichen Charakter – den Schutz des Bodens zum Ziel erklärt.[14] Bodenschutzbezogene Regelungen finden sich auch in der Desertifikationskonvention,[15] der Biodiversitätskonvention[16] und in der Klimarahmenkonvention.[17] Die Vereinten Nationen sehen den Erhalt der Böden als unabdingbare Voraussetzung für eine nachhaltige Entwicklung. Sie haben deshalb das Jahr 2015 zum ersten internationalen Jahr des Bodens ausgerufen.[18] Außerdem ist die Verhinderung einer Bodenverschlechterung Ziel 15 der sog. Sustainable Development Goals (SDG).[19]

Reaktiver Stickstoff in Deutschland – Ursachen, Wirkungen, Maßnahmen, 2015, S. 7 ff.; zum Flächenverbrauch vgl. auch *Tomerius*, ZUR 2008, 1 f.

10   Hierzu *Tomerius*, NuR 2005, 14.

11   Zu denken ist bspw. an marktorientierte Bodennutzungsabgaben oder Versiegelungsabgaben; vgl. *Erbguth/Stollmann*, GewArch, 1999, 223, 224. Vgl. ferner zur Diskussion des Handels mit Flächenausweisungsrechten *Bovet*, NuR 2006, 473.

12   *Sparwasser/Engel/Voßkuhle*, § 9 Rn. 49.

13   *Sparwasser/Engel/Voßkuhle*, § 9 Rn. 54.

14   Zur Bestandsaufnahme völkerrechtlicher Regelungen zum Bodenschutz vgl. *Odendahl*, ArchVR 39 (2001), 82; *Olazábal*, JEEPL 2006, 184, 187; zu Perspektiven im internationalen Bodenschutzrecht vgl. *Ehlers/Ginzky*, ZUR 2012, 137.

15   Übereinkommen der Vereinten Nationen zur Bekämpfung der Wüstenbildung in den von Dürre und/oder Wüstenbildung schwer betroffenen Ländern, insbesondere Afrika, v. 14.10.1994, BGBl. II 1997, S. 1471.

16   BGBl. II 1993, S. 1742, in Kraft getreten am 29.12.1993.

17   Vgl. § 8 Rn. 7 sowie *Ginzky*, ZUR 2015, 199, 203, auch zur Frage der Notwendigkeit eines internationalen Bodenschutzregimes.

18   Vgl. *BMUB*, Dritter Bodenschutzbericht der Bundesregierung, Beschl. v. 12.6.2013, S. 8 f., abrufbar unter: www.bmub.bund.de/fileadmin/Daten_BMU/Download_PDF/Bodenschutz/dritter_bodenschutzbericht_bf .pdf (Stand: 19.9.2018) sowie *Ehlers/Ginzky*, ZUR 2014, 577 f.; *BMUB*, Vierter Bodenschutzbericht der Bundesregierung, Beschl. v. 27.9.2017; abrufbar unter: https://www.bmu.de/fileadmin/Daten_BMU/Pools/Bro schueren/vierter_bodenschutzbericht_bf.pdf (Stand: 19.09.2018).

19   *UN*, Transforming our world: The 2030 Agenda for Sustainable Development, S. 13 f., 19 u. 21, abrufbar unter: http://www.un.org/pga/wp-content/uploads/sites/3/2015/08/120815_outcome-document-of-Summit -for-adoption-of-the-post-2015-development-agenda.pdf (Stand: 19.09.2018), zum Potenzial dieser Zielsetzungen für den Bodenschutz *Linz/Lobos Alva*, ZUR 2015, 195 f.; vgl. ferner § 8 Rn. 20.

Die **Alpenkonvention**[20] sieht eine wechselseitige Verpflichtung der Alpenländer einschließlich der EU auf Maßnahmen des qualitativen und quantitativen Bodenschutzes im Alpenraum vor.[21]

2. EU-Recht

Die EU verfügt zwar nicht über eine explizite Regelungskompetenz zum Schutz des Bodens. Ein eigenständiger Sekundärrechtsakt für diesen Regelungsbereich könnte gleichwohl auf Art. 192 AEUV gestützt werden, steht aber bislang aus.[22] Die Kommission hat in einer Mitteilung vom April 2002[23] die Grundlage für eine gemeinschaftliche Bodenschutzstrategie geschaffen. Durch einen systematischeren Bodenschutz sollte in den darauf folgenden Jahren den Hauptgefahren für den Boden – Erosion, Rückgang der organischen Substanz, Bodenkontamination aus Punktquellen und Quellen diffuser Art (atmosphärische Niederschläge, landwirtschaftliche Praktiken), Bodenversiegelung, Rückgang der biologischen Vielfalt im Boden, Versalzung, Überschwemmungen und Erdrutsche – begegnet werden.[24]

In der Folge hat die Europäische Kommission auf Grundlage des Sechsten Umweltaktionsprogramms[25] und des EG-Vertrags am 22.9.2006 einen **Vorschlag für** eine europäische **Bodenschutzrahmenrichtlinie**[26] – gestützt auf Art. 192 AEUV (Umweltschutz) – vorgelegt.[27] Mit Blick auf den Subsidiaritätsgrundsatz (Art. 5 Abs. 3 EUV) bestehen zum Teil Zweifel an der Rechtsetzungskompetenz der EU,[28] die aufgrund der grenzüberschreitenden Bedeutung und Notwendigkeit des Bodenschutzes freilich nicht überzeugen.[29]

Bislang konnte auf der EU-Ebene noch keine endgültige Einigung hinsichtlich des Erlasses einer Richtlinie zum Bodenschutz erzielt werden.[30] Vielmehr nahm die EU-Kommission den Entwurf einer Bodenschutzrichtlinie in die Liste zurückgezogener Vorhaben auf.[31] Diese „rote" Liste umfasst neben der geplanten Bodenschutzrichtlinie über 50 weitere Vorhaben und soll unter anderem dazu dienen, den gegenüber der Kommis-

---

20 Vgl. § 10 Rn. 3; zur Umsetzung der Bestimmungen der Alpenkonvention in Deutschland vgl. *Cuypers/Güthler/Köhler/Schumacher/Söhnlein*, Alpine Umweltprobleme.

21 Vgl. Art. 2 Abs. 2 lit. d Alpenkonvention v. 7.11.1991, für Deutschland ratifiziert durch G v. 29.9.1994, BGBl. II, S. 2538; Protokoll zur Durchführung der Alpenkonvention von 1991 im Bereich Bodenschutz, Protokoll „Bodenschutz", ABlEG L 337/29; eine aktuelle Übersicht zum Bodenschutz im Rahmen der Alpenkonvention liefert *Markus*, ZUR 2015, 214 f.

22 Vertiefend hierzu *Schäfer*, ZUR 2003, 151; *Wägenbaur*, ZRP 2002, 278; zum Bodenschutzrecht in verschiedenen Mitgliedstaaten der EU vgl. *Mitschang*, S. 81 ff.

23 KOM (2002) 179 endg. v. 16.4.2002.

24 Vgl. *Falke*, ZUR 2002, 302.

25 Sechstes Aktionsprogramm der Europäischen Gemeinschaft für die Umwelt: „Umwelt 2010: Unsere Zukunft liegt in unserer Hand". KOM (2001) 31 endg. v. 24.1.2001.

26 Vorschlag für eine Richtlinie des Europäischen Parlaments und des Rates zur Schaffung eines Ordnungsrahmens für den Bodenschutz und zur Änderung der Richtlinie 2004/35/EG, KOM (2006) 232 endg. v. 22.9.2006.

27 Umfassend hierzu *Heimann*, S. 135 ff.; *Heuser*, ZUR 2007, 63; *dies.*, ZUR 2007, 113; *Galle-Bürgel/Gerhold/Kopp-Assenmacher/Schwertner*, EurUP 2007, 96; zur Entwicklung in jüngerer Zeit *Falke*, ZUR 2012, 383, 385 f.

28 Vgl. *Bückmann*, UPR 2006, 365, 366; *Scheil*, NuR 2007, 176; kritisch auch *Hofmann*, DVBl. 2007, 1392; *Wurster*, EuZW 2009, 475; *Strüve*, Jura 2013, 383, 384.

29 *SRU*, Umweltgutachten 2008, Tz. 531.

30 Ausführlich zum Stand der Bemühungen um eine BRRL vgl. *Heimann*, S. 130 ff.; *Falke*, ZUR 2012, 383, 385 f.; ferner BT-Drs. 17/3844.

31 Vgl. ABlEU C 153 v. 21.5.2014, S. 3; zu den Gründen für die Ablehnung der Verabschiedung der Richtlinie *Dooley/Roberts/Wunder*, ZUR 2015, 209.

sion oft geäußerten Vorwurf der Überregulierung zu entkräften. Obwohl damit der Erlass einer eigenständigen Bodenschutzrichtlinie verworfen scheint, berücksichtigen andere umweltbezogene Sekundärrechtsakte, wie beispielsweise die Industrieemissionsrichtlinie (IE-RL),[32] Bodenschutzbelange.[33]

Die **Umwelthaftungsrichtlinie**[34] schafft nach Maßgabe des **Verursacherprinzips**[35] einen Rahmen für die Umwelthaftung zur Verhinderung und Sanierung von Umweltschäden. Ausweislich des Art. 2 Nr. 1 lit. c Umwelthaftungsrichtlinie sind auch Schädigungen des Bodens ein Umweltschaden.

Darüber hinaus finden sich in einigen Rechtsakten Regelungen, die ebenfalls Bodenschutz bezwecken.[36] Zu nennen sind die IE-Richtlinie,[37] die u.a. auf die Vermeidung und Verminderung von Emissionen in Böden zielt, ferner die UVP-Richtlinie,[38] die den Boden als Schutzgut erwähnt, die Klärschlamm-Richtlinie,[39] die die Verwendung von Klärschlämmen durch die Landwirtschaft regelt, die Deponie-Richtlinie[40] und die FFH-Richtlinie.[41]

3. Bundesrecht

4   Zentrale Regelung des Bundesrechts ist das „**Gesetz zum Schutz des Bodens**" (**BBodSchG**) vom 17.3.1998,[42] das mit seinen Verordnungsermächtigungen sofort in Kraft getreten ist.[43] Neben den Schutzgütern Luft und Wasser schloss es mit dem Boden nunmehr eine Lücke im **medialen Umweltschutz**. Damit liegt es freilich – obwohl es sich um ein recht junges Rechtsgebiet handelt – nicht im Trend umweltschützender Regulierungspolitik, die auf einen integrativen Umweltschutz zielt.[44] Obwohl der Schwerpunkt der Regulierung auf der Bundesebene liegt, findet keine Verzahnung sämtlicher umwelt- und bodenschützender Regelungen i.S.e. integrativen Ansatzes statt.

Überdies ist mit dem Bundes-Bodenschutzgesetz **keine Gesamtkonzeption des Bodenschutzrechts** verwirklicht worden.[45] Daneben enthalten noch eine Reihe weiterer Umweltgesetze, insbesondere das Immissionsschutz-, Abfall-, Wasser- und Naturschutzrecht, bodenschutzrechtliche Vorschriften, die z.T. dem Bundes-Bodenschutzgesetz vorgehen.[46]

---

32 Zur IE-RL siehe § 9 Rn. 8 f.
33 Vgl. hierzu *Müggenborg*, NVwZ 2014, 326 f.
34 RL 2004/35/EG v. 21.04.2004, ABlEG L 143/56, zuletzt geändert durch RL 2013/30/EU v. 12.6.2013, ABlEU L 178/66; vgl. oben § 2 Rn. 18; dazu sogleich § 13 Rn. 4; ausführlich vgl. *Ludwig/Petersen*, NuR 2007, 446, 447; *Führ/Lewin/Roller*, NuR 2006, 67; *Jochum*, NVwZ 2005, 140, 141.
35 *Becker*, NVwZ 2005, 371, 374; vgl. auch oben § 3 Rn. 11 ff.
36 Ausführlich hierzu und mit zahlreichen Nachweisen *Schäfer*, ZUR 2003, 151; *Heuser*, JEEPL 2006, 190, 194 ff.; zum Beitrag des Naturschutzrechts *Peine*, NuR 2007, 138.
37 Vgl. § 9 Rn. 8 f.
38 Vgl. § 5 Rn. 61 ff.
39 Vgl. §§ 10 Rn. 4, 12 Rn. 4.
40 Vgl. § 12 Rn. 4.
41 Vgl. § 10 Rn. 4.
42 BGBl. I, S. 502, zuletzt geändert durch Art. 3 Abs. 3 der VO v. 27.9.2017, BGBl. I, S. 3465.
43 Im Übrigen trat das Gesetz am 1.3.1999 in Kraft.
44 Vgl. die Umweltschutzkonzeption der EU, die in Form der IE-RL (dazu § 9 Rn. 8 f.) verwirklicht wurde und durch Umsetzung im nationalen Recht (insbesondere BImSchG) Wirkung entfaltet.
45 Kritisch *Strüve*, Jura 2013, 383, 392 m.w.N.
46 Außerdem finden sich bodenschutzrechtliche Regelungen im Planungsrecht, vgl. *Schmidt/Kahl/Gärditz*, § 9 Rn. 6; *Ludwig*, S. 93 ff.

Vollzugsfähig wird das Bundes-Bodenschutzgesetz erst durch sein untergesetzliches Regelwerk. Die auf den Verordnungsermächtigungen der §§ 8 Abs. 1 und 2, 13 Abs. 1 S. 2 BBodSchG beruhende **Bundes-Bodenschutz- und Altlastenverordnung (BBodSchV)** vom 12.7.1999[47] enthält u.a. Vorschriften für die Untersuchung und Bewertung von Verdachtsflächen und altlastenverdächtigen Flächen,[48] Anforderungen an die Sanierung von schädlichen Bodenveränderungen und Altlasten,[49] ergänzende Vorschriften für die Gefahrenabwehr von schädlichen Bodenveränderungen aufgrund von Bodenerosion durch Wasser[50] sowie Regelungen zur Vorsorge gegen das Entstehen schädlicher Bodenveränderungen.[51]

Zur Ergänzung der BBodSchV enthalten ihre **vier technischen Anhänge** Vorschriften zu fachlichen Anforderungen an die Untersuchung von schädlichen Bodenveränderungen und Altlasten (Anhang 1), zu Bodenwerten, welche die Erforderlichkeit von Prüfungen bzw. Gefahrenabwehr- und Sanierungsmaßnahmen sowie von Vorsorgemaßnahmen indizieren (Anhang 2), über Anforderungen an den Inhalt und die Reichweite von Sanierungsuntersuchungen und Sanierungsplänen von Altlasten (Anhang 3) und über solche an die Untersuchung und Bewertung von Flächen, bei denen der Verdacht einer schädlichen Bodenveränderung aufgrund von Bodenerosionen durch Wasser vorliegt (Anhang 4). Allerdings weist der Katalog der Werte für die Beurteilung der Bodenqualität der BBodSchV bislang Lücken auf.[52]

Flankierend hinzugetreten ist das **Umweltschadensgesetz**[53] (USchadG), das die Umwelthaftungsrichtlinie[54] in deutsches Recht umgesetzt hat.[55] Das Umweltschadensgesetz bleibt im Hinblick auf den Bodenschutz vielfach ohne Bedeutung.[56] Über die Fälle der Regelungsparallelität hinaus tritt es als subsidiäre Regelung fast vollständig hinter dem Bundes-Bodenschutzgesetz zurück.[57] In eng begrenzten Fällen geht das Umweltschadensgesetz jedoch über das Bundes-Bodenschutzgesetz hinaus und erreicht eine selbstständige Bedeutung. Insbesondere betrifft dies die Informationspflichten gem. § 4 USchadG gegenüber § 12 BBodSchG sowie die selbstständige Sanierungsplanung gem. § 8 Abs. 1 USchadG gegenüber § 13 BBodSchG. Ferner ist die Klagebefugnis zugunsten von Verbänden gem. § 11 Abs. 2 USchadG zu nennen: Anerkannten Vereinen werden mit Verweis auf das Umwelt-Rechtsbehelfsgesetz[58] Klagerechte gegen eine Entscheidung oder das Unterlassen einer Entscheidung der zuständigen Behörde nach dem Bundes-Bodenschutzgesetz auch in Verbindung mit den fachrechtlichen Bestimmungen eingeräumt.[59]

---

47 BGBl. I, S. 1554, zuletzt geändert durch Art. 3 Abs. 4 der VO v. 27.9.2017, BGBl. I, S. 3465.
48 §§ 3 und 4 BBodSchV.
49 § 5 BBodSchV.
50 § 8 BBodSchV.
51 §§ 9–12 BBodSchV.
52 OVG Lüneburg, NVwZ 2000, 1194; *Knopp*, DÖV 2001, 441, 452 f.; *Sandner*, NJW 2000, 2542.
53 G v. 10.5.2007, BGBl. I, S. 666, zuletzt geändert durch Art. 4 G v. 4.8.2016, BGBl. I, S. 1972; vgl. § 2 Rn. 18; vgl. zum USchadG im System des Umweltrechts *Cosack/Enders*, DVBl. 2008, 405; zum Verhältnis USchadG zu Bodenschutzrecht *Müggenborg*, NVwZ 2009, 12.
54 Vgl. zuvor § 13 Rn. 3.
55 *Brinktrine*, ZUR 2007, 337; *Scheidler*, NVwZ 2007, 1113.
56 *Knopp*, UPR 2005, 361, 367.
57 § 1 USchadG; umfassend hierzu *Brinktrine*, ZUR 2007, 337; *Scheidler*, NVwZ 2007, 1113.
58 Vgl. oben § 5 Rn. 63; § 6 Rn. 15; § 10 Rn. 66.
59 Vgl. *Schrader/Hellenbroich*, ZUR 2007, 289; zu den Voraussetzungen für eine Inanspruchnahme nach dem Umweltschadensgesetz *Beuck*, VersR 2012, 1215.

4. Landesrecht

5   Das Bodenschutzrecht der Länder ist – soweit es bundesrechtlichen Regelungen entgegensteht – ab dem 1.3.1999, also mit Inkrafttreten des BBodSchG, unwirksam geworden. Den Ländern obliegt nach der bundesrechtlich abschließenden Konzeption des Bodenschutzrechts nur noch eine **Lückenschließungsfunktion**[60] sowie die Regelung der Einrichtung und Zuständigkeiten der Behörden und der Verwaltungsverfahren (§ 21 BBodSchG).[61] Die überwiegende Mehrheit der Länder hat das Landesrecht angepasst und der begrenzten Regelungskompetenz Rechnung tragende Landesbodenschutzgesetze erlassen.[62]

Das allgemeine (landesrechtliche) Polizei- und Ordnungsrecht findet Anwendung, wenn keine höherrangigen oder spezielleren bodenschutzrechtlichen Vorschriften im Einzelfall einschlägig sind.[63]

Insbesondere für Altfälle und sog. „**Uraltlasten**" greifen zum Teil nur Regelungen der Spezialgesetze (wie des WHG) oder, falls diese nicht einschlägig sind oder noch nicht vorhanden waren, diejenigen des allgemeinen Polizei- und Ordnungsrechts der Länder. In den neuen Bundesländern ist eine Inanspruchnahme des (Verhaltens- oder Zustands-)Störers nach den gleichen polizeirechtlichen Rechtsgrundsätzen wie in den alten Ländern möglich, da auch in der DDR das Preußische Polizeiverwaltungsgesetz vom 1.6.1931 weiter galt und seine allgemeinen Grundsätze (polizeiliche Generalklausel und Verantwortlichkeit) in dem Volkspolizeigesetz von 1968 fortgeführt wurden.[64]

II. Das Bundes-Bodenschutzgesetz im Überblick

6   Das Gesetz zum Schutz des Bodens setzt sich aus fünf Teilen zusammen: Im **ersten Teil** (§§ 1–3 BBodSchG) sind Zweck und Grundsätze des Gesetzes sowie Begriffsbestimmungen und Anwendungsbereich geregelt. Der **zweite Teil** (§§ 4–10 BBodSchG) enthält die zur Boden- und Altlastensanierung sowie zur Vorsorge vor weiteren Beeinträchtigungen zu erfüllenden Anforderungen. Darüber hinaus bestimmt er die Ermittlung und Bewertung von Gefahren; wesentliche Pflichten und deren Durchsetzung werden konkretisiert. Die verfahrensbezogenen Vorschriften zum Altlastenmanagement sind im **dritten Teil** (§§ 11–16 BBodSchG) aufgeführt. Der **vierte Teil** (§ 17 BBodSchG) widmet sich der guten fachlichen Praxis der landwirtschaftlichen Bodennutzung, während der **fünfte Teil** (§§ 18–26 BBodSchG) mit den Regelungen zu Sachverständigen und Untersuchungsstellen, zur Datenübermittlung sowie zu Kosten, Bußgeldern usw. die sog. Schlussvorschriften enthält.

III. Ziele und Grundsätze

7   **Zweck** des Bundes-Bodenschutzgesetzes ist es, die Funktionen des Bodens nachhaltig[65] zu sichern oder wiederherzustellen (§ 1 S. 1 BBodSchG).

---

60 Vgl. *Sparwasser/Engel/Voßkuhle*, § 9 Rn. 62.
61 BVerwG, DVBl. 2006, 926; *Sparwasser/Engel/Voßkuhle*, § 9 Rn. 62.
62 *Schmidt/Kahl/Gärditz*, § 9 Rn. 7; vgl. Sammlung der Bodenschutzgesetze der Länder bei *Salzwedel/Scherer-Leyendecker* in: Hansmann/Sellner, § 9 vor Rn. 1.
63 *Sparwasser/Engel/Voßkuhle*, § 9 Rn. 70.
64 *Sparwasser/Engel/Voßkuhle*, § 9 Rn. 72; *Rehbinder*, DVBl. 1991, 421, 422 f.
65 Zum Gebot der Nachhaltigkeit im Bodenschutzrecht vgl. *Landmann/Rohmer*, Umweltrecht, § 1 BNatSchG Rn. 20 f.; BT-Drs. 13/6701, S. 15; *Lee/Bückmann*, UPR 2005, 370; *Radtke* in: Holzwarth/Radtke/Hilger/Bach-

Um diese Zielsetzung zu erreichen, sind gem. § 1 S. 2 und 3 BBodSchG folgende **Grundsätze** einzuhalten:

- Erstens sind schädliche Bodenveränderungen abzuwehren (**Gefahrenabwehrpflicht**),
- zweitens sind Boden und Altlasten sowie hierdurch verursachte Gewässerverunreinigungen zu sanieren (**Sanierungspflicht**) und
- drittens ist Vorsorge gegen nachteilige Einwirkungen auf den Boden zu treffen (**Vorsorgepflicht**).

Überdies sollen bei Einwirkungen auf den Boden Beeinträchtigungen seiner natürlichen Funktionen sowie derjenigen als Archiv der Natur- und Kulturgeschichte so weit wie möglich vermieden werden.

Aus der Zielsetzung und den Grundsätzen des § 1 BBodSchG können keine Rechte oder Pflichten für den Bürger oder Rechtsgrundlagen für das Handeln einer Behörde abgeleitet werden. Sie dienen vielmehr als **Auslegungshilfe** für nachfolgende Bestimmungen und werden durch die in §§ 4 ff. BBodSchG enthaltenen Pflichten – für den Altlastenbereich durch §§ 11 ff. BBodSchG – konkretisiert.[66]

IV. Geltungsbereich und Begriffe

Das Bundes-Bodenschutzgesetz findet grundsätzlich auf schädliche Bodenveränderungen und Altlasten Anwendung (§ 3 Abs. 1 BBodSchG).[67] Die für die Bestimmung des **Geltungsbereichs** maßgeblichen Begriffe „schädliche Bodenveränderung" und „Altlast" werden in § 2 Abs. 3 und 5 BBodSchG legaldefiniert.[68]

8

§ 3 BBodSchG enthält darüber hinausgehende Regelungen zum **Verhältnis des BBodSchG zu anderen Fachgesetzen.** Drei Fallgruppen können unterschieden werden:

- Das Bundes-Bodenschutzgesetz findet gem. § 3 Abs. 2 S. 1 keine Anwendung auf Anlagen, Tätigkeiten, Geräte oder Vorrichtungen, Kernbrennstoffe und sonstige radioaktive Stoffe, soweit Rechtsvorschriften den Schutz vor den Gefahren der Kernenergie und der Wirkung ionisierender Strahlen regeln. Zu dieser Fallgruppe zählt gem. § 3 Abs. 2 S. 2 BBodSchG das Aufsuchen, Bergen, Befördern, Lagern, Behandeln und Vernichten von Kampfmitteln.[69]
- Das Bundes-Bodenschutzgesetz findet subsidiär Anwendung, wenn speziellere Vorschriften – etwa jene des KrWG oder des BImSchG – Einwirkungen auf den Boden regeln. Die Konkurrenztatbestände sind in § 3 Abs. 1 Nr. 1 bis 11 BBodSchG aufgeführt.[70]

---

mann, BBodSchG, § 1 Rn. 5 f.; *Sanden/Schoeneck,* BBodSchG, § 1 Rn. 11; zur Anpassung des Bodenschutzrechts des Bundes und der Länder an den Klimaschutz vgl. *Sanden,* NuR 2010, 225.

66 Vgl. *Erbguth/Stollmann,* Bodenschutzrecht, Rn. 64.
67 Ausführlich *Brinkmann,* S. 49 ff.
68 Vgl. unten § 13 Rn. 14 und 16.
69 Noch unklar ist, ob auch kampfmittelproduktionsbedingte Verunreinigungen mit in diese Fallgruppe zählen. Dagegen: *Schmidt/Kahl/Gärditz,* § 9 Rn. 14 m.w.N.
70 Zum Abfallbegriff des KrWG vgl. § 12 Rn. 16 ff. insbesondere im Hinblick auf kontaminiertes Erdreich; zur Anwendung des Bodenschutzrechts bei der Verfüllung eines Tagebaus vgl. BVerwG, ZUR 2010, 589 m. Anm. v. *Jacobj;* nach endgültiger Stilllegung einer Deponie greift das BBodSchG gem. § 40 Abs. 2 S. 2 KrWG wieder ein. Die Norm stellt nach überwiegender Meinung eine Rechtsgrundverweisung dar, vgl. *Schmidt/Kahl/ Gärditz,* § 9 Rn. 16 m.w.N.

- Schließlich existiert ein komplexes System der Verzahnung der Rechtsbereiche, etwa soweit es um schädliche Bodenverunreinigungen geht, die durch Immissionen verursacht werden (§ 3 Abs. 3 BBodSchG).[71]

Trotz des gesetzlichen Vorrangs der in § 3 Abs. 1 Nr. 1 bis 11 BBodSchG aufgeführten Regelungen kommt den Vorschriften des Bodenschutzrechts (BBodSchG und BBodSchV) Bedeutung insoweit zu, als die erstgenannten Normen regelmäßig **keine materiellen Maßstäbe** für den Bodenschutz beinhalten. Sie erschöpfen sich vielmehr im Allgemeinen in lediglich verfahrensrechtlichen Bestimmungen. Insoweit ist es in den meisten Fällen erforderlich, die materiellrechtlichen Maßstäbe den bodenschutzrechtlichen Vorschriften zu entnehmen.[72] So hat etwa nach § 6 Abs. 2 GenTG der Anlagenbetreiber für die Genehmigung einer gentechnischen Anlage die nach dem Stand von Wissenschaft und Technik notwendigen Vorkehrungen zu treffen, um die im Gesetz genannten Rechtsgüter vor Gefahren zu schützen.[73] Das Gentechnikgesetz enthält aber keine Aussage darüber, wann das Rechtsgut Boden („Umwelt in ihrem Wirkungsgefüge" i.S.v. § 1 Nr. 1 GenTG)[74] gefährdet oder bereits geschädigt ist. Insoweit ist auf den Begriff der schädlichen Bodenveränderungen i.S.d. § 2 Abs. 3 BBodSchG und das untergesetzliche Regelwerk abzustellen.

Eine Grenze findet diese Verzahnung zwischen den unterschiedlichen Rechtsmaterien freilich, soweit es um Bodenverbrauch und -versiegelung geht, weil das BBodSchG diesbezüglich keine verbindlichen, die Fachgesetze überlagernden Vorgaben enthält.[75]

§ 2 BBodSchG enthält die **Legaldefinitionen** der für das Bundes-Bodenschutzgesetz wesentlichen Begriffe.

1. Bodenbegriff

9   Gem. § 2 Abs. 1 BBodSchG ist **Boden** die obere Schicht der Erdkruste, soweit sie Träger der in Abs. 2 genannten Bodenfunktionen ist, einschließlich der flüssigen Bestandteile (Bodenlösung) und der gasförmigen Bestandteile (Bodenluft), ohne Grundwasser[76] und Gewässerbetten.

Boden i.S.d. Bundes-Bodenschutzgesetzes – und darüber hinaus des Bodenschutzrechts überhaupt[77] – ist demnach die oberste, sichtbare, überbaute oder nicht überbaute Schicht der Erde. Auf die Bodenart (Humus, Gestein usw.) kommt es nicht an. Zum Boden gehören deshalb auch die besonderen Flächen auf der Erdkruste, wie Felsböden, Geröll, Sandböden, Dünen, Torfmoore.[78] Umfasst sind zwar auch die flüssigen und gasförmigen Bodenbestandteile (s.o.), allerdings nicht das Grundwasser und die Ge-

---

71 *Erbguth* in: Beck-OK, BBodSchG, § 3 Rn. 19; *Erbguth/Stollmann*, NuR 2001, 241, 244.
72 Vgl. BVerwG, NuR 1999, 509; *Eckert*, NVwZ 1999, 1181, 1185; *Müggenborg*, SächsVBl. 2000, 77, 78.
73 Vgl. näher § 14 Rn. 35.
74 Vgl. § 14 Rn. 29.
75 Zu weiteren Konkurrenzsituationen ausführlich *Erbguth/Stollmann*, NuR 2001, 241; ebenfalls ist noch streitig, inwieweit das Bodenschutzrecht im Zusammenhang mit CCS anwendbar ist, vgl. *Much*, Die Rechtsfragen der Ablagerung von CO_2 in unterirdischen geologischen Formationen.
76 Gewässerverunreinigungen werden demgegenüber in § 1 S. 2 sowie § 4 Abs. 3 BBodSchG berücksichtigt, wenn sie durch Altlasten verursacht werden; dazu *Kobes*, NVwZ 1998, 786, 788; *Vierhaus*, NJW 1998, 1262, 1263.
77 Die Definition ist für das Altlasten- und Bodenschutzrecht abschließend und entwickelt eine Sperrwirkung für den Landesgesetzgeber; Definitionen anderslautenden Inhalts in Länderregelungen sind folglich unwirksam, vgl. *Erbguth/Stollmann*, UPR 2002, 411, 412.
78 Dazu mit weiteren Beispielen *Becker*, BBodSchG, § 2 Rn. 6.

wässerbetten. Letzteres wird vom Regime des Wasserhaushaltsgesetzes und der Landeswassergesetze erfasst.[79]

2. Geschützte Bodenfunktionen

Während § 2 Abs. 1 BBodSchG den Begriff des Bodens vertikal und horizontal und damit räumlich definiert, erfasst § 2 Abs. 2 BBodSchG den Boden als dynamisches System, indem er die Bodenfunktionen bestimmt.[80] Die **geschützten (natürlichen) Bodenfunktionen** führt § 2 Abs. 2 Nr. 1a-c BBodSchG auf. Es sind die Funktionen als Lebensgrundlage und -raum für Menschen, Tiere, Pflanzen und Bodenorganismen (§ 2 Abs. 2 Nr. 1a BBodSchG), als Bestandteil des Naturhaushalts (§ 2 Abs. 2 Nr. 1b BBodSchG) sowie als Abbau-, Ausgleichs- und Aufbaumedium für stoffliche Einwirkungen aufgrund seiner Filter-, Puffer- und Stoffumwandlungseigenschaften (§ 2 Abs. 2 Nr. 1c BBodSchG).[81] Dem Bundes-Bodenschutzgesetz zufolge werden zu den geschützten Bodenfunktionen i.S.d. Bodenschutzrechts auch Funktionen als Archiv der Natur- und Kulturgeschichte (§ 2 Abs. 2 Nr. 2 BBodSchG)[82] sowie die sog. **nicht-ökologischen Funktionen** gerechnet (§ 2 Abs. 2 Nr. 3 BBodSchG). Boden soll als Rohstofflagerstätte, Fläche für Siedlung und Erholung, Standort für die land- und forstwirtschaftliche Nutzung sowie als Standort für sonstige wirtschaftliche und öffentliche Nutzungen, Verkehr sowie Ver- und Entsorgung geschützt werden (§ 2 Abs. 2 Nr. 3a bis d BBodSchG). Diese Nutzungen können zum Ausfall der ökologisch positiven Wirkungen der Böden führen, indem sie Boden versiegeln, teilweise abtragen oder stofflich verändern, d.h. sie kollidieren nicht nur mit den ökologischen Bodenfunktionen, sondern beides schließt sich gegenseitig aus. Die Absicherung etwa der Zugriffsmöglichkeiten auf Rohstoffvorräte oder der Funktion der Böden als Siedlungs- und Verkehrsfläche kann nicht Aufgabe des Bodenschutzes als Teil eines ökologisch orientierten Umweltschutzes sein, sondern sollte anderen Regelungsmaterien – etwa dem Raumordnungs- oder Bauplanungsrecht – überlassen bleiben.[83]

Jenseits dessen stellt sich in zweierlei Hinsicht die Frage nach dem Verhältnis der Funktionen zueinander. Das betrifft zum einen die **Rangfolge** innerhalb der Hauptgruppen und zum anderen – jedenfalls in Bezug auf § 2 Abs. 2 Nr. 1 und 3 BBodSchG – die Frage nach dem Verhältnis der in den Hauptgruppen zusammengefassten Einzelfunktionen untereinander. In § 2 BBodSchG sind die Funktionen lediglich aufgelistet, ohne dass damit über ihre Rangfolge eine Aussage getroffen wurde. Zum Teil wird angenommen, dass § 1 S. 3 BBodSchG den natürlichen und archivarischen Funktionen

10

11

---

79 Zu Abgrenzungsproblemen zwischen wasserrechtlichen und bodenschutzrechtlichen Anforderungen kommt es, wenn eine Gewässerverunreinigung durch eine schädliche Bodenveränderung oder Altlast verursacht worden ist; hierzu näher *Erbguth/Stollmann*, NuR 2001, 241, 245. Das Regime des Wasserrechts wurde 2009 umfassend geändert, vgl. hierzu die Ausführungen in § 11 Rn. 11 ff. Ausführliche Darstellung der Abgrenzung von Wasserrecht und Bodenschutzrecht bei: *Becker*, BBodSchG, Stand 17.4.2018, § 2 Rn. 10a; *Kloepfer*, Umweltrecht, § 13 Rn. 203 ff.
80 *Erbguth/Stollmann*, UPR 2002, 411, 412.
81 Gemäß § 2 Nr. 1c USchadG führt eine Beeinträchtigung insbesondere der natürlichen bzw. ökologischen Bodenfunktionen i.S.d. § 2 Abs. 2 Nr. 1a-c BBodSchG ohne korrespondierende Gesundheitsgefahren nicht zur Annahme eines Umweltschadens und damit auch nicht zur Anwendung des USchadG, vgl. hierzu *Ruffert*, NVwZ 2010, 1177, 1180.
82 Zum Boden als Archiv für Natur- und Kulturgeschichte vgl. *Numberger* in: Oerder/Numberger/Schönfeld, BBodSchG, § 2 Rn. 7; *Radtke* in: Holzwarth/Radtke/Hilger/Bachmann, BBodSchG, § 2 Rn. 18; *Wolf*, NuR 1999, 545, 547.
83 *Erbguth*, NuR 1986, 137; *Erbguth/Stollmann*, UPR 1996, 281, 285; *Erbguth/Stollmann*, GewArch 1999, 223, 225; *Ott*, ZUR 1994, 53, 56; *Gröhn*, S. 384 ff.

des Bodens einen Vorrang vor den Nutzungsfunktionen einräume. Die gesetzlich gewollte Rangfolge spiegele sich auch in der Reihenfolge der Auflistung in § 2 Abs. 2
BBodSchG wider.[84]

12   Im Hinblick auf den **Gesamtzusammenhang** des Bundes-Bodenschutzgesetzes ist indes
zu berücksichtigen, dass den Nutzungsfunktionen des § 2 Abs. 2 Nr. 3 BBodSchG ein
verhältnismäßig hohes Gewicht insoweit eingeräumt ist, als entsprechende Regelungs-
komplexe im Allgemeinen den bodenschutzrechtlichen Bestimmungen vorgehen (vgl.
§ 3 BBodSchG). Es wird insoweit ein Zielkonflikt deutlich, der auch durch den Vorrang der Funktionen in § 2 Abs. 2 Nr. 1 und 2 BBodSchG nicht aufgehoben werden
kann. Hinzu kommt, dass nach § 1 S. 3 BBodSchG bei Einwirkungen auf den Boden
Beeinträchtigungen seiner natürlichen sowie seiner archivarischen Funktionen nur „so
weit wie möglich vermieden werden" sollen. Die in der Literatur teilweise angenom-
mene Vorrangigkeit der beiden Funktionen wird auf diese Weise bereits wieder relativiert.[85] Überdies würde ein absoluter oder zumindest bevorzugter Schutz des Bodens
zu weitreichenden Einschränkungen bei Besiedelung, Infrastruktur, Rohstoffentnahme
usw. führen. Im Ergebnis kann die Frage eines Vorrangs einer der Funktionstypen daher nur im Einzelfall, und zwar im Rahmen einer Abwägung der einander konkret widerstreitenden Funktionen entschieden werden.[86]

13   Indem die Bodenfunktionen dergestalt durch Gesetz festgelegt sind, handelt es sich
hierbei um abschließende **Legaldefinitionen**. Sie legen verbindlich fest, welche Funktionen im Kontext des Bodenschutzrechts zu schützen sind. Auch die natürlichen Bodenfunktionen sind damit – für das Bodenschutzrecht – abschließend bestimmt. Es ist daher unzulässig, die Funktionen zu erweitern oder als unbeachtlich zu negieren.[87]

3. Schädliche Bodenveränderung

14   Für die Bestimmung der Eingriffsschwelle für ordnungsbehördliches Handeln ist der
Begriff der schädlichen Bodenveränderung maßgebend.[88] Nach § 2 Abs. 3 BBodSchG
wird eine **schädliche Bodenveränderung** als Beeinträchtigung der Bodenfunktionen definiert, die geeignet ist, Gefahren, erhebliche Nachteile oder erhebliche Belästigungen
für Einzelne oder die Allgemeinheit herbeizuführen.[89] Diese anthropozentrisch ausge-
richtete Begriffstrias lehnt sich an die Legaldefinition der schädlichen Umwelteinwirkungen i.S.v. § 3 Abs. 1 BImSchG an.[90] Für das Vorliegen einer schädlichen Bodenveränderung reicht also die Gefahreignung aus; einer tatsächlichen Gefahrensituation bedarf es nicht. Nachteile und Belästigungen müssen eine bestimmte – nämlich eine erhebliche – Eingriffsintensität aufweisen, um die Begriffsdefinition zu erfüllen. Relevant
ist die Betroffenheit dabei sowohl in substantieller Hinsicht als auch in Bezug auf die

---

84 *Radtke* in: Holzwarth/Radtke/Hilger/Bachmann, BBodSchG, § 1 Rn. 4; *Hoppe/Beckmann/Kauch*, § 26 Rn. 4;
    Wolf, NuR 1999, 545, 549; *Notter*, NuR 1999, 541, 543; *Frenz*, BBodSchG, § 1 Rn. 30.
85 Mit dieser Tendenz auch *Sondermann/Hejma* in: Versteyl/Sondermann, BBodSchG, § 2 Rn. 34; *Numberger*
    in: Oerder/Numberger/Schönfeld, BBodSchG, § 2 Rn. 13.
86 *Sondermann/Hejma* in: Versteyl/Sondermann, BBodSchG, § 2 Rn. 38; *Sanden*, § 10 Rn. 8; *Rengeling* in: Hend-
    ler/Marburger/Reinhardt/Schröder, UTR 53, S. 43, 52.
87 *Erbguth/Stollmann*, UPR 2002, 411, 413.
88 Vgl. näher § 13 Rn. 24; zur Anwendbarkeit des Bodenschutzrechts bei Hohlraumverfüllungen *Attendorn*,
    AbfallR 2008, 111; *Müggenborg*, AbfallR 2006, 285.
89 *Schlabach/Landel/Notter*, ZUR 2003, 73; zu problematischen Anwendungsbeispielen (Naturereignis,
    Bodennutzung, Versiegelung, futter- oder lebensmittelrechtlicher Grenzwertüberschreitung usw.) für
    schädliche Bodenveränderungen vgl. *Schäfer*, NuR 2004, 223.
90 *Sparwasser/Engel/Voßkuhle*, § 9 Rn. 87.

Zweckbeeinträchtigung. In jedem Fall muss es sich um eine Beeinträchtigung von spürbarem Gewicht handeln; geringfügige Belastungen bleiben folglich außer Betracht. Nachteile sind Beeinträchtigungen von Interessen unterhalb der Schwelle der Rechtsgutverletzung; Belästigungen stellen insbesondere Beeinträchtigungen des körperlichen oder seelischen Wohlbefindens dar, etwa durch Geruchsemissionen.[91]

Der Begriff der Bodenveränderung ist weit zu verstehen und umfasst stoffliche Einträge ebenso wie die Flächenversiegelung und Veränderungen der Bodenphysik.

4. Verdachtsflächen

Bei den **Verdachtsflächen** i.S.v. § 2 Abs. 4 BBodSchG handelt es sich um Grundstücke, 15
bei denen der Verdacht einer schädlichen Umwelteinwirkung besteht. Im Unterschied zur altlastverdächtigen Fläche, bei der es sich um eine Altablagerung oder einen Altstandort handeln muss (vgl. nachfolgend), kann eine Verdachtsfläche jedes Grundstück sein, bei dem Verdachtsmomente für eine schädliche Bodenveränderung sprechen.[92] Für einen Verdacht reichen tatsächliche Anhaltspunkte aus, die auf eine schädliche Bodenveränderung schließen lassen; es bedarf nicht einer praktisch jeden Zweifel ausschließenden Gewissheit. Die Bestimmungen in § 3 Abs. 1 und 2 BBodSchV geben dabei Hinweise darauf, wann ein solcher Anfangsverdacht vorliegt. Es ist für die Annahme eines Anfangsverdachts aber nicht entscheidend, dass die jeweiligen, nach Anhang 2 der BBodSchV einschlägigen, Prüfwerte überschritten sind.[93] Beispielsweise kann sich aus einer früheren Grundstücksnutzung oder aufgrund der Kenntnis von Unglücksfällen (Leckagen, Transportunfälle), bei denen umweltgefährdende Stoffe freigesetzt worden sein können, ein Verdacht ergeben.[94]

5. Altlasten

Altlasten sind gem. § 2 Abs. 5 BBodSchG 16

- stillgelegte Abfallbeseitigungsanlagen sowie sonstige Grundstücke, auf denen Abfälle behandelt, gelagert oder abgelagert worden sind (**Altablagerungen**)[95] und
- Grundstücke stillgelegter Anlagen und sonstiger Grundstücke, auf denen mit umweltgefährdenden Stoffen umgegangen worden ist, ausgenommen Anlagen, deren Stilllegung einer Genehmigung nach dem Atomgesetz bedarf (**Altstandorte**),

durch die schädliche Bodenveränderungen oder sonstige Gefahren für den Einzelnen oder die Allgemeinheit hervorgerufen werden.

Die Altlastendefinition weist damit einen **Anlagen- und Grundstücksbezug** auf. Dabei ist der Altlastenbegriff einerseits mit Rücksicht auf die tatbestandlichen Voraussetzungen **spezieller** als der Begriff der schädlichen Bodenveränderung, andererseits stehen beide Begriffe in einem **Alternativverhältnis**. Nicht selten ist etwa bei alten Deponiekörpern keinerlei Boden mehr vorhanden, so dass die Merkmale der „schädlichen Bodenveränderung" nicht erfüllt sind.[96]

---

91 Grundlegend zum Begriff der schädlichen Bodenveränderung *Schlabach/Landel/Notter*, ZUR 2003, 73, 78 f.
92 *Erbguth/Stollmann*, Bodenschutzrecht, Rn. 85.
93 *Posser*, in: Beck-OK, BBodSchG, § 9 Rn. 14.
94 *Erbguth/Stollmann*, Bodenschutzrecht, Rn. 87; *Schlabach/Landel/Notter*, ZUR 2003, 73, 79.
95 Altablagerungen können vor allem innerbetriebliche Lagerstätten sein, die ihrerseits nicht den Anlagenbegriff erfüllen, so etwa auch eine Tongrube eines stillgelegten Tagebaus, vgl. OVG Sachsen-Anhalt, BeckRs 2015, 46857.
96 *SRU*, Sondergutachten „Altlasten II", BT-Drs. 13/380, S. 17.

Der Begriff der **Abfallbeseitigungsanlage** gem. § 2 Abs. 5 Nr. 1 BBodSchG bestimmt sich nach den Vorschriften des Kreislaufwirtschaftsgesetzes i.V.m. dem Bundes-Immissionsschutzgesetz. Der Begriff der Abfallbeseitigung wird in § 3 Abs. 22 i.V.m. Abs. 26 KrWG definiert, die Pflichten zur Beseitigung ergeben sich aus §§ 15 und 16 KrWG.[97] Der Anlagenbegriff wiederum ist der Vorschrift des § 3 Abs. 5 BImSchG zu entnehmen.[98] Die Anlage muss überdies „stillgelegt" sein, das heißt, die Pflichten des BBodSchG greifen erst nach Einstellung des Anlagenbetriebs. Auch diese Frage beantwortet sich nach den Vorschriften des KrWG sowie des BImSchG.[99]

Umweltgefährdende Stoffe (§ 2 Abs. 5 Nr. 2 BBodSchG) werden im Rahmen der Definition der **Altstandorte** nicht näher bestimmt. Eingedenk der Zweckrichtung des § 1 BBodSchG sind darunter all jene Stoffe zu verstehen, die geeignet sind, die Bodenfunktionen zu schädigen. Gewisse Anhaltspunkte sind etwa den Wertungen des § 3a Abs. 2 ChemG oder des § 62 Abs. 3 WHG zu entnehmen. Unter einem „Umgang" mit solchen Stoffen wird man das „Gebrauchen, Verbrauchen, Lagern, Aufbewahren, Be- und Verarbeiten, Abfüllen, Umfüllen, Mischen, Entfernen, Vernichten und innerbetriebliche Befördern" i.S.d. § 3 Nr. 10 ChemG verstehen müssen.[100]

In Betrieb befindliche Anlagen werden von den ergänzenden Vorschriften für Altlasten (§§ 13 ff. BBodSchG) nicht erfasst („stillgelegte Anlagen", vgl. § 2 Abs. 5 Nr. 2 BBodSchG).[101] Die Einengung ist zwar insoweit unschädlich, als in den meisten Fällen jedenfalls die Regelungen betreffend die Eingriffsbefugnisse bei schädlichen Bodenveränderungen anwendbar sind. Nicht zur Verfügung stehen den zuständigen Behörden in Fällen qualitativ besonders schädlicher Bodenveränderungen i.S.d. § 13 Abs. 1 S. 1 BBodSchG insoweit die gesonderten Befugnisse nach den §§ 13 bis 16 BBodSchG. Je nachdem, ob eine Anlage noch betrieben wird oder nicht, können sich unterschiedliche Anforderungen an die Sanierung ergeben. Eine solche Differenzierung erscheint nicht sachgerecht. Allerdings besteht für die Länder die Möglichkeit, entsprechende Regelungen auf der Grundlage des § 21 Abs. 2, 2. Hs. BBodSchG zu treffen. Dergestalt kann das gesamte (ausgenommen § 16 BBodSchG) Instrumentarium der Altlastensanierung auch auf schwere „schädliche" Bodenveränderungen übertragen werden.

Die Einbeziehung der „**sonstigen Gefahren**" in die Begriffsbestimmung der Altlast ist erfolgt, weil ausweislich der Gesetzesbegründung ein Abstellen allein auf das Vorliegen schädlicher Bodenveränderungen nicht ausreicht, um die Beseitigung aller von dem Grundstück ausgehenden Gefahren regeln zu können – etwa, wenn die Gefahren nicht von den schädlichen Bodenveränderungen, sondern von den in Deponien abgelagerten Abfällen ausgehen.[102]

6. Altlastverdächtige Fläche

17 **Altlastverdächtige Flächen** sind gem. § 2 Abs. 6 BBodSchG Altablagerungen und Altstandorte, bei denen der Verdacht schädlicher Bodenveränderungen oder sonstiger Gefahren für den Einzelnen oder die Allgemeinheit besteht.

---

97 Vgl. § 12 Rn. 71 ff.
98 So *Sondermann/Hejma* in: Versteyl/Sondermann, BBodSchG, § 2 Rn. 60.
99 *Radtke* in: Holzwarth/Radtke/Hilger/Bachmann, BBodSchG, § 2 Rn. 35; *Sanden/Schoeneck*, BBodSchG, § 2 Rn. 74.
100 *Radtke* in: Holzwarth/Radtke/Hilger/Bachmann, BBodSchG, § 2 Rn. 40 f.
101 *Erbguth/Stollmann*, Bodenschutzrecht, Rn. 210.
102 Vgl. BR-Drs. 702/96, S. 88.

Der Begriff ist **abzugrenzen** von dem der Verdachtsfläche und von dem der Altlast. Im Gegensatz zu einer altlastverdächtigen Fläche kann eine Verdachtsfläche nach § 2 Abs. 4 BBodSchG jedes Grundstück sein, bei dem der Verdacht schädlicher Bodenveränderungen besteht. Altlastverdächtige Flächen stellen hingegen nur eine Altablagerung oder einen Altstandort dar. Insofern ist § 2 Abs. 6 BBodSchG lex specialis zu § 2 Abs. 4 BBodSchG. Vom Begriff der Altlast unterscheidet sich der Begriff der altlastverdächtigen Fläche vor allem dadurch, dass für die Annahme einer Altlast auch die von ihr ausgehenden Gefahren bereits feststehen müssen, während bei der altlastverdächtigen Fläche nur sicher zu sein hat, dass sich auf dem fraglichen Areal ein Altstandort oder eine Altablagerung befindet. Es ist also gerade zweifelhaft, ob von der Altablagerung oder dem Altstandort schädliche Bodenveränderungen oder sonstige Gefahren für den Einzelnen oder die Allgemeinheit hervorgerufen werden.[103]

Entsprechende **Verdachtsmomente** können sich u.a. aus zurückliegenden Schadensfällen oder der früheren Nutzung eines Grundstücks ergeben.[104] Anhaltspunkte enthält insoweit § 3 Abs. 1 BBodSchV.[105]

7. Sanierung

Unter **Sanierung** werden nach § 2 Abs. 7 BBodSchG Maßnahmen gefasst, die der Beseitigung oder Verminderung der Schadstoffe dienen (Dekontaminationsmaßnahmen), die Ausbreitung der Schadstoffe langfristig verhindern oder vermindern, ohne die Schadstoffe zu beseitigen (Sicherungsmaßnahmen), oder die die Beseitigung oder Verminderung schädlicher Veränderungen der physikalischen, chemischen oder biologischen Beschaffenheit des Bodens bezwecken. | 18

8. Schutz- und Beschränkungsmaßnahmen

Schließlich sind gem. § 2 Abs. 8 BBodSchG **Schutz- und Beschränkungsmaßnahmen** sonstige Maßnahmen, die Gefahren, erhebliche Nachteile oder erhebliche Belästigungen für den Einzelnen oder die Allgemeinheit verhindern oder vermindern. | 19

V. Bodenschutzrechtliches Instrumentarium

▶ **FALL 14:** Im Zeitraum 1969 bis 1979 betrieb Unachtsam auf dem Grundstück des Ahnungslos einen gewerblichen Reinigungsbetrieb. Verwendet wurden hier insbesondere mit leichtflüchtigem Chlor-Kohlenwasserstoff (LCKW) angereicherte Reinigungsmittel. 1979 wurde das Grundstück an Pech verkauft. Dieser betrieb im Zeitraum 1979–1990 den Reinigungsbetrieb ebenfalls unter Verwendung von LCKW-haltigen Reinigungsmitteln. Anfang 1990 ergab eine durch Sachverständige durchgeführte Untersuchung starke LCKW-Verunreinigungen des Grundstücksbodens am früheren Standort der Reinigungsmaschinen, in der Garage sowie im Innenhof. Daraufhin wurden im Zeitraum 1990–1998 aufwendige Bodensanierungen durch Bodenluftabsaugung vorgenommen. Die Kosten hierfür trug Pech. Die Verunreinigungen konnten aber nur zum Teil beseitigt werden: Gutachterlich wurde festgestellt, dass die weitere Sanierung durch Luftabsaugung keine Erfolgsaussichten bot und | 20

---

103 *Numberger* in: Oerder/Numberger/Schönfeld, BBodSchG, § 2 Rn. 37; *Radtke* in: Holzwarth/Radtke/Hilger/Bachmann, BBodSchG, § 2 Rn. 43.
104 *Erbguth/Stollmann*, GewArch 1999, 223, 226; zu Altlastenklauseln in Grundstückskaufverträgen *Oyda*, RNotZ 2008, 245.
105 Vgl. § 13 Rn. 15.

deshalb eingestellt werden sollte. Außerdem hatte die Kontamination des Bodens zu erheblichen Verunreinigungen des Grundwassers der Stadt T geführt: Es bestand die konkrete Gefahr weiterer Grundwasserverunreinigungen. Nicht geklärt werden konnten das Ausmaß der Gefahr einschließlich der Menge der aus dem Boden in das Grundwasser gelangenden LCKW, die Fließrichtung des Grundwassers im Bereich des Grundstücks und die Ausdehnung der vom Grundstück ausgehenden „LCKW-Fahne".

Unachtsam und Pech wurden daraufhin von der zuständigen Behörde gesamtschuldnerisch verpflichtet, durch einen qualifizierten Schadensgutachter bestimmte Grundwasseruntersuchungen vornehmen und auswerten zu lassen. Durch diese Begutachtung sollten notwendige Grundlagen für die Entscheidung geschaffen werden, ob – und wenn ja, welche – Maßnahmen zu ergreifen sind, um das Grundwasser zu reinigen und den Eintritt weiterer Verunreinigungen durch LCKW zu verhindern.

Nach Feststellungen der zuständigen Behörde arbeitete das Unternehmen des Unachtsam mit einem Betriebssystem, das einen „offenen" Umgang mit LCKW-haltigen Stoffen benötigte, was zu einem täglichen Verlust kleinerer Mengen dieser Stoffe führte. Weiterhin wurde festgestellt, dass Unachtsam größere Mengen LCKW-haltiger Reinigungsmittel in der Garage verwendete und lagerte. Nach Aussagen ehemaliger Angestellter des Unachtsam wurden die beim Reinigungsvorgang nach Vorbehandlung verbliebenen Reinigungsrückstände durch den für die Entsorgung der Reinigungsrückstände beauftragten Angestellten P weisungswidrig offen im Hof getrocknet.

Unachtsam wendet sich gegen die Inanspruchnahme als Störer, weil er die festgestellten LCKW-Kontaminationen des Bodens und Grundwassers nicht verursacht habe. In seinem Betrieb seien zwar LCKW-haltige Stoffe gelagert und in vier Reinigungsmaschinen eingesetzt worden. Tatsächlich seien jedoch alle erforderlichen und gebotenen Maßnahmen ergriffen worden, um den Austritt von LCKW zu verhindern. Zum Teil seien sogar überobligatorisch Sicherungsmittel eingesetzt worden. Dies gelte insbesondere für die zur damaligen Zeit gesetzlich noch nicht vorgeschriebenen Auffangwannen unter den Reinigungsmaschinen. Ein konkreter Verstoß gegen Sicherheitsvorschriften beim Umgang mit LCKW sei für die Zeit seiner Betriebsführung nicht festgestellt worden. Bezüglich der Trocknung von Reinigungsrückständen auf dem Hof des Grundstücks fehle der Nachweis einer Kausalität dieses Verhaltens für die Anfang der 90er Jahre festgestellten Bodenverunreinigungen. Allein Pech sei als Störer in Anspruch zu nehmen, da dieser während der Zeit seiner Betriebsführung nicht immer die gebotene Sorgfalt im Umgang mit LCKW habe walten lassen. Er habe wiederholt Anlass zu behördlichen Beanstandungen gegeben. Pech müsse somit als Verursacher der Kontamination und als Eigentümer des Grundstücks allein zur Störungsbeseitigung herangezogen werden.

War die Heranziehung des Unachtsam zur Kostentragung für das Gutachten rechtmäßig?

(Hinweis: Auf die Problematik der Gesamtrechtsnachfolge in die Verursacherhaftung ist hier nicht einzugehen.) ◄

1. Bodenschutzplanung

21   Das Bundes-Bodenschutzgesetz bezweckt in erster Linie die Beseitigung oder Verhinderung von Schadstoffbelastungen.[106] Es enthält insoweit keine eigenständigen planungs-

---

106   Vgl. § 13 Rn. 7.

rechtlichen Instrumente, um einen **flächenhaften, gebietsbezogenen Bodenschutz**[107] zu gewährleisten.[108] Dieser zielt auf die Erhaltung, Sicherung, Verbesserung sowie Wiederherstellung der natürlichen Bodenfunktionen über einzelne Belastungsstellen hinaus ab.[109] Zur Beschränkung des Freiflächenverbrauchs kommen daher in erster Linie planerische Instrumente des Raumordnungs-,[110] des Bauplanungs-[111] sowie des Naturschutzrechts[112] in Betracht.[113]

Nach § 21 Abs. 3 BBodSchG können die Länder in Gebieten, in denen flächenhaft schädliche Bodenveränderungen auftreten oder zu erwarten sind, die dort zu ergreifenden Maßnahmen bestimmen sowie weitere Regelungen über gebietsbezogene Bodenschutzmaßnahmen treffen. Ob hiermit auch der Erlass eines **Bodenschutzplans** gemeint ist, kann dem Wortlaut nicht eindeutig entnommen werden.[114] Einigkeit dürfte aber darüber bestehen, dass es sich hierbei nicht lediglich um Einzelanordnungen in Bezug auf punktuelle Verunreinigungen handelt, sondern dass die Länder Bodenschutzgebiete festlegen können.[115] Dergestalt ließe sich vorschreiben, dass in dem Bodenbeeinträchtigungsgebiet je nach Art und Ausmaß des Umweltrisikos der Boden auf Dauer oder auf bestimmte Zeit nicht oder nur eingeschränkt benutzt werden darf, dass nur näher beschriebene Nutzungen zugelassen sind, bestimmte Stoffe nicht eingesetzt werden dürfen und dass der Eigentümer oder Inhaber der tatsächlichen Gewalt im Einzelnen festzulegende Maßnahmen zur Beseitigung oder Verminderung von Bodenbeeinträchtigungen zu dulden oder durchzuführen hat.[116]

Zur Unterstützung der flächenbezogenen Maßnahmen ermächtigt § 21 Abs. 4 BBodSchG die Länder, für ein Gebiet (oder Gebietsteile) des jeweiligen Landes **Bodeninformationssysteme** einzurichten. Des Weiteren statuiert § 21 Abs. 4 S. 2 BBodSchG, dass insbesondere Daten von Dauerbeobachtungsflächen und Bodenzustandsuntersuchungen über die physikalische, chemische und biologische Beschaffenheit des Bodens und über die Bodennutzung erfasst werden können. Hierbei geht es zunächst um eine Beschreibung des Zustands, der Darstellung der Ziele und der zu ihrer Erreichung notwendigen Maßnahmen. Ferner kommt in Betracht, Dauerbeobachtungsflächen einzurichten.[117] Damit werden entsprechende, in den Ländern bereits vorhandene Aktivitäten konsolidiert; eine Verpflichtung zur Errichtung solcher Informationssysteme be-

22

---

107 Insgesamt zu dieser Thematik vgl. *Köck*, ZUR 2002, 121; *Michaelis*, ZUR 2002, 129; *Krautzberger*, ZUR 2002, 135; *Louis/Wolf*, ZUR 2002, 146; *Einig/Spiecker*, ZUR 2002, 150; *Schmalholz*, ZUR 2002, 158; *Turowski*, ZUR 2002, 126; *Runkel*, ZUR 2002, 138; *Rodi*, ZUR 2002, 164; *Hennegriff/Gloger*, ZUR 2002, 179.
108 Vgl. *Gröhn*, Bodenschutzrecht – auf dem Weg zur Nachhaltigkeit, S. 417 ff., die eine umfassende Bodenschutzfachplanung mit einer Bewertung des Bodenzustands fordert, um diese Schutzlücke zu schließen; *Sanden* in: Koch/Hofmann/Reese, § 8 Rn. 28.
109 *Sparwasser/Engel/Voßkuhle*, § 9 Rn. 258.
110 Gem. § 2 Nr. 8 S. 3 ROG ist der Bodenschutz bei der Raumplanung als Grundsatz zu beachten, vgl. *Kloepfer*, Umweltrecht, § 13 Rn. 83, § 11 Rn. 52.
111 Vgl. § 1a Abs. 2 BauGB, die sog. Bodenschutzklausel, die den Planungsträger verpflichtet, mit Grund und Boden sparsam und schonend umzugehen; vgl. *Götze/Müller*, ZUR 2008, 8, 9.
112 Nach § 1 Abs. 3 Nr. 2 BNatSchG ist ein Grundsatz des Natur- und Landschaftsschutzes die Bodenerhaltung. Als planerisches Instrument kommt sowohl die Ausweisung von Schutzgebieten als auch die Landschaftsplanung in Betracht. Vgl. *Kloepfer*, Umweltrecht, § 12 Rn. 127 f., Rn. 160 ff., 268 ff.
113 Näher *Sanden* in: Koch/Hofmann/Reese, § 8 Rn. 136 ff.
114 Bejahend *Sparwasser/Engel/Voßkuhle*, § 9 Rn. 259; wohl verneinend *Bickel*, BBodSchG, § 21 Rn. 5.
115 Hierzu *Peine*, NuR 2001, 246.
116 Beispiele finden sich u. a. in § 7 LBodSchAG BW; § 9 S. 2 SächsABG; § 22 Bln BodSchG; § 12 LBodSchG NRW; § 4 NdsBodSchG.
117 Vgl. *Sanden/Schoeneck*, BBodSchG, § 21 Rn. 12 f. m.w.N.

steht hingegen nicht.[118] Eine Bewertung des Bodenzustands, die geeignet wäre, rechtzeitig neue Besorgnispotenziale auszumachen, leisten Bodeninformationssysteme nicht.[119]

2. Instrumente direkter Verhaltenssteuerung

23   Das Instrumentarium zur Verhinderung, Untersuchung und Beseitigung schädlicher Bodenbelastungen und Altlasten ist in §§ 4–10 BBodSchG normiert. Der Dritte Teil des BBodSchG (§§ 11–16) hat lediglich ergänzende Funktion. Zentrale Ermächtigungsgrundlage für behördliche Anordnungen ist insoweit die **Generalklausel in § 10 BBodSchG**. Die Befugnis nach § 16 Abs. 1 BBodSchG gilt lediglich komplettierend, wenn Anordnungen zur Durchsetzung spezifischer Pflichten nach §§ 12 bis 15 BBodSchG notwendig werden und die Spezialregelungen nicht ohnehin Anordnungsbefugnisse (wie etwa § 13 Abs. 1 S. 1 BBodSchG) enthalten.[120]

Das Bundes-Bodenschutzgesetz enthält keine präventiven Kontrollerlaubnisse.[121] Erlaubnisvorbehalte, die auch der Vorsorge gegen Bodenverunreinigungen dienen, finden sich aber im Anlagenzulassungsrecht.[122] Das Kontrollinstrumentarium konzentriert sich demzufolge auf Maßnahmen zur Ermittlung schädlicher Bodenveränderungen und Altlasten sowie auf Sanierungsanordnungen.

a) Maßnahmen zur Ermittlung schädlicher Bodenveränderungen und Altlasten

§ 9 Abs. 1 und 2 BBodSchG enthalten ein nach dem Grad der Gefahrenwahrscheinlichkeit **gestuftes behördliches Eingriffsinstrumentarium** für die Ermittlung, ob eine schädliche Bodenverunreinigung oder Altlast vorliegt.[123]

aa) Behördliche Eingriffsbefugnis

24   Die Legaldefinition der **schädlichen Bodenveränderung**[124] bestimmt maßgeblich die Schwelle für ordnungsbehördliches Eingreifen.[125] Im Unterschied zur abstrakten Definition des polizeirechtlichen Gefahrenbegriffs[126] enthält § 2 Abs. 3 BBodSchG eine Konkretisierung des Schutzgutes („Bodenfunktionen" i.S.v. § 2 Abs. 2 BBodSchG)[127] sowie des Wahrscheinlichkeitsbegriffs. Eine rechtlich relevante Wahrscheinlichkeit des Schadenseintritts liegt erst vor, wenn die Beeinträchtigungen geeignet sind, Gefahren, erhebliche Nachteile oder Belästigungen für den Einzelnen oder die Allgemeinheit, also für andere Schutzgüter als den Boden, herbeizuführen.

---

118 *Sparwasser/Engel/Voßkuhle*, § 9 Rn. 261; *Erbguth/Stollmann*, Bodenschutzrecht, Rn. 193 ff. mit Hinweis auf die Regelungen in Baden-Württemberg.
119 Vgl. *Gröhn*, S. 417.
120 *Erbguth/Stollmann*, Bodenschutzrecht, Rn. 201.
121 Vgl. § 5 Rn. 32 ff.
122 *Sanden* in: Koch/Hofmann/Reese, § 8 Rn. 46.
123 Es stellt eine Konkretisierung des Verhältnismäßigkeitsgebots dar; *Sanden* in: Koch/Hofmann/Reese, § 8 Rn. 52.
124 Vgl. § 13 Rn. 14.
125 *Sanden* in: Koch/Hofmann/Reese, § 8 Rn. 47 ff.
126 Dazu bereits § 4 Rn. 33.
127 Vgl. *Becker*, BBodSchG, § 2 Rn. 12 ff.; vgl. auch § 13 Rn. 10 ff.

Altlasten[128] berechtigen auch dann zu behördlichen Eingriffen, wenn (noch) keine schädliche Bodenveränderung vorliegt. Es reicht aus, dass Gefahren für den Einzelnen oder die Allgemeinheit durch die Altlast hervorgerufen werden können. 25

bb) Ermittlungspflicht der Behörden

Nach § 9 Abs. 1 S. 1 BBodSchG soll die zuständige Behörde, soweit Anhaltspunkte dafür vorliegen,[129] dass eine schädliche Bodenveränderung besteht, zur **Ermittlung des Sachverhalts** die geeigneten Maßnahmen ergreifen. Anhaltspunkte für eine Bodenveränderung können sich etwa aus einer früheren oder noch bestehenden Nutzung eines Grundstücks ergeben.[130] Belege für die Schädlichkeit einer Bodenveränderung können der Schadstoffbelastung des Bodens und des Sickerwassers entnommen werden. Grenzwerte enthält insoweit Anhang 2 der BBodSchV. Im Kern handelt es sich um sog. **Gefahrerforschungsmaßnahmen**, zu denen insbesondere die Entnahme und Untersuchung von Luft-, Wasser- und Bodenproben, daneben aber auch die Errichtung und der Betrieb von Kontrollstellen gehören.[131] 26

Beim Überschreiten der in der BBodSchV festgelegten Prüfwerte soll die Behörde die notwendigen Maßnahmen treffen, um festzustellen, ob eine schädliche Bodenveränderung vorliegt (§ 9 Abs. 1 S. 2 BBodSchG). Der „Soll"-Begriff bedeutet nach herkömmlichen verwaltungsrechtlichen Grundsätzen, dass im Regelfall Ermittlungen durchzuführen sind; nur in begründeten Ausnahmefällen kann von entsprechenden Ermittlungen abgesehen werden. § 9 Abs. 1 S. 2 BBodSchG enthält keine Ermächtigungsgrundlage für Maßnahmen, die mit Eingriffen in Rechte der Betroffenen verbunden sind; es handelt sich vielmehr um eine **Amtsermittlungspflicht der Behörde**.[132] 27

Im Rahmen der Untersuchung und Bewertung sind ferner insbesondere Art und Konzentration der Schadstoffe, die Möglichkeit ihrer Ausbreitung in die Umwelt und ihrer Aufnahme durch Menschen, Tiere und Pflanzen sowie die Nutzung des Grundstücks zu berücksichtigen (§ 9 Abs. 1 S. 3 BBodSchG). 28

Weithin verlässliche Maßgaben für den Vollzug und zur Konkretisierung des § 9 BBodSchG (und des § 13 BBodSchG für Altlasten) finden sich in der **BBodSchV**. Sie enthält nähere Angaben für die Gefährdungsabschätzung bei Verdachtsflächen und regelt die Maßstäbe, nach denen die Untersuchungsergebnisse zu bewerten sind.[133] Aus der gesetzlichen Systematik des Bundes-Bodenschutzgesetzes und der BBodSchV ergibt sich insgesamt für die Vollzugspraxis ein **abgestuftes Verfahrensschema** zur Untersuchung und Bewertung schädlicher Bodenveränderungen (und Altlasten).[134] Ob der im Mai 2017 vorgelegte Regierungsentwurf zur Änderung der BBodSchV, der u.a. beabsichtigt, Anforderungen an die nachhaltige Sicherung und Wiederherstellung der Funktionen des Bodens i.S.d. § 1 des BBodSchG näher zu bestimmen und an den gegenwär- 29

---

128 Vgl. § 13 Rn. 16.
129 Vgl. § 3 Abs. 1 bis 3 BBodSchV.
130 Vgl. § 3 Abs. 1 BBodSchV.
131 *Erbguth/Stollmann*, Bodenschutzrecht, Rn. 215; kritisch zu Abgrenzungsproblemen im Hinblick auf Gefahrerforschungsmaßnahmen *Buchholz*, NVwZ 2002, 563.
132 Vgl. die Argumentation bei *Erbguth/Stollmann*, Bodenschutzrecht, Rn. 113 ff.; VGH Mannheim, ZUR 2008, 325; VG Ansbach, Urt. v. 11.12.2013 – AN 9 K 13.00652 –, Juris.
133 Weiterführend *Schmidt-Räntsch/Sanden*, NuR 1999, 555.
134 Hierzu im Einzelnen *Erbguth/Stollmann*, Bodenschutzrecht, Rn. 119 ff.

tigen Stand der Erkenntnisse anzupassen, erneut aufgegriffen wird, bleibt abzuwarten.[135]

30 § 9 Abs. 2 BBodSchG regelt die Frage, unter welchen Voraussetzungen die Behörde gegenüber dem Verpflichteten **Gefahrerforschungseingriffe** anordnen darf. Insoweit wird verlangt, dass aufgrund konkreter Anhaltspunkte (§ 3 Abs. 4 BBodSchV) der **hinreichende Verdacht** einer schädlichen Bodenveränderung besteht; in diesem Fall kann die Behörde gegenüber den Verantwortlichen anordnen, dass diese die notwendigen Untersuchungen zur Gefährdungsabschätzung auf eigene Kosten durchführen (§ 9 Abs. 2 S. 1 BBodSchG). Im Hinblick auf den Grundsatz der Verhältnismäßigkeit gilt dies jedoch nur eingeschränkt, wenn die Kontamination sehr lange zurückliegt und eine Vielzahl von Verursachern in Betracht kommt.[136] Ein hinreichender Gefahrverdacht besteht, wenn sich die Hinweise auf eine schädliche Bodenveränderung bzw. eine Altlast so weit verdichtet haben, dass mehr als eine bloße, insbesondere spekulative, Möglichkeit gegeben ist.[137] Das ist nach § 3 Abs. 4 BBodSchV regelmäßig der Fall bei vorliegender oder zu erwartender Überschreitung von Prüfwerten für die Schadstoffbelastung.[138]

Die zuständige Behörde kann in diesem Fall auch verlangen, dass **Untersuchungen von Sachverständigen** oder Untersuchungsstellen (§ 18 BBodSchG) durchgeführt werden, § 9 Abs. 2 S. 2 BBodSchG. Im Gegensatz zu Abs. 1 des § 9 BBodSchG steht die Anordnung der weiteren Untersuchung folglich im pflichtgemäßen Ermessen. Sonstige Pflichten zur Mitwirkung der Verantwortlichen sowie Duldungspflichten Dritter können gem. § 9 Abs. 2 S. 3 BBodSchG durch Landesrecht bestimmt werden.[139]

Soweit sich der Verdacht nicht bestätigt, sind den zur Untersuchung herangezogenen Personen die **Kosten** zu **erstatten**, wenn sie die den Verdacht begründenden Umstände nicht zu vertreten haben (§ 24 Abs. 1 S. 2 BBodSchG).

cc) Überwachungsmaßnahmen bei Altlasten und altlastverdächtigen Flächen

31 Mit der Erkundung geht vielfach eine **Überwachung** der untersuchten Altlasten und altlastverdächtigen Flächen durch die zuständige Behörde (§ 15 Abs. 1 S. 1 BBodSchG) einher, um von ihnen ausgehende Beeinträchtigungen der Umwelt frühzeitig zu erkennen bzw. die weitere Entwicklung absehen und entsprechend reagieren zu können.

32 Beim Vorliegen einer **Altlast** kann die Behörde von den Verantwortlichen die Durchführung von **Eigenkontrollmaßnahmen**, insbesondere Boden- und Wasseruntersuchungen, sowie die Einrichtung und den Betrieb von Messstellen verlangen (§ 15 Abs. 2 S. 1 BBodSchG). Die **Kosten** der Eigenkontrollmaßnahmen haben gem. § 24 Abs. 1 S. 1 BBodSchG die zur Durchführung verpflichteten Personen zu tragen.

---

135 BT-Drs. 18/12213 sowie BR-Drs. 566/17; dazu *Schink*, AbfallR 2017, 2.
136 VG Saarlouis, Urt. v. 11.5.2011 – 5 K 781/10; vgl. zur Heranziehung eines Erbbauberechtigten als Zustandsstörer VG Bremen, Urt. v. 12.11.2015 – 5 K 49/14, Juris.
137 OVG Magdeburg, Beschl. v. 27.2.2017 – 2 M 2/17, Juris; VGH Mannheim, VBlBW 2016, 108 ff.; VGH München, NVwZ-RR 2013, 218, 219; VGH Baden-Württemberg, ZUR 2013, 298.
138 *Sanden* in: Koch/Hofmann/Reese, § 8 Rn. 55 m.w.N. zur Lückenhaftigkeit der Werte der BBodSchV; zu den Anforderungen an die Anordnung einer Detailuntersuchung OVG Koblenz, NuR 2008, 346; zu den Anforderungen an die Bestimmtheit einer Untersuchungsanordnung vgl. *Troidl*, NVwZ 2010, 154, 156 f.
139 Zu Duldungsverfügungen im Bodenschutz- und Altlastenrecht ausführlich *Sanden*, NuR 2015, 606 ff.

b) Sanierungsanordnungen

Nach § 10 Abs. 1 S. 1 BBodSchG kann die zuständige Behörde zur Erfüllung der sich aus § 4 BBodSchG ergebenden Pflichten die notwendigen Maßnahmen treffen (Ermächtigungsgrundlage für **Sanierungsanordnungen**). Es handelt sich bei diesen Pflichten um Ausgestaltungen der materiellen Polizeipflicht.[140] In § 4 Abs. 1 und 2 BBodSchG sind gefahrenabwehrende Bodenschutzpflichten enthalten.[141] Soweit schädliche Bodenveränderungen (oder Altlasten) eingetreten sind, richtet sich das weitere Vorgehen nach der repressiven Beseitigungspflicht des § 4 Abs. 3 BBodSchG.[142] Boden, Altlasten sowie dadurch verursachte Gewässerverunreinigungen sind demnach so zu sanieren, dass dauerhaft keine Gefahren, erhebliche Nachteile oder erhebliche Belästigungen für den Einzelnen oder die Allgemeinheit entstehen (§ 4 Abs. 3 S. 1 BBodSchG).

33

Als **Oberbegriff** hat der Bundesgesetzgeber insoweit die **Sanierung** gewählt, die sich wiederum unterteilt in Maßnahmen

34

- zur Beseitigung oder Verminderung der Schadstoffe (Dekontaminationsmaßnahmen, § 2 Abs. 7 Nr. 1 BBodSchG),
- die eine Ausbreitung der Schadstoffe langfristig verhindern oder vermindern, ohne diese zu beseitigen (Sicherungsmaßnahmen, § 2 Abs. 7 Nr. 2 BBodSchG) und
- zur Beseitigung oder Verminderung schädlicher Veränderungen der physikalischen, chemischen oder biologischen Beschaffenheit des Bodens gem. § 2 Abs. 7 Nr. 3 BBodSchG.

Das **Sanierungsziel** ist nach § 4 Abs. 4 BBodSchG **nutzungsbezogen** festzulegen, wodurch wirtschaftlich übermäßig belastende Sanierungen vermieden werden. Der Gefahr von „Billigstsanierungen" wird durch die Bezugnahme auf den Schutz der in § 2 Abs. 2 Nr. 1, 2 BBodSchG genannten Bodenfunktionen begegnet.[143] Nach § 4 Abs. 4 S. 1 BBodSchG sind bei der Sanierung die planungsrechtlich zulässige Nutzung des Grundstücks[144] und das sich daraus ergebende **Schutzbedürfnis** zu beachten, soweit dies mit dem Schutz der in § 2 Abs. 2 Nr. 1 und 2 BBodSchG genannten Bodenfunktionen[145] zu vereinbaren ist. Soweit planungsrechtliche Festsetzungen fehlen, bestimmt die Prägung des Gebiets unter Berücksichtigung der absehbaren Entwicklung das Schutzbedürfnis (§ 4 Abs. 4 S. 2 BBodSchG). Bei der Vorgabe von Sanierungszielwerten sind die allgemeinen Grundsätze der Verhältnismäßigkeit und der Bestimmtheit zu beachten. An Letzterer kann es beispielsweise fehlen, wenn dem Sanierungspflichtigen allenfalls langfristig erreichbare Sanierungszielwerte vorgegeben werden, ohne dass zugleich die dazu einzusetzenden, diesen Erfolg versprechenden Sanierungsverfahren festgelegt werden.[146] Die Regelung relativiert den Schutz der Bodenfunktionen: Nur soweit überhaupt ein Schutzbedürfnis besteht, gibt es eine Verpflichtung, Kontaminationen zu beseitigen. Der Gesetzgeber strebt damit ein Sanierungsziel an, das einerseits

35

---

140 *Gröhn*, S. 144.
141 Gesetzentwurf der Bundesregierung, Entwurf eines Gesetzes zum Schutz des Bodens, BT-Drs. 13/6701 v. 14.1.1997, S. 22.
142 VGH Mannheim, ZUR 2002, 227; OVG Münster, AbfallR 2015, 259.
143 *Erbguth/Stollmann*, Bodenschutzrecht, Rn. 135 ff.
144 Die planungsrechtlich zulässige Nutzung wird vor allem durch die Bauleitpläne (Flächennutzungs- und Bebauungsplan) festgelegt.
145 Hierzu § 13 Rn. 10 ff.
146 VGH Mannheim, NVwZ 2013, 1100.

die Gefahren, erheblichen Nachteile oder erheblichen Belästigungen beseitigt, die durch die schädlichen Bodenveränderungen hervorgerufen werden, andererseits jedoch über die Gefahrenbeseitigung nicht hinausgeht.[147] Im Ergebnis wird damit das Schutzbedürfnis bei Bodenveränderungen von der tatsächlichen und rechtlich zulässigen Nutzung abhängig gemacht. Der Nutzungsbezug der Sanierung hat zur Folge, dass beispielsweise für Verkehrsflächen oder für gewerblich bzw. industriell genutzte Bereiche weniger strenge Sanierungsziele erforderlich sind als für Kinderspielflächen oder Wohngebiete.[148]

36   Eine Sonderregelung zur **Auswahl des Sanierungsmittels** greift § 4 Abs. 5 BBodSchG zufolge ein, wenn die schädliche Bodenveränderung oder Altlast nach dem Inkrafttreten des Gesetzes eingetreten ist (sog. **Neulast**).[149] In diesen Fällen gilt die generelle Gleichrangigkeit von Dekontaminations- und Sicherungsmaßnahmen nach § 4 Abs. 3 BBodSchG nicht. Vielmehr begründet § 4 Abs. 5 BBodSchG einen relativen Vorrang von Dekontaminationsmaßnahmen.[150] Das gilt auch dann, wenn Sicherungsmaßnahmen qualitativ gleichwertig und damit gleich geeignet sind.[151] Indes ist der Vorrang in zweierlei Hinsicht bedingt: Zum einen muss die Vorbelastung des Bodens berücksichtigt werden[152] und zum anderen entfällt für einen gutgläubig Verantwortlichen die Dekontaminationspflicht als primäre Pflicht (vgl. § 4 Abs. 5 S. 2 BBodSchG). Mit dieser Regelung sind insbesondere Konstellationen gemeint, in denen sich der Verursacher entsprechend einer ihm erteilten Anlagengenehmigung verhalten hat und der Schaden gleichwohl eingetreten ist.[153] Eine Exkulpation dürfte aber dann entfallen, wenn gegen gesetzliche Vorschriften verstoßen oder die nach den Umständen objektiv zu erwartende Sorgfalt nicht beachtet wurde.[154]

aa) Sanierungsmittel

(1) Dekontaminationsmaßnahmen

37   Die an die genannten Maßnahmen zu stellenden Anforderungen werden in § 5 BBodSchV konkretisiert.[155] **Dekontaminationsmaßnahmen** sind nach § 5 Abs. 1 S. 1 BBodSchV zur Sanierung geeignet, wenn sie auf technisch und wirtschaftlich durchführbaren Verfahren beruhen, die ihre praktische Eignung zur umweltverträglichen Beseitigung oder Verminderung der Schadstoffe gesichert erscheinen lassen. In Anbetracht ihrer Funktion als Maßnahme zur Beseitigung oder Verminderung der Schadstoffe bezwecken sie die endgültige Beseitigung der Gefahren an der Quelle und im kontaminierten Umfeld. Regelmäßig wird es sich dabei um die Auskofferung und Verbrennung des Erdreichs handeln.[156] Technisch möglich ist überdies eine Bodensanierung im Wege einer mikrobiologischen Bodenbehandlung, einer Bodenwäsche sowie

---

147   Zur Sanierung einer Grundwasserkontamination durch eine schädliche Bodenveränderung OVG Berlin-Brandenburg, UPR 2008, 154.
148   *Erbguth/Stollmann*, Bodenschutzrecht, Rn. 135.
149   Grundlegend zu § 4 Abs. 5 BBodSchG *Becker*, BBodSchG, § 4 Rn. 58 ff.
150   *Hilger* in: Holzwarth/Radtke/Hilger/Bachmann, BBodSchG, § 4 Rn. 126.
151   *Sanden/Schoeneck*, BBodSchG, § 4 Rn. 28; a.A. mit Verweis auf das Verhältnismäßigkeitsprinzip *Versteyl* in: ders./Sondermann, BBodSchG, § 4 Rn. 120 ff.
152   Das kann zur Folge haben, dass Dekontaminationsmaßnahmen ausscheiden, weil sie aufgrund erheblicher Vorbelastungen unverhältnismäßig wären.
153   *Oerder* in: ders./Numberger/Schönfeld, BBodSchG, § 4 Rn. 51.
154   *Sanden/Schoeneck*, BBodSchG, § 4 Rn. 28.
155   Dazu *Schmidt-Räntsch/Sanden*, NuR 1999, 555, 556.
156   *Erbguth/Stollmann*, Bodenschutzrecht, Rn. 131.

durch Einsatz aktiver pneumatischer Verfahren (Bodenluftabsaugung) und aktiver hydraulischer Verfahren (*pump-and-treat*-Verfahren).[157]

(2) Sicherungsmaßnahmen

Sicherungsmaßnahmen sind dadurch gekennzeichnet, dass die Schadstoffe im Boden verbleiben und ihre Ausbreitung in benachbarte Bodenbereiche, das Grundwasser oder die Luft lediglich *langfristig* verhindert oder vermindert wird (vgl. § 5 Abs. 3 BBodSchV). Dabei können die Maßnahmen sowohl eine Zwischen- als auch eine Dauerlösung darstellen. Es kommt folglich darauf an, die schädliche Bodenveränderung von der Umgebung abzuschirmen, damit keine Schadstoffe austreten können. Schadstoffe treten aus verunreinigten Böden entweder durch Ausgasungen aus oder sie werden durch Sickerwasser in die umliegenden Grundflächen oder das Grundwasser ausgewaschen. Aus diesen Gründen kommen zur Sicherung Maßnahmen der Drainage von Gas und Sickerwasser sowie der feste Einschluss der Schadstoffe durch ein Basis- und ein Oberflächenabdichtungssystem in Betracht (vgl. auch § 5 Abs. 4 BBodSchV). 38

(3) Beseitigungs- und Verminderungsmaßnahmen

Beseitigungs- und Verminderungsmaßnahmen können im Hinblick auf die physikalische Bodenbeschaffenheit vor allem gegen schädliche Veränderungen durch eine Bodenverdichtung oder Bodenerosion gerichtet sein. So handelt es sich beispielsweise beim Abstützen eines infolge wasserbedingter Erosion abrutschenden Hanges um eine Verminderungsstrategie. 39

Von besonderer praktischer Relevanz ist darüber hinaus, dass sich die rechtlichen Anforderungen an den Umgang mit dem ausgekofferten kontaminierten Boden sowie an die Errichtung und den Betrieb etwaiger Bodenbehandlungsanlagen aus dem Kreislaufwirtschaftsgesetz bzw. dem Bundes-Immissionsschutzgesetz ergeben können.

Während Beseitigungs- und Verminderungsmaßnahmen nebeneinander ergriffen werden können, greifen Dekontaminations- und Sicherungsmaßnahmen nur bei **stofflichen Bodenbelastungen** ein; in Fällen anderweitiger schädlicher Bodenveränderungen – Erosion, Bodenverdichtung usw. – müssen Sanierungsmaßnahmen nach § 2 Abs. 7 Nr. 3 BBodSchG erfolgen. Bei Schadstoffbelastungen ergibt sich ein gesetzlicher Vorrang der Dekontaminationsmaßnahmen (vgl. § 4 Abs. 3 S. 2 BBodSchG).[158] 40

(4) Schutz- und Beschränkungsmaßnahmen

Nach § 4 Abs. 3 S. 3 BBodSchG können darüber hinaus sog. **Schutz- und Beschränkungsmaßnahmen** (§ 2 Abs. 8 BBodSchG)[159] ergriffen werden. Obwohl § 4 Abs. 3 S. 3 BBodSchG aufgrund der Bezugnahme auf den vorhergehenden Satz nur bei stofflichen Belastungen einschlägig zu sein scheint, folgt aus einer systematischen Betrachtung die Anwendbarkeit bei jeder schädlichen Bodenveränderung. Einschränkend ist indes in jedem Fall zu berücksichtigen, dass Schutz- und Beschränkungsmaßnahmen nur erlaubt sind, wenn Sanierungsmaßnahmen nach § 2 Abs. 7 BBodSchG nicht möglich oder zumutbar sind (§ 4 Abs. 3 S. 3 BBodSchG). Die in § 2 Abs. 8 BBodSchG aufgeführten Schutz- und Beschränkungsmaßnahmen sind das schwächste Mittel, um den in § 1 41

---

157 *Sanden* in: Koch/Hofmann/Reese, § 8 Rn. 59.
158 *Erbguth/Stollmann*, Bodenschutzrecht, Rn. 130.
159 Vgl. § 13 Rn. 19.

BBodSchG statuierten Zielen gerecht zu werden. Sie stellen eine subsidiäre Notlösung für den Fall dar, dass eine Sanierungsmaßnahme technisch nicht möglich oder dem Verpflichteten unzumutbar ist. Denn durch diese Maßnahmen werden nur die Auswirkungen der schädlichen Bodenveränderung auf Mensch und Umwelt verhindert oder vermindert; an der schädlichen Bodenveränderung selbst und ihrem Gefährdungspotenzial ändert sich nichts.[160]

bb) Sanierungsverantwortliche

42   **Sanierungsverantwortliche** können der Verursacher einer schädlichen Bodenveränderung oder Altlast sowie dessen Gesamtrechtsnachfolger, der Grundstückseigentümer und der Inhaber der tatsächlichen Gewalt über ein Grundstück sein (§ 4 Abs. 3 BBodSchG).[161] Hinzu tritt eine Verpflichtung des ehemaligen Zustandsstörers, der sein Eigentum aufgegeben oder auf einen Dritten übertragen hat (§ 4 Abs. 3 S. 4 BBodSchG), sowie desjenigen, der aus handels- oder gesellschaftsrechtlichem Grund für den gegenwärtigen Zustand einzustehen hat (§ 4 Abs. 3 S. 4 BBodSchG).[162]

(1) Verursacher

43   Als **Verursacher** ist derjenige anzusehen, dessen Verhalten für sich gesehen die polizeirechtliche Gefahrenschwelle überschreitet.[163] Dabei handelt es sich grundsätzlich um die letzte menschliche Verursachung, wobei es entscheidend auf die Unmittelbarkeit i.S.e. objektiv engen Wirkungs- und Verantwortungszusammenhangs zwischen Verhalten und Gefahr ankommt.[164] Demzufolge ist Verhaltensverantwortlicher, wer zumindest einen Teilbeitrag für das Entstehen einer schädlichen Bodenveränderung oder Altlast geleistet hat.[165] Eine Gemeinde, die durch den Erlass eines Bebauungsplans abwägungsfehlerhaft eine Wohnbebauung auf einem belasteten Grundstück zulässt, ist mangels unmittelbarer, tatsächlicher Einwirkung auf das Grundstück keine Verursacherin i.S.d. § 4 Abs. 3 S. 1 BBodSchG.[166]

---

160   Als Schutzmaßnahmen kommen etwa Einzäunungen und Warnvorrichtungen in Betracht; als Beschränkungsmaßnahmen kommen vor allem Nutzungsbeschränkungen in Frage; vgl. *Erbguth/Stollmann*, Bodenschutzrecht, Rn. 134; zur Reichweite der Überwachungspflicht OVG Lüneburg, ZUR 2007, 432.

161   Zur verfassungsrechtlichen Problematik vgl. *Knopp*, DÖV 2001, 441, unter Bezugnahme auf die Rechtsprechung; zum Bodenschutzrecht im Industriepark *Müggenborg*, S. 191 ff.; zur Haftung einer ineffizienten Bodenschutzbehörde *Mohr*, UPR 2010, 175.

162   Zur Zustandsverantwortlichkeit gem. § 4 Abs. 3 S. 4, 1. Alt. BBodSchG vertiefend *Tiedemann*, NVwZ 2003, 1477; ausführlich zur Verantwortlichkeit im Bodenschutzrecht *Erbguth/Stollmann*, DVBl. 2001, 601; zu Grenzen der Sanierungsverantwortlichkeit vgl. *Schäling*, S. 108 ff.; *Hullmann/Zorn*, NVwZ 2010, 1267; ausführlich zur Verantwortlichkeit für die Sanierung von Altlasten vgl. *Krieger*, S. 28 ff.

163   Grundlegend BVerwG, NJW 1981, 1571; BVerwG, NVwZ 2008, 684; zur Sanierungsverantwortung des Heizölanlieferers OVG Koblenz, GewArch 2009, 131; zur Sanierungsverantwortung für Altlasten bei mehreren Nachnutzern eines Heizöltanks VG Braunschweig, ZUR 2010, 159.

164   *Dombert* in: Landmann/Rohmer, Umweltrecht, § 4 BBodSchG Rn. 21; BVerwG, AbfallR 2016, 167; OVG Schleswig, UPR 1996, 194 ff.; zur Frage, ob zusätzlich besondere Umstände, insbesondere die Rechtswidrigkeit und Pflichtwidrigkeit zu berücksichtigen seien, vgl. OVG Münster, NVwZ 1997, 507, 508 m.w.N.

165   *Erbguth/Stollmann*, Bodenschutzrecht, Rn. 141 m.w.N.; zum Zusammentreffen mehrerer Verursachungsbeiträge vgl. OVG Koblenz, UPR 2009, 114; VG Düsseldorf, ZUR 2010, 85, 86; die bloße Möglichkeit einer Verursachungsverantwortung genügt zur Heranziehung von Gefahrenabwehrmaßnahmen demgegenüber nicht, vgl. VGH München, UPR 2013, 147, 148; zur Verantwortung bei der Durchführung von Verrichtungen auf einem Grundstück *Nies* in: Landmann/Rohmer, Umweltrecht, § 7 BBodSchG Rn. 7.

166   OVG Lüneburg, NuR 2016, 701 ff.; *Beckmann/Schulz*, UPR 2017, 331 ff. jeweils m.w.N.

(2) Gesamtrechtsnachfolger

Als **Gesamtrechtsnachfolger** ist diejenige natürliche oder juristische Person anzusehen, 44 die kraft gesetzlicher Anordnung in die gesamten Rechte und Pflichten einer anderen Person eintritt – wie es beispielsweise bei einem Erben gem. § 1922 Abs. 1 BGB der Fall ist. Derjenige, der lediglich das Vermögen eines anderen durch Vertrag übernimmt, ist nicht dessen Gesamtrechtsnachfolger. Die Gesamtrechtsnachfolge erfasst nach dem eindeutigen Gesetzeswortlaut nur die Verantwortlichkeit des Verursachers, unabhängig davon, ob gegen Letzteren bereits Sanierungsmaßnahmen angeordnet worden sind.[167] Jedoch stehen alle Einwendungen, die der Verursacher vorbringen könnte, auch dem Rechtsnachfolger zu. Die Pflicht geht folglich in dem Umfang und mit den Bedingungen oder Beschränkungen auf den Rechtsnachfolger über, mit denen sie zum Zeitpunkt der Übernahme existierte.[168]

Das **BVerwG**[169] hat klargestellt, dass eine Haftung des Gesamtrechtsnachfolgers **keine verfassungswidrige Rückwirkung** darstellt und auch dann in Betracht kommt, wenn die Rechtsnachfolge vor dem Inkrafttreten des BBodSchG (1.3.1999) stattfand. Die Gesamtrechtsnachfolge in öffentlich-rechtliche Pflichten, deren Konkretisierung durch einen Verwaltungsakt noch aussteht, sei der bisherigen Rechtsordnung keineswegs fremd. Sie folgt aus dem allgemeinen Grundsatz des Verwaltungsrechts, dass sachbezogene Verhaltenspflichten, die den zivilrechtlichen Bestimmungen des Erbrechts und des Umwandlungsrechts folgen, rechtsnachfolgefähig sind.[170] Die jeweilige Verantwortlichkeit des Gesamtrechtsnachfolgers ist insoweit akzessorisch zur Haftung des Verursachers zu verstehen. Der Gesamtrechtsnachfolger tritt m.a.W. in die gesamten Rechte und Pflichten des Verursachers ein, und zwar im Umfang der Verantwortlichkeit des Verursachers.[171] Dabei bestanden schon vor Inkrafttreten des BBodSchG bodenschutzbezogene Regelungs- und Anordnungsmöglichkeiten nach dem allgemeinen Polizei- und Ordnungsrecht, dem Abfallrecht sowie dem Wasserrecht.[172]

Nach Auffassung des BGH[173] ist § 4 Abs. 3 BBodSchG verfassungskonform dahingehend zu reduzieren, dass nicht jegliche Rechtsnachfolge erfasst ist. Jedenfalls bei einer Rechtsnachfolge bis 1926, möglicherweise bis in die 1960er Jahre,[174] greife § 4 Abs. 3 BBodSchG nicht ein. Die gesellschaftliche Diskussion um Altlasten habe zu diesem Zeitpunkt noch nicht stattgefunden und es habe ein Vertrauen darauf gegeben, nicht als Gesamtrechtsnachfolger in bodenschutzrechtliche Sanierungspflichten einzutreten. Bis in die 1960er Jahre sei in Literatur und Rechtsprechung außerdem die Auffassung

---

167 Str.: vgl. etwa die Nachweise bei VGH Mannheim, DÖV 2000, 782, 783; *Nolte*, NVwZ 2000, 1135, 1136 f.; zu den Grenzen der Gesamtrechtsnachfolge bei der Sanierung von Altlasten *Vossenkämper*, S. 39 ff.
168 *Spieth/Wolfers*, NVwZ 1999, 355, 359; zur Frage der Anwendbarkeit und Zulässigkeit landesrechtlicher Haftungsbestimmungen, die über die Regelungen des Bundes hinausgehen, vgl. *Erbguth/Stollmann*, Bodenschutzrecht, Rn. 144, die im Ergebnis § 4 BBodSchG als abschließende Regelung ansehen; zu vertraglichen Regeln *Diederichsen/Di Prato*, ZfIR 2018, 336
169 BVerwG, ZUR 2006, 482 m. Anm. *Landel/Versteyl*, ZUR 2006, 475; *Wittreck*, Jura 2008, 534.
170 Vgl. BGH, UPR 2004, 310, m. Anm. *Leitzke/Schmitt*, UPR 2005, 177.
171 BVerwGE 125, 325 ff., NVwZ 2006, 928, mit Verweis auf die ständige Rechtsprechung des BVerwG; vgl. *Grziwotz*, ZfIR 2006, 555; zum Ganzen *Finger*, NVwZ 2011, 1288; ausführlich zur Haftungsbeschränkung des Erben *Joachim/Lange*, ZEV 2011, 53.
172 BVerwG, NVwZ 2006, 928, 929.
173 BGH, Urt. v. 29.9.2016 – I ZR 11/15 – Juris.
174 So die Interpretation von *Nusser/Fehse*, ZUR 2018, 393.

vertreten worden, dass öffentliche Pflichten nur an der Person hafteten, für die sie begründet worden seien.[175]

(3) Grundstückseigentümer

45 **Grundstückseigentümer** i.S.d. § 4 Abs. 3 S. 1 Alt. 3 BBodSchG ist diejenige Person, der das Eigentum an der betroffenen Fläche zusteht. Danach ist für das Eigentum an Grundstücken allein entscheidend, welche Person im Grundbuch als Eigentümer eingetragen ist.[176] Begrenzt ist die ordnungsrechtliche Inanspruchnahme des Grundstückseigentümers als Zustandsstörer aber im Hinblick auf die Kosten der geforderten Maßnahme durch den Grundsatz der **Verhältnismäßigkeit**.[177] Nach den vom BVerfG[178] entwickelten Maßstäben kann eine Überschreitung dieser verfassungsrechtlichen Grenze insbesondere dann gegeben sein, wenn die von dem Grundstück ausgehende Gefahr durch äußere Einwirkungen wie Naturereignisse bedingt ist. Allerdings kann eine Kostenbelastung, die den Verkehrswert des sanierten Grundstücks übersteigt, zumutbar sein, wenn der Eigentümer das Risiko der entstandenen Gefahr bewusst in Kauf genommen hat. Denn das freiwillig übernommene Risiko mindert die Schutzwürdigkeit des Eigentümers. Aber auch dann, wenn der Eigentümer fahrlässig die Augen vor Risikoumständen verschlossen hat, kann dies dazu führen, dass eine Kostenbelastung über die Höhe des Verkehrswerts hinaus zumutbar ist. In Fällen, in denen eine Kostenbelastung über den Verkehrswert hinaus an sich zumutbar ist, kann sie nicht auf die gesamte wirtschaftliche Leistungsfähigkeit des Eigentümers bezogen werden. Dem Eigentümer ist nicht zumutbar, unbegrenzt für die Sanierung einzustehen, d.h. auch mit Vermögen, das in keinem rechtlichen oder wirtschaftlichen Zusammenhang mit dem sanierungsbedürftigen Grundstück steht. Dagegen ist es zumutbar, Vermögen zur Sanierung einzusetzen, das zusammen mit dem sanierungsbedürftigen Grundstück eine funktionale Einheit darstellt. Schließlich kann die Inanspruchnahme des Zustandsverantwortlichen mit Sanierungskosten bis zur Höhe des Verkehrswerts in Fällen unzumutbar sein, in denen das zu sanierende Grundstück den wesentlichen Teil des Vermögens des Pflichtigen bildet und die Grundlage seiner privaten Lebensführung einschließlich seiner Familie darstellt.[179]

(4) Inhaber der tatsächlichen Gewalt

46 Inhaber der tatsächlichen Gewalt ist derjenige, der auf das Grundstück einwirken kann, ohne dass er sich dafür der Hilfe anderer bedienen muss und ohne dass tatsächliche Hindernisse der Einwirkung entgegenstehen. Es muss kein Besitz im zivilrechtlichen Sinn vorliegen.[180]

---

175 BGH, Urt. v. 29.9.2016 – I ZR 11/15 – Juris; ablehnend und einen möglichen Verstoß des BGH gegen Art. 101 Abs. 1 S. 2 i.V.m. Art. 100 Abs. 1 GG erörternd *Schmitt/Leitzke/Schmitt*, NVwZ 2018, 949 ff.; befürwortend aber *Nusser/Fehse*, ZUR 2018, 393 ff.
176 *Bickel*, BBodSchG, § 4 Rn. 41.
177 BVerfG, NJW 2000, 2573; OLG Schleswig, AbfallR 2008, 146; dazu Anm. *Bickel*, NJW 2000, 2562; *Tollmann*, DVBl. 2008, 616; *Müggenborg*, NVwZ 2001, 39; *Klüppel*, JURA 2001, 26; *Spieth/v. Oppen*, ZUR 2002, 257, 259 f.
178 BVerfG, NJW 2000, 2573.
179 Zur Frage, ob die Rechtsprechung des BVerfG auch auf die Haftung des Inhabers der tatsächlichen Gewalt übertragen werden kann, vgl. *Schäling*, NVwZ 2004, 543; *Spieth/v. Oppen*, ZUR 2002, 257, 259 f.
180 *Sanden/Schoeneck*, BBodSchG, § 4 Rn. 19.

402

Nach § 4 Abs. 3 S. 4 BBodSchG kann sanierungsverantwortlich auch derjenige sein, der aus **handels- oder gesellschaftsrechtlichem Rechtsgrund** für eine juristische Person einzustehen hat, welcher ein Grundstück gehört, das mit einer schädlichen Bodenveränderung oder Altlast behaftet ist (sog. **Durchgriffshaftung**).[181] Von besonderer Bedeutung ist beispielsweise der Durchgriff vom abhängigen Unternehmen auf seine Muttergesellschaft.[182]

47

§ 4 Abs. 3 S. 4 Hs. 2 BBodSchG stellt sicher, dass auch derjenige zur Sanierung verpflichtet bleibt und sich nicht seiner Verantwortung entziehen kann, der das Eigentum an einem belasteten Grundstück aufgibt (sog. **Dereliktion**, vgl. § 928 Abs. 1 BGB).[183]

48

(5) Früherer Eigentümer

Damit eng verbunden ist die Regelung des § 4 Abs. 6 BBodSchG, die den früheren Eigentümer verpflichtet.[184] Zweck der Bestimmung ist ebenfalls, Spekulations- und Umgehungsgeschäften zu begegnen. Früherer Eigentümer ist der jeweils **letzte Eigentümer** i.S.d. § 4 Abs. 6 BBodSchG. Die Sanierungspflicht des früheren Eigentümers betrifft nur die Nachhaftung für die Zustandsverantwortlichkeit und ist an folgende Voraussetzungen geknüpft:

49

- Die Eigentumsübertragung muss nach dem 1.3.1999 stattgefunden haben.[185]
- Der Veräußerer muss die schädliche Bodenveränderung oder Altlast gekannt haben oder hätte sie kennen müssen.[186]
- Durch die Verantwortlichkeit darf kein schutzwürdiges Vertrauen in die bodenschutzrechtliche Unbedenklichkeit des Erwerbs verletzt werden (§ 4 Abs. 6 S. 2 BBodSchG).

c) Anordnungsbefugnisse für komplexe Sanierungsfälle

Im Bereich der **Altlasten** werden die Gefahrerforschungsmaßnahmen gem. § 9 BBodSchG **ergänzt** durch die behördlichen Befugnisse nach § 13 BBodSchG, der ein **differenziertes instrumentelles System** für die Bewältigung komplexer Sanierungsfälle vorhält.

50

Im Fall von Altlasten kann wegen der Verschiedenartigkeit der nach § 4 BBodSchG erforderlichen Maßnahmen ein abgestimmtes Vorgehen notwendig sein. Wenn von den Altlasten aufgrund von Art, Ausbreitung oder Menge der Schadstoffe in besonderem Maße schädliche Bodenveränderungen oder sonstige Gefahren für den Einzelnen oder die Allgemeinheit ausgehen, soll die zuständige Behörde gem. § 13 Abs. 1 S. 1

51

---

181 Näher dazu *Erbguth/Stollmann*, Bodenschutzrecht, Rn. 152 ff. m.w.N. und Beispielen; OVG Bremen, NordÖR 2009, 367; *Tiedemann*, NVwZ 2008, 257; zur persönlichen Haftung eines Geschäftsführers der Komplementär-GmbH einer GmbH & Co.KG vgl. OVG Münster, UPR 2007, 315; zur Voraussetzung eines existenzvernichtenden Eingriffs vgl. VGH Mannheim, ZUR 2008, 325.

182 Näher *Sanden* in: Koch/Hofmann/Reese, § 8 Rn. 89; auch zur Durchgriffshaftung der Treuhandanstalt für Altlasten im Besitz der in Kapitalgesellschaften umgewandelten ehemaligen DDR-Betriebe vgl. *Greinacher*, PHi 2006, 42, 45 f.

183 Zu den hiermit einhergehenden Problemen vgl. *Erbguth/Stollmann*, Bodenschutzrecht, Rn. 161 ff. m.w.N.

184 Differenzierend *Tollmann*, ZUR 2008, 512; kritisch in Bezug auf Art. 14 GG *Dombert*, NJW 2001, 927.

185 Der Gesetzgeber hat damit die Rückwirkungsproblematik vermieden; verfassungsrechtliche Bedenken bestehen im Gegensatz zu den vergleichbaren landesrechtlichen Bestimmungen nicht, vgl. dazu *Droese*, UPR 1999, 86, 89; *Knopp*, DVBl. 1999, 1010, 1011 f.; *Schink*, DÖV 1999, 797, 805; vertiefend zum Übertragungsbegriff *Schlemminger*, NJW 2002, 2133.

186 Dazu *Hellriegel*, NVwZ 2012, 541.

BBodSchG von einem Pflichtigen die zur Entscheidung über Art und Umfang der erforderlichen Maßnahmen notwendigen Untersuchungen (Sanierungsuntersuchungen) sowie die Vorlage eines Sanierungsplans verlangen. Der Sanierungsplan soll vor allem eine Zusammenfassung der Gefährdungsabschätzung, Angaben über die bisherige und künftige Nutzung der zu sanierenden Grundstücke sowie die Darstellung des Sanierungsziels und die erforderlichen Dekontaminations-, Sicherungs-, Beschränkungs- und Eigenkontrollmaßnahmen sowie die zeitliche Durchführung dieser Maßnahmen enthalten (vgl. § 13 Abs. 1 S. 1 Nr. 1–3 BBodSchG).[187] Die **Sanierungsuntersuchungen** haben insbesondere Aufschluss darüber zu geben, mit welchen Maßnahmen eine Sanierung i.S.d. § 4 Abs. 3 BBodSchG erreicht werden kann, inwieweit Veränderungen des Bodens nach der Sanierung verbleiben und welche rechtlichen, organisatorischen und finanziellen Gegebenheiten für die Durchführung der Maßnahmen von Relevanz sind (vgl. auch § 6 Abs. 1 BBodSchV). Details dieser Untersuchungen sind Anhang 3 Nr. 1 BBodSchV zu entnehmen.[188]

Der **Sanierungsplan** bildet die Grundlage für die zur Gefahrenabwehr und zur Sanierung durchzuführenden Maßnahmen. Nach § 6 Abs. 2 S. 1 BBodSchV sind bei der Erstellung des Sanierungsplans die Maßnahmen nach § 13 Abs. 1 S. 1 Nr. 3 BBodSchG textlich und zeichnerisch vollständig darzustellen. In dem Sanierungsplan ist darzulegen, dass die vorgesehenen Maßnahmen geeignet sind, dauerhaft Gefahren, erhebliche Nachteile oder erhebliche Belästigungen für den Einzelnen oder die Allgemeinheit zu vermeiden (§ 6 Abs. 2 S. 2 BBodSchV). In diesem Kontext müssen etwaige Zulassungserfordernisse, die voraussichtlichen Kosten sowie die Auswirkungen der Maßnahmen auf die Umwelt dargestellt werden (§ 6 Abs. 2 S. 3 BBodSchV). Den notwendigen Inhalt eines Sanierungsplans konkretisiert Anhang 3 Nr. 2 BBodSchV. Danach muss ein Sanierungsplan im Wesentlichen

■ eine Darstellung der Ausgangslage,

■ die textliche und zeichnerische Darstellung der durchzuführenden Maßnahmen und den Nachweis ihrer Eignung,

■ eine Darstellung der Eigenkontrollmaßnahmen zur Überprüfung der sachgerechten Ausführung und Wirksamkeit der vorgesehenen Maßnahmen,

■ die Darstellung der Eigenkontrollmaßnahmen im Rahmen der Nachsorge einschließlich der Überwachung sowie

■ eine Darstellung des Zeitplans und der Kosten

enthalten.

Es kann verlangt werden, dass die Sanierungsuntersuchungen sowie der Sanierungsplan von einem **Sachverständigen** nach § 18 BBodSchG erstellt werden, § 13 Abs. 2 BBodSchG. Im Weigerungsfalle kann die Behörde die entsprechende Anordnung im Wege des Verwaltungszwanges vollstrecken. Schließlich eröffnet die Vorschrift des § 14 BBodSchG der Behörde die Möglichkeit, unter den dort genannten Voraussetzungen (mangelhafte Planerstellung, Fehlen von Pflichtigen, Notwendigkeit koordinierten Vorgehens) selbst einen Sanierungsplan zu erstellen oder von einem Sachverständigen erstellen zu lassen, das heißt eine Art **Ersatzvornahme der Sanierungsplanung** einzuleiten.

---

187 VGH Mannheim, ZUR 2008, 325; OVG Sachsen-Anhalt, Urt. v. 22.4.2014 – 2 L 48/13 –, Juris; im Unterschied dazu § 8 USchadG.
188 *Erbguth/Stollmann*, Bodenschutzrecht, Rn. 220.

Nach dem Vorliegen eines Sanierungsplans kann die zuständige Behörde wie folgt wei- 52
ter vorgehen:

* Es kann ein **Sanierungsvertrag** (§ 13 Abs. 4 BBodSchG) abgeschlossen werden, in dem die Sanierungspflichtigen und sonstige Modalitäten festgelegt werden.[189]
* Der Plan kann nach § 13 Abs. 6 BBodSchG mit Konzentrationswirkung und erforderlichenfalls unter Abänderungen oder Auflagen für verbindlich erklärt werden.
* Schließlich kann die zuständige Behörde eine separate Anordnung gem. § 16 BBodSchG treffen.

Die **Auswahl** der jeweils richtigen Handlungsform hat die Behörde im Rahmen der Ausübung pflichtgemäßen Ermessens (§ 40 VwVfG) zu treffen.[190]

Nach § 13 Abs. 4 BBodSchG besteht die Möglichkeit, mit dem Sanierungsplan den Entwurf eines Sanierungsvertrages über die Einzelheiten der Ausführung der Sanierung vorzulegen, der die **Einbeziehung Dritter** vorsehen kann.[191] Dritte in diesem Sinne sind etwa weitere Verantwortliche, Nachbarn der kontaminierten Fläche oder auch Hoheitsträger wie beispielsweise Kommunen. Das Rechtsregime richtet sich nach den Vorschriften über öffentlich-rechtliche Verträge, §§ 54 bis 62 VwVfG.[192] Der Vorteil dieser Handlungsform – etwa gegenüber entsprechenden Zwangsmaßnahmen auf der Grundlage des § 16 Abs. 1 BBodSchG – liegt in dem Aspekt der Freiwilligkeit und der Akzeptanz durch die Betroffenen.[193]

Gem. § 13 Abs. 6 S. 1 BBodSchG kann die zuständige Behörde den Plan für verbind- 53
lich erklären. Diese **Verbindlicherklärung** stellt einen Verwaltungsakt dar.[194] Im Rahmen der Erklärung kann der Plan auch abgeändert oder mit Nebenbestimmungen versehen werden. § 13 Abs. 6 S. 2 BBodSchG (betreffend sonstige Anordnungen) sieht – im Einklang mit den aktualisierten Landesgesetzen – vor, dass damit andere die Sanierung betreffende behördliche Entscheidungen (ausgenommen UVP-pflichtige Vorhaben) miteingeschlossen sind, soweit sie im Einvernehmen mit der jeweils zuständigen Behörde erlassen und in der Entscheidung die miteingeschlossenen Entscheidungen aufgeführt sind (**Konzentrationsregelung**).[195] Die Verbindlicherklärung führt indes nicht dazu, dass die materiellen Anforderungen des sonstigen Fachrechts außer Acht gelassen werden können. Die Verfahren i.S.d. § 13 Abs. 6 BBodSchG werden jedoch in der Hand einer Behörde gebündelt, was wiederum der Verfahrensbeschleunigung dient.[196]

---

189 Diesem kommt in der Praxis große Bedeutung zu, vgl. *Frenz/Heßler*, NVwZ 2001, 13; *Sahm*, UPR 1999, 374.
190 Vgl. näher *Erbguth/Stollmann*, Bodenschutzrecht, Rn. 224.
191 Zu dieser Handlungsform etwa *Vierhaus*, NJW 1998, 1262, 1268 f.; *Kobes*, NVwZ 1998, 786, 794; *Dombert*, ZUR 2000, 303.
192 Ausführlich dazu *Erbguth/Guckelberger*, Allgemeines Verwaltungsrecht, § 24 Rn. 1 ff.; speziell zu Sanierungsverträgen vgl. *Christonakis*, UPR 2005, 11.
193 Zum Kooperationsprinzip im Bereich der Altlastensanierung vgl. *Rengeling* in: Hendler/Marburger/Reinhardt/Schröder, UTR 53, S. 43, 79 f.; *Dombert*, ZUR 2000, 303, 304.
194 *Erbguth/Stollmann*, GewArch 1999, 283, 286; *Rengeling* in: Hendler/Marburger/Reinhardt/Schröder, UTR 53, S. 43, 77; eingehend *Fluck*, DVBl. 1999, 1551, 1552 f.
195 Eingehend zur Konzentrationswirkung *Fluck*, DVBl. 1999, 1551, 1554 f.; *Sanden* in: Koch/Hofmann/Reese, § 10 Rn. 55; *Diehr*, UPR 1998, 128, 131.
196 *Sanden* in: Koch/Hofmann/Reese, § 10 Rn. 55; *Fluck*, DVBl. 1999, 1551, 1556 f. geht von einer Zuständigkeitsbündelung „eigener Art" aus.

d) Kosten, interner Ausgleichsanspruch und Verjährung

54   In Ergänzung des § 4 BBodSchG regelt § 24 BBodSchG die vermögensrechtlichen Folgen für die aufgrund des Gesetzes Verpflichteten. Nach § 24 Abs. 1 S. 1 BBodSchG tragen die zur Durchführung Verpflichteten die **Kosten** der nach §§ 9 Abs. 2, 10 Abs. 1, 12, 13, 14 S. 1 Nr. 1, 15 Abs. 2 und 16 Abs. 1 BBodSchG angeordneten Maßnahmen.[197]

Die Vorschrift regelt indes nur die materielle Kostenlast für Maßnahmen, die nach dem BBodSchG angeordnet werden. Die Umsetzung und Durchsetzung dieser materiellen Kostenlast richtet sich nach dem Landesverwaltungsvollstreckungsrecht: Führt die Behörde z.b. eine unmittelbare Ausführung oder eine Ersatzvornahme zur Umsetzung ihrer Anordnung aus, dann ergibt sich der durchzusetzende Erstattungsanspruch aus dem jeweiligen Landesvollstreckungsgesetz.[198] Den Ländern ist es verwehrt, über § 24 Abs. 1 S. 1 BBodSchG hinausgehende Kostenerstattungsregeln zu treffen.[199] § 24 Abs. 1 S. 1 BBodSchG verwehrt allerdings nicht die Erhebung von Gebühren nach dem Landesgebührenrecht für Amtshandlungen im Vorfeld der Sanierungsanordnung, wie z.b. für Besprechungen und Informationen seitens der Behördenmitarbeiter.[200]

55   Die **Auswahl** zwischen **mehreren Kostenpflichtigen** erfolgt nach pflichtgemäß ausgeübtem Ermessen der Behörde. Die Rechtsprechung stellt hier auf die Nähe zur Gefahr, die Beherrschung der Gefahr, die Effektivität der Gefahrenabwehr, die zeitlich letzte Ursache und das Maß der Verursachung ab.[201] § 24 Abs. 1 S. 2 BBodSchG enthält eine Sondervorschrift für die bislang umstrittene Kostentragung bei Gefahrerforschungseingriffen; § 24 Abs. 1 S. 3 BBodSchG liegen Fälle der unmittelbaren Ausführung bzw. der Ersatzvornahme i.S.d. Verwaltungsvollstreckungsrechts zugrunde, bei denen die Verantwortlichen nach allgemeinen Grundsätzen zur Kostentragung verpflichtet sind.[202]

56   Dem vor diesem Hintergrund bestehenden Bedarf nach einem **internen Ausgleichsanspruch** zwischen verschiedenen Kostenpflichtigen untereinander trägt § 24 Abs. 2 S. 1 BBodSchG Rechnung.[203] Hiernach haben mehrere Verpflichtete unabhängig von ihrer Heranziehung einen Ausgleichsanspruch.[204] Dessen Umfang richtet sich – vorbehaltlich vertraglicher Regelung[205] – danach, inwieweit die Gefahr oder der Schaden vorwiegend von dem einen oder anderen verursacht worden ist; § 426 Abs. 1 S. 2 BGB

---

197   OLG Jena, ThürVBl. 2009, 126; zur Pflicht eines Pkw-Führers, die Kosten für die Beseitigung von Ölablagerungen zu beseitigen, die durch Beschädigung der Ölwanne bei Überfahren eines Steins entstanden sind vgl. VGH München, Beschl. v. 6.5.2015 – 22 ZB 14.2633; vertiefend *Mohr*, UPR 2005, 99.

198   *Hilf* in: Giesberts/Reinhardt, § 24 BBodSchG Rn. 6, 12 m.w.N.; VG Aachen, Urt. v. 15.12.2014 - 6 K 1180/10 – Juris; Rechtsgrundlage für die Kostenerstattung einer Ersatzvornahme sind bspw. in NRW die § 77 Abs. 1 und 2 i.V.m. § 55 Abs. 1, 57 Abs. 1 Nr. 1, 59 VwVG NRW i.V.m. § 20 Abs. 2 S. 2 Nr. 7 VO VwVG NRW.

199   *Dombert* in: Landmann/Rohmer, BBodSchG § 24 Rn. 5.

200   BVerwGE 126, 222, 225 ff.; dazu *Schulze-Fielitz/Knauff*, JZ 2007, 360 ff.; *Schmidt/Kahl/Gärditz*, § 9 Rn. 38.

201   OVG Magdeburg, UPR 2014, 274 Rn. 33; VGH Mannheim, ZUR 2013, 298; OVG Berlin, Urt. v. 24.2.2011 – 11 B 10.09; VGH Kassel, ZfIR 2006, 248; vgl. aber auch VGH Mannheim, ZUR 2008, 430, 432; *Schmitt/Leitzke*, ZUR 2006, 78, 79.

202   *Versteyl* in: ders./Sondermann, BBodSchG, § 24 Rn. 6; *Baufeld*, NVwZ 2009, 886.

203   Zu den früheren landesrechtlichen Ausgleichsregelungen vgl. *Guttenberger*, S. 30 ff.

204   Vgl. BGH, NJW 2009, 139; OLG Frankfurt, AbfallR 2009, 201 (Leitsatz); *Hellriegel/Schmitt*, NJW 2009, 1118; *Drasdo*, NJW-Spezial 2007, 97; zur Herleitung von Ansprüchen des Veräußerers eines kontaminierten Grundstücks gegen den Verursacher vgl. *Beckhaus*, ZUR 2010, 418; zum bodenschutzrechtlichen Ausgleichsanspruch bei Abfallbeseitigungsanlagen BGH, UPR 2010, 273; a.A. (Ausgleichsanspruch nur zwischen Verantwortlichen, die von der Behörde verpflichtet wurden) *Knoche*, NVwZ 1999, 1198 ff.

205   Dazu eingehend *Knopp*, NJW 2000, 905; *Schlette*, VerwArch 2000, 41, 64 f.

findet gem. § 24 Abs. 2 S. 2 BBodSchG entsprechende Anwendung.[206] Verjährung[207] und Rechtswegfragen regeln die Sätze 3 bis 6 des § 24 Abs. 2 BBodSchG.[208]

Die Verpflichtungen des Verantwortlichen nach dem Bundesbodenschutzgesetz unterliegen mit Ausnahme des Ausgleichsanspruchs **keiner Verjährung**. Dies gilt auch dann, wenn ein Rechtsnachfolger in Anspruch genommen wird.[209] Beschränkungen für die Verantwortlichkeit ehemaliger Eigentümer können sich allerdings auf Tatbestandsebene im Hinblick auf das Erfordernis der Kenntnis der schädlichen Bodenveränderung (§ 4 Abs. 6 BBodSchG) ergeben.[210]

e) Vorsorgeanordnungen

§ 7 BBodSchG normiert eine **spezifisch bodenschutzrechtliche Vorsorgepflicht**. Ihr Ziel ist es, das Entstehen (im Unterschied zu bereits bestehenden Bodenbelastungen, §§ 7 S. 8 i.V.m. 4 BBodSchG) schädlicher Bodenveränderungen durch zukünftige Einwirkungen – die durch die jeweilige Nutzung auf dem Grundstück selbst oder in dessen Einwirkungsbereich hervorgerufen werden können – von vornherein zu verhindern (§ 7 S. 1 BBodSchG). Von der Vorsorgepflicht ausgenommen sind nach § 7 S. 6 und 7 BBodSchG die land- und forstwirtschaftliche Bodennutzung sowie der Grundwasserschutz.

57

Nach § 7 S. 2 BBodSchG sind **Vorsorgemaßnahmen** geboten, wenn wegen räumlicher, langfristiger oder komplexer Auswirkungen einer Nutzung auf die Bodenfunktionen die Besorgnis einer schädlichen Bodenveränderung besteht. Mit dem Begriff der Besorgnis wird ein dem Vorsorgegrundsatz gemäßer Prognosemaßstab geliefert, der aus dem Gewässerschutzrecht kommend von einer Schadensmöglichkeit ausgeht.[211] Derartige Maßnahmen können gem. § 10 Abs. 1 S. 1 BBodSchG behördlicherseits angeordnet werden, wenn die in §§ 9 f. BBodSchV[212] gestellten Vorsorgeanforderungen nicht eingehalten werden. Sie können beispielsweise zulässig sein, wenn Schadstoffgehalte im Boden gemessen werden, welche die Vorsorgewerte nach § 9 Abs. 1 S. 1 Nr. 1 i.V.m. Anhang 2 Nr. 4 der BBodSchV überschreiten.[213]

Werden Vorsorgewerte überschritten, so soll der nach § 7 BBodSchG Verpflichtete Vorkehrungen treffen, um weitere durch ihn auf dem Grundstück und dessen Einwirkungsbereich verursachte Schadstoffeinträge zu vermeiden oder wirksam zu vermindern (§ 10 Abs. 1 S. 1 BBodSchV).[214] Entsprechende **Vorsorgeanordnungen** müssen **verhältnismäßig** sein, wobei insbesondere Zumutbarkeitsaspekte im Hinblick auf die planungsrechtlich zulässige Flächennutzung zu berücksichtigen sind.[215]

---

206 OLG Karlsruhe, W+B 2015, 127; ausführlich zur Störerauswahl auf der Primär- und Sekundärebene und zum gesamtschuldnerischen Ausgleich vgl. *Guttenberger*, S. 49 ff., 71 ff.; § 24 Abs. 2 S. 1 ist nicht analog auf andere Fallkonstellationen anwendbar: BGH, NVwZ 2010, 789, 791; *Schmidt/Kahl/Gärditz*, § 9 Rn. 40.
207 Dazu BGH, NVwZ 2017, 416 im Anschluss an BGHZ 195, 153; *Landel/Mohr*, UPR 2008, 100; zur Verjährungsproblematik der Verantwortlichkeit vgl. *Erbguth/Stollmann*, Bodenschutzrecht, Rn. 171.
208 Zur Problematik der Verjährung *Hünnekens/Plogmann*, NVwZ 2003, 1216.
209 VGH Mannheim, ZUR 2008, 325, 327.
210 *Hellriegel*, NVwZ 2012, 541; dazu bereits § 13 Rn. 49.
211 *Peters*, VBlBW 1999, 83, 85; *Ott*, ZUR 1994, 53, 59.
212 Damit ist der Rechtsverordnungsermächtigung gem. § 8 Abs. 2 BBodSchG entsprochen worden.
213 Vgl. auch *Schäfer*, DVBl. 2002, 734.
214 Zu den bodenschutzrechtlichen Anforderungen an die Verfüllung von Ausgrabungen mit mineralischen Abfällen vgl. BVerwG, NVwZ 2005, 954; umfassend hierzu *Bertram*, AbfallR 2007, 37; *Frenz*, UPR 2007, 81.
215 *Erbguth/Stollmann*, Bodenschutzrecht, Rn. 189.

Verpflichtete sind in diesem Zusammenhang der Grundstückseigentümer, der Inhaber der tatsächlichen Gewalt über ein Grundstück sowie derjenige, der Verrichtungen auf einem Grundstück durchführt oder durchführen lässt, die zu (negativen) Veränderungen der Bodenbeschaffenheit führen können, vgl. § 7 S. 1 BBodSchG. Damit können Einwirkungen Dritter, die von diesem Personenkreis unabhängig sind – wie etwa Emittenten aus der Nachbarschaft – eine Vorsorgepflicht bspw. des Grundstückseigentümers nicht auslösen.[216]

f) Entsiegelungsanordnungen

58   Nach § 5 BBodSchG kann bei dauerhaft nicht mehr genutzten Flächen die Beseitigung einer Bodenversiegelung vom Grundstückseigentümer verlangt werden. Nach § 5 S. 1 BBodSchG können Entsiegelungsanordnungen auf der Grundlage einer Rechtsverordnung erlassen werden. § 5 S. 2 BBodSchG ermöglicht bis zu ihrem Inkrafttreten, die Anordnung von Einzelmaßnahmen nach den Voraussetzungen von S. 1 zu treffen. Da von der Verordnungsermächtigung des § 5 S. 1 BBodSchG bisher noch kein Gebrauch gemacht wurde, besteht derzeit nur die Möglichkeit Einzelfallanordnungen (Verwaltungsakte) nach § 5 S. 2 zu erlassen.[217] Zur Entsiegelung verpflichtet werden kann **nur** der **Grundstückseigentümer**. Mieter oder Pächter oder sonstige Nutzungsberechtigte scheiden als Adressaten entsprechender Maßnahmen aus.

Im Hinblick auf die **Rechtsfolgen** der Maßnahmen nach § 5 BBodSchG ordnet das Gesetz die Erhaltung bzw. die Wiederherstellung der Bodenfunktionen an, freilich nur unter dem Vorbehalt der Möglichkeit und Zumutbarkeit. Damit wird zum einen Bezug genommen auf die technische Machbarkeit der Beseitigung von Versiegelungen, zum anderen auf die vor allem wirtschaftliche Zumutbarkeit der Entsiegelungsmaßnahmen.[218]

Entsiegelungsmaßnahmen können nur angeordnet werden, „soweit die Vorschriften des Baurechts die Befugnisse der Behörden nicht regeln" (§ 5 S. 1, 1. Hs. BBodSchG). Hierdurch wird eine **Subsidiarität** der bodenschutzrechtlichen Entsiegelungspflicht insbesondere gegenüber der Pflicht zur Duldung von Entsiegelungsmaßnahmen der Gemeinde nach § 179 BauGB statuiert.[219]

59   ▶ **Lösung Fall 14:** Die Anordnung der zuständigen Behörde könnte sich auf § 9 Abs. 2 BBodSchG stützen. Gem. § 9 Abs. 2 S. 1 BBodSchG kann die zuständige Behörde anordnen, dass die in § 4 Abs. 3, 5 und 6 BBodSchG genannten Personen die notwendigen Untersuchungen zur Gefahrenabschätzung durchzuführen haben, wenn aufgrund konkreter Anhaltspunkte der hinreichende Verdacht einer schädlichen Bodenveränderung oder einer Altlast vorliegt. Derartige konkrete Anhaltspunkte für das Vorliegen einer schädlichen Bodenveränderung oder Altlast liegen in Form verschiedener Gutachten aus den Jahren 1990, 1999 und 2000 vor, welche die Kontamination des Bodens durch LCKW feststellten und die Annahme rechtfertigen, dass dies zu einer Verunreinigung des Grundwassers geführt hat und weiterführen wird. Nach den dort getroffenen Feststellungen konnten trotz der Bodensanierung durch Bodenluftabsaugung im Zeitraum 1990–1998 die Bodenverunreinigungen nur teilweise beseitigt werden. Weitere Voraussetzung ist, dass die Untersuchungen zur Ge-

---

216   *Erbguth/Stollmann*, Bodenschutzrecht, Rn. 183.
217   Zur Anwendbarkeit des § 5 S. 2 BBodSchG vor dem Erlass einer Verordnung nach § 5 S. 1 BBodSchG vgl. *Gröhn*, S. 155.
218   *Erbguth/Stollmann*, GewArch 1999, 223, 231.
219   *Erbguth/Stollmann*, Bodenschutzrecht, Rn. 177; str.: vgl. *Sanden* in: Koch/Hofmann/Reese, § 8 Rn. 131.

fahrenabschätzung notwendig sind. Das ist zu bejahen, weil das Ausmaß der Gefahr, insbesondere die Mengen der aus dem Boden in das Grundwasser gelangenden LCKW, die Fließrichtung des Grundwassers im Bereich des Grundstücks und die Ausdehnung der vom Grundstück ausgehenden „LCKW-Fahne", ungeklärt ist. Eine diesbezügliche Aufklärung ist jedoch zur Einleitung der geeigneten Gefahrabwehrmaßnahmen durch die Behörde notwendig. Darüber hinaus müsste Unachtsam zu dem im § 4 Abs. 3 BBodSchG genannten Personenkreis gehören. Unachtsam könnte hier jedenfalls Mitverursacher einer schädlichen Bodenveränderung oder Altlast i.S.v. § 4 Abs. 3 S. 1 BBodSchG sein. Nach der Rechtsprechung kann, wenn verschiedene Anlagenbetreiber nacheinander zu einer Verunreinigung des Bodens und Grundwassers des von ihnen betrieblich genutzten Grundstücks beigetragen haben, auch derjenige von ihnen zu Altlastenerkundungs- und -sanierungsmaßnahmen herangezogen werden, der den möglicherweise geringeren Beitrag zu der Verunreinigung geleistet hat.[220] Die Inanspruchnahme eines Anlagenbetreibers als (Mit-)Verursacher einer Bodenverunreinigung kommt allerdings nur dann in Betracht, wenn seine (Mit-)Verantwortlichkeit objektiv feststeht. Bloße Vermutungen über Kausalverläufe genügen nicht. Die Führung eines Unternehmens, in dem mit grundwassergefährdenden Stoffen umgegangen wird, bildet für sich allein noch keine ausreichende Grundlage für eine Heranziehung des Geschäftsinhabers als Verursacher. Dies gilt jedenfalls dann, wenn noch andere Personen, insbesondere frühere bzw. spätere Betriebsinhaber, als Verursacher in Betracht kommen.[221] Kann der Nachweis für die als Verursacher verantwortliche Person nicht erbracht werden, müssen zum Ausschluss spekulativer Erwägungen und bloßer Mutmaßungen wenigstens objektive Faktoren als tragfähige Indizien vorhanden sein, die den Schluss rechtfertigen, zwischen dem Verhalten der Person und der eingetretenen Gefahrenlage bestehe ein gesicherter Ursachenzusammenhang. Objektive Verdachtsmomente ergeben sich hier bereits aus dem Umstand, dass während der Dauer der Inhaberschaft des Unachtsam in dem Unternehmen ein Betriebssystem installiert war, das regelmäßig den „offenen" Umgang mit LCKW-haltigen Stoffen erforderte und in verschiedener Hinsicht den Eintritt des Verlustes kleinerer Mengen dieser Stoffe im täglichen Umgang ermöglichte. Am früheren Standort der Reinigungsmaschinen wurden auch erhebliche Bodenverunreinigungen mit LCKW festgestellt. Ferner ist innerhalb der Garage, die zur Lagerung größerer Mengen LCKW-haltiger Reinigungsmittel diente, laut Sachverständigengutachten der Boden stark mit LCKW verunreinigt. Darüber hinaus wurden im Bereich des Innenhofs, der laut Aussagen der Angestellten weisungswidrig zur Trocknung von Reinigungsrückständen genutzt wurde, starke Verunreinigungen mit LCKW nachgewiesen. Es ist somit festzustellen, dass gerade in den Bereichen, in denen mit dem Eintritt von LCKW-Verlusten im Betrieb des Unachtsam zu rechnen war, tatsächlich erhebliche Verunreinigungen des Bodens festgestellt worden sind. Insbesondere das offene Trocknen von Reinigungsrückständen auf dem Innenhof, das dem Unachtsam als betriebsbezogenes Verhalten zuzurechnen war, ist ein Indiz dafür, dass im Unternehmen des Unachtsam nicht in jeder Hinsicht ein sachgerechter Umgang mit LCKW-haltigen Stoffen stattgefunden hat. Die Heranziehung des Unachtsam als (Mit-)Verursacher der Altlast gem. §§ 9 Abs. 2 i.V.m. 4 Abs. 3 S. 1 BBodSchG war somit rechtmäßig. Nach § 9 Abs. 2 S. 2 BBodSchG schließt dies die Anordnung der Beauftragung einer Untersuchung durch Sachverständige oder Untersuchungsstellen nach § 18 BBodSchG ein.

---

220 VGH Mannheim, NVwZ-RR 2003, 103, 105.
221 Vgl. zur Ordnungpflichtigkeit von Leitungspersonen einer juristischen Person des Privatrechts als Verursacher einer schädlichen Bodenveränderung OVG NRW, AbfallR 2015, 259.

Hinweis: Das führt zur materiellen Rechtmäßigkeit der behördlichen Anordnung. Die Sanierungsverantwortlichkeit des früheren Grundstückseigentümers Ahnungslos aus § 4 Abs. 6 BBodSchG ist dagegen mangels Kenntnis und darüber hinaus mangels Eigentumsübertragung nach dem 1.3.1999 ausgeschlossen. ◄

3. Instrumente indirekter Verhaltenssteuerung

a) Appellatorische Vermeidungs- und Abwehrpflicht

60   Um das Verantwortungsbewusstsein des Bürgers zu wecken und zu stärken sowie eine erzieherische Wirkung auf das bodenrelevante Verhalten zu erzeugen, enthält das Bundes-Bodenschutzgesetz Verhaltenspflichten, denen aber lediglich eine **Appellfunktion** zukommt. Das bedeutet, dass diese Regelungen keine konkreten Handlungs- oder Unterlassungspflichten begründen, die selbstständig durch Anordnungen erzwungen oder ordnungsrechtlich sanktioniert werden könnten.[222]

§ 4 Abs. 1 BBodSchG normiert eine **Jedermann-Verpflichtung** zum Schutz des Bodens, nach der jeder, der auf den Boden einwirkt, sich so zu verhalten hat, dass schädliche Bodenveränderungen nicht hervorgerufen werden.

In gleicher Weise verpflichtet § 4 Abs. 2 BBodSchG **Grundstückseigentümer** und **Inhaber der tatsächlichen Gewalt** über ein Grundstück, Maßnahmen zu ergreifen. Im Gegensatz zu § 4 Abs. 1 BBodSchG wird also nicht an ein menschliches Verhalten, sondern an den Grundstückszustand angeknüpft.

b) Landwirtschaftliche Bodennutzung

61   Ebenfalls rein faktischen und damit Appellcharakter haben die Anforderungen, die § 17 Abs. 1 S. 1 BBodSchG für die Landbewirtschaftung aufstellt:[223] Bei der landwirtschaftlichen Bodennutzung soll die Vorsorgepflicht durch die **gute fachliche Praxis** erfüllt sein.[224] In § 17 Abs. 2 BBodSchG werden sodann allgemeine Grundprinzipien der guten fachlichen Praxis aufgeführt, wobei eine Beschränkung auf nichtstoffliche Aspekte[225] der Landbewirtschaftung erfolgt. Als Grundsatz wirkt insoweit die nachhaltige Sicherung der Bodenfruchtbarkeit und Leistungsfähigkeit des Bodens als natürliche Ressource (§ 17 Abs. 2 S. 1 BBodSchG).[226] Der (nicht abschließende) Katalog des § 17 Abs. 2 S. 2 Nr. 1 bis 7 BBodSchG fächert diese Grundsätze sodann weiter auf. U.a. sind soweit wie möglich Bodenabträge, Bodenverdichtungen, eine Verminderung des Humusgehaltes und weitere negative Begleiterscheinungen zu vermeiden.

---

222 *Kloepfer*, Umweltrecht, § 13 Rn. 223; *Versteyl* in: ders./Sondermann, BBodSchG, § 4 Rn. 7; a.A. *Dombert* in: Landmann/Rohmer, USchadG, § 4 Rn. 5; *Peters/Hesselbarth/Peters*, Rn. 537 f.; vgl. auch *Schmidt/Kahl/ Gärditz*, § 9 Rn. 21 m.w.N.

223 In diesem Bereich dürften auch für die Länder keine Möglichkeiten der Rechtsdurchsetzung bestehen; vgl. *Erbguth/Stollmann*, Bodenschutzrecht, Rn. 198; ähnlich *Sanden*, § 10 Rn. 60 f.

224 Für eine Konkretisierung und Ergänzung des Begriffs der guten fachlichen Praxis *Ginzky*, in: Beck-OK, BBodSchG, § 17 Rn. 8 f.; ders., ZUR 2008, 188, 191; kritisch *Müller*, AgrarR 2002, 237; zu den Pflichten aus § 4 BBodSchG nach § 17 Abs. 3 BBodSchG vgl. *Notter*, ZUR 2008, 184.

225 Über die in § 3 Abs. 1 Nr. 4 BBodSchG begründete Subsidiarität des Gesetzes gegenüber den Vorschriften des Düngemittel- und Pflanzenschutzrechts (z.B. § 11a Abs. 1 DüngG, die DüV und die DüMV, welche Anfang 2017 in Umsetzung der EU-Nitratrichtlinie 91/676/EWG geändert wurden) wird der gesamte Bereich der stofflichen Bodenbelastungen aus der Landwirtschaft vom Geltungsbereich des Gesetzes ausgenommen. Dies wird durch die Regelung des § 17 Abs. 3 BBodSchG nochmals nachdrücklich betont. Danach werden die Pflichten nach § 4 BBodSchG durch die Einhaltung der in § 3 Abs. 1 BBodSchG genannten Vorschriften erfüllt.

226 Zur Konkretisierung der Begriffe Bodenfruchtbarkeit und Leistungsfähigkeit des Bodens *Gröhn*, S. 168.

§ 10 Abs. 2 BBodSchG sieht zugunsten der Landwirtschaft einen Anspruch auf **Aus-** 62
gleichsleistungen für diejenigen wirtschaftlichen Nachteile vor, die infolge einer behördlichen Bodennutzungsbeschränkung oder einer Bewirtschaftungsregelung eintreten. Freilich ist die Geltendmachung des Anspruchs an mehrere einschränkende Voraussetzungen geknüpft:

▪ Der Anspruchsberechtigte (Grundstückseigentümer oder Inhaber der tatsächlichen
   Gewalt) darf die schädliche Bodenveränderung nicht verursacht haben.

▪ Jeder Landwirt muss zunächst versuchen, die durch die Beschränkungen entstehenden Nachteile betriebsintern zu kompensieren.

▪ Die Nutzungsbeschränkung muss ohne den Ausgleich zu einer besonderen Härte
   führen, die erheblich über die mit der Beschränkung verbundene allgemeine Belastung hinausgeht.

▪ Ganz entscheidend dürfte schließlich sein, dass der Ausgleichsanspruch – d.h. dessen Inhalt und Umfang – nur nach Maßgabe des Landesrechts gilt. Damit ist der
   Anspruch erst nach Erlass entsprechender Landesregelungen durchsetzbar.[227]

c) Ökonomische Anreize

Zur Eindämmung von Bodenversiegelung und -verbrauch werden – neben den bereits 63
genannten ökonomischen Anreizen[228] – rechtspolitisch für das Bodenschutzrecht folgende Ansätze diskutiert:[229]

▪ Umweltabgaben bei Flächeninanspruchnahme (Bodennutzungsabgabe oder **Versie-**
   gelungsabgabe),[230]

▪ handelbare **Flächenzertifikate** oder **Versiegelungsrechte**.[231]

Darüber hinaus wird zur Steuerung des zunehmenden Flächenverbrauchs zu Recht
eine Effektivierung des Planungsrechts, insbesondere der Bauleitplanung, gefordert.[232]

Zur Erreichung einer nachhaltigen Bodenbewirtschaftung bedarf es ferner des **Flächen-**
recyclings. Flächenrecycling ist die nutzungsbezogene Wiedereingliederung vormals industriell oder gewerblich genutzter Grundstücke, die ihre bisherige Funktion und Nutzung verloren haben, mittels planerischer, umwelttechnischer und wirtschaftspoliti-
scher Maßnahmen in den Wirtschafts- und Naturkreislauf.[233] Es ergibt sich sowohl
aus dem bauplanungsrechtlichen Gebot der Wiedernutzbarmachung von Flächen (§ 1a
Abs. 2 S. 1 BauGB) als auch aus dem Grundsatz der nutzungsbezogenen Sanierung aus
§ 4 Abs. 4 BBodSchG. Weitere rechtliche Instrumente des Flächenrecyclings können
sich etwa aus städtebaulichem Maßnahmenvertrag, vorhabenbezogenem Bebauungsplan oder städtebaulicher Sanierungssatzung ergeben.[234]

---

227 Für Nordrhein-Westfalen: § 19 LbodSchG NRW; vgl. des Weiteren *Versteyl* in: ders./Sondermann,
      BBodSchG, § 10 Rn. 20 ff.
228 Vgl. § 5 Rn. 84 ff.
229 *SRU*, Umweltgutachten 2000, Tz. 536 f., 538.
230 *Michaelis*, ZUR 2002, 129; *Ekardt*, VR 2001, 397.
231 *Senftleben*, ZUR 2008, 64; *Peine/Spyra/Hüttl*, UPR 2006, 375; zur Diskussion des Handels mit Flächenaus-
      weisungsrechten vgl. ferner *Bovet*, NuR 2006, 473; *Marty*, ZUR 2011, 395; *Hansjürgens/Schröter-Schlaak* in:
      Köck/Bizer/Hansjürgens/Einig/Siedentop, S. 61 ff.; zum Beitrag der Rechtsprechung zur Reduzierung des
      Flächenverbrauchs am Beispiel des Raumordnungs- und Bauplanungsrechts *Faßbender*, ZUR 2010, 81.
232 *SRU*, Umweltgutachten 2008, Tz. 517 ff.
233 *Tomerius*, NuR 2005, 14; *Thiel*, UPR 2005, 212; *Pommer*, ZfIR 2003, 892; *Heinz*, NZBau 2005, 79; *Reicherzer*,
      KommJur 2007, 161.
234 *Pommer*, ZfIR 2003, 892.

Insbesondere in Städten, die naturgemäß einen großen Flächenbedarf haben, ist eine große Anzahl der benötigten Flächen mit einem Altlastenverdacht behaftet. Diese Flächen befinden sich aber regelmäßig in infrastrukturell gut erschlossenen Lagen, so dass die Mehrkosten eines Recyclings, die gegenüber dem Verbrauch neuer unbelasteter Flächen entstehen, oftmals gerechtfertigt sind.

d) Information und Kooperation

64 Indirekte Verhaltensauswirkungen hat ebenfalls ein breit angelegtes **Umweltinformationsmanagement**. Verlässliche Informationen über den Zustand der Umwelt und die Ursachen von Umweltbeeinträchtigungen sind zur Verwirklichung des Umweltschutzes unverzichtbar. So schaffen Berichte über die jährliche Flächeninanspruchnahme Transparenz und Bewusstsein in der Bevölkerung.

Seit 2007 berichten Industriebetriebe auf Grundlage der Europäischen PRTR-Verordnung (E-PRTR-VO)[235] und des deutschen PRTR-Gesetzes (SchadRegProtAG)[236] insbesondere über die Freisetzung von Schadstoffen in Luft, Wasser und Boden, wenn bestimmte Emissionsschwellenwerte überschritten werden. PRTR steht dabei für **Pollutant Release and Transfer Register**.[237] Die Bevölkerung kann diese öffentlich zugänglichen Daten im Internet einsehen.[238]

Darüber hinaus steht jedermann der Zugang zu den bei verschiedenen Behörden erfassten Altlastendaten nach Maßgabe des allgemeinen Informationsfreiheitsrechts offen, insbesondere nach dem UIG.[239]

65 Konsensuale Lösungen zwischen Staat und Bürger haben im Gegensatz zum Ordnungsrecht den Vorteil, dass regelmäßig eine höhere Akzeptanz beim Bürger erreicht wird. Eine wichtige Möglichkeit konsensualen Verhaltens eröffnet der öffentlich-rechtliche Vertrag (§§ 54 ff. VwVfG),[240] der im BBodSchG in Form eines **Altlastensanierungsvertrags** nach § 13 Abs. 4 BBodSchG für den Sonderfall einer qualifizierten Altlast vorgesehen ist. Die generell zulässigen Vertragsformen der §§ 54 ff. VwVfG sind parallel dazu anwendbar. Insbesondere in der Phase der Gefahrabschätzung und vor Beginn der Sanierungsplanung nach § 13 Abs. 1 BBodSchG wird in der Praxis häufig ein Verwaltungsvertrag abgeschlossen.

---

235 VO (EG) Nr. 166/2006 v. 18.1.2006 über die Schaffung eines europäischen Schadstofffreisetzungs- und -verbringungsregisters, ABlEG L 33/1, zuletzt geändert durch VO (EG) Nr. 596/2009 v. 18.6.2009, ABlEG L 188/14.

236 Gesetz zur Ausführung des Protokolls über Schadstofffreisetzungs- und -verbringungsregister v. 21.5.2003 sowie zur Durchführung der VO (EG) Nr. 166/2006 v. 6.6.2007, BGBl. I, S. 1002; *Röckinghausen*, ZUR 2009, 19.

237 Vgl. hierzu den positiven Bericht der Kommission über die Fortschritte bei der Durchführung der Verordnung (EG) Nr. 166/2006 über die Schaffung eines Europäischen Schadstofffreisetzungs- und -verbringungsregisters (E-PRTR) vom 5.3.2013, KOM (2013) 111 endg., S. 10.

238 Abrufbar unter: www.thru.de (Stand: 19.9.2018).

239 Vgl. dazu § 5 Rn. 129; zur Reichweite des Auskunftsanspruchs in Bezug auf Altlasten nach § 3 Abs. 1 UIG und möglichen Ausschlussgründen nach §§ 8, 9 UIG vgl. *Kümper*, UPR 2012, 291.

240 *Erbguth/Guckelberger*, Allgemeines Verwaltungsrecht, § 24 Rn. 1 ff.

WIEDERHOLUNGS- UND VERSTÄNDNISFRAGEN

66

> Welchen Schutzzweck verfolgt das BBodSchG? (Rn. 7)

> Wie werden die Begriffe „Boden", „Altlasten" und „schädliche Bodenverunreinigung" definiert? (Rn. 9, 14, 16)

> Welches behördliche Instrumentarium stellt das BBodSchG für eine Altlastensanierung bereit? (Rn. 24 ff.)

> Erläutern Sie die Haftung des Gesamtrechtsnachfolgers im Anwendungsbereich des BBodSchG! (Rn. 44)

> Welchen verfassungsrechtlichen Grenzen unterliegt die ordnungsbehördliche Inanspruchnahme des Grundstückseigentümers?

> Welche Befugnisse besitzt die zuständige Behörde zur Ermittlung einer schädlichen Bodenverunreinigung?

§ 14 Gentechnikrecht

1 Das Gentechnikrecht ist ein vergleichsweise junges Rechtsgebiet, anhand dessen die Verknüpfung von umweltbezogenem Anlagen- und Produktrecht – exemplarisch – aufgezeigt werden kann. Die Anwendung der Gentechnologie beim Menschen wird als Humangenetik bezeichnet (auch sog. „rote Gentechnik").[1] Sie ist nicht Gegenstand der Darstellung.[2] Im Rahmen des Umweltrechts geht es um die sog. „grüne Gentechnik", auch „Umweltgentechnik" genannt.[3] Hierbei handelt es sich um die Anwendung gentechnischer Verfahren in der Pflanzen- und Tierzüchtung und die Nutzung gentechnisch veränderter Pflanzen und sonstiger Organismen in der Landwirtschaft und im Lebensmittelsektor.

2 Die **Nutzenpotenziale** der grünen Gentechnik sind in erster Linie wirtschaftlicher Natur: Insbesondere im Lebensmittel- und Futtermittelbereich wird mithilfe genetischer Veränderungen von Pflanzen und Tieren versucht, eine kostensparende und effizientere Lebens- und Futtermittelproduktion zu etablieren.[4] Zugleich soll – beispielsweise durch eine gentechnisch erzeugte Herbizidresistenz bei Pflanzen – der Einsatz von Pestiziden verringert und dadurch Boden und Grundwasser vor schädlichen Einträgen geschützt werden.[5]

Die mit der Gentechnik verbundenen **Risiken** für die menschliche und tierische Gesundheit sowie für die Umwelt sind angesichts ihrer verhältnismäßig jungen Geschichte weitgehend ungeklärt.[6] Mittlerweile kristallisiert sich aber heraus, dass die größten Risiken nicht in der Beeinträchtigung der menschlichen Gesundheit, sondern im Bereich der Schäden für die Umwelt und der Beeinträchtigung der gentechnikfreien Landwirtschaft bestehen.[7] Nachteile können der gentechnikfreien Landwirtschaft, insbesondere dem ökologischen Landbau, entstehen, wenn nicht hinreichende Vorkehrungen gegen Verunreinigungen durch gentechnisch veränderte Organismen (GVO) getroffen werden.[8] So kann etwa das Saatgut eines konventionelle Landwirtschaft betreibenden Landwirts durch GVO verunreinigt werden, so dass die Aussaat dieses Saatguts eine genehmigungspflichtige Freisetzung von GVO ist.[9] Überdies bestehen ethische Bedenken insbesondere gegenüber dem Einsatz gentechnisch veränderter Organismen in der Lebensmittelproduktion.[10]

---

1 *SRU*, Umweltgutachten 2004, Tz. 844.
2 Hierzu näher *Kloepfer*, Umweltrecht, § 18 Rn. 82 ff.
3 *Sparwasser/Engel/Voßkuhle*, § 6 Rn. 326; einen guten Überblick bieten *Winter/Fricker/Knoepfel*, ZUR 2015, 259.
4 *SRU*, Umweltgutachten 2004, Tz. 845; *Ittershagen/Runge*, NVwZ 2003, 549, 549.
5 *SRU*, Umweltgutachten 2004, Tz. 845; vgl. auch *Fisahn*, NuR 2004, 145, 145; *Mechel* in: Koch/Hofmann/Reese, § 11 Rn. 2.
6 *SRU*, Umweltgutachten 2004, Tz. 866 ff.; *Schauzu*, ZUR 1999, 3; *dies.*, ZLR 1996, 655.
7 *SRU*, Umweltgutachten 2008, Tz. 1048; *Winter/Fricker/Knoepfel*, ZUR 2015, 259, 265 f. Diese Sichtweise wurde bestätigt in EuG v. 14.3.2018, Rs. T-33/16, ABlEU C 152/26, wonach es bei der Zulassungsentscheidung bzgl. GVO nicht nur um Gesundheitsbelange, sondern vollumfänglich auch um Angelegenheiten des Umweltrechts i.S.d. Aarhus-VO 1367/2006/EG gehe und damit die in Art. 10 Abs. 1 geregelten Antragsmöglichkeiten für Nichtregierungsorganisationen bzgl. der internen Nachprüfung von Zulassungsbeschlüssen Anwendung finde.
8 *SRU*, Umweltgutachten 2004, Tz. 890 ff.
9 Vgl. VGH München, ZUR 2007, 487; OVG Schleswig-Holstein, LRE 56, 352; zu den Anforderungen einer Freisetzungsgenehmigung in Bezug auf gentechnisch verändertes Saatgut vgl. *Winter*, ZUR 2006, 456.
10 *SRU*, Umweltgutachten 2004, Tz. 845.

In der EU ist daher lediglich der Anbau der Maissorte MON810, die besonders widerstandsfähig gegen ein Insektizid ist, zugelassen.[11] Die Erstzulassung von MON810 ist 2007 zwar abgelaufen, gilt aber bis zur Entscheidung über den Zweitantrag fort.[12] Die Maissorte ist derzeit die einzige gentechnisch veränderte Pflanze, die in der Europäischen Union angebaut wird. Mehrere Mitgliedstaaten - u.a. auch Deutschland - haben indes von der Schutzklausel (Art. 23, bzw. später gestützt auf die neuen Art. 26b bzw. Art. 26c) der Freisetzungsrichtlinie[13] Gebrauch gemacht und den Anbau national untersagt.[14] Die mangelnde Akzeptanz gentechnisch veränderter Lebensmittel in der europäischen Bevölkerung und die Politisierung der Debatte mag die Untersagungen erklären. Das Akzeptanzdefizit zeigt sich auch daran, dass die ursprünglich zugelassene, gentechnisch veränderte Kartoffelsorte Amflora sich nicht am Markt durchsetzen konnte. Gegen die Zulassung zum Anbau der besonders stärkehaltigen Kartoffelsorte erhob zudem Ungarn erfolgreich eine Nichtigkeitsklage. Der EuGH stellte erhebliche Fehler der Kommission im Zulassungsverfahren fest und erklärte den Amflora-Zulassungsbeschluss der Kommission für nichtig.[15] Aufgrund der gesellschaftlichen, wirtschaftlichen und rechtlichen Hindernisse ist ein neuer Zulassungsantrag bezüglich Amflora kaum zu erwarten.

I. Rechtsgrundlagen

Das Gentechnikrecht dient primär dem vorsorgenden Umweltschutz,[16] sekundär dem kausalen Umweltschutz.[17]

Das Spannungsverhältnis zwischen Risiken und Nutzen der Gentechnik kann der Gesetzgeber einerseits zugunsten der Sicherheit durch ein Totalverbot des Einsatzes gentechnischer Verfahren lösen, andererseits zugunsten der Freiheit durch eine weitgehende Freistellung von Genehmigungs- und Verbotsregelungen. 3

1. Internationales Recht

Auf der internationalen Ebene verpflichtet die Konvention von Rio de Janeiro zum Schutz der Artenvielfalt (**Biodiversitätskonvention**) vom 5.6.1992[18] in Art. 8 lit. g die Vertragsstaaten u.a., Mittel zur Regelung, Bewältigung und Kontrolle der Risiken einzuführen, die mit der Nutzung oder Freisetzung der durch Biotechnologie hervorgebrachten lebenden modifizierten Organismen zusammenhängen, die nachteilige Um- 4

---

11 Kommission, Zulassungsentscheidung v. 22.4.1998, ABlEG L 131/32.
12 Zum Stand des Zulassungsverfahrens www.transgen.de/anbau/483.mon810-mais-zulassung-eu.html (Stand: 16.9.2018).
13 Richtlinie 2001/18/EG v. 12.3.2001 über die absichtliche Freisetzung genetisch veränderter Organismen in die Umwelt, ABlEG L 106/1, zuletzt geändert durch RL 2018/350/EU v. 8.3.2018, ABlEU L 67/30; Art. 26b, 26c eingefügt durch Art. 1 der RL (EU) 2015/412 v. 11.3.2015, ABlEU L 68/1; vgl. auch § 14 Rn. 5 a.E.
14 In Deutschland wurde am 17.4.2009 ein Anbauverbot gestützt auf die in § 20 Abs. 2 GenTG umgesetzte Schutzklausel erlassen. Die Rechtmäßigkeit des Verbots wurde gerichtlich bestätigt, vgl. VG Braunschweig, ZUR 2009, 446 f.; OVG Niedersachsen, NuR 2009, 566 f. Derartige Anbauverbote wurden in neun weiteren EU-Ländern erlassen. Während ein Anbauverbot, das sich auf ein Art. 23 umsetzendes Gesetz stützt, durch eine Neuzulassung des GVO auf EU-Ebene hinfällig geworden wäre, ist das für solche Verbote, die sich auf Art. 26b umsetzende Gesetze oder – wie im Falle Deutschlands – auf die Übergangsregelung in Art. 26c stützen, nicht der Fall. Vgl. § 14 Rn. 6.
15 EuG, Rs. T-240/10, LRE 67, 148.
16 Hierzu näher § 3 Rn. 3 ff.
17 Hierzu näher § 2 Rn. 25.
18 Umgesetzt durch Gesetz zu dem Übereinkommen über die biologische Vielfalt v. 5.6.1992 i.d.F. der Bekanntmachung v. 30.8.1993, BGBl. II, S. 1741; vgl. *Friedland/Prall*, ZUR 2004, 193; *Godt*, ZUR 2004, 202; vgl. auch § 10 Rn. 3.

weltauswirkungen haben und die Erhaltung der biologischen Vielfalt beeinträchtigen können.

Darüber hinaus enthält das im September 2003 in Kraft getretene und auf Art. 19 Abs. 3 Biodiversitätskonvention gestützte[19] **Protokoll von Cartagena** über die Biologische Sicherheit (**Biosicherheits-Protokoll**) vom 29.1.2000[20] völkerrechtlich verbindliche Regelungen zum grenzüberschreitenden Verbringen von lebenden gentechnisch veränderten Organismen.

Durch die Verankerung präventiver Kontrollen, durch Kennzeichnung sowie durch Informationsvorschriften sollen (in erster Linie) die biologische Vielfalt, aber auch die Umwelt allgemein und die menschliche Gesundheit geschützt werden.[21] In der EU ist das Cartagena-Protokoll durch die Verordnung (EG) Nr. 1946/2003[22] über grenzüberschreitende Verbringungen genetisch veränderter Organismen rechtlich verbindlich umgesetzt.[23] Der Deutsche Bundestag hat es am 20.11.2003 gebilligt, so dass es am 18.2.2004 in Kraft getreten ist.

Der 1991 vorgelegte **Verhaltenskodex** (Preliminary Draft International Code of Conduct on Plant Biotechnology) der Ernährungs- und Landwirtschaftsorganisation der Vereinten Nationen (Food and Agriculture Organization, **FAO**) versucht, dem Schutz des natürlichen Genpools bei gleichzeitiger Nutzung und Entwicklung biotechnologischer Verfahren Rechnung zu tragen und dadurch eine nachhaltige Entwicklung der Ernährungswirtschaft zu gewährleisten.[24] Der völkerrechtlich unverbindliche Kodex will diese Zielsetzungen durch Risikoevaluationen, Minimierungspflichten und Überwachungsmaßnahmen erreichen.[25]

Der unverbindliche Codex Alimentarius der Welthandelsorganisation (**WTO**) und der FAO enthält Standards, Verfahrensregeln, Richtlinien und Empfehlungen zum Umgang mit Nahrungsmitteln.[26] Im Jahr 2009 wurde er um Vorgaben für den Umgang mit genetisch veränderten Futter- und Lebensmitteln erweitert.[27]

Das „Agreement on the Application of Sanitary and Phytosanitary Measures" (**SPS-Übereinkommen**) der WTO[28] über die Anwendung gesundheitspolizeilicher und pflanzenschutzrechtlicher Maßnahmen regelt die Zulässigkeit derartiger Handlungen, die sich unmittelbar oder mittelbar auf den internationalen Handel auswirken können. Vertragsstaaten können Maßnahmen zum Schutz von Leben und Gesundheit von Menschen, Tieren oder Pflanzen erlassen, wenn diese notwendig sind, sich auf eine wissenschaftliche Risikobewertung stützen und kein verstecktes Handelshemmnis darstellen (Art. 2.2, 2.3 SPS-Übereinkommen).[29] Zweck des SPS-Übereinkommens ist es,

---

19 *Mechel* in: Koch/Hofmann/Reese, § 11 Rn. 29 f.
20 BT-Drs. 14/3071; dazu *Buck*, ZUR 2000, 319.
21 Der Vertragstext ist unter: http://bch.cbd.int/protocol/ abrufbar (Stand: 16.9.2018).
22 V. 15.7.2003, ABlEG L 287/1; zu den Entwürfen vgl. bereits *Stökl*, S. 101 ff.
23 Hierzu sogleich § 14 Rn. 7.
24 Vertragstext unter www.fao.org/tempref/docrep/fao/meeting/014/y7491e.pdf (Stand: 16.9.2018).
25 *Mechel* in: Koch/Hofmann/Reese, § 11 Rn. 31.
26 Abrufbar unter: www.codexalimentarius.net (Stand:16.9.2018).
27 Vgl. www.fao.org/3/a-a1554e.pdf (Stand: 16.9.2018).
28 Abrufbar unter: www.wto.org/english/tratop_e/sps_e/spsund_e.htm (Stand: 16.9.2018).
29 Vgl. auch Beschluss 2003/822/EG des Rates v. 17.11.2003 über den Beitritt der Europäischen Gemeinschaft zur Codex-Alimentarius-Kommission, ABlEG L 309/14.

Handelskonflikte zu lösen, die etwa infolge einer unterschiedlichen Risikobewertung im Zusammenhang mit Freisetzung und Inverkehrbringen von GVO entstehen.[30]

2. EU-Recht

Dem Unionsrecht kommt eine Vorreiterrolle im Bereich des Gentechnikrechts zu: Sowohl im Anlagen- als auch im Produktrecht hat der Gemeinschaftsgesetzgeber durch Verordnungen und Richtlinien maßgeblich die rechtlichen Vorgaben für den nationalen Gesetzgeber festgelegt.[31]   5

Standen zunächst gentechnische Arbeiten in Anlagen und die Freisetzung von GVO im Fokus juristischer Auseinandersetzung,[32] rückte in der zweiten Hälfte der 1990er Jahre das Inverkehrbringen gentechnisch veränderter Organismen in den Mittelpunkt wissenschaftlicher Abhandlungen[33] sowie von Rechtsetzung und Rechtsanwendung.

1997 trat die **Novel Food-Verordnung** in Kraft, die das Inverkehrbringen gentechnisch veränderter Lebensmittel regelte.[34] Das 1999 von der Europäischen Kommission aufgrund ungeklärter Risiken de facto verhängte Moratorium[35] für die Freisetzung und das Inverkehrbringen von GVO[36] führte dazu, dass bis 2004 keine gentechnisch veränderten Produkte in der Gemeinschaft auf den Markt gebracht werden konnten. Die EG hat im Mai 2004 dieses De-facto-Moratorium beendet und erstmals seit 1998 Genehmigungen für das Inverkehrbringen von GVO erteilt.[37] Abgelöst wurde die Novel Food-Verordnung durch die Verordnung (EU) 2015/2283 vom 25. November 2015 („neue" Novel-Food-Verordnung), die in allen Teilen am 1.1.2018 in Kraft trat.[38]

Den Umgang mit GVO in Anlagen regelt die Richtlinie 2009/41/EG vom 6.5.2009 über die Anwendung genetisch veränderter Mikroorganismen in geschlossenen Systemen (**Systemrichtlinie**)[39]. Diese normiert das Zulassungsverfahren sowie Betreiber- und Überwachungspflichten für Anlagen, in denen genetisch veränderte Mikroorganismen[40] hergestellt oder verwendet werden.

---

30 In den USA werden verschiedene GVO-Sorten angebaut, die in der EU infolge eines EU-Kommissions-Moratoriums (vgl. sogleich § 14 Rn. 5) keine Zulassung erhalten hatten. US-Exporte sind in der EU nur marktfähig, wenn sie frei von hier nicht zugelassenen GVO sind. Da dieses aus Sicht der USA mit vertretbarem Aufwand nicht erreichbar ist, verlieren die US-Farmer jährlich geschätzte 300 Mio. US-Dollar an Exporteinnahmen. Ein Streitschlichtungspanel der WTO entschied 2006, dass das Zulassungs-Moratorium (welches 2004 aufgegeben wurde) nicht rechtens gewesen ist, eigenständige Risikoprüfungen und nationale Importverbote aber grundsätzlich zulässig sind; vgl. *Stoll*, EuZW 2007, 471, 472; *Mechel* in: Koch/Hofmann/Reese, § 11 Rn. 15 ff. m.w.N.; zuvor bereits *Scherzberg*, ZUR 2005, 1.
31 *Sparwasser/Engel/Voßkuhle*, § 6 Rn. 372.
32 Vgl. *Di Fabio*, S. 116 ff.; *Scherzberg*, VerwArch 84 (1993), 484; *Dederer*, Gentechnik im Wettbewerb der Systeme; *Kapteina*, Die Freisetzung von gentechnisch veränderten Organismen; vgl. die Rechtsprechungsauswertungen von *Jörgensen/Winter*, ZUR 1996, 193; *Schlacke*, ZUR 2001, 393.
33 *Groß*, Die Produktzulassung von Novel Food; *Meier*, Risikosteuerung im Lebensmittel- und Gentechnikrecht; *Tünnesen-Harmes*, Risikobewertung im Gentechnikrecht; vgl. auch die Besprechung von *Beaucamp*, ZUR 2001, 286.
34 VO (EG) Nr. 258/97 v. 27.1.1997 über neuartige Lebensmittel und neuartige Lebensmittelzutaten, ABIEG L 43/1. Hierzu sogleich § 14 Rn. 9.
35 Vgl. *Stoll*, EuZW 2007, 471.
36 *Chotjewitz*, ZUR 2003, 270.
37 Pressemitteilung der Kommission IP/04/663 v. 19.5.2004.
38 ABIEU L 327/1.
39 ABIEG L 125/75.
40 Zum Begriff vgl. Art. 2 b) RL 2009/41/EG (Fn. 39).

Die Richtlinie 2001/18/EG vom 12.3.2001 (**Freisetzungsrichtlinie**)[41] regelt den Umgang und die Verwendung, insbesondere das Inverkehrbringen von GVO außerhalb geschlossener Anlagen und ergänzt insoweit die Systemrichtlinie. Die Freisetzungsrichtlinie findet auch Anwendung auf Pflanzen, die mit modernen biologischen Methoden der Mutagenese im Labor entwickelt wurden.[42]

6   Die Freisetzungsrichtlinie ist grundsätzlich dem Vorsorgeprinzip verpflichtet und enthält allgemeine Vorschriften (Teil A) sowie Regelungen über die Freisetzung von GVO zu Forschungs- und Entwicklungszwecken (Teil B) und zum Inverkehrbringen von GVO als Produkte oder in Produkten (Teil C).[43] Die Inverkehrbringenszulassung ist auf zehn Jahre befristet. Ferner muss eine umfassende Risikoprüfung erfolgen, die die Auswirkungen von GVO auf die menschliche Gesundheit und die Umwelt umfassend ermittelt und bewertet sowie Langzeitwirkungen zu beachten hat.[44] Der Vorhabenträger wird bereits bei Antragstellung verpflichtet, einen Vorschlag für die Überwachung (Monitoring) des Produkts nach dem Inverkehrbringen zu unterbreiten.[45] Darüber hinaus werden Kennzeichnungsanforderungen und die Pflicht zur Rückverfolgbarkeit des GVO in jeder Phase des Inverkehrbringens eines Produktes festgeschrieben.[46] Letztere soll insbesondere durch Kennzeichnung, Hinterlegung von Proben und Nachweismethoden sowie durch Gen-Register bei der Kommission gewährleistet werden. Für nicht beabsichtigte Verunreinigungen von Produkten mit GVO kann ein Schwellenwert festgelegt werden, unterhalb dessen das Produkt nicht gekennzeichnet werden muss.[47] Art. 26a der Freisetzungsrichtlinie sieht vor, dass die Mitgliedstaaten Maßnahmen treffen, um das unbeabsichtigte Vorhandensein von GVO in anderen Produkten zu verhindern.[48] Mit der ersten Änderung der Richtlinie[49] wurde u.a. Art. 26a um einen Absatz ergänzt. Der neue Absatz 1 a) sieht vor, dass die Mitgliedstaaten, in denen GVO angebaut werden, Schutzmaßnahmen treffen müssen, um die grenzüberschreitende Verunreinigung benachbarter Staaten, in denen der Anbau von GVO untersagt ist, zu vermeiden. Zusätzlich wurden die Art. 26b und 26c eingefügt, die es Mitgliedstaaten ermöglichen, einen vollständigen oder teilweisen Ausschluss des Anbaus von GVO in ihrem Hoheitsgebiet bei der Kommission zu beantragen. Mitgliedstaaten können auch selbst den Anbau von GVO beschränken oder untersagen, wenn dies im Einklang mit dem Unionsrecht geschieht und die Einschränkungen durch „zwingende Gründe" gerechtfertigt werden. Damit wurde ein sog. Opt-Out-Konzept eingeführt, dessen Kernregelungen in Art. 26b zu finden sind.[50] Nicht abschließend zählt Art. 26b Abs. 3 Nr. 3 sieben mögliche zwingende Gründe auf, wobei ein Berufen auf die „öffentliche Ordnung" allein ausdrücklich nicht zur Rechtfertigung ausreichen

---

41   Siehe Fn. 13; teilweise auch GVO-Richtlinie genannt.
42   EuGH, Urt. v. 25.7.2018 – Rs. 528/16 – Crispr/Cas; näher *Griebsch*, NuR 2018, 92.
43   Ferner enthält Teil D (Art. 25 ff.) sog. Schlussbestimmungen.
44   Vgl. hierzu die Entscheidung 2002/623/EG der Kommission v. 24.7.2002, ABlEG L 200/22. S. auch Fn. 7.
45   S. Anhang VII der Richtlinie.
46   *Ittershagen/Runge*, NVwZ 2003, 549, 551.
47   Technisch unvermeidbare und zufällige gentechnisch veränderte Bestandteile in Lebens- oder Futtermitteln sind unterhalb einer Schwelle von 0,9 % kennzeichnungsfrei.
48   Zur Reichweite dieser Norm vgl. EuGH, NuR 2012, 770.
49   Durch RL 2015/412/EU v. 11.3.2015, ABl. L 68/1. Eine übersichtliche Darstellung dieser Änderungen bietet *Falke*, ZUR 2015, 438 f.
50   Umfassend zum neuen Opt-Out-Konzept und dessen Vereinbarkeit mit dem Grundgesetz, mit europäischem Primärrecht und dem Völkerrecht *Winter*, NuR 2015, 516 f., und NuR 2015, 595 f., *Holluas*, EurUP 2016, 131. Zu den aktuellen Bestrebungen in der Politik, die Opt-Out-Rechte der Richtlinie in Bundesrecht umzusetzen, vgl. *Schütte/Winkler*, ZUR 2018, 59 f., und BT-Drs. 19/14. Für die Fortführung des Verbots der Maissorte MON810 wurde 2015 von der Übergangsregelung in Art. 26c der Richtlinie Gebrauch gemacht.

soll.[51] Weiterhin hat die Kommission im Jahr 2003 Leitlinien zur Realisierung der Ko-existenz vorgelegt, die im Jahr 2010 durch neue Leitlinien ersetzt wurden.[52] Sie sollen sicherstellen, dass der gentechnikfreie, biologische oder konventionelle Landbau neben dem Landbau, in dem GVO ausgebracht werden, gleichberechtigt existieren kann und GVO nicht unbeabsichtigt in anderen Kulturpflanzen vorhanden sind (Koexistenz ver-schiedener landwirtschaftlicher Betriebsweisen).[53] Auch der Artenvielfalt des Saatgutes wird Rechnung getragen.

Das **Inverkehrbringen von Lebensmitteln oder Futtermitteln,** die GVO enthalten oder   7
aus diesen hergestellt wurden, ist einem eigenständigen Regime von drei Sekundär-rechtsakten mit unmittelbarer Wirkung gegenüber den Mitgliedstaaten unterworfen:

- der Verordnung (EG) Nr. 1829/2003 über genetisch veränderte Lebensmittel und Futtermittel vom 22.9.2003,[54]
- der Verordnung (EG) Nr. 1830/2003 über die Rückverfolgbarkeit und Kennzeich-nung von genetisch veränderten Organismen und über die Rückverfolgbarkeit von aus GVO hergestellten Lebensmitteln und Futtermitteln vom 22.9.2003[55] und
- der Verordnung (EG) Nr. 1946/2003 über die grenzüberschreitende Verbringung ge-netisch veränderter Organismen vom 15.7.2003,[56] die ein gemeinsames Anmelde- und Informationssystem normiert.

Während die Freisetzungsrichtlinie das Inverkehrbringen von GVO durch jegliche Pro-dukt(teil)e erfasst,[57] verfolgt die Union mit diesen Rechtsakten einen **produktbezoge-nen Ansatz** für den Lebensmittel- und Futtermittelbereich.[58] Er ermöglicht, lebens- und futtermittelspezifische Risiken durch ein angemessenes rechtliches Instrumentarium auf einem hohen Gesundheitsschutzniveau zu regulieren. Hierzu dient insbesondere die generelle Verpflichtung zu einer Eröffnungskontrolle für genetisch veränderte Produk-te.[59] GVO werden folglich sowohl durch ihre Freisetzung als solche erfasst (im An-wendungsbereich der Freisetzungsrichtlinie) als auch als Produkt(bestandteil)e von Le-bens- und Futtermitteln (durch die o.g. Rechtsakte). Hieraus können Abgrenzungsfra-gen zu den Anwendungsbereichen entstehen (dazu sogleich).

Ergänzend zu den EG-Verordnungen Nr. 1829/2003 und 1830/2003 sind allgemeine Vorschriften der Verordnung (EG) Nr. 178/2002,[60] welche die Grundlage des europä-ischen Lebensmittel- und Futtermittelrechts bildet, heranzuziehen.[61]

---

51 Art. 26b Abs. 3 S. 2 RL 2001/18/EG.
52 ABlEG L 189/36, aufgehoben durch Empfehlung v. 13.7.2010, ABlEU C 200/1.
53 Vertiefend *Palme,* NuR 2006, 76; *Stoppe-Ramadan/Winter,* NuR 2011, 396. Zu möglichen ethischen Begrün-dungen für Anbauverbote im Europarecht unabhängig von Umweltvorsorgegesichtspunkten vgl. *Satish,* NuR 2012, 687.
54 ABlEG L 268/1, zuletzt geändert durch VO (EG) Nr. 298/2008 v. 11.3.2008, ABlEG L 97/64.
55 ABlEG L 268/24, zuletzt geändert durch VO (EG) Nr. 1137/2008 v. 22.10.2008, ABlEG L 311/1.
56 ABlEG L 287/1; zu den Entwürfen vgl. bereits *Stökl,* S. 101 ff.
57 § 14 Rn. 5 f.
58 *Ittershagen/Runge,* NVwZ 2003, 549, 553 f.
59 Vgl. §§ 8, 14 GenTG. Der EuGH, Rs. C- 442/09, ZUR 2011, 530, hat hierzu entschieden, dass auch Honig, der unbeabsichtigt den unfruchtbaren Pollen eines GVO enthielt, ein Lebensmittel darstellt, das Zutaten ent-hält, „die aus GVO hergestellt werden" i.S.v. Art. 3 Abs. 1 lit.c RL 1829/2003/EG mit der Folge einer Zulas-sungspflicht, vgl. dazu *Keich,* NuR 2012, 539.
60 VO (EG) Nr. 178/2002 v. 28.1.2002 zur Festlegung der allgemeinen Grundsätze und Anforderungen des Le-bensmittelrechts, zur Errichtung der Europäischen Behörde für Lebensmittelsicherheit und zur Festlegung von Verfahren zur Lebensmittelsicherheit, ABlEG L 31/1, zuletzt geändert durch VO (EU) 2017/745 v. 5.4.2017, ABlEU L 117/1.
61 Hierzu *Schlacke,* ZUR 2002, 377, 383 f.; *Falke,* ZUR 2002, 388, 390 f.

8   **Abgrenzungsschwierigkeiten** können sich im Verhältnis zur Freisetzungsrichtlinie ergeben.[62] Fraglich ist, ob die bislang unter diese Richtlinie fallende Freisetzung gentechnisch veränderter Pflanzen, die als Lebensmittel oder in Lebensmitteln verwendet werden können, aufgrund der Verordnung (EG) Nr. 1829/2003 genehmigungsbedürftig sind. Dagegen spricht, dass Pflanzen vor dem Ernten nicht vom Begriff des Lebensmittels erfasst werden (Art. 2 lit. c) VO (EG) Nr. 178/2002). Zwar setzt die Verordnung (EG) Nr. 1829/2003 nicht immer voraus, dass es sich bei gentechnisch veränderten Produkten bereits um Lebensmittel handelt. Nach Art. 2 Nr. 8 VO (EG) Nr. 1829/2003 bezeichnet „zur Verwendung als Lebensmittel/in Lebensmitteln bestimmter genetisch veränderter Organismus" einen GVO, der als Lebensmittel oder als *Ausgangsmaterial* für die Herstellung von Lebensmitteln verwendet werden kann. Die Verordnung (EG) Nr. 1829/2003 umfasst aber – wie sich aus Art. 4 Abs. 2 und 3 ergibt – nur die Zulassung des Inverkehrbringens, nicht hingegen das Ausbringen von Saatgut oder Pflanzen, also die Freisetzung[63] von GVO. Diese fällt nach wie vor in den Anwendungsbereich der Richtlinie 2001/18/EG. Somit richtet sich das Zulassungsverfahren für die Freisetzung gentechnisch veränderter Pflanzen nicht nach deren potenziellem Verwendungszweck. Ein gegenteiliges Ergebnis würde zudem zu Rechtsunsicherheiten führen, die durch den Erlass der VO (EG) Nr. 1829/2003 gerade verhindert werden sollten. In Zweifelsfragen kann Rechtsklarheit überdies durch eine Entscheidung der Kommission im Zusammenwirken mit dem Ständigen Ausschuss für die Lebensmittelkette und Tiergesundheit[64] gewährleistet werden.

9   Weitere Abgrenzungsschwierigkeiten können sich zur („neuen") **Novel Food-Verordnung** (EU) 2015/2283 vom 25. November 2015[65] ergeben. „Neuartige Lebensmittel" im Sinne der Verordnung sind u.a. Lebensmittel mit neuer oder gezielt veränderter Molekularstruktur (Art. 3 Abs. 2 lit. a) ii Novel Food-VO), sodass eine Überschneidung mit GVO i.S.d. Art. 2 Nr. 1 Freisetzungsrichtlinie besteht. Nach Art. 1 Abs. 2 Novel Food-VO findet diese indes Anwendung auf neuartige Lebensmittel,[66] aber nicht (mehr) auf gentechnisch veränderte Lebensmittel.[67] Lebensmittelzutaten mit neuer oder gezielt modifizierter primärer Molekularstruktur bedürfen jedoch weiterhin einer Zulassung nach der Novel Food-Verordnung, solange sie weder bei der Herstellung noch im Endprodukt mit GVO in Berührung gekommen sind und deswegen nicht in den Anwendungsbereich der Freisetzungsrichtlinie fallen.[68]

---

62 Vgl. *Roller*, ZUR 2005, 113.
63 Gem. Art. 2 Nr. 3 RL 2001/18/EG ist das absichtliche Freisetzen jede Art von absichtlichem Ausbringen eines GVO oder einer Kombination von GVO in die Umwelt, bei dem keine spezifischen Einschließungsmaßnahmen angewandt werden, um ihren Kontakt mit der Bevölkerung und der Umwelt zu begrenzen und ein hohes Sicherheitsniveau für die Bevölkerung und die Umwelt zu erreichen.
64 Eingesetzt durch Art. 58 der VO (EG) Nr. 178/2002.
65 ABlEU 2015 L 327/1.
66 Die Novel Food-Verordnung gilt gem. Art. 1 Abs. 1 für das Inverkehrbringen neuartiger Lebensmittel in der Union, nicht aber für genetisch veränderte Lebensmittel gemäß der VO (EG) Nr. 1829/2003, vgl. Art. 2 Abs. 2 lit. a.
67 Durch Art. 38 VO (EG) Nr. 1829/2003 wurden Art. 1 Abs. 2a) und b) VO (EG) Nr. 258/97 gestrichen. Demzufolge unterfällt die Zulassung von Lebensmitteln und Lebensmittelzutaten, die GVO enthalten, aus solchen bestehen oder aus solchen hergestellt wurden, sie aber nicht mehr enthalten, nunmehr der VO (EG) Nr. 1829/2003.
68 Ein Beispiel für ein nicht gentechnisch verändertes, aber neuartiges Erzeugnis ist der Fettersatzstoff „Olestra"; vgl. Art. 1 Abs. 2 lit. c) bis f) VO (EG) Nr. 258/97. Zu den Problemen der Bestimmung des Anwendungsbereichs der Novel Food-Verordnung vgl. *Streinz*, ZLR 1998, 19, 31 f.

Die Richtlinie 98/44/EG über den rechtlichen Schutz biotechnologischer Erfindungen vom 6.7.1998 (**Biopatentrichtlinie**)[69] regelt die Patentierung von Genen. 10

3. Bundesrecht

Das Gesetz zur Regelung von Fragen der Gentechnik vom 20.6.1990 (**Gentechnikgesetz – GenTG**)[70] ist die bundesrechtliche Grundlage der Gentechnik.[71] Ergänzt und konkretisiert wird es durch zahlreiche untergesetzliche Vorschriften. 11

Die Umsetzung der Freisetzungsrichtlinie 2001/18/EG[72] erfolgte durch den deutschen Gesetzgeber in zwei Schritten. 12

Erstens durch das **Gesetz zur Neuordnung des Gentechnikrechts** vom 21.12.2004:[73] Es setzte die Vorgaben der Richtlinie 2001/18/EG verspätet in deutsches Recht um.[74] Mit Urteil vom 15.7.2004 hatte der EuGH folgerichtig eine Vertragsverletzung festgestellt.[75] Die Kommission der Europäischen Gemeinschaft hatte daraufhin ein Zwangsgeldverfahren gem. Art. 228 EG (jetzt Art. 260 AEUV) eingeleitet und die Bundesrepublik Deutschland aufgefordert, die erforderlichen Maßnahmen zu erlassen, um der Entscheidung des EuGH nachzukommen.[76] Dieses im Vergleich zu seiner ursprünglichen Fassung[77] auf nicht (seitens des Bundesrats) zustimmungspflichtige Vorschriften reduzierte Änderungsgesetz[78] erreichte lediglich eine teilweise Anpassung des nationalen Gentechnikrechts an die europarechtlichen Vorgaben.

Kern des Gesetzes ist die Regelung über die Koexistenz zwischen dem gentechnikfreien landwirtschaftlichen Anbau und der Freisetzung gentechnisch veränderter Pflanzen.[79] Anlass hierfür war, dass der durch die Freisetzung gentechnisch veränderter Pflanzen zu Forschungszwecken erzeugte Pollenflug zu Auskreuzungen bei konventionell oder biologisch erzeugten Produkten und damit zu zahlreichen, zuvörderst zivilrechtlichen **Rechtsstreitigkeiten** führte. Für einen ökologisch wirtschaftenden Landwirt ergab sich daraus die für ihn schwer nachvollziehbare rechtliche Situation, dass er bei Zufallsauskreuzungen öffentlich-rechtlich zur Vernichtung des Erntegutes verpflichtet werden konnte, zivilrechtlich aber keine Erfolgsaussichten auf Schadenersatz hatte.[80] Das Än-

---

69 AblEG L 213/13; hierzu *Kienle*, EWS 1998, 156; *Luttermann*, RIW/AWD 1998, 916. Die Richtlinie ist durch Gesetz v. 28.2.2005, BGBl. I, S. 146, verspätet in deutsches Recht umgesetzt worden.
70 BGBl. I, S. 1080, geändert und neu bekannt gemacht durch G v. 16.12.1993, BGBl. I, S. 2066, zuletzt geändert durch Artikel 3 d. G zur Einführung eines Anspruchs auf Hinterbliebenengeld vom 17. 8.2017, BGBl. I, S. 2421. Zur Geschichte des GenTG vgl. *Schubert*, NVwZ 2010, 871.
71 Das BVerfG bestätigte mit seinem Urt. v. 24.11.2010, NVwZ 2011, 94, die Verfassungskonformität des Gentechnikgesetzes, insbesondere im Hinblick auf den Koexistenzansatz. Es wies insbesondere angesichts des noch nicht endgültig geklärten Erkenntnisstands bei der Bewertung der Langzeitfolgen der Gentechnik auf die besonderen Sorgfaltspflichten des Gesetzgebers zum Schutz der natürlichen Lebensgrundlagen hin; vgl. hierzu *Winkler*, ZUR 2011, 137; *Hauth*, Forum Recht 2011, 19; *Bickenbach*, ZfS 2011, 1.
72 Vgl. oben § 14 Rn. 5 f.
73 BGBl. I, 2005, S. 186, in Kraft getreten am 4.2.2005.
74 Die RL 2001/18/EG war bis zum 17.10.2002 in den Mitgliedstaaten umzusetzen.
75 EuGH, NuR 2004, 657; vgl. auch BT-Drs. 16/430.
76 BT-Drs. 16/430, S. 1.
77 BT-Drs. 15/3088.
78 Vgl. die sehr anschauliche Synopse der Beschlussempfehlung des Ausschusses für Verbraucherschutz, Ernährung und Landwirtschaft (10. Ausschuss), BT-Drs. 15/3344. Die entfallenen Regelungen sind als zustimmungspflichtig angesehen worden; zur verfassungsrechtlichen Bewertung des Änderungsgesetzes vgl. *Palme*, UPR 2005, 164; *ders.*, NVwZ 2005, 253.
79 Vgl. nachfolgend § 14 Rn. 13 ff.
80 OLG Stuttgart, ZUR 2000, 28 m. Anm. *Abel-Lorenz*; vgl. auch die Rechtsprechungsübersicht bei *Schlacke*, ZUR 2001, 393.

derungsgesetz bezweckt, diese überbotmäßige Inanspruchnahme der nicht gentechnisch produzierenden Landwirte zu einem angemessenen Ausgleich zu führen.

13   Zum Schutz der gentechnikfreien Landwirtschaft enthält das Gesetz vornehmlich drei Instrumente:

- ▪ eine **Vorsorgepflicht** zur Vermeidung wesentlicher Beeinträchtigungen durch GVO, vor allem durch „Regeln der guten fachlichen Praxis" beim Anbau gentechnisch veränderter Pflanzen,[81]
- ▪ ein **Standortregister**, aufgrund dessen Landwirte präzise Informationen über den Anbau gentechnisch veränderter Pflanzen in ihrer Nachbarschaft erhalten können,[82]
- ▪ **Ausgleichsansprüche** gegenüber dem GVO-Anbauer, wenn es zu wesentlichen Beeinträchtigungen durch Auskreuzungen kommt.[83]

14   Damit das Ziel erreicht werden kann, wesentliche Beeinträchtigungen durch das unbeabsichtigte Vorhandensein von GVO zu vermeiden, zählt das Gesetz verschiedene Grundpflichten auf, wie bspw. die Einhaltung von Mindestabständen zwischen Feldern. Außerdem muss derjenige, der mit GVO kommerziell umgeht, entsprechende Zuverlässigkeit, Kenntnisse, Fertigkeiten und Ausstattung nachweisen. Wer GVO in Verkehr bringt, hat eine Produktinformation („Beipackzettel") mitzuliefern, aus der hervorgeht, wie beim Umgang mit dem jeweiligen GVO wesentliche Beeinträchtigungen vermieden werden.[84] Diese Pflichten sind in einer Rechtsverordnung zu präzisieren.[85]

15   Darüber hinaus wurden Sonderregeln[86] für den **Schutz ökologisch besonders sensibler Gebiete** statuiert (§ 35 BNatSchG), die zum europäischen Natura-2000-Netzwerk[87] gehören. Das Spannungsverhältnis zwischen der Nutzung grüner Gentechnik einerseits und der Erhaltung der Biodiversität andererseits soll dadurch aufgelöst werden, dass die Freisetzung und Nutzung von GVO nur unter den Voraussetzungen des § 34 Abs. 1 und 2 BNatSchG zulässig ist. Allerdings bedarf es einer speziellen „Projektprüfung", wenn eine erhebliche Beeinträchtigung des Natura-2000-Gebietes zu befürchten ist.

Zweitens ist die Richtlinie 2001/18/EG durch das **Dritte Gesetz zur Änderung des Gentechnikgesetzes** aus dem Jahr 2006 umgesetzt worden.[88] Der Schwerpunkt der Novellierung betraf das Verfahrensrecht.[89]

Die vierte Novellierung des Gentechnikgesetzes vom 1.4.2008[90] bezweckte, den durch Freisetzung und Inverkehrbringen gentechnisch veränderter Produkte Betroffenen

---

81 Dazu nachfolgend § 14 Rn. 29.
82 Vgl. nachfolgend § 14 Rn. 45; einsehbar unter: www.apps2.bvl.bund.de/stareg_web/showflaechen.do (Stand: 16.9.2018).
83 Neben die bürgerlich-rechtlichen Abwehr- und Ausgleichsregelungen tritt ein spezielles Haftungsregime, das grundsätzlich eine Ausgleichspflicht für denjenigen vorsieht, der wesentliche Beeinträchtigungen fremden Eigentums durch den Anbau von GVO hervorruft, hierzu sogleich unten § 14 Rn. 69 ff.
84 Ein Beispiel hierfür wären genaue Hinweise des Saatgutlieferanten auf die Anbaugestaltung des GVO.
85 Vgl. hierzu Rn. 17. Damit Behörden auf der Grundlage zukünftiger Erfahrungen mit dem Anbau gentechnisch veränderter Pflanzen die Rechtsvorschriften anpassen können, muss derjenige, der GVO in den Verkehr bringt oder damit umgeht, den Behörden neue Erkenntnisse über Risiken mitteilen.
86 Eingeführt durch Art. 2 des G zur Neuordnung des Gentechnikrechts, BT-Drs. 15/3344, S. 36; § 10 Rn. 52.
87 Hierzu näher § 10 Rn. 24, 50 ff.
88 Gesetz v. 17.3.2006, BGBl. I, S. 534; vgl. Gesetzesbegründung BT-Drs. 16/430.
89 BT-Drs. 16/430, S. 8.
90 BGBl. I, S. 499. Dazu ausführlich *Burchardi*, ZUR 2009, 9, 12 ff.

durch einen fairen Interessensausgleich - wie etwa der Verpflichtung zur Einhaltung von Abständen beim Anbau gentechnisch veränderter Pflanzen[91] – Rechnung zu tragen.[92] Ferner betrafen die Änderungen gentechnische Arbeiten in Anlagen der Sicherheitsstufe I, die seit 2008 lediglich anzuzeigen statt wie bisher anzumelden sind, mit der Folge, dass der Betreiber nach Eingang der Anzeige bei der zuständigen Behörde sofort mit gentechnischen Arbeiten beginnen darf.[93] Überdies wurden durch die gleichzeitig beschlossenen Änderungen des EGGenTDurchfG[94] die Anforderungen an eine „ohne Gentechnik"-Kennzeichnung herabgesetzt. Lebensmittel tierischer Herkunft dürfen danach das Etikett „ohne Gentechnik" nur tragen, soweit auch die Futterpflanzen nicht gentechnisch verändert wurden. Zudem dürfen Zusatzstoffe im Futter nicht mithilfe gentechnisch veränderter Mikroorganismen hergestellt worden sein. Ausnahmen bestehen für Substanzen, für die es keine gentechnikfreien Alternativen gibt. Darüber hinaus ist lediglich ein definierter Zeitraum, innerhalb dessen eine Verfütterung von genetisch veränderten Futtermitteln untersagt ist, einzuhalten.[95]

Das Gesetz zur Durchführung von Verordnungen[96] der Europäischen Gemeinschaft 16
auf dem Gebiet der Gentechnik vom 22.6.2004 (**EGGenTDurchfG**)[97] regelt die Zuständigkeiten für die nationale Implementation der EG-Verordnungen Nr. 1829/2003 und 1830/2003; ferner enthält es Straf- und Bußgeldvorschriften.

Die Überwachung gentechnisch veränderter Lebensmittel und Futtermittel richtet sich grundsätzlich nach den Vorschriften des **Lebensmittel-, Bedarfsgegenstände- und Futtermittelgesetzbuchs** (LFGB).[98]

Für die Vollzugsfähigkeit des Gentechnikgesetzes bedarf es konkretisierender Regelun- 17
gen auf untergesetzlicher Ebene. Auf der Grundlage von § 30 Abs. 2 GenTG wurden hierzu insbesondere folgende **Rechtsverordnungen** erlassen:

■ Verordnung über die Sicherheitsstufen und Sicherheitsmaßnahmen bei gentechnischen Arbeiten in gentechnischen Anlagen vom 24.10.1990 in der Fassung der Bekanntmachung vom 14.3.1995[99] (**Gentechnik-Sicherheitsverordnung** – GenTSV),

■ Verordnung über Antrags- und Anmeldeunterlagen und über Genehmigungs- und Anmeldeverfahren nach dem Gentechnikgesetz vom 24.10.1990[100] (**Gentechnik-Verfahrensverordnung** – GenTVfV),

---

91 Anlage der Verordnung über die gute fachliche Praxis bei der Erzeugung gentechnisch veränderter Pflanzen (Gentechnik-Pflanzenerzeugungsverordnung – GenTPflEV) v. 7.4.2008, BGBl. I, S. 655: Zwischen Flächen mit Genmais und konventionell bewirtschafteten Feldern gilt ein Isolationsabstand von 150 m; zu Feldern mit ökologisch angebautem Mais beträgt der Abstand 300 m.
92 Vgl. ausführlich *Hartmannsberger*, DVBl. 2007, 726; vgl. auch BR-Drs. 108/06. Zum Abstandsgebot vgl. auch jüngst VGH München, DVBl. 2012, 776.
93 BT-Drs. 16/6814, S. 12, gleichwohl verknüpft mit der Möglichkeit einer vorläufigen Untersagungsverfügung der Behörde.
94 Dazu sogleich § 14 Rn. 16.
95 Diese Zeiträume sind in der Anlage zu § 3a Abs. 4 S. 2 EGGenTDurchfG definiert. So gilt beispielsweise Schweinefleisch als gentechnikfrei, wenn das Schwein vier Monate vor der Schlachtung gentechnikfreies Futter erhalten hat.
96 Vgl. *Schlacke*, ZLR 2004, 161.
97 BGBl. I, S. 1244, zuletzt geändert durch Art. 58 der VO v. 31.8.2015, BGBl. I, S. 1474.
98 Neugefasst durch Bek. v. 22.8.2011, BGBl. I, S. 1770, zuletzt geändert durch Art. 67 der VO v. 31.8.2015, BGBl. I, S. 1474.
99 BGBl. I, S. 297, zuletzt geändert durch Art. 57 der VO v. 31.8.2015, BGBl. I, S. 1474.
100 BGBl. I, S. 2378, i.d.F. v. 4.11.1996, BGBl. I, S. 1657, zuletzt geändert durch Art. 1 der VO v. 28.4.2008, BGBl. I, S. 766.

- Verordnung über Anhörungsverfahren nach dem Gentechnikgesetz vom 24.10.1990[101] (**Gentechnik-Anhörungsverordnung** - GenTAnhV),
- Verordnung über Aufzeichnungen bei gentechnischen Arbeiten zu Forschungszwecken oder zu gewerblichen Zwecken vom 24.10.1990[102] (**Gentechnik-Aufzeichnungsverordnung** - GenTAufzV),
- Verordnung über die Zentrale Kommission für die biologische Sicherheit vom 30.10.1990[103] (**ZKBS-Verordnung**),
- Verordnung über die Beteiligung des Rates, der Kommission und der Behörden der Mitgliedstaaten der Europäischen Union und der Vertragsstaaten des Abkommens über den Europäischen Wirtschaftsraum im Verfahren zur Genehmigung von Freisetzungen und Inverkehrbringen sowie im Verfahren bei nachträglichen Maßnahmen nach dem Gentechnikgesetz vom 17.5.1995[104] (**Gentechnik-Beteiligungsverordnung** - GenTBetV),
- Verordnung über die Erstellung von außerbetrieblichen Notfallplänen und über Informations-, Melde- und Unterrichtspflichten vom 10.12.1997[105] (**Gentechnik-Notfallverordnung** - GenTNotfV),
- Verordnung über Sicherheit und Gesundheitsschutz bei Tätigkeiten mit biologischen Arbeitsstoffen vom 27.1.1999[106] (**Biostoffverordnung** - BioStoffV) und
- Verordnung über die gute fachliche Praxis bei der Erzeugung gentechnisch veränderter Pflanzen vom 7.4.2008 (**Gentechnik-Pflanzenerzeugungsverordnung** - GenTPflEV).[107]

II. Das Gentechnikgesetz

1. Überblick

18   Das Gentechnikgesetz gliedert sich in sieben Teile: Der **erste Teil** (§§ 1-6) umfasst die allgemeinen Vorschriften. Der **zweite Teil** (§§ 7-12) enthält Regelungen zu gentechnischen Arbeiten in gentechnischen Anlagen; der **dritte Teil** (§§ 14-16e) normiert Anforderungen an Freisetzung und Inverkehrbringen gentechnisch veränderter Organismen. Ein **vierter Teil** (§§ 17-31) statuiert gemeinsame Vorschriften über Verfahren, Zuständigkeiten, formelle Anforderungen, Überwachungsbefugnisse der Behörden sowie Informationsaustausch. Der **fünfte Teil** (§§ 32-37) regelt die zivilrechtliche Haftung, während der **sechste Teil** (§§ 38 und 39) das ordnungs- und strafrechtliche Sanktions-

---

101 BGBl. I, S. 2375, i.d.F. v. 4.11.1996, BGBl. I, S. 1649, zuletzt geändert durch Art. 2 der VO v. 28.4.2008, BGBl. I, S. 766.
102 BGBl. I, S. 2338, i.d.F. v. 4.11.1996, BGBl. I, S. 1644, zuletzt geändert durch Art. 3 der VO v. 28.4.2008, BGBl. I, S. 766.
103 BGBl. I, S. 2418, i.d.F. v. 5.8.1996, BGBl. I, S. 1232, zuletzt geändert durch Art. 56 der VO v. 31.8.2015, BGBl. I, S. 1474.
104 BGBl. I, S. 734, zuletzt geändert durch Art. 2 der VO v. 23.3.2006, BGBl. I, S. 65.
105 BGBl. I, S. 2882, geändert durch Art. 4 der VO v. 28.4.2008, BGBl. I, S. 766.
106 BGBl. I, S. 50, i.d.F. v. 15.7.2013, BGBl. I, S. 2514, zuletzt geändert durch Artikel 146 des G v. 29.3.2017, BGBl. I, S. 626). Sie dient der Umsetzung von EU-Richtlinien über den Schutz der Beschäftigten gegen Gefährdung durch biologische Arbeitsstoffe bei der Arbeit mit speziellen Anforderungen und zum Schutz der Beschäftigten vor Gefahren bei Tätigkeiten mit Mikroorganismen, Zellkulturen und humanpathogenen Endoparasiten, die beim Menschen Infektionen, sensibilisierende oder toxische Wirkungen hervorrufen können.
107 BGBl. I, S. 655.

instrumentarium enthält. Eine Übergangsvorschrift und eine Regelung zur Anwendbarkeit im Europäischen Wirtschaftsraum finden sich im **siebten Teil** (§§ 41 und 42).[108]

2. Geltungsbereich

Das Gentechnikgesetz findet gem. § 2 Abs. 1 GenTG Anwendung auf gentechnische Anlagen (Nr. 1), gentechnische Arbeiten (Nr. 2), Freisetzungen von gentechnisch veränderten Organismen (Nr. 3) und das Inverkehrbringen von Produkten, die gentechnisch veränderte Organismen enthalten oder aus solchen bestehen, wobei Tiere als Produkte i.S.d. Gentechnikgesetzes gelten (Nr. 4). Damit regelt es grundsätzlich jeglichen Umgang mit GVO, so dass auch Produkte wie Arzneimittel, Lebensmittel, Futtermittel, Pflanzenschutzmittel und Düngemittel vom Geltungsbereich des GenTG erfasst werden, solange sie keinen Sonderregeln unterfallen, die ein dem Gentechnikgesetz entsprechendes Schutzniveau aufweisen.[109] Die Anforderungen, die die EG-Verordnungen Nr. 1829/2003 und Nr. 1830/2003 an das Inverkehrbringen gentechnisch veränderter Lebensmittel und Futtermittel statuieren, genießen insoweit Vorrang.[110]   19

§ 14 Abs. 2 GenTG normiert, dass Vorschriften, die dem Schutzniveau des Gentechnikgesetzes entsprechende gleichwertige Anforderungen über die Risikobewertung, das Risikomanagement, die Kennzeichnung, Überwachung und Unterrichtung der Öffentlichkeit festlegen, dem dritten Teil des Gentechnikgesetzes vorgehen.[111]   20

3. Grundbegriffe

Die maßgeblichen Grundbegriffe, die zugleich den Geltungsbereich des Gentechnikgesetzes bestimmen,[112] sind in § 3 GenTG legaldefiniert.

Danach ist ein **Organismus** jede biologische Einheit, die fähig ist, sich zu vermehren oder genetisches Material zu übertragen, einschließlich Mikroorganismen, § 3 Nr. 1 und 1a GenTG.   21

Gentechnische Arbeiten umfassen die Erzeugung gentechnisch veränderter Organismen und die Vermehrung, Lagerung, Zerstörung oder Entsorgung sowie den innerbetrieblichen Transport gentechnisch veränderter Organismen (§ 3 Nr. 2 GenTG). Ist noch keine Genehmigung für die Freisetzung oder das Inverkehrbringen zum Zweck des späteren Ausbringens in die Umwelt erteilt worden, so wird hiervon auch die Verwendung von GVO in anderer Weise hinsichtlich der eben erwähnten Möglichkeiten erfasst.   22

Ein **gentechnisch veränderter Organismus** ist ein Organismus, mit Ausnahme des Menschen, dessen genetisches Material in einer Weise verändert worden ist, wie sie unter natürlichen Bedingungen durch Kreuzen oder natürliche Rekombination nicht vorkommt (§ 3 Nr. 3 GenTG).   23

Das Gentechnikgesetz konkretisiert die Definition des gentechnisch veränderten Organismus um weitere Entstehungsmöglichkeiten, die auch andere Arten der Vermehrung eines gentechnisch veränderten Organismus erfassen, sofern das genetische Material des Organismus Eigenschaften aufweist, die auf gentechnische Arbeiten zurückzuführen sind (vgl. § 3 Nr. 3a-3c GenTG). Hierzu zählen auch Verfahren zur Veränderung

---

108 Vgl. vertiefend zum gentechnikrechtlichen Regime *Struß*, S. 44 ff.
109 Vgl. *Kloepfer*, Umweltrecht, § 18 Rn. 29.
110 Vgl. § 14 Rn. 7 f.
111 Mit Ausnahme der §§ 16a und 16b sowie der §§ 17b Abs. 1 und 20 Abs. 2 GenTG.
112 Vgl. § 14 Rn. 19.

genetisches Materials, die wiederum nach der jüngsten Rechtsprechung des EuGH[113] Verfahren der Mutagenese von Organismen (sog. CRISPR/Cas-Verfahren) umfassen.

24   Bei einer **gentechnischen Anlage** handelt es sich um eine Einrichtung, in der gentechnische Arbeiten[114] im geschlossenen System durchgeführt werden. Es müssen zudem besondere Einschließungsmaßnahmen vorgenommen werden, um den Kontakt der verwendeten Organismen mit Menschen und der Umwelt zu begrenzen und um ein dem Gefährdungspotential angemessenes Sicherheitsniveau zu gewährleisten (§ 3 Nr. 4 GenTG).

25   Das **Freisetzen** ist das gezielte Ausbringen von GVO in die Umwelt; allerdings darf noch keine Genehmigung für das Inverkehrbringen zum Zweck des späteren Ausbringens in die Umwelt erteilt worden sein, § 3 Nr. 5 GenTG. Ob die unbewusste Aussaat von genetisch verändertem Saatgut als „Freisetzen" gilt, war lange Zeit strittig. Teilweise wurde vertreten, dass es sich um „gentechnische Arbeiten" handelt oder das allgemeine Polizei- und Ordnungsrecht anwendbar ist.[115] Inzwischen hat das BVerwG festgestellt, dass Freisetzen im Sinne des § 3 Nr. 5 GenTG lediglich voraussetzt, dass GVO durch eine willentliche Handlung in die Umwelt entlassen worden sind; im Fall der Aussaat sei die Kenntnis der Verunreinigung des Saatguts nicht erforderlich.[116]

26   **Inverkehrbringen** ist gem. § 3 Nr. 6 GenTG die Abgabe von Produkten an Dritte, einschließlich der Bereitstellung für Dritte; ferner das Verbringen in den Geltungsbereich des Gesetzes, soweit die Produkte nicht zu gentechnischen Arbeiten in gentechnischen Anlagen bestimmt oder Gegenstand einer genehmigten Freisetzung sind. Ausnahmen bestehen für den unter zollamtlicher Überwachung durchgeführten Transitverkehr und die Abgabe sowie das Verbringen zum Zwecke der klinischen Prüfung.[117]

27   § 3 Nr. 7 bis 9 GenTG definieren, wer Betreiber, Projektleiter und Beauftragter für die biologische Sicherheit ist.

Als **Sicherheitsstufen** gelten Gruppen gentechnischer Arbeiten nach ihrem Gefährdungspotential (§ 3 Nr. 10 GenTG).

Nach § 3 Nr. 13a GenTG ist ein **Bewirtschafter** eine juristische oder natürliche Person oder eine nichtrechtsfähige Personenvereinigung, die die Verfügungsgewalt und tatsächliche Sachherrschaft über eine Fläche zum Anbau von gentechnisch veränderten Organismen besitzt.

28   Das Gentechnikgesetz enthält weitere Legaldefinitionen: Zum **Umgang mit GVO** zählen auch Anwendung, Vermehrung, Anbau, Lagerung, Beförderung und Beseitigung sowie Verbrauch, sonstige Verwendung und Handhabung von zum Inverkehrbringen zugelassenen Produkten, die gentechnisch veränderte Organismen enthalten oder daraus bestehen (§ 3 Nr. 6a GenTG). Ferner wird der Begriff des **Risikomanagements** als ein von der Risikobewertung unterschiedener Prozess der Abwägung von Alternativen bei der Vermeidung oder Beherrschung von Risiken definiert (§ 3 Nr. 6b GenTG).

---

113 EuGH, Urt. v. 25.7.2018 – Rs. 528/16; näher *Griebsch*, NuR 2018, 92.
114 Im Sinne von § 3 Nr. 2 GenTG.
115 Vgl. zum Streitstand VG Augsburg, NuR 2011, 523; *Schröder*, ZUR 2011, 422, 425.
116 BVerwG, ZUR 2012, 431 f., Rn. 17 f.; HessVGH, ZUR 2011, 431 f.; Bay. VGH, ZUR 2014, 175 f.; zuletzt vgl. hinsichtlich des unwissentlichen Aussäens von Rapssamen der Sorte Taurus OVG Lüneburg, RdL 2014, 159 f., Rn. 39; s.u. § 14 Rn. 63.
117 Hierdurch wird insbesondere der Forschungsversand erleichtert, dazu näher *Sparwasser/Engel/Voßkuhle*, § 6 Rn. 413 f. Das BVerfG, NVwZ 2011, 94, 98, hat entschieden, dass die Begriffsbestimmung nicht gegen die Berufs-, Eigentums- oder Wissenschaftsfreiheit aus Art. 12 Abs. 1, 14 Abs. 1, 5 Abs. 3 GG verstößt.

4. Ziele und Grundsätze des Gentechnikrechts

Nach § 1 Nr. 1 bezweckt das Gentechnikgesetz, unter Berücksichtigung ethischer Werte das Leben und die Gesundheit von Menschen, die Umwelt in ihrem Wirkungsgefüge, Tiere, Pflanzen und Sachgüter vor möglichen Gefahren gentechnischer Verfahren und Produkte zu schützen und Vorsorge gegen das Entstehen solcher Gefahren zu treffen.[118] Hierdurch wird ein einheitliches Begriffsverständnis mit dem im EU-Recht statuierten Vorsorgeprinzip gewährleistet. Der Vorsorgegrundsatz kann zur Auslegung aller sicherheitsrelevanten Vorschriften, insbesondere der Genehmigungsvorschriften, herangezogen werden. Überdies ermöglicht er den zuständigen Behörden, vorläufige Schutzvorkehrungen auch bei Unsicherheiten hinsichtlich des Vorliegens oder des Umfangs eines Risikos für die Umwelt oder Gesundheit zu treffen, ohne dass abgewartet werden muss, dass Bestehen und Schwere des Risikos vollständig dargelegt werden (**Schutz- und Vorsorgezweck**).

29

Vorsorgebestimmungen des GenTG (vgl. allgemein § 6 Abs. 2 GenTG), die auch dem Schutz der in § 1 Nr. 1 GenTG genannten Individualrechtsgüter zu dienen bestimmt sind, können angesichts des erheblichen Risikopotentials gentechnisch veränderter Organismen drittschützend sein.[119] Das ist etwa hinsichtlich der Genehmigungsvoraussetzungen einer Freisetzung (§ 16 Abs. 1 Nr. 3 GenTG) zu bejahen.[120]

Überdies wurde durch das **Gesetz zur Neuordnung des Gentechnikrechts**[121] 2005 eine neue Zielfestlegung eingefügt: Gem. § 1 Nr. 2 bezweckt das Gentechnikgesetz, die Möglichkeit zu gewährleisten, dass Produkte, insbesondere Lebens- und Futtermittel, konventionell, ökologisch oder unter Einsatz gentechnisch veränderter Anbauformen erzeugt und in den Verkehr gebracht werden können (**Koexistenzzweck**).[122] Verschiedene Formen landwirtschaftlicher Produktion sollen mithin nebeneinander bestehen können. Die Rechtsprechung hat hieraus ein Recht auf gentechnikfreie Wirtschaftsweise (Koexistenzrecht) abgeleitet.[123] Ein einseitiges Schutzrecht zugunsten einer gentechnikfreien Landwirtschaft dürfte § 1 Nr. 2 GenTG gleichwohl nicht zu entnehmen sein.[124] Vielmehr ist das Koexistenzrecht als ein Gebot schonenden Ausgleichs zur Ermöglichung verschiedener Produktionsweisen nebeneinander zu verstehen.[125]

30

Außerdem soll der rechtliche Rahmen für die Erforschung, Entwicklung, Nutzung und Förderung der wissenschaftlichen, technischen und wirtschaftlichen Möglichkeiten der Gentechnik geschaffen werden (§ 1 Nr. 3 GenTG, **Förderzweck**). Im Verhältnis zum Koexistenzrecht dürfte Gleichrangigkeit bestehen.[126]

---

118 Durch das Gesetz zur Neuordnung des Gentechnikrechts wurde der Zielkatalog des § 1 Nr. 1 GenTG um die Begriffe „ethische Werte" und „Vorsorge" erweitert, vgl. oben § 14 Rn. 12; hierzu *Palme*, ZUR 2005, 119.

119 VG Augsburg, ZUR 2007, 437, 439 f.; VG Hamburg, ZUR 1994, 322; OVG Hamburg, ZUR 1995, 93; dazu *Beaucamp*, NuR 2002, 332, 333.

120 VG Braunschweig, ZUR 2009, 157, 158; dazu *Gärditz*, ZUR 2009, 413, 414.

121 Vgl. oben § 14 Rn. 12.

122 Hierzu ausführlich *Brunner*, S. 67 ff.; *Gärditz*, ZUR 2009, 413, 415 ff.; *Wegener*, AuR 2007, Beilage Nr. 1, 21; *Winter*, ZUR 2006, 456; *Winter/Fricker/Knoepfel*, ZUR 2015, 259, 266 f. Zur Weiterentwicklung der Schutzziele in Hinblick auf die Koexistenz naturnaher Ökosysteme mit menschlich stärker beeinflussten Ökosystemen sowie der Berücksichtigung naturschutzrechtlicher Belange im Anwendungsbereich des Gentechnikrechts vgl. *Stoppe-Ramadan/Winter*, NuR 2011, 396; *Winter*, NuR 2007, 571; *ders.*, ZUR 2006, 456.

123 VG Augsburg, ZUR 2007, 437, 440.

124 I.E. ebenso Bayrischer VGH, LRE 64, 283 f. Rn. 50 f.

125 *Gärditz*, ZUR 2009, 413, 415.

126 *Kauch*, Teil E, Rn. 17.

Aufgrund seiner systematischen Stellung und seiner hochrangigen Rechtsgüter haben Schutz- und Vorsorge i.S.d. Nr. 1 Vorrang vor dem Förderzweck in Nr. 3.[127]

5. Gentechnikrechtliches Instrumentarium

31   ▶ **FALL 15:** Bauer K betreibt auf seinem Grundeigentum ökologischen Landbau, insbesondere Feldgemüseanbau. Drei Kilometer von seinem Grundstück entfernt sollen gentechnisch veränderte Zuckerrüben freigesetzt werden. Die Zentrale Kommission für die Biologische Sicherheit (ZKBS) erteilte auf Vorlage zur Prüfung und Bewertung des Vorhabens die Empfehlung zur Genehmigung des Freisetzungsversuchs, weil hierdurch keine schädlichen Einwirkungen auf die Umwelt zu erwarten seien. Die Genehmigung erging unter Einhaltung der Verfahrens- und Formvorschriften und enthält folgende Auflagen:

Bei der Freisetzung auf dem Versuchsfeld soll es zu keiner Blüte und keiner Entwicklung von Pollen kommen. Die genetisch veränderten Versuchspflanzen, die im ersten Jahr des Anbaus zur Blüte kommen können (sog. Schosser), sind aus dem Versuchsfeld zu entfernen. Dazu sollen die Versuchsflächen während der Freisetzung mindestens einmal wöchentlich durch geschultes Personal kontrolliert werden.

Gegen die Verschleppung von Saatgut durch Tiere sind folgende Vorkehrungen zu treffen: Die Aussaat des Saatguts muss durch Einarbeitung von Hand in den Boden erfolgen, wobei die Samen vollständig mit Erde zu bedecken sind. Nach der Aussaat hat eine Kontrolle zu erfolgen. Darüber hinaus sollen die Öffnungen der Folienhäuser mit vogelsicheren Netzen versehen werden.

Bauer K fragt an, ob die Erteilung der Genehmigung materiell rechtmäßig erfolgt ist. Er trägt insbesondere vor, dass ihm durch die Freisetzung schwere wirtschaftliche Nachteile erwachsen würden, weil seine überwiegend ernährungsbewusste Kundschaft seit Bekanntwerden des Vorhabens bereits konkret geäußert habe, seine landwirtschaftlichen Produkte wegen gesundheitlicher Gefahren nicht mehr kaufen zu wollen. Er rügt ferner, dass prinzipiell kein ausreichender Wissensstand hinsichtlich der Wechselwirkungen der gentechnisch veränderten Pflanzen mit ihrer Umwelt vorhanden sei. ◀

a) Präventive Kontrollinstrumente

Das Gentechnikgesetz enthält Eröffnungskontrollen für

- gentechnische Arbeiten in gentechnischen Anlagen,
- die Freisetzung von GVO und
- das Inverkehrbringen von GVO.

aa) Gentechnische Arbeiten in gentechnischen Anlagen

32   Gentechnische Arbeiten dürfen nur in gentechnischen Anlagen durchgeführt werden (§ 8 Abs. 1 S. 1 GenTG). Die Errichtung und der Betrieb gentechnischer Anlagen unterliegen gem. § 8 Abs. 1 S. 2 GenTG einer **Eröffnungskontrolle**, wenn Arbeiten den Sicherheitsstufen 3 und 4 zuzuordnen sind. Werden im Laufe des Betriebs weitere gentechnische Arbeiten der Sicherheitsstufe 3 und 4 aufgenommen, bedürfen sie gleichfalls einer **Genehmigung** gem. § 9 Abs. 3 GenTG; das gilt ebenso für wesentliche Änderun-

---

127 *Mechel* in: Koch/Hofmann/Reese, § 11 Rn. 60 f.; in der Tendenz auch *Kloepfer*, Umweltschutzrecht, § 17 Rn. 13.

gen (§ 8 Abs. 4 S. 1 GenTG). Nach § 8 Abs. 3 GenTG besteht die Möglichkeit der Erteilung einer Teilerrichtungs- bzw. Teilgenehmigung. Die gentechnikrechtliche Anlagengenehmigung entfaltet eine Konzentrationswirkung mit Ausnahme von Zulassungen aufgrund atomrechtlicher Vorschriften (§ 22 Abs. 1 GenTG).[128]

Für Arbeiten, die der Sicherheitsstufe 1 entsprechen, ist nach § 8 Abs. 2 GenTG für die Errichtung und den Betrieb einer Anlage sowie die vorgesehenen erstmaligen gentechnischen Arbeiten lediglich eine **Anzeige**, für Arbeiten, die der Sicherheitsstufe 2 entsprechen, eine **Anmeldung** erforderlich.[129] Eine wesentliche Änderung sowie eine Erweiterung des Betriebs um Arbeiten der Sicherheitsstufe 2 sind ebenfalls anzeige- bzw. anmeldepflichtig (§§ 8 Abs. 4 S. 2; 9 Abs. 2 GenTG). Ist lediglich eine Anzeige erforderlich, so kann der Betreiber einer Anlage ohne Einhaltung einer Wartefrist mit den gentechnischen Arbeiten beginnen. Im Falle des Erfordernisses der Anmeldung muss zunächst das Anmeldeverfahren durchlaufen oder zumindest 45 Tage nach Eingang der Anmeldung abgewartet werden,[130] bevor mit den Arbeiten begonnen werden darf.[131]

Weitere Arbeiten der Stufe 1 können nach Aufnahme des Betriebs ohne Anzeige durchgeführt werden (§ 9 Abs. 1 GenTG); weitere Folgearbeiten der Sicherheitsstufe 2 bedürfen gem. § 9 Abs. 2 GenTG nur der Anzeige und können ohne Zeitverzögerung begonnen werden.

Die jeweiligen Anforderungen an die Anlagen richten sich infolgedessen nach der Einordnung der jeweiligen gentechnischen Arbeiten in Sicherheitsstufen, § 7 Abs. 1 GenTG (sog. **Stufenprinzip**).[132] Zu unterscheiden sind gentechnische Arbeiten, bei denen nach dem Stand der Wissenschaft

- nicht von einem Risiko (Sicherheitsstufe 1),
- von einem geringen Risiko (Sicherheitsstufe 2),
- von einem mäßigen Risiko (Sicherheitsstufe 3),
- von einem hohen Risiko oder dem begründeten Verdacht eines solchen Risikos (Sicherheitsstufe 4)

für die menschliche Gesundheit oder die Umwelt auszugehen ist. Entscheidend für die Zuordnung eines Vorhabens zu einer Sicherheitsstufe ist, welches **Risikopotenzial** den beabsichtigten gentechnischen Arbeiten beigemessen wird. Hierbei sind die möglichen Auswirkungen auf die Beschäftigten, die Bevölkerung, Nutztiere, Kulturpflanzen und die sonstige Umwelt einschließlich der Verfügbarkeit von Gegenmaßnahmen zu berücksichtigen, § 7 Abs. 1 S. 4 GenTG. Im Unterschied zur Gefahr[133] ist ein Risiko[134] anzunehmen, wenn aufgrund mangelnder wissenschaftlicher Erkenntnisgrundlage Unsicherheiten hinsichtlich der Wahrscheinlichkeit des Schadenseintritts und/oder der Schadenshöhe bestehen. Insoweit erlaubt der Risikobegriff auch behördliche Maßnahmen im Vorsorgebereich.[135] Im Zweifelsfall hat die zuständige Behörde gem. § 7

---

128 *Kloepfer*, Umweltschutzrecht, § 17 Rn. 31; *Alt*, MüKo GenTG, § 22 Rn. 1.
129 Form und Verfahren der Anmeldung regelt § 12 GenTG.
130 Vgl. § 12 Abs. 5 S. 1 und 2 GenTG.
131 *Burchardi*, ZUR 2009, 9, 12.
132 Vgl. *Calliess/Korte*, DÖV 2006, 10, 14.
133 Vgl. § 3 Rn. 5.
134 Hierzu *Di Fabio*, S. 116 ff.; *Schlacke*, Risikoentscheidungen, S. 42, 356; *Appel*, NuR 1996, 227, 228; *Böhm*, NVwZ 2005, 609, 612; *Krause*, NVwZ 2009, 496.
135 Vgl. *Mechel* in: Koch/Hofmann/Reese, § 11 Rn. 76 ff.

Abs. 1a S. 1 GenTG die gentechnische Arbeit der höheren Sicherheitsstufe zuzuordnen.[136]

35   Die Genehmigung zur Errichtung und zum Betrieb einer gentechnischen Anlage ist zu erteilen, wenn die Voraussetzungen des § 11 Abs. 1 GenTG vorliegen. Der Antragsteller hat - unter Berücksichtigung der Einhaltung der gesetzlichen Anforderungen - mithin einen Rechtsanspruch auf Erteilung der Genehmigung.

§ 11 Abs. 1 GenTG[137] erfordert, dass

- Betreiber und andere verantwortliche Personen zuverlässig sind (Nr. 1),
- Projektleiter und Beauftragte für die Biologische Sicherheit sachkundig sind und die ihnen obliegenden Verpflichtungen ständig erfüllen können (Nr. 2),
- die Betreiberpflichten aus § 6 Abs. 1 und 2 GenTG[138] und den Rechtsverordnungen nach § 30 GenTG[139] erfüllt werden (Nr. 3),
- die nach dem Stand von Wissenschaft und Technik notwendigen Einrichtungen vorhanden und Vorkehrungen getroffen sind, so dass keine schädlichen Einwirkungen auf die in § 1 Nr. 1 GenTG genannten Schutzgüter zu erwarten sind (Nr. 4), und
- kein Verstoß gegen bestimmte internationale Übereinkommen - wie etwa gegen Verbote, biologische oder chemische Waffen herzustellen - und andere öffentlich-rechtliche Vorschriften sowie Belange des Arbeitsschutzes vorliegt (Nr. 5 und 6).

36   Die **formellen Anforderungen** an eine Genehmigung, insbesondere an das Genehmigungsverfahren, regeln § 10 GenTG i.V.m. der Gentechnik-Verfahrensordnung[140] und der Gentechnik-Anhörungsverordnung.[141] Besondere Bedeutung kommt hierbei der nach § 10 Abs. 7 GenTG erforderlichen **Stellungnahme der Zentralen Kommission für die Biologische Sicherheit** (ZKBS, § 4 GenTG) zur sicherheitstechnischen Einstufung und den erforderlichen sicherheitstechnischen Maßnahmen zu. Sie ist bei der behördlichen Entscheidung über den Genehmigungsantrag zu berücksichtigen. Den Stellungnahmen der ZKBS (§ 5 GenTG)[142] ist keine Bindungswirkung beizumessen. Seitens der Rechtsprechung wird der zuständigen Genehmigungsbehörde regelmäßig ein gerichtlich nicht überprüfbarer Beurteilungsspielraum eingeräumt.[143] Bei Abweichen der Verwaltungsentscheidung von der Empfehlung der Kommission obliegt der Behörde jedoch wegen der vom Gesetzgeber vorausgesetzten großen Sachkunde der ZKBS eine besondere Begründungslast.[144]

37   Die Genehmigungen **erlöschen**, wenn innerhalb einer von der Genehmigungsbehörde festgesetzten Frist, die drei Jahre nicht überschreiten darf, von der Genehmigung durch Errichtung oder Betrieb der Anlage kein Gebrauch gemacht oder wenn eine Anlage während eines Zeitraums von mehr als drei Jahren nicht betrieben worden ist (§ 27

---

136 Ausnahmsweise kann die zuständige Behörde gem. § 7 Abs. 1a S. 2 GenTG eine niedrigere Sicherheitsstufe auf Antrag zulassen, wenn ein ausreichender Schutz für die menschliche Gesundheit und die Umwelt nachgewiesen wird.
137 § 11 Abs. 1 Nr. 1, 2 und 4 GenTG ist drittschützend, dazu § 6 Rn. 12 ff.
138 Vgl. sogleich § 14 Rn. 51 f.
139 Bereits § 14 Rn. 17.
140 Vgl. § 14 Rn. 17.
141 Vgl. § 14 Rn. 17.
142 *Karthaus*, ZUR 2001, 61; *Kroh*, DVBl. 2000, 102; vgl. ferner unten § 14 Rn. 66 ff.
143 BVerwG, DVBl. 1999, 1138, 1140; VGH Mannheim, DVBl. 2001, 1463; VG Freiburg, ZUR 2000, 216 m. Anm. *Ginzky*.
144 *Mechel* in: Koch/Hofmann/Reese, § 11 Rn. 105.

Abs. 1 GenTG). Eine ähnliche Regelung sieht § 27 Abs. 4 GenTG für die Anmeldung einer Anlage vor.

Im Falle der **Versagung der Genehmigung** kann der Betroffene sein Klagebegehren nach erfolglos durchgeführtem Widerspruchsverfahren mit einer Verpflichtungsklage gem. § 42 Abs. 1 Alt. 2 VwGO durchsetzen.[145] Die Durchführung eines behördlichen Widerspruchsverfahrens findet indes nicht statt, wenn im Vorfeld bereits ein Anhörungsverfahren durchgeführt wurde, § 10 Abs. 8 i.V.m § 18 GenTG.[146] Die **Rechtsschutz**möglichkeiten eines Anlagenbetreibers, der gentechnische Arbeiten durchführen will, richten sich grundsätzlich nach den üblichen Regeln.[147]

Dritte können gegen eine dem Betreiber erteilte Genehmigung im Wege der Drittanfechtungsklage vorgehen.[148] Wenn sie den Erlass einer zu ihrem Schutz gebotenen, jedoch fehlenden Nebenbestimmung begehren, ist die Drittverpflichtungsklage statthaft.

Gem. § 12 Abs. 5 GenTG gilt der **Ablauf bestimmter Fristen**[149] als Zustimmung zur Errichtung und zum Betrieb der gentechnischen Anlage und zur Durchführung gentechnischer Arbeiten. Bestehen auf Seiten des Betreibers Unklarheiten über den Fristenlauf, kann er mit der Feststellungsklage gerichtlich überprüfen lassen, ob die Genehmigung bereits als erteilt gilt.

bb) Freisetzung von genetisch veränderten Organismen

Nach § 14 Abs. 1 S. 1 Nr. 1 GenTG ist die Freisetzung von GVO zulassungspflichtig.[150] Die Genehmigung für eine Freisetzung ist gem. § 16 Abs. 1 GenTG zu erteilen (gebundene Entscheidung), wenn

- der Betreiber über die notwendige Zuverlässigkeit verfügt und gewährleistet ist, dass Projektleiter und Beauftragter für die Biologische Sicherheit die erforderliche Sachkunde besitzen (§ 16 Abs. 1 Nr. 1 i.V.m. § 11 Abs. 1 Nr. 1 und 2 GenTG),[151]
- alle nach dem Stand von Wissenschaft und Technik erforderlichen Sicherheitsvorkehrungen getroffen werden (§ 16 Abs. 1 Nr. 2 GenTG) und
- nach dem Stand der Wissenschaft im Verhältnis zum Zweck der Freisetzung unvertretbare schädliche Einwirkungen[152] auf die in § 1 Nr. 1 GenTG genannten Rechtsgüter[153] nicht zu erwarten sind (§ 16 Abs. 1 Nr. 3 GenTG).[154]

Damit statuiert das Gentechnikgesetz eine umfassende Pflicht zur Risikoabwehr sowie zur Abwägung zwischen dem Zweck der Freisetzung und möglichen Schutzgutbeeinträchtigungen. Die Auslegung dieser sog. **Vertretbarkeitsklausel** ist umstritten.[155] Einhelligkeit dürfte darüber bestehen, dass nicht jede schädliche Einwirkung auf die in § 1

38

39

40

41

145 *Schmidt/Kahl/Gärditz*, § 5 Rn. 16.
146 So auch *Mechel* in: Koch/Hofmann/Reese, § 11 Rn. 233.
147 Vgl. § 6 Rn. 7 ff.
148 Vgl. § 6 Rn. 12 ff.
149 Die unterschiedlichen Fristen bestimmen sich nach der jeweiligen Sicherheitsstufe.
150 Ausführlich zu den Maßstäben einer Genehmigung der Freisetzung und des Inverkehrbringens von GVO *Winter*, NuR 2007, 571; *ders.*, ZUR 2006, 456.
151 Hierbei handelt es sich um eine drittschützende Norm; vgl. *Pottschmidt* in: Hansmann/Sellner, Kap. 13 Rn. 205.
152 Zur Auslegung des Begriffs der schädlichen Einwirkungen grundlegend *Fisahn*, NuR 2004, 145, 146.
153 Hierbei handelt es sich um Leben und Gesundheit von Menschen, Tieren, Pflanzen sowie die sonstige Umwelt in ihrem Wirkungsgefüge und Sachgüter.
154 Hierbei handelt es sich um eine drittschützende Norm.
155 Vgl. *Kloepfer*, Umweltrecht, § 18 Rn. 67 m.w.N. in Fn. 191.

Nr. 1 GenTG genannten Rechtsgüter zu einer Genehmigungsversagung führt.[156] Jedenfalls kann hinsichtlich des Standes der Wissenschaft und der Nutzen-Schaden-Relation der Exekutive eine Einschätzungsprärogative eingeräumt werden.[157]

42   Die **formellen Anforderungen** an einen Freisetzungsantrag enthält § 15 Abs. 1 GenTG; diejenigen an das Verfahren § 16 Abs. 3 S. 1 GenTG i.V.m. der Gentechnikverfahrensordnung.

43   Eine Befreiung von der Genehmigungspflicht sieht § 14 Abs. 1 S. 4 GenTG für **Änderungen einer Freisetzung** vor, wenn das Bundesamt für Verbraucherschutz und Lebensmittelsicherheit feststellt, dass die Änderung keine wesentlichen Auswirkungen auf die Beurteilung der Voraussetzungen nach § 16 Abs. 1 GenTG hat. Allerdings kann die Behörde notwendige Auflagen erteilen (§ 14 Abs. 1 S. 5 GenTG).

44   **Genehmigungsgegenstand** kann die Freisetzung eines gentechnisch veränderten Organismus oder eine Kombination gentechnisch veränderter Organismen am selben Standort oder an verschiedenen Standorten sein, soweit die Freisetzung zum selben Zweck und innerhalb eines in der Genehmigung bestimmten Zeitraums erfolgt (§ 14 Abs. 3 GenTG).

45   Um einen möglichst transparenten Überblick über die Anbaugebiete von GVO zum Zweck einer effizienten Überwachung zu gewährleisten, sieht § 16a GenTG die behördliche Pflicht zur Errichtung eines **Standortregisters** vor, das vom Bundesamt für Verbraucherschutz und Lebensmittelsicherheit geführt und erfasst wird. Das allgemein zugängliche Register[158] enthält Angaben über die Bezeichnung des GVO und über seinen spezifischen Erkennungsmarker, seine gentechnisch veränderten Eigenschaften, das Grundstück der Freisetzung oder des Anbaus sowie die Flächengröße (§ 16a Abs. 4 S. 1 GenTG). Ein Anspruch auf Auskunft über personenbezogene Daten besteht gem. § 16a Abs. 5 GenTG, wenn der Antragsteller ein berechtigtes Interesse geltend macht und keine überwiegenden schutzwürdigen privaten oder öffentlichen Interessen den Anspruch ausschließen. Durch die Einrichtung eines solchen Registers wird nicht zuletzt der Koexistenzzwecksetzung i.S.v. § 1 Nr. 2 GenTG[159] Rechnung getragen. Anhand der Registereintragungen können sich z.B. landwirtschaftliche Betriebe darüber informieren, ob in der Nachbarschaft GVO angebaut werden. Sollte dies der Fall sein, können die Beteiligten sodann Absprachen treffen, um GVO-Verunreinigungen konventioneller Pflanzen der gleichen Kulturart zu vermeiden.[160] Das Standortregister war Gegenstand einer Normenkontrolle gem. Art. 100 GG. Das Bundesverfassungsgericht rechtfertigte die mit dem Standortregister verbundenen Erhebungen personenbezogener Daten und die möglicherweise damit verbundenen Eingriffe in das Recht auf informationelle Selbstbestimmung[161] damit, dass Landwirtschaft im sozialen Raum betrieben werde und das Recht auf informationelle Selbstbestimmung der Landwirte dementsprechend hinter dem Transparenzinteresse der Öffentlichkeit zurückzustehen habe.[162]

---

156   Vgl. *Mechel* in: Koch/Hofmann/Reese, § 11 Rn. 113 f. m.w.N.; *Calliess/Korte*, DÖV 2006, 10, 17.
157   *Kloepfer*, Umweltschutzrecht, § 17 Rn. 36; zu den rechtsstaatlichen Grenzen eines derartigen, gerichtlich nicht überprüfbaren Beurteilungsspielraums *Gärditz*, ZUR 2009, 413, 418.
158   Der Zugang soll über das Internet erfolgen, vgl. § 16a Abs. 4 S. 2 GenTG, siehe www.apps2.bvl.bund.de/sta reg_web/showflaechen.do (Stand: 16.9.2018).
159   Vgl. oben § 14 Rn. 30.
160   Vgl. *Mechel* in: Koch/Hofmann/Reese, § 11 Rn. 199 f.
161   BVerfGE 128, 1, 22.
162   BVerfGE 128, 1, 44.

cc) Inverkehrbringen von genetisch veränderten Organismen

Auch das Inverkehrbringen von GVO unterliegt einer **Eröffnungskontrolle** gem. §§ 14   46
Abs. 1 S. 1 Nr. 2, 3 und 4; 16 Abs. 2 GenTG.[163] Die Genehmigung für ein Inverkehrbringen wird in jedem Fall befristet erteilt (§§ 16 Abs. 2 S. 1; 27 GenTG). Indes besteht
die Möglichkeit einer Genehmigungsverlängerung gem. § 16 Abs. 2 S. 2 GenTG.

Die Genehmigungspflicht bezieht sich sowohl auf das Inverkehrbringen von Produkten, die GVO enthalten oder aus solchen bestehen (§ 14 Abs. 1 S. 1 Nr. 2 GenTG), als
auch auf eine Zweckveränderung in Bezug auf die bisherige Verwendung (§ 14 Abs. 1
S. 1 Nr. 3 GenTG). Ferner sind Produkte, die aus freigesetzten gentechnisch veränderten Organismen gewonnen oder hergestellt wurden, für die keine Genehmigung nach
§ 14 Abs. 1 S. 1 Nr. 2 GenTG vorliegt, genehmigungspflichtig (§ 14 Abs. 1 S. 1 Nr. 4
GenTG). Damit unterliegen auch Produkte, die aus einer genehmigten Freisetzung
stammen, einer (erneuten) Eröffnungskontrolle.[164]

Das Inverkehrbringen von GVO ist gem. § 16 Abs. 2 S. 1 GenTG zu gestatten (gebundene Entscheidung), wenn nach dem Stand der Wissenschaft im Verhältnis zum Zweck
des Inverkehrbringens unvertretbare schädliche Einwirkungen auf die in § 1 Nr. 1
GenTG bezeichneten Rechtsgüter nicht zu erwarten sind (**materielle Voraussetzungen,
Vertretbarkeitsklausel**).[165]

Einer Genehmigung zum Inverkehrbringen bedarf es nicht, wenn Produkte, die GVO   47
enthalten oder aus solchen bestehen, gem. § 14 Abs. 1a GenTG in einem spezifischen
Verfahren gem. § 3 Nr. 3c GenTG hergestellt worden sind oder das Inverkehrbringen
in speziell abgeschirmten Bereichen erfolgt.

Im Sinne der gegenseitigen Anerkennung bedarf es keiner Genehmigung, wenn eine
solche von Behörden anderer EU-Mitgliedstaaten nach deren Vorschriften, die die
Richtlinie 2001/18/EG umsetzen, erteilt wurde (§ 14 Abs. 5 GenTG).

Die **formellen Anforderungen** an eine Genehmigung zum Inverkehrbringen, insbeson-   48
dere solche an die Antragsunterlagen, enthält § 15 Abs. 3 GenTG; das Verfahren richtet sich nach § 16 Abs. 3 S. 2 GenTG.[166] Es handelt sich hierbei um ein komplexes,
mehrstufiges EU-Beteiligungsverfahren nach Art. 14 ff. Richtlinie 2001/18/EG, in welchem u.a. die Kommission und Behörden anderer Mitgliedstaaten mitwirken, Einwände erheben und letztlich eine Genehmigung (mittelbar) versagen können. Nach § 16
Abs. 5 GenTG hat die ZKBS (§ 4 GenTG) den Antrag zu prüfen und zu bewerten.[167]

§ 16d Abs. 2 S. 1 GenTG enthält die unionsrechtlich vorgeschriebene **Befristung** der   49
Genehmigung zum Inverkehrbringen auf zehn Jahre. Eine Verlängerung für einen kür-
zeren oder längeren Zeitraum ist möglich (§ 16d Abs. 2 S. 2 GenTG). Wenn der Antrag
auf **Verlängerung** rechtzeitig, d.h. vor Ablauf der Genehmigung gestellt wird, kann der
Antragsteller während des laufenden Verwaltungsverfahrens seine Produkte weiterhin
rechtmäßig in den Verkehr bringen.[168]

Bestimmungen über den Verwendungszweck, den Umgang mit dem Produkt und seine
Verpackung, spezielle Bedingungen für den Schutz besonderer Ökosysteme, Umweltge-

---

163 Hierbei handelt es sich um eine drittschützende Norm.
164 *Kloepfer*, Umweltschutzrecht, § 17 Rn. 41.
165 Vgl. oben § 14 Rn. 41.
166 Vgl. oben § 14 Rn. 42.
167 Zur Bedeutung und Bindungswirkung vgl. oben § 14 Rn. 36.
168 Einzelheiten des Inverkehrbringens von GVO als Saatgut enthält § 16d Abs. 2 S. 3 ff. GenTG.

gebenheiten oder geographischer Gebiete, Kennzeichnungsanforderungen sowie Vorgaben für die Produktbeobachtung und die Vorlage von Kontrollproben (Nachmarktkontrolle/Monitoring) hat die Zulassungsbehörde im Rahmen der Genehmigung festzulegen (§ 16d Abs. 1 GenTG).

Wenn eine Genehmigung zum Inverkehrbringen öffentlich bekannt gemacht wurde, entfalten die in ihr festgeschriebenen Anforderungen Geltung für sämtliche am Inverkehrbringen des Produkts oder am Umgang mit ihm Beteiligten (§ 16 Abs. 5a GenTG). Es handelt sich um eine **Allgemeinverfügung** i.S.d. § 35 S. 2 VwVfG, die den Adressatenkreis der Genehmigung weit über den Antragsteller hinaus ausdehnt.

Ein Erlöschen der Inverkehrbringensgenehmigung richtet sich nach § 27 GenTG.[169]

50   Das Gentechnikgesetz statuiert in § 17b Abs. 1 S. 1 eine **Kennzeichnungspflicht** für Produkte, die GVO enthalten oder aus solchen bestehen und in den Verkehr gebracht werden – auch wenn sie für gentechnische Arbeiten in gentechnischen Anlagen zur Verfügung gestellt werden.[170] Ausnahmen hiervon bestehen nach § 17b Abs. 1 S. 2 und Abs. 3 GenTG bei geringen Verunreinigungen mit GVO. Bereits bei der Beantragung des Inverkehrbringens eines GVO schlägt der Antragsteller eine Kennzeichnung seines Produktes vor (§ 15 Abs. 3 GenTG i.V.m. § 6 Abs. 1 Nr. 5 GenTVfVO/Anhang 4 der Richtlinie 2001/18/EG).

dd) Grundpflichten: Risikoprüfung und -bewertung

51   Eine Regelung der **Grundpflichten** unter Berücksichtigung des Entwicklungs- und Erkenntnisstandes erfolgt in § 6 GenTG. Danach besteht für jeden, der Umgang mit gentechnisch veränderten Organismen hat, sei es in gentechnischen Anlagen, bei Freisetzungen oder Inverkehrbringen, die Pflicht, die damit verbundenen Risiken für die in § 1 Nr. 1 GenTG genannten Schutzgüter vor Aufnahme seiner Tätigkeit umfassend zu bewerten und sie zugleich dem Stand der Wissenschaft anzupassen (**Risikobewertung**).

52   Die Betreiber gentechnischer Anlagen unterliegen der Verpflichtung, entsprechend der Risikobewertung die nach dem Stand von Wissenschaft und Technik notwendigen Vorkehrungen zu treffen, um die in § 1 Nr. 1 GenTG genannten Rechtsgüter vor möglichen Gefahren zu schützen und dem Entstehen solcher Gefahren vorzubeugen (§ 6 Abs. 2 S. 1 GenTG).[171] Diese **Schutz- und Vorsorgepflicht**[172] besteht während des gesamten Betriebs sowie über den Zeitpunkt der Betriebseinstellung hinaus (sog. dynamische Pflicht).[173] Gem. § 6 Abs. 3 GenTG hat der Betreiber darüber hinaus Aufzeichnungen über die Durchführung gentechnischer Arbeiten und Freisetzungen zu führen. Aus der Durchführung von gentechnischen Arbeiten und Freisetzungen ergibt sich gem. § 6 Abs. 4 GenTG die Verpflichtung, Projektleiter sowie Beauftragte oder **Ausschüsse für Biologische Sicherheit** zu bestellen.

---

169 Vgl. oben § 14 Rn. 37.
170 Sie müssen auf dem Etikett oder Begleitdokument mit dem Hinweis „Dieses Produkt enthält genetisch veränderte Organismen." gekennzeichnet sein.
171 Hierbei handelt es sich um eine drittschützende Norm; *Gärditz*, ZUR 2009, 413, 414.
172 Vgl. oben § 14 Rn. 29.
173 *Kloepfer*, Umweltschutzrecht, § 17 Rn. 23.

ee) Mitteilungspflichten

§ 21 Abs. 1 GenTG verpflichtet Betreiber, jede Änderung in der Beauftragung des Projektleiters, des Beauftragten für die Biologische Sicherheit oder eines Mitglieds des Ausschusses für die Biologische Sicherheit der zuständigen Behörde mitzuteilen. Mitteilungspflichtig ist die Einstellung der Anlage (§ 21 Abs. 1b GenTG) sowie jede sicherheitsrelevante Änderung einer gentechnischen Anlage (§ 21 Abs. 2 GenTG). 53

Überdies ist gem. § 21 Abs. 2a GenTG jede Änderung einer Freisetzung, die Auswirkungen auf die Beurteilung der Voraussetzungen einer Genehmigungserteilung haben kann, der zuständigen Behörde mitzuteilen. Ferner besteht eine Unterrichtungspflicht des Betreibers für jegliche unvorhergesehenen Vorkommnisse und beim Verdacht auf eine Gefährdung der in § 1 Nr. 1 GenTG genannten Rechtsgüter (§ 21 Abs. 3 GenTG).

Nach Abschluss einer Freisetzung hat der Betreiber die Ergebnisse der Freisetzung im Zusammenhang mit der Gefährdung der menschlichen Gesundheit oder der Umwelt der zuständigen Behörde mitzuteilen (§ 21 Abs. 4 GenTG). Eine *unverzügliche* Mitteilung hat zu erfolgen, wenn der Betreiber neue Informationen über gesundheits- oder umweltbezogene Risiken erhält (§ 21 Abs. 5 GenTG).

§ 21 Abs. 4 und 5a GenTG erweitern die Meldepflicht in Bezug auf die in § 1 Nr. 1 GenTG genannten Rechtsgüter und erfassen zudem das Inverkehrbringen. Dem Betreiber obliegt darüber hinaus eine Unterrichtungspflicht über die Beobachtung des Inverkehrbringens gem. § 21 Abs. 4a GenTG.

ff) Auskunfts- und Duldungspflichten

Auskunfts- und Duldungspflichten bestehen für Betreiber gentechnischer Anlagen sowie für diejenigen, die GVO freisetzen oder in Verkehr bringen; Hinnahmepflichten obliegen jenen, in deren Produkten sich unbeabsichtigt GVO finden. 54

Zur Überwachung gentechnischer Anlagen und Freisetzungen sowie des Inverkehrbringens von GVO obliegen den Betreibern und verantwortlichen Personen (Projektleiter, Beauftragter für die Biologische Sicherheit) und Personen, die mit Produkten, die GVO enthalten oder aus solchen bestehen, erwerbswirtschaftlich, gewerbsmäßig oder in vergleichbarer Weise umgehen, spezifische Auskunfts- und Duldungspflichten: Auf Verlangen der zuständigen Überwachungsbehörden haben sie Auskunft zu erteilen, wenn dies der Überwachung zur Einhaltung des Gentechnikgesetzes dient (§ 25 Abs. 2 GenTG). Insbesondere sind der zuständigen Behörde auf Verlangen die Prüfungsergebnisse der Risikobewertung i.S.v. § 6 Abs. 1 GenTG vorzulegen (§ 25 Abs. 6 GenTG). Ein Auskunftsverweigerungsrecht besteht, sofern der Auskunftspflichtige sich selbst oder einen nahen Angehörigen einer Verfolgungsgefahr aussetzen würde (§ 25 Abs. 4 GenTG). Ferner dürfen mit der Überwachung betraute Personen Grundstücke, Geschäftsräume, Betriebsräume und Transportmittel des Betreibers – ohne vorherige Ankündigung[174] – während der üblichen Geschäfts- und Betriebszeiten betreten und Besichtigungen durchführen, Proben entnehmen, geschäftliche Unterlagen einsehen und Kopien herstellen (§ 25 Abs. 3 S. 1 Nr. 1-3 GenTG).[175] Besteht eine dringende Gefahr für die öffentliche Sicherheit, so dürfen diese Rechte auch dann ausgeübt werden, 55

---

174 OLG Düsseldorf, AgrarR 1985, 200.
175 Zur Unterscheidung zwischen Überwachungs- und Eingriffsbefugnissen gem. § 25 GenTG vgl. OVG Saarland, AS RP-SL 35, 409.

wenn die Geschäfts- und Betriebsräume zugleich Wohnzwecken des Betreibers dienen (§ 25 Abs. 3 S. 2 GenTG).

56   Die auf Grundlage von § 25 Abs. 3 S. 1 Nr. 1-3 GenTG ergehenden Maßnahmen sind regelmäßig Realakte. Begehrt der Vorhabenträger diesbezüglich Rechtsschutz, kommt insoweit die **Feststellungsklage** gem. § 43 Abs. 1 VwGO als statthafte Klageart in Betracht.

gg) Nachmarktpflichten

57   Nachmarktpflichten, also solche Pflichten, die nach Inverkehrbringen zugelassener Produkte für den Inverkehrbringer bestehen, statuiert § 16b GenTG.[176] Danach obliegt denjenigen, die GVO anbauen, weiterverarbeiten, – im Falle von Tieren – halten, gewerbsmäßig oder in anderer Weise in den Verkehr bringen, eine **Vorsorgepflicht**[177] für die in § 1 Nr. 1 GenTG genannten Rechtsgüter, um wesentliche Beeinträchtigungen zu verhindern. Bei der Beurteilung einer Beeinträchtigung als wesentlich soll auf die europäischen Schwellenwerte und die Interpretationsregeln des § 36a Abs. 1 GenTG zurückgegriffen werden.[178] § 16b Abs. 1 S. 2-4 GenTG normieren Ausnahmen von der Vorsorgepflicht, etwa wenn eine entsprechende schriftliche Vereinbarung mit einem Schutzbedürftigen vorliegt, in der dieser auf seinen Schutz verzichtet.

Die Vorsorgepflicht nach § 16b Abs. 1 GenTG wird durch die Einhaltung der guten fachlichen Praxis i.S.d. § 16b Abs. 3 GenTG erfüllt (§ 16b Abs. 2 GenTG). Zur guten fachlichen Praxis gem. § 16b Abs. 3 GenTG gehören insbesondere folgende Pflichten, die zugleich der Sicherstellung der Koexistenz im Umgang mit GVO dienen:[179]

■ Es müssen beim Umgang mit GVO Bestimmungen der Genehmigung für das Inverkehrbringen gem. § 16 Abs. 5a GenTG beachtet werden (§ 16b Abs. 3 Nr. 1 GenTG).

■ Es müssen beim Anbau von gentechnisch veränderten Pflanzen und bei der Herstellung und Ausbringung von Düngemitteln, die gentechnisch veränderte Organismen enthalten, Maßnahmen getroffen werden, um Einträge in andere Grundstücke zu verhindern sowie Auskreuzungen in andere Kulturen benachbarter Flächen und die Weiterverbreitung durch Wildpflanzen zu vermeiden (§ 16b Abs. 3 Nr. 2 GenTG).

■ Es muss bei der Haltung gentechnisch veränderter Tiere ein Entweichen aus dem zur Haltung vorgesehenen Bereich und ein Eindringen anderer Tiere der gleichen Art in diesen Bereich verhindert werden (§ 16b Abs. 3 Nr. 3 GenTG).

■ Bei der Beförderung, Lagerung und Weiterverarbeitung von GVO darf es zu keinen Verlusten oder Vermischungen und Vermengungen mit anderen Produkten kommen (§ 16b Abs. 3 Nr. 4 GenTG).

Die Anforderungen an die gute fachliche Praxis werden durch die auf der Grundlage von § 16b Abs. 6 GenTG erlassenen GenTPflEV konkretisiert.[180]

---

176   Dessen Verfassungskonformität wurde vom BVerfG bestätigt, vgl. NVwZ 2011, 94, 104.
177   Vgl. § 14 Rn. 29.
178   Vgl. BT-Drs. 15/3088, S. 27; europäische Regelungen von Schwellenwerten finden sich in Art. 12 Abs. 2, Art. 24 Abs. 2 VO 1829/2003/EG, ABlEG L 268/1; Art. 21 Abs. 2 RL 2001/18/EG i.d.F. der RL 2008/27/EG, ABlEG L 81/45.
179   Näher *Burchardi*, ZUR 2009, 9, 13.
180   Vgl. oben § 14 Rn. 17.

§ 16b Abs. 4 GenTG sieht zur Erfüllung der Vorsorgepflicht darüber hinaus besondere Anforderungen an die persönliche Zuverlässigkeit, Kenntnis, Fertigkeit und Ausstattung des zu gewerblichen oder vergleichbaren Zwecken Handelnden vor.

Eine **Produktinformationspflicht** des Inverkehrbringers etabliert § 16b Abs. 5 GenTG. 58
Sie soll die Bestimmungen der Genehmigung enthalten; aus ihr soll zudem hervorgehen, wie die Pflichten gem. § 16b Abs. 1 bis 3 GenTG eingehalten werden.

Schließlich enthält § 16c GenTG eine **Produktbeobachtungspflicht** des Inverkehrbringers: Sie umfasst die Einrichtung eines umfassenden Beobachtungssystems für in Verkehr gebrachte GVO. 59

b) Repressive Kontrollinstrumente

Nach § 19 S. 1 GenTG kann die zuständige Behörde ihre Genehmigung mit **Nebenbestimmungen** (vgl. § 36 VwVfG) versehen, um die Einhaltung der Zulassungsvoraussetzungen zu gewährleisten. Insbesondere können spezielle Anforderungen an eine gentechnische Anlage festgelegt oder Regelungen für die bestimmungsgemäße und sachgerechte Anwendung des in Verkehr zu bringenden Produkts getroffen werden (§ 19 S. 2 GenTG). Die Entscheidung über die Auferlegung solcher Maßnahmen ist in das **Ermessen** der Behörde gestellt. 60

Soweit die erteilte Genehmigung Nebenbestimmungen enthält, besteht für den Betroffenen je nach Einzelfall die Möglichkeit, entweder die Nebenbestimmung isoliert anzufechten oder eine Verpflichtungsklage auf Erteilung einer Genehmigung ohne Nebenbestimmungen zu erheben.[181]

Gem. § 19 S. 3 GenTG ist es zulässig, auch ohne Auflagenvorbehalt im Genehmigungsbescheid **nachträglich Auflagen** anzuordnen. Dergestalt kann eine angemessene Berücksichtigung des aktuellen Standes von Wissenschaft und Technik und neuer Erfahrungen sichergestellt werden. Dabei muss allerdings – wie im gesamten öffentlichen Recht – der Grundsatz der Verhältnismäßigkeit beachtet werden. Auflagen, die den GVO-Anwender wirtschaftlich erheblich belasten, dürfen beispielsweise dann nicht erfolgen, wenn die Schädlichkeit der GVO-Anwendung im Einzelfall nicht belegt ist und die Auflage lediglich aus Vorsorgegründen ergeht.[182] 61

Speziell für die Genehmigung zum Inverkehrbringen enthält § 16d Abs. 3 GenTG die Möglichkeit, **nachträgliche Änderungen** in Bezug auf die **Produktbeobachtung**[183] festzulegen.

Eine **einstweilige Einstellung** einer gentechnischen Anlage, Arbeit oder einer Freisetzung kann unter den Voraussetzungen des § 20 Abs. 1 GenTG das Ruhen der Genehmigung zum Inverkehrbringen gem. § 20 Abs. 2 GenTG angeordnet werden (Ermessensentscheidungen). 62

§ 20 Abs. 2 GenTG stellt mit Verweis auf § 14 Abs. 5 GenTG klar, dass das **Ruhen einer Genehmigung zum Inverkehrbringen** bei neuen oder zusätzlichen Informationen oder Erkenntnissen über GVO, die auf eine Gefahr für die menschliche Gesundheit

---

181 Umfassend zum Rechtsschutz gegen Nebenbestimmungen *Erbguth*, Allgemeines Verwaltungsrecht, § 18 Rn. 15 ff. m.w.N.
182 VG Frankfurt a.M., Urt. v. 11.5.2011 – 8 K 2233/08 –, Juris.
183 Vgl. § 14 Rn. 59.

oder die Umwelt schließen lassen, unabhängig davon angeordnet werden darf, ob sie von einer deutschen oder einer Behörde eines anderen EU-Mitgliedstaats stammt.[184]

Beide Instrumente, die einstweilige Einstellung des Betriebs oder einer Freisetzung und das Ruhen der Genehmigung zum Inverkehrbringen, sollen den betroffenen Personen die Möglichkeit eröffnen, nachzuweisen, dass die Voraussetzungen für die Genehmigung wieder vorliegen. Sind die Mängel nicht behebbar, stehen der zuständigen Behörde die üblichen Instrumentarien der **Rücknahme** und des **Widerrufs** der Genehmigung zur Verfügung.[185]

63   **Untersagungsverfügungen** und ähnliche Anordnungen wie **Betriebseinstellungen** im Einzelfall kann die zuständige Behörde auf der Grundlage des § 26 GenTG treffen, wenn sie zur Beseitigung rechtswidriger Zustände oder Verhütung künftiger Verstöße gegen das Gentechnikgesetz erforderlich sind. Auf der Grundlage des § 26 Abs. 5 S. 1 GenTG wurde beispielsweise die Veräußerung unbeabsichtigt gentechnisch verunreinigten Saatguts untersagt, weil die für dieses „Inverkehrbringen" erforderliche Genehmigung fehlte. Ebenso sind auf der Grundlage von § 26 Abs. 4 GenTG Untersagungsverfügungen für unbeabsichtigte Freisetzungen ergangen. Solche Verfügungen sind bereits dann rechtmäßig, wenn das Freisetzen oder Inverkehrbringen als solches willentlich geschieht; die Kenntnis des Verfügungsadressaten von einer Vermischung oder Vermengung mit GVO ist demgegenüber nicht erforderlich.[186] Dementsprechend könnte auch das Inverkehrbringen von unbeabsichtigt aus GVO hergestelltem Honig[187] untersagt werden.

64   **Stilllegungs- und Beseitigungsverfügungen** kommen in Betracht, wenn eine gentechnische Anlage ohne die erforderliche Anmeldung oder Genehmigung errichtet oder betrieben wird (§ 26 Abs. 3 GenTG).

Der Betreiber kann diese repressiven Kontrollmaßnahmen mittels Anfechtungsklage (nach erfolglosem Anfechtungswiderspruch) gem. § 42 Abs. 1 Alt. 1 VwGO gerichtlich abwehren.[188]

c) Zuständigkeiten

aa) Bundesamt für Verbraucherschutz und Lebensmittelsicherheit

65   Nimmt das Gentechnikgesetz auf die „zuständige Bundesoberbehörde" Bezug, so handelt es sich um das **Bundesamt für Verbraucherschutz und Lebensmittelsicherheit** (BVL, § 31 GenTG). Das BVL ist selbstständige Bundesoberbehörde im Geschäftsbereich des Bundesministeriums für Ernährung und Landwirtschaft (BMEL).

Dem BVL obliegen im Rahmen des Gentechnikgesetzes hoheitliche Aufgaben im Bereich des Risikomanagements: Es ist Zulassungsbehörde, nimmt Koordinierungsaufga-

---

184 Für die genetisch veränderte Maissorte MON810 wurde zunächst vom Bundesamt für Verbraucherschutz und Lebensmittelsicherheit eine solche Ruhensanordnung ausgesprochen, vgl. OVG Lüneburg, NuR 2009, 566. Ende September 2015 hat Deutschland von der Übergangsregelung des Art. 26c der Richtlinie 2001/18/EG Gebrauch gemacht und für das deutsche Hoheitsgebiet den Anbau dieser und fünf weiterer Maissorten ausgenommen.

185 Mangels spezialgesetzlicher Regelungen richten sich Rücknahme und Widerruf der gentechnikrechtlichen Genehmigungen nach §§ 48, 49 VwVfG bzw. den entsprechenden landesrechtlichen Vorschriften.

186 Nach jahrelangen divergierenden Entscheidungen der Instanzgerichte vom BVerwG, ZUR 2012, 431, entschieden; zur jüngeren Rechtsprechung vgl. § 14 Rn. 25.

187 Vgl. EuGH, ZUR 2011, 530.

188 Vgl. § 6 Rn. 1, 7 ff.

ben des Bundes und gegenüber den Bundesländern wahr und ist die maßgebliche nationale Kontaktstelle für europäische Behörden.

Entscheidungen über Freisetzungen und Inverkehrbringen gentechnisch veränderter Organismen trifft das BVL **im Benehmen** mit dem Bundesamt für Naturschutz (BfN), dem Bundesinstitut für Risikobewertung (BfR) und dem Robert-Koch-Institut (RKI). Das Julius-Kühn-Institut (Bundesforschungsinstitut für Kulturpflanzen), die ZKBS[189] sowie die zuständige Behörde des betroffenen Bundeslandes geben ebenfalls Stellungnahmen zu Freisetzungsvorhaben ab. In bestimmten Fällen werden auch das Paul-Ehrlich-Institut (PEI) und das Friedrich-Loeffler-Institut (FLI) beteiligt (§ 16 Abs. 4 GenTG).[190]

bb) Zentrale Kommission für die Biologische Sicherheit

Bei der Zentralen Kommission für die Biologische Sicherheit (ZKBS) handelt es sich um ein Sachverständigengremium, das für die Prüfung und Bewertung sicherheitsrelevanter Fragen bei Arbeiten in gentechnischen Anlagen, Freisetzungen und Inverkehrbringen von GVO zuständig ist und darüber hinaus die Bundesregierung in diesen Bereichen berät (§§ 4 Abs. 1, 5 S. 1 GenTG). Sie ist beim BVL eingerichtet.   66

Der ZKBS gehören zwölf Sachverständige für Mikrobiologie, Zellbiologie, Virologie, Genetik, Pflanzenzucht, Hygiene, Ökologie, Toxikologie und Sicherheitstechnik sowie acht sachkundige Personen aus Gewerkschaften, den Bereichen des Arbeitsschutzes, der Wirtschaft, der Landwirtschaft, des Umwelt-, Natur- und Verbraucherschutzes und aus forschungsfördernden Organisationen an (§ 4 Abs. 1 S. 2 GenTG).   67

Die unabhängigen und zur Verschwiegenheit verpflichteten **Mitglieder** der ZKBS werden vom Bundesministerium für Ernährung und Landwirtschaft nach Zustimmung („im Einvernehmen") weiterer Fachministerien für die Dauer von drei Jahren berufen (§ 4 Abs. 2, 3 GenTG).   68

Die rechtliche Bedeutung und das Verhältnis der Kommissionsstellungnahmen zu den Entscheidungen der Genehmigungsbehörde sind gesetzlich offen gelassen.[191] Allerdings kann die zur Bedeutung und Funktion der ZKBS ergangene Rechtsprechung auf ihre Ausschüsse übertragen werden.

6. Haftungsregime

Ein spezielles zivilrechtliches Haftungsregime enthält der fünfte Teil des Gentechnikgesetzes (§§ 32-37).[192]

§ 32 Abs. 1 GenTG normiert eine **verschuldensunabhängige Gefährdungshaftung** des Betreibers für den Fall, dass infolge von Eigenschaften eines Organismus, die auf gentechnischen Arbeiten beruhen, jemand getötet, sein Körper oder seine Gesundheit verletzt oder eine Sache beschädigt wird.[193] Die seit 22.07.2017 geltende neue Fassung   69

---

189 Vgl. sogleich § 14 Rn. 66.
190 Zum Genehmigungsverfahren im Zusammenhang mit gentechnischen Arbeiten in gentechnischen Anlagen vgl. bereits oben § 14 Rn. 36.
191 Vgl. hierzu die Darstellung der Rechtsprechung bei *Schlacke*, ZUR 2001, 393, 395.
192 Das Unionsrecht enthält diesbezüglich nur „unscharfe Haftungsvorgaben" (*Calliess/Korte*, DÖV 2006, 10, 20 m.w.N.), so dass dem nationalen Gesetzgeber die nähere Ausgestaltung vorbehalten ist. Vgl. allgemein zum Haftungsregime *Luttermann*, NJW 2011, 431 ff.
193 Näher *Wolfers/Kaufmann*, ZUR 2004, 321, 321; *Palme*, ZUR 2005, 119, 126.

des § 32 Abs. 4 GenTG sieht eine Entschädigungspflicht für das Hinterbliebenen zugefügte seelische Leid vor.[194]

Haftungsbegrenzend wirkt insoweit das **Kausalitätserfordernis:** Nur solche Schäden sind ersatzfähig, die gerade auf den gentechnisch veränderten Eigenschaften eines Organismus beruhen. Zugunsten der Geschädigten streitet jedoch die (widerlegbare) Ursachenvermutung des § 34 Abs. 1 GenTG, wonach infolge der Entstehung eines Schadens durch GVO vermutet wird, dass dieser gerade auf den veränderten Eigenschaften des Organismus beruht (**prima-facie-Beweis**).

Um die Durchsetzbarkeit von Schadenersatzansprüchen zu gewährleisten, hat der Gesetzgeber dem Geschädigten **Auskunftsansprüche** gegen den Betreiber sowie gegenüber Genehmigungs- und Überwachungsbehörden gewährt (§ 35 GenTG).

70   Besondere Bedeutung kommt § 36a GenTG zu.[195] Die Norm konkretisiert die zivilrechtlichen **Abwehransprüche** aus §§ 906, 1004 BGB.[196] Durch dieses Abwehr- und Ausgleichssystem zwischen ökologisch bzw. konventionell arbeitender Landwirtschaft und der Landwirtschaft, die GVO anbaut, soll der Koexistenzzielbestimmung (§ 1 Nr. 2 GenTG)[197] Rechnung getragen werden.[198] Konkret normiert § 36a Abs. 1 GenTG, dass Einträge von GVO dann **wesentliche Beeinträchtigungen** i.S.d. § 906 Abs. 2 BGB darstellen, soweit der Betroffene aufgrund dieser Einträge Erzeugnisse

■ überhaupt nicht, § 36a Abs. 1 Nr. 1 GenTG,[199] oder

■ nur mit Hinweis auf eine gentechnische Veränderung, § 36a Abs. 1 Nr. 2 GenTG,[200]

in den Verkehr bringen darf.

Gleiches gilt auch für den Fall, dass der Betroffene Kennzeichnungen nicht verwenden darf, die nach den für die Produktionsweise jeweils geltenden Rechtsvorschriften möglich gewesen wären (§ 36a Abs. 1 Nr. 3 GenTG).[201]

Das Vorliegen dieser Tatsachen ergibt sich wiederum aus dem Gentechnikgesetz selbst. Liegt eine wesentliche Beeinträchtigung vor, ist sie nur dann abwehrfähig, wenn sie durch Maßnahmen verhindert werden kann, welche für den Störer wirtschaftlich zumutbar sind.[202]

---

194 Art. 3 G v. 17.7.2017, BGBl. I, S. 2421.
195 Die Vereinbarkeit des § 36a GenTG mit dem Unionsrecht ist umstritten, vgl. *Wolfers/Kaufmann*, ZUR 2004, 321, 326 ff.; Dolde, NuR 2004, 219, 222; *Reese*, EurUP 2004, 184, 186; *Schmieder*, UPR 2005, 49, 52; *Palme/Schlee/Schumacher*, EurUP 2004, 170, 176 f.; *Arnold*, NuR 2006, 15, 16. Das BVerfG, NVwZ 2011, 94, 107, hat die Vorschrift für verfassungskonform erachtet und ihre Ausgleichsfunktion für die widerstreitenden Interessen des konventionellen, ökologischen oder mit Gentechnik arbeitenden Ackerbaus hervorgehoben.
196 *Wagner*, VersR 2007, 1017.
197 Vgl. oben § 14 Rn. 30.
198 Vgl. zum Haftungsregime BT-Drs. 15/3088, S. 30; *Glas*, AuR 2007, Beilage Nr. 1, 42; *Rehbinder*, NuR 2007, 115; *Arnold*, NuR 2006, 15; *Kohler*, NuR 2005, 566.
199 Hierbei greifen Schwellenwerte; eine Genehmigungspflicht besteht gewöhnlich ab einem GVO-Anteil von mehr als 0,9 %, Art. 12 Abs. 2, Art. 24 Abs. 2 VO 1829/2003/EG, ABlEG L 268/1; Art. 21 Abs. 2 RL 2001/18/EG i.d.F. der RL 2008/27/EG, ABlEG L 81/45.
200 Kennzeichnungsschwelle ab einem GVO-Anteil von mehr als 0,9 %, § 17b Abs. 3 GenTG; zur Kritik vgl. *Dolde*, NuR 2004, 219; *Schmieder*, UPR 2005, 49.
201 Hierbei handelt es sich um eine nicht abschließende Aufstellung („insbesondere", § 36a Abs. 1 GenTG). Die im Rahmen der Novellierung durch das 4. Änderungsgesetz geplante Streichung des Wortes „insbesondere" wurde nicht realisiert. Vgl. i.Ü. zum Verlust der Kennzeichnungsbefugnis *Arnold*, NuR 2006, 15, 16 f.
202 Das Tatbestandsmerkmal der „Ortsüblichkeit" findet gem. § 36a Abs. 3 GenTG keine Anwendung, vgl. *Arnold*, NuR 2006, 18.

Wirtschaftlich zumutbar ist gem. § 36a Abs. 2 GenTG die Einhaltung der guten fachlichen Praxis i.S.v. § 16b Abs. 2 und 3 GenTG. Die spezifischen Anforderungen an die gute fachliche Praxis bedürfen indes noch der Konkretisierung.[203]

Kann die wesentliche Beeinträchtigung auch unter Beachtung der guten fachlichen Praxis nicht beendet werden, wandelt sich der Abwehr- und Unterlassungsanspruch[204] des Betroffenen in eine **Duldungspflicht** um. Der betroffene Nachbar kann dann lediglich gem. § 906 Abs. 2 S. 2 BGB einen finanziellen Ausgleich verlangen.

71

Zugunsten des Betroffenen greift gem. § 36a Abs. 4 GenTG eine **gesamtschuldnerische Haftung** aller in Betracht kommenden Nachbarn für den Fall ein, dass sich der unmittelbare Verursacher der wesentlichen Beeinträchtigung nicht ermitteln lässt.[205]

▶ **LÖSUNG VON FALL 15:** Die Genehmigung der Freisetzung ist materiell rechtmäßig, wenn die Voraussetzungen des § 16 Abs. 1 GenTG erfüllt sind. Zunächst müssen gem. § 16 Abs. 1 Nr. 1 GenTG die Voraussetzungen des § 11 Abs. 1 Nr. 1 und 2 GenTG vorliegen. Anhaltspunkte für eine mangelnde Zuverlässigkeit oder mangelnde Sachkunde des Betreibers oder Projektleiters bestehen nicht. Nach § 16 Abs. 1 Nr. 2 GenTG muss ferner gewährleistet sein, dass alle nach dem Stand von Wissenschaft und Technik erforderlichen Sicherheitsvorkehrungen getroffen werden. Eine durch Pollenflug verursachte Kontamination von K's Feldern ist durch die in der Freisetzungsgenehmigung getroffenen Auflagen (Abstand, Entfernung von Schossern, usw.) nicht zu befürchten.

72

Darüber hinaus dürfen gem. § 16 Abs. 1 Nr. 3 GenTG nach dem Stand der Wissenschaft im Verhältnis zum Zweck der Freisetzung unvertretbare schädliche Einwirkungen auf die in § 1 Nr. 1 GenTG aufgeführten Rechtsgüter nicht zu erwarten sein. K hat Zweifel, ob die von der Genehmigungsbehörde getroffene Risiko- und Sicherheitsbewertung hinreichend die Wechselwirkungen gentechnisch veränderter Pflanzen mit ihrer Umwelt berücksichtigt. Zu prüfen ist daher, ob die gem. § 16 Abs. 1 Nr. 3 GenTG erforderliche Sicherheitsbewertung rechtmäßig erfolgt ist. Sie ist auf der Grundlage des Standes der Wissenschaft durchzuführen. Nach der Rechtsprechung des Bundesverwaltungsgerichts verfügt die Genehmigungsbehörde über einen Beurteilungsspielraum, da der Gesetzgeber ihr mit der Bezugnahme auf den „Stand der Wissenschaft" eine Einschätzungsprärogative zuerkannt hat.[206] Die gerichtliche Kontrolle ist insoweit begrenzt auf die Prüfung, ob die Genehmigungsbehörde die Tatsachenbasis ausreichend ermittelt, die Maßstäbe willkürfrei erarbeitet und die Bewertung der Risiken unter Hinziehung des vorhandenen Sachverstands willkürfrei vorgenommen hat. Die zuständige Behörde hat die Genehmigung hier unter Hinziehung eigenen Sachverstands und jenem der ZKBS erteilt. Insbesondere der Empfehlung der ZKBS kommt eine hervorgehobene Bedeutung zu. Sie ist für die gerichtliche Überprüfung behördlicher Entscheidungen nach dem Gentechnikgesetz ein wichtiger Maßstab, da dem Gericht grundsätzlich die sachliche Kompetenz für die Beurteilung fehlt, ob die Behörde den Stand der Wissenschaft ausreichend ermittelt und berücksichtigt hat. Schädliche Einwirkungen auf die Sachgüter des K – insbesondere auf die von ihm hergestellten Produkte – sind nach der

---

203 Die GenTPflEV, BR-Drs. 563/07, enthält zwar einige Konkretisierungen, aber die wesentlichen Details bleiben mangels wissenschaftlicher Kenntnisse ungeregelt, vgl. *Gärditz*, ZUR 2009, 414, 416; *Pottschmidt* in: Hansmann/Sellner, Kap. 13 Rn. 211.
204 Zum Unterlassungsanspruch bei Nichteinhaltung der guten fachlichen Praxis *Palme*, ZUR 2005, 126.
205 Die gesamtschuldnerische Haftung wird vielfach als Hindernis für den Einsatz der Gentechnik in der Landwirtschaft angesehen, weshalb u.a. die Einrichtung eines Haftungsfonds vorgeschlagen wird, vgl. dazu *Kaufmann*, AuR 2007, Beilage Nr. 1, 28; *Rehbinder*, NuR 2007, 115.
206 BVerwG, DVBl. 1999, 1138, 1140.

rechtlich nicht zu beanstandenden Bewertung der Behörde nicht zu erwarten. Eine Verbreitung durch sog. Pollenflug oder infolge der Verschleppung von Saatgut durch Tiere erscheint bei der Art der genehmigten Freisetzung und den dabei getroffenen Schutzvorkehrungen nahezu ausgeschlossen. Folglich ist die Freisetzungsgenehmigung materiell rechtmäßig. ◄

WIEDERHOLUNGS- UND VERSTÄNDNISFRAGEN

73
> Worin liegt das durch den Normgeber zu lösende Spannungsverhältnis des Gentechnikrechts? (Rn. 1 f., 5 f.)
> Welche Maßnahmen sind nach dem Gentechnikgesetz genehmigungspflichtig? (Rn. 32 ff.)
> Gentechnische Arbeiten in gentechnischen Anlagen unterliegen einer Risikobewertung. Wie wird der Begriff des „Risikos" juristisch definiert? (Rn. 34, 51 f.)
> Welcher gerichtlichen Kontrolldichte unterliegen die durch die zuständige Genehmigungsbehörde getroffenen Entscheidungen? (Rn. 72)
> Was verstehen Sie unter dem Begriff der „guten fachlichen Praxis" i.S.v. § 16b GenTG? (Rn. 57)

§ 15 Meeresumweltrecht zum Schutz von Nord- und Ostsee

▶ **FALL 16:** In der Ostsee 30 km nordöstlich von Rügen soll innerhalb der Ausschließlichen Wirtschaftszone (AWZ) der Bundesrepublik Deutschland ein Offshore-Windpark mit 75 Einzelanlagen errichtet werden. Welche see- und meeresumweltvölkerrechtlichen Rahmenvorgaben bestehen für die Ansiedlung dieses Vorhabens? Wie wurden diese Vorgaben in nationales Recht umgesetzt? ◀   1

Nord- und Ostsee sind durch die Industrieländer Nord- und Westeuropas einer **stetigen Belastungssituation** ausgesetzt.[1] Die marinen Ökosysteme werden durch die Fischerei, durch Nährstoff- und Schadstoffeinträge, insbesondere durch Landwirtschaft und Siedlungen, aber auch durch die Seeschifffahrt sowie die Offshore-Windenergienutzung beeinträchtigt. Auch die vielfältigen raumwirksamen Eingriffe, insbesondere der Rohstoffindustrie, des Tourismus und des Küstenschutzes, belasten und schädigen die Meere.[2] Nicht zuletzt die negativen Auswirkungen eines stetigen Anstiegs des vom Menschen verursachten Treibhauseffekts werden zusätzlich zu Veränderungen und Schäden der marinen Umwelt führen.[3] Die **grenzüberschreitende Problemstruktur** des Meeresumweltschutzes fordert politische und rechtliche Rahmenbedingungen, deren Entwicklung in den letzten Jahren stetig zugenommen hat. Es bedarf vor allem der **internationalen Zusammenarbeit der Anrainerstaaten**, aber auch der Staaten mit einem Anteil von Wassereinzugsgebieten des jeweiligen Meeres und koordinierter Maßnahmen, um schädliche Einflüsse des Menschen auf die Meeresumwelt zu verhindern oder zumindest zu reduzieren. Vor diesem Hintergrund ist mit dem **Meeresumweltrecht**[4] ein **gänzlich neues Rechtsregime** entstanden, das sich zunächst vornehmlich auf see- resp. umweltvölkerrechtlicher Ebene etablierte.[5]   2

I. Problemstellung

Die Weltmeere sind in den letzten Jahrzehnten infolge der fortschreitenden Technisierung der verschiedenen wirtschaftlichen Tätigkeiten zunehmend verschmutzt worden.[6] Die daraus folgende Gefährdungssituation wurde erstmals nach Ende des Zweiten   3

---

1 Zur Belastungssituation vgl. *SRU*, Umweltgutachten 2012, Rz. 447 ff. sowie instruktiv zu Bedeutung, Funktion und Belastung der Meere *Matz-Lück* in: Proelß, Internationales Umweltrecht, S. 398 f.; zur Konfliktlage in Nord- und Ostsee einleitend *Maurer*, S. 2 f.
2 Vgl. zum Zustand von Nord- und Ostsee den OSPAR-Bericht IA 2017 zur Nordsee, abrufbar unter https://oap.ospar.org/en/ospar-assessments/intermediate-assessment-2017/ (Stand: 16.9.2018), für die Ostsee den „State of the Baltic Sea"-Report der HELCOM-Kommission, abrufbar unter www.helcom.fi/Lists/Publications/State%20of%20the%20Baltic%20Sea%20-%20First%20version%202017.pdf (Stand: 16.9.2018), sowie *Gellermann* in: ders./Stoll/Czybulka, S. 7 ff., zu Erkenntnis- und Bewertungsunsicherheiten S. 16 ff.
3 Siehe zu den Auswirkungen des Klimawandels *WBGU*, Menschheitserbe Meer, S. 45 ff.; zum WBGU-Gutachten vgl. *Schlacke*, ZUR 2013, 513.
4 Vgl. *Czybulka/Kersandt* in: Lozán/Rachor/Reise u.a., S. 374 ff.; *Hafner* in: Graf Vitzthum, Handbuch des Seerechts, S. 347 ff.; *Matz-Lück* in: Proelß, Internationales Umweltrecht, S. 398 ff.; *Proelß*, Meeresschutz, S. 71 ff.; nachfolgend wird nicht zwischen Meeresumweltrecht und Meeresnaturschutzrecht differenziert.
5 Einen Überblick zum internationalen Meeresumweltrecht findet sich bei *Kirchner* in: ders., S. 1 ff.; siehe auch *Proelß* in: Graf Vitzthum/ders., Völkerrecht, S. 413 ff., insb. 439 ff.; *Hafner* in: Graf Vitzthum, Handbuch des Seerechts, S. 347 ff. und *Heintschel von Heinegg* in: Ipsen, Völkerrecht, S. 861 ff. Das Viadrina International Law Project bietet im Internet unter www.vilp.de (Stand: 16.9.2018) eine Sammlung völkerrechtlicher Verträge (u.a. zum Umwelt- und zum Seerecht) in deutscher Sprache.
6 Umfassend zu dieser Problematik: *WBGU*, Menschheitserbe Meer, S. 39 ff.

Weltkrieges auch auf internationaler Ebene in den Blick genommen.[7] Trotz dieser Bestrebungen waren die 1950er und 1960er Jahre weit überwiegend durch ein reines
Nutzungsverständnis in Bezug auf die Weltmeere geprägt. Hiervon wandte man sich
erst in den 1970er Jahren aufgrund eines rasanten Anstiegs der Meeresverschmutzung
ab.[8] Doch auch vierzig Jahre später sind Nord- und Ostsee weiterhin unterschiedlichsten **Belastungen**[9] ausgesetzt. Diese setzen sich aus folgenden anthropogenen Einwirkungen zusammen:

- intensive Fischereiwirtschaft,
- Schadstoffeinträge,
- Treibhausgasemissionen,
- Nährstoffeinträge,
- Umweltrisiken und Belastungen durch die Seeschifffahrt,
- bauliche Eingriffe wie:
    - Küstenbau,
    - mariner Bergbau,
    - Baggergutverklappung,
    - Pipelines und Kabeltrassen,
    - Offshore-Windenergieanlagen,
- Ressourcen- und militärische Nutzung sowie
- Tourismus.

4   Die **Fischereiwirtschaft** greift intensiv in die Ökosysteme von Nord- und Ostsee ein.
Die Überfischung wirtschaftlich relevanter Fischbestände hat dazu geführt, dass die be-
standserhaltende Reproduktion dieser Populationen nicht mehr sichergestellt ist.[10] Daneben sind auch Organismen gefährdet, die als Beifänge in die Netze geraten oder
durch die zerstörerische Wirkung bodengängigen Fangmaterials (Schleppnetze/Baum-
kurren) verenden.[11]

5   **Schadstoffeinträge** in Form von Schwermetallen, bestimmten organischen Verbindungen und Ölen können die Meeresumwelt und ihre Organismen in nachhaltiger Weise
schädigen. Meere fungieren als Schadstoffsenken: Nahezu alle anthropogenen Schadstoffemissionen finden sich in der Meeresumwelt wieder. Unfälle wie die Explosion der
Ölplattform „Deepwater Horizon" oder des an der Küste Japans gelegenen Atom-
kraftwerks „Fukushima" führen zu gravierenden Belastungen der Meere mit Schad-

---

7   Internationales Übereinkommen zur Verhütung der Verschmutzung der See durch Öl v. 12.5.1954, BGBl. II
    1956, S. 381, in Kraft getreten am 26.7.1958; zur zivilrechtlichen Haftung und Entschädigung für Ölver-
    schmutzungen in Umsetzung des Haftungsübereinkommens, BGBl. II 1988, S. 824, in Kraft getreten am
    19.6.1975, und des Fondsübereinkommens, BGBl. II 1988, S. 839, in Kraft getreten am 16.10.1978, siehe Ge-
    setz über die Haftung und Entschädigung für Ölverschmutzungsschäden durch Seeschiffe v. 30.9.1988,
    BGBl. I, S. 1770, zuletzt geändert durch G v. 18.7.2016, BGBl. I, S. 1666.
8   Einen geschichtlichen Überblick über völkerrechtlichen Meeresumweltschutz bieten *Matz-Lück* in: Proelß,
    Internationales Umweltrecht, S. 400 f.; *Beyerlin/Marauhn*, S. 115 ff.
9   *Lozán/Rachor/Reise u.a.*, S. 61 ff. und 161 ff.; *SRU*, Umweltgutachten 2012, Rz. 447 ff.; *Mechel/Reese*, ZUR
    2003, 321; zu den verschiedenen Verschmutzungsquellen der AWZ *Ehlers*, NordÖR 2004, 51, 52.
10 Instruktiv hierzu: *WBGU*, Menschheitserbe Meer, S. 117 ff.
11 Zur Überfischungsproblematik siehe *SRU*, Stellungnahme Nr. 16 – Fischbestände nachhaltig bewirtschaf-
    ten, 2011, S. 3 f.; zur Reform der Gemeinsamen Fischereipolitik der EU vgl. Beiträge von *Markus, Kraus/
    Döring, Weis/Busse, Markus/Salomon* in: ZUR 2013, 1 ff.

stoffen.[12] Zudem bedrohen in die Meere eingeleitete Abfälle, insbesondere langlebige Kunststoffabfälle, die Meeresökosysteme massiv.[13]

Der anthropogene Ausstoß von Treibhausgasen führt nach nunmehr gesicherten wissenschaftlichen Erkenntnissen nicht nur zur Erwärmung der globalen Erdatmosphäre, sondern zugleich zur Erwärmung und **Versauerung** der Meere.[14] Die Meere haben bereits etwa ein Drittel der anthropogenen Treibhausgase aus der Luft aufgenommen.[15] Die Versauerung beeinträchtigt das Wachstum kalkbildender Organismen (z.B. Korallen, Muscheln, Schnecken und bestimmter Planktongruppen), führt zum Verlust biologischer Vielfalt, kann anoxische Todeszonen erzeugen und führt mithin zu einer existentiellen Gefährdung mariner Ökosysteme.[16] Hinzu kommt der durch den Klimawandel verursachte Anstieg des Meeresspiegels.[17]

Zu den gravierendsten Bedrohungen des marinen Ökosystems zählen seit jeher übermäßige **Nährstoffeinträge**, insbesondere von Stickstoff und Phosphat. Diese können aus angrenzenden Meeresgebieten, Flüssen, der Atmosphäre und direkt durch Verklappung (Abfallbeseitigung auf See) sowie durch küstennahe Einleitungen eingetragen werden. Das hierdurch vermehrt auftretende Algenwachstum bedingt nach deren Absterben Sauerstoffmangel und hohe Schwefelwasserstoffkonzentrationen, was letztlich das großflächige Absterben bodennaher Organismen zur Folge hat (Eutrophierung).[18]   6

Im Vordergrund der Umweltrisiken durch die **Seeschifffahrt** steht neben dem Transport meeresgefährdender Stoffe als Ladung (vor allem schwefelhaltiger, sog. Bunker- und Schweröle) und Treibstoff die illegale Ableitung von Betriebs- und Ladungsrückständen (Schwerölrückständen, Tankwaschwasser). Verheerende Folgen entstehen darüber hinaus bei Öltankerunfällen, wie bspw. der Havarie der „Prestige" im November 2002.[19] Ein nicht zu unterschätzendes meeresökologisches Risiko bildet zudem das Einschleppen gebietsfremder Arten durch das Ballastwasser von Seeschiffen. Abgase der Schiffsantriebe belasten die Atmosphäre mit Kohlendioxid. Zudem entstehen Meeresumweltbelastungen durch die Einleitung von Abwässern in die Meere, etwa durch Reinigung von Schiffsabgasen.[20] Auch durch das unsachgemäße Schiffsrecycling werden gefährdende Stoffe freigesetzt.[21]   7

Ein an Bedeutsamkeit stetig zunehmendes Gefährdungspotential ist den **baulichen Eingriffen,** insbesondere durch Küstenbau, Bergbau (Aufsuchen von Erdöl und Erdgas so-   8

12 Zur Schadenshaftung bei der Deepwater Horizon-Katastrophe vgl. *Birke,* VW 2010, 1182; für Fukushima vgl. *Thomas,* VW 2011, 446.
13 Zur „Plastikflut" in den Weltmeeren *Stöfen-O'Brien,* ZUR 2017, 594; vgl. *Matz-Lück* in: Proelß, Internationales Umweltrecht, S. 432 f. zu Herausforderungen der rechtlichen Erfassung der Meeresverschmutzung durch Plastikmüll.
14 *WBGU,* Klimaschutz als Weltbürgerbewegung, S. 7 f.
15 *IPCC,* in: Climate Change 2013: The Physical Science Basis, 2013, S. 11.
16 *WBGU,* Menschheitserbe Meer, S. 47 ff.
17 *IPCC,* in: Climate Change 2013: The Physical Science Basis, 2013, S. 11.
18 *WBGU,* Menschheitserbe Meer, S. 192 ff.
19 Zur diesbezüglichen Haftung für Meeresverschmutzungen vgl. *Ehlers,* NuR 2006, 86; siehe zudem *Höltmann,* Schiffssicherheit und Meeresumweltschutz in der EU nach Erika und Prestige; zum Gefährdungspotenzial von Schiffswracks *Matz-Lück* in: Proelß, Internationales Umweltrecht, S. 434 f.
20 Zum Einsatz sog. schiffsbasierter Scrubber-Anlagen zur Reduktion von Schwefelemissionen von Schiffen und bestehenden Regelungslücken *Markus/Helfst,* NuR 2014, 760.
21 *Matz-Lück* in: Proelß, Internationales Umweltrecht, S. 433 f.

wie Sand- und Kiesgewinnung),[22] Baggergutverklappung, Pipelines,[23] Kabeltrassen[24] und durch Offshore-Windenergieanlagen,[25] aber auch solchen zu Tourismus- und Siedlungszwecken (Bau von Marinas, schwimmenden oder pfahlgestützten Wohnbauten)[26] zuzuschreiben.

9   Ferner werden zunehmend die Gewinnung und Nutzung von **Ressourcen** – z.B. am Festlandsockel lagernder Gashydrate[27] oder genetischer Ressourcen der Tiefsee (sog. **blaue Biotechnologie**)[28] – erforscht und in Aussicht gestellt. Die hiermit ggf. verbundenen Risiken für die Meeresumwelt sind bislang weitgehend unbekannt.

Zum Schutz des Klimas finden sich auf internationaler und europäischer Ebene jüngst verstärkte Bestrebungen zur Nutzung des Meeresuntergrunds als Ort für die Speicherung von Kohlendioxid[29] sowie zur Düngung der Meeresgewässer, um deren Eignung zur Senkung von Kohlendioxid zu erhöhen.[30]

10   Im Rahmen der **militärischen Nutzung** wird der Meeresraum von See- und Luftstreitkräften über die Verkehrsfunktion hinaus genutzt. Das gilt vor allem für die Errichtung und Nutzung von Schießgebieten, Minenjagdgebieten und U-Boot-Tauchgebieten.[31]

11   Darüber hinaus kann eine unzureichende Steuerung der **touristischen Nutzung** direkte Störungen der marinen Pflanzen- und Tierwelt zur Folge haben. Genannt seien nur der erhöhte Urlaubsverkehr (Anstieg der Stickoxid-Emissionen), der küstennahe Sportboot- und Schiffsverkehr sowie die Zunahme von Abwasser und Abfall.[32]

Aus der Fülle der unterschiedlichen Nutzungen resultieren zunehmend **Konflikte**, bei denen nicht nur Nutzungen untereinander, sondern auch Nutzungen mit etwaigen Schutzinteressen in Konkurrenz treten.

II. Rechtsregime des Meeresumweltschutzes

12   Das Meeresumweltrecht stellt ein komplexes rechtliches Mehrebenensystem dar: So finden neben internationalen (völkerrechtlichen)[33] auch supranationale (= unionsrechtliche)[34] und nationale Normen Anwendung.

---

22 Zu den Rechtsfragen des Bergbaus in Nord- und Ostsee *Stoll/Gellermann* in: Gellermann/Stoll/Czybulka, S. 167 ff.; international *Ginzky/Damian*, ZUR 2017, 323.

23 Beispielsweise die Ostseepipeline, vgl. *Kim*, NuR 2009, 170; *Abromeit*, ZUR 2007, 354, insbesondere zu den verfahrensrechtlichen Anforderungen.

24 Zu den biologischen Auswirkungen von Elektrokabeln im Meer *Kullnick/Marhold* in: Merk/von Nordheim, S. 4 ff. und 19 ff.

25 Zu den möglichen Problemen von Offshore-Windenergieanlagen aus Naturschutzsicht *Merk/von Nordheim* in: dies., S. 88 ff.; zum Genehmigungsrecht siehe Rn. 72.

26 Zur diesbezüglichen gesamtplanischeren Steuerung in Küsten- und Binnengewässern vgl. *Erbguth/Schubert*, UPR 2006, 51.

27 *Jenisch*, NordÖR 2010, 373; *ders.*, NuR 2006, 79, 84.

28 *Jenisch*, NuR 2006, 79, 84 ff.; vgl. zum see- und umweltvölkerrechtlichen Regime des Tiefseebodens *Proelß*, NuR 2007, 650; zur Staatenverantwortlichkeit und Haftung bei Umweltschäden durch den Tiefseebodenbergbau *Jessen*, ZUR 2012, 71.

29 *Schlacke*, EurUP 2007, 87; vgl. zur rechtlichen Zulässigkeit *Much*, S. 60 ff.; zum Genehmigungsrecht *Kohls/Kahle*, ZUR 2009, 122, 124.

30 *Matz-Lück* in: Proelß, Internationales Umweltrecht, S. 452. Zur völkerrechtlichen Zulässigkeit vgl. *Bothe*, ZUR 2011, 466; *Ginzky/Markus*, ZUR 2011, 472.

31 Zu Nutzungskonflikten mit Offshore-Windenergieanlagen in der AWZ vgl. *Dietrich*, NuR 2013, 628.

32 Vgl. *WBGU*, Menschheitserbe Meer, S. 34.

33 Vgl. oben § 8.

34 Vgl. oben § 7.

Der Regelungsbereich des **internationalen Meeresumweltrechts** ist durch die unterschiedlichen Belastungssituationen sehr weit gefasst und bildet ein ausgeprägtes Geflecht multilateraler Verträge, internationaler Kooperationen und Institutionen. Zum rein rechtlichen Regime tritt der weiter zu fassende Bereich der Meeresgovernance hinzu, der dieses durch politische sowie „weiche" Steuerungsmechanismen ergänzt.[35] Ein aktuelles Beispiel rechtlich unverbindlicher, internationaler Kooperation ist der Prozess der „Sustainable Development Goals"[36]. Hier wurde mit dem 14. Ziel („Ocean-SDG") ein nachhaltiger Umgang mit den Weltmeeren vereinbart und durch eine Vielzahl von Unterzielen ergänzt.[37]

Im Zentrum des internationalen, rechtlich verbindlichen Normengefüges stehen die Vorgaben des UN-Seerechtsübereinkommens (SRÜ).[38] Diesem nahezu weltweit geltenden Vertragswerk schließen sich weitere globale und regionale Übereinkommen des Meeresumweltschutzes an. Zur Verbesserung der Verschmutzungssituation von Nord- und Ostsee tragen wesentlich das OSPAR-Übereinkommen[39] für den Nordostatlantik und das Helsinki-Übereinkommen[40] für das Ostseegebiet bei. Der Europäischen Union (EU) kommt als Vertragspartei einer Vielzahl global- und regionalvölkerrechtlicher Übereinkommen für die Umsetzung der Abkommen grundlegende Bedeutung zu. Als Mitgliedstaat der EU hat die Bundesrepublik Deutschland entsprechende sekundärrechtliche Rechtssätze, die sich direkt oder indirekt dem Meeresumweltschutz widmen, zwingend umzusetzen. Überdies ist sie selbst Vertragspartei diverser internationaler Übereinkommen und als solche verpflichtet, den völkerrechtlichen Vorgaben national nachzukommen. Zusätzlich leisten sowohl die EU als auch die Bundesrepublik durch ihre Mitgliedschaft in internationalen Organisationen und Konferenzen einen Beitrag zum Schutz von Nord- und Ostsee.

1. SRÜ – „Die Verfassung der Meere"

Die vermehrte und intensivierte Nutzung der See durch verbesserte technische Möglichkeiten brachte die Staatengemeinschaft dazu, die räumlichen und sachlichen Befugnisse des Küstenstaates sowie die hierdurch bewirkten Einschränkungen der Meeresfreiheit rechtlich zu regeln. Anlässlich der Ersten UN-Seerechtskonferenz wurden bereits am 29.4.1958 die sog. Genfer Seerechtsübereinkommen verabschiedet.[41] Das Bedürfnis nach einem für alle Staaten **einheitlich geltenden Seevölkerrecht** war Gegenstand und seine Schaffung Ziel der Dritten UN-Seerechtskonferenz, an deren Ende die

13

---

35 Umfassend hierzu *WBGU*, Menschheitserbe Meer, S. 71 ff., insb. S. 89 ff., sowie *Maribus*, World Ocean Review, 2015, abrufbar unter worldoceanreview.com (Stand: 16.9.2018).

36 Hierzu bereits § 8 Rn. 20.

37 Ausführlich zu den SDGs und ihrem Entwicklungsprozess *WBGU*, Zivilisatorischer Fortschritt innerhalb planetarischer Leitplanken; vgl. die am 25.9.2015 endgültig verabschiedeten SDGs: „Transforming our world: the 2030 Agenda for Sustainable Development", GA/A/RES/70/1; siehe hierzu auch: https://sustainabledevelopment.un.org/post2015/transformingourworld (Stand: 16.9.2018).

38 Seerechtsübereinkommen der Vereinten Nationen v. 10.12.1982, BGBl. II 1994, S. 1799, in Kraft getreten am 16.11.1994. Vgl. auch das Übereinkommen v. 28.7.1994 zur Durchführung des Teils XI des Seerechtsübereinkommens der Vereinten Nationen v. 10.12.1982, BGBl. II 1994, S. 2566, in Kraft getreten am 28.7.1996: Durch dieses Übereinkommen wurde der Tiefseebergbau gänzlich neu gestaltet; näher *Jenisch*, NuR 2013, 841; *ders.*, NordÖR 2010, 373.

39 Übereinkommen zum Schutz der Meeresumwelt des Nordostatlantiks v. 22.9.1992, BGBl. II 1994, S. 1360, in Kraft getreten am 25.3.1998.

40 Übereinkommen über den Schutz der Meeresumwelt des Ostseegebietes v. 9.4.1992, BGBl. II 1994, S. 1397, in Kraft getreten am 17.1.2000.

41 Durch das SRÜ zusammengefasst und fortgeführt.

Verabschiedung des Seerechtsübereinkommens der Vereinten Nationen (SRÜ) am 10.12.1982 stand. Das SRÜ stellt eine umfassende Rechtsordnung für sämtliche Meere auf und regelt als **Rahmenübereinkommen** alle in Betracht kommenden Nutzungen des Meeresraumes und seiner Ressourcen.[42] Daraus resultiert die Bezeichnung als „Verfassung der Meere". Obwohl die Genfer Übereinkommen noch in Kraft sind, nimmt ihre Bedeutung mit der zunehmenden weltweiten Geltung des Rahmenübereinkommens stetig ab. Das SRÜ hat zu einer Reihe wesentlicher Neuerungen geführt:

- Möglichkeit des Küstenstaates, sein Küstenmeer auf 12 Seemeilen (sm) zu erweitern,
- Möglichkeit der Ausweisung einer Ausschließlichen Wirtschaftszone (AWZ) durch den Küstenstaat,
- Schaffung eines Tiefseebergbauregimes[43] und
- Schaffung eines Seerechtsgerichtshofes (International Tribunal for the Law of the Sea, ITLOS).[44]

a) Zonierung der Meere nach dem SRÜ

14   Das SRÜ teilt das Meer ausgehend von der sog. **Basislinie** (baseline), welche grundsätzlich der Niedrigwasserlinie entspricht (Art. 5 SRÜ), in verschiedene Zonen ein, in denen dem Küstenstaat unterschiedlich weitreichende Befugnisse zuerkannt werden. Als Faustformel gilt, dass die nationalen Hoheitsrechte mit zunehmender Entfernung von der Küste abnehmen.[45]

15   Die inneren Gewässer oder **Eigengewässer** (internal waters) sind landwärts, das **Küstenmeer** (territorial sea) seewärts der Basislinie gelegen. Sie unterfallen jeweils der territorialen Souveränität des Küstenstaates. Das SRÜ erlaubt dem Küstenstaat, ein Küstenmeer bis zu einer Breite von 12 sm jenseits der Basislinie zu beanspruchen (Art. 3 SRÜ). Die maximale Küstenmeerbreite wird von der Bundesrepublik Deutschland seit der betreffenden Proklamation am 11.11.1994 in Anspruch genommen.[46] Die Gebietshoheit des Küstenstaates wird allein durch das Recht der friedlichen Durchfahrt (right of innocent passage, Art. 17 ff. SRÜ) eingeschränkt.

16   An das Küstenmeer grenzt die **Anschlusszone** (contiguous zone), die sich maximal bis zu einer Breite von 24 sm ab der Basislinie erstrecken darf (Art. 33 Abs. 2 SRÜ). Dort stehen dem Küstenstaat spezielle Kontrollrechte und Durchsetzungsbefugnisse zu (Zoll- und sonstige Finanzgesetze, Einreise- und Gesundheitsgesetze, vgl. Art. 33 Abs. 1 SRÜ).

---

42 *Czybulka/Kersandt*, S. 6. Derzeit umfasst das SRÜ 168 Vertragsparteien (= 167 Staaten und die EU).

43 Zum aktuellen Stand *Ginzky/Damian*, ZUR 2017, 323.

44 Dieser hat seinen Sitz in Hamburg. Im Zeitraum 1997-2018 sind 25 Fälle anhängig gemacht worden, abrufbar unter www.itlos.org/cases/ (Stand: 16.9.2018). Zur Problematik der Zuständigkeitsabgrenzung zum Europäischen Gerichtshof *Wegener*, ZUR 2006, 582. Eine der aktuellen Entscheidungen betraf die Freilassung der in Russland inhaftierten Aktivisten des Greenpeace-Schiffes „Arctic Sunrise", hierzu *Zengerling/Verheyen*, ZUR 2014, 147.

45 *Matz-Lück* in: Proelß, Internationales Umweltrecht, S. 409 f.

46 Bekanntmachung der Proklamation der Bundesregierung über die Ausweitung des deutschen Küstenmeeres v. 11.11.1994, BGBl. I, S. 3428; zur Unterscheidung der Begrifflichkeiten Küstengewässer und Küstenmeer *Kieß* in: Schlacke, GK-BNatSchG, § 56 Rn. 17.

Die **Ausschließliche Wirtschaftszone (AWZ)** bildet ein jenseits des Küstenmeeres gele- 17
genes und an dieses angrenzendes Gebiet (Art. 55 SRÜ).[47] An die AWZ, die sich nicht
weiter als 200 sm von der Basislinie entfernt erstreckt (Art. 57 SRÜ), schließt sich die
Hohe See an. Dem Küstenstaat werden durch Art. 56 Abs. 1 SRÜ in der AWZ **funktional begrenzte Hoheitsrechte**[48] zugewiesen, deren Ausgestaltung sich wie folgt darstellt:

Dem Küstenstaat werden einerseits **souveräne Rechte** (sovereign rights) durch Art. 56
Abs. 1 lit. a) SRÜ

■ zum Zweck der Erforschung und Ausbeutung, Erhaltung und Bewirtschaftung der
   lebenden und nichtlebenden natürlichen Ressourcen der Gewässer über dem Meeresboden, des Meeresbodens und seines Untergrundes sowie

■ hinsichtlich anderer Tätigkeiten zur wirtschaftlichen Erforschung und Ausbeutung
   der Zone wie der Energieerzeugung aus Wasser, Strömung und Wind

eingeräumt.

Andererseits werden dem Küstenstaat **Hoheitsbefugnisse** (jurisdiction) durch Art. 56
Abs. 1 lit. b) SRÜ in Bezug auf

■ die Errichtung und Nutzung von künstlichen Inseln, Anlagen und Bauwerken,

■ die wissenschaftliche Meeresforschung und

■ den Schutz und die Bewahrung der Meeresumwelt

zugewiesen.

Der Küstenstaat besitzt innerhalb der AWZ keine volle Souveränität, ihm sind vielmehr nur die vorgenannten einzelnen Hoheitsrechte – in Form von wirtschaftlichen
Nutzungsrechten – eingeräumt.[49] Damit gehört die AWZ, trotz der sich aus dem SRÜ
ergebenden weit reichenden Befugnisse, nicht zum Staatsgebiet des Küstenstaates. Ihr
kommt wegen der Regelungs- und Vollzugskompetenzen in Form von exklusiven wirtschaftlichen Nutzungsrechten ein **Status „sui generis"** zu, der zwischen der territorialen Souveränität über das Küstenmeer und der Staatsfreiheit der Hohen See anzusiedeln ist.[50] Grundsätzlich werden dem Küstenstaat die im SRÜ aufgeführten Rechte ex-
klusiv zugewiesen. Art. 58 Abs. 1 SRÜ schreibt jedoch fest, dass alle Staaten in der
AWZ weiterhin die in Art. 87 SRÜ genannten (Kommunikations-)Freiheiten[51] genießen.

Diese sind:

■ die Freiheit der Schifffahrt,

■ die Freiheit des Überflugs,

■ die Freiheit, unterseeische Kabel und Rohrleitungen zu verlegen,

■ die Freiheit, künstliche Inseln und andere nach dem Völkerrecht zulässige Anlagen
   zu errichten,

---

47 Ausführlich *Proelß* in: Graf Vitzthum, Handbuch des Seerechts, S. 222 ff., sowie *ders.* in Proelß, UNCLOS,
    Art. 56 Rn. 1, 8 ff.
48 *Gündling*, S. 119 m.w.N; *Proelß* in: ders., UNCLOS, Art. 56 Rn. 1, 8.
49 *Proelß* in: Graf Vitzthum, Handbuch des Seerechts, S. 228.
50 *Andreone* in: Rothwell/Oude Elferink/Scott u.a., S. 162; *Proelß* in: Graf Vitzthum/ders., Völkerrecht, S. 392 f.
51 Dazu *Kwiatkowska*, S. 198 ff.

- die Freiheit der Fischerei[52] und
- die Freiheit der wissenschaftlichen Forschung.

Die Bundesrepublik Deutschland hat mit Proklamation vom 25.11.1994 eine AWZ im Bereich der Nord- und Ostsee errichtet.[53]

18   Der **Festlandsockel** (continental shelf) erfasst die natürliche Verlängerung der Landmassen jenseits des Küstenmeeres bis zum Kontinentalabhang (Art. 76 SRÜ).[54] Im Gegensatz zur AWZ stehen dem Küstenstaat in Bezug auf den Festlandsockel die im SRÜ aufgeführten Rechte **eo ipso** zu (Art. 77 Abs. 3 SRÜ). Nach Art. 77 SRÜ übt der Küstenstaat über den Festlandsockel souveräne Rechte zum Zweck seiner Erforschung und der Ausbeutung seiner natürlichen Ressourcen aus. Festlandsockel und AWZ sind für den Bereich der 200 sm-Zone räumlich identisch.[55]

19   Als **Hohe See** gelten Teile des Meeres, die weder zur AWZ, zum Küstenmeer noch zu den inneren Gewässern eines Küstenstaates zählen (Art. 86 S. 1 SRÜ).[56] Dort stehen die in Art. 87 Abs. 1 SRÜ aufgeführten Freiheiten allen Staaten gleichermaßen zu. Die Bereiche von Nord- und Ostsee wurden im vorstehenden Sinne nahezu vollständig aufgeteilt, so dass eine Hohe See (quasi) nicht vorhanden ist.[57]

20   Durch die seevölkerrechtliche Zonierung der Meere zeichnet sich eine **Zwei-, u.U. sogar Dreiteilung des Meeresumweltschutzes** ab.[58] Die inneren Gewässer und das Küstenmeer unterfallen, da sie der Souveränität des Küstenstaates unterliegen, uneingeschränkt dem nationalen Recht. Auch Funktionshoheitsräume wie die AWZ und der Festlandsockel unterstehen in vielfältiger Weise der Kontrolle des Küstenstaates. Diesem ist es hier jedoch nicht ohne Weiteres möglich, sein nationales Recht uneingeschränkt zur Anwendung zu bringen.[59]

---

52 Kritisch hierzu *Brooks et al.*, Stanford Env. Law Journal 2014, 289.
53 Bekanntmachung der Proklamation der Bundesrepublik Deutschland über die Errichtung einer Ausschließlichen Wirtschaftszone der Bundesrepublik Deutschland in der Nordsee und in der Ostsee v. 25.11.1994, BGBl. II, S. 3769. Zur Frage, ob und inwieweit konfligierende Nutzungen einem angemessenen Ausgleich durch raumordnerische Maßnahmen zugeführt werden können *Erbguth*, DÖV 2011, 373; *Schubert*, NuR 2009, 834.
54 Ausführlich *Lagoni* in: Graf Vitzthum, Handbuch des Seerechts, S. 166 ff.
55 *Attard*, S. 136 ff.; *Churchill/Lowe*, S. 174.
56 Ausführlich *Wolfrum* in: Graf Vitzthum, Handbuch des Seerechts, S. 293 ff.; siehe auch *Matz-Lück* in: Proelß, Internationales Umweltrecht, S. 409, zur Allmende-Problematik des staatsfreien Raumes auf hoher See.
57 Damit entfaltet auch das Gebiet i.S.v. Art. 1 Abs. 1 Nr. 1 SRÜ für die Nord- und Ostsee kaum Relevanz. Hier gilt zum großen Teil das Festlandsockelregime, während das Rechtsregime des Gebietes i.S.v. Teil XI SRÜ praktisch selten Anwendung findet.
58 *Proelß* in: Graf Vitzthum/Ders., Völkerrecht, S. 439 f.; zu Schutz- und Regelungsbedarf in Gebieten jenseits der Grenzen nationaler Hoheitsgewalt *Mißling/Unger*, ZUR 2017, 338.
59 Zur Frage der Anwendbarkeit von nationalem Recht innerhalb der AWZ vgl. unten Rn. 68.

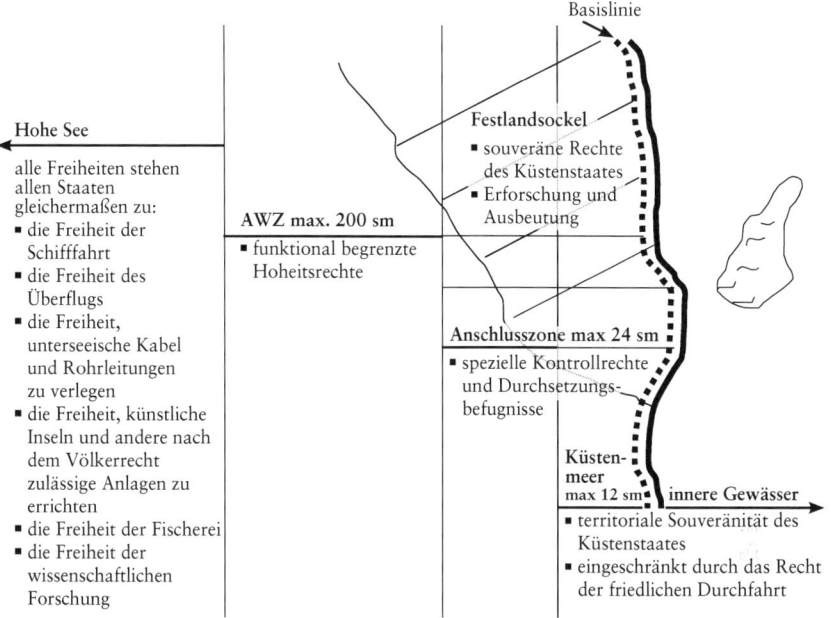

Hohe See

alle Freiheiten stehen allen Staaten gleichermaßen zu:
- die Freiheit der Schifffahrt
- die Freiheit des Überflugs
- die Freiheit, unterseeische Kabel und Rohrleitungen zu verlegen
- die Freiheit, künstliche Inseln und andere nach dem Völkerrecht zulässige Anlagen zu errichten
- die Freiheit der Fischerei
- die Freiheit der wissenschaftlichen Forschung

Basislinie

Festlandsockel
- souveräne Rechte des Küstenstaates
- Erforschung und Ausbeutung

AWZ max. 200 sm
- funktional begrenzte Hoheitsrechte

Anschlusszone max 24 sm
- spezielle Kontrollrechte und Durchsetzungsbefugnisse

Küstenmeer max 12 sm innere Gewässer
- territoriale Souveränität des Küstenstaates
- eingeschränkt durch das Recht der friedlichen Durchfahrt

b) Meeresumweltrechtliche Vorgaben des SRÜ

Das Herzstück des globalvölkerrechtlichen Umweltschutzes stellt Teil XII des SRÜ dar.[60] Hiermit wurde erstmals ein allgemeiner Rahmen für ein rechtliches System geschaffen, das in einem völkerrechtlichen Vertrag Rechte, Pflichten und Verantwortlichkeiten in Bezug auf den Meeresumweltschutz regelt. Es enthält vornehmlich **Rahmenbedingungen**, die ausfüllungsbedürftig sind bzw. bereits bestehende Regeln aufgreifen und fortschreiben, ohne diese außer Kraft zu setzen. Die **Generalverpflichtung** findet sich mit Art. 192 SRÜ in Abschnitt 1. Danach sind alle Staaten verpflichtet, die Meeresumwelt zu schützen und zu bewahren. Art. 193 SRÜ unterstreicht das Zusammenspiel vom Schutz der Meeresumwelt auf der einen und der wirtschaftlichen Nutzung der See auf der anderen Seite. In welchem Umfang die Staaten zu Schutz und Bewahrung der Meeresumwelt beitragen, wird durch Art. 194 bis 196 SRÜ aufgezeigt. Hervorzuheben ist Art. 194 Abs. 5 SRÜ, der die Vertragsstaaten dazu verpflichtet, die notwendigen Maßnahmen zum Schutz und zur Erhaltung bedrohter und gefährdeter Arten zu ergreifen. Nach Maßgabe der Bestimmungen in Abschnitt 2 (Art. 197 bis 201 SRÜ) verpflichten sich die Vertragsparteien, auf globaler und regionaler Ebene internationale Regeln, Normen, Verhaltens- und Verfahrensweisen umzusetzen, sich im Falle eines Schadens oder einer Gefahr unverzüglich zu unterrichten und bei der Schadensabwehr sowie im Bereich der Forschung, des Datenaustausches und der Ausarbeitung wissenschaftlicher Kriterien zu kooperieren. Abschnitt 3 (Art. 202 f. SRÜ) regelt die technische Entwicklungszusammenarbeit. Abschnitt 4 (Art. 204 bis 206 SRÜ) enthält Vorgaben in Bezug auf die ständige Überwachung der Gefahren und Auswirkungen der Meeresverschmutzung, die Veröffentlichung entsprechender Berichte sowie die

21

---

60 *Wolfrum* in: Ehlers/Erbguth, S. 69 ff.

Durchführung einer Umweltverträglichkeitsprüfung für bestimmte geplante Tätigkeiten.

22 Kern der Regelungen in Teil XII bilden die Abschnitte 5 und 6 zur Recht- und Durchsetzungsbefugnis des Küstenstaates. Eine **Rechtsetzungsbefugnis** besteht insbesondere für die

- Verschmutzung von Land aus (Art. 207 SRÜ),
- Verschmutzung durch Tätigkeiten auf dem Meeresboden, die unter nationale Hoheitsbefugnisse fallen (Art. 208 SRÜ),
- Verschmutzung durch Tätigkeiten auf dem Gebiet (the Area, vgl. Art. 1 Abs. 1 Nr. 1 SRÜ), d.h. dem Meeresboden und Meeresuntergrund jenseits der Bereiche nationaler Hoheitsbefugnisse (Art. 209 SRÜ),
- Verschmutzung durch Einbringen, das sog. „dumping" (Art. 210 SRÜ),
- Verschmutzung durch Schiffe (Art. 211 SRÜ) und
- Verschmutzung aus der Luft oder durch die Luft (Art. 212 SRÜ).

Die Durchsetzungsbefugnis für die geschaffenen Umweltschutzvorschriften ist in Art. 213 ff. SRÜ geregelt.

23 Hervorzuheben sind die Vorgaben des SRÜ zur Verhütung, Verringerung und Überwachung der **Verschmutzung durch Schiffe** (Art. 211 und 220 f. SRÜ). Der **Flaggenstaat** muss sicherstellen, dass die seine Flagge führenden Schiffe die geltenden internationalen Regeln und Normen zur Verhütung der Verschmutzung der Meeresumwelt einhalten (Art. 217 SRÜ).[61] Der **Hafenstaat** kann innerhalb seines Küstenmeeres jeden Verstoß verfolgen, während er innerhalb der AWZ gegenüber Schiffen anderer Flagge nur beschränkte Durchsetzungsbefugnisse (Art. 220 SRÜ) innehat. Befindet sich ein Schiff freiwillig im Hafen, so obliegt es dem Hafenstaat, Untersuchungen wegen jedes Einleitens innerhalb der Hohen See durchzuführen, das gegen seine oder internationale Vorschriften verstößt (Art. 218 SRÜ).

24 Aus meeresökologischer Sicht bedeutsam ist die Möglichkeit des Küstenstaates, bei der zentralen UN-Sonderorganisation des Übereinkommens, der **Internationalen Seeschifffahrtsorganisation (International Maritime Organization – IMO)**, besondere gebietsbezogene Schutzmaßnahmen zur Verhütung der Verschmutzung durch Schiffe bzw. die Ausweisung mariner Schutzgebiete in bestimmten Gebieten der AWZ zu beantragen (Art. 211 Abs. 6 lit. a) und c) SRÜ).

2. Bedeutende globale Übereinkommen zum Meeresumweltschutz

25 Nach Art. 237 Abs. 1 SRÜ berühren die in Teil XII getroffenen Vorgaben weder die Verpflichtungen, die Staaten aufgrund früher geschlossener besonderer Übereinkommen über den Schutz und die Bewahrung der Meeresumwelt übernommen haben, noch Übereinkünfte, die zur Ausgestaltung der in diesem Übereinkommen enthaltenen allgemeinen Grundsätze geschlossen werden können. Darüber hinaus besagt Art. 311 Abs. 2 SRÜ, dass das SRÜ nicht die Rechte und Pflichten der Vertragsstaaten aus anderen Übereinkünften ändert, die mit dem SRÜ vereinbar sind. Das **SRÜ** bildet demzufolge einen **Rahmen**, in den sich sowohl ältere als auch gänzlich neue Vereinbarungen fügen.

---

61 Zur Rolle des Flaggenstaates innerhalb der AWZ *Schatz*, ZUR 2017, 345.

a) Übereinkommen zum Schutz vor Verschmutzungsquellen

Vor allem unter der Führung der **IMO**, zu deren Aufgabenbereich u.a. die Kontrolle der Meeresverschmutzung durch Schiffe gehört, wurde eine Vielzahl völkerrechtlicher Verträge mit Bezug zum Meeresumweltschutz geschlossen, die jedoch vornehmlich auf Verschmutzungsquellen rekurrieren.[62] Die für die Nord- und Ostsee relevanten Abkommen werden im Folgenden aufgezeigt. 26

Das Übereinkommen über die Verhütung der Meeresverschmutzung durch das Einbringen von Abfällen und anderen Stoffen (**London-Übereinkommen**)[63] vom 29.12.1972 verbietet für die fast 90 Vertragsparteien das Einbringen der in Anlage 1 aufgeführten Abfälle und sonstigen Stoffe, überdies wird eine Erlaubnis für das Einbringen der in Anlage 2 erfassten Materialien gefordert.[64] Daneben besteht das Protokoll zum Londoner-Übereinkommen vom 7.11.1996 (**London-Protokoll**),[65] welches nunmehr für 50 Vertragsparteien gilt. Das Protokoll statuiert ein weitergehendes Verklappungsverbot sowie technische Kooperationen und sieht insbesondere die Möglichkeit eines ad-hoc-Schiedsgerichts bei Streitigkeiten vor. Beide Vereinbarungen existieren mit unterschiedlichen Vertragsparteien nebeneinander, jedoch ersetzt das London-Protokoll das London-Übereinkommen für diejenigen Parteien, die beide Verträge ratifizieren.[66] 27

Das Internationale Übereinkommen zur Verhütung der Meeresverschmutzung durch Schiffe (**MARPOL 73/78**)[67] vom 2.11.1973 in der Fassung des Zusatzprotokolls vom 17.2.1978 ist darauf gerichtet, die Verschmutzung des Meeres durch „betriebsbedingte" Einleitungen zu verringern bzw. zu verhindern. MARPOL 73/78 zielt vor allem auf die Verhinderung der von Schiffen verursachten Verschmutzungen. Überdies sieht MARPOL 73/78 in den Anlagen I, II und V die Ausweisung von Sondergebieten (**special areas**) vor. Dies sind Meeresgebiete, in denen aus anerkannten technischen Gründen im Zusammenhang mit ihrem ozeanographischen und ökologischen Zustand und der spezifischen Natur ihres Schiffsverkehrs die Annahme besonderer obligatorischer Methoden zur Verhütung der Meeresverschmutzung durch Öl, schädliche Stoffe oder Müll erforderlich ist.[68] 28

Von diesen sind die **SECA-Sondergebiete** nach der neuen Anlage VI des MARPOL-Übereinkommens zu unterscheiden, welches erstmals in der Geschichte der Schifffahrt der Emission von Luftschadstoffen durch Seeschiffe zeitlich gestaffelte Grenzen setzt. Der Schwefelgehalt in Schiffskraftstoffen wird danach seit dem 1.1.2012 grundsätzlich

---

62 Eine Übersicht über die entsprechenden Übereinkommen bietet die IMO unter www.imo.org (Stand: 16.9.2018).
63 BGBl. II 1977, S. 180, in Kraft getreten am 30.8.1975.
64 Umgesetzt durch das Hohe-See-Einbringungsgesetz i.d.F. v. 25.8.1998, BGBl. I, S. 2455, zuletzt geändert durch G v. 24.5.2016, BGBl. I, S. 1217; vgl. *Breuer*, Rn. 101 ff.
65 BGBl. II 1998, S. 1346, in Kraft getreten am 24.3.2006; eine 2009 verabschiedete Änderung des Protokolls soll nach ihrer Ratifizierung durch eine 2/3-Mehrheit den grenzüberschreitenden Transport von CO_2 zum Zweck des CCS (Carbon Capture Storage) im Meeresboden erlauben, siehe hierzu *Dixon/Garrett/Kleverlaan*, Energy Procedia 2014, 6623, 6626, sowie *Harrison*, Saving the Oceans through Law, S. 269 f. m.w.N.
66 *Matz-Lück* in: Proelß, Internationales Umweltrecht, S. 425; *Sands/Peel*, Principles, S. 480.
67 BGBl. II 1982, S. 4, in Kraft getreten am 2.10.1983.
68 Eine Einrichtung kann nur durch die Änderung der jeweiligen MARPOL-Anlage auf Vorschlag einer oder mehrerer Vertragsparteien unter Mitwirkung des IMO-Ausschusses für den Schutz der Meeresumwelt (MEPC) erfolgen. Vgl. hierzu die Resolution A.927(22) – Guidelines for the Designation of Special Areas under MARPOL 73/78 and Guidelines for the Identification and Designation of Particularly Sensitive Sea Areas.

auf 3,5 % begrenzt. Darüber hinaus werden Nord- und Ostsee als Schwefel-Emissions-Überwachungsgebiete (SECA) ausgewiesen, in denen der Schwefelgehalt des Schiffs-kraftstoffes seit dem 1.1.2015 lediglich 0,1 % betragen darf.[69] Die nächste und zu-gleich letzte Reduktion der Grenzwerte ist für den 1.1.2020 vorgesehen.[70]

Neben der vertraglichen Ausweisung besteht die Möglichkeit der Schutzgebietsauswei-sung durch die IMO auf Antrag eines oder mehrerer Mitgliedstaaten des SRÜ nach Art. 211 Abs. 6 lit. a) SRÜ. Die **Particularly Sensitive Sea Areas (PSSA)**[71] werden durch einen Beschluss des IMO-Ausschusses für den Schutz der Meeresumwelt (**Marine Environment Protection Committee – MEPC**) identifiziert.[72]

29   Das **Internationale Übereinkommen von 1990 über Vorsorge, Bekämpfung und Zu-sammenarbeit auf dem Gebiet der Ölverschmutzung** (International Convention on oil pollution preparedness, response and co-operation – OPRC)[73] vom 30.11.1990 sieht vor, dass die Vertragsparteien auf nationaler oder internationaler Ebene Maßnahmen im Einklang mit diesem Übereinkommen und seiner Anlage ergreifen, um sich auf Öl-verschmutzungsereignisse vorzubereiten und sie zu bekämpfen. Mit dem am 14.6.2007 in Kraft getretenen **Protocol on Preparedness, Response and Co-operation to Pollution Incidents by Hazardous and Noxious Substances – HNS-Protokoll**[74] vom 15.3.2000 ist der Geltungsbereich des OPRC-Übereinkommens auf Chemikalien erweitert wor-den.

30   Am 17.9.2008 trat das **Internationale Übereinkommen über die Kontrolle von schädli-chen Anti-Fouling-Systemen bei Schiffen (AFS-Übereinkommen)**[75] vom 18.10.2001 in Kraft. Danach sind seit dem 1.1.2008 Tributylzinn-haltige (TBT-haltige) Anstriche gänzlich verboten.

31   Das **Übereinkommen zur Kontrolle und Behandlung von Ballastwasser und Sedimen-ten von Schiffen** vom 13.2.2004 soll die Verschleppung von Organismen zwischen Meeresgebieten verhindern.[76] In diesem sog. BWM-Übereinkommen (Ballast Water Management) ist ein gesteuertes Ballastwassermanagement vorgesehen: Durch die Kontrolle von Aufnahme und Ablassen des Ballastwassers sowie seiner Behandlung an Bord ist die Ansiedlung gebietsfremder (invasiver) Arten auf ein Mindestmaß zu ver-ringern und schließlich zu beseitigen, vgl. Art. 2 Abs. 1 BWM-Übereinkommen. Die Durchsetzung der Vorgaben des Übereinkommens inklusive seiner Anlagen ist auf na-tionaler Ebene durch die See-Umweltverhaltensverordnung[77] gesichert. Im Gebiet der Nord- und Ostsee tragen auch auf regionaler Ebene die HELCOM und OSPAR Kom-mission durch Vereinbarung von Leitfäden zum Ballastwasser-Management, etwa zum

---

69 Vgl. zu den internationalen Schifffahrtsregelungen für den Schutz der Meere *Breuch-Moritz* in: Ehlers/Erbguth, Hafenrecht und Schutz der Meere: neue Entwicklungen, S. 57, 64; *Graf Vitzthum*, ZaöRV 2002, 163; *Lutz/Höfer* in: Kirchner, S. 104 ff.
70 Vgl. Regel 14 der Anlage VI.
71 Anerkannt als PSSA ist seit 2001 das Wattenmeer der Nordsee und seit 2004 die gesamte Ostsee ohne die Gebiete an der russischen Küste. Eine Gegenüberstellung von marinen Schutzgebieten nach Art. 211 Abs. 6 lit. a) SRÜ, von MARPOL-Sondergebieten und PSSA bietet *Lagoni* in: Kirchner, S. 157, 161 ff.
72 Siehe auch Rn. 24 dieses Kapitels; Grundlage ist Resolution A.927(22), vgl. Fn. 63.
73 BGBl. II 1994, S. 3799, in Kraft getreten am 13.5.1995.
74 BGBl. II 2007, S. 1435, in Kraft getreten am 14.6.2007.
75 Internationales Übereinkommen von 2001 über die Beschränkung des Einsatzes schädlicher Bewuchs-schutzsysteme auf Schiffen, BGBl. II 2008, S. 522, in Kraft getreten am 17.9.2008.
76 BGBl. II 2013, S. 44, in Kraft getreten am 8.9.2017.
77 Verordnung über das umweltgerechte Verhalten in der Seeschifffahrt (SeeUmwVerhV) vom 13.8.2014, BGBl. I, S. 1371, zuletzt geändert durch Verordnung v. 20.2.2018, BGBl. I, S. 210; vgl. insb. §§ 18 ff. SeeUmwVerhV.

Ballastwasseraustausch, sowie durch Ausweisung von Austauschgebieten zur Umsetzung des BWM-Übereinkommens bei.[78]

b) Übereinkommen zum Arten- und Lebensraumschutz mit Meeresbezug

Neben globalvölkerrechtlichen Verträgen, die hauptsächlich an die Verschmutzungsursachen anknüpfen, wurden **Abkommen** geschlossen, die ausschließlich auf den **Schutz der marinen Tier- und Pflanzenwelt und deren Lebensraum** abzielen.[79]   32

Das insofern älteste Abkommen ist das **Internationale Übereinkommen zur Regelung des Walfangs**[80] vom 2.12.1946. Dieses hat zum Ziel, die Überfischung der Wale zu verhindern und überlebensfähige Populationen zu sichern. Die innerhalb des Abkommens eingerichtete Internationale Walfangkommission (**The International Whaling Commission**)[81] legt u.a. Vorschriften für die Erhaltung und Nutzung der Walbestände (z.B. Zeiten, Methoden und Ausmaß des Walfanges) fest und unterstützt Forschungsarbeiten.   33

In dem **Übereinkommen über Feuchtgebiete, insbesondere als Lebensraum für Wasser- und Watvögel von internationaler Bedeutung (Ramsar-Übereinkommen)**[82] vom 2.2.1971 haben sich die Vertragsparteien zur Bestimmung und Unterschutzstellung von Feuchtgebieten (Ramsar Sites) in ihrem Hoheitsgebiet verpflichtet (Art. 2 und 4 Ramsar-Übereinkommen).   34

Das **UNESCO-Welterbe-Übereinkommen von 1972**[83] legt fest, dass jeder Vertragsstaat Erfassung, Schutz und Erhaltung des in seinem Hoheitsgebiet befindlichen Weltkultur- und -naturerbes sowie seine Weitergabe an künftige Generationen sicherzustellen hat. Die Beurteilung, ob ein Gebiet für das Prädikat „Weltnaturerbe" in Betracht kommt und in die UNESCO-Welterbeliste aufgenommen wird, erfolgt auf Antrag nach den Kriterien der Welterbekonvention.[84] Das Wattenmeer erfüllt die Geologie-, Ökologie- und Biodiversitätskriterien und ist mit Entscheidung der UNESCO vom 26.6.2009 als Schutzgebiet in die Liste der Weltnaturerbestätten aufgenommen worden.[85] Die Umsetzung der UNESCO-Welterbe-Konvention in deutsches Recht ist jedoch noch nicht erfolgt.[86]   35

Das **Übereinkommen zur Erhaltung der wandernden wildlebenden Tierarten – Bonner-Übereinkommen** (Convention on the Conservation of Migratory Species of Wild Animals – CMS)[87] vom 23.6.1979 widmet sich vornehmlich dem Artenschutz. Die erklärte Zielsetzung des Vertrages besteht darin, alle Tierarten, die in der Luft, zu Wasser   36

---

78 Vgl. hierzu www.deutsche-flagge.de/de/umweltschutz/ballastwasser#Regionale%20Zusammenarbeit (Stand: 16.9.2018). Zu HELCOM und OSPAR siehe Rn. 42, 47.
79 Vgl. zu den globalen Politiken, Strategien und Aktionsprogrammen zur Erhaltung der Biodiversität im marinen Bereich *Czybulka*, ZUR 2008, 241.
80 BGBl. II 1982, S. 559, in Kraft getreten am 10.11.1948.
81 Vgl. unter www.iwc.int/home (Stand: 1.6.2018); kritisch zur Effektivität der IWC sowie zum Vorschlag handelbarer Fangquoten *Babcock*, ELR 2013, 1, 2.
82 BGBl. II 1976, S. 1266, in Kraft getreten am 21.12.1975, in der Fassung des Protokolls v. 26.10.1990, BGBl. II, S. 1671; siehe auch § 10 Rn. 3.
83 Übereinkommen zum Schutz des Natur- und Kulturerbes der Welt v. 16.11.1972, BGBl. II 1977, S. 215, in Kraft getreten am 17.12.1975.
84 Vgl. unter www.unesco.de/welterbe-konvention.html (Stand: 16.9.2018).
85 Vgl. unter www.waddensea-worldheritage.org (Stand: 16.9.2018).
86 Vgl. dazu den Beschluss des Deutschen Bundestags vom 2.7.2009, BT-Plenarprotokoll 16/230, die Vorlage v. 27.5.2009, BT-Drs. 16/13176 abzulehnen.
87 BGBl. II 1984, S. 571, in Kraft getreten am 1.11.1983.

und auf der Erde wandern, in ihrem gesamten Lebensraum zu erhalten (Art. II Abs. 1 CMS). In Anhang II des Übereinkommens werden Arten benannt, deren Erhaltung und bisheriger Schutzstatus in einzelnen Ländern als unzureichend eingestuft werden muss und daher internationaler Koordination bedarf. Dafür ist der Erlass spezieller Artenschutzübereinkommen vorgesehen (Art. IV Abs. 1 CMS). Auf die in diesem Rahmen erlassenen Regionalabkommen mit Relevanz für Nord- und Ostsee wird im folgenden Abschnitt eingegangen.[88]

37   Das **Übereinkommen über die Erhaltung der europäischen wildlebenden Pflanzen und Tiere und ihrer natürlichen Lebensräume – Berner-Übereinkommen**[89] vom 19.9.1979 ist die erste umfassende verbindliche Verpflichtung, Biotope zu schützen. Ziel des Übereinkommens ist die Erhaltung wildlebender Tiere und Pflanzen sowie ihrer Lebensräume und die Förderung internationaler Zusammenarbeit.

38   Der weitreichende Schutzansatz des Berner-Übereinkommens wurde mit dem **Übereinkommen über die biologische Vielfalt** (Convention on Biological Diversity – CBD)[90] vom 5.6.1992 sodann auch weltweit aufgegriffen. Durch das im Zuge der Rio-Konferenz[91] geschlossene Abkommen wird den Vertragsstaaten ein ausfüllungsbedürftiger Rahmen zur Verfolgung nachstehender Ziele vorgegeben: die Erhaltung der biologischen Vielfalt, die nachhaltige Nutzung ihrer Bestandteile sowie die ausgewogene und gerechte Aufteilung der sich aus der Nutzung der genetischen Ressourcen ergebenden Vorteile (Art. 1 CBD). In Art. 22 Abs. 1 und 2 CBD sind die Pflichten der Vertragsstaaten in Bezug auf den Schutz der natürlichen Lebensräume und Ökosysteme im Meer, soweit diese ihrer Hoheitsgewalt unterliegen, konkretisiert. Die Vertragsstaaten haben den „Strategic Plan for Biodiversity 2011-2020" verabschiedet, welcher als Teil der „Aichi Biodiversity Targets" den Schutz mariner Ökosysteme beinhaltet.[92] Weitere Bestrebungen der Vertragsstaaten gelten der Ausweisung eines weltweiten, repräsentativen Netzes mariner Schutzgebiete (High Seas Marine Protected Areas – HSMPA) sowie der weiteren Umsetzung des integrierten Meeres- und Küstenzonenmanagements.[93]

39   Vornehmlich dem Schutz von Fischbeständen hat sich das **Übereinkommen zur Durchführung der Bestimmungen des Seerechtsübereinkommens der Vereinten Nationen vom 10.12.1982 über die Erhaltung und Bewirtschaftung von gebietsübergreifenden Fischbeständen und Beständen weit wandernder Fische** (Straddling Stocks Agreement – SSA)[94] vom 4.12.1995 verschrieben.[95] Durch eine effektive Implementation der für die Fischereinutzung relevanten Vorschriften des SRÜ sollen die Fischbestände langfristig geschützt und nachhaltig bewirtschaftet werden.

---

88   Vgl. dazu unten § 15 Rn. 41 ff. und 45.
89   BGBl. II 1984, S. 620, in Kraft getreten am 1.6.1982; vgl. § 10 Rn. 3.
90   Sog. Biodiversitätskonvention, BGBl. II 1993, S. 1742, in Kraft getreten am 29.12.1993, vgl. www.cbd.int/history/ (Stand: 16.9.2018); ferner § 10 Rn. 3.
91   Konferenz der Vereinten Nationen über Umwelt und Entwicklung (United Nations Conference on Environment and Development – UNCED) v. 3. bis 14.6.1992 in Rio de Janeiro.
92   Abrufbar unter www.cbd.int/decision/cop/?id=12268 (Stand: .16.9.2018).
93   Beschlossen infolge der zweiten Vertragsstaatenkonferenz 1995 in Jakarta durch die Decision VII/5 (2005), vgl. *Sands/Peel*, Principles, S. 552 f.
94   BGBl. II 2000, S. 1023, in Kraft getreten am 11.12.2001.
95   Vgl. dazu auch Konvention der Internationalen Überfischungskonferenz v. 5.4.1946, BGBl. II 1954, S. 470, in Kraft getreten am 28.4.1954, und Fischerei-Übereinkommen v. 9.3.1964, BGBl. II 1969, S. 1898, in Kraft getreten am 15.3.1966.

In den letztgenannten Regelungsbereich Fischerei fällt auch die Arbeit der **Welternäh-** 40
rungsorganisation der Vereinten Nationen (Food and Agriculture Organization –
FAO).[96] Wichtigstes Instrument ist der am 31.10.1995 von der FAO-Konferenz beschlossene „Verhaltenskodex für verantwortungsvolle Fischerei". Diesem Kodex
kommt jedoch keine unmittelbare völkerrechtliche Verbindlichkeit zu.

3. Regionale Übereinkommen für den Bereich von Nord- und Ostsee

Ein wesentlicher Beitrag zur Verbesserung des Meeresumweltschutzes wird vor allem 41
auf regionaler Ebene angestrebt. Die Vertragsstaaten haben sich im Rahmen einer Vielzahl multilateraler Verträge auf den Schutz der lebenden Ressourcen, vor allem besonders gefährdeter Arten und Lebensräume, auf wirksame Maßnahmen gegen die Verschmutzung der Meere, den Schutz empfindlicher Ökosysteme sowie auf die Verbesserung der Zusammenarbeit innerhalb dieser Gebiete geeinigt. Die für die Region von
Nord- und Ostsee relevanten Übereinkommen sollen im Folgenden aufgezeigt werden.

a) Nordsee-relevante Übereinkommen

Ein umfassender Schutzansatz wird mit dem **Übereinkommen zum Schutz der Meeres-** 42
umwelt des Nordostatlantiks (OSPAR-Übereinkommen)[97] vom 22.9.1992 verfolgt. Es
ersetzt das Übereinkommen zur Verhütung der Meeresverschmutzung durch das Einbringen durch Schiffe und Luftfahrzeuge (Oslo-Übereinkommen)[98] vom 15.2.1972
und das Übereinkommen zur Verhütung der Meeresverschmutzung vom Lande aus
(Paris-Übereinkommen)[99] vom 4.6.1974. Vorrangiges Ziel des OSPAR-Übereinkommens ist es, die Meeresumwelt des Nordostatlantiks vor Risiken durch anthropogene
Verschmutzungen im Hinblick auf sämtliche Verschmutzungsquellen zu schützen.[100]
Die potenziellen Emittenten schädlicher Stoffe werden vor dem Hintergrund des Vor-
sorge- und Verursacherprinzips zur Verwendung der besten verfügbaren Emissionsmin-
derungstechnik verpflichtet (Art. 2 Abs. 2 und 3 OSPAR-Übereinkommen). Die Vertragsstaaten müssen für die möglichen Verschmutzungsquellen (Verschmutzung vom
Lande aus durch Einbringen oder Verbrennen und durch Offshore-Quellen) ein Genehmigungsverfahren einführen.[101] Das OSPAR-Übereinkommen knüpft jedoch nicht
nur an eine bloße Verschmutzungsverhütung an, vielmehr sollen die Vertragsparteien
alle notwendigen Schritte zum Schutz des Meeresgebiets vor nachteiligen Auswirkungen menschlicher Tätigkeiten unternehmen, damit die menschliche Gesundheit geschützt, die Meeresökosysteme erhalten und, soweit durchführbar, beeinträchtigte
Meereszonen wiederhergestellt werden (Art. 2 Abs. 1 lit. a) OSPAR-Übereinkommen).
In diesen Bereich fällt die erst im Jahre 1998 verabschiedete Anlage V über den Schutz

---

96 Vgl. dazu FAO-Report 2016, The State of World Fisheries and Aquaculture, abrufbar unter www.fao.org/3/
   a-i5555e.pdf (Stand: 16.9.2018), und siehe allgemein zur Fischerei www.portal-fischerei.de (Stand:
   16.9.2018); vgl. ferner § 14 Rn. 4.
97 Vgl. oben § 15 Rn. 12.
98 BGBl. II 1977, S. 169, i.d.F.des Protokolls v. 5.12.1989 (BGBl. II 1994, S. 1356), in Kraft getreten am 25.3.1998
   und außer Kraft getreten mit dem Inkrafttreten des OSPAR-Übereinkommens am 25.3.1998.
99 BGBl. II 1981, S. 871, i.d.F. des Protokolls v. 4.6.1974, BGBl. II 1989, S. 171, in Kraft getreten am 6.5.1978;
   ebenfalls durch das OSPAR-Übereinkommen abgelöst.
100 Zum OSPAR-Übereinkommen allgemein *Hilf*, ZaöRV 55 (1995), 580; *Lagoni* in: Koch/Lagoni, S. 79 ff.; *Proelß*,
   S. 192 ff.
101 Die Genehmigungspflicht für Einleitungen vom Lande aus normiert Art. 2 Abs. 1 Anlage I OSPAR-Übereinkommen; Entsprechendes sehen Art. 4 Abs. 4 lit. a) Anlage II für die Verschmutzung durch Einbringen
   oder Verbrennung und Art. 4 Anlage III in Bezug auf Offshore-Quellen vor.

und die Erhaltung der Ökosysteme und der biologischen Vielfalt des Meeresgebiets.[102] Im Jahr 2010 wurden erstmals marine Schutzgebiete durch die OSPAR-Kommission ausgewiesen.[103] Die Anlagen II und III wurden 2007 hinsichtlich der Speicherung von Kohlendioxidströmen in geologischen Formationen geändert.[104] Auf die Arbeit der für die Durchführung und Fortschreibung des Übereinkommens maßgeblichen OSPAR-Kommission zum Schutz der Meeresumwelt des Nordostatlantiks wird im Folgenden noch eingegangen.[105]

43 Im Rahmen des Übereinkommens zur Zusammenarbeit bei der Bekämpfung der Verschmutzung der Nordsee durch Öl und andere Schadstoffe verpflichten sich die Vertragsparteien zur umfassenden gegenseitigen Unterrichtung über eingetretene Schadensfälle sowie zur nationalen Vorsorge und Bekämpfung solcher Schadensfälle (**Bonn-Übereinkommen** vom 13.9.1983)[106]. Der Anwendungsbereich erfasst auch andere Schadstoffe als Öl. Darüber hinaus wird die gegenseitige Unterrichtungspflicht u.a. auf neue Entwicklungen in der Überwachungstechnologie sowie auf Informationen, die bei Überwachungstätigkeiten erlangt wurden, erstreckt.

44 In inhaltlichem Zusammenhang mit dem Bonn-Übereinkommen steht das am 14.2.2014 in Kraft getretene **Übereinkommen über die Zusammenarbeit beim Schutz der Küsten und Gewässer des Nordostatlantiks gegen Verschmutzung** vom 17.10.1990.[107] Die Vertragsparteien verpflichten sich, Maßnahmen zu treffen, um sich auf die Bekämpfung eines durch Öl oder andere Schadstoffe verursachten Verschmutzungsereignisses auf See vorzubereiten.

45 Bedeutsam ist zudem das im Rahmen des Bonner-Übereinkommens (CMS, vgl. Rn. 36) geschlossene **Abkommen zum Schutz der Seehunde im Wattenmeer**[108] vom 16.10.1990.[109] Es handelt sich dabei um ein spezielles Artenschutzübereinkommen, deren Einrichtung in Art. 4 CMS-Übereinkommen vorgesehen ist. Mit dem Ziel, eine günstige Situation für die Seehundpopulationen im Wattenmeer herzustellen und zu erhalten, verpflichten sich die Unterzeichnerstaaten zu umfassenden Maßnahmen zum Schutz der Seehundpopulationen und ihrer Lebensräume.

46 Ausschließlich dem Schutz der Fischbestände des Nordostatlantiks dient das **Übereinkommen über die künftige multilaterale Zusammenarbeit auf dem Gebiet der Fischerei**

---

102 BGBl. II 2001, S. 647, in Kraft getreten am 30.8.2000.
103 Hierzu *Matz-Lück/Fuchs*, ZUR 2012, 532.
104 BGBl. II 2010, S. 1010, in Kraft getreten am 23.7.2011.
105 Dazu nachfolgend § 15 Rn. 52.
106 BGBl. II 1990, S. 71, geändert mit Beschluss v. 22.9.1989, BGBl. II 1995, S. 179; siehe auch www.bonnagreement.org (Stand: 16.9.2018).
107 Unterzeichnet am 23.10.1993, vgl. ABlEG L 267/22, zuletzt geändert durch Protokoll v. 20.5.2008, ABlEG L 285/1; zum Datum des Inkrafttretens *Rothwell/Oude Elferink/Scott u.a.*, Oxford Handbook, Table of Treaties, S. xxxix; anders *Long* in Rothwell/Oude Elferink/Scott u.a., Oxford Handbook, S. 663.
108 BGBl. II 1991, S. 1308, in Kraft getreten am 1.10.1991.
109 Vgl. auch das Verwaltungsabkommen über ein Gemeinsames Sekretariat für die Zusammenarbeit beim Schutz des Wattenmeeres zwischen dem Ministerium für Umwelt Dänemarks, dem Bundesministerium für Umwelt, Naturschutz und Reaktorsicherheit der BRD, dem Ministerium für Landwirtschaft, Natur und Lebensmittelqualität der Niederlande v. 18.3.2010, BGBl. II 2010, S. 1090, in Kraft getreten am 18.3.2010, welches das Vorgängerabkommen v. 23.10.1987, BGBl. II 1988, S. 88, außer Kraft setzte.

im Nordostatlantik[110] vom 18.11.1980.[111] Zu diesem Zweck haben sich die Vertrags- parteien dazu entschlossen, eine **Fischereikommission** für den **Nordost-Atlantik (The North-East Atlantic Fisheries Commission – NEAFC) zu gründen.**[112] Bedeutung für die Bundesrepublik Deutschland, die nicht selbst Vertragspartei des NEAFC-Überein- kommens ist, gewinnt das Abkommen über ihre Mitgliedschaft in der Europäischen Union als Vertragspartei des Übereinkommens.[113]

b) Ostsee-relevante Übereinkommen

Das völkerrechtliche Pendant zum OSPAR-Übereinkommen bildet das **Übereinkom-**   47 **men über den Schutz der Meeresumwelt des Ostseegebiets (Helsinki-Übereinkom- men)**[114] vom 9.4.1992.[115] Das Übereinkommen erfasst sämtliche Verschmutzungstat- bestände (Verschmutzung durch Schadstoffe vom Lande aus, durch Schiffe, durch Ver- brennen und Einbringen sowie durch Erforschung und Ausbeutung des Meeresunter- grundes) und bringt das Vorsorge- und Verursacherprinzip zur Anwendung (Art. 3 Abs. 2 und 4 Helsinki-Übereinkommen). Die Vertragsstaaten werden überdies angehal- ten, zur Verhütung und Beseitigung der Verschmutzung des Ostseegebietes die Anwen- dung der besten Umweltpraxis und der besten verfügbaren Technologie zu fördern (Art. 3 Abs. 3 Helsinki-Übereinkommen). Das Helsinki-Übereinkommen knüpft nicht nur an die einzelnen Verschmutzungstatbestände an, in Art. 15 des Übereinkommens findet sich vielmehr eine umfassende **Verpflichtung zum Ökosystem- und Habitat- schutz.** Detailregelungen sind in den insgesamt sieben Annexen enthalten. Welchen Beitrag die Helsinki-Kommission (HELCOM) in diesem Bereich leistet, wird noch auf- gezeigt.[116]

Ein weiteres speziell für den Ostseeraum relevantes Vertragswerk ist das Anfang 2009   48 geschlossene Abkommen zwischen der Europäischen Gemeinschaft (heute Europäische Union) und der Regierung der Russischen Föderation über die Zusammenarbeit bei der Fischerei und bei der Erhaltung der lebenden Meeresressourcen in der Ostsee.[117] Es zielt auf die Erhaltung und langfristige, nachhaltige Bewirtschaftung sowie Nutzung der Fischbestände in der Ostsee und setzt zur Verwirklichung dieser Zielsetzungen einen gemeinsamen Ostsee-Fischereiausschuss ein, vgl. Art. 14 des Übereinkommens. Das Abkommen ersetzt das **Danziger Übereinkommen**[118] vom 13.9.1973, vor dessen

---

110 NEAFC-Übereinkommen, in Kraft getreten am 17.3.1982, ABlEG L 227 v. 12.8.1981, S. 22, in der Fassung vom 11.8.2006, ABlEG L 184 v. 16.7.2009, S. 12.
111 Vgl. dazu auch das Übereinkommen über das Verhalten beim Fischfang im Nordatlantik v. 1.6.1967, BGBl. II 1976, S. 4, in Kraft getreten am 26.9.1976, das Übereinkommen zur Lachserhaltung im Nordatlan- tik (NASCO-Übereinkommen) v. 2.3.1982, ABlEG L 378/25, in Kraft getreten am 1.10.1983, sowie das Inter- nationale Übereinkommen zur Erhaltung der Thunfischbestände im Atlantik (ICCAT-Übereinkommen) v. 14.5.1966, ABlEG L 162 v. 18.6.1986, S. 34, in Kraft getreten am 23.5.1969.
112 Vgl. zur Übersicht zu weiteren Organisationen unter www.ec.europa.eu/fisheries/cfp/international/rfmo/ index_de.htm (Stand: 16.9.2018); vgl. auch die Organisation zur Lachserhaltung im Nordatlantik (NASCO), www.nasco.int (Stand: 16.9.2018), und die Internationale Kommission zur Erhaltung der Thunfischbe- stände, www.iccat.int/en/ (Stand: 16.9.2018).
113 Beschluss 81/608/EWG v. 31.7.1981, ABlEG L 227/21; Gleiches gilt für das o.g. Übereinkommen über die Zusammenarbeit beim Schutz der Küsten und Gewässer des Nordostatlantiks vor Verschmutzung (Rn. 44), welches nicht durch die Bundesrepublik selbst, sondern die EWG ratifiziert wurde.
114 Vgl. oben § 15 Rn. 12.
115 *Birnie* in: Platzöder/Verlaan, S. 346 ff.; *Ehlers* in: Koch/Lagoni, S. 103 ff.; *Fels*, NuR 2011, 539, 540 ff.
116 Nachfolgend § 15 Rn. 57.
117 ABlEG L 129/2.
118 BGBl. II 1976, S. 1545, geändert durch das Protokoll vom 11.11.1982, BGBl. II 1984, S. 222; vgl. auch das Übereinkommen über den Schutz des Lachsbestandes in der Ostsee v. 20.12.1962, BGBl. II 1965, S. 1115.

Hintergrund die International Baltic Sea Fishery Commission (**IBSFC**) gegründet wurde. Nach dem Austritt der Europäischen Gemeinschaft aus der Danziger-Konvention wird diese seit dem 1.1.2007 nicht mehr angewendet.[119] Mit der Wirksamkeit des Austritts ging auch die Auflösung der IBSFC einher. Das o.g. Nachfolgeabkommen ist völkerrechtlich noch nicht in Kraft getreten. Gem. Art. 18 des Abkommens wird es aber seit der Unterzeichnung am 28.4.2009 bereits vorläufig angewendet.[120]

c) Nord- und Ostsee-relevante Übereinkommen

49   Das **Abkommen zur Erhaltung der Kleinwale in der Nord- und Ostsee** (Agreement on the Conservation of Small Cetaceans of the Baltic and North Seas – **ASCOBANS**)[121] aus dem Jahr 1991 ist ein spezielles, im Rahmen des Bonner-Übereinkommens zur Erhaltung der wandernden wildlebenden Tierarten (CMS, vgl. Rn. 36) geschlossenes Artenschutzübereinkommen, welches den Schutz von Zahnwalen speziell für den Bereich der Nord- und Ostsee festschreibt.

50   Ebenfalls unter dem Dach des Bonner-Übereinkommens wurde das **Abkommen zur Erhaltung der afrikanisch-eurasischen wandernden Wasservögel** (Agreement on the Conservation of African-Eurasian migratory waterbirds – **AEWA**)[122] vom 16.6.1995 geschlossen. Dieses ist insofern von Bedeutung, als Nord- und Ostsee zum globalen Zugwegsystem der dort aufgeführten 254 Vogelarten gehören.[123] Ziel dieses Artenschutzübereinkommens ist es, afrikanisch-eurasische wandernde Wasservogelarten auf ihrem Zugweg in einem günstigen Erhaltungszustand zu belassen oder einen solchen wiederherzustellen, wobei gefährdete Arten sowie solche mit ungünstigem Erhaltungszustand besondere Aufmerksamkeit finden sollen.

4. Regionale Zusammenarbeit auf der Ebene internationaler Organisationen und Konferenzen

51   Die einzelnen Übereinkommen beinhalten häufig nur generelle oder pragmatische Aussagen, sodass die eigentliche regionale Zusammenarbeit überwiegend im Rahmen spezieller internationaler Organisationen und Konferenzen stattfindet.[124] Dort treffen die einzelnen Anrainerstaaten aufeinander, um Zielsetzungen, Maßnahmenprogramme und entsprechende Beschlüsse zum Meeresumweltschutz festzuschreiben und auf diesem Weg die geschaffenen Regelwerke ständig weiterzuentwickeln. Je nach völkerrechtlicher Legitimation des Gremiums kommt den Entschließungen politische oder sogar bindende Wirkung zu.

---

119   Vgl. den Beschluss 2004/890/EG des Rates über den Austritt der Europäischen Gemeinschaft aus der Konvention über die Fischerei und den Schutz der lebenden Ressourcen in der Ostsee und den Belten v. 20.12.2004, ABlEG L 375/27. Art. XIX Danziger-Konvention sieht die Wirksamkeit des Austritts am 31.12. des auf seine Notifikation folgenden Jahres vor, d.h. 31.12.2006.
120   Umgesetzt durch die VO (EG) Nr. 439/2009 v. 23.3.2009, ABlEG L 129/1.
121   BGBl. II 1993, S. 1114, in Kraft getreten am 29.3.1994; zur Ausweitung des Abkommens auf das Gebiet des Nordostatlantiks und der Irischen See vgl. BGBl. II 2006, S. 267.
122   BGBl. II 1998, S. 2500, in Kraft getreten am 1.11.1999.
123   Vgl. den Anhang des Abkommens, zuletzt geändert durch G v. 10.5.2004, BGBl. I, S. 601, insb. 633 ff., sowie die aktuellste Fassung des Abkommens und der Annexe unter www.unep-aewa.org/sites/default/files/instrument/aewa_agreement_text_2016_2018_FINAL_correction%20made%20on%20p%2054_wcover.pdf (Stand: 16.9.2018).
124   Zur regionalen Zusammenarbeit für den Bereich der Ostsee *Ehlers*, NuR 2001, 661, 662.

a) Organisationen und Konferenzen für den Bereich der Nordsee

Für den Bereich des OSPAR-Übereinkommens nimmt diese Aufgabe die **OSPAR**[125] 52 wahr, welche sich aus dem Vorsitz, fünf Komitees und vier Beratungsgruppen zusammensetzt und jährlich tagt. Ihr kommt als internationaler Kommission eigene Rechtspersönlichkeit zu. Der Aufgabenkreis der OSPAR beinhaltet

- die Überwachung der Durchführung des OSPAR-Übereinkommens,
- die Überprüfung des Meereszustandes,
- die Erarbeitung von Programmen und Maßnahmen und
- die Befugnis, bindende Beschlüsse[126] (decisions) sowie nicht bindende Empfehlungen (recommendations) und Übereinkünfte (agreements) zu treffen.

Die OSPAR hat mittlerweile **sechs Strategien** zu den Bereichen biologische Vielfalt und Ökosystem, Eutrophierung, gefährliche Stoffe, radioaktive Substanzen sowie Offshore-, Öl- und Gasindustrie, Assessment und Monitoring entwickelt. Im Rahmen dieser Strategien werden die Auswirkungen des Klimawandels berücksichtigt. Auf der OSPAR-Jahrestagung 2007 wurde ein Maßnahmenpaket mit Änderungen der Anlagen II und III sowie zwei Beschlüssen und einer Empfehlung zu rechtlichen, technischen und umweltrelevanten Voraussetzungen für die Sequestrierung und Speicherung von Kohlendioxid in geologischen Schichten unter dem Meer verabschiedet.[127]

Eine weitere Ebene der gemeinsamen Zusammenarbeit bildete die **Internationale** 53 **Nordseekonferenz – INK** (North Sea Conference – NSC). Sie wurde seit 1984 in unregelmäßigen Abständen (alle drei bis fünf Jahre) von den für den Schutz der Nordsee jeweils zuständigen Ministerien der Nordseeanrainerstaaten sowie der für Umweltschutz zuständigen Vertretung der Europäischen Kommission unter ständiger Beobachtung durch Internationale Regierungsorganisationen und Nichtregierungsorganisationen durchgeführt. Auf der letzten Konferenz im Jahr 2006 wurde indes beschlossen, dass kein weiterer Bedarf für ein nächstes Treffen bestehe, da die behandelten Themen mittlerweile in anderen Foren wie der EU-Meerespolitik mitbehandelt würden.[128] Zwar besaß die INK keine völkerrechtlichen Rechtsetzungsbefugnisse, jedoch war sie ein wichtiger Wegbereiter für Beschlüsse der OSPAR und gab wesentliche Impulse für die Entwicklung des Meeresumweltrechts in Europa.

Weiteren Einfluss auf ausschließlich (ministerial-)politischer Ebene nehmen zudem die 54 seit 1978 regelmäßig stattfindenden **trilateralen Regierungskonferenzen** (Trilateral Governmental Conference – TGC)[129] **zum Schutz des Wattenmeeres.** Die trilaterale Wat-

---

125 Vgl. unter www.ospar.org (Stand: 1.6.2018).
126 Derartige Beschlüsse erlangen für diejenigen Vertragsparteien des OSPAR-Übereinkommens bindende Wirkung, die ihnen zugestimmt haben oder ihnen nicht binnen zweihundert Tagen widersprechen (Art. 13 Abs. 2 OSPAR-Übereinkommen).
127 Diese Änderung und die des Londoner Protokolls ermöglichten die Verabschiedung der RL 2009/31/EG über die geologische Speicherung von Kohlendioxid im Rahmen des Energie- und Klimapakets der Gemeinschaft, ABlEG L 140/114, zuletzt geändert durch RL 2011/92/EU v. 13.12.2011, ABlEU 2012 L 26/1; vgl. dazu § 16 Rn. 11 und in diesem Kapitel Rn. 27 und 42. Aufgrund der Ratifizierung durch Norwegen, Deutschland, Großbritannien, Spanien, EU, Luxemburg, Dänemark und die Niederlande entfalten die geänderten Regelungen für diese Vertragsparteien Geltung gemäß Art. 15 der OSPAR-Konvention, vgl. www.ospar.org/news/ratification-of-ospar-carbon-capture-and-storage-measures (Stand: 16.9.2018).
128 Vgl. Declaration – North Sea Ministerial Meeting on the Environmental Impact of Shipping and Fisheries v. 5.5.2006 unter www.ospar.org/site/assets/files/1239/6nsc-2006-gothenburg_declaration.pdf sowie www.ospar.org/about/international-cooperation/north-sea-conferences (Stand: 16.9.2018).
129 Vgl. unter www.waddensea-secretariat.org (Stand: 16.9.2018).

tenmeerpolitik baut auf die bestehenden unterschiedlichen nationalen Strukturen der drei Wattenmeeranrainerstaaten Dänemark, Deutschland und Niederlande auf. Hauptziel ist es, die Vielfalt der Biotoptypen des Wattenmeeres, die zu einem natürlichen und dynamischen Ökosystem gehören, zu erhalten. Als großer Erfolg wird deshalb die Aufnahme des Wattenmeeres in die Liste der Weltnaturerbestätten durch die UNESCO gewertet.[130]

55 Die Fischereikommission für den **Nordost-Atlantik (The North-East Atlantic Fisheries Commission – NEAFC)**[131] ist eine internationale Organisation im Rahmen des Übereinkommens über die künftige multilaterale Zusammenarbeit auf dem Gebiet der Fischerei im Nordostatlantik. Hauptaufgabe der NEAFC ist die Förderung der Erhaltung und optimalen Nutzung der Fischbestände des Nordostatlantiks, Art. 4 Abs. 1 NEAFC-Konvention. In diesem Umfang ist sie beauftragt, den Vertragsparteien außerhalb der Gewässer unter ihrer Fischereihoheit – auf Antrag der betreffenden Parteien aber auch in den Fischereizonen unter ihren nationalen Gerichtsbarkeiten – Maßnahmen zur Bewirtschaftung der Fischereiressourcen zu empfehlen, vgl. Art. 5 und 6 NEAFC-Konvention. Kontrollen erfolgen seit dem 1.5.2007 durch die Hafenstaaten. Die NEAFC arbeitet eng mit dem **Internationalen Rat für Meeresforschung – ICES**[132] zusammen.

56 Eine bedeutende Kooperation in Bezug auf den Meeresumweltschutz bieten die **internationalen Kommissionen zum Schutz des Rheins (IKSR)**[133] und der **Elbe (IKSE)**[134]. Zu ihren Zielsetzungen gehört es, die Belastung der Nordsee in Abstimmung mit den anderen Maßnahmen zum Schutz des Einmündungsgebietes nachhaltig zu verringern.

b) Organisationen und Konferenzen für den Bereich der Ostsee

57 Die **HELCOM** nimmt für das Ostseegebiet im Rahmen des Helsinki-Übereinkommens mit denen der OSPAR-Kommission für die Nordsee vergleichbare Aufgaben wahr.[135] Die Kommission setzt sich aus der Führungsdelegation (Head of Delegation) und acht nachgeordneten Expertengremien, denen die fachliche Arbeit obliegt, zusammen. Dauerhaft bestehen fünf Gremien (Gear, Maritime, Pressure, Response, State&Conservation), deren Tätigkeit zeitlich begrenzt durch drei weitere Arbeitsgruppen (Agri, Fish, Maritime Spatial Planning) sowie zusätzlich ad hoc gebildete Gremien ergänzt wird.[136] Das Sekretariat der Kommission hat seinen Sitz in Helsinki. Entscheidungen werden vornehmlich in Form von **Empfehlungen** (recommendations) getroffen. Diese sind völkerrechtlich **nicht verbindlich**, bedingen mit Blick auf das Erfordernis der Einstimmigkeit (Art. 19 Abs. 5 HELCOM-Übereinkommen) jedoch den festen politischen Willen der Vertragsparteien, sie anzuwenden und zu beachten. Am 15.11.2007 wurde in Krakau der Ostseeaktionsplan (Baltic Sea Action Plan) beschlossen, der verschiedene Maßnahmen zum Schutz der Ostsee in den Bereichen Eutrophierung,[137] gefährliche

---

130 Vgl. dazu bereits oben § 15 Rn. 35.
131 Vgl. unter www.neafc.org (Stand: 1.6.2018) sowie § 15 Rn. 46.
132 Vgl. unter www.ices.dk (Stand: 1.6.2018).
133 Vgl. unter www.iksr.org (Stand: 1.6.2018); Grundlage dieser Zusammenarbeit bildet das Übereinkommen zum Schutz des Rheins v. 12.4.1999, BGBl. II 2001, S. 850.
134 Eingerichtet durch die Vereinbarung über die Internationale Kommission zum Schutz der Elbe v. 8.10.1990, BGBl. II 1992, S. 943; vgl. auch www.ikse-mkol.org (Stand: 1.6.2018).
135 Siehe einleitend auch Rn. 47 und im Internet unter www.helcom.fi (Stand: 1.6.2018).
136 Vgl. www.helcom.fi/helcom-at-work/groups (Stand: 1.6.2018).
137 Zur Verminderung der Eutrophierung in der Ostsee *Upston-Hooper/Mehling*, JEEPL 2007, 296.

Stoffe, Biodiversität und maritime Aktivitäten vorsieht. Ab 2016 soll die jährliche Einleitung von Nährstoffen erheblich verringert und so bis 2021 ein guter ökologischer Zustand der Ostsee erreicht werden.[138]

Auch die ehemalige Internationale Nordseekonferenz (Rn. 53) findet eine Entsprechung im Ostseegebiet. Seit 1992 besteht der **Ostseerat (Council of the Baltic Sea States – CBSS)** als regionaler Zusammenschluss der Ostseeanrainerstaaten.[139] Basierend auf der im Rahmen der Rio-Konferenz vereinbarten UN-Agenda 21 verabschiedete der Ostseerat 1998 die **Baltic Agenda 21** für den Ostseeraum (**Baltic 21**). Hierbei handelt es sich um einen Umweltkooperationsplan zur nachhaltigen Entwicklung, aufgrund dessen die Expertengruppe der Baltic 21 (CBSS Expert Group on Sustainable Development) ein Strategiekonzept für 2010-2015 entwickelte.[140] Die von den UN 2015 verabschiedeten Sustainable Development Goals der Agenda 2030 für nachhaltige Entwicklung[141] arbeitete die Expertengruppe in den **Baltic 2030 Action Plan** ein.[142]

58

Auch die Vertragsparteien der **Internationalen Kommission zum Schutz der Oder** gegen Verunreinigung arbeiten zusammen, um der Belastung der Ostsee mit Schadstoffen vorzubeugen und diese nachhaltig zu verringern. Dazu werden gemeinsame Aktionsprogramme erarbeitet.[143]

59

c) Gemeinsame Ministerkonferenz von OSPAR und HELCOM

Für beide Meere gleichsam von Bedeutung ist die Zusammenarbeit im Rahmen der **gemeinsamen Ministerkonferenz der OSPAR- und Helsinki-Kommissionen** (Joint Ministerial Meeting of the HELSINKI and OSPAR Commissions – **JMM**), in deren Rahmen einheitliche Standards für den Nord- und Ostseeraum geschaffen werden sollen. Die erste Konferenz fand vom 25. bis 26.6.2003 in Bremen statt, wo eine erste gemeinsame Erklärung abgegeben wurde.[144] Es wurde eine weitere gemeinsame Konferenz für das Jahr 2010 angesetzt, die jedoch nicht stattfand. Obwohl bislang keine weitere Ministerkonferenz stattgefunden hat, arbeiten verschiedene Arbeitsgruppen beider Übereinkommen permanent zusammen.[145]

60

5. EU-Recht

Als **Völkerrechtssubjekt** kommt der EU die Fähigkeit zu, Trägerin völkerrechtlicher Rechte und Pflichten zu sein (Art. 47 EUV). Sie verfügt jedoch nur über solche Kompetenzen, die ihr von den Mitgliedstaaten im Wege primärvertraglicher Ermächtigung

61

---

138 Vgl. S. 8 des Aktionsplans, abrufbar unter www.helcom.fi/Documents/Baltic%20sea%20action%20plan/B SAP_Final.pdf (Stand: 1.6.2018); Vorschlag für ein Nährstoffeintrags-Handelssystem zur Kontrolle der Eutrophierung mit Bezug zum Helsinki-Übereinkommen bei *Malla*, JEEPL 2014, 272.
139 Vgl. www.cbss.org (Stand: 16.9.2018).
140 Abrufbar unter www.cbss.org/wp-content/uploads/2013/04/strategy-english.pdf (Stand: 16.9.2018).
141 Siehe oben § 15 Rn. 12 m.w.N.
142 Abrufbar unter www.cbss.org/wp-content/uploads/2018/03/Baltic-2030-Action-Plan-leaflet-eng.pdf (Stand: 16.9.2018).
143 Vertrag über die Internationale Kommission zum Schutz der Oder gegen Verunreinigung v. 11.4.1996, BGBl. II 1997, S. 1708, in Kraft seit 28.4.1999; vgl. www.mkoo.pl/index.php?lang=DE (Stand: 1.6.2018).
144 Abrufbar unter www.helcom.fi/Documents/About%20us/Convention%20and%20commitments/Ministe rial%20declarations/First%20Joint%20Ministerial%20Meeting%20of%20the%20Helsinki%20and%20OS PAR%20Commissions.pdf (Stand: 16.9.2018).
145 Z.B. im Rahmen des gemeinsamen OSPAR/HELCOM Arbeitsprogrammes zu Meeresschutzgebieten, wie es als Annex 7 auf der gemeinsamen Konferenz 2003 festgelegt wurde, vgl. archive.iwlearn.net/ helcom.fi/stc/files/BremenDocs/Joint_MPA_Work_Programme.pdf (Stand: 16.9.2018).

übertragen werden (Prinzip der begrenzten Einzelermächtigung, Art. 2 AEUV).[146] Vor dem Hintergrund ihrer völkerrechtlichen Befugnisse auf dem Gebiet des Umweltschutzes (Art. 191 Abs. 4 AEUV) ist sie Vertragspartei nahezu aller für das Unionsgebiet einschlägigen völkerrechtlichen Übereinkommen zum Meeresumweltschutz. Diese Abkommen stehen im Rang zwischen dem Primär- und Sekundärrecht (Art. 216 AEUV). Der Vorrang vor dem Sekundärrecht folgt aus Art. 216 Abs. 2 AEUV, wonach die geschlossenen Abkommen sowohl für die Organe der Union als auch für die Mitgliedstaaten verbindlich sind. Folglich kann die Effektivität völkerrechtlicher Verträge mittels unionsrechtlichen Sekundärrechts, welches durch die Mitgliedstaaten umzusetzen bzw. direkt anzuwenden ist, verstärkt werden.[147] Den völkerrechtlichen Abkommen auf diesem Weg rechtliche Durchsetzbarkeit zu verschaffen, ist von erheblicher Bedeutung für den Schutz der Nord- und Ostsee, da die EU einen Großteil der für die Belastungen von Nord- und Ostsee verantwortlichen Nationen umfasst. Darüber hinaus wird die EU auf völkerrechtlicher Ebene durch **Mitwirkung in internationalen Organisationen** tätig. Hierbei kommt ihr entweder eine Beobachterstellung zu (Art. 220 AEUV) oder sie beteiligt sich, wie bspw. im Rahmen von OSPAR und HELCOM, als gleichberechtigtes Vollmitglied.

a) Anwendbarkeit von Unionsrecht innerhalb des Meeresraumes

62   Das sekundäre Unionsrecht[148] enthält zahlreiche direkt oder mittelbar wirkende Vorschriften zum Meeresumweltschutz. Es existiert aber bislang kein einheitliches Regelwerk, vielmehr finden sich Einzelvorschriften in unterschiedlichsten Rechtsakten.[149] Der Grund dafür liegt darin, dass die Union nicht über die Befugnis verfügt, rein meeresumweltrechtliche Vorschriften zu erlassen. Vielmehr beruhen derartige Regelungen auf verschiedenen unionsrechtlichen **Regelungskompetenzen**.[150] Für das Gebiet des Meeresumweltschutzes von Bedeutung sind vor allem jene im Bereich des Gewässerschutzes, der Fischerei, der Landwirtschaft, der Chemikalienpolitik und des Arten- und Lebensraumschutzes. Die sachliche Anwendbarkeit von Unionsrecht ist demzufolge gesondert für jeden Rechtsakt nach dessen Wortlaut bzw. Sinn und Zweck zu bestimmen.[151]

63   Klärungsbedürftig ist, inwiefern im Bereich der AWZ und des Festlandsockels (primäres wie sekundäres) Unionsrecht Anwendung finden kann. Mangels Staatsqualität fehlen der EU territoriale Souveränität und Gebietshoheit, sodass ihr selbst – obwohl sie Vertragspartei des SRÜ ist – die sich aus dem Abkommen ergebenden funktionalen Hoheitsrechte nicht zugewiesen sind. Die Geltung von Unionsrecht im Bereich von AWZ und Festlandsockel ist folglich aus den oben genannten, den Mitgliedstaaten durch das SRÜ zugewiesenen Hoheitsrechten abzuleiten. Zwar wird durch deren Zuweisung nicht der räumliche Geltungsbereich des Unionsrechts i.S.d. Art. 52 Abs. 1 EUV erweitert, allerdings ergibt sich dessen sachlicher Anwendungsbereich aus der

---

146 Nach dem Grundsatz der Parallelität von Innen- und Außenkompetenz („implied powers") verfügt die EU überall dort über die Kompetenz zum Abschluss völkerrechtlicher Verträge, wo ihr auch intern die Rechtsetzungskompetenz zusteht; vgl. EuGHE 1971, 263.
147 Vgl. § 7 Rn. 3 ff.
148 Hierzu bereits § 7 Rn. 23 ff.
149 Einen sehr ausführlichen Überblick bieten *Krämer* in: Koch/Lagoni, S. 129 ff.; *Proelß*, S. 345 ff.
150 *Proelß*, S. 288; *SRU*, Sondergutachten 2014: „Meeresumweltschutz für Nord- und Ostsee", S. 39; zum Subsidiaritätsprinzip im Bereich des EU-Umweltrechts *Epiney*, NuR 2018, 30.
151 *Czybulka/Kersandt* in: Lozán/Rachor/Reise u.a., S. 376.

Hoheitsgewalt der Mitgliedstaaten.[152] Soweit also den Mitgliedstaaten völkerrechtlich Hoheitsbefugnisse eingeräumt sind, im Rahmen derer sie selbst Regelungen treffen und durchsetzen können, erweitert sich der sachliche Anwendungsbereich des AEUV und somit grundsätzlich auch des Sekundärrechts insoweit, als die Mitgliedstaaten der EU ihre Regelungskompetenzen übertragen haben.[153] Dies gilt zumindest für die oben aufgeführten Regelungskompetenzen im Bereich der AWZ und des Festlandsockels.[154]

b) Meeresumweltschutzbezogenes Sekundärrecht

Das meeresumweltschutzbezogene Sekundärrecht ist bisher von einer Fülle einzelner Rechtsakte geprägt, die zumeist nicht konkret zum Schutz der Meeresumwelt erlassen worden sind. Durch die im Juni 2008 verabschiedete Meeresstrategie-Rahmenrichtlinie (MSRL)[155] ist ein Ordnungsrahmen für Maßnahmen geschaffen worden, die eine nachhaltige Nutzung der Meere zu fördern und Meeresökosysteme zu erhalten bezwecken.[156] Um einen groben Überblick über das bestehende meeresumweltschutzbezogene Sekundärrecht zu geben, bietet sich die Unterscheidung von Rechtsakten zum Schutz vor Verschmutzungsquellen (am Beispiel der Seeschifffahrt und der Ableitung von Stoffen vom Lande aus) und solchen zum Arten- und Lebensraumschutz an.

64

Rechtsakte zum Schutz vor Verschmutzungsquellen:

65

Seeschifffahrt[157] (unvollständig):

- Richtlinie 2000/59/EG über Hafenauffangeinrichtungen für Schiffsabfälle und Ladungsrückstände vom 27.11.2000,[158]
- Rechtsätze im Rahmen der ERIKA I-, II- und III-Pakete: z.B. Klassifikationsgesellschaften-Richtlinie 2001/105/EG und Hafenstaatkontroll-Richtlinie 2001/106/EG vom 19.12.2001,[159] Schiffsüberwachungs-Richtlinie 2002/59/EG vom 27.6.2002[160] sowie die Richtlinie über die Erfüllung der Flaggenstaatpflichten 2009/21/EG, die Seeunfalluntersuchungsrichtlinie 2009/18/EG und die Verordnung (EG) Nr. 392/2009 über die Unfallhaftung von Beförderern von Reisenden auf See vom 23.4.2009,[161]
- Verordnung (EG) Nr. 782/2003 über das Verbot zinnorganischer Verbindungen auf Schiffen vom 14.4.2003,[162]
- Verordnung (EG) Nr. 2099/2002 zur Einsetzung eines Ausschusses für die Sicherheit im Seeverkehr und die Vermeidung von Umweltverschmutzung durch Schiffe

---

152 *Ell/Heugel*, NuR 2007, 315, 317.
153 *Maurer*, S. 65.
154 S.o. Rn. 17 f. zu den funktionalen Hoheitsrechten sowie *Salomon/Schumacher*, ZUR 2018, 84.
155 ABlEG 2008 L 164/19; zum Stand der Umsetzung und Umsetzungsdefiziten vgl. *Weiß*, ZUR 2017, 331.
156 Vgl. § 11 Rn. 9. Zum Ökosystemansatz der MSRL *Schubert*, S. 135 ff.; *Täufer*, EurUP 2009, 225 ff.
157 Ausführlich *Erbguth/Jenisch*, S. 64 ff.
158 ABlEG L 332/1, zuletzt geändert durch RL (EU) 2015/2087 v. 18.11.2015, ABlEU L 302/99.
159 RL 2001/105/EG, AblEG 2002 L 19/9, aufgehoben durch RL 2009/15/EG v. 23.4.2009, ABlEG L 131/47, diese wiederum zuletzt geändert durch RL 2014/111/EU v. 17.12.2014, ABlEU L 366/83; RL 2001/106/EG, ABlEG L 19/17, aufgehoben durch RL 2009/16/EG v. 23.4.2009, ABlEG L 131/57, diese zuletzt geändert durch RL (EU) 2017/2110 v. 15.11.2017, ABlEU L 315/61.
160 RL 2002/59/EG, ABlEG L 208/10 v. 5.8.2002, zuletzt geändert durch RL 2014/100/EU v. 28.10.2014, ABlEU L 308/82.
161 Vgl. ABlEG L 131/132, 114 und 24; allg. zum Entwurf des ERIKA III-Paketes *Jenisch*, NuR 2007, 392.
162 ABlEG L 115/1, zuletzt geändert durch VO (EG) Nr. 219/2009 v. 11.3.2009, ABlEG L 87/109.

(COSS) sowie zur Änderung der Verordnungen über die Sicherheit im Seeverkehr und die Vermeidung von Umweltverschmutzung durch Schiffe vom 5.11.2002,[163]

■ Richtlinie 2002/84/EG zur Änderung der Richtlinien über die Sicherheit im Seeverkehr und die Vermeidung von Umweltverschmutzung durch Schiffe vom 5.11.2002,[164]

■ Richtlinie 2005/35/EG über die Meeresverschmutzung durch Schiffe und die Einführung von Sanktionen für Verstöße vom 7.9.2005[165] und

■ Verordnung (EU) Nr. 530/2012 zur beschleunigten Einführung von Doppelhüllen oder gleichwertigen Konstruktionsanforderungen für Einhüllen-Öltankschiffe vom 13.6.2012.[166]

Ableitung von Stoffen vom Lande aus:

■ Richtlinie 91/271/EWG zur Behandlung von kommunalem Abwasser vom 21.5.1991,[167]

■ Richtlinie 91/676/EWG des Rates zum Schutz der Gewässer vor Verunreinigung durch Nitrat aus landwirtschaftlichen Quellen vom 12.12.1991 (sog. Nitratrichtlinie)[168] und

66 Rechtsakte zum Arten- und Lebensraumschutz:

■ Richtlinie 79/409/EWG zur Erhaltung der wildlebenden Vogelarten vom 2.4.1979 (sog. Vogelschutzrichtlinie),[169]

■ Richtlinie 85/337/EWG über die Umweltverträglichkeitsprüfung bei bestimmten öffentlichen und privaten Projekten vom 27.6.1985 (sog. UVP-Richtlinie),[170]

■ Richtlinie 92/43/EWG zur Erhaltung der natürlichen Lebensräume sowie der wildlebenden Tiere und Pflanzen vom 21.5.1992 (sog. FFH-Richtlinie),[171]

■ Verordnung (EG) Nr. 1005/2008 über ein Gemeinschaftssystem zur Verhinderung, Bekämpfung und Unterbindung der illegalen, nicht gemeldeten und unregulierten Fischerei vom 29.9.2008,[172]

■ Verordnung (EG) Nr. 734/2008 zum Schutz empfindlicher Tiefseeökosysteme vor den schädlichen Auswirkungen von Grundfanggeräten vom 15.7.2008,[173]

■ Verordnung (EG) Nr. 708/2007 über die Verwendung nicht heimischer und gebietsfremder Arten in der Aquakultur vom 11.6.2007,[174]

■ Verordnung (EU) Nr. 500/2012 zur Änderung der Verordnung (EG) Nr. 302/2009 über einen mehrjährigen Wiederauffüllungsplan für Roten Thun im Ostatlantik und

---

163 ABlEG L 324/1, teilweise Aufhebung durch VO (EU) Nr. 530/2012 v. 13.6.2012, ABlEU L 172/3, zuletzt geändert durch VO (EU) 2016/103 v. 27.1.2016, ABlEU L 21/67.
164 ABlEG L 324/53, zuletzt geändert durch RL 2014/90/EU v. 23.7.2014, ABlEU L 257/146.
165 ABlEG L 255/11, zuletzt geändert durch RL 2009/123/EG v. 21.10.2009, ABlEU L 280/52.
166 ABlEU L 172/3.
167 Vgl. § 11 Rn. 7.
168 Vgl. § 11 Rn. 7.
169 ABlEG L 103/1, aufgehoben und ersetzt mit Wirkung vom 14.2.2010 durch RL 2009/147/EG v. 30.11.2009, ABlEU L 20/7; vgl. auch § 10 Rn. 4.
170 Vgl. § 5 Rn. 63.
171 Vgl. § 10 Rn. 4; zur Frage von Auswirkungen der Fischerei auf Natura-2000-Gebiete (am Beispiel Schwedens) vgl. *Christiernsson/Michanek/Nilsson*, JEEPL 2015, 22.
172 ABlEG L 286/1, zuletzt geändert durch VO (EU) Nr. 202/2011 v. 1.3.2011, ABlEU L 57/10.
173 ABlEG L 201/8.
174 ABlEG L 168/1, zuletzt geändert durch VO (EU) Nr. 304/2011 v. 9.3.2011, ABlEU L 88/1.

im Mittelmeer vom 13.6.2012[175] aufgehoben und ersetzt durch Verordnung (EU) 2016/1627 v. 14.9.2016,[176] und

■ Verordnung (EU) Nr. 1380/2013 über die Gemeinsame Fischereipolitik vom 11.12.2013 (GFP-Verordnung).[177]

Rechtsakte mit dem Ziel übergreifender Steuerung:

■ Richtlinie 2000/60/EG zur Schaffung eines Ordnungsrahmens für Maßnahmen der Gemeinschaft im Bereich der Wasserpolitik vom 23.10.2000 (sog. Wasserrahmenrichtlinie),[178]

■ Richtlinie 2008/56/EG zur Schaffung eines Ordnungsrahmens für Maßnahmen der Gemeinschaft im Bereich der Meeresumwelt (Meeresstrategie-Rahmenrichtlinie – MSRL) über Umweltqualitätsnormen im Bereich der Wasserpolitik vom 17.6.2008,[179]

■ Richtlinie 2001/42/EG über die Prüfung der Umweltauswirkungen bestimmter Pläne und Programme vom 27.6.2001 (sog. SUP-Richtlinie),[180]

■ Richtlinie 2014/89/EU zur Schaffung eines Rahmens für die maritime Raumplanung v. 23.7.2014.[181]

Die zur Schaffung eines Ordnungsrahmens für Maßnahmen der Gemeinschaft (heute Union) im Bereich der Meeresumwelt erlassene Meeresstrategie-Rahmenrichtlinie beinhaltet eine übergreifende Raum- und Fachplanung für vier EU-Meeresregionen (Ostsee, Nordostatlantik, Mittelmeer, Schwarzes Meer).[182] Sie ist im Rahmen des **6. Umweltaktionsprogramms**[183] aus der **Strategie zur Erhaltung und zum Schutz der Meeresumwelt** entwickelt worden und soll die Umweltsäule der **Integrierten Meerespolitik (IMP)** bilden.[184] Ihr Anwendungsbereich ist auf diejenigen Meereszonen beschränkt, in denen die Mitgliedstaaten als Küstenstaaten Hoheitsbefugnisse nach dem SRÜ ausüben dürfen (Küstenmeer und AWZ).[185] Soweit Überschneidungen mit der ebenfalls im Küstenmeer geltenden Wasserrahmenrichtlinie auftreten, soll vorrangig die Wasserrahmenrichtlinie gelten, vgl. Art. 13 Abs. 2 MSRL. Die Meeresstrategie-Rahmenrichtlinie legt klare Zeithorizonte zu ihrer Umsetzung fest: Der Zweck der Richtlinie, einen Rahmen für den Schutz, die Erhaltung und Wiederherstellung der Meeresumwelt (sog. Meeresstrategien) zu etablieren, soll gem. Art. 1 Abs. 1 MSRL bis 2020 verwirklicht werden. Bis 2016 sollen sog. Maßnahmenprogramme durch die Mitgliedstaaten aufgestellt werden, die vorhandene Maßnahmen wie die FFH- und Vogelschutzgebietsaus-

67

---

175 ABlEU L 157/1, aufgehoben mit Wirkung vom 6.10.2016 durch VO (EU) 2016/1627 v. 14.9.2016.

176 VO (EU) 2016/1627 v. 14.9.2016 über einen mehrjährigen Wiederauffüllungsplan für Roten Thun im Ostatlantik und im Mittelmeer und zur Aufhebung der VO (EG) Nr. 302/2009, ABlEU L 252/1.

177 ABlEU L 354/22, zuletzt geändert durch VO (EU) Nr. 2017/2092 v. 15.11.2017, ABlEU L 302/1.

178 ABlEG L 327/1, zuletzt geändert durch RL 2014/101/EU v. 30.10.2014, ABlEU L 311/32; vgl. § 11 Rn. 8. Zum aktuellen Stand und Herausforderungen *Hendry*, JEEPL 2017, 249.

179 Siehe bereits oben Rn. 64 sowie § 11 Rn. 9.

180 Vgl. § 5 Rn. 73.

181 ABlEU L 257/135; siehe *Krämer*, JEEPL 2018, 24.

182 Vgl. Fn. 187 sowie *Markus/Schlacke/Maier*, International Journal of Marine and Coastal Law 2011, 59 ff.; *Markus/Schlacke*, ZUR 2009, 464; *SRU*, Umweltgutachten 2012, Rz. 463 ff.; Strategievorschlag der Europäischen Union für den Ostseeraum KOM (2009) 248 endg.

183 Vgl. § 7 Rn. 24; zum aktuellen 7. Umweltaktionsprogramm (2013-2020): *Hoffmann*, NVwZ 2013, 534.

184 KOM (2005) 504 endg; Grünbuch zur IMP: KOM (2006) 275; Blaubuch zur IMP: KOM (2007) 575 sowie VO (EU) Nr. 1255/2011 v. 30.11.2011 zur Schaffung eines Programms zur Unterstützung der Weiterentwicklung der integrierten Meerespolitik, ABlEU L 321/1, aufgehoben durch VO (EU) Nr. 508/2014 v. 15.5.2014 über den Europäischen Meeres- und Fischereifonds, ABlEU L 149/1. Vgl. auch *Maurer*, S. 58 ff.

185 Siehe zur Geltung von Unionsrecht in AWZ und Festlandsockel oben Rn. 62.

weisungen oder die Ausweisung geschützter mariner Gebiete integrieren und die zu ergreifenden Maßnahmen benennen (Art. 5 Abs. 2 lit. b) ii) MSRL).[186] In einer sog. Vorbereitungsphase für die Maßnahmenprogramme müssen der bestehende Umweltzustand der Gewässer erfasst und beschrieben werden, Umweltziele festgelegt und ein Überwachungsprogramm für die laufende Bewertung aufgestellt werden (Art. 5 Abs. 2 lit. b) i) MSRL). Für besonders verschmutzte Gebiete haben die Mitgliedstaaten sog. Aktionspläne aufzustellen (Art. 5 Abs. 3 MSRL). Inhaltliche Planungsleitlinien, also materielle Vorgaben für die Vorbereitungsmaßnahmen und die Maßnahmenprogramme, sind der Ökosystem-Ansatz und das Nachhaltigkeitsprinzip (Art. 1 Abs. 3 MSRL). Prozedural müssen die Mitgliedstaaten ihre Maßnahmen jeweils bei der europäischen Kommission notifizieren lassen (Art. 12 MSRL). Vorhandene Kooperationsstrukturen einschließlich jener im Rahmen von regionalen Meeresübereinkommen werden dabei weiterhin genutzt, um eine angemessene Koordinierung und Abstimmung zu erreichen (Art. 6 MSRL). Die Öffentlichkeit ist durch Anhörung an der Entwicklung der Meeresstrategien etappenweise zu beteiligen (Art. 19 Abs. 1 MSRL).

Maßnahmen zur Regulierung des Fischereimanagements sind nicht Gegenstand der Meeresstrategie-Rahmenrichtlinie. Die bloße Einbindung der Fischerei in die allgemeine Meerespolitik, wie im Grünbuch zur Reform der Fischereipolitik vom 22.4.2009[187] vorgesehen, stellte jedoch keine ausreichende Verbindung eines nachhaltigen Fischereiregimes mit einem Naturschutzrechtsregime dar.[188] Nach einem mehrjährigen Reformprozess haben sich die europäischen Organe im Jahr 2013 über die Reform der Gemeinsamen Fischereipolitik der Union geeinigt.[189] Durch die Reform wurde beispielsweise ein grundlegend neuer Bewirtschaftungsansatz eingeführt, der – am Nachhaltigkeitsprinzip orientiert – eine Befischung der Bestände mit dem höchstmöglichen Dauerertrag nur solange zulassen soll, wie sie sich selbst wieder regenerieren können („**Maximum Sustainable Yield**", MSY). Ein weiteres Novum ist das Rückwurfverbot für Beifänge.[190] Ob diese Maßnahmen tatsächlich zur Verbesserung der Integration von Umweltschutzbelangen in die Fischereipolitik führen, bleibt abzuwarten.

Des Weiteren werden als Teil der **Integrierten Meerespolitik der EU** unterschiedliche Aspekte wie maritime Identität, die Bedeutung der Meeresumwelt für die nachhaltige Nutzung der marinen Ressourcen, aber auch wirtschaftliche und gesellschaftspolitische Themen behandelt.[191]

Eine neue Verbindung zwischen der Gemeinsamen Fischereipolitik und der integrierten Meerespolitik ist durch den europäischen Meeres- und Fischereifonds (EMFF) geschaffen worden. Neben der Förderung von Fischerei- und Aquakultur soll dieser auch der Umsetzung und Entwicklung der IMP dienen.[192]

---

186 Zu den Maßnahmenprogrammen in Nord- und Ostsee *Altenschmidt*, NuR 2017, 12.
187 KOM (2009) 163 endg.
188 *Czybulka*, NuR 2011, 313, 320; vgl. zu den internationalen Auswirkungen der „EU-Fischereiaußenhandelspolitik" *Markus* EuR 2013, 697.
189 Siehe hierzu den Kommissionsvorschlag bezüglich der Reform KOM (2011) 804 endg. sowie *SRU*, Stellungnahme Nr. 16 – Fischbestände nachhaltig bewirtschaften, 2011, S. 16 und *Markus/Salomon*, JEEPL 2012, 257; ausführliche Informationen zur neuen GFP-Verordnung (Rn. 66) finden sich in den Beiträgen von *Markus*, *Kraus/Döring*, *Weis/Busse*, *Markus/Salomon*, ZUR 2013, 1.
190 *Weis/Busse*, ZUR 2013, 10, 15.
191 Siehe bereits oben § 15 Fn. 192.
192 Siehe bereits oben § 15 Fn. 192 sowie *Priebe* in: Grabitz/Hilf/Nettesheim, Art. 39 AEUV, Rn. 71 ff.

In den Bereich einer nachhaltigen Nutzung des Meeres, der Küstengebiete und der Erhaltung von Ökosystemen fällt auch die nicht verbindliche Empfehlung 2002/413/EG zur Umsetzung einer Strategie für ein **integriertes Küstenzonenmanagement (IKZM)** in Europa vom 30.5.2002.[193] In dieser wurden die europäischen Küstenstaaten aufgefordert, ein IKZM zu entwickeln, das eine globale und langfristige Betrachtung eröffnet sowie die besonderen Bedingungen und die ökologische Belastbarkeit des betreffenden Küstengebietes berücksichtigt und die maßgeblichen Akteure, insbesondere die regionalen und lokalen Behörden, einbezieht. Im Jahr 2013 veröffentlichte die Europäische Kommission einen Vorschlag für eine Richtlinie, die den Bereich der maritimen Raumordnung und des IKZM für die Mitgliedstaaten rechtsverbindlich regulieren soll.[194] Dem Vorschlag wurde durch Erlass der Richtlinie 2014/89/EU v. 23.7.2014 zur Schaffung eines Rahmens für die maritime Raumplanung (MRO-Richtlinie) Rechnung getragen.[195]

Während die Meeresstrategie-Rahmenrichtlinie die grüne Umweltsäule der integrierten Meerespolitik der EU symbolisiert, bezweckt die MRO-Richtlinie die Koexistenz und einen koordinierten Ausgleich von Nutzungs- und Schutzansprüchen an den maritimen Raum. Sie zielt damit auf sog. „blaues Wachstum", also die Nutzung des Potenzials der Meere und Ozeane für Wachstum und Beschäftigung ab.[196] Sie findet Anwendung auf die EU-Meeresgewässer (= Küstenzone und AWZ)[197] und verpflichtet die Küstenstaaten zu einer gesamträumlichen und überfachlichen maritimen Raumplanung.[198] Während die Richtlinie Planinhalte lediglich fakultativ vorgibt, werden die Mitgliedstaaten indes verpflichtet, die maritime Raumplanung nachhaltig und am Ökosystem-Ansatz der Meeresstrategie-Rahmenrichtlinie zu orientieren.[199] Letzterer beschränkt das der Raumplanung wesensmäßig inhärente Abwägungsgebot in Form von Belastungsgrenzen.[200] Die Richtlinie war bis zum 18.9.2016 in nationales Recht umzusetzen.[201] Die Umsetzung durch den deutschen Gesetzgeber erfolgte schließlich mit dem Gesetz zur Änderung raumordnungsrechtlicher Vorschriften vom 23.5.2017.[202] In das Raumordnungsgesetz des Bundes (ROG)[203] wurden mit den Vorschriften § 7 Abs. 1 (zeitlich begrenzte Festlegung von Nutzungen), § 7 Abs. 8 (regelmäßige Überprüfung von Raumordnungsplänen), § 9 Abs. 1, 2, 4 (frühzeitige Öffentlichkeitsbeteiligung, Beteiligung von Nachbarstaaten), § 10 Abs. 4 (grenzüberschreitende Berichterstattung), § 13 Abs. 6 (Raumordnungspläne deutscher Küstengewässer), § 17 Abs. 1 (AWZ-Plan)

---

193 ABlEG L 148/24. Vgl. Mitteilung der Kommission – Bericht an das Europäische Parlament und den Rat: Bewertung des integrierten Küstenzonenmanagements (IKZM) in Europa, KOM (2007) 308 endg. Ausführlich zum Stand des IKZM im Bereich der deutschen Küstenbundesländer *Erbguth*, NuR 2005, 757.

194 KOM (2013) 133 endg.

195 Siehe bereits oben § 15 Rn. 66.

196 Vgl. Mitteilung der Kommission Blaues Wachstum – Chancen für nachhaltiges marines und maritimes Wachstum, KOM (2012) 494 endg.; Mitteilung der Kommission Innovation in der blauen Wirtschaft: Nutzung des Potenzials unserer Meere und Ozeane für Wachstum und Beschäftigung, KOM (2014) 254 endg.

197 Zum Anwendungsbereich vgl. Art. 2 Abs. 1 RL 2014/89/EU sowie *Schubert*, Jahrbuch des UTR 2015, S. 204 ff.

198 Art. 4 Abs. 1 RL 2014/89/EU.

199 Vgl. 14. Erwägungsgrund und Art. 4 Abs. 3 RL 2014/89/EU.

200 In diese Richtung vgl. *Schubert*, Maritimes Infrastrukturrecht, S. 128 ff.; *ders.* in: Jahrbuch des UTR 2015, S. 208 ff.

201 Art. 15 Abs. 1 RL 2014/89/EU.

202 BGBl. II, S. 1245.

203 Raumordnungsgesetz vom 22.10.2008, BGBl. I, S. 2986, zuletzt geändert durch G v. 20.7.2017, BGBl. I, S. 2808.

sowie § 25 (Beteiligungsverfahren bei Raumordnungsplänen der Nachbarstaaten) die Vorgaben der MRO-Richtlinie eingearbeitet.[204]

6. Nationales Recht

Auf nationaler Ebene setzen sich der Bund und die Länder gemeinsam für die Erhaltung einer gesunden Meeresumwelt ein. Der **Schutz der Meeresumwelt** kann jedoch auch nationalrechtlich **keinem eigenständigen Regelungsbereich** zugeordnet werden, so dass die spezifischen Umweltschutzgesetze jeweils auf ihre Anwendbarkeit hin untersucht werden müssen.[205]

a) Anwendbarkeit von nationalem Recht innerhalb des Meeresraumes

68   Bei der Anwendung der spezifischen Umweltschutzgesetze ist zwingend zwischen den einzelnen Meereszonen zu unterscheiden. Das Küstenmeer ist dem Staatsgebiet des jeweiligen Küstenstaates zugewiesen. Insofern sind sämtliche nationalen Rechtsvorschriften auf diesen Bereich anwendbar, soweit sie nicht vornehmlich terrestrisch, d.h. auf das Land ausgelegt sind. Das lässt sich jedoch nicht ohne Weiteres auf die AWZ und den Festlandsockel übertragen, denn diese Meereszone ist gerade nicht dem nationalen Hoheitsgebiet zuzurechnen. Dem Küstenstaat sind durch das SRÜ lediglich funktional begrenzte Hoheitsrechte eingeräumt (vgl. Rn. 17). In diesem Bereich stellt sich also die Frage, ob und inwieweit die nationalen Gesetze zur Anwendung gelangen.[206] Zum Teil wird erwogen, dass nationale Umweltschutzgesetze innerhalb der AWZ Geltung ipso iure insoweit beanspruchen, als deren Regelungen der Wahrnehmung gerade der durch das SRÜ zugewiesenen Hoheitsrechte dienen.[207] Eine andere Ansicht schließt sich der Vorgehensweise des Gesetzgebers an und fordert eine ausdrückliche Erstreckung des spezifischen Gesetzes auf die AWZ.[208] Für das Erfordernis einer expliziten Erstreckung des Anwendungsbereichs auf die AWZ spricht vor allem die so gewährleistete Rechtssicherheit für den einzelnen Rechtsanwender, der über die durch das SRÜ zugewiesenen funktionalen Hoheitsrechte nicht hinausgehen darf.[209] Die gleiche Vorgehensweise gilt auch für den Bereich des Festlandsockels.

In der nachfolgenden Darstellung werden überblicksartig die wichtigsten Gesetze mit eindeutigem Bezug zum Meeresumweltschutz aufgezeigt.

b) Meeresumweltschutzbezogenes nationales Recht

Im nachfolgenden Überblick über das meeresumweltschutzbezogene nationale Recht wird nach den einzelnen Meereszonen, Küstenmeer einerseits, AWZ und Festlandsockel andererseits, unterschieden.

---

204 *Hager*, BauR 2018, 188.
205 *Proelß*, EurUP 2009, 2.
206 *Maurer*, S. 118 f.
207 Z.B. *Czybulka*, NuR 1999, 562, 567 m.w.N; *Kahle*, ZUR 2004, 80, 83 f.; *Proelß*, EurUP 2009, 2.
208 *Ell/Heugel*, NuR 2007, 315, 317; *Lagoni*, NuR 2002, 121, 125; *Proelß*, ZUR 2010, 359 m.w.N.; *Wolf*, ZUR 2010, 365. Vgl. etwa den Anwendungsbefehl in § 56 Abs. 1 BNatSchG oder § 45a i.V.m. § 3 WHG.
209 *Maurer*, S. 123 f.

Für das **Küstenmeer** enthalten folgende Gesetze Regelungen zum Meeresumweltschutz: 69

- das Seefischereigesetz (SeeFischG)[210] vom 6.7.1998 und die Seefischereiverordnung (SeefiV)[211] vom 18.7.1989,
- das Schiffssicherheitsgesetz (SchSG)[212] vom 9.9.1998,
- das Gefahrgutbeförderungsgesetz (GGBefG)[213] in der Fassung der Bekanntmachung vom 7.7.2009 und die Gefahrgutverordnung See (GGVSee)[214] in der Fassung der Bekanntmachung vom 7.12.2017,
- das Bundesnaturschutzgesetz (BNatSchG) und die entsprechenden LNatSchG der Küstenbundesländer (Mecklenburg-Vorpommern, Niedersachsen und Schleswig-Holstein)[215] und
- das Wasserhaushaltsgesetz (WHG)[216] vom 31.7.2009 und die entsprechenden LWG der Küstenbundesländer.

Für die **AWZ** und den **Festlandsockel** weisen nachfolgende Gesetze bzw. Regelungen   70
Vorgaben zum Meeresumweltschutz auf:

- das Bundesberggesetz (BBergG)[217] vom 13.8.1980,
- die Festlandsockelbergverordnung (FlsBergV)[218] vom 21.3.1989, aufgehoben und durch die Offshore-Bergverordnung (Offshore-BergVO)[219] vom 3.8.2016 ersetzt,
- das Seeanlagengesetz (SeeAnlG)[220] und das Windenergie-auf-See-Gesetz (Wind-SeeG)[221] vom 13.10.2016,
- das Raumordnungsgesetz (ROG) vom 22.12.2008,[222]
- das Seefischereigesetz (SeeFischG)[223] und die SeefiV,[224]
- das Hohe-See-Einbringungsgesetz (HSEG)[225] vom 25.8.1998,
- das Schiffssicherheitsgesetz (SchSG) vom 9.9.1998,[226]

---

210 BGBl. I, S. 1791, zuletzt geändert durch G v. 23.12.2016, BGBl. I, S. 3188.
211 BGBl. I, S. 1485, zuletzt geändert durch VO v. 2.3.2016, BGBl. I, S. 371.
212 BGBl. I, S. 2860, zuletzt geändert durch VO v. 2.7.2017, BGBl. I, S. 2268.
213 BGBl. I, S. 1774, 3975, zuletzt geändert durch G v. 26.7.2016, BGBl. I, S. 1843.
214 BGBl. I, S. 3862.
215 Hierzu § 10 Rn. 5 ff. und 16.
216 Hierzu § 11 Rn. 11 ff.
217 BGBl. I, S. 1310, zuletzt geändert durch G v. 20.7.2017, BGBl. I, S. 2808.
218 BGBl. I, S. 554, aufgehoben durch VO v. 3.8.2016, BGBl. I, S. 1866.
219 Bergverordnung für das Gebiet der Küstengewässer und des Festlandsockels, BGBl. I, S. 1866.
220 Das SeeAnlG v. 13.10.2016, BGBl. I, S. 2258, 2348, und das WindSeeG v. 13.10.2016, BGBl. I, S. 2258, 2310, lösten die Seeanlagenverordnung (SeeAnlV) v. 23.1.1997, BGBl. I 1997, S. 57, mit Wirkung vom 1.1.2017 ab; vgl. zur Änderung *Maurer*, S. 171 ff.
221 Gesetz zur Entwicklung und Förderung der Windenergie auf See v. 13.10.2016, BGBl. I, S. 2258, 2310, zuletzt geändert durch G v. 20.6.2017, BGBl. I, S. 2808. Einen Überblick über das neue SeeAnlG bietet *Uibeleisen*, NVwZ 2017, 7.
222 BGBl. I, S. 2986, zuletzt geändert durch G v. 20.7.2017, BGBl. I, S. 2808; vgl. zur Änderung auch oben Rn. 67. Eine Erstreckung auf die AWZ und den Festlandsockel ist mit dem Europarechtsanpassungsgesetz Bau – EAG Bau v. 24.6.2004, BGBl. I, S. 1359, erfolgt. Dadurch wird dem Bund die Raumordnung für die deutsche AWZ in Nord- und Ostsee übertragen. Die Verordnung über die Raumordnung in der deutschen AWZ in der Nordsee, BGBl. I, S. 3707, ist am 26.9.2009 in Kraft getreten, jene für die Ostsee, BGBl. I 2009, S. 3861, am 19.12.2009; näher *Erbguth*, DÖV 2011, 373 und zu Empfehlungen für europarechtliche Vorgaben für eine maritime Raumordnung *Erbguth*, NuR 2012, 85.
223 Vgl. oben § 15 Fn. 210.
224 Vgl. oben § 15 Fn. 211.
225 BGBl. I 1998, S. 2455, zuletzt geändert durch G v. 24.5.2016, BGBl. I, S. 1217.
226 Vgl. oben § 15 Fn. 212.

- §§ 56, 56a und 57 BNatSchG,[227]
- das Erneuerbare-Energien-Gesetz (EEG)[228] vom 21.7.2014 sowie
- das Wasserhaushaltsgesetz (WHG)[229] vom 31.7.2009.

71   Unter Bezugnahme auf die Europäische Meeresstrategie-Rahmenrichtlinie[230] ist in Deutschland zunächst am 1.10.2008 die unverbindliche **nationale Strategie für die nachhaltige Nutzung und den Schutz der Meere** der Bundesregierung beschlossen worden.[231] In diesem Gesamtkonzept werden das integrierte Küstenzonenmanagement,[232] die Raumordnung im Küsten- und Meeresbereich, die Umweltüberwachung (Monitoring) und das vernetzte Geodatenmanagement als Planungs- und Kontrollinstrumente aufgegriffen. Bund und Länder setzen sich dabei gemeinsam für die Erhaltung einer gesunden Meeresumwelt ein. Zwar unterliegt die Aufstellung der Raumordnungspläne nach den Meereszonen getrennten Zuständigkeiten,[233] die Überwachung von Nord- und Ostsee erfolgt jedoch gemeinsam. Bis 2012 erfolgte das Monitoring über das Bund/Länder-Messprogramm (BLMP). Mit dem Bund-Länder-Verwaltungsabkommen Meeresschutz wurde das Monitoring allerdings derart umstrukturiert, dass nunmehr als oberstes Organ der Bund/Länder-Ausschuss Nord- und Ostsee (BLANO) als oberstes Organ für die Überwachung zuständig ist.[234]

§§ 45a ff. WHG setzen die Anforderungen der Meeresstrategie-Rahmenrichtlinie in deutsches Recht um.[235]

Im grenzüberschreitenden Aufbau – an dem sich Deutschland maßgeblich beteiligt – befindet sich vor allem die satellitengestützte Beobachtung der Meeres- und Küstenumwelt sowie die Vernetzung von Geodaten, zu denen auch die Daten der Meeres- und Küstenumwelt zählen. Ziel ist dabei, Geoinformationen grenzüberschreitend verfügbar zu machen und einen Monitoring-Dienst zur „Meeresüberwachung" bereitzustellen.[236]

---

227   Hierzu bereits § 10 Rn. 56 f.; derzeit sind in der deutschen AWZ insgesamt zehn Schutzgebiete ausgewiesen, vgl. *Salomon/Schumacher*, ZUR 2018, 84, 87 f. m.w.N.; zu Naturschutzgebieten in der AWZ auch *Czybulka/Francesconi*, NuR 2017, 594. Die Novelle des BNatSchG 2017, insbesondere die Einführung von § 56a BNatSchG und die Ausweitung des Anwendungsbereichs der Schutzgebietsausweisung in der AWZ nach § 57 BNatSchG, bespricht *Lütke*, NuR 2018, 145, 148 f.

228   BGBl. I, S. 1066, zuletzt geändert durch G v. 17.7.2017, BGBl. I, S. 2532. Vgl. unten § 16 Rn. 41 ff.

229   Siehe bereits oben Fn. 216; in Umsetzung der Meeresstrategie-Rahmen-RL wurden die §§ 45 a ff. in das WHG eingefügt. Die entsprechenden Regelungen des WHG erstrecken sich damit auch auf die AWZ, vgl. § 45a i.V.m. § 3 WHG. Zu den deutschen Maßnahmenprogrammen für Nord- und Ostsee nach § 45h WHG siehe *Altenschmidt*, NuR 2017, 12.

230   Vgl. bereits oben unter § 15 Rn. 64, 67.

231   Siehe Pressemitteilung Nr. 213/08 des BMU v. 1.10.2008; das Strategiepapier ist online abrufbar unter www.clearingstelle-eeg.de/files/private/active/o/bundesregierung_meeresstrategie_2008.pdf (Stand: 16.9.2018); kritisch zur nationalen Umsetzung der Europäischen Meeresstrategie-Rahmen-RL zahlreiche Umweltschutzverbände: www.nabu.de/imperia/md/content/nabude/meeresschutz/151005-nabu-kurzkritik__ma__nahmen_msrl.pdf (Stand: 16.9.2018); Überblick zur MSRL in *Markus/Schlacke*, ZUR 2009, 464 ff.

232   Strategie IKZM v. 22.3.2006, abrufbar unter www.bmu.de/files/pdfs/allgemein/application/pdf/kuestenzonenmanagement.pdf (Stand: 16.9.2018); dazu *Dieckmann*, EurUP 2009, 9, 11; vgl. bereits oben § 15 Rn. 67.

233   Für die Raumordnungsplanung innerhalb der 12-Seemeilenzone sind die Länder zuständig. Sie haben entsprechende Raumordnungspläne erlassen; vgl. zur AWZ § 15 Rn. 17, 67, 70. Zur Gesetzgebungskompetenz in der AWZ ausführlich *Maurer*, S. 125 ff.

234   Detaillierte Informationen hierzu beim Bundesamt für Naturschutz unter www.bfn.de/themen/meeresnaturschutz/marines-monitoring/grundlagen-anforderungen.html (Stand: 16.9.2018).

235   Siehe hierzu näher § 11 Rn. 12, 17, 33, 34.

236   Vgl. *BMU*, Nationale Strategie für die nachhaltige Nutzung und den Schutz der Meere, S. 63 f., abrufbar unter www.clearingstelle-eeg.de/files/private/active/o/bundesregierung_meeresstrategie_2008.pdf (Stand: 16.9.2018).

▶ **Lösung Fall 16:** Zunächst ist dabei auf die Vorgaben des SRÜ zu blicken, welches als   72
Rahmenübereinkommen alle in Betracht kommenden Nutzungen des Meeresraumes und
seiner Ressourcen regelt. Für die AWZ werden dem Küstenstaat einerseits durch Art. 56
Abs. 1 lit. a) SRÜ souveräne Rechte hinsichtlich der Ausbeutung der Zone sowie der Energieerzeugung aus Wind und andererseits durch Art. 56 Abs. 1 lit. b) Nr. i SRÜ Hoheitsbefugnisse in Bezug auf die Errichtung und Nutzung von Anlagen zugewiesen. Die Bundesrepublik
Deutschland hat mit Proklamation vom 25.11.1994 eine AWZ im Bereich der Nord- und Ostsee eingerichtet. Die dem jeweiligen Küstenstaat zugewiesenen funktionalen Hoheitsrechte können durch die Bundesrepublik in Anspruch genommen werden, soweit Windenergieanlagen dem Anlagenbegriff des SRÜ unterfallen. Eine Definition enthält das SRÜ nicht.
Nach allgemeiner Ansicht sind hiervon jedoch Konstruktionen erfasst, die auf dem Meeresboden aufsitzen oder mit dem Meeresboden durch Pfeiler oder Ähnliches fest verbunden
sind. Die derzeitige Errichtungspraxis für Windenergieanlagen sieht vor, dass deren Piles im
Boden verankert werden. Demnach handelt es sich um Anlagen i.S.d. SRÜ, die der Winden-
ergieerzeugung dienen. Nach Art. 60 Abs. 1 lit. b) SRÜ wird dem Küstenstaat das ausschließ-
liche Recht zur Errichtung, Genehmigung und Regelung der Errichtung, des Betriebs und der
Nutzung von Anlagen für die in Art. 56 SRÜ vorgesehenen und für andere wirtschaftliche
Zwecke eingeräumt. Darüber hinaus hat der Küstenstaat über die Anlagen ausschließliche
Hoheitsbefugnisse, einschließlich derjenigen in Bezug auf Zoll- und sonstige Finanzgesetze,
Gesundheits-, Sicherheits- und Einreisegesetze und diesbezügliche sonstige Vorschriften.
Das SRÜ enthält zudem küstenstaatliche Pflichten wie die ordnungsgemäße Bekanntgabe
der Errichtung solcher Anlagen (Art. 60 Abs. 3 S. 1 SRÜ), die Beseitigung aufgegebener und
nicht mehr benutzter Anlagen zur Gewährleistung der Sicherheit des Schiffsverkehrs
(Art. 60 Abs. 3 S. 2 SRÜ), die Bekanntmachung nicht vollständig beseitigter Anlagen (Art. 60
Abs. 3 S. 3 SRÜ) und die Errichtung und Bekanntmachung von Sicherheitszonen (Art. 60
Abs. 4 und 5 SRÜ). Überdies dürfen derartige Anlagen und deren Sicherheitszonen dort
nicht errichtet werden, wo dies die Benutzung anerkannter und für die internationale
Schifffahrt wichtiger Schifffahrtswege behindern kann (Art. 60 Abs. 7 SRÜ). Des Weiteren
sind die ergänzenden völkerrechtlichen Umweltschutzverpflichtungen des SRÜ zu beachten. Nach Art. 194 Abs. 1 i.V.m. Abs. 3 SRÜ haben die Staaten die geeignetsten Mittel einzusetzen, die notwendig sind, um die Verschmutzung der Meeresumwelt durch Anlagen zu
verhüten, zu verringern und zu überwachen. Insofern hat die Bundesrepublik nach Art. 206
SRÜ die möglichen Auswirkungen von Tätigkeiten auf die Meeresumwelt zu beurteilen und
in der durch Art. 205 SRÜ vorgesehenen Art und Weise zu berichten. Darüber hinaus obliegt
ihr nach Art. 208 i.V.m. Art. 214 SRÜ eine Recht- und Durchsetzungsbefugnis im Hinblick auf
Gesetze und Vorschriften zur Verhütung, Verringerung und Überwachung der Verschmutzung der Meeresumwelt. Nach Art. 237 i.V.m. Art. 311 SRÜ berührt Teil XII des SRÜ weder
Verpflichtungen, die Staaten aufgrund früher geschlossener besonderer Übereinkommen
zum marinen Umweltschutz übernommen haben, noch Übereinkünfte, die zur Ausgestaltung der im SRÜ enthaltenen allgemeinen Grundsätze geschlossen werden können. In diesem Zusammenhang geht es vornehmlich um die Vorgaben des Helsinki-Übereinkommens.
Offshore-Windenergieanlagen unterfallen allerdings nicht den dort erfassten Verschmutzungsquellen, vielmehr ist auf den durch Art. 15 des Übereinkommens garantierten Ökosystemschutz und seine Ausfüllung durch entsprechende Empfehlungen der HELCOM zu blicken. Direkt für die Errichtung und den Betrieb von Offshore-Windenergieanlagen wurden
bislang keine Empfehlungen verabschiedet. Zumindest mittelbar von Bedeutung ist jedoch
einerseits die Empfehlung 15/5 vom 10.3.1994 über ein System von küstennahen und marinen Schutzgebieten in der Ostsee (System of Coastal and Marine Baltic Sea Protected Areas

– BSPAs), wonach innerhalb entsprechender Schutzgebietsausweisungen Regelungen in Bezug auf Einschränkungen oder gar gänzliche Errichtungsverbote für derartige Anlagen vorgesehen sind. Auch von Bedeutung ist die HELCOM-Empfehlung 17/3 vom 12.3.1996 über Information und Konsultation im Hinblick auf die Errichtung neuer Installationen, die Einfluss auf die Ostsee haben. Anders als den Regelungen innerhalb völkerrechtlicher Verträge kommt derartigen Empfehlungen als sog. *soft law* indes keinerlei völkerrechtliche Bindungskraft zu. Spezielle Vorgaben im Hinblick auf die Erhaltung wandernder wildlebender Tierarten folgen aus dem Bonner-Übereinkommen und den in dessen Rahmen abgeschlossenen grenzüberschreitenden Regionalabkommen wie AEWA und ASCOBANS. Im Ergebnis unterfallen die Errichtung und der Betrieb des Offshore-Windenergieparks nordöstlich von Rügen innerhalb der AWZ aus seevölkerrechtlicher Sicht ausschließlich dem nationalstaatlichen Regelungsbereich. Dabei gilt es jedoch verstärkt die internationalen meeresumweltrechtlichen Vorgaben des SRÜ sowie spezifische Übereinkommen und Organisationen zum Schutz der Meeresumwelt zu beachten. Die Umsetzung der völkerrechtlichen Vorschriften, vor allem der des SRÜ, ist auf nationalrechtlicher Ebene durch den Erlass des SeeAufgG und der SeeAnlV erfolgt. Mit Wirkung vom 1.1.2017 wurde die SeeAnlV abgelöst durch das Seeanlagengesetz (SeeAnlG) für Anlagen zur Erzeugung von Energie aus Wasser und Strömung und das Windenergie-auf-See-Gesetz (WindSeeG) für Offshore-Windenergieanlagen. Nach § 2 Abs. 1 Nr. 3 WindSeeG findet das Gesetz Anwendung auf Offshore-Anlagen, die nach dem 31.12.2020 in Betrieb genommen werden.[237] Zulassung, Errichtung und Betrieb der Offshore-Anlagen, insbesondere auch im Bereich der AWZ (vgl. § 44 Abs. 1 Nr. 1 WindSeeG), sowie wesentliche Änderungen der Anlagen bzw. ihres Betriebes bedürfen gem. § 45 Abs. 1 WindSeeG der Planfeststellung.[238] Das Planfeststellungsverfahren, für welches gem. § 45 Abs. 2 Hs. 1 WindSeeG das Bundesamt für Seeschifffahrt und Hydrographie (BSH) zuständige Behörde ist, wird gem. § 45 Abs. 3 S. 1 WindSeeG vorbehaltlich anderer Regelungen im WindSeeG nach den §§ 72 bis 78 VwVfG durchgeführt. Der das Verfahren abschließende Planfeststellungsbescheid entfaltet somit gem. § 45 Abs. 3 WindSeeG i.V.m. § 75 Abs. 1 S. 1 Hs. 1 VwVfG Konzentrationswirkung. Voraussetzung des Planfeststellungsverfahrens ist u.a. gem. § 46 Abs. 1 WindSeeG ein Zuschlag des Antragstellers im Ausschreibungsverfahren der Bundesnetzagentur, auf welchen sich der festzustellende Plan nach § 47 Abs. 1 Nr. 1 WindSeeG beziehen muss. Auch einen UVP-Bericht (§ 16 UVPG) muss der Plan gem. § 47 Abs. 1 Nr. 3 WindSeeG beinhalten. Nach § 48 Abs. 4 Nr. 1 lit. a) WindSeeG darf der Plan nur festgestellt werden, wenn die Meeresumwelt, insbesondere in Form einer Verschmutzung der Meeresumwelt i.S.d. Art. 1 Abs. 1 Nr. 4 SRÜ, nicht gefährdet wird. Durch diesen Verweis wird der Bogen zu den völkerrechtlichen Grundlagen des Zulassungsverfahrens, dem SRÜ als „Verfassung der Meere“, geschlagen. Im Übrigen sind durch den Anwendungsbefehl des § 56 Abs. 1 BNatSchG im Bereich der AWZ auch die nationalen Normen des BNatSchG anzuwenden,[239] wobei im Hinblick auf Ersatzmaßnahmen i.S.d. § 15 Abs. 2 S. 1 Var. 2 BNatSchG durch § 48 Abs. 8 WindSeeG wiederum spezifische Vorgaben geschaffen sind. Das Bundesamt für Naturschutz (BfN) ist gem. § 45 Abs. 3 S. 1 WindSeeG i.V.m. § 73 Abs. 2 VwVfG im Planfeststellungsverfahren gegebenenfalls zu beteiligen. Auch gem. § 3 UmwRG anerkann-

---

237 Zu der zeitlichen Staffelung der Anforderungen des Zulassungsverfahrens in Bezug auf das mit dem WindSeeG eingeführte Ausschreibungsmodell i.S.d. § 2 Abs. 3 S. 1 EEG 2017 siehe *Uibeleisen*, NVwZ 2017, 7, 8.

238 Die Einführung des Planfeststellungs- anstelle des Genehmigungsverfahrens erfolgte durch Änderung der SeeAnlV im Jahr 2012 und wurde bei deren Ablösung durch das WindSeeG beibehalten; vgl. auch *Maurer*, S. 174.

239 Gem. § 56 Abs. 3 BNatSchG fallen Windkraftanlagen seit dem 1.1.2017 in den Anwendungsbereich der Regelung.

te Umwelt- und Naturschutzverbände sind gem. § 63 Abs. 1 Nr. 3 BNatSchG u.U. am Verfahren zu beteiligen.[240] ◄

WIEDERHOLUNGS- UND VERSTÄNDNISFRAGEN

> Welche Schutz- und Nutzungskonflikte bestehen auf dem Meer? (Rn. 3-11)   73
> In welche Zonen unterteilt das SRÜ das Meer? (Rn. 13-20)
> Benennen Sie bedeutende globale Meeresübereinkommen! (Rn. 25-40)
> Erläutern Sie Ziele und wesentliche Inhalte der regionalen Übereinkommen für den Nord- und Ostseebereich! (Rn. 41-50)
> Inwieweit findet das EU-Recht innerhalb des Meeresraums Anwendung? (Rn. 62 f.)

---

240 Sie können wegen Verletzung des Beteiligungsrechts gem. § 64 Abs. 1 BNatSchG und mit dem Ziel der Aufhebung des Planfeststellugnsbeschlusses gem. § 2 Abs. 1 UmwRG Verbandsklage erheben. Zu Verbandsklagerechten vgl. allgemein § 6 Rn. 6, 15 sowie § 10 Rn. 62 ff. im Naturschutzrecht.

§ 16 Klimaschutzrecht

I. Problemstellung

1　Anthropogene Emissionen erhöhen die Konzentration von Treibhausgasen, insbesondere von Kohlendioxid (CO_2), in der Atmosphäre und führen zu einem Temperaturanstieg der globalen Mitteltemperatur, der im Jahre 2016 knapp 1,2[1] Grad Celsius gegenüber dem vorindustriellen Zeitalter (1880) betrug und der je nach Emissionsszenario mit 1,6–4,6 Grad Celsius bis zum Jahr 2100 geschätzt wird.[2] Das International Panel on Climate Change (IPCC) prognostiziert z.t. erhebliche ökologische Auswirkungen, wie etwa eine Zunahme heftiger Niederschläge, eine Abnahme schneebedeckter Flächen, ein Schrumpfen der Gletscher, einen Anstieg des Meeresspiegels und einen Verlust an Biodiversität.[3] Die **Erderwärmung** kann ferner die Grundlagen der Wasserversorgung, der Nahrungsmittelproduktion sowie der gesamten wirtschaftlichen Leistungsfähigkeit vieler Länder, insbesondere die Land-, Forst- und Fischereiwirtschaft, bedrohen.[4]

Vor allem die Zunahme der CO_2–Konzentration in der Luft wird für den Klimawandel verantwortlich gemacht.[5] Dem Klimawandel, dem mittlerweile weltweite Aufmerksamkeit geschenkt wird, soll verstärkt durch energiepolitische Maßnahmen entgegengewirkt werden. Neuartige klima- und energiepolitische Maßnahmen zur Verhinderung und Eindämmung des anthropogenen CO_2-Ausstoßes stehen daher im Zentrum der Klimaschutzpolitik. In diesem Zusammenhang werden auch die Nutzung fossiler Ressourcen,[6] die Landnutzung[7] sowie bisherige Lebens- und Konsummuster[8] neu zur Diskussion gestellt.

II. Begriffsklärung „Klimaschutzrecht"

2　„Klimaschutzrecht" ist ein neuartiger Begriff, der rechtsdogmatisch bislang wenig konturiert ist.[9] Als Teilgebiet und Querschnittsmaterie des Umweltrechts kann das Klimaschutzrecht insoweit eingeordnet werden, als einige Umweltgesetze auch das Klima als

---

1　*Stäsche*, EnWZ 2017, 308.
2　Zu den Emissionsszenarien *IPCC*, Climate Change 2013. The Physical Science Basis. Working Group I Contribution to the Fifth Assessment Report, Chapter 12, abrufbar unter: http://www.climatechange2013.org/images/report/WG1AR5_ALL_FINAL.pdf (Stand: 21.9.2018).
3　Ebenda, Technical Summary; aus umweltvölkerrechtlicher Perspektive zur Kritik am IPCC *Schlacke*, ZUR 2010, 225.
4　Vgl. dazu auch *WBGU*, Welt im Wandel – Sicherheitsrisiko Klimawandel, 2007, S. 68 ff., 83 ff., 98 ff.; vgl. insbesondere zu den wirtschaftlichen Folgen des Klimawandels auch den Stern Report vom 30.10.2006, (Stern Review on the Economics of Climate Change), abrufbar unter: webarchive.nationalarchives.gov.uk/+/http://www.hm-treasury.gov.uk/stern_review_report.htm (Stand: 21.9.2018).
5　Vgl. *WBGU*, Sondergutachten. Klimaschutz als Weltbürgerbewegung 2014, S. 15 ff.; *Prall/Ewer* in: Koch/Hofmann/Reese, § 9 Rn. 6; vgl. ferner allgemein zum Klimawandel und seinen rechtlichen Auswirkungen *Köck*, ZUR 2007, 393; zum Stand der deutschen Gesetzgebung zum Klimaschutz *Stäsche*, EnWZ 2017, 446.
6　Vgl. Fahrplan für ein ressourcenschonendes Europa, KOM (2011) 571 endg. v. 20.9.2011.
7　Zur Klimagesetzgebung in der Landwirtschaft *Rodi/Sina*, S. 220 ff.; Klimaschutzziele beinhaltet auch der europäische Entwurf einer Bodenschutzrahmenrichtlinie, vgl. KOM (2006) 232 endg. v. 22.9.2006; dazu § 13 Rn. 3.
8　Vgl. *WBGU*, Welt im Wandel – Gesellschaftsvertrag für eine Große Transformation, Kapitel 2.
9　Den Begriff verwendete erstmalig *Winkler*, Klimaschutzrecht; danach auch *Weinreich*, ZUR 2006, 399, 404; *Wustlich*, ZUR 2008, 113; *Gärditz*, JuS 2008, 324, 324; *Kloepfer*, Umweltschutzrecht, S. 258 ff.; *Müller/Schulze-Fielitz* in: Schulze-Fielitz/Müller, S. 9 ff.; *Calliess*, Die neue Europäische Union nach dem Vertrag von Lissabon, S. 476; *Koch*, NVwZ 2011, 641; *Much* in: Kluth/Smeddinck, § 6 Rn. 4.

Rechtsgut identifizieren und schützen.[10] Durch die Verwendung des Begriffs „Klima-schutzrecht" wird freilich noch kein Rechtsgebiet statuiert. Ob sich ein solches bereits anhand übergreifender Zielsetzungen, Strukturen, Prinzipien und Instrumente charak-terisieren lässt und ob hinreichende Grenzen zu anderen Rechtsgebieten feststellbar sind,[11] ist noch offen. Allerdings sind Ansatzpunkte erkennbar, die auf ein neues Rechtsgebiet in statu nascendi hindeuten.[12]

Einigkeit besteht aber darüber, dass als Schutzgut dieses im Entstehen begriffenen Rechtsgebiets zum einen die Atmosphäre angesehen werden kann[13] und zum anderen ein stabiles Klima Grundvoraussetzung für menschliches Leben ist. Für die Identifizie-rung derjenigen Regelungen, die zu einem Klimaschutzrecht beitragen, wird im Folgen-den auf die zweckorientierte Definition von *Gärditz* zurückgegriffen, wonach vom **Kli-maschutzrecht** „die Summe derjenigen Rechtsnormen, die das Klima vor anthropoge-nen Einwirkungen schützen sollen", erfasst wird.[14]

Zu klimaschützenden Regelungen zählen demnach solche, die auf eine Vermeidung des Ausstoßes von Treibhausgasen in die Atmosphäre gerichtet sind (sog. Mitigation), wie auch jene, die die Abscheidung und Speicherung von Kohlendioxid, sog. **Carbon Cap-ture and Storage** (CCS),[15] und Maßnahmen des Geoengineerings steuern.[16] Nicht mehr zum Klimaschutzrecht zählen Normen, die der Anpassung, mit anderen Worten der Adaptation an den Klimawandel dienen, wie etwa rechtliche Instrumente zur Be-kämpfung und Beseitigung eingetretener Schäden des Klimawandels (z.B. wasserrecht-liche Regelungen zur Hochwasserbekämpfung).[17]

Darüber hinaus wird vom Klimaschutzrecht in erster Linie das öffentliche Recht er-fasst. Allerdings wirkt sich das Klimaschutzrecht auch auf das **Privatrecht** aus. Das lässt sich beispielhaft an den ins Mietrecht eingefügten §§ 536 Abs. 1 a), 555 b) Nr. 1 BGB verdeutlichen, die die energetische Modernisierung von Mietwohnungen erleich-tern sollen.[18] Im EEG wird die finanzielle Förderung durch gesetzliche Schuldverhält-nisse, und damit privatrechtlich, abgewickelt.[19] Die nachfolgende Darstellung ist gleichwohl auf eine Skizzierung des öffentlich-rechtlichen Klimaschutzrechts be-schränkt.[20]

III. Das Rechtsregime des Klimaschutzes

Die globale Herausforderung, welche die Bekämpfung des Klimawandels für gegen-wärtige und zukünftige Generationen darstellt, wurde zunächst auf völkerrechtlicher Ebene erkannt. Sodann wurden diese Impulse von der Europäischen Union aufgenom-men und auf nationaler Ebene umgesetzt. Klimaschutzrecht kann mithin vor allem ein

3

---

10 Ausführlich *Schlacke* in: dies., Umwelt- und Planungsrecht im Wandel, DV 2011, Beiheft 11, S. 121; *Gärditz*, JuS 2008, 324.
11 Noch zweifelnd *Müller/Schulze-Fielitz* in: Schulze-Fielitz/Müller, S. 9 f.; Schnittmengen zum Verwaltungs-recht aufzeigend *Gies*, Klimafolgenadaption durch Verwaltungsverfahrensrecht, 2016, S. 215 ff.
12 *Schlacke* in: dies., Umwelt- und Planungsrecht im Wandel, DV 2011, Beiheft 11, S. 152.
13 *Kloepfer*, Umweltschutzrecht, § 10 Rn. 5; *Wustlich*, Die *Atmosphäre* als globales Schutzgut, S. 59 ff.
14 *Gärditz*, JuS 2008, 324; kritisch zum Einwirkungsansatz *Sailer*, NVwZ 2011, 718, 721.
15 *Wickel*, ZUR 2011, 115; vgl. zur rechtlichen Zulässigkeit *Much*, S. 60 ff.; zum Genehmigungsrecht *Kohls/Kahle*, ZUR 2009, 122, 124; vgl. dazu § 16 Rn. 29, 71.
16 Vgl. zur rechtlichen Regulierung am Bsp. der Meeresdüngung *Redgwell*, CCLR 2011, 178; *Gawel*, ZUR 2011, 451.
17 Hierzu vgl. *Köck*, ZUR 2007, 393; *Knopp/Hoffmann*, EurUP 2008, 54; *Reese*, ZUR 2009, 113.
18 Instruktiv zur Mietrechtsnovelle *Horst*, MDR 2013, 189.
19 *Mechel*, ZUR 2011, 184; *Horst*, NZM 2010, 761.
20 Vgl. hierzu *Ringel*, WuM 2009, 71.

supra- und internationaler Charakter bescheinigt werden und ist ein typisches Beispiel für ein im **Mehrebenensystem**[21] entstehendes Rechtsgebiet.

1. Internationales Recht

4   Im internationalen Recht enthält das Völkervertragsrecht Abkommen zum Klimaschutz.[22] Zu differenzieren ist zwischen Verträgen zur Bekämpfung des Ozonschichtabbaus und zur Bekämpfung des Klimawandels.[23]

a) Internationale Abkommen zur Bekämpfung des Ozonschichtabbaus

5   Das **Wiener Übereinkommen zum Schutz der Ozonschicht** vom 22.3.1985[24] ist ein Rahmenübereinkommen und enthält selbst keine konkreten Verpflichtungen, sondern verpflichtet lediglich zur Ergreifung „geeigneter Maßnahmen" zum Schutz der menschlichen Gesundheit und der Umwelt vor schädlichen Umwelteinwirkungen (Art. 2 Abs. 1).[25]

Verbindliche Reduktionsverpflichtungen wurden erst durch das inzwischen mehrfach geänderte **Montrealer Protokoll** über Stoffe, die zu einem Abbau der Ozonschicht führen, vom 16.9.1987[26] eingeführt. Durch einen Fonds wird sichergestellt, dass die ökonomische Entwicklungsfähigkeit der Entwicklungs- und Schwellenländer durch höhere Kosten nicht beeinträchtigt wird.

Als gemischte Abkommen im unionsrechtlichen Sinne[27] wurden die Verträge in (teilweise strengeren) EU-Verordnungen[28] sowie darauf aufbauend in Deutschland etwa durch die Chemikalien-Ozonschichtverordnung,[29] die Chemikalien-Sanktionsverordnung – ChemSanktionsV[30] – und die Verordnung über die Entsorgung gebrauchter halogenierter Lösemittel umgesetzt.[31]

b) Internationale Abkommen zur Bekämpfung des Klimawandels

6   Um der anthropogenen Erwärmung der Erdatmosphäre entgegenzuwirken, wurde 1992 auf der UN-Konferenz für Klima und Entwicklung in Rio de Janeiro die schon zuvor von der UN-Generalversammlung beschlossene **Klimarahmenkonvention (UNFCCC)**[32] durch 154 Staaten unterzeichnet.[33]

---

21   Vgl. *Saurer*, NVwZ 2017, 1574; *Groß*, VVDStRL 66 (2007), 152 ff.; *Pache*, VVDStRL 66 (2007), 106 ff.
22   Vgl. § 8 Rn. 7.
23   Zu den Wechselwirkungen zwischen Klimaerwärmung und Ozonschichtenabbau vgl. *WBGU*, Welt im Wandel – Neue Strukturen globaler Umweltpolitik, S. 60; *Winkler*, Klimaschutzrecht, S. 19 f.
24   BGBl. II 1988, S. 901.
25   Vgl. bereits § 8 Rn. 7, § 9 Rn. 4; dazu *Koch/Mielke*, ZUR 2009, 403, 405.
26   BGBl. II 1988, S. 1014, zuletzt geändert durch BGBl. II 2002, S. 921 (Pekinger Änderung), vgl. bereits § 9 Rn. 4.
27   *Steyrer*, ZUR 2005, 343 ff.
28   VO (EG) Nr. 1005/2009 v. 16.9.2009 über Stoffe, die zum Abbau der Ozonschicht führen, ABlEG L 286/1, zuletzt geändert durch VO (EU) 2017/605 v. 29.3.2017, ABlEU L 84/3.
29   Verordnung über Stoffe, die die Ozonschicht schädigen, BGBl. I 2012, S. 409, zuletzt geändert durch Art. 5 Abs. 5 G v. 20.10.2015, BGBl. I, S. 1739.
30   Neugefasst durch Bek. v. 10.5.2016, BGBl. I, S. 1175.
31   VO über die Entsorgung gebrauchter halogenierter Lösemittel (HKWAbfV) v. 23.10.1989, BGBl. I, S. 1918, geändert durch VO v. 20.10.2006, BGBl. I, S. 2298.
32   BGBl. II 1993, S. 1783; vgl. bereits § 9 Rn. 4.
33   Derzeit hat die Konvention 197 Mitglieder (einschließlich der EU) mit unterschiedlichem Ratifikationsstand, abrufbar unter: http://unfccc.int/essential_background/convention/status_of_ratification/items/2631.php (Stand: 21.9.2018).

Das auf der Dritten Vertragsstaatenkonferenz zunächst bis 2012 vereinbarte **Protokoll** 7
von Kyoto vom 11.12.1997[34] fordert die „Verbesserung der Energieeffizienz in maßgeblichen Bereichen der Volkswirtschaft".[35] Die konkrete Verpflichtung der Vertragsstaaten zur Reduzierung von sechs Treibhausgasen[36] steht jedoch im Vordergrund. Danach müssen die Emissionen dieser Treibhausgase in den Industrieländern insgesamt
soweit reduziert werden, dass sie im Zeitraum von 2008–2012 um mindestens 5 % unter dem Niveau von 1990 liegen. Weiterhin enthält das Kyoto-Protokoll sog. **flexible**
Mechanismen:[37] Emissionszertifikatehandel,[38] Joint Implementation (JI)[39] und Clean
Development Mechanism (CDM).[40] Letzterer ermöglicht den Vertragsstaaten, ihre
Emissionsreduzierung z. T. auch im Ausland zu erbringen.[41] Die Klimarahmenkonvention erwähnt die flexiblen Mechanismen nur allgemein als eine Handlungsoption, lässt
aber Spielraum für weitere Maßnahmen. Auch das Kyoto-Protokoll schreibt sie nicht
vor, gibt aber gewisse Strukturen für den Fall vor, dass sich Vertragsstaaten der Mechanismen bedienen wollen.[42]

Dem Kyoto-Protokoll fehlt eine universelle Reduktionsverpflichtung, die die allgemein
gehaltene Reduktionsverpflichtung des Art. 3 Abs. 1 lit. c UNFCCC konkretisiert. Es
legt lediglich industrialisierten Vertragsstaaten quantifizierte Reduktionsverpflichtungen auf. Entsprechend dem Charakter des Völkerrechts als Recht gleichberechtigter,
souveräner Staaten[43] ist auch der Sanktionsmechanismus weich, jedoch stärker institu-
tionalisiert als in anderen umweltvölkerrechtlichen Abkommen.[44] Angesichts der zeitli-

---

34 BGBl. II 2002, S. 966; *Sach/Reese*, ZUR 2002, 65; *Graichen/Harders*, ZUR 2002, 73; *Marr/Oberthür*, NuR 2002, 573; *Verheyen*, NuR 2002, 445; vgl. § 9 Rn. 4.
35 Vgl. Art 2 Abs. 1 lit. a) i) des Kyoto-Protokolls.
36 Kohlendioxid, Methan, Distickstoffoxid, Schwefelhexafluorid, perfluorierte Kohlenwasserstoffe und teilha-
    logenierte Fluorkohlenwasserstoffe, vgl. Annex I des Kyoto-Protokolls.
37 Die sog. flexiblen Mechanismen sind Instrumente, um die erlaubte Emissionsgesamtmenge der einzelnen
    Staaten möglichst kostengünstig einzuhalten. Die Staaten und Betreiber sollen die Wahl haben, entweder
    durch Investitionen dafür zu sorgen, dass Emissionen reduziert werden, oder, statt zu investieren, Emissi-
    onsberechtigungen dazuzukaufen.
38 Zur Verknüpfung von JI und CDM mit dem Europäischen Emissionshandelssystem *Stratmann*, 2011; zur
    funktionalen Ausgestaltung des Emissionszertifikatehandels vgl. *Hartmann*, ZUR 2011, 245; zur Umstel-
    lung der Zuteilungsmethode ab 2013 *Greb*, Der Emissionshandel ab 2013.
39 Der JI-Mechanismus besteht darin, dass ein Investor aus einem Anlage-I-Staat ein Projekt in einem anderen
    Anlage-I-Staat (mit-)finanziert und sich die durch das Projekt eingesparten Emissionen als sog. Emissions-
    reduktionseinheiten („emission reduction units" – ERU) übertragen lässt. Das Kyoto-Protokoll schreibt „ad-
    ditionality" (Zusätzlichkeit) vor, d.h., dass ein derartiges Projekt „zu einer Reduktion der Emissionen aus
    Quellen oder zu einer Verstärkung des Abbaus durch Senken führt, die zu den ohne das Projekt entstehen-
    den hinzukommt." Weiterhin gilt wie für den Emissionshandel auch für JI das Erfordernis der „supplemen-
    tarity", also eines Ergänzungsverhältnisses zu sonstigen Klimaschutzmaßnahmen. Kritisch zur Nachprüf-
    barkeit der Zusätzlichkeit *Winter*, ZUR 2009, 289; *Hohmuth/Wolf*, NuR 2009, 470.
40 Der CDM-Mechanismus sieht vor, dass ein Investor aus einem Anlage-I-Staat ein Projekt in einem Nicht-
    Anlage-I-Staat (mit-)finanziert und sich in Höhe der durch das Projekt eingesparten Emissionen sog. zertifi-
    zierte Emissionsreduktionseinheiten („certified emission reduction units" – CER) zuweisen lässt. Das Kyoto-
    Protokoll schreibt wie bei JI „additionality" des Projekts vor. Als weitere, im Vergleich zu der JI strengere Vor-
    aussetzung werden reale, messbare und langfristige Vorteile in Bezug auf die Abschwächung der Klimaän-
    derungen verlangt. Demgegenüber entfällt die Anforderung der „supplementarity". Es bedarf also keines
    Nachweises, dass das Gastgeberland eine eigene Klimaschutzpolitik betreibt. Eine allgemeine Bewertung
    des CDM bietet *Mehling/Merrill/Upston-Hooper*, Improving the Clean Development Mechanism. Options
    and Challenges Post-2012; ferner zu Reformbedürfnissen *Duan*, CCLR 2011, 169.
41 *Koch* in: ders./Hofmann/Reese, § 4 Rn. 19; vgl. zu den Vertragsstaatenkonferenzen in Bonn und Marrakesch
    2001: *Sach/Reese*, ZUR 2002, 65; *Graichen/Harders*, ZUR 2002, 73; *Oberthür/Marr*, ZUR 2002, 81.
42 Art. 6, 12 und 17 Kyoto-Protokoll.
43 Vgl. oben § 8 Rn. 7 ff.
44 Vgl. *Oberthür/Marr*, ZUR 2002, 81; *Holtwisch*, Das Nichteinhaltungsverfahren des Kyoto-Protokolls.

chen Begrenzung des Kyoto-Protokolls bis 2012 bedurfte es außerdem eines Nachfolgeabkommens.

8   Über ein derartiges Nachfolgeabkommen wurde seit der 13. UN-Klimakonferenz in Bali im Dezember 2007 verhandelt.[45] Besonders schwierig gestaltete sich die Festlegung quantifizierter Ziele zur Begrenzung und Minderung der Treibhausgasemissionen sowohl für Industrieländer als auch für Schwellen- und Entwicklungsländer.[46] Die Verabschiedung eines Nachfolgeabkommens auf der COP in Kopenhagen 2009 scheiterte. Auf der 16. UN-Klimakonferenz in Cancún 2010 wurde die – bereits 1995 vom Wissenschaftlichen Beirat der Bundesregierung Globaler Umweltfragen (WBGU) vorgeschlagene[47] – 2°C-Leitplanke von der internationalen Weltgemeinschaft offiziell anerkannt und ein Maßnahmenpaket verabschiedet. Dieses umfasst vor allem Verabredungen zur Errichtung eines globalen Klimafonds, zu Emissionsminderungsmaßnahmen von Industrie- und Entwicklungsländern, zum Waldschutz, zur Transparenz von Klimaschutzmaßnahmen sowie zur Adaptation und Technologiekooperation.[48] Umsetzungsentscheidungen wurden dazu auf der 17. Klimakonferenz in Durban im Dezember 2011 getroffen.[49] Gleichzeitig haben die Vertragsstaaten beschlossen, das Kyoto-Protokoll mit einer zweiten Verpflichtungsperiode weiterzuführen. Wichtige Aspekte, wie die Klärung von Minderungszusagen und Emissionsbudgets, wurden jedoch bis zur nächsten UN-Klimakonferenz Ende 2012 in Katar verschoben. Auf dieser Konferenz wurde eine Verlängerung des Kyoto-Protokolls bis 2020 vereinbart. Allerdings ist dieser Beschluss lediglich für 37 Staaten verbindlich, darunter die Europäische Union. Diese Staaten sind wiederum nur für etwa 15 %[50] der weltweiten Treibhausgasemissionen verantwortlich.[51] Sie verpflichten sich, ihre Treibhausgasemissionen bis 2020 zu reduzieren, indem sie ihre Reduktionsziele freiwillig festlegen. Wesentliche Emittenten wie etwa Russland, Kanada und Japan sowie Neuseeland erklärten gleichzeitig ihren Austritt aus dem Kyoto-Protokoll.[52]

Am 12. Dezember 2015 verabschiedeten 195 Staaten und die EU mit dem Pariser Übereinkommen[53] ein Nachfolgeabkommen zum Kyoto-Protokoll. Es enthält keine Minderungsziele mehr, sondern verpflichtet die Mitglieder durch eigene Klimaschutzbeiträge, den Anstieg der globalen Mitteltemperatur „well below", also deutlich unter 2 Grad Celsius im Vergleich zum vorindustriellen Niveau, zu halten und Anstrengungen zu verfolgen, den Temperaturanstieg sogar unterhalb von 1,5 Grad Celsius zu stabilisieren. Ein globales Langfristziel, das nach Auffassung des WBGU beinhalten sollte, die CO_2-Emissionen aus fossilen Energieträgern bis spätestens 2070 weltweit auf Null

---

45   Verhandlungsgrundlage ist seitdem der „Bali Action Plan", abrufbar unter: http://unfccc.int/resource/docs/2007/cop13/eng/06a01.pdf (Stand: 21.9.2018).
46   Art. 3 Abs. 1 UNFCCC geht von gemeinsamen, aber unterschiedlichen Verantwortlichkeiten im Verhältnis von Industriestaaten und Entwicklungsländern aus; vgl. *Kreuter-Kirchhof*, S. 515 ff.
47   *WBGU*, Welt im Wandel – Wege zur Lösung globaler Umweltprobleme, S. 111 f.
48   *BMU*, Pressemitteilung 195/10 v. 11.12.2010, abrufbar unter: www.bmu.de/pressemitteilungen/aktuelle_p ressemitteilungen/pm/46829.php (Stand: 21.9.2018).
49   Vgl. *Schlacke*, ZUR 2012, 69 f.
50   *Feess/Seeliger*, Umweltökonomie und Umweltpolitik, S. 231.
51   Weiterführende Informationen zum Verhandlungsprozess und Ergebnis in Katar unter: unfccc.int/key_step s/doha_climate_gateway/items/7389.php (Stand: 21.9.2018).
52   *Feess/Seeliger*, Umweltökonomie und Umweltpolitik, S. 231.
53   Abrufbar unter: https://unfccc.int/resource/docs/2015/cop21/eng/l09r01.pdf (Stand: 21.9.2018); s. oben § 8 Rn. 20. Für ein Inkrafttreten mussten mindestens 55 Mitglieder der UNFCCC, die für 55 % der globalen Treibhausgasemissionen verantwortlich sind, das Abkommen akzeptieren. Diese Schwelle wurde im Oktober 2016 überschritten. Das Abkommen trat daher am 4.11.2016 in Kraft.

abzusenken,[54] wurde nicht vereinbart. Stattdessen wird in Art. 4 Abs. 1 für die Erreichung eines „long-term temperature goal" auf die 2 Grad bzw. 1,5 Grad Celsius-Leitplanke verwiesen. Lediglich für die zweite Hälfte dieses Jahrhunderts wird eine Balance zwischen Treibhausgasemissionen und Senken, m.a.W. eine Treibhausgasemissionsneutralität angestrebt. Die Einhaltung der 2 Grad Celsius-Leitplanke soll gewährleistet werden, indem jede Vertragspartei ab 2020 die Pflicht hat, selbst festgelegte Minderungsbeiträge bzw. -ziele alle 5 Jahre zu melden. Zwar sind die Vertragsstaaten verpflichtet, so schnell wie möglich den Scheitelpunkt der globalen Emissionen zu erreichen. Reduktionsziele, -fristen oder Kohlenstoffbudgets werden aber nicht festgelegt bzw. verteilt.[55] Industriestaaten soll insoweit eine Führungsrolle bei der Festlegung von Emissionsminderungszielen zukommen; Entwicklungsländer sollen unterstützt werden, damit sie höhere Ambitionsniveaus erreichen und die am wenigsten entwickelten Länder und die kleinen Inselstaaten werden lediglich verpflichtet, Strategien, Pläne und Aktionen für niedrige Treibhausgasemissionsentwicklungen in Abhängigkeit von ihren speziellen Umständen zu formulieren. Sehr wesentlich zu dieser Regelung beigetragen hat der auf der Konferenz von Warschau vereinbarte neue Mechanismus, bereits vor der Pariser Konferenz beabsichtigte national bestimmte Beiträge ("intended nationally determined contributions", kurz INDCs) für das neue Klimaschutzabkommen zu melden. Insgesamt zeigt das Abkommen die Ernsthaftigkeit der Staatengemeinschaft, sich der Bekämpfung des globalen Klimawandels zu widmen. Dennoch sind weitere Maßnahmen in den Bereichen Klimaschutz, Klimaanpassung, Verluste und Schäden zu treffen sowie die flexiblen Mechanismen fortzuentwickeln.[56]

Die UN-Klimakonferenzen in Marrakesch (2016) und Bonn (2017) dienten vornehmlich der Klärung von Umsetzungsfragen hinsichtlich des Pariser Übereinkommens. Die Parteien beschlossen zunächst die Fertigstellung des sog. rulebook bis zum Ende des Jahres 2018, das konkretisierende und bindende Bestimmungen enthalten soll. Weiterhin nahmen Deutschland, die USA, Mexiko und Kanada die Konferenz in Marrakesch zum Anlass, langfristige Klimaschutzpläne bis zum Jahr 2050 vorzustellen. Die im Folgejahr stattfindende UN-Klimakonferenz in Bonn war von kleinteiligen Verhandlungen über die nationalen Klimaschutzbeiträge[57] und Finanzierungsfragen geprägt, insbesondere vor dem Hintergrund des dauerhaften Streits um historische Verantwortung und Verteilungsgerechtigkeit.[58]

Eine erste Evaluation der Klimaschutzbemühungen wird der (noch informelle) sog. global stocktake anlässlich der nächsten UN-Klimakonferenz in Katowice bedeuten. Dort soll eine umfassende Bestandsaufnahme als Bewertungsgrundlage für die Klimaschutzbemühungen erfolgen. Ab dem Jahr 2023 ist der global stocktake nach Art. 14 Abs. 1 und 2 des Pariser Übereinkommens völkerrechtlich vorgeschrieben.[59]

2. EU-Recht

Erste Schritte einer gemeinsamen Klimaschutzpolitik unternahm die EU bereits 1988.[60]
Seit Genehmigung des Kyoto-Protokolls mit der Entscheidung 2002/358/EG vom

9

---

54 *WBGU*, Klimaschutz als Weltbürgerbewegung, 2014, S. 1 f.
55 *Stäsche*, EnWZ 2017, 309 f.; zum hiermit verbundenen Systemwechsel ferner *Saurer*, NVwZ 2017, 1574.
56 Weiterführend *Morgenstern/Dehnen*, ZUR 2016, 131 ff.; *Schlacke*, ZUR 2016, 65 f.
57 Zu den Mängeln der Klimaschutzbeiträge *Franzius*, ZUR 2017, 518 f.; *Nückel*, ZUR 2017, 527 ff.
58 Vgl. hierzu auch insgesamt *WBGU*, Zeit-gerechte Klimapolitik, S. 5 ff.
59 *Schlacke*, ZUR 2018, 1 f.
60 KOM (88) 656/2 endg.

25.4.2002[61] war die EU verpflichtet, ihre gemeinsamen anthropogenen Treibhausgas-emissionen, die im Anhang A des Kyoto-Protokolls aufgeführt sind (sog. „Bubble"), im Zeitraum von 2008 bis 2012 gegenüber dem Stand von 1990 um 8 % zu senken.[62] Die mitgliedstaatlichen Verpflichtungen konnten im Innenverhältnis unterschiedlich hoch ausfallen.[63]

10   **Primärrechtlich** ist die „Bekämpfung des Klimawandels" als Teil der gemeinsamen Umweltpolitik in Art. 191 Abs. 1, 4. Spiegelstrich a.E. AEUV verankert und wird durch den Energiekompetenztitel des Art. 194 AEUV, hier insb. Abs. 1 lit c), flankiert.[64]

11   **Sekundärrechtlich** hat die Europäische Union zahlreiche Verordnungen, Richtlinien und Entscheidungen im Bereich des Klimaschutzrechts erlassen. Weitreichend waren zunächst die vom Europäischen Rat im März 2007 vereinbarten Klima- und Energie-ziele. Diese sahen vor, dass bis 2020 der Treibhausgasausstoß um 20 % gegenüber 1990 vermindert, die Energieeffizienz um 20 % gesteigert und 20 % der Energieversor-gung durch Energie aus erneuerbaren Quellen gedeckt werden soll (sog. Zieltrias).[65] Die als **Klima- und Energiepaket**[66] der EU ergangenen Rechtsakte,[67] die zur Änderung und Fortschreibung bestehender Richtlinien, etwa zu erneuerbaren Energien oder Treibhausgasemissionen durch Kraftstoffe,[68] zur Einführung neuer Technologien wie der Kohlenstoffspeicherung[69] und zur Novellierung des Emissionshandels[70] führten,

---

61   ABlEG L 130/1.
62   Vgl. zum Kyoto-Protokoll und zur Reduktionsverpflichtung der EU unter: www.bmu.de/themen/klima-ener gie/klimaschutz/internationale-klimapolitik/kyoto-protokoll/ (Stand: 21.9.2018).
63   Dies war einer der Kritikpunkte der USA am Kyoto-Protokoll, die sich durch die Regelung benachteiligt fühl-ten. Vgl. zum Verhandlungsprozess die Zusammenstellung in *Hunter/Salzmann/Zaelke*, International en-vironmental law and policy, S. 667 ff.
64   Zur Abgrenzung von Art. 194 AEUV zu Art. 192 AEUV vgl. *Schlacke* in: Müller/Kahl, S. 99 ff.; *Kröger*, Die För-derung erneuerbarer Energien im Europäischen Elektrizitätsbinnenmarkt, S. 344 ff.; ferner § 7 Rn. 12.
65   Mitteilung der Kommission vom 10.1.2007 „Begrenzung des globalen Klimawandels auf 2 Grad Celsius – Der Weg in die Zukunft bis 2020 und darüber hinaus", KOM (2007) 20 endg.; Mitteilung der Kommission vom 23.1.2008 „20 und 20 bis 2020 – Chancen Europas im Klimawandel", KOM (2008) 30 endg.
66   Hierzu *Sieberg*, NVwZ 2006, 141.
67   Entscheidung 406/2009/EG v. 23.4.2009 über die Anstrengungen der Mitgliedstaaten zur Reduktion ihrer Treibhausgasemissionen mit Blick auf die Erfüllung der Verpflichtung der Gemeinschaft zur Reduktion der Treibhausgasemissionen bis 2020, ABlEG L 140/136, zuletzt geändert durch Beschl. v. 9.12.2011, ABlEU L 112/6; VO (EG) Nr. 443/2009 v. 23.4.2009 zur Festsetzung von Emissionsnormen für neue Personenkraftwa-gen, ABlEG L 140/1, zuletzt geändert durch VO (EU) 2018/649 v. 23.1.2018, ABlEU L 108/14; RL 2009/28/EG v. 23.4.2009 zur Förderung der Nutzung von Energie aus erneuerbaren Quellen, ABlEG L 140/16, zuletzt ge-ändert durch RL (EU) 2015/1513 v. 9.9.2015, ABlEU L 239/1; RL 2009/29/EG v. 23.4.2009 zur Änderung der RL 2003/87/EG zwecks Verbesserung und Ausweitung des Gemeinschaftssystems für den Handel mit Treibhausgasemissionszertifikaten, ABlEG 140/63; RL 2009/30/EG v. 23.4.2009 zur Änderung der RL 98/70/EG im Hinblick auf die Spezifikationen für Otto-, Diesel- und Gasölkraftstoffe und die Einführung eines Systems zur Überwachung und Verringerung der Treibhausgasemissionen sowie zur Änderung der Richtlinie 1999/32/EG des Rates im Hinblick auf die Spezifikationen für von Binnenschiffen gebrauchte Kraftstoffe und zur Aufhebung der Richtlinie 1993/12/EWG, ABlEG L 140/88; RL 2009/31/EG v. 23.4.2009 über die geologische Speicherung von Kohlendioxid, ABlEG L 140/114, zuletzt geändert durch RL 2011/92/EU v. 13.12.2011, ABlEU L 26/1.
68   Geändert wurden die RL 1998/70/EG; 1999/32/EG; 2000/60/EG; 2003/87/EG; 2004/35/EG, 2006/12/EG, 2008/1/EG sowie die VO (EG) Nr. 1013/2006; geändert und dann aufgehoben wurden die RL 2001/77/ EG, 2003/30/EG, 93/12/EWG und 1985/337/EWG; zum 1.1.2016 ist die RL 2001/80/EG außer Kraft getre-ten.
69   RL 2009/31/EG v. 23.4.2009 über die geologische Speicherung von Kohlendioxid, ABlEG L 140/114, zuletzt geändert durch RL 2011/92/EU v. 13.12.2011, ABlEU L 26/1.
70   RL 2009/29/EG v. 23.4.2009 zwecks Verbesserung und Ausweitung des Gemeinschaftssystems für den Handel mit Treibhausgasemissionszertifikaten, ABlEG L 140/63.

zählen insgesamt zum EU-Luftreinhaltungs-[71] und Klimaschutzrecht. Unter der Bedingung, dass andere Staaten vergleichbare Verpflichtungen in einem internationalen Abkommen eingehen, ist die EU bereit, ihre Emissionen um 30 % zu reduzieren.[72] Gegen die ehrgeizigen Emissionskorridore, die für Industriestaaten zwischen 25 und 40 % bis 2020 gegenüber 1990 liegen, bestehen international jedoch zahlreiche Widerstände.

Der Europäische Rat legte im Oktober 2014 das 2030-Mindestziel fest und konzentrierte sich dabei auf eine Weiterentwicklung der sog. Zieltrias.[73] Demnach sollen die Emissionen um mindestens 40 % gegenüber 1990 reduziert, der Anteil erneuerbarer Energien am Energieverbrauch auf mindestens 27 % und die Energieeffizienz um 27 % erhöht werden. In Anbetracht des Fernziels einer Reduzierung von 80 bis 95 % gegenüber 1990 wurde diese Zielsetzung vielfach als unbefriedigend aufgefasst.[74]

Eine weitere Fortschreibung erfährt die EU-Klima- und Energiepolitik durch das Legislativpaket „**Saubere Energie für alle Europäer**" (sog. „Winterpaket") vom 30.11.2016[75], das die notwendigen Maßnahmen zur Erreichung der Ziele des Europäischen Klima- und Energierahmens bis 2030 enthält. Es setzt den gesetzgeberischen Rahmen für die Errichtung einer „Europäischen Energieunion", die das Ziel verfolgt, die Sicherheit der Energieversorgung zu gewährleisten, den Energiebinnenmarkt zu vollenden, die Energieeffizienz zu steigern, die Treibhausgasemissionen zu senken sowie Forschung, Innovation und Wettbewerbsfähigkeit zu fördern.[76]

Im Sinne einer Systematisierung bietet sich im Folgenden die Unterscheidung von Rechtsakten zur Errichtung eines gemeinschaftsweiten Treibhausgasemissionszertifikatehandels, zur Förderung erneuerbarer Energien und zur Förderung der Energieeffizienz sowie zur Steuerung sonstiger klimaschützender Technologien oder Verhaltensweisen an.

a) Rechtsakte zur Errichtung eines EU-Emissionshandelssystems

Veranlasst durch das Kyoto-Protokoll ist mit der **Richtlinie 2003/87/EG** vom 13.10.2003[77] (sog. **Emissionshandelsrichtlinie**) ein selbstständiges europäisches System für den Handel mit Emissionsberechtigungen geschaffen worden. Seit seiner Errichtung im Jahr 2005 ist der Emissionshandel eines der wichtigsten Instrumente der Europäischen Union zur unionsweiten Treibhausgasreduktion.[78] Der Emissionshandel beruht – modellhaft – auf einem **cap and trade-System**, bei dem die Menge zulässiger Emissionen bestimmter Treibhausgase gedeckelt wird (cap) und die Emissionsrechte, übersetzt in Zertifikate, auf einem hierfür geschaffenen Markt gehandelt werden können (trade). Betreiber relevanter Industrieanlagen werden verpflichtet, für jede Tonne

12

71 Vgl. oben § 9 Rn. 5 ff.
72 Entscheidung Nr. 406/2009/EU v. 23.4.2009, ABIEU L 140/136, zuletzt geändert durch Beschl. v. 5.12.2011, ABIEU L 112/6; s. auch Mitteilung der Kommission, EU-Strategie zur Anpassung an den Klimawandel, KOM (2013) 216 endg.
73 Vgl. zum „Rahmen für die Klima- und Energiepolitik bis 2030" die Schlussfolgerungen des Europäischen Rates v. 23./24.10.2014, EUCO 169/14.
74 Siehe allgemein zu dieser Entwicklung und dem 2030-Klimaziel *Falke*, ZUR 2015, 55.
75 Es sieht die Änderung oder den Neuerlass von jeweils vier Richtlinien und Verordnungen vor, siehe *Kommission*, Mitteilung: Saubere Energie für alle Europäer, KOM(2016) 860 endg.; dazu *Stäsche*, EnWZ 2017, 308 ff.
76 Vgl. *Kreuter-Kirchhoff*, EuZW 2017, 829; *Stäsche*, EnWZ 2018, 306, 311 ff.
77 ABIEG L 275/32, zuletzt geändert durch RL (EU) 2018/410 v. 14.3.2018, ABIEU L 76/3; zu aktuellen Entwicklungen *Kreuter-Kirchhof*, EuZW 2017, 412; siehe bereits § 9 Rn. 12.
78 *Epiney*, ZUR 2010, 236; *Peine*, EurUP 2008, 102.

Ausstoß spezifischer Gase[79] eine entsprechende handelbare Emissionsberechtigung (Zertifikat) nachzuweisen. Dies soll dazu führen, dass Betreiber, für die technische Emissionsreduktionen nur durch vergleichsweise kostenaufwändige Maßnahmen erreichbar sind, Zertifikate von solchen Anlagenbetreibern erwerben, welche die Reduktionen kostengünstiger erreichen können. Die auf die einzelnen Mitgliedstaaten entfallenden Emissionsberechtigungen wurden in den ersten beiden Zuteilungsperioden, Phase I (2005–2007)[80] und Phase II (2008–2012),[81] auf europäischer Ebene ausgehandelt und dann in Nationalen Allokationsplänen (NAP) auf die einzelnen Betriebe verteilt, die der Kommission vorzulegen waren. Jedoch besaß diese nur sehr eingeschränkte inhaltliche Kontrollmöglichkeiten.[82]

Phase III (2013–2020) beruht nunmehr – erstmalig – auf einer europäischen Gesamtobergrenze für CO_2 („cap"). Die Gesamtzuteilungsmenge ist auf etwa 2 Mrd. Emissionsberechtigungen festgesetzt,[83] die bis zum Jahre 2020 jährlich um einen linearen Verringerungsfaktor von 1,74 % gesenkt wird.[84]

13   In den ersten acht Jahren des Emissionshandels standen den Mitgliedstaaten bei der inhaltlichen Ausgestaltung der nationalen Zuteilungspläne noch weitreichende Rechtsetzungsbefugnisse zu. Im Zuge einer europaweiten Harmonisierung des Emissionshandelssystems[85] durch die im Rahmen des Klima- und Energiepaketes[86] erlassene Richtlinie 2009/29/EG[87] vom 23.4.2009 hat die Union wesentliche Rechtsetzungsbefugnisse für die 2013 begonnene Phase III (2013–2020) an sich gezogen und ist damit erstmalig allein für die Festlegung der Gesamtzuteilungsmenge und die Ausgestaltung der Zuteilungsregeln zuständig.

Im Oktober 2014 gab der Europäische Rat einen neuen „Rahmen für die Klima- und Energiepolitik bis 2030"[88] bekannt. Dieser sieht insbesondere strengere Reduktionsziele für den Ausstoß von CO_2 für den Zeitraum 2021–2030 vor. Die Vorschläge sind in der Änderungsrichtlinie (EU) 2018/410 aufgegangen, die am 8.4.2018 in Kraft getreten ist.[89] Kernziel ist die Reduzierung der Gesamtmenge der sich im Umlauf befindli-

---

79 Erfasst waren bisher z.B. Kohlendioxid, Methan, Distickstoffoxid, teilhalogenierte Kohlenwasserstoffe, perfluorierte Kohlenwasserstoffe sowie Schwefelhexafluorid. Seit 2013 werden weitere klimaschädliche Substanzen, wie Lachgas und vollhalogenierte Fluorkohlenwasserstoffe, einbezogen.

80 Mitteilung der Kommission über Hinweise zur Unterstützung der Mitgliedstaaten bei der Anwendung der in Anhang III der RL 2003/87/EG über ein System für den Handel mit Treibhausgasemissionszertifikaten in der Gemeinschaft und zur Änderung der RL 96/61/EG des Rates aufgelisteten Kriterien sowie über die Bedingungen für den Nachweis höherer Gewalt, KOM (2003) 830 endg.; vertiefend zur ersten Zuteilungsperiode 2005–2007 *Knopp/Hoffmann*, EWS 2004, 201; *Michaelis/Holtwisch*, NJW 2004, 2127.

81 Mitteilung der Kommission „Neue Hinweise zu den Zuteilungsplänen für den Handelszeitraum 2008 bis 2012 des Systems für den EU-Emissionshandel", KOM (2005) 703 endg.; vertiefend zur zweiten Zuteilungsperiode 2008–2012 *Zenke/Telscho*, IR 2006, 126; *dies.*, IR 2006, 146 ff.; *Kobes*, NVwZ 2007, 857.

82 Bspw. scheiterte der Versuch der Kommission, Überallokationen durch Kürzung nationaler Emissionsbudgets einzuschränken; vgl. EuG, Urt. v. 23.9.2009, ZUR 2009, 610.

83 Vgl. Art. 1 Besch. 2010/634/EU der Kommission zur Anpassung der gemeinschaftsweiten Menge der im Rahmen des EU-Emissionshandelssystems für 2013 zu vergebenden Zertifikate v. 22.10.2010, ABlEU L 279/34, zuletzt geändert durch Beschl. 2013/448/EU v. 5.9.2013, ABlEU L 240/27, seinerseits zuletzt geändert durch Beschl. 2017/126/EU v. 24.1.2017, ABlEU L 19/93.

84 Grundlegend zur dritten Zuteilungsperiode *Hartmann*, ZUR 2011, 246; *Spieth/Hamer*, NVwZ 2011, 920; *Hutsch*, NordÖR 2011, 8.

85 Zum systemischen Anpassungsbedarf vgl. Erwägungsgrund 8 der RL 2009/29/EG.

86 Vgl. oben § 16 Rn. 11.

87 ABlEG L 140/63.

88 Siehe zum „Rahmen für die Klima- und Energiepolitik bis 2030" die Schlussfolgerungen des Europäischen Rates v. 23./24.10.2014, EUCO 169/14.

89 ABlEU L 76/3.

chen Emissionszertifikate um jährlich 2,2 % ab 2021 und die damit verbundene Erwartung einer Preissteigerung. Für Mitgliedstaaten, die sich für einen Ausstieg aus der Kohleverstromung entscheiden, wurde die Möglichkeit geschaffen, die frei werdenden Zertifikate endgültig zu löschen. Dadurch wird verhindert, dass sich die Emissionen in andere europäische Länder verlagern. An der bereits eingeführten Marktstabilitätsreserve zur Sicherung und Flexibilisierung des Handelssystems wird ebenfalls festgehalten. In die Reserve fließen wegen eines festgestellten Überschusses nicht in die Versteigerung gelangte Zertifikate. Dort sollen voraussichtlich im Jahr 2023 dann über zwei Milliarden Zertifikate gelöscht werden. Umgekehrt können sie freigegeben werden, wenn die Gesamtumlaufmenge der Zertifikate bestimmte Schwellenwerte unterschreitet.

Während in Phase I und Phase II die Zertifikate überwiegend kostenlos zugeteilt wurden, ist seit 2013 die Versteigerung der Zertifikate als Grundprinzip der Zuteilung festgelegt. Die schrittweise Umstellung greift zuerst im Sektor der Stromerzeugung, in dem seit 2013 die meisten Zertifikate versteigert werden.[90] Der Anteil der zu versteigernden Zertifikate soll sich bis 2020 und darüber hinaus bei 57 % etablieren. Bis dahin können Industrieanlagenbetreiber[91] noch nach einem mehrstufigen Berechnungsmodell eine kostenlose Zuteilung erhalten, die grundsätzlich auf produktbezogenen Emissionswerten basiert (Produktbenchmarks). Die Benchmarks leiten sich von den 10 % effizientesten Anlagen in Europa ab, so dass ineffiziente Anlagen künftig verstärkt Emissionsberechtigungen zukaufen müssen. Um internationale Wettbewerbsnachteile für Anlagen aus Sektoren mit einem besonders hohen Verlagerungsrisiko in das außereuropäische Ausland („Carbon Leakage Risk") zu vermeiden, normiert Art. 10a Abs. 12 der Emissionshandelsrichtlinie Ausnahmeregelungen.[92]

14

Nach der bereits erfolgten Einbeziehung des **Luftverkehrs**[93] in das System durch die **Richtlinie 2008/101/EG** vom 19.11.2008[94] wird dieser Schritt für weitere Sektoren, etwa die Schifffahrt[95] oder den Kraftfahrzeugverkehr,[96] noch erwogen. Währenddessen war die steuerliche Flankierung des EU-Emissionshandelssystems durch weitreichende Änderungen der Energiesteuerrichtlinie 2003/96/EG bereits für 2013 geplant.[97] Eine solche Änderung der Energiesteuerrichtlinie steht weiterhin aus.

15

---

90 Vgl. zur übergangsweisen kostenlosen Zuteilung an Anlagen zur Stromerzeugung die Mitteilung der Kommission v. 31.3.2011, ABlEU C 99/9; zur Versteigerung im Lichte der europäischen Zuständigkeitsverordnung *Seiler*, EuR 2010, 67.
91 Zu den neuen Zuteilungsregeln für Industrieanlagen *Spieth/Hamer*, NVwZ 2011, 920.
92 Als „Carbon Leakage Risk" wird das Risiko bezeichnet, dass Unternehmen ihre Produktion aufgrund einer stringenten Klimaschutzpolitik ins Ausland verlagern; vgl. auch Beschl. 2014/746/EU der Kommission v. 27.10.2014 zur Festlegung eines Verzeichnisses der Sektoren und Teilsektoren, von denen angenommen wird, dass sie im Zeitraum 2015–2019 einem erheblichen Risiko einer Verlagerung von CO_2-Emissionen ausgesetzt sind.
93 Zur Einbeziehung des Luftverkehrs in das System für den Handel mit Treibhausgasemissionszertifikaten vgl. EuGH, NVwZ 2012, 226. Zur vorübergehenden Beschränkung auf Inner-EWR-Flüge vgl. https://www.de hst.de/SharedDocs/downloads/DE/publikationen/Factsheet_LV.pdf?__blob=publicationFile&v=4 (Stand: 21.9.2018).
94 ABlEG L 8/3; vgl. auch *Bartlik*, EuR 2011, 196.
95 Vgl. zur Einbeziehung der Seeschifffahrt den Vorschlag der Kommission KOM (2013) 480 endg.; sowie *Engel*, NVwZ 2013, 1384, 1385 f.; *Hinselmann*, ZUR 2014, 473.
96 *SRU*, Umweltschutz im Zeichen des Klimawandels, Umweltgutachten 2008, Tz. 158 f.; vgl. VO (EG) Nr. 443/2009 v. 23.4.2009, ABlEG L 140/1; zuletzt geändert durch VO (EU) 2015/6 v. 31.10.2014, ABlEU L 3/1.
97 Vgl. dazu den Vorschlag für eine Richtlinie des Rates zur Änderung der RL 2003/96/EG; zuletzt geändert durch Durchführungsbeschl. (EU) 2018/552 v. 6.4.2018, ABlEU L 91/27; zur Restrukturierung der gemein-

Die Verpflichtung zur Abgabe von Zertifikaten gilt hingegen nicht für Emissionen, die nach der sog. Carbon Capture and Storage-Technologie dauerhaft unterirdisch eingelagert werden.[98] Auch die jüngste Novellierung der Emissionshandelsrichtlinie ändert an dieser Anreizsetzung nichts.

Auch für die nicht vom Emissionshandel umfassten Sektoren (z.B. Verkehr, Gebäude und Landwirtschaft) bestehen Treibhausgasreduktionsverpflichtungen auf europäischer Ebene. Für die Jahre 2021 bis 2030 legt die neue Lastenteilungsverordnung (EU) 2018/842 vom 30.5.2018[99] für die einzelnen Mitgliedstaaten verbindliche Reduktionsziele fest, ohne dabei den Mitgliedstaaten Wege zur Zielerreichung vorzugeben. Die sogenannte LULUCF-Verordnung (EU) 2018/841 vom 30.5.2018[100] enthält darüber hinaus Vorgaben für die ebenfalls klimarelevanten Bereiche der Landnutzung, Landnutzungsänderung und Forstwirtschaft.

16   Die sog. **Verbindungsrichtlinie 2004/101/EG (linking directive)**[101] überträgt die flexiblen Mechanismen des Kyoto-Protokolls ins Europarecht und lässt eine Berücksichtigung von JI- und CDM-Maßnahmen zu.[102] Die zukünftige Ausgestaltung ist dabei vom Kyoto-Nachfolgeprotokoll abhängig.

b) Rechtsakte zur Förderung erneuerbarer Energien

17   Die

- Verordnung (EG) Nr. 714/2009 vom 13.7.2009 über die **Netzzugangsbedingungen für den grenzüberschreitenden Stromhandel**, und zur Aufhebung der Verordnung (EG) Nr. 1228/2003,[103]
- Verordnung (EG) Nr. 715/2009 vom 13.7.2009 über den **Zugang zu den Erdgasfernleitungsnetzen** und zur Aufhebung der Verordnung (EG) Nr. 1775/2005,[104]
- Richtlinie 2009/72/EG vom 13.7.2009 über gemeinsame Vorschriften für den **Elektrizitätsbinnenmarkt** und zur Aufhebung der Richtlinie 2003/54/EG,[105]
- Richtlinie 2009/73/EG vom 13.7.2009 über gemeinsame Vorschriften für den **Erdgasbinnenmarkt** und zur Aufhebung der Richtlinie 2003/55/EG,[106]
- Richtlinie 2003/96/EG (**Energiesteuerrichtlinie**) zur Restrukturierung der gemeinschaftlichen Rahmenvorschriften zur Besteuerung von Energieerzeugnissen und elektrischem Strom vom 27.10.2003[107] und

---

schaftlichen Rahmenvorschriften zur Besteuerung von Energieerzeugnissen und elektrischem Strom, KOM (2011) 196/3.
98   Art. 12 (3a) RL 2003/87/EG v. 13.10.2003, ABlEG L 275/32, zuletzt geändert durch RL (EU) 2018/410 v. 14.3.2018, ABlEU L 76/3; vgl. auch *Hohmuth*, ZUR 2008, 295 ff.; vgl. dazu unter § 16 Rn. 2, 29, 71.
99   ABlEU L 156/26.
100 ABlEU L 156/1.
101 RL 2004/101/EG v. 27.10.2004, ABlEG L 338/18; dazu *Knopp/Hoffmann*, EuZW 2005, 616; *Marr/Wolke*, NVwZ 2006, 1102, 1105 ff.
102 Vgl. oben § 16 Rn. 7.
103 ABlEG L 211/15, zuletzt geändert durch VO (EU) 543/2013 v. 14.6.2013, ABlEU L 163/1.
104 ABlEG L 211/36, zuletzt geändert durch Beschl. (EU) 2015/715 der Kommission v. 30.4.2015, ABlEU L 114/9.
105 ABlEG L 211/55.
106 ABlEG L 211/94.
107 ABlEG L 283/51, zuletzt geändert durch Durchführungsbeschl. (EU) 2018/552 v. 6.4.2018, ABlEU L 91/27.

▪ Verordnung (EU) Nr. 2017/1938 vom 25.10.2017 über Maßnahmen zur Gewährung der sicheren Erdgasversorgung und zur Aufhebung der Verordnung (EU) 994/2010[108]

enthalten zwar **kein umweltspezifisches Instrumentarium** zur Förderung erneuerbarer Energien. Sie erlauben aber nichtdiskriminierende Umweltschutzmaßnahmen[109] und sehen etwa die Möglichkeit eines Abnahmevorrangs für erneuerbare Energien vor.[110] Im Übrigen stehen als lex specialis spezifische Rechtsakte zur Förderung erneuerbarer Energien bereit.[111] Im Rahmen der **Energiesteuer-Richtlinie 2003/96/EG** sind bisher Steuererleichterungen vorgesehen, die vor allem die erneuerbaren Energien benachteiligen und Anreize setzen, die den energie- und klimapolitischen Zielen der EU zuwiderlaufen. Vor diesem Hintergrund hatte die Kommission einen Änderungsentwurf vorgelegt, der die steuerliche Belastung der einzelnen Brennstoffe umverteilen sollte und auf die Schaffung eines Rahmens für die Besteuerung von CO_2-Emissionen (**CO_2-Steuer**) zielte, die nicht durch das EU-Emissionshandelssystem erfasst werden.[112] Der Entwurf scheiterte an fehlender Einstimmigkeit. Eine Abstimmung des Energiesteuerrechts mit den Zielen und Instrumenten des Klimaschutzes ist somit bis dato nicht erfolgt. Das heißt, die Mindeststeuersätze sind weder am CO_2-Gehalt oder am Energiegehalt der Energieträger ausgerichtet noch mit dem EU-ETS abgestimmt.[113] Dies führt zu einer Aufsplittung der Bepreisung von CO_2 und zu teils stark differenzierten Preisen an Sektor- und Ländergrenzen.

Die   18

▪ Richtlinie 2009/28/EG vom 23.4.2009 zur Förderung der Nutzung von Energie aus erneuerbaren Quellen,[114] sog. **Erneuerbare-Energien-Richtlinie,**

enthält demgegenüber **ein Instrumentarium** zur Förderung erneuerbarer Energien. Die Mitgliedstaaten sind indes hinsichtlich der Wahl ihrer Förderinstrumente (preis- oder quotenbasiert) frei.[115]

Sie sieht einen Anteil von 20 % erneuerbarer Energien am Endenergieverbrauch von Strom und Wärme/Kälte bis 2020, der anteilig auf die Mitgliedstaaten umgelegt und nach nationalen Aktionsplänen[116] erfüllt wird, sowie eine 10 %-Biokraftstoffquote für jeden Mitgliedstaat vor.[117] Damit setzt die Richtlinie für Strom und Wärme erstmals verbindliche Ziele fest und enthält genaue Vorgaben zum Netzzugang, zur Vereinfachung von Verwaltungsvorschriften, Herkunftsnachweisen sowie bestimmten Berichts-

---

108 ABlEU L 280/1.
109 Vgl. z.B. Art. 3 Abs. 15 RL 2009/72/EG, ABlEG L 211/55.
110 Vgl. Art. 25 Abs. 4 RL 2009/72/EG, ABlEG L 211/55.
111 Zum Verhältnis von allgemeinem Energierecht und den Rechtsakten zur Förderung erneuerbarer Energien *Ekardt/Schmeichel*, ZEuS 2009, 171; *Kahl*, EuR 2009, 618.
112 Vgl. dazu den Vorschlag für eine Richtlinie des Rates zur Änderung der RL 2003/96/EG; zuletzt geändert durch Durchführungsbeschl. (EU) 2018/552 v. 6.4.2018, ABlEU L 91/27; zur Restrukturierung der gemeinschaftlichen Rahmenvorschriften zur Besteuerung von Energieerzeugnissen und elektrischem Strom, KOM (2011) 196/3; Erwiderung des EWS auf diesen Vorschlag v. 28.1.2012, ABlEU C 24.
113 Zur Instrumentendebatte *Rodi*, EnWZ 2017, 195.
114 ABlEU L 140/16, zuletzt geändert durch RL (EU) 2015/1513 v. 9.9.2015, ABlEU L 239/1.
115 *Schlacke/Kröger*, NVwZ 2013, 313; *Lehnert*, ZUR 2009, 307.
116 Nicht zu verwechseln mit den Nationalen Allokationsplänen des Emissionshandels, die nunmehr mit der Phase III des europäischen Emissionshandels ohnehin nicht mehr gelten.
117 Vgl. bereits Mitteilung der Kommission, Fahrplan für erneuerbare Energien im 21. Jahrhundert: Größere Nachhaltigkeit für die Zukunft, KOM (2006) 848 endg.

pflichten. Zusätzlich befasst sie sich mit Fragen der Anlageneffizienz sowie der Ausbildung und Information der Beteiligten.

Die Erneuerbare-Energien-Richtlinie beschränkt die Nutzung erneuerbarer Energien durch **Nachhaltigkeitskriterien**, allerdings nur in Bezug auf flüssige Biobrennstoffe, zu denen auch Biokraftstoffe gehören.[118] Die Beschränkung dient der Regulierung des aus der Intensivierung der landwirtschaftlichen Produktion von Biomasse resultierenden gesteigerten Nutzungsdrucks auf die Umwelt und damit der Lösung eines Zielkonflikts von Klima- und Umweltschutz. Angesichts der Geltung der Kriterien auch für importierte Biomasse kann dies welthandelsrechtliche Probleme nach sich ziehen.[119]

19   Über den im „Rahmen für die Klima- und Energiepolitik 2030"[120] enthaltenen Legislativvorschlag für die zukünftige Politik der Union im Bereich der erneuerbaren Energien hinausgehend hat die EU für das Jahr 2030 ein ambitioniertes Ziel beschlossen. Der Novellierungsvorschlag zur Erneuerbare-Energien-Richtlinie[121] sieht vor, dass im Jahr 2030 mindestens 32 % des Endenergieverbrauchs aus Erneuerbaren Energien stammt. Dieses Ziel, das im Jahr 2023 nach oben korrigiert werden kann, ist nur für die EU verbindlich. Da es ab 2021 keine verbindlichen nationalen Ausbauziele mehr geben wird, werden die Mitgliedstaaten durch die (zukünftige) Governance-Verordnung[122] verpflichtet, in einem integrierten nationalen Energie- und Klimaplan ihre Beiträge selbst festzulegen und regelmäßige Fortschrittsberichte zu ihrer Energie- und Klimapolitik zu erstellen. Die Kommission überprüft und bewertet diese in einem umfangreichen Monitoringverfahren. Durch einen gap-filling-Mechanismus sollen etwaige Lücken durch Zusatzmaßnahmen auf nationaler und europäischer Ebene geschlossen werden.

c) Rechtsakte zur Verbesserung der Energieeffizienz

20   Maßnahmen zur Steigerung der Energieeffizienz[123] sollen dazu beitragen, den Energieverbrauch zu reduzieren und dadurch den Ausstoß von klimaschädlichen Treibhausgasen, die Energiekosten sowie die Abhängigkeit von Energieimporten zu senken. Dazu wird im Bereich der Energieeffizienz bis 2020 unionsweit eine Energieeinsparung von 20 % angestrebt, ohne dass dies bisher verbindlich festgesetzt wurde.[124] Die EU hat zahlreiche Rechtsakte zur Verbesserung der Energieeffizienz erlassen:[125]

- Richtlinie 2012/27/EU vom 25.10.2012 zur Energieeffizienz, sog. „**Energieeffizienzrichtlinie**",[126]
- Verordnung (EU) 2017/1369 vom 4.7.2017 zur Festlegung eines Rahmens für die Energieverbrauchskennzeichnung und zur Aufhebung der Richtlinie 2010/30/EU,[127]

---

118   Vgl. Art. 17–19 EEG-RL; *Ekardt/Schmeichel/Heering*, NuR 2009, 222, 226.
119   *Schlacke* in: dies., Umwelt- und Planungsrecht im Wandel, DV 2011, Beiheft 11, S. 136; zur Vereinbarkeit der Nachhaltigkeitskriterien mit WTO-Recht *Franken*, ZUR 2010, 66.
120   Schlussfolgerungen des Europäischen Rates v. 23./24.10.2014, EUCO 169/14.
121   Der Legislativvorschlag ist abrufbar unter https://eur-lex.europa.eu/legal-content/EN/TXT/PDF/?uri=CONSIL:ST_10308_2018_INIT&from=EN (Stand: 21.9.2018).
122   KOM(2016) 759 endg.
123   Zum Rechtsbegriff der Energieeffizienz *Britz/Eifert/Reimer*, S. 65; *Pielow*, ZUR 2010, 118.
124   Vgl. zur Absicht der EU KOM (2010) 2020 endg.
125   Vgl. *Wüstemann*, S. 47 ff.
126   ABlEU L 315/1, zuletzt geändert durch RL 2013/12/EU v. 13.5.2013, ABlEU L 141/28.
127   ABlEU L 198/1.

- Richtlinie 2010/31/EU über die Gesamtenergieeffizienz von Gebäuden vom 19.5.2010, sog. „Gebäudeeffizienz-Richtlinie",[128]
- Richtlinie 2008/98/EG vom 19.11.2008 über Abfälle und zur Aufhebung bestimmter Richtlinien, sog. „Abfallrichtlinie",[129]
- Richtlinie 2009/125/EG vom 21.10.2009 zur Schaffung eines Rahmens für die Festlegung von Anforderungen an die umweltgerechte Gestaltung energieverbrauchsrelevanter Produkte („Ökodesign-Richtlinie"),[130] und
- Richtlinie 2009/33/EG vom 23.4.2009 zur Förderung sauberer und energieeffizienter Straßenfahrzeuge.[131]

Außerdem soll die Energieeffizienz von energieverbrauchsrelevanten Produkten (Öko-design) und Gebäuden verbessert werden. Die Richtlinie 2010/31/EU gab den Mitgliedstaaten auf, Mindeststandards für die Gesamtenergieeffizienz von Gebäuden zu setzen und ein System für die Erstellung von Energieausweisen einzurichten.[132] Die Richtlinie wurde durch eine Verordnung[133] ersetzt, um unterschiedliche Umsetzungen auszuschließen und zuverlässigere Wettbewerbsbedingungen zu schaffen.[134]   21

Die sog. Ökodesign-Richtlinie 2009/125/EG stellt den Rechtsrahmen für den Erlass umfassender Anforderungen an die Umweltverträglichkeit von energieverbrauchsrelevanten Produkten dar und dient als Ermächtigungsgrundlage für entsprechende Durchführungsverordnungen der Kommission.[135] Der Effizienz der Energieerzeugung hingegen wird etwa durch die KWK-Richtlinie oder die Forderung nach bestimmten Wirkungsgraden in der Erneuerbare-Energien-Richtlinie 2009/28/EG Rechnung getragen.[136] Dennoch ist es bisher nicht gelungen, das Energieeinsparpotenzial voll auszuschöpfen.

Mit der „Energieeffizienzrichtlinie" 2012/27/EU vom 25.10.2012 wurde der Weg für zusätzliche Maßnahmen effizienter Energienutzung in sämtlichen Bereichen der Energiewertschöpfungskette geebnet.[137] So soll mittelfristig der Primärenergieverbrauch in der Europäischen Union bis zum Jahr 2020 um 20 % gegenüber unverändert geltenden Projektionen gesenkt werden (vgl. Art. 1 Abs. 1). Außerdem sollten mit der Richtlinie weitere Energieeffizienzverbesserungen für die Zeit nach 2020 vorbereitet werden.[138] Konkret bestimmte der Europäische Rat zunächst für die Zeit nach 2020 und bis 2030 ein lediglich indikatives Mindestziel von 27 % mit der Möglichkeit einer Er-

---

128 ABlEU L 153/13, zuletzt geändert durch RL (EU) 2018/844 v. 30.5.2018, ABlEU L 156/75.
129 ABlEG L 312/3, zuletzt geändert durch VO (EU) 2017/997 v. 8.6.2017, ABlEU L 150/1.
130 ABlEG L 285/10, zuletzt geändert durch RL 2012/27/EU v. 25.10.2012, ABlEU L 315/1, durchgeführt durch VO (EU) 2015/1095 v. 5.5.2015, ABlEU L 177/19; dazu vgl. *Dietrich/Akkermann*, ZUR 2013, 274.
131 ABlEG L 120/5.
132 Seit der Neufassung ist auch der Gebäudebestand in den Anwendungsbereich der Richtlinie einbezogen; vgl. *Koch*, NVwZ 2011, 641, 645.
133 VO (EU) Nr. 2017/1369 v. 4.7.2017, ABlEU L 198/1.
134 *Falke*, ZUR 2017, 704.
135 Zur Ökodesign-Richtlinie bestehen Durchführungsvorschriften der Kommission, etwa die VO (EG) Nr. 278/2009 v. 6.4.2009 zur Durchführung der RL 2005/32/EG im Hinblick auf die Festlegung von Ökodesign-Anforderungen an die Leistungsaufnahme externer Netzteile bei Nulllast sowie ihre durchschnittliche Effizienz im Betrieb, ABlEG L 93/3; zuletzt geändert durch VO (EU) 2016/2282 v. 30.11.2016, ABlEU L 346/51; vertiefend *Schomerus/Spengler*, EurUP 2010, 54; zur Umsetzung der Richtlinie *Dietrich/Akkermann*, ZUR 2013, 274.
136 Vgl. oben § 16 Rn. 18 f.
137 *Falke*, ZUR 2013, 51; *Rebentisch*, NVwZ 2015, 921.
138 *Klemm*, CuR 2012, 148.

höhung auf 30 % nach Abschluss einer Evaluation bis 2020.[139] Im Juni 2018 einigten sich die am Gesetzgebungsverfahren zur Novellierung der Energieeffizienzrichtlinie beteiligten Organe der EU auf ein nicht verbindliches europäisches Effizienzziel von 32,5 %.[140] Die Beiträge zur Zielerreichung legen die Mitgliedstaaten künftig in ihrem integrierten nationalen Energie- und Klimaplan eigenständig fest, der in das Überwachungsverfahren der Governance-Verordnung eingebettet ist.

Im dritten Energiepaket wurde zudem die Einführung intelligenter Verbrauchsmessgeräte festgelegt, sog. „Smart Meters", die die Verbraucher genau über Energieverbrauch und -preise informieren, so dass diese gezielter Energie sparen können. Allerdings kann die Einführung von einer positiven wirtschaftlichen Bewertung der langfristigen Kosten und Vorteile abhängig gemacht werden.[141]

22   Fragen der Energieeffizienz sind auch im **Straßenverkehr** relevant.[142] Die Richtlinie 2009/33/EG vom 23.4.2009 zur Förderung sauberer und energieeffizienter Straßenfahrzeuge[143] zielt darauf ab, Antragsteller in Vergabeverfahren für bestimmte Grundversorgungsleistungen nach der Richtlinie 2004/17/EG,[144] für öffentliche Bauaufträge nach der Richtlinie 2004/18/EG[145] und Betreiber des öffentlichen Personenverkehrs zu verpflichten, Energie- und Umweltauswirkungen neu gekaufter Fahrzeuge zu berücksichtigen. Hierzu zählen der Energieverbrauch, CO_2-Ausstoß und bestimmte Schadstoffemissionen wie NO_X und Nichtmethan-Kohlenwasserstoffe, wobei die gesamte Lebensdauer der Fahrzeuge zu berücksichtigen ist. Die Methode der Lebenszykluskostenrechnung, die u.a. auch den Energieverbrauch als Teil der Nutzungskosten erfasst, ist zudem in den allgemeinen vergaberechtlichen Vorschriften der EU enthalten.[146]

23   Hauptzweck der Abfallrahmenrichtlinie ist es, die Umwelt, menschliche Gesundheit und Ressourcen zu schützen und die EU dem Ziel einer „Recycling-Gesellschaft" näher zu bringen.[147] In der Hierarchie der Abfallbehandlung wird die energetische Verwertung, m.a.W. Verbrennung oder Mitverbrennung, deshalb nur genehmigt, wenn ein hoher Grad an Energieeffizienz erreicht wird. Durch eine strenge Fassung der maßgeblichen Energieeffizienzformel wird unionsweit die Energieeffizienz der Verbrennungsanlagen gesteigert.[148]

---

139 Schlussfolgerungen des Europäischen Rates v. 23./24.10.2014, EUCO 169/14, Rn. 3.
140 Der Vorschlag ist abrufbar unter https://eur-lex.europa.eu/legal-content/EN/TXT/PDF/?uri=CONSIL:ST_10 309_2018_INIT&from=EN (Stand: 21.9.2018).
141 Bericht der Kommission: Die Einführung intelligenter Verbrauchsmesssysteme in der EU-27 mit Schwerpunkt Strom im Vergleich, KOM(2014) 356 endg.
142 *Reimer* in: Schulze-Fielitz/Müller, S. 165.
143 Vgl. oben § 16 Rn. 20.
144 RL 2004/17/EG v. 31.3.2004 zur Koordinierung der Zuschlagerteilung durch Auftraggeber im Bereich der Wasser-, Energie- und Verkehrsversorgung sowie der Postdienste, ABlEG L 134/1, aufgehoben durch RL 2014/25/EU v. 26.2.2014, ABlEU L 94/243, diese zuletzt geändert durch VO (EU) 2017/2364 v. 18.12.2017, ABlEU L 337/17.
145 RL 2004/18/EG v. 31.3.2004 über die Koordinierung der Verfahren zur Vergabe öffentlicher Bauaufträge, Lieferaufträge und Dienstleistungsaufträge, ABlEG L 134/114, aufgehoben durch RL 2014/24/EU v. 26.2.2014, ABlEU L 94/65, diese zuletzt geändert durch VO (EU) 2017/2365 v. 18.12.2017, ABlEU L 337/19.
146 Vgl. Art. 67, 68 RL 2014/25/EU v. 26.2.2014, ABlEU L 94/243, sowie Art. 82, 83 RL 2014/24/EU v. 26.2.2014, ABlEU L 94/65.
147 Vgl. § 12 Rn. 7 ff.
148 Ausführlich zum Abfallrecht vgl. unter § 12 Rn. 1 ff.; zur Energieeffizienzformel *Kropp*, ZUR 2009, 584.

d) Sonstige klimaschützende Rechtsakte

Rechtsakte zur Steuerung sonstiger klimaschützender Technologien oder Verhaltensweisen sind Regelungen, die im Schwerpunkt Luftreinhaltung bezwecken und als Nebeneffekt Klimaschutz bewirken, sowie Maßnahmen, die auf die Vermeidung des Austritts von Kohlendioxid in die Atmosphäre gerichtet sind.

24

aa) EU-Luftreinhaltungsrecht

Regelungen zum Klimaschutz finden sich u.a. im **EU-Luftreinhaltungsrecht:**[149]

25

- Verordnung (EG) Nr. 443/2009 vom 23.4.2009 zur Festsetzung von Emissionsnormen für neue Personenkraftwagen im Rahmen des Gesamtkonzepts der Gemeinschaft zur Verringerung der CO_2-Emissionen von Personenkraftwagen und leichten Nutzfahrzeugen,[150]
- Richtlinie 2009/30/EG vom 23.4.2009 zur Änderung der Richtlinie 1998/70/EG im Hinblick auf die Spezifikationen für Otto-, Diesel- und Gasölkraftstoffe und die Einführung eines Systems zur Überwachung und Verringerung der Treibhausgasemissionen sowie zur Änderung der Richtlinie 1999/32/EG im Hinblick auf die Spezifikationen für von Binnenschiffen gebrauchte Kraftstoffe und zur Aufhebung der Richtlinie 1993/12/EWG,[151]
- Luftqualitätsrichtlinie 2008/50/EG vom 21.5.2008 über die Luftqualität und saubere Luft für Europa[152] und
- Richtlinie 2010/75/EU vom 24.11.2010 über Industrieemissionen.[153]

Zum klimaschutzbezogenen Luftreinhaltungsrecht zählen quellenbezogene Regelungen für Kraftfahrzeuge und Industrieanlagen und die davon zu unterscheidenden quellen*un*abhängigen Regelungen.[154] Die **Luftqualitätsrahmenrichtlinie** 2008/50/EG vom 21.5.2008 über die Luftqualität und saubere Luft für Europa[155] macht Vorgaben für die Luftqualität durch die Festlegung von Grenz- und Leitwerten und für die zu ergreifenden Maßnahmen und ist somit quellenunabhängig. Sie ist ein zentrales Element zur Erreichung der gesundheitsrelevanten Ziele der von der EU-Kommission vorgelegten „Luftreinhaltestrategie" zur Verbesserung der Umweltsituation bis 2020.[156]

26

Im Dezember 2013 hat die EU-Kommission das Programm „Saubere Luft für Europa"[157] vorgestellt. Danach sollen die bestehenden Ziele bis 2020 eingehalten und darüber hinaus bis 2030 wesentliche Verbesserungen erreicht werden. Dazu schlägt sie eine Reform der Richtlinie 2001/81/EG über nationale Emissionshöchstmengen für bestimmte Luftschadstoffe (NEC-RL)[158] und eine Richtlinie zur Begrenzung von Emis-

---

149 Vgl. hierzu bereits § 9 Rn. 5 ff.
150 ABlEU L 140/1, zuletzt geändert durch VO (EU) 2018/649 v. 23.1.2018, ABlEU L 108/14.
151 ABlEG L 140/88.
152 ABlEG L 152/1, zuletzt geändert durch RL (EU) 2015/1480 v. 28.8.2015, ABlEU L 226/4; zur Entwicklung des Luftqualitätsrechts Köck/Lehmann, ZUR 2013, 67.
153 ABlEU L 334/17; zur Umsetzung der Richtlinie Betensted/Grandjot/Waskow, ZUR 2013, 395.
154 Vgl. hierzu bereits § 9 Rn. 5 ff.
155 Vgl. Fn. 142; einen anschaulichen Überblick über die europäische Luftreinhalteplanung und deren Umsetzung gibt Cancik, ZUR 2011, 283; siehe zur Entwicklung des Luftqualitätsrechts allgemein Köck/Lehmann, ZUR 2013, 67.
156 V. 21.9.2005, KOM (2005) 446 endg.; dazu Scheidler, NuR 2006, 354.
157 KOM(2013) 918 endg.
158 KOM(2013) 920 endg.

sionen von Luftschadstoffen aus mittelgroßen Feuerungsanlagen[159] vor.[160] Die Luftqualitätsrahmenrichtlinie soll allerdings vorerst nicht überarbeitet werden.

27 In der quellenbezogenen Industrieemissionsrichtlinie 2010/75/EU werden primär Grenzwerte für Emissionen gesetzt. Die Energieeffizienz gehört dabei zu den Kriterien für die Ermittlung der besten verfügbaren Techniken, die als Referenz für die Festlegung der Genehmigungsauflagen für die erfassten Anlagen gelten, und wird voraussichtlich weitere klimaschützende Effizienzsteigerungen bewirken.[161]

28 Die Regelungen für die Reduzierung von Kfz-Abgasen stellen ebenfalls quellenbezogene Maßnahmen dar, die auf Senkung von Feinstaubpartikeln und Treibhausgasemissionen zielen. Der Straßenverkehrssektor ist für etwa 20 % der Treibhausgasemissionen der Europäischen Union verantwortlich. Die geltenden Emissionsgrenzwerte für CO-, HC-, und Partikelemissionen bei neuen PKW und leichten Nutzfahrzeugen (Euro-Normen)[162] wurden deshalb durch Erlass der Verordnung (EG) Nr. 443/2009[163] um verbindliche CO_2-Grenzwerte ergänzt.[164]

Daneben wird den Mitgliedstaaten auf Grundlage der Wegekostenrichtlinie 1999/62/EG[165] die Möglichkeit geboten, externe Kosten nach dem Verursacherprinzip zu internalisieren. Dadurch können im Straßengüterverkehr Umweltbelastungen durch Lärm und Luftverschmutzung zusätzlich zu den Straßennutzungsgebühren in den LKW-Mautpreis (Stichwort: Eurovignette) einbezogen werden. Durch Ausnahme der energieeffizienten, emissionsarmen LKW-Motoren der Klasse Euro-5 soll das Instrument eine Flottenerneuerung bewirken.[166] Ob Kosten klimaschädlicher Emissionen ebenfalls internalisiert werden, bleibt abzuwarten.

bb) CO_2-Abscheidung und Speicherung

29 Ziel der **Richtlinie 2009/31/EG** vom 23.4.2009 **über die geologische Speicherung von Kohlendioxid**[167] ist es, einen Rechtsrahmen für die Speicherung von CO_2 zu schaffen, damit die Kohlenstoffspeicherung in das Klimaschutzsystem der EU eingebunden werden kann.[168] Die Richtlinie gilt gem. Art. 2 Abs. 1 für die geologische Speicherung von CO_2 im Hoheitsgebiet der Mitgliedstaaten, ihren ausschließlichen Wirtschaftszonen und ihren Festlandsockeln im Sinne des Seerechtsübereinkommens der Vereinten Nationen.[169] Speicherungen in Bereichen, die sich über diesen Anwendungsbereich hinaus erstrecken, sind verboten. Nicht anwendbar ist die Richtlinie auf Forschungs- und Entwicklungsprojekte und auf Demonstrationsprojekte mit einem Gesamtspeichervolu-

---

159 KOM(2013) 919 endg.
160 Allgemein zum Programm „Saubere Luft für Europa" auch *Koch/Weiss*, NVwZ 2015, 1100.
161 Dazu oben § 9 Rn. 8; zur Umsetzung der IE-RL in das deutsche Recht *Jarass*, NVwZ 2013, 169; *Betensted/Grandjot/Waskow*, ZUR 2013, 395.
162 VO (EG) 715/2007 v. 29.6.2007, ABlEG L 171/1, zuletzt geändert durch VO (EU) 2017/1151 v. 1.6.2017, ABlEU L 175/1.
163 Vgl. Fn. 140.
164 Ausführlich *Herrmann/Hofmann* in: Koch/Hofmann/Reese, § 14 Rn. 27 f.
165 ABlEG L 187/42, zuletzt geändert durch RL 2013/22/EU v. 13.5.2013, ABlEU L 158/356; vgl. zur Entwicklung der Richtlinie *Hartmann*, EuZW 2012, 413.
166 Vgl. Entschließung des Europäischen Parlaments v. 11.3.2009, ABlEG C 87 E/345.
167 ABlEG L 140/114, zuletzt geändert und teilweise aufgehoben durch RL 2011/92/EU v. 13.12.2011, ABlEU L 26/1.
168 Zur deutschen Umsetzung vgl. *Koch/Weiss*, NVwZ 2015, 633; *Wickel*, ZUR 2011, 115; *Schlacke* in: dies., Umwelt- und Planungsrecht im Wandel, DV 2011, Beiheft 11, S. 137 f.; zum Anlagengenehmigungsrecht und CCS, *Uibeleisen*, CCLR 2011, 264; *Wolf*, ZUR 2009, 571.
169 Vgl. dazu § 15 Rn. 12 ff.

men von max. 100 Kilotonnen CO_2. Neben der Erforderlichkeit einer Explorationsgenehmigung (Art. 5), mit der mögliche Speicherstätten auf ihre Geeignetheit untersucht werden können, bedarf es einer Speichergenehmigung (Art. 6), die allein zur Ablagerung des CO_2 berechtigt. Das Erfordernis der vorherigen Genehmigung gilt unabhängig von der Lage der Speicherstätte (terrestrisch oder maritim). Ferner werden der Betrieb, die Schließung und die Nachsorgepflichten geregelt. Ebenso enthält die Richtlinie Regelungen zu Überwachungs- und Berichterstattungspflichten, Inspektionen, Maßnahmen im Falle von ungewollten Austritten von CO_2 oder erheblichen Unregelmäßigkeiten und der Stellung einer Finanzsicherheit für Haftungsfälle (Art. 13 ff.). Aufgrund der eindeutigen Wertung der Richtlinie kann CO_2 zwar als Abfall definiert werden, soll aber gem. Art. 35, 36 nicht dem europäischen Abfallrechtsregime unterfallen, womit eine abfallrechtliche Steuerung der CO_2-Speicherung ausgeschlossen wird.

3. Bundesrecht

Auch im nationalen Recht hat sich die Klimapolitik zu einem dynamischen Rechtsbereich entwickelt: 2007 setzte die Bundesregierung mit den Meseberger Beschlüssen zum „Integrierten Energie- und Klimaprogramm" (IEKP)[170] die als „Klima- und Energiepaket"[171] ergangene europäische Richtungsentscheidung in konkrete Maßnahmen um. Eine langfristige Strategie zur künftigen Energieversorgung in Deutschland folgte mit dem „Energiekonzept" im Jahr 2010.[172] Im Verhältnis zum Jahr 1990 formuliert es als Ziel eine Treibhausgasreduktion von 40 % bis zum Jahr 2020 und eine Reduktion von 80–95 % bis zum Jahr 2050. Um dieses Ziel zu erreichen, sollte die Nutzung der Kernenergie[173] während des Umbaus der Energieversorgung auf erneuerbare Energien als Brücke dienen. Mit dieser Begründung wurde durch das Energiekonzept der bereits im Jahr 2002 beschlossene Ausstieg aus der Nutzung der Kernenergie[174] bis zum Jahr 2021 zurückgenommen und eine Laufzeitverlängerung der vorhandenen Kernkraftwerke um durchschnittlich zwölf Jahre beschlossen.[175] Dieser unter dem Schlagwort „Ausstieg aus dem Ausstieg" bekannte Beschluss war sehr umstritten und wurde nach dem Unfall im japanischen Kernkraftwerk in Fukushima im März 2011 durch Erlass eines sog. Atom-Moratoriums[176] ausgesetzt und schließlich durch beschleunigtes Einleiten der „Energiewende"[177] im Juni 2011 zurückgenommen. Das Gesetzespaket zur Energiewende umfasst überwiegend Akte zur Steigerung der Energieeffizienz und zum Ausbau erneuerbarer Energien und setzt den vollständigen Verzicht

30

---

170 Vgl. https://www.bmwi.de/Redaktion/DE/Textsammlungen/Industrie/integriertes-energie-und-klimapro gramm.html (Stand: 21.9.2018).

171 EU-Ratsbeschl. 7224/01/07 REV 1, Fassung v. 22.5.2007; vgl. oben § 16 Rn. 11.

172 Beschl. des Bundeskabinetts v. 28.9.2010, Energiekonzept für eine umweltschonende, zuverlässige und bezahlbare Energieversorgung, S. 4, 18 ff.; vgl. www.bundesregierung.de/Content/DE/StatischeSeiten/Bre g/Energiekonzept/Sofortprogramm.html?nn=437032 (Stand: 21.9.2018).

173 Ausführlich hierzu *John* in: Koch/Hofmann/Reese, § 10; vgl. oben § 4 Rn. 34 und 37.

174 Gesetz zur geordneten Beendigung der Kernenergienutzung zur gewerblichen Erzeugung von Elektrizität v. 22.4.2002, BGBl. I, S. 1351.

175 Elftes Gesetz zur Änderung des Atomgesetzes v. 8.12.2010, BGBl. I, S. 1814; kritisch zum Ablauf des jüngsten atomrechtlichen Gesetzgebungsverfahren *Ziehm*, ZUR 2011, 281, 282.

176 § 19 Abs. 3 S. 2 Nr. 3 AtG wurde dabei fälschlicherweise als Rechtsgrundlage für die dreimonatige Betriebseinstellung von sieben Kernkraftwerken herangezogen; dazu *Rebentisch*, NVwZ 2011, 533; zu den diesbezüglich ergangenen Entscheidungen des VGH Kassel *Battis/Ruttloff*, NVwZ 2013, 817.

177 Die Rückkehr zum Atomausstieg erfolgte dabei durch das 13. Gesetz zur Änderung des Atomgesetzes v. 31.7.2011, BGBl. I, S. 1704; vgl. auch *Sellner/Fellenberg*, NVwZ 2011, 1025; *Ewer*, NVwZ 2011, 1035; die Verfassungsmäßigkeit des Gesetzes überwiegend bestätigend BVerfG, NJW 2017, 217.

auf die Stromerzeugung in deutschen Kernkraftwerken nun für das Jahr 2022 fest.[178] Die aktuellen Ziele der Klimapolitik des Bundes enthält der unverbindliche „Klimaschutzplan 2050"[179]: Danach sind die Treibhausgasemissionen bis 2050 im Vergleich zu 1990 um 80 bis 95 % zu verringern. Den mit der Zielerreichung verbundenen ökonomischen Transformationsprozess beschreibt der „Klimaschutzplan 2050" mit dem Paradigma, dass erneuerbare Energien und Energieeffizienz künftig den Standard für Investitionen bilden, während Investitionen in fossile Energieerzeugung nur noch in Ausnahmefällen stattfinden. Ein Zeitplan für einen Ausstieg aus der Kohleverstromung enthält der Plan jedoch nicht.[180]

31   Dem Bund steht nach Art. 74 Abs. 1 Nr. 24 GG die Gesetzgebungskompetenz für das Recht der Luftreinhaltung sowie nach Nr. 11 für das Recht der Wirtschaft zu. Es handelt sich jeweils um eine konkurrierende Gesetzgebungskompetenz. Für auf Art. 74 Abs. 1 Nr. 11 GG gestützte Regelungen ist die Erforderlichkeit einer bundeseinheitlichen Regelung nachzuweisen (Art. 72 Abs. 2 GG). Eine Abweichungskompetenz der Länder besteht bei abschließender Regelung des Bundes nicht. Bundesgesetze können jedoch Öffnungsklauseln enthalten.[181]

32   Die Spezialregelungen zum Klimaschutzrecht, die in den vergangenen Jahren erlassen wurden, müssen den verfassungsrechtlichen Erfordernissen genügen. Insbesondere für die Etablierung des Emissionshandels haben sich die verfassungsrechtlichen Grenzen, im Speziellen Art. 12, 14, 3 Abs. 1, 2 Abs. 1 GG, zwar nicht als hinderlich, aber als überprüfungsbedürftig erwiesen.[182]

In der Bundesrepublik ist eine sektorübergreifende gesetzliche Regelung des Klimaschutzrechts bisher nicht zustande gekommen.[183] Im Koalitionsvertrag der 19. Legislaturperiode ist indes beabsichtigt, ein Gesetz zu verabschieden, das „die Einhaltung der Klimaschutzziele 2030 gewährleistet".[184] Die rechtlich verbindliche Umsetzung in Form eines bundesweiten Klimaschutzgesetzes[185] ist für 2019 geplant. Als Schwerpunkte des deutschen Klimaschutzrechts können nachfolgend

- das Recht des Emissionszertifikatehandels,
- das Recht der erneuerbaren Energien,
- das Recht der Energieeffizienz sowie
- klimaschützende Regelungen im Umwelt- und Planungsrecht

identifiziert werden.[186]

---

178 Atomgesetz in der Fassung der Bekanntmachung v. 15.7.1985, BGBl. I S. 1665, zuletzt geändert durch Art. 1 G v. 10.7.2018, BGBl. I, S. 1122.
179 Die Volltextversion ist abrufbar unter http://www.bmub.bund.de/fileadmin/Daten_BMU/Download_PDF /Klimaschutz/klimaschutzplan_2050_bf.pdf (Stand: 21.9.2018).
180 Zur Kritik *Stäsche*, EnWZ 2016, 404 ff. m.w.N.
181 *Milkau*, ZUR 2008, 561 ff.
182 BVerfG, ZUR 2007, 583; BVerfG, ZUR 2007, 587; BVerfG, ZUR 2007, 579; *Frenz*, UPR 2008, 8; *Holz*, NVwZ 2007, 1153.
183 Anders insoweit die Klimaschutzgesetze der Länder. Zu den Regelungen u.a. in Nordrhein-Westfalen und Baden-Württemberg s.u. § 16 Rn. 74 f.; Beispiele für nationale Klimaschutzgesetze finden sich in der Schweiz, Frankreich und Großbritannien, dazu *Groß*, ZUR 2011, 171; zu einem möglichen Bundesklimaschutzgesetz *UBA*, Das Klimaschutzrecht des Bundes, S. 290 ff.
184 Koalitionsvertrag zwischen CDU, CSU und SPD, 19. Legislaturperiode, Zn. 6742 ff.
185 Vgl. zu den möglichen Perspektiven eines Bundes-Klimaschutzgesetzes *Saurer*, NuR 2018, 581 ff.; zu den Landesklimaschutzgesetzen vgl. unten Rn. 73 ff.
186 *Koch*, NVwZ 2011, 641.

a) Recht des Emissionszertifikatehandels

▶ **FALL 17:** A betreibt seit 1999 eine immissionsschutzrechtlich genehmigte Anlage zur 33 Herstellung von Zement. Durch das Inkrafttreten des Treibhausgas-Emissionshandelsgesetzes (TEHG) am 15.7.2004 wird sie verpflichtet, die Anforderungen der §§ 5, 6 TEHG einzuhalten und am Emissionshandel teilzunehmen. A hält das TEHG und die darin auferlegten Pflichten für verfassungswidrig. § 4 TEHG legt die nach dem TEHG genehmigungspflichtigen Anlagen fest. A zufolge ist § 4 TEHG ein Enteignungstatbestand, der mangels Entschädigungsregel weder verhältnis- noch verfassungsmäßig sei. Die enteignende Wirkung bestehe darin, dass der Staat A die Emissionsbefugnis entziehe, um selbst dauerhaft die Verfügungsbefugnis über die Emissionsberechtigung zu erlangen. Dadurch sei die Emissionsberechtigung der Anlagenbetreiberin A quasi widerrufen, wobei die immissionsschutzrechtlichen Widerrufsvoraussetzungen allerdings umgangen wurden. A sieht in § 5 Abs. 1 S. 2 BImSchG und § 4 Abs. 7 S. 1 TEHG einen Eingriff in den immissionsschutzrechtlich genehmigten Bestand ihrer Anlage, der ihre Rechte aus Art. 14 GG verletze.

Zu Recht?[187] ◀

Die europäischen Vorgaben zum Emissionshandel erfüllt der Bundesgesetzgeber durch 34 spezifische Vorschriften:[188]

- das **Treibhausgas-Emissionshandelsgesetz** (TEHG) vom 21.7.2011,[189]
- das **Zuteilungsgesetz** (ZUG) 2012 vom 7.8.2007[190] und die **Zuteilungsverordnung** (ZuV) 2020 vom 26.9.2011,[191]
- die **Emissionshandels-Versteigerungsverordnung** (EHVV)2012 vom 17.7.2009,[192]
- die **Datenerhebungsverordnung** (DEV) **2020** vom 22.7.2009,[193]
- Änderungen des BImSchG[194] sowie
- das Gesetz über projektbezogene Mechanismen nach dem Protokoll von Kyoto zum Rahmenübereinkommen der Vereinten Nationen über Klimaänderungen vom 11.12.1997, sog. **Projekt-Mechanismen-Gesetz** (ProMechG).[195]

Veranlasst durch die Emissionshandelsrichtlinie 2003/87/EG bildet das Treibhausgas- 35 Emissionshandelsgesetz[196] den rechtlichen Rahmen des Emissionszertifikatehandels. In der dritten Handelsperiode (2013–2020) werden europaweit einheitliche Regelungen für die Zuteilung der Emissionszertifikate innerhalb der Mitgliedstaaten festgelegt. Aus

187 Ausführlich zu dieser Thematik: VG Würzburg, Urt. v. 9.11.2004 – 4 K 04.948.
188 Einen Überblick über die bundesrechtlichen Regeln gibt das UBA unter: https://www.dehst.de/DE/Emissi onshandel-verstehen/Gesetze-und-Verordnungen/gesetze-und-verordnungen-node.html (Stand: 21.9.2018).
189 BGBl. I, S. 1475, zuletzt geändert durch Art. 11 Abs. 12 G v. 18.7.2017, BGBl. I, S. 2745.
190 Für die Zuteilungsperiode 2008–2012, BGBl. I, S. 1788, zuletzt geändert durch Art. 4 Abs. 32 G v. 18.7.2016, BGBl. I S. 1666; hierzu *Kobes*, NVwZ 2007, 857; *Spieth/Hamer*, NVwZ 2007, 867; für die Zuteilungsperiode 2005–2007: Gesetz über den nationalen Zuteilungsplan für Treibhausgas-Emissionsberechtigungen in der Zuteilungsperiode 2005–2007 (ZuG 2007) v. 26.8.2004, BGBl. I, S. 2211, zuletzt geändert durch Art. 4 Abs. 28 G v. 18.7.2016, BGBl. I S. 1666.
191 Für die Zuteilungsperiode 2013–2020, BGBl. I, S. 1921; zuletzt geändert durch Art. 2 VO v. 13.7.2017, BGBl. I, S. 2354.
192 BGBl. I, S. 2048, zuletzt geändert durch Art. 111 der Zehnten ZuständigkeitsanpassungsVO v. 31.8.2015, BGBl. I, S. 1474.
193 BGBl. I, S. 2118, zuletzt geändert durch Art. 106 der Zehnten ZuständigkeitsanpassungsVO v. 31.8.2015, BGBl. I, S. 1474.
194 BGBl. I, S. 1274, zuletzt geändert durch Art. 3 G v. 18.7.2017, BGBl. I, S. 2771.
195 BGBl. I, S. 2826; zuletzt geändert durch Art. 67 G v. 29.3.2017, BGBl. I, S. 626.
196 Vgl. oben Rn. 34.

diesem Grund sind nationale Zuteilungsgesetze, wie sie noch innerhalb der ersten beiden Handelsperioden existierten,[197] nicht mehr erforderlich.

Der **Konzeption** nach wird teilnehmenden Anlagen eine bestimmte Menge an Emissionszertifikaten zugeteilt, mit denen diese „haushalten" müssen und ihren Minderungsverpflichtungen nachkommen. Seit dem Jahr 2013 wird die Menge der kostenlosen Emissionszertifikate sukzessive bis zum Jahr 2027 herabgesetzt und die Anzahl der versteigerten Emissionszertifikate entsprechend erhöht.[198] Ziel ist es, dass die Unternehmen einerseits ihre Energieeffizienz steigern – insbesondere durch Einsatz neuer, innovativer Techniken – und zugleich ihre CO_2-Emissionen senken, um mit den zugeteilten Zertifikaten auszukommen. Ferner ist es ihnen gestattet, Zertifikate von anderen deutschen oder mitgliedstaatlichen Unternehmen hinzuzukaufen. Entscheidend dafür, ob sie zukaufen oder Emissionen an ihren eigenen Anlagen vermeiden, sind letztlich die individuellen Kosten: Ist die Vermeidung von Emissionen kostengünstiger als der Preis der Zertifikate, wird die eigene Anlage verbessert.[199] Das Emissionshandelssystem bezweckt mithin, den Ausstoß von Kohlendioxid dort zu reduzieren, wo es am kostengünstigsten ist und sich am wirtschaftlichsten realisieren lässt. In Folge der gezielten Begrenzung der Gesamtemissionsmenge und der Knappheit von Emissionsberechtigungen erhält die vermiedene Tonne CO_2 daher – erstmalig – einen Marktpreis.[200] Der Ausstoß von Treibhausgasen ist damit ein wichtiger Kostenfaktor für Unternehmen, der einen wirtschaftlichen Anreiz schafft, Emissionen einzusparen.[201]

36   Gem. § 2 Abs. 1 TEHG umfasst der **Anwendungsbereich** des Gesetzes die Emissionen der im Anhang 1 Teil 2 aufgelisteten Treibhausgase durch die dort benannten Tätigkeiten. Nach § 4 Abs. 1 TEHG ist die Freisetzung von Treibhausgasen aus im Anhang 1 Teil 2 Nr. 1 bis 32 genannten Anlagen genehmigungspflichtig. § 7 Abs. 1 TEHG verpflichtet die für Emissionen Verantwortlichen, bis zum 30. April eines jeden Jahres eine Anzahl an Berechtigungen an die zuständige Behörde zu übermitteln, welche jeweils den angefallenen Emissionen im vorangegangenen Kalenderjahr entspricht. §§ 29 ff. TEHG sehen Sanktionen zur Durchsetzung der Pflichten aus dem TEHG vor. In den ersten beiden Phasen des Emissionshandels hatten verantwortliche Anlagenbetreiber nach § 9 TEHG a.F. i.V.m. den Zuteilungsregeln des ZuG 2012 einen Anspruch auf Zuteilung von Berechtigungen. Mit Beginn von Phase III (2013–2020) werden die Berechtigungen gemäß § 8 Abs. 1 TEHG versteigert oder nach Maßgabe des § 9 TEHG den Anlagenbetreibern kostenlos zugeteilt. Die gezielte Verknappung der europaweiten Zertifikatsmenge und die Orientierung an den 10 % der effizientesten Anlagen bei der kostenlosen Berechtigungszuteilung sollen Betreiber ineffizienter Anlagen dazu anhalten, ihre Emissionen zu reduzieren oder entsprechende Zertifikate zuzukaufen.[202] Die Möglichkeit des Handels mit Emissionsrechten wird in §§ 7 Abs. 3, 17 TEHG vorausgesetzt.[203]

---

197 Vgl. Fn. 188.
198 Vgl. Art. 10a Abs. 11 Richtlinie 2009/29/EG, ABlEU 140/63.
199 Vgl. *Sparwasser/Engel/Voßkuhle*, § 2 Rn. 113 ff.; *Michaelis/Holtwisch*, JA 2005, 71, 72; *Siems*, NuR 2005, 443; *Martini/Gebauer*, ZUR 2007, 225.
200 Ausführlich zum Verhältnis von Wettbewerbsrecht und Umweltrecht am Beispiel des Emissionshandels *Frenz*, EWS 2007, 337, 339; ferner EuG, NVwZ 2006, 75.
201 Vgl. *Koch/Hofmann* in: Koch/Hofmann/Reese, § 4 Rn. 162.
202 In den Phasen I und II hatten die Mitgliedstaaten noch einen eigenen Gestaltungsspielraum bei der Zuteilung. Mit der Phase III setzt die Zuteilungsverordnung lediglich die Unionsvorgaben in deutsches Recht um; vgl. § 16 Rn. 14.
203 Zur jüngeren Entwicklung des Treibhausgashandels *Koch/Wels*, NVwZ 2015, 633, 634.

Zur Verwaltung der Emissionsberechtigungen wurden nationale Datenbanken mit 37 „Konten" für die Marktteilnehmer bei der dem Umweltbundesamt zugeordneten **Deutschen Emissionshandelsstelle (DEHSt)** eingerichtet (§ 19 Abs. 1 Nr. 3 TEHG i.V.m. § 23 ZuG). Dieses elektronische Handelsregister war Teil des europäischen Zentralregisters (CITL), in dem sämtliche Transaktionen aufgeführt wurden. Für die laufende Handelsperiode bis 2020 gilt nunmehr die RegVO 2013[204], welche die nationalen Register zu einem Unionsregister zusammenführt.[205]

Die Komplexität des Emissionshandels begründet ein erhebliches Konfliktpotential:[206] 38 So hat das BVerwG den im Emissionszertifikatehandelssystem liegenden Eingriffen in eigentumsrechtliche Positionen die verfassungsmäßige Verhältnismäßigkeit mit Blick auf das Allgemeininteresse attestiert und überdies die Europarechtskonformität bestätigt.[207] Daneben hat der EuGH festgestellt, dass die anfängliche Nichteinbeziehung des Chemie- und Nichteisenmetallsektors zwar den Gleichheitssatz tangiere, die unterschiedliche Behandlung aber aufgrund der geringen Mengen an Emissionen und der schrittweisen Einführung des komplexen Systems gerechtfertigt sei.[208] Die Daten aus den Zuteilungsbescheiden unterliegen nur teilweise dem Schutz von Betriebs- und Geschäftsgeheimnissen der Unternehmen, so dass Angaben über die ausgestoßene Gesamtmenge an Kohlendioxid der Öffentlichkeit zugänglich gemacht werden müssen.[209] Rechtsschutz wird darüber hinaus durch Widerspruch und Anfechtungsklage (vgl. § 26 TEHG) gewährleistet.[210]

Das **Projekt-Mechanismen-Gesetz** setzt die internationalen[211] und europäischen[212] 39 Vorgaben für eine Erbringung von Emissionsreduzierungen an wirtschaftlich kostengünstigen Standorten im Ausland (CDM, JI)[213] um. Auf internationaler Ebene werden den Emittenten dafür sog. Kompensationszertifikate erteilt.

▶ **LÖSUNG FALL 17:** Von der Einführung des Emissionshandels, der auch die Anlagen der 40 Betreiberin A erfasst, sieht sich A in ihren Rechten aus Art. 14 GG verletzt. Soweit A das TEHG als „Entzug von Emissionsrechten" und das Fehlen einer Entschädigungsregel (Junktimklausel) als verfassungswidrig interpretiert, greift A das dahinterstehende Emissionshandelssystem an. Die Einführung des Emissionshandels in Deutschland beruht auf der europäischen Richtlinie 2003/87/EG, die hinsichtlich der Systemausgestaltung den Mitgliedstaaten zwingende Vorgaben macht. Soweit es sich beim TEHG um die bloße innerstaatliche Umsetzung von Unionsrecht handelt, ist dieses dem Maßstab der nationalen Grundrechte entzogen, wenn die Richtlinie abschließende Regelungen trifft, und solange ein im Wesentlichen gleicher Grundrechtsschutz durch die Unionsgrundrechte gewährt ist.

---

204 VO (EU) Nr. 389/2013 der Kommission v. 2.5.2013 zur Festlegung eines Unionsregisters für das EU-Emissionshandelssystem, ABlEU L 122/1, zuletzt geändert durch VO (EU) 2018/208 v. 12.2.2018, ABlEU L 39/3.
205 Hierzu im Detail *Quennet*, NVwZ 2014, 906.
206 Ausführlich hierzu *Pfromm*, Emissionshandel und Beihilfenrecht; *Schmidt/Kahl/Gärditz*, § 6 Rn. 26 ff.
207 BVerfG, ZUR 2007, 583; ZUR 2007, 587; zusammenfassend *Frenz*, UPR 2008, 8; ferner *Günther/Schnutenhaus*, NVwZ 2007, 1140.
208 EuGH, NVwZ 2009, 382; dazu *Epiney*, EurUP 2009, 94, 97.
209 BVerwG, Urt. v. 24.9.2009, ZUR 2010, 37.
210 Vgl. *Weinreich/Marr*, NJW 2005, 1078, 1081; ferner *Shirvani*, NVwZ 2005, 868; *Begemann/Lustermann*, NVwZ 2006, 135.
211 Vgl. oben § 16 Rn. 6 ff.
212 Vgl. oben § 16 Rn. 9 ff.
213 Vgl. oben § 16 Rn. 7.

Im Bereich des Eigentumsschutzes (Art. 17 Abs. 1 S. 1 S. 2 GRC und Rechtsprechung des EuGH) wird zwischen Entziehung des Eigentums und der Beschränkung seiner Nutzung unterschieden. Luft ist dem Einzelnen nicht nach Art eines Ausschließlichkeitsrechts privatnützig zuzuordnen und scheidet aus der Natur der Sache als eigenständiges, entziehungsfähiges Gut aus. Des Weiteren führen die Regelungen des Emissionshandels über die Emissionsbefugnis nicht notwendigerweise zu einem Entzug der Eigentümerposition an der Zementanlage. In der Einführung des Emissionshandels gemäß der Richtlinie 2003/87/EG liegt somit keine – auch keine teilweise – Eigentumsentziehung, sondern lediglich eine Beschränkung der Nutzungsmöglichkeit des Anlageneigentums. Art. 14 Abs. 3 GG definiert Enteignung als hoheitliche Güterbeschaffung für ein konkretes, der Erfüllung öffentlicher Aufgaben dienendes Vorhaben, wobei die Enteignung zumeist einem einzelnen Projekt dient. Ein Absinken unter den Grundrechtsstandard des GG droht durch Anwendung der Unionsgrundrechte insoweit nicht.

Die Einführung des Emissionshandels stellt somit eine gesetzliche Benutzungsregelung der Anlage dar, die als Eigentumsbeschränkung gerechtfertigt sein muss. Einschränkungen der Eigentumsnutzung sind zulässig, wenn sie tatsächlich dem Allgemeinwohl dienenden Zielen der Europäischen Union entsprechen und im Hinblick auf den verfolgten Zweck einen verhältnismäßigen Eingriff darstellen, der die gewährten Rechte nicht in ihrem Wesensgehalt antastet. Mit der Einführung des Emissionshandelssystems wird die Reduzierung von Treibhausgasemissionen bezweckt. Es werden daher umweltpolitische Ziele verfolgt, die eine Benutzungsregelung des Eigentums rechtfertigen. Fraglich ist, ob der Systemwechsel auch angemessen, d.h. verhältnismäßig im engeren Sinne ist. Dazu führt A an, dass ihre Anlage mit den damit verbundenen CO_2-Emissionen genehmigt sei und § 4 Abs. 7 TEHG nun eine Änderung dieser Ursprungsgenehmigung bewirke, indem die §§ 5 und 6 TEHG nachträglich Bestandteil dieser Genehmigung würden. Hier verkennt A, dass § 4 nicht die Ursprungsgenehmigung nachträglich ändert, sondern die Ursprungsgenehmigung lediglich zum Anknüpfungspunkt für die Geltung der Pflichten nach §§ 5, 6 TEHG macht. Deshalb liegt weder eine Entziehung noch eine Änderung der erteilten immissionsschutzrechtlichen Genehmigung vor. Vielmehr treten die Pflichten aus dem TEHG neben die Gestattungswirkung der schon erteilten immissionsschutzrechtlichen Genehmigung. Der durch die bloße Nutzung der Anlage geschaffene Vertrauenstatbestand räumt der A auch keine Rechtsposition ein, die trotz Rechtsänderung zu belassen sei oder nur gegen Entschädigung entzogen werden dürfte. Es handelt sich unionsrechtlich wie innerstaatlich um die Neuordnung eines Rechtsgebiets, die nicht in den Besitzstand eingreift und nur für die Zukunft den bisher gewährten Eigentumsinhalt ändert.

Vorliegend richtet sich der Systemwechsel allerdings ausschließlich nach den beanstandungsfreien Vorgaben des Unionsrechts, so dass eine nähere Grundrechtprüfung nach nationalem Verfassungsrecht ausgeschlossen ist. Die der Einführung des TEHG zugrunde liegende europarechtliche Systementscheidung ist somit sowohl mit den europäischen als auch mit den nationalen Grundrechten vereinbar, so dass die von A angegriffenen Pflichten aus dem TEHG nicht zu beanstanden sind. ◀

b) Recht der Erneuerbaren Energien

41   Effektiver und langfristiger Klimaschutz erfordert eine grundlegende Transformation der Energieerzeugung und -versorgung. Erneuerbare Energieträger können fossile Energien ersetzen, die in Deutschland nach wie vor den Großteil der Primärenergie be-

reitstellen und deren Emissionen den anthropogenen Klimawandel maßgeblich (mit-)verursachen.[214]

Im Jahr 2017 hatten die erneuerbaren Energien einen Anteil von 36,2 % am gesamten Bruttostromverbrauch in Deutschland.[215] Die Nutzung von Windenergie stellt den größten Anteil dar; ferner wird durch Biomasse, Wasserkraft und Photovoltaik Energie bereitgestellt. Bis zum Jahr 2025 sollen gemäß § 1 Abs. 2 EEG 2017[216] 40 bis 45 % des in Deutschland verbrauchten Stroms aus erneuerbaren Energien produziert werden, bis zum Jahr 2035 sollen es 55 bis 60 % und bis zum Jahr 2050 mindestens 80 % sein. Nicht nur zu Zwecken des Klimaschutzes, sondern auch hinsichtlich der Arbeitsmarkt-,[217] Industrie-[218] und Sicherheitspolitik[219] enthält die Nutzung erneuerbarer Energien ein erhebliches Potential, das durch einen Ausbau in der kommenden Dekade intensiv genutzt werden soll.

Das Recht der erneuerbaren Energien – auch „**Umweltenergierecht**" genannt – steht im Spannungsverhältnis zwischen Wettbewerbs- und Klimaschutzrecht. Zum einen zählt es zum **Energierecht** bzw. Energiewirtschaftsrecht, mit dem eine Marktöffnung zugunsten von mehr Wettbewerb erstrebt wird. Zum anderen zählt es zum Klimaschutzrecht, das eine möglichst nachhaltige Energieerzeugung bezweckt.[220] 42

Besondere Beachtung verdient insoweit das **Energiewirtschaftsgesetz** (EnWG),[221] welches die leitungsgebundene Energieversorgung regelt. Es setzt im Wesentlichen das im Jahr 2009 in Kraft getretene „Dritte Binnenmarktpaket Energie" der EU um,[222] bereitet aber auch auf nationaler Ebene den Weg für den beschleunigten Netzausbau, der für die Verwirklichung der Energiewende erforderlich ist.[223] Die unionsrechtlichen Vorgaben sorgten, neben einer vollständigen Öffnung der Strom- und Gasmärkte durch Vorgaben zur Entflechtung der Energieversorgungsnetze, auch für eine klimaschützende Zweckrichtung des EnWG: Zweck des Gesetzes ist es, eine preisgünstige, verbraucherfreundliche, effiziente und umweltverträgliche leistungsgebundene Versorgung der Allgemeinheit mit Elektrizität und Gas, die zunehmend auf erneuerbaren Energien beruht, sicherzustellen (§ 1 Abs. 1 EnWG). Überdies dient die Regulierung der Elektrizitäts- und Gasversorgungsnetze der Sicherstellung eines wirksamen und unverfälschten Wettbewerbs bei der Versorgung mit Elektrizität und Gas sowie der Siche-

---

214 Noch bis zum Jahr 2013 wurden mehr als 80 % der Energie durch Öl, Kohle und Erdgas gewonnen; vgl. *Wustlich* in: Tagungsband zur 37. Energierechtlichen Jahrestagung, 2008, S. 41 ff, der zu Recht darauf verweist, dass auch aus ökonomischer Perspektive, nämlich aufgrund der Importabhängigkeit der deutschen Energieversorgung, eine Umsteuerung erforderlich ist; *Köck/Faßbender*, Klimaschutz durch Erneuerbare Energien; grundsätzlich zum Recht der erneuerbaren Energien, *Müller*, 20 Jahre Recht der Erneuerbaren Energien.

215 Die Energieversorgung Deutschlands auf einen Blick abrufbar unter: https://www.umweltbundesamt.de/themen/klima-energie/erneuerbare-energien/erneuerbare-energien-in-zahlen#statusquo (Stand: 21.9.2018).

216 Erneuerbare-Energien-Gesetz v. 21.7.2014, BGBl. I S. 1066, zuletzt geändert durch Art. 1 G v. 21.6.2018 BGBl. I, S. 862. Der SRU hält hingegen 100 % Vollversorgung mit Strom aus erneuerbaren Energien bis 2050 für möglich, vgl. *SRU*, Wege zu 100% erneuerbare Stromversorgung, S. 39.

217 *BMU*, Erneuerbar beschäftigt!, Juli 2011, S. 5 ff.

218 *Sensfuß*, Analyse zum Merit-Order Effekt erneuerbarer Energien.

219 *Adelphi Consult & Wuppertal Institut*, Die sicherheitspolitische Bedeutung erneuerbarer Energien.

220 Zu den ökologischen Binnenkonflikten *Gärditz*, DVBl. 2010, 214; *Anger/Gerhold*, ZfBR-Beil. 2012, 90.

221 V. 7.7.2005, BGBl. I, S. 1970, 3621, zuletzt geändert durch Art. 2 Abs. 6 G v. 20.7.2017, BGBl. I 2018 I S. 472.

222 Vgl. oben § 16 Rn. 17.

223 Zur Entstehung vgl. *Prall/Ewer* in: Koch/Hofmann/Reese, § 9 Rn. 144 ff.; zum beschleunigten Netzausbau unter NABEG vgl. § 16 Rn. 48.

rung eines langfristig angelegten, leistungsfähigen und zuverlässigen Betriebs von Energieversorgungsnetzen (§ 1 Abs. 2 EnWG).[224]

Die Rechtsakte zu erneuerbaren Energien differenzieren nach den energetischen Verwendungsarten Strom, Wärme und Kraftstoffe.

aa) Strombereich

43   Im **Strombereich** fand frühzeitig eine rechtliche Steuerung erneuerbarer Energien statt. Das **Stromeinspeisungsgesetz** (1991)[225] war der Vorläufer des am 1.4.2000 in Kraft getretenen, international als beispielhaft bewerteten **Erneuerbare-Energien-Gesetz**es (EEG), das nunmehr in der Fassung des EEG 2017 vorliegt.[226] Das Erneuerbare-Energien-Gesetz (EEG) hat sich im Hinblick auf die Erreichung der Ausbauziele für erneuerbare Energien im Strombereich als bislang effektivstes Förderinstrument der Bundesregierung herausgestellt.[227] Zweck des EEG 2017 ist die Steigerung des Anteils der erneuerbaren Energien an der Stromversorgung bis 2025 auf 40 bis 45 %. Gleichzeitig sollen – im Lichte der Ziele des § 1 EnWG: Energieversorgungssicherheit, Effizienz, Verbraucherfreundlichkeit, Umweltverträglichkeit, Preisgünstigkeit[228] – die volkswirtschaftlichen Kosten gering gehalten werden. Kern des mehrfach kommentierten Gesetzes[229] ist die für Netzbetreiber bestehende Anschluss-, Abnahme-, Verteilungs-, Übertragungs- und Vergütungspflicht von Strom, der aus sog. regenerativen Energieträgern gewonnen wurde.[230] Strukturell hielt bereits das EEG 2014 mit Regelungen zur Marktprämie und zwei Formen der Einspeisevergütung Förderwege bereit, die über einen bundesweiten Ausgleichsmechanismus finanziert wurden. Weiterhin konnte der Anlagenbetreiber eine nicht-geförderte Direktvermarktung wählen. Daneben ebnete das EEG 2014 einen weiteren Förderweg für das Vorhalten von Kapazität.[231] Mit dem Beschluss der Freiflächenausschreibungsverordnung[232] wurde darüber hinaus das Instrument der Ausschreibung probeweise auf Grundlage der §§ 55, 88 EEG 2014 eingeführt. Die Förderberechtigung und -höhe bestimmter Fotovoltaik-Freiflächenanlagen wird danach durch ein Ausschreibungsverfahren ermittelt.[233] Das EEG 2017 stellt für bestimmte Anlagen zur Erzeugung erneuerbarer Energien – insb. Windkraft- und Solarstromanlagen mit einer installierten Leistung jenseits von 750 kW – die Förderung insgesamt maßgeblich um. Diese wird den Betreibern nach Maßgabe der §§ 28 ff. EEG 2017 nunmehr nur noch dann zuteil, wenn sie vorher erfolgreich an einer Ausschreibung teilgenommen haben, in deren Rahmen sie die Fördersumme geboten haben.[234]

---

224 Vgl. auch *Rufin*, ZUR 2009, 66; vgl. auch *Möllinger*, Eigentumsrechtliche Entflechtung der Übertragungsnetze; kritisch hingegen *Wieser*, EurUP 2011, 176.

225 V. 7.12.1990, BGBl. I, S. 2633. Ausführlich zur Entstehungsgeschichte *Prall/Ewer* in: Koch/Hofmann/Reese, § 9 Rn. 115 ff.

226 BGBl. I, S. 1066, zuletzt geändert durch Art. 1 G v. 21.6.2018, BGBl. I, S. 862.

227 Zur Regulierung der Stromerzeugung aus erneuerbaren Energieträgern im deutschen und europäischen Recht *Oschmann/Sösemann*, ZUR 2007, 1; zum britischen Quotensystem vgl. *Laube/Toke*, ZNER 2006, 132.

228 Vgl. oben § 16 Rn. 42.

229 *Scholtka/Baumann/Brucker*, EEG, 2018; *Altrock/Oschmann/Theobald*, EEG, 2013; *Reshöft/Steiner/Dreher*, EEG, 2009; *Salje*, EEG 2017, 2017.

230 § 8 Abs. 1 EEG schreibt den Vorrang von EEG-Strom vor und ändert die sog. „Merit-Order"; dazu *Greinacher*, ZUR 2011, 305.

231 *Wustlich*, NVwZ 2014, 1113, 1116.

232 Art. 1 VO v. 6.2.2015, BGBl. I, S. 108 außer Kraft am 1.1.2017 durch Art. 25 Abs. 2 G v. 13.10.2016, BGBl. I, S. 2258.

233 Vgl. *Schütte/Winkler*, ZUR 2015, 249, 251 f.

234 Zur jüngsten Änderung des EEG 2017 zwecks Förderung von Mieterstrom *Doderer/Metz*, EnWZ 2018, 161.

Gemäß § 2 Abs. 2 EEG 2017 ist die **Direktvermarktung** von Strom aus erneuerbaren Energien der gesetzlich gewünschte Regelfall. § 3 Nr. 16 EEG 2017 definiert die Direktvermarktung als die Veräußerung von Strom aus erneuerbaren Energien oder aus Grubengas an Dritte, es sei denn, der Strom wird in unmittelbarer räumlicher Nähe zur Anlage verbraucht und nicht durch ein Netz durchgeleitet.

44

Die in den §§ 19 Abs. 1 Nr. 2 i.V.m. § 21 Abs. 1 und 2 EEG 2017 normierte **Einspeisevergütung** stellt nunmehr den Ausnahmefall der Förderung dar.[235]

45

Zur Refinanzierung der Kosten der Netzbetreiber werden über einen mehrstufigen Vergütungs- und Finanzierungsmechanismus die regional unterschiedlichen Belastungen bundesweit ausgeglichen und der EEG-Strom gleichmäßig auf alle Stromversorgungsunternehmen verteilt. Dieser **Ausgleichsmechanismus** ist in den §§ 56 ff. EEG 2017 normiert und auf allen Stufen als gesetzliches Schuldverhältnis ausgestaltet.[236] Durch den gesetzlichen Anspruch des Anlagenbetreibers gegen den Netzbetreiber auf Vergütung wird die Förderung von Strom aus erneuerbaren Energien ins Privatrecht verlagert, wobei der Konfliktdruck durch die Einrichtung der **EEG-Clearingstelle** reduziert wird, die in § 81 EEG 2017 eine weitere Aufwertung erfahren hat.[237]

46

Die in Art. 17–19 EE-RL festgelegten Nachhaltigkeitsanforderungen für Biomasse[238] hat Deutschland für Strom in der Verordnung über Anforderungen an eine nachhaltige Herstellung von flüssiger Biomasse zur Stromerzeugung,[239] der sog. **Biomassestrom-Nachhaltigkeitsverordnung**, vom 23.7.2009[240] umgesetzt.[241]

47

Mit dem Ausbau der erneuerbaren Energien ändert sich die Struktur der Energieerzeugung von zentral zu dezentral. Eine Herausforderung der Energiewende ist deshalb die Netzintegration der erneuerbaren Energien unter Erhalt der Gesamtstabilität des Stromnetzes. Im Hinblick auf den Ausbau der Offshore-Windenergieerzeugung wird eine Erhöhung der Kapazität der Übertragungsnetze benötigt, um den im Norden erzeugten Windstrom in die verbrauchsstarken Zentren im Süden zu transportieren.[242] Das „Netzausbaubeschleunigungsgesetz Übertragungsnetz" (NABEG)[243] vom 28.7.2011 trägt diesem Erfordernis Rechnung, indem es für prioritäre Projekte des Übertragungsnetzes ein neues dreistufiges Planungs- und Zulassungssystem errichtet.[244] Um Fehlplanungen zu vermeiden, ist insbesondere eine gemeinsame und koordinierte Netzausbauplanung aller Übertragungsnetzbetreiber vorgesehen, wobei zur För-

48

---

235 *Salje*, EEG, § 21 Rn. 6 ff.
236 Verordnung zur Durchführung des Erneuerbare-Energien-Gesetzes und des Windenergie-auf-See-Gesetzes (Erneuerbare-Energien-Verordnung) v. 17.2.2015 (BGBl. I, S. 146), zuletzt geändert durch Art. 3 VO v. 10.8.2017, BGBl. I, S. 3102.
237 Die EEG-Clearingstelle heißt nunmehr Clearingstelle EEG/KWK und klärt Streitigkeiten und Anwendungsfragen im Bereich des Erneuerbare-Energien-Gesetzes (EEG), Kraft-Wärme-Kopplungsgesetzes (KWKG) und Messstellenbetriebsgesetzes (MsbG); vgl. www.clearingstelle-eeg-kwkg.de (Stand: 21.9.2018).
238 Vgl. oben § 16 Rn. 18.
239 Der Biomassebegriff wird definiert in der Biomasseverordnung v. 21.6.2001, BGBl. I, S. 1234, zuletzt geändert durch Art. 8 G v. 13.10.2016, BGBl. I, S. 2258.
240 BioSt-NachV, BGBl. I, S. 2174, zuletzt geändert durch Art. 125 G v. 29.3.2017, BGBl. I, S. 626.
241 *Ekardt/Hennig*, ZUR 2009, 543; zur Förderung von Strom aus Biomasse *Müller*, ZUR 2012, 22.
242 Vgl. zu den tatsächlichen Herausforderungen und rechtlichen Lösungen des Energieleitungsausbaus *Greinacher*, ZUR 2011, 305.
243 BGBl. I, S. 1690, zuletzt geändert durch Art. 2 Abs. 13 G v. 20.7.2017, BGBl. I, S. 2808; weiterführend zum NABEG *Kümper*, NVwZ 2014, 1409; *Fest*, NVwZ 2013, 824; *Jornitz/Förster*, NVwZ 2016, 801; *Eding*, Bundesfachplanung nach §§ 4 ff. NABEG, 2016.
244 Zur Verfassungsmäßigkeit des Beschleunigungspotentials *Durner*, DVBl 2011, 853.

derung der Transparenz und Akzeptanz des Leitungsausbaues in der Bevölkerung verschiedene Runden der Öffentlichkeitsbeteiligung vorgesehen sind.

bb) Wärmebereich

49   Der zweite, bedeutende Energiesektor ist der **Wärmesektor,** der sich aufgrund seiner vielfältigen und strukturell unterschiedlichen Akteure maßgeblich vom Strombereich unterscheidet. Im Unterschied zum Strommarkt, auf dem ein Netz existiert, verfügt der Wärmemarkt nicht über ein großräumiges Wärmenetz, in das an jedem Ort Wärme eingespeist werden kann. Vielmehr ist der Wärmesektor durch kleinere, dezentrale Wärmenetze gekennzeichnet, die allen Akteuren eine Einspeisung der Wärme ermöglichen. Aufgrund eines fehlenden flächendeckenden Wärmenetzes wurde lange Zeit die Nutzung erneuerbarer Energien im Wärmemarkt allein durch staatliche Zuschüsse und zinsverbilligte Darlehen finanziell gefördert.[245]

50   Der hierauf zurückführbare und im Vergleich zum Strombereich langsame Anstieg der erneuerbaren Energien am Endenergieverbrauch im Wärmesektor auf insgesamt 10,4 % soll durch das **Erneuerbare-Energien-Wärmegesetz** (EEWärmeG)[246] vom 7.8.2008 auf mindestens 14 % im Jahr 2020 gesteigert werden (vgl. § 1 Abs. 2 EEWärmeG).[247] Ziel des EEWärmeG ist der Schutz des Klimas durch Steigerung der Energieeffizienz.[248] Die Erzeugung von Heizwärme aus klimafreundlichen Quellen wie Sonne, Biogas, Holz oder Erdwärme soll gefördert werden, da so in hohem Maße fossile Brennstoffe eingespart werden könnten. Hierzu werden Pflichten für die Nutzung erneuerbarer Energien bei Neubauten festgelegt (1. Säule des EEWärmeG).[249] Diese Nutzungspflicht ist für unterschiedliche Technologien unterschiedlich hoch. Ausnahmen hiervon, insbesondere zugunsten anderer umweltpolitisch gewünschter Alternativen (Ersatzmaßnahmen), wie der Nutzung von Kraft-Wärme-Kopplung, sehen die §§ 7 ff. EEWärmeG vor. Bei Altbauten ist die Einführung einer Nutzungspflicht gemäß § 3 Abs. 4 Nr. 2 EEWärmeG Ländersache. Daneben blieb es insoweit zumindest bis 2012 bei einer indirekten Verhaltenssteuerung mittels finanzieller Anreize durch das sogenannte Marktanreizprogramm (2. Säule des EEWärmeG). Insofern sahen die §§ 13 ff. EEWärmeG ein Förderprogramm von 500 Mio. Euro jährlich für die Jahre 2009 bis 2012 vor. Eine bislang eher fragmentarische Regelung im EEWärmeG findet sich zum angestrebten Ausbau von Wärmenetzen (3. Säule des EEWärmeG).[250] Der Ausbau der Wärmeinfrastruktur kommt in verschiedenen Einzelbestimmungen zum Ausdruck, z.B. indem Wärmenetzanschlüsse auch als Ersatzmaßnahme gelten (§ 7 Abs. 1 Nr. 3 EEWärmeG), Wärmenetze nach dem Marktanreizprogramm förderfähig sind (§ 14 Abs. 1 Nr. 4 EEWärmeG) und § 16 EEWärmeG einen Anschluss- und Benut-

---

245   Das wichtigste Förderprogramm ist das sog. „Marktanreizprogramm" des Bundesumweltministeriums, vgl. Richtlinien zur Förderung von Maßnahmen zur Nutzung erneuerbarer Energien im Wärmemarkt v. 11.3.2015, abrufbar unter http://www.erneuerbare-energien.de/EE/Redaktion/DE/Downloads/Foerder bekanntmachungen/marktanreizprogramm-erneuerbare-energien.pdf (Stand: 21.9.2018).

246   BGBl. I, S. 1658, zuletzt geändert durch Art. 9 G v. 20.10.2015, BGBl. I, S. 1722; mit dem Europarechtsanpassungsgesetz Erneuerbare Energien (EAG EE v. 12.4.2011) wurde das EEWärmeG an die Vorgaben der RL 2009/28EG angepasst; *Mechel,* ZUR 2011, 184; zu den Schnittstellen mit dem Zivilrecht *Schläger,* ZMR 2009, 339; *Milkau,* ZUR 2008, 561.

247   *BMU,* Erneuerbare Energien in Zahlen, 2012, S. 9; zweifelnd, ob das 14 %-Ziel erreicht werden kann *Müller* in: Müller/Oschmann/Wustlich, EEWärmeG, § 1 Rn. 37.

248   Dazu *Wustlich,* NVwZ 2008, 1041; *ders.,* ZUR 2008, 113; zu Strategien der Förderung erneuerbarer Energien im Wärmemarkt *Fischer/Klinski,* ZUR 2007, 8.

249   § 3 Abs. 1 EEWärmeG.

250   Vgl. *Fischer/Klinski,* ZUR 2007, 8 ff.

zungszwang für Wärmenetze zulässt, die dem Klimaschutz dienen. Zudem kommt öffentlichen Gebäuden gemäß § 1a EEWärmeG eine Vorbildfunktion zu.[251]

cc) Kraftstoffbereich

Der dritte Energiesektor, der **Kraftstoffbereich**, unterscheidet sich wiederum maßgeblich vom Strom- und Wärmemarkt. Unterschiede bestehen nicht nur hinsichtlich Marktstruktur und Akteuren (Mineralölhersteller und -lieferanten, Verkehrsteilnehmer). Anders als Strom und Wärme bedarf der Vertrieb von Kraftstoff keines Versorgungsnetzes. Zudem ist die Auswahl der einsetzbaren erneuerbaren Energien (nur Biomasse in Form von Biokraftstoffen) geringer. Der Legislativvorschlag zur Novellierung der Erneuerbare-Energien-Richtlinie der EU sieht vor, dass jeder Mitgliedstaat die Kraftstoffhersteller verpflichtet, bis zum Jahr 2030 einen Anteil von 14 % erneuerbaren Energien im Verkehrssektor nachzuweisen.[252]

51

Nach einer ursprünglich lediglich steuerlichen Begünstigung von Biokraftstoffen durch das Energiesteuergesetz[253] konnte der Anteil erneuerbarer Energien am Kraftstoffverbrauch durch Erlass des **Biokraftstoffquotengesetzes**[254] 2007 zunächst auf 7,6 % erhöht werden. Hierdurch wurde zum einen die steuerliche Förderung von Biokraftstoffen ab dem 1.1.2007 eingeschränkt (§ 50 EnStG) und zum anderen in den §§ 37a ff. BImSchG eine Biokraftstoffzwangsquote eingeführt.[255] Die Quote besteht aus einer Einzelquote für Ottokraftstoffe und Diesel sowie einer jährlich steigenden Gesamtquote. Im Unterschied zum Wärmebereich werden nicht die nachfragenden Endverbraucher, sondern die Mineralölunternehmen verpflichtet, einen Mindestanteil von Biokraftstoffen in den Verkehr zu bringen.[256] Zukünftig sollen insbesondere Biokraftstoffe gefördert werden, die u.a. aus Abfällen und Biomassereststoffen hergestellt werden, indem ihr Beitrag gegenüber dem Beitrag sonstiger Biokraftstoffe künftig doppelt gewichtet auf die von dem Unternehmen zu erfüllende Biokraftstoffquote angerechnet wird (§ 7 36. BImSchV).[257] Grund ist die günstigere Klimabilanz von Kraftstoffen aus Abfällen und Biomassereststoffen als die konventioneller Biokraftstoffe (z.B. aus Raps oder Weizen). Ebenfalls aus Klimaschutzgründen ist seit 2015 der Bezugspunkt der Quotenverpflichtung nicht mehr der Energiegehalt der Kraftstoffe, sondern nach § 37a Abs. 4 BImSchG ihr relatives Treibhausgasminderungspotenzial.[258] Ergänzend zur Quotenregelung des BImSchG fördert das Energiesteuergesetz die Vermarktung durch eine (befristete) steuerliche Privilegierung von Biokraftstoffen, die nicht zur Erfüllung der Quote angerechnet werden kann. Die Nachhaltigkeitsvorgaben der Art. 17–19 RL 2009/28/EG über Anforderungen an eine nachhaltige Herstellung von Biokraftstoffen hat Deutschland durch Erlass einer Biokraftstoff-Nachhaltigkeitsverordnung[259] be-

52

---

251 Hierzu *von Oppen/Klinksi*, KommJur 2012, 201.
252 Der Vorschlag ist abrufbar unter http://www.europarl.europa.eu/RegData/commissions/itre/inag/2018/06-27/ITRE_AG(2018)625378_EN.pdf (Stand: 21.9.2018).
253 V. 15.7.2006, BGBl. I, S. 1534, zuletzt geändert durch Art. 2 G v. 27.8.2017, BGBl. I, S. 3299, BGBl. 2018 I, S. 126.
254 Gesetz zur Einführung einer Biokraftstoffquote durch Änderung des Bundes-Immissionsschutzgesetzes und zur Änderung energie- und stromsteuerrechtlicher Vorschriften v. 18.12.2006, BGBl. I, S. 3180; vgl. hierzu *Jarass*, ZUR 2007, 518 ff.; *Oschmann/Sösemann*, ZUR 2007, 1 ff., 4 ff.
255 Vgl. oben § 9 Rn. 21.
256 Kritisch zum Ausbau von Biokraftstoffen für den Individualverkehr *Gawel*, ZUR 2011, 337.
257 BGBl. I 2007, S. 60, zuletzt geändert durch Art. 1 VO v. 4.4.2016, BGBl. I, S. 590, 1318.
258 Umfassend hierzu *Probst*, ZUR 2015, 393.
259 V. 30.9.2009, BGBl. I, S. 3182, zuletzt geändert durch Art. 2 VO v. 4.4.2016, BGBl. I, S. 590; vgl. *Müller*, ZUR 2011, 405.

reits 2009 umgesetzt. Neben Aspekten der Nachhaltigkeit führen auch Wirtschaftlich-keitsdefizite zu einer Stagnation des Anteils erneuerbarer Energien am Endenergiever-brauch für Verkehr bei ca. 5,2 %.[260]

53 Flankiert werden die vorgenannten Maßnahmen inzwischen auch durch das Steuer-recht. Die **Steuerbegünstigung** für die Herstellung von Energieerzeugnissen soll schlüs-siger ausgestaltet werden, indem wesentliche Herstellungsprozesse mit einbezogen wer-den und die Steuerbegünstigung den verstärkten Einsatz umweltfreundlicherer Erdga-ses zulässt. So werden bspw. steuerliche Anreize für die landseitige Stromversorgung von Schiffen in Häfen gesetzt und auf die Entstehung eines Marktes für Sekundär- und Ersatzbrennstoffe wird durch die Einführung eines am Energiegehalt orientierten Steu-ertarifs reagiert.[261]

c) Recht der Energieeffizienz

54 Das Recht der Energieeffizienz kann als **Querschnittsmaterie** charakterisiert werden. Aufgrund der vielfältigen und unterschiedlichen Regelungen und Instrumente, welche die Steigerung der Energieeffizienz, m.a.W. die Reduktion des Energieeinsatzes bezwe-cken,[262] ist fraglich, ob sich diesbezüglich bereits ein eigenständiges Rechtsgebiet kon-turieren lässt.[263] Der Bundesgesetzgeber orientiert sich an einem Nationalen Energieeffi-zienz-Aktionsplan (NEEAP)[264] gemäß der Richtlinie 2006/32/EG über Endenergieeffi-zienz und Energiedienstleistungen[265] sowie dem Gesetz über Energiedienstleistungen und andere Energieeffizienzmaßnahmen (EDL-G).[266]

55 Zum Recht der Energieeffizienz zählt das im unmittelbaren Zusammenhang mit dem Erneuerbare-Energien-Gesetz stehende **Kraft-Wärme-Kopplungsgesetz** (KWKG) vom 19.3.2002.[267] Zweck des Gesetzes ist es, im Interesse der Energieeinsparung sowie des Umwelt- und Klimaschutzes den Anteil der Nettostromerzeugung aus Kraft-Wärme-Kopplungsanlagen auf 110 Terrawattstunden bis zum Jahr 2020 sowie auf 120 Terra-wattstunden bis zum Jahr 2025 zu erhöhen (§ 1 KWKG). Dies soll durch die Förde-rung der Modernisierung und des Neubaus von Kraft-Wärme-Kopplungsanlagen (KWK-Anlagen), die Unterstützung der Markteinführung der Brennstoffzelle sowie die Förderung des Neu- und Ausbaus von Wärmenetzen, in die Wärme aus KWK-Anlagen eingespeist wird, erreicht werden. Nach § 1 Abs. 3 KWKG erfasst das Gesetz Strom aus Kraftwerken mit KWK-Anlagen dann nicht, wenn er bereits nach § 19 EEG geför-dert wird. Definiert wird der KWK-Strom in § 2 Nr. 16 KWKG als das rechnerische Produkt aus Nutzwärme und Stromkennzahl der KWK-Anlage und damit als Strom,

---

260 Zahlen abrufbar unter https://www.umweltbundesamt.de/daten/energie/energieverbrauch-fuer-erneue rbare-kraftstoffe (Stand: 21.9.2018).
261 Gesetz zur Änderung des Energiesteuer- und des Stromsteuergesetzes v. 1.3.2011, BGBl. I, S. 282. Die Ener-giesteuerermäßigung für Erd- und Flüssiggaskraftstoff wurde durch das Zweite Gesetze zur Änderung des Energiesteuer- und des Stromsteuergesetzes v. 27.8.2017, BGBl. I, S. 3299, über das Jahr 2018 hinaus verlängert.
262 Ausführlich *Keyhanian*, Rechtliche Instrumente zur Energieeinsparung.
263 Ablehnend *Schomerus*, NVwZ 2009, 418, 423.
264 Der Nationale Energieeffizienz-Aktionsplan (NEEAP) 2017 der Bundesrepublik Deutschland ist abrufbar unter: https://www.bmwi.de/Redaktion/DE/Publikationen/Energie/nationaler-aktionsplan-energieeffizi enz-neeap.html (Stand: 21.9.2018).
265 Aufgehoben durch RL 2012/27/EU v. 25.10.2012 zur Energieeffizienz, ABlEU L 315/1, diese zuletzt geän-dert durch RL 2013/12/EU v. 13.05.2013, ABlEU L 141/28.
266 BGBl. I, S. 1483, zuletzt geändert durch Art. 2 Abs. 8 G v. 17.2.2016, BGBl. I, S. 203.
267 BGBl. I, S. 1092, zuletzt geändert durch Art. 3 G v. 17.7.2017, BGBl. I, S. 2532; vgl. *Kachel*, EnWZ 2016, 51; zu jüngsten Novellierungen vgl. *Riggert/Faßbender*, EnWZ 2017, 295, sowie *Doderer/Metz*, EnWZ 2018, 165.

der einhergehend mit der Nutzwärme im gekoppelten Betrieb entsteht. Ähnlich wie das EEG enthält das KWKG in § 3 eine Anschluss-, Abnahme- und Vergütungspflicht des in KWK-Anlagen gewonnenen Stroms. § 4 KWKG enthält in Anlehnung an das EEG den Grundsatz der Direktvermarktung und sieht nur eingeschränkt die Möglichkeit der kaufmännischen Abnahme vor. Darüber hinaus besteht nach § 5 KWKG ein Anspruch auf Zahlung eines Zuschlags nach Maßgabe der §§ 6 ff. KWKG, wobei die §§ 8a ff. KWKG ein Ausschreibungsmodell zur Ermittlung der Höhe der Zuschlagszahlungen für KWK-Anlagen nach § 5 Abs. 1 Nr. 2 KWKG vorsehen. Regelungen für den Neu- und Ausbau von Wärme- und Kältenetzen sowie Wärme- und Kältespeicher enthalten §§ 18 ff. KWKG bzw. §§ 22 ff. KWKG.

Das **Energieeinsparungsgesetz** (EnEG)[268] dient der Umsetzung der Gebäudeeffizienz-Richtlinie 2002/91/EG und macht u.a. Vorgaben zur Wärmeisolierung (§ 1), energiesparender Anlagentechnik (§ 2) und Energieausweisen (§ 5a). Es ermächtigt die Bundesregierung zum Erlass von Rechtsverordnungen zur genaueren Ausgestaltung.

56

In diesem Zusammenhang ist ferner die **Energieeinsparverordnung** (EnEV)[269] zu erwähnen.[270] Zur Steigerung der Energieeffizienz hat der Verordnungsgeber einen Energieausweis für Gebäude eingeführt (§ 16 EnEV). Ziel dieser Maßnahme ist es, den Energiebedarf bzw. Energieverbrauch einer Wohnung oder eines Gebäudes zum Gegenstand der Kauf-, Miet- oder Pachtentscheidung werden zu lassen, so dass effizientere Immobilien mittelbar Wertsteigerungen erfahren und deren Eigentümern Anreize zur energetischen Sanierung gesetzt werden. Zur Steigerung der Energieeffizienz im Gebäudebereich sieht die zuletzt 2015 novellierte **Energieeinsparverordnung** vor, dass Bauherren bautechnische Standardanforderungen für einen effizienten Betriebsenergieverbrauch für Wohngebäude, Bürogebäude und bestimmte Betriebsgebäude zu berücksichtigen haben. Ein Gesetzesentwurf für Steuervorteile bei der energetischen Gebäudesanierung im Rahmen der Energiewende scheiterte allerdings.

57

Zur Umsetzung der Ökodesign-Richtlinie[271] hatte der Bundesgesetzgeber u.a. das Energiebetriebene-Produkte-Gesetz (EBPG) vom 27.2.2008[272] erlassen, das die umweltgerechte Gestaltung energiebetriebener Produkte regelte. Durch das Gesetz zur Änderung des Energiebetriebene-Produkte-Gesetzes wurde es jedoch in **Energieverbrauchsrelevante-Produkte-Gesetz** (EVPG) umbenannt und entsprechend der Richtlinie 2009/125/EG[273] in seinem Geltungsbereich auf alle energieverbrauchsrelevanten Produkte ausgeweitet.[274] Damit sind auch Produkte erfasst, die selbst keine Energie verbrauchen, aber während ihrer Nutzung den Verbrauch von Energie beeinflussen.[275] Konkret dürfen bestimmte Produkte, die von einer Durchführungsregelung der Kommission[276] erfasst werden, nur in den Verkehr gebracht werden, wenn diese u.a. die gesetzlich verankerten Anforderungen an die umweltgerechte Gestaltung erfüllen.[277] Ziel der Regelungen ist es, energieineffiziente Produkte durch Mindesteffizienz- bzw.

58

---

268 BGBl. I 2005, S. 2684, zuletzt geändert durch Art. 1 G v. 4.7.2013, BGBl. I, S. 2197.
269 BGBl. I 2007, S. 1519, zuletzt geändert durch Art. 3 VO v. 24.10.2015, BGBl. I, S. 1789.
270 Hierzu *Nusser*, ZUR 2014, 67; *Flache/Hänsel*, NJW-Spezial 2009, 332 f.
271 Vgl. oben § 16 Rn. 21.
272 BGBl. I, S. 258, zuletzt geändert durch Art. 332 der Zehnten ZuständigkeitsanpassungsVO v. 31.8.2015, BGBl. I, S. 1474.
273 Vgl. oben § 16 Rn. 20.
274 Umfassend hierzu *Dietrich*, NVwZ 2012, 598.
275 Vgl. https://www.bmwi.de/Redaktion/DE/Gesetze/Energie/evpg.html (Stand: 21.9.2018).
276 Vgl. oben § 16 Rn. 21.
277 *Laschet*, StoffR 2008, 69; *Nusser*, ZUR 2010, 130.

Höchstverbrauchsanforderungen vom Markt zu verdrängen. Die neugefassten Bestimmungen sollen dabei den Herstellern dynamische Anreize dafür bieten, die Energieeffizienz z.b. von Haushaltskühlgeräten weiter zu verbessern und die Marktausrichtung auf energieeffiziente Technologien zu beschleunigen.

59 Weiterhin versucht der Gesetzgeber durch indirekte Verhaltenssteuerung im Produktsektor energieeffiziente Kaufentscheidungen der Endverbraucher zu fördern. Mit dem **Energieverbrauchskennzeichnungsgesetz** (EnVKG) vom 10.5.2012[278] und der **Energieverbrauchskennzeichnungsverordnung** (EnVKV) vom 30.10.1997[279] wurden die entsprechenden unionsrechtlichen Anforderungen[280] an die Kennzeichnung energieeffizienter Haushaltsgeräte in deutsches Recht umgesetzt. Die EnVKV verpflichtet Hersteller und Händler von Haushaltsgeräten zu Angaben über den Energieverbrauch. Darüber hinaus werden die Geräte in verschiedene, durch Richtlinien definierte Energieeffizienzklassen eingeteilt, die eine Bewertung des Energieverbrauchs des jeweiligen Gerätes enthalten. Die entsprechende Energieeffizienzklasse wird durch ein EU-Label gekennzeichnet.[281]

Im Haushaltsgerätebereich beabsichtigt der EU-Gesetzgeber, durch eine genaue, sachdienliche und vergleichbare Unterrichtung über den spezifischen Energieverbrauch von Haushaltsgeräten die Wahl der Verbraucher auf Geräte zu lenken, die nur verhältnismäßig wenig Energie verbrauchen. Diese Unterrichtung soll mittelbar auch den rationellen Einsatz dieser Geräte fördern. Ferner soll der Hersteller zu Maßnahmen veranlasst werden, die den Energieverbrauch der von ihm hergestellten Geräte verringern. Nach § 1 Abs. 1 PKW-EnVKV sind auch alle Hersteller und Händler, die neue PKW ausstellen, zum Kauf oder Leasing anbieten oder für diese werben, verpflichtet, Informationen über Kraftstoffverbrauch und CO_2-Emissionen der Fahrzeuge anzugeben.[282]

60 Mit der Neufassung der Kennzeichnungsrichtlinie 2010/30/EU wurde der Anwendungsbereich im Verhältnis zur Ökodesign-Richtlinie klargestellt. Die Ökodesign-Richtlinie deckt den gesamten Lebenszyklus eines Produktes ab, während sich die Energieverbrauchskennzeichnung nur auf die Gebrauchsphase bezieht. Aufgrund dieser unterschiedlichen Regelungsansätze wurde eine erwogene Zusammenführung beider Regime verworfen.[283] Vielmehr wurde die Kennzeichnungsrichtlinie 2017 durch eine präzisierte und aktualisierte Verordnung ersetzt, um abweichende Umsetzungsakte der Mitgliedstaaten auszuschließen.[284]

61 Auch **Qualitätszeichen**, die für energieeffiziente Produkte vergeben werden, sollen die Konsumentenentscheidung beeinflussen.[285] Neben spezifisch auf den Energieverbrauch

---

278 BGBl. I, S. 1070, zuletzt geändert durch Art. 1 G v. 10.12.2015, BGBl. I, S. 2194.
279 BGBl. I, S. 2616, zuletzt geändert durch Art. 1 VO v. 8.7.2016, BGBl. I, S. 1622.
280 Vgl. u.a. die Haushaltskühl- und Gefriergeräte VO (EU) Nr. 1060/2010 v. 28.9.2010, ABlEU L 314/17; zuletzt geändert durch VO (EU) Nr. 2017/254 v. 30.11.2016, ABlEU L 38/1.
281 Vgl. für Wäschetrockner: VO (EU) Nr. 392/2012 v. 1.3.2012 im Hinblick auf das Energieetikett für elektrische Haushaltswäschetrockner, ABlEU L 123/1; zuletzt geändert durch VO (EU) Nr. 2017/254 v. 30.11.2016, ABlEU L 38/1.
282 Verordnung über Verbraucherinformationen zu Kraftstoffverbrauch und CO_2-Emissionen neuer Personenkraftwagen v. 28.5.2004, BGBl. I, S. 1037, zuletzt geändert durch Art. 330 der Zehnten ZuständigkeitsanpassungsVO v. 31.8.2015, BGBl. I, S. 1474.
283 Vgl. zur Entwicklung des Instrumentenverbundes im Energieeffizienzrecht *Jesse* in: Britz/Eifert/Reimer, S. 55 f.; *Pielow*, ZUR 2010, 115; vgl. oben § 16 Rn. 21.
284 VO (EU) Nr. 2017/1369 v. 4.7.2017, ABlEU L 198/1.
285 Vgl. oben § 5 Rn. 109.

abstellenden Zeichen – wie etwa dem Energy Star für Bürogeräte[286] – berücksichtigen auch Umweltzeichen wie die Europäische Blume[287] und der Blaue Engel[288] Energieeffizienzgesichtspunkte.

d) Klimaschutzbezogene Regelungen des Umwelt- und Planungsrechts

Neben den soeben skizzierten Einzelgesetzen und Einzelregelungen existieren im Immissionsschutz-, Naturschutz- und Wasserrecht sowie im Raumordnungs- und Baurecht Normen, die ebenfalls dem Klimaschutz zu dienen bestimmt sind. Sie gleichen freilich einer Art Flickenteppich; ein ihnen zugrundeliegendes kohärentes Konzept ist bislang nicht ersichtlich.   62

Umweltrecht: Der Klimaschutz ist zu einem bedeutenden Teil der Luftreinhaltungspolitik geworden.[289] Dennoch bestehen bereits hinsichtlich der Zielsetzung Unterschiede zwischen klassischem Immissionsschutzrecht und dem Klimaschutzrecht: Während das Immissionsschutzrecht Luftreinhaltung und Lärmbekämpfung bezweckt und die Instrumente entweder an den Quellen der Luft- oder Lärmemissionen ansetzen oder den Schutz der Umweltgüter vor Luft- und Lärmemissionen bezwecken, sind anthropogene Klimaveränderungen diffuser Natur, die global und z.T. mit erheblicher zeitlicher Verzögerung eintreten.[290]   63

Trotz dieser Unterschiede sind insbesondere Regelungen zur Umsetzung des Emissionshandels und solche des Rechts erneuerbarer Energien in Bezug auf Kraftstoffe in das BImSchG integriert worden. So findet sich eine Ausnahme des Vorsorgegebots des § 5 Abs. 1 Nr. 2 BImSchG zugunsten von Anlagen, die dem TEHG unterfallen (§ 5 Abs. 2 BImSchG).[291] Ferner sind die Regelungen zu Biokraftstoffen zu nennen (§§ 37a ff. BImSchG).[292]   64

Hinsichtlich der Zulassung einer Abfallentsorgungsanlage ergeben sich Anforderungen an eine effiziente Energieverwendung: Gemäß § 36 Abs. 1 KrWG ist u.a. sicherzustellen, dass das Wohl der Allgemeinheit nicht beeinträchtigt wird, insbesondere Gefahren für die in § 15 Abs. 2 S. 2 KrWG genannten Schutzgüter nicht hervorgerufen werden können und Vorsorge gegen die Beeinträchtigung der Schutzgüter, insbesondere durch bauliche, betriebliche oder organisatorische Maßnahmen entsprechend dem Stand der Technik, getroffen wird sowie Energie sparsam und effizient verwendet wird (§ 36 Abs. 1 Nr. 1 lit. c KrWG).[293]   65

Zudem ist das **Klima Schutzgut** mehrerer Umweltgesetze: § 1 Abs. 1 BImSchG schützt die Atmosphäre und damit zugleich das Klima (vgl. § 1a 9. BImSchV). Bei einer strategischen Umweltprüfung und einer Umweltverträglichkeitsprüfung sind die Auswirkun-   66

---

286 Vgl. VO (EG) Nr. 106/2008 v. 15.1.2008 über ein gemeinschaftliches Kennzeichnungsprogramm für Strom sparende Bürogeräte, ABlEG L 39/1, zuletzt geändert durch VO (EU) Nr. 174/2013 v. 5.2.2013, ABlEU L 63/1.
287 VO (EG) Nr. 66/2010 v. 25.11.2009 über das Umweltzeichen, ABlEG L 27/1, zuletzt geändert durch VO (EU) 2017/1941 v. 24.10.2017, ABlEU L 275/9.
288 Näheres abrufbar unter www.blauer-engel.de/de/blauer_engel/index.php (Stand: 21.9.2018).
289 Vgl. oben § 9 Rn. 1.
290 *Gärditz*, JuS 2008, 324 f.
291 Vgl. oben § 9 Rn. 45 ff.
292 Vgl. oben § 9 Rn. 21, § 16 Rn. 51.
293 Vgl. oben § 12 Rn. 87 ff.; § 16 Rn 23.

gen eines Vorhabens auf das Klima zu untersuchen (§ 2 Abs. 1 Nr. 3 UVPG).[294] Auch Wasser- und Naturschutzrecht bezwecken den Schutz des Klimas (§ 6 Abs. 2 S. 2 WHG, § 9 Abs. 3 Nr. 4e BNatSchG). Es fehlen allerdings klimaspezifische Instrumente zur Erreichung dieser Zielsetzung.

67   **Planungsrecht:** Sowohl das Raumordnungs- als auch das Bauleitplanungsrecht bezwecken mit ihrem Instrumentarium Klimaschutz. So gehört es nach § 2 Abs. 2 Nr. 6 S. 7 und S. 8 ROG zu den Grundsätzen der Raumordnung, den räumlichen Erfordernissen des Klimaschutzes Rechnung zu tragen und die räumlichen Voraussetzungen für den Ausbau der erneuerbaren Energien für eine sparsame Energienutzung sowie für den Erhalt und die Entwicklung natürlicher Senken für klimaschädliche Stoffe und für die Einlagerung dieser Stoffe zu schaffen. Das Instrumentarium des Raumordnungsrechts ermöglicht es den Planungsträgern vorbehaltlich landesrechtlicher Abweichungen insbesondere, Vorrang- und Eignungsgebiete für Anlagen zur Erzeugung von Strom aus erneuerbaren Energien auszuweisen.[295] Teilweise sehen auch die Planungsgesetze der Länder konkrete Festlegungsaufträge vor.[296] Am 22.7.2011 ist zudem das Gesetz zur Förderung des Klimaschutzes bei der Entwicklung in Städten und Gemeinden (BauGBÄndG)[297] als Teil des Gesetzespakets zur Energiewende[298] in Deutschland in Kraft getreten. Ziel des Gesetzes ist die Absicherung und Betonung der städtebaulichen Dimension des Klimaschutzes, der die Gemeinden bei ihren Vorgaben zur örtlichen Bodennutzung Rechnung tragen sollen.[299]

68   Den Anforderungen des Klimaschutzes wird in den Bestimmungen über die **Bauleitplanung** durch eine Klimaschutzklausel in § 1 Abs. 5 S. 2 BauGB Rechnung getragen. Bauleitpläne sollen dazu beitragen, „eine menschenwürdige Umwelt zu sichern, die natürlichen Lebensgrundlagen zu schützen **und** zu entwickeln sowie den Klimaschutz und die Klimaanpassung, insbesondere auch in der Stadtentwicklung, zu fördern (…)“. Bei der Aufstellung der Bauleitpläne gemäß § 1 Abs. 7 i.V.m. § 1a Abs. 5 S. 2 BauGB ist der Klimaschutz als Abwägungsbelang einzubeziehen.[300] Ferner können Festsetzungen in Bebauungsplänen zum Schutz des Klimas getroffen werden (§ 9 Abs. 1 Nr. 12 und 23 b BauGB).

69   Im Zentrum des Planungsrechts steht die bauleitplanerische Privilegierung von Anlagen zur Erzeugung von Strom und Wärme aus erneuerbaren Energien. So sind Wind-, Wasser und Biomasseanlagen vorrangig im Außenbereich zu errichten und zu betreiben (§ 35 Abs. 1 Nr. 5 und 6 BauGB).[301] Von diesem Grundsatz kann aber zur sparsamen und effizienten Nutzung von Energie zugunsten von Maßnahmen im unbebauten Innenbereich und in bebauten Ortsteilen abgewichen werden (§§ 248 S. 3, 34 Abs. 1

---

294   *Schütte/Winkler,* ZUR 2017, 377, die betonen, dass nunmehr endgültig geklärt ist, dass das Schutzgut Klima nicht nur das standortbezogene Kleinklima umfasst.

295   Für eine solche Ausnahme zur Erleichterung der Ansiedlung von Windenergieanlagen vgl. § 11 Abs. 7 S. 1 LpIG BW.

296   Dies gilt insbesondere für Bundesländer mit eigenem Klimaschutzgesetz. So verpflichtet § 12 Abs. 3 S. 2 LPIG NRW konkret zur raumordnerischen Umsetzung der Landesklimaschutzziele. Hierzu *Schlacke,* in: dies./Wittreck, Landesrecht Nordrhein-Westfalen, 2017, S. 377 f.

297   BGBl. I, S. 1509.

298   Vgl. oben § 16 Rn. 30.

299   Zur Novellierung in zwei Teilen, ausführlich zum ersten Teil *Battis/Krautzberger/Mitschang/Reidt/Stüer,* NVwZ 2011, S. 897.

300   Zur Auslegung dieser Zielsetzung vgl. *Verheyen,* ZUR 2010, 403; *Krautzberger,* DVBl. 2008, 737; *Söfker,* UPR 2009, 81.

301   *Erbguth/Schubert,* Öffentliches Baurecht, § 8 Rn. 71.

S. 1 BauGB). Wesentlich zur planerischen Steuerung von Außenbereichsvorhaben, die erneuerbare Energien nutzen, trägt ferner § 35 Abs. 3 S. 3 BauGB bei, der die zuständige Genehmigungsbehörde zur Berücksichtigung der vorgelagerten planerischen Entscheidungen zwingt. Den Planungsträgern wird insoweit ermöglicht, die Nutzung des Außenbereichs durch eine gezielte Auswahl von Standorten planerisch zu steuern. Allerdings ist den Planungsträgern seitens der Rechtsprechung ein Riegel vorgeschoben, wenn sie lediglich eine „Verhinderungsplanung" in Form der Nichtausweisung hinreichend geeigneter Flächen etwa zur Windkraftnutzung betreiben wollen: Derartigen Ausweisungen fehlt es regelmäßig an einem schlüssigen gesamträumlichen Planungskonzept, sie untergräbt die seitens des Gesetzgebers gewollte Privilegierung derartiger Anlagen und ist insoweit unzulässig.[302] § 249 BauGB erleichtert hingegen die erweiternde Ausweisung der für die Windkraft bereitgestellten Flächen, das Repowering alter Windkraftanlagen sowie die Bündelung der Standorte im Sinne eines Aufräumens der Landschaft. § 5 Abs. 2 Nr. 2a BauGB ermöglicht die Darstellung von Anlagen, die dem Klimaschutz dienen, und stärkt auf diesem Weg die Bedeutung des Flächennutzungsplans als Koordinierungsinstrument für die Berücksichtigung der Belange des Klimaschutzes.[303]

Im Rahmen des Landschaftsplanungsrechts[304] können im Interesse des örtlichen Klimaschutzes Waldgebiete und sonstige Gebiete mit günstiger klimatischer Wirkung sowie Luftaustauschbahnen erhalten, entwickelt und wiederhergestellt werden (§ 1 Abs. 3 Nr. 4 BNatSchG).

70

Mit der Verabschiedung eines Gesetzes zur Demonstration der dauerhaften Speicherung von Kohlenstoffdioxid (KSpG)[305] vom 17.8.2012 wurden die europäischen Vorgaben der CCS-Richtlinie in nationales Recht umgesetzt und die Voraussetzungen zur Erprobung der CCS-Technologie in EU-geförderten Modellprojekten geschaffen.[306] Es bezweckt die Gewährleistung einer dauerhaften Speicherung von Kohlendioxid in unterirdischen Gesteinsschichten zum Schutz des Menschen und der Umwelt, auch in Verantwortung für künftige Generationen. Es regelt zunächst die Erforschung, Erprobung und Demonstration von Technologien zur dauerhaften Speicherung von Kohlendioxid in unterirdischen Gesteinsschichten (§ 1 S. 2 KSpG).

71

4. Landesrecht

▶ **FALL 18:** Die Berliner Gaststättenbetreiberin K, die den Gehweg vor ihrem Lokal als Straßencafé nutzen möchte, beantragt die Erteilung einer Ausnahmegenehmigung zum Aufstellen von Tischen, Stühlen und Gasheizstrahlern. Die Ausnahmegenehmigung zum Aufstellen von Tischen und Stühlen wird vom zuständigen Bezirksamt mit Bescheid gem. § 46 StVO i. V. m. §§ 11 Abs. 1, 13 BerlStrG für die Zeit von April bis September erteilt. Allerdings wird das Aufstellen von Gasheizstrahlern mit der Begründung untersagt, dass Gasheizstrahler für den Klimaschutz besonders nachteilig seien und es gem. § 11 Abs. 2 BerlStrG im überwiegenden öffentlichen Interesse läge, eine Ausnahmegenehmigung zur Auf-

72

---

302 BVerwGE 117, 287, 294 ff.; BVerwGE 122, 109.
303 Ausführlich zu den Änderungen durch das Gesetz zur Förderung des Klimaschutzes bei der Entwicklung in den Städten und Gemeinden *Battis/Krautzberger/Mitschang/Reidt/Stüer*, NVwZ 2011, 897; zum Repowering *Schomerus/Degenhart*, Repowering – Hindernisse und Lösungsmöglichkeiten.
304 Vgl. oben § 10 Rn. 24 ff.
305 BGBl. I, S. 1726, zuletzt geändert durch Art. 2 Abs. 10 G v. 20.7.2017, BGBl. I, S. 2808; zu den europäischen Vorgaben vgl. § 16 Rn. 29.
306 Umfassend *Kohls/Lienemann/Warnke/Wittrock*, ZUR 2015, 140.

stellung zu versagen. Nach erfolglosem Widerspruch erhebt K Klage vor dem Verwaltungsgericht und begründet dies damit, dass keine überwiegenden öffentlichen Interessen der Aufstellung entgegenstünden. Die Genehmigung zum Aufstellen von Gasheizstrahlern könne nicht aus Klimaschutzgründen versagt werden, da selbst die Versagung aller Gasheizstrahler im Land Berlin keinen messbaren Einfluss auf den Klimaschutz hätte. Ferner seien Belange des Klimaschutzes nicht von der straßenrechtlichen Zielsetzung des BerlStrG erfasst. Lediglich Belange mit Bezug zur Straße seien im Rahmen des öffentlichen Interesses bei der Beurteilung der Verträglichkeit einer Sondernutzung einzubeziehen. Dieses Verständnis spiegele auch die Streichung der pauschalen Berücksichtigung von Umweltbelangen aus dem Beispielskatalog des § 11 Abs. 2 BerlStrG wider. Schwerwiegender als der Klimaschutz sei vielmehr das wirtschaftliche Interesse der K, die (nachweislich) Umsatzrückgänge von 50 % zu erwarten hat. Zudem werde durch Straßencafés mit Heizmöglichkeit die Attraktivität Berlins erhöht, was dem Tourismus und damit dem öffentlichen Interesse diene.[307]

Ist die Klage der K begründet?

§ 11 BerlStrG: Sondernutzung

(1) Jeder Gebrauch der öffentlichen Straßen, der über den Gemeingebrauch hinausgeht, ist eine Sondernutzung und bedarf unbeschadet sonstiger Vorschriften der Erlaubnis der Straßenbaubehörde.

(2) Die Erlaubnis nach Abs. 1 soll in der Regel erteilt werden, wenn überwiegende öffentliche Interessen der Sondernutzung nicht entgegenstehen oder ihnen durch Nebenbestimmungen zur Erlaubnis entsprochen werden kann. Die Erlaubnis soll versagt werden, wenn behinderte Menschen durch die Sondernutzung in der Ausübung des Gemeingebrauchs erheblich beeinträchtigt würden. Über die Erlaubnis ist, außer in den Fällen des Absatzes 3, innerhalb eines Monats nach Eingang des vollständigen Antrags bei der zuständigen Behörde zu entscheiden. Kann die Prüfung des Antrags in dieser Zeit nicht abgeschlossen werden, ist die Frist durch Mitteilung an den Antragsteller um einen Monat zu verlängern. Die Erlaubnis gilt als widerruflich erteilt, wenn nicht innerhalb der Frist entschieden wird.

(3) (...)

§ 13 BerlStrG: Zuständigkeitskonzentration

(...)

§ 11 BerlStrG: Sondernutzung (a. F.)

(2) Die Erlaubnis nach Absatz 1 ist zu versagen, wenn öffentliche Interessen der Sondernutzung entgegenstehen und diesen nicht durch Nebenbestimmungen Genüge getan werden kann. Ein öffentliches Interesse ist insbesondere dann gegeben, wenn

1.   die Sondernutzung den Gemeingebrauch nicht unerheblich einschränken würde,

2.   von der Sondernutzung schädliche Umwelteinwirkungen ausgehen würden,

3.   (...) ◀

---

307 Fall nach Urteil des VG Berlin v. 14.5.2009, VG 1 A 417.08 – Juris. Das VG hat die Berufung an das OVG Berlin-Brandenburg wg. der grundsätzlichen Frage, ob Gründe des Klimaschutzes überwiegende öffentliche Interessen sein können, zugelassen. Dieses hat entschieden, dass das VG die Klage zu Recht abgewiesen hat, NVwZ-RR 2012, 217.

Bundesländer und Kommunen sind insbesondere auf der Ebene des Verwaltungsvollzuges bei der Umsetzung der klimapolitischen Beschlüsse gefordert.[308] Anknüpfend an die internationalen, unionsrechtlichen und nationalen Regelungen haben inzwischen zahlreiche Bundesländer klimaschützende Beschlüsse, überwiegend in Form von strategischen Maßnahmenprogrammen, getroffen.[309] Daneben haben die Länder auch eigenständige, z.T. über die Bundesgesetze hinausgehende **Landesklimaschutzgesetze** oder dem Klimaschutz dienende Gesetze erlassen.[310]

73

Das erste **Landesklimaschutzgesetz** hat **Nordrhein-Westfalen** am 23.1.2013 verabschiedet.[311] Das KlimaSchG NRW legt erstmalig landesweite verbindliche **Klimaschutzziele** in Form von quantitativen Reduktionszielen fest (§ 3 Abs. 1 KlimaSchG NRW)[312] und folgt damit dem Vorbild von Klimaschutzgesetzen anderer Staaten wie etwa Großbritannien.[313] Nach § 3 Abs. 1 KlimaSchG NRW soll die Gesamtsumme der Treibhausgasemissionen in Nordrhein-Westfalen bis zum Jahr 2020 um mindestens 25 % und bis zum Jahr 2050 um mindestens 80 % im Vergleich zu den Gesamtemissionen des Jahres 1990 verringert werden. Es nennt darüber hinaus verschiedene Maßnahmen (§§ 4 ff. KlimaSchG NRW, insbesondere einen Klimaschutzplan gem. § 6 KlimaSchG NRW) zur Erreichung der Reduktionsziele.[314]

74

Als zweites Bundesland nach Nordrhein-Westfalen hat **Baden-Württemberg** am 31.7.2013 ein **Klimaschutzgesetz** (KSG BW) erlassen,[315] das eine Reduzierung der Treibhausgase um 25 % bis zum Jahr 2020 und um 90 % bis zum Jahr 2050 jeweils im Verhältnis zum Basisjahr 1990 festschreibt (§ 4 Abs. 1 KSG BW). Neben der Kodifizierung der Klimaschutzziele sieht § 6 KSG BW vor, dass die Landesregierung nach Anhörung von Verbänden und Vereinigungen zur Gewährleistung einer größtmöglichen demokratischen Teilhabe und gesellschaftlichen Akzeptanz ein sog. „Integriertes Energie- und Klimaschutzkonzept" (IEKK) beschließt, das wesentliche Ziele, Strategien und Maßnahmen zur Erreichung der Klimaschutzziele benennt, und ein Tribut an das Klimaschutzrecht in seiner Eigenschaft als Querschnittsmaterie ist.[316] Vergleichbare Gesetze zum Klimaschutz finden sich mittlerweile in Rheinland-Pfalz,[317] Bremen,[318] Berlin,[319] und Schleswig-Holstein.[320] Ein struktureller Unterschied kann mit Blick auf die Gesetze Bremens und Berlins ausgemacht werden, die neben dem Zweck des Kli-

75

308 Zu den Regelungsmöglichkeiten der Bundesländer *Schink*, UPR 2011, 91; zu den Möglichkeiten des kommunalen Klimaschutzes *Kahl*, ZUR 2010, 395 ff.; *Pielow*, ZUR 2010, 117; aus Sicht der EU vgl. Stellungnahme des Ausschusses der Regionen v. 31.3.2009, ABlEG C 76/19.
309 Beispielhaft sei hier insoweit auf das bremische Aktionsprogramm Klimaschutz 2010 verwiesen, abrufbar unter: www.wupperman.de/downloads/Klimaschutz.pdf (Stand: 21.9.2018).
310 Zu möglichen Inhalten von Klimaschutzgesetzen auf Länderebene *Wickel*, DVBl. 2013, 77. Aktuelle Nachweise bei *Stäsche*, EnWZ 2017, 450; vgl. zudem *Flasklühler*, Föderale Klimaschutzgesetzgebung im Lichte des wohlgeordneten Rechts.
311 GVBl. NRW, S. 33.
312 So die Terminologie von *Wickel*, DVBl. 2013, 77, 79.
313 Vgl. *Groß*, ZUR 2011, 171.
314 Zum Klimaschutzplan und seinem Verhältnis zur Raumordnung *Schlacke*, in: dies./Wittreck, Landesrecht Nordrhein-Westfalen, 2017, S. 377 f.
315 Das KSG BW wurde am 17.7.2013 als Art. 1 des Gesetzes zur Förderung des Klimaschutzes in Baden-Württemberg beschlossen, GBl. Bad-Würt. 2013, S. 229.
316 LT-Drs. 15/3465 v. 7.5.2013, S. 16.
317 GVBl. RP 2014, S. 188, zuletzt geändert durch § 48 G v. 6.10.2015, GVBl. RP, S. 295.
318 Brem. GBl. 2015, S. 124.
319 Bln. GVBl. 2016, S. 122, zuletzt geändert durch G v. 26.10.2017, Bln. GVBl., S. 548.
320 GVBl. SH 2017, S. 124.

maschutzes auch energiewirtschaftlich orientiert sind einer sicherer und preisgünstigen Energieerzeugung und -versorgung dienen sollen.

76   In Bayern, Sachsen und Hessen werden unverbindliche Klimaschutzziele durch (ebenfalls unverbindliche) politische Klimaschutzpläne oder -programme umgesetzt.[321] Das Hamburgische Gesetz zum Schutz des Klimas durch Energieeinsparung (HmbKliSchG) von 1997[322] legt indes keine Ziele zur Verminderung von Treibhausgasemissionen fest und verfolgt mithin einen strukturell anderen Ansatz als die aktuellen Klimaschutzgesetze.

77   Daneben hat auf Länderebene **Baden-Württemberg** als erstes Bundesland ein Erneuerbare-Wärme-Gesetz (i.d.F. vom 20.11.2007)[323] erlassen. Eine novellierte Fassung liegt seit 2015 vor.[324] Diese statuiert in § 4 EWärmeG BW insbesondere die Pflicht, beim Austausch oder dem nachträglichen Einbau einer Heizanlage mindestens 15 % des jährlichen Wärmeenergiebedarfs durch erneuerbare Energien zu decken oder diesen um 15 % zu senken. **Hamburg** ist mit einer Klimaschutzverordnung[325] gefolgt.

78   Zur Erfüllung der Vorbildfunktion nach § 1a EEWärmeG können die Länder darüber hinaus für öffentliche Altbauten eigene Regelungen erlassen, die vom EEWärmeG abweichen. § 3 Abs. 4 Nr. 2 EEWärmeG eröffnet den Ländern daneben für Altbauten, die keine öffentlichen Gebäude sind, die Möglichkeit, eine Nutzungspflicht einzuführen, wie dies etwa durch die Satzung der Stadt Marburg zur verbindlichen Nutzung der Solarenergie in Gebäuden vom 17.11.2010 (**Marburger Solarsatzung**) geschehen ist.[326] In diesem Zusammenhang ist auch der umweltpolitisch motivierte kommunale Anschluss- und Benutzungszwang zu sehen, der die Schnittstelle zwischen Klimaschutzrecht und Kommunalrecht bildet.[327] Die grundsätzliche Vorbildfunktion der öffentlichen Hand erstreckt sich darüber hinaus auf die planerische Abwägung, die Darstellungs- und Festsetzungsmöglichkeiten, die Zulassung von Vorhaben, das besondere Städtebaurecht und die Berücksichtigung der Klimaschutzziele durch die Gerichte.[328]

79   Die Anwendung der neuen **CCS-Technologie** regelt das bereits benannte Gesetz zur Demonstration der dauerhaften Speicherung von Kohlendioxid (**Kohlendioxid-Speicherungsgesetz – KSpG**). Es regelt zunächst die Erforschung, Erprobung und Demonstration von Technologien zur dauerhaften Speicherung von Kohlendioxid in unterirdischen Gesteinsschichten (§ 1 KSpG).[329] Für die Speicherung von Kohlendioxid enthält § 2 Abs. 5 KSpG eine sog. Länderklausel, wonach die Länder im Rahmen einer fachlichen Abwägung sowohl Gebiete ausweisen können, in denen die CO_2-Speicherung zu-

---

321   Vgl. *Stäsche*, EnWZ 2015, 354 m.w.N.
322   Hamburgisches Klimaschutzgesetz v. 25.6.1997, HmbGVBl., S. 261; zuletzt geändert durch Art. 32 G v. 17.12.2013, HmbGVBl., S. 531.
323   GBl. Bad.-Würt., S. 531; dazu *Milkau*, S. 263.
324   GBl. Bad.-Würt. 2015, S. 151.
325   Hamburger Klimaschutzverordnung vom 11.12.2007 aufgrund von § 6 Abs. 2, § 7 Abs. 2 sowie § 8 Abs. 1 des Hamburgischen Klimaschutzgesetzes vom 25.6.1997, HmbGVBl S. 261, zuletzt geändert durch G v. 6.7.2006, HmbGVBl., S. 414.
326   Zur Rechtswidrigkeit der ersten Fassung der Marburger Solarsatzung vgl. VG Gießen, Urt. v. 12.5.2010, ZUR 2010, 375; *Kahl*, ZUR 2010, 371; zur öffentlichen Vorbildfunktion *Wustlich*, ZUR 2011, 113 f.
327   BVerwG, ZUR 2006, 364; OVG Magdeburg, KommJur 2009, 104.
328   Eine vielbeachtete Entscheidung war in diesem Zusammenhang das Urteil des OVG Münster v. 3.9.2009, ZUR 2009, 597, das den Bebauungsplan für ein Steinkohlekraftwerk in Datteln für unwirksam erklärt und den Gemeinden eine erhebliche Verantwortung für die Beachtung von Klimaschutzzielen in der Landesplanung bescheinigt; zu der Thematik *Verheyen*, ZUR 2010, 403.
329   S.o. § 16 Rn. 71.

lässig ist, als auch solche, in denen sie nicht zulässig ist.[330] Als erstes Bundesland hat Schleswig-Holstein von der Länderklausel mit dem Gesetz zur Regelung der Kohlendioxid-Speicherung Gebrauch gemacht und Ausschlussgebiete benannt.[331]

▶ **LÖSUNG FALL 18:** Die Klage der K ist begründet, soweit die teilweise Versagung der straßenverkehrsrechtlichen Ausnahmegenehmigung rechtswidrig ist und K dadurch in ihren Rechten verletzt ist (§ 113 Abs. 5 S. 1 VwGO). Das ist der Fall, wenn K einen Anspruch aus § 46 StVO i.V.m. §§ 11 Abs. 1, 13 BerlStrG auf Erteilung der begehrten Ausnahmegenehmigung zur Nutzung des Gehwegstreifens zum Aufstellen von Gasheizstrahlern hat. Formelle Probleme sind nicht ersichtlich. Materiellrechtlich handelt es sich bei dem Aufstellen von Gasheizstrahlern um den Gebrauch einer öffentlichen Straße, der über den Gemeingebrauch nach § 11 Abs. 1 BerlStrG hinausgeht. Nach der Neufassung des § 11 Abs. 2 BerlStrG soll die Erlaubnis in der Regel erteilt werden, wenn keine überwiegenden öffentlichen Interessen der Sondernutzung entgegenstehen. Fraglich ist jedoch, ob durch die Streichung des weit gefassten negativen Versagungsgrunds der schädlichen Umwelteinwirkung (§ 11 Abs. 2 S. 1 Nr. 2 BerlStrG a.F.) die Zielsetzung des BerlStrG lediglich auf straßenbezogene öffentliche Interessen beschränkt ist und der Klimaschutz überhaupt ein Grund des öffentlichen Interesses im Rahmen des BerlStrG sein kann. Grundsätzlich sind die Gründe des öffentlichen Interesses im BerlStrG nicht auf den Bezug zur Straße beschränkt.[332] Daran ändert auch die Streichung der früheren Fassung des BerlStrG nichts, da dies lediglich redaktionelle Gründe hatte und eine sachliche Änderung nicht beabsichtigt war.[333] Dem Klimaschutz kommt im Rahmen der Bewahrung der natürlichen Lebensgrundlagen in Art. 20a GG, Art. 31 Abs. 1 Berliner Verfassung Verfassungsrang zu. Das Ziel, Treibhausgase zu reduzieren, ergibt sich aus dem Kyoto-Protokoll, unter dem sich Deutschland verpflichtet hat, den Ausstoß an Treibhausgasen im Zeitraum von 2008 bis 2012 um 21 % gegenüber 1990 zu senken. Entgegen der Auffassung der K scheitert der globale Klimaschutz somit nicht bereits an der Neufassung des § 11 BerlStrG. Ferner sind Gasheizstrahler für den Klimaschutz besonders nachteilig, da die Nutzung offenen Feuers zum Heizen im Freien eine ausnehmend ineffiziente Nutzung fossiler Brennstoffe darstellt. Das Argument, dass das Aufstellen von Gasheizstrahlern keinen spürbaren Effekt auf das Weltklima habe, stellt sämtliche Bemühungen um die Reduzierung von Treibhausgasen in Frage und ist schon deshalb nicht haltbar, weil das globale Ziel des Klimaschutzes für seine Umsetzung lokales Handeln erfordert. Die „künstliche" Verlängerung der Nutzungszeit des Straßencafés durch den Einsatz von Gasheizstrahlern führt K zufolge jedoch zu einer Umsatzsteigerung von bis zu 50 %. Dieses wirtschaftliche Interesse der K ist dabei jedoch weder eigentumsrechtlich noch durch das Recht am eingerichteten und ausgeübten Gewerbebetrieb geschützt, da es sich lediglich um eine verfassungsrechtlich nicht geschützte Gewinnchance handelt. Ferner könnte K ihren Gästen gegen die Kälte Decken zur Verfügung stellen. Insoweit überwiegt der geringfügige Effekt für den Klimaschutz das erheblich wirtschaftliche Interesse der K. Die Gründe des Klimaschutzes begründen mithin ein überwiegendes öffentliches Interesse, das der Erteilung der begehrten Ausnahmegenehmigung entgegensteht. Wegen der pflichtgemäßen Ausübung des Versagungsermessens hat K keinen Anspruch auf Erteilung der begehrten Ausnahmegenehmigung zur Nutzung des Gehwegstreifens zum Aufstellen von Gasheiz-

80

---

330 Kritisch zum Bundesgesetzentwurf aus der Sicht von Schleswig-Holstein als potentielles Speicherland *Wasielewski*, UPR 2011, 174; vgl. oben § 16 Rn. 29, 71.
331 SH GVOBl. 2014, 65.
332 Vgl. OVG Berlin, Beschl. v. 16. 8. 2000, OVG 1 S. 500.
333 Vgl. Abgeordnetenhaus von Berlin, Drs. 15/3584, S. 15.

strahlern. Die teilweise Versagung der straßenverkehrsrechtlichen Ausnahmegenehmigung war mithin rechtmäßig. Die Klage der K ist somit unbegründet und hat keinen Erfolg. ◄

WIEDERHOLUNGS- UND VERSTÄNDNISFRAGEN

81

> Was verstehen Sie unter dem Begriff Klimaschutzrecht? (Rn. 2)

> Bilden die einzelnen EU-Rechtsakte ein kohärentes umfassendes klimaschutzrechtliches System? Wie beeinflussen sie sich gegenseitig? (Rn. 9 ff.)

> Erläutern Sie die Funktionsweise des Emissionshandels. Warum ist der Emissionshandel ein gutes Beispiel für Klimapolitik im Mehrebenensystem? (Rn. 12 ff.)

> Welche Konzeption liegt dem Treibhausgas-Emissionshandelsgesetz zugrunde? Bestehen verfassungsrechtliche Bedenken? Wenn ja, welche? (Rn. 33 ff.)

> Welches sind die drei wesentlichen Regelungswerke zum deutschen Recht der erneuerbaren Energien und welche Zielsetzungen verfolgen sie? (Rn. 41 ff.)

> Welche Rolle spielen Planungs- und Immissionsschutzrecht für den Klimaschutz? (Rn. 62 ff.)

Definitionen

Begriff	Definition
Abfall	Abfälle sind alle Stoffe und Gegenstände, derer sich ihr Besitzer entledigt, entledigen will oder entledigen muss (§ 3 Abs. 1 S. 1 KrWG). *§ 12 Rn. 16*
Abfallverwertung	Abfallverwertung ist jede Maßnahme, deren Hauptzweck auf die Nutzung der stofflichen Eigenschaften der Abfälle gerichtet ist, um die Abfälle einem sinnvollen Zweck zuzuführen, indem sie andere Stoffe ersetzen, die ansonsten zur Erfüllung einer bestimmten Funktion verwendet worden wären. *§ 12 Rn. 1*
Anthropozentrischer Umweltschutz	Nach der Vorstellung vom anthropozentrischen Umweltschutz entspringt die Pflicht zur Erhaltung der natürlichen Lebensgrundlagen aus der Verantwortung für das Wohl der lebenden und zukünftigen Menschen. *§ 1 Rn. 9*
Altlasten	Altlasten sind ■ stillgelegte Abfallbeseitigungsanlagen sowie sonstige Grundstücke, auf denen Abfälle behandelt, gelagert oder abgelagert worden sind (Altablagerungen), ■ Grundstücke stillgelegter Anlagen und sonstiger Grundstücke, auf denen mit umweltgefährdenden Stoffen umgegangen worden ist, ausgenommen Anlagen, deren Stilllegung einer Genehmigung nach dem Atomgesetz bedarf (Altstandorte), durch die schädliche Bodenveränderungen oder sonstige Gefahren für den Einzelnen oder die Allgemeinheit hervorgerufen werden. *§ 13 Rn. 16*
Altlastverdächtige Fläche	Altlastverdächtige Flächen sind gem. § 2 Abs. 6 BBodSchG Altablagerungen und Altstandorte, bei denen der Verdacht schädlicher Bodenveränderungen oder sonstiger Gefahren für den Einzelnen oder die Allgemeinheit besteht. *§ 13 Rn. 17*
Ausschlusswirkung	Auf Grund von § 75 Abs. 2 S. 1 VwVfG sind mit Unanfechtbarkeit des Planfeststellungsbeschlusses alle privatrechtlichen oder öffentlich-rechtlichen Ansprüche auf Unterlassung, Beseitigung oder Änderung des Vorhabens ausgeschlossen. *§ 5 Rn. 53*
AWZ	Die AWZ bildet nach Art. 55 SRÜ ein jenseits des Küstenmeeres gelegenes und an dieses angrenzende Gebiet und erstreckt sich bis zu 200 sm von der Basislinie entfernt. Dem Küstenstaat werden durch Art. 56 Abs. 1 SRÜ in dieser Zone funktional begrenzte Hoheitsrechte wie die Ausbeutung der Ressourcen oder wissenschaftliche Meeresforschung zugewiesen. *§ 15 Rn. 17*
Belästigung i.S.d. Umweltverfassungsrechts	Belästigungen sind unerhebliche Beeinträchtigungen rechtlich geschützter Güter, hier der Grundrechte. Sie dürfen dem Einzelnen zugemutet werden, soweit sie sozialadäquat sind. *§ 4 Rn. 31*

Begriff	Definition
Bewirtschaftungspläne	Die wasserrechtlichen Bewirtschaftungspläne gem. § 83 WHG stellen die oberste Planungsstufe dar. Ein Bewirtschaftungsplan ist für jede Flussgebietseinheit (§ 3 Nr. 15 WHG) aufzustellen, um eine einheitliche Betrachtungsweise vom Oberlauf bis zum Unterlauf zu gewährleisten. Aufgabe eines Bewirtschaftungsplans ist, alle vorhandenen, die Gewässer beschreibenden Daten zu bündeln sowie alle relevanten Ziele der Gewässerbewirtschaftung aufzuführen. Sie dienen mithin der informatorischen Grundlage der Gewässerbewirtschaftung. *§ 11 Rn. 32*
Boden	Boden i.S.d. Bundes-Bodenschutzgesetzes (§ 2 Abs. 1 BBodSchG) – und darüber hinaus des Bodenschutzrechts überhaupt – ist die oberste, sichtbare, überbaute oder nicht überbaute Schicht der Erde. Auf die Bodenart (Humus, Gestein etc.) kommt es nicht an. Zum Boden gehören deshalb auch die besonderen Flächen auf der Erdkruste, wie Felsböden, Geröll, Sandböden, Dünen, Torfmoore. Umfasst sind auch die flüssigen und gasförmigen Bodenbestandteile, allerdings nicht das Grundwasser und die Gewässerbetten. Letzteres wird vom Regime des Wasserhaushaltsgesetzes und der Landeswassergesetze erfasst. *§ 13 Rn. 9*
Bodenveränderung	Der Begriff der Bodenveränderung ist weit zu verstehen und umfasst stoffliche Einträge ebenso wie die Flächenversiegelung und Veränderungen der Bodenphysik. *§ 13 Rn. 14*
Cradle-to-Grave-Prinzip	Das Cradle-to-Grave-Prinzip beinhaltet die Kontrolle bestimmter Problemstoffe von ihrer Produktion bis zu ihrer Beseitigung. *§ 3 Rn. 2*
Direkte Verhaltenssteuerung	Direkte Verhaltenssteuerung liegt vor, wenn eine Rechtsnorm oder eine administrative Maßnahme einzelnen Personen zwingend ein bestimmtes Handeln (oder Unterlassen) abverlangt. *§ 5 Rn. 20*
Eingriff in Natur und Landschaft	Ein Eingriff ist jede Beeinträchtigung von Natur und Landschaft einschließlich der Veränderung von Gestaltung und Nutzung von Grundflächen, die die Leistungs- und Funktionsfähigkeit des Naturhaushalts erheblich beeinträchtigen können. *§ 10 Rn. 31*
Emissionen	Emissionen sind die von einer Anlage ausgehenden ▪ Luftverunreinigungen, ▪ Geräusche, ▪ Erschütterungen, ▪ Licht, ▪ Wärme, ▪ Strahlen und ▪ ähnlichen Erscheinungen (§ 3 Abs. 3 BImSchG). *§ 9 Rn. 27*

Begriff	Definition
Energieverbrauchsrelevante Produkte	Energieverbrauchsrelevante Produkte sind Produkte, die mit Energie betrieben werden, und Produkte, die selbst keine Energie verbrauchen, aber während ihrer Nutzung den Verbrauch von Energie beeinflussen. Sie dürfen nur in den Verkehr gebracht werden, wenn sie u.a. die gesetzlich verankerten Anforderungen an die umweltgerechte Gestaltung erfüllen, um langfristig energieineffiziente Produkte vom Markt zu verdrängen. *§ 16 Rn. 58*
Enteignungsvorwirkung	Unbeschadet der Ausschlusswirkung sind oftmals fremde Rechte, vornehmlich von Grundstückseigentümern, durch die Realisierung des Vorhabens betroffen. Die entsprechenden Festsetzungen im Planfeststellungsbeschluss berechtigen dann zur Enteignung nach Maßgabe der jeweils einschlägigen landesrechtlichen Enteignungsgesetze. *§ 5 Rn. 54*
Eröffnungskontrollen	Die Eröffnungskontrollen dienen der Überprüfung von Vorhaben auf etwaige Umweltbeeinträchtigungen, noch bevor sie eintreten. *§ 5 Rn. 31*
EU-Emissionshandel	Der auf einem cap and trade-System beruhende EU-Emissionshandel ist ein Instrument zur unionsweiten Treibhausgasreduktion, bei dem die Menge zulässiger Emissionen bestimmter Treibhausgase gedeckelt wird (cap) und die Emissionsrechte, übersetzt in Zertifikate, auf einem hierfür geschaffenen Markt gehandelt werden können (trade). Nach diesem System Verpflichtete haben für jede Tonne Ausstoß spezifischer Gase eine entsprechende handelbare Emissionsberechtigung (Zertifikat) nachzuweisen. Der Handel soll dazu führen, dass die technischen Emissionsreduktionsmaßnahmen an den kostengünstigsten Standorten ergriffen werden. *§ 16 Rn. 12 ff., 33 ff.*
Flächenrecycling	Flächenrecycling ist die nutzungsbezogene Wiedereingliederung vormals industriell oder gewerblich genutzter Grundstücke, die ihre bisherige Funktion und Nutzung verloren haben, mittels planerischer, umwelttechnischer und wirtschaftspolitischer Maßnahmen in den Wirtschafts- und Naturkreislauf. Es ergibt sich sowohl aus dem bauplanungsrechtlichen Gebot als auch aus dem Grundsatz der nutzungsbezogenen Sanierung aus § 4 Abs. 4 BBodSchG. *§ 13 Rn. 63*
Freiraumthese	Nach der Freiraumthese darf die Belastbarkeit der Natur nicht völlig ausgeschöpft werden, um ein weiteres Wachstum der menschlichen Gesellschaft und Wirtschaft zu ermöglichen und um wenig belastete Freiräume zur Regeneration des Umweltsystems zu erhalten. *§ 3 Rn. 4*
Gefahrenabwehr- bzw. Schutzprinzip	Nach dem Gefahrenabwehr- bzw. Schutzprinzip sind Umweltgefahren abzuwehren. *§ 3 Rn. 2*
Gemeinlastprinzip	Eine Begrenzung des Verursachergedankens stellt das Gemeinlastprinzip dar, wonach die Kosten zur Bereinigung oder Verminderung von Umweltschäden der Allgemeinheit, also dem Steuerzahler, auferlegt werden. *§ 3 Rn. 15*

Begriff	Definition
Gentechnisch veränderter Organismus	Dies ist nach § 3 Nr. 3 GenTG ein Organismus, mit Ausnahme des Menschen, dessen genetisches Material in einer Weise verändert worden ist, die unter natürlichen Bedingungen durch Kreuzen oder natürliche Rekombination nicht vorkommt. *§ 14 Rn. 23*
Gestaltungswirkung	Es werden nach § 75 Abs. 1 S. 2 VwVfG alle öffentlich-rechtlichen Beziehungen zwischen dem Träger des Vorhabens und den Planbetroffenen rechtsgestaltend geregelt. *§ 5 Rn. 52*
Gestattungswirkung	Gestattungswirkung bedeutet, dass durch den Planfeststellungsbeschluss die Zulässigkeit des Vorhabens einschließlich der notwendigen Folgemaßnahmen an anderen Anlagen festgestellt wird, und zwar im Hinblick auf alle von ihm berührten öffentlichen Belange. *§ 5 Rn. 50*
Grundsatz der Nachhaltigkeit	Unter dem Grundsatz der Nachhaltigkeit sind die sozialen und wirtschaftlichen Ansprüche an den Raum mit seinen ökologischen Funktionen in Einklang zu bringen sowie zu einer dauerhaften, großräumig ausgewogenen Ordnung zu führen. *§ 3 Rn. 2*
Grüne Gentechnik	Grüne Gentechnik wird auch „Umweltgentechnik" genannt. Hierbei handelt es sich um die Anwendung gentechnischer Verfahren in der Pflanzen- und Tierzüchtung und die Nutzung gentechnisch veränderter Pflanzen und sonstiger Organismen in der Landwirtschaft und im Lebensmittelsektor. *§ 14 Rn. 1*
Hoheitliche Planung	Hoheitliche Planung bedeutet die vom Einzelfall unabhängige, zukunftsgerichtet gestaltende Steuerung staatlicher Aufgabenbereiche. *§ 5 Rn. 4*
Ignoranztheorie	Mit der Ignoranztheorie wird das Vorsorgeprinzip begründet, wonach die langfristige Wirkung von umweltrelevanten Maßnahmen nie genau vorhergesagt werden kann, Umweltbeeinträchtigungen vielmehr in einem gewissen Maße immer auftreten. Angesichts dessen sei es sinnvoll und notwendig, Eingriffe in die Umwelt durchweg auf das technisch mögliche und zumutbare Maß zu reduzieren. *§ 3 Rn. 4*
Immissionen	Immissionen sind gem. § 3 Abs. 2 BImSchG auf Menschen, Tiere, Pflanzen, den Boden, das Wasser, die Atmosphäre sowie Kultur- und Sachgüter einwirkende ■ Luftverunreinigungen, ■ Geräusche, ■ Erschütterungen, ■ Licht, ■ Wärme, ■ Strahlen und ■ ähnliche Umwelteinwirkungen. *§ 9 Rn. 26*

Begriff	Definition
Instrumente des Umweltrechts	Instrumente des Umweltrechts sind Planungsinstrumente, Instrumente direkter Verhaltenssteuerung (Ge- und Verbote), Instrumente indirekter Verhaltenssteuerung (z.B. Einspeisevergütung) und staatliche Eigenvornahme (z.b. Sammeln umwelterheblicher Daten). § 5 Rn. 2
Integrationsprinzip	Unter dem Integrationsprinzip versteht man die Abkehr vom sektoralen zum gesamtheitlichen, insbesondere die Wechselwirkungen zwischen den Umweltmedien erfassenden (Umwelt-)Schutz. § 3 Rn. 2
Integrierte Vorhabengenehmigung	Die integrierte Vorhabengenehmigung, die bislang rechtlich nicht verankert ist, beinhaltet eine einheitliche und umfassende Entscheidung über die Zulassung eines Vorhabens. Grundpflichten der genehmigungsbedürftigen Vorhaben richten sich zwecks Gewährleistung eines hohen Schutzniveaus für Mensch und Umwelt insgesamt u.a. auf die Vermeidung schädlicher Umweltveränderungen und sonstiger Gefahren, erheblicher Nachteile und erheblicher Beeinträchtigungen für die Allgemeinheit wie für die Nachbarschaft, auf Vorsorge gegen jene Belastungen, auf die Vermeidung, Verwertung und Beseitigung von Abfällen, auf eine sparsame Verwendung von Wasser sowie eine entsprechende und zugleich effiziente Verwendung von Energie, insbesondere durch Abwärmenutzung. § 5 Rn. 52, 71
Integrierter Umweltschutz	Integrierter Umweltschutz findet sich dort, wo entweder der Umweltschutz mit anderen (gegenläufigen) Aufgabenstellungen und Zielen konkurriert (etwa Raumordnungsrecht, Recht der Bauleitplanung: Umweltschutz als ein Planungsziel oder abwägungserheblicher Belang neben anderen Aufgaben) oder aber mit (gleichgerichteten) Zielen konvergiert (bspw. Recht der Technischen Sicherheit, Arbeitsschutzrecht, Gesundheitsrecht) – hier ergänzen Umweltschutzaspekte die anderen Schutzziele Gesundheit, Arbeitssicherheit etc., sie konkurrieren nicht mit ihnen. § 2 Rn. 28
Kausaler Umweltschutz	Kausaler Umweltschutz will eine effektive Minderung der Umweltgefährdung erreichen, indem er bei der Emission gefährlicher Stoffe – gleichsam „an der Quelle" – ansetzt und den Umgang mit ihnen reglementiert. § 2 Rn. 25
Klagebefugnis	Die Klagebefugnis verlangt, dass der Kläger geltend machen kann, in seinen Rechten verletzt zu sein. Nach seinem Vortrag muss es möglich erscheinen, dass er in einem subjektiven Recht verletzt ist. § 6 Rn. 11 ff.
Klimaschutzrecht	Das Klimaschutzrecht ist die Summe derjenigen Rechtsnormen, die das Klima vor anthropogenen Einwirkungen schützen sollen. Dazu zählen z.B. Regelungen, die auf die Vermeidung des Austritts von Treibhausgasen in die Atmosphäre gerichtet sind, wie etwa jene, die die Abscheidung und Speicherung von Kohlendioxid, sog. Carbon Capture and Storage (CCS), steuern, oder Maßnahmen des Geoengineerings. § 16 Rn. 2

Begriff	Definition
Koexistenzzweck	Gem. § 1 Nr. 2 bezweckt das Gentechnikgesetz, die Möglichkeit zu gewährleisten, dass Produkte, insbesondere Lebens- und Futtermittel, konventionell, ökologisch oder unter Einsatz gentechnisch veränderter Anbauformen erzeugt und in den Verkehr gebracht werden können. *§ 14 Rn. 30, 45*
Kompensationsmodell	Das Zertifikatsmodell ist eine Abwandlung des Kompensationsmodells. Bei Letzterem geht es um die Zuweisung von austauschbaren Emissionskontingenten. Hiernach können mehrere Unternehmen in einem begrenzten Gebiet zu einem Betriebsverbund zusammengefasst werden. Innerhalb des Verbundes dürfen einzelne Betriebe über ihre Befugnis hinausgehend emittieren, wenn hierfür andere Unternehmen ihre in der Wirkung gleichen Schadstoffemissionen entsprechend einschränken und so die erhöhte Emission kompensieren. Eine Neuansiedlung emittierender Anlagen ist in diesem System ebenfalls nur unter Rückführung der von bestehenden Einrichtungen ausgehenden Emissionen möglich. *§ 5 Rn. 106*
Kooperationsprinzip	Dem Kooperationsprinzip zufolge ist Umweltschutz die Aufgabe aller gesellschaftlichen Kräfte, nicht allein diejenige des Staates. Angesichts dessen ist eine Zusammenarbeit der staatlichen und gesellschaftlichen Kräfte in umweltrelevanten Willensbildungs- und Entscheidungsprozessen vonnöten, wobei dem Staat wegen seiner Verpflichtung auf das Gemeinwohlinteresse und seiner Durchsetzungsinstrumente eine leitende, zumindest aber federführende Funktion zukommt. Durch eine solche „Ko-Operation" kann sich der Staat einerseits Sachverstand aus dem gesellschaftlich-privaten Bereich sichern und zum anderen durch beständige Information der Beteiligten die Akzeptanz und damit die Wirksamkeit umweltpolitischer Entscheidungen verbessern. *§ 3 Rn. 17*
Kreislaufwirtschaft	Der Begriff Kreislaufwirtschaft ist eine Wortschöpfung des deutschen Gesetzgebers. In Ermangelung einer gesetzlichen Definition erschloss sich der Inhalt des Begriffs vorrangig über die Grundsätze der Kreislaufwirtschaft, die gem. § 6 Abs. 1 KrWG primär in der Abfallvermeidung und sekundär in der Abfallverwertung liegen. Entsprechend wird die Kreislaufwirtschaft durch § 3 Abs. 19 KrWG als Vermeidung und Verwertung von Abfällen definiert. *§ 12 Rn. 1*
Landschaftsplanung	Landschaftsplanung ist sektorale und querschnittsorientierte Fachplanung für den Bereich des Naturschutzes, der Landschaftspflege und der Erholungsvorsorge, die als ökologisch orientiertes räumliches Nutzungskonzept dem Vorsorgeprinzip Rechnung trägt. Sie erfolgt auf überörtlicher Ebene durch Landschaftsprogramme und Landschaftsrahmenpläne; auf kommunaler Ebene durch Landschaftspläne und Grünordnungspläne. *§ 10 Rn. 24 ff.*

Begriff	Definition
MARPOL	MARPOL stellt ein 1978 geschaffenes internationales Übereinkommen zur Verhütung der Meeresverschmutzung durch Schiffe dar. Es ist darauf gerichtet, die Verschmutzung des Meeres durch „betriebsbedingte" Einleitungen zu verringern bzw. zu verhindern. *§ 15 Rn. 28*
Massenverfahren	Massenverfahren sind prozessuale Verfahren, an denen mehr als (zwanzig bzw.) fünfzig Personen beteiligt sind. *§ 6 Rn. 23*
Maßnahmenprogramme	Maßnahmenprogramme sind selbstständige Planungsinstrumente, welche die abstrakten Vorgaben der Bewirtschaftungsziele für die jeweilige Flussgebietseinheit konkretisieren. Sie enthalten grundlegende – und, soweit erforderlich, ergänzende – Maßnahmen, um fristgerecht die im Gesetz festgelegten Ziele zu erreichen (§ 82 Abs. 2, 3 WHG). Maßnahmenprogramme bilden die Grundlage für wasserwirtschaftliche Vollzugsmaßnahmen. Ob sie insoweit grundsätzlich als außenwirksame Rechtsnorm erlassen werden müssen, ist umstritten. Es bestünde jedenfalls auch die Möglichkeit, sie auf die Benennung von Maßnahmen zu beschränken und ihre konkrete Umsetzung durch landesrechtliche Befugnisnormen vorzunehmen. *§ 11 Rn. 33*
Medialer Umweltschutz	Medialer Umweltschutz dient dem Schutz der (Umwelt-)Medien Boden, Wasser und Luft. *§ 2 Rn. 24*
Meeresstrategie-Rahmenrichtlinie	Die Meeresstrategie-Rahmenrichtlinie bildet die Umweltsäule der künftigen Meerespolitik der EU. Der Zweck der Richtlinie, einen Rahmen für den Schutz, die Erhaltung und Wiederherstellung der europäischen Meeresgebiete zu etablieren, soll durch Maßnahmenprogramme der Mitgliedstaaten erreicht werden. *§ 15 Rn. 64*
Natura 2000-Netz	Ein zusammenhängendes ökologisches Netz, das zwecks Wiederherstellung oder Bewahrung eines günstigen Erhaltungszustands bestimmter natürlicher Lebensräume und Arten auf Grundlage der FFH-Richtlinie 92/43/EG und der Vogelschutzrichtlinie 2009/147/EG ausgewiesen wird. In den Schutzgebieten gilt ein allgemeines Verschlechterungs- und Störungsverbot sowie die Pflicht zur Durchführung einer Prüfung der Verträglichkeit von Projekten und Plänen mit den jeweiligen Erhaltungszielen. *§ 10 Rn. 52 ff.*
Öffentliches Umweltrecht	Das öffentliche Umweltrecht als Summe aller öffentlich-rechtlichen Normen, die dem Umweltschutz dienen, lässt sich wie folgt unterteilen: Umweltvölkerrecht, Umwelteuroparecht, Umweltverfassungsrecht und Umweltverwaltungsrecht. *§ 2 Rn. 20*
Ökozentrischer Umweltschutz	Verfechter des ökozentrischen Umweltschutzes verstehen die Umwelt als einen Wert an sich, der um seiner selbst willen zu schützen ist. Begründet wird dies mit der ethisch-sittlichen Verantwortung des Menschen gegenüber seiner Umwelt. *§ 1 Rn. 10*

Begriff	Definition
Plan	Der Plan beschreibt den gegenwärtigen (Ist-Zustand) sowie den angestrebten Zustand (Soll-Zustand) und legt die erforderlichen Maßnahmen zur Erreichung des Soll-Zustandes fest. *§ 5 Rn. 6*
Planfeststellungsbeschluss	Der Planfeststellungsbeschluss bildet den Abschluss eines Planfeststellungsverfahrens. *§ 5 Rn. 40, 42*
Planfeststellungsverfahren	Beim Planfeststellungsverfahren handelt es sich um ein besonderes Verwaltungsverfahren, durch das die Zulässigkeit eines konkreten Vorhabens festgestellt wird, und das sämtliche öffentlich-rechtliche Beziehungen zwischen dem Träger des Vorhabens und den durch den Plan Betroffenen rechtsgestaltend regelt sowie die ansonsten erforderlichen behördlichen Entscheidungen ersetzt. *§ 5 Rn. 40*
Präklusion (formell)	Formelle Präklusion liegt im Zweifel vor, wenn die gesetzliche Regelung nur eine Einwendungsfrist festsetzt. Ihre Versäumung führt zum Ausschluss des Anspruchs auf Erörterung der Einwendungen im Rahmen des Verwaltungsverfahrens. *§ 6 Rn. 5*
Präklusion (materiell)	Die materielle Präklusion oder Verwirkungspräklusion liegt vor, wenn das Gesetz zusätzlich die Rechtsfolge der Fristversäumnis – Einwendungsausschluss – normiert. *§ 6 Rn. 5*
Präventives Verbot (Kontrollerlaubnis)	Das präventive Verbot ermöglicht vor Aufnahme einer bestimmten, grundrechtlich geschützten Tätigkeit eine behördliche Überprüfung dahingehend, ob das Vorhaben im Einzelfall Rechtsgüter beeinträchtigt. *§ 5 Rn. 32*
Produktverantwortung	Produktverantwortung bedeutet, Erzeugnisse so zu gestalten, dass bei der Herstellung und dem Gebrauch das Entstehen von Abfällen vermindert wird und die umweltverträgliche Verwertung und Beseitigung der nach deren Gebrauch entstandenen Abfälle sichergestellt ist (§ 23 KrWG). *§ 12 Rn. 51*
Querschnittsklausel	Die Querschnittsklausel (Art. 11 AEUV) bestimmt, dass die Erfordernisse des Umweltschutzes bei der Festlegung und Durchführung der in Art. 3 EUV genannten Gemeinschaftspolitiken und -maßnahmen mit zu bedenken sind. Diese Einbeziehung soll insbesondere der Förderung einer nachhaltigen Entwicklung dienen. *§ 7 Rn. 9*
Repressive Instrumente der Verwaltung	Repressive Instrumente der Verwaltung sind Maßnahmen, mittels derer ein umweltrelevantes Verhalten oder Vorhaben nachträglich ganz oder teilweise unterbunden wird. Je nach Inhalt werden sie als Untersagungs-, Stilllegungs- und Beseitigungsverfügungen bezeichnet. Zu unterscheiden ist zwischen der Untersagung erlaubnisfreier und erlaubnispflichtiger Tätigkeiten bzw. Vorhaben. *§ 5 Rn. 77*

Begriff	Definition
Repressives Verbot (Ausnahmebewilligung)	Das repressive Verbot bezieht sich auf potentiell umweltschädliche bzw. sozial unerwünschte Verhaltensweisen. Um besonders gelagerten Fällen Rechnung tragen zu können oder nicht intendierte Härten zu vermeiden, ist jedoch die Erteilung einer Ausnahmebewilligung eröffnet. Eine solche Bewilligung erweitert den Rechtskreis des Bürgers, weil sie eine Betätigung, die an sich gesetzlich verwehrt ist, unter besonderen Voraussetzungen (doch) zulässig macht. *§ 5 Rn. 33*
Ressourcenvorsorge	Die Ressourcenvorsorge prägt das moderne Umweltrecht; sie geht über den Bereich der Risikovorsorge hinaus und ist auf ein Konzept für umweltverträgliches Wirtschaftswachstum gerichtet. Sie ist Ausdruck des Leitbildes einer dauerhaft umweltgerechten Entwicklung für kommende Generationen, das auch in Art. 20a GG seinen Niederschlag gefunden hat. *§ 3 Rn. 8*
Risikovorsorge	Die Risikovorsorge prägt das moderne Umweltrecht und beinhaltet Maßnahmen, die bloße Schadensmöglichkeiten verhindern oder beschränken sollen. *§ 3 Rn. 6*
Sanierung	Unter Sanierung werden nach § 2 Abs. 7 BBodSchG Maßnahmen gefasst, die der Beseitigung oder Verminderung der Schadstoffe dienen (Dekontaminationsmaßnahmen), welche die Ausbreitung der Schadstoffe langfristig verhindern oder vermindern, ohne die Schadstoffe zu beseitigen (Sicherungsmaßnahmen), oder die zur Beseitigung oder Verminderung schädlicher Veränderungen der physikalischen, chemischen oder biologischen Beschaffenheit des Bodens dienen. *§ 13 Rn. 18*
Schaden i.S.d. Umweltverfassungsrechts	Schäden stellen nicht unerhebliche Beeinträchtigungen von Grundrechten dar. Solche Schäden müssen infolge der grundrechtlichen Schutzpflicht vermieden werden. *§ 4 Rn. 31*
Schädliche Bodenveränderung	Nach § 2 Abs. 3 BBodSchG wird eine schädliche Bodenveränderung als Beeinträchtigung der Bodenfunktionen definiert, die geeignet ist, Gefahren, erhebliche Nachteile oder erhebliche Belästigungen für Einzelne oder die Allgemeinheit herbeizuführen. Für das Vorliegen einer schädlichen Bodenveränderung reicht also die Gefahreignung aus; einer tatsächlichen Gefahrensituation bedarf es nicht. Nachteile und Belästigungen müssen eine erhebliche Eingriffsintensität aufweisen, um die Begriffsdefinition zu erfüllen. Relevant ist die Betroffenheit dabei sowohl in substantieller Hinsicht als auch in Bezug auf die Zweckbeeinträchtigung. Nachteile sind Beeinträchtigungen von Interessen unterhalb der Schwelle der Rechtsgutverletzung; Belästigungen stellen insbesondere Beeinträchtigungen des körperlichen oder seelischen Wohlbefindens dar, etwa durch Geruchsemissionen. Der Begriff der Bodenveränderung ist weit zu verstehen und umfasst stoffliche Einträge ebenso wie die Flächenversiegelung und Veränderungen der Bodenphysik. *§ 13 Rn. 14*

Begriff	Definition
Schädliche Umwelteinwirkungen	Schädliche Umwelteinwirkungen sind gem. § 3 Abs. 1 BImSchG Immissionen, die nach Art, Ausmaß oder Dauer geeignet sind, Gefahren, erhebliche Nachteile oder erhebliche Belästigungen für die Allgemeinheit oder die Nachbarschaft herbeizuführen. *§ 9 Rn. 28*
Schutzniveauklausel	Nach der Schutzniveauklausel (Art. 191 Abs. 2 S. 1 AEUV) zielt die Umweltpolitik der Gemeinschaft auf ein hohes Schutzniveau ab; dies unter Berücksichtigung der unterschiedlichen Gegebenheiten in ihren einzelnen Regionen. *§ 7 Rn. 8*
Scoping	Sofern der Träger des Vorhabens die zuständige Behörde vor Beginn des (förmlichen) Zulassungsverfahrens darum ersucht oder die Behörde es nach Verfahrensbeginn für erforderlich hält, unterrichtet sie den Träger über die voraussichtlich beizubringenden Unterlagen betreffend die Umweltauswirkungen des Vorhabens, also über den Untersuchungsrahmen der Umweltverträglichkeitsprüfung (§ 15 UVPG). *§ 5 Rn. 66*
Screening	Verfahren, in dem die vorhabenbezogene UVP-Pflichtigkeit erst nach einer allgemeinen oder standortbezogenen Einzelfallprüfung festgestellt wird. *§ 5 Rn. 66*
Strategische Umweltprüfung	Bei der strategischen Umweltprüfung sind zur Sicherung eines hohen Umweltschutzniveaus bestimmte Programme und Pläne, bei denen von erheblichen Umweltauswirkungen auszugehen ist, einer Umweltprüfung (SUP) zu unterziehen. Dabei sind die voraussichtlichen erheblichen Umweltauswirkungen sowie vernünftige Alternativen zu ermitteln und in einem Umweltbericht zu beschreiben, zu bewerten und zu dokumentieren. *§ 5 Rn. 73*
Umwelt	Umwelt im weiteren Sinne ist die Gesamtheit der äußeren Lebensbedingungen, die auf eine bestimmte Lebenseinheit (bspw. einen Menschen, ein Tier, eine Pflanze) einwirken. Danach gehört zur Umwelt unsere gesamte belebte und unbelebte Umgebung einschließlich der sozialen Umwelt, d.h. der zwischenmenschlichen Beziehungen, der gesellschaftlichen, kulturellen und wirtschaftlichen Einrichtungen und der staatlichen Institutionen. *§ 1 Rn. 1*
Umweltabsprachen	Als Umweltabsprachen werden dem Umweltschutz dienliche Vereinbarungen zwischen Staat und Privaten bezeichnet, die auf einem in Verhandlungen gewonnenen Konsens der Beteiligten beruhen. *§ 5 Rn. 110*
Umweltauditsystem	Beim Umweltauditsystem handelt es sich um ein freiwilliges, öffentlich kontrolliertes System zur kontinuierlichen Verbesserung des betrieblichen Umweltschutzes. *§ 5 Rn. 120*
Umweltausgleichsabgaben	Umweltausgleichsabgaben sollen Umweltbeeinträchtigungen kompensieren, die dadurch entstehen, dass Nutzer Umweltgüter zur eigenen Zweckverfolgung in Anspruch nehmen. *§ 5 Rn. 99*

Begriff	Definition
Umweltbelastende Duldungspflicht	Die sich aus einem Hoheitsakt ergebenden Umweltbelastungen sind hinzunehmen, wenn die Einlegung des gebotenen Rechtsbehelfs versäumt worden und der Hoheitsakt damit bestandskräftig geworden ist. § 5 Rn. 29
Umwelteuroparecht	Umweltrechtliche Normen, die aufgrund von primärer oder sekundärer Regelungen der EU ergangen sind. § 7 Rn. 2
Umweltlenkungsabgabe	Bei der Umweltlenkungsabgabe wird primär auf die Verminderung von Umweltbelastungen und die Entwicklung umweltverträglicher Verhaltensformen hingewirkt. Hierbei steht die Lenkungsfunktion im Vordergrund. Die Erzielung eines Abgabeaufkommens wird nicht angestrebt, sondern stellt lediglich eine hingenommene Nebenfolge dar. § 5 Rn. 98
Umweltnutzungs- und Entsorgungsabgaben	Umweltnutzungs- und Entsorgungsabgaben werden in Form von Gebühren für eine bestimmte umweltrelevante Leistung der Verwaltung erhoben. Hierzu zählen bspw. Abfall- und Entwässerungsgebühren. § 5 Rn. 97
Umweltökonomie	Umweltökonomie ist die Wirtschaftswissenschaft, die in ihre Theorien, Analysen und Kostenrechnungen ökologische Parameter mit einbezieht. Betriebswirtschaftliche Umweltökonomie betrifft die Beziehungen zwischen Betrieb und Umwelt, deren wirtschaftlichen Folgewirkungen und die Auswirkungen der staatlichen Umweltpolitik auf den Betrieb. Die volkswirtschaftliche Umweltökonomie entwickelt Maßnahmen zur Optimierung des gesellschaftlichen Gutes „Umweltqualität". § 1 Rn. 17 f.
Umweltplanung	Umweltplanung meint die Bewältigung räumlicher Umweltprobleme mit den Mitteln planerischen Handelns. § 5 Rn. 3
Umweltpolitik	Umweltpolitik wird im Umweltprogramm der Bundesregierung aus dem Jahre 1971 als die Gesamtheit aller Maßnahmen beschrieben, die notwendig sind, ■ um dem Menschen eine Umwelt zu sichern, wie er sie für seine Gesundheit und für ein menschenwürdiges Dasein braucht, ■ um Boden, Luft und Wasser, Pflanzen- und Tierwelt vor nachteiligen Wirkungen menschlicher Eingriffe zu schützen und ■ um Schäden oder Nachteile aus menschlichen Eingriffen zu beseitigen. § 1 Rn. 15
Umweltprivatrecht	Umweltprivatrecht ist die Summe aller privatrechtlichen Normen, denen in ihrer Ausrichtung auf die Gestaltung der Rechtsbeziehungen zwischen den Bürgern die Funktion zukommt, „zugleich" Auswirkungen auf die Umwelt zu erfassen. § 2 Rn. 17

Begriff	Definition
Umweltrecht	Zum Umweltrecht gehören sämtliche staatlichen Normen, die dem Schutz der Umwelt dienen. § 2 Rn. 1
Umweltschutz	Umweltschutz umfasst alle Maßnahmen, die dazu dienen,

- bereits eingetretene Umweltschäden zu beseitigen (reparativ-wiederherstellende Funktion),
- gegenwärtige Umweltbelastungen zu begrenzen und zu vermindern (repressiv-zurückdrängende Funktion) und
- künftigen Umweltbelastungen vorzubeugen (präventiv-vorsorgende Funktion).

§ 1 Rn. 6

Umweltspezifische Fachplanung	Kennzeichnend für die umweltspezifische Fachplanung ist, dass sie der Verwirklichung eines bestimmten (sektoralen) Ziels dient. Umweltspezifische Fachplanung liegt dann vor, wenn der Umweltschutz vorrangiges Planungsziel ist. Andere Belange, etwa wirtschaftlicher Art, finden lediglich im Rahmen des planerischen Abwägungsprozesses Berücksichtigung. Als umweltspezifisch einzustufen sind etwa:

- die Landschaftsplanung,
- die wasserwirtschaftliche Planung,
- die Luftreinhalte- und Aktionsplanung,
- die Lärmminderungsplanung,
- die Abfallwirtschaftsplanung.

§ 5 Rn. 16

Umweltstrafrecht	Umweltstrafrecht betrifft Straftaten gegen die Umwelt i.S.d. StGB. § 2 Rn. 16
Umweltverfassungsrecht	Hierzu gehören alle Bestimmungen der Verfassung, die dem Umweltschutz dienen. Dabei ist es gleichgültig, ob die Normen ausdrücklich bzw. allein auf Umweltschutz ausgerichtet sind oder ob sie nur unter anderem umweltschützenden Charakter aufweisen. *§ 4 Rn. 1*
Umweltverträglichkeitsprüfung (UVP)	Bei der UVP handelt es sich um ein rechtlich geordnetes, mehrphasiges Verfahren zur frühzeitigen Ermittlung, Beschreibung und Bewertung aller unmittelbaren und mittelbaren Auswirkungen eines Projekts auf bestimmte Umweltfaktoren, und zwar einschließlich der ökologischen Wechselwirkungen. *§ 5 Rn. 62*
(Umwelt-)Völkergewohnheitsrecht	(Umwelt-)Völkergewohnheitsrecht entsteht durch allgemeine Übung (Staatenpraxis), getragen von der Überzeugung, dass es sich bei der Übung um eine Rechtspflicht handelt. *§ 8 Rn. 4*
Umweltvölkerrecht	Das Umweltvölkerrecht bildet einen Teilbereich des besonderen Völkerrechts. Es umfasst alle völkerrechtlichen Regelungen, die unmittelbar oder mittelbar dem Schutz der Umwelt gewidmet sind. Das Völkerrecht regelt die Beziehungen der Staaten untereinander, zu den internationalen Organisationen sowie zwischen diesen. Einzelpersonen werden hingegen durch völkerrechtliche Regelungen grundsätzlich weder berechtigt noch verpflichtet. *§ 8 Rn. 2*

Begriff	Definition
(Umwelt-)Völkerrechtliche Verträge	(Umwelt-)Völkerrechtliche Verträge stellen Vereinbarungen dar, die zwischen Staaten oder sonstigen Völkerrechtssubjekten getroffen werden und dem Völkerrecht unterliegen. *§ 8 Rn. 4*
Umweltzertifikat	Nach dem Zertifikatmodell werden für einen bestimmten Raum Höchstgrenzen der Gesamtemissionen eines Stoffes oder mehrerer Stoffe festgelegt. Es werden Emissionsanteile gebildet, die in Zertifikaten verbürgt und an emittierende Betriebe vergeben werden. Anders als Genehmigungen sind die Zertifikate übertragbar. Sie sollen an einer Börse frei gehandelt werden, so dass sich ihr Preis aus Angebot und Nachfrage ergibt. Will ein Anlagenbetreiber seine Emissionen erhöhen, muss er ein entsprechendes Zertifikat erwerben. Dabei wird er zwischen den Kosten für den Erwerb und den Kosten für die Emissionsvermeidung abwägen und ggf. die Emission unterlassen. *§ 5 Rn. 104*
Unterlassungspflicht	Unterlassungspflichten verbieten oder beschränken ein bestimmtes umweltgefährdendes Handeln. *§ 5 Rn. 30*
Ursprungsprinzip	Das Ursprungsprinzip (Art. 191 Abs. 2 S. 2 Alt. 3 AEUV) legt fest, dass Umweltbeeinträchtigungen so früh wie möglich, also dort bekämpft werden sollen, wo sie entstehen. *§ 7 Rn. 9*
Verbandsklage (altruistisch)	Hiernach können nach § 3 UmwRG anerkannte Umweltschutzvereinigungen in gesetzlich näher festgelegten Fällen unabhängig von der Verletzung eigener Rechte die Verletzung von Umweltvorschriften gerichtlich rügen. *§ 6 Rn. 15*
Verbandsklage (verfahrensrechtlich)	Die Verbandsklage im verfahrensrechtlichem Sinn ist die allgemeine Klagebefugnis der Umweltverbände, die auf einem Verstoß gegen ihr Beteiligungsrecht aus § 63 BNatSchG oder aus einer landesrechtlichen Beteiligungsvorschrift beruht. *§ 6 Rn. 16*
Verschlechterungsverbot bzw. Bestandsschutzprinzip	Nach dem Verschlechterungsverbot bzw. Bestandsschutzprinzip soll eine weitere Zunahme der Umweltbelastungen verhindert und wenigstens das gegenwärtige Maß an Umweltqualität erhalten werden. *§ 3 Rn. 2*
Verursacherprinzip	Das Verursacherprinzip besagt, dass derjenige, dem Umweltbeeinträchtigungen zuzurechnen sind, für ihre Beseitigung, Verminderung oder Ausgleich herangezogen werden soll. In einem engen Sinne ist Verursacher nur der, in dessen Einflussbereich die Umweltbelastung auftritt. Nach einem weiteren Verursacherbegriff können hingegen statt des unmittelbar kausalen Verwenders (Konsumenten) bereits der Hersteller und/oder alle ausführend Beteiligten als Verursacher angesehen werden. Eine dritte Möglichkeit stellt es dar, als Verursacher denjenigen zu begreifen, der die Umweltbelastung mit verursacht hat und wirtschaftlich und technisch am besten in der Lage ist, die Beeinträchtigung abzustellen. *§ 3 Rn. 11*
Verwaltungsakzessorietät des Umweltstrafrechts	Abhängigkeit der Sanktionsnorm von der Erfüllung verwaltungsrechtlicher Normen des Umweltrechts. *§ 2 Rn. 16*

Begriff	Definition
Vitaler Umweltschutz	Vitaler Umweltschutz dient dem unmittelbaren Schutz von Tieren und Pflanzen. *§ 2 Rn. 27*
Vorsichtsprinzip	Nach dem Vorsichtsprinzip kann bereits eine potentiell umweltbelastende Maßnahme – z.B. eine Emission – untersagt werden, wenn es lediglich möglich erscheint, dass sie die Umwelt schädigt. *§ 3 Rn. 2*
Vorsorgeprinzip auch Vorbeugeprinzip	Das Vorsorgeprinzip besagt, dass bereits die Entstehung von Umweltgefahren und Umweltschäden so weit wie möglich vermieden werden muss. *§ 3 Rn. 3*
Wasserhaushalt	Den Begriff des Wasserhaushalts definieren das WHG und die (bisherigen) Landeswassergesetze nicht. Naturwissenschaftlich lässt sich der Begriff umschreiben als das auf der Erde vorhandene Wasser, das sich ständig in Kreisläufen von Verdunstung, Kondensation, Niederschlag, Abfluss und Wiederverdunstung bewegt. Entscheidend ist somit die Eingebundenheit des Gewässers in den natürlichen Wasserkreislauf. Das BVerfG umschreibt den Regelungsgegenstand des Wasserhaushaltsrechts als die allgemein verbindliche Normierung der menschlichen Einwirkungen auf Oberflächen- und Grundwasser. *§ 11 Rn. 25*

Verzeichnis der abgekürzt zitierten Literatur

(Zeitschriftenbeiträge und Beiträge in Sammelbänden finden sich ausschließlich in den Fußnoten)

Achterberg, Norbert/Püttner, Günter/Würtenberger, Thomas, Besonderes Verwaltungsrecht, Bd. 1, 2. Aufl., 2000

Adam, Michael/Hentschke, Helmar/Kopp-Assenmacher, Stefan, Handbuch des Emissionshandelsrechts, 2006

Adelphi Consult & Wuppertal Institut, Gutachten für das BMU, Die sicherheitspolitische Bedeutung erneuerbarer Energien, 2007

Albus, Martin R., Zur Notwendigkeit eines Internationalen Umweltgerichtshofs, 2000

Altrock, Martin/Oschmann, Volker/Theobald, Christian, EEG. Erneuerbare-Energien-Gesetz, 4. Aufl., 2013

v. Arnauld, Andreas, Völkerrecht, 3. Aufl., 2016

Arndt, Birger, Das Vorsorgeprinzip im EU-Recht, 2009

Attard, David Joseph, The Exclusive Economic Zone in International Law, 1987

Au, Michael/Rühl, Reinhold, REACH-Verordnung, 2007

Baisch, Axel, Bewirtschaftung im Wasserrecht, 1996

Balleis, Kristina, Mitwirkungs- und Klagerechte anerkannter Naturschutzverbände, 1996

Barboza, Julio, The Environment, Risk and Liability in International Law, 2010

Baumeister, Hubertus, Die Integration der örtlichen Landschaftsplanung in die Bauleitplanung, 1992

Beaucamp, Guy, Das Konzept der zukunftsfähigen Entwicklung im Recht, 2002

Becker, Bernd, Bundes-Bodenschutzgesetz, Stand: 63. Erg.-Lfg., 2018

Bender, Bernd (Hrsg.), Rechtsstaat zwischen Sozialgestaltung und Rechtsschutz. Festschrift für Konrad Redeker, 1993

Berchter, Dirk, Die Eingriffsregelung im Naturschutzrecht, 2007

Berendes, Konrad, Wasserhaushaltsgesetz, Kurzkommentar, 2010

Ders./Winters, Karl-Peter, Das Abwasserabgabengesetz, 3. Aufl., 1995

Ders./Frenz, Walter/Müggenborg, Hans-Jürgen (Hrsg.), Wasserhaushaltsgesetz, Kommentar, 2. Aufl., 2017

Bergs, Claus-Gerhard/Dreyer, Stephan/Radde, Claus-André, TA Siedlungsabfall, 3. Aufl., 2002

Beyerlin, Ulrich, Umweltvölkerrecht, 2000

Ders./Marauhn, Thilo, International Environmental Law, 2011

Bickel, Christian, Bundes-Bodenschutzgesetz, 4. Aufl., 2004

Bieber, Roland/Epiney, Astrid/Haag, Marcel, Die Europäische Union, 12. Aufl., 2016

Bielenberg, Walter/Runkel, Peter/Spannowsky, Willy/Reitzig, Frank/Schmitz, Holger, Raumordnungs- und Landesplanungsrecht des Bundes und der Länder, Loseblatt, Stand: 85. Erg.-Lfg., 2018

Birnie, Patricia/Boyle, Alan/Redgwell, Catherine, International Law and The Environment, 3. Aufl., 2009

Bohne, Eberhard, Der informale Rechtsstaat, 1981

Book, Angelika, Bodenschutz durch räumliche Planung, 1986

Börner, Bodo, Umwelt, Verfassung, Verwaltung, 1982

Breuer, Rüdiger/Gärditz, Klaus Ferdinand, Öffentliches und Privates Wasserrecht, 4. Aufl., 2017

Breuer, Rüdiger/Kloepfer, Michael/Marburger, Peter/Schröder, Meinhard (Hrsg.), Kreislauf oder Kollaps im Abfallwirtschaftsrecht?, 1995

Brinkmann, Grit, § 3 BBodSchG – Geltung, Subsidiarität und Ausschluss, 2008

Britz, Gabriele/Eifert, Martin/Reimer, Franz, Energieeffizienzrecht – Perspektiven und Probleme, 2010

Brönneke, Tobias, Umweltverfassungsrecht, 1999

Bruch, David, Umweltpflichtigkeit der grundrechtlichen Schutzbereiche, 2012

Brunner, Tanja, Das Prinzip der Koexistenz im Gentechnikrecht, 2011

Bühs, Jacob, Zum Sammeln alter Kleider – Altkleidersammlung im Spannungsverhältnis zwischen dem Kreislaufwirtschafts- und Straßenrecht, 2017

Bundesministerium für Umwelt, Naturschutz und Reaktorsicherheit, Umweltgesetzbuch (UGB-KomE), Entwurf der unabhängigen Sachverständigenkommission zum Umweltgesetzbuch beim Bundesministerium für Umwelt, Naturschutz und Reaktorsicherheit, 1998

Dass., Förderung von Umweltmanagementsystemen in Deutschland, 2003

Dass., Förderung von Umweltmanagementsystemen in Deutschland, 2009

Dass., Erneuerbar beschäftigt! Kurz- und langfristige Wirkungen des Ausbaus erneuerbarer Energien auf den deutschen Arbeitsmarkt, 2011

Dass., Erneuerbare Energien in Zahlen 2012, 2012

Burgi, Martin/Durner, Wolfgang, Modernisierung des Verwaltungsverfahrensrechts durch Stärkung des VwVfG, 2012

Calliess, Christian, Die Europäische Union nach dem Vertrag von Lissabon, 2010

Ders./Ruffert, Matthias (Hrsg.), Kommentar des Vertrages über die Europäische Union und des Vertrages zur Gründung der Europäischen Gemeinschaft – EUV/EGV –, 5. Aufl., 2016

Carlsen, Claus (Hrsg.): Naturschutz und Bauen, 1995

Christ, Patrick, Rechtsfragen der Altautoverwertung, 1998

Churchill, Robin Rolf/Lowe, Alan Vaughan, The law of the sea, 3. Aufl., 1999

CIPRA Deutschland, Leitfaden zur Umsetzung der Bestimmungen der Alpenkonvention in Deutschland, 2008

Cremer, Wolfram, Freiheitsgrundrechte. Funktionen und Strukturen, 2003

Cuypers, Stefan/Güthler, Andreas/Köhler, Stefan/Schumacher, Jochen/Söhnlein, Bernd, Alpine Umweltprobleme – Leitfaden zur Umsetzung der Bestimmungen der Alpenkonvention in Deutschland, 2008

Czajka, Dieter (Hrsg.), Immissionsschutzrecht in der Bewährung: 25 Jahre Bundes-Immissionsschutzgesetz. Festschrift für Gerhard Feldhaus, 1999

Czarnecki, Ralf, Verteilungsgerechtigkeit im Umweltrecht: Dogmatik und Umsetzung, 2008

Czybulka, Detlef/Kersandt, Peter, Rechtsvorschriften, rechtliche Instrumentarien und zuständige Körperschaften mit Relevanz für marine Schutzgebiete („Marine Protected Areas"/MPAs) in der Ausschließlichen Wirtschaftszone (AWZ) und auf Hoher See des OSPAR-Konventionsgebietes, 2000

Czychowski, Manfred/Reinhardt, Michael, Wasserhaushaltsgesetz, 11. Aufl., 2014

Danner, Wolfgang/Theobald, Christian, Energierecht, Loseblatt, Bd. 2 – VI.B1, Stand: 97. Erg.-Lfg., 2018

Dederer, Hans-Georg, Gentechnik im Wettbewerb der Systeme, 1998

Dempfle, Ulrich, Normvertretende Absprachen, 1994

Di Fabio, Udo, Risikoentscheidungen im Rechtsstaat, 1994

Dietrich, Björn/Au, Christian/Dreher, Jörg, Umweltrecht der Europäischen Gemeinschaften, 2003

Drost, Ulrich, Das neue Wasserhaushaltsgesetz: WHG 2010, 2010

Dupuy, Pierre-Marie/Viñuales, Jorge E., International Environmental Law, 2015

Durner, Wolfgang (Hrsg.), Wasserrechtlicher Reformbedarf, 2011

Eberbach, Wolfram (Hrsg.), Gentechnikrecht, Bd. 4, 2000

Eding, Annegret, Bundesfachplanung nach §§ 4 ff. NABEG, 2016

Ehlers, Dirk (Hrsg.), Europäische Grundrechte und Grundfreiheiten, 4. Aufl., 2015

Ders./Pünder, Hermann (Hrsg.), Verwaltungsrecht, 15. Aufl., 2016

Ehlers, Peter/Erbguth, Wilfried (Hrsg.), Aktuelle Entwicklungen im Seerecht: Dokumentation der Rostocker Gespräche zum Seerecht 1996–1999, 2000

Dies. (Hrsg.), Hafenrecht und Schutz der Meere: neue Entwicklungen - Dokumentation der Rostocker Gespräche zum Seerecht 2004-2005, 2006

Ekardt, Felix, Theorie der Nachhaltigkeit: Rechtliche, ethische und politische Zugänge – am Beispiel von Klimawandel, Ressourcenknappheit und Welthandel, 2011

Engels, Thomas, Grenzüberschreitende Abfallverbringung nach EG-Recht, 1999

Epiney, Astrid, Umweltrecht der Europäischen Union, 3. Aufl., 2013

Dies., Strukturprinzipien des Umweltvölkerrechts, 1998

Dies./Scheyli, Martin, Die Aarhus-Konvention. Rechtliche Tragweite und Implikationen für das schweizerische Recht, 2000

Erbguth, Wilfried (Hrsg.), Strategische Umweltprüfung (SUP) – Stand, Rechtsfragen, Perspektiven –, 2006

Ders., Die Abfallwirtschaftsplanung, 2. Aufl., 2004

Ders. (Hrsg.), Europäisierung des nationalen Umweltrechts: Stand und Perspektiven, 2001

Ders., Zur Vereinbarkeit der jüngeren Deregulierungsgesetzgebung im Umweltrecht mit dem Verfassungs- und Europarecht, am Beispiel des Planfeststellungsrechts, 1999

Ders./Guckelberger, Annette, Allgemeines Verwaltungsrecht mit Verwaltungsprozess- und Staatshaftungsrecht, 9. Aufl., 2018

Ders./Jenisch, Uwe, Maritime Sicherheit im Ostseeraum 2003, Sondergutachten, Landtag Mecklenburg-Vorpommern, Ausschussdrucksache 4/29, 2003

Ders./Mann, Thomas/Schubert, Mathias, Besonderes Verwaltungsrecht, 12. Aufl., 2015

Ders./Schink, Alexander, Gesetz über die Umweltverträglichkeitsprüfung, 2. Aufl., 1996

Ders./Schubert, Mathias, Öffentliches Baurecht, 6. Aufl., 2014

Ders./Stollmann, Frank, Bodenschutzrecht, 2001

Erichsen, Sven, Der ökologische Schaden im internationalen Umwelthaftungsrecht, 1993

Eyermann, Erich (Hrsg.), Verwaltungsgerichtsordnung, 14. Aufl., 2014

Falke, Josef/Schlacke, Sabine (Hrsg.), Neue Entwicklungen im Umwelt- und Verbraucherrecht, 2004

Faßbender, Kurt/Köck, Wolfgang (Hrsg.), Aktuelle Entwicklungen im Immissionsschutzrecht, 2013

Franßen, Everhardt (Hrsg.), Bürger – Richter – Staat, Festschrift für Horst Sendler, 1991

Feess, Eberhard/Seeliger, Andreas, Umweltökonomie und Umweltpolitik, 4. Aufl., 2013

FIELD, Handbook on the Convention on Biological Diversity, 2001

Fischer, Thomas, Strafgesetzbuch und Nebengesetze, 65. Aufl., 2018

Flasskühler, Christina Agnetha, Föderale Klimaschutzgesetzgebung im Lichte des wohlgeordneten Rechts, 2018

Freiburg, Susann, Die Erhaltung der biologischen Vielfalt in Deutschland auf der Basis europarechtlicher Vorgaben, 1998

Frenz, Walter, Emissionshandelsrecht: Kommentar zum TEHG und ZuV 2020, 3. Aufl., 2012

Ders., Bundes-Bodenschutzgesetz, 2000

Frenz, Walter/Müggenborg, Hans-Jürgen/Cosack, Tilman (Hrsg.), Erneuerbare-Energien-Gesetz, Kommentar, 5. Aufl., 2017

Frenz, Walter/Müggenborg, Hans-Jürgen/Hennig, Bettina/Schomerus, Thomas, (Hrsg.), Bundesnaturschutzgesetz. Kommentar, 2. Aufl., 2016

Fricke, Hanns-Christian, Die Teilnahme des Strom-Contractings am Belastungsausgleich nach dem Erneuerbaren-Energien-Gesetz, 2009

Führ, Martin (Hrsg.), Gemeinschaftskommentar Bundes-Immissionsschutzgesetz (GK-BImSchG), 2016

Gärditz, Klaus Ferdinand (Hrsg.), Verwaltungsgerichtsordnung (VwGO), 2. Aufl., 2018

Ders., Funktionswandel der Verwaltungsgerichtsbarkeit unter dem Einfluss des Unionsrechts – Gutachten D zum 71. Deutschen Juristentag, 2016

Gassner, Erich, Recht der Landschaft, 1995

Ders./Bendomir-Kahlo, Gabriele/Schmidt-Räntsch, Annette/Schmidt-Räntsch, Jürgen, Bundesnaturschutzgesetz, 2. Aufl., 2003

Ders./Heugel, Michael, Das neue Naturschutzrecht, 2010

Geiger, Rudolf/Khan, Daniel-Erasmus/Kotzur, Markus, EUV/AEUV, 6. Aufl., 2017

Gellermann, Martin, Natura 2000, 2. Aufl., 2001

Gellermann, Martin/Stoll, Peter-Tobias/Czybulka, Detlef (Hrsg.), Handbuch des Meeresnaturschutzrechts in der Nord- und Ostsee – Nationales Recht unter Einbezug internationaler und europäischer Vorgaben, 2012

Gerstenberg, Katrin, Zu den Gesetzgebungs- und Verwaltungskompetenzen nach der Föderalismusreform, 2009

Giesberts, Ludger/Reinhardt, Michael (Hrsg.), Umweltrecht. BImSchG, KrWG, BBodSchG, WHG, BNatSchG. Kommentar, 2. Aufl., 2018.

Giesberts, Ludger/Hilf, Juliane, Kreislaufwirtschaft Altauto: Altautoverordnung und freiwillige Selbstverpflichtung, 1998

Glaser, Andreas W./Klement, Jan Henrik, Umweltrecht mit Planungsrecht, 2010

Gornig, Gilbert H./Kramer, Urs/Volkmann, Uwe (Hrsg.), Festschrift für Werner Frotscher, 2007

Grabitz, Eberhard/Hilf, Meinhard/Nettesheim, Martin (Hrsg.), Das Recht der Europäischen Union, 3 Bände: EUV/AEUV, 63. Aufl., 2018

Greb, Tobias, Der Emissionshandel ab 2013. Die Versteigerung der Emissionszertifikate auf europäischer Ebene, 2011

Greim, Jeanine, Rechtsschutz bei Verfahrensfehlern im Umweltrecht: Eine Abhandlung am Beispiel des Umwelt-Rechtsbehelfsgesetzes, 2013

Gröhn, Kerstin, Bodenschutzrecht – auf dem Weg zur Nachhaltigkeit: Konkretisierung der Schutzziele und Harmonisierung der Regelungsfülle, 2014

Groß, Detlef, Die Produktzulassung von Novel Food, 2001

Guckelberger, Annette, Deutsches Verwaltungsprozessrecht unter unionsrechtlichem Anpassungsdruck, 2017

Gündling, Lothar, Die 200-Seemeilen-Wirtschaftszone, 1983

Guttenberger, Franz, Ausgleichsansprüche nach § 24 Abs. 2 und § 25 BBodSchG, 2011

Hackländer, Daniel, Die allgemeine Energiekompetenz im Primärrecht der Europäischen Union: Eine Analyse des Art. 194 des Vertrages über die Arbeitsweise der Europäischen Union in der Fassung des Vertrages von Lissabon unter Berücksichtigung der historischen Entwicklung der Energiekompetenz, 2010

Häfner, Christof, Verantwortungsteilung im Genehmigungsrecht, 2010

Hahn, Tim, Die Abfallhierarchie der europäischen Abfallrahmenrichtlinie und ihre Umsetzung im deutschen Kreislaufwirtschaftsgesetz, 2017

Hansmann, Klaus/Sellner, Dieter (Hrsg.), Grundzüge des Umweltrechts, 4. Aufl., 2012

Harrison, James, Saving the Oceans though Law: The International Legal Framework for the Protection of the Marine Environment, 2017

Hebeler, Timo/Hofmann, Ekkehard/Proelß, Alexander/Reiff, Peter (Hrsg.), Jahrbuch des Umwelt- und Technikrechts (UTR), Bd. 129, 2015

Heger, Martin/Kelker, Brigitte/Schramm, Edward (Hrsg.), Festschrift für Kristian Kühl zum 70. Geburtstag, 2014

Heidler, Stephan, Der Tierartenschutz im Naturschutzrecht und artverwandten Gebieten, 1990

Heimann, Ursula, Bodenschutz durch prioritäre Gebiete: Möglichkeit und Notwendigkeit eines gebietsbezogenen Bodenschutzes vor dem Hintergrund des europäischen und nationalen Rechts, 2011

Helberg, Andreas, Normabwendende Selbstverpflichtungen als Instrumente des Umweltrechts – verfassungs- und verwaltungsrechtliche Voraussetzungen und Grenzen, 1999

Hendler, Reinhard/Marburger, Peter/Reinhardt, Michael/Schröder, Meinhard (Hrsg.), Jahrbuch des Umwelt- und Technikrechts 2000 (UTR), Bd. 54, 2000

Dies., Jahrbuch des Umwelt- und Technikrechts 2000 (UTR), Bd. 54, 2000

Hendler, Reinhard/Marburger, Peter/ Reiff, Peter/Schröder, Meinhard (Hrsg.), Jahrbuch des Umwelt- und Technikrechts 2007 (UTR), Bd. 93, 2007

Herdegen, Matthias, Völkerrecht, 17. Aufl., 2018

Himmelmann, Steffen/Tünnesen-Harmes, Christian, Umweltrecht in der anwaltlichen Praxis, 2008

Hobe, Stephan, Einführung in das Völkerrecht, 10. Aufl., 2014

Höltmann, Michael, Schiffssicherheit und Umweltschutz in der EU nach Erika und Prestige – Die Vereinbarkeit der legislativen Maßnahmen der EU mit dem internationalen Seerecht, 2012

Hofmann, Ekkehard (Hrsg.), Wasserrecht in Europa, 2015

Ders., Abwägung im Recht, 2007

Holtwisch, Christoph, Das Nichteinhaltungsverfahren des Kyoto-Protokolls, 2006

Holzwarth, Fritz/Radtke, Hansjörg/Hilger, Bernd/Bachmann, Günther, Bundesbodenschutzgesetz, 2. Aufl., 2014

Hoppe, Werner/Beckmann, Martin (Hrsg.), Gesetz über die Umweltverträglichkeitsprüfung, 4. Aufl., 2012

Ders./Beckmann, Martin/Kauch, Petra, Umweltrecht, 2. Aufl., 2000

Ders./Bönker, Christian/Grotefels, Susan, Öffentliches Baurecht, 4. Aufl., 2010

Ders./Schlarmann, Hans/Buchner, Reimar/Deutsch, Markus, Rechtsschutz bei der Planung von Straßen und anderen Infrastrukturvorhaben, 4. Aufl., 2011

Ders./Weidemann, Clemens, Verwaltungsrechtliche Grundlagen dualer Entsorgungssysteme, 1999

Hufen, Friedhelm, Verwaltungsprozessrecht, 10. Aufl., 2016

Hunter, David/Salzmann, James/Zaelke, Durwood, International environmental law and policy, 4. Aufl., 2011

International Law Commission (ILC), Draft Articles on Prevention of Transboundary Harm from Hazardous Activities, ILC Report, 2001

Ipsen, Jörn, Allgemeines Verwaltungsrecht, 10. Aufl., 2017

Ders./Stüer, Bernhard (Hrsg.), Europa im Wandel. Festschrift für Hans-Werner Rengeling, 2008

Ipsen, Knut, Völkerrecht, 6. Aufl., 2014

Jahns-Böhm, Jutta, Umweltschutz durch europäisches Gemeinschaftsrecht am Beispiel der Luftreinhaltung, 1994

Jans, Jan H./von der Heide, Ann-Katrin, Europäisches Umweltrecht, 2003

Janssen, Simone, Die Regelungen der Umweltabgaben im Entwurf der Unabhängigen Sachverständigenkommission zum Umweltgesetzbuch (UGB-KomE), 2005

Jarass, Hans D., Bundes-Immissionsschutzgesetz, 12. Aufl., 2017

Ders., Inhalte und Wirkungen der TA Siedlungsabfall, 1999

Ders., Probleme der BVT-Schlussfolgerungen im Recht der Industrieemissions-Anlagen, in: Knopp/Wolff (Hrsg.), Umwelt – Hochschule – Staat, Festschrift für F.-J. Peine, 2016, S. 129-141.

Ders., Naturschutz in der Ausschließlichen Wirtschaftszone, 2002

Ders./Petersen, Frank, Kreislaufwirtschaftsgesetz, 2014

Ders./Pieroth, Bodo, Grundgesetz für die Bundesrepublik Deutschland, Kommentar, 15. Aufl., 2018

Joecks, Wolfgang/Miebach, Klaus, Münchener Kommentar zum Strafgesetzbuch, Bd. 6, 3. Aufl., 2017

Jörgensen, Meike, Das Reststoffvermeidungs- und Verwertungsgebot, 1994

Kapteina, Matthias, Die Freisetzung von gentechnisch veränderten Organismen, 2000

Kaster, Georg, Das Verhältnis von immissionsschutzrechtlicher Genehmigung und wasserrechtlicher Erlaubnis, 1996

Kauch, Petra, Gentechnikrecht, 2009

Dies., Bodenschutz aus bundesrechtlicher Sicht, 1993

Kerkmann, Jochen (Hrsg.), Naturschutzrecht in der Praxis, 2. Aufl., 2010
Keyhanian, Cimin, Rechtliche Instrumente zur Energieeinsparung, 2008
Kimminich, Otto/von Lersner, Heinrich/Storm, Peter-Christoph, Handwörterbuch des Umweltrechts, Bd. 1, 2, 2. Aufl., 1994
Kirchhof, Paul/Paetow, Stefan/Uechtritz, Michael (Hrsg.), Umwelt und Planung – Anwalt im Dienst von Rechtsstaat und Demokratie, Festschrift für Klaus-Peter Dolde, 2014
Kirchner, Andree (Hrsg.), International Marine Environmental Law – Institutions, Implementation and Innovations, 2003
Kleesiek, Anja, Zur Problematik der unterlassenen Umweltverträglichkeitsprüfung, 2010
Klinski, Stefan, Rechtsgutachten im Auftrag des BMU, EEG-Vergütung: Vertrauensschutz bei künftigen Änderungen der Rechtslage? Erörterung unter Berücksichtigung der Entscheidung des BVerfG zum sog. Anlagensplitting, 2009
Kloepfer, Michael, Das Umweltstrafrecht nach dem 45. Strafrechtsänderungsgesetz, 2015
Ders., Umweltschutzrecht, 2. Aufl., 2011
Ders. (Hrsg.), Das kommende Umweltgesetzbuch, 2007
Ders., Umweltrecht, 4. Aufl., 2016
Ders., Zur Geschichte des deutschen Umweltrechts, 1994
Ders., Systematisierung des Umweltrechts, 1978
Ders./Meßerschmidt, Klaus, Innere Harmonisierung des Umweltrechts, 1986/87
Ders./Rehbinder, Eckard/Schmidt-Aßmann, Eberhard, Umweltgesetzbuch Allgemeiner Teil, 1991
Kluth, Winfried/Smeddinck, Ulrich (Hrsg.), Umweltrecht, 2013
Knack, Hans-Joachim/Henneke, Hans-Günter, Verwaltungsverfahrensgesetz, 10. Aufl., 2014
Knemeyer, Franz-Ludwig, Polizei- und Ordnungsrecht, 11. Aufl., 2007
Knopp, Günther-Michael, Das neue Wasserhaushaltsrecht. WHG-Novelle 2010, 2010
Knopp, Lothar/Wolff, Heinrich Amadeus (Hrsg.), Umwelt – Hochschule – Staat. Festschrift für Franz-Joseph Peine zum 70. Geburtstag, 2016
Koch, Hans-Joachim/Hofmann, Ekkehard/Reese, Moritz (Hrsg.), Handbuch des Umweltrechts, 5. Aufl., 2018
Ders./Lagoni, Rainer (Hrsg.), Meeresumweltschutz für Nord- und Ostsee, 1996
Kodal, Kurt (Hrsg.), Straßenrecht, 7. Aufl., 2010
Köck, Wolfgang/Bizer, Kilian/Hansjürgens, Bernd/Einig, Klaus/Siedentop, Stefan (Hrsg.), Handelbare Flächenausweisungsrechte, 2008
Köck, Wolfgang/Faßbender, Kurt (Hrsg.), Klimaschutz durch Erneuerbare Energien, 2010
Dies. (Hrsg.), Die Implementation der Wasserrahmenrichtlinie in Deutschland – Erfahrungen und Perspektiven, 2011
Körner, Raimund/Vierhaus, Hans-Peter, Treibhausgas-Emissionshandelsgesetz, Zuteilungsgesetz 2007: TEHG, 2005
Kopp-Assenmacher, Stefan (Hrsg.), KrWG – Kreislaufwirtschaftsgesetz Kommentar, 2015
Kopp, Ferdinand O./Schenke, Wolf-Rüdiger, Verwaltungsgerichtsordnung, 24. Aufl., 2018
Ders./Ramsauer, Ulrich, Verwaltungsverfahrensgesetz, 19. Aufl., 2018
Kotulla, Michael, Umweltrecht, 7. Aufl., 2018
Ders., Wasserhaushaltsgesetz, 2. Aufl., 2011
Kral, Sebastian, Die polizeilichen Vorfeldbefugnisse als Herausforderung für Dogmatik und Gesetzgebung des Polizeirechts, 2012
Kratzat, Marlene/Lehr, Ulrike/Nitsch, Joachim/Edler, Dietmar/Lutz, Christian, Erneuerbare Energien: Arbeitsplatzeffekte 2006 – Abschlussbericht des Vorhabens „Wirkungen des Ausbaus der erneuerbaren Energien auf den deutschen Arbeitsmarkt – Follow up", 2007
Kreuter-Kirchhof, Charlotte, Neue Kooperationsformen im Umweltvölkerrecht – Die Kyoto-Mechanismen, 2005
Krieger, Stefanie Ann Anita, Die Verantwortlichkeit für die Sanierung von Altlasten und schädlichen Bodenveränderungen nach dem Bundes-Bodenschutzgesetz, 2008
Kröger, James, Die Förderung erneuerbarer Energien im Europäischen Elektrizitätsbinnenmarkt, 2015

Kühling, Jürgen/Herrmann, Nikolaus, Fachplanungsrecht, 2. Aufl., 2000

Kunig, Philip/Paetow, Stefan/Versteyl, Ludger-Anselm, Kreislaufwirtschafts- und Abfallgesetz, 2. Aufl., 2003

Kwiatkowska, Barbara, The 200 Mile Exclusive Economic Zone in the New Law of the Sea, 1989

Lachner, Thomas M., Das Artikelgesetz, 2007

Lämmerzahl, Torsten, Die Beteiligung Privater an der Erledigung öffentlicher Aufgaben. Eine Untersuchung ihrer verfassungs- und verwaltungsrechtlichen Möglichkeiten und Grenzen, 2007

Landmann, Robert von/Rohmer, Gustav (Hrsg.), Umweltrecht, 4 Bd., Loseblatt, Stand: 85. Erg.-Lfg., 2018

Landsberg, Gerd/Lülling, Wilhelm, Umwelthaftungsrecht, 1991

Lang, Matthias K., Die Zuverlässigkeit von Personen- und Kapitalgesellschaften im Umweltrecht, 1997

Lang, Mirjam, Die rechtliche Beurteilung von Gerüchen: dargestellt am Beispiel von Geruchsimmissionen aus der Schweinehaltung, 2007

Lenz, Carl Otto/Borchardt, Klaus-Dieter, EU-Verträge, Kommentar, 6. Aufl., 2012

Lorz, Albert/Konrad, Christian/Mühlbauer, Herrmann/Müller-Walter, Markus H./Stöckel, Heinz, Naturschutzrecht, 3. Aufl., 2013

Louis, Hans-Walter/Engelke, Annegret, Bundesnaturschutzgesetz Kommentar, 1. Teil, 2. Aufl. 1994

Lozán, José L./Rachor, Eike/Reise, Karsten/Sündermann, Jürgen/von Westernhagen, Hein, Warnsignale aus Nordsee & Wattenmeer – Eine aktuelle Umweltbilanz, 2003

Ludwig, Rasso, Planungsinstrumente zum Schutz des Bodens, 2011

Lütkes, Stefan/Ewer, Wolfgang (Hrsg.), Bundesnaturschutzgesetz, Kommentar, 2. Aufl., 2018

v. Mangoldt, Hermann/Klein, Friedrich/Starck, Christian, Kommentar zum Grundgesetz, Bd. 2, 7. Aufl., 2018

Marburger, Peter, Ausbau des Individualschutzes gegen Umweltbelastungen als Aufgabe des bürgerlichen und des öffentlichen Rechts, Gutachten C zum 56. Deutschen Juristentag, 1986

Ders., Die Regeln der Technik im Recht, 1979

Ders./Reinhardt, Michael/Schröder, Meinhard (Hrsg.), Jahrbuch des Umwelt- und Technikrechts (UTR), 1998

Maribus (Hrsg.), World Ocean Review 4 – Der nachhaltige Umgang mit den Meeren – von der Idee zur Strategie, 2015

Markus, Till, European Fisheries Law – From Promotion to Management, 2009

Martens, Claus-Peter, Die wesentliche Änderung im Sinne des § 15 BImSchG, 1993

Marzik, Ulf/Wilrich, Thomas, Bundesnaturschutzgesetz, 2004

Maurer, Anja, Die Ordnung der Meere, 2017

Maurer, Hartmut, Staatsrecht I, Grundlagen, Verfassungsorgane, Staatsfunktionen, 6. Aufl., 2010

Ders./Waldhoff, Christian, Allgemeines Verwaltungsrecht, 19. Aufl., 2017

Mehling, Michael/Merrill, Amy/Upston-Hooper, Karl (Hrsg.), Improving the Clean Development Mechanism: Options and Challenges Post-2012, 2011

Meier, Alexander, Risikosteuerung im Lebensmittel- und Gentechnikrecht, 2000

Mensink, Michael, Nationaler und europäischer Rechtsschutz gegen emissionshandelsrechtliche Zuteilungsentscheidungen, 2009

Merk, Thomas/von Nordheim, Henning (Hrsg.), Technische Eingriffe in marine Lebensräume, 2000

Meßerschmidt, Klaus, Europäisches Umweltrecht, 2011

Ders., Umweltabgaben als Rechtsproblem, 1986

Meyer, Alfred Hagen/Streinz, Rudolf, LFGB, BasisVO, 2. Aufl., 2013

Milkau, Alexander, Ansätze zur Förderung der erneuerbaren Energien im Wärmemarkt, 2009

Michael, Lothar/Morlok, Martin, Grundrechte, 6. Aufl., 2017

Mitschang, Stephan (Hrsg.), Soil Protection Law in the EU/Bodenschutzrecht in der EU, 2008
Möllers, Christoph/Voßkuhle, Andreas/Walter, Christian (Hrsg.), Internationales Verwaltungsrecht. Eine Analyse anhand von Referenzgebieten, 2007
Möllinger, Claus, Eigentumsrechtliche Entflechtung der Übertragungsnetze, 2009
Much, Susanna, Die Rechtsfragen der Ablagerung von CO_2 in unterirdischen geologischen Formationen, 2009
Müggenborg, Hans-Jürgen, Umweltrechtliche Anforderungen an Chemie- und Industrieparks, 2008
Müller, Chris, Die gute fachliche Praxis im Pflanzenschutz-, Düngemittel- und Bodenschutzrecht, 2001
Müller, Thorsten (Hrsg.), 20 Jahre Recht der Erneuerbaren Energien, 2012
Ders./Kahl, Hartmut (Hrsg.), Erneuerbare Energien in Europa, 2015
Dies. (Hrsg.), Energiewende im Föderalismus, 2015
Müller, Thorsten/Oschmann, Volker/Wustlich, Guido, EEWärmeG, 2010
v. Münch, Ingo/Kunig, Philip (Hrsg.), Grundgesetz, Bd. 1, 6. Aufl., 2012

Näckel, Antje, Umweltprüfung für Pläne und Programme, 2003
Niederstadt, Frank, Ökosystemschutz durch Regelungen des öffentlichen Umweltrechts, 1998
Nisipeanu, Peter, Abwasserabgabenrecht, 1997
v. Nordheim, Henning/Boedeker, Dieter, Umweltvorsorge bei der marinen Sand- und Kiesgewinnung, BLANO-Workshop 1998, 2000
Dies., Rechtsfragen der marinen Sand- und Kiesgewinnung in Nord- und Ostsee, 2008

Obermayer, Klaus/Funke-Kaiser, Michael (Hrsg.), Kommentar zum VwVfG, 4. Aufl., 2014
Ochtendung, Bernd, Die Zulassung des vorzeitigen Beginns im Umweltrecht, 1998
Oehlmann, Claas, Vom Abfall als Problem zum Abfall als Ressource – Das europäische Abfallrecht als Baustein einer europäischen Kreislaufwirtschaft
Oerder, Michael/Numberger, Ulrich/Schönfeld, Thomas, Bundesbodenschutzgesetz, 1999
Oppermann, Thomas/Classen, Claus Dieter/Nettesheim, Martin, Europarecht, 7.Aufl., 2016

Pfaff, Thomas/Knopp, Lothar/Peine, Franz-Joseph (Hrsg.), Revision des Immissionsschutzrechts durch die Industrieemissionsrichtlinie, 2013
Peine, Franz-Joseph, Allgemeines Verwaltungsrecht, 11. Aufl., 2015
Peters, Heinz-Joachim/Hesselbarth, Thorsten/Peters, Frederike, Umweltrecht, 5. Aufl., 2016
Peters, Carsten, Rechtsschutz Dritter im Rahmen des EnWG, 2008
Petschulat, Alexander/Weghake, David/Dallman, Felix/Schoen, Felix/Grotefels, Susan, Die Regelungskompetenzen der Länder für die Raumordnung nach der Föderalismusreform, 2016
Pfromm, René A., Emissionshandel und Beihilferecht – Eine Analyse der EG-beihilfenrechtlichen Zulässigkeit einer entgeltfreien Zuteilung von Emissionszertifikaten durch die Mitgliedstaaten in Umsetzung der Richtlinie 2003/87/EG, 2010
Platzöder, Renate/Verlaan, Philomène (Hrsg.), The Baltic Sea: New Developments in National Policies and International Cooperation, 1996
Port, Christian, Die Umweltziele der Wasserrahmenrichtlinie – Anforderungen an die Bewirtschaftung der Oberflächengewässer aus der Sicht des Rechts der Europäischen Union, 2011
Proelß, Alexander, Meeresschutz durch Völker- und Europarecht – Das Beispiel des Nordostatlantiks, 2004
Proelß, Alexander (Hrsg.), Internationales Umweltrecht, 2017
Ders., (Hrsg.), United Nations Convention on the Law of the Sea – A Commentary, 2017
Pütz, Manfred/Buchholz, Karl-Heinz, Immissionsschutz bei nicht genehmigungsbedürftigen Anlagen, 4. Aufl., 2000

Ramsauer, Ulrich, Die naturschutzrechtliche Eingriffsregelung – Die Neuregelungen durch das Investitionserleichterungs- und Wohnbaulandgesetz, 1994/95

Rehbinder, Eckard, Politische und rechtliche Probleme des Verursacherprinzips, 1973

Ders./Burgbacher, Hans-Gerwin/Knieper, Rolf, Bürgerklage im Umweltschutz, 1972

Reiling, Michael, Zu individuellen Rechten im deutschen und im Gemeinschaftsrecht, 2004

Reinhardt, Michael (Hrsg.), Das WHG 2010 – Weichenstellung oder Interimslösung?, 2010

Rengeling, Hans-Werner (Hrsg.), Handbuch zum europäischen und deutschen Umweltrecht (EUDUR), 3 Bd., 2. Aufl., 2003

Ders., Das Kooperationsprinzip im Umweltrecht, 1988

Reshöft, Jan/Steiner, Sascha/Dreher, Jörg (Hrsg.), EEG, 4. Aufl., 2014

Riedel, Wolfgang/Lange, Horst (Hrsg.), Landschaftsplanung, 3. Aufl., 2006

Riemer, Holger-Ludwig, Rechtliche Bewertung von Geruchsimmissionen, 2008

Rödiger-Vorwerk, Tania, Die Fauna-Flora-Habitat Richtlinie der Europäischen Union und ihre Umsetzung in nationales Recht, 1998

Rodi, Michael/Sina, Stephan, Das Klimaschutzrecht des Bundes – Analyse und Vorschläge zu seiner Weiterentwicklung, Studie im Auftrag des Umweltbundesamtes, 2011

Rothwell, Donald R./Oude Elferink, Alex G./Scott, Karen N. u.a. (Hrsg.), The Oxford Handbook of the Law of the Sea, 2015

Ruffert, Matthias (Hrsg.), Dynamik und Nachhaltigkeit des Öffentlichen Rechts. Festschrift für Meinhard Schröder zum 70. Geburtstag, 2012

Sachs, Michael (Hrsg.), Grundgesetz, 8. Aufl., 2018

Sachverständigenrat für Umweltfragen (SRU), Impulse für eine integrative Umweltpolitik, Umweltgutachten 2016, 2016

Ders., Stickstoff: Lösungsstrategien für ein drängendes Umweltproblem, 2015

Ders., Verantwortung in einer begrenzten Welt, Umweltgutachten 2012, 2012

Ders., Wege zur 100% erneuerbaren Stromversorgung, Sondergutachten, 2011

Ders., Umweltschutz im Zeichen des Klimawandels, Umweltgutachten 2008, 2008

Ders., Klimaschutz durch Biomasse, Sondergutachten, 2007

Ders., Umweltpolitische Handlungsfähigkeit sichern, Umweltgutachten 2004, 2004 (BT-Drs. 15/3600)

Ders., Meeresumweltschutz für Nord- und Ostsee, Sondergutachten, 2004 (BT-Drs. 15/2626)

Ders., Für eine neue Vorreiterrolle, Umweltgutachten 2002, 2002 (BT-Drs. 14/8792)

Ders., Schritte ins nächste Jahrtausend, Umweltgutachten 2000, 2000 (BT-Drs. 14/3363)

Ders., Umwelt und Gesundheit – Risiken richtig einschätzen, Sondergutachten, 1999 (BT-Drs. 14/2300)

Ders., Umweltschutz: Erreichtes sichern – Neue Wege gehen, Umweltgutachten 1998, 1998 (BT-Drs. 13/10195)

Ders., Zur Umsetzung einer dauerhaft umweltgerechten Entwicklung, Umweltgutachten 1996, 1996 (BT-Drs. 13/4108)

Ders., Altlasten II, Sondergutachten, 1995 (BT-Drs. 13/380)

Ders., Für eine dauerhaft umweltgerechte Entwicklung, Umweltgutachten 1994, 1994 (BT-Drs. 12/6995)

Ders., Umweltgutachten 1987, 1987 (BT-Drs. 11/1568)

Ders., Umweltprobleme der Landwirtschaft, Sondergutachten, 1985 (BT-Drs. 10/3613)

Ders., Umweltgutachten 1978, 1978 (BT-Drs. 8/1938)

Salje, Peter (Hrsg.), EEG, 8. Aufl., 2018

Sanden, Joachim, Umweltrecht, 1999

Ders./Schoeneck, Stefan, Bundesbodenschutzgesetz, 1998

Sands, Philippe/Peel, Jaqueline (Hrsg.), Principles of International Environmental Law, 4. Aufl., 2014

Schäling, Yorck, Grenzen der Sanierungsverantwortlichkeit nach dem Bundes-Bodenschutzgesetz, 2008

Schenke, Wolf-Rüdiger, Verwaltungsprozessrecht, 14. Aufl., 2014

Schink, Alexander/Versteyl, Andrea (Hrsg.), KrWG, Kommentar zum Kreislaufwirtschaftsgesetz, 2. Aufl., 2017

Schink, Alexander/Queitsch, Peter/Bleicher, Ralf, Abfallrecht, 2. Aufl., 2018

Schlacke, Sabine, (Hrsg.), Gemeinschaftskommentar Bundesnaturschutzgesetz (GK-BNatSchG), 2. Aufl., 2017

Dies. (Hrsg.), Umwelt- und Planungsrecht im Wandel: System, Funktionen und Perspektiven, DV 2010 (Beiheft 11)

Dies., Überindividueller Rechtsschutz, 2008

Dies., Risikoentscheidungen im europäischen Lebensmittelrecht, 1998

Dies./Wittreck, Fabian (Hrsg.), Landesrecht Nordrhein-Westfalen, 2017

Dies./Schrader, Christian/Bunge, Thomas, Informationsrechte, Öffentlichkeitsbeteiligung und Rechtsschutz im Umweltrecht – Aarhus-Handbuch, 2. Aufl., 2019

Schlarmann, Lieselotte, Die Alternativenprüfung im Planungsrecht, 1991

Schlecht, Anna-Maria, Die Unbeachtlichkeit von Verfahrensfehlern im deutschen Umweltrecht, 2010

Schmehl, Arndt (Hrsg.), Gemeinschaftskommentar zum Kreislaufwirtschaftsgesetz (GK-KrWG), 2013

Schmidt, Reiner/Kahl, Wolfgang/Gärditz, Klaus Ferdinand, Umweltrecht, 10. Aufl., 2017

Schmidt-Aßmann, Eberhard, Das Allgemeine Verwaltungsrecht als Ordnungsidee. Grundlagen und Aufgaben verwaltungsrechtlicher Systembildung, 2. Aufl., 2004

Schmidt-Räntsch, Annette, Leitfaden zum Artenschutzrecht, 1990

Schoch, Friedrich (Hrsg.), Besonderes Verwaltungsrecht, 15. Aufl., 2013

Scholtka, Boris/Baumann, Toralf/Brucker, Guido (Hrsg.), EEG Handkommentar, 2016

Schomerus, Thomas/Degenhart, Heinrich, Repowering – Hindernisse und Lösungsmöglichkeiten, 2010

Schubert, Mathias, Harmonisierung umweltrechtlicher Instrumente in der Bauleitplanung, 2005

Ders., Maritimes Infrastrukturrecht, 2015

Schulte, Thomas, EG-Richtlinie Kommunales Abwasser, 1996

Schulze, Reiner/Zuleeg, Manfred/Kadelbach, Stefan, Europarecht, 3. Aufl., 2015

Schulze-Fielitz, Helmuth/Müller, Thorsten (Hrsg.), Europäisches Klimaschutzrecht, 2009

Schumacher, Jochen/Fischer-Hüftle, Peter, Bundesnaturschutzgesetz, 2. Aufl., 2010

Schumacher, Kai, Public-Private-Partnership und Kartellrecht, 2003

Schuppert, Gunnar Folke (Hrsg.), Jenseits von Privatisierung und schlankem Staat, 1999

Schwartmann, Rolf/Pabst, Heinz-Joachim, Umweltrecht, 2. Aufl., 2011

Schwerdtfeger, Angela, Der deutsche Verwaltungsrechtsschutz unter dem Einfluss der Aarhus-Konvention, 2010

Sellner, Dieter/Reidt, Olaf/Ohms, Martin J., Immissionsschutzrecht und Industrieanlagen, 3. Aufl., 2006

Senator für Bau und Umwelt Bremen (Hrsg.), Die Vorprüfung in der Umweltverträglichkeitsprüfung, 2004

Sensfuß, Frank, Analyse zum Merit-Order Effekt erneuerbarer Energien, 2011

Sieder, Frank/Zeitler, Herbert/Dahme, Heinz/Knopp, Günther-Michael, Kommentar zum WHG/AbwAG, Stand: 51. Erg.-Lfg., 2017

Sodan, Helge/Ziekow, Jan (Hrsg.), Verwaltungsgerichtsordnung, 4. Aufl., 2014

Sparwasser, Reinhard/Engel, Rüdiger/Voßkuhle, Andreas, Umweltrecht, 5. Aufl., 2003

Starck, Christian (Hrsg.), Föderalismusreform, 2007

Stein, Ekkehart/Frank, Götz, Staatsrecht, 21. Aufl., 2010

Steinberg, Rudolf/Wickel, Martin/Müller, Henrik (Hrsg.), Fachplanung, 4. Aufl., 2012

Stewing, Clemens, Emissionshandel in der Europäischen Gemeinschaft, 2004

Stökl, Lorenz, Der welthandelsrechtliche Gentechnikkonflikt, 2003

Storm, Peter-Christoph, Umweltrecht, 10. Aufl., 2015

Stratmann, Anne, Die projektbezogenen Mechanismen des Kyoto-Protokolls, 2011

Streinz, Rudolf (Hrsg.), Vertrag über die Europäische Union und Vertrag über die Arbeitsweise der Europäischen Union – EUV/AEUV, 3. Aufl., 2018

Ders., Europarecht, 10. Aufl., 2016

Struß, Jantje, Die großflächige Ausbringung von GVO in die Umwelt, 2010

Szczekalla, Peter, Die sog. grundrechtlichen Schutzpflichten im deutschen und europäischen Recht, 2002

Theobald, Christiane/Theobald, Christian, Grundzüge des Energiewirtschaftsrechts, 3. Aufl., 2013

Tomerius, Stephan, Informelle Projektabsprachen im Umweltrecht, 1995

Tünnesen-Harmes, Christian, Risikobewertung im Gentechnikrecht, 2000

Ule, Carl Hermann/Laubinger, Hans-Werner, Verwaltungsverfahrensrecht, 4. Aufl., 1998

Umweltbundesamt (Hrsg.), Reaktiver Stickstoff in Deutschland – Ursachen, Wirkungen, Maßnahmen, 2015

Dass., Das Klimaschutzrecht des Bundes – Analyse und Vorschläge zu seiner Weiterentwicklung, 2011

Dass., Umwelt im Wandel – Herausforderungen für die Umweltprüfungen (SUP/UVP), 2009

Dass., Herausforderung Umweltgesetzbuch, 2007

Dass., Daten zur Umwelt: der Zustand der Umwelt in Deutschland 1997, 1997

Veh, Gerhard M./Knopp, Günther-Michael, Gewässerschutz nach EG-Recht, 1995

Verdross, Alfred/Simma, Bruno, Universelles Völkerrecht: Theorie und Praxis, 3. Aufl., 1984 (Nachdruck 2010)

Versteyl, Ludger-Anselm/Mann, Thomas/Schomerus, Thomas, Kommentar zum Kreislaufwirtschaftsgesetz, 3. Aufl., 2012

Ders./Sondermann, Wolf Dieter, Bundes-Bodenschutzgesetz – Kommentar, 2. Aufl., 2005

Graf Vitzthum, Wolfgang (Hrsg.), Handbuch des Seerechts, 2006

Ders./Proelß, Alexander (Hrsg.), Völkerrecht, 7. Aufl., 2016

Vossenkämper, Rolf, Grenzen der Gesamtrechtsnachfolge bei der Sanierung von Altlasten, 2009

Wagner, Julian, Das integrierte Konzept der IE-Richtlinie und seine Umsetzung im deutschen Recht, 2017

Wagner, Roland, Die Konkurrenzen von Gesetzgebungskompetenzen von Bund und Ländern, 2011

Welke, Britta, Die integrierte Vorhabengenehmigung, 2010

Weyreuther, Felix, Verwaltungskontrolle durch Verbände, 1975

Wicke, Lutz, Umweltökonomie, 4. Aufl., 1993

Winkler, Martin, Klimaschutzrecht, 2006

Wirtz, Alfred, Zulassung und Überwachung von Industrieanlagen im Umweltgesetzbuch, 2007

Wissenschaftlicher Beirat der Bundesregierung Globale Umweltveränderungen (WBGU), Klimaschutz als Weltbürgerbewegung, Sondergutachten, 2014

Ders., Zeit-gerechte Klimapolitik: Vier Initiativen für Fairness, Politikpapier Nr. 9, 2018

Ders., Zivilisatorischer Fortschritt innerhalb planetarischer Leitplanken – ein Beitrag zur SDG-Debatte, Politikpapier Nr. 8, 2014

Ders., Welt im Wandel – Menschheitserbe Meer, 2013

Ders., Welt im Wandel – Gesellschaftsvertrag für eine Große Transformation, 2011

Ders., Kassensturz für den Weltklimavertrag – Der Budgetansatz, Sondergutachten, 2009

Ders., Welt im Wandel – Sicherheitsrisiko Klimawandel, 2007

Ders., Die Zukunft der Meere – zu warm, zu hoch, zu sauer. Sondergutachten, 2006

Ders., Welt im Wandel – Neue Strukturen globaler Umweltpolitik, 2000

Ders., Welt im Wandel – Wege zur Lösung globaler Umweltprobleme, 1995

Wolff, Hans J./Bachof, Otto/Stober, Rolf/Kluth, Winfried, Verwaltungsrecht, Bd. 1, 13. Aufl., 2016

World Commission on Environment and Development, Our Common Future, 1987

Wüstemann, Nadja Sue, Die Vorgaben der Europäischen Union im Bereich der Energieeffizienz, 2011

Wustlich, Guido, Die Atmosphäre als globales Umweltgut: Rechtsfragen ihrer Bewirtschaftung im Wechselspiel von Völker-, Gemeinschafts- und nationalem Recht, 2003

Wysk, Peter, Verwaltungsgerichtsordnung, 2. Aufl. 2016

Ziekow, Jan (Hrsg.), Aktuelle Probleme des Luftverkehrs-, Planfeststellungs- und Umweltrechts 2011, 2012

Ders., Aktuelle Probleme des Luftverkehrs-, Planfeststellungs- und Umweltrechts 2014, 2015

Zimmer, Tilmann, CO_2-Emissionsrechtehandel in der EU, 2004

Stichwortverzeichnis

Die Angaben verweisen auf die Paragrafen des Buches (**fette Zahlen**) sowie die Randnummern innerhalb der einzelnen Paragrafen (magere Zahlen).
Beispiel: § 9 Rn. 10 = **9** 10

Verfahrensfehler **6** 13

Verhaltenssteuerung **5** 20 ff., **10** 29 ff.

Verhältnis **10** 69

Verhältnismäßigkeitsgrundsatz **4** 40

Verkehrsbeschränkungen und -verbote **9** 39

Verkehrswegeplanungsbeschleunigungsgesetz **5** 57

Verordnung (EU) **7** 25

Verpackungsgesetz **12** 56 ff.

Verpackungsteuer (kommunale) **12** 99

Verpackungsverordnung **12** 55 ff.

Verschlechterungsverbot **3** 2, **10** 54

Versiegelungsabgabe **13** 63

Versiegelungsrechte **13** 63

Verträglichkeitsprüfung
- Pläne **10** 54
- Projektbegriff **10** 54

Vertragsverletzungsverfahren
- Wasserrecht **11** 10

Verursacher **3** 13
- Begriff **3** 13

Verursacherprinzip **3** 11 ff., **7** 9, **10** 42, **12** 51, 75, 97, **13** 3

Verwaltungskompetenzen **4** 3, 52 ff.

Verwaltungsverbund **4** 58

Verwaltungsvorschrift **6** 18

Verwaltungsvorschriften
- TA Abstand **9** 11
- TA Lärm **9** 11
- TA Luft **9** 11

Vogelschutzrichtlinie **10** 4

Völkergewohnheitsrecht **8** 4, **9** ff.
- Defizite **8** 15
- Gebot der fairen und gerechten Aufteilung gemeinsamer natürlicher Ressourcen **8** 13
- Verbot erheblicher grenzüberschreitender Umweltbelastungen **8** 10 ff.
- Verfahrenspflichten **8** 14

Völkerrechtliche Verträge **8** 4, 7
- Effektivität **8** 8

Vorbehalt des Gesetzes **4** 36

Vorbeugeprinzip **7** 9

Vorläufiger Rechtsschutz **6** 20 ff.

Vorsichtsprinzip **3** 2

Vorsorgemaßnahmen im Bodenschutzrecht **13** 57

Vorsorgeprinzip **3** 3 ff., **5** 11, **6** 13, **7** 9, **10** 24

Wahlfreiheit **14** 54

Warnungen **5** 108

Wasch- und Reinigungsmittelrecht **11** 15

Washingtoner Artenschutzabkommen **10** 59

Washingtoner Artenschutzübereinkommen **8** 7, **10** 3

Wasserhaushaltsgesetz **11** 11 ff., 17 ff.
- Abwasserabgabengesetz **11** 56
- Abwasserbeseitigungspflicht **11** 16
- allgemeine Sorgfaltspflichten **11** 21 f.
- Anlagenzulassungsrecht **11** 53
- Anwendungsbereich **11** 18
- Bewilligung **11** 43 ff.
- Bewirtschaftungsermessen **11** 49
- Bewirtschaftungspflichten **11** 20
- Bewirtschaftungspläne **11** 32
- Drittschutz **11** 45
- echte Benutzung **11** 40
- Entschädigungspflicht **11** 55
- Erlaubnis **11** 43 ff., 44 ff.
- Föderalismusreform **11** 11
- Gebietsschutz **11** 54
- gehobene Erlaubnis **11** 47
- Geltungsbereich **11** 25
- Genehmigungsarten **11** 43 ff.
- Genehmigungsvoraussetzungen **11** 48 ff.
- gestattungsfreie Benutzungen **11** 42
- Gewässerausbau **11** 52
- Gewässerbenutzung **11** 23, 39 ff.
- Grundeigentum **11** 23
- Grundsätze **11** 19 ff.
- Inhalts- und Nebenbestimmungen **11** 50
- Instrumente **11** 30 ff., 37 ff., 56 ff.
- Maßnahmenprogramme **11** 33, 34
- Meeresstrategie **11** 9 f., 34
- nachträgliche Anordnungen **11** 51
- ortsnahe öffentliche Wasserversorgung **11** 24
- Planfeststellung **11** 52
- Risikomanagementpläne **11** 36
- Überblick **11** 17
- Überwachungsprogramme **11** 17, 34
- unechte Benutzung **11** 40
- Versagungsgründe **11** 48
- Verschlechterungsverbot **11** 49
- Wasserschutzgebiete **11** 54
- Widerruf **11** 51

Wasserrahmenrichtlinie **11** 8
- EU-Recht **11** 7

»als Wiederholung des vorhandenen Wissens und der Umsetzung in die konkrete Falllösung zu empfehlen.«

Klausurtraining Besonderes Verwaltungsrecht

Von Prof. Dr. Markus Winkler
2. Auflage 2017, 196 S., brosch., 24,– €
ISBN 978-3-8487-3856-4
nomos-shop.de/29017

Das Besondere Verwaltungsrecht wirkt aufgrund seiner Regelungsvielfalt zunächst unübersichtlich. Allerdings zeigen sich bei näherer Betrachtung rasch gemeinsame Grundstrukturen und typische Problemkonstellationen, die bei der Lösung von Übungs- und Examensfällen helfen. Das Klausurtraining stellt die Bezüge her und ermöglicht eine optimale Vorbereitung.

»Wer die Fälle sorgfältig durcharbeitet…reichert sein verwaltungsrechtliches Wissen beträchtlich an. Ein gut gemachtes Lernbuch, das man vor den entsprechenden Klausuren unbedingt zur Hand nehmen sollte.«